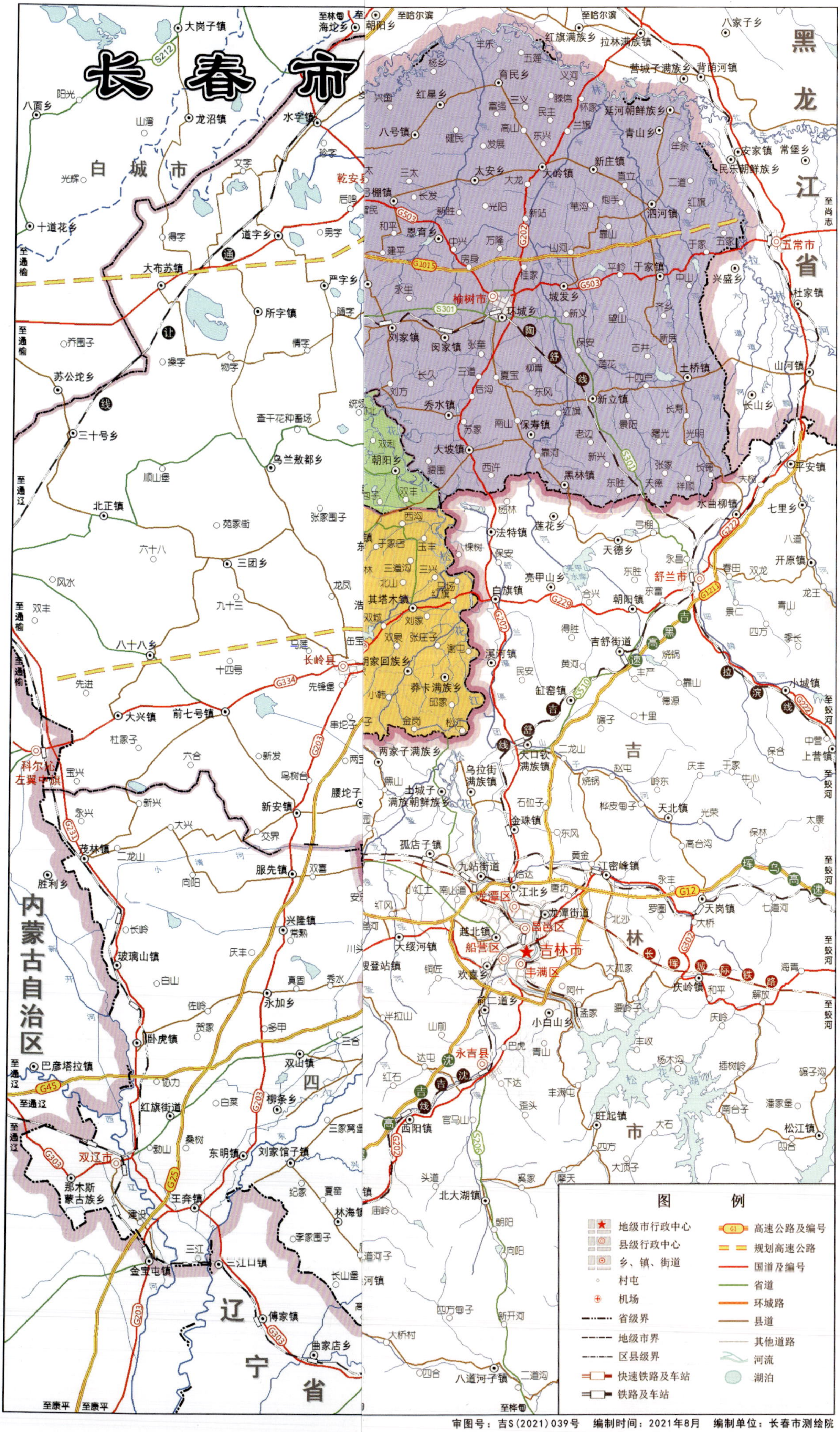

审图号：吉S(2021)039号　编制时间：2021年8月　编制单位：长春市测绘院

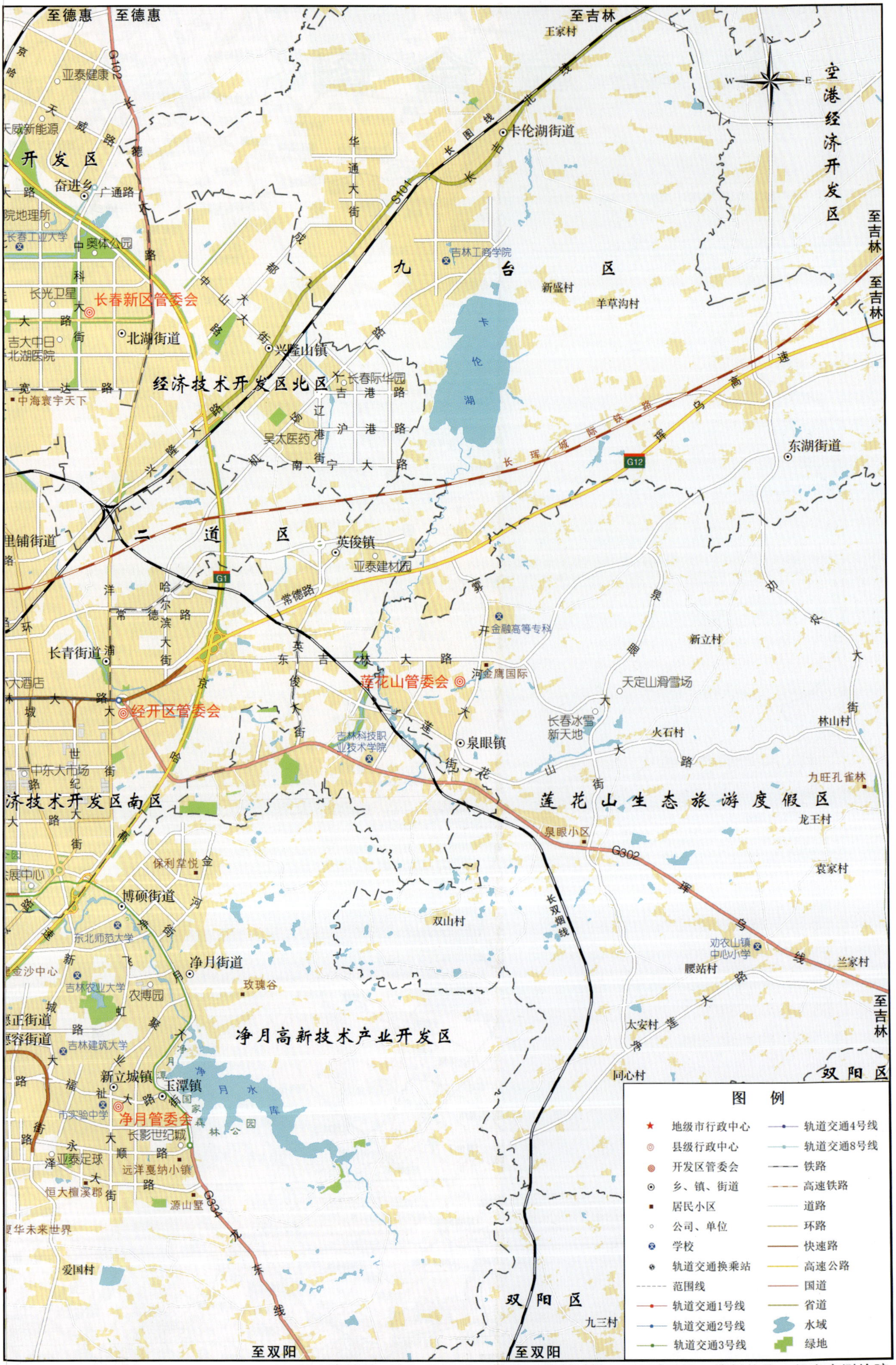

审图号：吉S（2021）038号　编制时间：2021年8月　编制单位：长春市测绘院

吉林精品年鉴
JILIN JINGPIN NIANJIAN

长春年鉴 2022

CHANGCHUN YEARBOOK

长春市地方志编纂委员会 编

方志出版社
Publishing House of Local Records

图书在版编目（CIP）数据

长春年鉴. 2022 / 长春市地方志编纂委员会编. —北京 : 方志出版社, 2022.12
ISBN 978-7-5144-5573-1

Ⅰ. ①长… Ⅱ. ①长… Ⅲ. ①长春－2022－年鉴 Ⅳ. ①Z523.41

中国版本图书馆 CIP 数据核字(2022)第 252651 号

责任编辑：顾洁
责任校对：刘玉霞
责任印制：梅中英
出 版 者：方志出版社
地　　址：北京市朝阳区潘家园东里 9 号（国家方志馆 4 层）
邮　　编：100021
网　　址：http://www.zgfzcb.cn
发　　行：方志出版社图书营销中心（010-67110500）
印　　刷：吉林省海德堡印务有限公司
开　　本：889 毫米×1194 毫米　1/16
印　　张：38.5
字　　数：1400 千字
版　　次：2022 年 12 月第 1 版
印　　次：2022 年 12 月第 1 次印刷
定　　价：328.00 元

卷前导引

- 城 市 荣 誉
- 数 字 长 春
- 长春十大符号
- 庆祝建党百年
- 党史学习教育
- 城市建设新貌
- 经济发展亮点
- 幸福长春建设

城市荣誉

CHENGSHI RONGYU

国家历史文化名城

全国文明城市

国家森林城市

国家卫生城市

全国双拥模范城市

中国先进制造业百强城市

国家文化和旅游消费示范城市

冰雪旅游十佳城市

全国和谐社区建设示范城市

国家公交都市建设示范城市

数字长春

SHUZI CHAGNCHUN

行政区划	4个县（市）、7个城区
面积	24744平方千米
常住总人口	908.72万人
地区生产总值	7103.12亿元
第一产业增加值	523.74亿元
第二产业增加值	2960.47亿元
第三产业增加值	3618.90亿元
一般公共预算收入	617.09亿元
居民消费价格指数	100.5
城镇常住居民人均可支配收入	43281元
农村常住居民人均可支配收入	18473元
社会消费品零售总额增速	10.8%
汽车产量	242.1万辆
粮食总产量	1236.52万吨
冰雪旅游收入	853.17亿元
旅游总收入	2045.73亿元
货物进出口总额	1179.77亿元
金融机构本外币存款余额	15467.25亿元
金融机构本外币贷款余额	15907.66亿元
普通高校	43所
普通高校在校生	58.4万人
公共图书馆	13家
卫生医疗机构	7924个
环境空气质量监测优良天数	330天
城镇企业职工基本养老保险参保人数	265.91万人
城镇失业保险参保人数	125.52万人
基本医疗保险参保人数	836.70万人

注：数据来源于《2021年长春市国民经济和社会发展统计公报》

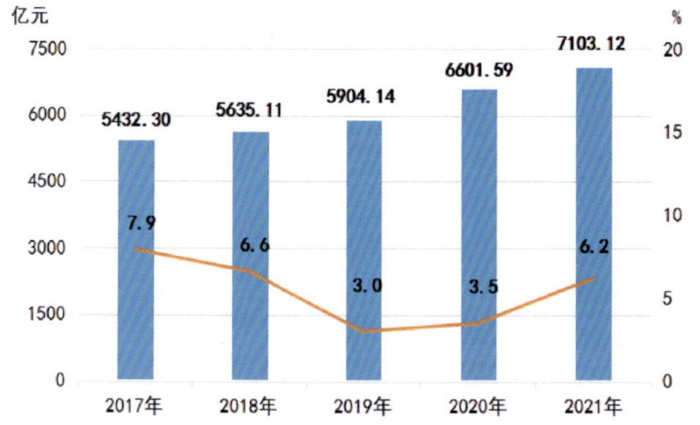

2017—2021年长春市地区生产总值及其增长速度示意图

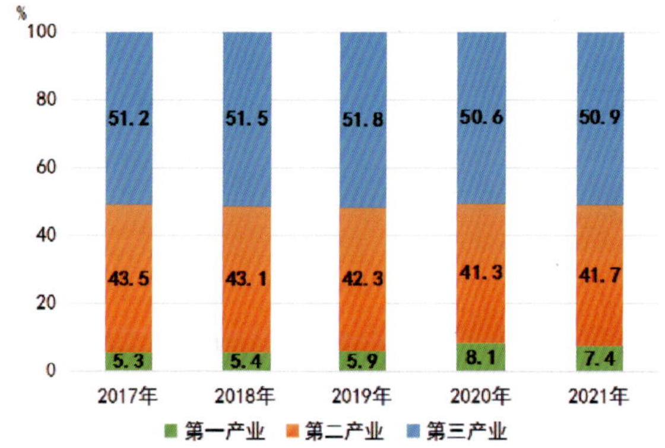

2017—2021年长春市三次产业增加值占地区生产总值比重示意图

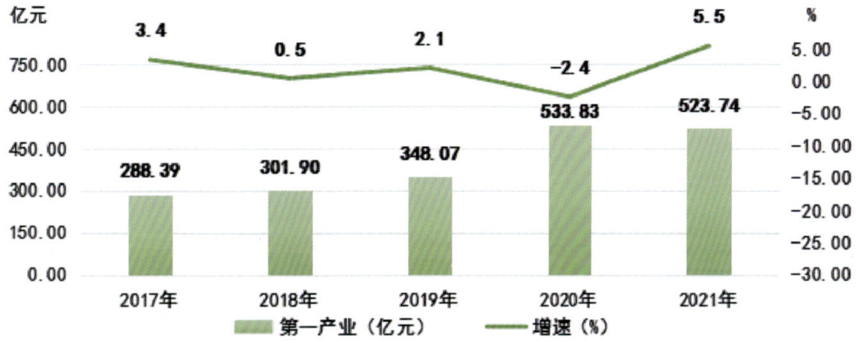

2017—2021年长春市第一产业增加值及其增长速度示意图

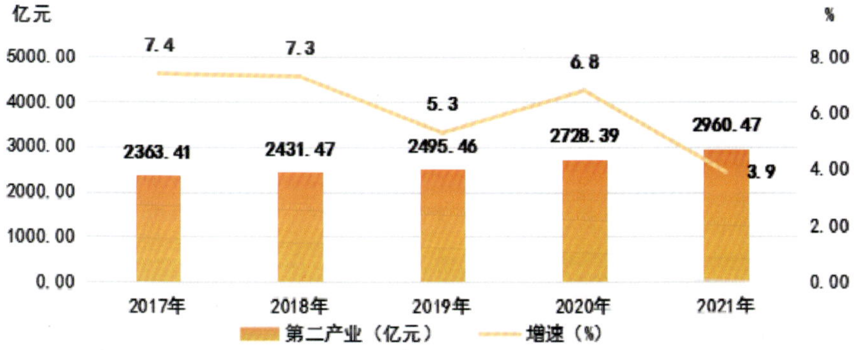

2017—2021年长春市第二产业增加值及其增长速度示意图

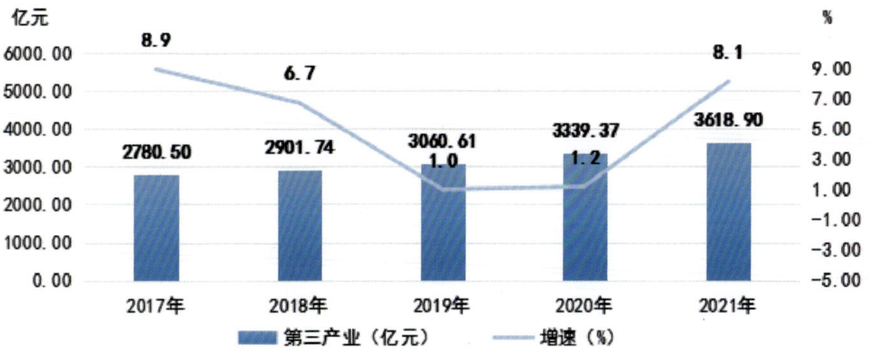

2017—2021年长春市第三产业增加值及其增长速度示意图

长春 文化符号

CHANGCHUN WENHUA FUHAO

2021年6月25日，长春市委宣传部启动“标志长春”十大文化符号视图作品征集评选活动，征集到视频、图片、绘画作品500余件，作品涵盖长春城市标志性公共场域、旅游景点、建筑设计经典、特色街区、公园广场、艺术标识等文化元素，突出体现长春城市文化蕴含。经过大众投票、专家评审，一汽红旗、长影、人民大街、净月潭、长春世界雕塑园、吉林大学、文化广场、伪满皇宫、伊通河、现代诗公园入选“标志长春”十大文化符号。

▲长春是新中国红色工业的起点，“一汽”在长春诞生，第一辆“红旗”轿车也在长春诞生，“一汽红旗”与长春血脉相连，“红旗”所蕴含的开拓精神是一汽精神的核心，代表着国人对自有品牌的忠诚和执着，更是自立自强的民族精神之所系 （长春日报社 供图）

▲长春电影制片厂是新中国电影事业的摇篮，入选国家工业遗产名单。中国长春电影节是中国第一个以城市命名的电影节 （长春日报社 供图）

▲伪满皇宫博物院是国家AAAAA级旅游景区、全国重点文物保护单位，收藏有大量伪满宫廷文物、日本近现代文物及东北近现代文物，是长春重要的近代史教育和爱国主义教育基地
（长春日报社　供图）

▲净月潭是20世纪30年代的长春第一水源地，是国家森林公园、国家级全民健身户外活动基地。作为国家AAAAA级旅游景区，被誉为“亚洲第一大人工林海”，是“都市氧吧”和“城市绿肺”
（长春日报社　供图）

▲文化广场又名地质宫广场，背靠“地学胜地”地质宫。广场中心的“太阳鸟”主题雕塑，表现人类对太阳的赞美，对光明的追求与向往 （长春日报社 供图）

▲长春世界雕塑园是位于长春市核心区的首批国家重点公园，也是集自然山水与人文景观于一体的国家AAAAA级旅游景区，曾获“新中国城市雕塑建设成就奖”中唯一的雕塑园成就奖 （长春日报社 供图）

▲吉林大学是教育部直属的全国重点综合性大学，列入国家“双一流”、“211”工程、“985”工程，是吉林省、长春市的地标性高校 （长春日报社 供图）

▲伊通河是长春历史上第一大河，也是长春市的母亲河。经过改造后沿线成为“城市生态轴”和“魅力长春的景观带”，从南溪湿地到北湖湿地，伊通河与长春文化、历史深度融合，一脉相承（长春日报社 供图）

▲现代诗公园作为“城市心灵地标”，收纳过去百年新诗经典300首，诗歌将来馆内为未来百年预置1000首手写现代诗展位（长春日报社 供图）

▲人民大街是一眼望穿百年的城市主干道，也是长春城市的中轴线，全长13.7千米。人民广场嵌于整条街道中段，是城市规划的中心点（长春日报社 供图）

庆祝 建党百年

QINGZHU JIANDANG BAINIAN

2021年，长春市结合“四史”宣传教育、“永远跟党走”群众性主题宣传教育等开展庆祝中国共产党成立100周年活动。举办庆祝中国共产党成立100周年“颂歌献给党·奋进新征程”专场文艺演出等文艺活动上百场。利用户外大屏、大型广告牌、楼体灯光等形式烘托全市喜庆气氛，打造主题街路110余个，悬挂标语口号近5万条（块），从百年党史中感悟思想伟力，汲取奋进力量。

▲ 长春火车站站前广场南口“壮丽百年”主题立体花坛
（王 强 供图）

▲ 7月1日，人民大街与南环城路交会处南侧庆祝中国共产党成立100周年景观　（王 强 摄）

▲ 7月1日，绿园吾悦广场庆祝中国共产党成立100周年主题灯光秀 （王　强　摄）

▲ 7月1日，龙翔广场“胸怀千秋伟业　恰是百年风华”主题花坛 （王　强　摄）

▲ 6月16日，庆祝中国共产党成立100周年“永远跟党走”吉林省暨长春市万人百姓健康舞展演在长春世界雕塑园举行 （市文广旅局　供图）

▲ 6月18日，“不忘初心跟党走 砥砺奋进新征程”长春市直机关庆祝中国共产党成立100周年“两优一先”表彰暨文艺演出在长春广播电视台举办 （市直机关工委　供图）

党史 学习教育

DANGSHI XUEXI JIAOYU

2021年，长春市根据中央统一部署，组织党员干部系统学习党的历史，深化对习近平新时代中国特色社会主义思想的理解把握，把学党史、悟思想、办实事、开新局贯穿学习教育全过程，采取中心组带头学、读书班专题学、党史宣讲层层学、红色资源实地学、电影党课灵活学、党员干部自觉学、理论阐释深入学等形式，引导干部群众学史明理、学史增信、学史崇德、学史力行。把党史学习教育成果向经济一线、城市建设和文化强市深度传导，转化为实践成果。

▲ 6月18日，长春市群众艺术馆红星宣讲团在二道区英俊镇开展“红色故事”宣讲活动 （市委宣传部 供图

▲ 6月22日，“永远跟党走”长春市群众舞蹈精品展演在长春市北湖奥林匹克中心举行 （市文广旅局 供图

▲ 4月29日，南关区组织党员干部到文庙社区党史教育基地开展体验式学习 （南关区 供图）

▲ 6月9日，长春市青年职工“四史”教育电影党课活动在市工人文化宫举办 （市总工会 供图）

▲ 4月29日，党史学习教育市委宣讲团宣讲暨南关区委理论中心组学习（扩大）会议在桃源街道召开 （南关区 供图）

▲ 7月15日，长春市委宣传部组织党员干部到吉林省博物馆参观“初心如磐 使命在肩”吉林省庆祝中国共产党成立100周年主题展览 （市委宣传部 供图）

▲ 6月21日，“奋斗百年路 启航新征程”百件红色雕塑作品展在长春雕塑博物馆举办 （市规划和自然资源局 供图）

▲ 6月20日，“中国共产党在吉林·百年传承”主题采风活动在“中国共产党在长春的第一个通讯旧址”开展 （市委宣传部 供图）

城市建设新貌

CHENGSHI JIANSHE XINMAO

2021年，长春市轨道交通7条线路9个项目同步施工。西安桥、惠工路机场大道、长伊公路、硅谷大街延长线实现通车，抚长高速人民大街出口改移等工程实施，打通22条断头路、卡脖路。全市道路新建和扩建长度286.8千米，道路总长度5950.21千米，总面积10123.68万平方米。城市智能体一期上线运行。

▲ 改造后的解放大路　　　　（赵 滨 摄

▲ 改造后的红旗街商业精品街　　　　（赵 滨 摄

▲ 维修加固后的长春西解放立交桥 （张 扬 摄）

▲ 1月17日，长春市轨道交通6号线首个暗挖区间南湖中街站至南部新城西站完成全线贯通 （张 扬 摄）

建设中的海容广场是长春新区重点打造的高端现代服务业项目 （孙建一 摄）

经济 发展亮点

JINGJI FAZHAN LIANGDIAN

2021年，长春市实现地区生产总值7103亿元。全年开复工5000万元以上项目1315个，固定资产投资增长11.6%。申建国家自主创新示范区，中国（长春）知识产权保护中心获批成立，国家半导体激光创新中心正式落成，新增国家高新技术企业748户，“吉林一号”在轨运行31颗，长光卫星成为东北首家“独角兽”企业，打造新型双创空间获国务院表扬，在《自然》杂志公布的2021全球科研城市排名中，长春居第37位。红旗新能源工厂、解放J7智能生产线竣工投产，12条新冠疫苗分包装生产线满负荷生产。在2021中国城市综合经济竞争力排行榜中，长春居东北4市首位。

▲ 2月1日，2021年中国一汽暨红旗品牌新闻年会在长春举行。年会以“创享新时代”为主题，会上展示红旗概念车 （于剑南 摄）

▲ 繁荣智能制造产业园总装车间物流智能系统 （长春日报社 供图）

▲ 中国一汽红旗工厂 （杨洪伦 供图）

▲ 繁荣智能制造产业园项目——一汽红旗繁荣工厂（长春日报社 供图）

▲ 一汽解放总装车间生产线（孙建一 摄）

▲ 一汽丰越生产线（杨洪伦 供图）

▲ 红旗工厂H总装车间（赵 滨 摄）

▲ 10月29日，由中车长春轨道客车股份有限公司研制的深圳地铁14号线首列车正式交付使用　（中车长客 供图）

▲ 中车长春轨道客车股份有限公司高级技师罗昭强（右二）带领团队进行时速350千米高寒复兴号标准动车出厂前调试　（毕馨月 摄）

▲ 5月10日，中车长春轨道客车股份有限公司携自主研发的时速400千米跨国互联互通高速动车组、下一代地铁亮相在上海举办的中国自主品牌博览会　（中车长客 供图）

▲ 中车长春轨道客车股份有限公司参建的“武汉东湖国家自主创新示范区有轨电车试验线工程”——“光谷量子号”有轨电车项目获第十八届中国土木工程詹天佑奖　（中车长客 供图）

▲ 2021年春运期间，由中车长春轨道客车股份有限公司研制的CR400BF-G型“复兴号”高寒动车组驶入长春站。该动车组采用密封防雪结构、低温防冻、冷凝水防治等措施，解决了高寒气候下车辆的防寒保暖、转向架积雪、关键部件冻结等难题　（张 扬 摄）

▲ 3月3日，中车长春轨道客车股份有限公司澳大利亚悉尼城市双客二期列车采购项目正式启运　（中车长客 供图）

▲ 7月10日，第十八届中国（长春）国际汽车博览会展示的新型汽车　（孙建一 摄

▲ 10月9日，首届中国新电商大会在长春市举办　（张晓黎 供图）

▲ 7月16日，2021年中国(长春)会展业新发展峰会在长春经开区举行（经开区新闻信息中心 供图）

3月27日，为期3天的2021中国长春先进装备制造业博览会在长春国际会展中心闭幕 （张 扬 摄）

▲ 9月23日，第十三届中国—东北亚博览会在长春开幕 （张 扬 摄）

7月10日，第十八届中国（长春）国际汽车博览会、长春国际汽车文化节暨第三届红旗嘉年华活动在长春国际会展中心开幕 （孙建一 摄）

▲ 1月2日，满载100标准箱货物的“长满欧”班列从长春国际陆港启程，是2021年驶出的第一趟中欧班列　（张　扬　摄

▲ 吉林省航天信息产业园逐步形成从卫星及无人机研发、生产到遥感信息加工、应用的产业集群　（孙建一　摄

▲ 7月30日，首个装载34个马士基公司集装箱的专列从长春兴隆铁路口岸发往天津港中心站　（张　扬　摄

4月15日，长春英利汽车工业股份有限公司在上海证券交易所主板上市，图为英利汽车自动化装配车间　　（徐　微　摄）

2021年中韩国际贸易产业孵化中心（中韩城市馆）投入运营　　（孙建一　摄）

5月6日，吉林省“一带一路”新通道——“长珲欧”班列驶离长春国际陆港　　（张　扬　摄）

▲ 6月24日，“吉林一号”MF01A卫星出征仪式在长春举行
（长光卫星技术有限公司 供图）

▲ 4月25日，第三届全国农业全过程无人作业试验大会在农安县新安合作区生态无人农场示范基地举办 （赵 滨 摄

▲ 10月27日14时19分，中国在酒泉卫星发射中心用快舟一号甲运载火箭，成功将“吉林一号”星座第31颗卫星发射升空
（长光卫星技术股份有限公司 供图

10月17日，吉林省医疗器械产业创新示范园第一批入园企业签约仪式在经开区举办 （张 扬 摄）

建设中的长春新区集中区，长光卫星技术有限公司等高科技企业、长春奥林匹克公园等文体设施、长春工业大学等科研院所云集 （贾春文 摄）

幸福 长春建设

XINGFU CHANGCHUN JIANSHE

2021年，长春市推进“建设幸福长春行动计划”，开展促就业“政策落地、服务落实”专项行动，城镇新增就业11.69万人，农村劳动力转移就业106.41万人次，城乡居民收入分别增长8.2%和9%，连续17年提高企业退休人员基本养老金；推进“双减”落地，实施基础教育质量提升三期工程，启动建设16所义务教育学校，扩容提质普惠性幼儿园，“温馨村小”被评为全国优秀案例；中央歌剧院在长建立全国首个地方性服务站。市本级67项惠民实事和承接的47项省民生实事全部完成，人民群众获得感、幸福感、安全感进一步提升。

▲ 11月1日，第十三届中国舞蹈“荷花奖”民族民间舞评奖活动中长春人文学院原创作品《姥姥的田》获第二名，该作品是东北地区唯一入围的东北秧歌舞蹈作品 （陈丽雅 供图）

▲ 5月28日，“助力吉林发展 助推经济腾飞”中央歌剧院走进长春慰问一汽“红旗之恋”大型音乐会在一汽红旗会堂上演 （赵 滨 摄）

▲ 6月17日，2021长春市民读书节在长春市图书馆开幕。图为开幕式现场读书角（长春日报社 供图）

▲ 拥有省内首个玻璃悬廊、东北最高天涯秋千的神鹿峰旅游度假区成为吉林省旅游度假新名片（长春日报社 供图）

▲ 6月25日，2021长春消夏艺术节在天定山旅游度假小镇开幕。图为天定山旅游度假小镇的中华传统灯会（孙建一 摄）

▲ 6月24日，“永远跟党走”长春市群众舞蹈精品展演在市群众艺术馆举办 （市文广旅局 供图）

▲ 5月19日，2021年“中国旅游日”吉林省分会场活动暨“万人游长春兴隆综合保税区”活动启动仪式在长春世界雕塑园举办 （市文广旅局 供图）

▲ 10月12日，2021长春乡旅金秋趣味赛在九台区土们岭街道马鞍山村举办 （市文广旅局 供图）

6月25日，2021长春消夏艺术节在天定山旅游度假小镇开幕（市文广旅局 供图）

6月12日，2021长影第五届消夏灯会在长影世纪城开启（市文广旅局 供图）

▲ 1月12日，以“冰雪智驭，E行时代”为主题的2021中国长春（国际）无人驾驶汽车冰雪挑战赛开赛仪式在长春净月潭国家级风景名胜区举行　（张　扬　摄）

▲ 长春世界雕塑园冰雪新乐园雪上娱乐项目　（张　扬　摄

▲ 第十九届中国长春净月潭瓦萨滑雪节在净月潭国家风景名胜区举行　（宋　丹　供图

12月12日，长春冰雪节在长春冰雪新天地开幕　（张　扬　摄）

12月，运行中的长春世界雕塑园冰雪新乐园　（张　扬　摄）

▲ 6月16日，吉林省暨长春市万人百姓健康舞展演活动在长春世界雕塑园举行 （赵 滨 摄）

▲ 百花园 （赵 滨 摄

▲ 7月26日，“2021年度暑期服务行动计划”系列活动——“人才夜市”在桂林胡同商业步行街举行 （毕馨月 摄）

▲ 桂林胡同美食街是长春市特色美食文化、诚信示范街区，
成为长春旅游休闲“打卡地标” （赵 滨 摄

▲ 2021年，长春空气质量创有记载以来最好水平 （杨洪伦 摄

2021年，长春水文化生态园被中国环境科学协会认定为“中国环境科学学会科技成果创新与传播基地” （赵 滨 摄）

长春北湖国家湿地公园 （长春北湖国家湿地公园 供图）

编辑说明

一、《长春年鉴》由长春市人民政府主办、长春市地方志编纂委员会编纂，是系统记述长春市政治、经济、文化、社会、生态等方面年度发展情况的资料性文献，为各级机构了解市情、科学决策提供参考依据，同时为社会各界提供发展资讯。首卷出版于1988年，《长春年鉴（2022）》为第35卷。

二、《长春年鉴（2022）》以马克思列宁主义、毛泽东思想、邓小平理论、“三个代表”重要思想、科学发展观、习近平新时代中国特色社会主义思想为指导，坚持辩证唯物主义和历史唯物主义的立场、观点和方法，全面、系统、客观地记述2021年长春市年度发展情况，尤其是取得的新成就、新变化、新特征和新经验，重视突出城市特色、时代特征和年度特点。

三、《长春年鉴（2022）》记述时限为2021年1月1日至12月31日。

四、《长春年鉴（2022）》采用分类编辑法，主体内容采用类目、分目、条目三级结构，个别分目下设次分目。正文设专文、大事记、市情概貌、中国共产党长春市委员会、长春市人民代表大会、长春市人民政府、中国人民政治协商会议长春市委员会、中共长春市纪律检查委员会 长春市监察委员会、民主党派・工商联、群众团体、法治、军事、经济管理、汽车产业、冰雪产业、农业、工业、建筑业、商贸服务业、会展业、现代物流业、旅游业、房地产业、金融业、数字经济、交通・水利、开放合作、区域发展、长春新区、开发区建设、民营经济、城市建设、乡村振兴、生态建设、科学技术、教育、文化、卫生健康、体育、社会生活、应急管理、区县概览、人物・荣誉、附录44个类目，281个分目，1880个条目。全书使用图表91个、照片268幅。

五、《长春年鉴（2022）》在保持原有框架相对稳定的前提下，为充分体现长春市主要成就、重点工作、亮点内容及新发展与新变化，对部分内容进行调整和充实。卷首彩页分设“长春十大符号、庆祝建党百年、党史学习教育、城市建设新貌、经济发展亮点、幸福长春建设”6个专题，内文增设“汽车产业”“会展业”“区域发展”“现代物流业”“长春新区”“民营经济”“乡村振兴”类目，将原“信息产业”类目更名为“数字经济”，将原“经贸合作”类目更名为“开放合作”，将原“建筑业・房地产业”拆分为“建筑业”和“房地产业”两个类目，将原“交通”类目改为“交通・水利”。

六、《长春年鉴（2022）》中数字用法、标点符号用法分别采用国家标准《出版物上数字用法》（GB/T 15835—2011）、《标点符号用法》（GB/T 15834—2011），计量单位采用国家技术监督局1993年12月发布的《量和单位》系列国家标准。

七、《长春年鉴（2022）》所载内容由长春市各县（市）区、开发区，市直各部门，中央、省驻长春有关单位及驻长部队提供，并经单位领导审核；主要统计数据由长春市统计局审核认定。

八、《长春年鉴（2022）》配备双重检索系统，书前有中、英文目录，书后有主题索引。

目 录

专 文

长春市开展党史学习教育纪实……1
长春市新冠肺炎疫情防控综述……5
长春市落实省委“一主六双”高质量发展战略纪实……7
长春市冰雪经济高质量发展纪实……10
长春市生态环境保护工作综述……12

大 事 记

1 月……17
2 月……17
3 月……18
4 月……18
5 月……19
6 月……20
7 月……21
8 月……21
9 月……22
10 月……22
11 月……23
12 月……24

市情概貌

·自然地理·

位置面积……25
地质地貌……25
气候水文……25
自然灾害……27

·历史人文·

建置沿革……27
行政区划……29
人口……30
民族……32
宗教……32
方言……32

·年度发展·

经济建设……33
政治建设……33
文化建设……33
社会建设……33
生态文明建设……33

中国共产党长春市委员会

·综 述·

政治理论学习……34
经济发展……34
改革开放……34
生态环境建设……35
幸福长春建设……35
社会治理……35
民生保障……35

·重要会议·

中国共产党长春市第十四次代表大会……35
市委全体会议……35

·组织工作·

概况……36
组织建设……36
基层党建……36
评选表彰……37
市县领导班子换届……37
党史学习教育……37
干部队伍考察……37
人才强市战略……38

·宣传工作·

政治理论学习……38
党史学习教育……38
庆祝中国共产党成立100周年宣传活动……39

城市形象宣传活动……39
文明教育活动……39
文旅消费示范城市打造……40
文化惠民公益活动……40
· 统战工作 ·
政治引领统战工作……40
建言献策……40
多党合作……40
无党派人士和党外知识分子统战……40
助力民营经济发展……41
侨务工作……41
对台工作……41
党外代表人士队伍建设……41
· 政策研究 ·
概况……41
重大课题研究……41
产业发展研究……42
专题研究……42
深化改革调研……43
文稿综合……43
全市性调研……43
脱贫攻坚与乡村振兴衔接调研……43
· 网信安全 ·
概况……44
网络意识形态督查……44
网上宣传……44
网上舆情引导……44
网络执法管理……44
网络信息安全管理……44
互联网行业非公党建……44
网络文化活动……44
国家智能社会治理综合实验基地创建……44
· 机构编制 ·
党政机构改革……44
基层管理体制改革……45
事业单位改革……45
机构编制调整……45
开发区管理机构清理规范……45
编制审核……45
安全领域增编……45
机构编制规范管理……45
· 市直机关党建 ·
概况……46
党建学习……46
服务全市中心任务……46
基层党建……46
作风建设……47
先进表彰和节日慰问……47
· 信访工作 ·
概况……47
信访矛盾化解……47
信访制度改革……47
信访考核指标提升……48
· 老干部工作 ·
政治理论学习……48
离退休干部党建工作……48
老干部队伍建设……48
老干部活动……49
老干部生活待遇……49
老干部学习阵地建设……49
· 保密工作 ·
保密工作会议……49
保密监督检查……49
保密管理……49
保密宣传教育……50
保密技术保障……50
保密依法行政管理……50
· 党校（行政学院）工作 ·
干部教育培训……50
参与决策咨询……50
党史学习教育……50
重要会议培训……51
科学研究……51
· 关心下一代工作 ·
组织建设……51
主题活动……51
“圆梦桥”活动……52
“五老”关爱工程……52
市关工委成立 30 周年纪念……52
舆论宣传……52

长春市人民代表大会

· 综　述 ·
概况……53
重大事项决定……53
人事任免……53
· 重要会议 ·
人民代表大会……54
常委会会议……55
· 人大监督 ·
概况……57
法律监督……57
工作监督……57

听取和审议专项工作报告……57
执法检查……57
视察活动……58
专题调研……58

·议案办理·

概况……58
重点议案办理……58

·代表工作·

代表构成……59
代表管理……59
代表培训……59
代表活动……59

长春市人民政府

·综　述·

概况……60
经济建设发展……60
改革创新……60
城市建设……61
惠民实事……61
社会事业……61

·幸福长春建设·

概况……62
社会保障……62
教育均衡……62
医疗卫生……62
文化惠民……62
城市交通……62
生态环境……62
城市精细化管理……63
乡村振兴……63
公共安全……63
便民利民……63

·政务服务·

概况……63
政务服务改革……64
“数字长春”建设……64
优化营商环境……64
社会信用体系……64
政务服务建设……65
政务公开……65
数字政府建设……66
公共资源交易……66
“12345”市长公开电话……66

·外　事·

涉外信息服务……67
外事宣传……67
文化交流……67
对外交流……67
涉外管理……68

中国人民政治协商会议长春市委员会

·综　述·

概况……69
政协委员构成……69
政协队伍建设……69

·重要会议·

全体会议……69
常委会议……69

·建言献策·

专题协商会……70
协商座谈会……70
立法协商座谈会……70
提案办理协商会……70
专门协商机构建设……70

·民主监督·

提案监督……70
视察监督……71
监督落实……71

·委员工作·

提案办理……71
政协委员联络站建设情况调研……71
社会治理专题调研……71
传统文化专题调研……71
民族团结创建专题调研……71
土地资源保护专题调研……71
促进长春中医药产业与粤港澳大湾区融合发展专题调研……71

中共长春市纪律检查委员会长春市监察委员会

·重要会议·

纪委全体会议……72
警示教育大会……72
纪检监察座谈会……72
追逃追赃工作会议……72
开展“四个专项”监督推进会……72
十三届市委第十一轮巡察工作动员部署会议……73

·监督检查·

“十四五”规划监督检查……73

整风肃纪……73
惩治腐败……73
以案促改促治……73
反腐败国际追逃追赃……73
落实中央八项规定精神……74
纠治形式主义、官僚主义……74
廉政建设……74

· 专项治理 ·

概况……74
民生领域专项治理……74
惩治涉黑涉恶腐败和“保护伞”常态化……74
优化营商环境……74

· 案件查处 ·

加强对“一把手”和领导班子监督……74
提升监督治理综合效果……74
规范问责……75
“四种形态”运用……75

· 巡察工作 ·

政治巡察全覆盖……75
巡视巡察机制建设……75
巡视巡察联动……75

民主党派·工商联

· 中国国民党革命委员会长春市委员会 ·

概况……76
组织建设……76
思想建设……76
参政议政……77
社会服务……77

· 中国民主同盟长春市委员会 ·

概况……77
组织建设……77
思想建设……77
参政议政……78
社会服务……78

· 中国民主建国会长春市委员会 ·

概况……78
组织建设……78
思想建设……79
参政议政……79
脱贫攻坚……79
融媒助企……79
百企千岗……79
社会服务……79

· 中国民主促进会长春市委员会 ·

概况……80
组织建设……80
思想建设……80
参政议政……80
社会服务……80
换届大会……81

· 中国农工民主党长春市委员会 ·

概况……81
思想建设……81
参政议政……81
社会服务……81

· 九三学社长春市委员会 ·

概况……81
组织建设……82
思想建设……82
参政议政……82
社会服务……82

· 长春市工商业联合会 ·

概况……83
非公企业党建……83
典型树立……83
助企购芯……83
促进企业经贸交流……83
项目合作……83
参政议政……83
法律维权服务……83
服务民营企业……84
优化营商环境……84
构建和谐劳动关系……84
基层组织建设和商协会改革……84
创建“两个健康”先行区试点……84
市县两级工商联换届……84
“万企兴万村”行动……84

群众团体

· 长春市总工会 ·

概况……85
劳动建功立业……85
职工权益保障……85
工会服务保障……86
基层基础建设……86
工会阵地建设……86

· 共青团长春市委员会 ·

概况……87
青少年思想政治引领……87
共青团改革……87
青少年发展……87

青少年服务……87
维护青少年发展权益……87
服务青年创新创业就业……88
青年交流平台打造……88
助力“绿色长春”建设……88
青少年事务社工服务……88

· 长春市妇女联合会 ·

概况……88
党史学习教育……89
妇联改革……89
妇女创业创新……89
家庭家教家风建设……89
妇联表彰先进……90
长春6户家庭获评全国最美家庭……90

· 长春市科学技术协会 ·

概况……90
科技普及推广……90
“科技工作者日”系列活动……91
学术交流活动……91
专家工作站建设……91
科技扶贫……91
青少年科技教育……91

· 长春市归国华侨联合会 ·

概况……92
基层建设……92
为侨服务……92
招商引资……92
侨联活动……92
长春市侨商联合会成立……93

· 长春市台湾同胞联谊会 ·

概况……93
台胞台属基本情况调查……93
专题学习……93
文化建设……93
台联青年工作委员会成立……93
长春市台联重点骨干培训班……94
《长春市台胞服务手册》编制……94

· 长春市文学艺术联合会 ·

抗击疫情主题文艺创作……94
重点文艺项目创作……94
文艺活动……94
文艺作品联展……94
文艺志愿服务……94
理事包保制度……95
协会建设……95

· 长春市残疾人联合会 ·

概况……95
残疾人社会保障……95
残联助力乡村振兴……95
残疾人就业……95
残疾人教育资助……95
残疾人康复服务……96
残疾人宣传表彰……96
残疾人文化活动……96
残疾人体育活动……96
残疾人帮扶活动……96
残疾人依法维权……96
公益助残项目实施……96

· 长春市红十字会 ·

概况……96
市红十字会改革……97
助力疫情防控……97
人道救助实施……97
应急备灾救灾……97
应急救护培训……97
志愿服务管理……97
基层组织建设……97

法　治

· 人大立法 ·

概况……98
重点领域新兴领域立法……98
立法调研……98
立法计划……98
立法机制建设……98
法规清理……99
法规宣传……99
规范性文件审查监督……99

· 政法委与综治 ·

服务振兴发展……99
平安长春建设……99
扫黑除恶斗争……99
政法领域改革……99

· 法治政府建设 ·

概况……100
法治长春建设……100
依法决策……100
制度建设……100
行政执法……100
行政复议……100
法治营商环境建设……100

· 公　安 ·

概况……100

刑事犯罪案件侦查…… 101
经济犯罪案件侦查…… 101
电信网络诈骗案件侦查…… 101
侵财犯罪案件侦查…… 101
涉枪涉爆违法犯罪案件侦查…… 101
其他领域违法犯罪案件侦查…… 101
禁毒工作…… 101
反拐综合治理…… 102
治安管理…… 102
常态化扫黑除恶…… 102
安全保卫…… 102
疫情防控…… 102
基层警务管理…… 103
出入境管理…… 103
服务经济社会发展…… 103
智慧警务建设…… 103
辅警管理…… 103
长春公安监管中心正式落成…… 104
新建执法办案管理中心…… 104
首届人民警察节系列活动…… 104

·检　察·

概况…… 104
扫黑除恶斗争…… 104
刑事检察…… 104
民事检察…… 104
行政检察…… 104
公益诉讼检察…… 104
涉电信网络诈骗案件检察…… 104
涉食品药品安全案件检察…… 104
未成年人保护…… 105
涉农问题整治…… 105
营商环境优化…… 105
社会矛盾化解…… 105
检察改革…… 105
从严治检…… 105

·法　院·

概况…… 106
刑事案件审理…… 106
民商事案件审理…… 106
行政案件审理…… 106
经济案件审理…… 106
知识产权案件审理…… 106
案件执行…… 106
司法公开…… 106
普法宣传…… 106
审判体制改革…… 106
智慧法院建设…… 107
司法权力制约监督…… 107
营商环境优化…… 107
诉讼服务优化…… 107
助力市域社会治理…… 107

·司法行政·

概况…… 107
法治宣传…… 107
公共法律服务…… 107
矛盾纠纷化解…… 107
特殊人群监管…… 107
“乡村振兴新时代惠农普法伴您行”活动…… 108

·仲　裁·

概况…… 108
仲裁案件办理…… 108
仲裁法律服务…… 108
劳动争议仲裁…… 108
仲裁信息化建设…… 108
仲裁法律制度推行…… 108
仲裁员管理…… 108

军　　事

·长春警备区·

概况…… 109
党管武装…… 109
军事训练…… 109
国防动员…… 109
基层建设…… 110
后装保障…… 110

·武警长春支队·

概况…… 110
军事训练…… 110
正规化管理…… 110
后勤建设…… 111
执勤处突…… 111
春季防火拉动演练…… 111
“清明祭英烈”公祭…… 111
第四届“爱团队、爱战友”先进典型颁奖典礼…… 111
庆祝中国共产党成立100周年文艺汇演暨重大临时任务表彰大会…… 111
第二十届长春农博会安全保卫…… 111
在总队“强军杯”篮球赛夺冠…… 112
原创微电影《阵地》首映仪式…… 112
后装专业兵实战化比武活动…… 112

·退役军人事务·

概况…… 112
思想政治工作…… 112

政策制度落实…… 112
退役军人就业创业…… 113
双拥品牌打造…… 113

·人民防空·

概况…… 113
人防指挥体系建设…… 113
人防宣传教育…… 113
人防非战时预案…… 114
人防工程建设管理…… 114
人防工程安全管理…… 114
人防工程维护管理…… 114
人防法治建设…… 114
无籍房确权…… 114

经济管理

·宏观经济调控·

统筹疫情防控和经济发展…… 115
经济运行监测…… 115
规划编制…… 115
创新驱动战略…… 115
区域协调发展…… 115
产业结构调整…… 116
重大项目建设…… 116
经济督察整改…… 116

·自然资源管理·

用地保障…… 116
耕地保护…… 116
确权登记…… 116
调查监测及地理测绘…… 116
依法行政…… 117

·国有资产监管·

概况…… 117
国有资产战略性重组…… 117
国有资产监督机制完善…… 117
企业法人治理结构调整…… 117
深化改革…… 117

·财　政·

概况…… 118
财政收支管理…… 118
政府性债务管理…… 120
财政预算绩效管理…… 120
政府采购…… 121
民生保障资金支持…… 122
生态环境保护资金支持…… 122
乡村振兴资金支持…… 122
财政改革…… 122

·税　务·

概况…… 123
减税降费…… 123
纳税服务…… 123
依法治税…… 123
税收改革…… 125

·金融监管·

金融机构监管…… 125
金融风险防范…… 125
地方金融监管…… 125
反假货币工作…… 125
金融法治建设…… 126
金融纠纷化解…… 126
打击洗钱犯罪…… 126
防范非法集资宣传…… 126

·审　计·

概况…… 126
政策跟踪审计…… 126
财政审计…… 127
民生资金和项目审计…… 127
资源环境审计…… 127
领导干部经济责任审计…… 127
审后回访…… 127
审计整改…… 127
审计创新…… 127

·统计管理·

概况…… 127
升规入库入统…… 128
数据核查…… 128
统计成果运用…… 128
法治化建设…… 128
基层基础建设…… 128
规范化建设…… 128
统计大数据决策服务平台…… 128
数字经济统计…… 129
智慧执法改革…… 129
统计宣传活动…… 129
居民收支与生活状况调查…… 129
劳动力调查…… 129
居民消费价格调查…… 129
其他专项调查…… 129
统计服务…… 129
统计法治建设…… 129

·价格监管·

价格调控…… 129
价格改革…… 129
收费管理…… 129

价格调研……130
价格监测……131
成本监审……131
农本调查……131
价格认证……131
价格监督……131

·市场监督管理·

概况……132
市场准入……132
市场秩序治理……132
疫情物资管控……132
商标广告监管……132
经济合同管理……132
食品安全监管……132
药品安全监管……132
特种设备安全监管……133
消费者权益保障……133
综合执法……133

·海　关·

概况……133
口岸疫情防控……133
支持外贸发展……133
检验检疫……134
海关监管……134
海关税收征管……134
查缉走私……134

·知识产权保护·

概况……134
知识产权监督管理……134
专利统计……134
专利培育……134
知识产权转移转化……134
知识产权信息公共服务体系……135
知识产权服务体系发展……135
知识产权对外宣传……135
知识产权培训……135

·信用体系建设·

概况……135
信用服务网络……135
“信易+”应用……135
信用监管……135
诚信宣传……135

汽车产业

·综　述·

概况……136
汽车产业提档升级……136
自主品牌建设……136
重大项目建设……136
技术创新研发……136
新能源和智能网联汽车……137
产业链建设……137
产业生态融合发展……138
汽车后市场服务……138
移动出行业务……138
中国第一汽车集团有限公司……138

·创新研发·

原创技术策源地……139
东北亚汽车产业研究院设立……139
汽车芯片联合实验室成立……139
一汽红旗换电模式新能源汽车推广应用……139
奥迪一汽新能源汽车项目……139
红旗繁荣工厂落成投产……139
一汽解放J7智能工厂落成投产……139
一汽－大众新技术开发中心落成……139
新一代V型6缸直喷增压发动机试制成功……139
一汽红旗技术创新……140
一汽－大众产品创新研发……140
一汽解放创新研发……140
一汽奔腾创新研发……140

·整车制造·

概况……141
红旗工厂……141
蔚山工厂……142
丰越公司……142
一汽解放……143
一汽－大众……144
一汽奔腾……144

·汽车零部件产业·

概况……145
项目投产……145
零部件出口……145

·汽车销售·

新车销售促进……145
国内销售布局……145
汽车出口销售……145
二手车出口落地实施……146

·合资合作·

概况……146
一汽－大众合资合作……146
一汽奔腾对外合作……146
一汽解放合资合作……146

冰雪产业

·综 述·

冰雪资源禀赋…… 147
冰雪运动优势…… 147
冰雪产品建设…… 147
冰雪文化底蕴…… 147
冰雪装备制造…… 148

·冰雪服务设施·

概况…… 148
长春冰雪新天地…… 149
世界雕塑园长春冰雪乐园…… 149
长春汽车冰雪嘉年华…… 149
园区冰雪乐园…… 149
城市冰雪雕塑及冰场…… 149

·冰雪旅游·

概况…… 152
冰雪宣传推介…… 152
冰雪旅游线路…… 153
旅游餐饮美食…… 153
第 25 届长春冰雪节 …… 153

·冰雪运动·

冰雪体育赛事…… 154
区域冰雪活动…… 154
冰雪体验活动…… 154
学生冰雪运动…… 154

·冰雪文化·

概况…… 155
冬奥会火炬展示…… 156
冰雪研学活动…… 156

·冰雪经贸·

第六届吉林雪博会长春市分会场活动…… 158
冰雪旅游区域一体化交流活动…… 158
年货节活动…… 158

农 业

·综 述·

概况…… 159
耕地质量建设…… 159
农资监管…… 159
现代农业发展…… 160
示范园区创建…… 160
绿色生态农业…… 160
农业一二三产业融合发展…… 160

·种植业·

概况…… 160
玉米种植…… 160
水稻种植…… 161
大豆种植…… 161
薯类种植…… 161
高粱种植…… 161
谷子种植…… 161
小麦种植…… 161
杂粮种植…… 161
春季生产…… 161
植物保护…… 161
植物检疫…… 161
高标准农田建设…… 161

·园艺特产业·

概况…… 161
蔬菜产业…… 161
花卉苗木产业…… 162
食用菌产业…… 162
水果产业…… 162
其他经济作物…… 162
特色农产品优势区…… 162
园艺特色乡镇…… 162
设施园艺发展…… 162

·林 业·

概况…… 162
绿化带管护…… 162
林业有害生物防治…… 162
林业科研…… 163
森林防火…… 163
场站管理…… 163

·畜牧业·

概况…… 163
生猪…… 163
肉牛…… 163
羊…… 163
家禽…… 163
肉牛产业发展…… 163
畜禽粪污综合利用…… 163
秸秆饲料化利用…… 164
重大动物疫病防控…… 164
畜产品质量安全监管…… 164
畜牧业项目建设…… 164
畜牧业技术指导服务…… 164
畜禽粪污收储运体系运行管理专项督查…… 164
长春市建立人畜共患传染病联防联控工作机制…… 164
2021 中国·吉林肉牛产业高质量发展峰会 …… 164

·渔 业·

概况…… 165

渔业管理…… 165
稻渔综合种养…… 165
专项执法行动…… 165
渔业资源养护…… 165
渔业生产安全指导…… 165

·种　业·

概况…… 165
种业科技创新…… 165
公主岭国家现代种业产业园建设…… 165
渔业良种培育…… 166
种子销售市场规范化建设…… 166

·休闲农业·

概况…… 166
“一村一品”示范村镇…… 166
美丽休闲乡村…… 166

·农业产业化经营·

概况…… 166
农业产业化领军型龙头企业认定…… 166
农业产业化联合体…… 166
重点企业运行…… 166
园区和项目建设…… 166
现代农业产业园…… 166
家庭农场…… 166
农民专业合作社…… 166

·农产品质量建设·

概况…… 167
农产品质量安全监测…… 167
食用农产品承诺达标合格证制度落实…… 167
绿色有机示范园区创建…… 167
农产品质量安全专项整治…… 167
“三品一标”建设…… 167
品牌产品认定…… 167
品牌建设推广…… 167
长春品牌农业展…… 167

·农业机械化·

概况…… 167
农机购置补贴落实…… 167
农机服务组织…… 168
保护性耕作技术推广…… 168
无人作业示范…… 168

·农业技术推广·

概况…… 168
农业科技培训…… 168
农技推广队伍…… 168
新型职业农民培育…… 168

·农村水利·

农村集中供水…… 168
灌区项目建设…… 168
水土流失治理…… 168

工　业

·工业经济运行·

概况…… 169
主要产业…… 169
百亿企业…… 170
工业投资…… 170
技术创新…… 170
项目管理…… 170

·装备制造业·

综　述

概况…… 181
重点企业…… 181
主要产品…… 181

轨道交通装备

概况…… 181
科技创新…… 181
项目建设…… 182
复兴号高寒动车组担当京哈高铁主力车型…… 182
长客造“智慧列车”亮相上海地铁 15 号线…… 182
中长客车为嘉兴打造新一代储能式有轨电车…… 182
世界首次 8 辆编组高速动车组碰撞试验成功…… 182
中国标准地铁列车研制成功…… 183
首次通过联合体投标方式中标长春 6 号线站台门项目…… 183
深圳市城市轨道交通 20 号线一期工程全自动驾驶首列车下线…… 183
金台铁路动力集中动车组下线…… 183
以色列特拉维夫红线轻轨项目首列车首次试跑…… 184
洛杉矶地铁项目首批车揭幕仪式在美国春田工厂举办…… 184
中车长春轨道客车股份有限公司…… 184

航空航天产业

通用机场建设…… 185
无人机领域…… 185
飞机维修…… 185
航天装备…… 185
长光卫星…… 185

其他装备制造业

精密仪器与装备…… 185
智能成套装备…… 185
电气装备…… 185
农机装备…… 186
能源装备…… 186
环保装备…… 186

· 生物医药产业 ·

概况…… 186
产业规划编制…… 186
重点项目建设…… 186
金赛药业…… 186
百克生物…… 187
长春生物制品研究所…… 187

· 光电信息产业 ·

概况…… 188
产业规划…… 188
重点项目建设…… 188
重点企业…… 188
长光卫星…… 188

· 食品产业 ·

概况…… 189
重点企业发展…… 189
产品体系建设…… 189
重点项目…… 190
皓月集团…… 190
九三集团长春公司…… 190
朱老六食品公司…… 190

· 材料产业 ·

概况…… 191
重点企业发展…… 191
吉林奥来德…… 191
长春圣博玛…… 191
兰舍硅藻…… 191

· 能源产业 ·

煤炭…… 192
天然气…… 192
电力…… 192
新能源…… 194

建筑业

· 综 述 ·

概况…… 195
建筑业企业培育…… 195
建筑市场秩序管理…… 195
建筑市场信用管理…… 195
新型墙体材料专项基金…… 196

· 装配式建筑发展 ·

概况…… 196
装配式建筑供给市场建设…… 196
2021 中国（长春）装配式建筑暨新材料产业博览会 …… 196

· 建设工程管理 ·

重点建筑企业…… 196
重点建设项目…… 197
建设工程项目检查…… 197
建设工程质量检查…… 197

· 建筑行业监管 ·

房屋质量监管…… 198
房屋征收…… 198
劳务用工人员管理…… 198
施工现场标准化管理…… 198
建筑市场信用管理体系建设…… 198
外埠入长建筑业企业管理…… 198

商贸服务业

· 商贸流通 ·

概况…… 199
促销活动…… 201
营商环境…… 201
电商经济发展…… 201
成品油市场监管…… 201
二手车市场管理…… 201
生活必需品保障…… 201
市场开拓…… 201

· 供销合作 ·

概况…… 202
项目建设…… 202
农村社会化服务…… 202
农村电商服务…… 202
第四届供销特色农产品展销会…… 202
助力卧虎村发展…… 202
战略合作…… 202

· 粮食和物资储备 ·

概况…… 202
粮油稳价保供…… 202
粮食收购…… 203
国有粮食企业清查…… 203
粮食品牌创建…… 203
优质粮食工程…… 203
盐务工作…… 203

· 烟草专卖 ·

概况…… 203
卷烟市场监管…… 204
企业技改…… 204
烟叶产业扶贫富农…… 204

· 邮 政 ·

概况…… 204
邮政寄递服务…… 204
机构设备…… 204

通信网路……204
服务能力……204
邮政快件绿色发展……204
邮政快递业疫情防控……205
行业发展规划……205
寄递行业安全监管……205
普通服务监管……205
邮政市场监管……206

· 快递业 ·

概况……206
民营快递……206
“快递进村”……206
行业供给质量……206
快递企业建设……206
关爱“快递小哥”……206
快递技术人员培养……207

· 新兴服务业 ·

人力资源服务……207
科技服务业……207
检验检测服务……207
公证服务……208
律师服务……208
会计服务……208
拍卖行业管理……209
广告业……209
家政服务……209
养老服务……209

会展业

· 综　述 ·

概况……210
会展场馆……210
会展人才培养……210

· 文化旅游展会 ·

2021 中国长春冰雪旅游节……210
2021 长春消夏艺术节……210
第十七届中国（长春）国际动漫艺术博览会……210
第十六届中国长春电影节……211

· 商贸展会 ·

长春第二十三届广告印刷及 LED 照明博览会……211
2021 东北（长春）第二十五届建筑装饰及材料博览会……211
2021 第十五中国·吉林现代农业机械装备展览会暨首届中国·长春智慧农业装备博览会……211
2021 中国（长春）装配式建筑暨新材料产业博览会……211
2021 第二届中国（长春）中高端粮农产品展洽会……211
2021 长春“五一”车展……211
2021 中国（长春）第十五届连锁加盟创业项目展览会……212
2021 中国（长春）交通运输与包装物流产业博览会……212
第三届东北亚（吉林）安全与应急产业博览会……212
2021 第二届中国·长春新环保新能源产业博览会……212
第十八届中国（长春）国际汽车博览会……212
第二十届中国长春国际农业·食品博览（交易）会……212
第十一届中国（长春）国际茶产业博览会……212

现代物流业

· 综　述 ·

概况……213
市场主体……213
“干 + 仓 + 配”一体化模式……213
行业模式……213
物流服务……213
行业整合……213
多式联运……214
国际陆港建设……214
生产服务型国家物流枢纽……214

· 物流通道建设 ·

概况……215
省级通道……215
市级通道……215

· 物流服务体系建设 ·

制造业物流体系……215
商贸流通物流体系……215
农业专业化物流体系……216
绿色物流体系……216
数智化物流体系……216

旅游业

· 综　述 ·

概况……217
旅游发展规划……217
政策扶持……217
旅游品牌建设……217

· 旅游资源 ·

概况……217
旅游项目建设……217
伪满皇宫博物院……219
净月潭国家森林公园……219
长春世界雕塑园……219

· 旅游业态 ·

概况……219
冰雪旅游……219

乡村旅游…… 219
红色旅游…… 220
研学游…… 221
城市休闲游…… 221
民俗旅游…… 221

· 旅游营销 ·

概况…… 221
春秋两季旅游市场宣传…… 222
夏季旅游形象宣传…… 222
旅游赛事活动…… 222
国际交流推介…… 222
国内交流推介…… 222
2021 长春消夏艺术节 …… 223
春季踏青赏花系列活动…… 228
2021 长春汽车文化旅游节 …… 228
县区节事活动…… 228

· 旅游行业管理 ·

概况…… 228
行政审批…… 228
旅行社及星级饭店管理…… 229
旅游公共服务…… 229
旅游行业组织…… 229
旅游市场监管…… 229
旅游安全生产…… 229

· 长春莲花山生态旅游度假区 ·

概况…… 229
重点项目建设…… 230
文旅产业…… 230
基础设施建设…… 230
乡村振兴建设…… 230
民生工作…… 231
区域环境保护…… 231
冰雪文旅产业…… 231

房地产业

· 房地产开发 ·

概况…… 232
土地出让…… 232
土地成交…… 232
企业资质管理…… 232
核发“两书” …… 232
企业信用评价…… 232
预售资金监管…… 233

· 房地产经营 ·

概况…… 233
已登记发证房屋总量…… 233
已登记发证住宅总量…… 233
住宅成套率…… 233
商品房上市供应…… 233
商品房库存…… 233
商品房销售…… 234
二手房交易…… 234
房地产抵押…… 234
房地产经纪…… 234
住房租赁试点…… 234

· 房地产市场监管 ·

概况…… 234
房屋权属管理…… 234
房屋安全监管…… 235
房地产行政处罚…… 235
房地产市场风险防范化解…… 235
房地产市场秩序整顿…… 235

· 物业管理 ·

概况…… 235
老旧住宅物业管理…… 235
信用管理和招投标…… 235
物业维修资金使用…… 235

金融业

· 综　述 ·

概况…… 236
融资服务…… 236
营商环境…… 236
招商合作…… 237
支付服务…… 237
消费者权益保护…… 237
政校企合作…… 237
金融产品推介…… 237
普惠金融…… 238
“服务企业周”金融政策解读暨银企对接专项活动…… 238

· 银行业 ·

概况…… 238
国家开发银行吉林省分行…… 238
农发行吉林省分行营业部…… 239
工商银行长春分行…… 239
农业银行吉林省分行…… 239
中国银行吉林省分行…… 240
建设银行吉林分行…… 240
邮储银行长春市分行…… 240
吉林银行长春分行…… 240
中国民生银行长春分行…… 240
中信银行长春分行…… 240

· 证券期货业 ·

概况…… 240
企业上市…… 240
朱老六公司成为长春市首家北交所上市企业…… 241

· 保险业 ·

概况…… 241
中国人寿长春分公司…… 242
中国人保财险长春市分公司…… 242
大地财险长春市中心支公司…… 242

· 其他非银行金融机构 ·

概况…… 243
典当公司…… 243
融资担保公司…… 243
商业保理公司…… 243
小额贷款公司…… 243

数字经济

· 数字基础设施建设 ·

新基建“761”工程…… 244
4G 网络建设…… 244
5G 网络建设…… 244
数字底座建设…… 244

· 数字产业化 ·

概况…… 245
人工智能产业…… 245
软件服务业…… 245
云计算产业…… 245
大数据产业发展试点示范项目…… 245

· 产业数字化 ·

“两化”融合工作…… 245
工业互联网…… 245
工控安全保障…… 245

· 通信业 ·

中国联通长春分公司…… 245
中国移动长春分公司…… 245
中国电信长春分公司…… 246
通信管理…… 246
无线电管理…… 247

· 数字化应用 ·

数字政府建设…… 248
数据共享…… 248
智慧广电建设…… 248
智慧城市建设…… 248

· 净月数字经济产业园区 ·

概况…… 249
新基建项目…… 249
项目引进…… 249
数据中心建设…… 249

交通 · 水利

· 铁　路 ·

概况…… 250
车辆调度…… 250
货物运输…… 250
旅客运输…… 250
车辆维修…… 251
供电维修管理…… 251
电务设备维护…… 252
线路线桥养护…… 252
高铁基础设施…… 252

· 公　路 ·

概况…… 253
公路运输…… 253
公路建设…… 253
公路管理…… 254
公路养护…… 254
道路运输企业…… 255

· 民用航空 ·

概况…… 255
生产经营…… 255
运行服务…… 255
安全建设…… 255
“智慧机场”建设…… 256
提质增效…… 256
春节假期保障…… 256
疫情防控…… 256

· 水　利 ·

工程招投标管理…… 257
工程建设管理…… 257
水政监察…… 257
运行管理…… 257
水利行业监管…… 257

开放合作

· 长吉图开发开放先导区建设 ·

平台建设…… 258
开放通道…… 258
重点项目…… 258

· 招商引资 ·

概况…… 258
优质项目签约落位…… 258

强企大商汇集…… 259
产业生态圈集聚发展…… 259
招商引资专班…… 259
环渤海区域招商…… 259
长三角区域驻点招商…… 259
珠三角区域招商…… 259
省内对接合作…… 259
投资项目合作…… 259
建设跨境电商综合试验区…… 259
联络服务商会…… 260
县（市）区、开发区招商…… 260
项目谋划和督导考核…… 260
对外招商…… 260

·对外贸易·

货物进出口…… 260
利用外资…… 261
中欧班列…… 261
服务贸易…… 261
服务外包…… 261

·经贸促进·

第十三届中国—东北亚博览会…… 262
承办世界中医药大会第六届夏季峰会…… 262
服务各开发区和进出口企业…… 263
扩展商法服务…… 263
商会建设…… 263

·中韩（长春）国际合作示范区·

概况…… 263
国际合作…… 264
项目建设…… 264
科技创新…… 264
基础设施建设…… 264
营商环境建设…… 264
民生服务…… 264
中韩城市馆开馆…… 264

区域发展

·长春吉林一体化发展·

规划同筹…… 265
交通同网…… 265
信息同享…… 265
产业同兴…… 265
功能同步…… 265
科教同促…… 265
旅游同线…… 265
环境同治…… 265

·长春四平一体化发展·

一体化规划…… 266
交通同网…… 266
园区同建…… 266
产业同兴…… 266
开放同畅…… 266
服务同城…… 266
生态同治…… 266

·市州合作·

对接合作…… 266
对接活动…… 266
重点合作…… 267
常态化对接…… 267

·对口合作·

与天津对口合作…… 267
与杭州对口合作…… 269
区域合作…… 270

长春新区

·综　述·

概况…… 271
扶持政策…… 271
生态环境…… 272

·科技创新·

科技发展…… 272
金融服务…… 272
人才服务…… 272

·产业发展·

概况…… 273
主导产业…… 273
特色园区…… 273
综合性园区…… 273
医药健康产业园区…… 273
IT 产业园区 …… 274
航空航天及智能制造产业园区…… 274
新材料产业园区…… 274
文化创意产业园区…… 274

·经贸合作·

招商引资…… 274
项目建设…… 274
口岸建设…… 274
对外合作…… 274
长春临空经济示范区揭牌…… 275

·新区建设·

基础设施建设…… 275
生态环境建设…… 275

城市管理……275

·营商环境·

概况……275
制度创新……275
企业服务……276
“万人助万企”行动……276

·社会事业·

教育……276
文化……276
体育……276
卫生……277
社会保障……277
幸福新区行动计划……277

开发区建设

·综　述·

概况……278
改革政策与措施……278
开发区贸易……278

·长春高新区·

概况……279
科技资源……279
科技项目管理……279
知识产权管理与保护……279
招商引资……279
重点项目建设……279
综合经济管理……279
民生保障……280
基础设施建设……280
生态环境建设……280

·长春经济技术开发区·

概况……280
招商引资……280
工业信息产业……280
光电信息产业……281
企业整合……281
公共资源优化……281
物流产业……281
道路城区建设……281
能源环境保护……281
民生工作……281
汽车主导产业……281
新兴产业规模化……281
传统产业品牌化……281

·长春净月高新技术产业开发区·

概况……282
招商引资与经济合作……282
影视文旅产业……282
科技创新……282
农业生产与农村建设……282
公共设施建设……283
生态环境保护……283
教育资源建设……283
医疗防疫……283
民生工作……284
产业园区建设……284

·长春汽车经济技术开发区·

概况……284
改善营商环境……284
招商引资……285
重点项目建设……285
城区环境建设……285
民生工作……285
中德汽车产业……285
汽车冰雪嘉年华……285
中国长春国际汽车城汽车物流基地……285

民营经济

·综　述·

概况……286
民营企业培育……286
政策环境……286
服务环境……286

·民营经济发展·

概况……287
民营经济总量……287
民营经济质量……287
市场活跃度……287
社会贡献度……287
改革试点建设……287
政策支持体系……287
创新驱动引领发展……288
企业转型升级……288

·民营经济服务·

服务平台建设……288
企业经营难题破解……288
投资融资服务……288
“服务企业周”活动……288

·重点民营企业·

北康酿造……290
长春泰盟……290
长春华涛……290

长春吉文…… 290
长光宇航…… 290
科英激光…… 291
万通药业…… 291
中研股份…… 291

城市建设

·城市规划·

概况…… 292
国土空间总体规划…… 292
区域规划及专项规划…… 292
城市设计及历史名城保护…… 292
城市建设发展规划…… 293

·城市更新·

概况…… 293
城市“伤痕修复”…… 293
口袋公园…… 293
“拆围透绿”…… 293
“走遍长春”专项行动…… 293
地下管网改造…… 293
城市智能体建设…… 294
老旧小区改造…… 294
棚户区改造…… 294

·市政基础设施建设·

城市供水…… 294
污水处理…… 294
城市排水…… 296
城市供电…… 296
燃气供应…… 297
供热保障…… 297
道路桥梁…… 297
市政道路改造…… 297
路灯照明…… 297
垃圾处理…… 298
防汛设施…… 298

·园林绿化·

概况…… 298
公园建设…… 298
公园服务…… 298
绿化养护…… 298
义务植树…… 298
园林植保…… 299
养护管理…… 299
古树名木保护…… 299

·城市管理·

概况…… 304
市容环境管理…… 304
毁绿种菜治理…… 304
城市精细化管理…… 304
环境卫生管理…… 304
户外市场管理…… 305
数字城管建设…… 305
行业监管…… 305

·城市公共交通·

概况…… 305
公交线网建设…… 305
出租汽车行业服务…… 305
轨道交通…… 305
行业整治…… 307
执法监管…… 307
疫情防控…… 308
法制建设…… 308
行业生产安全…… 308

乡村振兴

·脱贫攻坚成果巩固·

概况…… 309
长春市乡村振兴局揭牌…… 309
帮扶政策稳定…… 309
部门包保帮扶…… 309
防止返贫致贫…… 309
困难群体保障…… 309
脱贫人口增收…… 310
健康扶贫成果巩固…… 310

·农村改革·

农村集体产权制度改革…… 310
农村宅基地制度改革…… 310
农业支持保护制度…… 311
农村土地流转…… 311

·产业发展·

优势产业培育…… 311
农业招商引资…… 311
新业态发展…… 311
农村双创…… 311
经营体系建设…… 312
双阳区鹿乡镇鹿乡村晋升为国家级一村一品示范村镇…… 312

·乡村建设·

概况…… 312
村庄规划编制…… 312
农村人居环境整治…… 312
村庄清洁行动…… 312
农户卫生厕所改造…… 312

农村生活垃圾治理…… 312
村屯绿化美化…… 313
美丽农村路建设…… 313
美丽庭院干净人家创建…… 313
乡村基础设施建设…… 313
农村公共服务…… 313
“一村一名大学生村医”计划落实…… 313
村医“计分制”管理试点…… 313
高校包保帮扶…… 313

· 乡村文化 ·

概况…… 314
农村文化活动…… 314
乡村旅游…… 314
基层公共文化设施运行管理绩效考评…… 314
“大地情深”中央歌剧院走进长春系列文化活动…… 314
2021 长春市乡旅金秋趣味赛在九台区马鞍山村举办 …… 314

· 乡村治理 ·

概况…… 315
村“两委”换届…… 315
网格化管理…… 315
治理服务…… 315
长春市 4 个村入选全国村级议事协商创新实验试点单位…… 315
长春市双阳区拓展“1+3+X”乡村治理模式 …… 315

生态建设

· 综　述 ·

生态环境保护规划…… 316
环境影响评价与行政审批…… 316
国土空间生态修复…… 316
生态环境宣传教育…… 316

· 生态环境质量 ·

空气质量…… 316
声环境质量…… 316
地表水环境质量…… 317
土壤环境质量…… 317

· 黑土地保护 ·

概况…… 317
千万亩黑土地保护工程…… 317
耕地质量基础监测…… 317
盗采黑土泥炭行为专项排查整治…… 318
黑土地保护宣传行动…… 318

· 水资源保护 ·

水资源保护…… 318
水生态修复…… 318
河湖长制…… 318

· 伊通河保护 ·

工程建设管理…… 318
环保督察迎检…… 318
执法监督…… 319
水体水质监测…… 319

· 森林和自然保护地保护 ·

概况…… 319
森林资源保护…… 319
自然保护地保护…… 319
湿地保护…… 320
生物多样性保护…… 320
绿盾自然保护区监督检查专项行动…… 321
万里绿水长廊建设…… 321
净月潭国家森林公园…… 321
长春北湖国家湿地公园…… 321

· 节能减排 ·

概况…… 322
节水型社会建设…… 322
建筑节能…… 322
汽车产业节能减排…… 323
“双碳”示范城创建…… 323
农药化肥减量…… 323
农药包装废弃物回收处置…… 323
交通节能…… 323

· 污染防治 ·

大气污染防治…… 323
水污染防治…… 323
土壤污染防治…… 324
农业面源污染治理…… 324
固体废物污染防治…… 324
污染防治项目…… 324

· 生态环境监管 ·

概况…… 324
生态环境监测…… 324
生态环境保护督察…… 324
生态环境执法…… 324
辐射安全监管…… 324

科学技术

· 科技服务 ·

科技规划编制…… 325
科技研发目标…… 325
科技法治建设…… 325

· 科技创新 ·

科技体制创新…… 325
科技创新立法…… 325

科技创新环境建设…… 326
科技资源利用…… 326
长光卫星技术有限公司入选 2020 年中国独角兽企业榜单… 326

· 科技平台建设 ·

创新平台基地建设…… 326
重点科技创新创业基地建设…… 327
科技创新企业培育…… 327

· 科技项目 ·

关键核心技术攻关…… 327
重大攻关项目…… 327
科技创新投入…… 327

· 科技成果转化 ·

科技政策支持…… 327
成果转化服务平台建设…… 328
市级科创基金设立…… 328

· 科技交流合作 ·

对外科技合作…… 328
市院科技合作…… 328
对口科技合作…… 328
涉外引才引智…… 328

· 中国科学院长春分院 ·

概况…… 328
长春光机所科技成果…… 328
长春应化所科技成果…… 329
东北地理所科技成果…… 329
长春人卫站科技成果…… 330
国际交流合作…… 330
国内交流合作…… 330
2021Light 国际光日系列学术活动 …… 330

教　　育

· 综　述 ·

概况…… 331
中小学素质教育…… 331
谋划教育规划布局…… 332
督导保障功能…… 332
依法治教…… 332
平安校园建设…… 332
优化教育干部结构…… 332
改善教师结构…… 332
保障教师权益…… 332
教师培训…… 332
师风建设…… 332

· 学前教育 ·

概况…… 333
普及普惠…… 333
保教质量…… 333
幼小衔接…… 333

· 义务教育 ·

招生工作…… 333
大学区改革…… 333
优质均衡…… 333
推进“双减”落地…… 333
控辍保学…… 333
基础教育…… 333

· 高中教育 ·

联盟发展…… 333
高考综合改革…… 334
教育教学改革…… 334
思政课改革…… 334
特殊教育…… 334
概况…… 334
特教保障…… 334
“特岗计划”招聘…… 334

· 职业教育 ·

概况…… 334
专业学科建设…… 334
学校招生…… 334
招聘活动…… 334
技能扶贫…… 334
职教建设…… 334

· 高等教育 ·

概况…… 335
高校教学改革…… 335
高校教学成果…… 335
科研工作…… 339
人才队伍建设…… 340
高校国际交流与合作…… 341
学生工作…… 342
平安校园建设…… 343
疫情防控…… 343

· 民办教育 ·

概况…… 344
“公参民”治理…… 344
核查整改…… 344
招生计划…… 344
合作办学…… 344

文　　化

· 公共文化 ·

综　述

概况…… 345

图书馆…………………………………………… 345
博物馆…………………………………………… 345
文化馆…………………………………………… 347
公共文化服务…………………………………… 347

长春市群众艺术馆

概况……………………………………………… 347
吉林省暨长春市万人百姓健康舞展演活动……………… 348
长春市群众舞蹈精品展演………………………… 348
公益培训………………………………………… 348
基层骨干培训…………………………………… 348
“春芽”六一晚会………………………………… 349
青少年艺术系列大赛…………………………… 349
数字化建设……………………………………… 349
长春市文化高质量发展专家指导委员会成立………… 349
春回大地主题音乐诗会………………………… 349
钢琴音乐秀活动………………………………… 349
“红色故事”宣讲………………………………… 349
中秋诗会………………………………………… 349
群众诗歌、散文、微小说征文大赛……………… 349
农民歌手大赛…………………………………… 349
“千家万福”公益拍活动………………………… 349
电影节系列群众文化活动……………………… 349
长春冰雪节开幕式文艺演出…………………… 350
残疾人文化艺术精品展演……………………… 350
新年音乐会……………………………………… 350
展览活动………………………………………… 350

长春市朝鲜族群众艺术馆

大型民族特色活动……………………………… 350
原创品牌………………………………………… 350
红色记忆传承…………………………………… 350
文体赛事………………………………………… 350
数字化体验空间………………………………… 350
公益培训………………………………………… 351
演出活动………………………………………… 351
市图书馆和市少儿图书馆分馆实现空间融合……………… 351
文化下基层惠民活动…………………………… 351

长春市图书馆

概况……………………………………………… 351
庆祝中国共产党成立 100 周年主题系列活动…………… 352
贯彻习近平总书记“七一”重要讲话精神宣讲活动…… 352
长春市图书馆藏文学作品插画展………………… 352
建立“阅 HUI · 长图”品牌矩阵………………… 352
承办“2021 全国出版发行界图书馆界阅读推广论坛” … 352
2021 长春市民读书节 ………………………… 352
长春冰雪阅读季活动…………………………… 352
“百年、百天、百地、百书、百题”系列活动………… 352
“党建学习园地”建设…………………………… 353
“书香家庭”建设项目…………………………… 353
区域信息共享平台建设………………………… 353
公共图书馆高质量发展联盟…………………… 353
城市阅读书网实体网点建设…………………… 353
图书馆馆员业务培训…………………………… 353
《品读》改版升级………………………………… 353
长春市图书馆获评“全国文化和旅游系统先进集体” … 353
长春市少年儿童图书馆………………………… 353

长春博物馆

概况……………………………………………… 354
公共文化服务…………………………………… 354
博物馆联盟……………………………………… 354
交流展览………………………………………… 354
合作交流………………………………………… 354
文创产品………………………………………… 354
云服务…………………………………………… 354
教育普及………………………………………… 355

长春市文庙博物馆

概况……………………………………………… 355
庆祝中国共产党成立 100 周年“十百千万”系列活动… 355
祭孔活动………………………………………… 355
国际博物馆日…………………………………… 355
节庆活动………………………………………… 355
警示教育活动…………………………………… 356

· 文学艺术 ·

概况……………………………………………… 356
文艺创作………………………………………… 356
精品演出………………………………………… 356
获杂技魔术最高奖金菊奖……………………… 356
“大地情深”中央歌剧院走进长春系列文化活动……… 357
长影周末音乐会………………………………… 357
长春爵士音乐节………………………………… 357
“四季长春”全国油画名家绘长春写生活动………… 357
惠民演出………………………………………… 357
戏剧剧本创作…………………………………… 357
戏剧星期六……………………………………… 358
文艺理论研究…………………………………… 358

· 文化遗产保护 ·

概况……………………………………………… 358
文物保护利用…………………………………… 358
考古研究………………………………………… 358
非物质文化遗产挖掘与利用…………………… 359

· 哲学社会科学 ·

科研立项………………………………………… 359
社团管理………………………………………… 359

社科普及…………………………………………………… 359
刊物编辑…………………………………………………… 360
科研基地建设……………………………………………… 360
交流活动…………………………………………………… 360

· 史志档案 ·

党史工作

党史编研…………………………………………………… 360
党史资政…………………………………………………… 360
党史宣教…………………………………………………… 360

地方志工作

志书编纂与出版…………………………………………… 360
旧志整理与出版…………………………………………… 361
年鉴编纂与出版…………………………………………… 361
地方志资源开发利用……………………………………… 361
信息化与方志馆建设……………………………………… 361
理论研究…………………………………………………… 361

档案工作

概况………………………………………………………… 361
档案征集…………………………………………………… 361
发挥档案作用……………………………………………… 361
档案宣传…………………………………………………… 362
档案法实施………………………………………………… 362

· 新闻出版 ·

长春日报

概况………………………………………………………… 362
重大主题宣传……………………………………………… 362
媒体深度融合……………………………………………… 362

长春出版传媒集团

概况………………………………………………………… 362
重点图书出版……………………………………………… 363
文化建设服务项目………………………………………… 363
主题出版项目……………………………………………… 363

· 广播电视 ·

概况………………………………………………………… 363
重大主题宣传报道………………………………………… 363
精品文艺节目工程打造…………………………………… 364
文艺制作…………………………………………………… 364
精品栏目优化……………………………………………… 364
数字平台建设……………………………………………… 364
经营创收…………………………………………………… 364

· 长影集团 ·

概况………………………………………………………… 365
主业创作…………………………………………………… 365
《没有一个春天不会来临》摄制完成…………………… 365
《青春作伴好还乡》首映………………………………… 365
《疯狂 731》青岛主场景拍摄新闻发布会 ……………… 365
长影乐团全国巡演………………………………………… 365
电影修复展映……………………………………………… 365
长影旧址博物馆深化产业业态联盟……………………… 366
长影混录棚改造工程……………………………………… 366

· 文化产业 ·

概况………………………………………………………… 366
文化产业项目建设………………………………………… 366
文化企业扶持……………………………………………… 366
编制规划…………………………………………………… 366
“文化英才”推荐………………………………………… 366
文化活动…………………………………………………… 366

· 文化市场管理 ·

概况………………………………………………………… 378
行政审批…………………………………………………… 378
制度建设…………………………………………………… 378
文化市场监管……………………………………………… 378

卫生健康

· 综　述 ·

概况………………………………………………………… 379
健康长春行动……………………………………………… 379
健康促进活动……………………………………………… 379
卫生事业规划……………………………………………… 379
医疗卫生服务……………………………………………… 379
公共卫生体系建设………………………………………… 379
卫生健康科技项目………………………………………… 380
重点专科建设……………………………………………… 380

· 医疗卫生体制改革 ·

分级诊疗制度完善………………………………………… 380
公立医院综合改革………………………………………… 380
基本药物制度落实………………………………………… 380
医联体工作………………………………………………… 380

· 新冠疫情防控 ·

概况………………………………………………………… 380
新冠患者医疗救治………………………………………… 381
境外输入无症状感染者管理……………………………… 381
大规模核酸检测…………………………………………… 381
医院感染防控……………………………………………… 381
新冠肺炎恢复期血浆采集………………………………… 381
隔离人员就医……………………………………………… 381
常态化疫情防控…………………………………………… 381
新冠肺炎救治培训………………………………………… 382
核酸检测能力建设………………………………………… 382
医疗救治保障……………………………………………… 382

· 疾病预防控制 ·
传染病防控…… 382
结核病防治…… 382
艾滋病防治…… 382
预防接种…… 383
慢性非传染病疾病防治…… 383
精神卫生管理…… 383
地方病防治…… 383
饮用水卫生监测…… 383
公共场所健康危害因素监测…… 383
空气污染对人群健康影响监测…… 383
学校卫生监测…… 384
· 基层卫生 ·
基层常态化疫情防控…… 384
居民电子健康档案向个人开放试点…… 384
县域医共体建设…… 384
家庭医生签约服务…… 384
国家基本公共卫生服务…… 384
基层医疗卫生服务…… 385
· 妇幼保健 ·
概况…… 385
生育服务管理…… 385
母婴安全监管…… 385
母婴室建设…… 385
3 岁以下婴幼儿照护服务 …… 385
“绿色通道”签约医院…… 385
贫困妇女“两癌”筛查…… 385
计划生育专项整治…… 385
儿童保健管理…… 385
出生医学证明管理…… 385
· 职业卫生 ·
职业健康宣传培训…… 385
监督执法…… 386
重点职业病危害因素监测…… 386
职业性放射性疾病监测…… 386
工作场所职业病危害因素监测…… 386
放射性危害因素监测…… 386
重点行业专项治理…… 386
职业健康技术支撑体系建设…… 386
· 老年健康 ·
概况…… 386
老年人基本公卫服务…… 386
老年人心理关爱项目…… 387
“老年健康宣传周”活动…… 387
安宁疗护试点…… 387
· 爱国卫生 ·
概况…… 387
城乡环境卫生综合整治…… 387
文明健康绿色环保生活方式引领…… 387
卫生城镇创建成果巩固…… 388
无烟环境建设…… 388
健康城市评价…… 388
病媒生物防制…… 388
· 卫生监督 ·
概况…… 388
医疗卫生行业综合监管…… 388
卫生监督日常管理…… 389
医疗废物监督管理…… 389
食品安全监管…… 389
病原微生物实验室生物安全管理…… 389
高致病性病原微生物菌（毒）种或样本运输证办理…… 390
专项整治活动…… 390
营养健康推进…… 390
· 中医药事业 ·
概况…… 390
管理机制建设…… 390
中医药健康管理…… 390
基层中医药服务…… 390
中医医院建设…… 390
中医药人才培养…… 390
中医药健康文化知识普及…… 391
中药汤剂治疗新冠肺炎…… 391
中医药科研…… 391
· 医政药政管理 ·
公共卫生人才培养…… 391
医师资格考试…… 392
在岗乡村医生学历教育…… 392
医学继续教育…… 392
平安医院建设…… 392
医疗卫生系统纠风…… 392
重要活动医疗保障…… 392
民营医院管理…… 392

体　育

· 体育设施 ·
概况…… 393
长春体育中心五环体育馆…… 393
长春体育场…… 394
长春市滑冰馆…… 394
长春市全民健身活动中心…… 394

长春市体育馆…… 394

· 冰雪运动 ·

概况…… 395
迎冬奥冰雪系列主题活动…… 396
大众冰雪季…… 396
长春市青少年阳光体育大会…… 396
青少年冰雪冬令营培训…… 396

· 全民健身 ·

概况…… 396
全民健身活动…… 396
全民健身设施…… 397
国民体质监测…… 397
农民趣味运动会…… 397
青少年体育公益培训…… 397

· 竞技体育 ·

概况…… 397
参加东京奥运会…… 398
参加第十四届全国运动会…… 398
参加其他国家级赛事…… 398
吉林省第十九届运动会…… 398
体育人才梯队建设…… 399
长春亚泰吉林农大女子足球队成立…… 399
全国足球发展重点城市申报…… 399
2021—2022 赛季中国男子篮球职业联赛常规赛第二阶段赛会制比赛在长春举行…… 399
筹备中国长春净月潭瓦萨国际滑雪节…… 399
中国长春（国际）无人驾驶汽车冰雪挑战赛…… 400
2021 年全国象棋男子甲级联赛第一阶段比赛在长春举行… 400
全运会气排球 B 组比赛在长春举行…… 400

· 体育产业 ·

体育产业实施新举措…… 400
居民体育消费调查…… 400
《长春市推进国家体育消费试点城市建设实施方案》出台… 400
体彩销售…… 400

社会生活

· 人口家庭 ·

人口与生育…… 401
婚姻登记…… 401
出生人口信息采集录入…… 401
生育服务证办理…… 401
计划生育奖励扶助…… 401
收养工作…… 401
殡葬管理…… 402

· 收入消费 ·

概况…… 402
城镇居民可支配收入…… 402
居民消费价格总指数 CPI …… 403
八大类商品价格指数…… 403
居民消费增长主要因素…… 403

· 劳动就业 ·

概况…… 403
高校毕业生就业…… 404
城镇就业困难群体帮扶…… 404
农村劳动力转移就业…… 404
脱贫人员就业…… 404
人才培养…… 404
工资集体协商…… 404
农民工权益保障…… 404

· 社会保险 ·

养老保险…… 404
失业保险…… 405
工伤保险…… 405
数字化经办模式…… 405
便民服务模式…… 405
管理模式…… 406

· 社会救助 ·

概况…… 406
城乡低保…… 406
未成年人保护…… 406
专项社会救助…… 407
急难社会救助…… 407
慈善救助…… 407
红十字会救助…… 407

· 社会福利 ·

妇女儿童福利…… 408
残疾人福利…… 408
老龄福利…… 409
福彩事业…… 409

· 医疗保障 ·

概况…… 410
医政药政管理…… 410
异地就医…… 410
家庭医生签约服务…… 410
照护保险…… 410
智能监控…… 411
疾病诊断相关分组付费管理试点…… 411
服务改革…… 411
信息化建设…… 411
惠民政策…… 411

· 住房保障 ·

住房制度改革…… 411
公租房建设…… 411
保障性租赁住房建设…… 411
住房补贴发放…… 412
住房公积金…… 412

· 老龄事务 ·

老年友好型社区创建…… 413
敬老月活动…… 413
敬老爱老助老社会氛围营造…… 413
医养结合…… 414

· 社区建设 ·

“两委”换届…… 414
网格化管理…… 414
治理服务…… 414

· 社会组织管理 ·

概况…… 414
社会组织分布…… 415
清理整顿…… 415
综合监管…… 415

· 民族宗教事务 ·

民族团结进步宣传月…… 416
民族乡村振兴…… 416
民族交流…… 416
宗教界爱国教育…… 416
依法管理…… 417

· 精神文明建设 ·

全国文明城市创建…… 417
文明单位创建…… 417
公民思想道德建设…… 418
新时代文明实践…… 418
志愿服务…… 418
农村精神文明创建…… 418
未成年人思想道德建设…… 418

应急管理

· 综　述 ·

应急指挥…… 419
应急救援…… 419
依法监管问责…… 419
安全宣传教育…… 419
举报投诉办理…… 419

· 防灾减灾 ·

概况…… 420
农业防灾减灾…… 420
水旱灾害防御…… 420
应急抢险救援…… 420
内涝防御整治…… 420
防震抗震…… 420
气象防灾…… 420
地质灾害防治…… 421
防灾减灾科普宣传…… 421
防汛抗旱减灾…… 421

· 安全生产监督管理 ·

概况…… 422
安全生产责任制…… 422
安全生产准入管理…… 422
安全防范…… 422
安全生产专项整治“三年行动”…… 422
工贸企业监管…… 423
建筑安全监督管理…… 423
交通安全监督管理…… 423
矿山监管…… 423
危险化学品监管…… 423

· 消防救援 ·

概况…… 423
消防救援规划…… 424
消防隐患排查…… 424
消防督查整改…… 424
消防宣传…… 424
灭火救援演练…… 424
消防站点建设…… 425

· 森林防火 ·

概况…… 425
体系建设…… 425
火源管控…… 425
森林防火宣传…… 425

· 卫生应急 ·

处置突发事件…… 426
防灾减灾…… 426
卫生应急队伍建设…… 426
卫生应急培训演练…… 426
鼠疫防控…… 426
卫生应急物资储备…… 426

区县概览

· 朝阳区 ·

概况…… 427
经济发展…… 427
项目建设…… 427

科技创新…… 427
城市建设…… 428
乡村振兴…… 428
社会民生…… 428

· 南关区 ·

概况…… 429
经济发展…… 429
项目建设…… 430
科技创新…… 430
城市建设…… 431
生态环境…… 431
社会民生…… 431

· 宽城区 ·

概况…… 431
农业…… 431
工业…… 432
服务业…… 432
项目建设…… 432
城市建设…… 432
乡村振兴…… 432
社会民生…… 433
“平安宽城”建设…… 433
长春宽城经济开发区…… 433
“宽城好人”评选…… 433
“流动百姓说事点”“百姓说事日”活动…… 434
户外便民市场升级改造…… 434
宽城区编印“一书两画册”…… 434
宽城区妇联被评为“全国维护妇女儿童权益先进集体”…… 434

· 二道区 ·

概况…… 434
经济发展…… 434
项目建设…… 435
城市建设…… 435
乡村振兴…… 436
社会民生…… 436

· 绿园区 ·

概况…… 436
经济发展…… 436
项目建设…… 437
城乡建设…… 438
社会民生…… 438

· 双阳区 ·

概况…… 438
农业…… 438
工业…… 438
服务业…… 439
项目建设…… 439
城乡建设…… 439
生态环境…… 440
社会民生…… 440
中国吉林首届梅花鹿产业发展大会暨双阳区第七届梅花鹿节…… 441
双阳区小石村入选第三批全国乡村旅游重点村…… 441

· 九台区 ·

概况…… 441
农业…… 441
工业…… 443
服务业…… 443
项目建设…… 443
城乡建设…… 444
科技创新…… 444
社会民生…… 444
兴隆街道旅游休闲度假胜地打造…… 445

· 公主岭市 ·

概况…… 445
农业…… 445
工业…… 446
服务业…… 446
项目建设…… 446
城市建设…… 447
乡村振兴…… 447
生态建设…… 447
社会民生…… 447
大型历史吉剧《马占山》…… 448
第八届吉林省市民文化节公主岭市系列活动“匠心艺彩”文化展…… 448
“德行天下公主岭”城市品牌创建…… 448

· 榆树市 ·

概况…… 448
农业…… 449
工业…… 449
项目建设…… 449
城市建设…… 449
乡村振兴…… 449
社会民生…… 450
“亮剑2021”渔业专项执法行动…… 450

· 农安县 ·

概况…… 450
经济发展…… 450
城市建设…… 451
乡村振兴…… 451
生态环境…… 451

社会民生…… 451
2021 年吉林省马术场地障碍公开赛在农安县举办 …… 452

· 德惠市 ·

概况…… 452
农业…… 452
工业…… 452
服务业…… 453
项目建设…… 453
城乡建设…… 453
生态保护…… 453
社会民生…… 454
惠新路公铁立交桥建设…… 454

人物 · 荣誉

· 先进个人 ·

2021 年度全国三八红旗手获得者 …… 455
2021 年全国五一劳动奖章获得者 …… 455
吉林省五一劳动奖章获得者…… 455
2021 年吉林省三八红旗手标兵 …… 456
2021 年吉林省三八红旗手 …… 456
吉林省见义勇为模范…… 456
全国优秀共产党员…… 456
全国优秀党务工作者…… 456
全国司法所模范个人…… 456
十三届中国青年志愿者优秀个人…… 456
全国优秀共青团员…… 456
全国优秀共青团干部…… 456
2021 年新增中国科学院院士 …… 457
第八届全国道德模范（助人为乐模范）…… 457
第六届全国杰出专业技术人才…… 457
吉林省优秀共产党员…… 457
长春市杰出企业家…… 457
获二等功以上退役军人…… 458

· 先进集体 ·

2021 年度全国三八红旗集体 …… 458
2021 年度吉林省三八红旗集体 …… 458
2021 年全国“五一劳动奖状”获得单位 …… 458
2021 年全国“工人先锋号” 获得单位 …… 458
2021 年吉林省“五一劳动奖状”获得单位 …… 458
2021 年吉林省“工人先锋号”获得单位 …… 458

附　录

· 组织机构及负责人名录 ·

组织机构及负责人名录…… 459

· 工作报告 ·

在市委十三届十二次全会第一次全体会议上的报告…… 473
政府工作报告…… 478

· 地方性法规 ·

长春市科技创新条例…… 484
长春市反餐饮浪费条例…… 489

· 调研报告 ·

关于以“十大工程”为重点推动“四大板块”协调发展的思考建议 …… 491
关于贯彻落实省委“五大目标、六个走在前列”最新要求，谱写新时代振兴发展“长春答卷”的初步思考…… 499
关于长春市融入“双循环”新发展格局断点堵点的思考与建议 …… 511
关于加快推进科技成果就地转化塑造长春振兴发展新优势的调研报告 …… 516
关于长春建设消费中心城市的几点思考…… 521

· 统计资料 ·

长春市第七次全国人口普查公报（第一号） …… 529
长春市第七次全国人口普查公报（第二号） …… 530
长春市第七次全国人口普查公报（第三号） …… 531
长春市第七次全国人口普查公报（第四号） …… 532
长春市第三次国土调查主要数据公报…… 533
长春市经济社会发展副省级城市主要经济指标及位次…… 534
2021 年长春市新命名街路一览表 …… 537

索引

文字索引 …… 539
表格索引 …… 561

CONTENTS

FEATURES

Documentary of the Party History Learning Education in Changchun City 1
Overview of Covid-19 Epidemic Prevention and Control in Changchun City 5
Documentary of Changchun City Implementation of the Provincial Party Committee's "One Main and Six Pairs" High-quality Development Strategy 7
Documentary of the High-Quality Development of Ice and Snow Economy in Changchun City 10
Summary of the Ecological and Environmental Protection Work in Changchun City 12

CHRONICLE FOR IMPORTANT EVENTS

Chronicle for Important Events 17

A GENERAL SURVEY OF CHANGCHUN

Physical Geography .... .25
History and Humanity 27
Annual Development 33

CHANGCHUN MUNICIPAL COMMITTEE OF THE CPC

Summary 34
Important Meetings 35
Organizational Work 36
Propaganda Work 38
United Front Work 40
Policy Research 41
Network Security Management 43
Organization Establishment 44
Party Building in Municipal Organs 46
Work on Letters and Visits 47
Old Cadre Work 48
Security Work 49
Party School (School of Administration) Work 50
Care for the Next Generation Work 51

THE STANDING COMMITTEE OF THE PEOPLE'S CONGRESS OF CHANGCHUN MUNICIPALITY

Summary 53
Important Meetings 54
Legislative Supervision of the People's Congress 57
Proposal Handling 58
Representative Work 59

THE PEOPLE'S GOVERNMENT OF CHANGCHUN MUNICIPALITY

Summary 60
Changchun Happiness Construction 62
Government Services 63
Foreign Affairs 67

CHANGCHUN COMMITTEE OF THE CHINESE PEOPLE'S POLITICAL CONSULTATIVE CONFERENCE

Summary 69
Important Meetings 69
Advice and Suggestions 70
Democratic Supervision 70
Committee Member Work 71

THE CPC CHANGCHUN MUNICIPAL COMMISSION FOR DISCIPLINE INSPECTION THE CHANGCHUN MUNICIPAL COMMISSION OF SUPERVISION

Important Meetings 72
Supervision and Inspection 73

Special Governance 74
Case investigation 74
Inspection work 75

DEMOCRATIC PARTIES AND FEDERATION OF INDUSTRY AND COMMERCE

Changchun Municipal Revolutionary Committee of the Chinese Kuomintang 76
Changchun Municipal Committee of China Democratic League ... 77
Changchun Municipal Committee of China National Democratic Construction Association 78
Changchun Municipal Committee of China Association for Promoting Democracy 80
Changchun Municipal Committee of Chinese Peasants and Workers Democratic Party 81
Changchun Municipal Committee of Jiusan Society 81
Changchun Municipal Federation of Industry and Commerce ... 83

MASS ORGANIZATIONS

Changchun Municipal Federation of Trade Unions 85
Changchun Municipal Committee of the Communist Youth League of China 87
Changchun Municipal Women' s Federation 88
Changchun Municipal Association for Science and Technology ... 90
Changchun Municipal Overseas Chinese's Federation 92
Changchun Municipal Federation of Taiwan Compatriots 93
Changchun Municipal Federation of Literature and Art Circles... 94
Changchun Municipal Disabled Persons' Federation 95
Changchun Municipal Red Cross Society 96

RULE OF LAW

National People's Congress Legislation 98
Political and Legal Commission and Comprehensive Administration 99
Building a Law-Based Government 100
Public Security 100
Inspection Work 104
Court 106
Administration of Justice 107
Arbitration 108

MILITARY

Changchun Police Reserve 109
Changchun Armed Police Detachment 110
Veterans Affairs 112
People's Air Defense 113

ECONOMIC ADMINISTRATION

Macroeconomic Control 115
Natural Resources Management 116
State-owned Assets Supervision 117
Finance 118
Tax Revenue 123
Financial Regulation 125
Auditing 126
Statistics Management 127
Price Supervision 129
Market Supervision and Management 132
Customs 133
Intellectual Property Right Protection 134
Credit System Construction 135

AUTOMOBILE INDUSTRY

Summary 136
Innovative Research and Development 139
Vehicle Manufacturing 141
The Auto Parts Industry 145
Car Sales 145
Joint Venture Cooperation 146

ICE AND SNOW INDUSTRY

Summary 147
Ice and Snow Service Facilities 148
Ice and Snow Tourism 152
Ice and Snow Sports 154
Ice and Snow Cultural Activities 155
Ice and Snow Trade Activities 158

AGRICULTURE

Summary 159
Plantation 160
Gardening Special Industry 161
Forestry 162
Animal Husbandry 163
Fishery Industry 165
Seed Industry 165
Leisure Agriculture 166
The Industrialization of Agriculture 166
Quality Construction of Agricultural Products 167
Agricultural Mechanization 167
Popularizing Agricultural Technique 168
Rural Water Conservancy 168

INDUSTRY

Industrial Economy Operation 169
Equipment Manufacturing 181
Biomedical Industry 186
Photoelectric Information Industry 188
Food Industry 189
Material Industry 191
Energy Industry 192

CONSTRUCTION INDUSTRY

Summary 195
Prefab Building Development 196
Construction Project Management 196
Construction Industry Supervision 198

TRADE SERVICES INDUSTRY

Commercial Flow 199
Supply and Marketing Cooperative 202
Food and Material Reserves 202

Tobacco Monopoly 203
Postal Service 204
Express Delivery Industry 206
Emerging Services 207

CONVENTION AND EXHIBITION INDUSTRY

Summary 210
Cultural Tourism Exhibition 210
Trade Exhibition 211

MODERN LOGISTICS INDUSTRY

Summary 213
Logistics Channel Construction 215
Logistics Service System Construction 215

TOURISM

Summary 217
Tourism Resource 217
Tourism Forms 219
Tourism Marketing 221
Tourism Industry Management 228
Changchun Lianhua Mountain Eco-tourism Resort 229

REAL ESTATE INDUSTRY

Real Estate Development 232
Real Estate Management 233
Real Estate Market Regulation 234
Estate Management 235

FINANCE

Summary 236
Banking 238
Securities and Futures Industry 240
Insurance Industry 241
Other Non-bank Financial Institutions 243

DIGITAL ECONOMY

Digital Infrastructure Construction 244
Digital Industrialization 245
Industrial Digitization 245
Communication Industry 245
Digital Application 248
Jingyue Digital Economy Industrial Park 249

TRAFFIC AND WATER CONSERVANCY

Railway 250
Highway Transport 253
Civil Aviation 255
Water Conservancy 257

OPEN COOPERATION

Changjitu Development and Opening Pilot Area Construction ... 258
Invitation for Business Investment 258
Foreign Trade 260
Trade Promotion 262
China-South Korea (Changchun) International Cooperation Demonstration Zone 263

REGIONAL DEVELOPMENT

Integrated Development of Changchun and Jilin 265
Changchun and Siping Integrated Development 266
City and State Cooperation 266
Matching Cooperation 267

CHANGCHUN NEW AREA

Summary 271
Technological Innovation 272
Industrial Development 273
Economic and Trade Cooperation 274
New District Construction 275
Business Environment 275
Social Undertakings 276

DEVELOPMENT ZONES CONSTRACTION

Summary 278
Changchun New Area 279
Changchun Economic and Technological Development Zone ... 280
Changchun Jingyue High-tech Industrial Development Zones ... 282
Changchun Automobile Economic and Technical Development Zone 284

PRIVATE ECONOMY

Summary 286
Development of Private Economy 287
Private Economic Services 288
Key Private Enterprises 290

URBAN CONSTRUCTION

Urban Planning 292
Urban Renewal 293
Municipal Infrastructure Construction 294
Landscaping 298
Urban Management 299
Urban Public Transport 305

RURAL REVITALIZATION

Achievements Consolidation in Poverty Alleviation 309
Rural Reform 310
Industrial Development 311
Rural Construction 312
Rural Culture 314
Rural Governance 315

ECOLOGICAL CONSTRUCTION

Summary 316
Ecological Environment Quality 316
Black Land Protection 317
Protection of Water Resources 318
Protection of Yitong River 318
Forest and Protected Natural Areas Protection 319
Energy-Saving and Emission-Reduction 322

Prevention and Control of Pollution 323
Ecological and Environmental Supervision 324

SCIENCE AND TECHNOLOGY

Technological Service 325
Technological Innovation 325
Construction of Science and Technology Platform 326
Science and Technology Projects 327
The Commercialization of Research Findings 327
Science and Technology Exchanges and Cooperation 328
The Changchun Branch of the Chinese Academy of Sciences ... 328

EDUCATION

Summary 331
Preschool Education 333
Compulsory Education 333
High School Education 334
Vocational Education 334
Higher Education 335
Non-government Funded Education 344

CULTURE

Public Culture 345
Literature and Fine Art 356
Cultural Heritage Protection 358
Philosophy and Social Sciences 359
Historical Records Archives 360
Press and Publication 362
Radio and TV 363
Changchun Film Production Group 365
Cultural Industry 366
Management of the Cultural Market 378

HYGIENE & HEALTH

Summary 379
Reform of the Medical and Health Care System 380
COVID Prevention and Control 380
Disease Prevention and Control 382
Grassroots Health 384
Maternal and Child Health Management 385
Occupational Health 385
Aging Health 386
Patriotic Hygiene 387
Sanitary Control 388
Profession of Traditional Chinese Medicine 390
Management of Medical Administration and Drug Administration ... 391

SPORTS

Athletic Facilities 393
Ice and Snow Sport 395
Nationwide Fitness Programs 396
Competitive Sports 397
Sport Industry 400

SOCIAL LIFE

Population and Family 401
Income and Expenditure 402
Labour Employment 403
Social Insurance 404
Social Assistance 406
Social Welfare 408
Medical Security 409
Housing Security 411
Aging Affairs 413
Community Construction 414
Management of Social Organizations 414
Ethnic and Religious Affairs 416
Cultural and Ideological Progress Promotion 417

EMERGENCY MANAGEMENT

Summary 419
Disaster Prevention and Mitigation 420
Supervision and Administration of Production Safety 422
Fire Rescue 423
Forest-fire Prevention 425
Health Emergency 426

A GENERAL SITUATION OF DISTRICS AND COUNTIES

Chaoyang District 427
Nanguan District 429
Kuancheng District 431
Erdao District 434
Luyuan District 436
Shuangyang District 438
Jiutai District 441
Gongzhuling City 445
Yushu City 448
Nongan County 450
Dehui City 452

CHARACTER AND HONOR

Advanced Individual 455
Advanced Collective 458

APPENDICES

Directory of Organizations and Responsible Persons 459
The Work Report 473
Local Legislature 484
Investigation Report 491
Statistical Information 529

INDEXES

.... 539

专　　文

ZHUANWEN

长春市开展党史学习教育纪实

向历史寻经验，向历史求规律，向历史探未来。

自党史学习教育开展以来，全市上下深入学习贯彻习近平总书记关于党史学习教育的重要讲话和重要指示精神，全面落实党中央和省委各项部署要求，坚持学史明理、学史增信、学史崇德、学史力行，教育引导广大党员干部学党史、悟思想、办实事、开新局，牢牢把握“六个进一步”要求，紧紧围绕做好“排头兵、领头羊、先行者”的省会担当和建设“新标杆、新高地”要求，高标定位、守正创新，精心谋划、统筹推进，不断推动全市党史学习教育走实走深，把党史学习教育的思想成果、实践成果、制度成果转化为推动新时代长春全面振兴全方位振兴的生动实践，为长春加快实现新一轮振兴发展凝聚强大精神力量。

一、以上率下，高位统筹重引领

长春市强化对党史学习教育的组织领导，把开展党史学习教育作为首要政治任务，摆上突出位置，高起点谋划、高标准要求、高质量落实，推动党史学习教育往深里走、往心里走、往实里走。

（一）强化组织领导，明确时间表任务书

3月10日，长春市召开党史学习教育动员大会，制定印发《长春市党史学习教育实施方案》，构建党史学习教育的长春“1113”工作体系（1个方案、1套机构、1份重点任务分解表、3张清单），作为全市开展党史学习教育的总架构、总抓手。

专门成立市委党史学习教育领导小组，由市委主要负责人担任党史学习教育领导小组组长，下设领导小组办公室，组建综合协调组、工作简报组、宣传引导组和实践活动组，集中办公统一协调，负责日常工作。

紧跟中央和省委部署，省委常委、市委书记张志军组织召开领导小组会议，多次过问、调度、安排、部署，持续推动党史学习教育工作向纵深发展，确保各项任务落地落实。

各地各部门成立相应领导机构和工作机构，以上率下、层层推动、一抓到底，为高标准高质量开展党史学习教育提供坚强组织保障。

（二）运用“五化”方式，推动工作落细落实

按照“五化”要求，进一步明确20个重点任务、48个具体内容、119个推进措施和步骤，做到目标内容具体化、实践载体操作化、推进过程清单化，为全市高标准开展各项学习任务打下坚实基础。

市委领导班子聚焦现实需求，在深入调研基础上，认真谋划组织开展“我为群众办实事”实践活动。明确“六个一批”工作思路（即重点帮办一批为民实事、建设一批民生工程、落实一批重点任务、完善一批政策措施、解决一批信访问题、建立一批长效机制），制定印发了长春市“我为群众办实事”实践活动工作方案、推进方案。

坚持把察民情访民意作为深化“我为群众办实事”实践活动的关键措施，指导全市各地各部门单位深入开展走访调研，深入基层群众、生产一线，广泛听取意见、了解群众需

求，切实解决群众的操心事、烦心事、揪心事。

（三）树立问题导向，强化指导督导

为把牢方向导向，压紧压实责任，市委组建16个巡回指导组，全部由正局级领导担任组长，建立联络员机制，真督实导，精准精细，及时传达中央、省委及市委精神，全面掌握全市各地各部门各单位党史学习教育开展情况。

16个巡回指导组按“清单化”调度、“标准化”要求，树立问题导向，开展常态化、不间断的督促指导。采取调阅材料、调研走访、巡听旁听、参与活动等多种形式，深入了解所负责部门单位工作进展情况，并到各单位列席旁听党委（党组）习近平总书记“七一”重要讲话精神专题学习会、领导干部组织生活会、领导干部讲党课等。同时认真做好党史学习教育中央第二指导组和省委第一巡回指导组对长春市的督导指导相关要求的落实。组织完成3轮巡回指导，实现了全覆盖。

二、学讲并重，典型带动成氛围

党史学习教育，“学”是基础和前提。学得好不好、实不实，直接关系党史学习教育的整体质量和成效。长春市深入学习贯彻习近平新时代中国特色社会主义思想，带着信念学、带着感情学、带着使命学，筑牢信仰之基、补足精神之钙、把稳思想之舵，进一步提高政治判断力、政治领悟力、政治执行力。

以令率人，不若身先。主要领导干部带头“学党史、讲党史、懂党史、用党史”，以上率下，树标立规。坚持集中学习和自主学习相结合，紧紧围绕重点学习内容和学习书目，以理论学习中心组专题学习和领导干部专题读书班学习为抓手，带动全市党员干部学深、学细、学实。

庆祝中国共产党成立100周年大会的第二天，市委召开常委扩大会议，强调要深入学习贯彻习近平总书记“七一”重要讲话精神，弘扬伟大建党精神，砥砺初心、勇担使命，奋力开创新时代长春振兴发展新局面。

“要深入学习贯彻习近平总书记在党史学习教育动员大会上的重要讲话精神和关于党的历史的重要论述，聚焦主线、压实责任，突出特色、创新载体，注重实效、激励担当，推动学习成果转化为振兴发展实际成效，以优异成绩庆祝中国共产党成立100周年。”5月31日，张志军在主持召开的市委理论学习中心组集体学习会暨党史学习教育读书班总结会上强调。

12月8日，在市委理论学习中心组集体（扩大）学习会上，中心组成员就围绕学习贯彻党的十九届六中全会和省委十一届十次全会精神进行学习交流发言，相互启发、交流思想，共同提高、推动工作。

从3月中旬到12月初，市委理论学习中心组围绕习近平总书记在党史学习教育动员大会、庆祝中国共产党成立100周年大会上的重要讲话精神和十九届六中全会精神等，扎实开展专题学习研讨，并指导各地中心组开展学习，以“头雁”效应激发“群雁活力”。

市委领导班子围绕“四个时期”党的历史举办读书班，与学习贯彻十九届五中、六中全会精神相结合，与学习贯彻习近平总书记在庆祝中国共产党成立100周年大会上的重要讲话精神相结合，与具有长春市特色的电影党课相结合，与长春市红色遗址遗迹实地教育相结合，与市委理论中心组学习相结合，与党员干部自学相结合，与全市各级各类宣讲相结合，抓实抓好领导干部自学。各级领导干部带头讲专题党课，各基层党组织以“三会一课”、主题党日等促进领导干部自觉学习，切实把党史学习教育成果融入实践，更好凝聚以史为鉴、开创未来的奋进力量。

“运用东北大鼓、二人转、演讲朗诵等多种形式，把理论宣讲讲到群众心里”“组织宣讲员深入学校、工厂、项目工地开展一对一的宣讲”“宣讲的感染力不是靠喊出来的，而是来自心底的声音”。12月9日，在长春市举行的2021年基层理论宣讲“学党史 颂党恩 跟党走”微视频故事大赛总结交流座谈会上，与会人员就推动中国特色社会主义理论宣传普及方式方法创新进行经验交流。这是长春市深化党史学习教育，积极营造良好氛围的生动场景。

不断做实“规定动作”，创新亮化“自选动作”。长春市广大党员干部利用红色纪念馆、革命遗址等红色载体，创新多种丰富多彩的形式，推动党史学习教育走深走实。

以理论坚定初心，以理论引领使命。张志军作为省委宣讲团成员在市委党校进行党的十九届六中全会精神宣讲，在报告中围绕党的十九届六中全会作出新的历史决议的重大意义、党百年奋斗的初心使命和重大成就等内容，深刻阐释了党的十九届六中全会精神的核心要义、精神实质和实践要求，为党员干部群众深入学习、全面贯彻十九届六中全会精神提供有力指导。

由省委宣讲团成员、省市专家学者、相关领导干部组成的市委宣讲团和基层宣讲骨干组成的基层宣讲小分队，深入宣讲一线，充分发动党校青年教师、“火炬”“红领巾”等多支宣讲团力量，进机关、进学校、进社区、进农村、进企业、进军营、进网络专题宣讲党史、习近平总书记“七一”重要讲话精神，学习贯彻党的十九届六中全会精神，以党史学习教育提振党员干部精气神，推动全会精神在长春市落细、落实。各级宣讲开展4100多场次，直接受众40余万人。

深厚的红色基因和丰富的红色资源，是开展党史学习教育的良好基础和优势。从“线上”到“线下”，党员群众在哪里，党史学习就跟进到哪里、覆盖到哪里。

长春市深度发掘中国共产党领导下的抗联之路（中共长春支部纪念馆、东北沦陷史纪念馆）、解放之路（三下江南战役纪念馆）、电影之路（长影博物馆）、汽车之路（一汽红旗文化展馆）、“新时代爱民之路”（吉林长春社区干部学院）等“红色线路”在传承红色基因，赓续红色血脉中的重要作用，并建立“大道雄浑 天地党性”党史教育基地、举办“档案见证中国共产党在长春的百年历史”展览、中国共产党百位先进人物石雕篆刻展等一系列主题鲜明、形式鲜活的展览，组织党员干部及群众开展实地学习。创新推出“百年史卷·心随影动”——“四史”教育电影党课，组织沉浸式、情景式学习，开展500余场，涵盖各行各业7万人次。

利用“学习强国”“新时代e支部”等信息网络平台，打包推送党史学习教育资料和相关学习产品，为流动党员提供“菜单式”学习教育服务，打造“指尖上的课堂”；为丰富学习形式，市纪委监委、市委网信办、市党史研究室等录制了系列党史短视频、宣传片；各地开展知识竞赛、网上竞答等活动，让学习热潮在春城大地涌动。

随着党史学习教育的不断深入，市委宣传部开展庆祝中国共产党成立100周年理论研讨会论文征集活动。召开理论研讨会，评选优秀论文，其中8篇入选省委理论研讨会论文。同时利用好《长春日报》理论专版，组织专家学者撰写理论文章15篇，引导干部群众树立正确的党史观，激发感党恩，跟党走的坚定信念。

传播平台的多样性为长春市党史学习教育营造出强大声势和浓厚氛围。

新闻宣传出新出彩——围绕主题主线，统筹推进新闻宣传、社会宣传、典型宣传同向发力。组织11轮集中采访报道，包括《人民日报》、人民网、新华网等在内的中直媒体和省、市直媒体开设的专题专栏刊发2100余（篇）条相关稿件，相关消息在微博、微信、短视频平台点击量80万余次。编发党史学习教育工作简报127期，在省委工作简报刊发信息15次，单发6篇。

全媒体宣传有点有面——在中国吉林网开设长春党史学习教育专栏，向新浪、今日头条、腾讯、百家号、微博等进行信息推送；深度推进“全媒体新故事长春计划”，用全媒体推送的方式，重点讲好习近平新时代中国特色社会主义思想在长春落地生根的新故事、中国共产党成立100年的故事。注重发挥“学习强国”平台的推介宣传作用，每日向其推送信息20余条。

主题庆祝既浓又热——重点围绕庆祝中国共产党成立100周年这一重大节点，注重结合“四史”宣传教育、“永远跟党走”群众性主题宣传教育等开展宣传，在全市打造主题街路110余个，主题景观小品300余个，悬挂标语口号近5万条（块）；全市2100余栋楼宇，全长46千米的“两横三纵”快速路、8座立交桥、17座过街天桥全部点亮祝福语，渲染出浓烈的喜庆氛围。

从机关到校园，从乡村到社区，从乡镇到企业，一次次涤荡心灵的深入学习和研讨，一场场人气满满的党史宣讲，一个个现场教学活动，如同一粒粒“红色种子”播撒在春城大地，植入广大党员干部群众心田，从百年党史中感悟思想伟力，汲取奋进力量。

三、学督结合，强化指导严细实

“市委组建指导组，对各地各部门学习教育情况进行督导。”3月10日，全市党史学习教育动员会暨市管主要领导干部读书班开班式提出对全市党史学习教育情况进行督导。会后，市委第一时间高规格组建16个巡回指导组，对17个县（市）区、开发区和77个市直机关开展多轮次巡回指导，及时掌握动态、引正纠偏、推广经验，以“实”的巡回指导带动党史学习教育“实”起来，全力助推全市党员干部学史明理、学史增信、学史崇德、学史力行，为长春市在党史学习教育中“打先锋、站排头”提供有力支撑和坚实保障。

为切实做好巡回指导工作，市委各巡回指导组立足实际、精心谋划，坚持以正面指导、正向激励为主，紧盯“规定动作”，关注“自选动作”，以求真务实的工作态度，结合所指导单位的工作实际，制订行之有效的工作方案、工作清单、“时间表”和“路线图”。

市委党史学习教育领导小组在《长春市党史学习教育实施方案》框架下，准确把握各项任务的内涵、标准、时序，制订《长春市党史学习教育巡回指导方案》，同步设计方案、同步推进落实、同步开展评估。各巡回指导组根据被指导单位实际情况，制订切实可行的巡回指导清单，一开始就站上高标准、高起点，从取得的成绩来看，指导前置，效果更好。正是形成《方案》抓落实、根据标准抓推进，定期开展交流、指导、督促等工作，使被指导的各部门和各单位纷纷收获党史学习教育实践转化成果。

巡回指导过程必须与任务推进过程关联、吻合，才能及时、准确发挥作用，把巡回指导与党史学习教育各项任务同部署、同推动、同促进，使巡回指导有“根”、有“准”，更有“谱”。

长春市将巡回指导工作进展情况作为市委党史学习教育领导小组会议、领导小组办公会议固定议题，及时听取汇报、研判问题、作出部署，有效防止“脱节”、失位。通过建立定期交流、协同办公、互评互学等机制，使各巡回指导组既能做好对被指导单位的指导、督促，也能及时吸取其他组别经验，保障巡回指导心明眼亮、消除盲区。

巡回指导既要面面俱到，也要重点突出。自开展巡回指导工作以来，各巡回指导组围绕党史学习教育的关键任务、关键环节，精准投放人力、智力、精力，把“钢”用在刀刃上，把“劲”发在要害上，用“三个紧盯”叠加焦点。

聚焦学习党史这一核心任务，紧盯“关键少数”“关键环节”，通过调阅佐证、查看笔记、日常了解等，加强对各单位学习计划、记录、形式、效果的评估把握，确保党史学习教育方向不偏、光圈不散、热度不减。加强对“党政部门办实事”等清单填报、履行情况的检查、核实，掌握各项民生实事项目进度进展、成果成效。实事项目扎实推进，群众反响良好。着重对比被指导单位党史学习教育前后在工作效率、成果、作风上是否有提升，在履职思路、方法模式、实践举措上是否有创新，切实把学习成效体现到行动上。

党史学习教育巡回指导政治性强、原则性强，必须坚持实事求是的态度，具体问题具体分析，才能功效相宜。为压实责任，长春市按照严督实导、因势利导、分类指导的“三个原则”开展工作，成效颇丰。

按严督实导原则，各巡回指导组紧跟市委党史学习教育领导小组的部署要求，开展巡回指导，并给出反馈建议及纠正时限，结合巡回指导“回头看”，保障如期纠正到位不反弹。按因势利导原则，注重将指导建议与被指导单位职能及年度任务相结合，推动单位间协作、配合，汇聚推动发展的合力。按分类指导原则，针对不同单位的性质、规模，开展有侧重点的指导。区分经济建设、民生服务、城市建设、党的建设等战线所属部门，分别制订各类巡回指导清单，进行精准点拨。巡回指导组通过实地调研、查阅资料、开展访谈等方式，定期深入基层监督指导，一方面督促注重分层分级，通过多种方式抓实党史学习教育，提升学习质量；另一方面，强调注重成果转化，结合“我为群众办实事”实践活动抓好学用融合，切实以实践转化推动党史学习教育落地生根。

中央和省委党史学习教育指导组到长春市，对党史学习教育工作进行调研指导，提出了更为细致、具体的指导意见，为全面推进党史学习教育走深走实增添新动力。在党史学习教育不断走深走实的过程中，长春市对照中央和省委指导组意见，聚焦提质增效，突出问题导向，全面推进党史学习教育见实效、出实果，凝聚起一股蓬勃向上的精神力量。

四、纾难解困，我为群众办实事

党史学习教育启动以来，长春市坚持把“我为群众办实事”作为党史学习教育的实践课和成绩单，将党史学习成果与为群众服务实效结合起来，与落实“一主六双”高质量发展战略结合起来，深化思想认识、增强行动自觉，深入了解群众需求，集中解决突出问题，着力提升人民群众的获得感、幸福感、安全感。

为群众办实事、解难题，首先要把群众反映的“问题清单”，变成实实在在解决问题的“履职清单”。长春市紧盯省委确定的“五个围绕”目标任务，以“2021年建设幸福长春行动计划”67项重点民生实事为牵引，以各地各部门、市级领导和县处级领导干部3个维度为支撑，分层分级建立“1+3”办实事项目清单，在全市构建了上下贯通、时限明确、责任清晰的工作体系。

积极构建高质量基本民生保障、养老服务供给、基层社会治理等“五大体系”，长期实施社会求助保障、养老服务提升、社会治理能力提升等“十大工程”，不断提升人民群众幸福指数。市级领导以上率下，带头确定为民办实事清单108件，并到现场办公，定期督促调度，落办各项实事。职能部门牵头推动，着眼解决就学、就业、就医，特别是“一老一小”等问题，实施惠民项目，建立办实事项目清单1552件。党员干部积极作为，县处级及以上党员领导干部按照“五个带头”要求，到基层实地调研，推动解决突出问题4166个，化解信访积案5593个。

坚持精准化分类推进，有力有效彰显党组织和党员先锋作用。聚焦农村、城市、非公等重点领域，扎实开展“党心暖民心”专项行动，创新实施“七大先锋”工程，分领域明确重点方向和具体措施。基层党组织汇聚合力办实事，紧紧围绕乡村振兴、城市基层治理、企业发展、“放管服”改革等方面，深化“双派双促”行动，打造“红心物业”模式，强化“楼宇党建”功能，开展“大走访”46075次，排查群众操心事、烦心事、揪心事48168件，推动解决问题33053个。

办好一件实事，温暖一片人心。一系列立足实际、服务群众的务实举措，让人们切实感受到开展党史学习教育带来的变化和成效。

长春市全面推进“减证便民”“一口通办”，通过采取延时、预约、上门服务等多种形式，提高办证办事服务质量和效率，共优化127项“绿色审批项目”，提供延时服务1392小时，预约服务2193次，上门服务 155次，救助群众31950人次。

长春市广大党员通过点亮“微心愿”、党员亮身份、参加先锋队等形式，主动认领先锋岗、责任区23099个，为群众兑现“微心愿”35707个。

市直机关81家单位9156名干部职工参加志愿服务活动，深入“联动共建”社区，开展文明宣传、文明劝导、清扫卫生、清除杂物、优化环境等工作，助力全国文明城市创建。“红马甲”志愿服务逐渐成为“我为群众办实事”实践活动品牌。

在公共区域安装200余个电子探头，吸纳居民2000余人组成“巧手蓝领”维修队。南关区民康街道九圣祠社区瞄准群众需求“最大公约数”，引“红蜂筑巢”，为群众急难愁盼“解扣”。

双阳区太平镇小石村党组织带头创建了沐森种植合作社，吸收96户村民入社种植富硒水稻，户均年增收5000余元。中宣部部长黄坤明在吉林调研期间，实地调研了解长春市南关区九圣祠社区“办实事”情况，给予高度评价。长春市“12345”市长公开电话办公室在高质量做好热线服务同时，常态化开展“进社区、听民意、解民忧”活动，被《人民日报》点赞。

（《长春日报》2021年12月24日　揣晓倩）

长春市新冠肺炎疫情防控综述

2021年1月，长春市发现外省输入新冠肺炎病例，市委、市政府坚决贯彻习近平总书记“及时发现、快速处置、精准管控、有效救治”的指示精神，严格落实省委、省政府“一精准三确保”要求，连续召开3次市委常委会、10次疫情防控领导小组会，及时调度、周密部署，确保各项工作落实到位。各部门全面出击、整体作战，坚决坚定、有力有情、精准精细开展疫情处置和防控工作。1月10日20时，长春市接到关于4名来自黑龙江望奎县人员新冠病毒核酸检测初筛阳性报告，风险触发机制立即启动。省委常委、市委书记王凯、市长张志军连夜组织召开紧急调度会议，科学研判，果断决策，对流调溯源、封闭管控、核酸检测、人员转运、风险排查评估和重点场所消杀等工作进行周密部署。市、区两级迅速行动，专班协同，综合运用公安部门大数据，科学精准、争分夺秒开展流调溯源，找点、理线、织网，迅速锁定重点人群。第一时间完成核酸阳性人员及共同居住者的转运集中隔离观察。22时，对绿园区蓉桥壹号C区、大禹华邦B区实施封闭管理。1月11日4时，完成核酸阳性人员所在2个楼栋人员核酸检测隔离管控。12时，召开本轮疫情第一场新闻发布会。同日，省委常委、市委书记王凯、市长张志军紧急赶赴小区，对防疫工作、居民生活保障进行再部署、再强调、再细化。19时，密接、次密接人员全部管控到位，2个小区人员完成核酸检测并居家隔离。长春市用23小时实现有效处置、管控及时、隔离到位。

1月12日，接到2名密接核酸阳性结果报告后，当日15时对二道区鲁辉国际城荷兰小镇小区实施封闭管理。持续对疫情传播每个链条、每个环节进行细致梳理，对重点人员进行反复核查。对检测阳性人员到过的场所实施关停处理，对密接、次密接及其他人员严格执行隔离观察，对集中隔离人员实施“点对点”对接、“线对线”推送、“面对面”转运，全链条闭环管理，坚决阻断疫情社会面影响。同时，加强隔离场所安全规范管理，畅通隔离人员就医绿色通道，提供人性化服务，隔离不隔情，隔疫不隔爱。

守土有责、守土担责、守土负责。为进一步应对本轮输入疫情，省委常委、市委书记王凯、市长张志军多次到基层督导指挥，15名市级领导下沉一线持续包保全市16个县（市）区、开发区。1月13日起，市疫情防控领导小组24小时集中办公、统一调度。市委书记每日主持召开调度会，分析研判疫情，部署各项防控措施。各县（市）区应急指挥体系全天待命，严格执行“日报告”“零报告”。各专班、属地、部门统一步调、高效运转，图表化推进，清单化管理，手册化操作。充分利用“三长”联动机制，打通防疫“最后一公里”，从速、从严、从实抓好疫情防控工作。

经过3轮核酸检测及评估研判，1月26日将绿园区蓉桥壹号C区、大禹华邦B区调整为低风险地区，1月28日将二道区鲁辉国际城荷兰小镇小区调整为低风险地区。至此，长春市主城区全部降为低风险地区，各封闭场所有序解封。

1月13日，在长春市收到黑龙江输入性确诊病例于公主岭存在活动轨迹通知后，王凯书记第一时间视频连线督导公主岭防控工作。当日晚，连夜召开市疫情防控领导小组会，传达省委书记景俊海、代省长韩俊讲话精神。迅速派出以市委副书记为组长，市纪委监委、公安、卫健等部门组成的联合工作组进驻公主岭，火速落实防控措施。派出市级疾控专家、院感专家到公主岭下沉指导。防控期间，省委常委、市委书记王凯、市长张志军多次到公主岭范家屯镇，全面进行督战指挥。

科学精准，布防布控。面对新增病例增长迅速的严峻考验，全市上下快速构建追根溯源、查人定位、精准管控立体链条，对重点人员细致流调，绘制轨迹图，织密管控网。对公主岭1月7日后流出人员，迅速开展全面倒查，对来长人员全部落实管控措施，对去往省内及出省人员，向所到地发出协查函。根据形势变化，适时精准对范家屯镇24个小区、公主岭市区10个小区，以及涉疫点位进行封闭管控。设立16个卡点，配备警力283人，实行网格化、片区化、单元化管理，分兵把守，各负其责。

因疫施策，保障有力。把公主岭作为重中之重，统筹全市资源，做好公主岭市大后方保障。全力做好隔离小区物资配送，为公主岭、范家屯安排670名配送人员，划分3个档次配送蔬菜包，确保隔离人员基本生活不受影响。

统筹资源，全面布局。在公主岭市集中隔离场所严重不足的情况下，市委、市政府果断决策，将公主岭市无法安置的集中隔离人员实施点对点转运，安排至主城区5个隔离宾馆进行规范管理。同时，1月20日，在公主岭范家屯工业区迅速启动建设集中隔离方舱，仅用3天时间活动板房670间、床位500张全部到位，电力设施、取暖设施、厂区内部排水系统管网全部安装完成，仅用5天时间隔离方舱通过验收并交付使用。

整体推进，同步发力。迅速组派采集医疗队全力支援，形成500名医疗采样人员和1000名服务保障人员的采样队伍开展核酸检测工作。1月10日至2月13日，公主岭市城区、乡镇开展两轮全员检测，累计检测136.95万人次，范家屯镇开展四轮全员检测，累计检测37.86万人次，陶家屯镇开展三轮检测，累计检测4.62万人次。

经评估研判，自2021年2月15日8时起，将公主岭市范家屯镇全域调整为低风险地区。至此，长春市全域均为低风险地区。

抢前抓早，积极做好全面应对。长春市传染病医院在接到救治指令后，第十梯队44名医护人员迅速集结到位，全力应对，积极做好病患医疗救治。为提升医疗管理效率，组建医疗工作组，进驻长春市传染病医院，加强医疗质量控制，提高诊疗规范化水平。成立省市联合工作组，建立实时协调调度平台和日会商制度，畅通多方沟通渠道，全面强化医疗救治服务保障，推动医疗救治需求快速解决。结合救治需求，对原住院患者进行点对点安全转诊，对医院进行全面整改提升，对救治设备进行增配，新购置的15台有创呼吸机一周内安装到位、2台血滤器5天内配备到位、200套点式探头2天内安装完毕，微波处理医废装置和洗涤机器7天内投入使用。

加强统筹，联合做好患者救治。此轮疫情，累计报告确诊病例及无症状感染者111例，其中确诊病例105例，无症状感染者6例，年龄最小6岁，最大82岁，60岁以上人群占42.34%，多伴有基础性疾病。为最大限度提高治愈率、降低病亡率，按照“四集中”原则，统筹省内优质医疗资源，推行医疗、护理、感控“三位一体”管理模式，中西医结合、中西药并重，一人一策、一人一方，多学科协作，多梯队奋战，全力以赴救治患者，千方百计挽救生命。吉大一院派出多数具有援鄂经历的314名医疗骨干进驻接管长春市传染病医院，对患者实施分级分类救治，全过程辅以心理治疗、康复介入和营养指导。长春中医药大学派出27名中医团队对患者辩证实施，遣方用药。

持续跟踪，全面做好隔离康复。指定长春市中医院东院区作为出院患者康复医院，组建多学科康复医生团队，制定个性化康复方案，做好健康监测，满足慢性病患者其他医疗需求。选调长春市第六医院心理医师进驻，为隔离观察人员和医务人员提供心理辅导，提供人性化服务。配备专业营养师为患者提供合理膳食指导，加强医护人员的膳食营养，为高标准完成救治任务提供有力保障支撑。发挥中医药“治未病”的预防干预作用，发放预防性中药37.5万人份，做到一线工作人员、集中隔离人员、隔离点工作人员、重点管控区域、养老机构老年人全覆盖。

同时间赛跑、与病魔较量，用实际行动践行着“一切为了人民健康”的初心使命。截至2月16日24时，累计出院89例，无症状感染者解除隔离医学观察4例。在院治疗确诊病例16例，在院隔离观察无症状感染者2例。面对疫情，广大医护人员第一时间吹响了抗疫“集结号”；面对生死，全体白衣战士全心全意践行了医者仁心。

坚持精准排查，保持经济正常运行。快速理清传播链条，科学确定密接、次密接以及其他一般接触人员，分层次、分步骤、精准、精确、精细落实闭环管理。1月10日以来，累计排查238039人，其中国内重点地区来（返）长人员37988人，密接2514人，次密接6029人，其他重点人群229496人，切实堵住疫情传染源头。

坚持健康至上，核酸检测广泛覆盖。坚持由内而外、分批分期、突出重点开展核酸检测。运用线上线下相结合方式，在登记、采样、转运、医废处理等方面不断优化流程。按照“就近、就便、就快”原则，设置固定采样点1842个，机动采样点345个。全市5000余名医护人员、2000余名市直机关党员干部、8万余名志愿者投身一线核酸检测工作中。1月10日以来全市累计检测核酸751.4万人，快速有效消除群众紧张情绪，为正常生产生活提供健康保障。

坚持人物同防，构筑冷链物防壁垒。1月15日启动运行进口冷链食品监管仓，冷库面积2200平方米，可存放货物2200吨，具备全面消毒、核酸检测、产品溯源“三位一体”式功能。自运行以来，实际预约登记64户、938.32吨，其中937.16吨经过核酸检测、消毒和赋码后，已全部出仓。

坚持多点防控，扎实做好社会管控。将农村防控作为重点，将哨点作用发挥作为敏感点，进一步完善农村防疫工作《方案》，完善落实县乡村三级指挥体系和分片包保机制，编写两本防疫手册，持续加大督导检查力度。建立多点触发预警机制，抓好发热患者源头管控、重点人群主动筛查，形成分布广、点位密、层次多的立体哨点网络。

坚持舆论先行，全力做好宣传引导。积极对接新华网、人民网、中新社、央视频、吉林新闻网等主流媒体，传递共克时艰“正能量”，稳妥做好舆论引导。及时发布疫情信息，主动回应社会关切。截至2021年年底，召开23场新闻发布会。

坚持保供稳价，贴心服务春城百姓。全力做好口罩、消毒液、防护服等防疫物资生产、储备。加大采购力度，拓宽直供渠道，加强产销对接，根据需要适时启动储备菜、储备冷冻肉投放，强化价格监测预警，保持民生物资价格和供应平稳，社会大局稳定。

以统筹兼顾为谋，组织实施之能，全力保障一汽等重点企业生产运营。与一汽集团组建疫情防控联合指挥部，向各主机厂派驻6个工作组专项对接，第一时间为一汽职工进行核酸检测。优先调配5万份新冠疫苗，协调长春中医药大学附属医院提供6万份中药代茶饮。及时对在公主岭隔离职工进行核酸检测，在确保安全、管控到位的前提下，安排点对点对接，尽快返岗。指定专人进驻配件供应企业，全面排查企业员工、上游供应链、生产车间、物流运输等环节，确保闭环管理，不留死角。同时，通过流动服务车、驻地采样点等方式，为中车长客、皓月集团、渤海银行等60余家企业员工进行核酸检测，全力解决企业后顾之忧和实际困难，引导企业防疫生产两不误，统筹抓好疫情防控和经济社会高质量发展，努力实现一季度经济发展“开门红”。

坚持盯住外防输入的关键节点，及时总结工作经验，持续强化闭环管理，动态评估疫情风险，不断完善制度措施，有力保障了每周入境航班，管控入境旅客近4万人，安全实现从“国门”到“家门”无缝衔接。高度重视集中隔离场所严格规范管理，健全完善工作组织体系，层层压实责任，坚持培训到位、防护到位、消杀到位、安保到位，有效防范疫情外溢风险。采取使用前必查、入住次日必查、出现阳性人员必查、每周常规必查等“四必查”措施，及时消除隔离场所风险隐患。以艰苦细致的努力取得了工作人员零感染、境外输入疫情零扩散的效果。注重监测预警，持续加强发热门诊、定点医院管理和基层医疗卫生机构管理，强化“哨点”作用，健全风险管控机制，保障哨点安全。关注重点机构、重点场所，经常性开展检查指导，督促落实常态化防控措施。加强重点人员风险管控，持续关注外地疫情形势，科学评估输入风险，精准高效落实排查，年内累计管理风险地区来返长人员近20万人。科学高效进行应急处置，在“十一”期间长春市一小区发现一例检测结果阳性人员后，市、区联动，扁平化指挥，快速组织队伍连夜同步展开20个点位流调，24小时内管控、检测到位。在科学评估基础上，仅封控了两个单元，实现了用最低成本、最短时间取得了最佳效果，成为落实“一精准三确保”典型案例。有力有序推进疫苗接种，科学制定工作方案，打造现场样板，发挥全省示范作用。紧盯目标任务，倒排时间，每日调度，克难推进。卫生系统特别是基层医疗卫生工作者，夜以继日，连续作战，克服疲劳，超负荷工作，为构筑群体免疫屏障辛苦奉献。经过不懈努力累计完成接种1567.4万剂次。全力做好大型活动保障，服务大局，发挥专业优势，市区联动，专班服务，一活动一方案，为农博会、汽博会、电影节、冰雪节在长春顺利举办提供支撑，有力促进了经济发展。在国内多地出现本土疫情的情况下，历时35天保障了150场CBA联赛在长春顺利进行，来自全国各地的15万球迷在现场共享篮球盛宴，体现了长春持续向好的防控形势，展现了长春防控实力，在促进经济发展的同时增加了城市的美誉度和影响力。

（长春市卫生健康委员会）

长春市落实省委“一主六双”高质量发展战略纪实

在全面建设社会主义现代化新吉林进程中，省会长春主动担起“一主”使命，广纳人才求发展，高高举起人才大旗，构筑人才集聚高地，为“一主六双”高质量发展战略提供人才保障。

习近平总书记高度重视人才工作，提出要树立强烈的人才意识，高度重视人才强国战略的实施。8月31日，省委书记景俊海到长春人才市场调研时强调，要深入贯彻习近平总书记视察吉林重要讲话重要指示精神，牢固树立以人民为中心的工作导向，始终坚持以人才为第一资源，留住用好各类人才，保障促进充分就业，以“人”兴引领吉林全面振兴全方位振兴。省委常委、长春市委书记张志军谈到，2021年以来，长春各项主要指标增速领跑东北，一批重大平台载体相继落位，新时代的长春是一座有实力、有活力、有魅力、有潜力、有磁力的城市，长春市立足“一主六双”高质量发展战略，围绕现代化都市圈建设，将继续深入贯彻“人才强市”战略，优化人才发展环境，搭建凝聚人才“磁力场”，使各类人才创业有机会、干事有平台、发展有空间。

近年来，长春市认真贯彻落实习近平新时代中国特色社会主义思想，坚持政策惠才、产业引才、平台聚才、服务暖才，全市人才总量持续扩大，人才结构更加优化，高端人才不断涌现，人才智力势能源源不断转化为创新发展动能。省委书记景俊海3次对长春人才工作作出重要批示，中组部、省委组织部多次进行总结和推广。

聚天下英才而用之。作为全国第四大智力密集型城市，新时代的长春，以人才为第一资源，引才、育才、用才，必将在“一主六双”高质量发展战略中，赢得主动，赢得未来。

人才总量不断扩大，高层次人才不断涌现

截至2020年年末，长春市人才总量128万人，占全市总人口的14.7%。其中，党政人才3.3万人，企业经营管理人才21.8万人，专业技术人才64.3万人，高技能人才18.3万人，农村实用人才19.4万人，社会工作人才0.9万人。2010至2020年全市人才量累计增加35.3万人，人才连续多年实现正流入。

在总量不断扩大的同时，高层次人才在长春不断涌现。全市拥有两院院士54人（含双聘院士33人）、国家重点联系专家93人、“万人计划”专家102人、省高级专家356人、省高层次创新创业人才94人、市有突出贡献专家808人。人才指数为0.9，位于全国城市第10位，人才贡献率34%，处于副省级城市中游水平。

科教资源比较丰富。市域内有各类高等院校43所、科研院所94个，分别位于副省级城市第5位和第10位。有一级学科博士学位点65个，博士后科研流动站68个，国家级重点实验室11个，国家级工程技术研究中心5个，国家级技术转移示范机构10个，国家级国际科技合作基地16个，有10家国家级和55家省级转移示范机构，科技孵化器、众创空间等创新创业服务平台74家（国家级服务平台27家，省级服务平台47家），高新技术企业1322户，院士工作站24家，国家级技术转移人才培养基地1家。全口径计算的研究与试验发展（R&D）人才26272.9人年，2019年，全市专利申请量23144件，授权量11894件，其中发明专利9215件，授权量2600件。

优化党管人才格局，强化人才工作保障

长春市积极探索党管人才原则的实现机制，遵循社会主义市场经济规律和人才成长规律，坚持管宏观、管政策、管协调、管服务，高位统筹规划，加强分类指导，注重整合力量，有效构建人才工作新格局。

长春构建多元治理主体责任共同体。不断完善党委统一领导、组织部门牵头抓总、有关单位各司其职、社会力量发挥重要作用的人才多元治理主体责任共同体。强化组织领导，成立了由省委常委、市委书记任组长，市长、常务副市长和常委组织部长任副组长，组织、宣传、人社、财政、科技、工信等17个部门为成员单位的人才工作领导小组，下设办公室负责小组日常工作。市委常委会定期听取人才工作汇报，定期召开人才工作领导小组会议，凡重大政策出台、重点工程实施、优秀人才表彰，都由领导小组会议讨论通过，并组织实施。强化顶层设计，密集出台了《关于进一步集聚人才创新发展的若干意见》《进一步加强党管人才工作的实施意见》《高层次人才队伍建设五年计划》《关于支持院士长春创业的若干政策意见》《市直人才专项事业编制管理办法》等人才政策文件，推进长春人才政策2.0升级版工作，出台促进应届高校毕业生来（留）长创业就业12条措施，深入推进“人才管理改革试验区”建设，打造“长白慧谷”英才品牌，组织开展长春市有突出贡献专家、长春市政府特殊津贴专家评选工作。强化经费保障。市财政单独列支2.5亿元人才经费，主要用于兑现落实省市人才新政、推动重大人才工程项目、市“突贡”专家评选、专家人才服务保障及支持人才创新创业等，各地各部门也不断加大投入保障力度，每年市县两级投入人才开发方面的资金超过10亿元。

深度嵌入中心大局，铸牢磁力场助推发展

创新发展，人才先行。长春注重下好人才“先手棋”，推动创新链、人才链、产业链有效融合，切实以人才第一资源助推发展第一要务。

充分发挥重点产业聚才“磁极效应”。依托汽车制造、农产品加工、轨道客车、先进装备制造、生物及医药健康、光电信息、新能源汽车、新材料、大数据等重点产业打造人才高地15个，集聚产业人才总量36万人。坚持“招商引资”和“招才引智”并重，项目支持和人才激励同步兑现，聚焦“四大板块”协调发展战略，依托全市1300多个亿元以上项目打造产业人才高地，聚集各类高端产业人才6500余人。持续推动产学研一体化。开展“院士专家长春行”活动，为专业人才服务企业搭建平台，推动产学研融合紧密深入，服务企业技术创新，带动行业快速发展。近两年，组织197名院士专家到90多户企业进行技术指导，攻关难题100余项，形成了具有长春特色的“政府引导、学研输出、金融助力”自主创新机制。促进科技成果本地转化。创新科研成果转化收益分配机制，科研人才职务发明转化所获净收益，以不低于70%的比例奖励给成果完成人或团队，奖励比例上不封顶；完善人才创新创业金融支持体系，为2300多户科技企业融资超过200亿元，为31户上市企业发放2500万元奖励资金；加大创新研究补贴力度，为1000余户企业发放“创新券”2.2万张，兑现资金5600万元；支持17家企事业单位建设创新中心和技术中心，给予350万元专项资金扶持；建设北湖科技园、航天信息产业园、光电和智能装备产业园等一大批创新创业平台，全市249个创新创业基地集聚各类经营管理和技术研发人才20.2万人。

推动政策落地见效，释放红利惠及人才

长春推动实施高层次人才队伍建设五年计划。将全市人才队伍建设分解为“机关事业单位干部人才提升计划”“重点产业领军人才开发计划”“社会民生各领域人才专项支持计划”“人才管理改革试验区推进计划”四大专项，设置20个人才工程，项目涵盖全市支柱产业、战略新兴产业和社会民生重点领域各支人才队伍，每项工程每年给予50万元资金支持。截至2021年年底，“青年科技

创新人才发展工程”培养青年创新创业人才60人；“长春名师培养工程”培养选拔杰出校（园）长55人、专家型校（园）长215人；“文化名家”项目评选长春文化名家15人、文化英才50人，名记者、名编辑、名主持人10人；“乡土专家培育工程”首批共评选产生“土专家”“田秀才”50人；“农产品深加工培育工程”引育企业最佳管理人才13人；“春城名商”项目引育企业家和职业经理人60人；“长春工匠”打造工程共建立国家级高技能人才培训基地2个、职业技能公共实训基地3个、市级技能大师工作室10个、师徒工作间10个，培养选拔高技能领军人才220人、“长春工匠”200人。省市政策叠加发力加大政策兑现力度，真金白银惠及企业人才，超过3万人直接受益。近3年来，为国家级高校、科研院所以及企业培养和引进的44名领军人才提供激励支持3050万元，为17095名高级经营管理人才和高技术人才兑现个税返还奖励2.8亿元，为7247名来长留长的高校毕业生发放安家费3.12亿元。

深化体制机制改革，激发人才创造活力

长春建立人才专项事业编制。发挥编制资源激励作用，设立“人才专项编制池”，下发《市直人才专项事业编制管理办法》，对全市引进急需紧缺的高层次人才，统筹使用事业单位空余编制，不受预留编制和编制结构限制。高质量建设人才管理改革示范区。从2011年开始，率先在长春新区高新区建设东北地区首家人才管理改革示范区，2020年长春新区全年人才建设投入资金2.81亿元，新引进产业类项目109个，1名人才当选中国科学院院士，3名人才入选国家重大人才工程，吸引新注册涉外企业17家，引进“双一流”高校毕业生600余人，集聚各类高端人才1.5万人。实施基层差异化改革试点。结合资源禀赋和产业发展优势，围绕人才管理、培养支持、创新创业、优先发展等方面确定14项重点改革试点任务，集中解决一批制约人才创新创造活力的关键问题，目前，已经形成32项可复制可推广的制度措施文本。二道区结合区“创新创业人才激励机制”试点改革，制定实施“二道梧桐”英才计划，给予最高2000万元资金支持；农安县开展“企业人才培养支持机制”试点，打造构建“基地+讲堂+高校”创新模式，推动人才服务县域经济发展。

长春探索建立人才分类评价体系，联合吉林大学开展“长春市人才分类评价体系”研究，确定了从人才的学术成就、荣誉奖项、业绩贡献、从业经历等“四个维度”设立人才评价基本标准，定量和定性相结合，将国内外公认度较高的435个人才荣誉项目由高到低分成5档。启动人才分类认定工作，对客观评价人才、有效兑现政策奠定了重要基础。推动人才开发产业化。依托长春国家级人力资源服务产业园，集聚科锐国际、安拓国际等46家全球知名人才服务机构，引才3500余人，人力资源企业产值130亿元。举办创业就业博览会和人力资源服务产业高峰论坛，持续深化了“吉人回乡”“吉人生根”系列招聘活动。

细化服务保障举措，打造爱才重才生态

长春市不断提升服务保障能级，立足需求精准服务、纾解困难，切实提升专家人才的获得感、成就感和满意度。

依托院士专家联合会、长春专家服务中心以及各级人才服务机构，长春打造“三级服务平台”，建立子女教育、医疗保健绿色通道，协调办理“二级医疗保健”待遇，300多名高层次专家人才享受到“一对一”“管家式”贴心服务，近两年，通过市人才办为16位高层次人才子女解决了入学问题，为1名高层次企业管理人才家属解决了工作异地调转问题。

长春实施人才安居工程，发放安家补助、实行购房补贴，加大人才公寓供给力度，让人才“来之能安”，目前，全市现有人才公寓5000套，入住4000余人，今年启动了人才公寓建设行动，在全市兴建2万套、100万平方米各类人才公寓，满足不同层次人才的居住需求。

加强政治引领和政治吸纳。在健全人才荣誉制度方面，长春每3年开展一次“长春市有突出贡献专家”评选工作，印发《市委联系服务专家工作实施方案》，每名市级党员领导干部联系2名专家人才，春节等重要节假日登门看望；组织开展人才专题培训班、国情研修考察，进一步加大在专家人才中发展党员力度。

留长创业就业乐业，留人政策新而又实

长春全面发力，最大限度引导大学生留长创业就业，市人才办制定《关于促进大学生留长来长的工作方案》，进一步加大高校毕业生留长来长政策宣讲力度，强化就业岗位开发，突出就业服务保障，高校毕业生就业工作成效显著。连续4年开展“大学生留长来长就业创业行动”，制定下发《长春市促进应届高校毕业生来（留）长创业就业若干措施》，在毕业生落户、开发就业岗位、就业补贴、创业扶持、生活补贴、住房保障等方面进行大力支持，近3年累计吸引留住26.2万人。截至2021年年底，已经有8.7万名高校毕业生选择在长春就业创业，实现了“保就业”“聚人才”双赢目标。长春还面向以大学生为主体的青年人才，组织创新创业大赛，以赛荐才、以赛聚才，对于落户长春的优秀项目和优秀人才分别给予资金支持。

长春以小红书这个大学生喜闻乐见的形式，宣传大学生留长来长政策，向高校毕业生推介长春，发表致高校毕业生的公开信，启动暑期就业服务行动计划，邀请广大学子共赴长春创新振兴之约，发布“学子留长”小红书手机版，采取图文解读、视频展示等方式，全方位、多角度推介与大学生就业创业相关的政策信息，帮助广大学子实现重要政策一手掌握、办理流程一查便知、优质岗位扫码可查、动态信息适时更新。“小红书”一上线，就受到各级媒体广泛关注，在大学生中产生热烈反响，被广大学子誉

为“随身携带的人才政策工具箱和就业岗位信息库”。

长春本着“想留尽留、可聘尽聘”原则，广开渠道、多措并举，针对不同层次高校毕业生，采取机关事业单位带头招录、国有企业主动吸纳、各类型企业精准招聘方式，不断强化岗位开发力度。2021年，挖掘党政机关、事业单位、国有企业等就业岗位9937个，市本级及以下党政群机关录用公务员718人，事业单位招聘6116人，中省直驻长事业单位招聘2276人，驻长国有企业共提供就业岗位827个。围绕汽车及零部件加工、轨道客车、装备制造、农产品加工、高新技术等行业重点企业，开发符合高校毕业生就业的月薪8000元以上优质岗位1万个。发挥公益岗位“中转站”作用，为没有找到合适就业岗位的高校毕业生提供基层服务公益岗位4000个。

长春进一步创新就业创业支持政策，加大保障支撑力度。在需求端，对非公有制中小微企业吸纳首次在长就业的应届高校毕业生，按照1000元/人标准，给予吸纳高校毕业生就业补贴；对企业吸纳高校毕业生就业的，根据吸纳高校毕业生实际人数，按照1780元/月标准，给予6个月职业培训补贴。在供给端，为高校毕业生提供“两目录一清单”新职业免费技能培训，提升大学生就业能力；为在长落户创业、灵活就业的应届高校毕业生提供每月400元至800元生活补贴；支持大学生在长安居，对购房的给予2万元购房补贴；对重点院校全日制本科生，普通院校全日制硕士、博士研究生分别给予3万元、5万元、8万元的一次性安家补贴，2021年已经为符合申报条件的2525名高校毕业生兑现安家补贴6841万元。

“一主六双”高质量发展战略大幕开启，长春责无旁贷地擎起“一主”使命，再次汇聚全市力量，聚拢天下人才，突出长春特色，体现省会担当，坚持需求处入手、问题处着力、矛盾处突破，聚焦人才队伍的结构性问题、人才管理的体制性问题、人才激励的有效性问题、人才服务的系统性问题，积极回应广大人才的新期待新要求，进一步创新政策、优化平台、完善服务，努力将长春打造成为人才向往之地、人才集聚之地、人才辈出之地。

（《吉林日报》2021年9月15日　于　水　李亚东　孟凡明）

长春市冰雪经济高质量发展纪实

作为集聚历史文化积淀与时尚元素于一体的“冰雪体验之都”，长春已经成为全国冬季旅游最热的城市之一。伴随着北京2022年冬奥会脚步的临近，长春市的冰雪旅游发展进入快车道，冰雪旅游体验持续升温。

“冰天雪地也是金山银山”。数据显示，2020—2021冰雪季，长春市接待游客 3141.42 万人次，实现旅游收入574.88亿元。

长春已将冰雪经济确定为全市大力培育新经济、新业态、新模式战略任务，承担着为现代化都市圈高质量发展赋能的重任，创新性地走出一条冰雪经济高质量发展之路。

一、借冬奥契机构建冰雪经济发展新格局

2019年11月，长春天定山滑雪场建成运营；同年，长春冰雪大世界开园迎客；2020年，神鹿峰童话雪世界建成运营。长春同时涌现出以冰雪新天地为代表的国内顶级龙头冰雪产品，以长春世界雕塑园冰雪新乐园为代表的科技时尚类冰雪体验产品。

2021—2022雪季，长春天定山、庙香山等滑雪场雪道总数超40条，雪道总面积超 100 万平方米。长春冰雪新天地再扩大 18 万平方米，总占地面积 156万平方米，用雪量26万立方米。

此外，2021年深受游客欢迎的496米长大滑梯在全新升级后，加长为516米。长春冰雪新天地内冰雪单体建筑160余个，比2020年增加13%，成为世界上最大的冰雪主题乐园。园区内建设含有护卫舰、航母等“国之重器”大型系列冰雕作品和以冬奥为主题的冰建群组。

作为中国首批优秀旅游城市，长春打造了包括长春冰雪节、瓦萨滑雪节、吉林雪博会、冬季农博会在内的“两节两会”，建成净月潭、庙香山、莲花山世茂、天定山4大滑雪场，十大冰雪乐园等冰雪产品。

为迎接冬奥带来的冰雪旅游热潮，长春的滑雪场也是借“冬奥”抢抓时机。莲花山世茂滑雪场在新雪季进行全面升级，为游客打造极佳滑雪胜地，新增相应的冰雪设备并改造升级，融合“山景、山味、山居”三大支撑点，突出“山地

运动、山地娱乐、山地教育、山地观光、山地饮食”等山地文化主题元素，开展滑雪滑冰、雪圈、冰上自行车、雪山徒步等 20 余项冰雪项目，满足广大游客的需要。天定山滑雪场新增2条初级道，为初级滑雪爱好者搭建可拆装滑冰场。

二、主引擎助力建设吉林冰雪旅游强省

近年来，长春市全面落实吉林省“一主六双”高质量发展战略，在抓好常态化疫情防控大背景下的文旅产业高质量发展的同时，不断强化长春主引擎功能，坚决扛起“新担当、新突破、新作为”的重大职责使命，持续提升旅游“双线”联动能力，构建旅游“双线”集散中心，打造旅游高质量发展核心引擎，在加快长春现代化都市圈建设和创建长春市区域创新中心、区域消费中心、文旅创意中心过程中体现了文旅新作为。

在敦白高铁开通之际，长春市召开2021—2022雪季长春—长白山冰雪旅游区域联动恳谈会，采取多方面的具体举措开展与长白山的冰雪旅游区域联动，丰富市民和游客的冬季生活，推动冰雪经济持续发展。其中包括，联合长白山紧密对接国内主要客源市场，设计推出“长春-长白山精品冰雪旅游线路”，不断提升长春、长白山冰雪旅游线路沿线产品的知名度；两地还将共同举办“长春-长白山”冰雪主题活动。此外，还积极协调加密长春-长白山航线，为市民和游客赴长白山旅游提供更多出行方式的选择，推进构建立体化交通服务网络。

围绕全面实施“一主六双”高质量发展战略，长春市突出“一主”主导作用，牢固树立抓项目储备就是抓未来发展的理念，围绕重点产业延链、补链、强链，精心谋划一批具有全局性、战略性、成长性、带动性强的重大、重点项目，增强了长春特色优势产业链、供应链的稳定性和竞争力。

长春市“一主”辐射带动力不断增强，在发挥“长春经济圈”建设的辐射引领作用中，做精“长春—通化—白山—延吉—长白山” 避暑休闲冰雪旅游大环线、“长春—松原—大安—白城—通榆”河湖草原湿地旅游大环线。同时，依托长春吉林一体化协同发展、长春四平一体化协同发展“双协同”，围绕丰富旅游产品、挖掘消费热点、开发旅游市场，统筹推进“长吉都市冰雪运动与休闲度假”建设，打造长春-吉林旅游“双线”合作样本，为建设吉林冰雪旅游强省、避暑休闲名省、新兴旅居大省提供更强劲的支撑力。

三、多点开花建设冰雪经济发展集聚区

以“冰天雪地也是金山银山”发展理念为引领，长春市积极谋划出台相关促进支持政策，紧紧把握冰雪产业发展的黄金增长期。以冰雪产业为突破口，全力推动“冰雪产业+旅游”等多产业融合发展，打造经济新增长点。

2016年11月30日，长春市率先出台《关于做大做强冰雪和避暑旅游产业的实施意见》，确定构建以冰雪旅游、冰雪体育、冰雪文化为核心的“3+X”冰雪产业链工作目标，从体制机制、政策引领方面为冰雪旅游产业提供强力支持。

2019年12月17日，长春市召开冰雪经济大会。会议作出打造冰雪经济品牌，全力将“冷资源”做成“热经济”，将长春建设成为“世界雪都”的战略构想。

2020年10月27日，长春市印发《长春市关于大力发展冰雪经济的实施意见》，提出到2025年，全市冰雪经济持续发展，实现冰雪旅游经济快速发展、冰雪场地设施更加完善、冰雪运动人口形成规模、冰雪竞技水平大幅提升、冰雪装备制造跨越提升等5大目标。

在莲花山生态旅游度假区，以打造国际级冰雪小镇为目标，这里正在集中力量在长春冰雪新天地和莲花山世茂滑雪场周边规划建设20平方千米的冰雪经济高质量发展集聚区，推动冰雪产业全链条集聚。

长春冰雪新天地所在的天定山旅游度假小镇，已建成占地 80万平方米的天定山滑雪场、四季皆可采摘的智成有机农业园、主题各异的天定山民宿等几大功能区，成为集娱乐、住宿、餐饮于一体的“一站式”休闲度假之所。而以莲花山世茂滑雪场为中心的世茂国际冰雪小镇，多次承办自由式滑雪空中技巧世界杯赛、全国自由式滑雪空中技巧锦标赛、全国青年运动会自由式滑雪空中技巧决赛等国际国内冰雪赛事，吸引了大量的省内外游客。乘着北京冬奥会的东风，长春冰雪产业在促进城市经济发展方式转变、完善和提高公共服务供给、拉动旅游与消费等方面发挥了较大作用，成为促进区域经济社会发展的新亮点。

每年冬天，长春世界雕塑园、南湖公园等市区公园都会开展冰雪乐园、灯光秀等活动。在冰雪演艺方面，“长影周末音乐会”系列演出活动，全年累计50余场；在长春人民艺术剧场，话剧、儿童剧、杂技等演出，全年累计60余场；在东北风、和平大戏院、刘老根大舞台，二人转等地方特色演出，全年累计2000余场。儿童剧《冰雪皇后》、杂技《冰雪家园》等节目，将冰雪与文化相结合，深受市民和广大游客的喜爱，上座率达80%以上。

在冰雪季期间，长春网红打卡地文旅综合体“这有山”举办鲜花市集、街头文化节、嘉年华舞会、手账市集、音乐节、跨年狂欢派对、庙会、文化展览等系列活动。声色斑斓的酒吧、人声鼎沸的夜市、静谧多姿的客栈、时尚潮流的文创等多元业态，开启文旅、商业互相融合的长春样本。

（凤凰网2022年1月26日）

长春市生态环境保护工作综述

“如今的长春，青山绿水，蓝天白云的天数逐年增多，市民的呼吸越来越顺畅！”广大市民、游客和投资商纷纷作出这样的赞美。

党的十八大以来，以习近平同志为核心的党中央高度重视生态文明建设。长春市深入学习领会、全面贯彻落实习近平生态文明思想，严格落实党中央国务院和省委、省政府关于生态文明建设和生态环境保护工作的决策部署，坚决扛起生态文明建设的政治责任，坚持生态为民、生态惠民、生态利民，对标省委建设生态强省的战略目标，始终把打好打赢污染防治攻坚战作为重大政治任务，强力推进突出生态环境问题整改，全市生态环境质量明显改善，生态环境保护工作交出了一份亮眼的成绩单。

2018年，全市建成区75处黑臭水体基本消除，长春市获评“全国黑臭水体治理示范城”，伊通河、饮马河水质持续改善；2019年，石头口门、新立城水源地一级保护区1.9万亩耕地退耕还草还湿，水质达标率100%。按时完成大棚房和自然保护区、水源地保护区违建别墅清查整治；营造林地4591公顷，恢复矿山生态636.9公顷。2020年，9个国家考核断面水质全部达到考核要求，劣五类国考断面全部清零。2021年，“十四五”新增6个劣五类断面成功消除5个，剩余1个劣五类断面水质明显改善，国考断面优良水体比例达到50%。截至12月28日，全市环境空气质量优良天数327天，优良率90%，创有监测记录以来历史最好水平。从“十三五”完美收官，到“十四五”精彩开局，从污染防治阶段性目标全面完成，到“双碳”行动实施启动，环境空气质量优良天数、国考断面优良水体比例明显增加，生态环境质量总体跃升，创下历史佳绩。

成绩来之不易，蓝天、碧水、净土都是奋斗出来的。近年来，市委、市政府以习近平新时代中国特色社会主义思想为指导，深入贯彻习近平生态文明思想、习近平总书记视察吉林重要讲话重要指示精神，扎实推进落实污染防治重点目标任务，坚定不移完成中央生态环境保护督察反馈问题整改，有效防范化解环境风险，换来了水光天色共蔚蓝的宝贵成绩，山水特色、生态优势、宜居环境、绿色发展成为长春闪亮的“金字招牌”，长春面貌焕然一新，为全市全面振兴全方位振兴和全省“一主六双”高质量发展战略提供了强有力的生态环境支撑保障。

生态环境保护，需要持续用力、久久为功。新的一年，长春市生态环境系统将在市委、市政府的坚强领导下，高举习近平生态文明思想伟大旗帜，发扬真抓实干、创新有为的拼搏精神，坚定政治担当，深入打好污染防治攻坚战，全力守护蓝天白云和绿水青山，推动绿色转型，促进经济高质量发展，着力构建人与自然和谐共生的现代化建设新发展格局，让长春天更蓝、水更清、山更绿、空气更清新、人民的生活更加美好，为长春建设现代化都市圈建设、打造“三强市、三中心”、实施“六城联动”战略，作出新的更大的贡献。

一、综合施策促整治 坚决打好打赢污染防治攻坚战

全市生态环境系统全面落实市委、市政府决策部署，推进落实《长春市决胜2020污染防治攻坚战实施方案》，扎实开展蓝天、碧水、黑土地、青山和湿地“五大保卫战”，推动开展水环境、大气环境、土壤环境质量3个“巩固提升行动”。一幅蓝天白云、水清岸绿、生态和美的“高颜值”生态画卷已铺展在春城大地。

蓝天保卫战成效显著。近年来，长春市统筹推进能源结构、产业结构、交通结构和用地结构调整，实施燃煤污染控制、工业污染源治理、移动源污染治理、扬尘污染治理、秸秆禁烧管控等专项行动，全市累计淘汰县级以上城市建成区20蒸吨/小时以下燃煤锅炉8089台；16台20万千瓦以上燃煤火电机组全部实现超低排放，在用20蒸吨/小时及以上非电燃煤锅炉完成提标改造，安装在线监控设施，并与生态环境部门联网，污染物全面实现达标排放。2021年以来，对167户（次）供热企业强化检查帮扶，累计检查各类燃煤锅炉企业1496户（次）。组织实施采暖期初供热锅炉错峰启炉，市区新建燃煤锅炉项目，大气污染物排放执行超低排放限值要求。以石化、化工、工业涂装、包装印刷、油品储运销等重点行业企业为重点，深入实施679户企业挥发性有机

物排放综合治理。运用“吉林一号”高清卫星遥感监测和可视化扬尘管控管理系统，对“施工工地、拆迁工地、物料堆场、裸露地面、非正规垃圾点”等5类扬尘污染源实施全过程监管。市政府出台实施《长春市机动车和非道路移动机械排气污染防治管理办法》，全面开展“清洁柴油车、清洁柴油机、清洁运输、清洁油品”行动，建设“天地车人”一体化机动车排放污染监管体系。市人大出台实施《长春市农作物秸秆露天禁烧和综合利用管理条例》，自2021年起实施秸秆全域禁烧；各地党委政府强力推进“秸秆全量化处置和全域禁烧管控”，克服降雪早、窗口期短等困难，带雪作业昼夜奋战，加快推进秸秆离田，畅通秸秆综合利用出口；运用“卫星遥感+视频监控+无人机航拍”等智能化、大数据手段，强化“技防+人防”并用，对全市秸秆违规露天焚烧实施全过程、全链条、全周期闭环管理和智能化管控，全域禁烧期实现“零火点”。编制大气污染源排放清单和重污染天气应急减排清单，对重污染天气预防及管控实施精准化管理。全市环境空气质量一级优天数大幅增加，优良天数接近330天，6项主要污染物浓度值均出现下降，环境空气质量全面达到国家二级标准，创有监测记录以来历史最好水平。

碧水保卫战成果突出。水环境治理是市委、市政府高度重视的系统性工程，主要领导高位统筹治水，多次作出重要批示，对伊通河、饮马河流域污染治理、断面水质改善达标、饮用水水源地保护等重点任务，现场督导推进。2020年以来，长春市立足流域系统治理，不断创新治水举措，以行政区域为单元，创新实施“排查、监测、溯源、整治、督查、评估”综合治理措施，编制流域治理图册“工具书”，落实“图表化、清单化、手册化、模板化、机制化”等“五化”工作模式，持续加大饮马河、伊通河等重点流域干支流水污染治理力度，重点实施了伊通河、饮马河、东辽河流域治理和劣五类水体改善达标工程。“十三五”期间，主城区新增排水管网789.6千米，改造排水管网247千米；特别是实施了伊通河流域综合治理工程，累计完成投资243亿元，其中水环境工程完成72亿元，新建污水干管120千米，完成吐口治理124个，新建、提标、扩建污水处理厂7座。新凯河流域水环境工程基本完工，芳草街污水处理厂、南部污水处理厂扩建工程正在提速推进。辽河流域列入《吉林省辽河流域水污染治理与生态修复综合规划（2018–2035）》，25个项目全部完成治理任务。主城区已建成污水处理厂21座，设计能力总计201.8万吨/日；全市147个乡镇，有104个乡镇（街道）实现污水全收集处理，其中28个重点建制镇和常住人口万人以上乡镇全部完成污水处理设施建设。截至2020年年底，“十三五”期间9个国考断面全部消除劣五类，75处黑臭水体全部消除，长春市入选国家城市黑臭水体治理示范城市，获治理资金6亿元。“十四五”期间，全市国考断面增至16个，新增的6个劣五类断面成功消除5个，剩余1个劣五类断面水质明显改善，国考断面优良水体比例达50%。

黑土地保卫战稳步推进。编制实施“三线一单”，初步划定生态保护红线635.67平方千米，划定环境管控单元158个。147家土壤污染重点监管单位全部与属地政府签订《土壤污染防治责任书》，建立完善了土壤污染隐患排查制度，土壤及地下水完成年度自行监测并向社会公开。强化建设用地准入管理，排查更新疑似污染地块清单。严格规范土壤污染状况调查报告评审工作流程，全市土壤数据信息实现共享，环境风险得到有效防范。土壤环境质量状况总体稳定，农用地土壤环境质量状况良好。

青山、湿地保卫战攻坚克难。持续推进“绿盾”自然保护区监督检查专项行动，全面完成139个“绿盾”行动发现问题整改任务。强化农安波罗湖国家级自然保护区、九台省级湿地保护区现场检查，完成2021年自然保护区国家遥感问题点位现场核实。

农村生态保护持续深入。强化农村饮用水源地规范化管理，对6个“千吨万人”水源地和732个农村集中式饮用水水源地水质情况进行摸底调查，完成水源地风险隐患排查。梯次推进农村生活污水治理，制定发布《农村生活污水治理专项规划（2020–2035）》，完成了330个行政村生活污水治理。通过卫星遥感、无人机、大数据等手段，定期筛查识别农村黑臭水体，结合实地踏查完善清单，全面推进水体治理。强化规模畜禽养殖场全过程监管，发现问题及时督促整改，依法予以行政处罚。

固废管理规范化全面提升。深入开展“清废行动”，“产、学、研、用、管”相结合，推进工业固废、生活垃圾、建筑垃圾等分类回收、资源化利用和无害化处置，危险废物实现全过程可追溯闭环管理。全市工业固废综合利用率、生活垃圾无害化处置率、建筑垃圾综合利用率、危险废物安全处置率持续提升。持续开展危险废物专项整治，针对危险废物、危险化学品、医疗废物、工业垃圾“上山下乡”等重点领域开展专项排查整治，严厉打击非法转移、倾倒和处置危废行为。以公主岭市为“无废城市”建设试点城市，推进焚烧飞灰、餐厨垃圾、建筑垃圾等重点项目建设和固体废物精细化管理，形成可复制可推广模式。加强危险废物处置能力建设，开展市、县（区）两级危险废物规范化管理督查考核，健全危废分级考核评估体系。严格落实危险废物申报登记、转移联单、环境应急备案等制度，建立全市涉废重点风险源清单及医疗废物应急协同处置设施清单，建立起完备的环境应急和环境安全风险三级防控体系。全市未发生涉废重大突发环境事件。

市生态环境保护领导小组办公室制定实施污染防治攻坚战考核细则，完成2020年污染防治攻坚战成效考核，印发《关于

2020年度污染防治攻坚战成效考核自评情况的报告》；对各县（市）区、开发区进行考核，印发《关于2020年度污染防治攻坚战成效考核结果的通报》。在全省2020年度政府环境保护目标责任制考评中，被评定为一等单位。在全省控制温室气体排放目标责任考核中，被评定为超额完成等级。

二、狠抓落实不松劲 优质高效推进督察反馈问题整改

面对中央“铁腕治污”的信心和决心，长春市委、长春市人民政府坚决扛起督察反馈问题整改的政治责任，始终坚持以人民为中心，以改善生态环境质量为核心，突出问题导向、标本兼治，采取有效措施，下猛药、治沉疴，以雷霆之势向环境污染“亮剑”，确保中央生态环境保护督察反馈问题全部按既定时序完成整改。

针对第一轮中央、省生态环境保护督察反馈问题和交办信访案件，市生态环境保护领导小组办公室、市环境保护督察整改领导小组办公室坚决落实市委、市政府“底线思维”“压实属地责任”“分战线落实领导包保”的要求，不折不扣抓好督察整改。充分发挥“指挥部”“督战室”“作战队”的综合协调作用，深化实施问题清单、任务清单、责任清单、项目清单“四个清单”管理，持续强化“周通报、月调度”机制并常态化运行，印发提示函54个、督办函8个、预警函2个，研究推动阶段性工作50余次。第一轮反馈长春市208项问题和累计交办的8710件群众信访举报案件均完成年度任务。

在第二轮中央生态环境保护督察迎检工作中，市生态环境保护领导小组办公室、市环境保护督察整改领导小组办公室实行“两办合一”，创新实施“属地为主，战线统筹”“专班+战线”“战线对属地”“双派双计”“市级领导包案制”“重点案件会审”工作机制，压紧压实各级督察迎检和整改责任。第二轮中央生态环境保护督察交办长春市的33批2150件信访案件，总量比2017年中督和2018年“回头看”分别下降32%和17.3%，信访投诉总量、重点案件数量实现“双下降”，办结率、满意度实现“双提升”。各责任单位从严从快、应办尽办，及时回应群众关切。截至2021年年底，交办信访案件办结1842件，阶段性办结308件，其中中督迎检结束后，办结591件。

全市上下全面深入梳理督察反馈问题，对农安县烧锅镇建筑垃圾非法填埋、建成区部分水体返黑返臭、矿山生态修复、建筑垃圾资源化利用、污泥无害化处置、农村畜禽粪污综合利用、秸秆全量化处置等重点问题，全力落实整改，全力推进解决。将整改任务分解为4方面14类33项，形成《整改任务清单》，明确责任单位、督导单位、整改目标、整改时限和整改措施，拉条挂账，“一对一”落实到各部门、各属地、各责任单位，实行“清单化管理”。正在按照“一个问题、一份清单、一套措施、一抓到底”的要求，积极制定整改方案，加压推进反馈问题整改，确保每个问题落实到位。

长春市对国、省督察反馈问题，诚恳接受、照单全收，深刻反思、主动认领，不回避、不推诿、不遮掩、不护短，以直面问题的勇气和解决问题的担当，坚决抓好突出生态环境问题整改工作，推动全市生态环境治理向更深层次、更广领域延伸。

三、精准治污探新路 生态环境综合监控平台实时监管

推进精准治污、科学治污、依法治污，科技是关键。为改变多年来生态环境监管“信息孤岛”现象，解决应用软件与环境管理脱节，环境监测数据应用范围、应用模式探索不足等问题，在市委、市政府的坚强领导下，在生态环境部环境信息中心的帮助指导下，市生态环境部门充分整合国内最先进的环境信息化资源，启动实施“智慧环保”生态环境综合监控平台建设，依托生态环境大数据智慧中心数据资源，借助先进的可视化分析手段，实现生态环境工作“看得全现状、找得准症结、出得好对策、说得清效果”，为生态环境保护提供了强有力的科技支撑，“精准治污、科学治污、依法治污”水平实现跃升。

“智慧环保”项目，总体框架为智慧监管平台、业务应用中心、监管执法中心、大数据智慧中心、物联感知网“一平台、三中心、一网”。其中，智慧监管平台针对大气、水、土壤、固体废物和危险废物等生态环境业务场景，提供大屏应用，实现生态环境状况、形势分析、指挥调度、监管执法等目标管控，为支撑生态环境管理科学决策提供现代化手段；业务应用中心主要建设大气环境质量管理、水环境质量管理、土壤环境质量管理、固体废物、核与辐射管理、环境审批管理、环境监测管理、环境信用管理、环保项目管理、公众环境信息服务等模块，覆盖生态环境管理的核心业务，实现全业务流程的信息化，环境数据分析的智能化，环境任务调度的自动化；监管执法中心通过对执法数据资源的整合，实现生态环境信访举报智能管理、现场执法、行政处罚、稽查管理、预警处置、综合分析等执法业务全覆盖，并通过执法终端系统，实现执法数据检索、任务提醒、执法任务督办、执法台账查看等功能；生态环境大数据智慧中心从数据汇聚治理、数据智能分析、数据智慧服务3个方面提升数据智慧能力，在保证数据可用可信的同时，着力提升数据分析、服务能力，最终实现环境

业务数据价值提升变现，辅助日常管理与决策；物联感知网建设内容包括大气网格化监测微站、区域小型空气自动监测站、水质自动监测站、水环境视频监控、水污染预警溯源站等。

作为涵盖实时监测、溯源分析、预报预警、协同监管、智慧调度、应急指挥于一体的“智慧环保”平台，将对全部固定污染源实施“查、测、溯、治、督、评”全流程闭环管理，实现生态环境监管精准化、生态环境综合决策科学化、生态环境公共服务便民化。

四、构建治理新体系 体制机制改革激发生态环境保护新动力

改革创新有高度。为加快补齐环境治理短板，积极构建导向清晰、决策科学、执行有力、激励有效、多元参与、良性互动的生态环境治理体系，长春市出台《关于构建现代环境治理体系实施意见》，以强化生态环境治理责任体系、环境治理监管体系、生态环境治理全民行动体系、环境治理法律法规政策体系、生态环境治理支撑体系为举措，推进实施23项改革任务，为全市生态环境治理提供了全方位的制度保障。特别是围绕深入贯彻落实“一主六双”高质量发展战略，“三强市三中心”奋斗目标，“六城联动”的空间布局，坚持以国家“1+N”双碳政策体系为指引，围绕落实“双碳”战略，稳步推动绿色低碳发展，以“双碳”示范城建设为引领，加快建设“生态强市”。谋划推动“双碳”示范城建设，完成《“双碳”示范城建设研究报告》，编制《“双碳”示范城规划（送审稿）》。以中韩（长春）国际合作示范区、循环经济产业园建设为重点，集合“项目库”“平台群”“资金池”“政策包”“人才谷”要素资源，率先打造新能源产业链式发展、循环经济产业体系示范园区，做大做强氢能源产业、电池产业、再生能源产业以及清洁能源产业。形成项目库100个，“平台群”14个，“资金池”14个，“政策包”15个，“人才谷”13个。

政策制定有深度。2021年是“十四五”开局之年，全市生态环境系统从顶层设计入手，组织优秀的专家团队，利用“开门编规划”，立足“四个在哪里”，在大量调研、深入研究分析的基础上，广泛对上契合、对外融合、对下接地气，与国民规划和各行业规划紧密嵌合，高质量完成“1+5+3”的《“十四五”生态环境保护规划》。修订《生态环境保护职责规定》，厘清各部门职责边界，按照“管发展必须管环保、管行业必须管环保、管生产必须管环保、管自然资源必须管环保”要求，压紧压实各行业各部门生态环保职责，“聚力攻坚、合力治污”的“大环保”工作格局初步形成。加快推动“三线一单”成果落地实施，深入开展“三线一单”成果提炼细化，一方面，对“四大板块”产业发展布局进行优化调整，严守生态保护红线；另一方面，新、改、扩建项目，实行工业项目进园、集约高效发展，基于环境质量底线目标，明确管控方向，确定“四大板块”环境质量底线，基于资源利用上线，合理布置资源利用。组织发布《长春市生态环境分区管控实施意见》，细化省级以上开发区（工业集中区）的生态环境准入清单，充分发挥其在专项规划编制、资源开发利用、重大项目选址以及优化园区产业结构和项目布局等方面的硬性约束和政策引导作用。

监管执法有力度。深入落实新《环保法》和4个《配套办法》，严格落实环境网格化监管，推进排污许可“一证式”监管。全面整合执法资源，强化部门联动，建立生态环境部门与公安机关、检察院和法院的协调会商机制，实行信息共享、线索和案件移送、联合调查、案情通报等制度，不断提高执法效能。“十三五”期间，全市办理行政处罚案件2880起，办理五类案件290起，处罚金额1.06亿元。2021年，全市办理行政处罚案件644件，比2020年增长37.31%；处罚金额2781.22万元，增长137.77%；办理五类案件36件，其中查封扣押19件，限产停产11件，移送拘留5件，涉污染犯罪1件，向社会公布8期典型案例，充分发挥震慑违法企业的作用。优化执法方式，大力推进非现场监管，利用无人机、无人船开展实时执法监管，持续加强污染源自动监控平台管理，全市403户企业安装自动监控设施687台。

优化环境有角度。从简化手续、承诺制审批等方面入手，积极推进环评审批体制改革，提供优质高效服务和专业精准指导，让惠企政策切实发挥对项目建设的正向拉动作用。进一步释放环评审批改革红利，扩大告知承诺制审批试点园区范围，加强宣传和引导，组织长春朝阳经济开发区等4个园区成功申报第二批告知承诺制审批试点园区。全市实施环评告知承诺制审批改革的园区占园区总数的30%，园区内企业切实享受到惠民惠企政策带来的福利。为切实提高环评审批管理效能，在长春经济技术开发区北区等地开展“区域环评+环境准入”试点，实行区域生态空间管控、环评豁免、降低环评等级等改革措施，营商环境进一步优化。

帮扶企业有温度。为助力项目建设，以“优化审批流程、加强对接指导、分类精准服务”为原则，衔接重大项目环评审批与相关规划实施，建立部门间沟通协调机制，研究破解制约因素，深入解决企业的“急难愁盼”问题。成立帮扶工作专班，组织生态环境领域专家，深入一汽集团公司等重点企业进行对接，为企业提供审批服务，助推项目尽早落地。以“服务企业周”为契机和载体，积极与企业交流先进的发展经验，帮助企业挖掘自身节能减排能力、实施绿色化

改造，探索更加贴近企业发展的服务方式。《排污许可管理条例》实施后，采取“执法+专家”的模式，对排污许可证重点管理企业进行“体检式”帮扶，帮助企业查摆问题，指导企业做好环境保护设施运行管理。

宣传教育有热度。市生态环境部门开展“吉林省暨长春市生态环境主题宣传教育活动月”系列活动。协调举办“2021吉林·长春绿色低碳发展高峰论坛”“庆祝中国共产党成立100周年中国生态环境保护事业发展历程/吉林省暨长春市生态环境保护建设发展成果展”“志愿者实践活动”“绿色长春环境监督App上线推广”“绿色今朝 回望百年——庆祝中国共产党成立100周年献礼丛书首发”等活动，助力开展吉林省“生态日”集中宣传活动。长春水文化生态园被授予“中国环境科学学会科技创新与传播共建基地”称号。

长春市通过一系列改革举措，聚集重点领域、关键环节，积极破解资源环境要素瓶颈，生态环境保护工作的系统性、整体性、协同性显著增强，生态环境高水平保护助推经济社会高质量发展作用日益凸显。

五、强化党建做引领 打造新时代生态环境铁军

长春市生态环境系统做到守土有责、守土尽责，迎难而上、积极作为，不辞辛苦、不舍昼夜，在坚决打赢污染防治攻坚战、中央生态环境保护督察迎检等重大任务面前，以实际行动诠释忠诚，以工作成效体现担当，推动污染防治攻坚战取得关键进展，生态环境质量总体改善。

生态环境铁军坚持提高政治站位，坚决扛起生态环境保护的历史责任。在生态文明建设的关键期、攻坚期和窗口期，这支铁军在忙碌中不失去方向，改革中不失去目标，艰难中不失去信心。这支铁军坚持强化思想引领，以庆祝建党100周年、深入推进党史学习教育为主线，深入学习贯彻习近平生态文明思想、全国生态环境保护大会精神以及党的十九届五中、六中全会精神，不折不扣地将中央和省委、市委关于生态文明建设和生态环境保护的决策部署落到实处，切实用习近平新时代中国特色社会主义思想武装头脑，指导实践，推动工作，助力“生态强市”建设。

积极推进党建和业务工作深度融合，在落实任务中锻炼能力，在破解难题中提高水平，在重大行动中培养意志品质。生态环境保护工作拼的是环保人的勇气和干劲，时间紧、任务重、难度大，这支铁军狠抓作风建设，结合环境执法大练兵工作，开展全年、全员、全过程实战练兵，持续开展业务培训，推进执法装备标准化建设，大力培养和锻炼执法骨干力量，营造风清气正的干事环境，守土有责、守土负责、守土尽责。正是由于这支铁军主动作为，发挥排头兵、领头雁的表率作用，笃定前行，才有了长春环保出色的业绩。

六、锚定2022年和“十四五”目标 向着“生态强市”和“双碳”示范城再出发

锚定2022年和“十四五”目标，对标省委、省政府关于认真落实中央生态环境保护督察反馈意见，切实守护好绿水青山黑土地、人民群众的蓝天白云好空气，让“生态美、环境好”成为百姓高品质生活“标配”的要求，全市生态环境保护工作，将紧紧围绕“生态强市”任务目标，落实“双碳”示范城建设规划，以高标准保护生态环境，以新理念实现绿色发展，突出减污降碳协同增效，深入打好污染防治攻坚战，积极推进生态环境保护督察整改，持续提升生态环境质量，助力绿色发展、高质量发展。

推进“双碳”示范城建设。以中韩（长春）国际合作示范区、循环经济产业园建设为重点着力推进生物质供热、清洁能源替代、控制新增煤炭消费和建筑垃圾资源化减量化等工作，实施老旧供热供水供气管网等市政基础设施节能降碳改造，为加快建设长春现代化都市圈提供生态环境支撑。

推进环保督察整改。对中督指出的问题，逐字分解、逐条研究，一事一部门，细化到每一件事。高度重视，认真编制《任务清单》，科学、精准、务实地确定整改措施、目标、时限。压紧压实、落实落细整改责任、整改措施、整改时限，继续举一反三、完善长效机制。各战线牵头行业问题整改，各辖区对标对表、及时提报整改措施，切实提高督察整改绩效。继续按照“专班+战线”“战线对属地”“两办合一”工作机制，深入落实“三本账”“四个清单”“四项机制”“六清标准”“八项制度”工作模式，加压推进中督反馈问题整改。及时开展“回头看”，确保任务措施落实到位，问题整改扎实有效。

统筹推进污染综合治理。坚持“精准治污、科学治污、依法治污”，深入打好污染防治攻坚战。助力新凯河流域治理、饮用水源地保护、黑臭水体整治、生态补水“四大行动”，紧盯劣五类断面消劣，抓好治水处理设施建设运行、黑臭水体返黑返臭整治、河道清洁和水源地保护，持续改善水环境质量。突出抓好燃煤、挥发性有机物、柴油货车、扬尘和重污染天气应对“五大攻坚战”，强力落实秸秆全域禁烧管控和“五化”综合利用，持续加大秸秆离田、还田力度，全力推进秸秆全量化处置，持续提升环境空气质量。加强畜禽粪污和农村生活垃圾收储运体系建设，强化土壤污染风险管控、地下水环境状况调查评估、农村生活垃圾污水治理提升“三大工程”，确保土壤环境安全。

（《吉林日报》2021年12月30日　刘霄宇）

大 事 记

DASHIJI

1月

2日 中欧班列（长满欧）2021年第一趟列车在长春国际陆港正式启程，驶往德国纽伦堡。

同日 第五批国家制造业单项冠军企业和单项冠军产品名单公布，中车长春轨道客车股份有限公司在“电力动车组（含高铁）”“城市轨道车辆”产品领域被评为“第五批国家制造业单项冠军示范企业”。

6日 中邦园林环境股份有限公司在香港联交所上市，为长春市2021年首家上市企业。

8日 长春市新冠肺炎疫情防控工作领导小组会议召开。省委常委、长春市委书记王凯主持。会议强调要严防死守精准防控，筑牢疫情防控严密防线。

同日 光大集团资深副董事长兼中国区CEO杨小平一行到长春考察，与长春市进行拓宽合作领域、推动长春加快实现农村农业现代化进行交流。长春市市长张志军会见杨小平一行。

同日 《长春市再生资源回收利用管理办法》《长春市城市户外广告设置管理办法》公布，自2021年5月1日起施行。

11日 长春市出现2021年首例新型冠状病毒感染者。后陆续发现并诊断出感染者111例，其中确诊病例105例，无症状感染病者6例，至2月25日，全部治愈出院。

11日—14日 政协长春市第十三届委员会第五次会议在吉林省宾馆开幕。省委常委、长春市委书记王凯讲话，政协主席綦远方代表政协长春市第十三届委员会常务委员会作工作报告。会议听取政协长春市第十三届委员会提案委员会《关于十三届五次会议提案审查情况的报告》；通过政协长春市第十三届委员会第五次会议决议。

12日—14日 长春市第十五届人民代表大会第六次会议在吉林省宾馆开幕。省委常委、长春市委书记王凯出席，本次大会执行主席、主席团常务主席钱万成主持开幕会和第一次全体会议。市长张志军代表市政府向大会作政府工作报告。427名市人大代表参会。代表们以无记名投票方式，补选王志厚为长春市第十五届人民代表大会常务委员会主任，徐连东、张知众为长春市第十五届人民代表大会常务委员会副主任，于学冬、靳明、于洋为长春市第十五届人民代表大会常务委员会委员，孙继光为长春市监察委员会主任。代表们表决通过《长春市第十五届人民代表大会第六次会议关于长春市人民政府工作报告的决议》《关于长春市国民经济和社会发展第十四个五年规划和2035年远景目标纲要的决议》等。

12日—14日 2021中国长春（国际）无人驾驶汽车冰雪挑战赛在长春净月潭国家级风景名胜区开幕。

15日 长春市进口冷链食品监管仓正式启动。

17日 长春市轨道交通6号线首个暗挖区间南部新城西站至南湖中街站完成双线贯通。

18日 中国一汽集团、德国奥迪公司、长春市政府以视频连线方式签署三方协议，宣布一汽奥迪新能源汽车项目落位长春。

21日 省委常委、长春市委书记王凯召开市新冠肺炎疫情防控工作领导小组会议。认真贯彻习近平总书记关于疫情防控工作的重要讲话和重要指示批示精神，落实国务院副总理孙春兰讲话精神和对吉林防控工作要求，毫不放松抓好疫情防控各项工作。

23日 上海地铁15号线开通运营。这是上海首条全线全功能一次性开通最高等级全自动无人驾驶系统地铁线路，由中车长春轨道客车股份有限公司生产。

28日 一汽-大众奥迪RS家族4款车型上市。

2月

1日 2021年中国一汽暨红旗品牌新闻年会举行。年会以“创享新时代”为主题，重点介绍中国一汽集团有限公司及红旗品牌发展情况。

2日 长春市人社部门发布“2021年促进高校毕业生留长创业就业服务工程”服务计划，助力长春市实现2020年10万名高校毕业生来（留）长创业就业。

同日 长春市人民政府、中国一汽集团、美国丝尔科公司签署红旗S系列项目投资意向书，中国一汽集团与美国丝尔科公司签署红旗S系列项目合资合作协议，投资100亿元生产红旗S系列高端跑车。

3日 由中车长春轨道客车股份有限公司研制的新型储能式100%低地板有轨电车在浙江省嘉兴市亮相，被命名为“南湖号”。

8日 中汽中心发布2021年度C—NCAP第一次评价结果，一汽-大众速腾以综合得分率89%获五星评价。

12日—24日 新春游园会在长春农博园举办。吸引15万人参观游览。

21日 净月高新区影视产业园区基础设施建设项目在生态大街沿线正式开工建设。该项目总投资11.71亿元，打造影视联盟融媒体及影视后期制作中心。

24日 长春市5大国家级开发区（示范区）分别与吉林省其他市（州）、长白山管委会确定对接合作关系，深化全省“一主、六双”产业空间布局，推动共赢发展。

25日 全国脱贫攻坚总结表彰大会在北京人民大会堂举行。长春市5名个人和3个集体获表彰。

27日 长春光机所与山东大学联合研制的白光日冕仪，在四川省甘孜藏族自治州稻城县无名山成功观测到内日冕，并获国内首张日冕白光图像。

3月

1日 长春市市长公开电话受理处获中华全国妇女联合会颁发的“巾帼文明岗”称号。

同日 中车长春轨道客车股份有限公司澳大利亚悉尼城市双客二期项目正式启运。

4日 省委常委、长春市委书记王凯率长春市代表团到延边州开展对接合作。这次实地对接，主要任务是共促国家重大战略特别是长吉图战略落地，共谋共建重大交通基础设施项目，共同打造中国向北开放的重要窗口和东北亚地区合作中心枢纽。

同日 国家航天局发布3幅由中国首次火星探测任务“天问一号”探测器拍摄的高清火星影像图，包括2幅全色图像和1幅彩色图像。拍摄全色图像的照相机是长春光机所研制的高分辨率相机。

同日 两列8辆编组高速动车组在中车长春轨道客车股份有限公司成功完成碰撞试验，这是世界首次在符合实际工况的线路上进行的整列车被动安全碰撞试验。

8日 省委常委、长春市委书记王凯率队到北京与中建集团党组书记、董事长周乃翔举行会谈，双方就一系列投资建设项目达成合作意向，并签订合作备忘录。

10日 长春市党史学习教育动员会暨市管主要领导干部读书班开班式举行。

同日 吉大一院泌尿外二科成功开展首例跨血型亲属活体肾移植手术。这项技术填补东北三省在此领域空白。

12日 长春市人大常委会举行第三十六次会议。决定任命李炜姝、王吉为长春市副市长。

16日 海斯坦普亚太区总裁凯文斯图伯斯一行到长春考察，就进一步深化合作，进行交流。长春市市长张志军会见凯文斯图伯斯一行。

18日 中国生态文化协会公布2020年128个全国生态文化村名单，长春市九台区波泥河街道清水村和九台区土们岭街道马鞍山村入选。

19日 长春市与国家杂交水稻工程技术研究中心通过视频会议形式，在长春、三亚两地共同举行战略合作协议签字仪式。

21日 第四届中国汽车企业创新大会暨中国汽车企业创新安亭指数发布会召开。在2020年度中国企业创新指数排行榜中，一汽解放获中国商用车企业创新排行榜和商用车企业创新卡车排行榜两项第一。

25日—27日 2021中国长春先进装备制造业博览会在长春国际会展中心举办。有387家展商参展，5万余名观众参观，现场成交额超1.5亿元。

26日 长春市与俄罗斯新西伯利亚州共同举办中俄科技合作视频洽谈会，为中俄地方间科技交流搭建有效平台，促进中俄合作向全方位多层次宽领域拓展。

同日 丹麦王国驻华大使马磊一行到长春考察，就深化各领域合作进行交流。长春市市长张志军会见代表团一行。

28日 中韩示范区春季项目投产暨北药交易中心开通营运仪式，在中韩（长春）国际合作示范区北药园举行。

31日 长春市轨道交通空港线（轨道交通9号线）一期工程正式开工。计划2025年年底通车运营。

同日 2021年长春市春季项目集中开工活动在全市多个项目建设点同时启动。全市开复工春季项目435个。

同日 古巴驻华大使卡洛斯·米格尔·佩雷拉一行到长春考察。就深化各领域合作进行交流。长春市市长张志军会见卡洛斯·米格尔·佩雷拉一行。

4月

1日 文化和旅游部在2021年全国文化和旅游消费工作培训班上举行第一批国家和文化旅游消费示范城市授牌仪式，长春市获首批“国家文化和旅游消费示范城市”授牌。

6日 长春光机所牵头的“引力波探测”重点专项“超高精度惯性传感器测试与评估技术”项目启动。

7日 3月25日至4月7日，全国女足锦标赛在昆明举行。长春大众卓越女足夺得全国冠军。

8日 由一汽自主设计研发的首款红旗2.0L氢能专用发动机在一汽集团研发总院试制所下线交付。此次氢能发动机的成功试制，标志着红旗品牌正式开启内燃动力“零碳排放、零污染”的“双零”时代。

9日 吉林大学举办“创业长春 梦想成真”——助力新时代长春振兴发展宣传推介会，向在长43所高校、8

万余大学生宣传推介长春。

同日 由中车长春轨道客车股份有限公司研制的浙江金华—义乌—东阳市域轨道交通项目首列车抵浙。由“长客造”的这款国内首列时速120千米B型市域列车，车辆各系统均采用工业以太网连接，极大提升车内信息传输速度。

15日 长春英利汽车工业股份有限公司在上海证券交易所主板上市。

同日 吉林省公告第一批入库科技型中小企业名单，全省第一批通过科技型中小企业评价入库企业266户，长春市176户企业入库，占全省的66.2%。

同日 2021年红旗供应链伙伴大会在长春市召开。来自全国各地的482家红旗供应链合作伙伴共同发表《长春宣言》，建立产业同盟，推进红旗复兴战略，共谋民族品牌发展新格局。

同日 长春市启动基础教育集优化发展暨三期质量提升工程，实施方案明晰了长春市未来3年促进城乡教育优质均衡、推动基础教育高质量发展的路径。

15日—19日 第十六届中国长春君子兰节在长春市春莲花卉城开幕。到场游客5.4万人，现场交易额突破300万元，线上交易额突破千万元。

16日 2021一汽奔腾供应商伙伴大会在一汽红旗会堂举行。来自全国各地的数百名供应商代表参会。

同日 东北亚国际博览中心项目在朝阳区举行开工仪式。该项目计划总投资100亿元，占地面积50.2万平方米。

17日 深圳市首款采用最高等级自动驾驶技术的轨道交通车辆——深圳地铁20号线首列车在中车长春轨道客车股份有限公司下线。

19日 中韩示范区大健康产业园暨重离子医院项目破土动工。

19日—25日 长春市“服务企业周”系列活动展开。该活动采取“1+15+N”的方式，即由1项标志性活动，15个全市重点服务活动和N个县（市）区、开发区各具特色服务活动组成。

20日 世界年度汽车大奖（World Car Awards）公布2020年度最终获奖名单，大众ID.4车型获2021世界年度风云车型大奖。

21日 作为全国首批试点城市之一，长春市依托国家平台，主动对接北京市、上海市、天津市、河北省等27个省市，实现跨省门诊异地就医直接结算。

同日 中国电子网信产业（吉林）生态大会暨中国长城（吉林）计算机智能制造基地投产下线仪式在长春市举行。一座年产30万台自主安全笔记本电脑的智造生产基地落户长春。当日下线的是中国第一代真正做到自主安全、关键部件全部国产化的笔记本电脑，也是东北地区首批量产化产品。

25日 第三届全国农业全过程无人作业试验大会，在长春市农安县新安合作区生态无人农场示范基地举办，标志着全国首家玉米无人农场正式启动。

26日 新经济智库长城战略咨询发布《中国独角兽企业研究报告2021》，长光卫星技术有限公司成为东北唯一一家跻身2020年中国独角兽企业榜单企业。

同日 中韩（长春）国际合作示范区碳中和产业园开工暨国家电投长春氢能产业基地项目签约仪式举行。该项目规划总占地面积67万平方米，计划总投资超100亿元。

27日 吉林省委、省政府在长春市九台区举行国家城乡融合发展试验区长吉接合片区建设启动活动。省委书记景俊海宣布国家城乡融合发展试验区长吉接合片区建设正式启动。

28日 公安部和中华全国总工会决定，对全国公安机关99个成绩突出集体通报表扬。长春市公安局朝阳区分局桂林路派出所获“全国公安机关成绩突出集体”。

同日 首届中国年度IP评选颁奖典礼举行。红旗品牌获特别单项奖——民族品牌奖。

29日 吉林省暨长春市庆祝五一国际劳动节大会举行。大会对228名获全国、省、市五一劳动奖章的先进个人，59个获全国、省、市五一劳动奖状，92个获全国、省、市工人先锋号的先进集体进行表彰。

同日 平安电能新材料智能制造国际合作产业园在中韩（长春）国际合作示范区开工。

30日 中欧（长珲欧）出境测试班列4月25日从长春兴隆铁路口岸出发开往珲春，30日从珲春铁路口岸出境，这是继中欧班列（长满欧）之后吉林省开行的第二条国际铁路联运大通道。

5月

5日 在第十一届中国杂技金菊奖全国魔术·滑稽比赛中，长春演艺集团杂技团原创魔术节目《红》获金菊奖。这是长春乃至吉林省首度获这一中国杂技最高奖项。

6日 长春市制定《长春市人才公寓建设行动专项工作方案》，在全市范围内由国有企业和有关城区、开发区建设2万套、100万平方米人才公寓，解决引进人才的阶段性住房问题。

8日 国家知识产权局正式批复同意建设中国（长春）知识产权保护中心。

9日 《国务院办公厅关于对2020年落实有关重大政策措施真抓实干成效明显地方予以督查激励的通报》印发，长春新区“双创”示范基地建设工作成效突出，连续第2年榜上有名。长春市作为全国20个“深化商事制度改革成效显著、落实事中事后监管等相关政策措施社会反映好的地方”之一、全国9个“促进工业稳增长和转型升级成效明显的地方”之一，受到国务院办公厅督查激励表彰。

同日 一汽富维智能工业园开工建设。

12日 由国务院国资委主办，中

国第一汽车集团有限公司、中国电子科技集团有限公司、中国船舶集团有限公司承办的第三届中央企业熠星创新创意大赛项目对接路演（长春站）活动启动仪式在长春南湖宾馆举行。

13日 全国优化营商环境工作经验交流现场会在苏州市召开。长春市受邀出席会议并作经验介绍。

同日 长春市政府第72次常务会议召开，会议原则通过《长春市增加城乡居民收入“暖流计划”2021年行动方案》《关于近期疫情防控工作情况的汇报》《2021长春马拉松赛筹备工作情况汇报》《长春市全面推行证明事项告知承诺制工作方案》。

14日—16日 在第十二届全国大学生数学竞赛决赛中，吉林大学获5个一等奖、5个二等奖和4个三等奖。

17日 长春新区国际互联网数据专用通道开通。这是吉林省首条通达中国互联网国际出入口局的直连高速通道。

21日 一汽-大众成立30周年庆典在一汽-大众长春基地举行。30年间，一汽-大众从建厂初期的1个品牌1款产品，发展到三大品牌，30余款产品，从成立至2021年销量累计超过2200万辆。

22日 长春人文学院正式揭牌成立。

23日 2021世界智能驾驶挑战赛在天津落幕。中国一汽全资子公司——一汽（南京）科技开发有限公司代表中国一汽参赛并获金奖。

24日 全市领导干部会议召开。会上宣读中共中央关于长春市委主要负责人任职决定：张志军任吉林省委常委、长春市委书记。

同日 长春市政道路挖掘联审联办线上审批系统启动。将原来60余天的审批时间压缩到7个工作日。

26日 长春乡村振兴学院在长春市委党校揭牌。

28日 中央歌剧院走进长春慰问一汽“红旗之恋”大型音乐会在一汽红旗会堂举行。

31日 由一汽自主设计的国内首台V8TD直喷增压发动机在一汽集团研发总院试制所完成试制。相比上一代产品，该发动机动力性指标提升73.2%，达到国际同类机型领先水平。

6月

1日 中国环境科学学会认定长春水文化生态园为“中国环境科学学会科技成果创新与传播基地”。长春水文化生态园成为吉林省首家获此称号的单位。

同日 中信集团党委书记、董事长朱鹤新一行到长春考察，与市政府签约战略合同协议。省委常委、市委书记张志军会见朱鹤新一行。

3日 《长春市学前教育条例》《长春市国有土地上房屋征收与补偿条例》公布，自2021年7月1日起施行。

6日 红旗品牌旗下首款C+级豪华旗舰纯电SUV——F-HS9在中汽中心碰撞试验室进行国内首次双侧柱碰公开试验挑战并取得成功。

同日 中车长客在位于美国马萨诸塞州的春田工厂举办洛杉矶地铁项目首批车揭幕仪式。

8日 长春市为部分老党员颁发首批“光荣在党50年”纪念章。

同日 中车长客股份有限公司在北京市房山区举行中车北京轨道交通装备产业园开园暨北京中车长客二七轨道装备有限公司投产下线活动，由中车轨道交通装备产业园生产制造的北京轨道交通19号线首列车正式亮相。

9日 全市扫黑除恶专项斗争总结暨常态化开展扫黑除恶专项斗争工作部署会议召开。会议全面总结长春市三年扫黑除恶专项斗争成绩，推动扫黑除恶专项斗争常态化开展。会上宣读有关表彰决定。

12日 中国量产车性能大赛公众站第一站赛事结束。红旗E-QM5作为参赛车组之一，顺利完成首轮测试。

15日—16日 中共中央政治局常委、国务院总理李克强在吉林省委书记景俊海、省长韩俊陪同下，在长春市考察中韩（长春）国际合作示范区入驻企业等，李克强充分肯定吉林经济社会发展取得的成绩。

17日 2021长春市民读书节在长春市图书馆开幕。为期116天的市民读书节，开展以4大板块为主的156项阅读推广活动。

同日 中国一汽蔚山基地产能提升项目竣工仪式和首车下线活动在长春举行。

20日 长春市及所辖区预算管理一体化系统全面上线，财政预算信息管理进入新阶段。

22日 “征途漫漫 惟有奋斗——中国共产党在长春档案史料展”在长春市档案馆开展。

24日 长光卫星技术有限公司在航天信息产业园举行“吉林一号”MF01A卫星出征仪式。此次出征的卫星由长光卫星自主研发，将在中国酒泉卫星发射中心择期发射。

同日 吉林省公告第二批入库科技型中小企业名单公布，长春市有260户企业入库，长春市入库企业占全省339户中的76.7%。

25日 2021长春消夏艺术节在天定山旅游度假小镇开幕。本届艺术节历时3个月，其间推出6大类、81项消夏活动。

同日 长春百克生物科技股份公司在上交所科创板上市。该公司是长春市第2家登陆科创板的企业。

26日 长春市庆祝中国共产党成立100周年“颂歌献给党 奋进新征程”专场文艺演出在长春广播电视台演播大厅举行。

27日 中车长春轨道客车股份有限公司自主研发制造的香港沙中线D401—D402号列车从宋皇台站驶出，香港最长轨道交通线路屯马线全线开通。

28日 长春市市长公开电话办公室党支部被评为全国先进基层党支部。

29日 中国一汽红旗繁荣工厂落成暨E-QM5交付活动在长春举行。省委书记景俊海出席活动并宣布工厂落成、首车交付。

30日 长春市委组织部选派的

581名驻村干部全部到乡村工作，重点履行建强村党组织、推进强村富民等“四项职责”，助力乡村振兴。

7月

2日 长春市人大常委会举行第三十九次会议。第一次全体会议表决通过关于接受张志军因工作变动辞去长春市市长职务的决定；表决通过关于接受贾丽娜、王吉因工作变动辞去长春市副市长职务的决定。第二次全体会议表决通过《长春市人民代表大会常务委员会关于加强多元化解纠纷机制建设的决定》《长春市县乡两级人民代表大会换届选举工作实施方案》，表决通过有关人事事项，决定任命王子联、曹武、汪学军、赵显为长春市副市长，决定王子联为长春市代理市长。

3日 中国在太原卫星发射中心用长征二号丁运载火箭成功将“吉林一号”宽幅01B星和3颗“吉林一号”高分03D系列卫星送入预定轨道，发射任务圆满成功。

5日 吉林玲珑轮胎年产1400万条高性能子午线轮胎和20万条翻新轮胎项目一期工程顺利封顶。

8日 长春市举行提高城乡低保等社会救助标准新闻发布会。长春市提高城乡低保特困人员基本生活标准。城区城市居民最低生活保障标准由月人均710元提高到830元。城区城市集中供养特困人员基本生活标准由每人每月1130元提高到1420元。

同日 市委副书记、代市长王子联在长春会见泰国驻华大使阿塔育·习萨目一行，双方就深化经贸、文化、旅游等领域合作进行交流。

9日—11日 中共中央政治局常委、中央纪委书记赵乐际到吉林调研。到长春市朝阳区二二八社区、中国一汽集团有限公司、吉林敖东药业集团股份有限公司等地考察调研。

10日—18日 第十八届中国（长春）国际汽车博览会、长春国际汽车文化节暨第三届红旗嘉年华活动，在长春国际会展中心举办。该届汽博会展览面积20万平方米，展示车辆1403台。展会销售车辆33480台，交易额66.9亿元。

13日 中国自主研发的第800万辆解放牌卡车在一汽解放下线。当日，一汽解放举行出车65周年庆典。

15日 习近平总书记考察一汽一周年创新成果汇报会、中国一汽“十四五”发展规划纲要及技术创新战略发布会在长春市举行。

16日 第八届长春市道德模范颁奖典礼举行。12位道德模范接受表彰。

同日 长春市举办全国文明校园授牌仪式暨文明校园创建交流培训活动，表彰获“第二届全国文明校园”称号的东北师范大学附属中学、长春希望高中、南关区树勋小学、德惠市第六小学。

17日 一汽富维创新研发中心项目，在长春国际汽车城核心区汽开区正式开工。

同日 一汽-大众奥迪品牌举行“聚势启新 创领未来”主题发布会，旗下37款车型亮相。发布会现场，奥迪品牌宣布第700万辆车正式交付。

19日 生态环境部通报2021年1月—6月全国168个重点城市空气质量排名，长春市环境空气质量改善幅度列第六位，环境空气综合指数和空气质量一级天数均为有监测数据记载以来同期最佳。

19日—21日 第三届全球（长春）制造业服务外包峰会在长春召开。

20日 习近平总书记考察长春新区一周年科技创新成果汇报会举行。省委书记景俊海，省委副书记、省长韩俊出席会议并为长春临空经济示范区揭牌。长春新区30项合作协议集中签约，合同引资额517.8亿元。

24日 吉林省李氏婚纱影楼有限公司拍摄基地李氏婚纱梦想城发生火灾，造成15人死亡，25人受伤，建筑过火面积6200平方米，直接经济损失3700余万元。

25日 长春市城市LNG应急调峰储配站项目1#储罐封顶，项目主体工程建设完成。该项目是国家督导建设的能源保障类项目，也是长春市重要的要素保障和民生工程。

30日 长春市政府第73次常务会议召开，讨论并原则通过《长春市城市信息模型（CIM）建设工作方案》《关于2021年5G新基建工程建设和发展的实施方案》《关于2021年国民经济和社会发展计划上半年执行情况及下半年主要工作安排的报告》等8份文稿。

8月

2日 国务院国资委组织开展的国有重点企业管理标杆创建行动中，中车长春轨道客车有限公司入选“三个标杆”（管理标杆企业、标杆项目和标杆模式）企业。

10日 长春市第十五届人民代表大会第七次会议闭幕。大会以无记名投票方式，选举王子联为长春市市长，选举赵辉、吴相道为市人大常委会副主任，选举李军为市人民检察院检察长，选举武凌为市人大常委会秘书长。

16日 长春市乡村振兴局正式挂牌。

18日 长春市召开“幸福长春·圆梦助学”新闻发布会，会上介绍2021年“幸福长春·圆梦助学”活动的助学项目，做到困难学生“有一助一”，贯通从家门到校门的“最后一米”。

19日 省委常委、长春市委书记张志军率长春代表团到延边州开展对接合作。长春市、延边州共同签订《省内协作框架协议》。

19日 吉林省公告第三批入库科技型中小企业名单，全省第三批入库企业494户，长春市有419户企业入库，长春市占全省84.8%。

24日—26日 长春市市长王子联率队到北京开展经贸交流活动，围绕生物医药、数字经济、航空运输等领域，拜访部分央企和名企，全方位推介长春发展机遇，拓展合作空间。

25日 长春市轨道交通6号线祝家屯站—岱山公园站盾构区间双线贯通。

29日 “旗智春城”智能网联示范区启动仪式在长春市举行。

9月

2日 吉林省公告第四批入库科技型中小企业名单，吉林省第四批通过科技型中小企业评价入库企业106户，长春市80户企业入库占全省75.5%。

3日 一汽红旗、长影、人民大街、净月潭、长春世界雕塑园、吉林大学、文化广场、伪满皇宫、伊通河、现代诗公园入选“标志长春”十大文化符号。此次活动由中共长春市委宣传部主办。

5日 长春市党政代表团到梅河口市、通化市对接合作。

同日 第十一届“中华慈善奖”表彰大会召开，中国一汽红旗扶贫梦想基金获“慈善项目奖”。

6日—15日 第二十届中国长春国际农业·食品博览（交易）会在长春农博园开幕。本届农博会推出3大板块41项展示与活动内容。10天时间观展人数82万人次，现场交易额2.6亿元。

8日 由吉林省政府主办的首届吉林“98消费节”在长春红旗街万达广场启动。此届消费节为期40天，聚集9大板块，推出超过98项系列促销活动。开启盛大消费节庆。

9日 长春通往俄罗斯、德国的货运航线正式通航，东北地区与德国的首条经贸货运航空通道正式开通。

9日—10日 省委常委、长春市委书记张志军率长春代表团到天津市开展对接合作。天津市委书记李鸿忠，市委副书记、市长廖国勋与代表团一行座谈，共同见证两市签署深化对口合作框架协议。

18日 长春市政府第75次常务会议召开，会议原则通过《关于近期创建全国文明城市工作情况汇报》《关于中央生态环境保护督察整改工作情况汇报》等6份文稿。

23日—27日 第十三届中国—东北亚博览会开幕式暨第十一届东北亚合作高层论坛在长春举行。中共中央政治局委员、中央外事工作委员会办公室主任杨洁篪出席开幕式并致辞。展会期间，来自51个国家和地区的2万余名客商线下参会，签订国际、国内合作项目111个，总投资额1962亿元。

23日 第十四届全国运动会男子射箭反曲弓个人赛在西安开赛。长春市选手魏绍轩夺得金牌。

同日 中韩城市馆项目正式开馆运营。

24日 长春市平行进口汽车业务正式开启。

同日 长春市环境空气监测有效天数267天。其中，优级126天，比2020年增加21天，提升19个百分点；优良天数235天，比2020年增加26天，优良率88%，提升12个百分点。环境空气综合指数和空气质量优级天数均为有监测数据记载以来同期最佳。

27日 中国用“快舟·和平精英号”运载火箭成功将“和平精英号”卫星即“吉林一号”高分02D星发射升空，卫星顺利进入预定轨道，发射任务取得成功。“和平精英号”卫星是由长光卫星技术有限公司自主研发的高分辨光学遥感卫星。

同日 由中车长春长客参建的“武汉东湖国家自主创新示范区有轨电车试验线工程”（“光谷量子号”有轨电车项目），获第十八届中国土木工程詹天佑奖。

28日 全国首届汽车行业人才培养院长论坛在长春开幕。

同日 中共长春国际汽车城工作委员会、长春国际汽车城管理委员会在汽开区正式揭牌。

29日 第六届全球吉商大会在长春开幕。74个吉商合作项目集中签约，签约额762.31亿元。

30日 富赛汽车电子工业园生产线启动。该项目总投资14亿元，是长春与中国一汽战略合作，共同推进“六个回归”的重要标志性项目。

10月

7日 “四季长春”全国油画名家绘长春写生创作活动正式启动。省委常委、长春市委书记张志军，中国美术家协会主席、中央美术学院院长范迪安共同按下启动球。活动为期15天。

9日 首届中国新电商大会在长春举办。第十二届全国政协副主席、国家电子政务专家委员会主任王钦敏，省委书记景俊海致辞。会上11个吉林省重点合作项目集中签约。

12日 2021年中国汽车用户满意度测评（CACSI）结果发布，一汽-大众获10项冠军。

14日—16日 第三届全国创业就业服务展示交流活动，在长春国际会展中心9号馆举行。全国政协副主席、全国工商联主席高云龙出席启动仪式并宣布启动。92个城市创业项目、头部企业创始人等参会。

15日 《长春市市政设施管理条例》公布，自2021年11月1日起施行。

同日 2021中国（长春）秸秆综合利用暨畜牧业产业博览会在长春农业博览园开幕。本届博览会展览总面积5万余平方米，设秸秆综合利用10大展区和畜牧业展区。

18日 省委常委、长春市委书记张志军，市长王子联在长春会见法国达索系统全球执行副总裁、全球基础设施和城市行业主席罗熙文一行，为市政府与达索析统（上海）信息技术有限公司签署战略合作备忘录证签。

同日 2021中德汽车大会重要活动之一的汽车科技创新展在中国一汽研发中心开幕。两天时间，参展范围包括9大类、50余种产品、10余项创新技术。19日，2021中德汽车大会在长春开幕。2021中德汽车大会举办城市长春市市长王子联与2022中德汽车大会举办城市柏林市市长代表省委书记景俊海出席大会并致辞。省委副书记、省长韩俊出席大会。在开幕式及主论坛上，德国联邦议院副议长汉斯·彼得·弗里德里希博士、中国驻德国大使吴恳通过视频致贺词，中国世界贸易组织研究会会长崇泉、白瀚德致辞。白瀚德进行会旗交接。2021中德汽车大会长春汽车产业集群城市推介会举行。推介会上，进行重点项目签约活动。全省18个重点汽车产业合作项目集中签约，签约额210亿元。

同日 2021年度“中国汽车工业科学技术奖”颁奖典礼在上海举行。吉林大学汽车工程学院车身工程系张英朝教授团队的“汽车低风险造型设计关键技术及应用”获二等奖。

同日 省委常委、长春市委书记张志军会见敏华控股董事局主席兼总裁黄敏利一行，双方共同见证长春经开区与敏华控股集团东北生产基地项目签约。

21日 国家“十三五”科技创新成就展在北京展览馆举行。长春市、南京市、青岛市3座城市代表全国78个国家创新型城市参展。

同日 长春市惠工路机场大道全线通车。全程4.6千米，宽度80米。

22日 长春市芳草街道路工程完工通车。该工程起点为锦湖大路，终点为甲二路，道路施工总长1810.87米，宽度50米，双向8车道。

同日 长春市政府第76次常务会议召开，讨论并原则通过《长春市关于进一步减轻义务教育阶段学生作业负担和校外培训负担的实施方案》《长春市产业链链长制工作制度》等7份文稿。

23日 《长春市人工影响天气管理办法》公布，自2021年12月1日起施行。

24日 国道饶盖公路长春至依家屯段（长伊公路）项目全线通车。

25日 长春轨道交通2号线东延线首个盾构区间双线贯通。

26日 长春市工人体育馆建成开馆。

同日 第十七次李四光地质科学奖颁奖会在北京举行，吉林大学地球探测科学与技术学院教授刘财获第十七次李四光地质科学奖教师奖。

同日 中国新车评价规程（C—NCAP）发布15周年系列活动举行，一汽红旗H9、HS5参与并通过公开双车高速追尾碰撞测试。

27日 中国在酒泉卫星发射中心用快舟一号甲运载火箭，成功将“吉林一号”星座第31颗卫星发射升空。卫星顺利进入预定轨道。这是“吉林一号”卫星工程的第16次发射。

同日 第十三届中国舞蹈“荷花奖”民族民间舞评奖活动在山东济南落下帷幕。长春人文学院原创作品《姥姥的田》获第二名。

同日 北京联东投资集团有限公司董事长刘振东一行到长春考察，与市政府签署战略合作框架协议。省委常委、市委书记张志军，市长王子联会见刘振东一行。

27日—28日 大连市委副书记、市长陈绍旺率大连市代表团到长春市参观考察，两市政府签署深化战略合作框架协议。

同日 中国一汽—吉林大学实习实训基地正式揭牌。

4月25日至10月29日 长春市市场监督管理局（知识产权局）联合长春新区管委会举办长春市第一届“创新杯”高价值专利培育活动，600件参赛项目中涌现一批技术领先、市场潜力大、专利价值培育工作开展较好的专利创新项目获得“创新杯”高价值专利培育大奖。

11月

3日 长春市市长王子联会见日本驻沈阳总领事片江学巳一行。双方就进一步深化合作进行交流。

同日 2020年度国家科学技术奖励大会召开。吉林大学“特种光电器件的超快激光微纳制备基础研究”项目，获自然科学奖二等奖。长春博超汽车零部件股份有限公司参与的“固相共混热致聚合物基麻纤维复合材料制备技术与应用”项目获2020年度国家科学技术进步奖二等奖。

同日 “减证便民”行动、打造“无证明”城市新闻发布会召开，取消262项证明事项。

4日 根据国家标准，经有关部门推荐，吉林省文旅厅组织专家评定，长春市天定山旅游度假小镇景区、长春市国信南山温泉旅游景区为国家AAAA级旅游景区。

5日 长春市在第四届中国国际进口博览会，《吉林省经贸交流促进会暨贸易项目签约仪式》上，签约项目6个，签约金额47.65亿元。

同日 第八届全国道德模范颁奖仪式在北京举行。吉林省超凡梦想公益基金会理事长张超凡获第八届全国道德模范荣誉称号。

7日—10日 长春市遭遇低温雨雪冰冻灾害天气。降雪强度大、持续时间长、雨雪状态多次转换，对长春市部分区域供电、供暖、供水和交通出行等方面造成一定影响。

8日—9日 延边州党政代表团到长春市开展对接合作工作。8日晚，两地举行对接合作座谈会暨项目签约活动。

9日 吉林省公告第五批入库科技型中小企业名单，吉林省第五批通过科技型中小企业评价入库企业155户，长春市102户入库企业占全省65.8%。

11日 “旗E春城 绿色吉林”红旗新能源换电车投放运营启动仪式举行，首批红旗E—QM5新能源换电出租车投放长春市场。

16日 长北公铁桥换梁加固工程完工，正式通车。

同日 省委常委、长春市委书记张志军在长春会见网易杭州研究院首席战略官彭劲松一行，双方围绕数字经济发展、文化创意产业培育等进行交流，共同推动有关重点项目落地。

17日 科大讯飞董事长刘庆峰一行到长春考察，与市政府签署深化合作协议证签。省委常委、市委书记张志军，市长王子联会见刘庆峰一行。

18日 中国科学院公布2021年新增院士名单，东北师范大学教授刘益春当选中国科学院院士。

20日 红旗尊享定制中心建设项

目在长春国际汽车城启动。该中心总投资10亿元，打造中国自主品牌定制体验新标杆。

22日—26日 2021年长春市篮球超级联赛开幕。

25日 长春光机所为北斗全球系统研制的大型激光通信标校设备完成星地高速下行激光通信试验。

12月

2日 《长春市城市建设档案管理条例》公布，2022年1月1日起施行。

5日 2021年中国长春汽车冬季交易博览会在长春国际会展中心落幕。车展吸引合资、自主汽车品牌80个，参展企业118户，展示车辆527台，销售车辆4158台，交易额8.31亿元。

同日 长春市人民政府与中国职业安全健康协会在北京签署战略合作协议。打造安全城市韧性城市健康城市。

7日 中国在酒泉卫星发射中心用"谷神星一号"运载火箭成功将"天津大学一号"卫星发射升空。卫星顺利进入预定轨道，发射成功。"天津大学一号"卫星是由长光卫星技术有限公司和天津云遥宇航科技有限公司联合研制的新型气象观测卫星。

10日 长春市智能装备产业技术创新联盟成立，有13家企业、9家驻长高校院所成为联盟单位。

11日 在"第六届博鳌旅游传播论坛"上，长春市以"'全媒体'营销打造精品旅游目的"案例，获选2021"文旅好品牌"优质案例"精品旅游目的地好品牌"。

12日 第25届长春冰雪节在长春冰雪新天地开幕。历时120天，为配合冰雪节，长春市启动100余场促消费活动。

13日 长光卫星技术有限公司在航天信息产业园举行"吉林一号"七星出征仪式。

14日 一汽解放J7整车智能工厂正式投产。

15日 平安中国建设表彰大会在北京举行。长春市被授牌命名为"平安中国建设示范市"。

同日 由中车长春轨道客车股份有限公司研制、中国首次出口发达国家的100%低地板轻轨车辆——以色列特拉维夫红线轻轨项目最后一列车，从天津港启运发往以色列。

17日 国家重大技术装备攻关工程项目——80千米/小时A型中国标准地铁列车研制及试验项目合作协议签订仪式在广州举行。广州地铁集团与中车长春轨道客车股份有限公司将共同推进80千米/小时A型系列化中国标准地铁列车方案的落地实施。

18日 第六届吉林雪博会在通化市开幕。长春分会场各项活动也正式启动。

21日—25日 第十六届中国长春电影节在长春体育中心开幕。中宣部常务副部长、国家电影局局长王晓晖，省委书记景俊海，省委副书记、省长韩俊，中央广播电视总台副台长、党组成员阎晓明共同启动开幕。电影节评出最佳影片奖《长津湖》，最佳导演奖殷若昕的《我的姐姐》，最佳男演员奖刘烨《守岛人》，最佳女演员奖张子枫《我的姐姐》等10项"金鹿奖"。

22日 2021全国汽车物流行业年会在一汽红旗会堂开幕。省委常委、长春市委书记张志军，中国物流与采购联合会会长何黎明共同为汽开区授牌"中国长春国际汽车城汽车物流基地"。

同日 长春市政府第80次常务会议召开，讨论并原则通过《政府工作报告（讨论稿）》《关于长春市2021年国民经济和社会发展计划执行情况与2022年国民经济和社会发展计划草案的报告（送审稿）》《长春市人民政府关于2020年度市本级预算执行和其他财政收支审计查出问题整改情况的报告（送审稿）》《关于长春市2021年预算执行情况和2022年预算草案的报告（送审稿）》。

24日 沈佳高铁长白山至敦化段（长白山高铁）正式开通运营，长白山高铁站正式启用。长春至长白山最快2小时18分钟即可到达。由中车长春轨道客车股份有限公司研制的CR400BF-G复兴号动车组担当首发，与"长客造"CRH5G型高寒动车组共同承担载客运营任务。

26日 北京2022年冬奥会火炬展示活动（长春站）暨吉林省（长春市）大众冰雪季在长春庙香山滑雪场启动。本次活动包括启动仪式、火炬展示、冰雪赛事活动、冬奥文化宣传4大版块。

28日—30日 中国共产党长春市第十四次代表大会在省宾馆开幕。张志军代表中共长春市第十三届委员会向大会作报告。大会通过《中国共产党长春市第十四次代表大会关于中国共产党长春市第十三届委员会报告的决议》和《中国共产党长春市第十四次代表大会关于中国共产党长春市第十三届纪律检查委员会工作报告的决议》。市委十四届一次全会选举张志军为市委书记，王子联、赵明为市委副书记，张志军、王子联、赵明、孙继光、孙弘、马延峰、陈宇龙、周贺、曹力、黄宪昱、姜保忠、李洪亮、邵波为市委常委。

31日 长春市西安桥简易通车。

同日 长春轨道交通3号线东延线通车运营。

（常 颖）

市情概貌

SHIQING GAIMAO

自然地理

【位置面积】 长春市位于北纬43°10′~45°15′、东经124°01′~127°05′，居北半球中纬度北温带，地处中华人民共和国东北地区中部、京哈与珲乌2条交通线交会处，是吉林省的政治、经济、文化中心。长春市西北与松原市毗邻，西南和四平市相连，东南与吉林市相依，东北同黑龙江省哈尔滨市接壤。全市总面积24744平方千米，其中主城区位于松辽平原腹地的伊通河台地之上。

【地质地貌】 长春市大部位于松辽断陷盆地东南缘，东南部与吉林东部断块山地相连接。城区下部分布白垩系泉头组红色较粗粒碎屑岩（页岩、泥岩、细砂岩和砂页岩互层），岩层均为不透水层或含水性极微层，地层厚度超过500米，岩层致密，倾角很小（5度~10度）。第四世纪沉积相当普遍，洪积层上部为黄土状物质，下部为红色黏土或沙砾层。新构造运动以来，地体微升，地表受流水切割，沟谷发育，形成微波状台地平原。二级阶地黄土状亚黏土厚15米~25米，抗压强度20吨~25吨/米^2，地壳相对稳定，建筑地基条件较好。一级阶地（二道区）亚黏土层地基抗压强度8吨~11吨/米^2，地表下2米~4米深处有一淤泥层，不适于天然地基，下部是沙砾层，抗压强度25吨~35吨/米^2，距地表6米~11米以下是基岩，对大型、特大型建筑基础置于基岩上最为有利。

主要地貌类型为：低山丘陵。分布于市区东南部，属大黑山脉的一部分，略呈东北西南走向，海拔大部分在250米~350米之间，相对高度为50米~100米；东部的大顶子山海拔407米，组成的岩石有花岗岩、安山岩等变质岩系，其中以花岗岩分布面积最广，久经侵蚀，成浑圆状；山地丘陵面积在市区内所占面积比重甚微，山地丘陵中有森林，低丘之间有些冲积平原和盆地，为农业区；伊通河出大黑山北麓，从南向北穿过市区东部，在狭口处有修筑水库的良好条件。台地平原。城区台地面积约占总面积的70%，并高出伊通河一级阶地10米~20米，地表波状起伏，土质主要由黄土状土构成，海拔在200米~230米之间，最高点海拔245米；浅谷谷坡漫长，市区有近80%的地面坡在10度以下。冲积平原。主要由伊通河冲积作用形成，在河流两岸形成较宽阔的带状平原，面积近30%，地势低平，海拔多在200米左右；沿河两岸的低洼部分，汛期常被洪水淹没，属河漫滩部分，组成物质多为粗砂或细砂，河漫滩两侧为宽窄不等的高漫滩或一级阶地，宽度一般在4千米~5千米间；一级阶地高出河床3米左右，其组成物质上部是亚砂土、亚黏土，下部是砂砾层，冲积物厚10米左右；二级阶地面积较小，河床两侧可提供建筑用砂；平原上的河迹洼地，因多为淤泥质黏土或亚黏土，并夹灰色砂质透镜体，大多排水不畅，土体抗压性较差，在大部分台地平原上的沟谷系统则成为城市自然排水通道。火山锥体。台地平原西接松辽分水岭，系第四纪更新世末期沿断裂带呈地垒式隆起，并有火山活动，因此在长春西南的大屯、范家屯一带，火山锥体突起在波状平原之上。多由玄武岩构成，是良好的建筑材料。

（王大伟）

【气候水文】 2021年（1月至12月）长春市总的气候特点是：气温略高，降水偏多，日照时数略少。全市年平均气温6.7摄氏度，比常年6摄氏度高0.7摄氏度；全市年平均降水量681毫米，比常年564.1毫米多116.9毫米；年平均日照时数为2257.5小时，比常年2530.6小时少273.1小时。整个农作物生长季（5月至9月）气温略高、降水偏多、日照略少。

气温。年平均气温主要特征2021年（1月至12月）气温略高，全市年平均气温6.7摄氏度，比常年同期高0.7摄氏度，比2020年高0.4摄氏度，居历史同期高温第三位。

2021年内极端最高气温33.9摄氏度，7月24日出现在双阳区；极端最低气温-32.7摄氏度2月3日出现在农安县。

逐月温度变化如图1，气温高的月份居多。全年只有1月、6月和8月气温低于常年同期，其余各月高于常年同期。作物生长季5月至9月全市平均气温20.2摄氏度，比常年同期高0.4摄氏度，居历史同期高温第五位。

气温季节变化特征。冬季气温略高，春季略高、夏季略高、秋季略高。

冬季（1月、2月和12月）气温略高，全市季平均气温-12.4摄氏度比常年同期高0.7摄氏度。1月气温略低，全市月平均气温-16.4摄氏度比常年同期低0.7摄氏度；2月气温略高，全市月平均气温-10.2摄氏度，比常年同期高0.2摄氏度；12月气温偏高，全市月平均气温-10.6摄氏度比常年同期高2.3摄氏度居历史同期高温第十位。

春季（3月至5月）气温偏高，全市季平均气温9摄氏度，比常年同期高1.4摄氏度，居历史同期高温第三位。3月气温偏高，全市月平均气温1.6摄氏度，比常年同期高3.1摄氏度，居历史同期高温第三位；4月气温略高，全市月平均气温9.1摄氏度，比常年同期高0.6摄氏度；5月气温略高，全市月平均气温16.4摄氏度，比常年同期高0.4摄氏度。

夏季（6月至8月）气温略高，全市季平均气温22.5摄氏度，比常年同期高0.2摄氏度。6月气温偏低，全市月平均气温20.3摄氏度，比常年同期低1摄氏度；7月气温特高，全市月平均气温25.8摄氏度，比常年同期高2.2摄氏度，居历史同期高温第一位；8月气温略低，全市月平均气温21.4摄氏度，比常年同期低0.6摄氏度。

秋季（9月至11月）气温略高，全市季平均气温7.2摄氏度，比常年同期高0.6摄氏度。9月气温略高，全市月平均气温16.7摄氏度，比常年同期高0.8摄氏度；10月气温略高，全市月平均气温7.6摄氏度，比常年同期高0.2摄氏度；11月气温偏高，全市月平均气温-2.5摄氏度，比常年同期高1摄氏度。

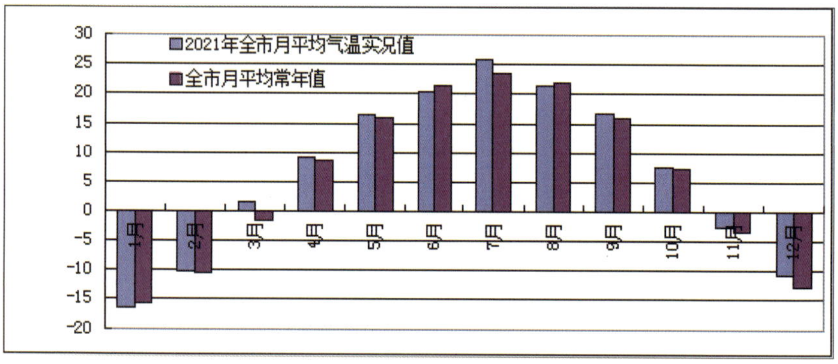

图1　2021年逐月气温变化曲线（单位：摄氏度）

降水量时空分布特征。2021年降水量偏多，全市年平均降水量681毫米，比常年多21%，与2020年相近，居历史同期多雨雪的第十位。

逐月降水变化如图2，降水时空分布不均，全年中有5个月份（4月、5月、7月、10月和12月）降水量少于常年，其余多于常年。作物生长季5月～9月全市平均降水量582.8毫米，比常年同期多23%，居历史同期多雨的第九位。

降水季节分布特征。冬季降水偏多，春季降水偏少，夏季降水略多，秋季降水特多。

冬季（1月、2月和12月）降水偏多，全市平均降水量20.2毫米，比常年同期偏多23%。1月降水明显偏多，全市平均降水量10.3毫米，比常年同期多145%，居历史同期多雨的第二位；2月降水偏多，全市平均降水量7.3毫米，比常年同期多40%；12月降水偏少，全市平均降水量2.6毫米，比常年同期少65%。

春季（3月至5月）降水偏少，全市平均降水量52.7毫米，比常年同期少43%。3月降水接近常年，全市平均降水量11.9毫米，与常年同期11.7毫米接近；4月降水偏少，全市平均降水量

表1　2021年全市年平均气温实况值、常年值及距平值，极端最低气温、极端最高气温

单位：摄氏度

	农安县	德惠市	九台区	榆树市	长春市	双阳区	公主岭市	平均
实况值	5.8	6.5	6.4	5.9	7.3	7.1	7.7	6.7
常年值	5.5	5.5	6.1	5.2	6.5	6.1	6.9	6.0
距平值	0.3	1.0	0.3	0.7	0.8	1.0	0.8	0.7
最高气温	33.5	33.6	32.9	33	32.7	33.9	32.9	32.7
最低气温	-32.7	-31.6	-31	-32.4	-26.7	-28	-27.6	-30

表2　2021年全市年降水量实况值、常年值及距平值及日最大降水量

单位：毫米

	农安县	德惠市	九台区	榆树市	长春市	双阳区	公主岭市	平均
实况值	602.5	511.6	750.8	581.3	861.4	799.7	660	681
常年值	487	521.6	566.7	566.1	593.2	651.2	562.8	564.1
距平值	115.5	-10.0	184.1	15.2	268.2	148.5	97.2	116.9
日最大降水量	47.2	35.6	66.4	46.9	86.5	71.8	65.1	59.9

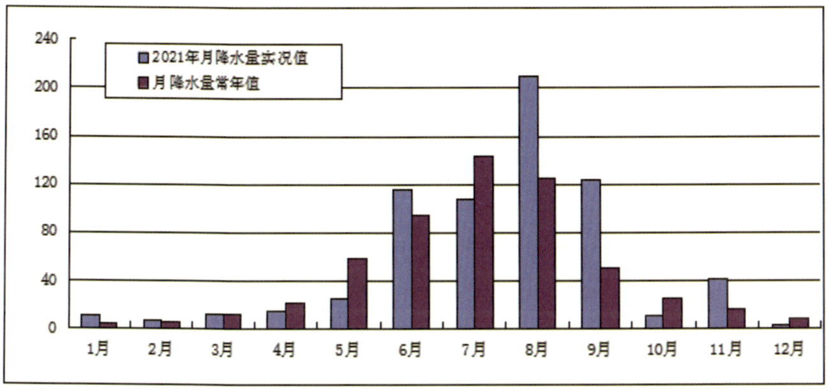

图2　2021年逐月降水量变化图（单位：毫米）

14.9毫米，比常年同期少32%；5月降水明显偏少，全市平均降水量25.9毫米，比常年同期少56%。

夏季（6月至8月）降水略多，全市平均降水量433.2毫米，比常年同期多19%。6月降水偏多，全市平均降水量115.1毫米，比常年同期多22%；7月降水偏少，全市平均降水量107.7毫米，比常年同期少25%；8月降水明显偏多，全市平均降水量210.4毫米，比常年同期多68%，居历史同期多雨的第五位。

秋季（9月至11月）降水增多，全市平均降水量174.6毫米，比常年同期多90%，居历史同期多雨的第四位。9月降水特多，全市平均降水量123.4毫米，比常年同期多143%，居历史同期多雨的第三位；10月降水偏少，全市平均降水量10.5毫米，比常年同期少58%；11月降水明显增多，全市月平均降水量为40.7毫米，比常年同期多158%，居历史同期多雨雪的第一位。

日照。2021年日照时数略少，全市年平均日照时数2257.5小时，比常年同期少273.1小时，比2020年2761.7小时少504.2小时。农作物生长季（5月至9月）全市平均日照时数951.8小时，比常年同期少229.4小时。

【自然灾害】　干旱。阶段性干旱，7月11日~29日持续高温少雨，全市平均气温27.4摄氏度，平均降水量仅为12.5毫米，居近60年来同期高温和少雨第一位。

暴雨。2021年全市出现13次站次暴雨，6月2日长春市区和九台出现暴雨，降水量86.5毫米和61.8毫米；7月7日长春市区和九台出现暴雨，降水量50.2毫米和66.4毫米；7月31日长春市区出现暴雨，降水量52.2毫米；8月2日双阳和公主岭出现暴雨，降水量60.6毫米和65.1毫米；8月10日双阳出现暴雨，降水量71.8毫米；8月12日长春市区出现暴雨，降水量52.6毫米；8月21日长春市区和九台出现暴雨，降水量57.7毫米和50.3毫米；9月9日长春市区和九台出现暴雨，降水量59.9毫米和58.8毫米。

雨雪冰冻。受高空冷涡和地面倒槽影响，2021年11月6日至11日长春市出现入秋以来首次强雨雪、寒潮、冻雨天气。全市降水量35.1毫米，其中农安40.6毫米、德惠39.0毫米、长春市区38.1毫米、公主岭37.2毫米、榆树33.7毫米、双阳29.4毫米、九台27.9毫米。11日08时积雪深度为：长春市区22厘米、公主岭19厘米、德惠14厘米、农安9厘米、九台12厘米、双阳18厘米、榆树5厘米。6日午后到8日早晨，长春市出现雪转雨夹雪转冻雨天气。7日白天到夜间农安出现大暴雪，长春市区、榆树、德惠、公主岭出现暴雪，其他地方出现大雪。8日5点前后长春市大部分出现冻雨，冰层厚度一般为1毫米~3毫米。8日白天出现中雨夹雪转小雪。9日、10日连续2天出现中雪，局地大雪。

冰雹。2021年冰雹22站次。其中九台和榆树各2次、双阳3次、公主岭4次、农安5次、长春市区6次。

寒潮。2021年全市寒潮天气过程频繁，降温幅度大。全市出现寒潮43站次。其中区域性寒潮，分别为1月21日、3月4日、4月11日和12月20日。

雷暴大风天气。2021年9月9日出现强雷暴大风天气，吉林农大阵风风速35.8米/秒（12级）。

大风天气。2021年度全市出现大风83站次，比常年略少。其中德惠7次、长春市区9次、九台和榆树各10次、双阳13次、农安16次、公主岭21次。

大雾。2021年出现大雾天气29站次。其中长春市区1次、公主岭2次、双阳、榆树和德惠各3次、农安7次、九台10次。

（梁衍波）

历史人文

【建置沿革】　在上古时代，长春地区就有人类活动。根据在长春地区发掘出的榆树人、左家山遗址等新、旧石器时代遗存，说明在上古时代就有先民在此从事渔猎活动。夏、商、春秋战国时期，东北原始人群形成多个族系，濊貊族系是长春地区最早出现的古族系，主要从事农业生产，畜牧业也较发达。秦汉之际，濊族人建立“濊国”，都城设在今农安附近。在

表3　2021年全市年日照时数实况值、常年值及距平值

（单位：小时）

	农安	德惠	九台	榆树	长春	双阳	公主岭	平均
实况值	2318.8	2239.4	2225.1	2282.2	2195.4	2243.9	2297.9	2257.5
常年值	2592.6	2451.5	2409	2511.8	2596.7	2441	2711.8	2530.6
距平值	-273.8	-212.1	-183.9	-229.6	-401.3	-197.1	-413.9	-273.1

汉至隋唐时期：长春地区先后受夫余国和渤海国管辖。夫余国统辖长春700年，隶属渤海国200余年。周圣历元年（698年），靺鞨首领大祚荣统一东北靺鞨各部，建立震国。唐开元元年（713年），唐玄宗册封大祚荣为“渤海郡王”，震国改称渤海国。渤海国仿唐朝的郡县制，在东北设置5京、15府、62州，长春地区属夫余府管辖，与契丹接壤，是渤海国西部边境。两宋时期，先后受辽、金两国统辖近300年，是粮食集散地和政治、军事中心。辽天显元年，夫余府改称黄龙府，黄龙府在今农安县。金时长春地区在隆州范围内，后升为隆安府。辽金时期是长春地区大建设、大发展时期，农安古城是当时东北的重镇之一。元、明、清（中叶）时期的600年，元朝时将辽阳中书行省开元路建于今农安县；明朝时属奴儿干都司辖境，在长春设立其塔木卫、亦东河卫、木古河卫。清代设治前，属蒙古郭尔罗斯前旗扎萨克辅国公的封地。

长春厅的设立标志着长春城市的形成。1644年，清军入关，统治中心移至关内，随即对东北实施封禁政策，修筑“柳条边墙”。但封禁政策没有挡住关内流民的融入，特别是山东、河北一带发生严重自然灾害时，便有大批农民来到东北，开垦荒地、建立家园。到1800年，柳条边外、郭尔罗斯前旗境内的伊通河、沐石河、饮马河流域有流民2330余户，开垦土地1.77万公顷。为管理这些流民与土地，清政府“借地设治”，于1800年7月8日设立长春厅（7月8日下旨铸发长春厅关防），任命理事通判和巡检管理流民的民政和司法事务，首任理事通判是蒙古镶黄旗人六雅图、巡检是汉人潘玉振。长春厅衙署设在长春堡境内伊通河东岸，衙署所在地后被称为“新立城”。“长春厅”的成立标志着长春城市的诞生。2000年，长春市将1800年7月8日确定为长春建城纪念日。1825年，因地势低洼和交通不便等原因，“长春厅”厅址北移至宽城子（今南关区一带）。而后修筑城墙和城门，形成占地面积约5平方千米的长春旧城，是长春市最早形成的街区，也是长春厅的政治、经济、文化和社会活动中心。长春厅从1800年至1889年，有36任通判。

长春厅升长春府。经过近90年开发建设，长春厅垦区、政区面积不断扩大，人口不断增多。1889年，长春厅升为长春府，首任知府为满洲正蓝旗人觉罗同勋。长春升府的同时，分出农安乡设农安县；至宣统年间又分出怀惠乡全部、沐德乡大部，设德惠县；长春府下分6镇14乡，城乡居民6.8万户，近60万人。旧城已具城市规模，周边村屯相望，成为吉林将军辖境内的经济、军事重镇。1889年至1913年，长春有知府19任。

长春府改制为长春县。中华民国成立后，实行省、道、县三级行政体制。1913年初长春府改为长春县。1912年至1932年，长春县知事、县长有8任。这段时期，城区面积和人口不断增加，工业、商业、运输业、餐饮业等得到繁荣和发展。

1931年9月19日，日本发动“九一八”事变后的第二天凌晨，日本关东军攻打长春。9月28日长春沦陷后，东北边防军驻吉林副司令长官公署参谋长熙洽投敌，宣布吉林省“独立”。1个月后，东北大部分沦陷。1932年2月5日，日本关东军司令部由沈阳迁至长春。之后，日本关东军纠集张景惠、熙洽等人成立“东北行政委员会”，发表“《独立宣言》”，筹建伪满洲国。3月1日，“伪满洲国”宣布成立。9日，扶持清朝末代皇帝爱新觉罗·溥仪充任“执政”。10日，宣布定都长春。14日，将长春改名为“新京”。1934年3月1日，改行帝制，溥仪登基称帝，伪满洲国改称“满洲帝国”。从此，长春成为日本军国主义统治东北的政治、经济、文化中心，并制定具有国际水准的城市规划，建设计划区为200平方千米。但到1945年日本投降时仅建成47.9平方千米，建成机场、街路、公园、学校、医院、银行等一批大型基础设施和建筑。

解放战争时期。国共两党在长春展开激烈的接收与反接收斗争。主要经历3个历史阶段。苏军军管长春。1945年8月15日，日本无条件投降，长春光复。8月19日，苏联红军进驻长春，对长春进行军事管制8个月。“四一四”长春第一次解放。1946年4月14日，苏联红军撤军回国，国民党正式接管长春。同日，东北民主联军经过5天4夜激战，首次攻克长春，就是著名的“四一四”战役。中共东北局进驻长春，长春市委、长春市政府成立。毛泽东主席曾电示东北局：“力争我党占领长春，以长春为我们的首都。”5月，国民党调集10个师兵力进攻长春。中共东北局和长春市委市政府于5月23日午夜主动撤出长春市区，国民党再次占领长春。“久困长围”与长春解放。1948年3月25日，国民党在长春成立东北“剿总”第一兵团，委任新七军郑洞国为兵团司令兼吉林省主席，六十军军长曾泽生兼兵团副司令，固守长春。6月22日，东北人民解放军围困长春。近3个月后的10月17日，国民党六十军起义；19日，新七军投诚，长春回到人民怀抱。10月19日成为长春解放纪念日。

1948年10月21日，长春市改为长春特别市，石磊任书记、邹大鹏任市长；1949年3月11日改称长春市。1953年8月1日，长春被列为中央直辖市。1954年，吉林省政府迁至长春，长春成为吉林省省会。1979年，长春被列为全国15个经济中心城市。1989年，长春市被批准为国家计划单列市。1994年，长春被国家确定为副省级城市。长春市从解放伊始，到步入新时代，实施十三个五年计划。2017年，长春市生产总值和人均生产总值分别是1978年的234倍和169倍；城镇和农村居民收入分别是1978年的114倍和93倍。1994年7月6日，民政部批复德惠县改为德惠市（县级）。1994年2月25日，经中共中央、国务院同意，长春市成为副省级市。1995年8月，撤销双阳县建置，设立双阳区。

2005年，九台市卡伦湖镇、龙嘉镇、东湖镇3个镇划归二道区管辖，德惠市米沙子镇、万宝镇和农安县合隆镇3个镇划归宽城区管辖，该次调整使长春市城区面积扩大31.5%。2005年6月29日，吉林省人民政府决定将公主岭市范家屯镇的方正、泡子沿、盛家3个村（范家屯经济开发区）整建制划归长春市管辖，建立长春汽车产业开发区。2014年10月20日，国务院批复撤销九台市（县级）改为九台区。2015年12月，中共吉林省委、省政府决定赋予农安县政府地级市经济社会管理权限。2015年9月，长春市人民政府将东湖镇、卡伦湖镇所辖行政区域划归回九台区管辖，并于同年12月撤镇改街道。2016年7月，将龙嘉镇撤镇建街道，由二道区变更为九台区管辖。 2017年6月，国务院批复原则同意《长春市城市总体规划（2011—2020年）（2017年修订）》。

2020年6月19日，长春市委、市政府召开变更县级公主岭代管关系工作会议，宣读《国务院关于同意吉林省变更公主岭市代管关系的批复》和《吉林省人民政府关于变更县级公主岭市代管关系的通知》。调整行政区划后，勘定界线529.24千米，确定界桩68，完成7个县（市）区、42个乡（镇）街道区划调整变更后行政区域界线勘界，长春市辖7区1县，代管3个县级市。

（《长春年鉴》编辑部）

【行政区划】 截至2021年年末，长春市辖朝阳、南关、宽城、绿园、二道、双阳和九台7个区（含长春经济技术开发区、长春净月高新技术产业开发区、长春新区、长春汽车经济技术开发区和长春莲花山生态旅游度假区5个开发区），榆树市、德惠市、公主岭市和农安县3市1县。辖107个街道、31个乡、75个镇。

（李　硕）

表4　2021年长春市行政区划统计表

县（市）区名称	街道数（个）	镇数（个）	乡数（个）
朝阳区	14	2	0
宽城区	12	5	1
南关区	21	3	1
二道区	9	3	1
绿园区	10	3	0
双阳区	4	3	1
九台区	15	2	2
公主岭市	10	18	2
榆树市	4	15	9
农安县	4	11	10
德惠市	4	10	4
合 计	107	75	31

表5　2021年长春市区（市）县街道镇（乡）区划一览表

县（市）区名称	街道乡镇
朝阳区（街14镇2）	湖西街道、重庆街道、红旗街道、清和街道、永昌街道、南湖街道、桂林街道、前进街道、富锋街道、硅谷街道（新区高新代管）、双德街道（新区高新代管）、飞跃街道（新区高新代管）、超越街道（新区高新代管）、前程街道（汽开代管），永春镇、乐山镇
宽城区（街12镇5乡1）	新发街道、南广街道、东广街道、站前街道、柳影街道、群英街道、凯旋街道、团山街道、兴业街道、欣园街道、北湖街道（新区北湖代管）、长德街道（中韩代管），兰家镇、兴隆山镇（经开代管）、合隆镇（农安代管）、米沙子镇（德惠代管）、万宝镇（德惠代管），奋进乡（新区北湖代管）
南关区（街21镇3乡1）	新春街道、长通街道、南岭街道、永吉街道、曙光街道、全安街道、民康街道、自强街道、桃源街道、鸿城街道、明珠街道、富裕街道、永兴街道（净月代管）、净月街道（净月代管）、临河街道（经开代管）、会展街道（经开代管）、彩织街道（净月代管）、博硕街道（净月代管）、德正街道（净月代管）、福祉街道（净月代管）、德容街道（净月代管），玉潭镇（净月代管）、新立城镇（净月代管）、新湖镇（净月代管），幸福乡
二道区（街9镇3乡1）	八里堡街道、远达街道、东站街道、东盛街道、吉林街道、荣光街道、东方广场街道（经开代管）、长青街道、世纪街道（经开代管），英俊镇、泉眼镇（莲花山代管）、劝农山镇（莲花山代管），四家乡（莲花山代管）

续表5

县（市）区名称	街道乡镇
绿园区（街10镇3）	铁西街道、普阳街道、青年路街道、春城街道、正阳街道、林园街道、同心街道、锦程街道（汽开代管）、东风街道（汽开代管）、富民街道（汽开代管），合心镇、西新镇、城西镇
双阳区（街4镇3乡1）	平湖街道、云山街道、奢岭街道、山河街道，太平镇、鹿乡镇、齐家镇，双营子回族乡
九台区（街15镇2乡2）	九台街道、九郊街道、营城街道、西营城街道（新区空港代管）、土们岭街道、苇子沟街道、兴隆街道、波泥河街道、纪家街道、卡伦湖街道、东湖街道、龙嘉街道、沐石河街道、城子街街道、兴港街道（长春新区空港代管），上河湾镇、其塔木镇，胡家回族乡、莽卡满族乡
公主岭市（街10镇18乡2）	河南街道、东三街道、岭西街道、南崴子街道、环岭街道、铁北街道、河北街道、岭东街道、刘房子街道、苇子沟街道，二十家子满族镇、黑林子镇、桑树台镇、陶家屯镇、八屋镇、十屋镇、怀德镇、大岭镇、范家屯镇、朝阳坡镇、杨大城子镇、响水镇、双城堡镇、秦家屯镇、玻璃城子镇、大榆树镇、毛城子镇、双龙镇，龙山满族乡、永发乡
榆树市（街4镇15乡9）	正阳街道、培英街道、华昌街道、城郊街道，八号镇、大坡镇、弓棚镇、刘家镇、五棵树镇、闵家镇、黑林镇、保寿镇、秀水镇、新立镇、土桥镇、大岭镇、新庄镇、于家镇、泗河镇，育民乡、红星乡、太安乡、先锋乡、青山乡、延河朝鲜族乡、恩育乡、城发乡、环城乡
农安县（街4镇11乡10）	兴农街道、宝塔街道、和谐街道、黄龙街道，农安镇、伏龙泉镇、高家店镇、哈拉海镇、开安镇、烧锅镇、靠山镇、华家镇、巴吉垒镇、三盛玉镇、三岗镇，杨树林乡、万顺乡、龙王乡、黄鱼圈乡、永安乡、前岗乡、青山口乡、新农乡、小城子乡、万金塔乡
德惠市（街4镇10乡4）	胜利街道、建设街道、惠发街道、夏家店街道，郭家镇、天台镇、大房身镇、菜园子镇、松花江镇、布海镇、大青咀镇、朱城子镇、达家沟镇、岔路口镇，朝阳乡、五台乡、同太乡、边岗乡

【人口】 总人口及分布情况。截至2021年年末，长春市户籍人口有3232754户，8516957人。其中，男性人口4260979人，占人口总数50.03%；女性人口4255978人，占人口总数49.97%。市区（南关区、宽城区、朝阳区、二道区、绿园区、双阳区和九台区）人口4477203人，占全市总人口数52.57%；县（市）（农安县、榆树市、德惠市和公主岭市）人口4039754人，占全市总人口数47.43%。总人口数比2020年增长-16994人，增长率-2.0‰，增长率比2020年上升-134.1‰。长春市人口占吉林省总人口数33.3%。

表6　2021年长春市人口增长及分布情况统计表

单位：人

区、县(市)别	2020年末	2021年末	增加人口	增长率‰
	总人口	总人口		
全市	8533951	8516957	-16994	-1.99
市辖区	4467968	4477203	9235	2.07
朝阳	769237	771489	2252	2.93
南关	779270	796725	17455	22.40
宽城	672356	678040	5684	8.45
二道	576922	572426	-4496	-7.80
绿园	647205	644028	-3177	-4.91
双阳	361024	357958	-3066	-8.49
九台	661954	656537	-5417	-8.18
公主岭	1013854	1011033	-2821	-2.78
榆树	1204843	1194615	-10228	-8.49
农安	1050977	1044639	-6338	-6.03
德惠	796309	789467	-6842	-8.59

表7　2021年长春市人口自然变动情况统计表

单位：人

区、县(市)别	出生人口		死亡人口		自然增长人口	
	人数	出生率‰	人数	死亡率‰	人数	增长率‰
全市	43065	5.05	49335	5.79	-6270	-0.74
市辖区	27100	6.06	30966	6.92	-3866	-0.86
朝阳	4943	6.42	5153	6.69	-210	-0.27
南关	6156	7.81	5453	6.92	703	0.89
宽城	4501	6.67	4989	7.39	-488	-0.72
二道	3445	5.99	4095	7.13	-650	-1.13
绿园	4009	6.21	5097	7.89	-1088	-1.68
双阳	1475	4.10	2392	6.65	-917	-2.55
九台	2571	3.90	3787	5.74	-1216	-1.84
公主岭	4239	4.19	4159	4.11	80	0.079
榆树	4059	3.38	4557	3.80	-498	-0.42
农安	4383	4.18	4178	3.99	205	0.20
德惠	3284	4.14	5475	6.91	-2191	-2.76

人口自然变动。2021年，全市出生43065人，出生率5.05‰，比2020年下降1.33‰。市区出生27100人，出生率6.06‰，下降1.26‰，平均每天出生120人。全年死亡49335人，死亡率5.79‰，下降5.57‰。市区死亡30966人，死亡率6.92‰，下降1.35‰。平均每天死亡86人。全市自然增长-6270人，增长率 0.74‰，比2020年增加5.52‰，市区自然增长-3866人，增长率-0.86‰，比2020年增加1.81‰。

人口机械变动。2021年，全市迁入人口58199人，迁入率6.83‰；迁出人口68924人，迁出率8.10‰；机械增长人口增长-10725人，增长率-1.26‰，比2020年下降1.8‰。其中，市区的双阳、九台；县（市）的农安县、榆树市、德惠和公主岭均出现迁出人口高于迁入人口，呈现负增长情况。

表8　2021年长春市人口机械变动情况统计表

单位：人

区、县(市)别	迁入人口		迁出人口		机械增长人口	
	人数	迁入率‰	人数	迁出率‰	人数	增长率‰
全市	58199	6.83	68924	8.10	-10725	-1.26
市辖区	52064	11.63	39011	8.71	13053	2.92
朝阳	10848	14.06	9172	11.89	1676	2.17
南关	15977	20.05	8420	10.57	7557	9.49
宽城	10182	15.02	4668	6.89	5514	8.13
二道	5865	10.25	4747	8.29	1118	1.95
绿园	7693	11.95	5364	8.33	2329	3.62
双阳	525	1.47	1491	4.17	-966	-2.7
九台	974	1.48	5149	7.84	-4175	-6.36
公主岭	2498	2.47	5400	5.34	-2902	-2.87
榆树	1280	1.07	11010	9.22	-9730	-8.14
农安	1291	1.24	7806	7.47	-6515	6.21
德惠	1066	1.35	5697	7.22	-4631	-5.87

表9　2021年长春市人口结构情况统计表

单位：人

区、县（市）别	总人口数	性别		性别比例	城镇人口与乡村人口		
		男性人口	女性人口	（女性人口为100）	城镇人口	乡村人口	城镇人口比重%
全市	8516957	4260979	4255978	100.1	3992968	4523989	46.9
市辖区	4477203	2206578	2270625	97.2	3227071	1250132	72.1
朝阳	771489	374768	396721	94.5	726053	45436	94.1
南关	796725	386322	410403	94.1	738645	58080	92.7
宽城	678040	334725	343315	97.5	460509	217531	67.9
二道	572426	280655	291771	96.2	423855	148571	74.0
绿园	644028	315783	328245	96.2	605552	38476	94.0
双阳	357958	180254	177704	101.4	92054	265904	25.7
九台	656537	334071	322466	103.6	180403	476134	27.5
公主岭	1011033	508843	502190	101.3	239096	771937	23.6
榆树	1194615	610853	583762	104.6	203486	991129	17.0
农安	1044639	534419	510220	104.7	182124	862515	17.4
德惠	789467	400286	389181	102.9	141191	648276	17.9

人口结构。2021年，在性别比例上，以女性人口为100，全市性别比例100.1，与2020年相比下降0.1%。在乡村人口与城镇人口构成上，全市有城镇人口3992968人，占总人口的46.9%，比2020年增加0.1%；乡村人口4523989人，占总人口的53.1%，下降0.1%。县（市）城镇人口公主岭略高，为23.6%，下降0.2%；榆树略低，为17.0%，下降0.3%。

（张　帏）

【民族】　2021年，长春市有54个少数民族成分。其中，满族、朝鲜族、回族、蒙古族和锡伯族是世居少数民族。少数民族常住人口40万，少数民族流动人口9.98万。长春市有6个民族乡、47个民族村，少数民族特需生产企业3户，市级朝鲜族群众艺术馆1所，民族中小学13所，民族医院1所，另有市级少数民族社团6个，少数民族传统文化体育传承基地14个，市级少数民族非遗项目11个，市级少数民族非遗传承人5人。

（金　迪）

【宗教】　2021年，长春市有佛教、道教、伊斯兰教、天主教、基督教5种宗教。批准登记宗教活动场所550处，其中，佛教46处，道教6处，伊斯兰教25处，天主教16处，基督教457处。有全市性宗教团体6个，县区宗教团体10个，备案教职人员801人，信教群众35万。

（金　迪）

【方言】　长春地区方言与东北三省方言大体相同，都是东北文化的重要组成部分，由东北各民族语言文化相互融合发展而产生。与普通话相比，在语音、词汇、语法方面都有很多不同，尤其是在语音和词汇方面，其语音高亢、抑扬顿挫、铿锵有力，词汇幽默、生动、诙谐，还略带有一点儿夸张，其独有的特色使之较普通话更为生动、活泼、形象、贴切，极具亲和力，语义表达更为精当、凝练，其中一些方言词语在具体语境中使用时，其表达的含义更为深远。比如，“嘎哈”一词是东北方言初级词汇，意思是“干什么”，其含义会因运用的场合、语音、语调等不同发生变化。“急眼”是生气、发火、愤怒的意思，“不带急眼的”是不许生气的意思。“别脚儿”指交通不便，加儿化音使表达更加生动、形象，富于节奏感。“盖”表示超群的状态，也泛指胜过、胜出的意思。“疙瘩”在东北方言中表示地方，前面加代词“这”“那”“哪”，成为“这疙瘩”“那疙瘩”“哪疙瘩”；“疙瘩”也指父母的最后一个子女，“老疙瘩”有心爱、疼爱之意。“杠杠的”是形容某事某物品质或质量很好，有时候也形容人，尤指人品方面很好。“嘶嘶哈哈”为天气寒冷难耐人们吸入凉气不自觉发出的声响。“急了拐弯儿”指道路或者事物弯弯绕绕的意思。“搁”在东北话中读第三声时表示“在”的意思，比如“搁哪儿、搁这儿呢”翻译成普通话就是“在哪儿呢、在这呢”。“五脊六兽”指人百无聊赖、不知道该做什么好、闲得难受的状态。“老鼻子”当形容词指可多了、多得很，当副词指非常、很、特别。“垫吧”可以理解为吃少量东西缓解饥饿感。“带劲”其一指人或物颜值高，其二指事情办得很好。“拔凉”指凉到极点，包括物品的温度，也用来比喻灰心失望的心情。“得劲儿”是舒爽、惬意、轻松自在的意思，升级版是“老得劲儿”了，反义词是“不得劲儿”。

（长春年鉴编辑部）

年度发展

【经济建设】 2021年，全市地区生产总值7103.12亿元，按可比价格计算，增长6.2%，两年平均增长4.8%。其中，第一产业增加值523.74亿元，增长5.5%；第二产业增加值2960.47亿元，增长3.9%；第三产业增加值3618.90亿元，增长8.1%，三次产业结构比为7.4：41.7：50。工业增加值2473.01亿元，增长3.3%，规模以上工业增加值增长3.2%。全年全市实现农林牧渔业增加值 539.21亿元，增长5.5%。粮食总产量1236.52万吨，增长6.2%，固定资产投资（不含农户）增长 11.6%，工业投资增长4.1%，建筑业产值增长10.6%。社会消费品零售总额2219.19亿元，增长10.8%；货物进出口总额1179.77亿元，增长14.8%。其中，进口1013.84亿元，增长13.6%；出口165.93亿元，增长22.4%。直接利用外资4.72亿美元。新登记市场主体34.35万户，总量129.2万户。新入库“四上企业”1272户，增长61.6%。全市金融机构本外币各项存款余额15467.25亿元，比年初增长8.7%。住户存款余额7756.46亿元，增长11.7%。金融机构本外币各项贷款余额15907.66亿元，比年初增长9.4%。有价证券成交总额19087.1亿元，比2020年下降1.7%。到长春旅游人数10124.51万人次，增长39.9%。全年旅游总收入2045.73亿元，增长48.1%。

【政治建设】 全面整改中央巡视、国务院大督查、省委巡视及“回头看”反馈问题。依法接受市人大及其常委会监督，接受市政协民主监督，接受社会和舆论监督，听取各民主党派、工商联、无党派人士、各人民团体意见建议。办理市人大议案2件、代表建议168件，市政协建议案2件、委员提案276件。贯彻中央八项规定及其实施细则精神，纠治“四风”，开展“作风建设年”，以“五化”（工作项目化、任务清单化、时序流程化、推进制度化、落实标准化）工作法推动落实。严格依法行政，开展法治政府建设。加强审计监督。开展党史学习教育。落实全面从严治党责任，推进党风廉政建设。

【文化建设】 全市有文化（文物）事业机构282家，其中，艺术表演团体9家，艺术表演场馆5家，公共图书馆13家，艺术馆、文化馆13家，博物馆25家，举办“大地情深”中央歌剧院走进长春系列文化活动及庆祝中国共产党成立100周年群众系列文化活动 5大类373项1157场。加强长影周末音乐会、爵士音乐节、“戏剧星期六”等项目品牌化建设，全年组织创作剧本9部、创排剧目14部，开展各类文艺演出活动424场次，送演出下基层278场次。中央歌剧院在长建立全国首个地方性服务站。工人体育馆建成开放。长春大众卓越女足夺得全国锦标赛冠军。长春博物馆、长春市朝鲜族群众艺术馆、长春市艺术研究所等9家单位获评长春市精神文明单位。长春演艺集团创排的魔术情景剧《红》获评中国杂技界最高奖金菊奖，评剧《兴国风云》受邀参加第十届中国评剧艺术节。启动“文化创意城”建设工作，跟进国际影都产业园、慢山里、神鹿峰等项目35个。推进文物保护工程项目进展，7项文物保护工程列入国家、省文物保护项目计划，占全省44.4%和25%，居全省首位。全市博物馆49家，藏品总数60余万件（套），展览数、社教活动数、讲座数、接待观众数均居全省首位。建立全省首家“社区博物馆”，被列入国家文物局“我为群众办实事”典型案例。非物质文化遗产项目81个（国家级4项、省级37项、市级40项），有13名传承人获得“长春工匠”称号。

【社会建设】 全市城镇常住居民人均可支配收入43281元，增长8.2%。农村常住居民人均可支配收入18473元，增长11.0%。城镇常住居民人均消费支出为32335.69元，全市常住总人口908.72万人。其中，市区人口583.76万人，4县（市）人口324.96万人。全市城镇企业职工基本养老保险参保人数265.91万人，增长13.1%。城镇失业保险参保人数125.52万人，增长18.0%；全年征缴城镇企业职工养老保险基金206.4亿元；征缴失业保险基金10.04亿元。基本医疗保险参保人数836.7万人，参保率95%以上。开发就业岗位19.35万个，城镇新增就业11.69万人。年末城镇登记失业率3.2%。年末全市城市居民62218人享受最低生活保障；农村居民112442人享受最低生活保障。全年发放城乡低保资金9.33亿元。全市有各类养老服务机构442家，农村社会福利服务中心78所。全年全市销售体育彩票14.39亿元，占全省销售比例39.5%。承办瓦萨国际越野滑雪赛等国际国内大型体育赛事50余项次。开展各级各类健身活动512余项次，近百万人次参与活动。全年发生各类生产安全事故695起、死亡205人。

【生态文明建设】 全市有各类保护区2个。其中，国家级1个，省级1个。自然保护区总面积43034.2公顷。长春市环境空气质量优良天数330天，优良率90.4%，提升7.1个百分点，环境空气质量全面达到国家二级标准，创有监测记录以来历史最好水平。16个国考断面优良水体比例50%。环境空气质量全面达到国家二级标准，系有监测记录以来最好水平。实现“绿水环绕长春，森林包围城市”生态建设新目标。完成“三线一单”编制，划定158个生态环境分区管控单元，提升生态环境源头预防的系统化水平。第三次全国国土调查数据显示，全市有林地174342.30公顷（不含公主岭市），完成造林5230公顷。全市公园总数173个，村屯绿化美化207个，打造“美丽乡村”示范村225个。

（陶艺文）

中国共产党长春市委员会

ZHONGGUO GONGCHANDANG CHANGCHUNSHI WEIYUANHUI

综　述

【政治理论学习】　贯彻新时代党的建设总要求，深化理想信念教育，激励党员干部统一思想、统一意志、统一行动，增强“四个意识”、坚定“四个自信”、坚决拥护“两个确立”，坚决做到“两个维护”。制定出台《市管干部政治素质考察操作办法》，突出政治忠诚、政治定力、政治担当、政治能力和政治自律，做到“首关不过、余关莫论”。坚持从政治高度认识和处理“平安经”事件，教育引导广大党员干部增强政治判断力、政治领悟力、政治执行力。

把学习贯彻习近平新时代中国特色社会主义思想作为头等大事和首要政治任务。坚持市委常委会“第一议题”制度，学习贯彻党的十九届五中、六中全会和习近平总书记在庆祝中国共产党成立100周年大会上的重要讲话精神。强化各级理论中心组专题学习和带动作用，抓住领导干部“关键少数”，举办市管主要领导干部读书班、市管干部和处级干部轮训班、新任职干部进修班，培训党员干部12.8万人次。组织各级领导干部带头进课堂、下基层，培育基层理论骨干和理论宣讲志愿者队伍，实施“全媒体新故事长春计划”，推动学习贯彻往深里走、往实里走。长春市被中组部指定为全国基层干部培训试点地区。贯彻习近平总书记关于党史学习教育重要讲话重要指示精神，成立领导小组，召开全市动员大会，建立“1113”特色工作体系，开展全覆盖巡回指导。市委常委班子赴四平战役纪念馆、杨靖宇烈士陵园等教育基地追溯信仰源泉，开展各层面党史专题宣讲2000余场次、听众20余万人。依托本地红色资源推出抗联之路、解放之路、电影之路、汽车之路、爱民之路等“红色线路”，建成中共长春支部纪念馆、吉林省天定山党史教育基地等红色场馆，形成了红色文化教育阵地群。

庆祝中国共产党成立100周年。制定关于举办中国共产党成立100周年庆祝活动的《实施方案》，开展“永远跟党走”群众性主题宣传教育，召开全市“两优一先”表彰大会，举办“颂歌献给党·奋进新征程”“信仰的力量”等专题演出40余场。组织全市各界收听收看庆祝中国共产党成立100周年大会盛况，召开市委常委扩大会议和专题研讨班，安排座谈会和市委理论学习中心组学习会，学习习近平总书记“七一”重要讲话精神，开展学习培训、集中宣讲，引导全市党员干部群众凝聚发展共识，汇集奋进力量。

【经济发展】　2021年，实现地区生产总值7103亿元，比2020年增长6.2%，GDP两年平均增速居东北4市首位。开复工5000万元以上项目1315个，固定资产投资增长11.6%，分别高于全国、全省6.7个百分点和1.6个百分点。出台12条促消费政策、11条稳房地产举措，开展400余场全市性促销活动，发放消费券2.6亿元，社会消费品零售额增长10.8%。申建国家自主创新示范区，中国（长春）知识产权保护中心获批成立，国家半导体激光创新中心正式落成，新增国家高新技术企业748户，“吉林一号”在轨运行31颗，长光卫星成为东北首家“独角兽”企业，打造新型双创空间获国务院表扬，在《自然》杂志公布的2021全球科研城市排名中，长春居第37位。开展“黑土粮仓”科技会战，粮食总产量123.7亿千克。红旗新能源工厂、解放J7智能生产线竣工投产，12条新冠疫苗分包装生产线满负荷生产，在汽车产业下降1.2%的情况下，规模以上工业总产值增长2.5%。新增4个省级服务业集聚区，规模以上服务业营收增长17.5%。在2021中国城市综合经济竞争力排行榜中，长春居东北4市首位。

【改革开放】　优化营商环境，锚定全国第一方阵目标，实施绿色审批等“十大行动”“放管服”改革，政务服务事项平均审批时限由22.1天压缩至8.2天，140个高频事项实现“跨省通办”。综合信用指数排名首次进入全国前十，推动商事制度改革成效获国务院表扬。建立“长春亲清政企关系”微信群，解决企业提出问题1500余项，全市市场主体129.2万户，增长20.5%，新登记市场主体34.4万户，增长60%。完成88项年度改革任务，市属国企转型升级，央企改革推进会在长召开。实施“管委会+公司+园区”“大部制”改革，推进九台、双阳和农安等地开发区整合优化。提升对外开放水平，申建自贸区长春片区，临空经济示范区正式揭牌，长春至法兰克福客货运航线正式开通，与天津、杭州对口合作，与省内各市州对接合作，实际利用内外资分别增长33%和11.9%。举办电影节、汽博会、农博会、跨国企业高层圆桌会、全球制造业服务外包峰会和中国首届新电商大会等重大会事活动。

【生态环境建设】 启动建设“双碳”示范城。打好蓝天、碧水、黑土地、青山和湿地“五大保卫战”，推进秸秆全域禁烧，开展燃煤锅炉、挥发性有机物、扬尘污染等治理攻坚，2021年，空气质量优良天数330天，优良率90.4%。推动新凯河、饮马河等流域综合治理，深化黑臭水体整治，消除5个劣Ⅴ类断面，国考断面优良水体比例达50%。启动3.33万公顷国土绿化行动，新增绿地面积795公顷。实施“河河连通”“河湖连通”工程，完成万里绿水长廊规划。推进城市生活垃圾分类工作，新北环保电厂投入使用。改善农村人居环境，垃圾收转运体系基本建成，改造农村厕所9万户，打造“美丽乡村”示范村225个。抓好中央和省环保督察反馈问题整改。

【幸福长春建设】 推进“建设幸福长春行动计划”。开展促就业“政策落地、服务落实”专项行动，城镇新增就业11.69万人，农村劳动力转移就业106.41万人次，城乡居民收入分别增长8.2%和9%，连续17年提高企业退休人员基本养老金。推进“双减”落地，解决教师绩效工资和职称评定遗留问题，实施基础教育质量提升三期工程，启动建设16所义务教育学校，扩容提质普惠性幼儿园，“温馨村小”被评为全国优秀案例。中央歌剧院在长春建立全国首个地方性服务站。完成老旧小区改造251个，筹集租赁住房2.85万套。全市154个贫困村全部出列，62810名建档立卡贫困人口全部脱贫，“两不愁三保障”问题得到根本实现。创建乡村治理试点示范，完成9万户改厕任务，新建改造农村公路1679千米。抓好疫情防控，年初输入性疫情清零后，全年无新增本土确诊病例。

【社会治理】 支持人大、政协依法履职，加强同民主党派、工商联和无党派人士交流合作，做好民族、宗教、群团工作。完成《长春市科技创新条例》等立法项目，制定实施法治政府建设实施方案，启动建设长春智慧法务区。开展政法队伍教育整顿，扫黑除恶斗争，打击违法犯罪活动。推广新时代“枫桥经验”，健全矛盾纠纷多元化解机制，开展信访积案化解“百日攻坚”。开展风险隐患排查整治，安全生产事故起数和较大事故数实现“双下降”，长春市获平安中国建设示范市。

（许林海）

【民生保障】 完善物价工作联席会议制度，做好重点民生商品保供稳价，全年CPI上涨0.5%，价格总水平处于合理区间并保持基本稳定。开展供水、供电、供气、供暖行业收费整治，全年减免电费1.16亿元。制定快速路桥下和重点区域拥堵路段道路路内泊位停车收费标准。采集报送价格监测数据近24万笔，完成价格认定案件1008件。成立长春市能源安全暨碳达峰碳中和工作领导小组，研究碳达峰行动方案。建设循环经济产业开发区。排查出6户企业8个“两高”存量项目。启动“旗E春城”行动，首批22座换电站竣工，推广红旗换电新能源汽车2054辆。制订《建设幸福长春行动计划》，承接省民生实事47项，市本级民生实事67项，实现预定目标。实施电网提升行动，10千伏项目全部开工，投资18.6亿元。出台《全面提升“获得电力”服务水平优化用电营商环境三年行动方案》，压减办电环节。健全公共卫生应急物资保障体系，建设市疾控中心等重点社会事业项目，争取区域医疗中心落位。开展《长春市人口发展报告》等重点领域课题研究。推进能源安全生产监督工作，全年未出现安全生产事故。

（易　斌）

重要会议

【中国共产党长春市第十四次代表大会】 12月28日—30日召开，大会选举产生71名中国共产党长春市第十四届委员会委员、13名候补委员，39名中国共产党长春市第十四届纪律检查委员会委员，通过《中国共产党长春市第十四次代表大会关于中国共产党长春市第十三届委员会报告的决议》《中国共产党长春市第十四次代表大会关于中国共产党长春市第十三届纪律检查委员会工作报告的决议》。大会批准张志军代表中共长春市第十三届委员会所作的《牢记嘱托勇担使命奋力开创振兴发展率先突破新局面》的报告。

【市委全体会议】 7月31日，中共长春市委十三届十一次全体会议举行。全会由市委常委会主持。全会听取和讨论省委常委、市委书记张志军受市委常委会委托所作的工作报告，审议通过《中共长春市委关于贯彻落实〈中共吉林省委关于忠实践行习近平生态文明思想〉的实施意见》《中共长春市委关于贯彻落实〈中共吉林省委关于全面实施“一主六双”高质量发展战略的决定〉的实施意见》《关于召开中国共产党长春市第十四次代表大会的决议》《中共长春市委十三届十一次全体会议关于追认给予冯善国开除党籍处分的决定》。市委副书记、代市长王子联就两个《实施意见（讨论稿）》，市委常委、组织部部长邵利就《决议（草案）》，分别向全会作了说明。

12月24日，中共长春市委十三届十二次全体会议举行。全会由市委常委会主持。省委常委、市委书记张志军讲话。全会听取和讨论张志军受市委常委会委托所作的工作报告，审议通过《中共长春市委关于坚决拥护“两个确立”坚决做到“两个维护” 全面加强党的政治建设的意见》，审议通过中共长春市第十三届委员会工作报告、中共长春市第十三届纪律检查委员会工作报告，表决通过中国共产党长春市第十四届委员会委员、中国共产党长春市第十四届纪律检查委员会委员候选人预备人选建议名单、长春市委推荐吉林省出席党的二十大代表人选。

12月30日，中共长春市委十四届一次全体会议举行。会议由张志军主持，70名市委委员、13名市委候补委员出席会议。市纪委委员列席会议。会议通过《中国共产党长春市第十四届委员会第一次全体会议选举办法》，选举产生新一届市委常务委员会。张志军当选市委书记，王子联、赵明当选市委副书记，张志军、王子联、赵明、孙继光、孙弘、马延峰、陈宇龙、周贺、曹力、黄宪昱、姜保忠、李洪亮、邵波当选市委常委。

（长春年鉴编辑部）

组织工作

【概况】 截至2021年年末，全市有党的基层组织22932个。其中，行政村党组织5916个，社区党组织2370个，非公企业党组织3653个。全市有中国共产党党员400714名。其中，少数民族党员14280名，党政机关、事业单位和公有制企业党员117367名，乡镇、行政村党员97148名，街道、社区党员117901名。

【组织建设】 推进部机关党史学习教育，利用“三会一课”“每周阅读”“专题读书班”等形式开展党史专题学习，邀请袁中树、李发锁等专家学者进行集中辅导。在部机关工作群创新开设“日新学堂”党史知识分享和“学党史、践初心”党史知识问答栏目，开展“走红色线路·上电影党课”崇德铸魂主题活动，开展机关干部党史分享20期，举办全市组织系统“我心永向党·芳华献组工”庆祝中国共产党成立100周年主题演讲比赛和学习贯彻《中国共产党组织工作条例》知识竞赛。开展能力素质提升工程，制定《部机关干部培养锻炼实施方案》，抽调部机关干部90余人次参加全市大项目检查、干部考核等大项任务，让干部在干中学、学中干，实现岗位履职与实战培养良性互动。建立部机关“行动学习小组”，定期开展“学习研讨”活动，全系统完成课题34个，形成以课题研究牵动工作谋划、以成果转化促进工作创新的机制。强化组工宣传，2021年，中央和省级媒体刊发稿件800余篇，其中，《人民日报》、新华社客户端、《中国组织人事报》等中央权威媒体刊发稿件61篇。遵守组织人事纪律和保密纪律，选派精干力量参与县（市）区换届考察、市十四次党代会筹备等工作，在大战大考中强化纪律规矩意识。弘扬“严新细实”优良新风，开展“万人助万企”集中专项行动2次，14个助企工作组到企业走访调研，帮助企业协调解决办理施工许可证、工程验收等相关事宜。制定出台《部机关公务员平时考核实施方案（试行）》，强化对部机关干部工作日常表现的量化考核，组工干部创先争优和自身加压意识增强。开展“我为群众办实事”活动，到基层服务对象开展共联共建、认领微心愿、困难帮扶等活动，在具体服务中彰显组工干部先锋本色。推动部机关“五化”规范体系建设，将各支部在队伍建设、工作运行等方面的经验做法汇编成册，形成“今人好用、后人受用、持续管用”的工作模式。建立图书阅览室，组织开展“阅读名著、走近经典”活动，编辑《读书心语》5期，刊发文章25篇。推进“温馨之家”建设，开展生日慰问、健康体检等工作，帮助解决实际困难。

【基层党建】 明确抓党建促乡村振兴任务分工、确定6个方面25大项96小项任务，倒排工期，逐项落实。择优选派581名干部包保帮扶260个乡村振兴任务重的村，发挥驻村干部乡村振兴主力军作用，长春市驻村工作经验做法在《人民日报》《中国组织人事报》上整版刊发。抓好乡村两级换届，村书记全部60岁以下，实现100%“一肩挑”，选调36名市直优秀年轻干部、专业选调生到乡镇班子任职，乡村两级班子学历、年龄、功能实现“一升一降一增强”。成立长春乡村振兴人才学院，举办新任村党组织书记示范培训班、农村基层干部示范培训班和乡镇党委组织委员专题培训班，培训2000余人次，提升乡村干部的履职能力。创新“三推两帮一扶持”工作思路，2021年，全市村级集体经济收入全部达5万元以上，10万元以上村占比65.8%。推行“1+3+X”基层治理模式，组建屯委会1415个，建立农村网格1.7万余个，提升乡村治理效能。

以抓党建促基层治理为主线，推动市本级和17个县（市）区、开发区全部成立城乡基层治理工作委员会、委员会办公室及专项工作组，健全制度机制，配强工作力量，架起党建引领城乡基层治理“四梁八柱”。完成全市社区“两委”换届，新选举产生4952名社区“两委”成员，平均年龄37.7岁，大专以上学历占比94.3%。承办全国社区书记示范培训班，长春市被中组部确定为全国基层干部培训试点城市。推进新时代吉林党支部标准体系（BTX）建设工作，推动全市1.1万余个党支部纳入BTX系统管理。2021年培训BTX管理员1.8万余人次。加强发展党员“一推一评一纪实”工作机制，推进党支部联系点建设，培育树立104个“跃升党支部”。整合各级各部门资源力量，分层分类打造城市基层党建示范点50余个，以奖代补对17个优秀示范点给予经费支持。

以抓党建促发展为中心，打造31个“红色孵化器”，助力孵化企业1300余户，推动“个转企”130户，摆渡创新工场被评为省级精品“红色孵化器”。鼓励政策兑现力度，兑现鼓励政策482项，拨付奖励经费280余万元，招聘各类人才1.5万余名，争取融资贷款15.97亿元，长光卫星党建做法被全国非公专委会评为“2021年度百个两新党建优秀案例”。实施重点两新组织“清零计划”，重点两新组织党组织组建率95%，全市非公企业和社会组织党组织组建率分别为59.02%和65.5%。指导成立民办学校党建促进中心，制定加强民办医疗机构党建工作指导意见，承办全省市场监督领域“小个专”党建现场会，培树“长房”“这有山”和“小不点”等非公示范党组织，打造形成“红领荟”“红立方”和“红胶囊”等特色党建品牌，全市楼宇和各行业领域党建工作走在全省前列。

【评选表彰】 宣传优秀共产党员先进事迹，开展“学习身边榜样”“党员进党校”等活动。开展评选表彰，罗昭强、林青远、市长公开电话党支部获全国“两优一先”称号，124名（个）党员、党组织获全省“两优一先”称号。召开全市“两优一先”表彰大会，摄制41部典型事迹电视片，555名（个）党员和党组织受到表彰。“七一”前夕，为3.3万余名老党员颁发“光荣在党50年”纪念章，走访慰问党员干部7500余名。

【市县领导班子换届】 制定换届工作流程图、任务分解表，建立“周调度”工作制度。聚焦目标要求，严肃换届风气、严明换届纪律、严格组织程序，组建6个换届考察组督导指导。树立选人用人导向，优先使用在三大攻坚战、疫情防控、“四大板块”建设等急难险重任务中表现好的干部，通过调整，县（市）区党政正职平均年龄47.7岁、下降1.4岁，党政领导班子成员具有全日制大学以上学历的占比35.8%，具有专业背景和基层一线经历的干部分别占29%和37%，新一届领导班子年龄、学历、专业、经历结构改善，整体功能增强。严格代表、委员人选把关，做好会议筹备、选举等工作，市第十四次党代会和县区党代会召开，中央和省、市委批复的换届人选全部当选。

【党史学习教育】 实施习近平新时代中国特色社会主义思想教育培训计划，开展习近平总书记“七一”重要讲话、中共十九届六中全会精神教育培训，2021年市县两级举办各级各类培训班230期，培训干部6万余人次。推动党史学习教育与学习贯彻习近平新时代中国特色社会主义思想相结合，启动“红色现场教学基地优选工程”，推进“二二三”红色资源建设计划，把党史学习教育相关内容列入各级党校（行政学院）主体班次，建成一批网上党性教育展馆和2个精品社区展馆。做好“我为群众办实事”，实施“七大先锋工程”，在全省督导考评中位列第一。推进“作风建设年”，明确培树“严新细实”优良新风6项重点任务，细化43条具体推进措施，长春市5个典型案例入选全省作风建设年案例选编。

【干部队伍考察】 落实政治素质考察操作办法，通过访谈、查阅资料、实地核查等方式，考察干部在政治忠诚、政治担当、政治能力等方面的现实表现。严格“三走进一评定”考核模式，开展“走一线、察担当”系列活动，选拔使用全市中心工作和急难险重任务中表现出来的“干将”“闯将”“猛将”，以正确用人导向引领干事创业，2021年调整县局级干部21批、642人次。

鼓励干部担当作为、关心关爱干部和容错免责、澄清保护等制度机制，开展“五关爱、四必谈”、受处分干部“容诉减压”活动，对54名受处分影响期满表现突出的干部大胆提拔使用，对13名干部适用容错免责。推进公务员分类管理，优化行政审批流程，做好公务员考录、遴选、选调、调（转）任、职级晋升、考核奖惩等工作，公务员工作制度化规范化水平提升。树立“优者奖”导向，对完成全市重点工作和攻坚任务的84个集体和1241名突出个人给予奖励。

围绕省委“一主六双”高质量发展战略、“十四五”规划重点、现代化都市圈建设等开展专题培训，组织领导干部到一线城市开展培训6期，举办乡镇、街道书记等10个重点人群示范培训班和现代农业、新农村建设等7个专题班，推进领导干部“大培训”，打造“干部夜校”精品课程直播培训平台，做优做强长春干部教育品牌。年轻干部实践锻炼，选派34名年轻干部到上海、杭州、南京、合肥驻点招商，对接各类商协会校友会13个、联络投资意向项目28个。抽调16名优秀处科级干部组建信访积案化解工作专班，化解重点疑难领域信访件33件，引导干部在基层一线、急难险重任务中成长成才。

坚持“严”的主基调，深化“预审+调控”工作机制，创新实行“下沉式”预审，预审133批次2971人次，因干部身份、学历、超职数等问题暂缓使用73人次，避免违规用人和“带病上岗”。开展选人用人专项检查，结合政法队伍教育整顿，成立专项检查组，对法检系统2020年11月以来选人用人工作进行检查，推动干部选拔任用工作规范科学。推进全市选人用人“一报告两评议”工作，对全市58家单位干部选任工作进行评议，提高选人用人的公信度。实施个报质量提升工程，2021年度全市个报一致率96.2%。投入300多万元建成集快速定位、出入库记录、人脸识别、消防预警等功能于一体的现代化档案库房和信息化应用平台，赋能档案智能化管理和业务升级，为领导决策、科学选人用人提供最新数据参考，在全省处于领先地位。

建立动态掌握和跟踪管理优秀年轻干部521人的信息管理平台，研究企事业单位和机关干部交流“通渠蓄能计划”，打通企事业单位和机关“三支队伍”交流通道，从驻长中省直企事业单位遴选第二批16名干部到长春市开展挂职，推荐2名年轻干部到企业挂职学习，首批吉大、一汽和中车4名干部调任市、区直机关工作。面向部分国内“双一流”高校招录专业选调生117人，首次面向国外高校招录专业选调生4人。优化全市公务员队伍机构，实行本地户籍定向招录，给予艰苦边远地区基层机关招录政策支持，2021年新招录（遴选）公务员260名，基层选调生和县级以下单位招录人数占比为23%和68%，基层“选人难”“留人难”问题得到解决。

【人才强市战略】 深化人才发展体制机制改革，优化完善人才政策，统筹完善长春人才政策2022版，实施高层次人才队伍建设5年计划等人才政策，聚焦“四大板块”发展，发挥汽车、先进制造业、光电信息、生物医药、影视文旅等重点产业集聚人才作用。2021年，依托6个百亿元项目、302个10亿元以上项目、1112个亿元以上项目打造产业人才高地，集聚高端产业人才6500余人。

培养引进并重，拓展聚才用才平台。启动“大学生来长留长创业就业行动”，发布“学子留长”小红书，实现重要政策一手掌握、办理流程一查便知、优质岗位扫码可查、动态信息适时更新，得到《人民日报》等多家主流媒体关注。通过机关事业单位带头吸纳、国有企业主动吸纳、各类民营企业精准吸纳等途径，吸引留住高校毕业生超过10万人。依托长春新区“人才管理改革试验区”建设，在人才评价、流动、激励、保障等方面先行先试，实施“长白慧谷”英才计划，引进国内外领军人才138人，集聚培育创新创业人才近5万人。围绕人才管理、培养支持、创新创业、优先发展等方面确定14项重点改革试点任务，集中解决一批制约人才创新创造活力的关键问题，形成32项可复制可推广的制度措施文本。

强化服务保障，营造乐业宜居生态。加强4大专项计划和20个重点人才工程项目统筹推进力度。举办人才创新创业创意大赛，对落户长春的优秀项目和优秀人才，给予5万~50万元的资金支持。打造人才“三级服务平台”，建立子女教育、医疗保健绿色通道，加强人才公寓建设管理，提供人才公寓5000套，入住4000余人；启动“人才公寓建设行动”，新建2万套、100万平方米。根据人才需求量身定制精准服务，300多名高层次专家人才享受“一对一”“管家式”贴心服务。

（商建设）

宣传工作

【政治理论学习】 制定《中共长春市委理论学习中心组2021年度学习计划》，开展列席旁听基层党委中心组学习工作，下发《2020年各县（市）区、开发区党委理论学习中心组学习情况通报》。组织市委理论学习中心组围绕习近平总书记在党史学习教育动员大会上的重要讲话、习近平总书记在庆祝中国共产党成立100周年大会上的重要讲话精神、党的十九届六中全会精神等内容进行专题学习18次。组建市委宣讲团，到各县（市）区、开发区、企业、高校宣讲习近平总书记关于党史的重要论述、习近平总书记在庆祝中国共产党成立100周年大会上的重要讲话精神和党的十九届六中全会精神。用好“新时代君子兰讲坛”“学习强国”学习平台等平台载体，提升理论阵地建设，举办全市基层理论宣讲员“微宣讲故事”大赛。组织全市理论宣讲志愿者宣讲4000余场次，听众40余万人。实施推动“全媒体新故事长春计划”，采取“人物+故事+互动”的新模式，以习近平总书记的思想为中心思想，以长春素材、长春实践为参考素材，以全媒体推送的形式，讲好习近平新时代中国特色社会主义思想在长春落地生根的故事、中国共产党100年的故事。全网与全媒体新故事长春计划相关信息6900余条，话题阅读量7500万次。贯彻《党委（党组）意识形态工作责任制落实办法》，落实主体责任，2021年，市委常委会专题研究意识形态工作2次，研究意识形态领域相关工作20次。召开意识形态工作专项督查通报会，结合中央巡视反馈的具体问题，细化整改措施，整改措施全部落实。

【党史学习教育】 根据中央统一部署，组织党员干部系统学习党的历史，深化对习近平新时代中国特色社会主义思想的理解把握，把学党史、悟思想、办实事、开新局贯穿学习教育全过程，引导广大干部群众学史明理、学史增信、学史崇德、学史力行。成立市委党史学习教育领导小组，组建领导小组办公室，设立4个工作组和16个巡回指导组，部署全市教育实践工作开展。强化协调推进，将“1113工作体系”（1个方案、1套机构、1份重点任务分解表、3张清单）贯彻到党史学习教育全过程，细化20个重点任务、48项具体内容、119个推进措施和步骤。完成2轮督导指导，确保学习成效。采取中心组带头学、读书班专题学、党史宣讲层层学、红色资源实地学、电影党课灵活学、党员干部自觉学、理论阐释深入学。各级党组织以“三会一课”、主题党日等形式开展学习，利用“学习强国”等平台拓展学习资源，开展知识竞赛、网上竞答等活动。创新开展“百年史卷·心随影动”——“四史”教育电影党课500余场，7万人次。开展庆祝中国共产党成立100周年论文征集，召开理论研讨会，利用《长春日报》理论专版刊载理论文章。围绕主题主线，推进新闻宣传、社会宣传、典型宣传，组织11轮集中采访，中直媒体和省、市直媒体刊发2100余（篇）条相关稿件，编发党史学习教育工作简报126期。掀起全媒体宣传热潮，在中国吉林网开设长春市党史学习教育专栏，向新浪、今日头条、腾讯、百家号、微博等新媒体进行信息推送，相关消息点击量80万余次。围绕庆祝中国共产党成立100

周年开展庆祝活动、主题教育。向全市各地各部门各单位征集“我为群众办实事”项目，确定市级层面67件、部门单位层面4185件，形成《长春市“我为群众办实事”实践活动项目参考清单》，对项目进展情况进行跟踪调度。把“作风建设年”作为党史学习教育的重要载体和工作抓手，推动作风大转变、大改观、大提升。开创新局，把党史学习教育成果向经济一线、城市建设和文化强市深度传导，转化为实践成果。

【庆祝中国共产党成立100周年宣传活动】 开辟“奋斗百年路 启航新征程”专栏，传达感召力量和举国同庆、盛世奋进时代气息。围绕长春市红旗、长影、森林、冰雪和人民大街等十大元素制作系列亮化短视频，在50余个新媒体端口进行推送。组织市直媒体多角度呈现长春市庆祝中国共产党成立100周年活动，选取最精彩的画面编辑成多版宣传片播出。举办庆祝中国共产党成立100周年“颂歌献给党·奋进新征程”专场文艺演出等文艺活动上百场。利用户外大屏、大型广告牌、楼体灯光等形式烘托全市喜庆气氛，打造主题街路110余个，悬挂标语口号近5万条（块）。举办庆祝中国共产党成立100周年主题“灯光秀”，中央广播电视总台进行现场直播。在全市城乡开展“永远跟党走”群众性主题宣传教育活动。结合党史学习教育、“七一”“十一”等重要时间节点，开展党旗在基层一线高高飘扬、入党宣誓、讲党课和优秀党课展播、学习体验、青少年心向党教育等11大类100余项群众性活动。举办“清明祭英烈”、纪念九一八事变90周年等活动。

【城市形象宣传活动】 开设“排头兵 领头羊 先行者 新标杆 新高地”“中央生态环境保护督察在吉林”和“营商环境长春先行”等专栏，展现长春全面振兴全方位振兴的生动实践。围绕营商环境、疫情防控、重点街路改造等内容，举办新闻发布会41场。策划实施“新征程·新长春”都市影响力系列宣传项目，策划实施8大类48个具体宣传项目，重点宣传长春市加快推进长春现代化都市圈建设，构建现代产业体系的新举措。围绕五大品牌展会、十大重点展会和五大节庆活动等对外交流活动，围绕冰雪节、雕塑展等系列文旅活动，开展宣传推介。集聚中央和省市直媒体、域外媒体以及新媒体资源力量，宣传提升城市影响力和知名度。更新提升城市形象宣传片，形成8分钟版《幸福吉林美好长春》、3分钟版冰雪系列宣传片《长春冰雪》和1分钟无解说词音乐版系列宣传片。开展“幸福吉林美好长春”中直涉外媒体长春行主题采访活动，在移动音频第一平台“喜马拉雅”开设“幸福吉林美好长春”电台，打造“新征程·新长春”都市影响力对话专辑。

12月21日，第十六届中国长春电影节在长春体育中心开幕（代韧飞　供图）

【文明教育活动】 开展“文明出行、幸福你我”交通整治宣传、“烟头不落地长春更美丽”活动，以及“最美街路”等“六个最美”评选活动，巩固提升全国文明城市创建成果。开展“扣好人生第一粒扣子”主题实践、“童心向党立德树人”教育实践、经典诵读戏曲书法传统体育进校园等活动，开展“新时代好少年评选”。制定出台《长春市推进文明城创建“常态长效”的操作性办法》，落实社会主义核心价值观。制定下发《长春市深化全国文明城市创建工作目标责任分解表》（实地考察），指导相关部门和基层开展创建工作。委托国家统计局长春调查队围绕创建点位对12个城区、开发区进行第三方测评，增强创建工作针对性。完成中央文明办测评组9月对长春市创建全国文明城市的实地测评。召开2021年全市精神文明建设指导委员会全体工作会议，部署全市精神文明建设重点任务。评比2019—2020年度文明县（市）区、先进集体，全面考核文明县（市）区、文明村镇、文明单位和文明社区，对城区内13家全国文明单位进行授牌。抓好道德模范和好人评选，全年评选表彰40名长春好人标兵，80名长春好人，其中6人获中国好人称号。张超凡获第八届“全国道德模范”称号、吴亚琴获提名奖。完成《长春市推进新时代文明实践中心建设工作考核管理办法（暂行）》，对全市212个实践所、2573个实践站和1068个实践点进行全新升级，推广九台区新时代文明实践中心“八字工作法”。完善志愿服务常态化组织体系和管理机制，细化《长春市支持和发展志愿服务组织的实施意见》，开展“推动移风易俗助力疫情防控”“学雷锋送温暖我为群众办实事”等志愿服务活动。长春市36个志愿服务组织和个人获“吉林省学雷锋志愿服务优秀（标兵）”称号。结合庆祝庆祝中国共产党成立100周年、党史学习教育、“永远跟党走”群众性宣传教育、“四史”教育，全市各级各类36个爱国主义教育基地开展活动80余项。将党史学习教育宣讲团宣讲现场搬到红色遗址旧址，通过“情景党课”“VR互动”等方式，使干部群众接受教育。

【文旅消费示范城市打造】 集中打造80个群众身边的“漂亮街区”。开展“标志长春”十大文化符号视图作品线上线下评选活动，打造长春城市文化地标。围绕“六城联动”总体部署，研究确立“文化创意城”建设“七个一”的工作思路，加以推进。举办长春冰雪节、长春消夏艺术节和第十七届中国（长春）动漫艺术博览会，获“2020年度中国冬游名城”、国家首批文化和旅游消费示范城市（东北唯一入选城市）。

【文化惠民公益活动】 完善城乡公共文化服务体系，提供优质文化产品，开展丰富多彩的文化活动。开展文化惠民公益活动，组织文艺团体、演出单位开展杂技、舞台剧等低价惠民公益演出、文艺展览展示类活动100余次。举办2021全国出版界图书馆界阅读推广论坛和2021市民读书节。创排舞台艺术作品9部，改编《长春好人》《好事好办》等4部小戏小品作品，长春演艺集团杂技团情景魔术剧《红》获中国杂技界最高奖项“金菊奖”，评剧《兴国风云》受邀参加第十届中国评剧艺术节。

（代韧飞）

统战工作

【政治引领统战工作】 2021年，学习贯彻习近平总书记“七一”重要讲话精神、中共十九届六中全会精神。统战系统学好中共党史、新中国史、改革开放史、社会主义建设史和多党合作史，巩固共同的思想政治基础和统战系统听党话、跟党走、与党同心奋斗的思想自觉、政治自觉和行动自觉。以落实《中国共产党统一战线工作条例》为重点，举办理论研讨活动。围绕学习习近平总书记关于加强和改进统一战线工作的重要思想开展理论研究与阐释，形成《新时代统一战线经典论述资料汇编》。开展“同心百年”全市统战系统庆祝中国共产党成立100周年系列活动，举办全市统战系统各界人士庆祝中国共产党成立100周年座谈会，支持民主党派开展“三个共同”主题实践活动，组织各民主党派举办“翰墨丹青·同心百年”书画展、党史专家大讲堂、走进红色基地、参观廉政教育基地等活动；在民营经济人士中开展“知史砺初心·阔步新征程”主题活动；支持市侨联开展“故国情”短视频作品征集活动，组织编演话剧《侨魂》。

【建言献策】 组织民主党派、工商联和无党派人士围绕打造“三强市、三中心”，推进“六城联动”考察调研，通过开展“建言十四五”大调研、民营经济人士“聚同心、解难题、促发展”专题调研、“V观长春”网络人士议政调研等活动，形成研究成果。召开市委专题议政会，为市委决策提供参考。申报“新时代‘两个健康’先行区创建工作经验首批试点推广城市”，引导民营经济与时俱进、实现创新发展。优化营商环境，组织2000户民营企业开展评议政府工作，线上填报调查问卷5068份，线下走访企业12户，起草《2021年长春市营商环境调查分析报告》《2021年长春市民营企业金融服务需求调查分析报告》。建立“民营企业法律维权服务中心”，开展法治体检、银企对接、纠纷调处等工作，服务民营企业转型发展。举办“海外侨胞长春行”“海外侨领长春行”活动，组织28个国家的60名侨胞和30个国家（地区）的55名侨领到长考察调研，组织招商推介会和项目对接会，达成合作意向2个。举办第二届“长台经贸合作洽谈会”“首届长台两地创意设计展”，为长春市与港澳台及海外沟通联系搭建桥梁。长春英利汽车部件公司在上海A股上市，实现东北地区台资企业在大陆上市零的突破。贯彻习近平总书记关于乡村振兴重要指示精神，召开“万企兴万村”长春行动启动大会，引导各级商（协）会及民营企业家助力乡村振兴。部班子履行乡村振兴主体责任，组织包保干部、驻村工作队全年开展3轮入户宣讲、集中座谈活动；指导驻村工作队新建温室大棚2栋、开展人居环境整治2轮，协助互助村申请示范村建设任务资金5万元，捐赠物资价值3万余元。

【多党合作】 制定市委年度政党协商计划，召开党风廉政和反腐败工作通报协商会议、重要人事事项安排通报协商会议、各民主党派市委会工作联席会议，学习贯彻习近平总书记“七一”重要讲话精神、党的十九届六中全会精神等主题开展政党协商5次。各民主党派市级组织召开换届大会，选举产生新一届领导班子、常委会和委员会，6个民主党派班子人选均全票当选。制定长春市民主党派代表人士队伍建设规划，为长春市各级党委做好民主党派代表人士工作提供政策依据。健全市级民主党派内部监督制度、民主生活会制度、述职和民主评议制度等，支持各民主党派召开专题民主生活会、领导班子述职和民主评议会议，把各项工作纳入规范化轨道。

【无党派人士和党外知识分子统战】

无党派人士和党外知识分子参政议政，收到调研成果24篇。举办“知友沙龙”活动2期，在长春中医药大学“继学书屋”“杏林青马基地”开展现场教学。搭建科技转化平台，组织党外知识分子对接吉林省国投集团，推动实现科研成果与企业共享。引领党外知识分子进园区、进社区、进企业、进乡村，开展决策咨询、技术培

7月27日，第二届长台经贸合作洽谈会在长春举行　　　（胡嘉惠　供图）

训、法律援助、义诊等社会服务活动10余次。与省委统战部联合举办“寻美—V观吉林（长春行）”主题实践活动，组织网络人士宣传推介长春。开展“新星耀春城最美新阶人”表彰宣传活动。加强队伍建设，分级分类开展市区两级代表人士数据库建设，掌握各级新的社会阶层代表1800余人。完成市新阶联换届工作，各县（市）、区建立新阶联组织11个，实现全覆盖。成立“助企新力”等5个新的社会阶层人士服务团，服务长春发展振兴、助力乡村振兴等主题开展活动5次。

【助力民营经济发展】　召开民营经济代表人士党史学习教育座谈会，举办“知史砺初心阔步新征程”党史学习教育研学班、新生代企业家学习贯彻习近平总书记“七一”重要讲话精神培训班，开办党史微课堂，培训民营经济人士200余人。强化非公党建工作，成立长春市非公企业党建联合会，首批会员企业200余户；举办非公企业“守初心、凝力量、助发展”党建沙龙，引导民营企业强化党建引领。召开加强新生代企业家培养工作会议，明确5年培养目标。建立涵盖工商联组织、民营经济代表人士、新生代企业家等5方面非公经济人士数据库。完成市工商联换届工作。联合市司法局、市法院、市检察院召开全市深化民营企业法律维权服务大会，开展法律咨询、法治讲座、风险防范培训等活动30余次，为60余户企业进行法治体检；举办民营企业法律风险防范专题培训班，开展“服务企业周”金融服务活动，开展统战系统“万人助万企、春风送温暖”“共祝百年华诞、共促万企发展”专项助企服务行动，上门走访企业114次，解决相关问题12件。提供“导师帮带”服务，举办“走进名企”活动4期。

【侨务工作】　走访驻长各高等学校、科研院所，召开归国留学人员专题座谈会，举办长春市欧美同学会·长春市留学人员联谊会第三届理事会，联系沟通。更新完善侨务工作数据库，统计长春市国有企业和科研院所留学人员情况，扩大工作对象范围。细化侨务审批工作，定期上报《关于建立进驻实体政务大厅服务事项台账》，完成年度“三侨考生”加分工作，办理归侨侨眷证25个。

【对台工作】　学习贯彻习近平总书记《告台湾同胞书》发表40周年纪念会的重要讲话精神，深化长春与台湾两地融合发展，举办第二届“长台经贸合作洽谈会”“首届长台两地创意设计展暨第六届长台‘瀚墨飘香’书画展”等经贸文化活动，会同市发改委出台长春市《关于促进长台经贸文化交流合作的实施办法》（简称惠台50条）。做好涉台服务维权工作，走访重点台商台企，协调卫健部门为在长春台胞接种新冠疫苗60余剂次。

【党外代表人士队伍建设】　推进“十百千万”党外人才队伍建设工作。对政协委员、党外干部情况开展摸排和动态管理，挖掘百名领军人物，选拔树立千名杰出人才，联系万名优秀人士，掌握一批各界代表人士。加强对年轻党外干部的培养选拔，掌握各县（市）区、开发区及62个市直单位35岁以下科级党外干部。组织召开党外处级干部座谈会，为干部的发现、培养、使用、管理以及政协换届提供依据，为人才库建设做好服务。做好市政协换届筹备工作。根据中央和省市委精神，起草《关于政协长春市第十三届委员会换届工作有关问题的意见》并在市委常委会审议通过。召开市政协换届人事安排工作会议，组织70个单位对委员人选进行初始提名。完成考察工作，形成委员人选建议名单。

（胡嘉惠）

政策研究

【概况】　2021年，围绕“三强市、三中心”“六城联动”等事关全市中心工作和改革发展大局的重大战略性问题，调研起草指导全市经济社会发展的政策意见，撰写调研报告，编辑《政研与改革》（研究建议和决策咨询）50余期。

【重大课题研究】　完成市委主要领导交办的关于落实省委“两确保一率先”目标任务加快长春高质量发展的研究，形成调研报告。调研撰写《关于贯彻落实省委“五大目标、六个走在前列”最新要求，谱写新时代振兴发展“长春答卷”的思考》，提出对策措施，为在全面建设社会主义现代化新吉林的伟大征程上展示“长春力量”、体现“长春担当”、书写“长春篇章”发挥作用。与中科院长春光机所、市直部门及长春新区、经开区、朝阳区等部门和单位及企业代表座谈，学习调研广州、宁波等地经验，撰写《关于加快科技创新推进成果就地转化塑造长春振兴发展新优势的调研报告》。落实市委十三届十次全会、市委经济工作会议精神，调研起草《关于打通我市融入“双循环”新发展格局断点堵点的思考与建议》《高标准定位大手笔谋划携手推进长春现代化都市圈跨越发展》《激活发展新动力加快迈入数字经济时代——关于推动我市数字经济发展的几点思考》《关于降电价提质效促进大数据产业发展的几点建议》和《对城乡融合发展若干问题的思考》等调研报告。

聚焦现代产业体系发展，调研起草《关于长春建设消费中心城市的几点思考》，聚焦综合经济发展，起草《关于西安数字经济发展情况的考察报告》，完成《关于以“四大板块”为主体实施“十大工程”全面加快现代化都市圈建设的初步思考》。聚焦“三农”工作，调研起草《关于推进脱贫攻坚与乡村振兴有效衔接的几点思考》，获“全市党建系统调研报告特等奖”，调研起草《关于长春建立乡村规划师制度的几点建议》《关于被征地农民补偿金后续合理使用的建议》《关于“十四五”期间打造长春市现代种业创新发展高地的思考建议》《关于城乡融合发展若干问题的思考》。聚焦区域经济发展，研究起草《关于我市开发区改革升级的几点思考》。

发挥智库作用，拓展“外脑”功能。撰写《长春数字经济发展的战略研究》《长春融入国内经济大循环的对策研究》《长春发展现代化大农业的战略构想》《长春经济高质量发展研究》《长春市科技创新成果转化研究》和《长春市适应国内需求结构对策研究》等研究报告。开展合作研究。开展4项重大课题合作，其中2篇研究报告获市委主要领导批示。与政协生态组委员何春光教授合作课题《关于长春市城市湿地系统建设研究》得到市委书记批示。与专家委员围绕《长春市城市湿地生态服务功能评价与功能提升研究》，深化课题合作研究。与科技组委员周强教授合作课题《关于加快长春国家区域创新中心建设问题研究》得到市委书记批示。与经济组委员孙杰光研究员、文化组委员李书春教授分别开展《把握新趋势释放新潜力着力把长春建设成为世界知名冰雪旅游城市》《关于以举办城市“国际艺术双年展”为依托着力提升长春城市品质的研究》，为指导相关领域工作提出对策建议。召开首次市委决策咨询委员会委员专题座谈会。为筹备市十四次党代会，谋划未来五年发展，重点围绕工业、农业、生态、科技、文化等领域设计的18个研究题目，开展调查研究，撰写形成24篇高质量的调研报告，提出近200条对策建议。围绕建言党代会报告主题，邀请不同行业领域的委员代表，参加党代会报告征求意见座谈会，就科技创新、产业培育、人才工作、政策支撑等提出意见建议。《长春信息—信息报省》《长春信息—综合信息》长春市直机关党建网等平台刊载。

12月9日，市委书记张志军主持召开长春市委决策咨询委员会委员代表座谈会

（李雨桥　供图）

【产业发展研究】 聚焦产业发展，会同市产业发展研究院撰写《长春市农产品营销问题研究》《长春经济发展的后发优势研究》和《长春市产业服务问题研究》等4篇研究报告，其中《长春市农产品营销问题研究》得到市委书记批示，为推进农业现代化建设、实现乡村振兴提供建议。

【专题研究】 聚焦社会热点，撰写《关于在国际影都板块中老校区处置问题的几点建议》《关于创新办学模式推进区域义务教育优质均衡发展的调研报告》和《深度聚焦青年人才生活方式充分释放拴心留才政策红利》等调研报告。聚焦党的建设，以庆祝中国共产党成立100周年为契机，调研起草《机关党的建设光辉历程和宝贵经验研究》《长春市机关党建工作中的问题研究》。聚焦疫情防控，起草《关于进一步做好新冠肺炎疫情常态化防控工作的几点建议》，把握新冠疫情焦点，提交《新一轮新冠疫情下的几点形势判断》《关于吉林市舒兰市新冠肺炎疫情宣传引导及舆情管控工作的有关经验》等报告。

【深化改革调研】 重要领域和关键环节改革取得新的实践成果。《高位统筹党政齐抓——长春市“点—线—面”结合推进国家城乡融合发展试验区建设》入选“2021中国改革年度案例”，《改革赋能长春现代汽车产业体系建设》等典型案例被《改革内参》刊发。制定市委2021年全面深化改革《工作要点》《任务台账》，确定综合经济体制改革、生态文明体制改革等10个专项小组及88项改革任务。召开4次深改会，全年审议通过27个重点议题和改革方案。督促指导。印发《全市年度全面深化改革督察工作方案》，对改革试点落实情况开展“清单式”督察。强化三方评估。发挥“三方评估”作用，重点对长春市推进国家城乡融合发展试验区建设、长春市现代服务业改革开展第三方评估。推动市本级及所辖11个县（市）、区的深改工作管理系统。编辑《政研与改革》改革经验信息62期，《长春市全力打造东北一流国内先进符合国际标准的营商环境》《长春市建立部门联合“双随机、一公开”监管机制》《长春市推出八项举措规范中小学校办学行为》等23篇改革信息被《吉林改革工作》采用，刊发总量位列全省各、市（州）第一。其中，《长春市以“六个回归”做实做优做强汽车产业》信息得到省委主要领导签批，《长春新区以企业上市推动区域创新中心建设》得到市委主要领导签批，《精准施策改革创新全力打造公证服务升级版》《长春新区构建全过程创新创业生态链条奋力打造“双创”升级版》等成果得到市政府有关领导肯定。组织中央、省、市三级媒体，开展“长春改革巡礼”宣传活动，宣传推介长春市“四大板块”高质量发展协调推进机制、推进高新区“管委会+公司+园区”体制机制等9个改革典型，多项改革被人民网、新华网、中国新闻网、中吉网、新浪网、腾讯网、《中国经济时报》、《吉林日报》、《长春日报》、长春广播电视台等媒体平台报道。向国家有关部门推荐长春市改革案例，其中《高位统筹党政齐抓长春市“点—线—面”结合推进国家城乡融合发展试验区建设》入选全国百强“2021中国改革年度案例”。向省和国家层面推介，其中《改革赋能长春现代汽车产业体系建设》《绿园区以党建联盟为统领助推轨道交通装备产业发展》和《农安县推行乡镇经济发展新模式》等10篇典型案例被国家级刊物《改革内参》采用刊发。

【文稿综合】 起草长春市《贯彻落实习近平总书记视察吉林重要讲话重要指示精神情况总结报告》。撰写《中共长春市委关于贯彻落实〈中共吉林省委关于全面实施“一主六双”高质量发展战略的决定〉的实施意见》《中共长春市委关于贯彻落实〈中共吉林省委关于忠实践行习近平生态文明思想加快建设生态强省的决定〉的实施意见》和《中共长春市委关于坚决拥护“两个确立”坚决做到“两个维护”全面加强党的政治建设的意见》，经市委十三届十一次全会、十二次全会通过并以市委文件印发执行。与市政府办公厅合作完成《在中央改革办调研组座谈时的谈话参考》。起草《对政府工作报告的几点建议》《对2021年长春市民营经济振兴发展行动计划（征求意见稿）的几点反馈意见》。完成《对省委〈关于支持延边朝鲜族自治州新时代高质量发展的若干意见（征求意见稿）〉的几点建议》的起草工作。

【全市性调研】 根据市委、市政府对年度工作的总体部署和对重点任务的要求，由各部门确定各自的重点调研项目，报市委、市政府政研室统筹立项，确定年度调研课题。开展全市性调研工作，从全市近80个部门和单位报送的近500篇课题研究报告中，评选出201篇优秀调研成果，予以表彰。并通过调研成果、调研组织、工作方法等方面的相互借鉴交流，促进相互的学习和共同提高，推动全市调查研究工作跃上新台阶。

【脱贫攻坚与乡村振兴衔接调研】 2021年，对全市推进脱贫攻坚与乡村振兴衔接工作进行研究，提出《关于接续推进脱贫攻坚与乡村振兴有效衔接的思考与建议》。制定《政研室2021年度包保帮扶康甲村工作计划》。通过“第一书记”代言活动，谋划代言产品进入直播销售。帮助拓销玉米、水稻等农产品，帮助肉鸡养殖场进行防疫消杀和恢复正常生产运营。与有关部门联系协调新光伏发电扶贫产业项目。在协助开展农村人居环境整治工作中，多次排查住房和饮水安全，协助实施村屯环境卫生专项整治工作。推动包保村通过外包的方式，对街道主干路、田间砂石路实行每日常态化垃圾清扫清运，派专人进行不定期检查，发现问题立即整改，提升村屯环境卫生质量。落实包保村厕所改造试点工作。协调落实相关政策措施，推动641户农户率先实行旱厕改造，通过新建化粪池、安装排风口等措施，旱厕质量大幅改善，得到村民好评。完善帮扶信息档案，建立返贫监测机制。对全村脱贫户档案和村级扶贫脱贫业务材料重新进行信息采集、整理录入和补充完善，建立兜底保障情况等信息进行全面采集，建立电子信息档案。开展走访慰问活动，协调解决困难。组织对接单位包保干部到村走访慰问，协调落实对接榆树市退役军人事务管理局、榆树市教师进修学校、长榆高中、新立中学、冰峰啤酒厂、吉林银行、建设银行7家单位的包保干部，到村走访慰问贫困户。对接市级领导走访慰问重点贫困户工作，为每户送去慰问金和米面油等生活物资，为特困人员送去党的关怀与温暖。驻村工作队多次与榆树市财政局、文旅局等相关部门沟通，协调解决村新建文化广场项目中所需20万元的资金缺口，化解康甲村项目建设的资金难题。

（李雨桥）

网信安全

【概况】 2021年，播报落实互联网信息传播方针政策和推动互联网信息传播法制建设，指导有关部门做好网络游戏、网络视听、网络出版等网络文化领域业务布局规划，协调有关部门做好网络文化阵地建设的规划和实施工作。

【网络意识形态督查】 2021年，召开市委网信委工作会议1次，向市委常委会汇报网络意识形态工作2次，市领导对网络舆情、网络安全等作出重要批示16次。组织全市网络意识形态自检自查，联合市委宣传部开展网络意识形态和网络安全工作责任制实地督查。

【网上宣传】 围绕全市各阶段中心工作主动策划选题，展示长春振兴发展新局面。“长春发布”融媒体矩阵，全平台粉丝数量252万人，全年发布信息4.68万条，总阅读量超10亿次。组织属地网站和政务新媒体做好重大主题宣传，为庆祝中国共产党成立100周年制作《长春，全城深情告白》等13条短视频作品，通过人民网、新华网、央视网等中直媒体总网、客户端和强国号推广发布，总播放量5000万条。落实省委“一主六双”战略以及长春“四大板块”建设和推进“六城联动”主动策划选题，制定“全媒体新故事长春计划”11大类宣传内容，全年发布正面稿件31.8万条。利用网络媒体通报会、网络媒体负责人座谈会等载体，推介全市重点工作、重大项目，解读涉及经济民生领域的重大举措。推动长春市入驻新华社“中国好故事”外宣平台，承办中央网信办“大国小鲜@新发展理念”网络主题活动、澎湃新闻“建党百年初心之路”全国巡展，组织“dou来长春嗨翻冰雪”全国知名网络人士长春行系列活动。

【网上舆情引导】 对舆情进行准确分析研判，制定《重大舆情应急响应办法》，对重大活动、重点工作和重要时间节点，制作重大舆情应急工作流程图、舆情处置预案模板。为相关市直单位和各县区网信部门应对网上突发敏感舆情提供指导。

【网络执法管理】 推进网络综合治理，清理、查删各类网络谣言和不实有害信息，建立市直和县区政务新媒体平台工作台账，完善政务新媒体平台的“三审”责任制，规范网络信息审核发布流程，提升从业人员的政治认识和业务水平。

【网络信息安全管理】 以技术治网为抓手，提高应急保障能力，依托国家计算机网络与信息安全管理中心吉林分中心，“7×24小时”全天候对全市业务系统、平台和网站实施动态监测，全年修复各类漏洞53个，下发监测预警通报90期。其中，涉及政府机关（含事业单位）43家，企业47户。处置网络安全事件28起，网络安全漏洞62起，处置完成率100%，全年未发生重大网络安全事件。加强宣传普及，提升网络安全意识，承办2021年全省网络安全宣传周开幕式，组织万人网上有奖答题、网络安全知识大讲堂等系列活动。

【互联网行业非公党建】 强化互联网行业非公党建工作，健全长春互联网大厦行业党建指导中心服务功能，实现党建服务动态延伸。长春市互联网业联合会会员单位98家，全市互联网企业基层党组织78个，其中联合党支部28个，覆盖互联网企业153户，企业党员人数1445名。

【网络文化活动】 开展正能量网络“大V”工程，组织网络文化活动。开展长春市“网络中国节”系列网络文化活动，弘扬中国传统文化。举办第六届长春市网友节，组织千人荧光夜跑、“长春好网民”评选、“我身边的党员故事”短视频征集、“嗨！长春”城市街拍Show等活动，弘扬长春特色网络文化。促进互联网企业与传统企业、互联网经济与实体经济线上线下相融相通，组织全市新媒体技能大赛、网络直播优秀达人评选等活动，协助省委网信办举办首届中国新电商大会。

【国家智能社会治理综合实验基地创建】 2021年，市委网信办推进长春市国家智能社会治理实验基地申报工作，聚焦老工业基地转型升级发展，围绕优政、兴业、善治、惠民4个方向制定申报方案。9月，中央网信办等8部门联合公布国家智能社会治理综合实验基地名单，长春市推荐申报的“面向老工业基地转型升级的长春智能社会治理实验基地”以综合评分第三名成绩入选10个综合实验基地之一，是东北三省唯一入选的综合基地。11月，长春市编制《国家智能社会治理实验基地建设方案》，涵盖4个领域、9个具体应用场景，4个领域包括智能技术赋能汽开区产业转型升级社会影响实验、智能技术对城市精细化管理影响实验、智能技术赋能乡村振兴影响实验研究、智能技术对惠民服务均等化影响实验研究。9个具体应用场景包含人工智能与老工业基地强链补链治理、人工智能与老工业基地优化营商环境、人工智能与老工业基地转型升级就业替代实验、人工智能与老工业基地转型升级的农民增收和巩固脱贫攻坚成果、人工智能与老工业基地转型升级的城市精细化管理、人工智能与老工业基地转型升级的社区治理和社区党建、人工智能与老工业基地转型升级的宜老适老治理、人工智能与老工业基地转型升级的数据安全治理实验、人工智能与老工业基地转型升级的数据安全治理。

（李　峤）

机构编制

【党政机构改革】 关注改革后部门单位运行及“三定”（定机构、定编制、定职能）规定落实情况，发现影响和制约发展的新情况新问题，优化部门职责分工及内部机构设置，明确餐饮服务业油烟污染行政执法、市政公用行政执法、防震减灾、公务用车管理等方面的职责分工，推动建立分工明确、协作配合的工作机制。结合依法治市工作部署和部门职能实际，以加挂牌子方式，为市委、市政府政研室等13个部门设置政策法规处，完善长春市党政部门法治工作机构设置。根据工作需要，调整设置市人大、市委网信办、社区干部学院等48个部门单位内设机构，促进部门单位履职、内部运行。

【基层管理体制改革】 落实省委、市委城乡基层治理工作委员会部署要求，研究设立市委城乡基层治理工作委员会日常工作机构，强化党对基层治理的全面领导，推动改革深化、任务落到实处。履行街道（乡镇）行政管理体制改革专项工作组牵头部门职责，建立健全工作体系，制定3年工作计划，明确成员单位任务分工和完成时限，完善工作机制；召开改革工作座谈会、专题推进会，到朝阳区、宽城区和农安县等地实地调研，指导推动改革。推进街道（乡镇）转变工作职能，制定职责清单（参考目录），对282项职责进行校准审核，指导基层明确主体责任和协同责任，厘清职责边界。

【事业单位改革】 梳理市直、开发区事业单位职能运行、机构设置和人员编制配备情况，开展模拟测算，研究改革预案，做好准备工作。深化综合行政执法改革，理顺行业主管部门和综合行政执法队伍的关系，提高执法综合效能。控制行政执法队伍锁定的事业编制，确保总量只减不增。落实国家和省有关意见要求，系统梳理长春市应急管理综合行政执法机构设置和职能配置情况，提出改革意见，在市和县（市）区、开发区组建应急执法队伍，健全应急执法体系，强化执法监管力量。

【机构编制调整】 完成市区两级5个森林公安机构及人员编制的交接划转工作，整合警力资源，实现森林公安机关统一归口管理。配合推进培训疗养机构改革，梳理市本级事业单位承担培训疗养职能情况，为改革实施提供依据。

【开发区管理机构清理规范】 针对开发区积累矛盾问题多、改革难度大等实际情况，加强调查研究，反复沟通协调，完成开发区管理机构清理规范工作，为开发区创新发展提供编制保障。组建工作专班，把握工作要求和政策口径，向上争取支持。围绕全市开发区管理机构设置方案、规格建制、人员编制、领导职数等问题开展调研，建立台账。制定长春市《关于规范开发区管理机构促进开发区创新发展的实施方案》，经市委常委会会议审议通过后，以两办文件印发。组织各县（市）区及时制订报批机构设置方案，确定市及县（市）区管开发区机构编制框架，指导重新制定“三定”规定。通过清理整合，全市开发区管理机构由34个精简到23个。

【编制审核】 2021年，为市直和开发区320家事业单位审核1529名事业编制用于公开招聘，批准公务员、选调生招录及军转干部安置等各类用编计划697名。做好公主岭市变更代管关系后续工作，调整公主岭市生态环境机构管理体制，规范机构名称和主要职责。调整部分区县工作机构，就公主岭市设立科技局、九台区设立林园局、农安县设立城管局等事宜，提出相应审核意见，履行法定程序，优化区县机构职能体系。围绕公立医院领导职数配备和内部机构设置，为市属10家公立医院增加20名单位领导职数，加强党建和纪检监察领导力量；发挥市政府驻外办事机构功能作用，围绕市政府驻上海办事处、驻京办天津联络处的管理体制、机构设置等问题开展专题研究，提出具体意见。围绕实现脱贫攻坚向全面推进乡村振兴衔接过渡，按照中央和省委统一部署，将市扶贫开发办重组为市乡村振兴局、将市扶贫信息和宣教中心更名为市乡村振兴服务中心，指导各区县调整设置乡村振兴机构、健全职能体系，会同有关部门研究向城区、开发区下放农机相关行政权力事项，为长春市加快推进乡村振兴提供保障。加大中小学教职工编制创新挖潜和统筹调配力度，重新核定普通中小学编制，在全省编制总量中为长春市调剂增加编制2922名。强化学龄前教育编制保障，为7家市属公办幼儿园下达教职工事业编制618名。根据国家“双减”（减轻学生作业负担和校外培训负担）要求，为市教育局增设校外培训监管机构，支持长春市“双减”工作。关注医疗卫生、不动产登记、职工互助保障等与群众生活息息相关的民生领域。

【安全领域增编】 服务长春市公安地铁治安管理工作，为市公安局公交支队调剂增加专项编制15名，为长春市轨道交通安保维稳工作提供支撑；聚焦安全应急领域工作，专门为森林草原防火机构增加行政编制，调整设置矿山安全生产监督管理机构，明确长春市矿山安全生产监督管理体制。

【机构编制规范管理】 落实中央和省关于严格控制机构编制、确保财政供养人员只减不增要求，严把机构编制总量不增关口，在保障发展的前提下，连续13年实现机构编制总量“零增长”。加强实名制管理，开展机构编制“信息核准”专项行动，建立健全机构编制管理档案和沿革台账，对市本级及开发区机构编制和实有49094名在职人员各类信息进行核准，实现机构编制批准文件、沿革台账、实际设置配备和综合管理系统数据“四个一致”，提升机构编制数据信息的准确性、完整性以及管理的规范化和精细化水平。坚持法定化原则，学习习近平法治思想，提升机构编制工作法治化水平。落实《中国共产党机构编制工作条例》等党内法规，健全完善“事前—事中—事后”一体化监督检查体系，拟订《机构编制管理评估工作实施方案》，制定《市委编办12310举报电话受理工作暂行规定》。开展机关事业单位编制和人员信息公示，全年清理在编不在岗人员61人。分批分期对108个部门单位开展机构编制事项执行情况监督检查，以抽查检查促法规制度落实。开展“提质增效”专项行动，优化业务流程，推行规范审批、容缺受理，业务预约、错时延时办理，提高管理服务质效。完善机关群团赋码和事业单位登记管理规范化服务，在全省率先完成事业单位法人年度报告公示工作，深化“一次性告知”“只跑一次”服务，做到业务“网上办”“马上办”，缩减事业单位登记业务办理时限。加强中文域名管理，规范域名注册，清理无效域名89个。

（于　灏）

市直机关党建

【概况】　截至2021年年末，全市市直机关党员总数33971名。女党员14010名，占党员总数的41%；少数民族党员1654名，占党员总数的5%；大专及以上学历党员30247名，占党员总数的89%。35岁及以下的党员8222名，占党员总数的24%；36岁至45岁的党员7825名，占党员总数的23%；46岁至60岁的党员10958名，占党员总数的32%；61岁及以上党员6966名，占党员总数的21%。工人1280名，企事业单位、民办非企业单位专业技术人员5786名，企事业单位、民办非企业单位管理人员8144名，党政机关工作人员7880名，其他职业人员2038名，离退休人员8843名。已建立党的基层组织2261个。其中，党委131个，党总支97个，党支部2033个。机关单位建立党组织1146个，占基层党组织总数的51%；事业单位建立党组织824个，占基层党组织总数的36%；公有企业单位建立党组织106个，占基层党组织总数的5%；非公有企业、社会组织建立党组织159个，占基层党组织总数的7%；个体工商户建立党组织26个，占基层党组织总数的1%。

【党建学习】　通过理论中心组学习、领导干部讲党课、“月读讲堂”、“君子兰讲坛”和“每周阅读活动”，推广“学习强国”、新时代e支部等“互联网+机关党建”学习模式，创办“长春机关党建”微信公众号，发布党建信息646条，2.9万余人关注，阅读量34.1万次；开展3期党史知识竞答，31816人次参与；利用长春机关党建网，开展典型经验交流和宣传；整合发布省内红色教育资源信息，鼓励党员干部参观学习，传承红色基因、永葆初心使命。联合长春广播电视台播出《党旗在一线高高飘扬》专题栏目63期，展示机关党组织战斗堡垒和共产党员的先锋模范作用。针对青年干部个性特点，举办青年学习论坛，鼓励各部门创新学习载体，注重学用结合，提高青年干部“七种能力”。通过有重点、分层次、全覆盖在全市各级机关营造学习氛围，引导党员干部提认识、强党性、聚共识，确保党的政治建设各项任务落地落实。

【服务全市中心任务】　会同市民政局开展“一个支部帮一户”活动，市直机关1200个在职党支部为城区困难群众解决实际问题，捐助款、物56万余元。年初，由于疫情市直机关组织2000多名党员干部下沉107个社区（村屯）配合开展核酸检测工作，确保在最短时间内完成检测任务。组织市直机关接种新冠肺炎疫苗45968人，接种率94.49%。推进“学党史、转作风、办实事”活动，以“党建+”为载体，指导各直属党组织结合行业特点，探索党建服务中心工作新路径，推动各部门确立“我为群众办实事”项目1526个，认领微心愿9251个。在“助力全国文明城市创建”志愿服务活动中，组织81个直属党组织走进联动共建社区开展创城工作，推动省、市、县（区）联合行动，为创建文明城打基础。

【基层党建】　学习贯彻习近平总书记在中央和国家机关党的建设工作会议上的重要讲话精神，落实《中国共产党党和国家机关基层组织工作条例》《中国共产党支部工作条例》要求，开展“市直机关基层党支部星级达标创建”活动，119个党支部被评为五星级党支部、396个党支部被评为四

长春市直属机关庆祝中国共产党成立100周年“两优一先”表彰暨文艺演出

（刘　望　供图）

星级党支部、1081个党支部被评为三星级党支部。结合庆祝中国共产党成立100周年，组织“两优一先”推荐、评选工作，市直机关40名党员、党务干部，22个基层党组织被省、市评为“两优一先”先进集体和优秀个人；180个基层党组织和360名党员、党务干部被评为市直机关“两优一先”先进集体和优秀个人；市长公开电话办公室党支部被党中央评为全国先进基层党组织；为1994名老党员颁发“光荣在党50年”勋章，指导35个直属党组织开展评优表彰活动。推进新时代吉林党支部标准体系（BTX）建设工作，推荐指导的试点单位得到省委组织部的肯定，为1800余名BTX工作联络员举办专题辅导培训。强化党务干部和党员队伍建设，上半年分4期组织400余名党务和纪检干部到临江培训，下半年利用1周时间对1700余名党支部书记进行党务知识专题培训。全年发展党员1290名，党籍认定43人，转接组织关系8200余人次。完成市直机关出席市第十四次党代会代表选举工作。

【作风建设】　整改违反中央八项规定精神和“四风”问题，推动机关作风建设。下发市直机关廉洁过节的《通知》，组织市直机关81个部门开展纪律作风检查和“四风”问题自查自纠，确保节日期间风清气正。在市纪委监委网站、市纪委监委微信公众号、机关党建网等平台发布党风廉政建设工作信息166条，营造崇廉尚洁的氛围。制定《长春市直机关纪检监察工作委员会工作手册（试行）》，开展机关纪委书记述职交流会。通报违反中央八项规定警示典型案例35个。强化“万人评议机关”和义务监督员社会监督作用，收集社会各界对参评单位意见建议353条，督促落实整改。

【先进表彰和节日慰问】　搭建载体平台，举办写春联猜灯谜、三球联赛、书画摄影展、艺术特长培训和净月健步走等活动，活跃机关文化生活。社会主义核心价值观宣传教育和精神文明建设，发扬劳模精神，培育先进典型，开展“长春好人”“最美家庭”等推荐评选表彰工作，有49名干部职工获“长春好人”，省、市“五一劳动奖章”，市“三八红旗手”等称号；19家单位被评为市级文明单位，3家单位被评为军（警）民共建先进单位。为538名困难党员群众发放慰问金168.5万元，为821名获得党内功勋表彰的党员、新中国成立前入党的老党员、离休老干部、烈士遗属和因公牺牲党员干部家属下拨专项慰问金82.5万元，为抗击新冠疫情的基层工会和干部职工拨付专项工会经费53.73万元。为庆祝中国共产党成立100周年，举办“‘不忘初心跟党走、砥砺奋进新征程’庆祝中国共产党成立100周年‘两优一先’表彰暨文艺演出”，获第33届吉林省广播电视文艺丹顶鹤奖专题电视文艺一等奖。回拨工会经费110万元支持各部门开展“自选动作”庆祝活动。

（刘　望）

信访工作

【概况】　2021年，未发生重大群体性事件和个人访极端行为。长春市信访工作被吉林省信访局评为全省信访工作优秀集体，南关区被国家信访局评为全国信访工作示范县（市）区，宽城区长山花园社区书记吴亚琴获全国“最美信访干部”提名奖。

【信访矛盾化解】　化解“三个重点群体”信访事项。中联办集中交办事涉长春市案件210件294人，在6月20日前全部化解。省里交办长春市信访问题50件50人，市信访局坚持随交随办的原则，推进解决，做到动态“清零”。长春市按照“通过上岗减少信访”的工作思路，出台实施《促进转业志愿兵再就业实施方案》，挖掘、开发、设置各类工作岗位帮扶再就业。办理中央、省交办信访案件。中联办及国家信访局交办涉及长春市重点案件25件。市信访局成立专班攻坚推进，通过勤督善导，推进案件化解。化解23件，其余2件均有明确化解路径。

完成化解信访积案专项工作任务。国家第一批交办长春市案件3283件，占全省33%，截至12月31日，化解3247件，化解率98.9%；国家交办长春市第二批案件1219件，化解615件，化解率50.45%。省第一批、第二批分别交办长春市重访积案363件和559件，截至2021年年底，第一批全部化解，第二批化解373件，化解率66.73%。

强化“五个重点领域”信访突出问题专项治理。对省里对应部门交办和自行梳理的978件重点案件，领域部门按照省里要求，分别制定治理方案，逐案落实包保、逐案研究化解，彻底解决一批社会关注度高的突出问题。成立专班，对市联席办梳理出的“五个重点领域”内102件信访案件，开展专项行动，全部化解。

化解中央巡视组交办信访事项。中央巡视期间移交长春市的11件重点案件和4627件一般信访事项全部化解。

【信访制度改革】　落实党政领导接访包案制度。开展党政主要领导每季度接访一件、处理一件信访案件的“一接一处”工作。全年17个县（市）、区及7个市直重点部门主要领导，接待处理295件重点疑难信访案件。提出落实市委常委、副市长包保县区信访工作、领域信访问题、具体信访案件的“包片、包线、包案”责任机制。组织市、县、乡三级领导排班接访，参与接访领导696人次，接待群众代表3718人次，解决群众诉求507件。

基层化解信访矛盾机制。推广“1+3+X”基层治理模式，把基层组织建设从“村”延伸到“屯”，打通基层共建共治共享管理体系的“最后一公里”。把信访工作纳入“三长”（网格长、单元长、楼栋长）联动机制中，发挥“三长”联动机制在防范化解信访矛盾中的作用，做到矛盾纠纷早发现、早预警、早处置、早化解，实现“小事不出网格、大事不出社区、矛盾不上交”。发挥联席会议机制作用，全年市联席办召开30余次调度会，解决一批涉及领域广、化解难度大、牵扯人员多、群众诉求急、案件拖得久、社会影响大的疑难重点案件。在信访救助资金上，拨付资金8209万元，化解重点信访案件98件。

【信访考核指标提升】 截至2021年年底，信访部门、责任部门及时受理率分别为100%和99.85%，按期答复率99.96%；信访部门、责任部门满意率分别为89.56%和87.49%，均高于全省平均值；重访占比降到43.65%，低于全省平均水平。市信访局探索全流程“闭环式”信访工作机制，实现信访事项由受理、处理、督办到结果反馈全过程的“无缝衔接”。创建全国信访工作示范县，打造一批“枫桥式”乡镇（街道）、社区（村屯），树立一批基层信访工作示范标杆样板，提高基层防范化解信访矛盾能力，筑牢风险防控的“防火墙”，实现创建“三无”县（市）、区目标。

（王毅夫）

老干部工作

【政治理论学习】 落实党中央关于在全党开展党史学习教育的重大决策部署和习近平总书记给上海新四军历史研究会百岁老战士们重要回信精神，印发《全市离退休干部开展党史学习教育实施方案》，对全市离退休干部党史学习教育做出安排。将老干部党员教育纳入全市计划，在市委党校举办5期老干部党员轮训班，培训870名老干部。收听收看庆祝中国共产党成立100周年大会，学习习近平总书记“七一”重要讲话精神，开展全市离退休干部党史知识竞赛，增强“四个意识”、坚定“四个自信”、做到“两个维护”。组建老干部党史学习教育宣讲团52个，771名宣讲员到街道、学校、企事业单位等开展宣讲，听众7.2万人次。举办中共十九届五中全会精神知识竞赛，发放各类学习资料1500册，组织1.2万余名老干部分期收听收看全国离退休干部网上专题报告会。春节前夕，以市委、市政府名义印发慰问信，向老干部书面通报全市经济社会发展情况，全市各级举办经济形势情况通报会71场，参观考察136次。

【离退休干部党建工作】 推进离退休党组织建设，起草《关于进一步加强和改进离退休干部党组织建设工作的实施意见》，到11个县（市）、区和40个市直部门调研，推动离退休干部党建工作。全市新建社区离退休干部党支部96个，社区离退休干部党支部440个。落实《中国共产党支部工作条例（试行）》，坚持和落实“三会一课”、对能正常参加活动的老党员按规定组织开展活动；对行动不便的老党员，由支委“一对一、一对多”包保联系。指导全市离退休干部党支部开展以重温入党誓词、观看红色电影、举办座谈交流、参观红色教育基地、组织志愿服务等为主要内容的“党史学习教育+”主题党日活动500余次，征集展播“讲四史、守初心”微党课25节。开展离退休干部党支部“特色支部”“优秀支部带头人”评选活动。落实离退休干部党组织书记补贴，推动离退休干部党组织书记落实党建工作责任。指导11个县（市）、区依托县（市）、区老干部活动中心、老年大学或条件好的社区打造离退休干部党建活动中心。举办1期全市离退休干部党支部书记培训班，支部书记和骨干近200人参加培训。

【老干部队伍建设】 开展党史学习教育，突出学党史、悟思想、办实事、开新局，抓实抓细每个环节，以开展“我为老干部办实事”实践活动为载体，“一人一策”精准帮扶特困离休干部88人，局属4个党支部结对帮扶3户困难群众，把党史学习教育成果转化为工作实效。“七一”前夕，召开全局系统“两优一先”表彰大会，对局系统先进基层党组织和优秀共产党员、优秀党务工作者进行通报和表彰。开展调查研究，破解工作难题，4篇党建研究论文分获全市一、二、三等奖。聚焦“作风建设年”目标任务，开展纪律作风提升、监督检查、“纠正四风”等活动3次。2021年，召开党风廉政建设专题会、“作风建设年”部署会、廉政风险防控会5次。举

6月7日–11日，长春市集中举办5期老干部党史学习教育轮训班

（盛佳佳　供图）

办全市老干部工作人员政治业务培训班，安排习近平总书记在庆祝中国共产党成立100周年大会上的重要讲话精神和老干部工作政策专题辅导，参观长春党史市情展，全面提升老干部工作人员素质能力水平。加强网络安全建设，做好市局网站和微信公众号维护工作，发布各类工作信息279条，11条被省委老干部局采用，2条被中组部老干部局采用。

【老干部活动】 庆祝中国共产党成立100周年活动。组织“我看建党百年新成就”专题调研，市级老领导参观考察中韩国际合作示范区、二道区、公主岭市的重点项目建设情况，召开座谈会，为落实“一主六双”高质量发展战略、实现“两确保一率先”目标建言献策。全市各级召开老干部座谈会237场，高端专访20人次。举办全市离退休干部庆祝中国共产党成立100周年书画摄影展暨文艺会演。举办书画摄影、文艺演出等庆祝活动282场，老干部撰写征文200余篇。

开展“助力十四五、启航新征程”活动。组织3400余名老干部参与助力乡村振兴，组织熟悉“三农”情况、有专业特长的离退休干部开展“送科技”下乡，对发展种养殖业进行技术指导、人才培训，帮助提高生产技能、提供致富信息和智力支持，引导和支持群众增收致富。249支志愿服务队、3.7万名老干部活跃在基层治理第一线，在党建指导、政策解读、文明督导、民情体察、纠纷调解、环境监管等方面发挥作用。成立市老干部志愿者协会，加强老干部志愿服务工作的领导促进老干部志愿服务活动的开展。

【老干部生活待遇】 落实中央和省新出台的增发生活补贴、为部分抗战离休干部提高医疗待遇等政策，为离休干部增发生活补贴，为7名抗战离休干部提高享受副省（部）长级医疗待遇、55名抗战离休干部提高享受按副省（部）长级标准报销医疗费待遇。做好离休干部医疗保障工作，保证全市39家医院离休干部就医“绿色通道”的运行，保障老干部享受优先就医便捷服务的落实。开展家庭巡诊工作，对有需要的老干部定期上门开展巡诊。开展家庭巡诊359次。采取视频方式全员走访慰问易地安置和异地居住离休干部，为每人发放5000元、3000元慰问金。组织4批187人以上局级退休干部到吉林、抚松进行健康休养。市级和县局级在职领导带头开展“登门入户解难题”，走访慰问离休干部2600余人次，为老干部办实事解难事290件。落实专项资金746万元。增加老干部“说事点”“聊天室”和“服务热线”等精神关怀平台112个，惠及老干部4966人。对全市养老服务机构进行考察，优选出6家签订协议，老干部可享受优惠价格入住，有20余名老干部入住心仪的养老机构。开展“一人一策、精准帮扶”活动，采取资金帮扶与实物帮扶相结合的方式，解决老干部的特殊困难。市老干部管理中心为8名生活困难老干部采购轮椅等生活用品，改善老干部居家生活条件。公主岭市为离休干部购买电动轮椅，为易地居住老干部解决超支医药费10万余元。双阳区投入6万元改善老干部居住环境。全市落实帮扶资金131万元，“一人一策”精准帮扶特困离休干部239人。

【老干部学习阵地建设】 长春老年大学扩建5500平方米音乐教学楼项目获市政府批准。加强对基层老年大学业务指导，延伸建立社区分校15个，开展“双进”活动173次，惠及1.7万名老干部。线上线下教学同步，开通长春老年大学远程教育平台，获评“全国老年大学信息化建设优秀单位”。各级老年大学和老干部活动中心围绕庆祝中国共产党成立100周年，组织老干部艺术团、老年书画研究会等，开展主题活动。

（盛佳佳）

保密工作

【保密工作会议】 4月9日，组织召开2021年市委保密委员会全体（扩大）会议。会议传达中央保密委员会第四次会议精神、省委保密委员会全体（扩大）会议精神和省委书记景俊海关于保密工作的批示，总结“十三五”时期全市保密工作情况及2020年保密工作情况，审议通过《“十四五”时期长春市保密事业发展规划（征求意见稿）》，研究部署2021年工作。4月16日，组织召开2021年全市保密工作会议。传达学习中央、省委、市委三级保密委员会会议精神，总结“十三五”时期和2020年保密工作成果，部署2021年重点工作。12月15日至16日，吉林省保密工作第一协作组2021年协作组会议召开。12月1日，市委2021年第28次常委会会议审议通过《“十四五”时期长春市保密事业发展规划》，审议通过后，以两办名义印发执行。

【保密监督检查】 依法履行保密监管职责，开展保密巡察，完成6家单位的巡察工作。巩固保密自查自评工作成果，落实机关、单位保密工作主体责任，指导各单位制定实施方案完成自查自评。对全市重点机关、单位自查自评工作开展现场督查，对存在问题的单位进行跟踪指导，保证整改工作落实到位。依法开展案件查处，对《中华人民共和国保守国家秘密法》第48条规定的12种违法行为开展经常性的监督和检查。

【保密管理】 规范定密管理。依法开展定密监督，开展定密统计。指导机关、单位准确梳理本行业工作秘密定密事项，规范建立健全国家秘密和工作秘密定密管理台账。涉密人员管理实施闭环。推动落实新出台的涉密人员管理制度及省委书记景俊海的批示，转发配套文件，制定落实方案，确保各环节工作开展有规矩、可监督、能定责、可追责。网络保密管理。推进县（市）区、开发区保密综合业务网接入，开展涉密网测评审查，组织完成保密技术监管平台升级改造，发挥网络保密监管平台作用。参与市“两会”、市十四次党代会等重大会议的保密管理，确保会议进行。监督指导国家教育考试、国家职业资格考试、全市公务员录用、专业选调生招录和事业单位招聘考试的保密工作，履行保密部门职责，提前与承办部门沟通，了解考试保密工作实施情况，对试卷的清点、分类、保存、押运、分发到销毁等保密工作的重点环节依法进行指导，保障考试工作的进行。对常态化疫情防控条件下承办国家级无纸化考试社会服务机构保密管理进行指导规范。

【保密宣传教育】 开设“长春保密讲坛”。由市保密局业务处长及行业领域专家、学者围绕保密工作中的疑难困惑开展宣讲，2021年举办3期，千余人参加培训。保密教育进校园、进社区。与吉顺社区、自由大路社区和长春希望高中开展保密教育进校园进社区暨全民国家安全教育日活动，4家单位共同签署“保密教育进校园合作协议”，确认长春市希望高中为“保密教育进校园”试点单位，开展捐赠资料和宣讲活动，《长春日报》、长春电视台对此次活动进行宣传报道。宣传教育转型升级。对长春市保密教育实训平台实施更新改造，增加党的保密工作内容和考试系统，更新警示案例，升级演示项目。开展轮训140场，近3000人次参训。开展宣教培训。开展各级保密领导干部培训、“三员”培训、专项业务培训9期，培训近3000人次。发挥保密警示教育片的教育作用。做好《保密工作》的推广使用，投稿，刊发理论研究文章和经验做法3篇。2021年，长春市国家保密局被评为《保密工作》杂志通联工作先进单位。

【保密技术保障】 筹划建设保密科技测评中心，2021年完成基础建设，并申请国家保密局验收挂牌。配齐配强保密专业设备，提高对市委、市政府等涉密部门部位和市级领导的服务保障工作。按照上级要求结合自身实际，建设、升级各种保密技术监管平台，发现问题、堵塞漏洞，发挥科技强密的作用。出台《市保密技术服务中心服务目录》《涉密载体销毁流程》，提升保密技术服务水平。

【保密依法行政管理】 强化依法行政。成立法治内设机构，在综合处加挂政策法规处牌子。推进行政执法公示、执法全过程记录、重大执法决定法制审核等制度的贯彻落实，规范行政处罚、行政强制、行政检查、行政确认、泄密案件查处等执法行为，对相关执法文书进行标准化制定和规范化管理。落实法律顾问和公职律师制度。推动营商环境优化发展，落实行政检查执法备案智能管理，“双随机”检查3户企业。开展保密检查。成立保密违法违规案件查处委员会，对涉嫌泄密案件的发现、取证、追责及执法程序予以规范。

（刘为维）

党校（行政学院）工作

【干部教育培训】 坚持将习近平新时代中国特色社会主义思想贯穿教学始终，突出“理论教育、党性修养、振兴发展、能力提升”4个方向，围绕中央、省委、市委决策部署，把习近平总书记视察吉林重要讲话重要指示精神、“七一”重要讲话精神、党的十九届五中、六中全会精神、党史学习教育、“一主六双”高质量发展战略、现代化都市圈建设等列为课程体系中的重点内容。与焦裕禄干部学院、红旗渠干部学院、沂蒙干部学院、李大钊干部学院、杨靖宇干部学院和东北抗联干部学院等建立合作共建关系，组织党员干部305人到外地开展党性锻炼。开辟高端授课资源，邀请高校的教授和博士生导师加入线上教学队伍，举办领导干部大培训“周六大讲堂”“干部夜校”等，开展国内知名专家学者的高端讲坛24讲。与市委组织部联合建设长春市干部教育培训兼职师资库，入库兼职师资296人。2021年，完成主体班培训70期，培训学员1.3万人；对外办学97期、培训学员1.75万人。“送教下基层”232场、覆盖3万余人次。学员对课程满意度98%以上。

【参与决策咨询】 受邀完成国家信访局课题《信访法治化路径研究》、省政府政策研究室《打造长春区域消费中心城市的研究报告》《吉林省乡村建设行动实施方案（2021—2025）问题研究》等7项。围绕长春市打造农业强市、对外开放和现代服务业提升等方面开展资政研究，提交《智库专报》18期，其中《关于长春市中欧班列运行情况的调研报告》《长春市青年创业问题的调研报告》和《关于长春市巩固脱贫攻坚成果与乡村振兴有效衔接问题的调研报告》等8篇调研报告获领导批示。编辑《领导参阅》8期、出版《学报》6期，为领导和部门决策提供参考。

【党史学习教育】 围绕长春市党史学习教育需要，挖掘长春市自身的红色资源、城市精神，打造“一展”“两馆”“一剧”“一课”“一套餐”，用长春特有的红色资源宣传长春、教育干部，让长春的广大干部群众在教育学习的过程中了解长春之史、感悟长春之重、贴近长春之美。“一展”是联合市规自局，在党校开展红色雕塑主题展，6尊红色主题雕塑配以生动讲解，打造现场主题教学课程。“两馆”是升级“大道雄魂天地党性”教育展馆，新建“征程奋勇初心如磐”长春历史和发展成就展馆。“一剧”是围绕挖掘一汽精神，由市话剧院帮助编排，由党校教工出演的舞台剧党课《奋斗征程》，反映一汽创业和再创业的奋斗精神，教育干部立足自身岗位，担当奉献。“一课”是围绕挖掘“长影”精神，开发专题教学+现场教学课程，让学员在沉浸式教学中受到教育。“一套餐”是开发集教学、观展、调研、看剧、重温入党誓词一体化党史学习教育套餐服务。2021年，接待来访团队483个，2.4万余人次。

【重要会议培训】 承办市管主要领导干部学习贯彻党的十九届五中全会精神、习近平总书记“七一”重要讲话精神读书班、十九届六中全会精神宣讲会等全市性重要会议和各部门会议60余场，服务人员近2万人次。

【科学研究】 制定出台《优秀科研成果激励办法》《科研工作量化制度》《科研项目经费使用管理办法》等，投入科研经费58万元，鼓励教研人员加入科研。实施国家级课题培育工程，跟踪服务优秀人才和优秀课题，在提升科研成果的“高度”上下功夫。邀请校外优秀教研人员代表参与市委党校的博硕论坛，增强学术活动的实效性。开展系列理论研讨会，与《长春日报》合作开辟理论专版，围绕党史学习教育、“两确保一率先”目标任务发表理论阐释文章56篇。2021年，立项课题42项，省以上高级别立项比2020年增长10%，在主流媒体《人民日报》上发文，实现零的突破。公开发表论文111篇。其中，全国中文核心期刊3篇，学习时报5篇，出版著作3部，审核提交论文227篇，获奖、入选或发表97篇。

（王　斐）

关心下一代工作

【组织建设】 2021年，全市各县（市）区和市直部门有班子人数149人；组织本级部门单位成立关工委128个，班子人数456个；乡镇（街道）级关工委192个，班子人数1054名；村（社区）级关工委2427个，班子人数8489人；楼院（村屯）关工小组8325个，班子人数12391人；学校关工委797个，班子人数3323人；企业关工委233个，班子人数654人；老干部党支部建立关工委127个，班子人数644人；其他关工委组织11个，班子人数96人。全市有“五老”（老干部、老战士、老专家、老教师、老模范）队伍32235人，“五老”骨干和志愿者13469人。成立宣讲团、报告团482个，参与活动2400人。

市县党委书记兼任关工委名誉主任，乡镇、街道及部门由党委书记任关工委主任。老干部党支部和关工委组织，一套机构两块牌子。通过“选”“荐”结合方式，“全市160余名退休党政等领导到县（市）区、乡镇、街道和部门单位任关工委领导班子成员，1700余名加入‘五老’队伍。”

长春市净月高新开发区率先成立关工委，长春新区和长春国际汽车城建立关工委，以联盟形式助力关心下一代工作。净月高新技术产业区关工委组建“青蓝联盟”，吸纳企业10户、大学2所；长春新区关工委组建“满天星联盟”，吸纳企业15户；长春国际汽车城关工委组建“红旗联盟”，吸纳政府部门、医院、企事业、社区、学校等单位14家。市国资委38户国有企业全部成立关工委组织。农安县首次将县委23个部门一把手聘为县关工委委员，在全县22个乡镇、4个街道全部成立“五老”党支部。二道区关工委在10户非公企业成立关工委，实现年内每个街（镇）都有1个非公企业成立关工委组织。1月21日，中国关工委主任顾秀莲在长春市关工委报送信息上批示：“靠山镇、青山口乡、兴农街道3个基层关工委建设的经验很好，值得学习推广，这是农安县关工委真抓实干的结果。请摘登‘火炬’”。

【主题活动】 开展“学党史、颂党恩、听党话、跟党走”主题教育，运用“十字教育法”，通过主题宣讲、编写红色书籍、图片展览、征文比赛、参观红色基地、观看红色电影、文艺会演、网上党史宣传等形式，把青少年党史学习教育引向深入。5月，举行启动仪式。会同团市委、市教育局联合开展党史学习教育主题征文大赛，收集征文4558篇，经评审选出特等奖6名、一等奖71名、二等奖132名、三等奖157名、优秀奖224名，优秀指导教师130名、优秀组织单位20个。全市宣讲团、报告团180个，参与“五老”1300人，编写书籍和宣讲材料33种、3.99万册，宣讲450场次，受众青少年40余万人。设立党史国史教育基地35处。其中，市级8处，各县（市）区和开发区27处。利用“长春市关心下一代党史国史教育基地网络电子地图”，上线党史国史教育基地13个，网络游览近20万人次，为全市青少年搭建永久在线红色教育基地。市关工委联合市委教育工

9月28日，长春国际汽车城关心下一代工作委员会正式成立

（柴立栋　供图）

委、市委党校、团市委、市教育局关工委举行“党史学习教育进思政课堂工作推进会”，部署推进党史学习教育进思想政治课堂工作，把“党史”学习教育融入大、中、小学校思想政治课堂。市文广旅局利用抖音及“云课堂”“送万书进万家”“家庭家风主题展”“童心向党·放飞梦想”等方式开展主题教育。长春客运段关工委探索总结“一定、二编、三办、四撰、五赛、六考、七奖、八进”读书育人“八步推进法”，被长春客运段关工委纳入工作品牌。南关区开展“十好活动”，幸福乡“五老”庞文双主讲“革命英烈故事100讲”。宽城区以《中央党校党史学习十二讲》为基本教材，编写并在线上展播宽城区关工委党史学习教育微课堂十二讲。榆树市关工委编写主题教育系列丛书，完成《黑暗中奋斗在榆树的共产党人》《榆树老兵》。九台区关工委组织“五老”宣讲团，到全区47所中小学进行学习教育宣讲，受教育青少年4.8万人。德惠市62所中小学开展庆祝中国共产党成立100周年活动200余场次，参与师生6万余人。农安县以确定1个主题，坚持2个围绕，划分3个层次，实施3个融入，细化5个动作，开展党史学习教育。长春市开展主题教育得到中国关工委主任顾秀莲肯定。

【“圆梦桥”活动】 实施“圆梦桥”活动“扶资”“扶业”“扶智”“扶志”，搭建就业创业之桥，帮助有志青年圆创业致富梦；搭建扶贫助学之桥，帮助家庭困难学生圆求学成才梦；搭建谋生自立之桥，帮助失足青少年圆回归社会梦；搭建成就理想之桥，帮助有抱负青年圆成长进步梦。

【“五老”关爱工程】 公主岭市以省农科院、市直相关部门单位为依托，组建“五老”（老干部、老战士、老专家、老教师、老模范）科技宣讲团（队）25支，到乡（镇）村普及传授科技知识。朝阳区关工委探索实施“未来星之家”“乡村阳光工程”。绿园区关工委完成全区“彩虹五年计划”，明确帮扶职责分工和指标考核办法，2021年内筹集奖金和衣物折合人民币30余万元，救助困难学生468人。双阳区关工委拓展“三位一体”助学工程，结成帮扶对子107对，参与“五老”85人，帮扶资金18万余元。农安县完善联盟救助组织体系，捐资捐物50余万元，救助青少年1227名。德惠市关工委开展为青少年办实事活动和创业路上传、帮、带活动，帮扶青少年1000余人，资金30万元。全市各级关工委及“五老”关爱帮扶青少年5600人次，捐资380万元。弘扬好家教好家风活动，举办讲座和宣讲活动180场次，参加活动家长2.5万人次，受教育青少年7.8万人次。开展法治教育和青少年权益维护，九台区关工委协调区教育局，组织学校师生集中收听广播普法教育，青少年2.6万人次。

【市关工委成立30周年纪念】 编印《长春市关心下一代工作品牌汇编》《长春市关心下一代工作经验汇编》，制作“一片”（《关爱路上——长春市关工委圆梦桥活动纪实》专题片）、举办“一集”（《市工委成立30周年工作图片集》）、“一展”（庆祝中国共产党成立100周年暨纪念长春市关工委成立30周年图片展）、“一会”（长春市关工委成立30周年纪念会议），总结全市关心下一代工作突出成果和基本经验。举办庆祝中国共产党成立100周年暨长春市关工委成立30周年图片展，在南关区幸福乡设立固定展，在全市11个县（市）区、2个市直部门及2个相关单位进行巡展，现场观展人数超过5万余人次。6月20日，市关工委发布“希望林”“十字教育法”“圆梦桥”等50项重点工作品牌，涵盖党史国史教育、社会主义核心价值观教育、优秀传统文化教育、法制教育、“圆梦桥”活动、基层组织建设、参与社会治理和机制体制创新等。10月30日，召开长春市关工委成立30周年纪念会议，表彰市级关心下一代工作先进集体121个、关心下一代工作先进工作者150人以及关心下一代工作突出贡献集体17个和个人28人。

【舆论宣传】 建设网络平台，鼓励引导“五老”运用微信、手机客户端等现代媒介进行青少年思想政治教育；开设党史国史教育基地网络电子地图、“空中课堂”；开办“家长学校”，在网上开展征文活动。全市现有各级关工委网站34个，关工委微信工作群403个，成员5754人。市关工委系统工作群发布信息600余条，市关工委微信公众号发布信息近400条，其中获省关工委执行主任兼秘书长葆光点评近60条。“中国火炬”微信公众号登载拆除市信息近500条。《长春日报》、长春电视台多次报道长春市关心下一代工作成效和先进典型。

（柴立栋）

长春市人民代表大会

CHANGCHUNSHI RENMIN DAIBIAO DAHUI

综　述

【概况】　2021年，长春市人大常委会坚持以习近平新时代中国特色社会主义思想为引领，深入学习贯彻党的十九大及历次全会精神，深入学习贯彻中央和省委人大工作会议精神，紧紧围绕省委“一主六双”高质量发展战略和长春现代化都市圈建设，紧盯“两确保一率先”目标，发挥国家权力机关职能作用，为长春全面振兴全方位振兴贡献人大力量。全年制定、修订、修改地方性法规6件，打包修改10件、废止2件，审查报送备案的规范性文件14件。全年听取审议“一府一委两院”工作报告16项，开展视察、检查、调查45次。牵头推进长春市与各市（州）对接合作，推动落位合作项目210个。在全市人大系统开展“充分发挥代表企业主体作用，为全市稳增长贡献人大力量”活动，走访代表企业856户。全市依法选举产生乡镇人大代表7576名、县（市）区人大代表3123名、市人大代表563名，完成县（市）区人大换届选举工作。

加强重点领域立法，制定实施《长春市科技创新条例》，为推动区域创新中心建设提供坚实法治保障；修订《长春市物业管理条例》，破解物业专项维修基金使用等难题；围绕乡村振兴条例、旅游条例开展11项立法调研，为相关领域立法工作奠定基础；开展法制宣传教育，专题听取“七五”普法工作报告，作出“八五”普法决议，举办地方性法规系列讲座，召开立法新闻发布会，着力营造办事依法、遇事找法、解决问题用法、化解矛盾靠法氛围。

【重大事项决定】　2021年，市人大常委会第三十五次会议表决通过《长春市人民代表大会常务委员会关于深入开展新时代爱国卫生运动依法做好常态化疫情防控的决定》，市人大常委会第三十七次会议表决通过《长春市人民代表大会常务委员会关于加强国有资产管理情况监督的决定》，市人大常委会第三十九次会议表决通过《长春市人民代表大会常务委员会关于加强多元化解纠纷机制建设的决定》，市人大常委会第四十次会议表决通过《长春市人民代表大会常务委员会关于批准长春市本级2020年财政决算的决议》，市人大常委会第四十二次会议表决通过《长春市人民代表大会常务委员会关于开展第八个五年法治宣传教育 建设更高水平法治长春的决议》，市人大常委会第四十三次会议表决通过《长春市人民代表大会常务委员会关于批准2021年市级预算调整方案的决议》。

【人事任免】　1月9日，长春市第十五届人民代表大会常务委员会第三十四次会议通过，决定免去马平长春市卫生健康委员会（长春市中医药管理局）主任（局长）职务、易贵平长春市应急管理局（长春市煤矿安全生产监督管理局）局长职务、刘任远长春市政务服务和数字化建设管理局（长春市营商环境建设局）局长职务。决定任命周玉国为长春市民政局局长、高玉堂为长春市卫生健康委员会（长春市中医药管理局）主任（局长）、孙立彬为长春市应急管理局（长春市煤矿安全生产监督管理局）局长、许军为长春市政务服务和数字化建设管理局（长春市营商环境建设局）局长。

3月12日，长春市第十五届人民代表大会常务委员会第三十六次会议通过，决定免去梁向东长春市司法局局长职务、张政明长春市体育局局长职务。决定任命李炜姝为长春市副市长、王吉为长春市副市长、王承伟为长春市司法局局长、李晓杰为长春市体育局局长。

7月2日，长春市第十五届人民代表大会常务委员会第三十九次会议通过，决定任命王子联为长春市副市长、曹武为长春市副市长、汪学军为长春市副市长、赵显为长春市副市长，决定王子联为长春市代理市长。

9月2日，长春市第十五届人民代表大会常务委员会第四十一次会议通过，决定任命赵心锐为长春市人民政府秘书长、王飞为长春市民族事务委员会（长春市宗教事务局）主任（局长）、周洪亮为长春市交通运输局局长、李铁刚为长春市畜牧业管理局局长、张意海为长春市市场监督管理局局长、马国成为长春市人民政府国有资产监督管理委员会主任、卢天恒为长春市粮食和物资储备局局长、王维学为长春市政务服务和数字化建设管理局（长春市营商环境建设局）局长。决定免去赵显长春市人民政府秘书长职务、韩忠宝长春市民族事务委员会（长春市宗教事务局）主任（局长）职务、张意海长春市交通运输局局长职务、李欣长春市农业农村局局长职务、宋荫卓长春市畜牧业管理局局长职务、宋驰长春市市场监督管理局局长职务、蒋旭桐长春市人民政府国有资产监督管理委员会主任职务、王首先长春市粮食和物资储备局局长职务、许军长春市政务服务和数字化建设管理局（长春市营商环境建设局）局长职务。

10月29日，长春市第十五届人民代表大会常务委员会第四十二次会议通过，决定任命王万成为长春市乡村振兴局局长，决定免去曲春雨长春市商务局局长职务。

12月27日，长春市第十五届人民代表大会常务委员会第四十三次会议通过，决定任命杨维林为长春市公安局局长、王喜成为长春市水务局局长，决定免去吕锋长春市公安局局长职务、吕鑫长春市水务局局长职务。

（闫世强）

重要会议

【人民代表大会】 2021年，召开人民代表大会2次，即长春市第十五届人民代表大会第六次、第七次会议。

长春市第十五届人民代表大会第六次会议于2021年1月11日至14日召开。会议听取和审议长春市人民政府工作报告、长春市人民代表大会常务委员会工作报告、长春市中级人民法院工作报告、长春市人民检察院工作报告；审查和批准长春市国民经济和社会发展“十四五”规划和2035年远景目标纲要；审查和批准长春市2020年国民经济和社会发展计划执行情况与2021年国民经济和社会发展计划草案的报告，批准2021年国民经济和社会发展计划；审查和批准长春市2020年预算执行情况和2021年预算草案的报告，批准2021年预算。会议以按表决器的方式，表决通过关于接受钱万成辞去长春市第十五届人民代表大会常务委员会主任职务的决定、关于接受王明德辞去长春市第十五届人民代表大会常务委员会副主任职务的决定。以无记名投票方式，补选王志厚为长春市第十五届人民代表大会常务委员会主任，徐连东、张知众为长春市第十五届人民代表大会常务委员会副主任，于学东、靳明、于洋为长春市第十五届人民代表大会常务委员会委员，孙继光为长春市监察委员会主任。在省委常委、市委书记王凯的监誓下，由王志厚领誓，新当选的市人大常委会副主任、市人大常委会委员进行宪法宣誓，市监察委员会主任进行宪法宣誓。会议以按表决器的方式通过各项决议。会议期间，大会秘书处议案组收到10人以上代表联名提出的议案72件。经审议，大会主席团决定将田大原代表领衔提出的《关于构建满足重大疫情防控与应急管理需求的现代化公共卫生体系的议案》、公晓颖代表领衔提出的《关于加强我市传染病防治工作的议案》、王宇辉代表领衔提出的《关于进一步推动长春市高质量发展和抗疫常态化的议案》、王滨代表领衔提出的《关于在科学抗疫防控中提高百姓幸福指数的议案》合并作为1个议案，与彪兵代表领衔提出的《关于加强黑土地保护的议案》共同列为本次大会议案，交由市政府办理。代表提出的其他议案，建议转作代表建议、批评和意见。433名代表出席本次会议。法律规定的列席人员和市人大常委会决定的列席人员列席本次会议。出席市政协十三届五次会议的委员列席第一次和第二次全体会议。

8月9日，市十五届人大七次会议开幕　（闫世强　供图）

长春市第十五届人民代表大会第七次会议于2021年8月9日至10日召开。王志厚主持第一次全体会议。王子联代表市政府向大会报告全市上半年经济社会发展情况和下半年工作安排。张志军主持第二次全体会议。表决通过祝永安因年龄原因辞去长春市第十五届人民代表大会常务委员会副主任的决定、李成员因换届工作需要辞去长春市人大常委会秘书长的决定。大会以无记名投票方式，选举王子联为长春市市长，选举赵辉、吴相道为市人大常委会副主任，选举李军为市人民检察院检察长，选举武凌为市人大常委会秘书长。在张志军的监誓下，新当选人员进行庄严的宪法宣誓。王子联在闭幕会上作表态发言，张志军主持闭幕会并讲话。

【常委会会议】 2021年举行常委会会议10次，即长春市第十五届人大常委会第三十四次至第四十三次会议。

1月9日，市人大常委会举行第三十四次会议。市人大常委会主任钱万成，副主任王明德、甘琳、祝永安，秘书长李成员及常委会委员40人出席会议。甘琳主持会议。市监察委员会代主任孙继光，副市长宋葛龙，市中级人民法院院长程凤义，市人民检察院检察长盛美军，各县（市）、区人大常委会负责人，市政府有关部门负责人列席会议。会议审议并表决通过市第十五届人民代表大会常务委员会代表资格审查委员会关于个别代表的代表资格的报告；审议并表决通过市第十五届人民代表大会常务委员会关于接受个别代表辞去吉林省第十三届人民代表大会代表职务的决定；听取市第十五届人民代表大会常务委员会第六十四次主任会议关于提请补选吉林省第十三届人民代表大会代表的议案；审议并表决通过市第十五届人民代表大会第六次会议议程草案、日程草案，主席团和秘书长名单草案，主席团常务主席名单草案、副秘书长名单草案；审议并表决通过市第十五届人民代表大会第六次会议决定列席人员名单；听取关于市人大常委会工作报告（审议稿）的说明；听取市政府关于市第十五届人民代表大会第四次会议议案办理情况的报告。会议还审议有关人事事项，拟任命人员作供职发言。会议表决通过拟提请市第十五届人民代表大会第六次会议审议的市人大常委会工作报告（审议稿）；表决通过补选省人大代表的议案和有关人事任职的议案。钱万成向新任命人员颁发任命书。新任命人员代表作表态发言。新任命人员进行宪法宣誓。

2月25日，市人大常委会举行第三十五次会议。市人大常委会主任王志厚，副主任甘琳、祝永安、徐连东，秘书长李成员及常委会委员42人出席会议。祝永安主持全体会议。副市长贾丽娜，市中级人民法院院长程凤义，市人民检察院检察长盛美军，市监察委员会负责人，各县（市）、区人大常委会主任，市政府有关部门负责人列席全体会议。会议听取市政府关于市第十五届人民代表大会第六次会议议案办理方案的报告。会议听取并表决通过《长春市人大常委会2021年工作要点》《长春市人民代表大会常务委员会关于深入开展新时代爱国卫生运动依法做好常态化疫情防控的决定》、有关人事事项。王志厚向新任命人员颁发任命书。新任命人员代表作表态发言。新任命人员进行宪法宣誓。

3月12日，市人大常委会举行第三十六次会议。市人大常委会主任王志厚，副主任甘琳、祝永安、徐连东、张知众，秘书长李成员及常委会委员44人出席会议。甘琳主持全体会议。市长张志军，市监察委员会主任孙继光，市中级人民法院院长程凤义，市人民检察院负责人，各县（市）、区人大常委会负责人，市政府有关部门负责人列席全体会议。会议听取并表决通过《长春市人民代表大会常务委员会组成人员履职守则》；表决通过市人大常委会关于接受贾晓东、盛美军因工作变动原因辞职请求的决定。拟任命人员作供职发言。表决通过有关人事任职事项，决定任命李炜姝、王吉为副市长。王志厚向新任命人员颁发任命书。李炜姝、王吉作表态发言。新任命人员进行宪法宣誓。

4月28日，市人大常委会举行第三十七次会议。市人大常委会主任王志厚，副主任甘琳、祝永安、徐连东、张知众，秘书长李成员及常委会委员43人出席会议。祝永安主持会议。市监察委员会主任孙继光，副市长王吉，市中级人民法院院长程凤义，市人民检察院负责人，各县（市）、区人大常委会负责人，市政府有关部门负责人列席会议。会议听取市政府关于提请审议《长春市城市房地产开发经营管理条例修正案（草案）》的议案及说明；表决通过市第十五届人民代表大会常务委员会代表资格审查委员会关于个别代表的代表资格的报告；听取市人大财经委关于提请审议《长春市人民代表大会常务委员会关于加强国有资产管理情况监督的决定（草案）》的议案及说明、市政府关于全市服务业发展情况的报告、市2020年生态环境质量状况及环境保护目标任务完成情况的报告；审议有关人事事项。会议表决通过《长春市人民代表大会常务委员会关于修改〈长春市城市房地产开发经营管理条例〉的决定》《长春市人民代表大会常务委员会关于加强国有资产管理情况监督的决定》和有关人事事项。

5月21日，市人大常委会举行第三十八次会议。市人大常委会主任王志厚，副主任甘琳、祝永安、徐连东，秘书长李成员及常委会委员40人出席会议。副市长宋葛龙，市中级人民法院院长程凤义，市监察委员会负责人，市人民检察院负责人，各县（市）、区人大常委会负责人列席会议。会议听取《关于提请补充长春市第十五届人大常委会代表资格审查委员会组成人员的议案》及说明；听取《关于提请补选吉林省第十三届人民代表大会代表的议案》；听取审议有关人事事项。会议表决通过《补充长春市第十五届人民代表大会常务委员会代表资格审查委员会组成人员名单》；补选吉林省第十三届人民代表大会代表；表决通过有关人事事项。

7月2日，市人大常委会举行第三十九次会议。市人大常委会主任王志厚，副主任甘琳、祝永安、徐连东、张知众，秘书长李成员及常委会委员40人出席会议。王志厚主持全体会议。市监察委员会主任孙继光，常务副市长王海英，市中级人民法院院长程凤义，市人民检察院代检察长李军，各县（市）、区人大常委会负责人，市政府有关部门负责人列席会议。会议听取市人大城乡建设环境保护委员会关于提请审议修订《长春市市政设施管理条例》的议案及说明；

听取市政府关于义务教育优质均衡发展情况的报告；听取市政府关于矛盾纠纷多元化解机制建设情况的报告；听取市中级人民法院关于加强诉源治理推动矛盾纠纷多元化解工作开展情况的报告；听取市人大人事代表选举委员会关于提请审议《长春市县乡两级人民代表大会换届选举工作实施方案（草案）》的议案及说明；表决通过关于接受张志军因工作变动辞去长春市市长职务的决定；表决通过关于接受贾丽娜、王吉因工作变动辞去长春市副市长职务的决定；审议并通过长春市监察委员会、长春市中级人民法院提请审议的人事任免议案。会议表决通过《长春市人民代表大会常务委员会关于加强多元化解纠纷机制建设的决定》《长春市县乡两级人民代表大会换届选举工作实施方案》；表决通过有关人事事项，决定任命王子联、曹武、汪学军、赵显为长春市副市长，决定王子联为长春市代理市长。王子联代表新任命人员作表态发言。新任命人员进行宪法宣誓。

8月5日，市人大常委会举行第四十次会议。市人大常委会主任王志厚，副主任甘琳、祝永安、徐连东、张知众，秘书长李成员及常委会委员39人出席会议。祝永安主持全体会议。市监察委员会主任孙继光、副市长汪学军、市人民检察院代检察长李军、市中级人民法院负责人、各县（市）、区人大常委会负责人、市政府有关部门负责人列席会议。会议表决通过市第十五届人民代表大会常务委员会代表资格审查委员会关于个别代表的代表资格的报告；表决通过关于召开市第十五届人民代表大会第七次会议的决定（草案）；表决通过市第十五届人民代表大会第七次会议议程（草案）、日程（草案）；听取审议市政府关于2021年国民经济和社会发展计划上半年执行情况及下半年主要工作安排的报告、市政府关于2020年财政决算和2021年上半年预算执行情况的报告、市政府关于2020年度市本级预算执行和其他财政收支情况的审计工作报告、市人大财政经济委员会关于市本级2020年财政决算和2021年上半年预算执行情况的审查结果报告；听取市政府关于“两大基地”建设情况的报告；听取市人大法制委员会关于《长春市市政设施管理条例（修订草案）》审议结果的报告、市人大城乡建设环境保护委员会关于提请审议修订《长春市城市建设档案管理条例》的议案及说明；审议有关人员任免职议案。会议表决通过《长春市市政设施管理条例》；表决通过《长春市人民代表大会常务委员会关于批准长春市本级2020年财政决算的决议》；表决通过有关人事事项。王志厚向新任命人员颁发任命书。新任命人员代表作表态发言。新任命人员进行宪法宣誓。

9月2日，市人大常委会举行第四十一次会议。市人大常委会主任王志厚，副主任徐连东、张知众、赵辉、吴相道，秘书长武凌及常委会委员38人出席会议。徐连东主持全体会议。副市长赵显，市中级人民法院院长程凤义，市人民检察院代检察长李军，市监察委员会负责人，各县（市）、区人大常委会负责人，市政府有关部门负责人列席会议。会议听取市人大财经委关于提请审议《长春市人民代表大会常务委员会关于建立健全审计整改监督机制的实施意见（草案）》的议案及说明，表决通过市第十五届人民代表大会常务委员会代表资格审查委员会关于个别代表的代表资格的报告，听取市十五届人大常委会第八十次主任会议关于提请补选吉林省第十三届人民代表大会代表的议案，审议有关人事任免职议案。会议表决通过《长春市人民代表大会常务委员会关于建立健全审计整改监督机制的实施意见》，补选吉林省第十三届人民代表大会代表，表决通过有关人事事项。王志厚向新任命人员颁发任命书。新任命人员代表作表态发言。新任命人员进行宪法宣誓。

10月29日，市人大常委会举行第四十二次会议。市人大常委会主任王志厚，副主任徐连东、张知众、赵辉，秘书长武凌及常委会委员34人出席会议。张知众主持全体会议。市监察委员会主任孙继光，副市长汪学军，市中级人民法院院长程凤义，市人民检察院检察长李军，各县（市）、区人大常委会负责人，市政府有关部门负责人列席会议。会议听取市政府关于提请审议制定《长春市制止餐饮浪费行为条例》的议案及说明、市政府关于提请审议修订《长春市物业管理条例》的议案及说明、市人大法制委员会关于《长春市城市建设档案管理条例（修订草案）》审议结果的报告、市政府关于开展“七五”普法工作情况的报告、市政府关于提请审议修改和废止部分地方性法规的议案及说明、市人大常委会执法检查组关于检查《中华人民共和国公证法》实施情况的报告、市监察委员会关于开展反腐败国际追逃追赃工作情况的报告、市政府关于全市营商环境建设情况的报告、市政府关于粮食安全保障能力建设情况的报告，表决通过《关于提请补充长春市第十五届人大常委会代表资格审查委员会组成人员的议案》《长春市第十六届人民代表大会代表名额分配方案》及市第十五届人民代表大会常务委员会代表资格审查委员会关于个别代表的代表资格的报告，审议有关人事事项。会议表决通过《长春市城市建设档案管理条例》《长春市人民代表大会常务委员会关于开展第八个五年法治宣传教育 建设更高水平法治长春的决议》《长春市人大常委会关于修改和废止部分地方性法规的决定》、市政府关于全市安全生产工作情况的报告，表决通过有关人事任职事项。王志厚向新任命人员颁发任命书。新任命人员作表态发言，进行宪法宣誓。

12月27日，市人大常委会举行第四十三次会议。市人大常委会主任王志厚，副主任徐连东、张知众、赵辉、吴相道，秘书长武凌及常委会委员33人出席会议。赵辉主持全体会议。市监察委员会主任孙继光，副市长宋葛龙，市人民检察院检察长李军，市中级人民法院负责人，各县（市）、区人大常委会负责人，市政府有关部门负责人列席会议。会议决定2022年1月5日召开市十六届人大一次会议。会议听取市政府关于提请审议制定《长春市科技创新条例》的议案及说明，听取市人大法制委员会关于《长春市制止餐饮浪费行为条例（草案）》《长春市物业管理条例（修订草案）》审议结果的报告、市政府关于提请审议2021年市级预算调整方案的议案和市人大财政经济委员会关于2021年市级预算调整方案的审查结果报告、市政府关于2020年度国有自然资源资产管理情况的专项报告、市政府关于市第十五届人民代表大会第六次会议议案办理情况的报告，表决通过市第十五届人民代表大会常务委员会代表资格审查委员会关于市第十六届人民代表大会代表资格的报告，表决通过市人大常委会关于召开市第十六届人民代表大会第一次会议的决定，表决通过市第十六届人民代表大会第一次会议议程草案、日程草案、主席团和秘书长名单草案、主席团常务主席名单草案、副秘书长名单、决定列席人员名单，听取关于《长春市人民代表大会常务委员会工作报告（审议稿）》起草情况的说明，听取市十五届人大常委会主任会议关于提请补选省第十三届人民代表大会代表的议案，表决通过有关人事事项。会议表决通过《长春市科技创新条例》《长春市制止餐饮浪费行为条例》和《长春市物业管理条例》，表决通过《长春市人民代表大会常务委员会关于批准2021年市级预算调整方案的决议》，表决通过拟提请市第十六届人民代表大会第一次会议审议的市人大常委会工作报告（审议稿），补选省十三届人大代表，表决通过有关人事任职的议案。王志厚向新任命人员颁发任命书。新任命人员进行宪法宣誓。

（闫世强）

人大监督

【概况】 2021年，市人大常委会学习贯彻落实习近平总书记重要讲话重要指示精神，围绕党中央重大决策部署和省市委工作要求，坚持正确监督、有效监督、依法监督，全年听取和审议“一府一委两院”工作报告16项，开展2部法律法规执法检查，开展视察、检查和调研45次，审查报送备案的规范性文件14件，体现人大监督的实效和权威。

【法律监督】 加强规范性文件备案审查机制建设，制定常委会关于规范性文件备案审查工作流程，明确规范性文件备案审查的范围和标准，提出加强备案审查制度和能力建设的具体措施。加强对各县（市）区人大法制委备案审查工作的指导，通过工作调研、召开座谈、接待来访、集中培训等形式，推动各县（市）区人大法制委对规范性文件备案审查工作的认识，提升本地区备案审查工作质量。做好规范性文件备案登记和主动审查工作，2021年，接到市政府及相关部门报送的规范性文件14件，按照法定程序，常委会组织相关专门委员会，对报送的规范性文件进行审核和登记备案。对所有报送备案的规范性文件进行审查，提出具体审查意见。

【工作监督】 开展全市重大项目建设情况视察，推动项目加快落地。听取审议全市脱贫攻坚乡村振兴工作、“两大基地”、粮食安全保障能力建设情况报告，开展黑土地保护、“秸秆变肉”、农村人居环境整治专题调研，形成《巩固拓展脱贫攻坚成果全面推进乡村振兴调查报告》，推动长春率先实现农业现代化迈出新步伐。听取全市服务业发展情况报告，推动区域消费中心建设。组织全市营商环境大调研，听取审议全市优化营商环境情况报告，开展知识产权保护工作专题视察，全力推动营商环境建设。听取审议审计工作及审计查出问题整改落实情况报告，作出加强国有资产管理情况监督的决定。开展全市财政投资重大项目资金支出情况的监督，加强政府债务审查力度，督促政府防范化解债务风险。

【听取和审议专项工作报告】 市人大常委会举行第三十五次会议听取市政府关于市第十五届人民代表大会第六次会议议案办理方案的报告；市人大常委会举行第三十七次会议听取市政府关于全市服务业发展情况的报告、长春市2020年生态环境质量状况及环境保护目标任务完成情况的报告、市政府关于2020年度法治政府建设情况的报告、市人民检察院关于未成年人检察工作的报告；市人大常委会举行第三十九次会议听取市政府关于义务教育优质均衡发展情况的报告、市政府关于矛盾纠纷多元化解机制建设情况的报告、市中级人民法院关于加强诉源治理推动矛盾纠纷多元化解工作开展情况的报告；市人大常委会举行第四十次会议听取审议市政府关于2021年国民经济和社会发展计划上半年执行情况及下半年主要工作安排的报告、市政府关于2020年财政决算和2021年上半年预算执行情况的报告、市政府关于2020年度市本级预算执行和其他财政收支情况的审计工作报告、市政府关于“两大基地”建设情况的报告；市人大常委会举行第四十一次会议听取市政府关于开展“七五”普法工作情况的报告、市监察委员会关于开展反腐败国际追逃追赃工作情况的报告、市政府关于全市营商环境建设情况的报告、市政府关于粮食安全保障能力建设情况的报告。

【执法检查】 开展《中华人民共和国公证法》执法检查，推动长春市公证事业的发展，发挥公证在推进法治长春建设中的重要作用。聚焦长春市打造营商环境“全国第一方阵”目标，组织开展国务院和省《优化营商环境条例》执法检查，推动长春市加快国际化市场化法治化营商环境建设。围绕强化固体废物污染防治和宣传引导，打击固废领域环境违法犯罪行为，开展固体废物污染环境防治法执法检查，提升全市固体废物污染防治水平。

【视察活动】 助力全市振兴发展，开展全市重大项目建设情况视察，推动全市重大项目、重点工程项目加快落地、投产见效。强化知识产权保护工作，开展知识产权保护工作专题视察。村医队伍建设、基层社区治理、就业政策落实等工作开展视察，回应社会关切，保障和改善民生。

【专题调研】 义务教育优质均衡发展，就“双减”工作开展专题调研。推动长春率先实现农业现代化迈出新步伐，开展黑土地保护、“秸秆变肉”、农村人居环境整治专题调研，形成《巩固拓展脱贫攻坚成果全面推进乡村振兴调查报告》。防范化解债务风险，开展全市财政投资重大项目资金支出情况的监督。推动营商环境建设，组织全市营商环境大调研。生态环境保护，开展《长春市生活垃圾分类管理条例》实施情况专题调研。社会公平正义，开展人民法庭建设、知识产权审判、检察机关落实认罪认罚从宽制度调研。

（闫世强）

议案办理

【概况】 2021年，收到议案2件、建议179件，对所提建议得到解决或基本解决的86件，占建议总数的48%；部分解决或列入工作计划逐步解决的80件，占建议总数的45%；因政策、法规等客观条件限制，暂时难以解决但已向代表做解释说明的13件，占建议总数的7%。从反馈情况看，代表对2021年的建议办理工作总体上表示满意和认可。

【重点议案办理】 长春市第十五届人民代表大会第六次会议主席团确定的《关于构建满足重大疫情防控和应急管理需求的常态化公共卫生体系的议案》（四合一）由市人大教育科学文化卫生委员会负责督办。市政府落实人大及其常委会要求，尊重代表权利，坚持整体谋划、系统重塑、全面提升，议案办理取得实质性进展。“一院两中心”改造项目基本完工，核酸实验室和城市核酸检测基地投入使用，推进基层医疗机构建设改造项目、医疗物资储备库项目，为健全疫情防控和救治体系提供支撑；加大医疗救助资金投入，统筹发挥基本医保、大病保险和医疗救助等保障作用，减轻困难群众医疗费用负担；引导医疗卫生人才向基层一线流动，启动推进“一村一名大学生村医”计划，加强基层卫生队伍建设。

长春市第十五届人民代表大会第六次会议确定的《关于加强黑土地保护的议案》由市人大农业与农村委员会负责督办。市政府及相关部门落实人大及其常委会要求，采取措施破解难题，推进黑土地保护计划，议案办理取得实质性成效。健全领导体系和工作机制，成立黑土地保护领导小组、专家委员会，调整组建黑土地保护管理处及长春市黑土地保护监测中心，出台《关于全面加强黑土地保护的实施意见》；落实耕地保护制度，推进“田长制”管理工作，压实黑土地保护责任，清查耕地“非农化”“非粮化”项目1583个，清退耕地1828.8公顷；构建秸秆综合利用长效机制，完善秸秆收储运体系，优化“五化利用”结构，推广以秸秆还田为主耕地质量保护与提升综合技术，

表10 2021年长春市人大常委会重点议案建议一览表

序号	议案建议内容	提建议人	承办单位
1	《关于构建满足重大疫情防控和应急管理需求的常态化公共卫生体系的议案》(四合一)	田大原、公晓颖、王宇辉、王滨	卫健委
2	《关于加强黑土地保护的议案》	彪兵	农业农村局
3	《关于打造长春市更好的法治营商环境的建议》	郑国全	公安局、检察院、法院、司法局
4	《关于加快推进地方政府隐性债务化解进程的建议》	孙占国	财政局
5	《关于整合资源、瞄准靶心，快速培育抢占无人机战略新兴产业东北地区制高点的建议》	王树武	发改局
6	《关于深入推进畜禽粪污综合化利用扶持有机肥产业发展的建议》	李韦澄	牧业局
7	《关于加强关注公交驾驶员心理健康的建议》	李宏伟	交通局
8	《关于长春发展生物质供热促进供热领域“碳达峰”的建议》	毕远辉	生态环境局、建委
9	《关于持续推进社会心理服务体系建设的建议》	李宏伟	卫健委
10	《关于加强文旅赋能助力乡村振兴的建议》	崔源玉	文广旅局
11	《关于深化居家养老服务，提升社区养老品质的建议》	柏荣慧	民政局

保护性耕作完成70.47万公顷，超过2021年省定目标任务2.2万公顷，秸秆综合利用量1053万吨，综合利用率85%；治理水土流失800公顷，小流域综合治理工程开工；开展污染阻控工作，化肥和农药利用率稳定在40%以上，推广深翻增施有机肥集成技术，测土配方施肥面积41.07万公顷，化肥减量技术覆盖率在95%以上；高标准农田建设任务提前完成年度目标。

（闫世强）

2月25日，市人大常委会举行第二十七期“人民讲堂”学习讲座

（闫世强　供图）

代表工作

【代表构成】　2021年，长春市有全国、省、市、县（市）区、乡（镇）五级人大代表11430名。其中，全国人大代表31名（于中赤、王冰、王润、王子联、王立平、王江滨、王艳凤、王家骐、车秀兰、朴松烈、华树成、刘长龙、刘化文、刘益春、齐嵩宇、安桂武、孙丰月、李明伟、阿东、邵志豪、范锐平、图门、金振吉、赵彪、秦和、钱万成、徐留平、郭乃硕、韩俊、韩福春、景俊海），省人大代表137名，市人大代表563名，县（市）区人大代表3123名，乡（镇）人大代表7576名。全市五级人大代表有女性代表3326名，占29.1%；中共党员代表8290名，占72.5%；党派代表（含无党派）321名，占28.1%；基层代表7186名，占62.9%；研究生学历以上代表995名，占87.1%；解放军、武警代表17名，占0.1%；少数民族代表706名，占6.2%。市人代会期间，市人大代表划分12个代表团。其中，朝阳代表团62人；南关代表团61人；宽城代表团46人；绿园代表团51人；二道代表团51人；双阳代表团27人；九台代表团41人；公主岭代表团51人；榆树代表团55人；农安代表团55人；德惠代表团46人；解放军、武警表团17人。

【代表管理】　抓好代表换届选举，加强监督指导，把好政治关、结构关、能力关、推荐考核关、廉洁关，全市依法选举产生乡镇人大代表7576名、县（市）区人大代表3123名、市人大代表563名，完成县（市）区人大换届选举工作。强化代表服务管理，制定常委会组成人员履职守则，执行人大代表履职年度考核制度，开展“双联系”（人大常委会联系代表、代表联系选民）工作。建设代表履职服务网络平台和联系群众手机App系统，推动“人大代表之家”“人大代表工作联络站”常态化、规范化。

【代表培训】　按照常委会“提升代表素质能力充分发挥代表作用”一抓5年重点工作任务安排，科学制定培训计划，增强培训实效，丰富培训内容。组织市人大代表先后在市委党校和吉林杨靖宇干部学院进行集中初任培训和专题培训，参训代表800余人次，总培训时长14天。配合省人大人选委对130余名驻长省人大代表、190余名县市区人大常委会主任、乡镇人大主席进行线上培训。

【代表活动】　践行全过程人民民主理念，围绕全市科技创新、稳经济增长、重大项目建设、生态环境保护、民生保障等工作开展视察、检查、调查等活动80余次，参与全国、省、市人大代表900余人次。开展“民有所呼，我有所应”主题实践活动，开展助力长春“止跌、回升、增长”调研活动，号召各级人大代表参与新冠肺炎疫情防控工作，组织保障各级人大代表开展小组活动。

（闫世强）

长春市人民政府

CHANGCHUNSHI RENMIN ZHENGFU

综　述

【概况】　2021年，实现地区生产总值7103.12亿元，按可比价格计算，增长6.2%。其中，第一产业增加值523.74亿元，增长5.5%；第二产业增加值2960.47亿元，增长3.9%；第三产业增加值3618.90亿元，增长8.1%，三次产业结构比7.4∶41.7∶50.9。全市一般公共预算收入617.09亿元，增长5.9%，其中，税收收入520.06亿元，增长6.4%。全市一般公共预算支出966.49亿元，下降10.9%。全市固定资产投资增长11.6%。民间投资增长13.1%。全市工业投资增长4.1%。城镇常住居民人均可支配收入43281元，增长8.2%。农村常住居民人均可支配收入18473元，增长11.0%。

【经济建设发展】　支持一汽稳排产、扩增量，在长统计口径整车生产242万辆，完成产值4551亿元。奥迪新能源项目取得突破性进展，玲珑全钢轮胎启模下线，解放J7智能生产线正式投产，启动中车轨道车辆公司搬迁。新冠疫苗12条分装线投产，净增产值30亿元，带动生物医药产业产值比2020年增长39.7%。农产品加工业增长30.2%，新材料产业增长16.7%，光电信息产业增长19%。在汽车整车产值下降2%的情况下，全市规模以上工业产值增长2.5%。

实施黑土地保护工程，组织“黑土粮仓”科技会战，落实保护性耕作70.47万公顷，建设高标准农田5.44万公顷，粮食产量123.65亿千克。公主岭国家级现代种业产业园获准建立。推进“秸秆变肉”工程，肉牛132.9万头。全市农林牧渔业总产值959.67亿元，增长6.3%。农作物总播种面积164.11万公顷，增长0.5%。农业机械总动力1140万千瓦，增长9.6%。有效使用绿色食品标识产品491个，有机食品239个，绿色有机环境监测面积40.29万公顷，绿色有机农业总产值516亿元。新建续建农产品加工业产加销一体化项目23个，完成投资19.54亿元。省级以上和市级龙头企业数量分别发展到162户和169户。

开展服务业攻坚，省级现代服务业集聚区34个，占全省一半以上。服务业占GDP比重50.9%。举办81场消夏活动、180项冰雪活动、400场促销活动，发放消费券2.6亿元。全市社会消费品零售总额2219.19亿元，增长10.8%。入选国家首批文化和旅游消费示范城市。到长春旅游人数10124.51万人次，增长39.9%。2021年，旅游总收入2045.73亿元，增长48.1%。旅游外汇收入5427.19万美元，增长11.3%。年末全市金融机构本外币各项存款余额15467.25亿元，增长8.7%。住户存款余额7756.46亿元，增长11.7%。金融机构本外币各项贷款余额15907.66亿元，增长9.4%。

【改革创新】　“放管服”改革取得新成效，政务服务事项平均审批时限由22.1天压缩至8.2天。推进国企改革3年行动。与一汽等建立紧密型政企关系，服务企业超万次。大学生留长10万人。新登记市场主体34.35万户，总量129.2万户。新入库“四上企业”1272户，增长61.6%。2021年10月，全国城市信用状况监测排名中，长春在36个省会及副省级以上城市中居第10名，创历史最好成绩。

实施创新驱动发展战略，携手一汽、吉大、光机所、华为共建产学研创新联盟，申建国家自主创新示范区、半导体激光技术中心，打造环吉大双创生态圈。启动“揭榜挂帅”，联合攻关一汽自主创新关键核心难题，红旗H9获国家年度创新大奖，一汽-大众新技术开发中心落成。新型奥运版复兴号智能动车组上线京张高铁。“吉林一号”在轨组网卫星31颗，长光卫星成为东北唯一“独角兽”企业，长光华大高通量基因测序仪投入应用。中国（长春）知识产权保护中心获批。打造新型众创空间获国务院通报表扬。新认定高新技术企业765户，总数2286户。27户专精特新企业晋升国家级“小巨人”。全市上市企业37户，位列“自然指数—科研城市2021”全球第37名、中国第13名。

推进对外开放，巴斯夫在长春市建立首个世界五百强外企区域中心。综保区二期通过验收，长春至法兰克福客货运航线正式开通，长满欧、长珲欧、长春至汉堡中欧班列以及长春至天津、大连海铁联运实现常态化运营，货物进出口总额1179.77亿元，比2020年增长14.8%。推进对口合作、市州合作，与各市（州）共同谋划实施项目210个，总投资3738亿元。提升电影节、航空展、汽博会、农博会等品牌，承办首届中国新电商大会，全年举办规模以上会展活动42项，展览面积150万平方米，展会实现交易额近120亿元。

【城市建设】 轨道交通7条线路9个项目同步施工。西安桥、惠工路机场大道、长伊公路、硅谷大街延长线实现通车，抚长高速人民大街出口改移等工程实施，打通22条“断头路”“卡脖路”。全市道路新建和扩建长度286.8千米，道路总长度5950.21千米，总面积10123.68万平方米。启动百亿投资电网提升工程。新建改造水气热管网548.2千米，改造居民燃气30万户。全市公共水厂综合生产能力为123万立方米/日，城区使用自来水人数414.8万人。天然气供气总量8.95万立方米；液化石油气供气总量4.22万吨；城区天然气、石油液化气户数218万户。新增供热能力300蒸吨，城区集中供热面积31251万平方米。城市智能体一期上线运行。

整改中央和省环保督察反馈问题。城区空气环境质量优良级天数330天，占总天数的90.4%。国考断面优良水体比例50%。推进城市生活垃圾分类工作，新北环保电厂投入使用。新建4座公园，建设升级168处“口袋公园”，新增273公顷街路绿地，“拆围透绿”22条街路，启动大规模国土绿化工程。全市公园面积6393.20公顷，建成区绿化覆盖面积23717.30公顷，建成区绿化覆盖率42.2%。

全域推进农村人居环境整治，补齐农村基础设施短板，提升农村人口饮水安全水平，新建改造农村公路1679千米。垃圾收转运体系基本建成，改造农村厕所9万户，打造“美丽乡村”示范村225个。创建全国乡村治理试点示范，健全“三治”结合治理体系。

交通基础设施，轨道交通7条线路同步施工，西安桥、惠工路机场大道、长伊公路和硅谷大街延长线实现通车，抚长高速人民大街出口改移等工程加快实施。整治交通拥堵，打通22条“断头路”“卡脖路”，调整优化231条公交线路。实施城市更新行动，打造人民大街、解放大路夜景观轴线，推进商埠地、宽城子等历史文化街区和长拖工业遗址改造。启动百亿投资电网提升工程，新增供热能力300蒸吨，改造居民燃气30万户，新建改造水气热管网548.2千米。新建4座公园，建设提升168处“口袋公园”，新增273公顷街路绿地，“拆围透绿”22条街路。开展“走遍长春”专项行动，城市智能体一期上线运行。

【惠民实事】 2021年度幸福长春行动计划全部兑现。开发就业岗位19.35万个，城镇新增就业11.69万人，失业人员再就业2.07万人，就业困难人员实现就业1.75万人，农村劳动力转移106.41万人次，年末城镇登记失业率3.2%。连续17年提高企业退休人员基本养老金，失业保险金标准提高11.8%，城乡低保标准分别提高16.9%和26%，年末全市城市居民62218人享受最低生活保障，农村居民112442人享受最低生活保障，全年发放城乡低保资金9.33亿元。开展失能人员居家照护保险国家级试点。为残疾人发放生活和护理补贴15.8万人次。第二福利院投入使用。2021年末全市有各类养老服务机构442家，总床位数48203张。其中，国家办养老机构85家，社会力量投资兴办的养老机构357家。农村社会福利服务中心78所。改造老旧小区251个，筹集租赁住房2.82万套。启动建设16所义务教育学校，全面推进“双减”落地，中小学生课后服务参与率80%。解决教师绩效工资和职称评聘遗留问题。建成全国首家职教博物馆，推动汽高专等3所市属院校专升本。传染病医院、疾控中心、急救中心完成主体建设。源头治理安全隐患，提高应急处置能力。创建国家食品安全示范城市。推进政法队伍教育整顿。命案和有影响案件全部告破。加强信访工作，维护群众合法权益。市长公开电话社会影响力提升，被外交部作为典范。

【社会事业】 2021年，全市专利授权21668件，比2020年增长22.4%。其中，发明专利授权5051件，增长45.1%。全年登记的科技成果350项，技术合同成交额99.01亿元。全市认定高新技术企业766户。全市有法定产品质量检验机构6家，依法设置的计量检定机构9家。实施市级产品质量监督抽查1084批次，强制检定计量器具32万台/件。

2021年，全市义务教育阶段学校1199所，比2020年减少185所；教职工6.64万人；在校生68.16万人，减少1.45万人。普通高中学校86所，增加3所；教职工1.81万人；在校学生16.08万人，增加1.07万人。中等职业学校（不含技工学校）93所，减少1所；教职工0.49万人；在校学生5.04万人，增加0.43万人。特殊教育学校10所，教职工507人，在校生3850人。文化（文物）事业机构282家，其中，艺术表演团体9家，艺术表演场馆5家，公共图书馆13家，艺术馆、文化馆13家，文化站193家，文化艺术科研、科技机构1家，文物保护研究机构1家，文物保护管理机构5家，其他文化事业10家，博物馆25家，文化市场管理机构7家。公共图书馆总藏量730万册，其中，少儿图书馆藏量121万册。各类文化经营场所935家，其中，互联网上网服务营业场所374家，文化娱乐场所278家，演出场所37家，艺术品经营店246家。市区（含开发区）文化经营场所679家，其中，互联网上网服务营业场所276家，文化娱乐场所134家，演出场所23家，古玩（美术品）经营店246家。广播电视台7座，节目23套，中波发射台和转播台3座，转播台10座，广播电视人口覆盖率100%。卫生医疗机构7924个，比2020年减少0.5%，其中，医院、卫生院398所，增长5.9%。拥有医疗床位6.62万张，增长2.0%。卫生技术人员为8.47万人，增长5.2%。市辖区建成社区卫生服务中心100家。承办瓦萨国际越野滑雪赛等国际国内大型体育赛事50余项次。

（房　明）

幸福长春建设

【概况】　2021年，是“十四五”开局之年，长春市通过《2021年建设幸福长春行动计划》谋划67项惠民实事，长春市本级67项惠民实事和承接的47项省民生实事全部完成，人民群众获得感、幸福感、安全感进一步提升。

【社会保障】　2021年7月1日起，城区城市低保标准由月人均710元提高到830元，农村低保标准由月人均500元提高到630元。全市城乡居民医保基金实现市级统收统支，公主岭全面执行长春医保政策。长春参保人员在河北省、北京市、西藏自治区等27个省（市、区）实现门诊跨省异地就医直接结算。创新性试点推出失能人员医疗照护保险居家照护服务。为800户困难老年人家庭实施适老化改造，改善困难老人居家养老生活。在11家农村社会福利服务中心开展助浴项目，改造83家。开展残疾人、老年人康复辅助器具租赁服务试点工作，投入补贴资金179.7万元，让1550余名残疾人和老年人受益。为44640名有需求的残疾儿童和持证残疾人提供基本康复服务，超额67%完成目标任务。印发《关于健全防止返贫动态监测和帮扶机制的实施方案》，市县乡村四级联动，“一户一策”合力推进动态监测帮扶。调整完善《长春市基本殡葬惠民补贴办法》，免除2.05万人计1900余万元的基本殡葬消费。

【教育均衡】　通过“爱心圆梦”“我心飞翔”两项助学活动，救助高考生321人，发放助学金254.2万元；救助中考生157人，发放助学金30.7万元。为农村低保、低保边缘家庭幼儿及学生按每人每年1000元标准，发放生活补助1199.6万元；为学前、义务教育段、高中、大学和中职长春市脱贫户家庭学生分别按每人每年1500元、2000元、4000元、5000元和7200元标准，发放助学补助1945.8935万元。启动基础教育集优化发展共同体建设，形成“优势互补，区域推进、整体均衡”发展格局，涵盖大学区97个、集团化办学24个、合作办学23个、委托管理7所。启动6所新增义务教育网点建设项目，总投资12.24亿元，其中，1所投入使用、1所已竣工、2所开展装饰装修工程、2所基本完成主体建设。评创10所普通高中特色示范校，实施因材施教信息化试点。完成195所省级冰雪运动特色学校的器材配备。升级改造公办普通高中理化生实验室仪器设备项目，57所项目学校全部完成采购及项目验收工作。12所学校的视力健康教育基地建设全部完成。中小学校电清洁取暖工程总投资1240.6万元，改造面积3.73万平方米，项目全部完工并交付使用。

【医疗卫生】　长春市疾病预防控制中心扩建项目主体基本完工，城区、开发区公共卫生服务中心项目推进。全市17个县（市）、区106家基层医疗卫生机构全部完成智医助理辅助诊断系统和外呼电话机器人的上线使用，外呼服务900万人次。完成省下达的34个母婴室建设任务。完成院前急救协同信息平台建设，实现急救转运与胸痛中心、卒中中心、创伤中心无缝对接。在绿园区开展居民健康档案向个人开放试点，开放电子档案452207份，重点人群开放率100%。德惠市中医院治未病中心建设项目于9月正式揭牌。

【文化惠民】　开展送演出下基层200场，市民读书节、消夏艺术节等活动如期举行。围绕《百年大党为什么“能”》《巾帼建功建时代涵养家风正能量》和《心理学家告诉您家庭教育有多重要》等内容，组织“幸福家庭360”公益大讲堂送课服务142场次，超额42%完成年度计划。举办全国马术场地障碍赛和2021年长春市全民健身线上线下活动。新民胡同、东天街、北京大街等历史文化街区项目全面启动。长春拖拉机厂文创园、长拖厂区内6栋厂房建筑修缮、长春商埠地历史文化街区（新民胡同地块）等项目陆续启动。为困难群体免费发放惠民购书卡4344张、民生读本54600册、期刊7460本。在全市9家养老机构和14个社区开展“文养结合”试点，服务老年人近5000人次。

【城市交通】　建业大街延长线工程主体完工，惠工路机场大道10月21日全线通车，抚长高速人民大街出口改移工程完成年度建设任务，西安桥改造工程计划2022年1月中旬简易通车；22条“断头路”“卡脖路”全部完工。调整优化公交线路231条，更新新能源公交车390台。印发《规范互联网租赁自行车发展实施方案》，与3家企业签订《2021年—2023年长春市互联网租赁自行车经营权项目服务管理协议》。完成人民大街、南湖大路、新发路、工农大路、三四环路、洋浦大街立交等主要街路、商圈周边、环路、立交等指路标志升级改造，设置自发光标志341面、常规逆反射标志878面。开展行人、非机动车违法整治行动，从严查处行人闯红灯、不走斑马线、翻越护栏、非机动车逆行、不按规定行使等违法行为，查处行人违法82371件、非机动车40230件。

【生态环境】　开展秸秆全域禁烧，运用卫星遥感技术全过程、全链条、全周期闭环管理和智能化管控。强化燃煤污染控制，检查各类燃煤锅炉企业1496户（次）。开展工业源污染治理，完成145户石化化工、包装印刷、工业涂装等重点行业企业挥发性有机物治理。开展移动源污染防治，遥感抽测柴油货车863万台（次）。精细化管控城市扬尘，治理扬尘污染，整改施工工地、拆迁工地、物料堆场、裸露地面、非正规垃圾点5类污染源876处。开展建筑施工和工商业企业噪声达标整治，整改建筑工地856家，处罚179家，处理噪声信访219件，办结率100%。完成新立城隔离防护和保护标志设置，为石头口门双阳区二级保护区边界重新设置保护区标志13处。实施造林5230公顷，完成计划目标的1.7倍。主城区新建改造提升大块绿地138宗，建成开放公园7个，新增绿地400公顷，新建提升街头“口袋公园”168处。

【城市精细化管理】 251个老旧小区改造已全部开工，完成投资15.4亿元。棚户区改造6066户，完成计划任务的121.32%。既有住宅加装电梯完成备案135部，签订工程委托协议65部，完成方案设计并公示48部，完成《规划许可证》12部，开工建设2部，竣工1部。吉林大路—东盛大街排水工程、东排洪沟污水干管工程正在进行泵站基坑施工，排水管网沉井施工完成1620米。完成改造燃气管网72.5千米，新建供水管网8.9千米；改造供水管网11.5千米，新建改造供热管网218.8千米，4项热源工程已开复工。长春市城市生活垃圾焚烧发电处理项目扩建项目完成社稳批复、用地预审与选址意见书；新北环保电厂项目具备垃圾进场条件。清理非法小广告84.7万处，停机处理违规通讯号码4764个，增设便民宣传栏6332处，行政处罚143人、处罚金额253.8万元。

【乡村振兴】 投入13.27亿元，新建和改造集中供水工程575处，巩固提升78.9万（其中新增集中供水人口67.5万）农村居民饮水安全保障水平，全市农村自来水普及率95%以上，农村供水条件得到改善。开展停水断水专项排查“回头看”，出动1200余人次，排查农村饮用水工程2405处。新改建农村公路任务完工1485千米，危桥改造完工18座，安防工程完工356千米。农村地区新增4G基站12个，新增5G基站300个，行政村4G网络覆盖率100%，县级城市核心区域基本实现5G网络覆盖。农村电网升级改造工程全面开工，完成整体工程的35%。完成绿化美化村屯207个，绿化提升村屯290个，打造市级绿化美化示范村屯20个。完成农村改厕90164户。新增农村快递服务站点1279个，全市“快递进村”覆盖率92.90%。集中支持一批脱贫村，按照“九有六无”标准，组织12个县（市）、区225个村（含53个脱贫村）开展2021年千村示范创建工作。

【公共安全】 推进安全生产专项整治3年行动，督促各县（市）区、开发区、市安委会有关成员单位开展督导检查29467次，检查生产经营单位78088户（次），发现问题隐患120727项，2021年内完成整改111439项，其余隐患按“五落实”要求推进整改。农村雪亮工程维护更新农村老旧摄像头3183台，新建农村视频监控摄像头8000台。成品粮油质量检测完成1009个批次抽检任务，发现1个批次不合格样品报告上传国家食品安全抽检系统，移交有关部门处理。开展校园食品安全守护行动，全市学校食堂“互联网+明厨亮灶”实现全覆盖。开展放心消费创建活动，全市新培育县、区级放心消费示范店（企业）643家、示范商圈12个、区域性示范行业11个、放心工厂14个。开展食品安全“进农村、进社区、进校园、进企业、进家庭”宣传活动，发布宣传报道70条。

【便民利民】 基本养老保险转移工作已对接全国养老保险关系转移平台，实现城镇职工基本养老保险关系转移接续“零跑动”。在城区开发区政务服务中心开设社保服务窗口，就近就便试点社区服务范围拓展至全市，数量由52个增至300个。社保地图导航功能、人工智能语音咨询服务正式上线运行。与哈尔滨市、沈阳市、贵阳市云岩区等6市2区签订跨省通办协议，在各级政务（便民）服务中心和18个政务服务分中心设立跨省通办窗口；围绕一汽集团等重点企业及医保、社保、公积金等重点领域，开展“订单式”特色“跨省通办”服务。实现出生落户、婚姻状况变更及更正、户口簿丢失补领等23项户籍业务“全省通办”，办理户籍业务18337件、居民身份证532010件。依托全市公共法律服务中心、残疾人法律援助工作站，为残疾群众无偿提供法律咨询、代理、刑事辩护等法律援助服务。依托44个驻法院、检察院、看守所法律援助值班律师工作站，为残疾犯罪嫌疑人、被告人及其家属提供及时有效法律服务。“12348”法律服务热线为全省群众解答咨询392530人次，全市法律援助机构解答咨询16503人次，办理法律援助案件7056件。推行80岁以上老年人免费遗嘱公证政策；对老年人申办公证实行“五优先”服务，对行动不便的老年人实行电话预约，指派公证员上门服务；开展公证“敬老服务月”活动，提供公证服务322件。全市各级便民服务中心依托社区（村）网格化代办事项12753件。车驾管业务权限全部下放县级车管所，乡镇服务网点代办车驾管业务，“流动车管所”下乡为群众办理摩托车考试，指导群众通过App办理免检车申领检验合格标志484笔。实现地铁1号线、2号线站台上的电子显示屏发布气象信息。加快“城市智能体”建设，推进68个部门169个系统“迁云”，政策直达平台完成17个部门170个政策点的配置及测试，部署违章停车、人流聚集、店外经营等11个人工智能算法，完成一屏统览、精准供热、阳光学位等应用场景建设。

（李 强）

政务服务

【概况】 2021年，全市各级政务（公共）服务中心受理业务472892件，受理满意率、出证满意率分别为

99.94%和99.96%，政务服务“好差评”好评率99.99%。全市实现企业设立、公章刻制、发票税盘申领、社保公积金开户等事项联审联办，以及企业开办全免费、联办业务当日办结、结果物一窗领用等改革目标。

2021年11月，在全国信用信息共享平台、信用门户网站和全国中小企业融资综合信用服务平台建设现场观摩会上，长春市信用信息共享平台和“信用中国（吉林长春）”网站获“特色平台网站”称号，长春市“信易贷”平台获“全国中小企业融资综合信用服务特色平台”称号。

【政务服务改革】 标准化梳理全市政务服务事项，编制、更新40类事项清单，实现“清单之外无审批”。优化市县两级权限，向中韩（长春）国际合作示范区下放行政权力1841项，向县（市）区、开发区下放高频事项审批权25项，推进医保、社保、不动产业务进驻区级政务大厅。全市政务服务事项平均审批时限由22.1天压缩至8.2天，市本级1566个事项承诺办理时限较法定时限压缩65.7%，1559个事项实现“最多跑一次”，占比99.6%，979个事项实现“零跑动”，占比62.5%。深化工程建设项目审批制度改革，建立完善“多规合一”“多审合一”“多测合一”“多证合一”审批机制。推行企业开办智能化联审联办，企业登记、刻制公章、申领税务UKEY和发票、单位参保登记、住房公积金企业缴存登记和银行开户等业务实现“一表填报、一个环节、一网通办、一日办结”。建立完善“容缺受理、容缺审查、容缺核发”告知承诺制，实行企业出具承诺、政府核发许可、材料后续补齐，城区、开发区社会投资低风险工业项目实现“拿地即开工”，新建商品房项目实现“交房即办证”。开展“政务服务提升年”行动，实现业务能力、服务质量、管理水平“三个大提升”。完成省统建一体化政务服务平台部署应用，升级改造市政务大厅，推进9类专业大厅业务进驻，实现“进一扇门，办所有事”。推进140项高频事项“跨省通办”，实现异地受理、远程办理。

【“数字长春”建设】 以城市智能体大数据共享行动为牵引，加快数字化建设步伐，打造东北数智名城。谋划“761”新基建工程智能信息网项目185个，启动建设158个。5G网络基本实现主城区连续覆盖，完成万个基站建设任务。推进净月数字经济产业园区建设，17户企业完成入驻。开展产业招商，安恒、华为、浪潮、长城、网易、中星微、神州数码、京东数科、四方伟业等一批龙头企业落户长春。申报大数据产业发展试点示范项目，全市12个项目列入省项目库，2个项目列入工信部项目库。建成城市智能体运营中心，完成1个数字底座、4个核心中枢系统、7大基础能力平台和4大支撑体系框架搭建，政府侧“政长通”系统、社会侧“灵动长春”App两个统一门户、“一屏统览、一网通办、一网统管、一网通兑、一键联动、一码通服”6个综合应用场景和精准招商、政策直达、精准供热、阳光学位等25个行业应用场景上线运行。抓好“一朵云、一张网、一个库、一个体系”建设，市直68个部门169个系统实现向华为政务云的“上云”迁移。电子政务外网连通全市1079个党政机关和企事业单位，实现市、区（县）、街道（乡镇）三级全覆盖。政务数据共享“百日攻坚”行动打通共享68个部门2284项约70亿条数据，经验在全省推广。

【优化营商环境】 锁定“进入全国第一方阵”目标，落实省“五级书记抓营商环境”要求，成立市、县（市）区、乡镇（街道）、村（社区）四级营商环境建设组织领导机构，由党政主要领导任双组长，形成上下贯通、一抓到底的工作闭环。制定《2021年长春市优化营商环境重点工作方案》《2021年长春市营商环境考核评价实施方案》，明确80项重点工作任务，形成“1+18+N”工作落实机制。开展营商环境攻坚行动。制定实施“1210”营商环境专项举措，开展“作风建设年”“大培训、大对接、大招商”两项活动，实施绿色审批、城市智能体大数据共享等10大专项行动。长春市获2020年全国营商环境提升最快的10个城市之一，2个指标进入“标杆城市”行列，8个指标进入“进步较快城市”行列，2个指标的改革做法入选《中国营商环境报告2021》典型案例。

营商环境问题整改。对国家评估指出的、专题调研发现的、企业群众反映的、第三方机构反馈的突出问题，开展专项整治行动，以问题大整改推动营商环境建设大提升。2021年，13个历史遗留问题、66个投诉问题分别办结12个和61个。

强化政策惠企。开展惠企政策落实专项行动，搭建惠企政策线上直达平台，建立“惠企政策库”“审批直通车”，变“企业找政策”为“政策找企业”。2021年，兑付企业2300余户，兑现金额超1.3亿元；减免企业27万余户，减免金额近1.2亿元。

营商环境宣传。编制下发《优化营商环境条例》《解读汇编》等宣传资料3万余份，协调组织人民网、新华网、今日头条等主流媒体集中宣传61期，推出报道2470余条，8条典型经验被《全国优化营商环境简报》刊发推广，5月，出席全国优化营商环境经验交流现场会并作经验介绍。

【社会信用体系】 印发《长春市社会信用体系建设2021年重点工作安排》《长春市“十四五”时期社会信用体系建设规划》，开展社会信用体系建设工作，形成社会信用体系建设“长春模式”，知信、重信、用信、守信蔚然成风。2021年11月，长春市综合信用指数在全国36个省会及副省级以上城市中排名第9位，是东北三省省会城市在2021年城市信用监测中唯一进入全国第一方阵的城市。设立县区信用服务区（窗），市区同步为市场主体免费提供公共信用信息报告与企业信用报告、“信易贷”咨询和注册、信用修复等服务，在政府采购、招标投标、行政审批、市场准入、资质审核等领域推进信用报告应用。长春市“信易贷”平台开通咨询热线，为市场主体提供信用融资服务，线上与线下同步。截至2021年12月，长春市“信易贷”平台入驻企业265380家。开展“信易+”应用。拓展“信易+”应用场景，开发“信易+养老服务”“信易+政策直达”“信易+检车”“信易行”和“信易屏宣”等70个场景。“信易+养老服务”长春模式在国家公共信用信息中心《全国公共信用信息平台建设工作通讯》第7期进行报道，国家发改委副主任连维良做出重要批示。推进信用承诺制度，告知承诺事项占法定可承诺事项100%。开展分级分类监管领域达69个。推进安装联合奖惩系统查询插件，推动各部门在行政管理事项中查询和使用信用记录、信用承诺，确保联合奖惩措施和信用承诺应用落到实处。截至2021年12月底，56个审批用户信用核查2万多人次。依托“信用中国（吉林长春）”网站、微信公众号，开通信用动态、诚信文化短视频专区等栏目宣传信用知识。利用传统媒体、新媒体“双线”渠道，结合重点行业、重点领域，多层面、立体式开展信用宣传，开展诚信宣传活动1313次，“学习强国”、新华信用等主流媒体多次集中报道长春信用工作。

【政务服务建设】 简政放权。编制印发4133项《政府部门权责清单》，对权责清单实行动态管理。向中韩（长春）国际合作示范区下放行政权力1841项。推动县区向本地区开发区下放行政权力，双阳区下放302项，农安县下放28项，长春新区下放377项。开展行政权力下放自查自纠工作，治理“上面放下面卡”“明放实不放”放权不配套不联动等问题。

政务服务标准化建设。标准化梳理全市政务服务事项，平均审批时限由22.1天压缩至8.2天，其中，市本级1559个事项实现“最多跑一次”，占比99.6%，979个事项实现“零跑动”，占比62.5%。编制完善40类事项清单，实现清单化、标准化、规范化管理。完成省统建一体化政务服务平台部署应用，升级改造市政务大厅，推进9类专业大厅业务进驻，实现“进一扇门，办所有事”。建立“惠企政策直通车”，170个惠企政策点实现“快兑速享”。

工程建设项目审批制度。依托全省工程建设项目审批系统，实现从立项到竣工验收一次申报、并联审批、统一出件，办理人“全程零跑动”“审批不见面”。通过系统整合和数据共享，实现项目单位在每个办理阶段只填一张表单、只交一份材料，减少申报材料39.12%，应用电子证照共享数据，企业提交申报材料再压缩12.47%。将121个审批事项精简了40个，精简比例33.1%。通过项目审批流程再造和工程审批系统一网通办，实现设计方案联审、联合审图、联合测绘、联合验收。通过“能免则免、能减则减”“政府购买服务”“市政配套四到位”等方式，推动降低项目建设成本。应用电子证照减少制证、发证和企业跑动次数，推行数字化图纸和多测合一，为企业降低时间成本。

政务服务事项“跨省通办”。以国家公布的140项“跨省通办”事项清单为重点，细化拆分形成长春市“跨省通办”事项清单245项业务办理项，实现事项标准化；建立跨省通办服务专区，在全市各级、各类实体大厅设置“跨省通办”窗口，提供统一的“跨省通办”服务；与天津市、成都市、广州市、哈尔滨市、沈阳市、大连市、贵阳市云岩区、青岛市即墨区等8个地区结成首批跨省通办合作关系，实现异地受理、远程办理、协同联动；围绕一汽集团等重点企业及医保、社保、公积金等重点领域开展“订单式”特色“跨省通办”服务。

“证照分离”改革。按照全国和省推行523+5项证照分离改革事项清单，按照直接取消审批、审批改为备案、实行告知承诺、优化审批服务等4种方式分类推进“证照分离”改革。市本级落实国家和吉林省设定的事项86项，县（市）、区开发区落实国家和吉林省设定的事项71项。

政务大厅管理。全市各级政务大厅参照市本级制度规范，制定工作制度289个。设置老年人服务专窗，配备专人为老年人、残疾人等运用智能技术困难群体提供全程帮办代办服务。设立“办不成事”反映窗口，畅通企业、群众反映问题渠道，给办不成事的群众多一个释疑解惑、解决问题的通道，帮助群众办成事6件。开展上门服务，各级公共服务中心依托社区网格化代办为群众代办事项12271个。市大厅到5家律师事务所为219位律师进行现场换证服务。2021年，市本级大厅发放调查问卷150余份，企业、群众对大厅综合满意度96.72%。发挥政务大厅“一站式”服务功能，实现市社保局的7个分局进驻全市城区、开发区政务服务大厅，完成“综窗受理 全城通办”服务改革工作。开设净月不动产登记交易服务专区，不动产交易业务与缴税受理一窗完成，实现“最多跑一次”。在全市各城区、开发区街道（乡镇）公共服务中心正式办理医保业务，实现业务分流，缓解办事压力。

新版全流程审批系统。2021年4月起全面启动在市、县（市）区、开发区和街道（乡镇）、社区（村）政务大厅（中心）部署应用新版全流程审批系统工作，下发《关于在全市各级各类实体政务大厅部署新版全流程审批系统的方案》，截止到11月16日，全市17个县（市）区、开发区及所辖181个街道（乡镇）公共服务中心完成系统切换，实现新版全流程审批系统在全市部署应用。全市实现企业设立、公章刻制、发票税盘申领、社保公积金开户等事项联审联办，以及企业开办全免费、联办业务当日办结、结果物一窗领用等改革目标。

【政务公开】 下发《长春市2021年政务公开重点工作任务台账》。依据《政府信息公开条例》规定，对法律风险程度极高的信息公开申请办理答复工作，出台《长春市政府信息依申请公开工作规范》，答复文书33种。编制汇总市本级年报并在网上解读发布。截至3月30日，组织全市各级行政机关统计、编制、发布年报737个。政务公开聚焦疫情防控、“六稳六保”、复工复产等中心任务，加强新闻发布和政策解读，在政府网站公开新闻发布会现场32场次，解读政策24条，全网报道相关信息2.6万余条。发挥政府网站“第一平台”作用，基层政务公开“两化”专栏在“中国长春”市政府门户网站上线运行，主动公开相关政策文件和26个重点领域基层“两化”目录成果，发布工作动态64条。向16个县区拓展政府信息公开法定平台，发布政府信息3685条，全市平台发布信息14.14万条。建成24小时政府信息公开数据监测平台，出具监测报告23份，发现错链数50万条，错别字表述1800余处，集中开展问题整改。依据考核指标完成2021年第一、二季度专项抽查检查工作，集中整改3次，督促6批次81个问题单位整改，组织转发国办指定信息97次。政务微博、微信总体合格率在86%以上，移动客户端合格率100%。2月，牵头对政府工作部门移动互联网应用程序开展“指尖上的形式主义”规范整治工作，紧抓公安、人社等重点部门，清理注销政务新媒体268个。2021年，在国家平台登记的政务新媒体账号计640个。办理网民留言35批次182件，答复反馈省里155件，属地化交办率100%。办理网上申请779件，协同政府办公厅办理市政府信息公开书面申请76件，处理投诉举报41件，答复率100%，投诉举报办结率100%。制定印发《评估实施方案》，组织全市43个政府部门、16个县（市）、区进行评估，对考核评估和网上监测发现的问题，一对一通报并督促整改13次，整改完成率92%。

【数字政府建设】 抓好“一朵云、一张网、一个库、一个体系”建设，市直68个部门169个系统实现向华为政务云的“上云”迁移；电子政务外网连通全市1079个党政机关和企事业单位，实现市、区（县）、街道（乡镇）三级全覆盖。推进跨层级数据共享，开展17个县区政务数据共享“百日攻坚”工作，形成全市全域数据共享一盘棋的工作格局。基于市、县、乡、村四级联动的数据共享交换平台，2021年，支撑场景应用87个，对接数据总量70亿条。建立数据共享体制机制，发布《长春市政务数据安全管理暂行办法》，开展《长春城市智能体政策直达平台建设规范》等4个标准立项建设工作，印发房管局32个服务接口使用指南。完成35家部门366条数据集中治理工作。发布全市67个部门及县区1619类目录的《长春市市级公共信息资源开放目录（第一批）》清单。编制形成全市政务数据资源目录19928条，信息项126852个。

【公共资源交易】 公共资源交易电子化建设。2021年，应用电子保函（保单）近6000单，在增强担保阶段的保密性、规范性和便利性的同时，减轻企业资金占用负担近9.6亿元。优化建设工程交易系统、土地使用权交易系统和国有产权交易系统，房屋、市政、水利和高标准农田领域实现电子化交易，招标活动效率提高50%以上，为企业节约交易成本近2000万元。2021年12月14日，启用公共资源交易远程评标系统，实现专家队伍资源共享。

公共资源交易质量。组建春季集中开工项目招投标专项保障小组，保证全市362个春季集中开工项目如期开工。公共资源交易中心在全省公共资源交易机构服务质量评议中16个测评指标32个测评项全部满分。11月，为市场参与主体购买CA数字证书服务项目完成公开招标，减免全年CA数字证书服务费超过200万元。在国家发改委组织的营商环境评价中，长春市交易中心配合完成的政府采购指标排名提升至全国第13位。在省政数局组织的公共资源交易平台服务质量评议中，市公共资源交易中心取得100分。2021年，完成交易项目2181项，交易金额907.46亿元。

治理领域问题。2021年，对全市17个县（市）、区7611个项目的进场情况进行梳理，并与白山市开展交叉互检。严肃公告公示类信息发布纪律，对存在场外交易、未按规定时间公示合同、发布信息有误的50家招标采购单位和49家招标采购代理机构责令限期整改，整治信息发布乱象。5月7日，长春市公共资源交易监督管理平台升级2.0版本，新增公共资源大数据统计分析系统，优化监管部门协同监管方式，推动公共资源交易监督管理改革创新。

规范中介服务交易市场。规范全市中介服务行为，提高中介服务效率，优化平台服务。截至2021年年底，长春市中介服务交易平台总计入驻1188家机构，成交项目1158项，总项目预算11645.5万元，节约资金875.7万元。

（尹秋竹）

【“12345”市长公开电话】 按照长春市新冠肺炎疫情防控工作要求，做好常态化疫情防控工作，坚持将涉疫情信息全部列入急办程序，采取专人专办、单独分类处理办法，与市疫情防控领导小组、市卫健委、市公安局、市市场监管局等主要职能部门建立快速反应渠道，保证24小时内处理完毕，处理42414件相关反映无一漏办延办；推进长春市政务服务便民热线整合归并工作，下发《长春市优化政务便民服务热线工作方案》，完成12条政务热线整体并入、11条政务热线双号并行及2条政务热线设为分中心的整合归并任务；对供热、疫情等季节性、突发性热点敏感问题，坚持定期向各级领导、部门专题报送信息分析情况，为市政府和各职能部门及时掌握信息、做出决策举措提供重要参考，全年编发报送各类信息专报67期；新招聘受话人员，增设受理座席，开通智能语音自动识别受理功能，受理能力增强，接通率稳定在70%以上。

2021年，市长公开电话受理各类反映146万多件。办结率、反馈率100%，群众满意率超过85%。举办局长接待日12次，接待来访人数1910人次，受理问题1218件，办结1211件，办结率99.4%。专人负责督办中国政府网、国务院“互联网+督查”交办件，处理各类问题500多个，办理质量得到上级部门认可。

3月，市长公开电话受理处被全国妇联评为“全国巾帼文明岗”；6月，市长公开电话党支部被中共中央授予“全国先进基层党组织”称号；12月，再次被人民网评为“全国网民留言办理工作民心汇聚单位”，连续13年获此称号。《人民日报》《中国青年报》和《中国纪检监察报》等中央级媒体先后报道宣传长春市市长公开电话20多年来坚持为民服务的先进事迹，撰写的《党群“连心桥”，民生“晴雨表”》“我为群众办实事”实践案例获省级一等奖；9月22日，秦刚大使在美国卡特中心和乔治·布什美中关系基金会联合举办的对话会上的演讲中，对长春市市长公开电话22年来坚持解决群众“急难愁盼”问题并保持较高满意度给予称赞。

（周晓虎）

外　事

【涉外信息服务】　涉外信息服务部是市外办新成立的部门，2021年，涉外信息服务部将外事大数据库与“长春市数据共享平台”融合，提升数据质量，坚持利用“宜可城”国际组织平台，开展“云推介”工作，对接国际平台资源，拓展长春市对外交流渠道。按照《长春市外事工作“十四五”发展规划》，进行政务服务数字化建设。每日登录“长春市数据共享平台”更新数据。参加省政数局召开的全省工作视频培训会议，完成数据订阅对接及社会侧数据采集工作，梳理省级部门对接数据资源1373个，汇总吉林省省级公共信息资源395项。掌握市外办AI能力平台需求，统一数据格式，梳理公共信息资源开放目录26项。按省市政数局要求开展数据共享工作，在平台挂载市外办履职依据、工作总结、年度报告等5项资源，推进数据平台建设。沟通“宜可城”国际地方可持续发展协会。2021年12月23日，应宜可城-地方可持续发展协会邀请，长春市副市长赵显率团在市外办线上参加由宜可城-地方可持续发展协会在韩国首尔举办的宜可城2021—2024届东亚区执委会2021年闭门视频会议。代表长春市就《绿色循环和资源高效经济》议题发言。推进龙湖公益基金项目落户长春市。结合长春市实际情况，选定儿童先天性心脏病筛查项目“欣芽计划”和适老化改造项目“万年青计划”。

【外事宣传】　2021年，中文外事网发布动态信息3350条，135万余字。英、日、俄、韩4个外文网站发布信息3302条，5个网站均实现一条信息多频道共用，增加栏目信息关联性。利用“政府多媒体报送平台”，以动态信息、H5、一图读懂等多种形式加强本部门的信息推送。《迎冬奥 相约长春冰雪》专栏从12月初开通，发布2期，以北京冬奥为契机加大长春冰雪旅游的宣传报道。开通“长春外事”视频号，开通网上直播。市外办创新常态化疫情防控条件下对外交往新模式，开展20多场“云外事”活动，完成视频会议的交流目的。中文外事网党建栏目、“长春外事”微信公众号关于党建部分内容围绕庆祝中国共产党成立100周年展开，微信公众号开设中共党史“微课堂”栏目。6月，国家友协与意大利友协合作开展“讲述城市故事”征文活动，在与市委宣传部沟通后，市友协的征文消息在长春市8家市直媒体如“掌上长春”“长春政事儿”、长春日报融媒体等新媒体平台头题发布。

【文化交流】　应俄罗斯哈巴罗夫斯克市“新星”国际青少年艺术节组委会邀请，市少年宫参加由哈巴罗夫斯克市政府文化局、教育局和“新星”国际慈善基金会远东分会主办的2021亚太地区“新星”国际青少年艺术节。受疫情影响，活动采用在线形式举办，市少年宫于2月25日前选送10个音乐作品和20幅绘画作品参赛。长春市2名学生分别获得音乐表演比赛一、二等奖，2名学生分别获得绘画比赛一、二等奖。参加俄罗斯“极地之星——北极熊”国际文学大赛应友城克拉斯诺亚尔斯克市政府邀请，长春外国语学校参加由克市政府和克市动植物公园主办的“极地之星——北极熊”俄罗斯国际文学大赛。创作和选送28个俄语原创文学作品参赛。在1月31日举办的决赛中，长春市1名选手获得第3名。参加“少年才俊——心爱的城市”国际儿童画展。应哈巴罗夫斯克市政府邀请，市少年宫参加由哈巴罗夫斯克市教育局举办的“少年才俊——心爱的城市”国际儿童画展，10幅儿童绘画作品参展。4月15日，市外办举行“极地之星——北极熊”俄罗斯国际文学大赛颁奖仪式。4月16日，市外办举行“俄罗斯—欧洲—亚洲”儿童国际象棋比赛颁奖仪式。7月19日，市外办组织举办国际比赛颁奖仪式。6月2日，中法文化之春——2021中法漫画论坛。7月14日，由东北师范大学和西班牙瓦伦西亚大学共同主办，瓦伦西亚大学孔子学院承办的“中国长春—西班牙瓦伦西亚国际旅游和文化体验”线上研讨会。11月，由长春市政府和西班牙瓦伦西亚市政府共同举办，东北师范大学、西班牙瓦伦西亚大学、吉林省教育厅、长春市教育局和市外办共同承办的“长春—瓦伦西亚儿童主题绘画比赛”举办。长春市60名选手分别获一、二、三等奖。12月11日，举办比赛颁奖仪式，11日至12日，举办绘画作品展。9月29日，由长春市外办和长春市文联共同主办的第26届中韩（长春·蔚山）书法美术作品交流展在长春美术馆开展。9月9日和9月24日，举办日本酒品鉴交流会和第三届日本花道艺术交流会。

【对外交流】　通过外交部“快捷通道”邀请一汽大众、一汽奥迪新能源公司、其他外企高管和技术专家及家属计65人来长，支持长春市企业正常运营。相关事迹被制作成“我身边的党员故事”小视频在人民网展播，在该主题视频故事征集展播活动中，获市委宣传部所颁一等奖证书。市领导分别会见丹麦、古巴、泰国等驻华大使代表团、法国佛吉亚集团中国区总裁、达索系统全球执行副总裁等；“中俄科技合作视频洽谈会”长春市市长王子联与俄罗斯新

表11　2021年长春市外事活动一览表

时间	外事活动
2月25日	为服务中韩（长春）国际合作示范区建设，落实长春与仁川的交流合作计划，市外办与韩国仁川广域市政府国际协力课召开线上工作交流会议。市外办主任薛春志、仁川广域市政府就业经济本部本部长边周荣出席会议
3月18日	以总领事崔斗锡为团长的韩国驻沈阳总领事馆代表团一行5人到长春考察访问，分别与市外办和中韩（长春）国际合作示范区举行座谈
3月26日	长春市举办“中俄科技合作视频洽谈会”。俄罗斯新西伯利亚州政府、新西伯利亚市政府、俄罗斯科学院西伯利亚分院（含6名院士）及俄罗斯相关科技企业近30名代表参会。市长张志军与俄罗斯新西伯利亚州副州长马努伊洛娃·伊琳娜和俄罗斯科学院副院长兼西伯利亚分院院长、院士帕尔蒙·瓦连京进行视频连线，就开展高层次、宽领域、全方位中俄地方科技合作进行了洽谈
3月26日	市长张志军会见以丹麦王国驻华大使为首的代表团一行。代表团此行目的是考察长春市投资环境，深化清洁能源、低碳经济等领域合作
3月31日	古巴驻华大使佩雷拉代表团到访长春市，拜会市领导，推动长春市与古巴在生物医药领域合作。市长张志军会见古巴驻华大使卡洛斯·米格尔·佩雷拉一行，双方就深化长春与古巴医药及大健康领域合作，推动长春一汽红旗在古巴设立分公司，探索长春与古巴共同研发混合动力发动机产业，加快双方汽车产业电动化、智能化、网联化发展，拓宽农业合作，加大力度支持高校间西班牙语专业交流并推广古巴高校孔子学院汉语教育等方面深入交换意见，达成共识
5月13日	法国驻沈阳总领事安澜一行3人考察长春市水文化生态园及相关设施。市外办副主任欧硕率欧非处陪同考察并进行洽谈
7月6日	省委常委、市委书记张志军，市长王子联在长春会见佛吉亚集团中国区总裁唐德福一行。双方就推动法国佛吉亚集团与长春市旭阳集团、中国一汽集团合作，引进新项目、新技术、新能源产品等事宜进行洽谈
7月8日至11日	由泰国驻华大使阿塔育·习萨目阁下率领的6人代表团到长春访问。7月8日晚，市委副书记、代市长王子联在香格里拉大饭店会见并宴请泰国驻华大使代表团
8月25日至27日	“2021第八届国际科技发展论坛”在俄罗斯新西伯利亚州举办。应新西伯利亚州政府邀请，市长王子联专门为论坛录制祝贺视频，并在开幕式播放
8月26日	澳大利亚驻沈阳总领馆白宇轩领事一行访问长春市图书馆并拜会市外办，与市图书馆及市外办分别召开座谈会
9月3日	省委常委、市委书记张志军在长春首次会见法国达索系统高管一行
9月22日	澳大利亚帕莫斯顿华侨商会代表团一行3人拜会市外办并参观满皇宫博物院、长春世界雕塑园，增进对长春市了解，探索与长春市外办在外事交往、团组互访、商务贸易及文化交流等领域开展合作
9月23日	中韩（长春）国际合作示范区筹建一年的中韩城市馆举行开馆仪式，为中韩经贸文化交流开启华章。市外办陪同韩国驻沈阳总领事馆总领事崔斗锡、韩国驻华大使馆参赞金相广、禹万洙等韩国嘉宾出席开馆仪式，省市相关部门和企业代表400余人齐聚中韩示范区参加开馆仪式
10月18日	省委常委、市委书记张志军，市长王子联在长春会见法国达索系统全球执行副总裁、全球基础设施和城市行业主席罗熙文一行，为市政府与达索析统（上海）信息技术有限公司签署战略合作备忘录证签。推动双方在汽车及零部件、农业现代化、新能源、城市建设管理等开展全领域合作，共同打造达索系统东北创新中心
11月18日	省委常委、市委书记张志军，市长王子联再次共同会见达索系统全球执行副总裁、全球基础设施和城市行业主席罗熙文一行，就不断拓展双方合作领域、深度参与长春“六城联动”建设等务实合作进行深入交流
11月	应第十九届世界冬季城市市长会组委及芬兰罗瓦涅米市政府邀请，市外办主任薛春志携美大处、欧非处代表长春市于11月5日、11月15日、11月16日参加第十九届世界冬季城市市长会线上视频会议
12月16日	为推动共建“一带一路”国际合作倡议，落实中非合作论坛北京峰会成果，不断拓展新时代中非各领域合作，致力加强中非地方精准对接和务实合作，市外办邀请博茨瓦纳塞莱比-皮奎市市长卢卡斯·莫迪马纳代表团举行视频会谈，就长春市与塞莱比-皮奎市缔结友好合作城市相关事宜进行磋商

西伯利亚州副州长马努伊洛娃·伊琳娜和俄罗斯科学院副院长兼西伯利亚分院院长、院士帕尔蒙·瓦连京进行视频连线等。

【涉外管理】 领事处于2月22日至3月19日3次召开涉外管理专题会议，召集公安局，应急局，卫健委、人社局、国家安全局等部门，共同研究疫情下在长重点外国人群管理相关工作，传达市领导指示及省外办专题会议有关精神，细化各部门职责分工。根据省外办文件要求及长春市外国媒体记者管理工作实际，于6月9日组织公安、国家安全、宣传、网信部门，召开外国媒体记者在长采访管理工作专题会议，分析研判当前工作形势，确立管理工作原则，明确各部门职责分工，拟制《外国媒体来长采访管理工作机制》，并报请市委外事工作委员会第二次全体会议通过。

（孙　钊）

中国人民政治协商会议长春市委员会

ZHONGGUO RENMIN ZHENGZHI XIESHANG HUIYI CHANGCHUNSHI WEIYUANHUI

综　述

【概况】　2021年，在中共长春市委的领导下，市政协以习近平新时代中国特色社会主义思想统领工作全局，贯彻落实习近平总书记视察吉林重要讲话重要指示精神，发挥专门协商机构在国家治理体系中的优势作用，团结带领参加政协的各党派团体和广大政协委员，围绕长春改革发展稳定大局进行协商，围绕市委、市政府重大决策部署的贯彻落实开展跟进性监督，围绕群众关心关注的现实问题做好针对性建言，聚焦推进长春现代化都市圈建设，组织实施2021年度协商工作计划，开展17项重点调研和13项监督性视察，召开2次专题议政性常委会会议、4次专题协商会、11次协商座谈会，形成73份调研报告、13份视察报告，立案297件提案、其中建议案1件，征集171条社情民意信息，政协委员1000余人次参与各项履职活动，助推“十四五”长春经济社会发展开好局起好步。

【政协委员构成】　2021年，十三届市政协有委员503名。其中，中共委员 203 名,非中共委员300名。常委会组成人员86名。其中，中共常委29名；非中共常委57名。政协委员来自29个界别。

【政协队伍建设】　组织“书香政协”读书活动，提高委员履职能力。健全委员工作委员会机构设置，配强委员联络服务队伍。举办委员学习培训班2期，培训委员80人次。开展政协委员评价有关部门营商环境及绩效总体评价考评工作，148名委员参与评价打分，为相关部门优化营商环境、改进政务工作提供参考借鉴。把深化机关“作风巩固年”“能力提升年”“制度完善年”建设与开展“作风建设年”活动相结合，以“严新细实”标准改作风，以“五化”工作法抓落实。

（李志璇）

重要会议

【全体会议】　中国人民政治协商会议长春市第十四届委员会第一次会议于2022年2月19日至21日举行。中共吉林省委常委、长春市委书记张志军等市领导出席会议，与委员共商长春经济社会发展大计。会议审议批准綦远方代表政协长春市第十三届委员会常务委员会所作的工作报告和张宝琦代表政协长春市第十三届委员会常务委员会所作的提案工作情况的报告。与会委员列席长春市第十六届人民代表大会第一次会议，听取并讨论市长王子联所作的政府工作报告，讨论市中级人民法院工作报告、市人民检察院工作报告及其他有关报告，对上述报告表示赞同。会议选举产生政协长春市第十四届委员会主席、副主席、秘书长和常务委员。市政协主席李龙熙主持闭幕会并讲话。

【常委会议】　2021年，召开7次常委会议。1月5日，召开市政协十三届二十二次常委会议，审议通过市政协十三届五次会议议程(草案)和日程、市政协常委会工作报告和关于提案工作情况的报告,通过市政协十三届五次会议秘书长、副秘书长名单。听取《关于构建创新生态体系,大力培育民营科技企业的建议案》办理情况的报告，市委办公厅、市政府办公厅关于市政协十三届四次会议以来提案办理情况的报告。书面审议各专门委员会2020年工作报告。审议通过有关人事事项。1月12日，召开市政协十三届二十三次常委会议，听取各组对市委书记王凯在市政协十三届五次会议上的讲话、政协常委会工作报告、提案工作报告、政府工作报告及其他报告讨论情况的汇报，审议政协长春市第十三届委员会第五次会议决议(草案)。1月13日，召开市政协十三届二十四次常委会议，听取各组审议会议决议(草案)情况的汇报，听取政协长春市第十三届委员会提案委员会关于十三届五次会议提案审查情况的报告，通过政协长春市第十三届委员会第五次会议决议(草案)。3月22日，召开市政协十三届二十五次常委会议，传达学习习近平总书记在全国两会期间的重要讲话精神和全国两会精神,安排部署贯彻落实工作。审议通过人事事项。7月28日，召开市政协十三届二十六次常委会议，听取市委常委、常务副市长王海英关于全市上半年经济社会运行情况通报。围绕“优化新基建产业布局,助推长春制造业高质量发展”协商议政。审议通过《中国人民政治协商会议长春市委员会协商工作规则(试行)》《中国人民政治协商会议长春市委员会专门委员会通则》。审议通过人事事项。9月24日，召开市政协十三届二十七次常委会议，围绕“发挥科技创新作用,促进我市农业高质高效发展”协商议政,审议通过《发挥科技创新作用，促进我市农业高质高效发展的建议案》。审议通过人事事项。12月24日，召开市政协十三届二十八次常委会议，传达学习全国政协十三届十九次常委会会议精神。审议通过关于召开政协长春市第十四届委员会第一次会议的决定和议程（草案）、日程（草案）。协商决定政协长春市第十四届委员会委员人选名单。通过政协长春市第十三届委员会常务委员会工作报告、关于提案工作情况的报告。听取《发挥科技创新作用促进我市农业高质高效发展的建议案》办理情况的报告、市委办公厅、市政府办公厅关于市政协十三届五次会议以来提案办理情况的报告。书面审议市政协十三届委员会各专门委员会工作报告。

（李志璇）

建言献策

【专题协商会】 5月19日，召开市政协“促进住房租赁市场健康发展，加快建设幸福长春”专题协商会。市政协委员、市民主党派、城区政协和企业代表，围绕多渠道筹集租赁住房、加快培育发展住房租赁市场、大力发展长租房和合理调控租赁住房租金水平等方面提出意见建议。5月27日，召开市政协“保护利用历史文化和红色文化资源，夯实长春现代化都市圈建设的文化基础”专题协商会。市政协委员、专家，围绕加强和保护利用文化资源、健全完善文化资源管理机制、新媒体与文化资源融合发展、加强文化资源品牌培树等方面，提出意见建议。7月30日，召开市政协“弘扬工匠精神，建设高素质产业工人队伍”专题协商会。市政协委员、特邀专家，围绕产业发展和技能人才需求、技工院校与大型企业校企合作、技能人才培训与评价、职业培训发展策略和高技能人才队伍建设等方面提出意见建议。10月22日，召开市政协“加强中医药传承创新，助力长春健康产业发展”专题协商会。市政协常委、委员和专家，围绕完善中医药服务体系建设、发挥中医药资源优势、加强中医药人才队伍建设、加强中医药文化传承、推动中医药产业发展、全面落实中西医并重方针和加大中医药科研创新投入力度等方面提出意见建议。

【协商座谈会】 6月11日，召开市政协“加强知识产权保护，促进科技创新成果转化”协商座谈会。市政协委员就优化知识产权保护政策环境（体制机制）、加强知识产权人才培养、健全知识产权评估体系、建设高质量知识产权专业运营机构（平台）、推动高校（院所）科技成果转化、企业科技成果对接转化等方面提出意见建议。6月22日，召开市政协“壮大农民合作社，促进小农户与现代农业有机衔接”协商座谈会。市政协委员就加大政府发展农民合作社扶持力度、加强标准化生产、优化创新管理模式、提供人才保障、提高合作社发展质量等方面提出意见建议。10月12日，召开市政协“拓展对外经贸合作空间和领域，加速打造东北亚地区合作中心枢纽”协商座谈会。市政协委员、专家，围绕以高质量经济发展促进形成双循环新发展格局、加强与中东欧国家交流合作、推进中韩示范区创新发展、强化外事工作及对外经贸合作平台作用等方面提出意见建议；欧洲侨界特邀代表人士就打造东北地区对欧交往支点城市提出意见建议。11月17日，召开市政协“科学规划长春现代物流产业布局，建立现代物流产业体系”协商座谈会。市政协委员、专家先后发言，围绕现代物流产业发展、打造高品质冷链物流、推进多式联运产业、发展电商物流等方面提出意见建议。

【立法协商座谈会】 市政协围绕《长春市市政设施管理条例（修订草案）》《长春市城市建设档案管理条例（修订草案）》《长春市促进科技成果转化条例（草案）》《长春市制止餐饮浪费行为条例（草案）》《长春市物业管理条例（修订草案）》和《长春市科技创新条例（草案）》召开6次立法协商座谈会。

【提案办理协商会】 6月22日，市政协围绕交通出行召开提案办理协商会。市政协委员与承办单位，共同研究，实现建言资政、凝聚共识的效果。

【专门协商机构建设】 推动政协协商向规范化迈进,制定实施市政协协商工作规则，制定出台专门委员会通则、民主监督工作规程、凝聚共识工作实施办法，全面梳理汇编十三届市政协修订制定的规章制度52项。推动政协协商向基层延伸,解决“两个薄弱”问题，11个县（市）区政协增加编制80个。探索政协协商与基层社会治理有机结合的新形式，指导县(市)区政协在乡镇(街道)和有条件的行政村、社区普遍建立委员工作(联络)站，做到“有事好商量、众人的事情由众人商量”。

（李志璇）

民主监督

【提案监督】 推进市政协领导督办重点提案的遴选和协调落实工作。经市政协十三届二十七次主席会议通过，确定7件重点提案由市政协领导督办，定期跟进督办进展情况。协调推进市委、市政府领导领办重点提案的遴选工作。经与市委办公厅、市政府办公厅协调，确定12件重点提案由市委、市政府领导领办，并及时跟进领办情况。组织专门委员会督办提案的遴选和协调落实工作。经与各专门委员会沟通协调、报相关领导审定，确定9件督办提案，督促各专门委员会按要求督办。9月22日，市政协召开市区联动提案督办会，推进相关提案办理落实。会上,宽城区政府相关负责人介绍提案办理的相关情况，政协委员与相关负责人进行交流和沟通。

【视察监督】 开展重大经济项目、重点城建项目、乡村振兴项目等专题视察。组织少数民族界、宗教界委员“看发展看变化”视察，考察经济社会发展成就、重大项目建设情况和现代化新农村建设情况。坚持将上年度的重点协商议题转化为下年度的民主监督议题，跟踪视察、跟进建言，推动协商成果转化落实。

【监督落实】 注重防范化解重大风险，围绕老旧小区改造听民声、聚民意，开展道路交通秩序管理、气象灾害监测预警视察，将加强金融风险防范确定为主席会议督办重点提案。制定市政协民主监督工作规程，推进民主监督工作制度化、规范化、程序化。在年度协商计划中列入监督议题，做到履行民主监督职能。

（李志璇）

委员工作

【提案办理】 十三届五次会议以来，征集提案322件。其中，建议案1件，委员提案282件，党派团体提案37件，委员活动小组提案2件。提案聚焦加快建设长春现代化都市圈、争当农业农村现代化排头兵、构建现代产业体系等方面，围绕实现“十四五”良好开局、谱写全面建设社会主义现代化国家的“长春篇章”等建言献策。经审查，立案297件，转社情民意或工作参考19件，撤案6件；立案率92.24%。提案转交市委办公厅、市政府办公厅及有关部门办理，已全部办理完毕。

【政协委员联络站建设情况调研】 4月27日至28日，市政协主席綦远方带队到绿园区、九台区，围绕培育农业龙头企业、推动一、二、三产业融合和政协委员联络站建设情况进行调研。6月29日，市政协主席綦远方到双阳区鹿乡镇，调研县（市）区政协委员联络站建设和运行情况。7月22日，市政协主席綦远方到榆树市调研政协委员联络站建设和运行情况，为榆树市环城乡政协委员协商议事室揭牌。7月27日和30日，市政协分别组织第15委员活动小组和第16委员活动小组部分委员，到农安县和绿园区调研委员联络站建设情况,并为农安县宝塔社区和绿园区合心镇政协委员协商议事室揭牌。8月12日，市政协主席綦远方到二道区调研政协委员联络站建设和运行情况，为四通社区政协委员协商议事室揭牌。

【社会治理专题调研】 围绕“加强城乡社区建设、提高基层社会治理水平”开展专题调研，调研成果以《政协专报》形式报送市委、市政府，得到省委常委、市委书记张志军的肯定，有关部门进行研究落实。

【传统文化专题调研】 市政协民宗委副主席孙英利、秘书长黄强组成调研组，围绕“传承弘扬中华优秀传统文化”开展专题调研，总结长春市传承弘扬中华优秀传统文化所取得的成绩，找出存在的问题并提出对策建议。

【民族团结创建专题调研】 5月25日，市政协副主席孙英利带领部分政协委员，围绕“深入推进民族团结进步创建工作”开展专题调研。委员们从加强组织领导，建立健全开展创建活动的机制、对党的民族工作方针政策的宣传，营造创建氛围、总结民族团结进步创建工作的经验等方面提出意见建议。

【土地资源保护专题调研】 围绕“加强土地资源保护，促进长春高质量发展”开展专题调研，调研成果以《政协专报》形式报送市委、市政府，并被《长春信息》采用，作为“中省社情”上报。

【促进长春中医药产业与粤港澳大湾区融合发展专题调研】 围绕“促进长春中医药产业与粤港澳大湾区融合发展，共同拓展海外市场”开展专题调研，形成《关于促进长春中医药产业与粤港澳大湾区融合发展，共同拓展海外市场的建议》，调研结果以提案方式提交。

（李志璇）

表12 2021年长春市政协重点提案一览表

序号	督办领导	提案号	案由	提案者
1	主席会议	147	关于在长春现代化都市圈建设中加强金融风险防范的建议	代桂霞、回春雁、回春伟、满力春、韩涛
2	孙丰月	172	关于促进长春市物流业发展的建议	冯银江
3	张红星	70	关于推进长春市产学研深度融合，加快科研成果转化的建议	市九三学社
4	侯治富	149	关于加强卫生防疫措施，防范新冠疫情反弹的建议	陈华
5	孙英利	111	关于发展壮大村级集体经济助力乡村振兴的建议	市民建
6	张宝琦	170	关于加强长春市博物馆建设和未来发展的建议	刘亢丁、杨光（新闻出版界）、杜风波、张庭赫
7	郝肖峰	22	关于疫情防控常态化背景下探索新家校合作模式的建议	郇宇、颜圻、邵成文、李凤波

中共长春市纪律检查委员会
长春市监察委员会

ZHONGGONG CHANGCHUNSHI JILU JIANCHA WEIYUANHUI
CHANGCHUNSHI JIANCHA WEIYUANHUI

重要会议

【纪委全体会议】 2021年2月3日，中共长春市第十三届纪律检查委员会举行第七次全体会议。出席全会的市纪委委员31人，列席88人。省委常委、市委书记王凯出席全会并讲话。市委常委，市人大常委会、市政府、市政协及市法院、市检察院负责人出席会议。传达学习十九届中央纪委五次全会、省纪委十一届六次全会精神，总结2020年全市纪检监察工作，部署2021年任务。审议通过孙继光代表市纪委常委会所作的《推动新时代纪检监察工作高质量发展，为谱写全面建设社会主义现代化国家的“长春篇章”提供坚强保障》工作报告。

12月30日，中国共产党长春市第十四届纪律检查委员会举行第一次全体会议。会议由孙继光主持。会议讨论并通过《中国共产党长春市第十四届纪律检查委员会第一次全体会议选举办法》；邵波作关于中国共产党长春市第十四届纪律检查委员会常委、书记、副书记候选人名单的说明；推选并通过监票人。会议选举中国共产党长春市第十四届纪律检查委员会常委，选举中国共产党长春市第十四届纪律检查委员会书记、副书记，报市委十四届一次全会通过。孙继光当选为市纪委书记，王冬梅、张志鹏、李忆农、卢健当选为副书记。

【警示教育大会】 2月8日，长春市召开全市以案为鉴、以案促改警示教育大会，教育引导全市党员干部特别是领导干部受警醒、守底线、知敬畏，让党员干部在严明纪律规矩中进入工作状态。市纪委书记、监委主任孙继光现场通报2020年全市纪检监察机关查办案件情况，对政法系统严重违纪违法案件作剖析，增强警示教育的针对性。

【纪检监察座谈会】 3月22日，为贯彻落实十九届中央纪委五次全会、省纪委十一届六次全会和全省纪检监察业务工作视频会议精神，把市纪委十三届七次全会部署的任务要求落到实处，市纪委监委召开纪检监察工作座谈会。德惠市纪委监委、二道区纪委监委、汽开区纪检监察工委、驻市农业农村局纪检监察组、市纪委监委第九审查调查室5个单位部门负责人发言，交流落实任务的具体思路和措施。市委常委、市纪委书记、市监委主任孙继光出席会议并讲话。

【追逃追赃工作会议】 6月28日，长春市追逃追赃工作会议召开。市委常委、市纪委书记、市监委主任孙继光出席会议并讲话。传达全省追逃追赃工作会议精神，通报全市反腐败追逃追赃工作进展情况。

2月3日，中共长春市纪委十三届七次全体会议举行　（于天一　供图）

2月8日，以案为鉴 以案促改警示教育大会在长春召开　　（于天一　供图）

【开展“四个专项”监督推进会】 8月2日，贯彻落实习近平总书记关于治理“大棚房”、违建别墅等问题的重要指示批示精神，按照中央纪委国家监委、省纪委监委和市委部署要求，统筹开展“大棚房”问题专项清理整治行动“回头看”、农村乱占耕地建房问题整治、违建别墅问题清查整治、“合村并居”问题排查整治“四个专项”监督工作，召开全市纪检监察机关开展“四个专项”监督工作统筹推进会在主持召开全市纪检监察机关开展“四个专项”监督工作统筹推进会，会议由各县（市）、区纪委监委、莲花山纪检监察工委汇报“四个专项”监督工作情况和下步打算。市委常委、市纪委书记、市监委主任孙继光发表讲话。

【十三届市委第十一轮巡察工作动员部署会议】 10月13日，市委巡察工作领导小组召开十三届市委第十一轮巡察工作动员部署会。会议传达全省巡察工作会议精神和省委常委、市委书记张志军在听取市委第十轮巡察汇报时的讲话要求，宣布十三届市委第十一轮巡察组组长授权任职及任务分工决定。市委常委、市委巡察工作领导小组组长孙继光出席会议并讲话，市委常委、市委巡察工作领导小组副组长邵利主持会议。

（于天一）

监督检查

【“十四五”规划监督检查】 聚焦经济社会发展和项目建设、常态化疫情防控、换届、安全生产和安保维稳等5方面重点任务开展专项督导检查，发现问题98个，纠正政治偏差，督促整改落实到位。面对公主岭等地突如其来的疫情，市县两级联动开展3轮督导检查，发现问题157个，逐一督促整改解决。派出3个综合督导检查组进驻公主岭市和市传染病医院，对防疫责任和措施不力问题追责问责12人。

【整风肃纪】 协助市委全面彻底肃清孙政才、苏荣和王珉流毒影响，高度警觉“七个有之”问题，清除对党不忠诚不老实的两面派、两面人，全市纪检监察机关查处违反政治纪律案件25件，处分25人。加强换届风气监督，严肃换届纪律，制定《关于严肃换届纪律加强换届风气监督的实施方案》《关于开展换届风气监督检查工作方案》，协助组织部门做好换届督导和考察工作，坚持综合研判、“下沉一级”核查，审慎回复党风廉政意见。市纪委监委集中开展3轮督导检查，回复党风廉政意见103批3101人次，提出暂缓意见16人次、否定意见72人次，防止“带病提名”“带病提拔”。

【惩治腐败】 坚持严的主基调不放松，坚决查处重点领域、“关键少数”及各种风险背后的腐败案件，市纪委监委立案审查调查市管干部41人，重点查处领导干部严重违纪违法问题。全市纪检监察机关接收信访举报19984件次，其中检举控告类3649件次；立案3015件，处分2724人，移送检察机关120人；全市有50人向纪检监察机关主动投案，146人主动交代问题。

【以案促改促治】 坚持以问题推动查补漏洞、以案件促进整改整治、以典型的人和事开展警示教育，统筹推动查办案件、加强教育、完善制度、促进治理。协助市委召开以案为鉴以案促改警示教育会议，组织市级领导和市管主要领导干部参观省廉政教育基地，通报典型案件及教训警示。制定《关于全市纪检监察机关推进以案促改工作的实施方案》，召开以案促改工作座谈会和专题培训会，提升以案促改制度化规范化水平。坚持以案为镜鉴，编印《忏悔录》，编写《村干部违纪违法警示案例评析》，制作警示教育专题片，增强警示教育实效性。督促汽开区围绕4起典型案件开展以案促改，建立完善制度314项。深化人防系统整改整治，推动市人防办整改问题292个，出台《人防工程（结建）审批制度》等9方面140项规章制度。全市纪检监察机关撰写案件剖析报告114份，下发纪检监察建议书840份，推动案发单位整改问题4048个，建立完善制度1060个。

【反腐败国际追逃追赃】 召开市委反腐败国际追逃追赃工作会议，成立市委反腐败追逃追赃和跨境治理办公室，建立健全协调机制。集中开展追逃追赃宣传月活动，拍摄纪实专题片，滚动播放公益广告240万余条次、短视频160万余条次、电子海报18万余张次。全市纪检监察机关追回出逃人员38人，追回赃款赃物价值668.1万元。市监委首次向市人大常委会专题报告反腐败国际追逃追赃工作，自觉接受市人大及其常委会监督。

【落实中央八项规定精神】 协助党委落实抓作风建设主体责任，全市纪检监察机关约谈党组织书记1065人次。制定《关于做实做细作风监督深入纠治“四风”问题的工作方案》，落实38项具体措施。强化节点监督，发现问题277个，督促立行立改160个。坚决防反弹回潮、防隐形变异、防疲劳厌战，严肃查处违反中央八项规定精神问题，对顶风违纪、屡教不改、情节恶劣的从严处理，公开通报曝光典型问题。坚决查处享乐奢靡行为，对不吃本级吃下级、超标准接待拆分报销、物流快递送礼等隐形变异问题深查严治，对违规收送名贵特产和礼品礼金等突出问题严肃查处，对违规吃喝、用房、用车等情况推进常态化监督。全市纪检监察机关查处享乐主义、奢靡之风问题149个，批评教育帮助和处理165人，处分147人，通报曝光违反中央八项规定精神典型问题24批70起。

【纠治形式主义、官僚主义】 查找政绩观扭曲、发展观偏差、治理能力不足导致的形式主义、官僚主义，督促纠正工作过度留痕、检查考核过多过频等问题，防止不顾基层实际乱加码、乱作为，推动建立基层减负常态化机制。全市纪检监察机关查处形式主义、官僚主义问题36个，批评教育帮助和处理54人，处分46人。

【廉政建设】 健全定期公布查处结果制度，完善节前通报曝光、节中监督检查、节后督促整改工作机制。拍摄制作《修身齐家清正廉明》《中秋月明映清廉》等廉洁公益视频，营造廉洁文化氛围。开展新任市管干部家属“廉政一日”教育，开办国企领域、政法系统、教育系统家庭廉政课堂，引导党员、干部自觉反对特权，严格家教家风。落实“五化”工作法，推动形成“严新细实”作风。

（于天一）

专项治理

【概况】 建立贯彻落实习近平总书记视察吉林重要讲话重要指示精神监督台账，将其分解转化为36个方面174项任务，会同省纪委监委成立4个联合检查组，分别到榆树市、农安县和长春新区等地开展监督检查，发现问题17个，跟踪督促整改落实。制定实施《长春市纪委监委全面加强政治监督的工作方案》，推进政治监督落地见效。开展供销合作社系统腐败问题专项治理，立案56件63人，处分20人。开展粮食购销领域腐败问题专项整治，立案12件20人。统筹推进“四个专项”监督，发现问题36个，督促完成整改32个，立案3件11人，处分3人。

【民生领域专项治理】 开展“我为群众办实事”实践活动，推进26项服务基层、服务群众实事，解决群众“急难愁盼”问题107件，办理中央纪委国家监委转办诉求类留言53件，指导各地各部门“一领域一专项、一地域一方案”，整治群众身边“微腐败”，解决群众痛点难点堵点问题。加大教师有偿补课和校外培训治理力度，督促市教育局查处非法培训机构2142所，查处违规教师75人。开展医疗机构乱收费、收红包、索回扣“三项整治”。开展供热领域腐败和作风问题专项整治，立案29件，处分14人。开展农村基层“微腐败”及涉农领域职务违法职务犯罪专项治理，处置问题线索844件，立案178件，处分166人。

【惩治涉黑涉恶腐败和“保护伞”常态化】 制定实施《关于常态化开展惩治涉黑涉恶腐败和“保护伞”的工作方案》，把“打伞破网”和政法队伍教育整顿结合起来，健全常态化推进工作机制。履行政法队伍教育整顿协同责任，制定《长春市政法队伍教育整顿“自查从宽、被查从严”暂行办法》《实施细则》，按期查结省级第一指导组移交问题线索91件。全市纪检监察机关处置问题线索883件，立案257件，处分处理424人。

【优化营商环境】 落实《长春市损害营商环境行为问责办法（试行）》，制定《关于坚决整治营商环境建设中形式主义官僚主义问题的工作方案》，成立7个专项监督检查组，围绕政策制度、政务服务、履行契约、行政执法等方面作风问题开展整治行动，重点对政务大厅和“窗口”单位开展监督检查，推动解决“庸散怕浮奢”问题。全市查处营商环境领域问题52个，处理18人，改善营商环境。

（于天一）

案件查处

【加强对“一把手”和领导班子监督】 贯彻《中共中央关于加强对“一把手”和领导班子监督的意见》和省委《关于加强对“一把手”和领导班子监督的若干措施》，协助市委制定贯彻落实的工作方案，制定市纪委实施方案，编制《长春市纪委监委加强对“一把手”和领导班子监督工作规程（试行）》，选择5个单位先行先试，建立24种监督运行模块，推进监督清单化、项目化、规范化，推动主体责任和监督责任同向发力、一贯到底。市纪委监委向市委报送重要事项报告39份。全市纪检监察机关与各级党组织负责人开展谈心谈话1258人次，约谈提醒62人次，反馈问题135个。

【提升监督治理综合效果】 发挥改革的先导、突破、创立作用，开展“四项监督”统筹衔接问题调研，修订完善“1+1”“1+N”“1+X”机制，建立健全“4+2+Z”联动模式，推动“四项监督”在决策部署指挥、资源力量整合、措施手段运用上更加协同高效。开展基层监督改革试点，指导县（市）、区制作《村级微权力操作手册》，整合基层监督力量，探索建立“片区制”“协作区”监督模式，推动监督下沉，打通全面从严治党“末梢神经”。

【规范问责】 坚持权责统一、失责必问，对第二轮中央环保督察组交办信访件、省环保督察领导小组移交问题线索等进行核查，追责问责146人。对北湖大桥质量问题系列案件、净月“7·24”重大火灾事故、长春世鹿鹿业集团“11·6”火灾事故、长春佳龙牧业“6·15”中毒事故开展追责问责。全市问责党员领导干部、监察对象218人。

【“四种形态”运用】 全市纪检监察机关运用“四种形态”批评教育帮助和处理10511人次，其中，运用第一种形态谈话函询、提醒批评7753人次，占总人次的73.8%；运用第二种形态给予轻处分、组织调整2238人次，占21.3%；运用第三种形态给予重处分、职务调整232人次，占2.2%；运用第四种形态处理严重违纪违法、触犯刑律的288人次，占2.7%。坚持严管厚爱结合、激励约束并重，落实“三个区分开来”要求和吉林省激励干部担当作为容错纠错十条，编印《习近平关于“激励保护干部担当作为”重要论述摘要及有关文件制度规定汇编》，探索建立容错纠错清单，对103名干部免予处分。严肃查处诬告陷害行为，制定实施《长春市纪检监察机关查处诬告陷害行为工作实施办法（试行）》，严格执行党员权利保障条例，梳理排查信访举报1843件，为39名干部澄清正名。对1147名受处分党员干部开展回访教育，引导他们知错改错，重拾信心，再创佳绩。

（于天一）

10月13日，市委巡察工作领导小组十三届市委第十一轮巡察工作动员部署会议在长春召开（于天一 供图）

巡察工作

【政治巡察全覆盖】 贯彻中央巡视工作方针，发挥政治巡察作用，组织开展十三届市委第十轮、十一轮巡察，对供销合作社系统、供热领域、涉粮问题开展专项专题巡察，对国企、教育、医疗、安全生产领域开展延伸巡察，对市委前9轮巡察整改情况进行“回头看”，实现常规巡察和整改“回头看”两个全覆盖。市委第十、十一轮巡察发现问题908个，移交问题线索82件，推动立行立改问题24个。

【巡视巡察机制建设】 履行巡视整改监督责任，协助市委推进中央第八巡视组和省委第四巡视组反馈意见整改。落实与被巡察党组织主要负责人沟通机制，压实巡察整改主体责任。创新巡察反馈组织方式，实行集中反馈和“一对一”现场反馈相结合，增强严肃性、权威性、针对性。向被巡察单位及时通报巡察情况，向党委报送巡察专题报告，落实巡察整改情况报送和“三方联审”工作机制，督促被巡察党组织公布整改情况，接受社会监督，发挥以巡促改、以巡促建、以巡促治关键作用。

【巡视巡察联动】 协助市委制定落实《关于加强巡视巡察上下联动的意见》工作方案，明确7项重点任务，制定29条具体措施，在南关区、公主岭市开展试点。召开全市巡察工作会议，贯彻落实中央、省委部署要求，总结交流经验，推动市县巡察上下联动落实落地，构建系统集成、协同高效的巡视巡察监督工作格局。

（于天一）

民主党派·工商联

MINZHU DANGPAI · GONGSHANGLIAN

中国国民党革命委员会长春市委员会

【概况】 截至2021年年底，中国国民党革命委员会长春市委员会（简称“市民革”）有基层组织26个，包括7个委员会、1个总支、17个独立支部、1个县级地方委员会。全市有民革党员1850人，其中，副教授以上职称555人，硕士研究生以上学历占党员总数的29.8%，有中组部1人、国务院政府特殊津贴1人、国家千百万人才工程1人、长白山学者5人。市民革发展新党员50人，其中，大学以上学历48人，各级政协委员5人，有副高级职称和副处级人员8人。市民革参与调研的《关于推动冰雪产业高质量发展的建议》通过“直通车”的形式呈报习近平、李克强、汪洋3位中共中央常委，得到李克强、汪洋的重要批示。被评为“民革全国组织工作先进集体”“2021年度团结报宣传发行工作先进集体（地市及基层组织）三等奖”，市委会机关获民革全国机关工作先进集体，1名机关干部获民革全国机关工作先进个人，1名机关干部获团结报社2021年度优秀特约通讯员（优秀奖）。4名民革党员被民革中央评为助力脱贫攻坚工作先进个人。1个基层支部获第二批民革“全国优秀示范支部”，3个民革党员之家获第二批“全国优秀民革党员之家”。

【组织建设】 民革长春市第十三次代表大会完成各项议程，产生由37名委员组成的民革长春市第十三届委员会。指导9个基层组织完成换届工作，122名党员到基层组织领导班子中来。落实集体领导分工负责、班子成员联系专委会和基层组织等制度，完善领导班子及基层组织负责人述职和民主评议制度等各类会议制度。全年召开主委会议、常委会议、全委（扩大）会议12次。组织领导班子成员、处级实职干部参观省廉政教育基地。完善《基层组织年度工作量化考核办法》，指导基层组织提升自身建设能力水平。完成与民革公主岭市委会的对接工作。制定年度党员发展规划，开展全市民革党员信息普查采集工作和基层组织领导班子成员备案登记工作。建立完善《机关各处室及人员岗位责任制度》《机关工作年度目标责任制》《基层组织联络员制度》。落实每周一机关工作例会制度。组织机关干部开展“学党史转作风重走抗联路”专题培训，参加全市统战系统理论学习教育培训。

【思想建设】 2021年，召开全国“两会”精神报告会、习近平新时代中国特色社会主义思想读书会、支部主委讲党课等学习活动20余次，全市党员思想

3月29日，市民革组织基层组织负责人到广东开展“学党史、观故居，走多党合作之路”主题学习活动 （王　茜　供图）

政治觉悟得到提高。以庆祝中国共产党成立100周年等重大活动为契机，举办4期“学五史·忆初心·共奋进”线上有奖竞答和线下知识竞赛，1300余名民革党员参与；组织基层组织负责人到广东开展“学党史、观故居，走多党合作之路”主题学习；与民革省委会联合举办庆祝中国共产党成立100周年主题文艺晚会和纪念辛亥革命110周年书画联展；组建长春民革合唱团开展“唱支山歌给党听”红色歌曲传唱活动；开展“风雨同舟·百年风华”主题征文活动。构建微信公众号、门户网站、《长春民革》、团结报多媒体阅报屏等立体式、全覆盖宣传平台。编发各类稿件205篇，中央媒体刊物刊登23篇，省市党报党刊刊登34篇。微信公众号全年推送消息294条，点击阅读量57000余次，长春民革网站推送信息120篇，点击阅读量87000余次。编辑《长春民革》4期、《大事记》1册、《民革长春市第十三次代表大会专刊》1册。

【参政议政】 把参议议政工作纳入基层组织年度工作目标责任制考核，下发《关于征集2021年调研课题的通知》，2021年完成重点调研报告1篇，高质量提案20篇。其中，6篇被民革省委会采纳并作为团体提案，2篇被列为市政协十四届一次会议大会发言，3篇作为书面发言，6篇作为团体提案，1篇作为联组发言。《关于运用市场化手段打造长春市科技创新体系的建议》得到市委书记张志军签批，被市科技局作为打造长春国家区域创新中心体系的重要参考。召开2021年度参政议政工作会议，通报参政议政工作情况，表彰先进集体和个人。与省社科院、市科技局开展对口合作，聘请“外脑”担任专家顾问，对课题把关指导。邀请宁波、温州两地民革组织到长开展冰雪经济发展调研考察活动。修改上报社情民意48篇，其中1篇被全国政协《每日社情》采用，9篇被民革中央采用，1篇被省长韩俊批示，有4篇被省政协采纳、14篇被民革省委会采纳、12篇被市政协采纳、2篇被市委办公厅采纳。市民革连续4年获市政协“反映社情民意信息工作先进单位”称号。在民革吉林省第十二届六次全体会议上，市民革被评为反映社情民意信息工作先进集体，6名党员被评为先进个人。

【社会服务】 民革长春市企业家联谊会通过开展金融对接服务，走访小微企业10余户，落实到位资金1500余万元；与民革天津市、沈阳市企业家联谊会建立战略合作关系；联合民革吉林省企业家联谊会举办汽车零部件企业合作交流会。长春中山文化艺术院重点打造具有民革特色、可复制的文化“五进”系列品牌活动。长春中山法律援助工作站全年组织普法宣传活动6次，咨询案件900余次，受援人数1900余人次。民革党员志愿者团队走进乡村、社区、学校等地，开展送医送药、关爱留守儿童空巢老人、慰问抗战老兵等“中山”系列、“博爱·牵手”品牌活动70余次，捐赠善款67.46万元，受益2360余人。尹永杰、孙宏志、宋德彪、王岩、霍鹏飞5人曾支援武汉市、满洲里的民革党员再次到通化市中心医院开展新冠肺炎患者医疗诊治工作。60余名民革党员坚守在核酸检测一线。民革党员企业家们为助力疫情防控，捐赠物资30余万元。6名民革党员被评为民革全国抗击新冠肺炎疫情先进个人。尹永杰被授予第三届“吉林好人·健康卫士”称号。

（王　茜）

中国民主同盟长春市委员会

【概况】 截至2021年年底，中国民主同盟长春市委员会（简称“市民盟”）有基层组织41个，其中，基层委员会31个，直属支部10个。盟员总数3701人，平均年龄53.68岁，高中级职称2705人，担任市级以上人大代表12人，市级以上政协委员36人。市民盟获民盟中央“纪念中国民主同盟成立80周年先进集体”“脱贫攻坚先进集体”“中共党史学习教育先进集体”称号，7名盟员分别获纪念中国民主同盟成立80周年“杰出盟员”“优秀盟员”“脱贫攻坚先进个人”“组织发展工作先进个人”称号。

【组织建设】 市民盟以“市级组织换届年”为主线，推动组织工作发展。加强领导班子建设，落实市民盟领导班子民主生活会实施细则，完成年度领导班子民主生活会和民主评议活动，基层组织换届和基层领导班子述职工作等。召开监督委员会工作会议，完善内部监督制度，发挥监督委员会工作职责，规范组织处理相关工作，开展市民盟领导班子及监委会参观廉政教育展览等活动。带领广大盟员学习《纪要》《中国民主同盟组织发展条例》精神，发展政治素质好，知识层次高，有代表性和参政议政能力的人士入盟。2021年，发展高校、文化界代表性人士、重点分工领域范围内新的社会阶层人士115人；建立健全长春市民盟新一届基层委员会数据库400余人。推进“盟员之家”建设，新建“盟员之家”2个，建成“盟员之家”23个。完成长春市民盟两级组织换届工作，基层组织换届于7月中旬全部完成，市级组织换届于11月上旬完成。完成吉林农业大学、双阳区盟委届中调整工作。抓机关建设，落实市委统战部“五化”工作方法，开展机关主题学习活动，开展理论学习20余次，机关干部联系基层组织工作，到基层组织走访调研40余次。在纪念吉林省民盟地方组织建立70周年表彰中，长春市13个民盟基层组织，52名盟员，3名盟务工作者获表彰，市民盟作为先进集体代表在纪念表彰大会上发言。

【思想建设】 教育引导广大盟员学习习近平新时代中国特色社会主义思想，学习贯彻中共十九届六中全会精神，学习领会新修订的《中国共产党统一战线工作条例》精神等，把握新

6月26日，民盟吉林财经大学委员会庆祝建党百年学习实践活动

（张　宇　供图）

时代盟员的思想动态。通过学习培训、专题研讨、经验交流等多种形式组织和指导市民盟机关、各基层组织开展主题学习活动60余次。以庆祝中国共产党成立100周年，纪念中国民主同盟成立80周年，开展党史学习教育、盟史学习教育，利用“周末大讲堂”“盟员之家”等平台开展30余次形式多样的学习活动；举办“铭记初心跟党走 携手奋进新征程”红色话剧《春晓》专场演出活动，500余名盟员参加活动；开展庆祝中国共产党成立100周年、纪念建盟80周年主题征文、线上诵读、知识竞答等活动，收集优秀作品50余篇；协助民盟吉林省委、市委统战部开展“风雨同舟薪火路”“翰墨丹青 同心百年”庆祝中国共产党成立100周年书画摄影展，收集书画作品百余幅。完善“一网一刊一号”宣传平台，通过微信公众号打造年初抗疫报道、庆祝中国共产党成立100周年和纪念建盟80周年寄语感言、换届动态、学习中共十九届六中全会精神等特色专栏，更新公众号、网站信息300余篇次。

【参政议政】 结合市民盟实际，对部分专委会进行重组合并、拆分和新设调整，将高教与科技、经济金融、城乡建设等7个专委会调整为参政议政类专委会。完善长期科学有效的选题机制，编制《年度参政议政参考课题》，为基层组织开展调研活动提供重要参考。围绕重点课题调研计划，组建课题组，到多地开展调研活动，形成《关于“制造业+”全链发展，打造现代化轨道交通装备制造基地的建议》等调研成果，得到市有关领导高度评价。向民盟中央报送有关“教育改革”“共同富裕”有效建议14份，其中《关于打造共同富裕综合评价体系的几点建议》，得到民盟中央主席丁仲礼批示；《关于进一步加强义务教育阶段学生科普教育的建议》被民盟中央采纳，受邀参加民盟中央“教育改革”专题座谈会，这是民盟中央首次采纳副省级城市建议并邀请代表参会进行大会发言。参加民盟全国副省级城市第十七次盟务工作会议和东北三省盟务工作座谈会，提交大会发言，并与兄弟盟组织交流研讨城市盟组织参政议政的方式与方法等议题。2021年，收集整理社情民意128件，形成团体提案5份，个人提案16份，专题议政会材料1份，向民盟中央报送信息25份，向民盟吉林省委报送信息19份。在2020年度参政议政表彰会及研讨会上，表彰参政议政先进集体12个和先进个人24名。

【社会服务】 开展“四叶草”系列活动，为盟员支教的四川大凉山巴姑村小学捐赠复印机、投影仪、校服、书本等近3万元物资；各基层组织开展捐资助学、图书捐赠、公益环保行、联合义诊、慰问老盟员、健康宣讲等特色活动10余次。助力疫情防控工作，开展“抗疫——长春民盟在行动”，朱志华、李敏、王东升等多名盟员医护工作者到通化、公主岭抗疫一线开展救治工作。绿园区、二道区、南关区、经开区、德惠市基层盟委等多个基层组织为奋战在一线的工作人员送去抗疫物资和慰问品，数十名盟员加入核酸检测的志愿服务工作中，协助社区、街道维持核酸检测点秩序，宣传核酸检测注意事项等工作。

（张　宇）

中国民主建国会长春市委员会

【概况】 截至2021年年末，中国民主建国会长春市委员会有基层组织122个。其中，基层委员会16个，总支部13个，支部委员会和支部92个，小组1个（市委会直属基层组织24个）。市委会设同级监督委员会1个，直属专门委员会6个。会员数2093人，具有高级职称的378人，占会员总数的18.06%，具有中级职称的664人，占会员总数31.72%，会员中担任各级人大代表、政协委员职务的有166人，占会员总数的7.9%。2021年，发展会员92名，平均年龄36.9岁。其中，博士研究生3名，硕士研究生18名；具有高级职称的9名，具有中级职称的13名。

【组织建设】 10月28日至30日，民建长春市第十四次代表大会召开，选举产生民建长春市第十四届委员会，新一届领导班子、常委和委员均全票当选。会前全部完成基层组织换届工作，组建金融保险基层委员会、汽车产业开发区基层委员会，指导公主岭市委会完成换届任务。2021年，发展会员92人，平均年龄36.9岁；其中，大专学历以上91人；中级职称以上22人；高等教育界8人，民营经济人士18人，各级人大代表和政协委员3人。依据会内监督条例，为保障第十四次代表大会的召开，制定换届纪律要求，通过设立大会秘书处纪检组以及违纪举报电话等措施，严肃会风会纪。在评选市级“先进集体”“优秀会员”工作中，依据评选条件和工作程序，履行监督职责。2021年是市政协的换届之年，推荐13名会员作为市政协委员人选。为鼓励先进，树立榜样，授予10个基层组织“全市先进集体”称号，授予180名会员“全市优秀会员”称号。21名女会员被民建吉林省委会评为“双争”标兵、63名女会员被市委会评为“四有”活动先进个人。

【思想建设】　召开4次理论学习中心组（扩大）学习会，120余人次参加学习活动。举办思想建设培训班、专题报告会等活动，学习十九届六中全会精神，引导广大会员认识“两个确立”的决定性意义。市委会和各级组织开展各类学习活动110余次。制定庆祝中国共产党成立100周年主题活动实施方案，开展“追寻领袖足迹，‘打卡’革命纪念地”线上学习、“感悟信仰之源汲取奋进力量”观影活动，对会员进行爱国主义和民建优良传统教育；各级组织到四平战役纪念馆、九台三下江南战役纪念馆等地，开展系列学习活动。2021年，各级组织开展庆祝中国共产党成立100周年活动31次。在微信公众号开通“学党史·守初心”专栏，推送《党史故事100讲》视频。征集会员书画作品20份，参加省政协和市委统战部书画作品展，多篇作品获奖。编辑会刊6期，编辑庆祝中国共产党成立100周年主题征文汇编1期，在宣传平台上推送宣传报道201篇，会员提交各类学习心得60余份。

【参政议政】　在市政协十三届五次全体会议上提交7份团体提案。其中1份作为大会发言，1份被选为市政协领导督办提案。2份团体提案和4份委员提案被评为市政协十三届四次会议以来优秀提案。5份委员提案被全国政协立案，4份调研成果被民建吉林省委选为团体提案，10份委员提案被省政协立案。在市政协十四届一次全体会议上，市委会3份团体提案被市政协采用，1份作为大会发言，2份作为书面发言。2021年，提交社情民意152份，其中，14份被民建中央采用。21份被省政协采用，6份建议被市政协采用。编辑完成《建言2020》，为会员提供交流学习范例。在民建中央2021年度社情民意信息工作表彰中，1名会员获先进个人，1名机关工作人员获先进工作者。围绕助推吉林省黑土地保护工作开展系列专题调研，形成7份调研成果，其中4份被民建中央采用。各级组织和专委会全年上报调研成果43份。民建会员所在的市政协第一委员活动小组获履职贡献奖和活动组织奖，郇宇等14名民建界别政协委员被评为优秀委员。12月，市委会获“民建吉林省委参政议政工作先进单位”特等奖，28名会员获“民建吉林省委参政议政工作先进个人”称号。

【脱贫攻坚】　7月，按照民建吉林省委会统一部署，为助力河北丰宁巩固脱贫攻坚成果发起捐款倡议，动员广大会员捐赠扶贫资金12.8万元，组成专题调研组，到河北丰宁北头营乡开展专题调研和帮扶工作。榆树市基层委员会开展“送良种下乡”活动，为农户送去价值2.4万元的优质玉米种。绿园区基层委员会参加“助力乡村，振兴植树”活动，为哈达村捐助鲜花走廊的花卉。吉林农业大学支部到白山市就当地食用菌企业存在的问题给予专业指导。2021年，市委会被民建中央评选为“民建参与脱贫攻坚先进集体”，副主委李占海获“民建参与脱贫攻坚先进个人”。

【融媒助企】　推进“融媒助企”活动，组织一汽科技专家团队、经济类专家会员面对面为企业家会员答疑解惑。通过市委会服务企业家会员微信群，每天为会员提供热点新闻解读和经济形势分析等服务，截至2021年底解读159期。各基层组织开展为企业家会员服务活动，直属第二基层委员会专门制作《会员企业产品宣传专刊》，打造会员企业产品交流平台；南关区基层委员会开展讲解《中华人民共和国民法典》系列活动，助力企业规范经营。组织部分企业家出席2021中国（天津）非公有制经济论坛。在非公论坛论文评选活动中，专职副主委肖辉山撰写的论文获优秀奖。组织参加民建中央社会服务征文活动，报送征文12篇，其中1篇获民建中央优秀论文二等奖。

【百企千岗】　“百企千岗”招聘活动是市委会社会服务工作的传统品牌，连续举办11场。5月，与民建吉林省委、吉林财经大学共同主办“创业有你·‘就’在吉林2021年民建‘百企千岗’进校园——吉林财经大学专场招聘会”，面向吉林财经大学56个专业的应届毕业生，提供符合学校专业方向的就业岗位1124个，达成就业意向260余人。

【社会服务】　7月，河南省遭受暴雨灾情影响，市民建会员主动捐款22800元。“八一”前夕，市委会与预备役某旅结成共建单位，汽开区基层委员会开展拥军慰问活动，送上价值5000余元的慰问品。公主岭市委员会为范家屯一中的贫困学生捐赠12000元学费，帮助他们渡过难关。榆树市基层委员会探索社会服务新模式，与榆树市百川志愿者协会携手合作，开展“助残义卖”等活动。九台区民建会员胡艳苹受邀参加主题为“解决因残致贫问题的中国探索”的残疾人脱贫攻坚论坛做大会发言。

（张芝红）

中国民主促进会长春市委员会

【概况】 截至2021年年底，中国民主促进会长春市委员会（简称“市民进”）有地方组织1个，基层委员会12个，26个基层支部，内设8个专门委员会。有会员2105人，其中，教育文化出版传媒等主体界别会员1507人，占71.6%；中上层会员1706人，占81.05%；大学及以上学历1604人，占76.2%。会员中有各级人大代表26人，各级政协委员129人，其中，全国政协委员2人，省人大代表3人，省政协委员12人，市人大代表14人，市政协委员16人。

【组织建设】 召开领导班子民主生活会，坚持民主集中制，起草《民主生活会工作方案》。健全议事制度，明确主委会议、常委会等议事规则，强化工作程序。召开第十二届第九、十、十一次常委会，第五、六、七、八次全委会议。推进会内监督，召开第十二届委员会监督委第一次会议，落实监督委员会成员列席常委会、全会制度，加强会内监督工作的针对性和实效性。强化基层组织领导班子建设，加强对基层组织班子建设、日常工作、组织活动、发展新会员等工作的指导。施行与基层组织班子成员单独谈话机制。根据工作需要，撤销民办教育支部。更新代表人士及后备干部资源库，推荐12名会员为长春市政协委员初步人选，补充14名会员为民进吉林省企业家联合会成员。统筹会员发展。落实“三个文件”精神及市委统战部具体要求，科学制定并实施会员发展年度规划。根据《中国民主促进会会员工作条例》，校审会员基本信息，梳理去世、失联会员，规范操作会籍调转工作程序。创新会员组织活动模式。为庆祝“三八”妇女节，协助妇女专门委员会发起《致全市女会员的一封信》；在春节慰问活动中，向市民进老领导、老会员、机关退休老干部送上礼品和慰问信；发扬传统，为80岁老会员庆祝生日；在民进开明慈善基金会—彩虹关爱活动中，为生活困难老会员申请到5000元帮扶基金。

【思想建设】 开展中共党史学习教育。注重线上线下学习教育相结合。利用网站、微信公众号设置学习中共党史教育专栏，通过微信群向全市会员转发17期“党史微课”系列短视频，制作学习教育展板。召开宣传思想工作推进会，邀请中共长春市委党史研究室副主任魏跃军以《初心牢记使命在肩——长春党史里的那事那人》为题，就中国共产党在长春的建立、发展、斗争及所取得的伟大成就和光辉历程进行专题辅导。将中共党史学习教育、“三个共同”主题教育实践与庆祝中国共产党成立100周年相结合，开展系列活动：开展庆祝中国共产党成立100周年以及“中国共产党百年党建经验对中国特色社会主义参政党建设的启示”主题理论征文活动。2次征文收到40余篇文章，其中1篇《锻造具有先进性和活力性的新时代参政履职能力——通力合作下坚持自身特色，与时俱进中协同发挥合力》在民进中央评比中获三等奖，有12篇优秀文章被推荐到省民进参与评选活动。征集庆祝中国共产党成立100周年的文艺作品视频。市民进将3个基层视频作品推荐至省民进，作为省民进文艺会演的组成部分，3个短视频全部被今日头条刊发。收看庆祝中国共产党成立100周年大会直播盛况。将学习会史作为学习教育的重要内容，面向全市各基层组织开展征集基层会史活动。下发《中国民主促进会会史工作条例》，要求各基层组织学习条例内容，使各基层组织对民进史料的研究、学习、宣传、保障及相关的自身建设等有规可依，有章可循。

【参政议政】 召开参政议政工作会议，审定2021年调研课题，布置全年参政议政工作任务安排。以“反映社情民意信息”主题年建设为契机，举办“反映社情民意信息”主题年培训班。深入基层专委会，到市政府进行“城市大脑”相关调研；到长春市教育局、吉大附中、长春市第五中学等相关部门、学校调研，并和长春理工大学政治教研室教师就“统筹大中小学思想政治课一体化建设，整体规划思政课课程目标”等问题进行探讨。市民进在到哈尔滨、沈阳民进组织进行工作调研过程中，就“中小学思想政治教育”调研课题进行交流。市民进向省民进、市政协提供社情民意稿件40余篇。其中《开展“长满欧”、“长珲欧”国际班列沿线国家语言服务建设的建议》被市政协采纳报送中共长春市委、市政府领导，以及省政协；《关于加强农村学校心理健康教育的建议》被省政协作为社情民意专报全国政协，《关于提升中小学课后服务质量的建议》被市政协采纳报送中共长春市委、市政府领导；《关于加强治理电商滥发促销短信的建议》的社情民意信息被省民进采用、被省政协采用并报送全国政协。民进长春市委会被评为2021年度民进全国反映社情民意信息工作先进集体；2名会员被评为民进全国反映社情民意信息工作先进个人。

【社会服务】 依托长春民进开明书画院社会服务平台，以庆祝中国共产党成立100周年为主题，开展系列社会服务活动。举办“百年风华初心如磐”书画作品展，展览于6月10日至16日在长春市图书馆举行，展出作品80余幅，其中大部分作品就是文化界会员为庆祝中国共产党成立100周年而开展的展览作品集。与东北师范大学东安实验学校联合开展“翰墨情深远携手筑华章开明书画校园行”活动，启动仪式当天“开明艺术讲堂”在该校拉开帷幕。书画院副院长王洪义为该校师生授课，副院长王志君等多位书画院理事在该校开展笔会活动，常务理事李双和向该校赠送书法书籍。开展春联万家活动。因疫情影响，创新采取“空中送祝福”的方式，组织全市7个基层组织及榆树市委会开展春联万家活动，为社区居民及防疫一线工作者献上新春祝福。活动期间送出春联1670副，“福”字1740个，辐射居民及防疫一线工作者3000余人。“万人助万企”和脱贫攻坚民主监督工作成果。按照市总调度室的要求，市民进工作队实地走访所联系的5家企业，转发助企信息近20条，向市总调度室上交5家企业的基本现状，未留任何拖欠问题。5月，民进长春市委会被民进中央评为“民进全国社会服务暨脱贫攻坚工作先进集体”，5名会员被评为先进个人。

【换届大会】 11月2日至4日，中国民主促进会长春市第十三次代表大会召开。大会审议并通过《民进长春市第十二届委员会工作报告》，通过《民进长春市第十三次代表大会决议》。大会选举产生由33人组成的民进长春市第十三届委员会以及41名出席民进吉林省第九次代表大会代表。在新一届委员会第一次全体会议上，选举产生由12人组成的常委会，禹平（女）当选为民进长春市第十三届委员会主任委员，邹德涛、花秋玲（女）、丁立新（女）、王玉华（女）、梁海伟当选副主任委员。会议表决通过民进长春市第十三届委员会监督委员会人选。

（王　丹）

中国农工民主党长春市委员会

【概况】 中国农工民主党长春市委员会（简称市“农工党”）有基层组织25个，其中，基层委员会7个，总支委员会4个，支部14个。截至2021年年底，全市党员总数1168人，平均年龄49.3岁。其中，医药卫生界617人，占党员总数52.8%；政府机关、司法机关、民主党派机关85人，占党员总数7.2%；新的社会阶层人士115人，占党员总数9.8%。具有高级职称的669人，占党员总数57.3%；具有中级职称的375人，占党员总数32.1%。农工党党员中担任各级人大代表、政协委员的有82人，其中，担任省人大代表的1人，省人大常委1人；担任省政协委员2人。有机关专职干部6人。

【思想建设】 2021年，市农工党以庆祝中国共产党成立100周年为工作核心，开展党史学习教育，带领全市农工党员履行参政党职能，党员责任意识和使命意识增强，组织凝聚力和活力提升。为学习中国共产党的光辉历史和伟大历程，引导市农工党员坚守合作初心，保持同中国共产党同心同德、团结奋斗的政治本色，在新时代吉林省和长春市全面振兴全方位振兴的进程中凝心聚力，市农工党联合长春市社会主义学院，在珲春市委党校举办“学习中共党史，坚守合作初心”骨干党员专题培训班。联合农工党吉林省委会，组织骨干党员到长春市规划馆，举办“走进爱国主义教育基地，学习中共党史”活动，增强农工党员对长春城市发展的认知、期待和信心。组织骨干党员参加农工党吉林省委会举办的中共党史培训班，邀请河北省社会主义学院教学部主任王树臣教授，为骨干党员、新党员和机关干部，作“不忘合作初心，继续携手前进——民主党派和中国共产党团结合作的光辉历程”的专题讲座。市农工党召开以学习贯彻中共十九届六中全会精神为主题的九届二次常委会，学习贯彻中共十九届六中全会精神作为当前和今后一个时期的政治任务，引导长春市农工党各级组织和广大党员认识中国共产党的百年奋斗重大成就和历史经验。

【参政议政】 2021年，市农工党以“既要有事关全局、群众普遍和长远收益的大事，又要有直接为群众解决问题的具体项目”为要求，组织相关专家围绕“加强精神健康服务能力”“传承中医药文化，推动健康事业发展”“秸秆全量化处置长效机制”“农村人居环境整治”“创建双碳示范城”等课题开展调研，为长春市委、市政府决策部署提供参考。2021年，市农工党征集社情民意63篇。其中7篇社情民意被吉林省政协采用，报送至全国政协；1篇被农工党中央采用，报送至全国政协。在农工党吉林省委会开展的“庆祝建党100周年，我为营商环境建设建净言”活动中，市农工党获优秀组织奖，靖丽娟等7名农工党员报送的建议，分别获一、二、三等奖。在长春市政协开展的“加强中医药传承创新，助力长春健康产业发展”的专题调研中，张文风、王檀、李光哲分别被指定为课题项目负责人，并在长春市政协专题协商会上作代表性发言，为推动长春市中医药工作再上新台阶贡献农工党力量。

【社会服务】 为将“健康中国”理念普及到校园，市农工党联合吉林大学基层委员会在吉林大学举办“庆祝建党百年，心肺复苏，成‘救’你我，急救培训走进校园”活动，向吉林大学捐赠10台自动体外除颤仪，对吉林大学数千名学生进行心肺复苏急救的实际操作培训。市农工党联合长春市妇产医院，开展母亲节大型公益活动，为1500多名准妈妈免费提供脊髓性肌萎缩症筛查。在2021年6月召开的农工党中央脱贫攻坚表彰大会上，市农工党被评为“脱贫攻坚工作先进集体”“脱贫攻坚民主监督工作先进集体”“定点扶贫大方县先进集体进步奖”；农工党长春市朝阳区基层委员会、农工党长春市绿园区基层委员会、农工党长春市南关区基层委员会获“先进集体”称号；多名农工党员被农工党中央评为“脱贫攻坚工作先进个人”“定点帮扶大方县先进个人”。

（宗　伟）

九三学社长春市委员会

【概况】 截至2021年年底，九三学

社长春市委员会（简称市“九三学社”）发展社员63名，下辖基层组织43个，社员2912人。其中，科技界530人，占18.2%；高教界848人，占29.1%；医药卫生界716人，占24.6%。高中级职称者2548人，占87.5%。有中国科学院院士1人；国家重大人才工程特聘教授2人；博士生导师52人。社员中有省人大代表3人，省政协委员11人；市人大代表5人，其中常委3人；市政协委员35人，其中常委6人。

【组织建设】 市委会开展“走基层”调研活动，了解基层组织现状，对全市43个基层组织及所在党委统战部进行走访，掌握基层组织情况。市委会根据中共长春市委统战部关于民主党派换届文件的精神，起草《九三学社长春市委员会关于基层组织换届工作的意见》，出台《九三学社长春市委员会监督委员会工作条例》，全市43个基层组织根据条例、意见，完成基层组织换届工作。市委会召开九三学社长春市第十五次代表大会，选举产生九三学社长春市第十五届委员会。为履行参政党的职能，市委会主动对接中共各项主题教育及重要节点的政治学习，组织参加省委会及市委统战部组织的各类培训班5期，培训社员300余名。按照九三学社中央和九三学社吉林省委会的文件精神，参照《九三学社社内监督工作条例》，市委会起草《九三学社长春市委员会监督委员会工作条例》《九三学社长春市委员会监督委员会组成人员建议名单》，在九三学社长春市第十四届十五次常委会议上审议并通过。市委会始终坚持把机关正规化建设作为自身建设的关键环节，按照社中央关于推进民主党派机关正规化建设，打造“六型”先进机关。

【思想建设】 市委会以召开专题常委会议，组织报告会、座谈会，微信公众号、网站推送学习专栏等多种形式，组织全市社员学习中共十九届五中、六中全会精神，习近平总书记重要讲话重要指示精神，以及《中国共产党统一战线工作条例》《九三学社章程》《九三学社纪律处分办法》等重要文件。根据九三学社中央、九三学社吉林省委会的工作部署，市委会组织社内专家学者开展参政党理论研究撰写论文，完成《九三学社长春市委2020年网络问卷分析报告》，结合社中央前期开展的社员思想动态网络调查问卷，从多维度对全国社员的思想状况进行分析并提出未来加强社员思想建设的意见建议，在九三学社中央开展的2021年社中央思想建设调研成果评选中获一等奖。开展文化读书月活动，征集学习心得35篇。市委会组织全市社员参加社中央“网络课堂”专题政治辅导、“五史”知识竞赛，九三学社长春中医药大学委员会被评为九三学社“五史”知识竞赛优秀组织奖，九三学社吉林建筑大学委员会慕晓飞获九三学社“五史”知识竞赛优胜个人二等奖，九三学社吉林省农业机械研究院支社郑永鑫获九三学社“五史”知识竞赛优胜个人三等奖。参加由中共吉林省委统战部、九三学社吉林省委、中共长春市委统战部举办的主题教育活动讲座，举办“不忘合作初心，继续携手前进”知识竞赛。市委会组织全体机关干部及部分骨干社员300人次参加由九三学社中央、九三学社吉林省委会、市委统战部组织的各类线上线下学习，学习习近平新时代中国特色社会主义思想及统一战线相关政策理论等，特别是习近平总书记在吉林考察时的重要讲话精神及习近平总书记在庆祝中国共产党成立100周年大会上的讲话精神。树立“大宣传”理念，运用新媒体，拓展宣传途径，强化舆论宣传。出刊《九三长春社讯》2期，通过市委会网站及微信公众号发送新闻宣传报道62篇。在各基层组织推荐下，市委会组建由39名骨干社员及机关干部组成的九三学社长春市委会新闻宣传骨干队伍。

【参政议政】 市委会以长春市经济社会发展为主线，推进提案工作，提交集体提案3件，提交市委、市政府意见建议12篇。其中《关于利用区块链技太推动吉林“链上自贸”试点建设扩大国际合作促进吉林双循环的建议》被列为副省长督办提案，《关于在长春现代化都市圈建设中加强金融风险防范的建议》被长春市政协第十三届二十七次主席会议列为重点提案并由主席会议督办。组织5名社员参加由省委会组织的参政议政专项培训。市委会进一步细化《参政议政调研工作奖励办法》，将基层组织调研开展情况和社情民意报送情况作为年终评先重要标准，形成考核量化制度，鼓励社员提升精品意识、撰写高质量调研文章，各基层组织撰写社情民意，提交51篇，其中《关于推进智能网联汽车发展的建议》获省政府主要领导签批。市委会调动全市社员开展“为编制‘十四五’规划建言献策”征文活动，征集19篇征文转交市政协，九三学社长春市委员会获“为长春编制‘十四五’规划建言献策活动”优秀组织单位奖，9名社员撰写的建议分别获得一、二、三等奖。

【社会服务】 市委会举办《民法典解说》主题的讲座，邀请民商法领域的专业律师为社员进行民法典的科普教育，80余名社员参加讲座。吉林大学委员会等基层组织结合自身工作就医疗、法律、金融等内容开展科普宣教。长春中医药大学委员会承办“九三学社中央院士专家科普行”活动，邀请中国工程院院士、九三学社中央副主席丛斌作题为“中西医结合需研究的科学问题”的讲座。市委会组织走访慰问离退休社员，走访慰问130人次。开展捐助贫困学生、捐赠图书及疫情防控物资等形式开展助学扶贫活动，捐款捐物约合人民币14万元。宽城区委员会连续10年举办“关注幼儿教育献爱心系列活动”，将长春市第四十八中学泽葵幼儿园作为重点帮扶对象，捐赠200本课外读物。长春市中医院支社走进长春公交集团开展义诊活动，为就诊人员详细讲解健康保健知识和急性突发病治疗抢救常识。长春市中医院支社社员赵鹏受吉林旅游广播《金牌医生》栏目邀请为广大听众讲解如何自查以及预防青少年脊柱侧弯。

（孙亚楠）

长春市工商业联合会

【概况】 2021年，长春市工商业联合会（简称“市工商联”）有16个市县区、开发区基层工商联组织，拥有工商联会员2.3万个，所属商协会188个，组建异地长春商会8个。宽城区、朝阳区、二道区、绿园区、双阳区、九台区、榆树市、德惠市、公主岭市9家基层工商联被评为“五好”工商联；吉林省冀商商会、长春市温州商会被评为“四好”商会。长春市工商联被全国工商联评为“2021年民营企业调查点工作先进基层单位”；被吉林省工商联评为“2021年民营企业调查工作先进集体”；被中共长春市委办公厅评为“2021年度全市党委系统信息工作标兵单位”。长春市工商联机关党支部被中共长春市直属机关工作委员会评为“先进基层党组织”。1人被吉林省工商联评为“2021年民营企业调查工作先进个人”，被中共长春市委办公厅评为“2021年全市党委系统信息工作先进个人”。

【非公企业党建】 为落实市非公党工委提出的“两个覆盖”集中攻坚行动，市工商联召开所属商协会党建工作推进会，成立“长春市非公有制企业党建联合会”，通过“非公党校”“非公党建示范点”“非公党建专家讲师团”等载体，开展学习贯彻习近平总书记“七一”重要讲话和党的十九届六中全会精神座谈会、“守初心、凝力量、助发展”党建沙龙、“永远跟党走”主题党日、党史大讲堂等活动，指导汽车零部件制造业商会等5家商协会成立基层党组织，激活非公企业党建活力，提升非公党建工作水平。

【典型树立】 庆祝中国共产党成立100周年，开展“传承红色基因、激发奋进力量——长春市民营经济人士‘永远跟党走’主题党日”“让党旗更鲜红——长春市工商联非公党建专题”等系列宣传活动，在户外设立宣传板。组织有关民营企业参加“长春好网民”“我身边的党员故事”短视频评选。开展对全市工商联系统脱贫攻坚突出贡献企业、先进基层组织评选表彰，吉林九台农村商业银行股份有限公司等20户企业被评为突出贡献企业，长春市佳龙农牧食品发展有限公司等35户企业被评为先进企业，朝阳区工商联等13个组织被评为先进基层组织。

【助企购芯】 发挥工商联外联资源优势，与全国工商联、各地工商联、异地长春商会接洽联系，挖芯片采购渠道，协助一汽集团抢购芯片。在深圳市长春商会的帮助下，协调接洽国际芯片专业供应商分批次为一汽集团提供各类型芯片11万颗，为长春市芯片保供作出贡献。

【促进企业经贸交流】 组织近百户企业参加上海进博会、长春农博会招商推介会、第五届中日经贸交流会暨长春·札幌线上经贸交流会、澳门环保展、香港2021“一带一路”高峰论坛等国际展览、交流活动。接待香港贸发局到访，组织民营企业就融资服务、走出去服务、产品推广、技术引进等方面进行洽谈，建立互利共赢的战略合作关系；组织企业在线参加第五届京津冀民营经济产业对接交流会，推动新区工商联与滨海新区工商联签订战略合作协议；组织执常委企业家参加莲花山第二届民营企业家义务植树活动，考察世茂莲花山小镇、国色天莲等项目。

【项目合作】 组织吉林省北药投资集团、吉林省玖壹农业科技有限公司等企业参加吉林省中医药企业到新疆阿勒泰地区“民营企业援疆行动”投资考察活动，促成多项投资合作意向，苜蓿种植项目引进成功，医药合作帮助新疆阿勒泰党政代表团对接考察北药投资集团和修正集团。帮助长春市兴隆保税区对接上海芮克公司，引入中俄合作油气管道检测维修服务项目，帮助吉林大学地球科学学院对接莫斯科理工大学、俄罗斯油气管道诊断公司就联合组建国际合作联合实验室达成项目合作意向。通过异地长春商会推动当地与长春市加强经贸交流，引入多层陶瓷电容器、脱硫催化剂产品链延伸、康养中心、第三代半导体等多个项目落户长春。

【参政议政】 启动民营企业“大调研”，筹建长春市民营经济研究会，发挥“智库”作用，通过完善民营企业服务措施，推动民营经济发展。开展上规模民营企业、民营企业社会责任、民营企业和谐劳动关系状况、民营企业运行状况等专题调研，分析汇总相关数据，形成调研报告，报送市委、市政府有关部门和上级工商联，为党委政府提供决策参考。市工商联获全国工商联2021年度民营企业调查点先进基层单位，获2021年吉林省工商联民营企业调查工作先进集体。聚焦全市中心工作和工商联亮点工作，通过信息、专报、社情民意形式向市委、市政府以及有关部门提出建议，提高建言献策水平，相关建议被评为市政协十二届五次会议以来优秀提案；市工商联获评“全市党委系统信息工作标兵单位”。

【法律维权服务】 会同市公检法司等部门召开“长春市深化民营企业法律维权服务大会”，联合下发《关于建立健全长春市中级人民法院、长春市人民检察院、长春市公安局、长春市司法局与长春市工商联沟通联系机制的意见》，完善长春市民营企业法律维权服务中心运行机制。中心接到电话法律咨询23次，现场接待企业咨询5次，受理办理诉求4件，按流程答复企业3件，帮助民营企业解决一批涉法涉诉问题。与市检察院共同召开服务企业发展座谈会，推进“5+10”护企安商行动落细落实；开展“律所联商会”活动和律企共建“三对接”专项法律服务行动，全市67家律所参与对接116家商协会；举办长春市行政执法监督联络点授牌仪式，开展“执法助企行，共筑新环境”活动，在43个商会（企业）设立行政执法监督联络点，推荐165名企业家或商会负责人担任行政执法监督员。

【服务民营企业】 搭建“政企面对面”平台，在全省企业家日召开企业家座谈会，畅通政企沟通协商渠道，构建亲清政商关系。开展“长春市服务企业周金融服务”主题活动，与建行吉林省分行签订《战略合作协议》，根据企业需求，提供融资服务。助力民营企业科技创新和人才队伍建设，召开2021年校企联动促就业座谈会，邀请长春大学等高校及部分企业家代表参会，重点研讨“民企进校园”秋季招聘会组织工作，促进毕业生留长就业；组织商会和会员企业代表走进吉林财经大学，围绕人才培养、科技应用、毕业生就业等签订战略合作协议。推进“网上工商联”建设，召开长春市工商联综合信息管理平台开通暨使用培训会议，向市工商联系统有关部门和单位提供数据库、项目库等模块的管理和服务功能。

【优化营商环境】 开展民营企业评议政府服务和金融服务专项调查工作，组织民营企业完成问卷2597份和2471份。通过分析数据，找出问题，研究解决对策，形成《2021年长春市营商环境调查分析报告》《2021年长春市民营企业金融服务需求调查分析报告》，上报市委、市政府主要领导和有关部门，省委常委、市委书记张志军批示，在优化营商环境方面发挥作用。

【构建和谐劳动关系】 会同市人社局、市总工会等部门共同组织省级“金牌劳动关系协调员”“金牌协调劳动关系社会组织”“金牌劳动人事争议调解组织”评选活动，对绿园区环境卫生管理中心劳动争议调解委员会等7家首批“金牌调解组织”进行检查验收，选树推荐长春市金银珠宝商会王晓然参加全省“金牌劳动关系协调员”评选。与市人社局、市总工会、市企联三方四家共同开展“迎新春送温暖、稳岗留工”活动，鼓励企业保障用工。

【基层组织建设和商协会改革】 召开市工商联系统“五好”县级工商联建设经验交流会，推进“五好”县级工商联互学互促，开展“五好”县级工商联创建工作。推进商协会改革发展，市工商联起草《关于促进长春市行业商协会大力发展的意见》，发挥商协会在经济社会治理中的作用。组织成立长春市农牧业产品加工业商会，指导汽车零部件流通商会完成换届。筹建异地商会，召开重庆市吉林长春商会成立大会，成立上海、深圳、杭州、武汉、重庆、福州异地长春商会6家，为组建长商联合会奠定基础，引导域内外长商回报家乡、振兴长春。

【创建“两个健康”先行区试点】 考察学习温州“两个健康”先行区创建经验，结合长春市民营经济发展实际，经市委同意，主动向全国工商联申报新时代“两个健康”先行区创建工作经验首批试点推广城市，将其列入2022年重点工作。借鉴温州等先行区经验，制定长春市创建工作方案并组织实施，建立健全长春市“两个健康”综合评价体系，促进“两个健康”建设。

【市县两级工商联换届】 制定换届工作方案，研究换届程序，严肃换届纪律，通过对推荐提名的500名人选实地调研走访，开展综合评价，考察近300户企业家，长春市各类百强名单中吸纳对长春市经济社会发展贡献大的民营经济人士，最终确定提名人选256名，其中新提名197名。12月17日，长春市工商联召开第十七次会员代表大会，总结和部署工商联工作，选举产生新一届执委会领导班子，完成换届大会。指导县（市）、区工商联换届，对新一届班子人选考核把关，县级工商联全面完成换届工作。

【“万企兴万村”行动】 市工商联在全省率先召开“万企兴万村”长春行动启动大会，向全市民营企业家发出“汇聚长商力量，助力乡村振兴”倡议，开展“万企兴万村”长春行动，巩固帮扶成果、发展特色产业、稳就业带创业、参与乡村建设，引导商协会和民营企业投身乡村振兴，开展专项村企对接行动，达成意愿的村企对接约150家。

（沙显光）

群众团体

QUNZHONG TUANTI

长春市总工会

【概况】 长春市总工会领导朝阳区、南关区、宽城区、二道区、绿园区、双阳区、九台区、榆树市、农安县、德惠市、长春新区、中韩（长春）国际合作示范区、经济技术开发区、净月高新技术产业开发区、汽车经济技术开发区、莲花山生态旅游度假区16个县区工会组织，代管公主岭市总工会。截至2021年年末，全市有各级工会组织7566个，基层工作单位27934个，覆盖职工135.44万人、会员131.49万人。下设长春市机械制造业工会委员会、长春市建设交通工会委员会、长春市财贸轻纺金融工会委员会、中国教科文卫体工会长春市委员会、长春市农林水地能源工会委员会5个产业工会（工委）；长春市职工大学、长春市职工服务中心、中国职工保险互助会长春办事处、长春市工人运动研究所、长春市职工体育活动中心、长春市工人文化宫6个事业单位。

2021年，全市职工技能大赛设置166个工种（项目），参与职工2.28万人。授予“长春市职工技术带头人”190人，“长春市高技能职工”1307人，“竞赛优胜团队”15个，“长春市五一劳动奖状”7个，“长春市五一劳动奖章”21个。长春市总工会有25项工作受到国家和省级表彰，有9项工作在国家和省相关会议上介绍经验；各级主流媒体报道长春工会工作735篇（条）；多项工作得到省、市主要领导和上级工会领导肯定和批示。

【劳动建功立业】 弘扬劳模精神、劳动精神、工匠精神，推荐评选国省市五一劳动奖状128个，五一劳动奖章28人，工人先锋号36个。开展“建功十四五奋进新征程”主题劳动竞赛，全市参赛企业2454户，参赛职工75万人。举办长春市劳动竞赛总结大会。开展3大类166个工种职工技能大赛，创新增设团队赛，工种和人数比2020年分别增加9.2%和13.5%。加大“安康杯”竞赛组织力度，全年参赛单位约2万家、班组约5.5万个、职工约79万人。组织参加全省第一届职工职业技能大赛取得优异成绩。制定下发《长春市职工技能培训五年规划（2021—2025年）》，命名长春市职工技能实训基地20家。在全市创建“劳模和工匠人才创新工作室”176个，创新攻关项目2164项，取得专利及成果760项，培训职工53680名，节能创效30280万元。

【职工权益保障】 开展工资集体协商“百日要约”行动，全市签订企业集体合同2409份，覆盖企业25743户。推动厂务公开民主管理工作提质扩

6月18日，长春市2021年职工技能大赛首届园林微景观设计技能竞赛暨吉林赛区选拔赛在牡丹园举行启动仪式　（市总工会　供图）

面，完成第十一次全国企业民主管理互检工作。长春市职工法律服务中心建成并投入使用，全年接待职工维权案件218批次、451人次，为职工挽回经济损失125万元。全年开展“遵法守法、携手助梦”普法活动35场次，各类法律培训班16次，培训基层工会干部和职工6000余人次。强化女职工特殊权益保障，新建“爱心妈咪小屋”30个，搭建交流联谊和婚恋服务平台，提升女职工幸福感获得感。

【工会服务保障】 全年筹集送温暖慰问金1842.8万元，慰问一线职工4.42万人次。投入312.92万元开展“夏送清凉”活动，慰问一线职工4.37万人。开展“金秋助学”和“会校企”联合助学活动，发放助学款160万元，资助困难职工（农民工）子女288人。推进职工驿站建设，选拔树立市级“最美工驿站”20个，全市建工驿站217个，其中行业工会新建工驿站111个。举办吉林省暨长春市“工会进万家·新就业形态劳动者温暖行动”服务月启动仪式。全年办理工会会员服务卡6万余张。开展“工会情暖千万家”普惠服务活动，惠及职工102万人次，职工受益资金1900万元。扩大职工互助保障覆盖面、受益面，全年新

9月10日，长春市2021年物业行业电工技能竞赛在长春房地集团培训中心举办　（市总工会　供图）

增参保单位177家，新增参保会员1.2万人，为患病或发生意外伤害的职工1.5万人次发放互助金2160万元。长春市代管全省职工互助保障业务。

【基层基础建设】 召开长春市总工会十九届四次、五次全委（扩大）会议。重组长春市总工会五大产业工会，实行委员会制，线上线下同步召开五个产业工会代表大会。投入专项经费310万元，抓好“会站家”一体化建设，全年有206个乡镇街工会达标，占总数的94%。加大会员信息采集力度，全市实名制会员突破131万人。开展市总工会机关干部到基层蹲点调研及维护新就业形态劳动者权益专项活动，实现新就业形态企业建会394家，实名制发展会员18536人。融入“数字长春”建设，推进工会业务平台和“长春工惠”App优化升级。加强网络意识形态领域政治引领，组建86人网络评论队伍。开展网络安全宣传教育，承办吉林省暨长春市“个人信息保护日”活动启动仪式。参与全国总工会和中央网信办主办网络正能量评选活动并获一等奖。

【工会阵地建设】 加强工会资产管理信息化建设，工会资产管理系统实现上线运行。投入4.3亿元，对市工人文化宫、职工体育活动中心进行改造升级，长春市工人体育馆建成开馆，与欧亚集团合作打造面向全市职工会员的欧亚工惠超市开业；与长春出版传媒公司合作共建1300平方米职工阅读中心并正式投入使用。初步形成一南一北布局合理、功能完善、服务优化的服务职工阵地体系。

（王　拓）

11月5日，吉林省暨长春市工会“工会进万家·新就业形态劳动者温暖行动”服务月启动仪式在长春邮区中心举行　（市总工会　供图）

共青团长春市委员会

【概况】 截至2021年年末，长春市有基层团组织28299个，团干部48198人，团员664602人。少先队员507457人，大队数624个，大队辅导员624人，中队辅导员13142人，区总辅导员16人。

【青少年思想政治引领】 针对少先队员，开展党史故事宣讲进校园活动，选拔100名少先队员组成“红领巾宣讲团”，到中小学用童言童语宣讲红色故事，开展宣讲1620场，覆盖50余万人。在儿童公园举办“童心向党薪火相传”少先队员万幅绘画作品展，收集全市100所中小学少先队员1万幅原创绘画作品集中展出，中国新闻网、《中国青年报》、《吉林日报》等主流媒体进行报道。依托“智慧团建”系统，在全市各级团组织开展“四史”（党史、新中国史、改革开放史、社会主义发展史）教育活动5.2万场，覆盖团员青年200余万人次。开展习近平“七一”重要讲话精神及党的十九届六中全会精神学习活动3.2万余场，覆盖团员青年110余万人次。针对大学生群体，开展视频报告宣讲、青春故事分享、视频微团课等网络主题活动1万余场次，覆盖青年40余万人，引导青年群体学史明理、学史增信、学史崇德、学史力行。开展成人节教育活动，全市30余所学校同步举办成人节活动，参与青年超过3万人。针对社会青年，开展百名“向上向善好青年”评选，活动期间790万人次参与网络投票，选拔树立一批长春市优秀青年典型。团市委培养的青年典型张超凡获评全国道德模范，得到中共中央总书记习近平接见。《中国青年报》头版报道长春市青少年党史学习教育工作经验，《中国共青团》杂志专题约稿报道长春市青少年党史学习教育工作，《共青团新闻联播》也作报道。

【共青团改革】 召开共青团长春市十六届九次全会，审议《长春共青团关于坚持以习近平总书记视察吉林重要讲话重要指示精神为统领团结带领全市青年投身长春全面振兴全方位振兴的决定》，提出4个方面工作任务，完成共青团改革相关任务。规范团员发展流程团员组织关系转接程序，全年发展团员17650名，推动6.8万名团员组织关系转接，并全部录入“智慧团建”系统，“升学衔接”率和“学社衔接”率均为100%。推动南关区、宽城区、榆树市3个地区承接全国县域共青团基层组织改革试点工作。深化少先队改革，强化少先队理论研究和学科建设，提升少先队辅导员专业化水平，保障少先队场地供给，增强少先队组织吸引力和凝聚力。

【青少年发展】 落实《吉林省中长期青年发展规划（2018—2025年）》，率先在全省将青年发展内容以专节形式正式写入“十四五”规划。召开《吉林省中长期青年发展规划》实施工作局际联席会议第二次全体会议，确定长春青年发展智库研究项目、长春市少年宫新建项目等10项长春青年民生实事，促进青年健康发展。推动德惠市《中长期青年发展规划（2016—2025年）》国家级试点建设，为到当地就业的大中专毕业生提供51~61平方米保障性住房（年租金2400元）举措获团中央通报表扬。

【青少年服务】 完善团属青少年服务阵地，推动“网上共青团”建设，组建新媒体团工委，形成长春共青团网络工作队伍。通过长春共青团微博、微信、抖音新媒体平台，为青少年群体提供高质量、正能量网络文化产品。截至2021年年末，团市委本级新媒体平台直接覆盖103万人。其中，微信粉丝42万人，微博粉丝22万人，综合阅读量9100万人次；抖音粉丝34.8万人，播放量突破1.7亿次，多个作品登上热榜。开展“青年大学习”主题团课35期，扩大学习覆盖面和学习效果，覆盖300万人次。建立完善“青年之家”228家，全年开展学习培训、就业创业、志愿服务、文体健康类等活动6000余场次，服务青少年超过12万人次，活动开展数量、服务青年人数、活跃度等综合指标排名全省第一。

【维护青少年发展权益】 长春市总工会联合市法学会、市司法局开展“2021年青年普法志愿者法治文化基层行”系列活动，开展活动55场，实际覆盖青少年群体8877人。开展预防

5月30日，“童心向党薪火相传”少先队员万幅绘画作品展在儿童公园举办

（团市委　供图）

青少年违法犯罪普法课堂、青少年模拟法庭等系列活动，受益青少年近3万人。面向全市贫困家庭青少年，开展自护教育实践培训70场，覆盖青少年5000余人。分别联合长春市委组织部、长春市消防救援支队，举办单身青年联谊活动，500余名单身青年参加联谊，45对青年牵手成功。

【服务青年创新创业就业】 开展青年创业赛事，联合市委组织部、人社局、高新区举办第八届长春市“超越杯”青年科技创新创业大赛，征集电子信息、生物医药、人工智能等高新技术领域创新创业项目326项，吸引1686名创业青年参赛，落地转化项目30项，提供创业扶持资金及人才奖励资金354万元。完善青年创业工场正茂园区、青年可视化电商创业中心、青年科技创业园等团属创业孵化载体服务功能，吸引服务在长、来长、返长创新创业青年2223人，直接孵化服务企业121户，全年销售总额4.5亿元。抢抓直播电商红利期，开展直播带货活动700余场次，销售额超过3245万元。按照市委书记张志军在“创业长春梦想成真”——助力新时代长春振兴发展宣传推介会提出的工作要求，面向12所在长高校大学生开展调查研究，形成《关于促进高校大学生留长就业创业的调研报告》。制定印发《长春共青团服务大学生留长就业创业工作实施方案（2021—2025年）》，以“看见长春”“实践长春”“创业长春”“扎根长春”4个计划为统领，通过开展13项具体工作任务，将共青团工作链条延伸至青年就业全过程，服务10万大学生留长就业。

【青年交流平台打造】 开展长春国际青年文化创意产业展览会，邀请长春市及港澳台等地区60多户青年文创企业参展，促进长春市青年文创企业发展。举办“都市冰雪·青春容融”长春国际青少年都市冰雪时尚周活动，开展冰雪推荐官大赛、冰雪服饰设计大赛等活动，3000余万人次通过线上线下参与，《人民日报》《中国青年报》等主流媒体报道冰雪时尚周活动。

【助力“绿色长春”建设】 联合长春市河长制办公室开展“河小青”巡河护湖行动，组织青年志愿者在长春市区辖内主要河流开展垃圾清理、文明劝导、水污染监督和环境美化等志愿服务行动，全年开展行动73场次，参与1440人次，巡河长度188.93千米。联合市林园局组织各界青少年5000余人种植“青年林”5000余平方米，植树1300株。动员各级团组织建设“青年林”8.4万平方米，植树13450株。与团中央对接，申报长春水源地新立城水库33.3公顷“青年林”建设项目，获批全国十大示范项目，获50万元资金支持。

9月28日，团市委举办长春市2021年“超越杯”青年科技创新创业大赛创业计划书培训 （团市委 供图）

【青少年事务社工服务】 聚焦基层治理体系和治理能力现代化建设，争取市区两级财政每年匹配资金830万元，通过政府购买社会组织服务形式，组建79人青少年事务专业化社工队伍，派驻到社区、检察院、医院等单位开展青少年事务社工服务。2020—2021年度项目服务困境青少年个案3300个，开展技能提升、习惯养成、亲子关系改善等小组活动2083节次，社区活动226场次，直接服务青少年2.7万人。长春市青少年事务社工服务青少年群体案例多次登上中国检察网、中国社工网首页。

（张舒然）

长春市妇女联合会

【概况】 截至2021年年末，长春市有市级妇联组织1个、县（市）区妇联组织11个、开发区妇联组织6个、乡镇（街道）妇联组织209个、社区（村）妇联组织2601个、市县两级团体会员21个。长春市妇女联合会（简称“市妇联”）围绕庆祝中国共产党成立100周年主线，完成国家两纲终期评估检查，接待全国妇联党组书记、第一书记处书记、副主席黄晓薇调研，在《人民日报》等主流媒体及国家级行业媒体上宣传报道25篇。年内，市妇联获国家、省部级称号7项，省市领导对长春市妇女工作给予批示及肯定5次。被国务院授予“全国实施妇女儿童发展纲要先进集体”称号，被全国妇联授予“全国维护妇女儿童权益先进集体”称号，获评“2021年全国巾帼文明岗”；被吉林省妇联授予吉林省“三八红旗集体”

7月6日，全国两纲终期评估检查组对长春市实施2011—2020年中国妇女儿童发展纲要和长春市妇女儿童发展规划情况进行终期评估检查（市妇联　供图）

称号，获“吉林巧姐”手工制作大赛优秀组织奖、吉林省巾帼电商创业创新大赛优秀组织奖、“一地一品”最佳项目创新奖和最具网络人气奖。

【党史学习教育】　将理论中心组学习（扩大）会、专题学习会、专题培训会、支部学习会与实地参观、“每周阅读”、“每周一讲”、“党史天天学”等特色活动相结合，多种形式开展学习。做好党史宣传工作，发挥各级妇联组织和妇女之家、妇女微家作用，向妇女群众开展“四史”（党史、新中国史、改革开放史、社会主义发展史）宣传教育。落实“我为群众办实事”活动要求，实施城乡低保、特困供养家庭适龄妇女“两癌”（乳腺癌、宫颈癌）免费检查项目，有1.42万名符合条件妇女参与检查，327名贫困“两癌”患病妇女获306.5万元资金救助，14名困难家庭患病妇女获免费医疗救助；为446名贫困妇女发放价值10.3万元“母亲邮包”和“知识书包”；为1500名基层一线女性工作者发放价值4万余元防护用品；为6家医院争取到价值120万元眼底相机；为联建社区和帮扶包保村捐赠图书840本。

【妇联改革】　深化妇联改革“破难行动”，推动村（社区）妇联与村（社区）“两委”同步换届，实现妇联主席进“两委”及干部队伍年轻化两个100%目标；以朝阳区为试点，以“三长”（网格长、楼栋长、单元长）联动为引擎，创建13个特色“妇女微家”，形成样板，推动基层妇联组织形态重构。落实“基层妇联领头雁培训计划”，组织基层妇联干部到长春社区干部学院实训基地参加妇联系统干部培训；召开机关干部及县（市）区妇联主席座谈会，聚焦服务高质量发展战略，谈体会提建议；成立长春市女科技工作者协会，为人才强市战略贡献巾帼智慧。

【妇女创业创新】　助推妇女创业，农博会期间举办草编、花艺等竞赛，线上推介观看人数首日突破3.4万人次，点赞5.8万次，助力70个团队万余件产品得到参展售卖，实现销售额57万元。引领城乡妇女岗位成才、岗位建功，评选全国巾帼文明岗、建功标兵、建功先进集体16人次。全年表彰“美丽庭院干净人家”示范户400户，开展“共建美丽家园喜迎建党百年”示范户风采展示活动，集中宣传2018—2020年度市级示范户。

【家庭家教家风建设】　实施家庭文明创建行动，市妇联联合市委宣传部评选市级“最美家庭”110户、文明家庭2户，推选省级“最美家庭”20户、全国“最美家庭”6户；与市纪委监委联合开展“清风传家·廉润春城”家风建设月活动，对新任市管领导干部家属开展警示教育。实施家庭教育支持行动，联合市委宣传部开展寻找“我最喜欢的亲子阅读场所”活动，

4月20日，长春市妇女联合会与市委宣传部共同启动2021年“幸福家庭360”公益大讲堂（市妇联　供图）

命名表彰20家长春市“我最喜欢的亲子阅读场所”和6家“家庭阅读体验基地”；“4·23”世界读书日启动省暨长春市家庭亲子阅读活动，全市同步开展亲子共读、家庭教育活动50余场次，2000多人次受益；开展“幸福家庭360”公益大讲堂活动，以“颂百年风华传红色基因”为主题，全年开办讲座100场。实施家庭服务提升行动，落实寒暑假儿童关爱活动，开展“把爱带回家”“四送”（送家风故事、送家教服务、送法治安全、送社会关爱）活动线上线下537场次，10.3万名儿童受益。

【妇联表彰先进】 3月8日，市妇联授予孙丽等50人长春市“三八红旗手”标兵称号；授予王自力等130人长春市“三八红旗手”称号；授予中共长春市纪律检查委员会、长春市监察委员会宣传部等60个集体长春市“三八红旗集体”称号。授予李虹彦等35人医疗卫生系统长春市“三八红旗手”标兵称号；授予刘林林等100人医疗卫生系统长春市“三八红旗手”称号；授予吉林大学中日联谊医院甲状腺外科等50个集体医疗卫生系统长春市“三八红旗集体”称号。

5月，长春市妇联与杭州市妇联共同开展“理想小书屋·陪伴留守儿童”公益项目 （市妇联 供图）

【长春6户家庭获评全国最美家庭】 11月28日，中央宣传部、中央文明办、全国妇联在浙江嘉兴召开加强家庭家教家风建设工作推进会，现场揭晓999户2021年全国最美家庭，长春张智慧家庭、王安丽家庭、路亚兰家庭、傅明珍家庭、王云霞家庭、唐银姣家庭获评全国最美家庭。

（孙雅琪）

长春市科学技术协会

【概况】 2021年，长春市科学技术协会（简称“市科协”）所属事业单位2个，分别是长春市科技服务中心和长春市科技进修学院。所属县（市）区科协12个，直属市级学会（协会、研究会、联合会）13个，建有院士工作站3个，专家工作站34个，企业（园区）科协37个，高校院所科协16个。

【科技普及推广】 推进科普融媒体平台发展。市科协利用《科普新视界》《科普地铁》《科普之声》《科普广场》《今·科学》杂志，“长春科技工作者之家”网和“科普中国”App等宣传阵地优势，从资源、内容、宣传等方面进行整合，打造资源通融、内容兼融、宣传互融的科普融媒体宣传平台。全年，录制《科普新视界》电视节目12期，制作播放《科普地铁》24期，刊发《科普广场》44期，播放《科普之声》48期，印发《今·科学》杂志3期。利用50台科普信息化平台采取“大屏+手机”模式，推送紧贴民生热点的优质科普信息，宣传党的路线、方针、政策、法规。利用“科普长春”微信公众号发布科普信息知识300余条，受众人群

6月22日，“共谱巾帼华章同庆建党百年”全市各界妇女群众同庆建党百年文艺汇演在长春市群众艺术馆举行 （市妇联 供图）

超过10万人。开展“全国科普日暨长春科普周系列”活动。组织指导全市所有县（市）区科协、莲花山科协开展科普讲座、科技咨询培训、科普大集、科普大篷车、开放科普场馆、科技展览、“科普中国”品牌推广等科普活动269场。在活动期间，联系科大讯飞、中泰海洋馆等20家科普类场馆和示范基地对公众开放，方便公众参观。开展反邪教宣传工作，通过展示宣传展板、发放宣传书籍、发放纪念品等形式向公众宣传反邪教知识，参与人数超过2万人，发放反邪宣传品1.3万件。在第20届中国长春国际农业·食品博览（交易）会期间，与省科协合作开展科普大集活动。聘请多名种植、养殖专家为农民免费开展农业技术咨询、问题指导。

【“科技工作者日”系列活动】 在全国科技工作者日期间，市科协开展5个模块14项具体工作。其中，市委、市政府于5月30日在《长春日报》等主流媒体发布《致全市广大科技工作者的慰问信》后，中国科协官网、长春市人民政府官网、长春发布公众号、新浪、澎湃新闻等媒体平台进行转发，点赞转发量超过10万次，评论近1000条。发挥融媒体平台优势，利用《科普新世界》、《今·科学》、长春科技工作者之家网等平台，宣传习近平总书记关于科技创新工作的重要论述、重要讲话和指示精神，宣传省、市关于科技创新政策和人才政策，用专题、专刊等形式宣传具有强烈爱国情怀的科学家事迹，展现奋斗在一线和关键任务中无私奉献的科技工作者先进事迹。邀请国家级名老中医、长春中医药大学终身教授、吉林省名中医、国家青年岐黄学者、长春中医药大学博士生导师等8名中医专家到市科研院所，开展“关爱科技工作者健康”系列活动，为科技工作者进行中医养生保健科普讲座和义诊，500余名科技工作者参加活动。

【学术交流活动】 举办“科创中国突破前沿技术、树立创新思维高端论坛”，邀请国内知名专家学者围绕科技创新推动数字化转型等内容展开研讨交流。举办“吉林省十大产业集群暨黑土粮仓科技成果对接会”，围绕农机农艺结合研究示范保护性耕作技术等内容做专题学术报告，探讨相关领域科技应用前景。举办“装备制造业低碳转型融合创新组织赋能座谈会”，国内相关专家及企业代表结合发展现状和企业创新实际，探讨探索符合吉林实际实现碳达峰、碳中和有效路径。举办“吉林省黑土地农业未来发展论坛”，国内农业和地球科学发展领域专家作专题报告，探讨涉及黑土地保护、乡村振兴等方面的最新理论、技术、成果。全年开展学术交流和专题研讨5场，邀请专家54人，来自科技企业代表、高校教师学生、各学会会员700余人参与研讨交流。开展“长春市农村科技人才状况调查”专项研究课题，了解相关现状及突出问题，总结提出可行性意见建议，形成《长春市农村科技人才调研报告》。开展“长春市无抗养殖技术推广情况调研及对策研究”，对长春市无抗养殖技术的发展提出相关对策。开展“长春新区科技企业孵化器引入社会资本机制研究”，为拓宽孵化器的融资渠道、提高创业扶持成效提出有效建议，推动高新技术产业发展。

【专家工作站建设】 市科协在新能源、农业科技、农业机械、畜牧业龙头企业、合作社进行走访调研，了解运营状况及技术、管理等需求，帮助企业匹配相关专业专家及团队建立专家工作站。全年批复建立16家专家工作站，驻站专家34人。其中，14家为长春市乡村振兴专家工作站，覆盖德惠市、九台区、农安县等6个县（市）、区，涉及养殖、饲料生产、屠宰等畜牧业等多个领域，发挥科技创新重要支撑作用，引导高层次人才向农业农村集聚，促进农业产学研深度结合。举办2021年吉林省企业创新工程师创新方法培训班，邀请创新方法专家团队开展专题辅导，来自各类企业120余名技术研发人员参加培训。举办长春市科技辅导员综合技能培训班17场，来自全市各中小学900余名科技辅导员参加培训。举办“精神文明集中示范宣讲”活动，在九台区新时代文明实践中心开展宣讲活动3场，社区居民、农民160余人参加活动。举办“全市科协系统学习宣传习近平总书记重要讲话精神宣讲会”，来自市属学会、协会、研究会会员，各高校、中小学教师，科研院所、企业科协科技工作者代表以及各县（市）、区科协领导干部参加培训，实现科协系统全覆盖。

【科技扶贫】 开展科技助力乡村振兴行动，发挥科协组织学科齐全、人才荟萃的优势，组织高校、科研院所博士专家、农村“土专家”等30人组成农业专家人才库，到田间地头开展服务。组织科技志愿服务团17支，开展科技下乡活动121次，科技讲座92场，畜牧业养殖技术专题培训1期，服务农民2万余人次。开展新型农业经营主体素质提升行动，打造九台区伯宇现代循环农业科普示范基地，围绕农业农村发展组织课题研究等工作。

【青少年科技教育】 开展“科普专家进校园”活动，邀请中科院长春分院等单位29名专家组成“科普讲师团”，到长春市中小学开展科普知识讲座，举办活动44场，参与师生超过5000人。举办长春市中小学航空航天科普教育进校园活动启动仪式暨星旅联盟航空航大教育基地揭牌仪式，邀请中科院长春光机所战略科研人以《飞天》为题作航空航天科普讲座，除在场师生外，线上观看直播人数15.06万人次。选派长春市优秀高中生40名，参加2021年青少年高校科学营活动。开展为期2个月流动科技馆榆树站巡展，中小学生及社会参观人员超过5000人。举办2021年长春市中小学“芯一代知识少年”科普竞赛活动，有3.6万名学生参加，最终评选出优秀个人学习奖、科技少年奖各100名。组织青少年参加第20届中国青少年机器人竞赛吉林赛区竞赛，长春代表队获9项冠军。参加第九届吉林省青少年科学影像节活动，长春市9部作品选入。

（王乃卉）

长春市归国华侨联合会

【概况】 长春市归国华侨联合会（简称“市侨联”）是长春市委领导下由侨界群众组成的一级人民团体，有基层侨联组织13个，侨胞侨眷4万余人。2021年，市侨联围绕“凝聚侨心侨力，同圆共享中国梦”新时代侨联工作主题，团结带领全市侨界群众服务大局、服务侨界群众。

【基层建设】 2021年，新建立双阳侨联、中医药大学侨联2个基层侨联组织。通过高等院校、大型国企、县市区、开发区，开展新侨调研工作。加强“侨胞之家”建设，九台区红光村“侨胞之家”和南关区南岭街道百屹社区“侨胞之家”通过验收，成为市级“侨胞之家”。全年拨付“侨胞之家”建设经费4.8万元，为理工大学“侨胞之家”、九台区红光村“侨胞之家”拨付庆祝中国共产党成立100周年专项工作经费5000元。

12月23日，长春市侨商联合会召开成立大会　（市侨联　供图）

【为侨服务】 举办“涉侨法律服务站”签约仪式，在长春市设立11家法律服务工作站，10个县（市）、区侨联与对口律师事务所一对一签约，中国侨联副主席隋军、市委统战部部长孙弘参加朝阳区法律服务工作站揭牌仪式。下发法律书籍百余本，开展社区涉侨法律服务活动3次。关心困难归侨侨眷，全年走访慰问困难归侨侨眷151人次，补助13.7万元，其中给予5名特困归侨侨眷3000元至5000元大额补助。全年接待4名侨界群众来信来访，帮助其与相关部门沟通协调，处理信访问题，维护侨界群众权益。

9月26日，长春市侨联与各律师事务所在中日友好会馆举行“涉侨法律服务站”签约仪式　（市侨联　供图）

【招商引资】 联系中国侨联、省侨联举办2次“海外侨胞长春行”活动，邀请120多位海外侨领、侨商到长春考察对接项目，省委常委、市委书记张志军，市长王子联会见中国侨联党组成员、副主席隋军及海外侨领代表，市委常委、副市长宋葛龙进行项目推介。经过多次洽谈，计划总投资10亿元、占地4.35万平方米的东华东北软件基地项目和中东欧之家项目拟落户长春，得到市委常委、副市长宋葛龙签批。

【侨联活动】 开展“看长春、爱家乡、跟党走”活动，组织百名归侨侨眷、百名海外侨胞走访九台区土们岭街道马鞍山村，展示长春乡村振兴新气象；参观长春新区展览馆、市规划馆、一汽集团红旗工厂、长光卫星技术有限公司，展现长春经济社会建设新成就；举办“亲情中华·为你讲故事”海外青少年网上秋令营活动，制作《钱币故事》《农作物栽培》《互联网故事》网课和《长春风光》《东北抗联史》短片。向海外华裔青少年展现长春新风采。组织全市归侨侨眷观看红色电影《长津湖》。为庆祝中国共产党成立100周年，到泉州、吉林大学、长春理工大学、吉林农业大学采集侨界楷模先进事迹素材，以陈觉万为连接点，以陈学求、黄大年、蒋振刚等侨界楷模先进事迹为蓝本，创作散文式话剧《侨魂》，6月20日在市群众艺术馆公演。

【长春市侨商联合会成立】 12月23日，长春市侨商联合会在香格里拉酒店举行成立大会，市侨商联合会吸纳单位会员104家，涉及生物医药、电子技术、地产开发、农产品加工等多个行业和领域，总资产约50亿元，年产值近80亿元，成为服务侨联事业发展，服务经济发展新平台。

（王冬梅）

长春市台湾同胞联谊会

【概况】 长春市台湾同胞联谊会（简称“市台联”）是居住在长春市台湾同胞（简称“台胞”）和去台人员亲属（简称“台属”）的爱国民众团体。截至2021年年末，市台联长春市在册登记台胞94人，台属439人，基层组织14个。

【台胞台属基本情况调查】 按照市委统战部关于建立健全台联基层组织要求，市台联对全市台胞台属基本情况进行调查汇总。截至2020年年末，长春市在册登记台胞94人，台属439人。其中，朝阳区16人，南关区47人，宽城区72人，二道区27人，绿园区29人，双阳区6人，九台区20人，农安县8人，吉林大学138人，东北师范大学20人，吉林农业大学13人，长春工业大学30人，长春理工大学6人，长春大学7人；男性244人，女性195人；政协委员8人，区政协委员14人；市人大代表1人，区人大代表3人。

【专题学习】 专题学习习近平总书记在庆祝中国共产党成立100周年大会上的讲话。7月1日，市台联组织机关全体干部职工共同收看收听习近平总书记在庆祝中国共产党成立100周年大会上的讲话。利用“三会一课”、周学习日开展集体学习研讨，引导党员干部增强“四个意识”、坚定“四个自信”、做到“两个维护”。

举办“赓续红色血脉 传承初心使命”主题教育学习培训班。10月25日至28日，在中共通化市委党校“杨靖宇干部学院”举办“赓续红色血脉 传承初心使命”主题教育学习培训班，将理论学习、案例分析、实地教学、交流研讨为一体，开展红色教育，市台胞台属代表55人参加培训。

5月19日，长春市台联在市委党校联合举办长春市台联重点骨干培训班

（市台联 供图）

组织中共十九届六中全会精神专题学习活动。11月22日，市台联机关全体党员群众集体学习《中共中央关于党的百年奋斗重大成就和历史经验的决议》。11月30日，宽城区台联召开学习十九届六中全会精神座谈会，市台联会长李松清作专题讲解，市台联全体干部参加座谈。

召开学习习近平总书记在纪念辛亥革命110周年大会上讲话精神座谈会，市台联会长李松清专题讲解习近平总书记讲话精神。

召开青年台胞台属座谈会。7月15日，组织召开青年台胞台属学习习近平总书记“七一”重要讲话精神座谈会，青年台胞台属代表18人参加座谈，结合各自专长和工作领域交流认识和感受。

【文化建设】 举办庆祝中国共产党成立100周年“传承百年薪火续写青春华章”大学生画展，展出作品从吉林省“金课”100余幅作品中选出，以命题创作、吹塑版画、扎染等形式呈现东北师大青年学子艺术创作、文化理解、精神气象与时代追求。7月28日，由长春市台湾同胞联谊会主办、吉林大学艺术学院协办的第六届“翰墨飘香两岸情”长台书画展在省图书馆开幕，展出长台两地书画家作品100幅。12月18日，举办“欢庆元旦·体验民俗”台籍青年学生联谊活动。向台生介绍“十四五”期间长春市发展方向，从政策角度为台生解答医保、学籍等相关知识。台生代表实地参观东北民族民俗博物馆，了解东北少数民族发展历史，体验东北民族风土人情。

【台联青年工作委员会成立】 8月17日，召开长春市台联青年工作委员会成立会议，产生由39人组成的委员名单，确定主任、副主任、秘书长、委员人选。新任职市台联青年工作委员会主任林琦代表青委会作表态发言，从思想引领、务实创新、组织建设三方面明确青委会工作方向和思路，确保更好为台胞台属服务。

【长春市台联重点骨干培训班】 5月19日至20日，长春市委统战部、长春市台办、长春市台联与长春市社会主义学院在市委党校联合举办长春市台胞台属学习贯彻《中国共产党统一战线工作条例》骨干培训班，设置理论学习、座谈讨论、现场教学等环节。长春市社院教师徐昂以统一战线基本理论与方针政策及《中国共产党统一战线工作条例解读》为主题作专题授课。座谈会上，台胞台属骨干以“如何适应新形势，推进新时代台联工作”为主题发言，对新时期台联工作开展提出意见建议，实地走访参观长春英利、宏汇集团2户台资企业。

【《长春市台胞服务手册》编制】 经与省市区政府相关涉台部门沟通，听取有关服务手册框架结构、内容等意见和建议，编制完成《长春市台胞服务手册》，重点介绍台胞在长证件办理、社会保障、工商管理、就业创业、教育就学、婚姻登记、生活出行等方面内容，发挥机关服务职能，为台胞提供便利。

（姜诗语）

长春市文学艺术联合会

【抗击疫情主题文艺创作】 年初，长春市文联成立疫情防控工作领导小组，发出《勇担使命，共克时艰，在疫情阻击战中汇聚长春文艺力量》倡议书，以所属6个文艺家协会为辐射中心，掀起长春市“战疫”文艺创作热潮。长春作家协会征集200余首诗歌作品，长春书法家协会征集400余幅书法作品，长春美术家协会征集近200件美术作品，长春摄影家协会征集近200幅摄影作品。举办“文以载道鼓斗志，众志成城战疫情——主题书画摄影网络精品展”及戏剧、歌曲等创作和展播。长春戏剧家协会创作的评剧MV《沧海横流方显出英雄本色》和长春音乐家协会创作的歌曲《战疫》等多部作品，被《人民日报》、《吉林日报》、“学习强国”平台等国家和省、市主流媒体转播并报道。榆树市文联、农安县文联、德惠市文联、九台区文联、双阳区文联、朝阳区文联创作各类“抗疫”文艺作品6000余幅（件）。二道区书协、南关区书协、宽城区书协等基层文艺家协会组织会员积极参与“抗疫”主题创作。

【重点文艺项目创作】 年初，征集“魅力长春”系列摄影作品，在《长春宣传》、“‘全面小康·魅力之都’建设长春现代化都市圈”栏目连载。春节期间，通过长春美术馆线上“微展厅”，举办长春市首届中国书协会员中国美协会员“迎春书法美术作品展”。5月初，启动“长春好故事”文艺作品选拔活动，为庆祝中国共产党成立100周年献礼。“五四”期间，举办“青春圆国梦·翰墨绘小康”第二届长春青年书法篆刻优秀作品（网络）展。长春音乐家协会于7月、8月开展“唱响长春、词由我心”和“长春有个公主岭”原创歌词征集活动。8月、9月，启动“不负重托抓机遇、决胜小康助振兴”长春市县（市）、区主题书法篆刻作品展和“决战决胜脱贫攻坚、全面建成小康社会——长春市第三届中青年小幅美术作品展”和“长春市‘情系小康’短诗征文大赛”。国庆节期间，组织市书法家协会15位书法家，以经典现代诗“诗眼”“诗题”“诗歌”为内容进行传统与现代文化完美融合的书法创作，为南溪湿地现代诗公园增光添彩。11月1日，长春市第十二届摄影艺术展在市图书馆开幕。文艺作品展赛吸引市区和周边广大文艺爱好者积极参与。

【文艺活动】 疫情期间停馆不停展，依托长春市文联、长春美术馆、长春摄影家协会微信公众号等新媒体平台，采取“微展厅”形式，让市民在家欣赏到优秀文艺作品。4月，举办“海天遗墨——周昔非先生艺术作品微展”，立体再现周昔非先生的艺术境界。为了迎接庆祝抗战胜利75周年、抗美援朝70周年，7月21日，开展“致敬军旅岁月、传承红色精神”文艺作品征集活动和“寻访老兵足迹、讲好英雄故事、传承红色基因”主题创作宣传活动，为7位老兵赠送书法作品，表达敬意。10月31日，长春音乐家协会举办的“全面小康·魅力之都”长春市十佳歌手大赛，社会反响热烈。

【文艺作品联展】 年初以来，集中推出5期“同心战疫·我们在一起——武汉、西安、成都、长春四城市书法网络展”，集中推出4期“同心战疫·我们在一起——哈尔滨、南宁、长春、杭州、沈阳、贵阳、南昌、南京八城市抗疫专题摄影网络联展”。在长春与韩国蔚山两市缔结友好城市26年之际，为扩大中韩（长春）国际合作示范区影响力，搭建示范区合作和文化交流平台，举办第25届中韩（长春·蔚山）书法美术交流展，加强两地文化交流互动。

【文艺志愿服务】 为响应吉林省文联文艺进机关、进企业、进社区、进校园、进军营、进文明实践中心“六进”系列活动号召，长春市文联组织党员干部“下社区、上一线、进企业”。在“万人助万企”工作中，组建助企工作队，帮助包保的12户企业全部复工复产。8月26日，带领艺术家们到长春天然气集团有限公司慰问奋战在民生公益事业前线的优秀党员、劳模代表。9月2日，组织文艺家走进双阳区作家协会，为广大文学爱好者们作文学创作辅导并赠送文艺作品。国庆前夕，会同市卫健委到长春市传染病医院开展“弘扬抗疫精神·致敬白衣天使”文艺进基层活动，现场创作并赠送书画和音乐作品。12月4日，会同市国资委，组织文艺家们走进长热集团开展座谈交流和书画笔会，为奋战在一线保障供暖的热力职工送去关怀。6月17日，在南关区鸿城街道鹏程社区举办庆祝中国共产党成立100周年党员志愿服务活动，为社区干部和摄影爱好者现场授课，开展手机摄影讲座。6月24日，端午节前夕，市戏剧家协会为鹏程艺术团和社区朗诵爱好者进行专业的诗歌朗诵辅导。7月1日，与鹏程社区共同开展“波澜壮阔99载·砥砺奋进新时代——迎‘七一’诗歌朗诵会”。市文联组织艺术家用书画和摄影作品装点社区书报长廊，提升社区文化艺术氛围。

【理事包保制度】 实施“理事包保”制度，开展“文艺家进社区”活动。根据社区需要，按照各文艺家协会理事会成员住址，就近派驻到社区，为社区爱好者提供业务指导和创作引领，变“送文化”为“种文化”，变“输血”为“造血”，带领社区文艺爱好者践行社会主义核心价值观，满足群众文化生活需求。

【协会建设】 长春市文联促进各文艺家协会和文联管理的法人社团规范化、科学化、制度化建设，推动协会工作落实落地。6月10日至11日，完成长春作家协会、长春戏剧家协会、长春摄影家协会以及长春音乐家协会换届工作，为发挥团结引导、联络协调、服务管理、自律维权的基本职能打下坚实基础，为建设一支本领过硬、德艺双馨的文艺队伍提供坚强保障。强化对文联管理的法人登记社团的规范化管理，制定出台《长春市文学艺术界联合会社会团体操作规程（试行）》。

（于柏秋）

长春市残疾人联合会

【概况】 2021年，长春市持证残疾人数量24.56万人。其中，肢体残疾人13.23万人，占53.8%；视力残疾人2.86万人，占11.6%；听力残疾人2.3万人，占9.3%；言语残疾人0.36万人，占1.5%；智力残疾人2.33万人，占9.5%；精神残疾人2.42万人，占9.8%；多重残疾人1.06万人，占4.3%。全市2113个行政村全部建立残协组织，其中“两委”（村党支部委员会、村民自治委员会）成员任职残协主席2049个。年内，换发第三代残疾人证20万件，为行动不便残疾人入户评定901人次。

【残疾人社会保障】 配合民政部门做好残疾人“两项补贴”（困难残疾人生活补贴、重度残疾人护理补贴）跨省通办工作，惠及17.6万人次。将居家安养补贴标准由每人每年1500元提高至2400元，机构托养补贴标准由每人每月1000元提高至2000元，全年服务残疾人4818人。为859名成年重度残疾人发放生活补贴，为7.5万名残疾人购买意外伤害险。

【残联助力乡村振兴】 将856名残疾人纳入监测范围，农村残疾人托养服务352人。实用技术培训3812人次，产业扶持2227户，分别完成年度任务的364.4%和271.5%。

【残疾人就业】 开展就业援助月活动，走访残疾人家庭2654户，登记1693人，帮助94人实现就业。落实残疾人创业就业扶持政策，对11户超比例安置残疾人就业企业给予补贴，超比例安置14人；为20名残疾人发放自主创业补贴；评选市级残疾人就业基地1个、残疾人创业带头人2名。为20家辅助性就业机构提供补贴，惠及残疾人423人。推进残疾人网络创业就业，全市培育建立网络创业孵化基地15家（市级1家、区级14家），入驻孵化团队29个，安置残疾人120人，培育30余“残疾人网红”。举办长春市残疾人职业技能竞赛，将剪纸、草编、绳编3个非遗传承项目和宠物美容护理项目纳入竞赛内容。在首届吉林省残疾人网络创业创新大赛上，获一等奖3个，最佳创业奖1个，长春市残联获最佳组织奖。为残疾人提供精准就业服务，举办各类招聘会41场，网上发布招聘信息220条。为有需求残疾人提供职业技能培训，全年培训残疾人8621人次，新增城镇残疾人就业1924人，分别完成年度任务的126.7%和114.5%。

【残疾人教育资助】 落实扶残助学项目，资助残疾学生及贫困残疾人子女1516人次。为197名大龄智力障碍、自闭症青少年提供教育资助，为2名贫困残疾儿童提供学前教育资助，为101名残疾人提供成人教育资助。

6月2日，长春市残疾人福利基金会举行“爱心公益·扶残助学”项目捐赠仪式

（市残联　供图）

【残疾人康复服务】 为4.4万名残疾人提供精准康复服务，完成年度任务的174.4%。为1.2万名有辅具需求残疾人适配辅助器具，为符合条件残疾人安装假肢；为1564名残疾儿童提供康复救助，为2800名肢体残疾人提供居家康复服务；救助精神障碍患者3700人；为1960名视力残疾人开展盲人定向行走、低视力功能训练，发放助听器405台；为7名听障儿童移植人工耳蜗。推进辅助器具补贴制度试点工作，二道区发放辅具386件，公主岭市为1177名残疾人发放适配补贴。“残疾预防日”“爱耳日”期间，发布宣传短信20万条，提高公众残疾预防和健康意识。

【残疾人宣传表彰】 在各类媒体发布宣传稿件150余篇，市残联网站编辑发布信息1458条，微信公众号采编转载信息248篇。在新媒体发布短视频426个，平均播放量10万次。人民网报道长春市4名残疾人典型事迹和5家残疾人服务机构党建工作。二道区残疾人傅明珍被中央宣传部、中央文明办、全国妇联授予2021年全国“最美家庭”称号。残疾人自强典型张超凡当选“第八届全国道德模范”。

【残疾人文化活动】 结合庆祝中国共产党成立100周年，开展残疾人艺术会演、“永远跟党走”主题征文、“我身边的党员故事”征集等系列活动。在吉林省残疾人艺术会演中，获二等奖1个，三等奖3个。在全国残疾人艺术会演中，获器乐类一等奖，戏曲类一等奖。开展“残疾人文化周”和“书香吉林阅读季”活动，发放各类书籍5000余册，丰富残疾人精神文化生活。

【残疾人体育活动】 在第十五次全国“特奥日”期间，开展残健融合足球比赛、趣味健身活动，帮助智力残疾人融入社会。全市培训体育健身指导员250人，建设残疾人体育健身示范点25个。在第十一届全国残疾人运动会暨第八届特殊奥林匹克运动会

3月18日，长春市第三代（智能化）残疾人证换发启动仪式在二道区政务服务中心举行 （市残联 供图）

上，长春市残疾人运动员参加8个大项、70余个小项比赛，获18枚金牌、18枚银牌、14枚铜牌，打破标枪F57级项目全国纪录。实施康复体育进家庭项目，为3816户残疾人家庭发放康复体育器材。

【残疾人帮扶活动】 打造志愿助残品牌，盲人按摩志愿者服务队、长春聋人帮帮团、长春市金手杖服务队开展帮扶慰问活动，其中聋人帮帮团开展活动10期，提供志愿服务260人次，帮扶困难残疾人449人次。举办持证残疾人基本状况调查培训班，培训65人。入户调查213673人，入户率94.43%，App（应用程序）录入率100%。

【残疾人依法维权】 解答残疾人咨询2112人次，接待到访185人次，处理“12345”市长公开电话387件，办理率100%。依托长春市残疾人法律援助工作站，服务残疾人191人次，免费代理案件5件。办理人大代表议案提案2件。为781名残疾人提供机动轮椅车燃油补贴。市残联会同长春市司法局印发《关于在全市设立残疾人法律援助工作站的通知》，在全市设立残疾人法律援助工作站12个。与长春市国安公证处共同设立长春市残疾人权益保障公证服务中心，为有需求残疾人开通绿色通道、减免公证费。为459个村级残疾人服务场所和308户困难残疾人家庭实施无障碍改造。

【公益助残项目实施】 与长春市烟草专卖局（公司）共同实施“爱心公益扶残助学”项目，争取公益资金95万元，为残疾学生和贫困残疾人子女322人提供高中阶段教育资助。启动实施“风湿骨病·专项救助基金”项目，筹集善款300万元，救助因风湿骨病致贫、致残困难群体。实施“树忠助残奖学金·长大特教助学行动”项目，为12名残疾大学生每人发放奖学金5000元。

（孙连涛）

长春市红十字会

【概况】 2021年，长春市红十字会新门户网站上线，“一官两微”（官方网站、官网微博和微信公众号）自媒体矩阵逐步完善，年度接收社会募捐款446笔、19.99万元人民币，当年使用社会捐款31.84万元人民币，分别用于助学助困、疫情防控、郑州水灾等救助救灾项目。全市有11个县（市）

区红十字会，有社区、学校等红十字会基层组织154个，登记注册活动志愿者2400余人，4名红十字志愿者、红十字会员、红十字青少年分别获国家总会“红十字志愿服务先进典型”“会员之星”“最美红十字救护员候选人”等表彰。

【市红十字会改革】 8月18日，市委编办正式批复同意市红十字会增加副会长职数1名（正处级）、全额拨款事业编制4名，调整后，有全额拨款事业编制10名。县（市）、区红十字会全部理顺管理体制，机构独立设置，统一调整由县（市）、区人民政府领导联系，人员编制最少增至3名，11个县（市）、区编制总数47名。依法依章推选第五届理事会人选，推进换届大会筹备工作。落实“五化”（图表化、清单化、手册化、模板化、机制化）工作制度，推进部门工作标准化建设。结合长春实际，组织编写包括党的建设、核心业务、组织宣传等7个方面、53项政策流程《长春市红十字会工作手册（2021版）》，为全市红十字系统开展工作提供法律法规依据和科学指导。

【助力疫情防控】 做好疫情防控专项募捐工作，根据疫情防控形势变化，年初向公主岭市红十字会调拨口罩6.6万个、防护服200件、消毒液500瓶；向宽城区、二道区、绿园区红十字会调拨医用外科口罩8.4万个、医用防护服1050件，向市卫健委捐赠一次性医用口罩4万个，向市城市管理局捐赠防护口罩7万个。11月，向市传染病医院捐赠医用防护口罩3万个、医用外科口罩5万个，补齐疫情防控薄弱环节。在做好疫情防控工作基础上，推动县（市）、区红十字会保质保量完成2021年重点工作任务，下拨医用外科口罩11万个。

【人道救助实施】 通过“互联网+公益”捐赠方式，“长红·凉夏助学行动”“长红·暖冬助困行动”2个网络筹资项目募捐14.94万余元。在春节前夕开展“长红·暖冬助困行动”活动，慰问贫困群众13户，发放慰问金7000元；在9月、10月开学季，开展“长红·凉夏助学行动”活动，救助朝阳区、南关区、双阳区20余所中小学300名品学兼优贫困学生，发放救助资金9万元；指导基层红十字会做好上级红十字会救助项目审核上报工作，救助白血病、先天性心脏病患儿28名，救助贫困家庭肿瘤患者1300余人。

【应急备灾救灾】 建立健全《长春市红十字会突发事件应急预案》《救灾物资采购管理暂行办法》《备灾救灾仓库管理制度》；加强提升应急能力，增加200件棉衣、100个照明设备等应急物资储备；组建红十字应急救援队伍，开展应急救援专业知识培训和模拟演练；8月，河南省郑州等地普降特大暴雨并引发洪灾，受灾情况严重，市红十字会接收水灾专项募捐款28773.59元，用于支持河南郑州救灾工作。

【应急救护培训】 贯彻落实中国红十字会应急救护推进年工作要求，修改完善应急救护培训管理制度。根据疫情防控形势，开展线上、线下相结合宣传普及和培训活动，培训应急救护员450余名，应急救护宣传文章和教学视频网上点击量超过2万次。指导、支持县（市）、区红十字会开展救护培训工作，印发应急救护培训手册3万份、培训用品2.8万份。

【志愿服务管理】 加强志愿者队伍建设，做好志愿者服务和管理工作，登记注册活动志愿者2400余人。2021年年初，结合长春市新冠肺炎疫情防控形势，发起《关于继续做好新冠肺炎疫情防控的倡议书》，动员全市爱心力量参与疫情防控志愿服务和爱心捐赠，得到市民响应，志愿者主动参与到社区疫情防控志愿服务，爱心企业和爱心人士为长春市疫情防控捐款捐物。1月初，面对疫情防控期间全员核酸检测专业人员急缺情况，长春市红十字会公开招募、选拔12位医学、护理学专业红十字志愿者，协助朝阳区红十字会参加全区核酸检测工作。红十字志愿者对长春市老旧散小区、政府机关驻地、学校、企业、公共交通等人员密集区域及场所进行防疫消杀工作，遏制病毒传播，提高区域人员安全性。春节前夕，长春市红十字会志愿服务队走进自强街道北安社区，为社区居民进行楼道消杀，为空巢老人贴春联送祝福。9月，组建以县（市）、区年轻干部、核心志愿者为主力的“长春市红十字会志愿服务总队”，明确服务总队工作职责、组织架构和工作原则等内容，要求各级红十字会在志愿者培训、演练、装备、保险等方面提供必要经费保障和物质支持。10月25日，走进万科社区开展以“情暖夕阳关爱老人”为主题的心理健康讲座活动，结合老年人不良情绪开展讲座和分析，提供心理疏导服务。

【基层组织建设】 市红十字会与市教育局联合下发《关于进一步做好新时代全市学校红十字工作的通知》，对做好全市学校红十字工作提出具体要求和指导。推动和组织各地开展“红十字青少年活动月”。9月至10月，全市红十字会围绕“青春心向党人道新风采”主题，开展应急救护培训、人道救助进学校等活动，营造浓厚宣传氛围。推广红十字基层组织“双三一”建设模式，在南关区北安社区、双阳区博山社区以及朝阳万宝社区申报省红十字会城市社区博爱家园示范点建设项目。向长春长影世纪城、长春世界雕塑园“红十字救护站”捐赠急救包、应急救护手册以及急救药品和耗材。

（熊思幸）

法　治

FAZHI

人大立法

【概况】　2021年，市人大常委会贯彻落实市委《关于加强党委领导立法工作的实施意见》。坚持科学立法、民主立法、依法立法，发扬全过程人民民主，加强重点领域、新兴领域立法，提高立法质量和效率，发挥立法引领和推动作用。推行立法项目开门征集，立法争议全部听证，立法草案全部上网；健全基层立法联系点、委托第三方立法、立法后评估等制度，实现地方立法从量到质的转变，全市现行有效地方性法规89部，政府规章66部，基本涵盖经济、民生、生态等各个领域各个环节。2021年，制定、修订、修改地方性法规6件，打包修改10件、废止2件。

【重点领域新兴领域立法】　加强重点领域新兴领域立法，实现立法精准化，增强立法针对性。制定《长春市科技创新条例》，以法治方式引领、规范、促进和保障科技创新，推动科技创新及科技事业持续健康发展；围绕加快长春现代化都市圈建设，实施民生改善工程，修订《长春市物业管理条例》《长春市市政设施管理条例》《长春市城市建设档案管理条例》，修改《长春市城市房地产开发经营管理条例》；围绕践行社会主义核心价值观，制定《长春市反餐饮浪费条例》。

【立法调研】　2021年，丰富立法调研方式方法，综合运用实地调研、召开座谈会、开展专题研讨、实施问卷调查等形式，强化调研深度、提高调研实效，对制定《长春市旅游条例》《长春市历史文化名城保护条例》《长春市违法建设查处管理条例》《长春市新区条例》《长春市兴隆综合保税区条例》《长春市中韩国际合作示范区条例》《长春市养老服务条例》《长春市社区治理条例》《长春市旅馆业治安管理规定》和修订《长春市城市客运出租汽车管理条例》《长春市少数民族权益保障条例》进行立法调研。

【立法计划】　在编制市十六届人大常委会立法规划基础上，提出市人大常委会2022年立法计划。立法规划安排立法项目61件，其中条件比较成熟、任期内拟提请审议立法项目30件，需要抓紧工作、条件成熟时提请审议立法项目16件，立法条件尚不完全具备、需要继续研究论证立法项目15件。2022年立法计划安排审议项目6件，调研项目7件。

【立法机制建设】　加强立法工作制度创新，建立健全科学立法、民主立法、依法立法工作机制，坚持完善党委领导、人大主导、政府依托、各方参与的立法工作格局。健全法规立项工作机制，严格立项标准，把好选项关，完善立法各阶段工作程序。实施立法项目进度精细化管理，明确工作任务、完成时限、责任人员，确保立法计划顺利实施。坚持法规草案提前介入工作机制，实行法规草案起草小组制度，强化人大对法规起草进度和内容的把控力度，提高法规草案起草工作质量。健全人大常委会会议审议机制，吸纳常委会组成人员审议意见，做好审议意见反馈。健全完善制度设计，立法工作全流程、全链条、全方位贯彻全过程人民民主。在立项、起草、审议、论证、评估等环节，坚持开门立法，拓宽各方参与地方立法工作渠道，听取人民群众意见和建议。在制定《长春市科技创新条例》时，市人大常委会党组书记、主任王志厚带领立法调研组实地走访调研，召开6个层面5场座谈会和3次专题研讨会，参与人数200余人，与专家学者、科技企业家、科技人员探讨交流，听取各方面意见。注重发挥专家学者的作用，创新专家参与立法机制。每一件法规都面向社会征求意见，并组织专家进行论证。加强与吉林大学、东北师大等高校和科研院所合作，与有关专业机构和专家队伍共同构建科学立法“双核”保障机制。加强机制创新，在原有工作基础上，建立代表征集意见微信群、邀请代表参与立法调研、列席人大常委会会议，发挥代表作用，让代表根据自身关注点、职业专长选择参与立法项目，更多、更深入参与立法实践，确保民意在立法中得到最大限度体现。加强沟通协调，密切各级人大立法互动。立法过程中主动向省人大汇报立法工作情况，邀请省人大常委会法工委参加立法调研论证，征求其意见；委托各区人大常委会征求本辖区各级人大代表、基层单位和群众对市人大常委会立法工作意见；督促政府有关部门履行立法工作各个环节职责，按照要求及时出台配套规范性文件，确保法规出台后得到有效实施。

【法规清理】　按照全国人大常委会和省人大常委会关于对《中华人民共和国动物防疫法》《中华人民共和国行政处罚法》涉及法规进行清理的要求，结合长春市推进行政审批制度改革，规范市场准入，深化“放管服”改革，优化法治化营商环境实际工作需要，清理现行有效的地方性法规，打包修改10件法规，废止2件法规。

【法规宣传】　召开4次新闻发布会，宣传解读关系群众切身利益、社会各界普遍关注的法规，促进法规贯彻实施。通过主流媒体、网络媒体、自媒体解读法规中热点、焦点问题，扩大覆盖面和知晓率，使市民第一时间了解法规内容，为法规实施奠定基础。

【规范性文件审查监督】　遵循“有件必备、有备必审、有错必纠”原则，履行宪法法律赋予职权，主动审查与被动审查相结合，以保障宪法法律实施、维护国家法治统一、保障人民群众根本利益和促进社会公平正义为出发点，加强对相关单位报送备案的规范性文件审查监督。全年审查报送备案的规范性文件14件。

（闫世强）

政法委与综治

【服务振兴发展】　融入“一主六双”高质量发展战略和长春现代化都市圈建设，完成11个重大项目征收工作，为振兴发展提供法治保障。汽开区出台13个制度性文件，助力汽车产业发展。成立民营企业发展法律服务维权中心，建立健全公检法司四部门纠纷化解、风险防范等六项机制，畅通民营企业法律维权服务“绿色通道”。检察机关、审判机关依法稳妥办理“文投”“鼎邦”“万邦”“青旅”等涉众型经济犯罪案件，防范住金融风险。朝阳区设立全省首个金融纠纷调解机构，化解金融类矛盾纠纷。深化“放管服”改革，1559个事项实现“最多跑一次”，979个事项实现“零跑动”。榆树市实现企业开办各环节线上“一网通办”。落实免责免罚清单等宽严相济政策，对民营企业家及工作人员依法不批捕75人、不起诉192人。

【平安长春建设】　健全完善市域社会治理“1+7”组织体系，市域社会治理现代化试点城市创建工作19个重点任务、50个分解任务持续推进建设，党委领导、政府负责、民主协商、社会协同、公众参与、法治保障、科技支撑的社会治理体系基本健全，初步形成共建共治共享社会治理格局，打造一批市域社会治理示范项目，形成一批可复制、可推广市域社会治理“长春经验”。公主岭市探索推行平安建设“积分制”，激发村民共建共治共享热情。完善“综治中心+网格化+信息化”基层社会治理体系，推动社会治理触角向基层网格、楼栋、单元延伸。市民政局织密基层治理群防群治保障网络，在全国打造社区治理“长春样板”。长春新区在全省开发区中率先建立基层社会治理综合服务平台。“雪亮工程”示范城市建设项目通过国家验收，“两抢”（抢夺和抢劫）、八类严重暴力犯罪（故意杀人、故意伤害致人重伤或者死亡、强奸、抢劫、贩卖毒品、放火、爆炸、投毒罪）、传统“盗抢骗”案件破案率实现提升。长春市被授牌命名为“平安中国建设示范市”，双阳区政法委被评选为先进集体。

市公安局完成庆祝中国共产党成立100周年安保维稳任务，取得“零非访”“零聚集”“零滋事”“零炒作”“零通报”成绩，确保党和国家领导人到长春视察等大型活动和重要会事安全。制定出台《长春市重大决策社会稳定风险评估若干措施（试行）》，为党委政府决策提供依据。开展矛盾纠纷源头预防化解专项行动，排查调解各类纠纷案件8817件。公安、检察、审判、司法行政机关开展涉法涉诉信访积案集中攻坚化解行动，化解中联办交办涉法涉诉信访案件553件、化解率94.4%，化解省联办交办涉法涉诉信访案件288件、化解率88.9%，化解市联办交办涉法涉诉信访案件633件、化解率96.3%。强化命案通报调度和督导检查，全市命案破案率100%，发案率下降23.6%、死亡人数下降26.2%。

【扫黑除恶斗争】　召开全市扫黑除恶专项斗争总结暨常态化开展扫黑除恶斗争工作部署会议，表彰57个扫黑除恶专项斗争先进集体和198名先进个人，安排部署常态化斗争工作。健全完善防范整治、举报奖励、依法惩处、督导督办、考核评价、组织领导等长效制度机制，提高扫黑除恶常态化、机制化、法治化水平。全市重点行业领域乱象整治工作完成，行业整治取得阶段性成效。

【政法领域改革】　完善协同高效政法机构职能体系，健全侦查权、检察权、审判权、执行权相互制约的体制机制，完成年初确定的9项司法体制改革重点任务。推进执法司法制约监督机制改革，加强检察机关法律监督，提出检察建议930余件，提升检察监督质效。探索民事诉讼程序繁简分流，深化“分调裁审”机制改革，推动案件轻重分离、快慢分道。健全新型审判权运行机制，出台20条专门意见规范法官自由裁量权。

（王　鑫）

法治政府建设

【概况】 发挥全面依法治市办公室职能，推进法治建设提档升级。坚持党对地方立法工作领导，突出人大及政府在地方立法工作中作用，重大立法项目实行“双组长”负责制。制定出台《关于认真学习宣传贯彻习近平法治思想深入推进全面依法治市的实施方案》，落实各级党委理论学习中心组集体学法、政府常务会议会前学法制度，推动举办多层次多领域的专题培训和理论研讨。召开市委全面依法治市工作会议和市委依法治市委三次会议，制发《法治长春建设实施方案（2020—2025年）》《长春市法治社会建设实施方案（2020—2025年）》。市委常委会、市政府常务会分别听取法治政府建设专题汇报，书记、市长分别作出专门批示。召开府院联动联席会议，出台深化府院联动十五项措施及任务清单。制定行政备案管理办法和行政裁决实施办法。印发证明事项“三张清单”，全市以政府规章和行政规范性文件作为设定依据的证明事项全部清零。出台行政复议体制改革方案。开展涉诉五项指标及行政执法满意度专项整治。市本级、南关区及长春市公共法律服务体系建设被评为全省法治政府建设示范市（区）、项目。2021年，长春市市政府和南关区政府、公共法律服务中心获评全省首批法治政府示范单位，在全省15个名额中占据3席，其中公共法律服务中心被推荐为国家示范创建候选单位。人民日报社《法治参阅》刊载长春市法治政府建设做法。

【法治长春建设】 推进依法治市，制定《法治长春建设实施方案（2020—2025年）》《长春市法治社会建设实施方案（2020—2025年）》，明确法治建设时间表、路线图。推进《长春市城市房地产开发经营管理条例》等12部地方性法规及政府规章制定、审核、修订工作，清理地方性法规3部。司法行政机关完成“七五”普法目标任务，启动“八五”普法工作，持续开展法治宣传教育。深化法治政府创建，市本级和南关区被列入全省首批法治政府建设示范市（区）公示名单。宽城区出台督促监护令实施办法，筑牢未成年人家庭保护防线。

【依法决策】 健全制约监督机制，出台重大行政决策程序规定，健全行政决策执行问题反馈机制和决策后评估制度，对107项市委、市政府重大决策进行合法性审查。推行法律顾问和公职律师制度，市县两级政府实现法律顾问全覆盖，45家重点行政单位配齐公职律师。加强行政规范性文件监督管理，对2021年出台190件行政规范性文件全部进行合法性审查和备案。

【制度建设】 围绕监督行政决策、规范行政执法、限制行政权力，在全省率先建立府院、府检、府监联动机制，在东北地区率先出台行政执法辅助人员管理规定，在全国率先启动分事行权、分岗设权、分级授权和定期轮岗内部权力制约“三分一轮”试点，基本补齐依法行政制度短板，初步构建起具有长春地域特色、较为完备的地方法规规章体系。

【行政执法】 压实行政执法“三项制度”，向社会公示行政执法事项9377项，公示行政执法结果近4万条，80%以上执法机关使用行政执法记录仪，各行政执法部门全部建立法制审核机构。集中规范执法司法行为，评查“典型差案”284件，编制包容审慎监管执法“四张清单”，确定“不予处罚、减轻处罚、从轻处罚、免予行政强制”事项2574个，得到企业群众普遍好评和省委依法治省办通报表扬。

【行政复议】 出台行政复议体制改革方案，开展涉诉五项指标及行政执法满意度专项整治，评查典型差案66件。行政复议案件比2020年减少62%，通过复议行政争议化解率30%。

【法治营商环境建设】 实施“营商环境建设法治护航五大行动”，加快国有土地上房屋征收、科技创新等重点领域立法进度。对60件政府合同、政府协议进行合法性审查。推进综合行政执法体制改革，建强5支综合行政执法队伍。落实行政执法“三项制度”，建立“一案三书”制度，编制行政许可、行政处罚、行政检查、行政强制“四张流程图”。制定规范涉企行政执法行为规则，严格细化量化行政裁量基准。包容审慎监管执法“四张清单”编制数量全省排名第一，省委依法治省办通报表扬。在重大项目、商会、企业等建立行政执法联系点200个，聘任行政执法监督员500人，监督涉企行政执法行为，《吉林日报》及省司法厅、司法部先后进行报道。启动运行长春市民营企业法律维权服务中心，组建民营企业法律维权服务律师人才库。全市76支律师服务团队为1751户企业提供全过程法律顾问服务6785件，为企业提供减、缓、免收费1033万元。设立知识产权公证服务中心和13家公证助企惠企服务窗口。全市提供律师服务3.1万件，公证服务26万件，司法鉴定服务2.3万件，仲裁服务1320件，法律援助7056件。

（赵宝剑）

公　安

【概况】 2021年，长春市公安局以“平安长春”建设为引领，聚焦庆祝中国共产党成立100周年安保维稳主题主线，统筹推进捍卫政治安全、维护社会安定、保障人民安宁、护航振兴发展、队伍教育整顿，实现庆祝中国共产党成立100周年安保维稳、重要警卫任务重大活动绝对安全，社会治安大局稳定，完成教育整顿，长春市被平安中国建设协调小组评选为“平安中国建设示范市”。

2021年，长春市公安局立案35540起，破案10952起，破案率30.82%；起诉12794人。年内，有1

个单位被公安部记集体一等功，15个单位被省公安厅、市政府记集体二等功，29个单位被市公安局记集体三等功，46个单位被市公安局记集体嘉奖，2人被公安部授予“全国公安系统二级英雄模范”称号，4人被公安部、省公安厅记个人一等功，78人被省公安厅、市政府记个人二等功，354人被市政府、市公安局记个人三等功，681人被市政府、市公安局记个人嘉奖，15个单位被长春市委政法委评为“长春市扫黑除恶专项斗争先进集体”。全年，获省级优秀共产党员1人、优秀党务工作者1人、先进基层党组织1个；获市级优秀共产党员2人、优秀党务工作者3人、先进基层党组织4个；获市直机关党工委评比的优秀共产党员3人、优秀党务工作者3人、先进基层党组织3个；在市公安局评选“两优一先”中，对103名优秀共产党员、40名优秀党务工作者、42个先进基层党组织进行表彰；做好年度五一劳动奖章（奖状）和各级劳动模范评选推荐、管理、优抚等工作；开展2021年市级三八红旗手评选活动，评选出市级三八红旗手10人、三八红旗集体5个，推荐市级最美家庭1个、推荐市级“向上向善好青年”3人；在市公安局组织评选活动中，对10个“优秀青年民警”标兵、20个“优秀青年民警”先进个人、10个优秀青年集体进行表彰。以典型引领开路，发挥榜样激励作用，推动全市公安队伍各项工作发展进步。“七一”前夕，为市公安局直属部门305名老党员颁发“光荣在党50年”纪念章。

【刑事犯罪案件侦查】　2021年，全市命案、“两抢”（抢夺、抢劫）、八类严重暴力犯罪破案率首次实现“三个100%”。相继侦破宽城区“10·17”一杀4人案、榆树市“1·15”一杀3人案，二道区“3·18”案、绿园区“3·25”一杀2人案等一批恶性疑难命案现案，命案现案连续4年实现100%侦破，命案现案发案数创“命案必破机制”建立（2004年）以来新低，并连续4年降至百起以下。公安部督办“10·28”吉林省首起特大盗掘古文化遗址、古墓葬案等一批恶性疑难大案全部破获，配合完成“10·18”案件协查搜捕工作。

【经济犯罪案件侦查】　2021年，受理经济案件591起，立案537起，破获各类经济犯罪案件532起，协查案件85起，涉案金额96.78亿元；刑拘419人，取保699人，监视居住85人，捕诉人犯558名。破获“3·31”系列虚开增值税专用发票案。2021年8月，经侦支队对“3·31”特大虚开增值税专用发票案开展立案侦查。经查，在2013年至2021年期间，孙某飞等人利用虚构业务，大肆对外虚开发票牟取非法利益，涉案金额41.3亿元，给国家造成巨额税款损失，严重危害市场经济秩序。涉案人员7人全部落网。

【电信网络诈骗案件侦查】　破获电信网络诈骗案件2486起。其中，部督案件13起、省督案件34起。抓获各类电信网络诈骗犯罪嫌疑人7497人，预警劝阻34.6万条，冻结涉案资金1.41亿元。百日攻坚行动中，破获南关分局抖抖加等4起特大电信网络诈骗案件，抓获犯罪嫌疑人1089名，公安部五局专发贺电予以肯定。

【侵财犯罪案件侦查】　2021年，制定《长春市公安局2021年涉民生小案破案攻坚行动实施方案》，对传统“盗抢骗”等侵财犯罪保持严打高压态势，全市破获传统“盗抢骗”案件2744起、抓获犯罪嫌疑人3497名、追赃挽损538.42万元。

【涉枪涉爆违法犯罪案件侦查】　2021年，市公安局破获涉枪爆刑事案件19起，刑事处罚19人，涉枪爆治安案件1起，行政处罚1人，收缴各类枪支2299支、子弹16908发、雷管18.5007万枚，收缴仿真枪48支、管制刀具144把、易制爆危险化学品36.275千克，收缴销毁废旧炮弹11枚、航弹1枚、手榴弹1枚。

【其他领域违法犯罪案件侦查】　全年侦破涉食药环、知识产权和野生动物等领域犯罪案件367起。其中，公安部督办案件5起、省督案件5起；捣毁黑窝点32处，打掉犯罪团伙103个，抓获犯罪嫌疑人1268名，受理行政案件70起，涉案总价值1.5亿元。

【禁毒工作】　全年破获毒品案件127起，打掉涉毒团伙21个，破获部督毒品案件2起、省督毒品目标案件3起。加大禁种铲毒工作力度，制定下发《长春市2021年禁种铲毒工作方案》，逐级签订《禁种铲毒责任书》，在毒品原植物种植、生长和收获期，加大巡查检查力度。全市两级禁毒部门加强对易制毒化学品及相关企业的管理力度，开展美沙酮戒毒门诊秩序整顿、芬太尼物质专项整治行动，开展对精麻药品和涉芬太尼物质企业的排查行动，对全市860余家涉易制毒企业进行地毯式网上巡查和实地检查，对易制毒化学品生产、销售、运输和使用等环节进行闭环监管。加强社会面吸毒管控，开展吸毒人员风险评估、分类管控，以毒驾整治专项行动为抓手，结合“毛发检测”等措施，查处一批隐性吸毒人员、清理一批动态库错误信息、抓获一批脱失吸毒人员、收戒一批病残吸毒人员，全市排查在册吸毒人员2.44万人，查获新增吸毒人员408人，抓获脱失吸毒人员39人，查获毒驾42人，依法吊销吸毒人员驾驶证88本，实现吸毒人员肇事肇祸“零发生”工作目标。成立吸毒人员“平安关爱”行动领导小组，推进吸毒人员“平安关爱”行动。开展全民禁毒宣教活动，重点研究加强青少年禁毒预防教育，结合“万警进万家爱民实践活动”，开展禁毒宣传教育活动，走访机关、企业、学校、社区、住户257人次522户，发放禁毒宣传册3000余册，讲授禁毒知识宣传课10余场。

【反拐综合治理】 2021年，市公安局配合省公安厅加快推进完善“钉钉团圆”儿童失踪信息发布机制，加强全国打拐DNA信息库录入、比对工作，重拳打击拐卖妇女儿童犯罪，全力查找、解救被拐儿童。年内，全市完成公安部团圆行动核查、协查、工作指令87条，采集涉拐DNA血样139人次，通过全国公安机关查找被拐卖失踪儿童信息系统DNA比中27名历年失踪儿童，侦破部督涉拐案件1起，现场组织9名被拐儿童认亲，开展反拐宣传156次。

【治安管理】 整治站前区域各类治安顽疾，查处非法营运“黑车”和营运违法行为203起，取缔“黑旅店”11家，抓获喊客拉客人员1522人，杜绝站前区域“两黑两拉”现象；强化肇事肇祸精神病人和个人极端重点人管控，严格落实物流寄递“三个100%”，从严危爆物品管控，全市未发生打响、炸响安全事故，“护校安园”工作得到公安部检查组肯定。

爆炸物品管控。做好全市爆炸物品单位日常检查，及时发现并整改治安隐患。紧盯民爆物品运输、储存、使用环节，对照公安部《从严管控民用爆炸物品十条规定》要求，细化落实民爆物品流向登记、治安防范、末端管控、运输监管等措施，严防民爆物品非法流失危害社会。开展民爆物品储存库隐患排查，彻底整改隐患，确保爆炸物品安全管理，全年未发生流失、被盗、被抢等各种案事件。

烟花爆竹“禁燃”。成立“禁燃”工作督导组，加大禁燃工作宣传和查处力度，利用夜巡巡区、交警路面巡逻、派出所辖区民警，对5个出入长春市城区卡点加大检查和打击力度。查处非法燃放烟花爆竹行政案件163起。其中，行政拘留1人，行政罚款163人，罚款3.46万元，教育训诫42人。

行业场所治安管理。依法抽查和暗访旅馆业住宿实名登记工作，检查宾馆旅店2185家次，查出问题186个，向所在辖区治安大队提出整改意见，要求规定时间内整改到位。查处涉黄涉赌案件689起，打处违法犯罪嫌疑人2978人，规范行业场所“绿色”守法经营，社会面净化程度显著提高。重要节日期间，对南湖公园、儿童公园、净月潭等公园旅游景区加强隐患排查，坚决防止人员聚集发生踩踏事件。

物流寄递行业治安管理。全年检查物流寄递企业400余户，截获收缴仿真枪20支、管制刀具98把、“笑气”30余瓶、用于电诈银行卡和密码器6套，确保物流渠道绝对安全，维护全市治安稳定。

城市养犬管理联合执法。在手机吉事办程序中开通长春市养犬服务通，推行“零跑动”网上办证业务，线上核发养犬证1.38万个，线下核发2.41万个。全年审核办理养犬证4.11万个，接听群众咨询电话1.54万件，回复市长公开电话215件，协助查处群众举报878件，查办政府相关部门交办件21件。全年开展两次大规模养犬管理专项整治行动。全年协助各派出所出警432次，暂扣违规犬23只，教育纠正不文明养犬行为1300余次。通过广播、电视、报纸等渠道进行宣传，发放宣传单5万余份。在农博会期间，到犬只展台现场解读新条例，普及相关规定，倡导文明养犬。

危险化学品专项整治。组织全市涉危涉爆企业召开座谈会，宣传专项行动，与所有企业负责人签订承诺书，明确企业安全主体责任和公安机关安全监管责任。全市检查涉危从业单位1567家次，发现隐患29处，下达隐患整改通知单29份，现场整改16处，依法处罚13户违法违规企业，全部整改完毕。

【常态化扫黑除恶】 2021年，打掉九台李某团伙、长岭县金氏家族违法犯罪团伙。在队伍教育整顿中，对2018年以来市公安局侦办18起涉黑涉恶案件、核查301条线索开展倒查工作；跨市、州异地用警核查线索4条、跨区（县）异地用警核查线索数40条，转化为一般刑事案件7起，转化为恶势力犯罪集团案件1起，在全省扫黑除恶专项斗争考核工作中实现“零”空项。在打击整治“沙霸”“矿霸”等自然资源领域黑恶犯罪活动工作中，全市各级公安机关侦破破坏自然资源案件47起，打处违法犯罪人员80人，收缴、扣押、追缴、返还涉案物品总价值约344万元。

【安全保卫】 2021年，把中国共产党成立100周年大庆安保维稳作为首要政治任务，全市公安机关实施最高等级勤务，在全市党政机关、要害部位、繁华地段守点巡线控面，最大限度增强社会面控制力、震慑力和快速反应能力。建立联合指挥、分域作战情报指挥工作机制，强化京地联动协同作战，综合运用“人力+科技”、法制训诫、依法处理“组合拳”，确保核心区域绝对安全。“零纰漏、零失误、零差错”完成党和国家领导人等级警卫任务31批次，完成汽博会、农博会、东博会等82项大型活动和重要会事安保维稳任务，做好全国全省全市“两会”、冰雪节、开斋节、冬奥圣火传递等会事安保。

【疫情防控】 公安信息排查专班“7×24”小时昼夜运转，核查人员信息900余万人次，为疫情防控提供精准数据支撑。28名机场应急突击队警力持续驻守机场600余天，对24个重点疫情国家3.2万名入境长春人员按要求闭环分流转运集中隔离，有效防范境外疫情输入风险。

自2021年7月南京出现疫情并在全国小范围扩散后，市公安局快速查清73批272名密接、次密接身份信息及活动轨迹，扩线研判与其同乘航班、铁路旅客信息9381人次，全部及时反馈卫健部门核查管控。针对相继出现的南京禄口机场、张家界魅力湘西演出、扬州麻将馆等爆发点，通过民航、铁路订票系统，排查预警中高风险地区到长人员55566人次。主动研判国内各地公布的新增病例身份及活动轨迹，将9名同乘到长人员推送卫健部门纳入管控范围。

全年有针对性地排查预警中高风

险地区到长人员169万人次；更新、补充、完善省公安厅下发涉长442批79万条“涉疫每日必查”任务清单，全部按时反馈并推送卫健部门开展工作；常态做好OZ303（仁川—长春）航班入境人员排查、分流、转运，排查、转运旅客17677人次，全部实现全链条、全流程封闭管控。

【基层警务管理】 派出所机制完善。2021年，市公安局推进“室队制”改革。全市94个城区派出所实行“室队制”，138个派出所实行“警务区制”，建成222个综合指挥室，基本形成“以室领队”勤务模式；推进“一村（格）一警”工程建设，确立由网格长兼任网格辅警模式，全市4482名网格辅警在全省率先配齐。组织2096名农村辅警健全完善“八大员”工作职责，省改革办、省公安厅简报专刊介绍经验；推进“警网融合”改革，代市委城乡基层治理工作委员会草拟《关于推进全市城乡社区警务与网格化服务管理融合的工作方案》。

社区警务创新。白天划分为325个巡防网格，257个社区警务队与夜治安巡防“无缝衔接”，在市公安局联合指挥作战，处置农博会工棚垮塌事件、大众置业大规模群体事件等行动中，为联合作战提供现场第一手资料，社区巡防作用进一步显现。全市派出所结合“万警进万家”活动沉入社区，征求群众意见4253条，解决群众实际困难1502个。

“枫桥式公安派出所”创建。7月，清明街派出所作为全国首批被公安部命名“枫桥式公安派出所”代表，向全国公安机关汇报经验；9月，东盛路派出所被省公安厅推荐参评全国“枫桥式公安派出所”，民康路、重庆路、西安广场、福祉大路、五棵树派出所拟被省公安厅命名为全省“枫桥式公安派出所”。

矛盾纠纷排查化解。全市派出所年内排查化解矛盾纠纷5.4万余件，朝阳分局桂林路派出所揭牌成立全国首家律师“驻局进所”法律服务站，为矛盾纠纷化解提供最便捷的法律援助。二道分局东盛派出所与街道联合建立“东盛街道社会矛盾纠纷调解处理中心”，中央媒体进行实地采访。

【出入境管理】 2021年，全市侦办跨境赌博案件111起。其中，部督4起，省督25起。抓获犯罪嫌疑人1470名，打处参赌人员551名，涉案流水70亿元，查封、扣押、冻结涉案资金财物折合人民币6995万元，案件到期起诉率100%。核查重点涉赌人员2881人，宣传报道491次。开展治理涉嫌妨害国（边）境管理犯罪专项工作，制定集中打击妨害国（边）境管理犯罪专项斗争工作方案，形成固定工作机制，摸排并侦办“大龙”等人组织他人偷越国（边）境案，该案涉案资金巨大，于5月27日被列为国家移民局督办案件，联合网安支队侦控涉案嫌疑人20余名，抓获4名犯罪嫌疑人。对2020年以来中国公民申办就业类护照1742件、澳门其他类签注74件进行梳理排查。梳理实质性审查存疑、申办证件异常数据，排查出骗取出入境证件相关线索20余人次。对2017年以来全市签发的外国人工作类居留许可7176人次、学习类居留许可9371人次、团聚类居留许可240人次开展回访。全市备案涉外企业单位456户，其中高校13所、民营企业95户，均参加信用等级评定，包括3级218家，2级155家，1级83家。清查清理“空壳公司”“一人公司”，未发现违规违法情况。

【服务经济社会发展】 严打涉企违法犯罪，破获涉企经济案件11起，为企业挽回经济损失700万元，破获全省首例顺丰公司员工利用“刷单”骗取提成侵占案和非法控制计算机系统侵犯企业合法利益案件，抓获犯罪嫌疑人33人，查获非法获取茅台酒47240瓶，涉案金额近3亿元。开展“我为群众办实事”爱民实践活动，全警入户走访14万余家，召开警民恳谈会、征求意见座谈会1400余场次，解决群众“急难愁盼”问题1.25万件，为群众办好事8300件；开展交管窗口“黄牛”专项整治，打击处理车管所周边“黄牛”37人。推进“放管服”改革，优化127项“绿色审批项目”。其中，79项实现“最多跑一次”办理，22项实现“全省通办”，20项优化审批流程，3项提高服务效率，3项实现“零次跑”，出入境证照、居民身份证办理时限大幅压缩。创新服务一汽举措得到上级领导批示表扬。

【智慧警务建设】 长春公安大数据平台正式上线运行，更新数据7000余万条，数据总量突破1800亿条，利用大数据平台侦破典型案件47件；完善“雪亮工程”配套制度、平台架构、系统功能、资源整合、应用评价，通过国家验收组验收。

【辅警管理】 健全和完善辅警管理制度体系，出台6个管理办法。开展抚恤慰问工作，年初救助大病辅警8人，发放慰问金2.4万元；年中救助困难辅警83人，发放慰问金24.9万元。落实奖励政策，年初表彰100名全市优秀基层辅警，其中17人被评选为全省优秀基层辅警，发放奖金17.15万元；对在庆祝中国共产党成立100周年维稳安保工作中表现突出警务辅助人员进行专项表奖，40人获记功奖励、121人获记嘉奖奖励，发放奖金30.15万元。规范招聘工作，严把人员入口关，全年面向社会公开招聘警务辅助人员390名。规范辅警考核机制，由以往一次年底考核改为平时考核和年度考核相结合考核模式。完善辅警档案管理体系，辅警档案室2月投入使用，对近4000份市公安局辅警及公益性岗位协勤员人事档案进行整理归档；采录全局1.3万余名辅警及参照辅警管理人员基本信息，制作人事信息台账。开展公益性岗位清理整顿工作，分期对156名有经商办企行为公益性岗位人员进行限期整改，并在全局组织填写承诺书，全面禁止公益性岗位人员经商办企行为。

1月8日，长春市公安局在市警察博物馆庆祝首届人民警察节

（市公安局　供图）

【长春公安监管中心正式落成】 12月6日，长春市公安局举行长春公安监管中心落成仪式。监管中心位于二道区英俊镇苇子村，占地面积33.56万平方米，建筑面积12.69万平方米，包含长春市公安局监管支队、长春市看守所、长春市拘留所3部分。

【新建执法办案管理中心】 市公安局选址新建执法办案管理中心（地址位于普阳街与正普路交会西行），总建筑面积为3287.2平方米，包括办案区、案件管理区、涉案财物管理区和生活区4部分，满足集中办案、案件管理、涉案财物管理、合成作战、协同配合、服务保障等功能需求。市县两级公安机关升级改造15个执法办案中心，规范办案水平实现提升。

【首届人民警察节系列活动】 1月10日，长春市公安局开展首届人民警察节系列活动，长春市公安局党委委员及各单位主要负责人和民警代表近300人参加升旗仪式，面向警旗庄严宣誓。随后，全体人员到市警察博物馆英烈厅敬献鲜花，致敬缅怀为长春公安事业英勇牺牲的革命烈士，回顾长春公安70余载奋斗历程。

（刘　璐　赵　靓）

检　察

【概况】 长春市人民检察院（简称"市检察院"）履行法律监督职责，组织"十个系列精品案事例"评选活动，其中2件入选最高检典型案例；开展检察宣传，长春地区3家单位获评"2021年度全国检察宣传先进单位"。2021年，市检察院第八检察部被全国妇联授予"全国维护妇女儿童权益先进集体"称号，第九检察部被授予第七届吉林省"人民满意公务员集体"称号，吴慧清被选树为全省政法英模，全年有30个集体和85名党员干部受到市级以上表彰。

【扫黑除恶斗争】 持续保持对黑恶势力的高压打击态势，起诉17人。制定印发《涉黑涉恶案件（线索）倒查方案》，两级院对200余件涉黑恶案件和线索全面开展自查，提级核查榆树市李某恒系列涉恶案，启动审判监督程序抗诉，该案发回重审。制定涉黑涉恶案件领导包案、挂牌督办等3项常态化机制。长春市人民检察院第一检察部被评为全国扫黑除恶先进集体。

【刑事检察】 助力平安长春建设，对涉枪涉暴、"两抢一盗"（抢劫、抢夺、盗窃）等严重暴力犯罪批捕777人、起诉1131人。履行诉讼主导责任，对9784人适用认罪认罚从宽程序，适用率稳定在85%以上，确定刑量刑建议采纳率87.63%，取得有效惩治犯罪减少社会对抗效果。市检察院依法对江苏省委原常委、政法委原书记王某科涉嫌受贿、行贿、包庇纵容黑社会性质组织、伪造身份证件案提起公诉。纠正减刑、假释、暂予监外执行不当案件1739件。立案侦查司法工作人员职务犯罪14人。

【民事检察】 办理各类民事监督案件687件，比2020年上升56.85%，提出抗诉7件，发出再审检察建议12件。对民事审判和执行活动提出检察建议256件。办理虚假诉讼案件7件。支持民事起诉21件，全部获得法院支持，为弱势群体挽回工资款200余万元。

【行政检察】 办理各类行政监督案件449件，比2020年上升49.17%。制定下发社会治理类检察建议215件，比2020年增长179.2%，采纳检察建议213件。办理行政争议实质性化解案件77件。在苇子沟强制隔离戒毒所设立"派驻检察室"，开展社区戒毒检察监督。

【公益诉讼检察】 发出检察建议288件，提起公益诉讼36件，基层院设立驻河长制办公室检察官工作站。拓展公益诉讼新领域，办理涉及英烈纪念保护、公民个人信息安全保护等领域公益诉讼案件69件。德惠市检察院办理的监督朝阳乡政府履行环保监管职责行政公益诉讼起诉案件被最高人民检察院评为典型案例。

【涉电信网络诈骗案件检察】 依法惩治涉电话卡、信用卡犯罪活动，市检察院联合市法院、市公安局出台文件，统一执法思想和办案标准，起诉电信网络诈骗、侵犯公民个人信息犯罪1810人。

【涉食品药品安全案件检察】 提起食品药品安全领域刑事附带民事公益诉讼案件11件，要求承担惩罚性赔偿

4月19日，长春市人民检察院组成“讲师团”走进东北师大附属中学明珠校区开展法治大讲堂活动　　（市检察院　供图）

金1500余万元，全部获得法院支持。

【未成年人保护】　起诉侵害未成年人犯罪327人，对性侵未成年人的犯罪嫌疑人提出从重量刑建议。对犯罪情节较轻的未成年人，不批捕204人、不起诉61人。对受侵害未成年人，通过司法救助、心理疏导、变更监护权、督促监护令等方式给予帮扶。114名检察官兼任法治副校长，将普法内容纳入思政课堂，共同推进法治进校园。市检察院第八检察部获全国维护妇女儿童权益先进集体称号。

【涉农问题整治】　开展“黑土地保护”检察专项监督活动，制发检察建议224件，起诉8件，督促恢复耕地面积31.13公顷。落实“总田长+检察长”工作机制，推动整治非法占用耕地、盗挖黑土、秸秆焚烧等问题。严厉打击制作、销售假种子、假农药、假化肥等坑农害农、破坏农业生产等涉农资犯罪，批捕22人，起诉16人。

【营商环境优化】　依托助企服务室，召开服务企业发展座谈会，为企业解决实际问题24个。开展重大项目“零距离”对接活动，深入净月影视文旅产业集团、百克疫苗等重大项目，服务保障重大项目建设。贯彻少捕慎诉慎押司法政策，对非国有公司企业人员依法不批捕92人、不起诉76人，农安县院办理全省首例企业合规审查案件，努力挽救涉案企业。设立知识产权检察办公室，办理侵犯知识产权案件59件130人。联合市场监督管理部门集中销毁货值金额50余万元侵权产品。

【社会矛盾化解】　通过领导带头包案、带案下访，化解疑难复杂信访积案112件。公开听证进入常态化，办理申诉上访、拟决定不起诉、羁押必要性审查等各类案件253件。为37名救助对象发放救助金125万元。市检察院第九检察部被评为全省人民满意公务员集体。

【检察改革】　落实市委政法委部署的“改革创新年”要求，出台《长春市检察机关司法办案监督制约工作办法》。与市公安局出台，加强侦诉衔接提升刑事案件质效和在刑事立案和刑事侦查活动中加强监督与协作两项工作机制。2个基层院在区公安分局设立侦查监督与协作配合办公室，构建良性互动的检警关系。围绕长春智慧法务区，高标准建设“一基地两中心”（企业合规改革研究基地、知识产权检察综合保护中心和12309检察服务中心）。

【从严治检】　严格执行重大事项记录报告制度，两级检察院填报重大事项记录报告649件。立案查处违纪违法干警6人。自觉接受派驻纪检监察组监督，开展中秋、国庆纠治“四风”（形式主义、官僚主义、享乐主义和奢靡之风）专项检查。组织开展十个领域安全检查，对16个基层院进行全覆盖检查，及时发现问题督促整改到位。

（徐春格）

9月10日，长春市人民检察院召开快递行业“个人信息保护”公开听证会　　（市检察院　供图）

法 院

【概况】 2021年，长春市中级人民法院（简称“市法院”）受理案件238883件，诉讼案件审限内结案率99.87%，一审服判息诉率91.38%；人均受案341.75件，人均结案315.86件，均排名全省第一。其中，市法院受理各类案件26350件，诉讼案件审限内结案率99.72%，一审服判息诉率89.71%；人均受案223.31件，人均结案193.38件，均位列全省中院第一名。

【刑事案件审理】 推进扫黑除恶常态化机制化，建立全市法院扫黑除恶指挥中心，对全部涉黑涉恶案件实时跟踪调度，市法院获评全省扫黑除恶先进集体。依法严惩煽动分裂国家、暴力恐怖、邪教组织犯罪等案件50件，维护国家政治安全。重拳打击暴力犯罪、涉枪涉爆、涉毒涉黄等严重危害社会治安犯罪案件75件，依法审理云公民受贿案等重大职务犯罪案件。严惩“盗抢骗”等多发高发“小案”，全市法院审结相关案件1594件，保护群众权益。依法受理社会关注的“吉林文投案”“青旅案”等重大涉众型经济犯罪案件，建立工作专班，加大审理力度，防范和化解社会风险。

【民商事案件审理】 贯彻实施民法典，妥善处置涉民生案件,审结涉教育、就业、医疗、住房、社会保障等案件10833件，回应民生诉求。依法审理民间借贷案件，审查高息放贷行为，审结一批P2P网贷案件，保护企业间合法借贷，回应正当投资融资需求。审结中介机构退还“认筹金”、开发商承担逾期办证违约责任等案件36件，引导房地产市场平稳健康发展。开展物业服务合同纠纷专项整治，审结相关案件8332件，调撤率85.89%。审结各类婚姻家庭案件8761件，调撤率56.40%，对163件案件适用离婚冷静期制度，促进家庭和谐。

【行政案件审理】 审结行政许可、行政登记等案件128件，保障“放管服”改革落地见效；审结土地和房屋征收等案件113件，依法支持吉林大路快速路等重点工程建设。在全市法院建立16个行政争议协调化解中心，邀请律师、法学专家、专业技术人员等第三方力量参加重大行政争议化解，全年受理行政争议349件，化解178件。及时发送行政审判白皮书，邀请15名行政机关工作人员观摩庭审，参加全市依法行政府院联动沟通协调会等活动，助力法治政府建设。

【经济案件审理】 围绕供给侧结构性改革，多措并举加大处置“僵尸企业”力度，审结破产清算类案件76件，依法终结受理近20年的长春市水泥厂破产清算案；推动长生生物案快速处置资产，为新冠疫苗供应提供有力保障，得到全国人大执法检查组高度肯定。防范化解金融风险，推动建立金融事件信息披露、业务支持和沟通联络机制；推行“示范判决+诉调对接”，依法处置涉平安信托、吉药控股等一大批金融类案件，维护金融市场稳定。依法审理环境资源类案件，启动“便民审判+就地普法”新模式，守护生态环境安全。继续派出驻村工作组助力脱贫攻坚与乡村振兴，市法院扶贫工作队获评全省脱贫攻坚先进集体。

【知识产权案件审理】 深化知识产权审判模式创新，推进“三合一”审判（指由人民法院知识产权审判庭统一审判知识产权刑事、民事、行政案件）、要素式审判、惩罚性赔偿等制度。全年受理各类案件6411件，审结5854件，按照最高法院2021年最新结案公式计算，结案率108.47%。实施精品工程，审结“吉宏6”水稻植物新品种和“拨禾轮”等专利侵权案件，依法保护农业科技创新成果。在东北师范大学诉某报社不正当竞争纠纷案中，适用惩罚性赔偿，判决被告赔偿300万元，成为长春知识产权法庭成立后最高法定赔偿数额。知识产权要素式审判模式获评全省司法改革精品案例。

【案件执行】 市法院参与起草并推动长春市率先出台《关于加强综合治理从源头切实解决执行难问题的实施办法》，助力形成综合治理工作大格局。规范执行行为，排查清理超期未结执行147件。整治执行案款发放行为，督促两级法院清理超期执行案款1913件2.63亿元，累计发放执行案款57.84亿元，全市法院超期执行案款和超期不明款实现“双清零”历史突破。专项治理“老赖”，全市法院限制高消费3530人次，罚款134万元；405名失信被执行人迫于信用惩戒压力主动履行义务。

【司法公开】 构建阳光司法机制，案件流程信息公开率99.99%，市法院司法公开透明度指数连续4年位居全国前五名。

【普法宣传】 落实“谁执法谁普法”责任制，开展“六走进”（走进社区、走进村屯、走进学校、走进企业、走进军营、走进特殊群体）活动1129场，受众150余万人次。加强人民法院意识形态阵地建设，发表新闻稿件3600余篇；通过“三微一端”自媒体平台发布信息7320条；创作优质普法微电影、微视频35个，《枫桥之歌》获全国法院“金法槌奖”三等奖、网络人气奖；《百姓与法》播出44期，获评全国十佳法制栏目。市法院连续5年被评为全国法院新闻宣传先进单位，在全市“七五”普法总结暨“八五”普法启动大会上介绍经验。

【审判体制改革】 深化以审判为中心的刑事诉讼制度改革，完善《人民法院办理刑事案件庭前会议规程（试行）》《人民法院办理刑事案件排除非法证据规程（试行）》和《人民法院办理刑事案件第一审普通程序法庭调查规程（试行）》，落实庭审实质化要求。推进认罪认罚从宽制度改革，完善认罪认罚自愿性审查机制。出台《案件繁简分流及诉调对接流程管理规定（试行）》，深化“分调裁审”机制改革，推动案件繁简分流、快慢分道，全市法院一审民事案件平均审理天数比2021年减少13.63天。深化人员分类管理制度改革，加强员额法官考评，落实法官员额动态调整和退出机制，全市法院增补员额法官84人，核准退出44人，实现“有进有出”的员额动态管理。至2021年年末，全市法院员额法官720人，其中市法院122人。

【智慧法院建设】 健全在线诉讼规则体系，推进跨域立案、诉讼服务全覆盖，深化移动微法院建设和应用，提高智慧服务水平。改造市法院33个科技法庭，完成华宇电子卷宗深度应用和全流程网上办案项目。开展执行信息化建设，升级执行办案平台系统，规范执行查控系统。探索区块链技术创新应用，开通“区块链+律师调查令”新模式。市法院获评全国“互联网+智慧法院”先进单位。

【司法权力制约监督】 制定《审判人员及相关司法人员权责负面清单》，规范监督管理边界与程序。运用个案监督管理平台，完善涉及国家安全、社会稳定等敏感案件和重大、疑难、复杂等“四类案件”识别发现机制。强化案件监管，完善院庭长权责清单，确保放权不放任、用权受监督。健全新型审判权运行机制，出台20条专门意见规范法官自由裁量权；强化双向评查机制，评查发改案件1685件，提高审判质量、统一裁判尺度。

【营商环境优化】 2021年，开展涉企超期未结案件专项清理行动，清理超期未结案件937件。组织力量参加国家营商环境测评，市法院牵头负责的三项核心指标排名逐年提升，其中“保护中小投资者”指标进入全国标杆行列，在全市优化营商环境会议上作经验介绍。市法院与市政府通过“府院联动”联席会议，妥善化解欧亚集团与龙翔集团租赁合同纠纷，取得积极效果，受到当事企业高度认可。

【诉讼服务优化】 落实立案登记制，当场登记立案率95%以上。开通“线上诉讼服务”，全市法院网上立案70305件，办理跨域立案1105件。推进一站式诉讼服务中心建设，开通“12368”热线，安装“好差评”评价器，设立“办不成事”反映窗口，全市49家人民法庭、83个巡回审判点全部实质化运行。全市法院依法减缓免诉讼费2318件576.62万元；办结司法救助案件75件89人，发放救助资金724.93万元。

【助力市域社会治理】 发挥参与、规范和保障作用，推动将“万人成讼率”纳入社会综合治理考核指标。截至2021年年末，全市15家基层法院全部入驻当地综治中心。全市法院与市工商联、建筑业协会等80家组织建立诉调对接关系，诉前调解成功49481件，调解成功率81.95%，司法确认2116件。组织开展“社区暖法庭”活动，受理29件案件中有20件达成调解或和解。畅通群众诉求表达渠道，健全“网、信、话、视”接访格局，常态开展领导干部包案接访和信访攻坚活动，市法院召开6次审委会集中评查信访终结案件58件，对发现的11件问题案件依法启动纠正程序；长春市处理信访突出问题及群体性事件联席会议交办的323件涉诉信访案件及246件信访清查案件全部化解。

（董芷男）

司法行政

【概况】 2021年，全市各级司法行政机关完成中央依法治国办法治政府建设督察迎检工作，市本级、南关区及长春市公共法律服务体系建设被评为全省法治政府建设示范市（区）项目。人民日报社《法治参阅》刊载长春市法治政府建设做法。长春市“七五”普法经验在全省交流，3家单位、6名个人获评全国普法依法治理工作先进典型。在新华社、人民网等国家、省、市主流媒体刊发各类宣传报道682篇。

【法治宣传】 启动“八五”普法，推动出台“八五”普法规划和决议。聚焦“宪法宣传周”“民法典宣传月”，依托农博会和“3·15”“4·15”等重要节点，开展重大主题普法活动1000余场；开发电子书刊，开通普法直播，发布“助企惠民”普法短视频200期。试点开展“送法进楼宇”，命名全市第五批民主法治示范村（社区）73个。长春市“七五”普法经验在全省交流，3家单位、6名个人获评全国普法依法治理工作先进典型。

【公共法律服务】 推进公共法律服务体系建设，全市建成五级实体平台6501个，提供公共法律服务9.8万余件。“12348”法律服务热线免费解答法律咨询37万余次。全市提供律师服务3.1万件，公证服务26万件，司法鉴定服务2.3万件，仲裁服务1320件，法律援助7056件。长春市公共法律服务中心“专家法律服务日”为企业和群众提供劳动纠纷、债务纠纷等法律解答服务600余件。开展“远程视频公证”，为300多位外地及海外当事人提供及时、有效公证服务。建成“五星级司法所”41个，发挥桥头堡作用。组建190余名律师参与的律师团，省市公共法律服务联合运行管理中心日均解答热线1100余次，司法部公共法律服务三台融合发展调研座谈和经验交流活动在长春市司法局召开。开展“残疾人权益保障法律援助阳光行动”，全市设立残疾人法律援助工作站13个。

【矛盾纠纷化解】 配合市人大出台《关于建立完善矛盾纠纷多元化解机制建设的决定》，与市财政出台《人民调解“以案定补或以奖代补”实施办法》。全市建立人民调解组织3071个，组织开展“迎建党百年促和谐稳定 全市人民调解排查化解矛盾纠纷”等专项行动，开展排查4684次，发现纠纷1845件，调解案件12324件。

【特殊人群监管】 开展强制隔离戒毒场所“六化建设提升年”和创建

“平安戒毒所”活动，与市检察院、市公安局共同成立长春市首家戒毒场所派驻检察室，实现戒毒工作“三位一体”（组织推动、打防互动、社会联动）监督模式。落实社区矫正机构线上和线下监管责任，规范刑满释放人员衔接流程。配合市人大出台《关于建立完善矛盾纠纷多元化解机制建设的决定》，与市财政出台《人民调解“以案定补或以奖代补”实施办法》。设立人民法院律师调解室、公共法律服务中心律师调解室19个。

【“乡村振兴新时代惠农普法伴您行”活动】 9月6日至15日，长春市司法局创新推出“沉浸式”展会普法理念，依托第二十届长春农博会举办“乡村振兴新时代惠农普法伴您行”普法活动，现场接待解答群众法律咨询1100余人次，发放普法和法律服务宣传品1.8万余份。

（赵宝剑）

仲 裁

【概况】 2021年，长春仲裁受理民商事仲裁案件1300件，标的总额51.3亿元。其中，商品房买卖合同纠纷433件，占比33.3%；服务合同183件，占比14%，国内率先启动完全意义上的网上庭审，在线审理案件467件，标的总额11.7亿元，国际仲裁庭、金融仲裁庭、知识产权仲裁庭等8个专业仲裁庭和7个调解室满负荷运转。

【仲裁案件办理】 发挥“三审四核九项监督”机制作用，涉及国有资产、群访群议等重大案件71件，监督率100%，办理案件实现零撤裁。《专家论证办法》出台，对案件专家咨询论证工作进行续订和规范，为保证专家论证案件质量提供制度保障。

4月13日，长春市残疾人权益保障公证服务中心揭牌仪式在长春市国安公证处举行 （市司法局 供图）

【仲裁法律服务】 为民服务出实招，仲裁法律服务呼叫中心渐成体系，面向企业、群众提供线上仲裁法律咨询服务，年内500余人次。

【劳动争议仲裁】 加强调解仲裁效能建设，全年处理劳动人事争议案件7298件，调解案件4524件，结案率、调解率连续5年双提升。年内，长春市劳动人事争议仲裁院被评为全国青少年维权岗、全国人社系统优质服务窗口。

【仲裁信息化建设】 优化升级智能化庭审系统，重视证据固化和当事人庭审体验，增加庭审同步录像及刻录留档系统，减轻办案秘书工作量。升级仲裁自主选择系统，杜绝人为干预，打造公平、公正仲裁办案环境，开展网络仲裁和线上庭审，当事人一键立案，在线上传材料，足不出户参与庭审。构建国内一流信息化仲裁体系，建成拥有自主知识产权综合性案件管理平台，立案、办案、核阅、裁决、归档，全程自动化在线流转，各流程无缝衔接。出台《长春仲裁委员会网络仲裁规则》，明确网络仲裁受案范围、收费标准、立案程序、办案流程。依托先进科技，打造优渥网络庭审环境，实现跨地域、多人同屏、实时庭审，当事人可以享受在线举证、语音转写、远程确认、全程录音等服务，一部手机、一台电脑即可与仲裁庭审系统并网，参与优质、高的仲裁庭审。

【仲裁法律制度推行】 与中建八局达成协议，其建筑施工合同全部签订仲裁条款；与九台农商银行开展业务交流，针对银行不良贷款等问题进行讨论；与市信用担保行业协会举行座谈，讨论如何利用仲裁法律制度化解信用担保企业纠纷；与长春市知识产权局和吉林省知识产权维权援助中心签订框架协议，开始办理知识产权相关案件。

【仲裁员管理】 重新遴选仲裁员队伍，届中调整108位优秀法律工作者，加入长春仲裁委员会仲裁员队伍。健全仲裁员档案，对500余名仲裁员信息进行动态管理，确保仲裁员信息与仲裁员自主选择系统顺畅对接。

（市司法局）

军　事

JUNSHI

长春警备区

【概况】　2021年，长春警备区党委组织学习中共十九届六中全会和习近平重要讲话精神，全年组织党委中心组带机关理论学习33次，深化理论武装。开展党史学习教育，组织官兵到市委党校、第一党支部、长春新区展馆和党史档案馆参观见学，集中观看《英雄儿女》《长津湖》主旋律电影，召开年度民主生活会和专题组织生活会交流思想感悟。开展年度主题教育和经常性思想政治教育，配套组织“大学习”“大讨论”“大调研”和庆祝中国共产党成立100周年、强军风采等系列文化活动，建立“习近平新时代中国特色社会主义研修室”，推动教育实效走深走实。召开警备区第六次党代表大会，完成党委换届任务。全年在媒体刊发建设成果新闻71篇、军委摘报4篇、军委国防动员部要讯3.5篇、省军区要讯32篇。

【党管武装】　召开2021年长春市各县（市）、区人武部党委第一书记述职会，专武干部队伍建设、职工遗留问题破解、民兵训练补助费保障和“四个秩序”建设等4项重点工作得到各级党委、政府支持。协调召开市委常委议军会议，帮助驻军部队解决实际困难，推进落实军地联合指挥和国防动员建设等工作。深化双拥共建，协调市政府划拨经费为随军未就业家属发放生活补贴，指令性安置随军家属，为军人子女入学提供择校优待，为军人子女落实中考加分政策。以“感恩长春人民、奉献第二故乡”活动为牵引，组织驻军部队和民兵参与民生工程、重大项目建设，投入资金55万元支持乡村振兴，得到地方党委政府和人民群众赞誉，助力长春市获评全国双拥模范城“九连冠”。

【军事训练】　2021年，长春警备区学习贯彻习近平开训动员令和在军委军事训练会议上重要讲话。争取市委、市政府支持，投入资金建设民兵训练基地和军地联合指挥中心。升级改造机关作战值班室，补充战备物资器材。组织人武部主官和机关干部封闭集训，参加省军区考核，单位总成绩排名第一，个人成绩包揽前3名；有11人被省军区评为优秀“四会”（会讲、会做、会教、会做思想政治工作）教练员；参加省军区教练员比武，获得室内课目第2名、室外课目第3名。完成年度民兵训练任务，在省、市抗击台风、抢险救灾应急演练和疫情防控等急难险重任务中发挥重要作用，民兵基地轮训备勤做法在省军区“精准编兵”集训上交流。战区随机拉动二道区人武部民兵应急连齐装满员在3小时内完成动员集结，受到好评。九台区人武部接受军委国防动员部民兵工作抽查考评，遂行任务能力得到检验。

【国防动员】　坚持摸清动员潜力，

3月19日，长春警备区举行新兵欢送仪式　　（长春警备区　供图）

2月5日，长春警备区组织机关冬季拉练　（长春警备区　供图）

细化168项指标任务，压实部门责任，数据总量和质量受到军委国防动员部和省军区好评。解决开发区武装工作对接难、末端落位难等问题，市委、市政府、警备区联合印发《关于进一步规范开发区武装工作机构设置和乡镇、街道武装部部长配备的通知》，有6个省级以上开发区挂牌成立人民武装办公室，做法被军委国防动员部要讯转发。联合市委组织部组织专武干部集训，提升专武干部队伍整体素质，获军地联合通报表彰。落实“一年两征”改革要求，压实市县乡三级政府主体责任，拓展兵员征集渠道，出台“带岗征集”政策，在一汽集团、公交集团开展征集工作，实现国企征兵“零突破”。大学生和大学毕业生征集数量和质量达到“双提高”目标，长春征兵“五率”（报名率、上站率、合格率、择优率、退兵率）排名位居全省第一名。

【基层建设】　推进正规化建设，地方党政主要领导亲自部署、调度抓建，各县（市）、区人武部党委第一书记现场办公；规范4类24项103个软件资料，梳理形成2类职责清单、19项制度机制、12个抓建经验等一批建设成果，在省军区中期检查验收中综合排名第二。开展“我为群众办实事”活动，为基层和官兵解决4个方面22个问题；高标准完成老干部移交安置工作，超额28%完成任务。推进抓建基层三年规划落实，统筹抓好安全稳定和疫情防控，全年安全无事故。

【后装保障】　推进枪弹大清查，完成年度清理清查任务；投入经费用于营房维修整治，改善官兵工作条件。邀请北部战区审计局长春审计中心审计把关，规范预算执行、结算报销、采购程序，完成财务交接和凭证清查工作。开展采购管理和军需能源供应保障专项整治，组织公务卡清理换发；推进资产大清查，如期完成资产自查清理任务。从严落实疫情防控各项规定要求，6次协调召开疫情防控工作领导小组会议，投入经费补充疫情防控物资；组织人员到医院接种疫苗，接种率99%。

（宋志全）

武警长春支队

【概况】　2021年，武警长春支队完成全军招考文职人员考务、农博会安保等117起临时勤务及总队临时勤务组织实施规范演示任务。组织党史学习教育经验做法在《人民武警报》头版头条刊发，“党史微课堂”系列视频受到普遍欢迎，武警部队政治工作部宣传中心寄感谢信给予肯定。开展向“卫国戍边”英雄群体和“反恐尖刀中队”学习活动，1人被共青团中央表彰为全国优秀共青团员。

【军事训练】　落实“日检查、周总结、月分析、季考评”和“三汇报一拍照”、值勤人员资格认证要求，开展5批勤训轮换，排查整治90处执勤隐患，化解2起执勤险情。完成全军招考文职人员考务、长途调运犯人专列警戒、省“两会”、农博会安保等117起临时勤务。高标准完成总队临时勤务组织实施规范演示任务，《联勤武装巡逻“四联”机制》被评为优质微课并上传军事职业教育平台。参加总队特战侦察干部骨干集训和预备特战队员集训均获团体第一名，参加总队参谋业务比武获团体第二名。开展群众性练兵比武和创纪录活动，为练兵备战表现突出官兵记功嘉奖。

【正规化管理】　对照军委《“五多”问题抽查情况通报》，纠治各类顽症痼疾和倾向性问题，借助担负总队现地观摩任务系统规范“六室三库一场”建设。深化暑期百日安全竞赛活动成果，运用安全工作协调督导机制，发挥学安全风险预警提示、搞安全倒计时仪式、看安全警示教育片和“安全你我他”访谈节目等载体作用，开展网赌网贷、涉枪涉弹、酒驾醉驾、密切官兵关系等重难点问题治理和执勤哨位、营房建筑、保密“三清”等各类安防设施隐患整治，推进智能手机管控“一平台一系统”建设，消除安全隐患126处。面对疫情起伏反复、病毒变异频繁的严峻形势，投入38万元，采购22种15万余件防疫物资，制定营区防控、快递包裹卫生管理等措施加强内部管控，外部人员进入营区坚决执行体温测量、出示行程码和核酸检测报告要求，省外探亲休假人员归队实行集中隔离观察，实现“不传入、零感染”目标。

4月2日，武警长春支队官兵到长春革命烈士陵园举行“清明祭英烈”公祭仪式

（武警长春支队　供图）

【后勤建设】 修订完善5类11种后装保障方案，组织8批279人次专业兵培训，提升打赢能力。修订完善10余项措施办法，全年423次采购招标项目程序透明、合法合规。组织资产大清查，追缴超发生活费，清理违规住房，开展评残整治，推进解决青川路9号划区及房改等棘手难题。面向官兵打造“点餐式领装、快递式直达”被装保障模式，投入资金为基层购置后勤战备物资器材、配发常用药品、配齐饮料机和净水器，邀请地方厨师组织3批炊事员培训，定期组织医疗巡诊，全员进行健康体检，增强官兵幸福感获得感归属感。

【执勤处突】 区分不同勤务类型抓好分类指导，建立“日交班汇报、周总结通报、月梳理分析、季考评划档、年排名公示”和“三汇报一拍照”、值勤人员资格认证机制。加强勤务部署，开展专项教育，常委带队逐个执勤点位排查、逐个目标单位走访，全年结合“中队每周自检自查、大队每月联检联查、支队每季覆盖检查”治理90处执勤隐患。

【春季防火拉动演练】 4月2日，武警长春支队落实上级指示要求，做好防范应对工作，组织部队进行防火拉动演练，邀请应急管理局专家围绕防火灭火常识、火场自救互救、消防器材使用等内容，进行专题辅导授课，强化官兵防灭火器材操作使用，提升官兵抢险救援和防护自救能力。

【“清明祭英烈”公祭】 4月2日，武警长春支队官兵到长春革命烈士陵园，举行“清明祭英烈”公祭仪式，政治工作部主任陈雷主持仪式，官兵们在烈士纪念碑前庄严列队，礼兵为革命先烈敬献花篮，全体官兵有序到烈士纪念碑前瞻仰碑文、敬献花束，向革命先烈们表达敬意，寄托哀思。

【第四届“爱团队、爱战友”先进典型颁奖典礼】 3月12日，武警长春支队举办2020年度“爱团队、爱战友”主题先进典型颁奖典礼，表彰“两爱”活动中涌现出来8名典型人物。活动开展以来，武警长春支队通过各级推荐、层层遴选、网上公示等环节，推选出无私奉献、敬岗敬业先进典型，为部队树立榜样。

【庆祝中国共产党成立100周年文艺会演暨重大临时任务表彰大会】 6月29日，武警长春支队举办“永远跟党走”庆祝中国共产党成立100周年文艺会演暨重大临时任务表彰大会。结合党史学习教育，表演形式与党史故事融合，主题脉络与党史发展契合，通过“开天辟地”“改天换地”“翻天覆地”3个篇章分别演绎，并为重大临时任务中表现突出官兵进行表彰颁奖，鼓舞官兵士气。

【第二十届长春农博会安全保卫】 9月6日至15日，根据武警总队统一部署，武警长春支队协助长春市政府做好农博会安全保卫及维护园区重点部位秩序工作。农博会会期10天，参展参观人数平均每天8万余人，执勤官兵克服天

9月6日，武警长春支队在第二十届长春农博会执勤（武警长春支队　供图）

气炎热、骤降大雨、执勤时间长等不利影响，展示出武警部队良好形象，受到农博会组委会和人民群众高度赞扬。

【在总队“强军杯”篮球赛夺冠】 9月23日至27日，武警长春支队参加武警总队“强军杯”篮球比赛，以全胜优势夺冠，展现出长春支队官兵“北国春城卫士”风采和军人血性。

【原创微电影《阵地》首映仪式】 10月26日，武警长春支队举办原创微电影《阵地》首映仪式，支队全体官兵参加。微电影《阵地》是武警长春支队各级官兵组建制作团队历时1个月摄制成果，引导官兵时刻立足岗位、忠于职守、提高训练热情，增强使命担当。

6月25日，长春市退役军人事务局举行“光荣在党50年”纪念章颁发仪式

（市退役军人事务局　供图）

【后装专业兵实战化比武活动】 10月28日，为全面检验支队后装专业兵练兵备战效果，武警长春支队组织2021年度后装专业兵比武竞赛。以实战化任务保障为背景，重点突出战勤编组保障行动协同、应急情况处置、战地野炊热食前送、装备快修快送、卫勤火线救护和后送、运输专业复杂路面驾驶等要素开展，激发官兵实战练兵热情，引领后装队伍打仗本领整体跃升。

（刘　权）

退役军人事务

【概况】 截至2021年年末，长春市建成市、县（市、区）、乡镇（街道）、村（社区）四级退役军人服务中心（站）2858个，退役军人服务体系建设实现“全覆盖”，454个退役军人服务中心（站）达到示范型标准，2家服务站被推选为“全国百家红色精品站点”，20家服务站被评为“吉林省红色退役军人服务站”。

年内，组织召开全市退役军人服务体系能力素质提升专项行动视频调度会议和全市基层退役军人服务保障工作者综合能力提升培训班，规范退役军人服务中心（站）运行。

4月20日，由市委宣传部和市退役军人事务局联合举办的首届“长春好人·最美退役军人”评选发布大会在长春市退役军人创业孵化基地举行

（市退役军人事务局　供图）

【思想政治工作】 开展“情系最可爱的人”系列主题活动，营造尊崇尊敬浓厚氛围。联合市委宣传部完成首届“长春好人·最美退役军人”评选活动，选树表扬20名先进典型，并在主流媒体宣传报道。选树“薪火传播者”军休干部宋宝寅及“助人为乐道德模范”军休干部潘贤，引导军休干部发挥正向作用。为900余名军休干部党员颁发“光荣在党50年”纪念章。组织长春市退役军人应急大队志愿者助力市应急管理局和净月潭国家森林公园开展森林防火宣教服务活动。

【政策制度落实】 实施“阳光安置”，军转干部、符合条件退役士兵、随军随调家属全部高质量安置。元旦、春节及“八一”建军节走访慰问60名军休人员代表，发放慰问金10万余元，并

7月22日，长春市双拥联盟正式启动　　（市退役军人事务局　供图）

指导全市发放慰问金450余万元。将一至六级残疾军人医疗保障定点医院由原来1家扩展到全市医保定点医疗机构，推动解决困扰服务对象多年的医疗难题。提前一周完成长春市部分退役士兵社保补缴工作。做好各项优抚保障工作，完成年度伤残人员和带病回乡人员初检初评。按国家要求，提高在乡复员军人、“三属”等优待抚恤标准。

【退役军人就业创业】　长春市退役军人创业孵化基地是全国退役军人领域唯一一家国家级创业孵化基地，至2021年年末，孵化企业200余家，安置复转军人就业，带动社会就业3000余人，年创造产值近1.5亿元。全市组织线上线下专场招聘会20场（次），提供1万多个优质岗位。举办长春市第二届退役军人创业创新大赛暨2021年长春市退役军人创业之星评选活动，10家企业代表吉林省参加全国大赛并获得优异成绩。成立长春市退役军人就业创业促进会，聘请导师团队，为退役军人就业创业提供多角度指导和全方位保障。

【双拥品牌打造】　协调召开全市双拥工作领导小组第34次会议，总结争创全国双拥模范城“九连冠”经验,部署新一轮争创任务。深化社会化拥军活动，成立长春市双拥联盟，培育各类拥军社会组织30余家，拥有群众性双拥服务组织100多个，近10万人活跃在基层双拥一线，社会化拥军工作经验在全国社会化拥军工作座谈会上交流发言并在全省转发学习。发挥长春革命烈士陵园、刘英俊纪念馆等烈士纪念设施教育功能，接待社会各界参观10万余人次。完成第8个国家烈士纪念日纪念活动。长春市军用饮食供应站获评全国重点军供站。

（市退役军人事务局）

人民防空

【概况】　2021年，长春市人民防空办公室（简称“市人防办”）以第七次全国人民防空工作会议召开为契机，贯彻落实军政双重领导体系，建立和完善党政军联合指挥体制，加强人防组织指挥体系与机构建设，完善人民防空方案体系建设，统筹推进人防指挥场所与指挥手段建设，推进人员防护体系建设，重点加强高抗力和专用工程建设配套，做好地铁等地下空间开发兼顾人民防空要求，推进法治人防建设，加大人防宣传教育工作力度，加强人防工程安全管理。

【人防指挥体系建设】　加快完善疏散基地及临时指挥部配套设备设施、功能要素设置建设，修订完善人口疏散流程和疏散基地管理制度；完成《人防疏散基地（地域）管理职责》《长春市人民防空指挥部组织人口疏散工作流程图》《接收长春市城区街道人口疏散对接表》等前期准备工作。

组织开展实兵、实装综合训练和跨区域拉动演练。长春市人防办组织人防信息保障专业队、人防防护保障专业队、人防应急洗消专业队人员，进行共同科目集中学习，开展专业训练，年内组织2次跨区拉动训练及人员疏散综合演练。

开展国防动员潜力调查及其他数据采集工作，完成人防重点防护城市、人防指挥所、人防工程、人防疏散地域、人防警报设施、人防专业队伍普查，形成《长春市人民防空办公室人防动员潜力分析报告》，上报省人防办、市国防动员办公室。

修订战时预案及保障计划，完成数字化人民防空基本案、跨区域支援行动方案拟制，结合长春市人防专业队伍部署图、跨区域支援行动决心图，加强组织协调，推动训练演练工作落实。借助大数据、云计算等技术平台，采集相关动态数据，完善人防数字化预案系统，完成县（市）区以上人防战备方案编制工作。

【人防宣传教育】　利用人民防空宣传教育系统和基地宣传《中华人民共和国人民防空法》及相关法律法规。在日常行政执法工作中，利用人防行政执法工作实际，对服务对象开展人防法律法规及相关政策宣传和解读。做好人防宣传“五进”（进机关、进学校、进企业、进社区、进网络）工作，利用各种宣传媒体和网络推动人防宣传教育活动制度化、系列化、常态化。制订年度人防宣传教育工作计划，通过新闻媒体、微信公众号、《中国人民防空》信息报道、中学生“三防”（人防、物防、技防）授课等活动，做好国家安全日宣传和防灾减灾日宣传工作。为各县（市）区、开发区、一汽集团人防办下发《人防知识读本》500册，下发《居安思危，备

5月17日，长春市人防办机动指挥所开展拉动训练　（孙　鹏　供图）

战人防》碟片10套，发放《防灾减灾手册》500本，发放《三防知识手册》450本。完成市妇联星星泉教育基地人防教育体验馆升级改造任务，人防教育体验馆投入正常运行，多次组织开展学生参观、自救互救知识授课等人防宣教活动。“9·18”当天试鸣和演练活动及宣传月期间，通过主流媒体对人防宣传活动进行多次报道。全年订阅《中国人民防空》杂志245本；向《中国人民防空》、“吉林人防”微信公众号、“吉林人民防空”抖音投送各类文章、新闻报道、图片、视频资料60余次。聘请长春市第五十七中学教师吴晓斌为全市97所中学“三防”教师录制教学视频，讲授“新三防”内容。

【人防非战时预案】　开展人防系统反恐怖工作，成立反恐怖工作领导小组，明确各部门工作职责。完善实施方案和工作预案，健全工作领导机制，采取包保方式，不定期指导监督、定期开展隐患排查。针对不稳定安全隐患开展“大排查”活动，加强战备（行政）值班，实行值班员和值班领导两级双人值班制度，保证24小时值班电话畅通。印发《长春市人防办突发事故应急预案》，组织人员密集场所经营单位编写专项应急预案。

【人防工程建设管理】　开展防空地下室施工图联合图审工作，全年全市联合图审系统申报施工图设计文件备案项目50项，完成备案50项。联合市建委和市气象局开展施工图审查制度改革相关工作，取消人防工程施工图审查环节，改为事后专家评审，缩减建设单位审批成本和时限。2021年，专家评审系统申报施工图备案40项，完成施工图备案40项。推进大项目建设，完成前期手续办理工作。

【人防工程安全管理】　与各县（市）区及办属企事业单位等24家单位签订安全生产责任状，强化安全生产主体责任和行业监管责任。3月4日，市人防办召开2021年全市人防系统安全生产工作会议。6月29日，依托第20个全国“安全生产月”活动开展长春市人防系统2021年安全生产暨消防知识培训，100余人参加培训。7月25日，召开安全生产工作紧急会议，开展安全隐患大排查、大整治，提升人防系统防汛减灾、应急抢险和灾害处置能力。8月6日，组织人防商场开展防汛应急演练，100余名干部职工和业户参与演练。

【人防工程维护管理】　指导各区和各单位对早期人防工程和大中型工程进行分级管理和定期检查维护，加强人防工程可视化管理，推进重点人防工程监控系统项目建设。全年抢险维修早期人防工程6项，保障人防工程战时防护及平时使用功能。安装防空地下室出入口、人防区域界限、墙体标线、内部功能用房等标识。

推进人防工程开发利用管理，引导各单位招商引资。规范市直人防工程平战结合开发利用，履行价格评估、登录公共资源交易平台招租程序，在长春市公共资源交易平台网上招租挂牌8项资产，出租3项。执行人防工程拆除报废审批程序及赔偿标准，审批拆除人防工程2项。

【人防法治建设】　做好修法计划申报和调研备案，将《长春市人民防空工程维护使用管理规定》确定为市政府2021年预备修法计划项目，完成7项市政府立法征求意见反馈。规范长春市人防办合同管理制度，依法审核对外签订合同35份。人防部门3项行政许可及2项备案权力实行“清单制+告知承诺制”，涉及人防工作所需证明事项采取告知承诺制。完成“互联网+”监管平台录入工作，组织各县（市）区人防部门完成全市联合双随机任务。整合原行政执法大队，在市办机关和直属事业单位抽调持行政执法证人员20人，分设6个执法组，实行分案负责制。梳理未批先建、未批未建人防工程、达不到人防工程建设标准项目，健全档案管理。

【无籍房确权】　成立专项整治工作领导小组，以人防行政执法大队为牵头部门，6个执法小组联动配合，分类梳理，追缴陈欠结建费，督促竣工工程整改，推进人防确权办理。

（高燕军　郭芳荣）

经济管理

JINGJI GUANLI

宏观经济调控

【统筹疫情防控和经济发展】 2021年，长春市建立健全常态化防控机制，应对疫情输入风险，最大限度保护人民生命安全和维持正常生活秩序。开展“一对一”包保帮扶，涵盖规模以上工业企业1233户，限额以上批发和零售、住宿和餐饮业企业1335户，入统建筑业企业1780户，规模以上重点服务业企业503户。印发《全力以赴做好一季度稳增长工作的通知》《落实“两确保一率先”要求做好二季度经济工作分工方案》《做好下半年经济工作的若干措施》《推动下半年经济稳增长的若干政策》《做好四季度经济工作的若干措施》，出台150余项具体政策举措。统筹抓好疫情防控和经济社会发展，地区生产总值增长6.2%，两年平均增长4.8%，固定资产投资增长11.6%，地方级财政收入增长5.9%，城乡居民收入分别增长8.2%和9%。

【经济运行监测】 2021年，成立长春市经济运行领导小组，组建稳增长经济运行专班，采用“五化”工作法，细化形成专班《实施方案》，制订专班成员责任清单、任务列表、工作机制和流程图，分解落实36项经济运行高质量发展指标。起草长春市经济运行分析材料，形成经济运行情况报告和专班信息。开展经济运行专项督导服务，帮助各属地解决经济运行问题50余项，形成《县市区、开发区经济运行情况调研报告》，提出稳增长政策建议。制定《长春市高质量发展相关目标及实现路径“计划书”》。出台《长春市高质量发展综合绩效评价办法（试行）》，与地区绩效考评并行开展评价。制定2021年度地区绩效考核方案。

【规划编制】 2021年，长春市起草《“十四五”规划主要目标和任务工作分工方案》，于2021年9月23日以两办文件正式印发；《重大工程项目“十四五”规划》，于2021年9月22日以两办名义正式印发。编制《“十四五”规划纲要》，获评国家突出贡献奖，于2021年4月13日，以市政府文件正式印发。起草《“六城联动”产业布局总体方案》，构建“1+1+6+5”研究成果体系，相关工作成果被中国共产党长春市第十四次代表大会报告采纳。联合相关单位编制《长春现代化都市圈发展规划（2021—2035年）》，于2021年11月22日，经省委财经委第七次会议审议通过。形成《长春现代化都市圈发展规划专题研究报告》《长春现代化都市圈发展规划图集》等成果，经省政府常务会、省委财经委会议审议通过。

【创新驱动战略】 2021年，实施《长春市“十四五”创新创业专项规划》。10月19日—25日，举办2021年吉林省暨长春市大众创业万众创新活动周。国务院总理李克强在吉林调研期间，对“双创”工作给予肯定，国务院办公厅《政务情况交流》对长春市摆渡创新工场市场化运营、便利化服务经验作重要介绍。制定《长春市产学研协同创新行动工作方案》，重点构建“2+4+X”平台支撑体系，建设吉大“双创”小镇、华为长春研究院等项目。落实“双一流”共识和共建红旗学院合作框架协议，建设红旗学院等标志性项目。推荐中机试验装备股份有限公司等3户企业申报国家企业技术中心，认定2个省工程研究中心。推动41个项目纳入《吉林省战略性新兴产业发展“十四五”规划》重大项目库，15个项目入选2021年新一代信息技术试点。推荐长光圆辰等3户企业纳入国家新兴产业享受税收优惠政策清单。建设长春生物制品所P3车间和P3实验室。起草《长春市加快发展数字经济实施方案》。推进与高新技术头部企业战略合作，市政府与科大讯飞深化合作签约，建设科大讯飞创新研究院。

【区域协调发展】 2021年，长春市签署《天津市人民政府 长春市人民政府深化对口合作框架协议》。清单化跟踪《天津市与长春市2021年对口合作工作要点》《长春市与杭州市2021年对口合作工作要点》落实情况。推动对口合作项目56个，总投资281亿元。组织3轮实地考察各市（州）、长白山管委会和梅河口市，围绕产业合作、项目合作、平台合作、人才交流等方面开展对接。8—9月，长春市到辽源市、延边州、吉林市、通化市、梅河口市、白山市、长白山管委会等地开展实地对接。对接合作项目210个，总投资3500亿元。实施《长吉一体化协同发展2021年工作要点》《长平一体化协同发展2021年工作要点》。推动长春龙嘉国际机场三期工程前期工作，预可行性研究报告上报中国民航局，工程配套综合交通体系完成项目可行性研究报告审批。长春至法兰克福客货运航线正式开通运营，货运航线成为东北地区首条对德国货运航线。会同相关部门与中国铁设集团公司对接，长春至辽源至通化高铁前期完成项目初测工作。举办国家发展改革委与美在华跨国企业高层圆桌会。申建吉林自贸区长春片区，建设长春生产服务型国家物流枢纽。打造新型城镇化平台载体，省级特色产业小镇总量、获评优秀数量、获创建资格数量均位居全省第一。

【产业结构调整】 2021年，长春市规模以上服务业核算行业（错月指标）营业收入比2020年增长28.6%，总量占全省比重79%，增速提高16个百分点，环比提高11.6个百分点。落实全省服务业高质量发展“二十大工程”。召开全市服务业发展工作领导小组会议，印发《2021年长春市服务业高质量发展推进方案》，启动服务业攻坚“十大行动”。全市规模以上服务业核算行业在库企业突破500户。组织优秀服务业项目（企业、集聚区）申报省级服务业发展专项资金。推动传化公路港等4个集聚区纳入第六批省级服务业集聚区布局，省级服务业集聚区增加到34个，数量占全省一半以上。开展优秀企业评选，授牌优秀服务业企业449户。建立“发改委亲清政企关系”微信群，纳入重点服务业企业39户，安排副处级以上干部开展“一对一”包保服务。开展服务业大调研，梳理发展底数清单、问题清单和举措清单，形成总体报告和16个专项报告，破解88个具体问题。建立服务业运行调度机制，成立稳增长入统入库专班推进组，制定《关于加强服务业入库入统的工作建议》，提出16项具体工作建议，重点推进90余户规模以上服务业企业上规入统。出台《长春市服务业高质量发展评价考核体系实施方案（试行）》。

【重大项目建设】 2021年，长春市建设国家城乡融合发展试验区，推进10大工程、55个试验（示范）点建设与34项年度重点工作，印发7项集体土地入市配套文件，在双阳区实行农村集体经营性建设用地入市改革，长春农村产权交易服务中心投入运营，全国农业科技成果转移服务中心长春分中心筹建方案获市政府批准，承办吉林省长吉接合片区建设启动仪式。申报陆港型国家物流枢纽，方案通过吉林省审核。落实经济体制改革年度改革台账。实施东北振兴战略，分解落实重点任务，出台《推动制造业竞争优势重构、打造“产业名城”工作方案》《推动工业遗产保护利用、打造“生活秀带”工作方案》。成立项目建设专班，出台《长春市重点项目管理办法》。推进30位市级领导包保84个重大项目，建立微信服务群。开展春秋项目集中开工、项目建设大巡检，冬季项目投资攻坚行动等活动。2021年，全市1315个5000万元以上项目全部开工，88个项目实现冬季不停工，一汽红旗新能源汽车工厂、解放J7整车智能工厂、玲珑轮胎等重大项目建成投产，推进金赛药业产业园、东北亚国际博览中心等项目建设。全市固定资产投资增长11.6%，稳居东北四市首位。对发行债券项目实行建档立卡，落实“日跟踪、周调度、月通报”机制，发行专项债券项目145个，发行资金365.98亿元，占全省比重58.9%，高于2020年20.9个百分点。通过国家审核专项债项目158个、债券需求资金502.22亿元。编制长春市产业招商指引手册。规划亿元以上项目1000个。提前储备项目1324个，投资1.3万亿元，推进新基建“761”工程100个标志性项目。推进九台区农村宅基地制度改革国家试点工作，长春市农村集体产权制度改革工作在全省评估中获优秀等次。

【经济督察整改】 2021年，长春市完成第一轮生态环保督察18项具体整改任务。成立工业商贸战线排查领导小组，制定实施重点问题大排查工作方案。落实稳投资、保障民生等2项国务院大督查迎检任务，配合落实减税降费助企发展、扩大消费等8项任务。

（易　斌）

自然资源管理

【用地保障】 2021年，长春市编制土地征收成片开发方案，获批征地5912公顷，保障新增建设用地4878公顷。把控住宅用地出让规模、调整供地节奏、优化供地方式，出台“办抵分离”“分宗开发”“延期缴款”等扶持政策。

【耕地保护】 2021年，长春市严守耕地和永久基本农田保护红线，全年占补平衡指标耕地2921公顷，水田规模297公顷，粮食产能3181万千克。制止耕地“非农化”、防止“非粮化”，开展全市集中排查整治行动，拆除整改乱占耕地建房54处、“大棚房”25处，查处“两违案件”199宗55公顷。

【确权登记】 2021年，长春市实行不动产登记“降税免费”“抵押登记零跑动”等12项改革惠民举措，“交房即办证”入选全市“十大优秀营商环境案例”，发放不动产权证书证明50.3万件，农村宅基地确权登记12.3万宗，完成未登记房屋确权277个项目，办理回迁房产权登记6000件。

【调查监测及地理测绘】 2021年，

全市“第三次全国国土调查”成果通过国家级核查，成果质量位列全省第一，应用到国土空间规划、“三区三线”划定、基本农田划定、用途管制、专项调查监测等领域。建成覆盖市域范围时空数据资源池5大类39个年份149小类，开发“全息长春”“长春印迹”“时空决策中心”“应用集市”等模块，建设“城市智能体”时空云平台资源中心，提供全市“一张图”服务。

【依法行政】 2021年，长春市规范权责事项管理，编制权责事项清单242项。其中，行政许可14项、行政处罚181项、行政征收2项，行政检查17项、行政确认4项、其他行政职权24项。落实“谁执法谁普法”责任制，采取制作宣传片，采访报道，投放“学习强国”、长春电视问政、城市速递、今日头条等网络媒体，发放宣传单等形式宣传贯彻《中华人民共和国土地管理法实施条例》。

（王大伟）

国有资产监管

【概况】 截至2021年年末，13户监管企业资产总额4147亿元，比2020年增长7.8%；负债总额2403亿元，增长11.7%；所有者权益1744亿元，增长2.8%；营业收入288亿元，增长16.2%；利润总额11亿元，实现扭亏为盈；上缴税费20亿元，增长15.3%，总体运行态势保持平稳。聚焦“资产总额8000亿元、力争突破万亿目标”，分层制定国资国企“十四五”规划，纳入全国国资“三级规划体系”。印发委派总会计师办法，定期向市人大常委会专题报告国有资产管理工作，收缴国有资本收益4699万元，国有资本经营预算支出2263万元。

【国有资产战略性重组】 2021年，长春市组建智城数字经济股权投资基金20亿元、规模优势产业市场化母基金5亿元，服务实体经济发展；建成红旗新能源工厂，投资79亿元，打造央地合作范本；5G数字影视基地项目，投资24.09亿元，完成数据中心部分EPC招标及园区整体规划；投入20亿元，带动中铁建400亿元资金落位，打造现代服务产业新高地；百万头肉牛项目落地绿色循环产业园，建成科研中心和33栋牛舍，引进母牛及育肥牛7800头，首批销售安格斯育肥牛700头，实现当年建设当年产出目标。同步完善城市产业布局，推进棚户区改造和人才公寓、租赁住房建设，拓展医疗康养经营业态。

4月26日，长春新区企业长光卫星技术股份有限公司作为东北地区唯一企业跻身2020年中国独角兽企业榜单。图为长光卫星技术股份有限公司

（徐　微　供图）

【国有资产监督机制完善】 2021年，长春市落实监管权责清单程序，优化报件反馈时限，完成改组组建、基金组建、产业链拓展等涉及企业转型发展事项。建设国资国企在线监管系统，获批复财政资金425万元。5户企业设立行政执法监督联络点。履行出资人投资监管职责，全年核准备案投资项目18个、涉及资金25.8亿元。

【企业法人治理结构调整】 2021年，长春市通过法人治理结构指导企业健全制度体系，一企一策指导7户完善公司章程。强化法治建设第一责任人职责，建立党委会、主任办公会专题学法机制，指导企业推行公职律师制度，设定企业负责人经营业务考核指标，加强工资总额硬约束。指导企业聚焦主业固定资产投资67个、涉及金额266亿元，开展股权投资后评价3个。完善违规经营责任追究体系，制定问题线索查处工作指引，发现问题线索21件，初核立案4件，同步指导企业整改市政府审计反馈问题，逐件销号整改。完善企业内控体系，特别资金内部控制管理机制，逐企进行审核完善。集中统一监管经营性国有资产，分类推进处置。

【深化改革】 2021年，长春市印发《长春市国企改革三年行动实施方案（2020—2022年）》，细化制定任务分解台账，明确市级层面7大方面79项改革任务。优化国有资本布局结构，改组组建建投发展集团、水务投资发展集团，完成国投集团向科创投集团转型、长热集团向春城投资发展集团转型，厘清市属企业主业板块和经营发展方向，引导由单体投入向综合性投融资建设、资本运作、资产经营转变。完善公司治理结构，提升企业董事会决策能力，印发《专职外部董事管理办法》，配套出台《专职外部董事薪酬管理办法》《董事会工作指引》《外部董事履职记录》等，构建“1+4”管理制度体系，完善和更新外部董事人才库，向轨道交通集团、长热集团等6户企业选派6名专职外部董事。开展对标一流管理提升行动，引导市属国企主动选定对标企业，组织2轮外出考察学习。基本完成公司制改革，全市纳入改革范围54户、完成50户，其余4户进入最后审批和工商变更登记环节。混合所有制改革，推进长发集团所属华晟公司、恒润公司员工混改，引进战略合作中庆集团。配合“央企吉林行”活动，建立133个驻长央企分支机构清单，点对点推进城开农投集团肉牛项目与融通集团合作，长发集团与华润集团合资建设新民胡同改造项目，对接属地政府和国药集团，谋划项目合作路径。坚持引资和引技结合，润德集团引入中海等行业先进企业，推进大成主厂区棚户区改组；与中科建共建产业园区，推进城市租赁住房建设。开展三项制度（劳动、人事、分配）改革三年行动，印发经理层任期制和契约化管理操作细则、企业人员招聘工作流程、新组建企业核定工资总额操作指引等配套文件，解决“难下”“难出”“难减”等问题。城开农投集团肉牛公司完成市场化选聘职业经理人。

（李杨兴）

财　政

【概况】　2021年，全市一般公共预算地方级收入617亿元，比2020年增长5.9%，提高4.4个百分点，在东北四市中位居第二，在全国15个副省级城市中位居第十二。占全省比重53.9%，提高13.3个百分点；税收收入520亿元，占收入比重超过84%，提高4.5个百分点。落实收付实现制，强化预算管理与库款调度，完成年底结算和预算编制工作。

【财政收支管理】　2021年，全市一般公共预算地方级财政收入中，税收收入520.1亿元，比2020年增长6.4%，占比84.3%。在东北四市中持续第一，在全国十五个副省级城市中位居第五。15个税收收入科目中，有11个科目正向增长，占比82.5%。主要税种增幅明显，增值税、企业所得税、个人所得税321.4亿元，增长9.9%，占比61.8%。其中，增值税190.3亿元，增长6.6%；企业所得税102.3亿元，增长11.5%，主要是地方工业企业利润快速增长、一次性税收等因素影响；个人所得税28.8亿元，增长30.1%，主要是工资薪金所得和财产转让个税增收。其他12个税种198.7亿元。其中，契税71.6亿元，下降1.9%；土地增值税19.0亿元，下降30.2%；耕地占用税15.6亿元，增长45.0%；房产税19.3亿元，增长17.7%；城市维护建设税38.5亿元，增长5.6%，主要是作为附加税种受增值税及消费税影响。

2021年，全市一般公共预算财政支出966.5亿元，下降10.9%。一般公共预算财政支出预算安排口径1122亿元，增长3.5%。“千亿级”支出为基本民生、产业升级、城市建设、科技创新等重点领域发展提供保障。保障基本民生。拨付教育发展领域重大项目资金34.9亿元，用于教育政策性补助和各类学校建设资金。拨付公共卫生领域重大项目资金30.2亿元。其中，安排疫情防控专项资金12.1亿元，债券资金12.9亿元，重点支持疾控中心、急救中心和医院建设等。拨付社会保障领域重大项目资金126.6亿元。其中，发放稳岗补贴11.2亿元，连续17年提高企业退休人员基本养老金，城乡低保标准分别提高16.9%和26%；发放商贸、文旅、汽车、雪季消费券2.6亿元。保障产业升级。拨付重点产业企业项目资金71亿元。其中，支持红旗新能源汽车制造产业园等建设资金15.9亿元。拨付战略性新兴产业园区、现代服务业产业园区建设领域重大项目资金179.5亿元，支持智能光谷产业园、国际贸易产业孵化中心等项目。保障城市建设。拨付重大基础设施项目建设资金121亿元，重点保障城市交通体系、水电气热供给等基础设施建设。拨付污染防治和生态保护资金23.9亿元。其中，支持污水处理厂建设改造等项目资金15.5

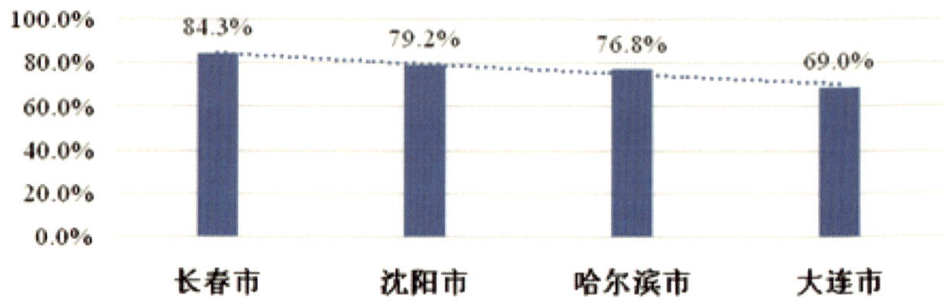

图3　2021年东北四市收入质量情况图

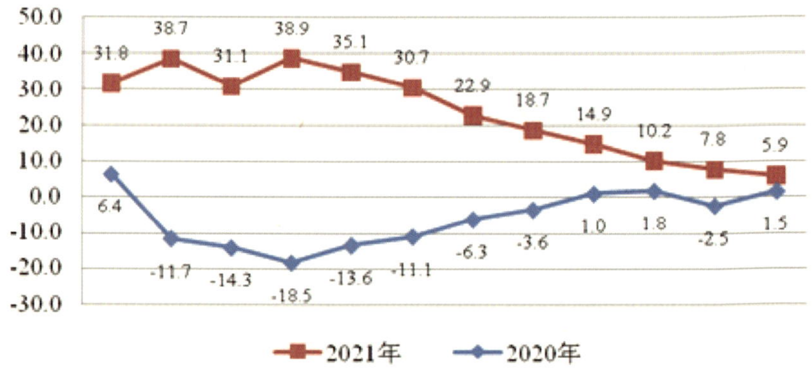

图4　长春市一般公共预算地方级财政收入增速情况示意图

表13　长春市2021年一般公共预算收入情况统计表

单位：万元

项目	本年累计	上年同期	增减额	增减（%）
收入合计	6170888	5829601	341287	5.9
一、税收收入小计	5200604	4885709	314895	6.4
1. 增值税	1903312	1785379	117933	6.6
2. 企业所得税	1023075	917383	105692	11.5
3. 个人所得税	287748	221123	66625	30.1
4. 资源税	8318	5990	2328	38.9
5. 城市维护建设税	384604	364208	20396	5.6
6. 房产税	193379	164274	29105	17.7
7. 印花税	128320	121601	6719	5.5
8. 城镇土地使用税	104632	92640	11992	12.9
9. 土地增值税	189638	271679	–82041	–30.2
10. 车船税	101347	97974	3373	3.4
11. 耕地占用税	155713	107376	48337	45.0
12. 契税	716182	729789	–13607	–1.9
13. 烟叶税	267	157	110	70.1
14. 环境保护税	3668	4758	–1090	–22.9
15. 其他税收收入	401	1378	–977	–70.9
二、非税收入小计	970284	943892	26392	2.8
16. 专项收入	369527	342021	27506	8.0
17. 行政事业性收费收入	242391	194274	48117	24.8
18. 罚没收入	88987	116431	–27444	–23.6
19. 国有资本经营收入	806	6423	–5617	–87.5
20. 国有资源（资产）有偿使用收入	176532	192997	–16465	–8.5
21. 捐赠收入	7467	10300	–2833	–27.5
22. 政府住房基金收入	81657	78415	3242	4.1
23. 其他收入	2917	3031	–114	–3.8

表14　长春市2021年一般公共预算支出情况统计表

单位：万元

项目	本年累计	上年同期	增减额	增减（%）
支出合计	9664851	10841364	–1176513	–10.9
1. 一般公共服务支出	1064977	1088857	–23880	–2.2
2. 外交支出	—	—	—	—
3. 国防支出	13536	9408	4128	43.9
4. 公共安全支出	380688	477061	–96373	–20.2
5. 教育支出	1474616	1522930	–48314	–3.2
6. 科学技术支出	188806	185492	3314	1.8

续表14

项目	本年累计	上年同期	增减额	增减（%）
7. 文化旅游体育与传媒支出	140432	146486	-6054	-4.1
8. 社会保障和就业支出	1214239	1538709	-324470	-21.1
9. 卫生健康支出	973985	928262	45723	4.9
10. 节能环保支出	289974	332590	-42616	-12.8
11. 城乡社区支出	1114767	1601611	-486844	-30.4
12. 农林水支出	1183452	1316040	-132588	-10.1
13. 交通运输支出	271903	327378	-55475	-16.9
14. 资源勘探工业信息等支出	320491	308719	11772	3.8
15. 商业服务业等支出	82380	83995	-1615	-1.9
16. 金融支出	5899	8977	-3078	-34.3
17. 援助其他地区支出	—	—	—	—
18. 自然资源海洋气象等支出	64245	76476	-12231	-16.0
19. 住房保障支出	486212	490680	-4468	-0.9
20. 粮油物资储备支出	21311	41597	-20286	-48.8
21. 灾害防治及应急管理支出	64699	54553	10146	18.6
22. 债务付息及发行费用支出	292321	281330	10991	3.9
23. 其他支出	15918	20213	-4295	-21.2

亿元。保障科技创新，注入发展新动能。拨付科技创新和信息化领域项目资金75.1亿元，支持创新产业园、数字科技孵化基地等项目建设。拨付人才政策专项资金6937万元，科研院所和“双一流”高校建设奖补资金1125.6万元。

【政府性债务管理】 2021年，长春市争取到新增债券额度389.8亿元，比2020年增加127亿元，增长48%，其中专项债券额度343.51亿元，增加146亿元，增长74%。全年发行专项债券项目103个，一般债券项目98个。电力提升改造项目，抚长高速改移一、二期，绿色循环产业园建设项目（城开肉牛项目），经济圈环线高速公路，北郊污水三期等重点项目全部安排额度顺利发行。强化债券支出“周统计，月调度”工作机制，定期通报调度债券支出情况，压实项目支出责任，传导压力，督促项目单位抓紧项目实施进度。截至2021年年末，新发专项债券财政拨付率97%，一般债券财政拨付率83%。2021年，长春市偿还政府债券本息费152亿元。其中，本金93.71亿元（再融资债券偿还91.51亿元）、利息及手续费58.29亿元。外债项目还款0.23亿元。

在全市范围内开展非法违规举债与虚假化债警示教育3次。开展隐性债务变动统计数据核查，摸清各城区、开发区、市直相关部门（单位）隐性债务逐笔化解规模、方式和资金来源等情况。印发隐性债务风险事件应急处置文件。制定《2021年度长春市政府隐性债务分季度化债落实台账》，夯实化债责任，落实各区、各单位资金来源，按照“月调度、季通报”工作机制督促各区、各单位按计划化债。截至2021年年末，全市超额完成全年化债任务。隐性债务风险评定等级由红色降为橙色，退出高风险预警区域。

2021年，鼓励长春市融资平台公司与债权人，对债权债务关系清晰、对应资产清楚、项目具备财务可持续性、化债方案明确、短期偿债流动性压力较大的到期债务，对接银行等金融机构，将到期存量隐性债务由高成本金融产品重组为低成本金融产品，缓释短期债务偿还压力，超额完成全年置换任务。长春市轨道交通集团有限公司通过成本规制方式化解隐性债务取得省委、省政府批复。

召开政府和社会资本合作（PPP）项目绩效管理工作专题网络培训会，结合国家相关政策对PPP项目绩效考核工作主体、流程和需要注意的环节等内容进行讲解并现场答疑，发挥财政部门、行业主管部门和项目实施机构等相关政府部门职能作用，强化PPP项目绩效考核管理，最大程度实现项目预期效果。

【财政预算绩效管理】 2021年，长春市将深化预算绩效管理改革作为加快建立现代财税体制重要内容，列入《长春市财政改革和发展“十四五”规划》。制定《长春市市级预算事前绩效评估管理办法（试行）》《长春市市级预算绩效目标管理实施办法》《长春市市级部门预算绩效运行监控管理实施办法》《长春市市级项目支出绩效评价和结果应用管理实施办法》《长春市市级政府采购预算绩效管理办法（试行）》，进一步完善预算绩效管理制度体系。建设并运行长春市预算绩效管理信息系统，建立共性项目绩效指标和分行业分领域绩效指标2个体系。其中，共性项目绩效指标139项，分行业分领域绩效指标6200余个。印发《长春市市级预算事前绩效评估管理办法（试行）》，明确要求全市各预算部门凡新增3000万元以上重大政策及项目，均应开展事前绩效评估，由财政部门就立项必要性、投入经济性、绩效目标合理性、实施方案可行性、资金筹集合规性等重点情况进行审核。印发《关于编制2021年部门预算和2022—2024年支出规划的通知》，要求市级各预算部门在编报部门预算时，必须规范合理设定项目绩效目标和部门整体支出绩效目标。全市89个预算部门对进入储备项目库2600余个项目填报绩效指标2万余条，部门整体支出绩效目标填报实现全覆盖。印发《关于进一步开展预算绩效管理工作的通知》《关于进一步开展2021年度项目支出绩效运行监控管理工作的通知》，要求各预算部门和项目单位填报《项目支出绩效运行监控表》，全市89个预算部门1766个预算项目均实现预算执行与绩效运行"双监控"。印发《关于报送2020年度绩效自评材料的通知》《关于开展2020年度部门整体支出绩效自评工作的通知》，89个预算部门1754个预算项目均完成绩效自评，部门整体支出绩效自评实现全覆盖。印发《关于对2020年度购买技术性服务事项开展绩效评价的通知》《关于对市级人才新政实施情况和效果开展政策绩效评估的通知》《关于对〈长春市促进数字经济发展若干政策〉开展事前绩效再评估的通知》，委托第三方扎实开展评价评估工作，形成评价评估报告。印发《长春市市级项目支出绩效评价和结果应用管理实施办法》，将各部门预算绩效管理情况特别是项目绩效目标、部门整体支出绩效目标、项目自评、部门整体支出绩效自评结果，作为重要依据，合理调整预算资金。对于财政评价工作问题，第一时间与被评价部门反馈沟通，提出意见建议，督促补齐工作短板。其中，市水务局合理调整购买技术性服务方式方法，市委组织部采纳财政评价报告中意见建议，调整人才新政具体内容。

2021年，将建设预算绩效管理全方位、全过程、全覆盖"三全"体系作为重点工作，列入"挂图作战"台账，实行月督季考。纳入全市各地各部门绩效考评范围。委托第三方对89个预算部门和13个城区、开发区开展预算绩效管理业务培训，培训200余人次，采取工作会议、座谈调研、建立微信群等方式，强化对各城区开发区和各预算部门业务指导与沟通协调。

向省财政厅报告并印发《长春财政预算绩效》8期，《长春日报》《吉林日报》登载《健全制度机制强化结果应用——市财政局纵深推进预算绩效管理》《长春市持续深入推进预算绩效管理——在落细落实和见行见效上双向发力》，宣传预算绩效工作开展情况。

【政府采购】 制定《2021年优化政府采购营商环境工作实施方案》《关于进一步做好我市政府采购促进中小企业发展有关工作的通知》《长春市财政局关于开展政府采购备选库、名录库、资格库专项清理的通知》《长春市财政局关于深入开展政府采购脱贫地区农副产品推进乡村产业振兴的通知》《关于取消政府采购投标保证金及采购文件工本费等有关事项的通知》。

明确采购计划备案与调整环节要求、规范采购预算执行与项目追加程序，指导采购人加强采购需求管理、采购计划编制、采购执行管理。在政府采购活动中存在违法违规行为各方当事人，进行行政处罚，将不良行为进行失信行为记录，纳入政府采购诚信"成绩单"。全市范围内清查"三库"162个，涉及副食供应、会计审计、资产评估、工程造价、路灯主材、苗木花卉等采购项目。各市级主管预算单位和各级财政部门，依托脱贫地区农副产品网络销售平台（简称"832平台"）采购人管理系统，制定脱贫地区农副产品采购预留份额。适时考核各单位专项采购脱贫地区农副产品预留比例、执行进度、付款期限等情况，重点考核各单位食堂专项采购情况，考核结果在全市范围内通报。处理政府采购投诉35起，举报1起，引发行政复议4起，行政诉讼2起，涉及政府采购项目资金约3.2亿元。对6家涉嫌提供虚假材料谋取中标供应商进行调查取证。优化供应商投诉渠道，可采用现场书面、信函邮寄、电子投诉等方式进行投诉维权。设置投诉处理专人、专岗、专线，明确处理投诉整体流程。

1月，全流程电子化采购商城即"政采云平台"正式上线运行。包含网上超市、在线询价、反向竞价、网上服务市场、汽车采购专区等采购模式。电子商城入驻供应商9424家，提供商品和服务种类数量超过244.7万，交易金额3.32亿元。5月，全国优化营商环境经验交流会公布2020年度全国营商环境考核情况，长春市被评为"相关改革经验和典型做法可供全国借鉴或复制推广，政府采购改革政策落地实施效果较好，市场主体满意度较高。其中，合同管理二级指标获满分，全国表现最佳"。长春市政府采购营商环境指标在全国80个参评城市中排名第13位，比2020年成绩提升27.71%，排名提升52.04%。6月，开展长春市政府采购代理机构监督评价。随机抽取检查对象、执法工作人员，重点对法律法规执行、制度程序运行、规范性文件制定等情况监督检查。评价工作采取被检查单位自愿参加，其他单位申请参加模式，包括企业基本情况、业绩与人员情况、管理情况、失信与处理处罚情况4个一级指标以及11个二级指标，根据企业从业人员数量、业绩等因素，按照成长型、综合型2类进行分部评价。

【民生保障资金支持】 2021年，长春市城乡居民医疗保险财政补助标准，由每人每年550元提高到每人每年580元，增幅5.45%。全市基本公共卫生服务经费财政补助标准，由每人每年74元提高到每人每年79元，增幅6.76%。城乡居民基本养老保险基础养老金，由每人每月153元提高到每人每月163元，增幅6.54%。长春市城区城市低保标准，由每人每月710元提高到830元，提高幅度16.9%；农村低保标准，由每人每月500元提高到630元，提高幅度26%。市本级预拨一次性生活补助资金1124万元。在“两节”期间，按照每户（每人）500元标准，为城乡特殊困难群体发放一次性生活补助。

2021年起，县（市）城乡居民医保基金实行市级统收统支，资金纳入市级统筹专户管理。国家残疾军人医疗保障，增设基本医疗保险、大病保险保障屏障；将指定1所医院调整为由残疾军人自主选择省级、市级、区级和社区医疗机构各1所作为个人定点医疗机构。出台城乡居民基本医疗保险个人缴费及资助困难群众参保财政补助标准。启动失能人员居家照护服务试点工作。测算阶段性降低职工医保缴费费率情况，提出合理化降费建议。

制定长春市医疗卫生领域财政事权和支出责任划分改革方案，并以政府办名义下发执行。建设紧密型县域医疗卫生共同体，重构升级县医疗卫生服务体系。会同市人社局，联合出台《关于调整职业技能提升行动培训补贴标准的通知》，重点将企业职工岗前培训、转岗转业培训、就业培训补贴标准提高到每学时20元；将国有企业职业技能竞赛补贴标准提高到5万元。简化企业职工技能培训补贴申领材料。长春市民政局、长春市财政局、长春市医疗保障局联合印发《长春市家庭养老床位照护服务实施办法（试行）》。完善政府购买家庭照护服务项目清单，将原有政府购买居家养老服务券项目和近期试点实施失能人员居家医疗照护保险项目有机嵌入试行办法，建立合理个人负担机制，防止过度保障现象发生。

【生态环境保护资金支持】 2021年，长春市筹措资金64.24亿元支持生态环境保护工作。其中，市本级一般预算安排资金25.25亿元，争取上级补助资金8.16亿元，通过发行地方政府债券及PPP模式筹措资金30.83亿元，助力蓝天、碧水、黑土地、青山和草原湿地五大保卫战。

推进清洁取暖、燃煤、工业、秸秆、扬尘、柴油货车治理等重点任务实施，下达资金6.46亿元，改善环境空气质量。推动秸秆禁烧和综合利用，市本级一般公共预算安排秸秆全量化处置工作专项资金0.75亿元。下达上级秸秆综合利用和禁烧补助专项资金0.12亿元，下达本级秸秆能源化和饲料化资金2.63亿元。落实柴油货车污染治理攻坚行动。拨付省级新能源汽车购置及充电基础设施建设补助资金0.68亿元，拨付上级资金5.4亿元并下达对口区域，安排下一年度市级预算资金5.23亿元用于该方案项目配套，根据旗E春城项目推进情况合理安排资金使用。落实水污染防治行动计划，下达市本级资金23.01亿元，争取中央补助资金1亿元，融资30.83亿元。推进伊通河、新凯河及饮马河流域综合治理等相关项目，水源地水质持续达到或好于Ⅲ类水质。下达本级专项资金533万元用于提高饮马河、伊通河流域水质监测频次。支持污水厂维修升级和提标改造；含黑臭水体综合治理和劣Ⅴ类水体治理在内伊通河综合治理一、二、三期工程以及南溪湿地公园建设工程等项目续建收尾，进入运营。下达资金23.96亿元。其中，市本级安排资金22.96亿元，中央补助资金1亿元。筹措资金30.83亿元用于长春市污染防治重点项目支出。其中，利用专项债券7.91亿元支持长春市北郊污水厂三期工程等项目；分别引入社会资本7.12亿元、15.9亿元支持长春市伊通河流域棚户区改造及土地综合整治、伊通河流域综合治理等项目。利用2020年抗疫特别国债支持饮马河流域生态治理工程等项目。

制定《长春市农村人居环境全域提升实施方案》《长春市农村人居环境整治提升五年行动方案》，下达市本级一般预算资金1.95亿元，争取上级补助资金0.70亿元，推进农村垃圾治理、乡镇污水集中收集处理、分散式畜禽粪污处理等工作开展。

利用群防群治机制，鼓励公众提供涉及环境违法行为线索。除部门预算安排经常性支出外，下达专项经费280万元，用于补助环保执法成本。

【乡村振兴资金支持】 将巩固拓展脱贫攻坚成果、落实农村人居环境整治工作任务、提升粮食和重要农产品供给、推进农业现代化建设等任务作为年度支农工作重点，2021年度落实市级预算资金6亿元。全年争取各类国家、省级资金10亿元，重点支持现代农业、黑土地保护、高标准农田建设、改善农村人居环境、一二三产融合、重点水利工程项目等工作。按年度、级次、渠道、类别等方式，对脱贫攻坚期内各类资金进行分类统计。总额资金24.3亿元。其中，中央3.7亿元，省3.4亿元、市14.7亿元（专项9.6亿元）、县（市）区2.5亿元。收集、整理、归档相关文件560份。会同市扶贫办等部门，优化脱贫攻坚期内政策，保持财政资金总体投入水平；落实省里按因素法下达中央、省级衔接乡村振兴补助资金9299万元，重点支持乡村产业发展、人居环境示范村创建，促进少数民族区域发展及贫困劳动力跨省就业等项工作任务。下发市级衔接资金管理办法，综合考虑人口、收入、绩效等因素，下达市级衔接资金5000万元，对资金使用范围、产业比例、工作机制、支出进度等方面提出要求；下达对口延边帮扶互助资金5000万元。

【财政改革】 2021年，长春市完成基本公共服务领域财政事权和支出责任划分改革。印发《长春市推进企业上市挂牌行动计划（2021—2025）的通知》，将单户企业上市奖补额度从最高300万元提升到最高800万元，奖补资金每半年统一兑现一次。发挥企业上市挂牌领导小组统筹作用，破解企业上市困难和问题，打通企业上市“最后一公里”。年内5户企业上市，首发募集资金额创历史新高。全市有上市公司37家，新增上市公司数和A股总数均居东北四市第一，资本市场实力榜居全国省会城市第十三位。

制定财政改革和发展“十四五”规划，率先推进预算管理一体化与国库集中收付电子化系统，建立绩效管理体系，出台教育、科技、文化等领域财政事权和支出责任划分方案，建立财税会商联动机制，完善国有金融资本监测、国有资产统一监管、国有企业公司制改革等方面规章制度，下放市级行政事业单位国有资产管理权限，制定《政府购买服务管理办法》，在全国营商环境评价中，长春市政府采购指标位列第13位，获评“全国标杆城市”，政府采购合同管理获满分，被评为“全国最佳表现”，“互联网+政府采购”被国家发改委选定“全国代表性案例”。设立“长兴基金”，制定管理办法，以市政府名义召开新闻发布会，人民网、新华网、凤凰网、《中国财经报》、《吉林日报》等40余家国家和省级媒体进行宣传报道。

（王煜淇）

税　务

【概况】　2021年，长春市全口径收入1061.9亿元，比2020年增收58.3亿元，增长5.8%；省以下地方级收入509.5亿元，增收28.6亿元，增长5.9%。征收社会保险基金393.1亿元，全年税费收入量稳质优。运用税收大数据，重点分析重要行业、重大税源变化情况，全年向各级党委政府报送分析报告178篇，获各级领导批示105篇。

【减税降费】　1—11月，新增减税降费55亿元，包括税费减免45.9亿元，社保险费9.1亿元。其中，新出台政策减免17.7亿元；煤电和供热企业减税2194万元，缓税2537万元，留抵退税1301万元；全市制造业中小微企业11月、12月分别缓税1.4亿元和2.5亿元；2021年第三季度全市1051户企业享受企业所得税减免近14亿元。全市涉税市场主体47.48万户，比年初增加7.89万户。

【纳税服务】　2021年，推进“我为纳税人缴费人办实事暨便民办税春风行动”，推出“六新”系列举措，涵盖30项200条细化措施，解决群众“急难愁盼”问题978个。创新实施“深化改革、智慧服务——税e春城”专项行动。在全国范围内率先实现纳税申报次数由4次减少到2次。11项业务由限时办结改即时办结，总体时间由145个工作日压缩至220分钟。推广“税e办”远程视频办税，空白发票、代开发票、税务Ukey和税务文书实现免费线上申领、线下邮寄配送；创新推行“税e优”，57项高频业务审核审批环节前置到办税服务厅集成办理，办理时间从713个工作日压缩到159个工作日，提速77.7%。设置“1+N有问必答”咨询热线，每天10小时不间断服务。167 项289类文书表单实现免填，30 项61份业务实现免报；推行“税e享”，普及“长春税务征纳沟通平台”，覆盖全市91.4%单位纳税人，随时提供政策直达；加大政商互动和税企互联，启动“税务体验师”活动。

为重点税源企业和重大招商引资项目搭建“两重”企业服务平台，对接一汽集团，提供“红旗飘飘、助力腾飞”专项服务，得到省长韩俊表扬性批示。在全国率先将全类型税务行政处罚纳入电子税务局，实现行政处罚与相关涉税事项同步线上办理，时长压缩65%。与市房管部门共享信息，协助解决全市3607万平方米历史遗留未登记房屋确权办证问题。为一汽红旗等主机厂上游供应商订制融资产品“账权池银税贷”，59户中小微企业获授信20.97亿元。在2021年全国税务系统纳税人缴费人满意度调查中，长春市在全国27个省会城市中排名第5。

【依法治税】　依法依规组织税费收入。2021年，全年组织全口径收入1061.9亿元，社会保险基金393.1亿元，非税收入67.27亿元。依法落实减税降费政策。健全疫情防控和经济社会发展税费优惠政策落实工作机制，完善应知尽知一户不漏、应享快享一刻不缓、应享尽享一分不少“三应机制”，落实税费优惠政策，重点针对

4月19日，长春市税务局在长春市人民政府开展“惠民办事优服务 改革创新提效能”在线访谈活动　　　（曲婧慧　供图）

表15 长春市2021年税收情况统计表

单位：万元

项目	本年累计	上年同期	增减额	增减（%）
增值税	1903312	1785379	117933	6.6
企业所得税	1023075	917383	105692	11.5
个人所得税	287748	221123	66625	30.1
资源税	8318	5990	2328	38.9
城市维护建设税	384604	364208	20396	5.6
房产税	193379	164274	29105	17.7
印花税	128320	121601	6719	5.5
城镇土地使用税	104632	92640	11992	12.9
土地增值税	189638	271679	-82041	-30.2
车船税	101347	97974	3373	3.4
耕地占用税	155713	107376	48337	45.0
契税	716182	729789	-13607	-1.9
烟叶税	267	157	110	70.1
环境保护税	3668	4758	-1090	-22.9
其他税收收入	401	1378	-977	-70.9

汽车产业、创新驱动、煤电热企业、制造业中小微企业等关键领域。加强税收规范性文件管理，开展涉及行政处罚税收规范性文件清理。推行法律顾问和公职律师制度，对全市21名公职律师进行分类管理、统筹使用，发挥公职律师在税制改革、税务执法、行政管理等方面的作用。做好重大税务案件审理。落实国家税务总局《重大税务案件审理办法》，全年审理涉及重大案件纳税主体194户。优化税务执法方式。落实税务轻微违法行为“首违不罚”清单事项，打造柔性执法新模式。其中朝阳区《某公司未按规定限期办理纳税申报不予税务行政处罚案》获2021年吉林省行政执法十佳案例。

推行行政执法公示制度、执法全过程记录制度、重大执法决定法制审核制度“三项制度”。落实税务证明事项告知承诺制，方便纳税人办理相关事项。全年向行政相对人和社会公示税收执法事前、事中、事后全过程内容96215条；以文字、音像等形式对税收执法行为进行记录1274条并归档；进行重大执法事项法制审核476户次。规范行政处罚案卷。依照《中华人民共和国行政处罚法》和税务核心征管系统文书式样，编制《税务行政处罚卷宗（样本卷）》，包含执法程序、实体法运用、证据收集等内容，提高税务执法案卷、文书规范化水平。

打击税收违法行为。建立增值税发票风险快速反应机制，完善税收风险监控指标体系，运用信息化战法精准打击电子发票虚开行为，通过防范虚开发票风险任务识别，入库税款6541.4万元。滞纳金227.64万元。打击“假企业、假出口、假申报”违法行为，稽查查补税款4.82亿元，入库2.95亿元。加强税警协作，查办长春“7·06”虚开增值税专用发票案，虚开税额2295万元，抓获犯罪嫌疑人10名。长春“3·31”涉嫌虚开增值税发票案，涉嫌虚开税额3.98亿元，抓获主要犯罪嫌疑人2名。

编制权责清单，通过行政执法信息公示平台向社会公布，接受社会监督。在试点单位搭建精确执法全流程管理工作平台，通过进户执法源头控制、执法事项提前告知、执法程序平台指引、执法过程全程记录，实现执法全流程精确管理。开展层级督察审计和专项督察审计，完成督察审计19个项目。依规开展内控平台日常考核、疑点数据核查、专票电子化风险防控、专票电子化内部快速反应等执法过错责任追究，追责281人（次）。完善权利救济和纠纷化解机制。全年发生行政复议案件22起，审结20起，审理中2起。与长春铁路运输法院建立府院联动机制，推进税务司法协作。规范信访举报事项办理工作，以解决纳税人缴费人痛点、堵点、难点问题和系统内干部职工实际难题为导向。全年受理信访46件，办理市长公开电话事项3237件，处理人民网网民留言44次。推进政务公开。完成国家税务总局吉林省税务局互动平台办件5件，保证申请人合法权益。完成政府信息公开年报编制和报送工作，落实税务系统政务公开重点任务清单。

落实“谁执法谁普法”，在第30个税收宣传月开展系列宣传活动，通过举办企业座谈、直播互动、视频会诊等特色主题活动。打造“税收宣传融媒体”模式，通过在线直播等方式对外发布减税降费优惠政策、解析相关热点问题，全年发布46期，观看量超过2000万人次。深化税收法治进机关、进企业、进学校、进社区、进乡村、进单位“六进”宣传活动，结合国家宪法日、税收宣传月，组建税收宣传团队，开展法律、税政宣传。

【税收改革】 2021年，长春市将《关于进一步深化税收征管改革的意见》《关于进一步深化税收征管改革的若干措施》细化为具有长春特色具体举措193项。加强对重要税种联动管理以及重点行业企业税源管理，推动增值税专用发票电子化改革，推进税收征管5C监控评价，水土保持补偿费等4项非税项目划转征收。建立增值税发票风险快速反应机制，推进“双随机、一公开”监管，运用信息化战法精准打击电子发票虚开行为，防范虚开发票任务识别入库税款6541.4万元，滞纳金227.64万元。打击“假企业、假出口、假申报”违法行为，稽查查补税款4.46亿元，入库2.89亿元。整顿二手车市场，排查未备案开票、异地或多点开票等涉嫌虚开风险二手车企业68户，入库税额1.76亿元。开展成品油市场专项治理，对383座民营加油站1669个加油机、3195条加油枪安装税控装置。通过风险模型筛选出中高风险成品油纳税人46户，补缴税款116.16万元，滞纳金19.73万元。企业通过自查补缴税款73.77万元，加收滞纳金9.02万元。与市财政局、市统计局建立信息交换机制，就商业综合体入统和“分转子”工作联合开展走访调研，共同推进“入统入库”工作。

畅通网上办税渠道，实现全程“网上办”业务214项，“掌上办”业务50项，税费事项实现100%网上可办，网上申报率99.6%，非接触式办理率80%以上。扩展办税方式，全市投放自助办税终端270台，最大限度就近就便办税缴费。推进“互联网+”监管执法，启动行政检查执法备案智能管理改革工作，推广应用“我要执法”App，采集执法人员信息1768人。全国率先将全类型税务行政处罚纳入电子税务局，实现行政处罚与相关涉税事项同步线上办理。与市规划与自然资源局、市住房保障和房屋管理局、市医疗保障局、市社会保险事业管理局等部门互联，实现“一厅联办”“一窗联办”。

（曲婧慧）

金融监管

【金融机构监管】 2021年，长春市对金融机构进行早期纠正、配合开展地方政府专项债补充中小银行资本，高风险金融机构数量有效压降。推动辖区金融机构按照资管新规要求完成资管业务整改。配合地方政府做好地方交易场所、非法集资等领域风险化解。

按季度对123家银行业金融机构开展央行金融机构评级，根据结果发出风险预警提示，评级结果成为对辖区金融机构开展差别化管理重要依据。对119家银行业法人机构开展资产质量核查、压力测试。

存款保险宣传实现长春市行政村、社区全覆盖，存款保险内容嵌入辖区119家法人和21家非法人银行机构业务流程。开展存款保险公众认知评估，92%受访者表示基本了解存款保险。

2021年，对13家银行业金融机构开展金融消费权益保护综合、专项执法检查，对辖内32家银行业金融机构开展金融消保评估工作，约谈评估结果为C的相关机构。

【金融风险防范】 2021年，长春市化解非法集资陈案136起，案件化解量和化解率均居全省首位，特别是东盟案件处置取得重大突破，登记返款3700人，返款金额1.4亿元，均过半。全年长春市新发非法集资案件33起，比2020年下降50%以上。鼎邦、万邦、青旅、文投4起重点案件，均移送法院。全年有效化解2家村镇银行风险隐患。防范地方金融组织风险，经过排查、清理，长春市辖内商业保理公司由94家压降至45家，小贷公司由125家压降至29家，典当企业数量由104家压降至83家，开展信用互助农民专业合作社由21家压降至6家，督导退出8家融资担保公司。私募基金机构“双清理”工作走在全国前列。地方法人机构资产质量明显改善，通过压实属地政府和股东责任，2家高风险边缘机构不良率连续压降。

（白　禹）

【地方金融监管】 2021年，依国家、吉林省有关地方金融监管行业规定及省金融局通知要求，完成典当行业年审28家、担保行业73家、小贷行业15家，重点关注注册资本实收、资金来源业务结构等情况核查，未发现重大违法违规问题。

加大相关行业排查整治力度，完成投资公司排查2013户，初步确定正常经营企业300户，列入异常、引导注销企业882户，双变更企业519户，注销企业218户，吊销企业77户，立案企业17户；排查小贷公司31户，双变更3户；排查商业保理公司40户，纳入监管名单11户，组织整改29户；组织排查域内208户融资租赁公司，约谈存在问题典当、担保、小贷企业。

支持重点行业发展，市金融办会同市财政局对长春市4家融资担保公司申报降费奖补资金书面材料进行联合审查，确定该4家申请2021年融资担保机构降费奖补资金1188.46万元。

（市金融办）

【反假货币工作】 “平安吉林建设”正式将反假货币工作纳入考核内容。出台《吉林省假币犯罪举报奖励办法》，调动群众举报假币犯罪积极性，维护人民群众自身利益。反假宣传月发放宣传资料287.65万份，网络宣传推送量34.97万次，点击量45.94万次，电视、电台、报纸等媒体报道120篇，走进867个乡镇村屯，举办线下宣传活动4629场，宣传受众人数239.63万人。加强对银行业金融机构人民币收付业务和全额清分工作日常监管，开展整治拒收人民币现金工作，处置舆情及投诉13起，开展非法使用人民币图样专项整治，联合吉林省市场监督管理厅排查仿纪念币（钞）类物品。

【金融法治建设】 金融立法。成立金融立法专题调研小组，协助人民银行总行针对《中华人民共和国民事诉讼法（修正草案）》等15件法律法规、规章研提修改建议。

依法行政。全部应用“中国人民银行依法行政监督管理系统”电子化流程实施综合执法检查和专项执法检查项目，实现执法检查内部程序网络流转和管理，在流程上实现相关法律文书标准化、审批流程规范化。推进吉林省辖区“查处分离”改革试点工作，全年召开7次行政处罚委员会会议，审议11件行政处罚案件，决议通过对违法行为相关单位罚款近500万元。在全国率先开展行政执法人员培训标准化体系建设试点工作，结合辖区实际，制定印发吉林试点实施方案。

基层央行及金融机构法治建设。举办吉林省人民银行系统2021年依法行政培训班。重点讲解中国人民银行依法行政监督管理系统使用指南及其注意事项，进一步提升执法检查信息化水平。

【金融纠纷化解】 在全国率先实现“总对总”在线诉调对接调解，为金融纠纷多元化解机制建设贡献吉林经验；指导光大银行长春分行建立省内首家驻金融机构金融纠纷调解工作站，扩大服务覆盖面。2021年，调解金融纠纷41件。

【打击洗钱犯罪】 推动洗钱罪宣判，依托四部门联合打击洗钱犯罪两年专项行动机制，2021年召开成员部门座谈会11次，开展案情会商30余次，以《中华人民共和国刑法》第191条宣判洗钱罪16起。开展反洗钱调查协查31次，下发调查通知书555份，涉及个人734人、企业33户；接收重点可疑交易报告75份，对外移送可疑交易线索58份，立案3起。

【防范非法集资宣传】 4月15日，由长春市金融工作办公室牵头协调各县（市）区、开发区处非办集中开展国家安全日暨防范非法集资宣传教育活动。全市设16个会场，银行、保险、证券等金融机构参加现场宣传活动。全市设置展台200余个、发放宣传单（册）、宣传品1万余件、悬挂条幅、宣传海报200余幅，普及有关法律法规知识，介绍正规理财和借贷方式。活动现场播放市金融办设计拍摄打击非法集资微电影300余次，提示市民尤其是老年人和学生族防范不法分子借助P2P、第三方支付、众筹平台、私募基金、保险代理、担保、投资咨询等平台进行非法集资和违法放贷。7月9日，“学法用法护小家，防非处非靠大家”主题防范非法集资宣传活动在南关区文庙广场举行。活动由长春市金融办主办，南关区政府和吉林省圆梦志愿者协会承办。50余家银行、保险、融资担保公司、典当公司、小额贷款公司进行主题宣传。央视网相关报道浏览点击率突破48万人次。

（鲁雪岩）

审　计

【概况】 2021年，长春市开展审计及审计调查106项，查处各类违规及管理不规范问题金额12.1亿元，督促上交财政资金1.93亿元，促进开发区盘活财政资金4933万元；追回被挪用资金2300万元，促进项目配套资金到位8053万元，追回收回建设资金4009万元；督促落实问题整改308个，提出防范化解风险、加强制度建设、深化改革建议410条；向司法、纪检及有关部门移送案件线索和事项12起，协助各专项整治和专题巡察发现问题及线索90余件。围绕黑土地保护、消费券发放、水源地综合治理等问题，向市委审计委员会上报要情专报、综合报告7篇，均得到市领导批示；审计工作得到上级审计机关、市委、市政府、市人大常委会好评，连续2次被评为全市精神文明先进单位。审计信息宣传工作在全省排名第一。开展省市供销系统、供热领域、粮食购销领域专项整治、专题巡察和常规巡视巡察，协助纪检巡察各专项整治和专题巡察发现问题及线索90余件。

【政策跟踪审计】 2021年，长春市开展乡村振兴、社会保险基金、粮食安全、住房租赁市场发展补助资金等政策贯彻落实情况审计，重点关注政策落实总体情况和存在突出问题，查处问题62

9月14日，长春市审计局到企业现场查看国家财政资金补助项目建设情况，重点检查财政补助资金使用质效　（于伟男　供图）

个，涉及金额3.3亿元，提出审计建议15条。落实有关整改资金1348.9万元，收回违规支出资金191.7万元，推动4个项目加快建设，促进被审计单位建章立制15项。

【财政审计】 采用大数据分析与现场核实相结合方式，对25个重点部门开展预算执行和其他财政财务收支审计，查处违规发放补助、存量资金未上缴财政、资产管理不规范、预算编制不完整等问题金额4.7亿元，提出审计建议52条。

【民生资金和项目审计】 开展工伤保险基金、普惠性学前教育、消费券发放使用等专项审计和审计调查，查处问题金额6421.9万元，落实有关整改资金4111.7万元，追回被挪用资金2300万元，促进669名残疾人等重点人群参加基本养老保险、103名低保群众获医保参保财政补助资金。开展经济圈环线高速公路、轨道交通建设项目跟踪审计，揭示项目在建设程序履行、项目招标投、工程管理和资金管理等方面存在问题16个，督促项目配套资金到位8053万元，追回收回建设资金4009万元，促进4个项目建设。

【资源环境审计】 开展自然资源资产离任审计，重点关注执行中央相关决策部署、完成重大任务以及资金征管用、项目建设运行等情况。开展资源环境专项审计，对长春市水源地一级保护区综合治理专项资金管理使用情况、饮马河流域劣Ⅴ类水体专项治理及水质提升工程建设项目开展审计及审计调查，重点关注预算安排、资金拨付和管理使用、项目建设管理等情况。查处贯彻执行中央和省市生态文明建设方针政策不到位问题21个，查处资金管理使用问题金额2.9亿元，查处项目建设管理不到位问题20个，推动7个项目建设。

【领导干部经济责任审计】 对64名领导干部开展任期经济责任审计，发现存在相关政策落实不到位、重大经济事项决策制度不完善、财政财务管理不严格、内控制度执行不到位等方面问题196个，查处领导干部应负领导责任问题金额1.53亿元，落实整改资金3571万元，督促被审计单位完善规章制度21项。

【审后回访】 检查审计组依法依规和执行审计纪律情况，落实审计组审前谈话、进点公示、处室和5县（市）区现场审计审后回访全覆盖制度。

【审计整改】 中央巡视反馈长春市审计问题64个，整改57个；省委巡视反馈长春市审计问题21个，整改17个；审计署、省审计厅反馈需要长春市整改审计报告18份，涉及问题195个，整改107个。整改长春市审计查处问题308个。

【审计创新】 出台《长春市审计局财政审计全覆盖实施办法》《长春市审计局经济责任审计全覆盖实施办法》《长春市审计局市管国有企业审计全覆盖实施办法》。探索研究型审计模式，审计发现12起重大问题线索和事项移送有关部门，综合分析审计成果提出建议410条。健全数字化审计模式，把审计思维与大数据技术有机结合，采用“数据分析先行、现场取证跟进”模式，采取“六加工作法”，筛查分析审计疑点，压缩现场审计时间，提升审计质量和效率。应用地理信息技术——GIS图像分析结果，对国土、农业、林业等相关部门提供的土地利用现状图斑进行叠加，结合无人机巡拍、实地踏查、比对卫星图片等信息技术，确定可疑地块。

（华伟男）

统计管理

【概况】 2021年，长春市开展“引领长春高质量发展”统计领跑计划。开展“提清单，给钥匙”专项行动，由作战单位围绕入统入库、短板弱项等方面问题“提清单”，市统计局通过座谈交流、实地调研，研究分析17个县区经济结构特点、运行现状、存在短板，从统计角度提出100余把“金钥匙”，沟通协调解决各类问题1000余件。印发《关于贯彻落实〈长春市入统入库专班办公室工作实施方案〉提供统计辅导服务的函》，20余个部门提出入统入库培训需求，培训部门及县区、开发区3000余人次。落实“高质量发展协同联动”专项行动。搭建数据信息交流平台，建立和完善

5月13日，长春市升规入库入统业务专项“大培训”在市委党校举办

（陶艺文　供图）

企业信息比对机制、统计数据管理和共享机制。每季度组织相关经济部门召开经济部门联动会商联席会议。

【升规入库入统】 2021年，开展全市推进升规入库入统大调研活动。起草《全市推进升规入库入统大调研活动方案》，确定由市长和4位副市长分别带领相关部门组成调研组，到各县（市）区、开发区调研，排查出一批接近入库标准企业重点培育。重点针对各县（市）区、开发区，以及入统入库重点企业有关负责人和业务骨干，开展统计知识及长春市升规入库入统业务专项“大培训”活动，参培人数上万人次。建立“1+4”工作体系，在1个专班办公室统领下，组成4个专项推进组。开展全省服务业入库入统专项行动，成立服务业入库入统攻坚小组，推动“2345”攻坚行动，利用2个月时间，在3个区域，重点形成4个突破口，实现5个数据回归，即：法人在地回归、主营业务回归、服务业行业回归、经营模式回归、创新方式回归。审批联网直报新增入库单位和退库单位，对限额以上名录库进行更新和信息维护。下发入库入统24条建议。2021年，长春市入库入统企业1272户，比2020年增加485户，增长61.6%，全年入库入统工作创历史新高。

【数据核查】 修订2021年各县（市）区、开发区4个季度GDP数据；完成从长春新区拆分中韩合作区GDP数据和2021年4个季度GDP分劈。建立健全数据质量分级负责工作机制和责任机制，审核、评估各专业数据，修正不合理数据，各专业审核评估2万余户次企业上报数据，组织各县（市）区、开发区开展企业数据核查，核查企业近1万户次。利用全市人口普查信息资源和普查资料，分析人口变化、趋势性特征等情况，大量分析数据被运用到疫情防控、制定规划等重点工作决策中。长春市统计局获全省第七次人口普查工作先进集体。2021年度人口变动情况抽样调查样本量首次扩大到352个调查小区。完善集团统计解捆数据，实现集团独立子公司法人企业在地统计。

【统计成果运用】 创新统计监测和分析服务载体，每月向市领导报送月度数据。编写《书记专报》《市长专报》《统计专报》《服务业专刊》等各类专报81篇，其中31篇得到市委书记、市长批示，并转发各职能部门办理。《关于做好全年收官冲刺的11条建议》得到市委、市政府主要领导签批，列为全市政府督查重要内容。大量统计分析被国家局和省局采用。《创新驱动效率视角下长春市创新型城市建设路径实证研究》，在2020年度长春市优秀调研成果评选中获一等奖。搭建数据信息交流平台，“长春统计数库”正式运行，通过手机查阅各项数据，实现统计数据在全市“城市大脑”共享。建成长春地区统计高清视频会议系统。通过各类媒体向社会发布月度、季度有关经济指标，编撰发布城市年报、国民经济和社会发展统计公报、第七次人口普查公报、统计年鉴等数据。

【法治化建设】 2021年，规范统计执法人员管理，对原有持证人员和新考取执法资格人员换发执法证。建立统计执法人员信息库，在全国“行政执法综合管理监督信息系统”完善执法机构信息和执法监督人员信息。开展对全市所有“四上企业”（规模以上工业企业、资质等级建筑业企业、限额以上批零住餐企业、国家重点服务业企业）统计法律事务告知工作，告知内容包括与统计调查对象相关统计法律法规、统计信用体系认定标准、联合惩戒等。建立企业统计从业人员档案存档，推进统计领域信用体系建设。推进统计法进党校活动，在领导干部群体中宣讲统计法；定期在各级党政机关大屏幕滚动播放统计法律法规宣传音视频内容；在统计法宣传日、统计开放日等重要时间节点，制作发放统计普法宣传品和知识图册。开展统计督察整改工作落实情况“回头看”，配合开展专项执法检查、调研双阳区鹿乡特色产业。制定执法检查工作方案。与卫健委联合对医疗卫生19户企业开展执法检查。执法检查260户企业，完成情况在全省最好，得到省局领导表扬。

【基层基础建设】 2021年，长春市出台《关于建立健全基层统计工作制度的通知》《关于进一步加强统计基层基础建设的实施办法》，建立组织机构健全化、统计人员专业化、统计网络安全化、规章制度科学化、宣传培训常态化“五化”统计基层基础工作体系。在全市17个县（市）区、开发区开展双基建设自查，推进统计专兼职人员、培训情况、内网延伸、制度建立等工作。在县（市）区开展内网延伸工作督导。将培训工作纳入制度化、日常化管理，采取“走出去、请进来”方式，市本级开展培训1000余人次。拓宽基层统计人员选用渠道，采取第三方购买服务等模式，充实乡镇（街道）统计人员30余人。

【规范化建设】 依法做好部门信息主动公开和依申请公开工作，全年报送、审核、发布各类信息1318篇，被省局网站采用160篇、国家局网站采用10篇，市统计局获2021年度政务信息工作先进单位，负责信息工作人员获先进个人称号。办理市长公开电话市民诉求14件。通过全市统计系统保密、安全工作培训，规范涉密人员、秘密载体、信息系统和设备、涉密场所及保密要害部门管理。落实安全生产、应急管理及消防工作各项部署，加强日常督促检查，严防安全事故发生。

【统计大数据决策服务平台】 2021年，在“城市大脑”建设项目中，被纳入城市大脑经济IOC场景建设，提供经济专题主要指标，将原宏观经济数据库再融进数据整合、云图2个平台，建成统计大数据决策服务平台，智能分析经济运行规律和态势。将国家一套表回流数据和自有数据、部门共享数据、普查和年鉴数据打包保存到经济社会统计大数据资源仓库。整合大数据平台、城市大脑平台、数据共享平台3个系统数据，一次提交、多端隔离、选择使用。网络上与城市大脑，使用网闸和前置机进行数据推送，争取到3台服务器和网闸设备，以及项目系统渗透测试服务。制定《长春市大数据决策服务平台暂行管理制度》，月度数据更新进入日常运转。

【数字经济统计】 2021年，长春市召开数字经济专题会，研究数字经济监测方案、确定行业范围、指标体系等内容。接受数字经济试点任务，在全市开展数字经济试点工作。2021年，长春市被确定为全省唯一一个数字经济核心产业统计监测试点，完成2018—2021年测算，数字经济统计成功经验成为其他省市借鉴模板，走在全国前列。

【智慧执法改革】 2021年，长春市继续行政检查执法备案智能管理改革，清理、完善关联抽查事项清单检查主体、检查对象、检查内容、检查依据等要素，并将抽查事项清单与“互联网+监管”系统实施清单及长春市权责清单进行关联，解决双转化问题。按时向市场监管局报送“我要执法”App账户授权表。

【统计宣传活动】 9月18日，举行第十二届“中国统计开放日”宣传活动，主题是“赓续红色血脉，奋进统计未来”，现场普及和发放《中华人民共和国统计法》《中华人民共和国统计法实施条例》《长春市统计管理条例》等资料。12月8日，开展统计法宣传活动。主题是“深入学习贯彻习近平法治思想，加快推进新时代统计法治建设”，通过条幅展板展示、扫码关注长春统计官方微信公众号、宣传资料推广、大屏幕滚动播放《中华人民共和国统计法》等形式，让市民了解统计知识和相关动态。

（陶艺文）

【居民收支与生活状况调查】 做好样本轮换后续工作，持续测算新样本各项主要数据，与老样本进行对比，利用自然换户机会对样本结构进行修正，目前新老样本收支数据、人口规模、就业情况等主要指标均得到有效衔接，收入结构、年龄结构得到合理优化。2021年，电子记账率96.7%，位居全国领先水平。长春市2021年城乡居民人均可支配收入分别为43281元和18473元，比2020年分别增长8.2%和11%。

【劳动力调查】 2021年，劳动力调查社区样本由54个扩充到173个。下发《长春市人民政府关于开展劳动力调查样本扩户工作的通知》。实施四级数据审核责任制，从源头到审核全流程保障数据质量。

【居民消费价格调查】 2021年，完成ICP调查各阶段工作。研发ICP图片批量命名转换小程序得到国家统计局国际比较中心认可，在全国31个参与省份推广。2021年，长春市消费价格指数（CPI）为100.5。

【其他专项调查】 2021年，主要畜禽监测统计调查，核实104户调查网点样本数据。农业粮食产量调查，完成农户种植意向调查、农作物面积遥感测量调查和农产量抽样调查。完成2020年度“万人评议机关”调查报告，完成市委宣传部2021年全国文明城模拟测评调查工作任务。

【统计服务】 2021年，长春市召开经济形势分析调度会10次，完成地方政府月度经济形势分析调度材料10余篇。依托《长春国调报告》《长春调查》等载体，为地方政府提供统计调查分析服务。2021年，撰写调查资料243篇。其中，中央领导批示11篇次，中办、国办采用16篇次，省领导批示113篇次，国家局采用64篇次，省委、省政府办公厅采用121篇次，采用层次和采用数量创历史最好成绩。

【统计法治建设】 开展法治宣传教育。编制2021年长春队统计法治学法方案，开展“美好生活·民法典相伴”主题宣传月活动，多渠道开辟统计法治专栏。制定统计法治工作要点和“双随机”抽查方案，全年完成42户企业执法检查，处罚存在数据质量问题企业2户。1人参加并完成国家统计局执法监督局全国执法检查任务。

（王　蕾）

价格监管

【价格调控】 2021年，长春市出台《长春市市场价格异常波动应急预案》，完善价格调控体系。2021年居民消费价格指数上涨0.5%左右。春节期间，召开“2021迎新春”新闻发布会，从生产—运输—储备—供应—销售—监测—宣传都有手可抓，全市连续33天保证供应，每日上市生猪4000余头、禽类3万余只、蔬菜3000余吨、禽蛋日均产量超680吨、水果日均上市量超1000吨，每日运输车辆约900辆。冻猪肉完成连续13个月保持100%储备任务。

【价格改革】 2021年，长春市结合国家放开气源价格和销售价格的政策，完成非居民天然气配气成本核算、监审工作，确定“合理成本”，出台《长春市发展和改革委员会关于实施非居民天然气价格联动机制的通知》，冬季开始实施非居民天然气顺价机制，是全省第一个关于天然气价格联动机制政策，标志长春市天然气价格改革率先迈出重要一步。构建污水处理和污泥处置价格机制，出台《长春市城区污水处理费相关情况报告》。长春市发展和改革委员会与市水务局出台《关于长春市城区农村安全饮水供水价格的通知》。

【收费管理】 自2021年3月1日起，按照《关于清理规范城镇供水供电供气供暖行业收费促进行业高质量发展意见的通知》，取消供水、供电、供气、供暖环节收费项目，规范水电气暖收费工作。5月31日，长春市印发《长春市发展改革委关于清理取消城镇供水供电供气供暖行业收费及保留的收费项目的通知》，明确清理取消的不合理收费项目及保留的收费项目。长春市发展和改革委员会联合市建委、市财政局、事市场局、市规自局出台《关于长春市清理规范城镇供水供电供气供暖行业收费促进行业高质量发展实施方案的通知》，规范收费行为，减轻企业负担。

与国网长春供电公司沟通，第一时间将涉及用户电价通过收费系统调整到位。经测算，对降低一般工商业及其他的目录电价每千瓦时1.53分钱，惠及用户55.63万户，全年减免电费1.16亿元。开展供热领域突出问题专项整治，下发供热质量不达标退费办法，修改供热价格收费规范意见，调研测算部分供热企业供热成本。完成快速路桥下和重点区域拥堵路段道路路内泊位停车收费标准制定工作。4月21日，通过市政府常务会讨论，确定统一制定收费标准、分4批启动停车收费管理，即5月中旬（70个停车场，1979个泊位）和7月中旬（36个停车场，2065个泊位）对快速路桥下泊位停车实行收费管理；8月中旬（12个路段，778个泊位）和10月中旬（27个路段，1362个泊位）对重点区域拥堵路段道路路内泊位停车实行收费管理。5月21日，市发改委、市建委、市公安局、市市场监管局四部门（简称“四部门”）联合印发文件，启动桥下70处停车场收费管理，其中封闭式停车场50个、开放式停车场20个。8月2日，四部门联合印发文件，启动桥下36处停车场收费管理。其中，封闭式停车场31个、开放式停车场5个。具体收费标准，封闭式停车场，8:00至18:00（含）计时收费。30分钟内（含）免费；超过30分钟至1小时（含）2元；1小时后每30分钟加收1元，不足30分钟按30分钟计费。18:00至次日8:00（含）按次收费，每次5元。开放式停车场，8:00至18:00(含) 计时收费。30分钟内（含）免费；超过30分钟至1小时（含）2元；1小时后每30分钟加收1元，不足30分钟按30分钟计费。18:00至次日8:00（含）免费。

8月17日，四部门联合印发文件，启动12个路段道路，路内778个泊位停车收费管理，其中红旗街区域4个路段418个停车泊位、桂林路区域8个路段360个停车泊位。9月24日，四部门联合印发文件，启动27个路段道路，路内1362个泊位停车收费管理，其中红旗街区域3个路段121个停车泊位、桂林路区域5个路段170个停车泊位、重庆路区域4个路段46个停车泊位、站前和黑水路区域12个路段838个停车泊位、光复路区域3个路段187个停车泊位。具体收费标准，8:00至18:00（含）计时收费。30分钟内（含）免费；超过30分钟至1小时（含）6元；1小时后每30分钟加收3元，不足30分钟按30分钟计费；每日最高收费40元。18:00至次日8:00（含）免费。

对在网上公布的和试行期的实行政府指导价的50个停车场的24小时最高收费、收费方式、是否上缴财政和税务等相关情况进行梳理。按照《政府制定价格行为规则》，指导市教育局参照辽宁省沈阳市、黑龙江省哈尔滨市收费标准，一同测算成本，同步审核成本等程序，完成全市中小学“课后延时服务费”收费标准制定工作。3月26日、4月6日、10月20日3次在市发改委网站更新2021年长春市行政事业性收费目录清单。2021年，长春市十一高中北湖学校、长春市清浦中学2所民办学校申请调整学费住宿费收费标准，完成成本监审工作并报委党组审议通过，待履行完风险评估和专家评审后进行正式批复。

表16　2021年长春市居民消费价格指数情况一览表

月 份	居民消费价格指数增幅（%）
1	-1.2
2	-0.9
3	0.2
4	0.4
5	0.8
6	0.6
7	1.0
8	1.4
9	0.2
10	0.8
11	2.0
12	0.9

【价格调研】　2021年，长春市开展降低重点国有景区门票价格“回头看”有关工作。根据《饮用水水源保护区污染防治管理规定》中“饮用水地表水源一级保护区内禁止可能污染水源的旅游活动和其他活动”规定，10月27日向长春市长石旅游有限公司下达《关于废止〈关于长春市石头口门水库旅游区门票等收费标准的批复〉的函》，正式取消该景区门票收费。会同市教育局、市场监管局起草《长春市义务教育阶段线下学科类校外培训收费标准定价方案（征求意见稿）》。义务教育阶段10人以下班型每人每课时27.27元，10~35人班型每人每课时22.73元，35人以上班型每人

每课时18.18元。各班型收费标准最高上浮10%，下浮不限。“双减”（有效减轻义务教育阶段学生过重作业负担和校外培训负担）前，长春市义务教育阶段学科类校外培训机构271家，平均收费标准为每人每课时52.84元。“双减”后长春市义务教育阶段学科类校外培训机构剩余11家，缩减幅度95.94%，平均收费标准为每人每课时26.86元，降费幅度为49.17%。

【价格监测】 重要商品价格动态监测。完成国家发改委和省价格监测中心制定的11个监测报告制度中的22套报表，693个监测品种的信息采集上报工作。重点监测粮油肉蛋菜等民生商品价格，生猪、农资等主要涉农产品价格，房地产、教育等重要商品和服务价格等，监测报告周期为日报、周报、旬报、月报和季报。全年报送价格监测数据239308笔，根据国家价格监测报告制度执行情况通报显示，长春市监测数据上报率100%。

1月16日起，长春市连续56天，开展重要民生商品和新冠疫情防护用品的日监测日报告和市场巡视。向市政府报送《关于近期长春市市场蔬菜价格情况的汇报》，得到市长王子联批示并向省政府汇报。从全国36个大中城市看，长春市15种蔬菜平均价格为每500克4.16元，排在第18位。排在吉林省9个地区第6位。重点加强对粮、油、肉、蛋、禽、菜在节日期间价格监测工作，安排好节日值班，确保重大情况不漏报、不迟报。布设200余个价格监测点，形成国家、省、市、县（区）全覆盖四级价格监测网络体系。加强重要民生商品价格应急监测预警工作。完善市场巡视、预警报告、应急值班、跟踪监测等各项工作制度。创新价格监测采价方式。对“米袋子”“菜篮子”等民生商品价格，采取指定监测点、指定专人采价、指定监测品种到摊床的特殊采价方式。在长春市五大城区选择五个规模较大农贸市场作为价格监测点，各市场的楼层经理作为采价员，再将需要监测的品种固定在经营品种多、规模大的摊床上，每天根据报表要求及时上报。长春市发改委监测平台正式运行，将价格监测、成本监审和农本调查三方面数据进行统一管理，保障数据上报准确性和及时性。

【成本监审】 按照成本监审目录开展成本监审工作。全年出具成本监审报告11份，审核申报成本14.32亿元，核减成本0.45亿元，核定成本13.86亿元。完成长春市13家污水处理厂、长春市十一高中北湖等3所学校、长春市大桥教育等11家培训机构、吉林省肿瘤医院等6家停车场成本监审和调查工作。通过聘请第三方形式，完成25个物业小区、2家燃气公司和15个供热公司2年成本审核工作。

【农本调查】 完善农本调查工作目标管理和运作机制，在长春8个区13个乡镇14个村设立45个农产品成本调查点，对粮食、蔬菜、生猪、梅花鹿等7大类21个品种农产品价格进行成本调查。完成2021年粮食、蔬菜、生猪等调查户种植意向、存售粮、农资购买3个专项成本调查、汇总、分析、上报。编辑《长春成本调查简报》12期。

【价格认证】 2021年，长春市认证1129笔。其中，刑事案件1119笔，违纪案件10笔。涉案金额125348.65万元。其中，刑事121992.14万元，纪检3356.51万元。

（易 斌）

【价格监督】 维护疫情期间民生商品价格秩序，召开疫情防控期间会销活动和市场价格监督检查工作会议，发布《新冠肺炎防疫用品药品及基本民生商品市场价格提醒告诫书》，出动执法人员7111人次，检查各类相关经营主体14227户次，其中，药店5343户次、商超农贸市场6281家、其他经营场所2603户次。适时启动应急机制，确定10个价格监测数据采集点。推进转供电环节收费主体监督检查工作，检查转供电主体827家，发现存在问题41家，立案查处27件，组织退费532.68万元，罚没款109.92万元。加强公用领域价格检查，清理规范供水供电供气供暖行业收费行为，检查供水企业22户、供电企业25户、供气企业38户、供暖企业209户，对1户供电企业、9户供暖企业涉嫌价格违法行为进行立案查处，供暖企业退款1003.53万元，结案6件，罚没款110.44万元。强化重点领域专项治理，检查行政机关及下属事业单位108家、行政审批中介机构5家、电子政务平台1个、行业协会商会65家，交通物流企业4户，商业银行130家，对1家商业银行涉嫌价格违法行为立案查处，退费18.49万元。印发《2021年民生领域违规收费专项检查实施方案》，出动执法人员2006人次，检查中小学、幼儿园及校外培训机构880家、医疗机构331家、养老机构66家、殡仪馆13家、公益性公墓5家。开展春耕化肥等农资产品价格监管，检查农资产品企业1166户，立案40件，罚款7.32万元。开展重点领域价格监管，排查茅台酒经销商5家。维护公平竞争市场秩序。牵头建立全市反不正当竞争工作联席会议制度，制定《商业秘密保护工作指引》，推广保密合同和竞业限制协议参考范本，指导新建商业秘密联系点14个，其中新建挂牌商业秘密保护基地8个。组织现场咨询10次，为企业培训相关人员430人次。印发《“三打一护”集中执法行动实施方案》《加强反不正当竞争执法推动高质量发展实施方案》，出动执法人员5370人次、车辆1867辆，检查各类经营场所7395个，发现不正当竞争违法行为线索27件，立案查处反不正当竞争案件27件，结案24件，案值285.805万元，罚没金额278.39万元。受理相关投诉举报问题171件，办结71件，其中诉转案1件。配合省厅对美团平台企业“二选一”行为开展调查，核查企业6户。开展“双反”法律法规和案例宣传活动，与学院、行业协会、大中型企业开展联合宣传活动42次，印制宣传册2622册、发放公益广告1020条次，受教育经营主体和群众近2万人次。

（霍馨媛）

市场监督管理

【概况】 2021年，全市市场主体129.17万户，比2020年增长21.67%。成立中国（长春）知识产权保护中心，国家食品安全示范城市通过吉林省初评。建立全系统信息化平台图表化台账，出台《综合智慧市场服务监管一体化信息平台建设工作方案》，建成审批、监管、执法、服务一体信息化平台。开展标准化规范化市场监管所建设活动。建立健全安全生产组织机构，成立各级安全生产工作委员会（工作组），形成覆盖市、县（区）、乡（监管所）三级安全生产责任体系。制定安全责任清单，编制组织架构图表，监管人员对应监管对象。全年未发生区域性、系统性食品药品安全事件及特种设备安全生产事故。长春市“双随机、一公开”工作获国务院办公厅督查表彰。朝阳分局被国家市场监督管理总局评为“全国市场监管卫士”先进集体，南关分局获“全国食品安全工作先进集体”称号，公主岭市局被评为“第六届全国文明单位”。食品安全、信用监管、“小个专”等工作受到国家总局表彰。

【市场准入】 2021年，制定《长春市市场主体培育倍增行动工作方案》，推进市场主体培育倍增行动。深化“放管服”“证照分离”改革，优化准入环境。实施开办企业“全城通办”，打破业务办理地域限制，实现“多点办照、就近办照”。推进登记注册全免费，出台《长春市新开办企业免费刻制印章工作实施方案》。开展“证照一码通”改革，整合涉企审批服务事项，实现“一键导航、一表申请、一次办理、一码关联”。全年新登记市场主体34.35万户，增长77.34%。新增“个转企”企业2646户，落实优惠政策资金2586.44万元。

【市场秩序治理】 2021年，长春市完善市区两级抽查事项清单14562项，双随机抽查工作计划完成率、抽查结果公示率100%。健全检查对象名录库，建立名录库7023个。实施联合“双随机、一公开”检查，除特殊领域外，市县两级488个部门全部参与。全年开展联合检查4666次，占全部抽查任务62%，免打扰率71%，最大限度降低对企业干扰。

检查供水供电供气供暖等公用领域价格，落实电商平台主体责任专项治理“百日行动”。长春市“双随机、一公开”监管工作于2021年5月再次被国务院评为“2020年落实有关重大政策措施真抓实干成效明显地方”。召开长春市无证无照经营综合治理工作联席会议，制定《长春市查处无证无照经营事项及责任清单》，包括176项，涵盖33个市直部门。

【疫情物资管控】 2021年，长春市在全省率先建立进口冷链食品监管仓，集中监管进入长春市域全部进口冷链食品，实现全面消毒、核酸检测、产品溯源“三位一体”功能。采取加贴防伪码方式，确保“货、证、码”及防伪标一一对应。监管仓完成进口冷链食品消毒15352.26吨，出具核酸检验报告17451份。落实零售药店疫情管控措施，严格监测“一退两抗”药品销售情况，沉淀信息100余万条。对新冠疫苗配送单位、疾控机构、新冠接种点每月全覆盖检查。抽样检验口罩、医用电子体温计、医用超声雾化器等防疫物资，保障防疫物资质量安全。

【商标广告监管】 2021年，长春市推进商标品牌战略，实施商标增量工程。建设商标受理窗口及其延伸服务窗口，网上注册，线上指导，全年受理商标注册咨询4678次，受理商标注册申请498件，商标质权登记12件，质押融资金额5.28亿元，商标有效注册量150839件，增长21.9%。2021年，全市广告经营单位1.51万户，从业人员5.73万人；广告经营额27.04亿元，增长26.23%。

【经济合同管理】 推广使用合同示范文本，监管合同格式条款，打击合同欺诈和利用格式条款侵害消费者合法权益行为。

【食品安全监管】 开展“2021年食品安全宣传周”活动，出台《2021年食品安全宣传周活动方案》，发放宣传材料33.5万份，现场讲座和咨询活动364次，接收咨询人数11606次，媒体报道13次，播放各类公益广告3603次，张贴宣传画2.8万张，制作展板1426个，制挂条幅标语548条。排查全市17个城区、开发区、县（市）区食品生产经营主体，检查食品生产经营者257户，排查问题全部整改到位。召开2021年度长春市食品安全委员会全体（扩大）会议暨创建国家食品安全示范城市推进会。创建名优特食品加工小作坊140个，发放奖补资金140万元，带动小作坊投入改造资金739.95万元。推进“放心肉菜示范超市”创建，申报省级示范超市12个。开展“明厨亮灶”改造工程，改造餐饮单位27528个，占比64.8%，学校食堂“明厨亮灶”覆盖率100%。联合市城乡建设委员会下发《关于进一步加强建筑工地食堂食品安全工作的通知》，严查建筑工地食堂违法违规经营行为；监管全市农村集体聚餐全过程，形成“事前有申报、过程有指导、事后可追溯”农村集体聚餐食品安全管理机制。开展校园食品安全守护行动、肉品专项检查行动等专项整治12项，责令整改隐患问题1370个，约谈企业987个。完成食品抽样检验20795批次，合格率97.7%。

【药品安全监管】 2021年，成立长春市药品安全委员会，召开药安委第一次会议及疫苗管理联席会议。监管第二类精神药品、含特殊药品复方制剂和无菌医疗器械等高风险品种，开展网络售药、医疗美容医疗器械、儿童化妆品等专项行动。排查企业9150次，责令整改安全隐患101个。

【特种设备安全监管】 落实属地监管责任、行业监管责任、专业监管责任和综合监管责任，形成责任链条，整改347部“三无”及老旧住宅电梯安全隐患问题。开展燃气管线安全隐患专项整治，督导企业落实燃气管线法定检验义务，管线检验工作完成93.5%。整治瓶装液化石油气安全隐患，巡回检查液化气充装单位53家，检查压力容器103台、压力管道85条。

【消费者权益保障】 制定《长春市2021年提升消费者满意度工作方案》。召开全市提升消费者满意度工作会议、协调会议、调度会议。聘请第三方机构开展消费者满意度测评，形成市级、区级测评报告12份。消费者协会组织在市、区两级设立消费者协会秘书处。全市创建放心消费示范店（企业）632户，示范商圈（街区）12个、区域性示范行业11个、放心工厂14个、在线消费纠纷解决企业（简称“ODR”）482户。开展“降低投诉率、提高投诉办理质量”专项整治。推广ODR企业，落实企业对投诉问题主体责任。落实《市场监督管理投诉举报处理暂行办法》，落实监管部门对举报案件查处责任。按照“行政调解+社会调解”原则，采取“12315”平台和消协投诉平台并行流转模式，多渠道处理消费投诉。全年接收各类消费投诉举报83482件，挽回经济损失5001.27万元，新增ODR企业146户。

【综合执法】 2021年，组织“铁拳”行动双百战役、雷霆2021、联合双打和长江禁捕等专项行动24个。立案查处食品安全、民生热点、虚假宣传、粮食购销等领域违法违规案件2222件，罚没款5567.5万元，比2020年增长12%。制发《关于加快构建统一规范文明高效监管执法体系的通知》，规范行政审批、执法办案、应急管理、工作运转等监管执法行为。规范登记、食品、药品等6类提交材料，制定各类型业务文书范本，明确审批标准及办理时限。出台《关于规范不予行政处罚案件办理的指导意见》《市场监管系统执法规范用语》，发布《食品药品领域免于处罚的法定情形》《关于举报处理的工作指导》《违法所得认定标准》等指导文件。实行佩卡执法制度。

（王沛霖）

11月4日，吉林省暨长春市2021年“安全用药月”活动启动仪式在长春举行

（王沛霖 供图）

海 关

【概况】 2021年，长春海关监管进出口货物779.6万吨，比2020年下降27.6%；进出口总值232.54亿美元；增长25.5%；征收关税和进口环节税91.34亿元，下降13.8%。

【口岸疫情防控】 2021年，长春市规范登临检疫、体温监测、健康申明卡核验、医学巡查、流行病学调查和采样检测，排查所有入境旅客涉疫风险。优化口岸检疫流程，明确各口岸疫情防控工作方案，实行“一口岸一方案”。完善口岸检疫闭环，与地方联防联控协作配合，入境人员移交、信息通报无缝对接、闭环管理。坚持“人、物、环境”同防、“多病共防”。执行“客停货通”“人货分离”等措施，推广“甩挂”“接驳”“吊装”等非接触式货物交接模式。做好入境客运航空器终末消毒、进口冷链食品和进口高风险非冷链集装箱货物抽样检测及预防性消毒、固液体废弃物处理监督等工作。执行海关总署对相关境外食品生产企业紧急预防性处置措施。完善“培训考核、监督管理、自查督查”三位一体安全防护体系，落实岗前检查、工作巡查、全程督查、双人作业、互相监督“3+2”安全防护监督制度。完善防护设施装备和监管检疫作业流程，创新开展口岸健康申明卡远程核验。发挥监控指挥中心作用，及时发现解决各口岸疫情防控存在问题和短板。完善关区“一线、预备、应急”3支梯队建设。常态化疫情防控培训，举办实操、岗前培训244期，参训人员3370人次。

【支持外贸发展】 2021年，长春市压缩进出口货物整体通关时间，完成国务院“到2021年底整体通关时间比2017年压缩一半”工作目标。应用“两步申报”“提前申报”。做好区域全面经济伙伴关系协定（简称“RCEP”）实施前相关准备工作，指导企业享受优惠。拓宽业务问题收集、反馈渠道，通过海关业务问题直报点机制，解决基层和企业实际问题16项。建设中欧班列、“滨海2号”国际运输走廊、内贸货物跨境运输等对外通道，推进长春海关支持中欧班列发展15条措施落实落细，保障“长珲欧”首列出境班列开行。支持长春龙嘉国际机场口岸开通“长春—莫斯科—法兰克福”全货运包机，疏通国际物流“堵点”，填补省内无洲际货运航线空白。支持综合保税区高质量发展，评审长春兴隆综合保税区（二期）通过验收；推动国务院关于综保区高质量发展“21条”政策落地生效，其中海关牵头12条全部落地。建设长春新区、中韩（长春）国际合作示范区、珲春海洋经济发展示范区等重点平台，成立中国（吉林）自贸试验区政策研究专班；推广自贸区改革试点经验，涉及海关事项完成复制。落实国家兴边富民政策，推动边贸创新发展，支持互市贸易进口商品落地加工发展。推动跨境电子商务综合试验区及试点城市优惠政策、B2B出口监管试点政策落地。保障东北亚博览会举办，量身定制清单预审核、统一税款担保等10项措施，监管进境展品。出台推进对外贸易创新发展措施41项，培育高级认证企业2户。支持汽车产业发展，首次牵头7个直属海关开展汽车制造行业税政调研，汽油机用颗粒捕集器降低关税建议被国务院税则委员会采用。支持重点农产品扩大进出口，保障农产品加工产业链、供应链稳定运行，农产品进出口153亿元，比2020年增长25.2%。推进吉林省“秸秆变肉”暨千万头肉牛建设工程。支持企业引进国外优质种牛，成立工作专班，安排专人对接，提供有关政策引导与服务；推动企业建设隔离场。

【检验检疫】 2021年，长春市开展重点传染病和国境口岸病媒生物监测。严防埃博拉病毒病、鼠疫、黄热病、中东呼吸综合征、拉沙热等重大传染病，防止疫情叠加。开展非洲猪瘟、高致病性禽流感、沙漠蝗、草地贪夜蛾等重大动植物疫情防控。完成3.3万只新西兰进境种鸡、1500头丹麦进境种猪疫病监测。落实海关总署相关境外输华食品检疫准入制度，从源头保障进口食品安全。检验监管危险品、防疫物资、大宗资源、旧机电等重点敏感商品，严管危险化学品、危险货物及其包装，掌握省内出入境危险品情况，排查安全隐患并整改到位。

【海关监管】 2021年，长春市实行跨部门风险信息收集和风险联合研判。进出口查获质量、人工分析布控查获率、高质量查获占比均高于全国平均水平。各口岸应用智能化“非接触式核验”模式，提升智能审图查获案件率。规范监管作业场所（场地）管理，整改关区指定监管场地核查工作，提升关区监管作业场所（场地）规范化程度。建设监控指挥体系，升级改造二级、三级监控指挥中心软硬件，开展“数像结合”联合监控。

【海关税收征管】 2021年，长春市推广自报自缴、汇总征税、关税保证保险、预裁定等措施，引导企业用好用足各项改革优惠政策。实施属地纳税人管理，开展企业底账、“双特”台账和纳税遵从度评定等工作。调研关区重点税源企业，推动税收征管方式改革。汇总征税报关单在应税报关单占比高于全国平均水平。

【查缉走私】 2021年，长春市开展“国门利剑”“蓝天”等系列联合专项行动，重点打击“中央关注、社会关切、群众关心”突出走私问题。建设“智慧缉私”，开展反走私综合治理，打击重点涉税商品走私等违法活动。

（胡天骄）

知识产权保护

【概况】 2021年，长春市以建设知识产权强市为主线，以知识产权保护示范区建设为抓手，深化知识产权保护工作体制机制改革，强化知识产权全链条保护。开展知识产权聚集区建设，在长春新区打造“知识产权生态小镇”。2021年5月，获批建设中国（长春）知识产权保护中心；10月，获批建设知识产权保护示范区和知识产权领域信用分级分类管理试点。

【知识产权监督管理】 2021年，长春市开展专利、奥林匹克标志、特殊标志“双随机、一公开”监管检查工作，强化对违法违规行为的监管力度；加强专利源头保护，开展4次核查清理活动，核查清理2220件非正常专利申请。

【专利统计】 2021年，全市有效发明专利总量17490件，比2020年增长28%；有效注册商标15.08万件。累计质押融资金额10.84亿元。支持优秀专利参加中国专利奖评选，长春市吉林中粮生化有限公司的“提高玉米浸泡的复合菌剂及其应用”专利获中国第22届专利奖发明专利金奖。

【专利培育】 引导企业开展专利导航，组织15户企业申报省专利导航项目。举办长春市第一届“创新杯”高价值专利培育活动，联合长春新区以“提升专利质量，唤醒专利价值”为主题，深入挖掘装备制造、光电信息、医药健康等领域专利，加强高价值专利培育、高质量科技转化的区域交流，收到有效参赛项目628个，有13所高校、69个产业园区和孵化器以及10余家院所和上市企业参与。

【知识产权转移转化】 促进专利转移转化，开展“创新杯”高价值专利培育活动，出台支持专利转化实施十条政策。推动在长高校院所开放专利许可，与省厅以新修改的专利法引入专利开放许可制度为契机，在高校院所推行专利开放许可，并组织高校院所与企业专利供需精准对接，省市联合出台支持专利转化实施十条政策，围绕高校院所输出专利、企业有效转化实施专利、高价值专利培育、企业融资、托管服务等方面进行奖补。首批开放许可专利723件中，长春市573件，占79.3%。持续推进专利权质押融资，鼓励金融机构通过知识产权质押为中小企业提供融资渠道。

【知识产权信息公共服务体系】 组织申报吉林省知识产权信息公共服务网点，开展知识产权信息公共服务网点备案申报工作，18家单位被评定为吉林省知识产权信息公共服务网点，每家获资助10万元。

【知识产权服务体系发展】 强化知识产权服务区域发展，持续推进国家知识产权运营服务体系重点城市建设，长春新区申报集聚区建设项目并通过专家论证。9月中旬向长春新区拨付集聚区建设专项经费5000万元。

【知识产权对外宣传】 开展4·26知识产权宣传周活动，邀请中科院知识产权学院副院长宋河发博士做题为《培育高价值知识产权，支撑产业创新发展》线上培训。1000余名政府、高校以及科技企业相关人员参加培训，在汽开区第九中学开展“知识产权进校园”宣传活动，并捐赠《知识产权教育青少年读本》600本。

【知识产权培训】 组织长春市知识产权试点示范校从事知识产权教育、科技教育和创新教育相关老师参加国家知识产权局举办的中小学知识产权教育师资培训班。

（霍馨媛）

信用体系建设

【概况】 2021年，长春市印发《长春市社会信用体系建设2021年重点工作安排》《长春市“十四五”时期社会信用体系建设规划》，形成社会信用体系建设“长春模式”。2021年11月，长春市综合信用指数在全国36个省会及副省级以上城市中排名第9，是东北三省省会城市在2021年城市信用监测中唯一进入全国第一方阵的城市。2021年11月，在全国信用信息共享平台、信用门户网站和全国中小企业融资综合信用服务平台建设现场观摩会上，长春市信用信息共享平台和“信用中国（吉林长春）”网站获“特色平台网站”称号，长春市“信易贷”平台获“全国中小企业融资综合信用服务特色平台”称号。

【信用服务网络】 在17个县（市）区、开发区设立信用服务区（窗），市区同步为市场主体免费提供公共信用信息查询、“信易贷”咨询和注册、信用修复等服务，在政府采购、招标投标、行政审批、市场准入、资质审核等领域推进信用报告应用。长春市中小微企业融资综合信用服务平台开通咨询热线，线上与线下同步，为市场主体提供信用融资服务。截至2021年12月，平台入驻企业265380户。

【“信易+”应用】 开发“信易+养老服务”“信易+政策直达”“信易+检车”“信易行”“信易屏宣”等70个场景。“信易+养老服务”长春模式在国家公共信用信息中心《全国公共信用信息平台建设工作通讯》第7期刊发，国家发改委副主任连维良做出重要批示。

【信用监管】 建立健全长春市行业信用监管责任体系，加强事中事后监管，构建适应高质量发展要求的社会信用体系和新型监管机制。推进信用承诺制度，告知承诺事项占法定可承诺事项100%。开展分级分类监管领域69个。推进安装联合奖惩系统查询插件，推动各部门在行政管理事项中查询和使用信用记录、信用承诺，确保联合奖惩措施和信用承诺应用落到实处。截至2021年12月底，56个审批用户信用核查2万余人次。

【诚信宣传】 依托“信用中国（吉林长春）”网站、“信用长春”微信公众号，开通信用动态、诚信文化短视频等栏目，宣传信用知识，传播信用能量。结合重点行业、重点领域，开展诚信宣传活动1313次。2021年“学习强国”、新华信用、中国金融信息网、吉林新闻综合广播等主流媒体多次报道长春信用工作。国家公共信用信息中心《城市信用状况监测月报》2021 年第3 期（总第56 期）刊载长春经验做法。

（尹秋竹）

汽车产业

QICHE CHANYE

综　述

【概况】　截至2021年年末，长春市拥有一汽红旗、一汽奔腾、一汽解放、一汽大众、一汽丰越等整车企业5户，专用汽车企业13户，整车产能204.3万辆。2021年，全市汽车产业统计口径产销整车242.1万辆和240.2万辆，比2020年分别下降8.8%和9.3%，增速低于全国12.2和13.1个百分点（全国增长3.4%和3.8%），产量居全国主要汽车城市第三位。其中，自主品牌产销55.5万辆和57.0万辆；合资合作品牌产销186.5万辆和183.2万辆。全市汽车工业产值6142.8亿元，比2020年下降1.2%，占全市工业总产值的70.3%，产值居全国第二位，低于上海（7585.6亿元）、高于广州（6118亿元）。其中，整车产值4551亿元，比2020年下降2%。

【汽车产业提档升级】　2005年9月，长春汽车经济技术开发区正式成立，2010年12月晋升为国家级开发区，是全国唯一一家以汽车命名的国家级开发区。辖区面积110平方千米，建成区面积65平方千米，下辖锦程、东风、富民、前程4个街道，总人口约31万人，拥有各类企业3000余户。2020年初，吉林省提出全力打造长春国际汽车城，推动汽车产业率先发展、加快发展。2021年6月，省委书记景俊海在吉林省支持一汽创建世界一流企业大会上再次明确，举全省之力建设世界一流汽车城。同年9月，汽开区正式加挂长春国际汽车城。2021年底，长春市第十四次党代会作出加快打造国际汽车城、现代农业城、“双碳”（碳达峰、碳中和）示范城、科技创新城、新兴消费城、文化创意城，实施“六城联动”重要部署，国际汽车城作为第一城承担全市工业发展重任，以汽开区为中心，辐射涵盖600平方千米。长春国际汽车城围绕一汽推动“六个回归”（排产回归、产能回归、配套回归、结算回归、人回归才、创新回归），辐射带动省内多地错位发展、竞相发展汽车产业。

【自主品牌建设】　红旗品牌完成从轿车到SUV、从汽油车到电动车的全面布局，产品覆盖多个细分市场，整车销量4年增长63倍，创造中国自主高端汽车品牌生产和销售奇迹。解放品牌中重卡连续5年保持行业第一，品牌价值突破877亿元，持续领航中国商用车行业；中车长客城轨、动车组产品市场占有率分别居国内第一位、第二位，主要产品先后出口至美国、澳大利亚等20多个国家和地区，被誉为中国的“金名片”。

【重大项目建设】　落实“专班抓项目”，在资金、政策、项目方面全力保障，推动一批重大项目加快落位、加快建设、加快投产，持续积蓄发展动能。汽车整车方面，推动新增新能源整车产能20万辆的一汽红旗繁荣基地、新增整车产能10万辆的红旗长青基地、新增新能源整车产能6万辆的一汽奔腾NAT扩能项目、新增商用车整车5万辆的一汽解放J7智能生产基地、新增产能12万辆的一汽丰越RAV4新车型导入及扩能相继竣工投产；推动新增30万辆产能的奥迪一汽PPE新能源生产基地、新增10万辆产能的一汽红旗丝尔科跑车相继签约落位；汽车关键零部件方面，推动富赛电子产业园、玲珑轮胎、中法智能产业园等一批关键汽车零部件项目相继开工建设。

【技术创新研发】　推进创新驱动发展战略，长春国际汽车城具备完整的汽车创新研发、零部件配套、人才供给等保障体系，拥有10万人以上的成熟汽车产业工人队伍、近千位从事汽车行业的企业家和管理者、20余个汽车商会协会，以及40所高校、89个科研院所、25个国家级研发机构。其中，一汽集团企业技术中心，在全国汽车技术中心领域排名第一；国家汽车零部件产品质量监督检验中心（长春）出具的检验报告，得到42个国家和地区互认。

一汽集团构建以长春为总部“四国十地”全球化研发布局，完善红旗品牌“两部六院”研发体系，全新打造C+级电动化智能网联汽车平台，关键技术指标达到国内领先、世界先进

3月1日，2021吉林省长春市“旗E春城”项目启动会举办 （中国一汽 供图）

水平，实现红旗、解放、奔腾三大自主品牌10大关键技术突破。一汽集团制定实施“创新·2030中国一汽阩旗（R.Flag）技术发展战略”，创建全球化研发布局，加快突破关键核心技术，面向“关难急卡”实施技术攻关计划。创新研发模式，构建一汽、东风、兵装（长安）央企新型汽车产业创新联合体，与航空工业集团等20余家中央企业开展战略合作，与中科院、华为等成立31家协同创新实验室、5家基础应用实验室，集聚创新要素。

打造人才高地，搭建从员级到科学家级六级成长通道，制定实施“创新十条”等激励政策，持续加大创新项目和科研团队激励力度。一汽集团与吉林大学联合成立产学研融合发展创新机构——“红旗学院”，首期包含计算机、软件、通信、数学、AI等专业领域，支撑中国一汽战略转型和长远发展对人才的需求，助推产学研用协同发展。打造人才高地，搭建从技术员级到科学家级六级成长通道，制定实施“创新十条”等激励政策，持续加大创新项目和科研团队激励力度。

发布“1-6-6-10”（1主线、6维、6域、10项技术创新）重大创新成果；突破“双零”（零碳排放、零污染）排放氢能发动机、混合动力系统集成与基于国产芯片的核心控制器开发等63项关键核心技术，技术攻关成果在红旗、解放、奔腾等自主产品上搭载应用，申请专利4757件。

【新能源和智能网联汽车】 围绕汽车新能源化和智能网联化技术路线，一汽集团完成L4级自动驾驶样车开发以及功能测试；自主泊车系统完成功能开发和算法优化；智能座舱和车联网关键技术实现红旗量产车型搭载应用；50千瓦氢燃料电池发动机完成产品开发，推动全功率燃料电池发动机整机开发。红旗、解放等民族汽车品牌自主创新能力得到显著提升。会同一汽集团起草《吉林省智能网联汽车道路测试和示范应用管理实施细则（试行）》，加速实施“旗智春城”项目，建设内容包括道路智能化改造和汽车大数据云控基础平台建设，与智能网联汽车应用（北方）示范区形成互补，实现“人、车、路、管、云、用”相互融合，逐步推进测试示范、运营示范、商业示范到产业推广的发展目标。推行智能移动出行新模式，“摩捷出行”“T3出行”“旗妙出行”等新型用车服务市场规模不断提升。

紧抓汽车电动化、网联化、智能化、共享化发展趋势，打造新能源汽车、智能网联汽车与智慧交通融合发展样板。聚焦绿色城市、绿色交通、绿色出行实施“旗E春城 绿色吉林”行动，获批国家新能源汽车换电模式应用试点示范城市，构建全国季冻区电动新能源汽车“长春模式”。围绕人、车、路、管、云、用融合示范，启动运营“旗智春城”智能网联示范区，推动6大类99个智能网联基本场景、43个网联场景建设，全力建设国家智能网联汽车应用（北方）示范区，为智能驾驶技术迭代升级、车路协同技术发展提供探索路径。

1月10日，奥迪一汽新能源汽车项目落位长春签约仪式举行 （中国一汽 供图）

【产业链建设】 长春国际汽车城是

表17　2021年一汽集团产销情况统计表

单位：辆

单位	生产			销售		
	累计	2021年	比2020年增减（%）	累计	2021年	比2020年增减（%）
红旗	318696	209197	52.3	300613	200338	50.1
奔腾	68013	62615	8.6	74050	80808	-8.4
解放公司	375440	499352	-24.8	439660	474417	-7.3
一汽-大众	1700777	2077916	-18.2	1800777	2071488	-13.1
一汽丰田	831735	781499	6.4	834708	781929	6.8

吉林省汽车产业的核心区域，也是全国乃至全世界重要的汽车整车和零部件生产研发基地。拥有一汽红旗、一汽解放、一汽轿车、一汽大众、一汽丰越5家主机厂7大汽车品牌，拥有一汽富维、一汽富晟、富奥、麦格纳等380家零部件企业，建成动力总成工业园、轴齿工业园等一批专业汽车零部件产业园区，中法智能产业园、和润工业园等关键零部件产业园落位，形成零部件产业集群。长春汽配商街、高力北方汽贸城、华港二手车等汽车后市场服务坐落城中，先后被授予国家汽车零部件出口基地、国家汽车电子产业基地、国家新型工业化产业示范基地等称号。

【产业生态融合发展】 组建红旗、解放、轿车、大众等9个项目服务局，全方位、零距离服务汽车产业发展，营商环境迈入国内第一方阵。整合企业、高校院所等创新资源，创立红旗产学研创新联盟、固态电池协同创新平台，探索建立产学研精准对接和专业服务的良好模式。推动一汽与吉林大学共建“红旗学院”，为一汽发展“量身定制”打造适应产业需求的高素质人才。推动深商控股、建设银行、长发集团等发起设立600亿元红旗产业发展基金，助推汽车产业高速发展。

【汽车后市场服务】 长春市汽车后市场服务体系日臻完善，拥有国际高端品牌、国内自主品牌4S店50余家，汽车贸易园区和高力北方汽贸城内商户3000余家，形成华港二手车交易市场和国家级机动车交易中心两个“双百亿级”集群。有一汽研究院（原一汽技术中心）、中国机械工业第九设计院有限公司、长春汽车高专等研发教育机构。是全国最大的汽车零部件交易集散地，拥有东北地区最大的汽车、二手车交易市场，形成汽车后市场服务区。高力北方汽贸城、汽配商街以及华港二手车、长沈路汽车贸易商街年贸易额超过200亿元。

【移动出行业务】 聚焦T3、滴滴两大出行平台，持续拓展场景，年底平均运营率69.7%，时点运营率88.7%。获取滴滴KA（核心大客户）权限，实现运营车辆超1.04万辆；与T3出行联合进行新城开拓，实现运营车辆1.66万辆。深化红旗运营，实现红旗H9豪车、红旗E-QM5专车、红旗E-HS3快车等项目落地；推进红旗车型长短租场景应用，红旗车辆运营1.48万辆；推进新能源车辆投入运营，一汽新能源车投入1.79万辆。拓展新能源汽车出行产业生态布局，联合地方政府创新谋划季冻区新能源推广策略，实现以“定制车+换电站+电池银行”为业务核心的“旗E春城 旗动吉林”项目落地推广。支撑长春成为8个国家新能源汽车换电模式综合应用类试点城市之一。推进示范运营，率先在长春等地开展30辆网约充电版试运营，完成关键性能、用户体验、质量稳定性、运营收益等方面观测。持续推进长春自动驾驶示范运营和红旗智能巴士落地北京亦庄，6辆L4级智能红旗E-HS3、2辆红旗智能巴士完成2647单，行驶里程5.7万千米。

【中国第一汽车集团有限公司】 中国第一汽车集团有限公司（简称“中国一汽”）是国有特大型汽车企业集团，有东北、华北、华东、华南、西南等5大生产基地，构建全球化研发布局，拥有红旗、解放、奔腾等自主品牌和大众、奥迪、捷达、丰田等合资品牌，产销汽车超过5000万辆，销量规模位列中国汽车行业第一阵营。集团公司总部下设17个职能部门、9个业务部门、5个直属制造工厂、2个事业体，旗下3家分公司、10家全资公司、3家控股公司、17家参股公司。有员工总数12.8万人，资产总额6021亿元，连续13年在国资委央企经营业绩考核中获A级，2021年位居《财富》世界500强第66位。

2021年，中国一汽面对芯片严重短缺、新冠疫情反复、原材料能源价格上涨、错峰限电等严峻困难形势，迅速行动、迎难而上、难中求稳、稳中求优，实现在化解风险稳住总体经营大势的同时，降本增效促进高质量转型发展。全年销量350万辆，比2020年下降5.5%；营业收入7070亿元，比2020年增长1.4%；利润482亿元，比2020年增长3%；劳动生产率128.5万元/人，比2020年增长8%。2021年，中国一汽在汽车行业实现收入、利润双第一。其中，红旗品牌全年销量30万辆，比2020年增长超过50.1%，增速位列高端品牌第一；解放品牌销量44万辆，实现中重卡销量全球“五连冠”、重卡销量全球“六连冠”；一汽-大众销量207.1万辆，比2020年增长1.2%；一汽丰田销量增长6.8%，利润增长44.9%。在中国500最具价值品牌中，中国一汽品牌价值3726.72亿元，位列第9，连续12年居汽车行业榜首。位列世界500强第66，比2020年提升23位。获国资委公布的2021年度中央企业央企经营业绩考核、党建考核AA级单位。

（陈宜琳　孟媛媛）

创新研发

【原创技术策源地】 中国一汽作为央企首批原创技术策源地建设单位，以打造国家战略科技力量为目标，主动布局谋划创新链，打造新能源汽车及智能网联汽车原创技术策源地，坚持原始创新和核心技术的需求提出者、创新组织者、技术供给者与市场应用者定位，综合国内外汽车技术发展形势，制定“1246X”总体建设构想，围绕整车集成、新能动力、先进底盘、智能驾驶、智慧控制、先进材料6大技术领域，制定2025年和2035年两阶段目标和工作任务，绘制技术谱系明确工作任务，向汽车强国迈进。

【东北亚汽车产业研究院设立】 3月31日，吉林省政府与中国汽车技术研究中心在长春签署合作框架协议，共同成立东北亚汽车产业研究院。推进自主技术创新集成，攻克一批“卡脖子”难题，实现创新链、人才链与产业链互促共进，以汽车产业电动化、智能化、网联化、共享化新成果，拉动城市新型基础设施建设，完善现代新型汽车及零部件产业生态，为吉林高质量发展赋能增效。

【汽车芯片联合实验室成立】 4月27日，中国一汽研发总院与中感微汽车芯片联合实验室合作协议签约仪式及“汽车芯片联合实验室”揭牌仪式在长春市举行。吉林省委书记景俊海，吉林省委常委、常务副省长吴靖平，吉林省委常委、省委秘书长胡家福，长春市市长张志军，集团公司董事、总经理、党委副书记邱现东，董事、党委副书记王国强，中国工程院院士、“星光中国芯工程”总指挥、中星微电子集团创建人兼首席科学家邓中翰出席活动。中感微电子股份有限公司是中星微电子集团专门从事物联网传感网芯片研发设计产业化的公司。此次签约活动是中国一汽拓展汽车芯片国产化生态圈、助力汽车芯片自主研发及应用的一项重要举措。“汽车芯片联合实验室”成立后，合作双方将充分发挥优势，强化资源互补，对标国际水准，通过开展汽车相关核心芯片的研发、设计与应用，努力形成技术突破，实现汽车芯片国产化替代，持续推出性能优良、性价比更高、境内生产的汽车芯片，解决汽车芯片“卡脖子”问题，携手推动汽车产业高质量发展。

【一汽红旗换电模式新能源汽车推广应用】 6月6日，省委、省政府启动实施“旗E春城 旗动吉林”，全面推广应用一汽红旗换电模式新能源汽车。10月18日，长春市入选国家首批换电模式示范城市。全年长春市推广出租车1494辆、上路运营802辆，网约车领域186辆。其他市（州）出租车推广80辆，其中松原市61辆。全省建设并投入运营24座换电站。

【奥迪一汽新能源汽车项目】 1月18日，奥迪一汽新能源汽车项目落位长春网上签约仪式在长春举行。该项目是奥迪在中国首个专门生产纯电动车型的生产基地，落位于长春汽车经济技术开发区，规划年产能15万辆，计划投资额超300亿元人民币，2024年底建成投产，是中国一汽与德国大众集团、奥迪公司深化战略合作的重要成果。项目建成后，投产3款基于PPE高端纯电动车平台的车型，最初生产的车型将包括1款纯电动SUV及1款纯电动轿车。

【红旗繁荣工厂落成投产】 6月29日，红旗繁荣工厂落成暨E-QM5交付仪式在红旗繁荣工厂举行。繁荣工厂克服台风、冻雨、冬季施工等不利因素影响，用14.5个月实现工厂建设落成。新工厂集成自适应生产链、预测性维修等现代化技术和装备，采用虚拟仿真、智能检测等数字化手段，焊接自动化率100%，体现一流的制造技术水平，年产设计产能20万辆。

【一汽解放J7智能工厂落成投产】 12月14日，一汽解放J7智能工厂落成投产仪式在长春举行。工厂占地面积5.55万平方米，设计年产能5万辆。该工厂是按照国际领先设计和制造理念建设的数字、柔性、绿色低碳智能工厂，集自动化、柔性化、数智化于一体，在生产、质量、设备、物流、能源等领域全过程广泛应用数据采集及分析、信息智能推送与智能决策等行业前沿技术。

【一汽-大众新技术开发中心落成】 11月29日，一汽-大众新技术开发中心落成仪式在长春举行。新技术开发中心总投资8.6亿元，总建筑面积7万平方米，拥有行业一流、国内领先试验设备，覆盖整车安全、驱动系统、整车能耗排放等六大领域。其中，车辆安全—碰撞试验中心是国内安全试验测试技术最先进试验室之一；车身零部件试验中心是国内首个将工业机器人进行集成开发并规模化应用于车身零部件测试领域的试验中心；整车能耗排放试验中心为国内技术领先电驱动、混合动力、燃油车能耗和排放法规类试验中心；驱动系统试验中心可自主开发试制发动机，完成电驱动、发动机性能测试，并对故障发动机进行拆检；智能灯光系统测试中心是国内最先进智能车灯测试中心；新能源整车试制试验车间是整合新能源整车试验、试制资源，实现集约化管理的大型新能源整车试制及试验整备车间。新技术开发中心的成立填补吉林省内汽车产业链条试验开发空白，打造长春国际汽车城产、学、研一体化。

【新一代V型6缸直喷增压发动机试制成功】 8月，中国一汽完全自主设计的首台新一代V型6缸直喷增压（V6TD换代）发动机在研发总院试制所完成试制。V6TD换代机型作为红旗高端豪华车型的旗舰动力，基于国内领先的V6平台全新升级打造，产品最大净功率340千瓦，最大扭矩600牛·米，比上一代产品动力性指标提升41.6%，经济性指标提升6.6%，达到国际同类机型领先水平。V6TD换代应用微米勒循环燃烧系统、"HOT-V"双中置涡轮增压等九大先进技术，提升紧凑化、轻量化、模块化、精益化等技术水平，产品竞争力大幅提升。

【一汽红旗技术创新】 攻克混合动力系统集成、智能座舱域控制、空气悬架等63项关键技术。完成38项新科技开发与演示，比2020年增长31%，7项技术实现上车应用；完成3D光场显示、内饰摩擦异响降噪材料、石墨烯驾舱制热等5项技术首发首创。申报新能源及智能网联汽车领域原创技术策源地，优化重组国家重点实验室，获批国家工业设计中心。年度申请专利2011件，增长31.6%，其中发明专利占比69%，PCT专利（海外专利）申请200件，实现零的突破，实现年度专利授权量汽车行业排名第一。

【一汽-大众产品创新研发】 2021年，新建数字化研发中心、新技术开发中心，在HEV自研双擎变速箱等方面取得新成果。11月29日，一汽-大众新技术开发中心落成仪式在长春举行。新技术开发中心总投资8.6亿元，总建筑面积7万平方米，拥有行业一流、国内领先试验设备，覆盖整车安全、驱动系统、整车能耗排放等六大领域。其中，车辆安全—碰撞试验中心是国内安全试验测试技术最先进试验室之一；车身零部件试验中心是国内首个将工业机器人进行集成开发并规模化应用于车身零部件测试领域的试验中心；整车能耗排放试验中心为国内技术领先电驱动、混合动力、燃油车能耗和排放法规类试验中心；驱动系统试验中心可自主开发试制发动机，完成电驱动、发动机性能测试，并对故障发动机进行拆检；智能灯光系统测试中心是国内最先进智能车灯测试中心；新能源整车试制试验车间是整合新能源整车试验、试制资源，实现集约化管理的大型新能源整车试制及试验整备车间。新技术方面，一汽-大众丰富新能源产品矩阵，启动全体系数字化转型。谋划智能电动业务，完善新能源产品矩阵，促进新能源、智能网联等新兴业务发展。应用RTM实时监控系统，确保电动车动力核心安全；推动服务生态建设，腾讯视频等优秀网络内容平台被新增到车机端。智能驾驶方面，经过优化的L2级智能驾驶辅助系统Travel Assist投入使用。奥迪品牌通过搭载全球领先车路协同技术LTE-V2X，让驾驶者能够感知到周围车辆异常，提示驾驶员进行避让。

【一汽解放创新研发】 一汽解放发布"解放智慧动力域"品牌，率先突破软件定义动力总成，提供行业首创、业内独有的"高智能、高可靠、低TCO"的动力总成解决方案。加速技术创新，突破核心技术56项；形成专利1267项。策划开发并投放J6P质惠版2.0+系列牵引车、J6L创富版2.0系列载货车、国六JH6自卸车、法规版J6P+9L/J6L+7L搅拌车产品组合等新产品178个。完成J7—2022款等5款产品策划，J6P平地板、J6P升级、鹰途投放。轻型混动、纯电动、中型新能源升级、中型轻量化自卸等产品完成相应试制、试验、量产启动、样车试制等任务，重型换电式牵引车销量突破800台，纯电动自卸车销量突破100台，换电自卸小批量投放等。策划开发并投放J6P质惠版2.0+系列牵引车、J6L创富版2.0系列载货车、国六JH6自卸车、法规版搅拌车产品组合等新产品178个，销量17.4万辆，市场占有率12.3%。完成J7—2022款等5款产品策划，J6P平地板、J6P升级、鹰途、JK6产品投放市场。推进发动机、变速箱、桥等总成产品策划开发，采取经典版、畅行版AMT产品组合策略，AMT市场份额第一。新能源产品，轻型混动、纯电动、中型新能源升级、中型轻量化自卸等产品完成相应试制、试验、量产启动、样车试制等任务。重型换电式牵引车销量突破800台，纯电动自卸车销量突破100台，换电自卸小批量投放；10米级纯电换代和8米级公交分别完成量产启动、设计开发；燃电公交完成内饰升级；10.99米、8.9米国六公路客车取得营运达标，实现批量销售。智能车产品，聚焦公路、港口、环卫等场景，完成J6P（EV）线控底盘、燃料电池公交线控底盘、港口牵引车、扫路车等产品开发、投放、商业运营等任务。轻型车，投放行业首款领途南方版产品，丰富产品组合；投放国六领途丰收版、领途AMT冷藏车等车型，突破收割机和冷链细分市场；完成2.5L整车产品开发，支撑轻型车上量。通过技术创新突破核心技术56项，7项国家"1025"专项技术攻关达成目标，形成专利1267项。低碳化领域，突破重型柴油机高压缩比快速燃烧、弱米勒循环燃烧等核心技术，中型柴油机热效率突破47%，自主尿素喷射、后处理器封装技术率先产业化。信息化领域，率先实现特种装备动力总成电控系统芯片去M化、平台软件及应用软件全自主化。智能化领域，突破面向非结构化道路的智能驾驶技术，牵引第四代特种装备发展；突破5G V2X智能车路协同技术。电动化领域，突破P2轻型混动整车控制技术，燃料电池整车集成、系统集成与控制技术，油耗、氢耗行业领先。高品质领域，突破天然气10万千米长换油技术，国际领先；储备前轴轮端50万千米免维护技术，实现免维护轮端自研制。

【一汽奔腾创新研发】 全年完成9款在研车型开发任务，通过技术方案创新、对标借鉴等方法实现成本优化5500.05万元；严控投资费用，费用优化3569万元；智能网联以BCM软件模块自主开发为起点，开始嵌入式软件自主开发，搭建基础软件平台及工具链，搭载D511项目，实现外部灯光、门锁功能应用层软件模型自主开发；提升UI/UE设计能力5项，自主承担T77沙特、T99沙特、T99改型、T99-21年型效果图设计，节约开发费160万元；掌握Sketch、Propie设计工具，联合慕尼黑造型中心共同完成D511项目概念效果图设计；搭建HMI动态仿真台架，增加开发过程中的动态评审环节，提升HMI感知质量；D365/NAT智能驾驶应用雷达仿真机，建立智能驾驶模型，完成脚本开发及仿真测试；完成整车HIL自动化测试系统搭建，建立测试系统评价方法和虚拟仿真测试流程体系；在嵌入式软件、UI/UE自主开发、虚拟仿真测试领域实现全新突破；模块化设计方面，完成FMA-A1平台优化及FMA-A2方案开发；在FMA-A1平台基础上迭代升级，解决20余项历史问题，在安全、平顺性、预留混动等多维度进行性能升级；完成FMA-A2平台方案冻结，完成平台骡子车一轮调校；纯电三电平台开发完成90千瓦～150千瓦前驱、四驱20款电驱方案分析及论证；自主掌握SFE建模及方案优化更改能力，并搭载D511项目进行应用。在三电核心领域，完成混动技术路线论证、纯电平台及系统搭建、核心文档制定，初步具备奔腾系统集成自主能力，D131项目首次应用奔腾自主系统功能规范，首次自主应用联电VCU8低成本平台；体系与数字化方面，以问题为导向，打通业务流程断点堵点，流程效率大幅增强，以奔腾九宫格数字化框架为核心，实现营销端奔腾Yomi等客户触点迭代升级，研发端完成桌面云部署及办公协同，运营端上线差旅平台。

（李新涛　孟媛媛）

整车制造

【概况】　2021年，长春市多个标志性整车扩能项目投产，新增产能56万辆，包括红旗繁荣基地20万辆、红旗长青基地7万辆、一汽丰越12万辆、解放J7智能车间5万辆、一汽轿车蔚山基地12万辆。新下线车型达15款以上，包括红旗E-QM5、奔腾T55、奥迪Q5换代、奥迪E-tron，大众揽境、大众CC猎装版，丰田凌放、荣放PHEV，解放J7等中高端车型。

（于春光）

【红旗工厂】　位于长春市东风大街64-3号，占地面积44万平方米，是红旗品牌中高端豪华车型主要生产基地。截至2021年年末，有员工2467人。2021年，以“部门建设与数智化建设一体化”为工作引领，基本完成数智化试点单位建设任务，全年生产7.77万台，比2020年增长140%。全年除订单及时满足率受芯片影响未达成外，其他指标全部达成。高质量完成红旗国事活动用车保障任务。

年内，落实一汽集团质量攻坚战七项要求，推进质量意识强化、过程能力提升、感知质量升级、产品出口把关四类工作；专项整治错漏脏伤，完成集团级质量攻坚项目。开展产能攻坚战，通过双班混流搭建，工艺、物流瓶颈解决，在芯片不足前提下开展低产双班100辆/天拉练，保障新老员工习熟度；管理上实施指标导向，层层分解，建立周滚动两级推进体制，设定“效率+节拍”2条工作主线，推进工艺内部挖潜、布局优化及设备全景治理三大改善，达成25JPH节拍，日产突破500台，月产最高9705台。开展成本攻坚战，采用三级审核机制，实现预算申请、方案实施、验收付款全过程精细到周管控，预算执行率90%；5大攻坚组围绕71个降本项目立项攻关，降本金额5763万元，全年财务体现金额5810万元，面临年度芯片短缺产量降低、产量不均衡及热力单价上涨30%、电价上涨增加尖峰时刻等诸多挑战，持续细化预算执行基准，分析差异提前对策，滚动立项降本项目792万元。

工艺优化。建立工艺全景图，完善工艺管理流程规范，形成焊涂总6113项工艺特性参数基础数据库，工艺管理由被动问题整改转变为主动全参数全特性覆盖管控；以一次内饰为试点，重点搭建两条主辅分离模式生产线，实现ABC岗位初步拆分，解决工艺隐性停台。

物流优化。全年开展2轮物流专项整治，成立专项推进组，通过三级推进会议体制，从包装器具、物流方式改善及布局优化等方面，应用数字化手段实现技术攻克，强化人员培训，夯实物流基础管理，现场物流状态明显好转，物流停台由46分钟/日下降至12分钟/日，降幅73.9%。

数智化转型。应用TOGAF架构方法，形成质量、交付、成本、体验四大核心价值流。以用户为中心，重构工厂流程、标准，识别业务断点、空点，完成L3-L5189个流程文件增补完善，构建基于数智化发展先进管理体系；聚合84

2021年，红旗工厂生产汽车7.77万台。图为一汽红旗生产线

（杨洪伦　供图）

个业务对象，形成工厂数据资产目录，完成初版数据标准编制；聚焦业务在线、数据在线、数据分析、智能预警4项特征，识别建立26项变革项目，绘制数字化工厂2.0全景。推广Tableau工具应用于工厂日、周、月会，助力工厂管理效率效果双提升。

摸索数字化与现场工艺相结合，通过AI技术，视觉防错技术，有效规避错漏装，识别率99.5%；新增71台拧紧机，I/S点拧紧数据全部实现线上记录统计分析；布置43个摄像头，覆盖35个工位，26%工位实现在线作业观察。

（李 晶）

【蔚山工厂】 位于吉林省长春市高新技术产业开发区蔚山路4888号，占地面积106万平方米，有9条生产线，厂内在用设备14890套，标准产能51万辆/年，是红旗、奔腾、马自达3个品牌14种车型主要生产基地。截至2021年年末，有员工5671人。其中，技术管理人员242人，生产操作人员5429人。全年生产整车333177辆。其中，红旗品牌235087辆、奔腾品牌68013辆、马自达品牌30077辆。红旗品牌产量比2020年增长33%，占一汽集团公司红旗总体产量73.8%。劳动生产率提升16.51%。

生产管理。建立风险零件清单、“应储尽储”芯片资源、高效组织缺件下线等措施。实施计划—资源“39”工作机制，每日两次确认资源情况。建立错峰用电模型、重点供应商专人派驻等措施。全年挽回产能损失4.66万辆，红旗品牌生产突破50万辆。搭载数字化系统、小时JPH管理、日例会机制，突破瓶颈工艺效率，实施生产效率提升方案，红旗车型JPH由60提升至63.5。

调配内部人员支持，建立“盯防式”“见缝插针式”维修模式。实现四季度产能拓展2.99万辆，创造11月份红旗日产1460辆、月产3.43万辆双历史新高。

质量管理。持续改进实物质量，实现整车评审等级稳定达成1.5，过程审核符合率大幅提升至93.2%，一次交检合格率超过98%，千车索赔频次下降50%以上。实施业务绿化，导入4类质量信息系统，筹建测量体系，完善质量保证体系。开展单件、白车身、整车全工序对标，识别和明确改进机会，实施3轮冠军车，改进问题68项、优化工艺32项。实施3个车型43种入口件外观质量抽检，控制整车外制件外观问题185项。优化测量资源，促进11类冲焊关键外制件尺寸合格率稳定。部署PSI（发运前检查）工位，对售后缺陷、评审B类项等缺陷再次确认，确保售后问题零复发。运行三层级质量改进机制，解决整车TOP问题169项。辅导供应商过程优化24轮，解决外制件尺寸问题35项。通过PCF（零件检具）定期测量等措施，提升骨架尺寸稳定性。细化“冲、焊、涂、总”4过程59类高产变化点，联合制定控制措施97项，增加快评、三天连续观察机制，严密控制变化点、一车一策管控车辆下线补装。

成本管理。单车内制成本降低16.7%。建立三层级费用评审机制，制定流程文件4份，实现业务流程全覆盖。多部门联动，应用四大系统，奠定数智化转型基础。成立覆盖维修、土建等6个领域专家委员会，细化费用管理。全员降本立项45项，降本6892万元。建立能耗模型、厂房空调停机监控等精细化管理措施，降低能耗3686万元。通过技术提升、资源整合等措施，降低设备维修费1838万元。主导完成风电交易电量指标申请，优惠454万元。

数智化转型。构建数智化业务规则、指标体系，优化21项业务规则，建设9项管理系统，工作效率提升8%。成立数智化专职推进组，建立厂级数智化晚餐会、高层交流会等工作循环机制。建设完成生产调度中心、Audit、FIT等9项管理系统，赋能生产、质量管理业务提升。优化生产计划约束条件13项，增设9个信息采集点，形成JPH、滞留车等6项过程管控指标线上管理能力。梳理QRK（质量控制环）、工位落实等9项业务活动规则，实现红旗专检质量问题自动落实至班组，问题改进实时跟踪，质量管理工作效率提升8%。基于TOGAF工具，梳理质量问题管理、生产管理等价值流11项、识别业务能力104项，拆解业务活动416项，识别业务对象24个，形成架构资产，支撑数智化转型。

年内，制造技术一部冲压车间模具维修团队获评2021年度“吉林省青年文明号”；制造技术一部王永棋获评2021年度“中央企业优秀共青团员”；涂装第二党支部委员会获评2021年度“吉林省先进基层党组织”。

（张博文）

【丰越公司】 位于长春汽车经济技术开发区丰越大路499号，占地面积97.92万平方米，建筑面积27.04万平方米。截至2021年年末，有员工3639人。主要生产RAV4荣放、HARRIER凌放2款车型。拥有固定资产原值51.91亿元、净值27.46亿元。2021年，生产整车210217辆、收入（产值）327.46亿元、利润40.49亿元、利税77.46亿元。

开展瓶颈工程排查、TPS改善及可动率向上，推进效率提升，全年22次创单日、单月产量新高。全年2次达成一丰品保监查“零”不良、12MIS市场不良指标连续17个月达成中国事业体第一名，RAV4荣放获2021年中质协CACSI评价细分市场第一名。开展涂面及供应商品质提升等活动，越级打造新车品质等级，涂面、部品外观等关键指标100%达成目标。成立联合推进组，围绕项目特点实施日程管理，实现812B、941B车型两款车型高品质下线，且年产能提升至22万辆。

召开创新创效大会，21个项目获表彰。自主导入“焊装自动弧焊智能引导技术”及“总装部品分拣指示系统”等智能制造技术，提升体系自立化能力。推进专利申请申报工作，收集各工程专利项目36个，通过初审32个，3个项目取得专利申请号。

建立公司级数智化特命小组，加速数字化项目落地见效，完成5G

网络工厂全覆盖，完成财务、行政、总务等29个业务流程以及技能职日常考核、费控、餐饮等17个功能模块上线，主要办公业务100%线上运行。作为试点工厂优先导入设备管理、外物流目视化等系统，首次实现中国丰田事业体导入QUALIAS系统，完成物流12条线95台智能AGV和10套物流自动验收门上线运行。

通过开展安全生产标准化、5定+1、防汛防灾等活动，提升安全管理水平，全年完成隐患整改1011项，通过一汽集团安全生产标准化一级企业复审，获评吉林省安全文化建设示范企业。通过导入污泥干化等新技术及工艺改善，全年危废递减7.56%、氨氮递减27.78%、COD（化学需氧量）递减13.40%、VOCs（挥发性有机物）递减19.17%。7月，通过国家级绿色工厂复核。开展TOP C、ESCO等活动及光伏发电、变频技术等新技术应用，全年节约能源费616万元，“单车水耗递减”改善获集团节能大赛一等奖。

年内，长春丰越公司获2021年度吉林省质量奖，通过国家级绿色工厂复核，获评吉林省安全文化建设示范企业；“底板中柱高空自动搬运装置”获第25届全国发明展铜奖。

（朴 健）

【一汽解放】 一汽解放集团股份有限公司（简称“一汽解放”）在深交所上市（股票代码000800），是中国第一汽车股份有限公司控股子公司，下设1个全资子公司（一汽解放汽车有限公司）、2个参股公司（一汽财务有限公司、鑫安汽车保险股份有限公司）和12个职能部。一汽解放汽车有限公司（简称“解放有限”）是一汽解放集团股份有限公司全资子公司，占地面积728.61万平方米，建筑面积219.7万平方米。2021年，生产整车38.7万辆，销售44万辆。其中，中重卡销售37.3万辆，市占率23.7%，比2020年增长1.5%；营业收入1136.81亿元，比2020年增长6.80%；营业利润34.8亿元，比2020年增长67.45%；轻卡销售6.5万辆；客车销售905辆；海外销售1.5万辆，比2020年增长142%；营收987.51亿元，利润40.81亿元，比2020年增长17.26%；归属于上市公司股东净利润39亿元，比2020年增长45.97%。重卡销量连续6年行业第一，中重卡连续5年行业第一；“解放”品牌价值965亿元，连续10年领跑中国商用车卡车品牌。

2021年，建设洞察体系，完成洞察报告149篇；开展方法论赋能，覆盖员工2700余人次；优化“洞见·未来”平台，新增报告680余份，服务6.2万人次。试点推行DSTE 2.0，完成公司“十四五”规划编制，制定和实施年度经营计划。成立品牌委员会，推进13项品牌战略专题任务，完成品牌架构焕新，发布“解放智慧动力域”品牌，完成海外市场品牌命名及标识设计。开展合资合作项目17项，完成政企合作平台数据库建立，获政府补贴资金6.03亿元。

业态创新。推进车联网平台及“解放行”App重构升级，平台入网车辆136万辆，App注册用户190万，比2020年分别增长30.8%、31.2%，用户活跃度26%，增长10.6%。海外车联网平台上线。推进“四剑客”等生态服务，提升用户黏性和企业收益。升级智能诊修产品，在232家服务站试运营。开发迭代6项功能，接入运营车队101家、车辆6573台。打造立体式大网络管理体系，上线经销商可视化等4大平台。日照港15辆L4级港口牵引车完成交付并示范运营。销售智能车120台。推进氢能合资合作项目，支撑新能源技术、产品平台落地。

管理变革。征途二期项目正式试点运行，J101项目达成阶段目标。本部中重型车产业完成产品线组织方案、经营运作机制等设计。推进一体化改革，长春、青岛、发动机IT职能实现整合，发动机事业部、无锡改采购业务整合至解放采购部，成立新能源事业部，实施新能源一体化管理。流程遵从度82.9%，实施35个流程优化项目，流程效率提升35.9%。

数字化转型。成立数字化部，开展47个系统建设项目，成熟度2.55。打造智能客服、数字化门店，提升B端厂家业务效率。构建PLM平台，支撑IPD及试点项目推进；打造DPS、MOM、LES等核心产品，系统向新工厂推广，提升智能制造和一体化水平。开展一站式办公平台、费控平台、人力资源共享服务等项目，支撑使能领域数字化建设。优化IT基础环境，信息安全重大事故为“零”。开展业务转岗、专业培训，构建数智化作战能力。

2021年，一汽解放生产整车38.7万辆。图为一汽解放生产线

（杨洪伦　供图）

营销变革。牵引、载货分别销售19.9万辆和11.8万辆，市场占有率29.3%和30.9%，保持绝对第一；J7销售1.1万辆，比2020年提升84%。自卸和专用分别销售3.5万辆和2.2万辆，市场占有率提升1.2%和1.1%；西部市场份额从18.6%提升到19.7%。以“讲好解放故事”为主线，构建立体传播矩阵，开展首届TCO运营挑战赛、烈火英雄赠车等创新活动，终端活动订单超1.9万份。

国六攻坚。开展国六攻坚战，年销51424辆。研产供销服全体系联动，跟进市场问题359项，闭环率99.4%；中型机后处理尿素结晶、CA6DM平台缸盖开裂等解决方案实现生产切换。优化产品性能，CA6SM3三阶段优化、国六重型柴油机平台降油耗方案投产，保持节油领先。开展远程诊断、系统升级，提升用户满意度。3个平台机型E61、2个平台机型E66技术路线顺利投产，完成市场导入。J6P平地板SCR产品量产投放，单车降本6000~8000元。

制造升级。柳州工厂退城进园项目建成投产，6个平台车型完成调试；J7整车智能工厂投产，具备5万辆标准产能；青岛新能源轻卡基地项目建成投产，产能大幅提升；广汉基地、佛山、传动、锡柴16L发动机等项目稳步推进，60万辆级产能布局规划基本成型。围绕冲、焊、涂、总等工艺，开展技术攻关，智能纵梁立体库、智能冲压件立体库、水性漆、底盘面漆、自动涂胶、轮胎全自动智能化装配、ECAS智能在线标定技术、智能激光打刻技术、整车多轴动态检测、综合转鼓、四轮定位集成技术等一系列行业先进、全球领先工艺实现应用。13个整车、总成平台生准项目节点完成率100%；J7驾驶室功能尺寸合格率稳定在95%。新基地成熟度等级均达3.0级以上，J7工厂达3.5级，迈入国际一流水平；老工厂实施118项智能化改造、升级项目，省人236人；强化工艺管理体系能力，工艺问题闭环率96.8%，工序符合率83.45%。

（一汽解放）

2021年，一汽-大众长春基地生产整车66.51万辆。图为长春奥迪Q工厂生产线

（张　扬　供图）

【一汽-大众】　一汽-大众汽车有限公司（简称“一汽-大众”）总部位于长春市安庆路5 号，下设27个职能部。截至2021年年底，一汽-大众产能布局覆盖东北长春、西南成都、华南佛山、华东青岛以及华北天津五大基地。一汽-大众有奥迪、大众、捷达三大品牌30 余款产品，包括奥迪e-tron、奥迪A6L、奥迪A6L e-tron、奥迪Q5L、奥迪A4L、奥迪Q3、奥迪A3 Limousine、奥迪A3 Sportback、奥迪Q2L、奥迪Q2L e-tron、迈腾GTE、新迈腾、CC、探岳、探岳R-Line、探歌T-ROC、探影、全新一代速腾、高尔夫、高尔夫GTI、高尔夫R-Line、高尔夫·嘉旅、高尔夫·纯电、C-TREK蔚领、宝来、宝来·纯电以及捷达VS5、捷达VA3，成熟覆盖国内A、B、C级全系列乘用车型。

生产经营。全年终端销售整车185.78万辆（含奥迪进口车）。其中，大众品牌98.87万辆，奥迪品牌70万辆，捷达品牌16.9万辆。一汽-大众全体系以10777 辆整车单日产量峰值创历史新高，实现全年生产整车突破170万辆。其中，长春基地66.51万辆，成都西南基地38.93万辆，佛山华南基地21.31万辆，青岛华东基地24.31万辆，天津华北基地19.01万辆。

2021年，一汽-大众摩捷移动出行团队获评“吉林省青年文明号”；成都分公司获评成都经开区2020 年度“东进标兵大运先锋——先进集体”；天津分公司获评国家“健康企业”。一汽-大众在中国质量协会2021年中国汽车用户满意度测评（CACSI）中获10项冠军，获“全国市场质量信用 AAA 用户满意标杆企业”称号，获“财界奥斯卡”CGMA 全球管理会计2021年度中国大奖；长春生产整车制造一部焊装一车间获评“中国汽车行业标杆数字化车间”；一汽-大众5大基地全部获评CCC 认证A 类工厂；青岛分公司涂装车间获评“2021 中国汽车行业标杆数字化车间”；天津分公司获第四届“天津质量奖”；青岛分公司获得青岛市工业赋能场景示范“智能工厂”项目认定。

【一汽奔腾】　一汽奔腾轿车有限公司（简称“一汽奔腾”）是中国第一汽车集团有限公司全资子公司，位于长春市高新技术产业开发区蔚山路4888号。有员工1875人。其中，博士研究生学历6人，硕士研究生学历366人，本科学历1205人；高级职称272人，中级职称402人，初级职称379人。劳动生产率39.83辆/人·年。2021

年，销售整车7.4万辆，亏损严控至9.95亿元。

生产经营。一汽奔腾乘用车产品系列包括一汽奔腾在售奔腾T33、奔腾T55、奔腾T77 Pro、奔腾T99，4款SUV产品，奔腾B70 1款轿车产品，奔腾E01及奔腾NAT 2款新能源产品。年内，完成“8+6”主流市场产品布局，投放T55、NAT 2款全新车型，T99-21年型、T77经典两款年型车，启动D511、D711、D131 3个全新产品开发和D311全新产品策划；成立两国三地全球造型中心，确立劲·纯·臻全新造型设计语言。

改革发展。4月2日，奔腾公司完成新一轮改革。组织机构由12个缩减至10个；营销资源向一线倾斜，一线人员占比提升15%；在奔腾开发院下成立新能源及动力总成开发院、智能网联开发院，设立外埠研发中心，研发新业务领域资源配置提升51%；全领域各层级人员优化19.2%。

产品项目。建立项目评价模型，形成规模化集成管控机制，全年28个项目59个里程碑全部按计划通过，其中5款车型按计划量产；创新产品策划，完成4轮产品线规划迭代，形成8款传统车，6款奔腾电动车产品线矩阵；建立服务权益策划方法论，识别出40个权益服务用户场景，应用于D511，挖掘车联网运营利益点20项；建立魅点定义方法论，在D131、D311项目中应用。

2021年，在中国创新方法大赛吉林赛区竞赛活动中，奔腾公司不明觉厉创新工作室“基于高精度光学AR技术的乘用车智能尾门控制系统”“基于ECG的驾驶员健康监测系统”获三等奖，不明觉厉创新工作室被吉林省科学技术厅授予“优秀创新工作室”称号；10月，一汽奔腾获中汽研C-NCAP十五周年“汽车安全进步奖”；12月，在第二十五届全国发明展览会、“一带一路”暨金砖国家级能技能发展与技术创新大赛上，奔腾公司不明觉厉创新工作室“心律方向盘”获“发明创业奖项目奖”金奖，“车内生命监测系统”获“发明创业奖项目奖”铜奖；12月，D511项目白车身钣金生准数据发放，奔腾首次创新应用高韧性薄镀层热成型钢品；9月，2021中国（深圳）国际汽车电子产业年会暨“2020年度汽车电子科学技术奖颁奖盛典”上，奔腾公司不明觉厉创新工作室负责人李彦奇获2020年度汽车电子科学技术奖“创新人物奖”；12月，吉林省政府授予李彦奇“吉林省科技成果转化贡献奖”（特殊贡献个人）。

（苏海昆）

汽车零部件产业

【概况】 2021年，全市拥有规模以上汽车零部件企业384户，亿元以上211户。其中，100亿元以上1户，是富维安道拓；50亿元以上7户，分别是大众一汽平台、佛吉亚排气、纬湃汽车电子、一汽富维、一汽铸造、大陆汽车电子、采埃孚富奥；10亿元至50亿元31户，分别是一汽富维东阳、富奥股份、丰田发动机、旭阳集团、大陆电子、富奥石川岛、伟巴斯特、华翔等。2021年，全市规模以上汽车零部件实现产值1591.8亿元，比2020年增长0.9%，占汽车工业总产值25.9%。

【项目投产】 全市签约落位汽车产业链配套回归项目197个，总投资超过700亿元，其中玲珑轮胎、地通白车身、中自环保、富维座椅骨架、富奥轻量化、富晟李尔座椅、富维海拉探岳车灯30余个重点产业链项目投产达效后，产值100亿元。

【零部件出口】 克服境外疫情反复、航运资源紧张、区域局势动荡等挑战，全年实现利润1376万元，目标完成率132%，比2020年增长59%。开发卡特彼勒、万国等16种新零件项目，出口规模扩大200%。拼抢产能资源，实现大宇等核心项目出口稳定增长。

（于春光）

汽车销售

【新车销售促进】 贯彻吉林省、长春市关于释放汽车消费潜力等文件精神，以扩大汽车消费为重点，开展汽博会、百姓购车节、“约惠春天·车GO春城”等汽车促销活动。聚焦长春市独有的红旗车自主品牌，开展调研，在发票抽奖活动基础上，研究确定发票抽红旗汽车促消费活动。“幸运派大礼·发票抽红旗”“旗E春城·绿色出行”2项抽奖活动分别投入资金2000万元和1500万元，红旗车180台。2021年，限额以上汽车销售额382.72亿元，比2020年增长4%。

【国内销售布局】 一汽奔腾开展品牌传播转型，以“用户为中心”实现内容和形式双重创新，引发流量关注。3月16日，联合京东直播跨界，奔腾T55牛犇版“云”上市，一汽奔腾开启全新零售模式时代；3月27日，“一汽奔腾×新华社民族品牌工程”达成战略合作，同时奔腾T99 C-NCAP五星碰撞成绩发布暨机长版正式上市；4月27日，发布奔腾T55全系产品；6月19日，奔腾T77 Pro 2021款搭载一汽奔腾·李宁“五羽轮比”羽毛球赛长春站正式上市；10月29日，品牌代言人朱亚文作为首席动力体验官见证奔腾B70 2.0T正式上市；11月18日，“潮流新升 遇鉴不凡”一汽奔腾新车亮相暨造型品鉴沙龙在广州开启，一汽奔腾全新轿跑SUV——“奔腾B70S”面世。新能源市场打开网约、出租车市场销售局面，全年实现销售1.1万辆。营销创新转型，新媒体矩阵传播效果显著，奔腾品牌百度指数19863，比2020年上升198%；开展轻量化、多元化渠道探索与转型，新建4S店43家、直营店300家、商超店6家。

【汽车出口销售】 2021年，一汽进出口公司克服境外疫情反复、航运资源紧张、区域局势动荡、芯片供应短缺等挑战，全年整车出口2.4万辆，比

2020年增长78%，目标完成率102%。其中，红旗品牌全年出口2718台，比2020年增长286%；打开欧洲挪威市场，出口红旗E-HS9904辆，实现一汽在海外高端新能源市场重要突破，位列中国豪华车对挪威出口排名第一。中东地区深耕沙特，全年出口翻倍增长，突破1600辆；与外交部达成全球战略合作，为驻韩国、比利时等16国使领馆提供用车保障。奔腾品牌聚焦沙特、俄罗斯2个核心市场，全年实现出口6318台，比2020年增长21%；布局埃及、阿塞拜疆等市场。一汽解放海外销量1.5万辆，比2020年增长142%，创历史新高。打造5个千辆级市场，销量比2020年增长111%。边贸出口方面，精选17家边贸商入网，派人驻点维护，联合财司解决融资难题，出口比2020年增长320%。大客户合作方面，推进央企合作，入围中工国际等6家央企名录，与中土、中航等多家央企开展海外合作。轻卡方面，加快轻卡导入，开发20款产品，借力大韩项目布局东南亚市场，销量比2020年提升177%。构建海外营销体系，投放6代产品，优化渠道布局，新增35个海外网络、6个客服中心、62个服务商及10个备件库。

【二手车出口落地实施】 长春市获批二手车出口试点城市后组建协调推进小组，建立工作协调机制，制定印发《长春市二手车出口业务实施方案》。4月30日，长春市首单二手车从新疆伊尔克什坦口岸发往吉尔吉斯斯坦，实现零的突破，也是第二批20个试点城市中，继湖南株洲和内蒙古鄂尔多斯第三个正式启动二手车出口业务的城市。截至12月底，长春市出口25辆二手车，因疫情致口岸封关待出口11辆。

（侯云龙　孟媛媛）

合资合作

【概况】 中国一汽加快与国内外企业集团战略合作，密切和地方政府联动，得到吉林省、长春市及其他地方政府支持。4月21日，中国一汽与安徽交控集团签署战略合作框架协议；5月12日，与华为技术有限公司签约，共同构建“2053联合实验室”；6月6日，在一汽总部召开吉林省委、省政府支持中国一汽创建世界一流企业大会；6月7日，与成都市政府就“旗E蓉城·绿色四川”项目、市场拓展、零部件配套等达成战略合作协议；7月2日，与承德市委就品牌推广、文创合作、生态建设等方面达成战略合作协议，就“旗E承德 绿色河北”新能源汽车推广及产业布局达成框架协议；7月6日，与中国汽车工业协会签署战略合作框架协议；7月15日，与中兴通讯股份有限公司签署战略合作框架协议；12月10日，与腾讯公司签署战略合作协议，双方针对安全、自动驾驶云平台、车联网应用等六大领域的核心技术与应用展开研究，并建立联合实验室。

【一汽-大众合资合作】 10月20日，捷达品牌、摩斯智联与斑马智行举行智能网联战略合作签约仪式。11月4日，在第四届中国国际进口博览会上，一汽-大众与大众汽车集团（中国）签订合作备忘录。5月26日，一汽-大众与中汽数据有限公司在天津签署汽车节能低碳发展合作备忘录。

【一汽奔腾对外合作】 建立战略合作管理机制，借助公司十五周年“518”全新品牌发布，与24家伙伴单位搭建生态联盟与绿色发展联盟，全年推进中国邮政等35家合作伙伴交流合作，与8家战略伙伴完成战略合作签约。对接集团总对总战略合作，推进奔腾权益及合作需求落地，专项推进与辽源市政府、CATL、赣州市政府、广东省政府等多个合作项目，打造以H225、私悦定制、定制车公司等为重点商业合作创新项目。

【一汽解放合资合作】 4月1日，一汽解放与中国石油在河北石家庄就产品联合营销、汽车后服务市场开发等领域达成战略合作。4月20日，一汽解放与江苏汤臣在江苏如皋签署战略合作协议，就汽车底盘轻量化等领域开展深度合作。6月11日，一汽解放与中集车辆2021年半年度战略合作交流会在山东青岛召开，双方就推进战略合作、商机互荐、合作共赢进行交流。7月27日，一汽解放与博世动力在吉林长春签署战略合作协议，双方在燃料电池发动机、氢发动机等方面开展合作。11月16日，一汽解放与华为在吉林长春签署深化战略合作协议，双方在数字化、流程体系变革等方面深化战略合作伙伴关系，并在数字化云底座、AI平台等领域开展重点合作。11月19日，一汽解放与中联重科在湖南长沙签署战略合作协议，中联重科一汽解放联合开发中心正式揭牌，双方在联合研发全新系列高端泵车、搅拌车、车载泵底盘等领域开展合作。12月7日，一汽解放与协鑫能科、远景动力在吉林长春签署战略合作协议，双方在电池、换电模块、换电站与整车集成匹配开发等领域开展合作。12月22日，一汽解放与星星充电在江苏常州签署战略合作协议，双方在共同打造政企合作新模式，实现能源减排、交通减排零碳经济生态格局方面开展合作。

（孟媛媛）

冰雪产业

BINGXUE CHANYE

综 述

【冰雪资源禀赋】 长春市地处松辽平原腹地，气候介于东部山地湿润与西部平原半干燥区之间的过渡带，属温带大陆性半湿润季风气候类型。冬季平均气温在零下12摄氏度左右，积雪期近半年，平均厚度20厘米，地处世界冰雪“黄金纬度带”，是“世界三大粉雪基地”之一（根据气象观测，在零下12摄氏度左右、空气相对湿度小于80%的天气条件下产生的降雪是最适合滑雪的优质粉雪），具有国内发展冰雪旅游、冰雪体育的最佳气候条件。长春市是全国冰雪运动重点城市，以打造“都市冰雪”品牌为中心，深耕长春“粉雪静风”自然资源和“人文都市”文化资源双优势，发展冰雪旅游、冰雪体育、冰雪文化三大产业，打造冰雪经济高端服务业中心。

【冰雪运动优势】 长春市具有深厚的冰雪运动传统，承办的国内、国际冰雪大赛数量连续13年名列全国省会城市前茅。每年申办、承办国际、国内大型冰雪体育赛事20项次以上，每年举办省、市级冰雪比赛50余项次，举办各级各类冰雪体育活动200余项次。先后承办5届短道速滑世界杯、7届国际雪联自由式滑雪空中技巧世界杯、22届瓦萨国际越野滑雪赛、2届亚洲短道速滑联赛、3届亚大冰球俱乐部联赛、4届全国冰雪汽车拉力赛等单项或综合性国内、国际冰雪体育赛事。瓦萨国际越野滑雪赛、“世界经典滑雪赛”、世界罗佩特越野滑雪巡回赛、国际雪联越野滑雪短距离积分赛等冰雪体育赛事数量显著增加，冰雪体育赛事影响力逐年提高，每年吸引不同国家和地区1000余名运动员到长春市参赛，与会中外记者百余人。中央、省市电视台等国内外多家媒体转播，覆盖世界多个国家和地区，冰雪体育赛事成为长春市对外宣传的亮丽名片。随着品牌赛事逐步扩大，长春市打造短道速滑、自由式滑雪、越野滑雪、冰球、冰壶等冰雪品牌赛事，发展成为我国开展冰雪体育赛事的重要基地。在备受关注的冰雪赛事中，长春冰雪运动先后涌现出叶乔波、陈露、杨阳、李佳军、李坚柔、周洋、武大靖、韩天宇等诸多运动名将，代表着长春冰雪走向全国，走向世界。通过举办国际国内大型冰雪体育赛事，市民冰雪体育意识明显增强，到场观看冰雪体育赛事和参与冰雪体育竞赛活动人员比例大幅度增加。随着长春冰雪竞赛组织队伍发展壮大，通过国内外冰雪大赛锻炼，具备较强业务素质的长春市冰雪竞赛组织队伍人数400余人。其中，国际级裁判员5人，国家级裁判员30人，一级裁判员100人，二级裁判员305人。

【冰雪产品建设】 2021年，长春市以十大冰雪乐园和四大滑雪场为核心，提升冰雪产品体量和品质。全市建设冰雪场馆（场所）34处，利用城市公园、湖泊浇筑开放冰场10块，在中、小学校浇筑校园冰场90块，城区开发区建设冰雕雪雕145座。建设冰雪景观小品、冰雪娱乐设施以及国信温泉、御龙温泉、凯撒森林温泉、天怡温泉、关东文化园五大冰雪温泉各类冰雪产品40余处。规模扩大、内容提质，长春世界雕塑园升级产品“太空服+地球全息投影”火爆网络，长春汽车冰雪嘉年华最高接待游客11万人次。全市冰雪景观小品、冰雪娱乐设施、彩化亮化建设力度持续加大，冰雪旅游交通通达性、冰雪直通车等配套服务得到完善，形成以滑雪运动、冰雪观光、冰雪娱乐、文化体验为代表，吃住行游购娱协同并进的冰雪产品体系。

【冰雪文化底蕴】 冬季的长春，冰雪文化根植于城市每个角落，除全国大学生雪雕大赛等专业活动和各大冰雪景区的大型雪雕，长春大街小巷随处可见带有冰雪元素的彩灯和雪雕冰雕景区。长春是一座雕塑之城，汇集来自216个国家和地区万余件雕塑艺术作品的长春世界雕塑园，每年都开展冰雪主题活动，除新建冰雕、雪雕外，艺术家们还利用冰雪在园内固定展出作品上进行二次创作，使旧景观获得艺术新生机。2021年，长春新建城市街路冰雕雪雕134组，显示出城市的“冰雪基因”。北京2022年冬残奥会吉祥物“雪容融”就“诞生”在长春，“雪容融”初稿创作者是吉林艺术学院设计学院学生姜宇帆，“雪”代表洁白、美丽，“容”是包容，“融”是融合，灯笼造型让人感受到温暖。在长春国际汽车公园有12米高的彩色冰雕“汽车人”擎天柱，还有冰雕汽车；在长春冰雪新天地有绵延600米的党史主题雪雕长卷；在长春电影制片厂有巨幅胶片冰雕高擎红色“火焰”，展现着长春作为新中国电影摇篮之地的红色气质。

2021年，长春冰雪新天地以“雪念百年 冰迎冬奥”为主题打造160余座冰雪景观
（市文广旅局 供图）

【冰雪装备制造】 冰雪装备是发展冰雪经济重要组成部分，长春市冰雪装备在冰刀、防切割服等个人冰雪装备领域技术领先，尚缺少索道、造雪机、压雪机、浇冰机等大型冰雪装备。长春市冰雪装备制造重点企业包括长春百凝盾体育用品器材有限公司、吉林省天火科技控股有限公司、吉林省金仑科技有限公司、中盈志合吉林科技股份有限公司、长春博立电子科技有限公司等。长春市冰雪装备制造主要产品包括冰刀（鞋）、防切割服、滑雪板等冰雪运动器材、雪地摩托、全地形车、宽温镍氢高能新能源电池、滑雪模拟器、滑冰综合训练系统等。

全国首辆国产雪车交付使用。国产雪车研发项目自2021年3月20日启动立项，5月20日布置方案冻结，6月10日设计方案冻结，8月15日完成装配，9月10日中国一汽向体育总局冬运中心交付雪车，用时5个多月完成雪车装备研发试制。国产雪车有2人雪车、4人雪车两种制式。中国一汽与中国航天科技集团组成联合研发团队，跨界创新、自主研发国产雪车，攻克人机工程优化、平台关键系统及零部件设计、材料轻量化、高精度机械加工工艺等一系列技术难题，掌控整车、车身、转向、制动等领域20余项关键技术，打破高端竞技装备国外垄断，实现国产雪车零的突破，结束中国雪车装备长期依赖国外品牌的历史。

（王 冠 王靖然 韩 凯）

2021年，世界雕塑园长春冰雪乐园结合全息投影技术展现航天、冬奥、新年三大主题
（市文广旅局 供图）

冰雪服务设施

【概况】 2021冰雪季期间，冰雪场馆规模和质量比上个雪季有大幅提升，城市冰雪景观打造呈现历史最佳水平。重点建设长春冰雪新天地、长春雕塑冰雪新乐园、净月雪世界、汽车冰雪嘉年华、红旗迎冬奥冰雪嘉年华、长春公园冰雪游园、南湖公园冰雪灯光游乐园、慢山里青少年冰雪艺术创意营、九台区氿遇冰雪乐园、公主岭双青湖冰雪大世界等十大冰雪乐园。提升庙香山滑雪场、莲花山世茂滑雪场、天定山滑雪场、净月潭滑雪场等四大滑雪场规模和品质，四大滑雪场雪道总数超40条，雪道总面积超100万平方米。全市建设冰雪场馆（场所）34处，利用城市公园、湖泊浇筑开放冰场10块，城区、开发区建设冰雪雕塑145座。吉林大学“冰

雪旅游场地装备与智能服务技术文化和旅游部重点实验室”被文化和旅游部认定为第三批文化和旅游部重点实验室。长春市将冰雪经济确定为全市大力培育新经济新业态新模式战略任务，打造冰雪高端服务业中心。第25届长春冰雪节围绕“长春冰雪 喜迎冬奥”主题，推出七大板块全新都市冰雪体验。重点建设长春冰雪新天地、长春雕塑冰雪新乐园、汽车冰雪嘉年华、红旗迎冬奥冰雪嘉年华等十大冰雪乐园。

【长春冰雪新天地】 占地156万平方米，比2020年增长13%；用冰量39万立方米、用雪量26万立方米，比2020年分别增长62.5%和15.4%；以“雪念百年，冰迎冬奥”为主题，分为六大区域，建造160余座独立冰雪景观，冰雪游乐空间67万平方米，包含40余个游玩项目。亮点包括庆祝中国共产党成立100周年千米雪雕长卷、按照1：2比例打造冰航母“大国重器”、五环主塔“盛世之歌”、大型冰雕“复兴楼”、创世界纪录512.6米长冰滑梯以及演艺节目。

【世界雕塑园长春冰雪乐园】 总投入约0.3亿元，用雪量约9万立方米，用冰量约5000立方米，制作各类冰雪作品164件。十万余平方米冰雪娱乐区，包含碰碰球、雪地摩托、雪地转转、小坦克等20余项娱乐项目，直径10米巨型地球造型，结合全息投影技术展现“航天、冬奥、新年”三大主题。有高18米冰墩墩、雪容融大型雪雕，14条七彩滑道，冰酒吧、网红打卡冰墙、真人机甲表演等冰雪产品以及东北雪乡小木屋和特色美食。

【长春汽车冰雪嘉年华】 汽开区与中庆文旅联合打造新晋网红打卡地，有汽车冰雪镇（12米“冰雪汽车人”、南极火锅店、北极咖啡厅）、幻光游园会（梦幻灯光长廊、星星草地、七色光影冰湖）、国潮演绎街（真人提线木偶、传统杂技、美人不倒翁、国潮变装秀），童话雪世界（雪山世纪、奇趣雪

12月30日，长春汽车冰雪嘉年华在长春国际汽车城汽车公园内举办开园烟花秀 （市文广旅局 供图）

地自行车、雪地挖掘机、传统抽冰猴、实景版雪地CS）四大游乐功能区，50余个创新项目，配合焰火晚会、民俗垒旺火、打铁花等活动。12月30日开园当天客流量3.1万人次，元旦当天5万人次，元宵节当天突破11万人次，运营期客流总量逾60万人次，成为汽开区17年来参与人数最多、规模最大冰雪文化活动。

【园区冰雪乐园】 净月潭改变原来封闭“净月雪世界”模式，冰雪雕塑遍布整个园区，重点打造童趣冰雪乐园，主要面向儿童群体，以赏冰嬉雪、大型滑梯、小型娱乐为主，实现冬奥氛围沉浸式体验。南湖公园“冰雪奥运醉美南湖”冰雕赛，展出20组作品；打造冰雪灯光展，有28组主题雪雕、50余组彩灯，日均游客量近2万人次。长春公园举办“与长春约会和冰雪同醉”冰雪游园会，创作雪雕40余件，彩灯10组，冰雪游乐嘉年华占地2.8公顷，包括雪圈赛道、雪地自行车等10余种娱乐项目，日均游客量3000人次。儿童公园打造以彩灯秀和11组卡通人物雪雕为主题“童话王国”项目，日均游客量4000人次。劳动公园打造以十二生肖为主题冰雕12组，周边区域打造大型冰雕6组，利用劳动公园南北两个湖面，打造1万余平方米冰雪运动场地，分为“群众滑冰场、学子及专用滑冰场、娱乐休闲冰雪场和自由活动冰场”，二道区在校学生和持低保证、残疾证人员可以免费体验。南溪湿地公园在近10万平方米君子湖面上打造极限快速滑道、浪摆滑道、冰上自行车、雪圈冲浪、冰上爬犁、雪地卡丁车、雪地碰碰球、儿童坦克等冰雪娱乐项目和越野滑雪、滑冰等冰雪体育项目。北湖国家湿地公园冰雪乐园项目融趣味性、体验性、娱乐性和互动性于一体，以家庭、亲子游戏为主题，推出雪圈滑道、冰上碰碰车、雪地转转、冰上平衡车、雪地坦克、冰上体验区等游乐项目，同时建设各类冰雕雪塑，彰显北国春城冰雪魅力。净月慢山里推出青少年冰雪艺术创意冬令营，九台马鞍山推出氿遇冰雪欢乐谷，公主岭推出双青湖冰雪大世界。

【城市冰雪雕塑及冰场】 第25届冰雪节期间，全市13个城区、开发区（含双阳区、九台区），围绕“长春冰雪，喜迎冬奥”“冬奥在北京，体验在吉林，乐享在长春”“冬奥健儿”“CBA联赛”“喜迎虎年”“魅力长春”等主题，建设冰雪雕塑145座。建设位置选择在长春市重点街

路、广场，重点商圈，CBA比赛场地及运动员驻地等场所。教育、体育、林园等部门在城市公园、湖泊及中小学校园浇筑冰场100块。有条件校园向社会滑冰爱好者开放冰场。

（王　冠　王靖然　韩　凯）

表18　第25届长春冰雪节冰雪场馆（场所）一览表

序号	项目名称	建设单位	建设地址	面积（万平方米）	项目内容
1	长春庙香山滑雪度假区	吉林庙香山冰雪体育旅游集团有限公司	九台区波泥河街道办事处庙香山度假区	70	高山雪道10条，教学道2条，趣味道1条，越野雪道2条，总长度1.63万米，架空索道2条、拖迁1条、魔毯5条，其他娱乐项目娱雪乐园1个，地形公园3处，单板公园1个
2	长春莲花山世茂滑雪场	世茂集团	长春莲花山生态旅游度假区	20	11条滑雪道（4条初级道，2条中级道，5条高级道），雪道面积20公顷，雪道全长13340米；另建有按国际标准设计“自由式空中技巧”和“单板U型槽”滑雪场地各1处，建有综合服务楼1座，运动员中心1座
3	长春天定山滑雪场	吉林省建设集团有限公司	长春莲花山泉眼镇	80	18条雪道（初级道8条，中级道7条，研学教育专业雪道1条，越野滑雪道2条），总长度10千米，2条索道3条魔毯，平均宽度30米，意大利雪具3500套、雪盔2000套
4	净月潭滑雪场	净月潭旅游集团	净月潭国家森林公园	5.5	5条雪道（初级4条，中级1条），总长度3500米；平均坡度9~18度；雪圈100个，雪板2000副；架空索道2条；魔毯3条
5	长春冰雪新天地	吉林省建设集团有限公司	长春莲花山泉眼镇	156	占地156万平方米，围绕6大主题区和1条冰雪文化街，建造160余座独立冰雪景观。配套冰雪运动、冰雪体验、冰雪演艺、冰雪民俗和绿色采摘
6	长春雕塑冰雪新乐园	长春世界雕塑园	长春市人民大街9518号	10	三大冰雪赛事创作冰雪雕塑200件，3种雪圈道计18条，雪圈600只，雪地转转、雪地摩托、雪地碰碰球、雪地花车、雪橇、雪地摇摇车等10余种雪上娱乐项目
7	净月雪世界&瓦萨博物馆	净月潭旅游集团	净月潭国家森林公园	23.6	越野滑雪道2条，训练赛道1条、专业赛道1条，总长度3000米，平均宽度4米，平均坡度15度；雪板1320副；迷你奥运雪雕园；VR滑雪；智能讲解；童趣游乐项目、冰上体验项目
8	汽车冰雪嘉年华	吉林中庆神鹿文化旅游投资有限公司&中庆建设有限责任公司	长春国际汽车公园	30	重点产品有时光隧道、冰雕、冰滑梯、雪雕、汽车文化展、国潮演绎商街，其他项目包括冰雪乐园冰雪文化长廊、汽车冰雪雕塑、汽车品牌展示、冰花、冰车、小吃街、冰屋咖啡、冰屋火锅、年货大集、文创产品、演艺舞台、幻光游园等
9	红旗迎冬奥冰雪嘉年华	百瑞国际会展集团有限公司、政抖云（吉林省）科技有限公司	全域—红旗街万宝街德苑公园至湖西路段	—	红旗车、红旗街、中国红，三个元素一个颜色。全区氛围拉满红色主色调，用雕塑、微缩景观和氛围装置布置
		百瑞国际会展集团有限公司、北京市西城区冰蹴球协会、政抖云（吉林省）科技有限公司	A区 德苑公园门前	—	活动主会场包括主舞台、主雕塑和主景观区。宣传冬奥会、宣传吉林省优质冰雪旅游项目，有声光装置、表演、雪雕、冰雕、网红直播间、户外帐篷等
		百瑞国际会展集团有限公司、北京市西城区冰蹴球协会	B区 欧亚会场	—	冰雪主题装饰（雕塑、微缩景观、氛围道具）
		百瑞国际会展集团有限公司、北京市西城区冰蹴球协会	C区 万达这有山广场	—	大型冰雪项目包括U型槽、冰球、冰壶、冰蹴球、冰木射、冰捶丸、VR滑雪等
		百瑞国际会展集团有限公司	D区 长影及周边	—	儿童游玩冰雪项目包括冰滑梯、冰屋、冰城堡、打雪仗场、冰雪动物城、冰雪动漫次元壁等
10	氿遇冰雪乐园	亚汶生态农业发展有限公司	九台区马鞍山村氿遇山居	40	乐园内有雪板100副，雪圈200个，雪雕刻及大型雪雕、雪地保龄球、万人打雪仗、雪地足球、雪地排球、农耕参观、林海雪原抗联路、烟花秀、演艺表演等
11	长春公园冰雪游园会	长春公园	长春市皓月大路1411号	2.1	以观赏雪雕、彩灯为主，园内有冰雪娱乐设施包括冰雪滑道2个、架空索道2条、雪圈200个、乐吧车8辆、保龄球2组、雪地转转1组、冰滑车100个、雪地自行车30辆、仿真狗拉雪橇8辆、雪地悠波球10个、冰上篮球4组、冰上足球2组、愤怒的小鸟2组、冰陀螺若干

续表18

序号	项目名称	建设单位	建设地址	面积（万平方米）	项目内容
12	南湖公园冰雪灯光展	南湖公园	长春市工农大路2715号	0.85	结合公园景观，以雪雕为主、灯光为辅融合装扮
13	公主岭双青湖冰雪大世界	吉林省双青湖旅游度假服务有限公司	公主岭市双青湖风景区	7.8	初级雪道1条，长300米、宽10米；雪圈道2条，长500米、宽35米，有滑雪板40副，雪圈310个，其他雪上冰上活动设施105件
14	慢山里青少年冰雪艺术创意营	慢山里研学基地	净月高新区新湖镇新兴村刘家学坊屯	4	儿童童话主题雪雕60个，小型光电冰雪装置500个，雪地卡丁车3台，雪圈30个，爬犁50个，冰车30个，冰上自行车20辆
15	北湖公园冰雪乐园	高新文旅公司	北湖公园	1	冰雪游乐场、冰滑梯、冰爬犁等游乐设施
16	莲花岛冬趣冰雪主题乐园	长春莲花岛影视休闲文化园	朝阳区永春街道柳家村	0.1	滑冰场、雪滑梯、雪战真人CS、冰雕雪雕展
17	长春关东风情雪乐园	长春关东文化园	长春关东文化园	2	2组雪雕、4个游乐场地、1组雪滑梯
18	双阳区东龙冰雪乐园	长春市双阳区东龙度假村有限公司	长春市双阳区齐家镇双顶村十社	2	4个雪道，平均宽度5米，坡度30度；雪圈200个；另有网红秋千、星空馆等打卡项目
19	绿园区吾悦广场“冰雪悦世界”	长春新城吾悦商业管理有限公司	皓月大路与正阳街交会处	0.18	冰滑梯1个，总长度37米+缓冲区8米，宽度1.8米，雪圈20个；小型冰场，冰场占地面积约100平方米，开展冰陀螺、冰爬犁、彩色冰滑板等冰上项目；雪迷宫1个，面积200平方米
20	欧悦冰上赛车国际俱乐部	长春欧悦冰雪体育发展有限公司	长春市飞跃路欧亚汇集8楼	0.4	室内冰上卡丁车比赛，20辆车，赛道宽度4~8米，可举办冰上运动会
21	欧亚卖场欧悦真冰场	欧亚卖场	长春市井运街5178号	0.09	室内真冰场，可滑冰、冰球比赛
22	欧亚卖场零度室内滑雪场	欧亚卖场	长春市开运街5178号	0.15	室内模拟场地滑雪培训
23	长春冰上训练基地速滑馆	吉林省体育局	长春市吉顺街1202号	11.1	训练场区由滑冰馆、露天速度滑冰场、练习馆组成。滑冰馆由人工制冷，可进行短道速度滑冰、花样滑冰、冰球比赛。露天速度滑冰场有2条400米标准滑道、1条练习滑道，由人工制冷，可容纳3万名观众
24	长春市滑冰馆	长春市体育局	长春市吉顺街1202号	0.45	建筑面积4500平方米，可容纳观众225人，是长春五环体育馆的配套冰上项目训练馆，设有官员室、裁判员室、运动员休息室
25	富奥冰上运动中心	富奥集团	长春市卫星路1766号	0.15	国际标准冰球场地，可接待国际冰球、花样滑冰、速度滑冰比赛，为参赛队伍提供室内健身器械等训练辅助项目，集餐饮住宿为一体
26	北湖吾悦广场冰滑梯	北湖吾悦广场	北远达大街吾悦广场1号门	0.015	冰滑梯
27	长春文庙冬奥公共文化设施	长春市文庙博物馆	亚泰大街与东头道街交会	3.15	开展冬奥主题宣传，转播冬奥赛事，设置模拟冰雪体验机
28	长春天定山雪村民宿	吉林省建设集团有限公司	长春莲花山泉眼镇	6.8	新建木屋别墅13所，东北民居民宿66所
29	双阳区冰上活动中心	长春市双阳区冰上活动中心	长春市双阳区幸福社区	2	雪圈260个、冰上自行车20个、碰碰球20个、碰碰车4个
30	富越滑雪场	富越农业观光有限公司	榆树市环城乡福安村1组	5	初级道1条，中级道2条，总长度500米，平均宽度40米，雪板500套、雪圈150个，瞬时承载量1000人
31	明月山庄冰雕雪雕园	榆树市明月生态园有限公司	榆树市培英街道东门村	10	初级雪道1条、雪圈100个，冰上自行车、雪地摩托车、雪地卡丁车、坦克、儿童漂移车、冰上碰碰车、爬犁、撞撞球等

续表18

序号	项目名称	建设单位	建设地址	面积（万平方米）	项目内容
32	老干江冬捕乐园	榆树市老干江渔业旅游开发度假有限公司	榆树市老干江	30	雪地悠波球、冰上碰碰车、冰上漂移车、雪地大转盘、冰上自行车、滑雪圈、冰滑梯等
33	玉皇庙冬捕	榆树市玉皇庙水库	榆树市玉皇庙水库	10	观赏冬季捕鱼、头鱼拍卖
34	大坡镇白玉泡冬捕	大坡镇白玉泡江鱼养殖合作社	榆树市大坡镇城南六组白家泡子	20	冬捕节

（王　冠　王靖然　韩　凯）

冰雪旅游

【概况】　依托“吉林雪博会”和“长春冰雪节”双平台，主打“冰雪体验”和“都市文化”双特色，以冰雪为载体，打造“都市冰雪”品牌为核心，深耕长春“粉雪静风”自然资源和“人文都市”文化资源双优势，融合多种业态，形成冰与雪交相辉映、动与静相互结合、昼与夜各具特色、吃住行游购娱协同并进冰雪产业体系和链条。形成冰雪休闲度假、冰雪观光体验、冰雪体育健身、冰雪温泉养生、冰雪民俗文化五大产品体系，通过景区、雪场、民宿、商贸联动，打造全要素冰雪旅游体系，将长春冰雪“产业链”和“市场面”做实做大，拉动冰雪经济增长。整个雪季全市接待游客4038.10万人次，比2020年增长28.54%，实现旅游收入853.17亿元，比2020年增长48.41%。超额完成冰雪季任务指标（4000万人次、800亿元），长春市连续获评“冰雪旅游十佳城市”。年内，印发《长春市关于大力发展冰雪经济2021年工作要点》《长春装备市关于进一步落实〈吉新两省区共建中国（长白山脉—阿尔泰山脉）冰雪经济高质量发展试验区工作方案〉工作实施方案》，形成《长春创新发展冰雪经济新业态、新模式经验材料——长春冰雪经济跃升新阶段为现代化都市圈高质量发展赋能》报告。第25届长春冰雪节策划举办各类冰雪主题活动180余项，持续放大“冬奥在北京、体验在吉林、乐享在长春”效应。

【冰雪宣传推介】　网络矩阵宣传。以长春冰雪节为节点，以长春冰雪产品和活动为宣传重点，利用网络媒体培育长春都市冰雪推荐官，在长春文旅官方新媒体平台，以旅游达人、美食达人、时尚达人、民间导游等推介长春冰雪节热点事件、重点冰雪产品，打造冰雪旅游名片。

媒体宣传。加强与中直、省直、市直新闻单位和各类媒体合作，推进冰雪节专题宣传和长春、吉林经济社会发展整体宣传。市文广旅局开展第25届长春冰雪节及2021—2022雪季宣传工作，联合长春发布、掌上长春、中国吉林网、吉林旅游广播、FM88.0、长春文旅等官方抖音平台进行“长春冰雪·喜迎冬奥”慢直播和冰雪节系列抖音、快手短视频宣传，观看量1706万次；策划出版《长春文旅产业观察》第25届冰雪节专刊；协调市体育局、市教育局、市商务局在长春市人民政府联合召开冰雪节新闻发布会，在人民网、新华社、中国吉林网、搜狐吉林、凤凰网、吉林日报新媒体等网络媒体和新媒体进行第25届长春冰雪节专题宣传，10大平台全网直播开幕式盛况，直播总观看量294.3万人次，同时以“六地联动”第25届冰雪节开幕式城市联盟电台直播连线推广形式在辽宁省等长春市重要客源地广播电台报道长春冰雪节及相关情况，全国超过1000万听友在线收听；央视《新闻直播间》、CCTV官网等央视媒体平台宣传长春重点冰雪旅游产品。开展冰雪旅游宣传，新华社、新华网、人民网等主流媒体以《多措并举，长春激活冰雪文旅市场》为题集中宣传报道春节假日文旅

12月12日，第25届长春冰雪节开幕式在长春冰雪新天地举办

（市文广旅局　供图）

产品。策划“长春冰雪超吉A”等系列冰雪主题宣传活动，通过第一视角体验打卡，带动引导在手机客户端、PC端、新媒体矩阵等资源和平台在冰雪节期间持续输出，打造“长春冰雪超吉探长”，全网推选“长春必游必到20景”。

客源地及广告载体推介宣传。在北京、天津、济南、杭州、广州、深圳等主要客源地宣传推广长春冰雪，谋划客源互换合作，开发以长春为目的地、集散地冰雪旅游产品和线路。在北京主要地铁站点、首都机场、长春地铁、龙嘉机场以及长春市区街路灯杆、商圈LED屏幕和楼宇媒体立面等重点区域发布长春冰雪旅游宣传广告。

【冰雪旅游线路】 围绕“都市休闲”“冰雪体验”“冰雪年俗”等特色资源，重点打造“赏冰嬉雪”“研学科教”“城市文化”“网红街区”“红色印记”等长春都市冰雪精品线路10条。发挥长春辐射作用，开发长春—松原—白城、长春—四平—辽源、长春—吉林—延边、长春—梅河口—通化、长春—长白山北坡—吉林、长春—长白山等6条省内冰雪精品线路。开发乡村游、自驾游、休闲游、购物游等中高端旅游产品，刺激文旅消费。

【旅游餐饮美食】 举办“吉飨盛宴·逐梦冬奥”冰雪春城旅游美食发展推介研讨会，推介长春地域特色美食，促进旅游餐饮界融合交流与沟通合作，推出砂锅鹿宝、牛尾烧山药、玉米田鸡油、人参江米鸡、锅包肉、余白肉、雪衣豆沙等10道长春冬季特色养生菜。

【第25届长春冰雪节】 2021年10月27日至2022年2月23日举办。由长春市人民政府、吉林省文化和旅游厅主办，长春市文化广播电视和旅游局、长春市体育局、长春市教育局、长春市商务局承办，长春冰雪节组委会办

表19 2021年长春市冰雪旅游精品线路一览表

序号	分类	线路名称	线路内容
1	长春都市冰雪精品线路	赏冰嬉雪之旅	长春雕塑冰雪新乐园→净月雪世界→长春天定山滑雪场→长春冰雪新天地→天定山民宿
2			长春雕塑冰雪新乐园→庙香山滑雪场/莲花山世茂滑雪场→长春冰雪新天地→凯撒森林温泉
3			长春净月雪世界→净月潭滑雪场→长春莲花岛影视休闲文化园→御龙温泉/长春国信南山温泉度假酒店
4			长春公园冰雕游园展→长春雕塑冰雪新乐园→南湖公园冰雪灯光展
5		研学科教之旅	长光卫星技术有限公司→伪满皇宫博物院→长春文庙→长春世界雕塑园
6			吉林省博物院→长春中国光学科学技术馆→吉林省科技馆→净月雪世界→慢山里研学营地
7			吉林省自然博物馆→东北民族民俗博物馆→长影旧址博物馆→长春冰雪新天地
8		城市文化之旅	长春伪满皇宫博物院→新民大街历史文化街区→长影旧址博物馆→这有山→长春水文化生态园→长春世界雕塑园冰雪新乐园→凯撒温泉/天怡温泉
9		网红街区之旅	欧亚卖场→这有山→桂林路夜市→欧亚新生活湖畔IN99酒吧街
10		红色印记之旅	长影旧址博物馆→一汽红旗文化展馆→九台马鞍山村“三下江南”战役纪念馆
1	“一主六双”精品冰雪线路	长春—松原—白城	长春冰雪新天地→长春天定山滑雪场→松原查干湖观赏冬捕→白城向海湿地观鹤舞→长春净月雪世界
2		长春—四平—辽源	长春冰雪新天地→长春天定山滑雪场→四平南湖公园冰雪世界→四平战役纪念馆→辽源鹿鸣湖哇酷戏雪乐园→长春世界雕塑园冰雪新乐园
3		长春—吉林—延边	长春冰雪新天地→吉林雾凇岛→吉林圣鑫温泉度假村→吉林二合雪乡→吉林万科松花湖度假区/北大湖滑雪度假区→吉林松花湖冬捕→延吉老里克湖/延边雪岭→朝鲜族民俗村冰雪体验→梦都美民俗旅游度假村→长春世界雕塑园
4		长春—梅河口—通化	长影旧址博物馆→这有山→梅小夜野城市雪村沉浸式实景音乐剧→鸡冠山景区5小时滑雪训练营→通化万峰滑雪度假区→长春国信南山温泉度假酒店
5		长春—长白山北坡—吉林	伪满皇宫博物院→二道白河小镇→长白山梦幻森林夜景→长白山魔界风景区→长白山北景区观天池→朝鲜族民俗村→长白山运动主题公园→吉林圣鑫温泉度假村→吉林二合雪乡→吉林雾凇→长春冰雪新天地
6		长春—长白山西北坡	长春伪满皇宫博物院→松江河沿江雪村→长白山万达度假区/长白山鲁能胜地国际度假区→锦江木屋村→长白山西景区→露水河长白山狩猎度假区→长白山北景区→峡谷浮石林→六鼎山文化旅游区→长春马鞍山如美乡村→长春冰雪新天地

公室设在市文广旅局。以“长春冰雪，喜迎冬奥”为主题，构建以十大冰雪乐园和四大滑雪场为核心产品，全市建设冰雪场馆（场所）34处，利用城市公园、湖泊浇筑开放冰场10块，在中、小学校浇筑校园冰场90块，城区开发区建设冰雕雪雕145座。开展冰雪活动191项。其中，重点活动35项，各类冰雪体验活动24项，持续打造“都市冰雪”品牌形象。长春冰雪新天地、长春世界雕塑园、天定山滑雪场、净月潭、长春花车巡游活动等长春重要冰雪元素10余次在央视播出。2021年12月12日，第25届长春冰雪节在长春冰雪新天地开幕，开幕式由长春市人民政府、吉林省文化和旅游厅主办，并得到北京冬奥组委文化活动部支持指导，长春市委副书记、市长王子联致欢迎辞。文化和旅游部、韩国驻沈阳领事馆和张志军、阿东、王志厚、王子联、綦远方等省、市领导为第25届长春冰雪节启幕，为长春冰雪新天地开园。开幕式上发布“都市冰雪游精品路线”10条和从长春出发赴省内旅游冰雪线路6条。邀请“冬奥文化推广使者”伊丽媛担任长春冰雪旅游推广大使，伊丽媛现场演唱《冰雪冬奥》为长春冰雪推广助力。

（王　冠　王靖然　韩　凯）

冰雪运动

【冰雪体育赛事】 开展大众冰雪体育活动，支持北京冬奥会筹办和备训、备赛工作，放大北京冬奥效应，举办冰雪赛事活动15项。承办国际国内高水平冰雪赛事活动，重点承接青少年冰雪锦标赛活动，开展国际雪联自由式滑雪空中技巧世界杯赛、第20届中国长春净月潭瓦萨国际越野滑雪节越野滑雪系列赛等赛事，举办大众冰雪、冰雪汽车、冰雪竞技等活动。在九台庙香山滑雪场开展2021“中国银行”吉林国际高山单板滑雪挑战赛庙香山站、全国滑雪场联盟“冰雪丝路杯”精英滑雪积分联赛庙香山站总决赛和“迎接冰雪之约点亮冬奥精彩”长春市迎接北京2022年冬奥会倒计时10天主题活动；分别在农安县剑鹏马城和南湖公园开展2021—2022长春市冰雪短道汽车拉力赛；在净月潭举办第25届长春冰雪节雪地欢乐跑活动。群众性冰雪赛事活动包括长春市大众单板滑雪挑战赛、长春市大众趣味滑雪赛、长春市大众冰球挑战赛、长春市大众冰壶赛、长春市大众冰上龙舟赛、长春市大众速度滑冰赛、长春市大众冰壶赛等赛事。

【区域冰雪活动】 绿园区以同心湖、锦江广场冰面为中心，建设滑冰场；以关东文化园冰面为中心，推出“冰雪游+温泉”旅游产品，开展中小学冰雪嘉年华活动和迎冬奥电声专场演出、秧歌专场演出等。双阳区举办“助力冬奥·乐享双阳”“第八届全国大众冰雪季2022年双阳区群众冰雪节”，以“温情暖冬、助力冬奥”为主题，开展群众性冰雪赛事、文化体育活动。公主岭市举办“2021—2022年度公主岭市全民上冰雪系列活动暨第七届双青湖冰雪节”；榆树市建成冰场19块、滑雪场地1块，扶持教育系统建成18所冰雪特色校，开展2021—2022年度“健康吉林·乐动冰雪”榆树市冰雪体育系列活动、全市中小学生“快乐冰雪魅力榆树”主题日活动等大型冰雪活动，常年参与冰雪运动人群有20万人以上，榆树中小学校开展冰雪运动进校园活动被中央电视台《新闻联播》报道，榆树中小学校推进冰雪运动被中央电视台农业农村频道报道。德惠市举办“激情冰雪·筑梦冬奥”第八届全国大众冰雪季启动仪式和“德惠市冰上基地校小学生速滑基本功展示赛”，利用公园广场开展冬奥知识宣传，开展冰雪年俗系列文化活动；净月高新区围绕童趣冰雪乐园举办“趣味亲子冰雪运动会”，“长春冰上龙舟赛，热闹喜庆迎小年”活动被央视报道，冰雪运动场景入选冬奥主题公益广告，打卡胜地“蓝冰森林”和冰凌花受到百姓青睐。经开区组织“冰雪嘉年华”主题活动，以“冰雪+”为主线，“+教育、+文化、+生活、+体验”，引领辖区学生和市民参与冰雪活动。长春新区举办全民上冰雪活动，开展冰上卡丁车比赛、冰车比赛和“迎冬奥·庆新春”系列活动。

【冰雪体验活动】 举办第25届长春冰雪节开幕式、“筑梦冰雪·相约冬奥”全国学校冰雪运动竞赛暨冰雪嘉年华、北京2022年冬奥会火种展示、2021长春爵士音乐节、海峡两岸姊妹湖协作年会活动、第六届吉林国际冰雪产业博览会、“时代之光”第五届中国油画展和第十三届吉林（长春）冬季农博会暨新春大集等重点活动。开展全民上冰雪系列活动和“百万学子上冰雪”等青少年冰雪体验活动，冰雪嘉年华、冰雪旅游节、雪地运动会等群众冰雪娱乐活动，包括冰陀螺（冰猴）、冰爬犁、打雪仗、堆雪人、雪地球等冰雪体验活动，实现全域“玩冰乐雪”。

【学生冰雪运动】 在滑雪方面，长春市通过购买服务方式分批次组织城区小学六年级近4万名学生到滑雪场实地开展滑雪体育课；在滑冰方面，全市百所中小学校浇筑室外冰场，开展滑冰体育课。此外，长春市各大中小学校均开设冰雪运动课程，长春市十一高中西营城学校开设速滑、地板冰壶、雪地足球课；长春新区开展中小学校“冰上托管”活动，8000余人次参与。

（王　冠　王靖然　韩　凯）

表20　第25届长春冰雪节冰雪体验活动一览表（2021年活动）

序号	活动名称	举办时间	举办地点	主办、承办单位
1	沆遇冰雪山谷开园仪式	2021.11	沆遇冰雪山谷	主办：九台区文旅局 承办：沆遇山居
2	“冰城蜜雪美哉吉林”微信朋友圈晒九图赢大奖	2021.11.5—2022.2.16	网络	主办：吉林省文化发展研究会、吉林省糖楲文化传播有限公司
3	这有山冰雪季系列体验活动	2021.11.11—12.12	这有山	这有山
4	滑雪场开放日及媒体体验日	2021.11.19—2021.12.31	净月潭滑雪场 净月雪世界	长春净月潭旅游集团 净月潭游乐公司
5	莲花岛冬趣冰雪主题乐园	2021.12—2022.1	长春莲花岛影视休闲文化园	长春莲花岛影视文化有限公司
6	长春喜事大型全景360° 全沉浸式互动演出	2021.12—2022.1	长春莲花岛影视休闲文化园	长春莲花岛影视文化有限公司
7	“品味老东北，喜迎新春年”主题美食节活动	2021.12—2022.1	长春莲花岛影视休闲文化园	长春莲花岛影视文化有限公司
8	“冬妆玉砌”摄影、短视频征集活动	2021.12.1—2022.1.31	南湖公园	主办：长春市林园局 承办：南湖公园
9	“玩冰戏雪体验官”征集活动	2021.12.12起	净月潭景区	长春净月潭旅游集团
10	欧亚汇集当当城系列活动	2021.12.15	欧亚汇集	欧亚汇集
11	动漫Cosplay大赛	2021.12.23—27	长春冰雪新天地	长春泽海文化传媒有限公司
12	雪地厨房、东北民俗体验和赶年集办年货	每周六 农历逢五、逢十办年货	马鞍山如美民宿 土们岭 长吉游客服务中心	主办：如美乡村

表21　第25届长春冰雪节冰雪赛事活动一览表（2021年活动）

活动名称	举办时间	举办地点	主办、承办单位
雪地汽车拉力赛	2021.12.15	农安县剑鹏国际马城	主办：长春市体育局 承办：农安县剑鹏国际马城
长春新区全民健身启动仪式暨职工冰上赛车比赛	2021.12.20	欧亚汇集	长春新区社会事业发展局
长春市大众高山滑雪赛	2021.12.26	庙香山滑雪场	长春市体育局
长春市大众单板滑雪比赛	2021.12.26	庙香山滑雪场	长春市体育局
2022年吉林省八省市气排球赛	2021.12—2022.1	长春市第二十一中学、昆山学校	吉林省体育局 长春经济技术开发区管委会 长春经济技术开发区文教局 长春经济技术开发区体育总会
长春新区欧悦冰上赛车联赛	2021.11.15—2022.2.28	欧亚汇集	欧悦冰上赛车国际俱乐部

冰雪文化

【概况】 举办演艺赛事、互动体验、讲座培训、展览展播等4大类冰雪文化活动91大项、440小项、1400余场，打造春城“冰雪新春大联欢”。全市图书馆、文化馆、博物馆开展线上线下群众文化活动，举办“长春冰雪·喜迎冬奥”新年音乐会、文艺演出，儿童剧、杂技、评剧演出，冰雪时尚系列活动，冰雪主题跨城悦读会、冬奥知识问答、红色经典展映、东北年俗民俗系列活动，展现东北冰雪民俗图景。第十六届中国长春电影节通过“电影+冰雪”群众文化活动举办“相约电影摇篮相聚冰雪长春”系列群众文化活动；举办“迎冬奥·庆新春”长春市冰雪秧歌秀活动13支优秀队伍近700名秧歌舞者在长春世界雕塑园展演；2022年央视元宵晚会长春分会场节目在长春冰雪新天地录制，作为南北两个分会场之一，全方位展现长春冰雪文化魅力；长春爵士音乐节带来7支国内乐队全新爵士乐原创作品和中国音协爵士乐协会直播线上音乐会；“冰雪夜春城”花车巡游活动，围绕“欢度春节”和“长春冰雪·喜迎冬奥”主题，在长春市重庆路商圈和红旗街商圈开展“点亮长春的夜”活动，获得央视报道点赞；围绕青少年和大学生群体开展冰雪时尚系列活动，包括冰雪服饰设计大赛、冰雪时尚秀、都市冰雪推荐官评选、青少年冰雪主题书画展等分项活动。莲花岛举办“冬趣莲花岛，演出你的范”冰雪活动，游人在“冬趣冰雪主题乐园”体验冰雪，参与“长春喜事”大型实景360°全沉浸式互动演出和“寻找红色印记，重走冰雪抗联路”等活动。净月之冬油画展展示吉林艺术学院艺术家们以冰雪和净月为题材创作的油画作品。“这有山”推出“这有春山”探案活动、国潮音乐会和手作教学体验课。长春水文化生态园举办第四届“冬日里的阳光”冬季文化主题活动，围绕“长春记忆”“长春骄傲”两大主题，以炫彩灯光、冰雪运动老照片及非物质文化遗产木版年画展形式展现。

【冬奥会火炬展示】 12月26日，北京2022年冬奥会火炬展示活动（长春站）暨吉林省（长春市）大众冰雪季在长春庙香山滑雪场启动。该活动由北京冬奥组委指导，吉林省体育局和长春市人民政府主办，包括启动仪式、火炬展示、冰雪赛事活动、冬奥文化宣传四大板块。省委常委、市委书记张志军宣布启动。市人大常委会主任王志厚、市长王子联、市政协主席綦远方等领导以及冬奥会冠军周洋、奥运会冠军王皓等众多奥运冠军、世界冠军出席活动。

【冰雪研学活动】 推出特色研学活动15项。开展中国中小学冬令营系列活动、2021长春研学旅行指导师大赛、“踏雪长春，寻梦冬奥——了不起的BABY”特别节目、“助力冬奥 乐享吉林”亲子冰雪雕刻、雪地绘画等活动。长春研学旅行指导师大赛由长春市文广旅局、长春市人社局联合创新主办，长春市旅游协会承办，被列为长春市2021职业技能竞赛项目，在长春世界雕塑园、长春莲花岛影视休闲文化园和吉林省逸品传媒集团举办，以“知行合一·发现长春”为主题，选手从长春市历史文化、民族民俗、影视文化、冰雪文化、雕塑艺术、工业研学、航天航空、乡村振兴、红色文化、饮食文化等十大主题展开竞技。长春市文庙博物馆张诗航获一等奖、最佳风采奖和最佳课程设计奖。

（王 冠 王靖然 韩 凯）

表22 第25届长春冰雪节重点活动一览表（2021年活动）

序号	活动名称	内容	时间	地点	主办、承办单位
1	长春新区全民上冰雪系列活动	冰雪趣味运动会、冰雪拔河、雪地徒步、冰上龙舟等群众冰雪娱乐系列活动	2021.11.23—2022.2.25	北湖公园	主办：长春新区管委会
2	2021第六届长春爵士音乐节	高水平爵士乐演出	2021.12.10—12 12.14—17	长春市群众艺术馆	主办：长春市文广旅局、吉林艺术学院 承办：长春市群众艺术馆
3	第25届长春冰雪节开幕式	开幕式仪式及巡园活动	2021.12.12	长春冰雪新天地	主办：长春市人民政府、吉林省文旅厅 承办：市委宣传部、市文广旅局、市体育局、市教育局、莲花山管委会
4	“冰雪夜春城”花车巡游活动	10辆代表长春特色的主题花车在长春市重点商圈及冰雪场所周边开展巡游	2021.12.11—12 2022.1.29—30	长春市	主办：长春市文广旅局
5	第十六届中国长春电影节“相约电影摇篮相聚冰雪长春”系列群众文化活动启动仪式	启动仪式及演出	2021.12.14	长春冰雪新天地	主办：中国长春电影节组委会 承办：长春市文广旅局
6	环球跨年冰雪盛典	吉林卫视联合9家卫视共同举办的环球跨年晚会	2021.12.31播出	长春冰雪新天地	主办：北京冬奥组委 承办：吉林广播电视台
7	第六届吉林国际冰雪产业博览会	冰雪旅游、冰雪运动、冰雪文化、冰雪装备展销活动，推动“白雪换白银”，促进冰雪关联产业融合发展的平台	2021.12.18—2022.3.31 线上展 2021.12.18—2022.1.1 线下展	线上开展为主，线下在商场设立展位	支持：吉林省人民政府、北京冬奥组委 主办：吉林省文旅厅、长春市人民政府
8	慢山里炫彩冰雪艺术节	分为3个单元：大学冰雪艺术创造节、亲子冰雪艺术创造节、中小学生冰雪艺术创造节。配备传统冰雪游乐项目：雪圈、雪爬犁、雪车、卡丁车、冬捕等	2021.12.18—2022.2.28	净月区新湖镇新兴村	慢山里营地综合体

续表22

序号	活动名称	内容	时间	地点	主办、承办单位
9	长春世界雕塑园第四届冰雪新乐园冰雪雕赛事	第四届雕塑冰雪融合创作邀请展；第六届国际冰雕创作邀请展；第七届中国长春大学生雪雕比赛	2021.12.20	长春世界雕塑园	主办：长春市人民政府 承办：市规自局、世界雕塑园
10	农安县全民上冰雪启动仪式	成人、青少年速滑比赛、冰上麒麟鞭、陀螺、毽球、雪地足球等表演性节目	2021.12.20	农安县德彪小学冰上基地	主办：农安县文广旅局 承办：农安县教育局
11	“筑梦冰雪·相约冬奥”全国学校冰雪运动竞赛暨冰雪嘉年华和吉林省“百万学子上冰雪”主题日活动	启动仪式、模拟冬奥会、冰雪娱乐运动项目展示、观赏冰雪新天地景观	2021.12.22	长春冰雪新天地	主办：教育部、国家体育总局、北京冬奥组委、吉林省人民政府 承办：中国大学生体育协会、中国中学生体育协会、长春市人民政府、吉林省教育厅、吉林省文旅厅、吉林省体育局
12	吉林省第十九届运动会（高校组）暨吉林省第十二届大学生运动会越野滑雪比赛	男子、女子短距离（自由），男子、女子追逐（自由），男子、女子个人出发（传统），混合团体短距离1男1女（传统），男子、女子接力	2021.12.22—24	天定山滑雪场	吉林省教育厅、吉林省体育局
13	中国中学生高山滑雪、单板滑雪锦标赛	高山大回转、单板平行大回转	2021.12.22—23	天定山滑雪场	主办：中国中学生体育协会、长春市人民政府、吉林省教育厅、吉林省体育局 承办：吉林省学生体育协会、长春市教育局
14	中国中学生越野滑雪锦标赛	2.5千米（自由）、4×400米混合接力（传统）、集体出发（5千米，自由）	2021.12.22—24	天定山滑雪场	主办：中国中学生体育协会、长春市人民政府、吉林省教育厅、吉林省体育局 承办：吉林省学生体育协会、长春市教育局
15	中国中学生速度滑冰锦标赛	500米、1000米、1500米、混合接力	2021.12.22—24	吉林省速滑馆	主办：中国中学生体育协会、长春市人民政府、吉林省教育厅、吉林省体育局 承办：吉林省学生体育协会、长春市教育局
16	中国中学生冰球锦标赛	学生冰雪比赛	2021.12.22—28	长春市富奥冰球馆	主办：中国中学生体育协会、长春市人民政府、吉林省教育厅、吉林省体育局 承办：吉林省学生体育协会、长春市教育局
17	海峡两岸姊妹湖协作年会活动	开展7个省份之间经贸文化交流活动，文化旅游活动，包括旅行商客源互换，各姊妹湖路跑合作等	2021.12.24	净月潭景区	主办：中华全国台湾同胞联谊会、吉林省台联、长春市人民政府、净月高新区管委会 承办：净月潭旅游发展集团有限公司、海峡两岸姊妹湖产业协作年会秘书处
18	北京2022年冬奥火种展示活动（长春站）暨吉林省（长春市）大众冰雪季启动仪式	启动仪式、火种展示、冰雪赛事、冬奥文化宣传	2021.12.26	庙香山滑雪场	指导：北京冬奥组委 主办：吉林省体育局、长春市人民政府 承办：长春市体育局、九台区人民政府
19	中国中学生越野滑轮锦标赛	600米、4×200米接力、集体出发（1千米）。分为大众轮与竞速轮	2021.12.26—27	长春市实验中学	主办：中国中学生体育协会、长春市人民政府、吉林省教育厅、吉林省体育局 承办：吉林省学生体育协会、长春市教育局
20	国际雪联自由式滑雪空中技巧世界杯赛	2022年北京冬奥会热身赛，北京冬奥会积分赛	2021.12	莲花山世茂滑雪场	主办：长春市人民政府、国家体育总局冬季运动管理中心 承办：长春市体育局
21	吉林国际高山/单板滑雪挑战赛	滑雪赛事及演艺	2021.12	庙香山滑雪场	主办：吉林省体育局 承办：市体育局、庙香山温泉滑雪度假区
22	“时代之光”第五届中国油画展	来自全国260幅作品入围，规模、数量和质量达到历史新高	2021.12	水文化生态园	主办：中国美术家协会、长春市委宣传部、重庆市文化和旅游发展委员会、长春市文广旅局
23	第六届双阳冰雪嘉年华	开幕仪式、滑冰展演、雪地足球赛、国信南山温泉烟花秀等系列活动	2021.12	长春市双阳区	主办：双阳区人民政府 承办：区文广旅局、旅游服务中心

续表22

序号	活动名称	内容	时间	地点	主办、承办单位
24	长春九台冰雪文化旅游节暨“2021全民上冰雪活动”	群众参与滑雪 开展雪地运动会	2021.12	庙香山滑雪场	主办：九台区人民政府 承办：九台区文旅局、庙香山温泉滑雪度假区
25	榆树市全民上冰雪活动	启动仪式、风筝比赛、徒步比赛、滑雪比赛	2021.12	富越滑雪场等场地	主办：榆树市文广旅局 承办：风筝协会、户外协会、富越滑雪场等
26	公主岭市全民上冰雪暨第七届双青湖冰雪节	滑雪、滑冰、戏雪	2021.12.28	双青湖风景区（刘房子街道双桥村）	主办：公主岭市政府、公主岭市文广旅局 承办：吉林省双青湖旅游度假服务有限公司
27	汽车冰雪嘉年华活动启动仪式暨元旦跨年祈福活动	嘉年华活动启动，跨年烟火、高空烟花冷焰火许愿塔，零点跨年倒计时，现场文艺表演及美食活动	2021.12.31—2022.1.1	长春国际汽车公园	主办：汽开区管委会、 承办：吉林中庆神鹿文化旅游投资有限公司

冰雪经贸

【第六届吉林雪博会长春市分会场活动】 12月18日，第六届吉林国际冰雪产业博览会（简称“第六届吉林雪博会”）长春市分会场活动启动。第六届雪博会以长春市为主阵地，在全省重点商圈、热门度假区景区设置10余个分会场，以线上与线下相结合方式开展，活动持续到2022年3月31日。长春市在中东新天地购物公园、万豪世纪广场和欧亚卖场设立分会场，在摩天活力城和栖乐荟开展相关配套活动。长春市分会场总展览面积3200平方米，79户企业168个品牌参展，主要展示冰雪装备、冬奥特许商品、文创产品、旅游纪念品、民间工艺品和吉林省各市（州）农贸特产。来自长春市驻村第一书记协会260个帮扶村、452个代言产品中的部分优质农产品也在现场展示，辅以现场直播带货、文化演艺互动。开展以“约惠冰雪季·乐享幸福年”为主题“1·8”消费节活动超过400场，“七个乐享”活动板块包含6个线下场景和1个线上场景，分别是“乐享消费”——商超活动板块、“乐享美食”——餐饮活动板块、“乐享年俗”——年货大集板块、“乐享出行”——汽车促销板块、“乐享优惠”——消费券板块、“乐享冰雪”——冰雪商贸活动板块、“乐享云端”——线上促销板块。推出年货博览会、酒店新年礼盒、特价年夜饭、购车送豪礼、冰雪春城美食推介会、直播大咖带货、网上年货节和各类年货大集。第六届吉林雪博会期间，长春市分会场销售额近千万元，签订价值1500万元意向合同，现场人流量52.1万人次。

【冰雪旅游区域一体化交流活动】 12月12日，“冰雪盛会聚八方宾朋区域协作促产业发展”冰雪旅游区域一体化交流活动在长春文旅体验中心举办。活动由长春市文广旅局主办、长春市旅游协会承办，来自全国各地和省内的旅游商协会和文旅企业代表近百人参加活动。

【年货节活动】 欧亚卖场举办“禧市连连”新春赶大集和“传统文化、民俗活动”文化展览；中东集团举办第十四届年货大集活动，展销范围包含冷冻现货、酒水饮料、农贸产品、工艺品等多个品类；欧亚商业连锁举办“第六届年货抢购节”，聚齐南北风味优品，打造新春大集；宽城区举办“长春·宽城第二届年货节”，打造5大特色专场，为市民提供年货产品；莲花山举办“长春莲花山网上年货节”，以“喜迎冬奥、玩味吉林”为主题，汇集百余种特色商品，为全国消费者提供网上大集。

（王　冠　王靖然　韩　凯）

12月18日，第六届吉林雪博会长春设在中东新天地购物公园的分会场开展冰雪体验活动

（市文广旅局　供图）

农　业

NONGYE

综　述

【概况】　全年全市农林牧渔业总产值959.67亿元，比2020年增长6.3%。其中，种植业产值365.62亿元，增长14.2%；林业产值5.80亿元，增长6.1%；牧业产值553.79亿元，增长2.3%；渔业产值6.94亿元，增长8.3%；农林牧渔专业及辅助性活动产值27.52亿元，增长3.5%。

农作物总播种面积164.11万公顷，比2020年增长0.5%。粮食总产量1236.52万吨，增长6.2%。其中，玉米产量1068.22万吨，增长7.9%；水稻产量148.72万吨，下降2.1%。猪出栏640.42万头，增长35.8%；牛出栏61.53万头，下降29.8%；羊出栏71.09万只，增长47.8%；家禽出栏2.53亿只，下降17.0%。肉类产量107.84万吨，增长1.4%；禽蛋产量36.22万吨，下降14.1%；牛奶产量7.04万吨，下降8.7%。全年水产品产量4.07万吨，比2020年增长5.7%。

全年全市农业机械总动力1140万千瓦，比2020年增长9.6%。有效使用绿色食品标识产品491个，有机食品239个，绿色有机环境监测面积40.29万公顷，绿色有机农业总产值516亿元。

全年全市农业支持保护补贴共5.36亿元，玉米、大豆生产者补贴3.06亿元。获省农村人居环境整治村级补助资金10435万元，改造农户卫生厕所90164户。

全年全市新建续建农产品加工业产加销一体化项目23个，完成投资19.54亿元。省级以上和市级龙头企业数量分别发展到162户和169户。

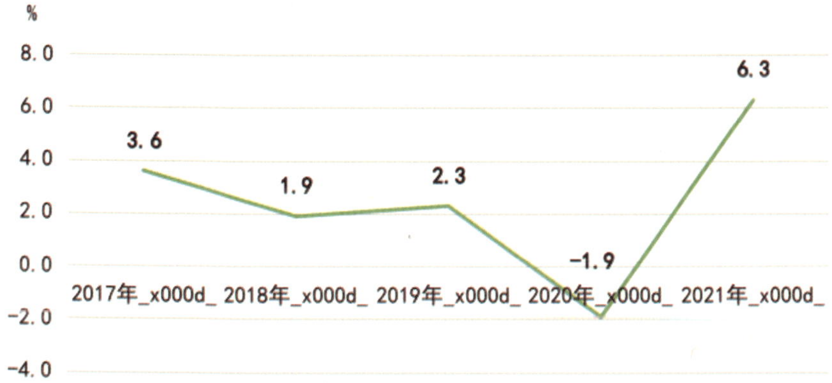

图5　2017—2021年长春市农林牧渔业总产值增长速度统计图

表23　2021年长春市主要农副产品产量及其增长速度统计表

指标	单位	产量	比2020年增减（%）
粮食总产量	万吨	1236.52	6.2
蔬菜总产量	万吨	178.09	8.6
肉类总产量	万吨	107.84	1.4
禽蛋总产量	万吨	36.22	-14.1
牛奶总产量	万吨	7.04	-8.7
出栏生猪	万头	640.42	35.8
出栏家禽	亿只	2.53	-17.0

【耕地质量建设】　全市黑土地（耕地）面积11.55万公顷。长春市有耕地质量监测点310个，实现监测网络全覆盖，且正常运行。监测点分为长期监测点、基础监测点，位置长期不变，将调查点进行空间插值，形成若干个监测单元，并覆盖所有的区域，形成长春市耕地质量监测网络。

【农资监管】　年初，召开全市农资监管工作会议，下发长春市2021年农资市场专项整治等多项实施方案。组织对辖区种子企业生产、外调、库存及中转种子全部进行监督抽检，杜绝问题种子流入市场；对市场上销售的每个品种及同一品种不同厂家生产的品种种子进行全部扦样，进行纯度、净度、水分、芽率检测，对重点市场、重点企业、重点品种进行真实性及转基因成分检测，对疑似侵权套牌的玉米品种送北京玉米种子检测中心进行DNA真实性检测。全年抽取种子样品352份，其中88个玉米品种送海南进行田间种植鉴定，40个玉米品种送北京玉米种子检测中心进行DNA真实性鉴定。

坚持“两分”（执法人员分组、分片）“三定”（定人、定岗、定责）“九查”（查经营资质、查包装标签、查生产经营档案、查虚假宣传、查假劣、查套包侵权、查未审先推、查非法转基因、查场外非法交易）管理办法，实行“五统一”（生产经营档案、管理档案、信誉卡、备案封样、销售台账五统一）市场监管方式，查处生产经营套牌侵权、未审先推、非法转基因种子以及无证生产经营、经营未登记等假劣农资违法行为。全年，出动农作物种子执法人员754人次，出动执法车辆180台次，立案20起，结案19起，没收种子约826千克，没收违法所得5422元，罚款42.6万元，罚没款43.14万元。全年查处标签标注不合格案件2起、未按规定备案7起、未审定4起、假劣5起及转基因玉米种子2起。查处农药案件15起，结案15起，收缴罚没款12.14万元（罚款11.4万元、没收违法所得0.74万元），没收农药92.37千克。查处肥料案件15起，结案15起，收缴罚款9.81万元。

【现代农业发展】 现代农业产业体系得到优化。粮食生产能力稳步提升，2021年全市粮食播种面积156.91万公顷，占全省粮食播种面积的27.43%；粮食总产量123.65亿千克，占全省粮食总产量的31%。粮食产能在副省级城市中列第二名，粮食总产量、人均占有量、粮食商品量始终位居全国前列。园艺特产业快速发展，2021年全市园艺特产业面积15.6万公顷，其中全市棚室生产面积2.14万公顷。经济作物产量87.4万吨，蔬菜产量551万吨，园艺特产业产值297亿元，走在全省前列。农产品加工业平稳发展，推进加工转化增值。2021年底，全市农产品加工业规模以上企业249家，规模以上产值645.4亿元。渔业产业效益得到提高，2021年全市水产养殖面积2.63万公顷，水产品总产量4万吨，渔业总产值7.1亿元。

现代农业生产体系得到巩固。高标准农田建设快速推进，2021年度高标准农田建设项目7.93万公顷，建设周期为2年。全程农机化水平持续提升，2021年全市农机总动力1140万千瓦，农作物耕种收综合机械化率93%，比2020年增长1个百分点。2021年，全市推广保护性耕作面积70.47万公顷，农业科技进步贡献率63%。

现代农业经营体系实现创新。新型经营主体稳步发展，2021年全市农民合作社发展到2.4万户，家庭农场发展到1.1万户。发展适度规模经营，农村土地流转面积90.8万公顷，占家庭承包耕地面积的56.2%。新型职业农民队伍持续壮大，2021年培育新型经营主体带头人2.3万人、高素质农民2.5万人。水产养殖面积1.66亿平方米，水产健康养殖面积1.62亿平方米。

【示范园区创建】 实施“现代农业示范基地（园区）创建工程”，德惠生猪晋升省级产业园，德惠、榆树两个开发区获批省级农产品加工示范园区。截至2021年年末，全市累计创建国家级产业园1个、省级产业园9个、市级产业园16个。2021年是长春市“创市”收官之年，新建绿色有机农业示范园区20个，新认证绿色有机和地理标志农产品100个。5年“创市”整体目标基本完成，建成绿色有机农业示范园区100个。

【绿色生态农业】 按照《创建全国绿色有机农业示范市规划纲要（2017—2021年）》，确定年度新建绿色有机农业示范园区20个，新增绿色有机环境监测面积4.67万公顷，新认证绿色有机和地理标志农产品100个的任务目标。2021年，农田灌溉水有效利用系数62%。化肥、农药减量控药成效明显，农药用量11243.9吨，比2020年下降509.3吨。化肥用量2021年687156.09吨，比2020年下降11651.7吨。秸秆综合利用率68%，畜禽养殖粪污综合利用率95.07%。

【农业一二三产业融合发展】 长春市推动农村一二三产业融合，培育新产业新业态，在农业转型升级基础上,实现农业农村现代化。认定领军型龙头企业10户，新认定市级农业产业化联合体20家，新入选全省百强农产品加工企业30家，列全省首位。2021年，长春市有龙头企业331户。其中，国家级18户，省级143户，市级170户。县域包含榆树、德惠、九台水稻在内的吉林粳稻产业集群入选2021年国家优势特色产业集群建设名单。发展新产业新业态，10户企业晋升为省级休闲农业与乡村旅游星级企业。农安县万金塔乡五里堡子村等6个村晋升为省级一村一品示范村镇；双阳区鹿乡镇鹿乡村晋升为国家级一村一品示范村镇。榆树、德惠和九台被确定为全国农产品产地冷藏保鲜设施建设试点单位。2021年，中国农民丰收节全省主会场设在长春市九台区红光村。

（市农业农村局）

种植业

【概况】 2021年，全市粮食作物播种面积156.91万公顷，比2020年增加3276.5公顷；产量1236.07万吨，比2020年增加72.17万吨。全年以指导文件形式主推优良农作物品种40余个，全市农作物良种率100%。

【玉米种植】 2021年，全市玉米播种面积134.56万公顷，比2020年增加1.08万公顷；产量1068.22万吨，比2020年增加77.99万吨。

【水稻种植】　2021年，全市水稻播种面积17.88万公顷，比2020年减少5154公顷；产量148.72万吨，比2020年减少3.16万吨。

【大豆种植】　2021年，全市大豆播种面积2.7万公顷，比2020年减少6500公顷；产量5.44万吨，比2020年减少1.73万吨。

【薯类种植】　2021年，全市薯类播种面积1.51万公顷，比2020年减少1055公顷；产量10.02万吨，比2020年减少2.48万吨。

【高粱种植】　2021年，全市高粱播种面积4655公顷，比2020年增加2977公顷；总产量3.17万吨，比2020年增加1.76万吨。

【谷子种植】　2021年，全市谷子播种面积620公顷，比2020年增加57公顷；产量2423吨，比2020年减少480吨。

【小麦种植】　2021年，全市小麦播种面积127公顷，比2020年增加54公顷；产量453吨，比2020年增加153吨。

【杂粮种植】　2021年，全市杂粮播种面积3783公顷，比2020年增加2099公顷；产量2084吨，比2020年减少1835吨。

【春季生产】　2021年，春季生产备耕资金充足，农资供应保障充裕，价格合理，执法监管到位。制定下发《2021年长春市主要农作物主推品种指导意见》，优选出适合长春市不同区域种植玉米品种20个、水稻品种10个、大豆品种10个，列为2021年长春地区主要农作物主推品种，推出2021年全市农业主推十大技术。成立8个备春耕生产指导服务组，分片包保各县（市）区、开发区，开展农业生产技术服务。指导各地科学制定春耕生产计划，合理安排各项作业时间，春耕生产实现一次播种、一次拿全苗。

【植物保护】　农作物重大病虫害监测预警。完善重大虫害田间监测网点建设，提升监测智能化和标准化水平，新建7个太阳能智能昆虫性诱监测点，依托原有8个高空测报灯监测点、17个虫情测报灯监测点，做好草地贪夜蛾监测与防控。各县（市）、区招标采购12144套草地贪夜蛾诱捕器，下发到2024个农业行政村，每个村至少布设6个诱捕器。在玉米、水稻等粮食作物主产区增设监测点，加强玉米螟、水稻二化螟等迁飞性和常发性重大害虫监测预报。5月，长春市植物保护检疫站下发390套测报专用诱捕器和测报专用诱芯，用于粮食作物主产区监测玉米螟、二化螟、黏虫、草地螟、大豆食心虫等害虫，掌握迁飞性害虫和常发性害虫发生规律，帮助植保科技人员对及时开展病虫害防控工作做出正确判断，提高利用人工释放赤眼蜂防治玉米螟和二化螟防治效果。

推广绿色防控技术，开展农药使用量零增长行动。全年整合中央、省级专项资金和地方财政资金2081.35万元，推广人工释放松毛虫赤眼蜂防治玉米螟技术59.08万公顷；利用省农业防灾减灾项目、中央农业生产和水利救灾等专项资金967万元，开展人工释放混合赤眼蜂示范推广生物防治水稻二化螟4.26万公顷。示范推广水稻重大害虫性信息素诱控技术，促进全市农药减量控害，全市实际完成2.35万公顷。开展减量控害精准施药技术示范，更换3.75万套精量喷头和0.84万套防飘喷头，涉及62个乡镇、446个村，对牵引式、悬挂式、自走式喷杆喷雾机约3320台植保机械进行升级改造，减少用水量和农药使用量。加强安全用药指导和培训，印制发放包含农作物病虫害识别与防治技术、绿色防控技术、科学使用农药等内容的台历3000册，推广普及农作物病虫害科学防治技术。

农作物病虫害专业化统防统治。榆树市、农安县、德惠市、公主岭市等县（市）整合项目资金2993.28万元，实施水稻稻瘟病和二化螟飞防作业面积分别为9.04万公顷、8400公顷。从市财政争取资金98.74万元，在新立城水库和石头口门水库两大水源地二级保护区内开展水稻稻瘟病生物防治4850公顷（其中飞防作业面积3920公顷），促进饮用水水源地安全保障达标建设。

【植物检疫】　2021年，全市城区（除绿园区外）开具植物检疫证书（省内）97份，涉及4种作物，49个品种，调运种子数量235.92吨；开具植物检疫证书（省间，除海南）187份，涉及6种作物，134个品种，调运种子数量336.05吨。强化植物产地检疫工作，从源头和流通过程中严控检疫性有害生物传播，全程监管农作物种子生产繁育基地，在主城区（除绿园区外）范围内开具产地检疫合格证27份，种植面积113公顷，总产量682.16吨。

【高标准农田建设】　年内，完成高标准农田建设任务4.73万公顷，公主岭、九台、德惠3个集中连片、设施配套、智慧高效“万亩新型高标准农田示范区”获得省批准创建。

（朱孔亮）

园艺特产业

【概况】　2021年，全市园艺特产业播种面积15.6万公顷，产量731万吨，产值297亿元，比2020年增长12.9%。其中，设施园艺播种面积21420公顷，产量157.6万吨，产值69.1亿元。新增30亩以上规模园区26个，面积174.87公顷，创历史新高。2021年，全市秋菜播种面积4.53万公顷，总产量266万吨，市场运行平稳有序。起草《做好2021年秋菜收贮供应工作的通知》，协调组织秋菜测产、质量抽检等上市准备工作。

【蔬菜产业】　截至2021年年末，全市蔬菜播种面积8.4万公顷，总产量552万吨，总产值130亿元。生产规模和效益均占全省三分之一以上，拥有4个全国蔬菜生产重点县，形成榆树设施蔬菜、德惠布海瓜菜、农安哈拉海三辣、公主岭怀德香葱、双阳绿色有机蔬菜、九台卡伦叶类菜等蔬菜优势区。2021年，全年秋菜播种面积4.53万公顷，总产量266万吨，市场运行平稳。

【花卉苗木产业】 2021年，花卉苗木产业面积6899公顷，总产值28.1亿元，形成九台波泥河、卡伦等北方苗木集散地，产品供应东北三省及华北、华东等省，并发展到绿化工程。君子兰节每年一届，形成兰家、四间、盛发、一汽、大岭5个规模园区，20余个生产基地，面积223公顷，君子兰数量2亿余株，从业人员10万余人，成为国内及世界君子兰良种繁育基地和商品生产基地。

【食用菌产业】 食用菌生产规模发展到1.4亿袋，年产量6.8万吨，产值3亿元。香菇、黑木耳、平菇三大类以袋料栽培，引进开发杏鲍菇、金针菇、双孢菇等品种，人工栽培食用菌发展到10余种。

【水果产业】 截至2021年年末，水果种植面积7523公顷，总产量18.5万吨，产值10.4亿元。水果产业以鲜食葡萄和苹果为主，海棠、李杏、草莓、苹果梨、杂梨等规模逐步扩大。全市建成奢岭草莓、郭家葡萄、上河湾金红苹果、华家甜瓜等优质水果示范基地，打造榆树红星，农安万金塔、新农，九台上河湾，双阳太平、齐家、奢岭等瓜果特色乡镇。南果北种技术逐渐成熟，部分热带水果在长春市多个现代农业园区引进种植，木瓜、火龙果、香蕉等采摘价格可观。“两瓜”（西瓜、香瓜）面积1.46万公顷，主要集中在农安、榆树、公主岭、德惠、双阳等地，产量66万吨，产值22.5亿元。

【其他经济作物】 葵花、花生、烤烟等其他经济作物种植面积2万公顷，总产量8.2万吨，产值4.9亿元，主要集中在榆树、农安、德惠、公主岭等地。

【特色农产品优势区】 建设“五带一环”（长双、长九、长德榆、长农、长怀特色农业产业带和长春环城）特色农业示范区。培育榆树设施蔬菜、北沟外向型设施蔬菜、双阳绿色有机蔬菜、农安“三辣”（珠葱、大蒜、辣椒）、农安甜瓜、德惠露地蔬菜、德惠外向型设施蔬菜、九台波泥河花卉苗木、九台上河湾水果、公主岭怀德香葱10个特色农产品优势区。

【园艺特色乡镇】 打造40个园艺特色乡镇。其中，设施蔬菜特色乡镇17个（榆树八号、五棵树、弓棚，农安华家、开安、合隆，德惠菜园子，九台卡伦、东湖、土门岭，双阳奢岭、平湖、双营，宽城兰家，莲花山劝农、公主岭怀德、永发），露地蔬菜特色乡镇5个（农安烧锅、哈拉海，德惠布海、升阳，公主岭怀德），花卉苗木特色乡镇4个（九台波泥河、双阳双营、朝阳永春、公主岭范家屯），食用菌特色乡镇3个（榆树土桥、秀水，双阳齐家），瓜果特色乡镇7个（榆树红星，农安万金塔、新农，九台上河湾，双阳太平、齐家、奢岭），特色经济作物乡镇4个（农安杨树林、三盛玉，九台纪家，公主岭怀德）。

【设施园艺发展】 落实省里出台《关于印发2020年设施园艺发展项目指南的通知》《关于印发2021年吉林省“菜篮子”产品（蔬菜、食用菌）生产保障基地项目指南的通知》精神，鼓励各类生产经营主体发展棚膜经济。2021年，全市设施园艺总面积2.13万公顷，新增设施园艺面积275公顷。2公顷以上集中连片规模园区26个（面积174.87公顷），其中百亩以上12个，创历史新高。榆树、九台两地年度新建棚室面积超过66.67公顷。

（项　微）

林　业

【概况】 2021年，打造“天蓝、地绿、水净、城美”绿色宜居森林城，各县（市）区、开发区实施农防林更新改造、林地清收还林、防沙治沙造林、“三北”（西北、华北和东北）五期造林等工程。实行退耕还林还湿，利用河道、公铁路区域外、沟旁、渠旁、路旁、村屯闲置土地见缝插绿，最大限度地实现绿量增长。全市完成造林5230公顷。其中，农田防护林网修复完善工程2474公顷，迹地更新造林694公顷，职工工资田还林1297公顷，封山育林67公顷，生态经济林490公顷，防沙治沙122公顷。公铁路两侧绿化25千米，绿化面积42公顷；河道绿化29千米，绿化面积44公顷。完成历年不合格地块补植补造3597公顷，冰雪灾害恢复补植1138公顷。

【绿化带管护】 加强机场迎宾大道景观工程、环城绿化带工程和西部防风御沙林带工程管护工作，抓好森林防火、病虫害防治、绿地保洁清理等常规管理。开展环城绿化带补植、机场路树木移植、花卉栽种和护栏安装，落实雨雪冰冻灾害树木清理工作。

【林业有害生物防治】 印发《长春市松材线虫病疫情防控工作方案》，修订《长春市松材线虫病疫情应急处置预案》，对长春市林业有害生物防控领导小组成员进行调整和补充。全年开展松材线虫病调查监测5次，调查监测松林面积22.48万公顷，取样镜检7007株，未发现松材线虫。布设松墨天牛监测点100个，未发现松材线虫媒介昆虫。开展常发性林业有害生物防治工作，全年林业有害生物应施调查监测种类25种，应施监测面积58.77万公顷，监测覆盖率99.96%。林业有害生物发生面积3126.67公顷，采用绿色无公害药剂防治，推广生物防治，落实林业有害生物防治作业面积2780公顷，防治率100%，无公害防治率100%。组织各县级林业主管部门开展林业植物检疫产地检疫工作，对所有国有、集体及个人苗木生产及经营销售单位，进行严格产地检疫，实现种苗产地检疫率100%。以全国林草植物检疫信息化管理与服务平台为依托，开展松材线虫病和美国白蛾疫情防控，落实林业植物检疫复检工作，加强日常检疫签证管理，全年检疫签证率100%。加强对松材线虫病疫木及其制品检疫监管，排查违法违规运输、加工、经营和使用松材线虫病疫木及其制品行为，全年调查备案涉木企业（个人）297户、苗木生产经营企业（个人）396户，培训兼职林业植物检疫员411名。

【林业科研】　开展林业科研攻坚，《长春古梨树资源保育研究》《北美香柏高效栽培及繁育示范》《美国红枫引种繁育及高效栽培技术研究》等在研项目取得阶段性成果。《长白山秋季红叶槭树品种引种繁育及开发利用》《文冠果优良单株选择及繁育技术研究》《红松坚果园营建技术示范与推广》获“吉林省长白山林业科学技术奖”“长白山林业科技创新奖”等多个奖项。申报《国外椴树引种驯化及繁育栽培技术研究》《优良城市绿化观赏树种引种驯化及快繁技术研究》等项目，其中《优良观赏椴树种质资源收集及繁育栽培技术研究》审核通过。储备科研项目15项，前期工作陆续开展并取得阶段性成果。推进《生物多样性公约》第十五次缔约方大会中国馆长春展区筹展和线上展出工作，在国际平台向世界展示长春市生态文明建设和生物多样性保护等方面成果。长春市林业科学研究院被中国林学会授予“2020—2024年度中国林学会科普基地”称号。

【森林防火】　抓好森林防火和安全生产工作，加大防火宣传力度，利用各种宣传媒介，普及森林防火知识。建立健全各级森林草原防火工作组织领导体系，明确森林、草原、林木、林地经营单位和个人森林草原防火责任。针对重点防火时段，加大火源管控力度，从根本上杜绝森林火灾事故发生。截至2021年年末，长春市连续41年无重大森林火灾发生。

【场站管理】　推进林业站标准化项目建设，于2021年11月通过吉林省标准化林业站建设项目验收。实施林业站管理服务能力提升，指导长春市九台区以森林康养项目为依托，打造升级金色家园旅游度假村，建成马鞍山镇清水村村史馆特色党建品牌，占地面积330平方米。加强对县乡级林业站动态跟踪指导，研究乡镇机构改革后乡镇林业岗位规范、管理机制、管理模式，加强集体林管护队伍建设，更新林业站本底调查系统数据。督促各县（市）区加强对林业站管理机构跟踪考核。强化林业站岗位培训，组织20名改革后乡镇林业技术骨干参加全国乡镇林业站能力测试。

（张晓东）

畜牧业

【概况】　2021年，全市畜牧业产值553.8亿元，比2020年增长2.3%。肉类产量107.8万吨，比2020年增长1.4%；禽蛋产量36.25万吨，下降14.1%；牛奶产量7.04万吨，下降8.7%。长春市肉类总产量和肉类人均占有量在全国15个副省级城市排第一位，畜牧经济总量占全市农业经济总量一半以上。

【生猪】　至2021年年末，全市生猪发展到1052.2万头，比2020年增长34.1%。其中，存栏411.8万头，出栏640.4万头（比2020年增长35.8%）。

【肉牛】　至2021年年末，全市肉牛发展到132.9万头，比2020年下降9.6%。其中，存栏71.4万头，出栏61.5万头（比2020年下降29.8%）。

【羊】　至2021年年末，全市羊发展到135.7万只，比2020年增长32.4%。其中，存栏64.6万只，出栏71.1万只（比2020年增长47.8%）。

【家禽】　至2021年年末，全市家禽发展到3.3亿只，比2020年下降16.1%。其中，存栏0.8亿只，出栏2.5亿只（比2020年下降17.0%）。

【肉牛产业发展】　年内，制定肉牛产业发展规划，出台21条扶持政策。1月，发布《长春市肉牛产业发展规划2021—2025》《长春市支持肉牛产业发展的若干措施》。新牧公司建立吉林省肉牛选种选育研发中心，性控冻精产品于10月正式投放市场。推动城开集团绿色循环肉牛产业示范园项目、屠宰加工厂项目建设；皓月集团新型生物瓣膜项目生产厂房建设完工。长春新牧“吉牛云”肉牛产业大数据平台上线运行。构建政银保担联动支牧服务保障体系，建设完成生物性资产金融监管服务平台5家，大范围推广活畜抵押贷款和肉牛养殖成本保险，通过信用贷款、抵质押贷款等形式为肉牛产业投放贷款超过7亿元。以市政府名义主办2021中国·吉林肉牛产业高质量发展峰会，引进杭州启明、广西神冠等分别同皓月集团围绕新型生物瓣膜、清真肠衣等项目达成合作协议。引进蒙牛集团同广泽乳业开展战略合作，利用淘汰奶牛及犊牛建设万头肉牛育肥项目。吸引奥金斯农牧、认养一头牛、胜伟牧业等国内知名企业围绕肉牛养殖、育种等项目到长洽谈投资并初步达成合作意向。

【畜禽粪污综合利用】　2021年，重点实施畜禽粪肥沃土行动，开展粪污综合利用入户检查指导。市县两级畜牧兽医技术推广机构组织技术推广培训15个班次，入户指导3000余家规模养殖场及养殖密集村屯，发放技术资料及畜禽粪污综合利用问题告知单5000余份。成立督导组对各县（市）区粪污综合利用问题进行整改督导，以市政府办公厅名义印发《关于进一步加强畜禽粪污收储运体系运行管理推进养殖废弃物综合利用的通知》《全市养殖污染专项整治和畜禽粪污资源化利用工作方案》，推动粪污收集设施和粪污处理中心规范运行。印发《全市畜禽粪污综合利用试点推进工作方案》，探索建立起粪污收储运体系规范运行长效机制。

【秸秆饲料化利用】 利用国家、省、市、县各级扶持资金，鼓励和支持养殖场（户）、养殖合作社、秸秆饲料收贮加工企业加强秸秆饲料化利用基础设施建设，推广秸秆青贮、黄贮、氨化、盐化、膨化、制粒等成熟技术。2021年，全市秸秆饲料化利用量突破300万吨，超额完成市政府下达秸秆饲料化利用量291.29万吨和秸秆饲料化利用率27.6%任务目标。

【重大动物疫病防控】 全年投入防疫资金4500万余元，开展全市春秋两季动物集中强制免疫和监测流调工作，做到养殖畜禽应免尽免，免疫密度超过95%；开展检疫监管提升年和打击私屠滥宰专项整治活动，查办各类违法违规案件48起；全年无害化处理病死猪56万余头、禽2388吨、牛473头；与卫健部门建立人畜共患传染病联防联控工作机制，定期通报情况，共享信息；调整和完善长春市防控重大动物疫病应急物资储备制度，2021年全市无区域性重大动物疫情发生。

【畜产品质量安全监管】 2021年，全市三型以上生猪屠宰厂16户，其中五星级企业5户。牛羊禽标准化创建样板企业7户。开展检疫监管提升年活动，全市产地检疫率、屠宰检疫率逐月提升，最大增幅分别为16.78%和20.59%。开展各类专项治理活动，打击畜禽违法调运、私屠滥宰、瘦肉精和农资打假。市本级核查案源线索90余条，办结率100%；立案21起，缴纳罚款金额15万元；各县（市）区立案查处78起案件，罚款约39万元。国家、省抽检猪、牛、羊、禽等大综畜产品254批次，合格率100%；市本级监测64批次，合格率97%，总体合格率99.3%。全市有18家畜牧企业被市政府授予“绿色有机示范园区”称号。

【畜牧业项目建设】 2021年，全市新建续建项目23个，总投资74.558亿元，其中亿元以上项目12个，计划总投资70.767亿元，年度内完成投资20.5亿元。重点推进长春农投绿色循环肉牛产业示范园区项目（投资33.26亿元）、吉林新兆农牧业股份有限公司肉牛养殖项目（投资1.05亿元）、长春傲新农牧发展有限公司农安万头母猪场（投资2.05亿元）、榆树市养殖产业园区基础设施建设项目（投资4.06亿元）、德翔年加工一亿只肉鸡屠宰厂建设项目（投资2.17亿元）、德惠商品鸡场养殖场改建鸡舍项目（投资4.95亿元）等。

10月27日，2021中国·吉林肉牛产业高质量发展峰会吉林省“秸秆变肉”暨千万头肉牛工程专家委员会在长春召开 （市畜牧局 供图）

【畜牧业技术指导服务】 会同市科协集中开展肉牛养殖科技下乡活动，推动长春市三百万头肉牛工程建设，集中培训指导肉牛养殖场户7.6万户，实现培训全覆盖。建立畜牧业科技下乡和市县联动长效机制。开展生态养殖技术推广与示范工作，召开关于生态养猪项目专家研讨会，制定《长春市2021年生态养猪项目实施方案》，遴选4家大小规模不同生猪养殖企业进行推广示范。开展“暖流计划”入户指导工作，成立养殖技术入户指导服务组、专家技术咨询组，设立咨询服务电话，入户指导200户次，解决养殖场（户）困难。开展秸秆膨化微贮技术研究，申请吉林省地方标准，在九台区博宇农业和长拖科技试点成功。

【畜禽粪污收储运体系运行管理专项督查】 9月11日，市政府办公厅印发《关于进一步加强畜禽粪污收储运体系运行管理推进养殖废弃物综合利用的通知》，开展畜禽粪污收储运体系运行管理专项督查。农安县解决粪污转化中心、收集中心项目后期运营经费不足问题，保证收储运体系能够迅速投入运行。公主岭市、榆树市、德惠市、九台区、双阳区开展自检自查，上述县（市）区粪污暂存设施全部启用。

【长春市建立人畜共患传染病联防联控工作机制】 4月，建立长春市人畜共患传染病联防联控工作机制。落实人畜共患传染病防控措施，做好人畜共患传染病应急处置工作。成立人畜共患传染病联防联控工作领导小组，组长由主管副市长担任，副组长由市畜牧业管理局、市卫生健康委员会主要领导担任，成员单位包括市财政局、市公安局、市市场监督管理局及市林业和园林局。

【2021中国·吉林肉牛产业高质量发展峰会】 10月27日，2021中国·吉林

肉牛产业高质量发展峰会在长春召开，推进实施“秸秆变肉”暨千万头肉牛建设工程，省内外专家、学者和企业家代表，就肉牛产业发展进行政策解读、学术交流和现场访谈。举行现代肉牛产业学院揭牌仪式，发布《科教助力吉林肉牛产业高质量发展行动宣言》，颁发吉林省“秸秆变肉”暨千万头肉牛工程专家委员会专家聘书。

（佟　宇）

渔　业

【概况】　2021年，长春市渔业产值约7亿元，比2020年增长19.37%。水产品总产量4.07万吨，比2020年增长5.46%。养殖方式主要有池塘、湖泊、水库、稻田养殖等，养殖品种由传统草鱼、鲢鱼、鳙鱼、鲤鱼、鲫鱼发展到豫选黄河鲤鱼、黄颡鱼、鳜鱼、大银鱼、团头鲂、河蟹、泥鳅、翘嘴红鲌、南美白对虾等名特优新品种。

【渔业管理】　印发《长春市渔业发展“十四五”规划》《推进长春市渔业高质量发展的工作方案》《“中国渔政亮剑2021”长春市系列专项执法行动实施方案》《长春市2021年农业资源及生态保护补助项目（渔业资源增殖放流）实施方案》等文件。建立养殖水域滩涂确权制度，完善包括捕捞许可制度、养殖证制度、水产苗种生产许可制度等制度渔业管理体系。制定《长春市大水面净水渔业示范区建设方案》《水产养殖用投入品监管工作方案》《长春市渔业船舶安全风险防控工作实施方案》等，开展渔业生态安全管理、产地初级水产品质量安全管理和渔业生产安全管理体系建设。

【稻渔综合种养】　9月18日，在德惠市开展全市稻渔综合种养集中研究和现场观摩交流活动，市农业农村局、市财政局、各县（市）区农业农村局和种植养殖户代表50余人参加活动。德惠市、农安县和公主岭市水产技术推广负责人及养殖户代表作技术和经验交流。运行稻渔综合种养现代生态循环农业模式，水稻种植与水产养殖有机结合，推进渔业结构改革和高质量发展。2021年，稻蟹养殖实施面积8333.33公顷，亩均综合增效1000元以上，种养合作社45家，蟹田大米品牌10余个，其中稻蟹面积5800公顷，位列全省第一。

【专项执法行动】　5月12日，由省农业农村厅和省公安厅联合举办的吉林省“中国渔政亮剑2021”系列专项执法行动启动仪式在榆树市举行。仪式上省农业农村厅领导向全省11支执法分队授旗仪式，集中销毁全市各级渔政执法机构收缴各类违法网具和5艘涉渔“三无”（无船名船号、无船舶证书、无船籍港）船只。重点开展“打击电鱼行为”、清理取缔涉渔“三无”船舶和“绝户网”“涉外渔业”“水生野生动物保护和规范利用”“水产养殖用投入品规范使用”行动，打击各类涉渔违法行为。

【渔业资源养护】　实施渔业资源增殖放流，全年各界放流900万尾。6月6日，在长春市新立城水库举行吉林省暨长春市水生生物增殖放流活动。省市领导、党员干部、新闻记者、渔民和群众代表100余人参加，现场放流鲢鱼苗种6万尾。

【渔业生产安全指导】　7月12日，在长春市新立城水库开展渔业船舶水上安全突发事件应急演练。市农业农村局、市应急管理局、市交通运输局、市农业综合行政执法支队、新立城水库管理中心、石头口门水库管理中心、净月潭水库管理处参加应急演练。演练包含水上救生演练、水上消防演练和水上环保演练3个科目。开展渔业安全生产工作，以渔业安全为中心，以渔业船舶、渔业从业人员安全监管为重点，提高长春市水上安全突发事故预防和应急救援能力。

（王　海）

种　业

【概况】　全市年用种量3.8万吨左右，每年以指导文件形式主推优良农作物品种40余个，全市农作物良种率100%。全市有种子经营门店1500余家，长春市城区种子大市场、公主岭市种子销售一条街，是全国两个最大的农作物种子批发零售集散地，销售范围覆盖吉林全省；全市有种子生产企业100余家，年种子生产量1亿千克以上；全市有育种单位80余家，拥有通过吉林省及国家审定具有自主知识产权的农作物品种近千个；全市有种子管理机构（农业综合行政执法队）7个，市级1个、县（市）区级6个，负责全市农作物种子的品种管理、生产管理、质量管理、市场管理。

【种业科技创新】　市委、市政府出台《长春关于大力推进现代种业创新发展的实施意见》，实施种业科技创新工程。年内，建立200公顷国家玉米新品种区域性集中展示评价区和国家玉米籽机械化收获技术集成展示示范区。与中化先正达、隆平高科等大型种业集团合作，培育种业创新主体。推进“育繁推”一体化种业优先发展，运用市场化手段、社会资本推动种业创新发展，建立以企业为主体，以科企合作、企企合作为主要途径的育种创新机制，推动种子企业资源整合，兼并重组，打造现代种业集团。

【公主岭国家现代种业产业园建设】

公主岭市国家现代种业产业园于4月1日通过农业农村部和财政部评审，4月28日被正式确定为国家现代种业产业园创建单位，项目计划总投资约11亿元，总规划占地1.9万公顷，核心区面积20公顷。拟建设包括生物育种实验室和人才中心的研发大厦、3万平方米的种子生产加工中心、1300公顷制种基地、200公顷试验基地、900公顷高标准农田等。鸿翔种业有限责任公司、先正达中国集团签订入驻公主岭市现代种业产业园框架协议。

【渔业良种培育】 2021年，长春市有省级水产良种场6家，苗种培育面积73.93公顷，年产水产苗种约887吨，主要品种有鲢鱼、鳙鱼、鲤鱼、鲫鱼、草鱼等。2021年，长春市河蟹苗种生产企业4家，苗种培育面积106.67公顷，年产河蟹苗种约40吨。

【种子销售市场规范化建设】 加强品种管理、质量管理，加强市场监管，加大种子知识产权保护力度，规范种子经营行为。把长春市城区种子大市场、公主岭市种子一条街打造成具有示范引领作用的全国农作物种子批发零售中心。

（朱孔亮）

休闲农业

【概况】 市级以上休闲农业与乡村旅游示范点（星级企业）120家。其中，国家级17家、省级51家、市级52家。全市休闲农业与乡村旅游接待人数1000万人次以上。新认定榆树市江鱼养殖农业园等9家单位为“2021年度长春市休闲农业与乡村旅游示范点”；吉林省莲华耘宇田园度假村有限公司等10户企业晋升为省级休闲农业与乡村旅游星级企业；吉林省农安县众一农业专业合作社联合社和榆树市兴隆农牧专业合作社等2家企业晋升为国家级休闲农业与乡村旅游星级企业。

【“一村一品”示范村镇】 全市市级以上“一村一品”示范村镇57个。其中，国家级16个、省级28个、市级13个。新认定榆树市保寿镇保寿村等9个村为2021年度长春市“一村一品”示范村镇；农安县万金塔乡五里堡子村等6个村新晋为省级“一村一品”示范村镇；双阳区鹿乡镇鹿乡村晋升为国家级“一村一品”示范村镇。

【美丽休闲乡村】 全市有省级以上美丽休闲乡村21个。其中，国家级8个，省级13个。双阳区太平镇小石村新获评为“国家级美丽休闲乡村”，九台区龙嘉街道红光村和榆树市秀水镇治江村新获评为“省级美丽休闲乡村”。

（刘 枫 杨海波）

农业产业化经营

【概况】 2021年，全市农产品加工业规模以上产值645.4亿元，比2020年增长27.4%。拥有市级以上农业产业化重点龙头企业331户。其中，国家级21户，省级141户，市级169户。市级以上农业产业化联合体88个。其中，省级35个，市级53个。制定并出台《长春市人民政府关于加快农产品加工业和食品产业发展的实施意见》。

【农业产业化领军型龙头企业认定】 年内，开展首批农业产业化领军型龙头企业认定活动，皓月公司等10户企业被认定为2021年长春市农业产业化领军型龙头企业。新认定公主岭市健亿农业综合开发有限责任公司等28户企业为市级龙头企业，榆树市榆乡豆制品有限公司等20户企业新晋升为省级龙头企业，佐丹力健康产业集团（吉林）有限公司、长春奢爱农业科技发展有限公司、中钢新元现代农业科技（吉林）有限公司等3户企业新晋为国家级龙头企业。

【农业产业化联合体】 新认定吉林省升吉农业产业化联合体等20家单位为市级农业产业化联合体，九台区五佳农业产业化联合体等4家单位晋升为省级联合体。吉林省长春皓月清真肉业股份有限公司、吉林华正农牧业开发股份有限公司、吉林德大有限公司等30户企业入选“全省农产品加工业和食品产业百强企业”，约占全省三分之一，列全省首位。

【重点企业运行】 吉林省长春皓月清真肉业股份有限公司产值100.6亿元，比2020年增长33%；九三集团长春大豆科技股份有限公司产值60.4亿元，比2020年增长21%；吉林华正农牧业开发股份有限公司产值27.1亿元，比2020年增长56%；中粮生化能源（榆树）有限公司产值24.2亿元，比2020年增长38%。

【园区和项目建设】 榆树环城工业集中区和德惠经济开发区获评首批省级农产品加工业示范园区。现代农业与农产品加工业重点项目专班有重点推进项目84个。其中，竣工投产12个，增量项目24个，在建项目48个，在建项目投资39.05亿元。长春绿色循环畜牧产业示范园项目、佐丹力粗粮食品项目建设进展顺利。召开2021年长春市农业项目与优质农产品推介会。双阳区、九台区、公主岭市、榆树市、农安县、德惠市分别推介，吉林德翔牧业有限公司与新希望六和股份有限公司等12个项目签约，意向签约金额83.6亿元。

【现代农业产业园】 2021年，全市创建现代特色农业示范基地项目8个，通过先建后补市级财政下达扶持资金800万元（每个100万元），撬动社会投资5689.4万元。4月，公主岭现代农业产业园被列为国家现代农业产业园创建单位，国家支持资金1亿元，省级支持资金168万元，市级支持资金300万元，带动社会投资18.4亿元。12月，榆树市农业现代化示范区被列为国家首批农业现代化示范区。3月，德惠市生猪现代农业产业园被列为省级现代农业产业园创建单位，省级支持资金168万元，市级支持资金100万元。

【家庭农场】 2021年，全市家庭农场发展到11146个，省级示范家庭农场169个。榆树市老董家生态家庭农场被农业农村部评为第三批全国农民合作社和家庭农场典型案例。

【农民专业合作社】 2021年，全市新创建市级示范社373个，全市农民合作社发展到24479个，有37家农民合作社被认定为省百强社。全市各级示范社1810个。其中，国家级示范社

79个，省级示范社223个，市级示范社656个，县级示范社852个。推进农民合作社质量提升整县推进国家级试点（九台、双阳、公主岭、农安）和农业生产社会化服务省级试点（公主岭、德惠）工作，农安县获批国家第三批农民合作社质量提升整县推进试点县。

（刘　枫　杨海波　郑　旭）

农产品质量建设

【概况】 2021年，长春市开展农产品质量安全专项整治，落实“千人1批次”监测任务，推行承诺达标合格证制度，创建绿色有机农业示范园区。从国家和省全年例行监测情况看，长春市总体合格率为99%，全年未发生重大农产品质量安全事件。

【农产品质量安全监测】 6月，长春市在全省率先启动种植农产品和水产品1批次/千人定量检测工作。截至2021年年末，全部完成“千人1批次”监测任务。市农产品质量安全与检测中心完成种植农产品质量安全检测2638批次、市水产品质量安全检测中心完成水产品质量安全检测660批次；6县（市）区分别完成种植农产品质量安全检测4329批次、水产品质量安全检测1081批次。全市完成农产品质量安全定量检测8708批次。

【食用农产品承诺达标合格证制度落实】 推动长春市食用农产品承诺达标合格证制度，推广合格证终端开具与证后监管一体化系统。2020年首期推出270户企业实现终端开具与证后监管一体化，2021年完成60个。截至2021年年末，16个县（市）区实施食用农产品合格证制度，使用终端开具与证后监管一体化系统农产品生产主体330家，基本实现规模以上适用合格证农产品生产企业，使用终端开具与证后监管一体化系统全覆盖。开具农产品合格证42615张，附带合格证上市农产品929.36吨。

【绿色有机示范园区创建】 开展示范园区建设评审工作，按照县（市）区组织申报、申报材料初审、专家组现场评审、评审结果公示、园区命名和奖补资金发放等程序进行，2021年创建“长春市绿色有机农业示范园区”20个。

【农产品质量安全专项整治】 成立长春市食用农产品“治违禁控药残促提升”三年行动协调推进工作组，制定长春市食用农产品“治违禁控药残促提升”三年行动治理清单，对规模化生产主体和14个重点整治品种生产主体实现监管巡查监测全覆盖，对重点监管对象开展监督抽查和技术指导。

【“三品一标”建设】 全市农产品商标注册总量3000件。其中，中国驰名商标7件，省著名商标59件，市著名商标80件。“三品一标”（无公害农产品、绿色食品、有机食品农业现代化建设和农产品地理标志）获证企业150户。无公害农产品生产基地15个，面积1.23万公顷，认定无公害农产品67个；使用绿色食品标志企业36户，产品100个，绿色食品产地环境监测面积8.67万公顷；使用有机食品标识企业86户，认证产品232个，获地理标志农产品6个。

【品牌产品认定】 开展2021长春市农产品区域公用品牌和名优农产品品牌认定活动。经企业申报、县（市）区推荐、专家评审、网上公示等程序，认定榆树豆腐等6个品牌为2021年长春市农产品区域公用品牌；“德翔”冰鲜冷冻产品等20个农产品品牌为2021长春名优农产品品牌。认定结果在“吉林·长春2021年中国农民丰收节”上以市政府名义予以公布。

【品牌建设推广】 长春市有国家级农业龙头企业26户，年营销额55.4亿元；省级农业龙头企业84户，年营销额42.6亿元。截至2021年年末，长春市认证长春名优农产品130个。年内，长春市开展农产品品牌建设推广工作。5月，甄选30余家农业产业化龙头企业，100余种产品，涵盖公主岭鲜食玉米、榆树大米、德惠小町米、九台贡米、农安华正粮猪、双阳鹿产品等20余个农产品知名品牌，参加上海“中食展”和北京“农博会”，参展企业与70余家采购商达成合作意向，合同金额1000余万元。9月，组织企业参加南宁第18届东盟博览会以及成都第八届四川农业博览会。

【长春品牌农业展】 长春农博会期间，举办长春品牌农业展和扶贫农产品展，集中展示2021年拟评选名牌农产品品牌和区域公用品牌。展会期间，组织21户企业参加全省名优特农产品展示，40余户企业参加“百户企业走进吉林活动”和农商互联洽谈会等活动。

（安丽娜　贾　翘）

农业机械化

【概况】 长春市是国家重要商品粮基地，农机事业起步较早,发展较快。截至2021年年末，全市农机总动力1140万千瓦，比5年前增加480万千瓦，增长72.7%；拖拉机保有量27.8万台，比5年前增加7.2万台，增长35%；配套机具56.7万台（套），比5年前增加9.1万台（套），增长19%；全市综合机械化水平93.7%，比5年前提高12个百分点。全市农机作业服务组织及农机户35.48万个，总服务人数43.32万人；农机维修点1647个，修理工3850人；乡村农机从业人员38.87万人。有地（市）级农机化管理机构1个，地（市）级农机化科研机构1个，农机化技术推广机构1个。

【农机购置补贴落实】 截至2021年年末，长春市落实农机购置补贴资金36亿元，超过全省的四分之一，购置各类农业机械近20万台（套），拉动农民投资超过100亿元。通过落实农机购置补贴政策，加大对机械收获、免耕播种等薄弱环节的政策倾斜及宣传力度，使长春市机械收获机械、免耕播种机械大幅增加。截至2021年年末，全市收获机械3.47万台。其中，玉米收获机械2.69万台，水稻收获机械0.77万台，免耕播种机械超过1万台。

【农机服务组织】 截至2021年年末，长春市农机服务组织4639个，比5年前增加1623个，增长53%；农机专业合作社3406个，比5年前增加1154个，增长51%；省里统一组织建设的新型经营主体超过300个，实现6个粮食主产县（市）区所有乡镇全覆盖，并向村级延伸，在保护性耕作、机械深松、秸秆离田等大项农业技术中发挥中坚作用。

【保护性耕作技术推广】 市财政每年拿出1000万元用作保护性耕作推广专项资金，长春市保护性耕作推广面积由2010年的不到666.67公顷发展到2021年70.47万公顷，占全省完成面积的37%；全市免耕播种机由2010年不足500台，增加到2021年超过1万台，保护性耕作实现由点片示范向整村整乡推进转变。

【无人作业示范】 10月15日，长春市农业农村局与农安县人民政府在农安县陈家店村举办农业全过程无人作业示范活动，通过无人农业机械作业示范，引领全市无人农场建设发展，加快农业机械化、智能化步伐，补起智慧农机短板。

（逯继强）

农业技术推广

【概况】 2021年，长春市重点推广玉米秸秆直接还田技术、玉米宽窄行交替休闲种植技术、玉米秸秆覆盖免耕栽培技术、玉米机械化分次减量施肥技术、玉米缓控释肥料一次性施用技术、水稻钵型毯状苗育插秧技术、水稻提质增效生产技术、水稻二化螟生物防治新技术、水稻主要病虫草害及防治技术、大豆农业品牌建设减肥减药栽培关键技术。黑土地保护项目，以“秸秆深翻还田或秸秆碎混还田+增施有机肥”为主要技术模式，实施2.63万公顷；水稻病虫害绿色防控项目，实施水稻稻瘟病飞防作业7.87万公顷，性诱剂防治水稻二化螟技术2.71万公顷；玉米促早熟技术，采取航化作业喷施促早熟药剂3.6万公顷。国家、省级重大协同推广项目，重点围绕长春市玉米、水稻、大豆三大主导产业发展需要，组织农业科研教学单位、农技推广机构、新型农业经营主体和有关企业等主体建立上下贯通、横向衔接、优势互补协同推广服务机制，加快农业重大技术推广应用。年内，长春市推广保护性耕作技术面积70.47万公顷。推广农业重大技术37项，推广面积3.67万公顷。以农业推广部门和农业合作社组织牵头申报长春市先进农业技术推广奖项目48项。

【农业科技培训】 以举办培训班、现场会、电视讲座、发放技术资料、网络课堂等形式开展技术培训。举办培训班65期，培训骨干技术人员6000余人，召开现场会30余次，电视讲座40余讲，发放技术资料35万余份，网络课堂培训内容100余项。

【农技推广队伍】 在长春市6个县、市、区及主要农业城区均开展国家基层农技推广体系改革与建设项目，包括130个乡镇，以合作组织为主遴选465名科技示范主体，建设14个县、区及试验示范基地，形成“专家+农技人员+基地+科技示范主体”高效科技成果推广模式。

【新型职业农民培育】 2021年，长春市组织实施高素质农民培育工程，全年培训6123人。其中，长春市本级425人、公主岭市1274人、榆树市1474人、农安县1147人、德惠市750人、九台区695人、双阳区358人。培育新型经营主体带头人3660人、农业经理人53人、乡村治理人才352人、重点产业专项人才217人、专业生产型农民1316人、技能服务型农民525人。

（凌　海　杨友彪）

农村水利

【农村集中供水】 2021年，全市投入13.27亿元，新建和改造575处农村集中供水工程，推进城乡供水一体化，实施规模化供水工程建设和老旧工程标准化改造，巩固提升7个县（市）区、开发区78.9万（其中新增集中供水人口67.5万）农村居民饮水安全保障水平。至2021年年末，全市农村自来水普及率超过95.1%。

【灌区项目建设】 投资6743万元，实施德惠市松沐灌区和公主岭秦家屯灌区（一期）2个大中型灌区续建配套和现代化改造项目，年内松沐灌区完工，秦家屯灌区有序推进，新增和改善灌溉面积3346.67公顷。

【水土流失治理】 推进公主岭龙山项目区26条侵蚀沟治理工程，年内投资467万元，治理水土流失面积9平方千米。

（刘　星）

工　业

GONGYE

工业经济运行

【概况】 2021年，长春市规模以上工业（年主营业务收入2000万元以上工业企业）总产值8738.7亿元，克服汽车整车产值下降2%影响，比2020年增长2.5%；增加值比2020年增长3.2%。规模以上工业中，按类型划分：轻工业产值949.6亿元，比2020年增长29.7%；重工业产值7789亿元，比2020年下降0.1%。按所有制划分：国有工业产值755.2亿元，比2020年增长39.7%；集体工业产值1.4亿元，比2020年增长12.1%；股份制工业产值3459.3亿元，比2020年增长4.5%；外资工业产值4512.6亿元，比2020年下降3.2%；其他工业产值10.1亿元，比2020年增长6.6%。按隶属关系划分：中央工业产值5513.9亿元，比2020年下降1.8%；市及市以下工业产值3224.8亿元，比2020年增长10.8%。

2021年，全市工业运行特点概括为“稳、实、新、亮、优”。

“稳”是工业增长负重前行。全市规模以上工业克服汽车整车产值下降2%影响，规模以上工业总产值比2020年增长2.5%，规模以上工业增加值比2020年增长3.2%，医药、农产品加工、光电、新材料等战略性新兴产业，比2020年分别增长39.7%、30.2%、19%、16.7%。

“实”是服务企业务实高效。利用现代互联网信息技术，以“小微信”推动“大服务”，实施“万人助万企”行动2021升级版，构建1个市级、9个行业、17个属地联动的长春亲清政企关系“三位一体”微信群服务体系，打造“125”服务企业品牌。全年通过数字服务平台上传各类惠企政策、产业链对接等信息800余条，组织企业参加2021中德汽车大会等各类论坛峰会、沙龙座谈、招商洽谈等活动20余场（次）；受理问题1873件，解决1805件，问题解决率96.4%，即时受理、按时办结率100%。以“服务员老赵”为代表助企干部群体谋实策、出良招，办实事、解难题，受到全市企业家好评。

“新”是创新发展举措有力。支持和引导中小企业提升创新能力，走专业化、精细化、特色化、新颖化发展道路，组织培育认定市级以上“专精特新”中小企业485户（国家级27户、省级84户），数量分别占全省74%和43%。帮助禹衡光学、合心机械等6户企业、省电子检验院等3家平台机构列入国家“专精特新”小巨人企业和公共服务示范平台名单，获国家财政资金支持1368万元，占吉林省获国家资金支持总量76%。建立和完善以企业为主体、市场为导向、产学研深度融合企业技术创新体系，创建认定省级制造业创新中心4户，市级以上企业技术中心260户，市级产业技术公共服务平台48户。

“亮”是重点企业亮点纷呈。一汽红旗销量超过30万辆，比2020年增长超过50%，4年销量增长63倍，创造中国自主高端汽车品牌生产和销售奇迹。一汽解放中重卡连续5年、重卡连续6年保持行业第一，品牌价值突破877亿元，领航中国商用车行业。中车长客被工信部评为第五批制造业单项冠军示范企业。长光卫星成为东北地区第一家且唯一一家“独角兽”企业，“吉林一号”在轨运行卫星41颗。

“优”是动能转换成效优异。实施“旗E春城绿动吉林”行动，获批全国8家国家新能源汽车换电模式应用试点城市之一，完成一期22座换电站建设，启动二期17座60B和三期20座60B换电站建设，推广红旗E-QM5出租车2000台次，构建全国季冻区电动新能源汽车“长春模式”。一汽红旗新能源工厂从开工建设到建成交付用时14.5个月，一汽解放J7智能车间、一汽丰越扩能技改、新冠疫苗分包装车间项目竣工投产，金赛国际医药产业园、安沃高新基因工程抗体类药物生产基地加快建设，奥迪新能源汽车工厂、红旗丝尔科新能源跑车、比亚迪刀片电池等一批标志性、地标性重大项目签约落位。

【主要产业】 2021年，汽车、食品、装备制造业、材料、能源、医药和光电信息7个重点产业产值8511亿元，比2020年增长2.3%。其中，汽车工业产值6142.8亿元，比2020年下降1.2%；农产品加工业产值580.5亿元，比2020年增长30.2%；装备制造业（不含汽车制造业）产值546.1亿元，比2020年下降3%；

医药产业产值275.4亿元，比2020年增长39.7%；能源工业产值689.5亿元，比2020年增长4.3%；材料工业产值189.4亿元，比2020年增长16.7%；电子产业产值87.3亿元，比2020年增长19%。

【百亿企业】 全市规模以上工业企业1233户。其中，产值增长企业797户，产值下降企业436户。百亿元以上企业中：一汽大众产值3125亿元，比2020年下降7.3%；一汽股份产值638.3亿元，比2020年增长45.3%；一汽解放产值619.8亿元，比2020年下降8.9%；省电力产值437.3亿元，比2020年增长3.4%；长客股份产值283.3亿元，比2020年下降19.4%；富维安道拓产值106.3亿元，比2020年增长6.3%。

【工业投资】 2021年，全市工业投资比2020年增长4.1%，增速比2020年提高0.2个百分点。全市技术改造投资比2020年下降15.9%，占工业投资比重30%；制造业投资增速2.1%，占工业投资比重87.6%，技改投资、制造业投资维持较高比重。七大产业“五升二降”，装备、材料、能源、医药、电子产业投资比2020年分别增长17%、22%、68.7%、126.6%、28%，汽车、食品产业仍呈下降态势。

【技术创新】 完善技术创新体系。加强企业技术中心建设，新晋省级企业技术中心11户，新认定市级企业技术中心22户。全市市级以上企业技术中心282个。其中，国家级9个，省级214个，市级273个。推进产业技术公共服务平台建设，新认定产业技术公共服务平台2个，全市产业技术公共服务平台50个。

产学研协同创新。组织吉林省太阳鸟再生医学有限公司、长春超维集团与长春工业大学就科技成果转化、实验室设备共享、科研人员互派、建立大学生实习实践基地和研究生流动站等事宜进行精准对接，长春超维集团与长春工业大学在对接现场签订产学研合作协议。征集在长重点高校院所各类科技成果241项，并与高校院所就加强校企合作、促进科技成果转化、加强人才交流和促进高学历人才就业等方面达成战略合作意向。

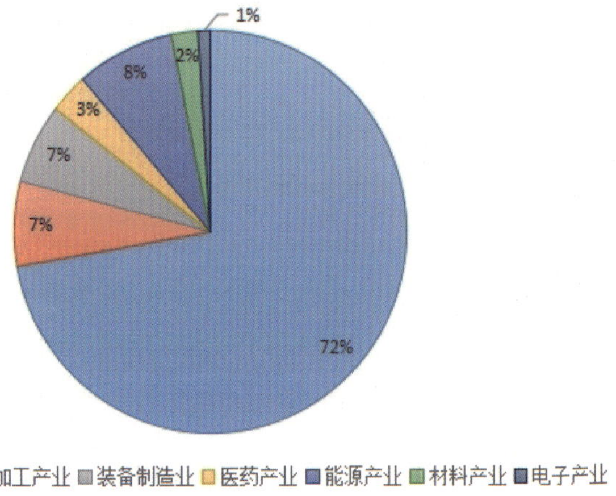

图6 2021年长春市工业七大产业产值比例示意图

支持院士长春创业。以市政府办公厅名义印发《支持院士长春创业专题联席会议制度》，召开支持院士长春创业第一次专题联席会议，会上确定项目申报相关事宜。

企业技术创新。印发《2021年长春市技术创新工程计划项目》，重点推进长春市激光刻划机的研发及产业化等467个项目。其中，新产品规模化生产项目62个，产学研协同创新项目42个，企业技术能力提升项目26个，关键共性技术攻关项目37个，创新型初创企业项目300个。

【项目管理】 2021年，全市重点推进5000万元以上工业项目390项，旭阳中法智能产业园、致博新能源低温产业园、金赛药业国际医药产业园、富赛汽车电子工业园、中车长客整体搬迁建设、百克生物疫苗产业园、吉林省交通材料产业园等一批重大项目开工建设。

一汽集团实施“产能回归”，引

表24 2021年长春市重点工业产业投资完成情况统计表

序号	产业类别	增速（%）
1	汽车产业	-16.6
2	食品产业	-7.1
3	装备制造业	17.0
4	材料产业	22.0
5	能源产业	68.7
6	医药产业	126.6
7	电子产业	28.0

表25 2021年长春市工业投资和技改投资完成情况表

序号	投资类别	增速（%）
1	全市工业固定资产投资	4.10
2	全市技术改造投资	-15.90
3	全市制造业投资	2.10

领一批重大零部件项目“配套回归”。整车方面，奥迪一汽新能源整车、红旗丝尔科跑车、红旗HS5-21改型、蔚山工厂NAT新能源汽车增能、丰田941B新车型等13个整车项目开（复）工建设，一汽红旗新能源工厂、解放新建J7智能装配线、丰田RAV4PHEV车型导入及扩能、蔚山基地扩能等4个扩能项目陆续投产；配套体系建设方面，中法智能产业园、山东玲珑轮胎、富赛汽车电子产业园、探岳车灯配套回归等100个关键零部件项目开（复）工建设，覆盖车身、传动、转向、制动、环境、行驶、发动机和汽车电子等八大模块，实现全产业链配套项目建设格局。

食品产业项目主要按照禽畜肉类精深加工、玉米深加工、精品谷物加工和特色消费品加工等四个方向布局建设。其中，禽畜肉类加工方向，主要建设皓月肉牛养殖加工基地、吉林德翔亿只肉鸡屠宰加工、辣小鸭食品加工、柳桥晨雨牧业屠宰加工、红升食品30万只肉羊、10万只肉牛屠宰加工等重点项目；玉米深加工方向，主要建设众友科技10万吨变性淀粉、吉林农嫂3万吨真空玉米、大成生物厂区建设等重点项目；精品谷物加工方向，主要建设佐丹力素食全餐产品、德翔牧业百万吨饲料厂、中正饲料40万吨牛羊营养调控饲料等重点项目；特色消费品加工方向，主要建设华沃双孢菇工业化生产、桃李面包5.5万吨面包系列烘焙食品、同仁堂保健食品产业园、三岗镇金波酿酒、中合顺阳农产品加工基地等项目。

装备制造产业项目主要围绕轨道客车和智能装备制造两个方向进行布局建设。其中，轨道客车方面，落实长客搬迁及运维基地建设项目，配套体系建设上，金越交通生产基地、新金享冷弯型钢轨道车辆车体新材料、中瑞橡塑机械加工厂房、研奥电气轨道电气装配系统扩能及研发中心、天义客车装备等项目开工建设；智能制造装备方面，重点推进中韩创新基地、工业机器人制造产业园、先进制造产业园、共合嘉园智能制造产业园等一批平台型项目建设，围绕汽车产业等应用需求，推进长春万丰工业工程、东卓电子智能制造生态产业基地、惠邦高压胶管智能设备、津屹智能装备制造等智能制造产业项目建设。

材料产业主要以市场应用需求为导向，围绕传统材料和新材料进行重点发力，打造材料产业集群。传统材料主要围绕轻工纺织方面市场需求，建设一批纺织业、木材加工、非金属矿物制品等产业项目；新材料方面主要针对汽车零部件、轨道交通、新型建筑等领域节能、轻量化需求，重点推进一批新材料产品开发应用。传统材料方面，主要建设吉林省交通材料产业园、新安国际家居产业园、节能玻璃、轻工产业园五期、中德服装生产加工、新基实业2万吨塑胶产品等重点项目；新材料产业方面，主要建设吉林东方雨虹生产基地、海谱润斯OLED材料扩建、特种陶瓷产业园、玄武岩纤维复合材料零部件、浙江中越新材料、沃古曼有机锗金属酶及改性云母、中研高分子材料二期等新材料项目；新型建材方面，万科长德智能供应链产业园、兴晟建筑材料、龙升装配式建筑材料、龙翔新型建筑材料产业园等项目将实现开（复）工建设。

能源产业在煤炭工业、石油工业和电力工业等常规能源基础上，重点推进氢能、垃圾发电、生物质发电等新能源产业；常规能源方面，重点推进吉钢5万千瓦背压式机组热电联产、大华热电5万千瓦背压式机组热电联产、志成电力智能电网产业园、北湖电力科技园区二期等项目；新能源产业方面，重点推进中韩示范区智慧能源产业园为代表的氢能产业项目、恒建新北环保电厂、九台区生活垃圾焚烧发电、农安县垃圾焚烧发电为代表的垃圾发电项目及德惠经开区1×40兆瓦生物质热电联产、朱城子镇农林生物质热电联产、金通灵生物质气化热电联产、中航新能源九台生物质热电联产、大连汇能1×30兆瓦生物质能发电为代表的生物质发电项目。

医药产业重点打造现代生物医药产业。生物制药方面，重点推进金赛药业产业园、新冠疫苗分包装车间及配套、卓谊生物医药产业园、安沃基因工程抗体类药物、高新区生物医药产业园、百克生物疫苗产业园西诺、生物宠物生物制品等一批生物药、疫苗、基因工程和抗体药物项目；化学制药方面，重点推进海外医药研发生产基地、白求恩医药生产基地、高新创新药生产基地、东元制药10亿片利伐沙班片等项目；中药制药方面，重点推进新安合作区中医药深加工产业园、吴太医药产业园二期、北药中药制剂生产基地、天山药业中西成药生产、同仁医药颗粒饮片基地、密之

2021年，长春市重点推进5000万元以上工业项目390项。图为建设中的旭阳中法产业园
（市工信局　供图）

2021年，长春市重点推进5000万元以上工业项目390项。图为建设中的致博新能源低温产业园　（市工信局　供图）

康中药加工等项目；医疗器械方面，重点推动中韩示范区医疗器械产业园、伟瑞迪科二、三类医疗器械生产、方泰仪器呼吸机、麻醉机生产等重点项目；医用材料方面，重点推进圣博玛生物医用材料和医疗器械研发与产业化、吉林省熔喷布及生物医学材料生产基地等项目。

电子产业重点推进激光制造、半导体照明和光显示、智能光电仪器设备和汽车电子等发展方向，建设一批光电信息产业发展平台项目。激光制造方面，重点推进永利激光1000台（套）高功率光纤激光器系列产品项目；半导体照明和光显示方面，重点推进万和光电产业园一期工程、奥来德新型高效OLED光电材料研发等项目；智能光电仪器方面，重点推进杨天光电人工智能用镜头及滤光镜、汇恒光电机器视觉镜头、捷民光学光电编码器、长光大器高端精密光学元件等项目；汽车电子方面，重点推进富赛汽车电子工业园、东软汽车电子产业园、神州红旗汽车智能制造产业基地、长春科世得润汽车线束生产线改造等项目；发展平台方面，重点推进长春经开光电信息产业园、中韩光电子信息产业园、长春智能光谷产业园等项目。

（于春光）

表26　2021年长春市重大工业项目完成情况统计表

序号	所属县区	企业名称	项目名称	项目建设规模及内容	实际或计划开工时间	计划竣工时间	项目总投资（万元）	2021年计划投资（万元）	截至2021年年末完成投资（万元）	工程进度
1	汽开区	长发新能源产业投资建设有限公司	一汽红旗新能源汽车工厂项目	占地面积75万平方米，总建筑面积45万平方米，主要生产新能源汽车，建设冲压、焊装、涂装、总装等生产车间。建成后年产能为20万辆新能源汽车	2020	2022	780000	100000	50000	项目年底竣工投产
2	中韩示范区	龙翔投资控股集团有限公司	中韩（长春）国际合作示范区创新基地项目	用地面积36.4万平方米，总建筑面积84.4万平方米。主要建设科创孵化器、文创孵化器、文化活动中心等	2020	2023	768800	60000	10000	进行主体施工
3	朝阳区	长春旭阳工业集团	中法智能产业园项目	占地面积100万平方米，以中法国际合作为依托，以智能高端汽车制造产品为基础，致力打造“互联网+协同制造”的数字化智能生产体系。应对不同功能发展，将园区分为总部中心区、生产加工区、配套服务区三大特色区段	2021	2023	520000	65000	48248	该项目49、50、53宗地摘牌并取得土地证、建设用地规划许可证，面积约48.56公顷。49宗地取得建设工程规划许可证（绿证）并开工建设。49宗地规划有4个汽车零部件生产项目及一个锅炉房
4	汽开区	山东玲珑轮胎股份有限公司	吉林玲珑1420万条轮胎生产项目	占地面积约65万平方米，拟生产年产1400万条高性能子午线轮胎及20万条翻新轮胎项目。分三期建设，其中项目一期产能为年产120万套全钢子午胎	2020	2022	489300	40000	28000	一期设备安装调试，年底试生产；二期主体施工中

续表26

序号	所属县区	企业名称	项目名称	项目建设规模及内容	实际或计划开工时间	计划竣工时间	项目总投资（万元）	2021年计划投资（万元）	截至2021年年末完成投资（万元）	工程进度
5	汽开区	一汽大众汽车有限公司	奥迪X99B车型技术改造项目	年工作250天，年产5万辆奥迪X99B车型产品（奥迪B级纯电动车）	2018	2021	428897	222527	222527	下线生产
6	中韩示范区	中韩（长春）国际合作示范区长荣城市建设投资（集团）有限公司	中韩（长春）国际合作示范区光电子信息产业园区项目	总用地面积77.20万平方米，总建筑面积78.02万平方米，利用专项债31.5亿元主要建设生产研发楼、综合服务中心等	2020	2022	399149	237100	54835	光电子A区主体结构完成91%；二次结构完成7%。B区主体结构完成100%，钢结构主体完成85%；二次结构完成94%；外立面完成79%（幕墙安装）；内装未开始；机电安装完成5%；外网未开始、道路完成50%、景观未开始
7	中韩示范区	富士康智慧农业	富士康智慧农业产业园项目	项目租赁厂房面积0.9万平方米。主要建设内容是复合微生物菌剂项目、生物科技总部经济项目、长春国际农业主题农业公园、食品创新产业园项目、冷链物流产业园项目、城市中央厨房项目，分三个阶段导入	2021	2021	300000	—	550	一期厂房及部分办公区完成装修，进行设备调试
8	汽开区	一汽集团	一汽研发总院新能源智能网联创新试验基地项目	建设分为二期，一期建设3个实验室，主要为氢燃料电池实验室。汽车碰撞试验室，驾驶模拟器。二期计划建设空气动力学风洞、变速箱传动实验室、emc电磁兼容实验室	2020	2022	260000	30000	2000	一期设备调试，年底投入使用；二期主体施工中
9	九台区	北京东方雨虹防水技术股份有限公司	吉林东方雨虹生产基地项目	从事新型建筑防水材料研发、生产、销售及防水工程施工业务	2021	2023	180000	60000	1000	开工建设
10	长春新区	长春金赛药业股份有限公司	金赛药业产业园项目	占地面积10万平方米，建筑面积12万平方米，主要建设特殊制剂生产基地、抗体生产基地、生长激素产生产基地	2021	2024	180000	30000	39582	园区厂房及办公楼主体建设
11	汽开区	一汽大众汽车有限公司	VW4163 CNK车型技术改造项目	对轿车二厂冲压、焊装、涂装和总装车间进行改造，新增及改造工艺设备、模具及夹具3327台（套），实现VW416/3车型90000辆/a生产能力	2019	2022	179832	16000	15945	设备安装
12	中韩示范区	长春国投建设投资有限公司	长春国投长德工业园二期项目	二期工程用地面积11.58万平方米，计划建筑面积9.2万平方米，主要建设各类结构的标准化厂房	2020	2021	178483	10100	1439	内部道路施工
13	经开区	长春兴隆综合保税区投资建设有限公司	科技孵化园建设项目（二期）	规划总用地面积13.9万平方米，总建筑面价32.6万平方米。主要建设厂房、综合楼计15栋建筑物	2021	2023	155000	30000	4000	土木工程

续表26

序号	所属县区	企业名称	项目名称	项目建设规模及内容	实际或计划开工时间	计划竣工时间	项目总投资（万元）	2021年计划投资（万元）	截至2021年年末完成投资（万元）	工程进度
14	长春新区	长春卓谊生物股份有限公司	卓谊生物医药产业园项目	主要建设原液车间、分包装车间、研发和质量检测大楼、综合管理大楼等配套设施	2021	2022	150000	20000	300	围挡完成，平整土地
15	朝阳区	长春伊申特实业集团有限公司	伊申特轻量化产业园项目	占地面积18.17万平方米、总建筑面积12.1万平方米，分两期建设	2020	2021	150000	20000	11917	完成联合厂房三层生活间、墙砌筑，钢结构安装完成1.8万平方米
16	汽开区	四川一汽丰田长春丰越公司	RAV4PHEV车型导入及扩能技术改造项目	对升级换代的10万辆RAV4系列车型进行扩建及导入新能源汽车RAV4PHEV，总生产能力12万辆	2019	2021	147000	50000	30000	2021年4月16日投产
17	长春新区	长春新区发展集团有限公司	长春智能光谷产业园	总占地面积10万平方米，总建筑面积31万平方米，主要建设标准厂房、技术研发中心、科技孵化中心、培训中心、展示中心及相关配套设施	2021	2023	143100	7500	7500	基础施工
18	中韩示范区	中韩（长春）国际合作示范区长荣城市建设投资（集团）有限公司	中韩示范区健康食品产业园建设项目	总用地面积28.49万平方米，总建筑面积27.54万平方米，建设试验工厂、孵化工厂，创新（研发）中心、检测认证中心、综合服务中心和食品展示中心	2020	2022	140801	70000	65104	室内主管道桥架机电安装完成45%；外网整体完成80%；道路施工完成35%
19	汽开区	富赛汽车电子有限公司	富赛汽车电子工业园项目	占地面积4万平方米，建设研发中心、试制车间等	2020	2022	140000	20000	5000	主体施工中
20	长春新区	长春新区发展集团有限公司	长春科创企业孵化基地	总占地面积为5.3万平方米，总建筑面积19.5万平方米，主要建设综合科创中心、品牌孵化器、创新孵化器、研发中心及相关配套设施	2021	2023	138300	11600	11600	厂房及办公楼主体完成
21	长春新区	长春安沃高新生物制药有限公司	基因工程抗体类药物项目	占地面积10.6万平方米，建设符合美国、欧洲及ICH标准的GMP生产车间，生产基因工程抗体类药物	2020	2022	138000	30000	14410	内部装修
22	长春新区	龙翔投资控股集团有限公司	北湖开发区创新产业园区项目（二期）	项目用地24.9万平方米，总建筑面积24万平方米，西侧15栋生物医药产业厂房、7栋信息智能制造厂房；东区设置15栋现代农业厂房、7栋新能源新材料产业厂房	2021	2023	136000	11100	9890	围挡完成，平整土地
23	长春新区	长春圣博玛生物材料有限公司	圣博玛生物医用材料和医疗器械研发与产业化项目	占地面积6.8万平方米，总建筑面积10.26万平方米。主要生产可吸收心血管支架、人工韧带、人工半月板、可吸收手术缝合线等	2021	2024	134300	20000	200	施工围挡安装完成

续表26

序号	所属县区	企业名称	项目名称	项目建设规模及内容	实际或计划开工时间	计划竣工时间	项目总投资（万元）	2021年计划投资（万元）	截至2021年年末完成投资（万元）	工程进度
24	中韩示范区	中韩（长春）国际合作示范区长荣城市建设投资（集团）有限公司	中韩示范区医疗器械产业园项目	总用地面积19.87万平方米，总建筑面积26.94万平方米，主要建设研发类厂房、标准厂房、综合服务中心、活动中心以及道路、给水、排水、消防、电气、供热、燃气、绿化、弱电工程等配套工程	2020	2022	130094	60800	62207	主体结构全部封顶；二次砌筑施工完成90%，抹灰完成50%；外立面窗框安装完成95%；内装未施工；机电安装完成30%
25	绿园区	吉林省长春皓月清真肉业股份有限公司	皓月清真熟食制品项目	拟建年产5万吨熟食制品的3条生产线，位于熟食加工综合生产厂房。厂房占地面积8652.18平方米，建筑面积34991.87平方米，主要建设熟食加工综合生产厂房	2021	2022	126746	10000	500	土地平整
26	长春新区	长春新区发展集团有限公司	长春高新区生物医药产业园（一区）	项目建成后实现年产20价肺炎结合疫苗4000万剂的生产能力	2021	2023	124179	30000	18525	园区厂房及办公楼主体建设
27	长春新区	龙翔投资控股集团有限公司	北湖开发区创新产业园区项目（一期）	项目占地面积23.5万平方米，建筑面积21.7万平方米，主要建设集智能制造、光电子、新材料于一体的产业化集聚区	2020	2022	124000	28000	59580	主体建设中
28	宽城区	中车长春轨道股份有限公司	整体搬迁建设项目	年厂修铁路客车1000辆；年新造铁路客车100辆（组装、调试）；年检修城轨部件100辆份；年检修动车组部件240列份。主要建设内容：新征建设用地28.3公顷；新建客车造修联合厂房、转向架厂房、部件厂房以及配套生产辅助间、油漆库、危废库、气体供应站、办公楼、食堂、门卫室等157736.8平方米；配套建设厂区道路、厂区管网、调车铁路走行线及存车线等；新增部分工艺和公用设备。利用已建车轴生产厂房作为部件检修厂房及物流库房	2021	2023	123800	50500	31601	转向架厂房完成47.4%；客车造修联合厂房完成25%；办公大楼完成5.4%；一号食堂完成20.9%；二号食堂完成16.1%；厂区外线管网完成28.9%；危废库完成4.4%；消防事故池防水层255平方米全部完成；防水保护层255平方米全部完成；气体供应站土方开挖188立方米，全部完成
29	长春新区	中国第一汽车股份有限公司	红旗HS5—21年型项目	总装车间利用原有一厂生产车间，焊装、涂装、冲压及其他工艺、公用动力部门利用工厂原有设施，更新原有HS5车型	2020	2021	121375	31375	5000	土建施工
30	汽开区	一汽—大众汽车有限公司	奥迪X99B车型高压电池技术改造项目	年工作250天，年产5万辆奥迪X99B车型高压电池产品	2018	2020	120591	70000	68354	已下线生产
31	绿园区	长春凯达发展有限公司	新能源汽车产业园项目	占地面积约26万平方米，总建筑面积约23万平方米，主要建设包括工业厂房6栋，项目新增新能源汽车智能动力总成生产线6条	2020	2022	120000	20000	20000	厂房主体建设

续表26

序号	所属县区	企业名称	项目名称	项目建设规模及内容	实际或计划开工时间	计划竣工时间	项目总投资（万元）	2021年计划投资（万元）	截至2021年年末完成投资（万元）	工程进度
32	长春新区	长春海外制药集团有限公司	海外医药研发生产基地项目	计划总投资12亿元，占地面积5.04万平方米，建筑面积15万平方米，主要生产感叹号、布洛芬、乙肝宁片、痛风定片及烫伤膏等100多种产品	2021	2022	120000	20000	1500	园区厂房及办公楼主体建设
33	朝阳区	长春致博新能源装备有限公司	开发区致博新能源低温产业园项目	占地面积12.39万平方米，总建筑面积10.37万平方米，建设年产8万台液化天然气（LNG）供气系统模块总成智能制造基地、研发中心、服务中心、物流仓储库	2020	2021	110000	30000	12435	厂房厂区主体建设
34	长春新区	龙翔投资控股集团有限公司	长春新区龙翔智能制造提升园区项目	总建筑面积15.7万平方米，建筑改造5.6万平方米，新建建筑10万平方米	2021	2023	109000	8000	3323	围挡完成，平整土地
35	汽开区	一汽解放有限公司传动事业部	一汽解放传动事业部车桥基地建设项目暨重型换代桥技术升级（一期）	占地面积91717平方米，建筑面积72448平方米。项目于2021年7月22日动工建设，一汽解放车桥基地建设暨重型换代桥技术升级项目在长春国际汽车城正式启动	2021	2023	106800	12000	0	完成地下基础施工，进行主体钢结构施工
36	双阳区	吉林省吉通机械制造有限责任公司	吉通创新中心园区建设项目	年产刀具、光机精密产品、工装产品、智能装备产品71.85万件（套）。占地面积11.2万平方米，建筑面积5.3万平方米，主要建设5栋生产厂房、1栋试验车间、1栋锅炉房、购置设备828台（套）	2019	2023	105148	5000	6750	完成5栋厂房、1栋锅炉房、1栋试验车间，正在安装11条生产并试生产
37	中韩示范区	吉林省交通实业发展有限公司	吉林省交通材料产业园项目	用地面积15万平方米，建筑面积11万平方米，主要建设厂房、办公楼及附属配套设施	2021	2022	105000	40000	15506	部分厂房投产
38	经开区	长春经开国资控股集团有限公司	长春经开光电信息产业园（一期）	占地面积4.4万平方米，一期建筑面积7.7万平方米。主要建设8栋建筑物	2020	2021	102600	23000	10760	部分建筑完成封顶，内部装修
39	汽开区	一汽-大众汽车有限公司	一汽-大众新技术开发中心项目	占地面积5.75万平方米，总建筑面积7万平。建设由新能源车辆安全中心、动力总成试验中心、整车排放气候中心、奥迪车身零部件试验车间等8个功能区域组成	2019	2020	101900	20000	58371	厂房主体施工完毕，进行设备安装
40	经开区	一汽丰田（长春）发动机有限公司	TNGA2.5L发动机	改造部分公用设施，新建单体零部件库房并扩建危化品库，新增及改造工艺设备267台（套）	2018	2021	101199	5000	1000	项目投产
41	汽开区	东软集团股份有限公司	东软汽车电子产业园项目	为红旗HS5、HS7配套液晶仪表盘、中控、T-BOX天线等	2021	2023	100000	20000	0	项目终止
42	汽开区	中国第一汽车集团公司	一汽解放2021年更新改造投资项目	项目投资包括12类投资，由一汽解放公司各相关部门组织实施，2021年内完成计划建设	2021	—	100000	—	47460	完成5亿元固定资产投资入库
43	经开区	长春大成生物科技开发有限公司	厂房建设项目	建筑面积193713平方米，主要进行变性淀粉、结晶糖、玉米油加工生产	2019	2022	93700	5000	0	土建工程

续表26

序号	所属县区	企业名称	项目名称	项目建设规模及内容	实际或计划开工时间	计划竣工时间	项目总投资（万元）	2021年计划投资（万元）	截至2021年年末完成投资（万元）	工程进度
44	中韩示范区	中韩（长春）国际合作示范区长荣城市建设投资（集团）有限公司	中韩示范区数字经济产业园	总用地面积12.30万平方米，总建筑面积17.26万平方米，主要建设信息技术研发中心、智能制造研发中心、创新科技交流中心、综合服务中心、智能制造标准厂房	2020	2022	92888	44900	21168	除3号、5号、8号、10号、15号楼外，主体结构全部封顶；二次砌筑完成抹灰和地面施工；外立面窗框安装完成，外墙抹灰施工完成；机电安装完成50%
45	汽开区	一汽-大众汽车有限公司	EA211发动机.5LTSIEVO机型技术改造项目	新增建筑面积500平方米；新增和改造工艺/工装设备266台（套）	2020	2024	92784	30000	10381	设备安装中
46	长春新区	一汽轿车股份有限公司	蔚山工厂NAT新能源汽车增能项目	占地面积20.8万平方米，建筑面积9万平方米；建设4栋新能源汽车厂房；设计年产能10万辆红旗新能源乘用车	2020	2022	92272	40000	0	投产
47	德惠市	长春市恒建科为新能源发电有限公司	长春市城市生活垃圾焚烧发电处理项目（一期）	占地面积8万平方米，日处理生活垃圾进厂量1200吨，全年处理量43.8万吨	2020	2021	86000	49600	18800	投产
48	经开区	长春富维安道拓汽车饰件系统有限公司	汽车内饰生产基地项目	项目租用专用车园区9-2#厂房，主要为红旗H7车型配套门板以及开展汽车售后服务市场业务	2020	2022	80000	20000	9985	购置调试设备
49	长春新区	长春桃李面包有限公司	年产5.5万吨面包系列烘焙食品生产基地项目	主要建设厂房、办公楼等，年产5.5万吨面包系列烘焙食品	2020	2022	80000	20000	3091	建设主体
50	长春新区	长春百克生物科技股份公司	百克生物疫苗产业园项目	占地面积4.13万平方米，建筑面积7万平方米。主要建设肺炎疫苗生产厂房、生物疫苗研发大厦、新型狂犬疫苗生产线，生产23价肺炎多糖疫苗、新型狂犬疫苗等	2021	2023	80000	10000	4500	建设园区厂房及办公楼主体
51	汽开区	四川一汽丰田汽车有限公司长春丰越公司	丰田941B新车型项目	占地面积4万平方米，基于TNGA-K平台打造介于RAV4荣放和全新一代汉兰达之间新车型	2020	2022	80000	20000	16000	2021年第四季度投产
52	中韩示范区	吉林省常康生态技术有限公司	中韩（长春）国际合作示范区秸秆综合利用产业园建设项目	新建生产车间、库房、办公楼、宿舍楼、锅炉房、给水泵房、消防水池、堆场等。配置4套零甲醛玉米秸秆板生产线、2套导热油炉供热系统、4套玉米秸秆生物饲料生产线	2021	2021	79528	40000	6631	框架结构主体工程完成90%，钢结构主体工程50%；框架结构二次结构完成90%，钢结构维护结构完成30%；框架结构内墙抹灰完成70%；外网工程完成20%
53	长春新区	长春新区发展集团有限公司	长春高新区生物医药产业园（二区）一期	占地面积8.5万平方米，一期建筑面积6.4万平方米，主要建设标准厂房及基础配套设施，达产产值17.52亿元	2021	2023	79500	20000	15252	园区厂房及办公楼主体建设

续表26

序号	所属县区	企业名称	项目名称	项目建设规模及内容	实际或计划开工时间	计划竣工时间	项目总投资（万元）	2021年计划投资（万元）	截至2021年年末完成投资（万元）	工程进度
54	汽开区	中国第一汽车集团公司	一汽大众公司2021年更新改造投资项目	项目投资包括机动设备更新投资（主要是维持生产所需的冲焊涂总类工艺设备更新）、运输设备购置与更新投资（主要是物流车辆的更新）等6类投资，投资项目由一汽大众公司各相关部门负责组织实施，年内完成项目建设	2021	2021	79100	79100	37903	当年完成更新改造投资
55	经开区	长春经开国资控股集团有限公司	经开光电信息产业园二期	总占地面积4.4万平方米，二期总建筑面积约12.7万平方米，23层建筑1栋	2021	2023	78000	20000	100	平整土地
56	长春新区	长春西诺生物科技有限公司	西诺生物宠物生物制品研发与产业化项目	占地面积3.2万平方米，建筑面积5万平方米。主要建设生产、质量研发区、综合行政区、配套工程区等	2020	2023	74000	12500	4593	2栋厂房完成冷封闭
57	汽开区	一汽解放汽车有限公司	一汽解放汽车有限公司新建J7智能装配线项目	占地面积4.7万平方米，建筑面积5.9万平方米，产能5万辆	2020	2022	70000	32885	3500	安装附属设施及局部装修
58	汽开区	一汽物流有限公司	长春智慧物流园项目	总占地面积100.1万平方米，一汽物流与一汽资产、长久物流、华航集团计划总投资7亿元，建设内容包括整车仓储场地、整车立体库仓储场地、汽车零部件自动化立体库房、集装箱作业场地及配套设施、铁路作业站台等	2021	2022	70000	500	100	场地平整
59	长春新区	长春创投建设有限公司	创投空港产业园项目（西区）	总占地面积23万平方米，总建筑面积19万平方米，主要建设高端制造厂房、综合服务中心、综合保障中心、医药制造产业厂房等	2021	2022	69000	5000	0	主体工程施工
60	汽开区	一汽-大众汽车有限公司	长春基地涂装二车间水性漆改造及消防升级项目	一汽-大众长春基地涂装二车间水性漆改造及消防升级改造	2020	2022	68357	23560	21000	购入设备及生产线
61	长春新区	长春生物制品研究所有限责任公司	高等级生物安全疫苗生产车间和实验室建设项目	利用207厂房，改造面积5015平方米	2021	2021	67253	67253	66095	收尾工作
62	中韩示范区	中韩（长春）国际合作示范区长荣城市建设投资（集团）有限公司	中韩（长春）国际合作示范区智慧医疗创新创业基地建设项目	占地面积5.6万平方米，建筑面积7.4万平方米。为园区提供研发、企业办公和配套服务等多项功能支持	2020	2022	66500	19400	551	主体结构1号楼5层浇筑完成，2号裙房完成3层。3号裙楼3层完成；二次结构样板完成
63	经开区	长春万丰智能工程有限公司	工业工程项目	占地面积10万平方米，建筑面积57460平方米	2019	2021	65167	5000	5002	内部装修，设备调试

续表26

序号	所属县区	企业名称	项目名称	项目建设规模及内容	实际或计划开工时间	计划竣工时间	项目总投资（万元）	2021年计划投资（万元）	截至2021年年末完成投资（万元）	工程进度
64	经开区	吉林省吴太医药集团有限公司	吴太医药产业园二期项目	占地面积9万平方米，建筑面积12.6万平方米，生产感康片剂、感康胶囊剂	2019	2022	65000	10000	12330	主体部分施工中
65	长春新区	吉林省神州红旗智能制造有限公司	神州红旗汽车智能制造产业基地项目	占地面积约3.7万平方米，建筑面积约5.5万平方米，主要建设研发中心、厂房、行政办公、生活服务设施、员工宿舍等	2021	2023	60000	10000	4582	完成基础施工
66	汽开区	一汽集团	红旗N701项目	对L平台总装车间进行改造	2019	2021	57000	20000	3000	竣工投产
67	长春新区	长春百克生物科技股份公司	生物制药研发生产基地项目	年产300万人份b型流感嗜血杆菌疫苗、1000万人份/年流感病毒裂解疫苗、120万人份冻干人用狂犬病疫苗、100万人份人腺病毒口服疫苗/2000万人份麻腮风联合减毒活疫苗	2020	2022	56000	20000	11758	百白破车间投入使用
68	宽城区	长春泰盟机械制造股份有限公司	泰盟智能化工厂一期项目	占地面积10.5万平方米，建筑面积8万平方米。主要建设标准化厂房和配套设施	2019	2021	53000	15000	4302	竣工
69	农安县	长春市兴晟建筑材料有限公司（远创集团）	兴晟建筑材料项目	占地面积20万平方米，前期建筑面积8.5万平方米，其中一号厂房4.3万平方米，二号厂房3.4万平方米，主要生产装配式构件、建筑爬架、建筑铝合金模版	2020	2021	52000	15000	5000	所有办公楼及厂房完工，室内装修及试投产
70	汽开区	德国恩福汽车零部件有限公司	德国恩福汽车零部件项目	占地面积3.2万平方米，建筑面积2.4万平方米，主要建设厂房、办公楼及附属设施等。主要为一汽-大众配套生产各类汽车密封件	2021	2022	52000	10000	9228	完成厂房主体建设，铺设基础道路
71	长春新区	龙翔投资控股集团有限公司	长春新区北湖科技开发区生物环保产业园	用地面积15.8万平方米，建筑面积6.15万平方米，1~6号标准厂房、6栋标准厂房，2栋仓储建筑	2020	2022	51500	10000	6350	完成围挡，平整土地
72	中韩示范区	长春万润装配式建材有限公司	万科装配式装修产品产业园项目	总占地面积9.5万平方米，规划总建筑面积5.34万平方米，包括木业生产车间一、木业生产车间二、五金库房、原材料库房、成品库房、设备用房、办公楼、同时配套建设室外集散场地、绿化、道路及硬覆盖、消防、公用配套等附属设施	2021	2022	50686	35000	7288	完成桩基，搭建钢结构厂房

续表26

序号	所属县区	企业名称	项目名称	项目建设规模及内容	实际或计划开工时间	计划竣工时间	项目总投资（万元）	2021年计划投资（万元）	截至2021年年末完成投资（万元）	工程进度
73	农安县	农安县伏龙泉镇人民政府	农安县伏龙泉镇特色农业产业园建设项目	拆除原有用房并原址新建，项目总占地面积34.55万平方米，总建筑面积14.4万平方米，厂区道路建筑面积74587.75平方米、停车场及硬化路面面积81523.35平方米，绿化面积68963.6平方米	2020	2021	50448	5000	2136	完成厂区内7栋厂房、9栋办公设施及2栋生活服务设施建设
74	经开区	吉林东光友成机工有限公司	汽车模具及研发中心项目	年生产100万套汽车零部件，包括安全件、车灯件、电子件、功能件和内饰件。一期包括：建筑面积1.2万平方米厂房1栋；二期工程新购置注塑机20台，塑料件表面处理设备10台等	2021	2024	50000	10000	100	基础施工
75	农安县	吉林省隆发轻工产业园有限公司	轻工产业园五期项目	良品日用品、铭浩家具、飞拓实业、延阳实业、驿来特智能科技、圆悦零部件加工、融川科技实业、瑞吉建筑节能科技、厚朴科技、慧泽环保科技等23家	2020	2021	50000	5000	2000	23户中建设18户，2021春季开工建设，其余5户在办理施工许可证
76	公主岭市	吉林省诚品高端制造产业园发展管理有限公司	吉林省诚品高端制造产业孵化基地建设项目	占地面积16.8万平方米，主要研发、制造高端汽车零部件	2021	2022	50000	15000	13000	现场开槽，5栋办公楼主体施工，13栋厂房基础完成
77	九台区	长春钻智制药有限公司	仓库及生物大楼建设项目	项目占地面积6615平方米，建筑面积1.7万平方米，主要新建仓库，改建生物大楼，新引入一条生产线	2020	2022	50000	6000	200	仓库主体完工
78	汽开区	吉林地通汽车部件有限公司	地通白车身项目	占地7.8万平方米，建筑面积4万平方米。主要建设厂房、办公楼及附属设施。项目主要生产车桥、冲焊压总成件、白车身及底盘结构件	2021	2022	50000	13000	13000	地下基础施工
79	汽开区	一汽集团	长春智能网联示范区项目	在汽开区选定区域建设智慧交通设施	2020	2022	50000	15000	8000	竣工投产
80	汽开区	裕新（长春）智能科技有限公司	裕新科技工业机器人项目	总占地面积7.2万平方米，建筑面积5万平方米，主要有办公区、应用系统开发中心、智能化物流设备研发中心、AGV产品生产研发基地、智能配送中心、设备调试中心、智能立体库、附属配套设施	2021	2022	50000	3000	3000	办理施工许可证

装备制造业

综　述

【概况】　长春市装备制造业主要包含轨道交通装备、精密仪器与装备、通用航空装备、航天装备、智能制造装备、能源装备、电气装备、农机装备、大型专用设备、环保装备、冰雪装备11大领域。2021年，全市装备制造业完成产值546.1亿元，其中轨道交通装备产业完成产值360.8亿元，占比66.1%，中车长客作为长春市装备制造业龙头骨干企业完成产值283.3亿元，占轨道交通装备业78.5%。

【重点企业】　长春市装备制造业重点企业主要有中车长春轨道客车股份有限公司、长春中车轨道车辆有限公司、长春长客阿尔斯通轨道车辆有限公司、吉林省金冠电气股份有限公司、研奥电气股份有限公司、长春路通轨道车辆配套装备有限公司、福伊特路通城铁变速箱技术（长春）有限公司、中国电建集团长春发电设备有限公司、长春市新金享冷弯型钢有限公司、吉林省金越交通装备股份有限公司、长春合心机械制造有限公司、长春奥普光电技术股份有限公司、吉林省隆华测控股份有限公司、长春融成智能设备制造股份有限公司、长春三鼎变压器有限公司、公主岭市华玺农业机械制造有限公司、吉林天朗新能源科技有限公司、楚天华通医药设备有限公司、吉林省远东环保机械有限公司、长春市布拉德除雪机械有限公司、吉林省吉邦自动化科技有限公司、中机试验装备股份有限公司、吉林省北欧重型机械有限公司、长光卫星科技有限公司等。

【主要产品】　长春市装备制造业主要产品包括轨道车辆整车制造、轨道车辆配套（系统集成、车体、地铁变速箱、司机操纵、电气连接控制系统等）、轨道车辆检修、光电测控仪器设备、液位监测仪表、物位监测设备、液压检测仪表、蠕变试验机、单细胞拉曼光谱分选仪、血液分析仪、气象仪器、卫星制造、工业灌装生产线、民爆智能生产线、环网开关设备、输变电变压器、喷杆喷雾机、播种机、工业机器人制造、秸秆饲料捡拾打捆机、制药机械、除雪机等。

（于春光）

轨道交通装备

【概况】　轨道交通装备是长春市高端装备制造业标志性行业。2021年，长春市轨道交通装备业产值360.8亿元。中车长春轨道客车股份有限公司（简称“中车长客股份公司”）作为长春市装备制造业龙头骨干企业完成产值283.3亿元。中车长客股份公司在“电力动车组（含高铁）”“城市轨道车辆”产品领域被评为国家第五批制造业单项冠军示范企业；城轨车产品实现产品谱系全覆盖，在国内市场占有率居全国第一位，高铁在国内市场占有率居全国第二位。长春市成为中国最大轨道客车研发、制造、检修和出口基地之一。

重点企业有中车长春轨道客车股份有限公司、长春中车轨道车辆有限公司、长春长客阿尔斯通轨道车辆有限公司、吉林省金冠电气股份有限公司、研奥电气股份有限公司、长春市新金享冷弯型钢有限公司、长春路通轨道车辆配套装备有限公司、福伊特路通城铁变速箱技术（长春）有限公司等。主要产品包括轨道车辆整车制造、轨道车辆配套（系统集成、车体、地铁变速箱、司机操纵、电气连接控制系统等）、轨道车辆检修等。

【科技创新】　技术布局和管理。完成欧洲科技公司注册及成都研发分中心组建并开始运营。初步构建四大技术领域技术规划平台。强化技术和专利管理，全年获授权专利208项，策划完成中国标准地铁、磁浮、齿轨车等项目专利布局。获中国专利外观设计优秀奖、吉林省科技成果转化贡献奖等19项大奖。

基础研发。重点开展8辆编组列车碰撞试验、车辆结构拓扑优化技术研究等25项专项技术研究；CNAS检测资质由37个项目扩充到100个；搭建中低速悬浮控制研究试验台、磁浮交通半实物仿真测试平台、整车车体疲劳试验台、转向架高频激振试验台。

新产品研发。打造7条产品线，构建25个产品平台。智能型复兴号动车组和京张高铁“瑞雪迎春”智能动车组成为网红产品；新一代市域车亮相

9月28日，长春市智能装备产业联合会第一次会员大会在长春国际会议中心召开
（市工信局　供图）

7月29日，中车长客股份公司与北京交通大学举行合作协议签约仪式

（中车长客股份公司　供图）

成都轨道展，获得各界好评；新一代600千米/小时常温常导样车和高温超导原理样机研制完成。

大制造体系建设。以北京地铁12号线项目为导航，完成设计工艺技术协同模式验证，初步实现端到端流程打通；规划建设新造项目标准化产线70条，搭建39项标准化生产线模型；开展APS、SRM、MOM等信息化系统数据贯通及深度应用。

【项目建设】 3月31日，长春市重点产业项目——长春中车轨道车辆有限公司整体搬迁建设项目开工仪式举行。按照“延伸产业链、突破技术链、提升价值链”思路，通过整体搬迁建设项目带动轨道客车整车制造、配件生产及供应、车辆维修及服务等产业集聚发展。4月，中车长客高铁运维基地建设暨整体搬迁项目开工，位于宽城区，整体搬迁建设项目总投资12.38亿元，建设期2年。年内，转向架厂房基本竣工，完成客车造修联合厂房主体工程。

【复兴号高寒动车组担当京哈高铁主力车型】 1月22日，京哈高铁全线贯通，线路上运行的11列动车组中，有9列是由中车长春轨道客车股份有限公司研制的CR400BF-G型复兴号高寒动车组。该车在复兴号动车组“金凤凰”基础上进行高寒适应性技术提升，通过采用密封防雪结构、低温防冻、冷凝水防治等措施，解决高寒气候下运行的防寒保暖、转向架积雪、关键部件冻结等难题，能够在零下40摄氏度以350千米/小时运行。

【长客造“智慧列车”亮相上海地铁15号线】 1月23日，上海地铁15号线开通全自动运行初期运营。该线路是上海第四条轨道交通全自动无人驾驶线路，也是首条全线全功能一次性开通最高等级全自动无人驾驶系统地铁线路。线路运行车辆由中车长客股份公司生产，采用A型铝合金车体，每列车6节编组，4动2拖，最高速度80千米/小时。车辆融合最新行业技术，是行业最先进、最前沿技术代表。

【中长客车为嘉兴打造新一代储能式有轨电车】 2月3日，由中车长春轨道客车股份有限公司研制的新型储能式100%低地板有轨电车在嘉兴市亮相。在项目首列车接车暨命名仪式上，嘉兴市有轨电车正式命名为“南湖号”。“南湖号”融入国内最新技术成果，通过运用轻量化、高能量密度的超级电容储能供电方式，列车运行时，仅利用在车站正常停车时间快速充电，即可满足全线无接触网运营需求。

【世界首次8辆编组高速动车组碰撞试验成功】 3月2日，两列8辆编组高速动车组在中车长客造长春轨道客车股份有限公司完成碰撞试验，是世界首次在符合实际工况的线路上进行的整列车被动安全碰撞试验。试验采

1月22日，“长客造”复兴号高寒动车组担当京哈高铁全线贯通主力车型

（中车长客股份公司　供图）

2月3日，由中车长春轨道客车股份有限公司研制的新型储能式100%低地板有轨电车在嘉兴市亮相，并被命名为“南湖号”　（中车长客股份公司　供图）

集列车吸能系统变形次序、防爬车、防脱轨性能等重要数据，验证由中车长春轨道客车股份有限公司自主研发高速动车组碰撞吸能系统的安全有效性，标志着中国轨道客车被动安全技术研究达到世界领先水平。

【中国标准地铁列车研制成功】 2021年中车长春轨道客车股份有限公司、中国中车联合深圳地铁集团、广州地铁集团共同研制系列化 80 千米/小时 A 型中国标准地铁列车，继承既有地铁列车运用经验，结合国内用户需求，打造自主开发、具有技术前瞻性的全新地铁车辆平台。列车有完全自主知识产权，“中国标准”覆盖率 85% 以上，核心技术、关键部件全面自主研发，所有关键零部件均实现自主研发制造，具有标准更统一、结构更安全、运行更节能、乘坐更舒适、运维更智能、配置更灵活等技术优势。10月29日，由中车长春轨道客车股份有限公司研制的深圳地铁14号线首列车正式交付。深圳地铁集团与中车长客在深圳昂鹅车辆段举行接车仪式，并就中国标准地铁列车研制合作协议签约。12月17日，国家重大技术装备攻关工程项目——80km/h A型中国标准地铁列车研制及试验项目合作协议签订仪式在广州举行。

【首次通过联合体投标方式中标长春6号线站台门项目】 2月18日，首次通过联合体投标方式中标长春6号线站台门项目。该项目是中车长客股份公司通过“中车模式”在长春落地获取的首个机电系统业务，是首次以独立身份参与机电系统项目，为后续在机电业务体系搭建、能力建设以及拓展“产品+”“系统+”业务奠定基础。

【深圳市城市轨道交通20号线一期工程全自动驾驶首列车下线】 4月17日，深圳市城市轨道交通20号线一期工程首列车下线仪式在中车长客股份公司客车制造中心装配一车间举行。该列车是深圳市首列采用最高自动驾驶技术的轨道交通车辆，标志着深圳市轨道交通即将进入全自动驾驶时代。该列车采用A型铝合金鼓形车体，8辆编组，6动2拖，最高运行速度120千米/小时。全自动驾驶系统赋予列车自动唤醒、自动发车、精准停车、自动检测等一系列功能，深圳地铁20号线项目在世界首次批量应用车—车通信技术，与传统车—地—车通信技术相比，优化车辆控制流程，提升列车运行效率和安全可靠性。

【金台铁路动力集中动车组下线】 6月2日，中车长客股份公司在高速动车组制造中心列调现场举行金台铁路动力集中动车组下线仪式，标志着浙江省铁路史上第一辆自主采购运营动车组即将投入使用。2020年11月，金台铁路有限责任公司与中车大同电力机车有限公司和中车长春轨道客车股份有限公司（联合体）正式签订金台铁路时速160千米动力集中动车组采购项目合同。金台铁路跨越浙江省9个县市

4月17日，深圳市城市轨道交通20号线一期工程首列车下线仪式在中车长客股份公司客车制造中心装配一车间举行　（中车长客股份公司　供图）

6月2日，中车长客股份公司在高速动车组制造中心调试车间举行金台铁路动力集中动车组下线仪式　　（中车长客股份公司　供图）

区，全长234.92千米，是浙江省以省为主投资、建设和运营第一条电气化铁路，也是浙江省交通集团自主建设第一条铁路。

【以色列特拉维夫红线轻轨项目首列车首次试跑】　6月17日，以色列轻轨项目首列车亮相特拉维夫红线正线东段线路车辆正线联调正式启动，完成首次试跑。特拉维夫红线项目是以色列建国以来最大的政府特许基础设施建设项目，也是中车长客股份公司服务“一带一路”沿线国家重要项目。车辆采用全球低地板轻轨车最高技术标准，在网络安全、防弹、防爆、可靠性、舒适性以及性能表现方面均可达到世界一流水平。

【洛杉矶地铁项目首批车揭幕仪式在美国春田工厂举办】　美国东部时间6月8日，中车长客股份公司在位于马萨诸塞州的春田工厂举办洛杉矶地铁项目首批车揭幕仪式。2017年3月，中车长客股份公司签订洛杉矶地铁车辆采购合同，订单总计282辆车，是继2014年中车长客股份公司中标美国波士顿地铁项目后，在美国市场的第二次突破。2018年，中车长客股份公司麻省春田工厂正式投产，开始美国地铁项目本地化制造。至2021年底，中车长客股份公司为当地创造300多个就业岗位，并带领车辆牵引、照明和空调等关键系统供应商在洛杉矶郡实现本地化生产。2020年初，洛杉矶地铁项目在长春总部正式进入装配试制阶段。面对新冠肺炎疫情，中车长客股份公司率先在国内复工复产，克服全球运输资源紧张且成本激增等困难，于2021年4月将首批洛杉矶地铁车发运到春田工厂，完成后续装配工作。

【中车长春轨道客车股份有限公司】

全年生产动车组、城市轨道车辆分别为350辆、2471辆，销售收入300.2亿元，实现净利润18亿元。年内，时速160千米智慧型市域A型车、全自动驾驶列车、新型储能式100%低地板有轨电车等车型下线交付。CR400BF-G型复兴号高寒动车组担当京哈高铁主力，高速磁悬浮列车研制完成，世界首次8辆编组高速动车组碰撞试验取得成功。以色列特拉维夫红线轻轨项目首列车完成首次试跑，18家配套企业落地回归。2021年，中车长客股份公司生产的高铁在国内市场占有率46.6%，地铁在国内市场占有率23.46%。产品出口20余个国家和地区，累计超过9000辆，签约金额120亿美元。复兴号智能动车组献礼中国共产党成立100周年，贵阳城际车实现城际市场订单零的突破，全国首创双流制车辆亮相重庆，重庆5号线加车项目中标。完成兰州、广州、北京、深圳四地标准化地铁推广及落地工作。参建的“武汉东湖国家自主创新示范区有轨电车试验线工程”（“光谷量子号”有轨电车项目）获得第十八届中国土木工程詹天佑奖。克服新冠疫情的全球蔓延和复杂的国际局势，实现哥伦比亚波哥大

6月8日，中车长客股份公司在位于马萨诸塞州的春田工厂举办洛杉矶地铁项目首批车揭幕仪式　　（中车长客股份公司　供图）

有轨电车项目、沙特麦加地铁大修项目签约，完成澳大利亚墨尔本地铁加车项目合同签署。全年实现市场签约额217.42亿元。其中，国内铁路板块100.74 亿元；国内城铁板块 98.76 亿元；海外市场17.92亿元。

年内，中车长客股份公司团委获“全国五四红旗团委”称号，高速中心装配车间司机室班获第20届“全国青年文明号”称号，中车长客股份公司高速动车组制造基地入选全国爱国主义教育示范基地。中车长客股份公司获“吉林省科技成果转化贡献奖”，完成的“高端轨道交通车辆激光焊制造技术平台开发与应用”项目获吉林省科学技术进步奖一等奖，“下一代地铁车辆技术研究及示范应用”及“超级电容轻量模块化有轨电车研制”项目分别获吉林省科学技术进步奖二、三等奖，“列车碰撞吸能技术研究团队”和“新一代智能高速动车组创新团队”获2020年度吉林省“产业项目研发领军团队”，孙强、高明亮获2020年度吉林省“长白山青年拔尖人才”，艾子洋获2020年度吉林省“长白山技术技能领军人才”。

（寇德莹）

航空航天产业

【通用机场建设】　长春市有6个通用机场建设项目纳入《吉林省通用机场布局规划（2016—2030年）》。至2021年年末，建成1个通用机场（榆树通用机场，已取证的A1类机场，2020年10月22日首条通航短途运输航线榆树—松原航线正式开通），规划新增5个通用机场。在办理选址中，相关前期工作全面启动的通用机场2个，分别是九台和农安通用机场。开展前期研究的通用机场3个，德惠、双阳和长春新区三地的通用机场按计划在2025年之前建成并投入运营。

【无人机领域】　长春市在无人机研制方面总体研发能力较强，吉林大学、长春光机所、长春蓝大焦点科技有限公司、吉林省羽麦科技公司等无人机单位能提供垂直起降固定翼无人机、单兵手抛式无人机、共轴反桨无人直升机、固定翼无人机、旋翼无人机、工业无人机等多种类型无人机产品，应用于遥感测绘、航拍航测、城市规划、农业植保、护林防火、管线巡检、区域侦察、应急救援等领域。

【飞机维修】　长春市飞机维修领域代表企业是中国航发长春控制科技有限公司，围绕燃油供给与计量装置、电液/电气转换装置、作动筒及伺服作动器、空气调节控制装置等专业开展航空发动机控制系统基础技术、关键技术研究验证，是国家航空发动机及燃气轮机控制系统产品研制生产基地。2021年，该公司实现营业收入41.59亿元，比2020年增长18.25%；全年研发投入金额1.52亿元，比2020年增长4.09%。

【航天装备】　航天装备是长春市重点培育的新兴战略产业，长光卫星公司在商业遥感卫星领域具备领先优势，并且是东北三省唯一的“独角兽”企业。至2021年年末，“吉林一号”在轨卫星数量增至83颗，完成“吉林一号”星座第一阶段建设任务。卫星投入使用后，显著提升“吉林一号”星座数据获取和信息服务能力。以“吉林一号”卫星为牵引，长春市范围内逐步形成以长光卫星为龙头，长光辰芯、长光宇航、进取空间、长春奥普光电等配套企业组成的航天信息产业上游生态。

【长光卫星】　中国第一家集卫星研发制造、运营管理和遥感信息服务于一体的全产业链商业遥感卫星公司，是东北地区首家、吉林省唯一一家中国“独角兽”企业。自主研制的“吉林一号”星座首组四颗卫星于2015年在中国酒泉卫星发射中心发射，创造国内多项第一，其中“吉林一号”光学A星是中国第一颗商用高分辨率遥感卫星，建成中国最大的商业遥感卫星星座。2021年，长光卫星主营业务收入3.1亿元。其中，卫星遥感信息服务1.8亿元，卫星制造及相关服务1.3亿元。在中国商业航天企业百强榜单中，长光卫星以124亿元估值居商业航天企业第一梯队。2021年8月，长光卫星入选“建议支持的国家级专精特新小巨人企业名单”，获得工信部600余万元补助资金。

（于春光）

其他装备制造业

【精密仪器与装备】　全产业（工业自动化仪表、试验检验设备、生命科学仪器、医疗设备）发展较好。其中，工业自动化仪表、试验检验设备领域具有较强优势，生命科学仪器技术领先，医疗设备领域、血液检测设备具有领先优势，代表企业有奥普光电、隆华测控、中机试验、长光辰英、迪瑞医疗、沂达医疗等。长光华大基因公司10000G高通量基因测序仪开展应用，20000G 新产品在深圳国家基因库开展联调联试。光华微电子公司 12 英寸全自动晶圆探针台打破国外垄断，率先进入国内中高端探针台市场，全年销售13 台。长光辰英新一代全自动智能单细胞精准分选系统，突破中国单细胞研究与产业化应用瓶颈。中机试验机超高温极端环境材料服役性能测试、原位测试仪等一批核心技术国际先进。

【智能成套装备】　长春市汽车工艺装备、危化品灌装、民爆智能生产线等拥有领先优势，高档数控机床与工业机器人水平不高，代表企业有融成智造、合心机械、大正博凯、吉邦自动化、汇维科技等。

【电气装备】　长春市输变电在国内处于中上游水平，产品技术先进，矿用电力设备国内优势明显，参与多项行业标准起草和制定，代表企业有金冠电气、三鼎变压器、北特电缆等。

【农机装备】 农机装备中播种机、秸秆后处理机械技术先进，动力机械相对薄弱，代表企业有天朗新能源、华玺农业、远航农业、福德机械等。

【能源装备】 处于培育发展阶段，其中风电设备、氢能装备等新能源装备逐渐布局，代表企业有国家电投长春绿动氢能科技有限公司、致远新能源等。

【环保装备】 尚处于产业培育阶段，其中道路清洁装备拥有领先技术优势，尤其是除雪设备，代表企业有布拉德、远东环保、北欧重型机械等。

（于春光）

生物医药产业

【概况】 生物医药产业是长春市最具潜力、最具特色战略性新兴产业。2021年，56家规模以上医药企业工业总产值275.4亿元，比2020年增长39.7%。生物药领域有金赛药业、百克生物、长春生物所、祈建生物等，中药领域有修正高新制药、普华制药、人民药业、亚泰制药等；化药领域有国药一心、吴太感康药业、长源药业、海悦药业等；医疗器械领域有迪瑞医疗、博讯生物、圣博玛医疗、迈达医疗等重点企业。

【产业规划编制】 编制《长春市生物医药产业发展“十四五”规划（2021—2025年）》。规划从发展基础和发展环境、指导思想和主要目标、产业布局、发展路径、重点任务、保障措施6个方面实施。到2025年，长春市医药工业产值700亿元，向千亿级目标迈进，形成产业布局更优、集聚程度更高、企业规模更大、竞争实力更强医药工业发展格局。

【重点项目建设】 吉林省医疗器械产业创新示范园。总投资50亿元，建设年限为2018年至2023年，长春经开区与省药监局、省医疗器械行业协会三方合作在兴隆综保区规划建设吉林省首个专业医疗器械产业创新示范园。分三期建设：一期双创基地和产业孵化器，部分投入使用；二期产业加速器，启动建设；三期为发展预留地。

金赛国际医药产业园项目。总投资23.4亿元，占地面积10.6万平方米，总建筑面积20.8万平方米，建设年限为2021年至2024年，主要建设特殊制剂生产基地、抗体生产基地、生长激素生产基地。

长春安沃高新基因工程抗体药物类药物项目。总投资13.8亿元，建设年限为2020年至2022年，占地面积10.6万平方米，主要建设符合美国、欧洲及ICH标准GMP生产车间。

海外医药智能工厂项目。总投资12亿元，建设年限为2021年至2023年，主要建设总部大厦、保健食品生产及中试基地、医药仓储物流、医药研发基地。

【金赛药业】 长春金赛药业有限责任公司（简称“金赛药业”）是国内生长激素龙头企业，人生长激素研发能力领先国际，生产规模居亚洲之首。2021年，销售收入82亿元，比2020年增长41%；净利润37亿元，比2020年增长33%。主导核心产品是重组人生长激素系列产品，包括短效、长效、水剂、粉剂等，重组人生长激素是国际上公认治疗儿童长高唯一有效药物。国际独家新产品聚乙二醇生长激素获授权发明专利3项。金赛生长激素产品3次被国家发改委列为高技术产业化项目，获3项国家发明专利。出口到10余个国家，占全国市场份额的65%，全球市场的10%，迫使进口产品退出中国市场。2021年，研发费用全年投入13亿元，占销售收入15%。推进以儿童生长发育、女性健康、抗肿瘤为重点的120个在研项目，其中20个项目进入临床试验阶段。年内，推进的金赛国际医药产业园项目，一期项目生产车间建筑主体完成部分暖封闭及机电施工。与30所院校建立校企合作关系，主要合作模式以实习实践、生产顶岗实习、奖助

7月31日，世界中医药大会第六届夏季分会在长春举行 （市工信局 供图）

中韩示范区医疗器械产业园项目　（市工信局　供图）

学金、活动赞助、本科生联合培养为主，后续逐渐建立深度合作，开展技术合作和硕士联合培养。

【百克生物】　长春百克生物科技股份公司（简称“百克生物”）是一家主要致力于传染病防治的创新生物医药企业，有3个厂区，总占地面积22.57万平方米，2021年主营业务收入12.0亿元。百克生物自2004年成立，主要致力于传染病防治的创新生物药研发、生产及销售，获批的疫苗产品有水痘疫苗、狂犬疫苗以及冻干鼻喷流感疫苗3种，还拥有14项在研疫苗和2项在研用于传染病防控的全人源单克隆抗体。通过自主研发逐步建立起病毒规模化培养技术平台、制剂及佐剂技术平台、基因工程技术平台及细菌性疫苗技术平台。在建的长春百克生物科技股份公司生物制药研发生产基地项目（又名百克生物疫苗产业园项目）总建筑面积10.33万平方米，分两期建设：一期新建B、C、D栋疫苗生产车间，建筑面积70899平方米，购置仪器设备870台套；二期新建A栋研发大厦，建筑面积3.24万平方米，主要建设细菌性疫苗研发车间、病毒性减毒疫苗研发车间、病毒性灭活疫苗研发车间、质量检测中心以及预留疫苗研发车间等，以及配套室外管网、道路、绿化等工程，购置仪器设备200台（套）。项目建成后，年产狂犬疫苗300万人份、二倍体狂犬疫苗120万人份、Hib疫苗300万人份、佐剂流感1000万人份，每年检验检测200批次。至2021年年末，完成一期B、C、D座车间大楼主体建设工作。2021年6月，百克生物在上海证券交易所科创板上市，成为吉林省第二家科创板上市企业。

【长春生物制品研究所】　长春生物制品研究所有限责任公司（简称“长春生物制品研究所”）是集生物制品研发、生产、教育、销售为一体的高科技企业。占地面积约17.97万平方米，员工2000余人。2021年，实现营业收入46.5亿元。

2021年，其生产的疫苗类产品包括：四价流感病毒裂解疫苗产量890万支，还在开展208流感疫苗扩产改造项目；冻干甲型肝炎减毒活疫苗产量400万瓶，工艺水平处于国内先进水平，仍在开展升级换代产品甲型灭活肝炎疫苗研发；水痘减毒活疫苗产量780万人份，仍在建设水痘疫苗生产车间，扩大产品产能并积极开发新型水痘疫苗、重组亚单位带状疱疹疫苗等新产品；双价肾综合征出血热灭活疫苗产量150万瓶，上市近20年，产品安全有效；森林脑炎灭活疫苗产量60万瓶，为全国独家产品。重组蛋白药物主要包括干扰素系列产品，2021年产量580万瓶/枚，长春生物制品研究所自主销售重组蛋白药物后，3年实现销售过亿元目标，2021年实现销售收入1.14亿元。诊断试剂主要包括其子公司上海捷诺生产的新冠肺炎核酸检测试剂盒、宫颈癌DNA甲基化检测试剂盒、多重呼吸道病原体核酸检测试剂盒等，其中新冠肺炎核酸

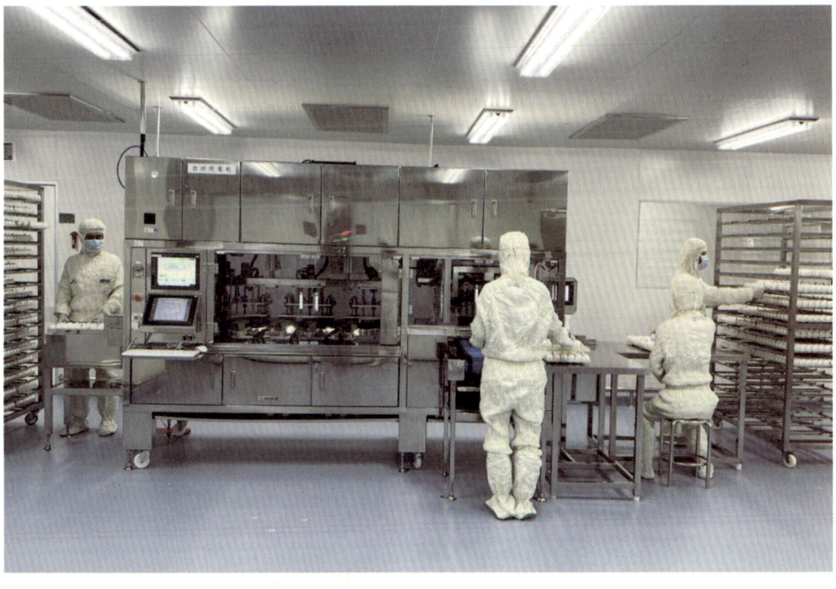

2021年，国药长春生物所生产四价流感病毒裂解疫苗890万支。图为其疫苗六室（流感疫苗室）选胚场景　（市工信局　供图）

检测试剂盒是全国第一批获得生产注册证的产品。

2021年，长春生物制品研究所新冠项目建成12条新冠疫苗分包装生产线、1个P3车间、1个P3实验室，总投资17.55亿元。其中，新冠疫苗分包装一期建设项目历时95天，于1月1日开工建设，4月5日正式投产；新冠疫苗分包装二期建设项目历时98天，于6月1日开工，9月6日正式投产；祈健公司新冠疫苗分包装建设项目历时85天，于6月1日开工，8月24日正式投产；P3生产车间于4月1日开工，4月30日完成主体封顶，7月初通过生物安全国检，8月底竣工，处于试运行、模拟生产阶段；P3实验室于5月15日开工建设，11月底完成工程安装，12月30日完成国检，处于试运行阶段。新建208#厂房流感疫苗生产车间建设项目交付使用并完成GMP符合性检查。207号厂房细胞因子分装车间及拮抗剂原液生产车间建设项目交付使用。水痘疫苗生产车间建设项目进行施工前准备工作。

推进产品工艺优化，开展冻干甲型肝炎减毒活疫苗工艺提升、0.5毫升森林脑炎灭活疫苗预充注射器工艺变更、四价流感病毒裂解疫苗生产工艺变更及场地转移、水痘疫苗生产工艺优化、干扰素原液工艺提升变更，提高质量和产能及生产效率。其中，流感病毒裂解疫苗208车间场地转移及工艺变更于11月18日获得补充申请批件；人干扰素α2b栓工艺提升项目于11月3日获得补充申请批件。

推进科研成果转化，开发新产品，冻干人用狂犬病疫苗（Vero细胞）于2021年4月30日获得生产批件，填补中国生物狂犬病疫苗品种空白。加快推进儿童型四价流感疫苗、细胞基质流感疫苗、重组人白介素-1受体拮抗剂注射液、新型水痘疫苗、宫颈癌DNA甲基化检测试剂盒等产品研发进程。

2021年，长春生物制品研究所与温州医科大学院士团队签订合作开发协议。长春生物制品研究所子公司上海捷诺生物科技有限公司收购上海雅心生物技术有限公司51%股权，推动上下游产业链布局。

（于春光）

光电信息产业

【概况】 截至2021年年末，全市光电信息产业规模以上企业108户。其中，电子信息制造业规上企业68户（全省107户），全年产值87.3亿元，比2020年增长19%；汽车电子制造业规上企业40户，全年产值485.2亿元，比2020年下降6.8%。长春光机所所属企业74户。其中，规模以上企业8户，上市公司1户（奥普光电），拟上市公司3户（长光卫星、长光辰芯、希达电子）。

【产业规划】 依托区域创新中心建设，围绕光电子、汽车电子两大领域，重点发展高新片区、经开片区、北湖片区“三个产业集聚区”，推动光电信息产业与汽车、轨道交通、先进装备、航空航天融合发展。

【重点项目建设】 2021年，重点建设汽车电子项目2个，航天信息项目1个，智能仪器设备项目5个。6月，长春新区永利激光二期项目投产。10月，汽开区富赛产业园项目投产。经开区光电信息产业园项目一期主体建设完成，作为“光电小镇”核心区域，形成200亿~300亿元产值。长春新区航天信息产业园项目一期建成投产，年产100颗卫星及200架无人机。经开区半导体激光技术创新中心产线建设项目、海谱润斯OLED材料扩建项目、长光辰英生物光学信息智能检测装备项目、长春新区神州红旗汽车智能制造产业基地项目等正在建设。

【重点企业】 长春市光电信息产业有上市公司5户，分别是奥普光电、奥来德、金冠电器、丽明科技、瑞科汉斯；拟上市公司3户，分别是长光辰芯、希达电子、海谱润斯。有国家级“专精特新”企业7户，分别是奥普光电、禹衡光学、希达电子、科英激光、光华微电子、海谱润斯、中机实验；省级“专精特新”企业17户，分别是希达电子、奥普光、瑞科汉斯、奥来德、光华微电子、科英激光、永利激光、通视光电、荣德光学、长光辰英、师凯科技、万和光电、三鼎变压器、易启科技、研奥电气、长光华大、海谱润斯。永利激光是国内生产规模最大、产品型号最全的二氧化碳激光器生产企业，年生产20万支。希达电子首创开发小间距“LED集成三合一”产品全球市场占有率第一。奥来德建成国内最大规模显示材料生产基地，国内市场占有率连续排名第一。长光辰芯8K超高清图像传感芯片及系统应用项目获国家“核高基”重大专项，成为吉林省第一个民口“核高基”项目。长光华大高通量基因测序仪是全球通量最高基因测序仪，交付国家基因库使用，打破中国高通量基因测序设备受制约局面。光华微电子的晶圆探针台是国内首台商用12英寸全自动晶圆探针台。长光辰英单细胞分选仪实现中国首台单细胞分选设备产业化。长光圆辰建成国内唯一一条CMOS背照式生产加工线，解决中国背照式工艺“卡脖子”问题。

【长光卫星】 2021年，长光卫星技术股份有限公司（简称“长光卫星”）完成产值10.19亿元，实现销售收入3.02亿元。完成3次发射任务，将内蒙古一号卫星、“学而思号”卫星、“吉林一号”高分03D02、03星等6颗卫星送入预定轨道并完成组网。“吉林一号”星座在轨卫星31颗，具备对全球任意地点实现每天9~11次重访能力，为政府及行业用户提供遥感影像及数据产品。分别与中国产业发展研究院、中国移动通信集团吉林有限公司、华为公司、亿景智联（北京）科技有限公司、延边大学、天津海事局等行业龙头企业、高校院所、政府部门签署合作协议，拓展卫星遥感数据应用领域。全球重要目标信息服务平台V2.0版本完成开发，农、林、环、自然资源、金融等行业应用产品实现标准化，市场应用得到广泛好评。长光卫星以19亿美元估值入选“2020年中国独角兽企业”榜单，成为长春首个“独角兽”企业。通过国家专精特新“小巨人”企业认定、吉林省“专精特新”中小企业认定、入选“第二批第一年建议支持的国家级专精特新‘小巨人’企业”名单。在第七届中国（国际）商业航天高峰论坛上获“2021年度商业航天最具影响力企业”称号。大面阵高分辨率视频卫星处理技术及应用项目获长春市第一届“创新杯”高价值专利培育大赛金奖。

长光卫星健全科普教育体系，完善龙泽公园科普教育基地“二分场”功能，全年举办115次开放日活动，接待1.3万人。航天科普教育基地被省科技厅授予“吉林省科普基地”称号。

（于春光）

食品产业

【概况】 2021年，长春市是首批国家农业产业化示范基地，是全国首个“绿色有机农业示范市”，是“中国优质粳米之都”，是国家重要粮食主产区、商品粮基地和优质畜产品生产基地。2021年，全市食品产业规模以上企业189户，产值580.5亿元，比2020年增长30.2%，增速比2020年提高30个百分点。其中，农副食品加工业产值502.8亿元，比2020年增长29.6%；食品制造业产值45.9亿元，比2020年增长14.9%；酒、饮料和精制茶制造业产值31.7亿元，比2020年增长77.7%。

【重点企业发展】 长春市有规模以上食品生产企业189户。从规模上看，产值亿元以上企业77户。其中，产值超10亿元企业13户，包括达利、中粮榆树、中粮公主岭、德大、正大、高金等；产值超50亿元企业2户，包括皓月集团、九三大豆科技。从企业上市情况看，有上市公司4户，包括大成生化、大成糖业、泉阳泉、朱老六；拟上市公司3户，包括金沃农牧科技、博瑞科技、仟客莱科技；新三板公司2户，包括派诺生物和仟客莱科技。

【产品体系建设】 长春市食品产业主要由禽畜肉类精加工、玉米深加工、谷物精加工和特色快消品等产品体系构成。

禽畜肉类精加工。以公主岭农高新区、皓月产业园、合隆经济开发区和五棵树经济开发区等为载体，依托皓月、华正、金锣、德大、正大、高

表27 2021年长春市工业产值排名前20重点农产品加工企业产值增速情况统计表

序号	企业名称	2021年产值（亿元）	比2020年增减（%）
1	吉林省长春皓月清真肉业股份有限公司	96.1	35.2
2	九三集团长春大豆科技股份有限公司	63.0	22.2
3	中粮生化能源（榆树）有限公司	27.8	58.0
4	中粮生化能源（公主岭）有限公司	24.1	40.6
5	公主岭市高金食品有限公司	18.5	33.2
6	吉林省美泽食品有限公司	18.1	67.1
7	吉林达利食品有限公司	17.2	21.5
8	吉林德大有限公司	16.5	10.0
9	吉林正大食品有限公司	15.3	-6.2
10	吉林华正农牧业开发股份有限公司	11.8	38.0
11	吉林生物能源（榆树）有限公司	11.7	新入规
12	黄龙食品工业有限公司	10.3	14.1
13	长春耘垦牧业有限公司	10.3	16.2
14	吉林大北农农牧科技有限责任公司	9.1	60.0
15	长春金锣肉制品有限公司	8.7	79.5
16	长春禾丰饲料有限责任公司	8.6	52.7
17	广泽乳业有限公司	7.4	51.2
18	长春禾丰食品有限公司	7.0	30.0
19	长春百事可乐饮料有限公司	6.7	-2.1
20	中粮可口可乐饮料（吉林）有限公司	6.6	5.2

金等龙头企业，主要生产猪肉制品、牛肉制品、鸡肉制品等产品，形成禽畜肉类精加工产品体系。

玉米深加工。以长东北生物化工产业园、榆树五棵树经济开发区、德惠经济开发区，公主岭农高新区为载体，依托中粮集团、吉林生化、大成集团、黄龙公司等龙头企业，主要生产赖氨酸、淀粉、葡萄糖、柠檬酸、燃料乙醇、无水乙醇、医用乙醇等，形成玉米深加工产品体系。

谷物精加工。以榆树五棵树经济开发区、德惠经济开发区、公主岭农高新区、农安经济开发区为载体，依托九三大豆、吉科生物、古船、博瑞、禾丰等龙头企业，主要生产大豆油、豆粕、大豆低聚肽、大米、饲料等产品，形成谷物精加工产品体系。

特色快消品。以中韩示范区、经济开发区、长春新区、九台经济开发区、公主岭农高新区等为载体，依托高榕、百事、佐丹力、朱老六、农嫂等企业为龙头，主要生产菌类制品、饮料制品、杂粮制品、调味制品、鲜食玉米制品、烘焙制品以及水果和坚果加工等产品，形成特色快消品产品体系。

【重点项目】 长春市绿色循环畜牧产业示范园项目，位于农安县，计划总投资36亿元，2021年7月开工建设，占地面积624万平方米，建筑面积85万平方米，项目建设为6个功能区，养殖区、饲料加工区、粪污综合处理区、净水厂污水厂区、种植区、服务管理区；各区之间均有绿化隔离带分离，在场区外建设砌筑高墙及防护沟等附属工程。

中韩（长春）国际合作示范区健康食品产业园项目，位于中韩示范区，计划总投资14亿元，2020年8月开工建设，占地面积28.5万平方米，建筑面积27.5万平方米，2021年在建设中。主要建设内容是试验工厂、孵化工厂，创新（研发）中心、检测认证中心、综合服务中心和食品展示中心等。

桃李年产5.5万吨面包系列烘焙食品生产基地项目，位于长春新区，计划总投资8亿元，2020年5月开工建设，主要建设厂房、办公楼等。生产夹心面包、吐司面包、夹心蛋糕、吉士排面包等糕点，项目建成后可实现产能5.5万吨。2021年在建设中。

长春农安经开区食品园标准化厂房建设项目，位于农安县，计划总投资4.8亿元，2020年4月开工建设，占地面积18.3万平方米，建筑面积16.8万平方米，设休闲及功能性食品区、烘焙食品区、干调区、冷链物流区等4个区域。主要建设26栋生产车间、1栋双区孵化大厦、1栋倒班宿舍楼。2021年建设完成。

【皓月集团】 吉林省长春皓月清真肉业股份有限公司（简称“皓月集团”）是以肉牛屠宰深加工为主导产业的民营股份制企业，坐落在长春市西部，是首批国家级农业产业化重点龙头企业，也是吉林省农产品加工业重点支柱企业。“皓月”品牌是中国驰名商标、中国名牌和国际知名品牌。始建于1998年8月，2000年1月投产，以养殖、饲料、食品、大健康、制革和有机肥等六大产业为核心肉牛全产业链，在全国4省设有6个厂区（其中吉林省2个），年屠宰肉牛100万头、肉羊200万只。皓月牛肉国内市场以东三省为根据地，以京津冀地区、长江三角洲、珠江三角洲为重点，形成以西贝、稻香村为代表的产业客户群；以沃尔玛、麦德龙、大润发、欧亚为代表的商超客户群；以商务部、人民大会堂为代表的机关客户群；以香格里拉、希尔顿为代表的星级酒店客户群；以品牌旗舰店、千专百店为代表的连锁网络；以天猫、京东为代表的线上销售网络；与1000余家直营商超终端、5000余家重点客户合作。出口20多个国家和地区，形成以阿联酋为中心的中东市场、以马来西亚为中心的东南亚市场的三大国际市场格局。与全球最大的牛肉贸易商JBS集团以及美国、澳洲、南美洲等国家企业开展全球贸易合作，2021年11月5日，第四届进博会一次性签订进口肉牛合同23.6亿元。全年加工冷鲜牛肉、牛排、牛肉片及调理类产品200多种、各类清真熟食产品295种、补钙、补血、抗氧化、心脏瓣膜等生物大健康产品15种以及饲料、皮革和有机肥等30多种产品，长春皓月实现产值100.6 亿元，增长 32.6%，产值首次突破百亿元。销售收入111亿元，进出口贸易1亿美元，分别增长36.1%和41%。

【九三集团长春公司】 九三集团长春大豆科技股份有限公司隶属于北大荒集团全资子公司九三粮油工业集团有限公司。2013年投资兴建，注册资本1.2亿元，坐落于国家级经济技术开发区长春市经开区兴隆山镇，占地面积近30万平方米。有大豆初加工生产线2条，日加工大豆6000吨，植物油精炼生产线1条，日加工植物油1000吨，年大豆加工总设计能力180万吨，精炼植物油30万吨。主要产品有“鸿鹤”“津乐”“盛宴”牌大豆油，“津乐”牌高低蛋白膨化、胚片豆粕、膨化大豆粉，以及磷脂、皂角、脂肪酸等副产品。产品供应吉林、黑龙江、内蒙古等区域市场。曾获省级农业产业化重点龙头企业、“吉林省放心粮油进农村、进社区示范工程加工企业”称号、安全标准化二级企业（轻工）、长春市“五一劳动奖状”等称号，列2021年度长春市百强企业第17位。2021年，加工大豆总量142.42万吨，实现工业总产值60.46亿元，营业总收入72.81亿元，上缴税金2.23亿元。饲料豆粕在吉林省市场占用率50%、黑龙江市场占有率20%，食用大豆油吉林省市场占用率55%、黑龙江市场占有率30%。

【朱老六食品公司】 长春市朱老六食品股份有限公司始建于1991年，主营产品为腐乳、酸菜等传统生物发酵食品和调味品。2015年1月12日在新三板挂牌，股票代码831726。2021

年，营业收入2.82亿元，比2020年增长10%。其中，腐乳收入2.23亿元，酸菜收入0.52亿元。净利润5757.02万元，增长16%。上缴税款3002.73万元。其中，缴纳企业所得税1799.23万元，缴纳增值税953.70万元。全年带动就业人数677人，职工享有工资薪酬及各项保险福利待遇。2021年，企业工资薪金支出3299.57万元，各项保险福利支出616.73万元。2021年4月19日，通过全国股转公司新三板精选层公开发行审核会，5月13日进行精选层公开发行申购，募集资金约2亿元。11月15日，由新三板精选层平移到北交所上市，成为吉林省第一家在北交所上市的食品制造企业。

（于春光）

材料产业

【概况】 长春市拥有水泥黏土矿（双阳、德惠）、油页岩矿（农安）、陶粒页岩矿（农安、德惠）以及石灰石（双阳）等矿产资源，支撑全市特种工程塑料、聚酯树脂、建筑材料、生物基等材料领域发展，形成以聚醚醚酮、汽车涂料以及生物基新材料为代表的有机高分子材料产业，以玄武岩纤维、石墨烯、碳纤维为代表的先进复合材料产业，以硅藻土为代表的无机非金属材料产业，以水泥及其制品为代表的建筑材料产业。2021年，全市材料产业产值189.4亿元，比2020年增长16.7%。

【重点企业发展】 全市有重点材料企业125户。在新材料领域，中研高分子研发和生产聚醚醚酮（PEEK）以及其他高性能聚合物，产品性能均达到国际先进水平，部分指标超过国际同类产品。吉林奥莱德“聚合物电致发光显示（PLED）材料”与“有机电致发光（OLED）显示材料”是最具发展前景显示技术，在发光材料方面取得国内授权专利101项，全部为发明专利，是工信部评选的中国制造业“单项冠军”企业。长春圣博玛从事医用高分子材料合成与加工，人工骨板骨钉技术处于国际先进水平。兰舍硅藻新材料硅藻泥系列产品技术水平处于国内领先水平，市场占有率在60%以上，年产销量均居国内首位。中粮生化是全国也是吉林省唯一玉米深加工国家级工程研究中心，生物质材料聚乳酸技术水平处于全国同行业领先地位。在传统材料领域，吉林亚泰作为上市公司，以水泥等建筑材料为主业，成为资产和营业收入双过百亿元的国内500强大型企业集团，是国家重点支持十二家大型水泥企业集团之一。吉钢钢铁集团是吉林省重点企业，也是长春市最大钢铁生产企业，2021年产值27亿元，超级钢项目填补长春市钢铁材料领域空白。

【吉林奥来德】 吉林奥来德光电材料股份有限公司（简称“吉林奥来德”）是专门从事有机光电材料的研发、规模化生产、销售和服务的高新技术企业，设立博士后科研工作站分站，成为新型显示产业技术创新战略联盟常务理事单位。通过推进发光材料、封装材料产业化，实现绿光和红光发光辅助层材料重大突破，整体研发实力得到提升。AMOLED用高性能、长寿命有机材料技术改造项目获得“中国新型显示产业链发展贡献奖·卓越贡献奖”。年内，与厦门天马签署蒸发源合约并完成供货，中标重庆京东方蒸发源项目，完成武汉天马、合肥维信诺二期和重庆京东方一期蒸发源项目验收工作。全年新增申请专利107项，新增授权专利18项。获得吉林省科技计划战略性先进材料产业发展重大科技专项、长春市优秀科技成果转化等政府专项支持资金1000余万元。2021年，销售收入40594.63万元，净利润13605.9万元，纳税7215.3万元。

【长春圣博玛】 长春圣博玛生物材料有限公司（简称“长春圣博玛”）是集生物医用高分子材料及植入器械产品研、产、销于一体的高新技术企业，以可控高分子聚合技术和多因子高分子物理改性技术为核心能力，规模化制备医用生物活性聚乳酸，产品涵盖骨科、创伤外科、运动医学、神经外科、整形外科等多个领域，拥有核心专利112项。有员工210人，其中博士9人，专业技术人员占比超过50%。被国家、省、市认定为国际科技合作基地、院士专家工作站、博士后创业基地、吉林省聚乳酸科技创新中心、吉林省企业技术中心、吉林省可吸收医疗器械工程研究中心、国家第四批“专精特新”小巨人企业。2021年，实现销售收入10753万元，比2020年增长1830%；实现利润3184万元，比2020年增长120%。

长春圣博玛围绕骨科、运动医学、医学整形等领域，研发生产多项高性能可植入医疗器械制备技术及产品，有可吸收接骨螺钉、可吸收接骨板、可吸收界面螺钉、PEEK界面螺钉、金属带线锚钉、带袢钛板、聚乳酸面部填充剂、PEEK带线锚钉8个国家三类医疗器械注册证及1个欧盟CE注册证。其中，聚乳酸面部填充剂于2021年4月获得中国NMPA批准的第一个聚乳酸类面部修复产品国家三类医疗器械注册证，5月获得欧盟CE注册证，实现全球65个国家和地区同步发售，开启医美市场“再生时代”，2021年8月上市后仅5个月，实现产值2亿元，销售收入1.07亿元。

【兰舍硅藻】 兰舍硅藻新材料有限公司（简称“兰舍硅藻”）创建于2009年，兰舍产业园占地70000平方米，集研发、培训、办公、生产于一体，引进德国、瑞士等国际先进系统并与自主研发相结合，在行业内率先实现智能化、全自动化生产，节省人工80%。兰舍硅藻泥系列产品在绿色建材领域占据硅藻泥领域市场销售43%左右，位居榜首。在全国拥有1300多家经销商、2000多家标准专卖店，1万多名墙艺师，建立涵盖专卖店、建材连锁、电商、工程等全渠道销售通路系统。兰舍技术检测实验室通过“CNAS认可”，获评“绿色工厂”“中国建材行业科技进步一等奖”“高新技术企业”“吉林省科技小巨人企业”“省级企业技术中心”。拥有兰舍粉体硅藻泥系列，包括兰舍经典、皇室至尊、米洞石等13大硅藻泥系列产品，数百个工艺，开发出优质价廉液体硅藻泥产品。2021年，主要产品粉体硅藻泥系列产量3631.26吨，产值3489.13万元；液体硅藻泥系列产量1004.57吨，产值1266.88万元。

（于春光）

能源产业

【煤炭】 长春的煤炭生产量远远小于煤炭消费量，煤炭保有储量5.5亿吨，可采储量3.85亿吨。全市有煤矿矿井10座（九台区3座，双阳区6座，长春新区1座），经省核定年生产能力为618万吨。其中，6座矿井停产，产能为年产213万吨。双阳4座矿井（春谊煤矿、二道南山矿、双金煤矿和市双鑫煤矿）在开展年产30万吨升级改造工作；4座生产矿井分别为新区龙嘉堡煤矿、九台宇光营城煤矿、双阳长岭煤矿和双阳华安煤矿，产能405万吨。2021年，长春市煤矿企业年煤炭产量163万吨。

【天然气】 2021年，城区（不含九台区、双阳区）管道天然气供应总量8.4亿立方米，气源分别来自中石油天然气销售吉林分公司和中石化东北油气分公司；城区有管道燃气企业2户，即长春燃气股份有限公司和长春天然气集团有限公司。

【电力】 长春市电厂及电站装机容

表28 2021年长春市煤矿基本情况一览表

矿井名称	矿井状态	生产能力（万吨）	瓦斯等级
长春市双阳区长岭煤炭有限责任公司长岭煤矿	生产	15	低
羊草煤业股份有限公司一矿	停产	70	低
长春羊草沟煤矿二矿	停产	80	低
龙家堡矿业有限责任公司	正常	200	高
吉林省宇光营城矿业有限公司	正常生产	120	煤与二氧化碳突出
吉林省华安矿业有限公司	生产	70	低
吉林省春谊煤矿	停产（改扩中）	18	低
长春市双鑫煤业有限公司	停产（改扩中）	15	高
长春市双阳区长岭煤炭有限责任公司二道南山井	停产（改扩中）	15	低
吉林省双金煤矿有限公司（原双阳区双鑫煤矿）	停产（改扩中）	15	低

表29 2021年长春市供气基本情况统计表

管道燃气企业	主要气种	最高日供气量（万立方米）	供气人口（万户）	天然气门站（集输站）	设计接气能力（万立方米/日）	气源
长春燃气股份有限公司	天然气	246.6（长春市区）	134（长春市区）	米沙子门站	820	中石油（省内长岭气田）沈哈线（省外气源）
				大刘屯门站	270	中石化（省内气源）
长春市天然气有限责任公司	天然气	183	70	洋浦输气站	300	中石油（省内长岭气田）沈哈线（省外气源）
				一汽输气站	400	中石化（省内长岭气田）沈哈线（省外气源）
公主岭港华燃气有限公司	天然气	9	30	朝阳坡、秦家屯接收站	60	中石油（省内长岭气田）沈哈线（省外气源）
公主岭市鑫源燃气有限责任公司	天然气	3.5	8.9	十家子村、东河村6屯102线道北（调压站）	—	东北石油局八屋至吉林管线（从泡子沿引进）
				郜家村（调压站）	—	长春燃气（从大岭镇引进）
公主岭长燃天然气有限公司	天然气	1.1	1.2	城西输气站	273	中石化（省内气源）

量662.2万千瓦。电源结构主要以火电为主，有8个大型燃煤火电站，装机容量576.6万千瓦。

截至2021年年末，长春电网拥有500千伏变电站3座、220千伏变电站24座、66千伏变电站263座；66千伏及以上变电总容量2.52万兆伏安，线路总长0.74万千米；10千伏配电变压器4.6万台，10千伏配电线路3.11万千米。220千伏电网以合心、龙嘉、金城500千伏变电站为电源支撑，形成双环网结构；66千伏城网围绕东郊、汽车等16座220千伏变电站，形成多重环网结构；县域电网以农安、德惠等8座220千伏变电站为支撑，呈辐射状。

2021年，长春地区全社会用电量完成300.6亿千瓦时，占全省比重35.7%，比2020年增长6.31%，增长部分占全省增量47.2%。其中，第一产业6.1亿千瓦时，增长9.9%；第二产业155亿千瓦时，增长4.4%；第三产业87.1亿千瓦时，增长11.5%；城乡居民生活52.4亿千瓦时，比2020年增长3.6%。

表30　2021年长春市全社会用电情况分类统计表

分类	用电量（万千瓦时）	占比（%）
第一产业	6.1	2.03
第二产业	155.05	51.58
其中:工业	147.4	49.04
第三产业	87.07	28.96
城乡居民	52.41	17.43
总计	300.6	100

表31　2021年长春市电厂基本情况统计表

类别	单位名称	装机容量（千瓦）	2021年发电量（万千瓦时）
火电站（8个） 装机总量576.6万千瓦	国电吉林龙华热电股份有限公司长春热电一厂	700000	345044
	大唐长春第二热电有限责任公司	1320000	389841
	大唐长春第三热电厂	860000	332873
	华能吉林发电有限公司长春热电厂	700000	319553.8
	中电投吉林电力股份有限公司长春东南热电厂	700000	299050.9
	华能吉林发电有限公司九台电厂	1340000	436743.7
	吉林省宇光能源有限责任公司长春高新热电分公司	86000	30521.5
	公主岭市隆盛热电有限公司 （背压机供暖期）	60000	15123.1
自备电站（7个） 装机总量23.1万千瓦	长春汽车厂动力厂	91000	10822.5
	吉林亚泰水泥	21000	4252.3
	吉林亚泰水泥新厂	9000	3752.4
	中粮生化能源（榆树）电厂	6000	3598.3
	新凌蘑菇沟沼气电站	8000	1987.8
	公主岭黄龙公司	12000	4715.1
	中瑞利民沼气电站	6000	74.9712
生物质电厂（6个） 装机总量23.1万千瓦	华能农安生物电厂	65000	37287.4
	国能德惠生物质电厂	30000	23069

续表31

类别	单位名称	装机容量（千瓦）	2021年发电量（万千瓦时）
生物质电厂（6个） 装机总量23.1万千瓦	长春成泰热力公司双阳生物质电厂	30000	12992
	国能公主岭生物发电有限公司	30000	20472.5
	公主岭新盛生物电厂	30000	232.86
	哈电德惠生物质电厂	40000	13.2
垃圾电站（5个） 装机总量10.3万千瓦	长春生活垃圾综合处理电厂	46000	22181.6
	榆树市生活垃圾焚烧发电厂	12000	7067
	德惠生活垃圾焚烧发电厂	7500	4030.4
	恒建科为垃圾电站	31500	3255.6642
	公主岭德联红旗环保电站	6000	3529.5388
光伏电站（9个） 装机总量12.5万千瓦	农安流源三岗光伏电站	20000	2955.9
	农安合大哈拉海光伏电站一期	15000	2110.4
	农安合大哈拉海光伏电站二期	15000	2204.6
	神州光伏电站	15000	2363.6
	丰德光伏电站	10000	1426.9
	宏达光伏电站	10000	1457.2
	华家光伏电站	15000	2460.9
	龙发光伏电站	15000	2372.7
	华家光伏电站二期	10000	1674.9
分布式光伏 装机总量11.1万千瓦	长春地区城网分布式光伏项目	9741.61	763.2
	长春地区农网分布式光伏项目	101350.7	11212.5
风电 装机总量13.9万千瓦	农安永安风电场	99000	26259.6
	万顺风电场	40000	13824.3
合计		6622092	2403172

【新能源】 光伏发电。根据东北电力设计院评估，长春市全区域光资源均属于资源很丰富区，年总辐射量介于5040~6300兆焦每平方米。综合考虑资源和土地情况，现阶段可落位实施的光伏项目规划装机容量178万千瓦，潜在光伏资源可开发量520万千瓦。截至2021年年末，建成各类光伏发电项目装机总容量23.6万千瓦，年发电量3.1亿千瓦时。其中，光伏电站9个，装机总量12.5万千瓦，2021年发电量1.9亿千瓦时；分布式光伏装机总量11.1万千瓦，2021年发电总量1.2亿千瓦时。

风电。吉林省对风电项目实施总量管理。吉林省地处中高纬度地区，属于温带大陆性季风气候区，全年主要受西风带控制，风能资源较为丰富且品质较高。根据东北电力设计院评估，综合考虑资源和土地情况，现阶段可落位实施的风电项目规划装机容量150.5万千瓦，潜在可开发量178万千瓦。截至2021年年末，长春建成农安永安、万顺2座风电场，总装机容量13.9万千瓦，年发电量4亿千瓦时。

（市发改委）

建筑业

JIANZHUYE

综　述

【概况】　2021年，全市建筑业企业完成产值1525亿元，比2021年增长18.4%。建筑业增加值509.22亿元，比2020年增长8.3%。全市商品房施工面积8496.34万平方米，比2020年增长6.5%。

全市有建筑业企业2586户。其中，总承包企业1550户，包含特级企业7户、一级企业73户、二级企业333户、三级企业1137户；专业承包企业1036户，包含一级企业99户、二级企业507户、三级企业231户、不分等级企业199户。长春市建筑施工企业特级、一级资质企业偏少，经济贡献率高的龙头企业少，中小企业偏多。

截至2021年年末，长春市有重点企业24户，分别是中国水利水电第一工程局有限公司、中庆建设有限责任公司、长春建设集团股份有限公司、吉林省苏通建筑工程有限公司、吉林安装集团股份有限公司、吉林建工集团有限公司、长春建工集团有限公司、中铁四局集团路桥工程有限公司、中建三局城建有限公司、吉林省宇信建筑工程有限公司、新星宇工程建设集团有限公司、吉林省宏远建设工程有限公司、吉林省交通建设集团有限公司、吉林省跻强建工集团有限责任公司、吉林省送变电工程有限公司、吉林省惠德建工集团有限公司、吉林省光大建设集团有限公司、长春鸿源建设有限公司、长春电力集团有限公司、吉林省水利水电工程局集团有限公司、吉林省阳光建设集团有限公司、吉林东奥建设集团有限公司、长春吉源建设集团股份有限公司、长春建工新吉润建设有限公司。

【建筑业企业培育】　推进建设项目发包给本地企业，提高本地企业市场占有份额，扶持信用良好、专业技术能力强企业转型发展，优化长春市建筑业产业结构，提高企业综合竞争力。帮助全市建筑业企业完善项目业绩信息，支持企业资质升级增项。中庆集团、中建三局通过住建部审核，升为特级资质，全市6户企业升为壹级资质。推动外埠企业本地化，中建股份、中铁建、中铁、中交4户央企在长春成立子公司12户。新增入统建筑业企业307户，超额完成年度目标。

【建筑市场秩序管理】　完善建筑市场信用管理体系，智慧城建信用监管平台与全国信用信息共享平台数据实现共享。建立乱象整治常态化机制，开展全市房屋建设和市政基础设施工程建设领域招标投标专项整治，整改问题项目180个。“两违”（违法占地、违法建设）专项清查违法违规建设395起，完成整改298起，处罚598.5万元。梳理行政许可、行政处罚事项目录并持续动态更新，建立“双公示”台账，按照统一标准采集、保存、共享、公示及应用“双公示”信息。按照“双公示”事项目录和数据标准采集相关信息，自作出行政决定之日起7个工作日内在部门门户网站公示，并与各级信用综合服务平台共享相关信息。2021年，向长春市政数局推送行政许可3035条，行政处罚54条。

【建筑市场信用管理】　开展市场主体及从业人员信用等级评价工作，形成依托信用为监管方式的信用等级评价制度，对负责的建筑业企业、监理企业、勘察设计企业、造价咨询企业、招标代理机构、检测机构等企业开展信用等级评价，从而加强企业市场经营活动监督管理工作。2021年，评定建筑业优良企业233户，合格企业1678户，不合格企业250户；评定监理企业105户，A级36户、B级57户、C级10户、D级2户。检测机构A级（优秀）企业17户，B级（良好）企业31户，C级（合格）企业10户，D级（不合格）企业1户。对于信用评价优秀的企业在审批、各种费用上予以一定政策支持，对于信用评价不合格的企业按照相关规定予以一定限制，净化建筑市场，维护建筑市场秩序。

依托政数局全国信用信息共享平台（吉林长春），研发完成智慧城建信用监管平台，将“双公示”录入智慧城建信用监管平台，每日凌晨自动将最新数据推送给全国信用信息共享平台（吉林长春），实现无缝对接，提高数据录入及时性。

中建科技长春装配式产业园项目是吉林省最先进、规模最大的省级住宅产业化示范基地。图为9月14日施工中的中建科技长春装配式产业园

（市建委 供图）

【新型墙体材料专项基金】 增强新型墙体材料专项基金管理工作中服务意识，做好新型墙体材料专项基金返退工作。牵头推进返退工作进行，指派专人跟踪落实返退进度，确保高效办结基金返退工作。

新型墙体材料专项基金返退。截至2021年年末，市本级（不含双阳区、九台等外五县区）受理基金返退项目43项，总金额264.97万元。由于2021年预算缩减和审批放缓，第一批函15件返还816.2万元，第二批函9件654.47万元各部门完成审批待财政拨付，第三批函19件1178.4万元。

（张九高）

装配式建筑发展

【概况】 草拟《长春市人民政府关于加快发展装配式建筑的通知》，明确装配式建筑实施比例逐年提高2%以上，落实政府投资住宅项目采用装配式建筑要求，明确政府投资住宅项目应采用装配式建筑，压实装配式建筑设计、施工、监督、部件生产单位质量安全主体责任和发改、规自、建设等部门监管责任，对装配式建筑设计、全装修、智能化建造等工作提出具体技术攻坚方向。全年完成装配式建筑面积411.9万平方米，占新建建筑面积22%。长春市装配式建筑产业园形成部件生产厂家21户，年销售额18.6亿元。举办2021中国（长春）装配式建筑暨新材料产业博览会。密切政、校、企合作，依托吉林建筑大学成立“装配式建筑人才培养基地”，依托企业成立“实践教学基地”，打造产学研一体融合发展平台。

【装配式建筑供给市场建设】 印发装配式建筑期刊，发布装配式建筑部品部件企业情况报告，引导装配式建筑部品部件企业有序建设，完成装配式建筑面积411.9万平方米，占新建建筑面积22%。以长春市装配式建筑产业园为引领，形成部件生产厂家21户，年销售额18.6亿元。举办2021中国（长春）装配式建筑暨新材料产业博览会。密切政、校、企合作，依托吉林建筑大学成立装配式建筑人才培养基地，依托企业成立实践教学基地，打造产学研一体融合发展平台。9月，住建部副部长张小宏调研宽城区铁北二路润德租赁性住房装配式建筑项目，给予肯定。

【2021中国（长春）装配式建筑暨新材料产业博览会】 4月23日至25日，2021中国（长春）装配式建筑暨新材料产业博览会在长春国际会展中心开幕。该展会由国家装配式创新联盟及东北分盟、长春市贸促会联合举办，吸引120余家全国各地优质企业参会，室内室外总展览面积2万余平方米。展会由产品展示、高峰论坛、专题研讨会、新技术推介会、项目观摩五大主题活动构成。来自国内行业专家作“智能建造助推建筑产业转型”“新型建筑工业化发展趋势与路径”“装配式建筑装配率应用研究”等主题演讲。

（张九高）

建设工程管理

【重点建筑企业】 中国水利水电第一工程局有限公司（简称“水电一局”）。隶属于世界500强企业——中国电力建设集团有限公司，是国家大中型水利水电工程建设的骨干企业之一，注册资本金15亿元，资产规模超过50亿元。具有国家水利水电工程施工总承包特级资质、建筑工程施工总承包壹级资质、市政公用工程施工总承包壹级资质、机电安装施工总承包壹级资质和公路路基工程专业承包壹级资质。

中庆建设有限责任公司。成立于2004年，是集投资、设计、建设、运营于一体全产业链发展的大型建筑业企业，注册资本金9.43亿元，员工1194人。其中，注册类人员457人，技术管理人员774人，中高级职称415人。企业具有市政公用工程施工总承包特级、建筑工程施工总承包壹级、公路工程施工总承包壹级3项施工总承包壹级资质；市政行业甲级设计资质；水利水电施工总承包贰级、机电工程施工总承包叁级资质。获得全国建筑业AAA级信用企业、全国优秀施工企业等国家级奖项。

吉林安装集团股份有限公司。始建于1962年6月，2006年2月改制组建为吉林省安装工程股份有限公司。

6月17日，建设中的长春国际金融中心　　（市建委　供图）

2011年5月更名为吉林安装集团股份有限公司，注册资本50000万元人民币，是年施工能力逾70亿元的大型综合性建筑企业，也是国家认定的高新技术企业。业务范围涵盖房屋建筑工程、工业设备安装、公用工程及公共建筑的机电安装工程、锅炉安装、压力容器制作安装、各种钢结构制作安装、市政公用工程、消防设施工程、大型土石方工程、室内外装饰装修工程、安全技术防范工程、地基与基础工程、建筑智能化工程、环保工程、地源热泵工程施工、水利水电工程、工程技术服务等。

【重点建设项目】　2021年，重点企业实施的建筑项目包括吉林建工集团有限公司承建的吉林大学超硬实验综合楼、国家计算机网络与信息安全管理中心吉林分中心综合机房楼项目和吉林省通信管理局网络信息安全监控机房工程，长春建设集团股份有限公司承建的嘉惠·美院项目，长春市伟峰建设有限公司承建的伟峰·东域项目，长春市城建维护集团股份有限公司承建的长春市南四环下穿临河街工程项目，吉林省宏远建设工程有限公司承建的云湖府邸项目，新星宇工程建设集团有限公司承建的长春北湖新城吾悦广场项目、省女子劳教所地块棚户区改造项目，长春市政建设（集团）有限公司承建的吉林大路快速路工程第三标段，中建三局城建有限公司承建的世茂莲花山冰雪小镇一期工程（一标段），中庆建设有限责任公司承建的神鹿峰旅游度假区景前综合服务区项目（一期商铺与旅馆）和长春市黑臭水体综合整治工程之南湖汇水区项目（一期）动植物园、南湖公园，中邦汇泽园林环境建设有限公司承建的长春百里伊通河水系生态治理工程——东新开河流域项目工程（长春城投体育公园），吉林建工集团有限公司承建的万盛珑玺项目，吉林省跻强建工集团有限责任公司承建的长春市公共实训基地5号综合实训楼和建工学院旧城改造项目等。

【建设工程项目检查】　开展长春市建筑市场违法违规行为专项检查。建立长春市工程建设领域乱象整治常态化机制，打击建筑工程承发包违法违规行为，规范工程建设活动和建筑市场秩序，制定《长春市建设领域行业乱象定期整治工作方案》。年内，长春市各城区、开发区对15个项目、11个建设单位、7个施工单位、36名个人予以行政处罚，处罚金额184万元。严格落实施工许可承诺制，依据《保障农民工工资支付条例》《工程建设领域农民工工资保证金规定》，在施工许可环节履行缴纳农民工工资保证金告知义务，并与市人社局做好工作衔接。

【建设工程质量检查】　推动工程质量监督模式由单一向多元转变，监督方式由粗放向精细转变，监督方法由运动式、突击式向“双随机”和信用监管等长效机制转变，监督手段由传统人工向现代智能转变。构建以遏制工程质量通病和常见质量问题为导向；以督促建筑企业建立质量保障体

10月11日，惠工路机场大道全线通车　　（市建委　供图）

7月1日，位于吉林大路顺风大市场附近的人行过街天桥——“腾飞之翼”天桥正式投入使用
（市建委　供图）

系为基础；以完善工程质量责任追溯制度为依托；以大数据、智能化、数字化监督为支撑的新型工程质量监管机制。年内，监督在建房建工程286个标段，单体项目数1851项，总面积1845.0万平方米。其中，新建工程122个标段，753个项目，总建筑面积701.0万平方米；续建工程164个标段，1085个项目，总建筑面积1154万平方米。监督在建市政工程106项（管道工程54项，道桥工程52项）。其中，道路工程39项，面积140.69万平方米，投资金额11.8亿元；桥梁工程13项，长度15.5千米，投资24.62亿元；续建管廊工程1项，长度6.5千米，工程总造价2亿元；监督污水处理厂建设5座，总投资37.2亿元；监督自来水厂建设2座，总投资5.02亿元；监督续建燃气管道3项，总长37.3千米，造价1.2亿元；监督排水管道建设54项，116.1千米，总投资1.2亿元。监督轨道交通工程53个工区，总投资额596.5亿元，在建工程有2号线东延工程、4号线南延工程、5号线工程、6号线工程、7号线工程；空港线工程，包括73座车站、线路总长88.9千米，工程造价468.6亿元。指导轨道交通集团开展“质量年”活动和企业质量交叉互检活动。开展在建工程日常质量监督执法检查2235次。其中，房建工程1190次，市政工程1045次；开展监督抽测574次，下发质量问题整改通知单1957份。开展工程质量检测机构及商混企业监督执法检查438次，下发质量问题整改通知单222份。

（张九高）

建筑行业监管

【房屋质量监管】 构建以遏制工程质量通病和常见质量问题为导向、以督促建筑企业建立质量保障体系为基础、以完善工程质量责任追溯制度为依托的新型工程质量监管机制，推动全市建设工程质量水平整体提高。全年监督在建房建工程286个标段，单体项目数1851项，总面积1845.0万平方米。其中，新建工程122个标段，753个项目，总建筑面积701.0万平方米；续建工程164个标段，1085个项目，总建筑面积1154万平方米。完善建筑工程质量投诉和纠纷协调处理机制，通过市长公开电话、来人、来函、来访，上级交办等途径受理建筑工程质量投诉578件，全部按时办理完毕。

【房屋征收】 依托市重大项目征收专班组织领导机制，统筹调度各县市区、开发区征收部门，破解制约难题，保障重大项目建设。2021年，长春市年度征收计划39个项目，其中12个项目完成征收，征收住宅9651户。

【劳务用工人员管理】 开展实名制管理提升行动，召开实名制管理培训会议，培训各县（市）区、开发区住建部门、市直项目管理部门和在建项目项目经理和劳务管理人员近700人。将实名制管理执法检查纳入施工现场扬尘专项治理和建筑市场综合执法检查内容。年内，全市纳入实名制管理平台项目由570个增加至767个，录入人数由57521人增加至108829人，建筑工人考勤率由51.88%提高到67.12%。项目管理人员考勤率72.34%。做好建设行业相关企业稳岗补贴返还工作，为31户经营困难且恢复有望建筑业企业返还失业保险金1亿元。开展建筑技术工人和现场管理人员鉴定，考核鉴定4203人次，通过率82%。采用培训机构考试方式，参与考核1934人次，合格率62%。

【施工现场标准化管理】 参与省市标准化考评，召开施工现场观摩会，在长春市建设工程施工标准化管理考评培训会上作专题辅导。组织全市各级各类应急救援演练，强化应急处置能力。

【建筑市场信用管理体系建设】 市建委智慧城建信用监管平台与市政数局全国信用信息共享平台完成对接，实现数据共享。全年向长春市政数局推送行政许可3035项，行政处罚54项。

【外埠入长建筑业企业管理】 推动外埠企业本地化，帮助外埠企业在长设立总部或子公司，把产值税收留在长春市。截至2021年年末，中建股份、中铁建、中铁3户央企在长春成立子公司31户。

（张九高）

商贸服务业

SHANGMAO FUWUYE

商贸流通

【概况】 2021年，全市社会消费品零售总额2219.2亿元，比2020年增长10.8%。其中，限额以上单位零售额967.5亿元，增长15.8%。

从地域看，城镇好于乡村。城镇消费品零售总额2007.4亿元，比2020年增长10.9%，乡村消费品零售总额211.8亿元，增长10.2%。从消费形态看，餐饮好于零售。商品零售额1918.3亿元，增长9.3%，餐饮收入额300.9亿元，增长21.2%。有限额以上批发和零售贸易业、住宿和餐饮业法人企业1345户，其中批发企业657户，占48.8%；零售企业513户，占38.2%；住宿企业79户，占5.9%；餐饮企业96户，占7.1%。从规模上看，限额以上好于限额以下。限额以上社会消费品零售额967.5亿元，增长15.8%；限额以下社会消费品零售额1251.7亿元，增长8%。从各板块完成情况看，开发区好于城区和县域。开发区社会消费品零售总额增长12.1%，增速分别高于城区1.5个百分点、县域3.2个百分点；限额以上零售额增长16.4%，增速分别高于城区0.9个百分点、县域6.2个百分点。从商品类值看，全市13个限额以上批零商品零售类值中，12类实现增长，只有家用电器和音像器材类微降，金银珠宝和体育娱乐用品类增长幅度较大。

表32 2021年县（市）区、开发区社会消费品零售总额情况统计表

区域	绝对量（万元）	占全市比重（%）	增速（%）
全市	22191857.8	—	10.8
城区	11996680.8	54.06	10.6
南关区	1556463.3	7.01	10.6
宽城区	1709055.4	7.70	5.8
朝阳区	6211666.9	27.99	11.0
二道区	1476322.3	6.65	19.3
绿园区	1043172.9	4.70	5.2
开发区	6862279.3	30.92	12.1
经开区	1975993.8	8.90	9.6
净月区	998887.5	4.50	17.9
新区	1604818.2	7.23	14.5
汽车区	1914630.4	8.63	8.1
莲花山	9490.7	0.04	21.7
中韩	358458.7	1.62	24.5
县域	3332897.7	15.02	8.9
双阳区	304321.1	1.37	8.9
九台区	653809.6	2.95	9.8

续表32

区域	绝对量（万元）	占全市比重（%）	增速（%）
农安县	352225.4	1.59	9.4
榆树市	637083.8	2.87	8.3
德惠市	617501.0	2.78	9.1
公主岭	767956.8	3.46	8.0

表33　2021年县（市）区、开发区限额以上零售额情况统计表

区域	绝对量（万元）	占全市比重（%）	增速（%）
全市	9675271.1	—	15.8
城区	4594442.4	47.49	15.5
南关区	752302.3	7.78	14.5
宽城区	556447.9	5.75	1.0
朝阳区	2186356.0	22.60	17.5
二道区	784306.2	8.11	39.8
绿园区	315030.0	3.26	-8.7
开发区	4904606.5	50.69	16.4
经开区	1265899.3	13.08	10.9
净月区	755350.1	7.81	33.5
新区	1269896.5	13.13	18.7
汽车区	1253530.4	12.96	6.0
莲花山	1520.1	0.02	129.4
中韩	358410.1	3.70	43.6
县域	176222.2	1.82	10.2
双阳区	31026.0	0.32	11.2
九台区	31401.9	0.32	35.5
农安县	23876.1	0.25	19.9
榆树市	31556.0	0.33	6.8
德惠市	13437.7	0.14	21.0
公主岭	44924.5	0.46	2.1

表34　2021年长春市限额以上商品零售类值统计表

指标名称	绝对值（万元）	占限额以上零售额比重（%）	增速（%）
合计	9435066.2	97.52	12.6
粮油、食品类	596905.7	6.17	4.7
饮料类	139167.6	1.43	26.8
烟酒类	205757.3	2.13	5.5
服装、鞋帽、针纺织品类	718027.2	7.42	15.8
化妆品类	115264.8	1.19	9.7
金银珠宝类	119435.1	1.23	53.4
体育、娱乐用品类	55637.9	0.58	47.6
家用电器和音像器材类	321457.2	3.32	-1.1

续表34

指标名称	绝对值（万元）	占限额以上零售额比重（%）	增速（%）
中西药品类	845909.3	8.74	15.0
家具类	7764	0.08	16.9
通信器材类	231477.1	2.39	24.3
石油及制品类	1628530.2	16.83	36.0
汽车类	3827209.7	39.56	4.0

注：限额以上社会消费品零售额9675271.1万元，与限额以上商品零售额差额部分为餐饮收入。

【促销活动】 组织和带动全市商贸企业开展“迎新春消费节”“约惠春城——春季消费月”“乐享春城——长春98消费节”“欢购春城·双十一消费节”“喜迎元旦·盛惠春城消费节”等全市性促销活动400余场。发放5轮总计2.6亿元消费券，覆盖商超、家电、百货等多个行业，拉动消费超10亿元。开展“约惠春天·车GO春城”“幸运派大礼·发票抽红旗”、冬季车展等汽车促销活动。

【营商环境】 印发《2021年长春市优化营商环境重点工作方案》《2021年长春市营商环境考核评价实施方案》，实施重点工作任务80项，形成“1+18+N”工作落实机制。围绕放、减、并、容、便、服，开展绿色审批行动。全市政务服务事项平均审批时限由22.1天压缩至8.2天，减环节、减材料、减时间、减跑动工作全省领先。推进工程建设项目审批制度改革，“多测合一”等改革做法被《全国优化营商环境简报》刊发推广，项目储备数全省领先，占比约70%。完成吉林省新版全流程审批系统在全市193个政务大厅应用，市、县（区）、乡镇（街道）三级大厅同步上线，属全省首例；承担乡镇（街道）级事项库梳理试点任务，全城通办事项数、向乡镇（街道）延伸事项数均为全省第一。据《中国营商环境评价报告2021》显示，长春市是全国营商环境提升最快的10个城市之一。5月，受邀出席全国优化营商环境经验交流现场会并作经验介绍。

【电商经济发展】 鼓励欧亚、卓展、新天地超市等传统实体商业拓展线上销售渠道，与知名电商平台合作，开发自有小程序开展营销，利用电商手段促进销售。引导电商企业创新发展，学习外省优秀电商发展经验，打造北药交易中心和青怡坊数字经济产业园。推进农村电商建设，摸底统计农村电商公共服务场所，协调电信运营商对未接通4G网络、光纤宽带村镇提供服务并给予资费优惠，榆树市获批国家“电子商务进农村综合示范县”。协同淘宝直播、抖音、快手、腾讯直播等平台举办第二届新经济直播月，邀请顶流主播、专场主播、混场主播，开展“十大顶流主播大咖直播+专场直播+混场直播”，累计直播4000场次以上，带动供应链产品销售。开展“老字号”培育工作，长春参茸中药有限责任公司、长春田野泉酿造有限公司等5户企业被评为吉林省老字号。

【成品油市场监管】 全年排查成品油安全隐患点30253处，出动执法人员89322人次，出动执法车辆41440余台次，查处取缔非法加油点18个、流动加油车36台。9月末，全市389座民营加油站全部完成税控系统安装。

【二手车市场管理】 成立长春市二手车市场整顿专班，制定《长春市商务局关于印发二手车交易市场和经营主体备案条件的通》和《关于印发<申请二手车交易市场业务资质区级商务主管部门初审办事流程（试行）>的通知》，细化备案流程，加强备案管理，压实属地初审责任，严把新市场备案入口关；会同车管所加强对市区老二手车交易市场的管理和开展备案到期续备工作，全年完成新市场备案1户，老市场续备14户。

【生活必需品保障】 制定《长春市生活必需品疫情期间保供应应急预案》《2021年市级储备冻猪肉投放工作方案》。保障年初疫情、春节、清明、“五一”、“十一”等重点时间节点市场供应。疫情期间，召开专题会议，部署相关工作，从1月15日起连续41天启动重点企业生活必需品日监测报告制度，对全市3大批发市场、12户重点商超企业29种商品价格和库存情况进行日监测，形成39期监测专报。

【市场开拓】 组织外贸企业参加“广交会”“进博会”“服贸会”“消博会”等知名展会，增加企业订单，促进长春市优质产品加快融入国际化“市场圈”。第四届“进博会”期间，参会人数和签约项目均创历届新高。实施全市跨境电商运行动态监测与分析，推动吉浙跨境电商运营中心、长春国际快件监管中心、亦飞国际跨境电商产业园等项目落位。培育跨境电商经营主体，采取“政行校企”四方联动模式，举办120余场跨境电商峰会、培训、论坛沙龙、对接推介等各类专题活动，受训规模5700余人次。推进二手车出口和汽车平行进口落地实施，自4月30日首单二手车发往吉尔吉斯斯坦，长春市办完出口许可证口岸待出口车辆15台，是第二批20个试点城市中第3个正式启动二手车出口业务城市。牵头组建长春市汽车平行进口协调推进小组，9月24日，从加拿大进口2台奔驰平行进口汽车运抵长春市汽车整车进口口岸，开启长春市汽车平行进口“破冰之旅”。落实《长春市全面深化服务贸易创新发展试点实施方案》，邀请商务部及相关专家组办“专题培训会”。长春市“推动汽车制造业产业链向服务贸易领域延伸拓展”创新案例，入选全国“全面深化试点第一批最佳实践案例”，在全国范围内借鉴推广。举办第三届全球（长春）服务外包峰会，服务外包示范城市综合评价从“中西部和东北地区”15个示范城市第6位跃升至第3位，居东北5市之首（其余4市为沈阳、哈尔滨、大连、大庆）。

（侯云龙）

供销合作

【概况】 2021年，长春市供销合作社联合社（简称“市供销社”）系统含1个地（市）级供销社、6个县级供销社、151个基层社、512个农民专业合作社（联合社）及1135个农村综合服务社。市供销社本级管理1户供销集团有限责任公司、1户全资企业、7户控股企业、21户参股企业，主要分布在农业生产资料、再生资源、干鲜果品、日用消费品、农副产品、商品批发（集贸）市场等经营领域。截至2021年12月末，按照国家总社规定统计口径，社有企业营业总收入208276.97万元；利润总额14152.49万元；资产总额149435.66万元，所有者权益118934.92万元。

【项目建设】 市供销社与央企中国电力建设集团有限公司（简称“中国电建”）联合建设长春循环经济产业园项目。打造公共型农产品冷链物流基础设施骨干网，建设大型农产品批发市场项目。供销社丰农惠民驿站项目。市供销社与基层党组织联手共建全功能社区综合服务平台——丰农惠民驿站。采用线上与线下相结合的方式，打通双向物流流通网络，取消中间环节，原产地高于市场价10%回收农产品，城市居民端用至少低于市场价格20%进行惠民，用“一乡一品”产业集群带动农民增收。全市有供销社丰农惠民驿站营业网点54个，解决劳动力就业117人，帮扶社区困难人群460户，对接农民专业合作社162个。11月，在德惠市米沙子镇岫岩村成立首个农村驿站超市，与城市社区丰农惠民驿站“结对子”，打通城乡物流双向流通网络，拓宽供给销售渠道。

【农村社会化服务】 2021年，长春地区新升级改造基层社8家，建设乡镇为农服务综合体2个。推进双阳区长春市奢爱惠农服务中心、长春市晟华“惠农工程”驿站项目建设。推广“市属企业+基层社+农民专业合作社”发展模式，开展农业社会化服务，土地托管面积273.54万公顷，农业生产社会化服务规模18.36万公顷；加快推进建设土地托管联盟，土地托管规模在133.33公顷以上土地托管主体132家，土地托管面积5.17万公顷。全系统化肥调入60.1万吨，销售59.2万吨。农药调入3347吨，销售3144吨。农膜调入498吨，销售495吨。

【农村电商服务】 全系统网络销售额2.04亿元，其中线上农产品销售额1.42亿元。利用供销职工学校和电商服务中心开展电子商务人员培训工作，全年培训430人次。开展网络直销，促进线上直播线下营销融合发展，全年直播带货销售427万元，其中农产品销售额158万元。组织培训农产品直播带货企业13户，开展专项直播带货培训3场。成立供销社村级电商服务站。

【第四届供销特色农产品展销会】 9月6日至15日，第二十届中国长春国际农业·食品博览会第四届供销特色农产品展销会在长春农博园举办。现场销售金额18.23万元，签订订单金额783.72万元，意向订单59.08万元，意向合作企业16户。在快手平台开展6场特色农产品直播，直播时长12小时，连线观看人数118.51万人（次），成交6218单、成交额18.97万元。

【助力卧虎村发展】 发展卧虎村苗木种植项目和温室大棚种植项目，完成卧虎山庄乡村旅游审批，产业分红发到脱贫户手中。重视防止返贫监测和帮扶工作，对卧虎村“五类人群”进行入户走访排查，核实987户，2685人，未发现返贫户和边缘户。

【战略合作】 探索与农行、邮储等有关银行战略合作。开展生产、供销、信用“三位一体”综合合作试点建设工作，制定《长春市供销社三位一体建设方案》，选取榆树市、双阳区、公主岭市3个县（市）区社及6个基层单位开展试点工作。

（江冠男）

粮食和物资储备

【概况】 年初按照市防疫物资保障小组下达的应急储备函和调拨指令，紧急采购并向17个县（市）区、开发区和20余家市直单位调拨大量应急防疫物资。完成第一批次226.12万元防汛物资和220.19万元救灾物资采购任务，开展第二批次391万元防汛物资和259万元救灾物资采购工作。加强与物流公司联系，完善各项制度和预案并加强演练。做好冬春蔬菜和冻猪肉储备。完成市政府2020—2021年度1万吨冬春蔬菜储备任务，储备期为2021年11月15日至2022年3月15日。落实2021年度2000吨冻猪肉储备任务。采取定期检查和不定期抽查相结合方式，对冬春蔬菜和冻猪肉储备数量、质量进行监管。

【粮油稳价保供】 利用全市28个原粮价格监测点和30个成品粮油价格监测点开展全方位监测，建立信息周报告制度，掌握粮油加工和市场供应情况，预警预报市场价格异常波动。11月初，长春市出现居民集中采购米面油等生活必需品现象，市粮储局及时监测粮油价格变化、库存动态等情况，形成专题报告报市委、市政府。在11月9日市委第26次常委会上，对相关工作进行汇报。确定主城区1.5万吨大米、1800吨食用油的15天应急储备规模；确定吉林省储备粮管理有限公司为长春市应急储备粮油承贷主体；选定长春通阳储备粮有限公司等8户企业为应急大米存储企业；明确省农发行负责应急储备大米7500万元贷款资金，省、市承担补贴资金和贷款利息1503.75万元，1.5万吨应急储备大米全部实储到位。分别与欧亚连锁超市、新天地超市签订粮油应急放销网点协议，依托全市400个应急粮油放销点和物流运输体系，满足全市应急粮油供应需求。加强与农业农村局、规自局等10个部门（单位）跟踪调度，抓好粮食安全省长责任制考核工作。

【粮食收购】 确定最低收购价收储库点，引导多元化主体入市收购及时掌握市场购销情况，通过长春市电视台每天定时发布粮食收购价格信息，引导农民均衡有序、择机择价售粮，企业随行就市收粮。开展“五代”（代清理、代烘干、代储存、代加工、代销售）服务，推广“互联网+收购”服务模式，对新型经营主体、粮食经纪人等采取预约收购方式。组织执法人员到粮食收储企业检查督导粮食收购政策执行情况，严厉打击损害国家和农民利益行为。截至2021年5月末（收购2020年新粮截止时间），全市入统企业收购新粮902万吨。其中，玉米801万吨，稻谷101万吨。从收购主体看，国有粮食购销企业33户收购粮食232万吨，占收购总量的26%；非国有粮食购销企业204户收购粮食461万吨，占收购总量51%；加工转化企业102户收购粮食209万吨，占收购总量23%。

【国有粮食企业清查】 抽调精干力量24人，组成3个检查组，对全市274户国有粮食企业在收购、储存、轮换、销售等环节风险漏洞进行“全覆盖”和“大起底”全面清查。对检查过程中发现的安全生产、储粮安全、账务处理等问题建立问题台账，明确整改时间及整改责任人，按在地原则进行销号整改。

【粮食品牌创建】 加大长春大米团体标准宣传执行力度，修订《长春大米团体标准》于4月12日发布。重点突出“中国优质粳米之都——长春市、中国玉米之乡——长春公主岭”宣传主题。组织粮食企业到成都参加第104届全国糖酒商品交易会、吉林大米暨吉林鲜食玉米成都市场营销推介会、第十七届粮食产销协作福建洽谈会活动。

【优质粮食工程】 全市建成粮食产后服务中心34个，发挥粮食“五代”服务作用。指导农户科学储粮，推动节粮减损，提高农民收益。提升粮食质量安全检验监测能力，升级改造国家粮油质量检验监测中心6个，提升检验能力，完成1000个批次成品粮油检测任务，开展新粮和企业库存粮食质量调查和监测。开展“中国好粮油”行动计划。榆树市、九台市、双阳区、公主岭市获批“中国好粮油示范县”称号，13户企业获批“中国好粮油示范企业”称号。

【盐务工作】 开展食用盐及无碘食用盐安全宣传。2022年，市粮食和物资储备局开展现场宣传活动4次，出动车辆25台（次），出动人员129人次，发放各种宣传画册、宣传单3万余份。针对食盐生产批发零售企业，结合国家盐业体制改革相关文件和相关法律法规制定《食盐专营相关政策十六问》和《食盐专营办法》手册和画报，系统地阐述国家盐改政策、过渡期食盐经营方式、违法责任等内容，采取通过局网站公布，到企业直接发放的方式宣传，督促企业依法依规开展食盐经营活动。针对人民群众，利用“3·15”消费者权益日、“5·15”防治碘缺乏病日和普法宣传活动月等时机，采取走进大型商超、社区、医院、街道、乡镇等场所，张贴宣传海报，发放宣传单的方式宣传如何从感官和包装辨别假劣食盐,宣传食盐加碘防治地方病的重要性，如何辨别无碘盐，倡导“科学、品质、安全”的用盐消费理念。公布投诉举报电话，拓宽公众参与渠道，使打击涉盐违法工作形成常态化。市粮食和物资储备局会同市卫健委在长春区域内合理布局无碘盐销售网点。全市确定授权销售无碘盐网点716个，其中主城区560户，县（市）区156户，经过系统科学的网点布局，方便特殊人群购买与消费。

疫情期间，开展食盐保供配送工作。在疫情初期，快速反应，协调食盐生产、批发及配送企业保证保供。3月初，疫情突发，第一时间启动应急预案，确定保供企业、配送单位及销售网点，协调政府有关部门，办理保供车辆及人员通行证，保证疫情期间食盐供应。

市粮食和物资储备局协调市市场管理局，省粮储局盐务处开展打击非法经营行为行动。通过网络、举报热线发现案件线索，根据省粮储局盐务处提出的食盐市场管理3项具体措施。结合长春市食盐经营的实际情况，从5月29日起开展为期7天的盐业市场监督检查专项行动，对违法的食盐零售单位的经营行为予以规范。榆树市发生27起涉盐违法行为，分别给予警告、责令下架、返厂的行政处罚；双阳区办理案件2起；德惠市处理11起案件，罚没违规盐品1.05吨。

（范恩泽）

烟草专卖

【概况】 长春市烟草专卖局（公司）成立于1984年9月，实行“统一领导，垂直管理、专卖专营”的经营管理体制，负责长春全地区卷烟市场管理、烟草制品销售和烟叶生产经营等任务，是全国烟草行业36户重点商业企业，吉林省最大卷烟批发企业，是吉林省政府、长春市政府重点税源单位和纳税A级企业。下辖双阳、九台、榆树、公主岭、农安、德惠6个县（市）区烟草专卖局（分公司），朝阳、南关、宽城、绿园、二道、经开、高新、净月、汽开9个区烟草专卖局（营销部）以及1个非法人独立实体物流配送中心和1家独立法人单位金叶烟草有限责任公司，代管柳河县烟叶生产管理部。全市烟草商业在岗职工976人，服务卷烟零售户32661户，烟农442户。

2021年，长春市烟草专卖局（公司）上缴税金比2020年增长6.55%，税利总额增长6.05%。单箱销售增长8.81%；销售省产长白山品牌卷烟增长9.31%，卷烟社会存销比0.67，条包价格指数100.34，创历史高位，零售户综合毛利率11.70%，提升1.22个百分点。建成诚信互助小组1706组，培育潜力品规15个，引入退出品规35个，重点品牌销量集中度增加2.70个百分点，建成“握手加”终端品牌37家，现代特色终端体系初步形成，完成烟农增收、企业增效工作目标。

【卷烟市场监管】 长春市烟草专卖局（公司）深化“放管服”改革，落实信息公开、首问负责、责任追究等制度规范，形成“一窗通办、一网通办”格局；压缩零售许可证核发办结时限，形成便民高效、服务优质政务环境；深化联合执法协作机制，推进联合执法机制落地实施；提升市场监管效能，对本级各辖区监管范围进行重新调整，市场监管日趋合理规范。全年办理涉烟违法案件427起，比2020年增长41.39%；破获案值5万元以上案件70起，案值百万元以上网络案件2起。查获真烟案件增长75.14%，数量增长42.38%，破获网络案件3起，其中2起案件被国家局和公安部列为督办案件，捕判42人。其中，双阳“10·21”网络案件涉案金额1200余万元；“1·23”网络案件涉案金额1100余万元。持证零售户数减少490户，新办户数减少1072户，基本保持在合理区间。依法取缔清退电子烟经营户77户。

【企业技改】 物流配送中心完成“三年技改”，全省重点科研项目“特异型条烟包装设备项目”，异形烟年常态分拣能力由最初5万箱提升到11万箱，特异烟卷烟分拣效率提升3倍以上，送货户次比2020年增长27.01%，送货里程增长12.12%；柳河烟区率先使用无人机开展烟田植保。加强企业信息化建设，移动报销系统上线运行。

【烟叶产业扶贫富农】 聚焦烟叶产业扶贫富农，在前期投入补贴、基础设施建设投入、专业化合作社管理、发展新型烟农、多元化农增收、巩固脱贫攻坚成果，提高烟农收益；聚焦解决弱势群体生活质量问题，捐资145万元，缓解高中残疾学生就读和患病困难退役军人家庭生活问题。

（张天鸽）

邮　政

【概况】 2021年，邮政行业业务收入（不包括邮政储蓄银行直接营业收入）61.31亿元，比2020年增长31.75%；业务总量51.88亿元，增长47.78%。邮政服务业务总量10.86亿元，增长68.53%；邮政寄递服务业务量18706.47万件，增长65.59%；邮政寄递服务业务收入13585.71万元，增长14.28%。受理长春市长公开电话转办申诉1565件，增长139.08%，在全市92家考核单位中办件质量排名靠前，获市长公开电话办公室高度认可。2021年，长春市邮政管理局获评全国邮政行业先进集体、全国邮政行业劳动模范；得到中央生态环境保护督察吉林省工作协调联络组表扬；获全省邮政管理系统先进基层党组织称号。

【邮政寄递服务】 2021年，邮政寄递服务业务量1.87亿件，比2020年增长65.59%；邮政寄递服务业务收入1.36亿元，增长14.28%。全年函件业务量568.59万件，下降9.29%。全年机要通信业务量21.87万件，增长12.73%。全年包裹业务量8.38万件，下降9.6%。全年订销报纸业务15846.63万份，增长75.49%。全年订销杂志业务431.62万份，增长32.58%。全年汇兑业务2.18万笔，下降54.2%。

【机构设备】 全行业拥有各类营业网点3151处，其中设在农村497处。快递服务营业网点1804处，其中设在农村355处。全行业拥有各类汽车3345辆，比2020年下降11.51%，其中快递服务汽车2616辆，下降15.45%。

【通信网路】 全市邮政邮路总条数569条，比2020年增加203条。邮路总长度（单程）12.63万千米，减少3.34万千米。全市邮政农村投递路线条数370条；农村投递路线长度（单程）25857千米。全市邮政城市投递路线条数1021条；城市投递路线长度（单程）15644千米。全市快递服务网路条数1359条；快递服务网路长度（单程）43.08万千米。

【服务能力】 全行业单个营业网点服务面积平均7.85平方千米；单个营业网点服务人口平均为2708人。城区每日平均投递8次，农村每周投递8次以上。年人均函件量为0.67件，每百人订有报刊量为8件，年人均用邮支出718.42元，年人均快递使用量为40.14件，年人均快递支出567.61元。

【邮政快件绿色发展】 开展《中华人民共和国固体废物污染环境防治法》《邮件快件包装管理办法》宣传。组织绿色环保专项检查177人次，检查快递企业86户，下发责令改正通知书2份、行政处罚1起。开展重金属和特定物质超标包装袋专项整治，开展邮件快件过度包装和随意包装专项整治，印发《长春市邮政业绿色发展及邮件快件塑料污染专项整治工作方案》，联合市商务局引导电商企业“绿色”包装。实施“2582”工程，可循环快递箱（盒）使用量4.75万个。电商快件不再二次包装率83.21%。邮政快递

图7　2017—2021年长春市邮政行业业务发展情况统计示意图

网点新增和替换包装废弃物回收装置346个。

【邮政快递业疫情防控】　向企业印发关于疫情防控工作通知文件36份；制定《加强邮政快递业疫情防控物防工作实施方案》，上报物防工作落实情况20余份。建立“长春市邮政业疫情防控物防工作群”微信群，各企业每天打卡上传体温检测台账、消杀台账和消杀图片等，通过静态检查方式监管疫情防控措施落实情况；采取管服结合，召开邮政快递从业人员新冠疫苗接种推进会、开办专场、建立台账，落实疫苗接种。配合属地疾控中心组织邮政快递从业人员核酸检测2.3万人次；为全市2万名从业人员建立接种台账，使从业人员在短时间内完成“应接尽接”。全年向邮政快递企业发放防护口罩9.13万个，消毒湿巾3.78万片，免洗消毒液122瓶，防护服36件。出席长春市第二十二场新冠肺炎疫情防控工作新闻发布会，向全社会发布长春市邮政管理局应对措施和风险防控提示；向全行业印发疫情防控操作指南；推送疫情防控通报信息，引导企业科学防疫。

【行业发展规划】　印发《长春市邮政业发展“十四五”规划》，规划纳入长春市政府重点专项规划。参与制定《集中支持榆树市乡村振兴重点帮扶县工作方案》，印发《贯彻“一主六双”高质量发展战略进一步促进长春市邮政业高质量发展实施方案》，邮政快递业发展多方面纳入地方发展规划中。印发《长春市邮政管理局全面推行行政执法公示制度执法全过程记录制度重大执法决定法制审核制度工作方案（试行）》，更新行政执法流程图，推动行政执法规范化。与市发改委等27个部门联合印发《长春市关于继续大力实施消费帮扶巩固脱贫攻坚成果的分工方案》，推动落实幸福长春行动计划。向市政府办公厅递交请示用于协调解决行业末端配送“最后一公里”问题。

【寄递行业安全监管】　印发保障行业安全稳定通知，完成庆祝中国共产党成立100周年等重大节日、重要活动寄递渠道安全和业务保障工作。联合市公安局等部门开展寄递渠道扫黄打非、侵权假冒、禁毒反恐、“双打”等专项检查工作。常态化执行“三项制度”，针对云南、四川等重点省份地区逆向安检，检查快件80余万件。定期召开寄递渠道联席会议和安全生产协调小组会议，印发安全生产类文件89份。开展安全生产培训班4期、应急演练10余次，组织安全生产月、白山松水安全行等活动，观看《生命重于泰山》安全生产警示片。开展安全生产专项整治三年行动，制定“五化”工作相关手册、清单、图表等5类28项。开展全民国家安全教育日活动和“诚信快递，你我同行”“3·15”宣传活动。参加庆祝中国共产党成立100周年保密知识竞赛。组织协会和企业向市民普及《中华人民共和国邮政法》等法律法规，发放宣传单1000余份，解答群众咨询100余次。处置年初“奶枣事件”和石家庄、南京、内蒙古等地涉疫快件事件，与市疫情防控办和物防组保持实时联动、及时预警，动态掌握各企业处置情况，对涉疫人、车、物形成闭环式管控。针对净月“7·24”火灾事故，开展全市邮政快递业地毯式安全隐患大排查大整治。处理吉林省圆通速递有限公司和长春市申通快递有限公司交通亡人事故2起。截至年末，绿盾工程安装视频联网摄像头218个，在线使用率100%。

【普通服务监管】　备案公主岭市建制村信息404个。开展服务质量达标、专用信箱服务、代办局所和补白局所服务、建制村投递、邮票发行等专项检查，检查邮政业营业场所69处次，纪念邮票和特种邮票发行19次，出检183人次，通过线上查阅视频方式检查农村网点142处，下发整改通知书3份。召开线上监督员培训班，监督员开展社会监督786人次，检查邮政快递网点351处次。配合国家邮政局、吉林省邮政局开展邮件和党报党刊寄递服务质量投递情况，开展同城邮件时限监测工作。督促企业做好高考保密安全和中国共产党成立100周年服务保障，检查机要通信场所19处次。与保密局成立联合检查组，对吉林省机要通信局申请拟在省政府办公厅机要文件交换大厅设置机要通信服务窗口和场所迁建进行实地检查，完成场所审批工作。完成23处代办局所更名，完善3处补白局所台账资料。调整普遍服务网点分等分级32个。配合市扫黄办开展案件侦办工作，严防各类非法出版物通过寄递渠道传播，查获2批次非法出版物。组织监督员开展生肖票、中国共产党成立一百周年等重点邮票以及日常发行邮票检查监督，提前了解到票情况和防控销售预案，重点监管销售网点疫情防护措施、邮票信息公布、现场销售秩序、有无搭售线上销售新模式，检查仿印邮票图案及其制品销售。实地检查纪特邮票发行工作15次，出检33人次，保证常态化疫情防控下邮票销售服务。

【邮政市场监管】 落实“三项制度”，开展行政执法工作，清理整顿快递市场秩序，全年开展执法检查58天，出动执法人员315人次，检查企业149户，查处快递企业违法行为24起，下达责令改正通知书13份、行政处罚决定书25份，罚金总数22.5万元。解决双阳区快递企业“快递进村”中恶性竞争问题。

（张贵凤）

快递业

【概况】 全市快递服务企业业务收入48.44亿元，增长33.95%；业务量34252.2万件，增长44.36%。快递业务收入占行业总收入比重79.01%，比2020年提高1.28个百分点。全年同城快递业务量5444.4万件，增长19.55%；业务收入4.42亿元，增长16.25%。全年异地快递业务量28797.20万件，增长50.29%；业务收入25.84亿元，增长37.86%。全年国际及港澳台快递业务量10.6万件，下降11.06%；业务收入0.45亿元，下降53.42%。异地快递业务占比提升。同城、异地、国际/港澳台快递业务量占全部比例分别为15.9%、84.07%和0.03%，业务收入占全部比例分别为9.12%、53.35%和0.92%。

【民营快递】 全市有许可企业222户，分支机构286户，快递末端网点2888户，机动车2100辆，电动车3800台，快递从业人员约1.5万人。有智能快件箱1340组，14.76万个格口，完成派件约3384.49万件，日均派件约9.27万件。

【“快递进村”】 组织6个县（市）、区召开“邮快合作”推进会，率先签署合作协议。采取邮快合作、快快合作、交快合作、城乡高效配送等举措推进“快递进村”，打造“一县区一特色”，农安县“城乡高效配送站”336个、双阳区“快快合作”“抱团儿”进村网点74个、公主岭市以客运交通为载体“交快合作”村级服务站73个、榆树市由专业第三方搭建统一服务平台共拣共配村级服务点273个。支持邮政企业建设“中邮驿站”1848个，通过合作代投快件45.8万件。引导农村用户用邮，向村民印发投递服务标准和相关法律规定宣传海报2000张。首批建成村级站点650个，统一建立台账、安装牌匾，配备货架217套。长春市1980个行政村中建设服务站点2082个，覆盖建制村1856个，直营企业100%直投到户，快递进村服务实现全覆盖。推进快递服务汽车零配件制造业，全年邮政快递企业服务制造业项目业务量159.76万件，业务收入5297.42万元，直接服务制造业产值2.67亿元。

【行业供给质量】 打造“快递+农业”优质项目。推进双阳区鹿产品发展，全年业务量176.3万件，业务收入2814.67万元，直接服务鹿产品产值1.57亿元。构建县乡村三级物流配送体系，构建“支局+站点”模式生态圈，通过邮政分销农产品2610万元，其中“一颗农心万亩田”销售额1266万元。

【快递企业建设】 公主岭市在建快递园区2处，占地面积35.2万平方米，日操作量1100万件。德邦等23户品牌企业分拨中心增设安检设备、场地改造、消防和防疫等设备设施，投入安全生产资金1273.79万元。极兔、中通等品牌加盟网点用于消防改造和设备设施维护资金投入100余万元。

【关爱“快递小哥”】 开展春节走访、疫情慰问等活动15次。与市总工会沟通协调，为快递行业工会联合会申请经费19万元。引导邮政、顺丰等9户企业建立企业工会，发展会员1.5万人。开展快递从业青年服务月、妇女节“你心目中的李焕英”网上评选活动。利用共青团“12355”青少年服务台实体阵地和网络平台，提供法律、心理等方面咨询服务100余次。鼓励企业为快递小哥购买社会保险600余份。创建“小蜜蜂驿站”，为快递小哥解决“急难愁盼”问题。督导企业落实1毛钱派费政策情况，建立联系队伍。推举企业负责人参选长春市人大代

11月10日，长春市邮政管理局开展“心系快递员 情暖双十一”慰问活动

（张贵凤 供图）

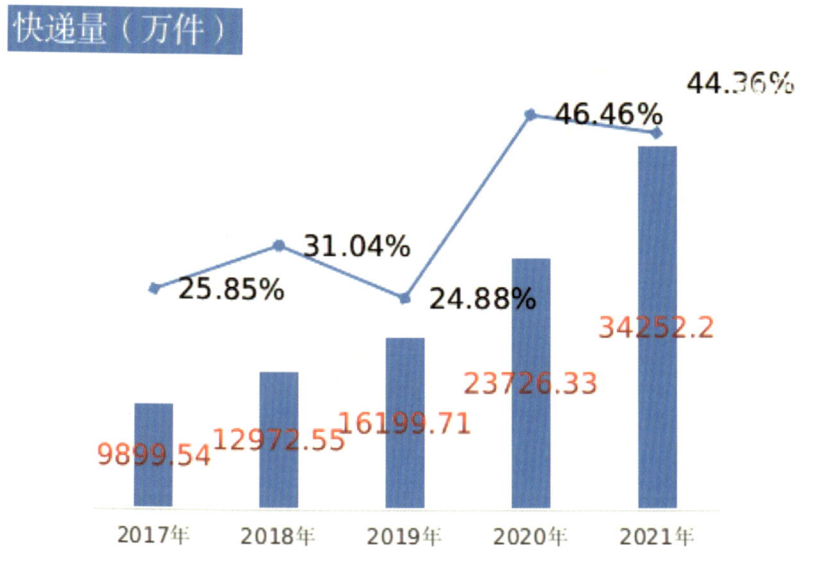

图8　2017—2021年长春市快递量发展情况统计示意图

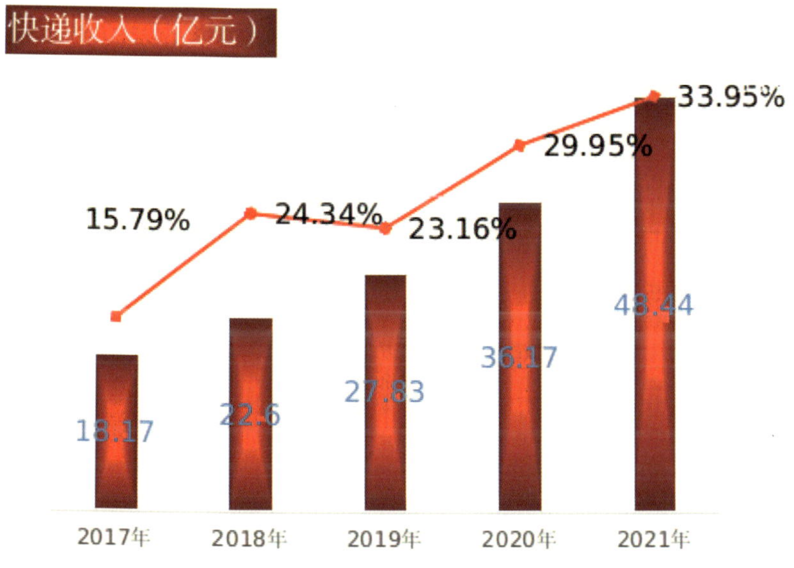

图9　2017—2021年长春市快递收入情况统计示意图

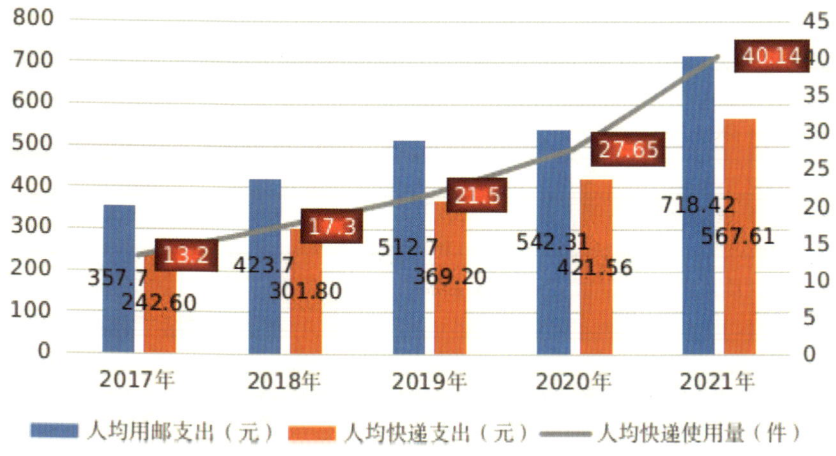

图10　2017—2021年长春市人均用邮支出、快递支出和快递使用量情况统计示意图

表。联合长春市快递行业协会举办长春市首届邮政行业职业技能大赛，评选出个人奖3名，团体奖3名、精神文明奖1名、优秀组织奖4名。

【快递技术人员培养】　实施职业技能培训“246”工程，9户规模快递企业开展职业技能竞赛类培训1950人次，申请补贴215万元。推动快递工程技术人员职称评审工作，组织申报初级专业技术资格100余人，中级专业技术资格2人。入选“省级放心消费示范单位”快递企业4户，参评“市级放心消费示范店”快递企业20余户。

（张贵凤）

新兴服务业

【人力资源服务】　成立营商环境政务改革和大数据平台建设专班，建设政务服务标准化和大数据平台，一期项目完成开发设计，系统上线试运行。建立全市首家市级人力资源服务产业园。市属人力资源企业345户，比2020年增长28.7%；营业收入29亿元，增长38.5%。市域内人力资源企业总数突破800户。发布《2021年长春市企业薪酬调查分析报告》，调整长春市最低工资标准，主城区第一档次由1780元/月提高至1880元/月。

【科技服务业】　调整和改进科技企业贷款贴息、促进科技成果转化贷款等科技金融扶持政策，扩大申报企业范围，强化合规性审查把关，确保科技金融扶持政策的普惠性和资金安全性。依托长春科技金融中心组织投融资项目线上推介对接会7场，科技金融“红娘团队”到企业服务120余次，全年为科技企业办理投融资业务25亿元。金融中心成立以来，完成科技企业投融资业务251亿元，备案入库科技企业2700户。

【检验检测服务】　2021年，长春市市场监督管理局发挥质量强市战略领导小组牵头作用，实施质量提升行动，监测教育培训行业服务质量，开展质量基础设施“一站式”服务试点。开展“百城千业万企对标达标”提升行动，公布对标结果850个。实施企业标准“领跑者”制度，择优培育重点企业8户。推进计量技术服务能力基础建设，完成社会公用计量标准新建和改造计划6项。开展检验检测服务业统计，收集市场主体信息441家。开展对化肥、家用燃气灶具、儿童及学生用品、成品油等产品质量监督抽查，立案38件，罚没款46余万元。发挥服务一汽办公室作用，增设报检窗口2个，受理报检特种设备3165台。

【公证服务】　启动位于高新区和净月区的2处公证业务办证点，建立健全“一站式”公证服务机制，为企业保驾护航。推行驻点服务，为光大银行、华夏银行等金融机构和长春新兴产业投资公司、长发金融控股有限公司等大型金融企业提供公证服务，办理金融公证业务近千件，涉及合同标的额近80亿元。参与重点工程建设，为长春地铁6号线项目施工单位中庆建设等办理融资公证50余件，涉及金额近40亿元。服务中韩国际合作示范区重点企业，10月中旬，国安公证处完成中韩国际合作示范区长荣集团申请办理的保全证据公证工作，该项目涉及标的额7千万元，为中韩示范区长荣集团开展企业融资、并购提供公证法律保障。

开展“残疾人权益保障法律援助阳光行动”，与长春市残疾人联合会共同设立“长春市残疾人权益保障公证服务中心”全市设立残疾人法律援助工作站13个。为有需求的残疾人开通公证法律服务绿色通道，为残障人士提供代书、代办等便利服务，为行动不便的残疾人提供上门服务，对符合条件的残障人士减免公证费。与吉林省老年大学签订服务协议，定期举办上门服务，解决老年人和残疾人最关心、最直接的法律问题。开辟疫情防控公证服务绿色通道，对参与疫情防控的医务工作者、军人、志愿者、患病群众及其家属提供优先公证服务。为复工复产企业提供“惠企助企”服务，2021年办理助企公证3800余件，为企业减免公证收费120余万元。推出疫情防控工作8项服务措施，通过微信公众号、订阅号、网站等媒体向社会公布。

设立全省首家公证家事法律服务中心。全市建成五级实体平台6501个，提供公共法律服务9.8万余件。“12348”法律服务热线免费解答法律咨询37万余次。公证服务26万件，司法鉴定服务2.3万件，仲裁服务1320件，法律援助7056件。开展“远程视频公证”，为300多位外地及海外当事人提供公证服务。建成“五星级司法所”41个。按照司法部《关于优化公证服务更好利企便民的意见》要求，通过媒体宣传46项“最多跑一次”公证事项和42类（180项）公证事项证明材料清单，为群众办理继承公证2126件，遗嘱公证101件，为老弱病残孕和疫情防控人员提供上门服务560余人次。发挥“专职调查员”服务职能，外出调查6100人次，免费为当事人核查婚姻状况和房产档案信息16700余人次。以“跨省通办”的方式办理学历、学位、驾驶证15000余件。

【律师服务】　2021年，全市有律师事务所265家，其中，市直律师所21家，县（市）、区律师所244家；国资所1家，普通合伙律师所199家，个人律师所65家。全市有执业律师3003人，其中专兼职律师2729人、公职律师228人、公司律师8人、法律援助律师38人。全市律师办理案件3.1万件，收费8.1亿元，比2020年分别增长5.6%和23.4%，向14个区税务局纳税7784.54万元。长春市有基层法律服务所157个（含公主岭25个），基层法律服务工作者276人（含公主岭58人）。全市基层法律服务行业收案1915件（民事案件1892件，行政案件23件），收费总计942.83万元（民事案件899.03万元，行政案件43.8万元）。

开设助企法律服务窗口，开办助企服务日90期，为400余户企业解答法律问题。全市76支律师服务团队为1751户企业提供全过程法律顾问服务6785件，为企业提供减、缓、免收费1033万元。开展“亲清助企”系列服务行动，通过组织律师专家团队实施线上线下“法律专家助企服务日线下服务”“助企法治沙龙线下法律咨询”“助企法治微课堂普法微视频录制”“企业法律知识大讲堂线上直播”4项行动举措，向企业推送律师讲授的普法视频200期，播放量12万次。依托长春市公共法律服务中心打造公益法律服务的常态化助企窗口，市司法局设定每月第二周和第四周的星期三为“法律专家助企服务日”，特邀律师专家值班，针对到访企业“当场提问”给予“当场解答”。为企业人员389人次解答劳动关系、金融投资等法律难题312件，为企业指明“法律风险点”，受到企业好评。开设“长春司法”抖音直播平台。优选25家律师事务所作为助企法治沙龙成员单位，在律所为企业提供线下公益法律咨询，定期通过抖音官方账号进行“企业法律知识大讲堂”线上直播8期，每期观看人数200人以上。设立人民法院律师调解室、公共法律服务中心律师调解室19个，调解案件598起。市涉法涉诉信访中心接待上访群众800人次，案件500件，其中群访51件。

（陈　硕）

【会计服务】　印发《长春市财政局关于开展2020年度行政事业单位内部控制报告编报工作的通知》，对长春市2020年度行政事业单位内部控制报告编报工作进行部署。确编报方式、编报内容以及报送时间及格式，对编报工作质量提出明确要求。对2340户单位进行审核汇总，按时上报省财政厅，得到上级部门充分肯定。

开展2021年度行政事业单位内部控制规范、政府会计制度及会计基础工作规范执行情况监督指导工作。聘请中介机构对市直机关及区属行政事业单位214户开展监督指导工作，对检查出的问题要求单位进行整改纠正。把内控建设作为政府部门年终绩效的重要考核指标，以提升各部门单位对内控制度建设的重视程度。

开展全市政府会计准则制度培训工作。市财政局印发《长春市财政局关于举办2021年度政府会计准则制度培训班的通知》，10月28日至11月9日，举办4期政府会计准则制度培训班。各主管部门及各单位财务人员700余人次参训。邀请财政部吉林监管局、省财政厅相关专家进行授课，重点讲述政府会计准则制度、预算管理、行政事业单位管理会计指引，以及政府会计准则及政府会计制度执行过程中存在的疑点难点问题解析等内容。

做好支农政策培训课程设置征求意见工作。3月初，向各区、开发区征集培训课程设置的意见和建议。要求各区、开发区于3月末前将意见和建议报送市财政局。在汇总研究的基础上，对合理化的意见和建议进行采纳。

做好代理记账管理工作。印发《长春市财政局关于转发〈吉林省财政厅关于开展2021年代理记账行业管理有关工作的通知〉的通知》，要求各区财政局严格按照省财政厅的要求做好备案审核、事中事后监管、信息公开等工作，于5月15日前将综合报告发送市财政局，汇总形成长春市代理记账行业综合分析报告报送省财政厅。

做好会计人员管理工作。印发《长春市财政局关于做好会计人员信息采集工作的通知》，通过电话、短信等各种方式将会计人员信息采集事项和要求进行宣传，服务好广大会计人员，解答会计人员提出的相关问题，确保会计人员信息采集质量。

做好长春市上报省高端会计人才选拔的审核工作。根据《关于开展吉林省第十期高端会计人才选拔培养工作的通知》要求，对长春市上报省高端人才相关材料进行初步审核，上报12人，经审核通过上报省财政厅11人，未通过1人。

（王煜淇）

【拍卖行业管理】 加强拍卖行业管理。督促100户拍卖企业在商务部拍卖管理系统按时上报月报和年报；依据《中华人民共和国拍卖法》和《拍卖管理办法》有关规定，对拟申请设立的拍卖企业提供的纸质材料进行初审，2021年初审通过8户拍卖企业；全市拍卖企业成交396场，比2020年增长9.7%，成交额8.84亿元，下降31%。

（侯云龙）

【广告业】 聚焦重点领域，在全市范围内开展“疫情防控领域广告整治行动”“违法违规商业营销宣传集中整治行动”“民生领域虚假违法广告整治‘铁拳攻坚双百战役’行动”等一系列整治行动，查处违法广告案件107件，收缴罚没款191.85万元。全市广告经营单位1.51万户，从业人员5.73万人，广告经营额27.04亿元。开展广告助农活动，联合双阳区政府、文旅局等组织“第八届奢岭草莓温泉旅游节”，带动周边餐饮旅游收入1000余万元，带动农民经济收入830余万元，带动农民就业5000人。

（霍馨媛）

【家政服务】 推进家政行业提质扩容试点工作，引导家政行业“领跑者”示范企业提高发展质量，扩大示范效应。结合人社、妇联等部门培训政策，加强家政行业从业人员技能培训，以领跑学校和领跑重点企业为依托，重点在月嫂、育婴师、养老护理、烹饪、病护等行业开展岗前培训、回炉培训和提升技能等级培训。受疫情影响，2021年培训1000余人次，比2020年培训人次有所下降。鼓励“领跑者”家政企业开展线上培训、线上招聘、线上面试、线上下单接单等在线化服务，在提升家政行业服务水平和从业人员技能素质同时，创新服务模式，克服疫情带来的行业困境。

（侯云龙）

【养老服务】 基础保障。制定《长春市养老服务业补贴资金申报和发放暂行办法》，明确市区两级、民政财政两部门职责分工及相关任务。投资2.44亿元建设长春市第二社会福利院，床位850张，集“颐养、照护、康复、医疗、娱教”于一体。有11家农村社会福利服务中心实施助浴项目，实现全市83家农村社会福利服务中心助浴项目全覆盖。按照“一户一策”，在城区、开发区实施适老化改造特困人员、失能低保对象等困难老年人家庭800户。长春市获批全国居家和社区基本养老服务提升行动项目试点城市，获专项补助资金2562万元，开展家庭养老床位照护服务项目。长春市第一社会福利院刘凤梅发明《一种卧床老人护理用支撑装置》取得国家实用新型专利，专利号ZL202021036390.5。

服务供给。以政府购买服务方式，为8000名符合条件60周岁以上特困、失独等10类特殊和困难老人按照200元/人/月标准提供居家养老服务。制定医养结合型民办养老机构一次性奖补政策，全市医疗照护保险（长照险）定点养老机构增至98家，建设护理型床位超2万张。在9家养老机构和14个社区开展“文养结合”试点项目，服务老年人近5000人次。开展长春市居家养老关爱示范行动，建立乡镇（街道）示范点22个、村（社区）示范点173个。

等级评定。开展养老机构等级评定，评出星级养老机构39家。组织养老机构护理员职业技能网上培训，全市1772名护理员通过省级职业技能等级资格评定。

技能竞赛。开展长春市养老护理职业技能竞赛，18名养老护理员和10家单位获奖；参加吉林省养老护理职业技能大赛，获团体总分第一名和个人总分第一名；选派优秀代表参加全国护理职业技能大赛，获三等奖和优胜奖，在东北地区获奖人数居首位。长春市第一社会福利院王旭、刘凤梅被全国养老护理职业技能大赛吉林省赛区选拔赛组委会办公室邀请担任国赛裁判员、国赛随队教练员。“智慧安监”工作被吉林省政府《政务要情》刊发推广，380家养老机构落实安全生产“一院一策”工作机制，关停取缔养老机构64家。

（郭大鹏）

会展业

HUIZHANYE

综　述

【概况】 2021年，全市举办规模以上各类会展活动42项，展览总面积153万平方米。拥有会展企业86户，构建以重点展会组委会和大型会展集团为主，以中小办展公司为辅助的办展新格局，形成一批相对稳定、业务精湛的专业办展机构和人员。

【会展场馆】 全市展览场馆展览面积130万平方米，其中室内展览面积40万平方米。长春国际会展中心能够提供室内展览面积10万平方米，可设置国际标准展位5000个；2个会议中心建筑面积2.4万平方米，设有大小会议场所6处。长春农博园室内外展览面积72万平方米，其中室内面积10万平方米。

【会展人才培养】 加强人才队伍建设，长春职业技术学院、吉林省艺术学院、长春大学旅游学院、吉林经济技术管理学院、农大发展学院开设会展专业，为长春市培养大批会展专业人才。

（宋　丹）

文化旅游展会

【2021中国长春冰雪旅游节】 由长春市政府与吉林省文化和旅游厅共同主办，于2020年11月19日到2021年2月26日(元宵节)举办。以“都市冰雪·幸福长春”为主题，围绕五大板块，打造四大滑雪场、六大冰雪温泉、十大冰雪乐园、推荐十佳文旅消费好去处，全市建设冰雪产品44处，举办冰雪活动208项。

【2021长春消夏艺术节】 由长春市人民政府、吉林省文化和旅游厅主办，以“乐享清爽夏日、口味都市生活”为主题的长春消夏艺术节于6月至9月举办。推出文旅消夏产品、消夏夜产品、温泉嬉水产品、消夏花海景观、乡村旅游产品及线上互动产品等6类消夏产品，开展81项活动。其中，开幕式及主体活动10项、红色及文化活动16项，体育健身活动13项，研学及民俗活动18项，休闲度假活动24项。

【第十七届中国（长春）国际动漫艺术博览会】 由长春市文旅局、ChinaJoy组委会主办，长春市艺联文化艺术发展有限责任公司承办，于6月12日至14日在长春会展中心举办。展览面积1.6万平方米，来自全国各地近2000名动漫周边、游戏厂商云集本届动博会。先后组织实施“2021ChinaJoyCosplay超级盛典东北赛区预选赛、动漫原创展示、动漫展览交易、体验互动活动”等4个板块构成的20多项活动内容，有8.5万人次在展馆内参观购物现场成交额2000余万元。有200余支Cosplay团队、100余支舞团、50余支汉服团队，近万名选手参加2021ChinaJoy大赛东北赛区预选赛。

2021长春消夏艺术节花车巡展　　（宋　丹　供图）

12月21日，第十六届中国长春电影节开幕式在长春举办　（赵　滨　供图）

【第十六届中国长春电影节】　由中央广播电视总台、吉林省人民政府主办,长春市人民政府承办的第十六届中国长春电影节于12月21日至25日在长春举办。以“新时代·新摇篮·新力量”为常态主题，以“百年、摇篮、冰雪”为特色关键词，推出由“影届”“原力”“致敬”“影谭”4个板块组成的展映内容。该届电影节征集参赛影片133部，涵盖国内100多家知名电影出品单位，电影《长津湖》获“金鹿奖”最佳影片奖和最佳剪辑奖；电影《中国医生》《守岛人》获评委会大奖；青年导演殷若昕凭借电影《我的姐姐》获最佳导演奖；长春籍演员刘烨凭借电影《守岛人》获最佳男演员奖；张子枫凭借电影《我的姐姐》获最佳女演员奖。第十六届中国长春电影节闭幕晚会收视率0.56，是电影频道（CCTV-6）2021年度收视率最高的电影节闭幕式。

（宋　丹）

商贸展会

【长春第二十三届广告印刷及LED照明博览会】　由长春九鼎信和展览服务有限公司主办，3月7日至9日在长春国际会展中心举办。展览面积2.4万平方米、参展企业500户、参观的专业观众24067人次，实现现场交易额9560万元，意向交易额3000万元，签约客户量3620个。省市30余家媒体对展会进行报道，发布稿件60余篇，浏览量10万余人次。

【2021东北（长春）第二十五届建筑装饰及材料博览会】　由长春维达展览公司主办的“2021东北（长春）第二十五届建筑装饰及材料博览会”于4月8日至10日在长春国际会展中心举行。展会展览面积8万平方米、参展企业1100户、参观的专业观众36035人次。实现现场交易额1.06亿元，意向签约额6.5亿元，签约客户数量7600个。省内外30余家媒体对展会进行报道，发布稿件60余篇，浏览量10万余人次。

【2021第十五中国·吉林现代农业机械装备展览会暨首届中国·长春智慧农业装备博览会】　由吉林省农业机械流通协会、吉林省农业机械化协会联合主办，吉林省东博会展商务有限公司承办的“2021第十五中国·吉林现代农业机械装备展览会暨首届中国·长春智慧农业装备博览会”于4月15日至17日在长春国际会展中心举行。展览面积3万平方米、参展企业130户、参观的专业观众5.3万人次，现场交易额9.6亿元，其中现场零售额1.2亿元。还举办“全省农机购置补贴业务培训班”“吉林省植保无人驾驶航空器现场演示活动暨吉林省植保无人机定型评比演示活动”。

【2021中国（长春）装配式建筑暨新材料产业博览会】　由国家装配式创新技术联盟和长春市贸促会联合主办的“2021中国（长春）装配式建筑暨新材料产业博览会”于4月23日至25日在长春国际会展中心举行。该届展会整合120余家来自全国各地的优质资源，展览面积2万余平方米，由产品展示、高峰论坛、新技术新产品推介会、专题技术研讨会、项目现场观摩等5大主题活动构成。同期举办2021中国（长春）装配式建筑创新技术高峰论坛，参会人数380人。展会期间有2万余名专业观众观展，现场达成合同订单320余项，金额近4.5亿元，意向签约额28亿元。

【2021第二届中国（长春）中高端粮农产品展洽会】　由农特网，吉林省农特产品协会主办的“2021第二届中国（长春）中高端粮农产品展洽会”于4月28日至29日在长春国际会展中心举行。该届展会以“新平台，新体验；新渠道，新商机”为主题，展览面积1.2万平方米，参展商248家，搭建展位248个，其中特装展位28个，标展220个。专业观众3000人，展会现场交易额3000万元，同期举办第二届全国粮商大会、第十八届全国稻米杂粮产业大会、第三十六届中国鲜食玉米速冻果蔬大会。

【2021长春“五一”车展】　由长春百瑞国际会展集团主办，长春宝瑞国际会展有限公司承办2021长春“五一”车展于5月1日至3日在长春国际会展中心举行。该次活动是“促消费、惠民生”全国汽车巡展活动之一，该届车展展览总面积2万平方米，参展品牌96个，参展商112家，展车数量830辆。其中，进口及合资车410辆，自主品牌车420辆。一汽大众、上

汽大众、广汽丰田、东风日产等知名汽车企业均参展。展会期间观众4万人次，销售各种车辆3000余台，长春市购车约占52%，省内其他市县购车约占48%,实现购车交易额3.75亿元，意向额4.23亿元，客户签约数量2500个。全市各行业各地25名新闻记者采访报道，发布稿件75篇，点击量75万次。

【2021中国（长春）第十五届连锁加盟创业项目展览会】 由吉林省商务厅支持、长春市贸促会主办，长春维达展览服务有限公司承办的2021中国（长春）第十五届连锁加盟创业项目展览会于5月21日至23日在会展中心举办。展览面积2.2万平方米，全国各地338家加盟企业参展，带来加盟品牌800余个，涵盖餐饮美食加盟、洗衣洗染加盟、医疗保健加盟、新零售加盟等8大类。有38042名创业投资者到现场参观。该次展会现场为参展企业扩大加盟店3721家，直接促进创业就业约4万人。

【2021中国（长春）交通运输与包装物流产业博览会】 由长春巨达会展服务有限公司主承办“2021中国（长春）交通运输与包装物流产业博览会”于5月28日至30日在长春国际会展中心举行。该届展会展览面积1.2万平方米，设仓储搬运展区、包装印刷展区和室外车辆展区。展商275家，展位数620个，特装展位占比60%。展会期间，现场签约金额15亿元，其中90%大设备完成现场签约。

【第三届东北亚（吉林）安全与应急产业博览会】 由吉林省商务厅主办，长春晶远国际会展集团承办的第三届东北亚（吉林）安全与应急产业博览会于6月15日至18日在会展中心举办。室内外展览面积4万平方米，参展企业286户，展品类型涵盖13大展区1200余项技术、装备和产品。有23个省(市)194个城市和地区的422个采购团参会，现场成交及意向成交金额5.6亿元，146家主流新闻媒体及行业媒体新闻报道826篇。

【2021第二届中国·长春新环保新能源产业博览会】 由长春巨达会展服务有限公司主承办“2021第二届中国·长春新环保新能源产业博览会”于6月25日至27日在长春国际会展中心举行。本届展会总展览面积1.5万平方米，分别为新风、空调、热泵展区；锅炉电采暖展区；供暖配套展区；燃气及生物质配套展区；净水展区5个展区。自河北、山东、江苏、浙江、北京、上海等10余个省市170余户企业参展，展位数487个。展会期间，实现签约项目107个，签约8000万元。

【第十八届中国（长春）国际汽车博览会】 由中国国际贸易促进委员会批准，中国汽车工程学会、中国汽车工业协会、中国汽车流通协会、长春市贸促会共同主办，于7月9日至18日在长春国际会展中心举行。总展览面积超过20万平方米，主会场展出汽车品牌153个，参展企业127户，展示车辆1403台。各分会场与汽博会同期联动，展出车辆322台。全国各地100余家新闻媒体、3000余名媒体人对汽博会进行线上线下同步直播和互动采访报道，线上点击量近2.3亿次。该届展会销售车辆33482台，交易额66.9亿元；主会场会展中心入场人数37.5万人次，分会场入场人数8.9万人次，总入场人数46.4万人次，线上展厅观众超千万人次。汽博会期间，公共交通相对平时增量79.64%，比2020年增长1.84%，宾馆酒店汽博会期间入住率增长56%，增长12%；周边餐饮企业营业时间平均延长5.4小时，几乎达到无空桌状态，平均翻台率10次/桌，其间营业收入比2020年增长4.6个百分点；休闲产业客流量增加70%，营业额比平时增长72.3%，重点文化旅游景区游客数量比平时增长55.6%，广告物流和租赁等行业量增加77.1%，增长7.1%。

【第二十届中国长春国际农业·食品博览（交易）会】 由农业农村部、吉林省政府和长春市政府共同主办，长春市人民政府承办的“第二十届中国长春国际农业·食品博览（交易）会”于9月6日至15日在农博园举办，展会期间，20余个友好省市代表团莅临展会，10天观展人数82万人次，线上观展点击量5100万次，有1500余户本省及国内一些地区名优特色农产品企业参展。吉林农业品牌馆，全省100余户“吉字号”农业品牌企业及长春市各县（市）、区名优企业参展。供销特色农产品展厅组织263户农产品企业、农民专业合作社参展，有42大类，600余种，3000多个名优特农产品进行集中展销。农机装备展区来自全国各地的160多户大型农机企业、300余种设施设备参展。农资展区，来自吉林省内外40多户农资企业、农业科研单位参展。精品畜牧业展区展示优良畜禽新品种以及经济动物品种约6400余头（只）。展会期间达成经贸合作项目26项，意向性签约金额105.2亿元，现场意向性签约金额7亿元，现场交易额2.6亿元，线上交易额766.54万元。

【第十一届中国（长春）国际茶产业博览会】 由深圳市华巨臣实业有限公司、长春国际会展中心共同主办，于9月10日至13日在会展中心举办。展览面积2万平方米，设国际标准展位1000个，展品类型涵盖6大茶类及其他茶衍生产品、精品茶器具等，特设全国名茶区、普洱茶/黑茶区、白茶区、紫砂区、茶器美学区。吸引2000家专业采购商到茶博会进行采购，其中专业市场渠道占比50%，跨界渠道占比30%，茶楼茶馆渠道占比20%。展会人流突破8万人次，现场交易额1.5亿元，50余家媒体到展会采访报道，发表报道100余篇。

（宋　丹）

现代物流业

XIANDAI WULIUYE

综　述

【概况】　2021年，全市社会物流总额19218.2亿元，比2020年增长7.2%。社会物流总费用1044.9亿元，增长7.8%。社会物流总费用占GDP比率14.7%，运行效率呈现整体提升趋势。

【市场主体】　2021年，长春市有登记注册物流企业2317户，其中规模以上法人企业487户，占全部物流企业21.0%。长春市有AAA级以上物流企业97户。其中，AAAAA级物流企业4户，AAAA级物流企业52户，AAA级物流企业41户。AAA级以上物流企业数量居东北4个副省级城市之首。长春市十强物流企业有一汽物流、长春欧亚集团股份有限公司物流、亚奇物流、长春一汽富晟大众物流有限公司、一汽解放物流、长久物流、华阳储运、春铁物流、香江物流、顺丰速运，其中一汽物流位居2021年度中国物流企业50强排行榜第16位。

【“干+仓+配”一体化模式】　2021年，长春市物流企业采用“干线运输+仓储+配送”一体化基本模式，将收货、运输、仓储、拣选、包装、分拣、配送等功能集成，服务贯穿整个供应链。简化商品流通过程中物流环节，缩短配送周期，业务流程无缝对接，实现货物实时追踪与定位，减少物流作业差错率，物流费用降低，货物破损率降低，根据供应链性质和需求提供定制化服务流程。物流企业通过大数据为客户提供销售预测，提前做好库存调配，一点入仓，发运全国，商品贴近销售地，以更快速度满足客户订单需求并提供增值服务。

4月28日，长春传化公路港物流园区等4家单位纳入第六批省级现代服务业聚集区。图为长春传化公路港物流园区　（二道区委宣传部　供图）

【行业模式】　2021年，长春市物流企业以消费者为中心，多场景挖掘、收集用户各类数据，完善客户画像、需求、消费习惯等用户数据，精准推送商品与服务。物流企业从连接生产端与销售端转变为连接人与商业，物流行业模式迈向“客户价值导向化”，分析用户数据，优化配送模式，提高用户体验。“物流+商品”整体作为产品，被消费者购买。

【物流服务】　2021年，长春市综合性物流服务涵盖原材料采购、原材料物流、生产制造、产品物流、商品仓储等环节，运用现代化信息技术和智能物流技术，将运输、仓储、装卸、加工、整理、配送、信息等方面结合形成完整供应链，为客户提供专家式一体化物流解决方案。

【行业整合】　2021年，长春市生产企业，效率较高的内部物流逐渐独立，演变为专注于某个产业的第三方物流公司；效率不高的内部物流逐渐被淘汰，外包给第三方物流。物流企业中，不规范或经营不佳的公司被淘汰，网络型、高效率的物流公司获得兼并收购，承接市场份额。

【多式联运】 多式联运由两种及以上交通工具相互衔接、转运完成，中转迅速，减少中间环节，缩短货运时间，降低货损货差，提高货运质量。发货人订立1份合同1次付费，1次保险，通过1张单证即可完成全程运输。多式联运经营人对货运全程负责。

【国际陆港建设】 2021年，长春市打造“公空铁海”多式联运体系，以长春为核心向北连接满洲里，向东连接珲春，向南连接大连港、丹东港、营口港，向西连接天津港，向上连接各主流货运机场空运。打造中欧班列（长满欧）、“长珲欧”班列2条国际铁路联运干线，打造连通大连港、营口港、丹东港、天津港方向海铁联运班列，打造衔接首都机场、浦东机场、新郑机场等国内主流货运机场卡车航班。7月30日，长春—天津海铁联运班列利用“国际港口代码”功能优势，首批装载34个马士基集装箱“一单制”外贸货物，由长春国际陆港发往天津港中心站，运到埃及亚历山大和菲律宾八打雁港。全程采用海运集装箱，开启东北地区海铁联运“一单到底”全程物流新模式。这是东北地区首单“一单到底”全程提单国际海铁联运业务。吉林公共海外仓位于德国纽伦堡，一期仓库面积3500平方米，展示办公场所面积1200平方米，提供物流、展示、金融推广服务。以“长满（珲）欧+综保区+省海外仓”为基础，采用海铁联运等方式把欧洲港口货物转运至纽伦堡港，为进出口贸易提供物流集散和贸易中转等配套服务，打造中欧班列在欧洲集聚枢纽、多式联运中枢和中欧进出口商品双向流通集散中心，为长春企业“走出去”创建公共服务平台，成为欧洲企业“引进来”产能对接与服务窗口。

【生产服务型国家物流枢纽】 2021年，长春生产服务型国家物流枢纽建设项目17个。其中，建成项目10个，在建项目7个，总投资约40.27亿元，完成投资30.71亿元。2021年，长春生产服务型国家物流枢纽入选国家发展改革委评选的物流业制造业深度融合创新发展典型案例，促进现代物流业与长春制造业深度融合，推动一汽物流、中车长客物流等枢纽运营企业开展服务化转型。商品车专用高架通道、公铁联运转运有效降低长春社会物流总费用，每年降低行业成本 8000万元。枢纽布局在长春市环城高速外部，长春市西北、西南方向门户交通节点，推动全市整车仓储场地由23个零散小面积仓储节点整合至2个高水平枢纽上，减少1/2场地面积，释放城市核心生活区域近300万平方米，实现物流设施设备和物流资源的集约化利用，最大限度节约土地资源。通过建设商品车专用高架物流通道实现商品车和社会车辆的运输走行分离，大幅减缓交通压力。

2021年4月，相继启动长春智慧物流园区建设。截至2021年12月，完成70万平方米停车场、整备间、办公楼及其他附属设施建设，完成智能化信息系统VWMS、OT集成系统一期建设等。从商品车下线、运输、入园，仓储、整备、出园等全过程闭环管理。通过“通道+枢纽+网络”建设，形成长春地区整车100万辆仓储、发运能力，推动城市物流功能聚集，优化整车短驳运输路线，释放主城区物流仓储基地面积约140万平方米，缓解城市交通压力。2021年通过园区发运商品车数量85万辆。在主机客户缓存区与园区间运输领域展开自动驾驶试点研究。一汽物流利用半封闭专用通道进行商品车转运，应对一汽大众长春公司年产90万辆、日产3000台的多车型工作任务。利用创新性研制的双挂列车实现离地倒运，利用自动驾驶技术实现从有人模式到无人模式的切换，以仿真、模拟分析、各场景综合实验作为安全性、稳定性保证，实现自动驾驶场景下的商品车离地短距倒运试点应用。

东山铁路装车站台项目一期完成投资1.03亿元，建成装车站台、办公楼、铁路线、停车场。汽开区和绿园区将周边零散物流仓库整合，盘活闲置资产并避免重复投资，加强培植物流新业态、培育新动能、延伸轨道客车产业链条，实现“腾笼换业”、提质增效。商品车专用通道全长约8.2千米，系双向2车道，有效应对一汽-大众长春公司整车短途倒运任务。多式联运信息平台完成搭建、部分模块实现运营，平台建立整合铁、水、公路多种运输资源，对接一汽、上汽、长安等多家商品车货主企业，接入运输管理系统。

完成仓储管理系统建设与应用；基于业务场景梳理核心业务活动自动化数据采集方案，结合“人、车、货、场”四要素，匹配OT集群设备，完成智能巡检机器人、RFID一体机、RFID物流门等设备安装。生产型国家智慧物流枢纽园区数智化建设实现全业务场景数字自动化采集、实时在线分析，园区内数据采集频次由每天一次变为时时采集；园区内业务操作及指导由人为经验执行变为系统自动智能调度与调控，支撑园区倒运及时率、入库及时率、盘点及时率、备车及时率均提升10%以上。中车长客城铁中心库智能升级改造，加装智能输送系统及螺旋提升机、采用牵引工装配送，具备按生产订单打包集配、按节拍实施点对点配送条件，立体输送分拣设备实现物料转储作业周期由30分钟压缩至5分钟，解决货梯传输的作业量瓶颈。智能仓储物流系统二期项目采用RFID技术与SAP系统、SRM系统、MOM系统有效对接，实现EWM管理模式覆盖升级。通过手持终端、物流感应门、RFID标签、智能工装、数据统计监控平台等智能化设备，从人员效能、作业效率、资源效能、异常管控等4类数据13个指标进行物流作业数据统计分析，实时显示链条上各人员工作量、工作效率及异常信息，实现对物流组织中各环节智

12月22日，中国物流与采购联合会授牌长春国际汽车城“中国长春国际汽车城汽车物流基地”
（张 扬 供图）

能化管控。

（易 斌）

物流通道建设

【概况】 2021年，长春市重点形成京哈线物流通道、中蒙物流通道“十字轴”省级物流通道，建设城市进出物流通道、城市内部圈层货运通道和“一廊+两环+网络”外部圈层货运市级物流通道。

【省级通道】 2021年，长春市依托哈大铁路和高速公路，建设纵向主干物流通道，即哈尔滨—长春—四平—沈阳—大连通道，向北延伸至黑龙江省，向南联系辽宁省、河北省、北京市，通过北京市联系全国。

依托长白铁路、长珲国际、哈大高铁，建设横向主干物流通道，即珲春—延吉—吉林—长春—松原—白城—乌兰浩特—阿尔山（内蒙古自治区）—乔巴山（蒙古国）通道，实现东西方向沟通与联系。

【市级通道】 2021年，长春市依托高速公路、机场高速路、普通公路及铁路网络，建设城市进出物流通道，实现国道、高速公路、铁路及龙嘉机场互联互通。公路方面，升级改造京哈高速公路、长春至双辽高速公路、长春经济圈环线高速公路农安至伊通段、抚长高速公路人民大街出口改移工程、珲乌高速九台空港开发区出口工程、珲乌高速龙嘉机场至吉林段扩建工程、长春至太平川高速公路。铁路方面，重点建设长春至辽源铁路、长春枢纽货运西环线工程、长春北编组站和长图线、长白线北部绕越线等。依托长春铁路货场布局公铁联运陆港，建设铁路货运枢纽中心和绕城高速衔接货运场站进出口。

利用中心区域现状城市道路体系，建设城市内部圈层货运通道，满足城区服务生产生活货运需要。

围绕城市西部汽车、轨道客车等产业布局，在绕城高速公路外侧15千米处建设半环形带状货运走廊，由市政道路、铁路货运西环线、西部货运干道构成，疏解主城区道路、铁路货运压力，实现“客进货出、客内货外”。绕城高速公路和绕城高速公路外货运环线，是城市外部圈层远期主要货运通道。由主、次城市路网组成货运路网，满足城市外部圈层货运需求。形成“一廊+两环+网络”外部圈层货运通道，向主物流通道集聚。

（易 斌）

物流服务体系建设

【制造业物流体系】 汽车物流体系。2021年，长春市完善汽车物流集中区布局，建设智慧整车物流园区和零部件配送中心。支持汽车物流龙头企业牵头组建物流运输联合体。发挥物流保税区和保税仓作用，拓展汽车物流国际业务。优化汽车物流运输方式，引进专业化第三方或第四方物流企业。优化汽车物流运作流程，鼓励企业创新物流运作模式。以一汽长春智慧物流园建设为示范，建设汽车智慧物流体系，发展汽车智慧物流创新模式，研发、引进新技术设备，打造全国汽车物流行业标杆。

医药物流体系。2021年，长春市依托九州通医药物流、国药物流中心、益和医药物流、永新医药物流中心、吉林大药房物流中心等医药专业化物流，重点发展医药仓储、分拣、包装、配送等医药物流业务。引导医药物流企业向上下游拓展服务范围，支持药品批发企业从传统商业购销模式向产业链服务模式转变，将物流服务延伸至药品生产和终端销售环节。提升医药物流信息化、数字化、网络化和标准化水平，提高医药物流全程冷链运作比率，确保流通环节质量安全。

生产资料物流体系。2021年，长春市依托国家物流枢纽，建设大宗能源产品和生产资料物流园区，构建大宗材料物流服务体系。鼓励大宗生产资料物流嵌入物流枢纽服务系统，通过制造业供应链信息协同、集中存储、精细化生产等方式，加速大宗能源产品和生产资料物流向以枢纽为载体的集约模式转型。发展生产资料铁路运输、集装箱运输和能源、矿产品重载运输，推动运输结构调整。依托亚泰集团、新星宇集团、吉煤集团等重点企业，以长春新区、二道区物流集中区为载体，打造营业收入超亿元生产资料物流企业5户，推动建材、能源等企业物流业务社会化运营。

【商贸流通物流体系】 电商物流体

系。2021年，长春市推进物流企业与批发零售企业整合供应链资源，构建一体化供应链物流协同平台、交易平台、贸易服务综合平台。开展云采购、电子采购、绿色低碳采购等新型采购模式。促进电子商务与快递物流协同发展，鼓励物流大数据平台与商贸信息平台对接共享。整合商贸流通末端配送资源，研究将“无人机+智能货柜”等末端快件投递设施纳入新建住宅社区和商务楼宇配建标准。

城乡一体化配送体系。2021年，长春市依托重要交通枢纽和重点乡镇，建设运输、仓储、配送、信息交易一体化综合物流服务项目。鼓励商贸流通企业发展集中仓储、共同配送，培育农村专业化配送企业。支持城乡末端配送点建设，完善“最后一公里”物流服务，推广“货运公交”“邮快合作”、农特产品冷链运输等物流模式，推动网络城乡配送一体化物流网络建设。

国际商贸物流体系。2021年，长春市申建陆港型国家物流枢纽，发挥国家物流枢纽辐射作用，实现与延边（珲春）、营口、满洲里等国家物流枢纽联动、功能衔接、信息互联，做好出入境报关通关、检验检疫、安全应急等方面国际合作。发挥中欧班列国际铁路合作机制作用，强化与国际物流枢纽战略合作和业务联系，支持物流企业融入国际物流网络和全球供应链体系，拓展国际业务。依托综合保税区建设一批保税区和跨境电商园区，支持商贸物流企业拓展海运、空运、铁路国际运输线路，开展保税加工、保税物流、进出口贸易等业务。

【农业专业化物流体系】 农产品物流体系。2021年，长春市依托皓月集团、华正集团、吉粮集团等企业，围绕粮食、肉类、蔬菜、水果等农副产品生产交易环节，健全农产品物流配送体系。依托长春国欧农产品物流产业园、海吉星农产品批发园、东北亚水产大市场、中冷物流配送中心等鲜活产品市场，重点支持蔬菜、水果、肉禽、蛋奶、水产品等鲜活农产品物流发展。加强农产品运输铁路专线、铁路接卸设施建设，推广粮食运输“公转铁”“铁水联运”运作模式。加强农产品质量安全可追溯系统建设，保障农产品物流质量。

11月，兴隆综保区打造多式联运示范工程 （易 斌 供图）

冷链物流体系。2021年，长春市依托中韩冷链物流园，结合长春市农业生产和物流基础设施布局，规划国家骨干冷链物流基地，提高冷链设施供给能力，建立覆盖吉林省乃至整个东北地区冷链物流基础设施网络。鼓励长春市冷链物流企业同农产品生产、加工、商贸企业展开合作，整合产品、冷库、冷藏运输车辆等资源，健全冷链物流标准化设施设备和监控设施体系，提升冷链资源综合利用率。建设面向城市消费的低温加工处理中心和冷链配送设施，发展冷链共同配送、“生鲜电商+冷链宅配”等新模式，实现城市“最后一公里”低温配送。

【绿色物流体系】 2021年，长春市注重物流产业可持续发展，实现物流运营低碳化。鼓励企业更换新能源货运车辆，推广应用循环共用标准化托盘、循环周转箱、可回收包装盒快递袋等绿色包装。推进逆向物流、再生资源回收物流系统建设，鼓励企业建设逆向物流回收、集纳、处理、转运物流节点。开展第三方逆向物流服务业务，将工商业废弃物进行循环再利用，建立可循环闭环供应链物流体系。

【数智化物流体系】 2021年，长春市数智化升级一汽智慧物流园、长春国际陆港、中韩冷链物流园等重点物流枢纽、园区，利用互联网、物联网、大数据等智能信息技术，打造公共信息平台、数据中心，将物流枢纽、物流园区建成“虚实一体”数智化物流资源汇集点。通过数据平台对接、管理信息集成，联动散布在物流网络上各个端点、企业及设施设备，提升产业链、消费链物流资源整合能力，打造区域性智慧物流生态系统。

（易 斌）

旅游业

LVYOUYE

综　述

【概况】　2021年，长春市旅游市场规模稳步扩大，旅游秩序井然。上半年旅游经济呈现较好的恢复态势，下半年随着各地疫情反弹，加剧游客安全隐忧，恢复趋势放缓，国庆期间客流情况略低于2020年，游客出游距离呈现收缩现象。

全年接待旅游10124.51万人次，比2020年增长39.88%。其中，接待国内游客10108.86万人次，增长39.94%；接待入境游客15.65万人次，增长5.96%。全年旅游总收入2045.73亿元，增长48.08%。其中，国内旅游收入2041.98亿元，增长48.32%；入境旅游收入5427.19万美元，增长11.32%。整体看，长春市旅游业发展呈现目标游客群体趋于年轻化，产品和服务创新带来全新体验，乡村旅游助推乡村全面振兴、冬奥效应使冰雪市场持续升温等市场特点。

【旅游发展规划】　2021年，长春市文旅局编制完成《长春市旅游发展“十四五”规划》征求意见稿并报市政府，制定《长春市国家文化和旅游消费示范城市工作方案》。8月18日至28日，牵头旅游“双线”联动发展专题调研专班，赴旅游“双线”10个相关重要节点城市（地区）文旅行业主管部门进行交流，实地考察属地文旅重大项目及企业，形成长春市落实“一主六双”高质量发展战略全面促进旅游“双线”联动协同发展调研报告，明确打造6个功能中心、开展4项旅游行动、开展10个旅游联动系列活动等主要工作任务目标。

【政策扶持】　市文广旅局完善旅游产业发展政策支撑体系，参与《长春市旅游条例》立法工作，印发《长春市关于大力发展冰雪经济2021年工作要点》《长春市关于进一步落实〈吉新两省区共建中国（长白山脉—阿尔泰山脉）冰雪经济高质量发展试验区工作方案〉工作实施方案》《长春市旅游厕所暂行管理办法》。系统梳理全市行业文广旅行业资源，制作下发《长春市文广旅系统（行业）基础资源名录》，涵盖公共文化、文博、行业单位部分、其他文旅资源等4部分26个条目。印发《长春市旅游产业发展领导小组相关成员单位及工作职责分工》，明确小组工作职责和小组成员任务分工。完成《长春市文化产业园区（基地）发展情况调研报告》，为长春市产业集聚发展提供基础数据支撑。形成《长春创新发展冰雪经济新业态、新模式经验材料——长春冰雪经济跃升新阶段 为现代化都市圈高质量发展赋能》，对长春市冰雪经济发展进行梳理总结。

【旅游品牌建设】　2021年，长春市避暑、冰雪旅游稳居全国第一阵营，连续获评“避暑旅游十佳城市”“冰雪旅游十强市”“避暑旅游十佳城市”，有长春消夏艺术节、长春冰雪节、吉林雪博会、市民读书节等长春文旅节庆知名品牌。

市文广旅局与长春大学旅游学院战略合作成立“长春文旅产业融合研究中心”，是长春市文旅业局校合作创新之举，助力长春现代化都市圈建设。吉林大学“冰雪旅游场地装备与智能服务技术文化和旅游部重点实验室”被文化和旅游部认定为第三批文化和旅游部重点实验室。市文广旅局联合文旅部吉林培训基地在一汽老年大学举办长春市工业和社区旅游讲解员培训班。

（王　冠　王靖然　韩　凯）

旅游资源

【概况】　2021年，长春市有景区37个。其中，国家AAAAA级旅游景区4家，国家AAAA级旅游景区17家，国家AAA级旅游景区9家，国家AA级旅游景区6家，国家A级旅游景区1家。年内，长春天定山旅游度假小镇、国信南山温泉旅游景区被评定为国家AAAA级旅游景区。

【旅游项目建设】　2021年，长春市计划建设旅游项目35个。其中，新建8个，续建27个。完成投资40.12亿元，比2020年增长7.4%。其中，长春国际

表35 2021年长春市国家级旅游景区一览表

等级	企业名称	地 址
AAAAA	长春伪满皇宫博物院	宽城区光复北路5号
	长春净月潭国家森林公园	净月区净月大街5840号
	长影世纪城	净月区净月大街与永顺路交会处
	长春世界雕塑园	南关区人民大街9518号
AAAA	长春市动植物公园	南关区自由大路2121号
	御龙温泉	双阳区龙双公路3.8千米处
	长春庙香山度假区	九台区波泥河镇
	关东文化园	绿园区城西镇跃进村
	长春北湖国家湿地公园	新区龙湖大路与环湖路交会处
	长春市孔子文化园	南关区东天街239号
	长春农业博览园	净月区净月大街4775号
	长影旧址博物馆	朝阳区红旗街1118号
	天怡温泉度假山庄	净月区新湖镇红田村东盛屯
	东北师范大学东北民族民俗博物馆	经开区卫星路98号
	吉林省酒文化博物馆	南关区亚泰大街9699号
	长春凯撒森林温泉旅游度假区	净月区净月大街6366号
	辽金时代文化园	农安县前岗乡新开村
	莲花岛影视休闲文化园	朝阳区永春镇柳家村
	长春市榆树钱酒文化庄园	榆树市榆陶公路9号
	长春天定山旅游度假小镇	莲花山度假区泉眼镇
	国信南山温泉旅游景区	双阳区长清公路16千米处
AAA	长春清泉湖文化与旅游度假区	新区高家屯
	长春天下一家生态养生村	莲花山度假区劝农山镇东风村
	农安辽塔游园景区	农安县农安镇
	吉林剑鹏马城	农安县华家镇战家村
	八台岭古驿村落	九台区沐石河镇桦树村
	吉林省金穗山庄	九台区土们岭镇
	吉林省缘山湖农业园	双阳区鹿乡镇石灰村11社
	常安驿站度假山庄	净月区玉潭镇友好村
	吉林省民间工艺美术馆景区	净月区福祉大路66号
AA	土桥镇小乡旅游区	榆树市土桥镇皮信村
	吉海休闲度假村	榆树市刘家镇
	湛江寺	榆树市五棵树镇
	延和乡民俗馆	榆树市延和朝鲜族乡
	明月山庄	榆树市东门村历家内
	二十家子旅游度假区	公主岭市二十家子镇
A	龙福缘休闲旅游度假村	九台区龙家镇草城村三社

影都、梦吉林海洋馆、青怡坊国际旅游文创产业园、北京大街西地块历史文化街区修缮等重大项目完成一期建设；新开工建设的长拖工业遗址改造项目建设完成投资6.8亿元，是年初计划投资总额的1.5倍。双阳神鹿峰景区4个新建项目于6月正式对外运营，冰雪新天地、莲花山巴图鲁乐园景区项目等为长春文旅产业发展、多业态配套发挥关键作用。

确立长春市“十四五”期间重点文旅项目12个，以国际影都、天定山旅游度假区、长春野生动物园一期建设为重点的5个生态、冰雪旅游重点项目，以长春伪满皇宫博物院地下文物库房及展示场馆项目县域博物馆建设为切入点的7个文化、文物类重点项目。包装8个文旅专项债券项目，涉及专项债113.97亿元，实际发行35.1亿元。向文旅部推荐吉林森帝房地产开发有限责任公司的青怡坊国际旅游文创产业园项目为“一带一路”文旅交流项目。牵头旅游“双线”联动发展专题调研专班，到旅游“双线”10个相关重要节点城市（地区）文旅行业主管部门交流，实地考察属地文旅重大项目及企业，形成长春市落实“一主六双”高质量发展战略全面促进旅游“双线”联动协同发展调研报告，明确打造6个功能中心、开展4项旅游行动、开展10个旅游联动系列活动。

【伪满皇宫博物院】 成立于1962年，位于吉林省长春市光复北路5号，是全国重点保护单位、国家一级博物馆、全国爱国主义教育示范基地和首批国家AAAAA级旅游景区。景区总占地25.05万平方米，建筑面积13.7万平方米，开放景区30余处，其中展览面积4.7万平方米。有缉熙楼、勤民楼、同德殿等伪满宫廷原状陈列50个，大型基本陈列2个，专题展览3个，举办临时展览33个，中国国内巡展17个，出国展览11个。伪满皇宫博物院收藏大批伪满宫廷文物、日本近现代文物、东北近现代文物、民俗文物、近现代有代表性的书画、雕刻、非遗传承人作品等艺术精品。2021年，接待游客总数116.16万人次，比2020年增长27.5%；旅游总收入9935.04万元，比2020年增长11.25%。

【净月潭国家森林公园】 国家AAAAA级旅游景区，坐落在长春市东南部，距市中心18千米，占地面积96.38平方千米，园区内潭水碧透、林海莽莽、大岭纵横，旅游资源丰富，生态环境优越。森林中有樟子松、黑松、落叶松、山杨、桦树、榆、槐等高等植物550多种，有脊椎动物82种、鸟类65种，是春踏青、夏避暑、秋赏景、冬玩冰雪理想去处，被国内外游客称为“绿海明珠”。景区内生态型景点森林浴场素以“天然氧吧”著称，空气中负氧离子是市区400~500倍。全长1321米吊椅式观光索道是景区内较为经典娱乐项目，登上山顶后可乘坐全长1616米管轨式滑道，穿梭在茫茫林海中，体验飞鸟般感受。净月塔楼坐落于观潭山上，高50.2米，11层框架结构，是景区标志性建筑。太平钟楼因“警钟长鸣 天下太平”而得名。荷花垂柳园建成于2004年，占地30公顷，包括五湖、七岛、十桥，集皇家园林气派与生态人文理念于一身，具有清波赏荷、水上载舟、岛岸漫步、湖畔垂钓等多种功能。2021年，接待游客52.39万人次，比2020年增长80.65%；旅游总收入1963.49万元，比2020年增长40.95%。

【长春世界雕塑园】 国家AAAAA级旅游景区，2003年9月开园，占地总面积92公顷，是集自然山水与人文景观相融的现代城市雕塑园。其间的世界东西方文化、中国传统与现代文化及艺术，展现其永恒主题“友谊、和平、春天”。影响深远的长春国际雕塑作品邀请展集五大洲216个国家和地区402位雕塑家453件作品于一园。主题雕塑高29.5米，造型精美，气势壮观，分别由3位少女和五大洲民族风情人物、动物组成，充分体现“友谊、和平、春天”的主题。雕塑艺术馆建筑面积12500平方米，展区面积6000平方米，是国内最大雕塑艺术馆。馆内藏有中外著名雕塑家雕塑精品。松山韩蓉非洲艺术收藏博物馆位于雕塑公园东门，建筑面积5640平方米，设有“艺术非洲”“魅力非洲”“黑色非洲”三大展厅，以不同主题展现非洲文化。馆内收藏来自坦桑尼亚、莫桑比克、马拉维、赞比亚等非洲东南部国家1.2万件雕刻和绘画艺术精品，记录近50年非洲东部现代艺术进程，是中国非洲马孔德木雕艺术集结地，也是国内马孔德木雕数量最多、品种最全、艺术水平最高的博物馆。2021年，接待游客92.31万人次，比2020年增长91.44%；旅游总收入1865.86万元，比2020年增长2.3倍。

（王　冠）

旅游业态

【概况】 2021年，开发乡村游、研学游、休闲游、红色游、民俗游等旅游业态，提升亲子互动、兴趣休闲、文旅体验、周边自驾等消费项目。天定山度假小镇、国信南山温泉被评为国家AAAA级旅游景区。长春世界雕塑园获评首批“国家级文明旅游示范单位”。17家单位入选省百家红色旅游地（旧址）名录，3地入选省红色旅游精品线路。双阳区小石村获评第三批全国乡村旅游重点村，九台区红光村、农安县西王家村入选第二批省级乡村旅游重点村，慢山里、天定山民宿被评为吉林省AAAAA级乡村旅游经营单位。一汽大众、东鳌鹿业被评为全省工业旅游示范点。

【冰雪旅游】 参见152页“冰雪产业·冰雪旅游”。

【乡村旅游】 2021年，全市乡村旅游接待游客1837.16万人次、旅游综合收入143.07亿元，比2020年分别增长37%和57%。吉林省长春市双阳区太平镇小石村获评第三批全国乡村旅游重点村，长春市天定山旅游度假小镇、长春市国信南山温泉旅游景区获评国家AAAA级旅游景区，长春市九台区龙嘉街道办事处红光村、长春市农安县小城子乡西王家村获评吉林省第二批省级乡村旅游重点村镇，吉林省同人分享慢山里农业休闲度假有限公司、长春市天定山民宿酒店管理有限公司获评吉林省AAAAA级乡村旅游经营单位，吉林省荣发生态农业开发有限公司获评吉林省AAAA级乡村旅游经营单位，农安县合隆镇陈家店村等7家乡村旅游经营单位获评吉林省AAA级乡村旅游经营单位。

12月3日，长影电影人物群雕揭幕仪式在长影旧址博物馆举行

（市文广旅局　供图）

【红色旅游】　长春市红色旅游景区有东北沦陷史陈列馆(伪满皇宫博物院)、长春电影制片厂（长影旧址博物馆）、长春水文化生态园（伪满时期长春市第一净水厂）、长春南大营旧址陈列馆、白求恩医学人文博物馆（吉林大学白求恩第三医院院史馆）、长春第一个党支部（展览馆）、中共地下党二道沟邮局活动旧址（中国共产党在长春的第一个通信站旧址）、空军航空大学航空馆、长春解放纪念碑、黄大年纪念室、吉林大学理化楼、长春市革命烈士陵园（长春市烈士陵园）、长春市客车厂、长春第一汽车制造厂早期建筑、吉林省博物院（东北抗日联军纪念馆）、三下江南战役纪念馆、德惠攻坚战遗址（中东铁路建筑群）等。长影旧址博物馆记录着长影的发轫、进展、繁荣与变迁，被誉为“新中国电影的摇篮”，展现中国电影的光辉历程和艺术成就；作为中国共产党成立100周年红色旅游“英雄吉林·精神永存”精品线路的长春市东北沦陷史陈列馆揭露日本武力侵占中国东北、炮制傀儡政权、推行法西斯殖民统治罪行，是开展爱国主义教育的重要基地；长春一汽红旗文化展馆见证红旗车的发展历程；长春空军航空大学航空馆是东北地区唯一以航空为主题的大型展馆，记录中国百年航空史。中国旅游研究院和马蜂窝旅游联合发布《中国红色旅游消费大数据报告（2021）》研究数据显示：2021年，“红色旅游”搜索热度不断攀升，其中吉林省以热度涨幅1.96倍位列全国第三，长春电影制片厂（长影旧址博物馆）、长春一汽等红色景区、红色目的地拉动吉林省红色旅游热度持续攀升。作为“新中国电影的摇篮”的长春电影制片厂曾诞生《上甘岭》《五朵金花》《英雄儿女》等影响几代人的优秀电影，吸引众多游客到长影旧址博物馆找寻回忆。

6月23日，“铭刻时代印记 百年薪火相传”——吉林省红色故事讲解员大赛长春选拔赛决赛暨颁奖仪式在长春世界雕塑园雕塑博物馆举行，吸引来自长春爱国主义教育基地、红色旅游景区以及旅行社、博物馆、展览馆、高等院校近百名专业讲解员和志愿讲解员参赛。长春市推选20名获奖选手参加省赛，15名选手入围省赛决赛，有4名选手获得省赛专业组“金牌讲解员”称号，4名选手获得省赛志愿组“金牌讲解员”称号，全省10名“金牌讲解员”中长春市占8名。通过比赛，选拔培养红色讲解员人才，利

6月23日，吉林省红色故事讲解员大赛长春选拔赛颁奖仪式在长春世界雕塑园举行

（市文广旅局　供图）

5月18日，中小学生在长春文庙参加国际博物馆日活动

（市文广旅局　供图）

用红色资源推动长春城市建设、文旅产业以及红色旅游发展。

【研学游】　慢山里营地综合体有集装箱学习区、魔法森林树屋、民俗接待、餐饮食堂、跑马场、水上高尔夫等各类研学体验区，还有迷你家庭农场、中草药梯田、帐篷营地等观光农业体验区，吸引亲子家庭进行研学体验。吉林省博物院、吉林省科技馆、中国光学科技馆、长春城市规划展览馆、长春博物馆、长春市文庙博物馆为探索科学、了解城市发展脉络提供研学场所。消夏艺术节期间，开展文庙博物馆端午节公益文化活动，进行太极拳表演、武术操表演，以及融合古筝、竹笛、诵读等于一体的中国优秀传统文化展演活动。市少年儿童图书馆举办“团扇徐徐迎风来”亲子手工制作活动，现场与家人共同DIY创意团扇；开展“云·非遗”文化科普活动，邀请名校老师和专业人士对非物质文化遗产相关知识进行答疑和演示；开展暑期围棋公益小讲堂，现场为学生科普围棋文化。年内，长春市文广旅局、长春市人社局联合创新主办，长春市旅游协会承办的长春研学旅行指导师大赛被列为长春市2021职业技能竞赛项目，也是第25届长春冰雪节重点活动之一，以“知行合一·发现长春”为主题，包含初赛、复赛、决赛前培训、决赛暨颁奖仪式等环节，吸引在长旅行社、旅游景区、文博单位、研学场所、研学公司导游及讲解人员、大中专文旅相关院校师生等参赛。通过激烈角逐，10名选手入围决赛，均被授予“优秀研学旅行指导师”称号。选手从长春市历史文化、民族民俗、影视文化、冰雪文化、雕塑艺术、工业研学、航天航空、乡村振兴、红色文化、饮食文化等十大主题展开竞技，助推研学旅行发展。长春市文庙博物馆张诗航获一等奖、最佳风采奖和最佳课程设计奖，长影世纪城张广南获二等奖，吉林省青年商务国际旅行社闫振获三等奖。

【城市休闲游】　以消夏艺术节为载体，持续推动消夏避暑旅游资源全域发展，拓展和延伸消夏避暑全产业链条。6月至9月，举办2021长春消夏艺术节，以“乐享清爽夏日，品味都市生活”为主题，围绕六类消夏产品，开展81项消夏活动。长春世界雕塑园有东西方文化艺术兼容并包的大型现代各类雕塑，举办亲子艺术实践课、水上娱乐、网红文娱活动打卡超市、文创产品交流会、消夏露营、爵士音乐文化演出等，成为市民和游客综合性露营地首选。长影世纪城“白+黑”昼夜开展活动，有花车巡游、演艺、魔术等节目和特效电影娱乐项目。长春水文化生态园以工业风建筑解读长春市水文化历史和发展，长春动植物园吸引儿童家庭参观游玩，室内度假文旅小镇“这有山”是集旅游、美食、商业、休闲为一体的24小时不闭店夜经济项目。推出万人游长春兴隆综合保税区活动，市民、游客体验综保区项目，购买进口商品；开展第七届双阳梅花鹿节、双阳乡村旅游休闲季，推出温泉康养、绿色采摘、亲山赏花等精品旅游线路；举办莲花山“嗨皮一夏”消夏节、凯撒森林温泉避暑消夏节、公主岭双青湖消夏节；举办碧水庄园花海美食节、榆树市消夏美食节、“长春生活+快乐购”艺术节等，打造集美食、购物、度假为一体的休闲娱乐聚集地。

【民俗旅游】　东北民族民俗博物馆藏品4万余件，是中国东北地区规模最大、展示东北古代及近代民族最全面、古今民俗世相最丰富的综合型博物馆。2021年，举办5次专题阵列展览，免费向社会公众开放280天以上。长春关东文化园是长春市市区内集温泉度假、餐饮娱乐、文化博览、会议接待为一体的大型花园式文化乐园；辽金时代文化园营造辽金时期民俗文化、渔猎文化、农耕文化、休闲娱乐体验历史文化氛围；东北二人转是国家非物质文化遗产，东北二人转博物馆呈现二人转发展历程。

（王　冠　王靖然　韩　凯）

旅游营销

【概况】　开展“双线”城市联动活动，形成“双线”联动协同发展工作举措，联合编制《吉林省“双环线”旅游示意图》。发展“本土游”，实施旅游刺激举措，加强与吉林、通化、长白山、白山、松原等地对接合作。12月9日，在携程集团全球合作

6月10日，长春市参加省政府在北京举办的“在希望的田野上”吉林文旅主题推介会　　（市文广旅局　供图）

伙伴峰会上，长春市获评“最具潜力目的地”；12月11日，在海南博鳌第六届博鳌旅游传播论坛上，长春市获评“文旅好品牌”优质案例“精品旅游目的地好品牌”。综合运用新媒体传播手段实现全时、全程、全息、全效宣传，新媒体宣传工作形成“1+2+N”传播矩阵，实现长春旅游产品线上宣传和线下场景顺利衔接和流量转化，长春旅游产业延展性与游客交互体验性深度融合，并作为优质案例在2021第六届博鳌旅游传播论坛暨“文旅好品牌”对话环节和吉林省文旅行业新媒体工作推进大会上作经验交流。

【春秋两季旅游市场宣传】 组织“春来长春”文旅沙龙活动，打造“春来长春”文旅IP。组织“春来长春鲜到延边”长延两地大学生“拜访春天”文旅行动，生成两地文旅产品新范本，促进省内文旅资源内循环。举办“‘夜动春城’第二季——点亮长春之夜”活动，有2364家单位商家参与评选，“夜动春城”小程序浏览量750万人次，线上分享240万次，总点亮数超过4300万次。举办长春市2021“十一”黄金周旅游产品发布推介会，通过线上推广与线下推介相结合、传统媒体与新媒体相结合、平面硬广与网络宣传相结合形式宣传秋季旅游市场。举办“声动春城有模有young”2021长春首届大学生文旅主播大赛，联合在长10所高校，以“文旅+高校+新媒体”传播形式联动千名大学生群体围绕十大主题创作反映城市发展风貌、弘扬城市文化底蕴的优秀作品，网络投票数326.05万张，视频浏览量770.43万次。

【夏季旅游形象宣传】 开展消夏艺术节宣传，吉林广播电视台吉视网、吉视通、吉林融媒客户端、抖音、快手、搜狐、中国吉林网、一周评讯等新媒体平台同步直播消夏艺术节开幕式，直播浏览总量603.64万次；各大媒体通过专题页、首页推送、视频号、微博、图文+视频、直播连线等形式全方位跟进报道消夏艺术节，阅读量542万次。

【旅游赛事活动】 6月23日，由中共长春市委宣传部、长春市文化广播电视和旅游局主办，中共长春市委党史研究室特别支持的“铭刻时代印记　百年薪火相传”——吉林省红色故事讲解员大赛长春选拔赛落幕。比赛包括初赛、复赛、决赛前培训、决赛暨颁奖仪式等环节，吸引来自长春爱国主义教育基地、红色旅游景区及旅行社、博物馆、展览馆、高等院校近百名专业讲解员和志愿讲解员参赛。决赛暨颁奖仪式在长春世界雕塑园举行，25名选手参加决赛，分获专业组和志愿组“金牌讲解员”和“优秀讲解员”称号。12月12日，推选20名选手参加吉林省红色故事讲解员大赛，其中15名选手入围省赛决赛；有4名选手获省赛专业组“金牌讲解员”称号，4名选手获省赛志愿组“金牌讲解员”称号，全省10名“金牌讲解员”中长春市有8名。

【国际交流推介】 邀请韩国驻沈阳领事馆总领事等官员、韩国旅游发展局沈阳办事处首席代表以及韩国江原道旅游局沈阳事务所负责人出席长春冰雪节开幕式活动，推动长春与韩国在冰雪旅游领域交流合作。7月14日，举办中国长春—西班牙瓦伦西亚国际旅游和文化体验线上研讨会。副市长赵显代表市政府致辞，市文广旅局局长曲笑作长春文旅资源推介，省中旅负责人和长春凯越酒店销售部门负责人以及吉林电视台主持人分别推介长春文旅资源产品和酒店资源。

【国内交流推介】 开展“双线”城市联动活动，形成“双线”联动协同发展工作举措，联合编制《吉林省“双环线”旅游示意图》。发展“本土游”，实施旅游刺激举措，加强与吉林、通化、长白山、白山、松原等地对接合作。6月9日至11日，市文广旅局赴北京参加“在希望的田野上”吉林文旅主题推介会，推介长春景区视频素材，展示文旅手册、地图、环保袋、长春赏花拼图等长春市特色文旅纪念品及宣传资料。先后接待五大连池市、张家界市、赤峰市、兴安盟、营口市、龙口市、通化市、长白山管委会、惠州市、东莞市、韶关市等地文旅部门到长春市开展文旅推介活动。组织长春市旅行社参加推介活动，邀请本地媒体参会，促进长春市旅行社与相关城市文旅企业对接合作。

消夏艺术 节条目中：6月25日，长春消夏艺术节开幕式在长春天定山举办

（市文广旅局　供图）

【2021长春消夏艺术节】 由长春市人民政府、吉林省文化和旅游厅主办，长春市文广旅局等消夏艺术节组委会成员单位、各县（市）区、开发区文化广播电视和旅游行政主管部门、各文化旅游及相关行业单位承办，自6月12日至9月19日，历时100天。以“乐享清爽夏日，品味都市生活”主题，开展红色文化活动、体育健身、研学民俗及休闲度假等6类消夏产品81项消夏活动。推出夜间文旅产品，盘活多元“夜”态，点亮夜经济，形成一批夜间文旅消费集聚区。

2021长春消夏艺术节开幕式于6月25日在长春天定山举办，开幕式上公布2021长春都市文旅新地标和“夜动春城（第二季）——点亮长春之夜”评选活动结果。

2021长春市花车巡游活动于6月24日至12月30日开展，以庆祝中国共产党成立100周年为主题，推出10辆主题花车，在消夏艺术节开幕式、中秋节（国庆节）和长春冰雪节等时间节点，在长春市重点街路开展巡游活动。10辆主题花车分别是庆祝中国共产党成立100周年、现代化都市圈、汽车之都、电影之都、冰雪之都、消夏之都、书香之都、时尚之都、乡村振兴和国家AAAAA级景区。

表36　2021长春消夏艺术节活动一览表

板块	序号	活动名称	时间	地点	活动内容	主办、承办单位
开幕式及主体活动	1	2021长春消夏艺术节开幕式	6月25日	长春天定山	公布2021长春都市文旅新地标和“夜动春城（第二季）——点亮长春之夜”评选活动结果，参观花海、灯会，体验天定山夏季产品，欣赏专场文艺演出	主办：长春市人民政府 承办：市文广旅局、莲花山管委会
	2	首届长春消夏避暑产业博览会	6月25日至10月8日	长春天定山	展示现代民宿、帐篷、渔具、烧烤用具等消夏避暑产业相关产品，与天定山夏季主打产品相融合	主办：市文广旅局、市商务局、莲花山管委会
	3	2021长春市花车巡游活动	6月24日至12月30日	长春市	以庆祝中国共产党成立100周年为主题，推出10辆主题花车，于消夏艺术节开幕式、中秋节（国庆节）和长春冰雪节等时间节点，在长春市重点街路开展巡游活动	主办：市文广旅局
	4	长春市朝鲜族传统文化嘉年华	6月12日	长春世界雕塑园	朝鲜族民俗风情演出和特色团体表演	主办：市文广旅局、市民委 承办：长春市朝鲜族群众艺术馆
	5	“永远跟党走”庆祝中国共产党成立100周年吉林省暨长春市万人百姓健康舞展演	6月16日	长春世界雕塑园	长春市各县（市）区、省内各地市州约1万人，在不同场地同跳百姓健康舞	主办：省文联、市委宣传部、市文广旅局 承办：长春市群众艺术馆，吉林省舞蹈家协会，长春市各县（市）区、开发区文广旅局
	6	长春市群众特色舞蹈展演	6月22日	长春奥林匹克公园体育馆	以长春原创袖头秧歌、红绸舞、长白鼓韵等群众特色舞蹈为基础，汇集长春不同时期原创舞蹈	主办：市文广旅局
	7	万人游长春兴隆综合保税区活动	5月至10月	长春兴隆综合保税区	体验综保区工业游项目及周边消夏旅游产品，到综保区进出口商品交易展示中心购买进口商品	主办：长春市文广旅局、长春兴隆综合保税区 承办：吉林省中国旅行社

续表36

板块	序号	活动名称	时间	地点	活动内容	主办、承办单位
开幕式及主体活动	8	莲花山“嗨皮一夏”消夏节	6月至10月	莲花山生态旅游度假区	举办莲花山市民生活节，经典爱国主义影片下乡展、乡约大舞台，莲花山乡味文化节，冰雪新天地百花园，非遗彩灯秀和莲花山消夏商贸市集	主办：莲花山区商务局、文体旅科局、农业农村局
	9	第七届双阳梅花鹿节	7月	长春市双阳区鹿乡镇	包括网络销售达人竞技比拼、鹿茸王评比、乡约双阳游等活动，举办首届中国梅花鹿高峰论坛，梅花鹿博物馆免费开放，同步举行以鹿为主题书画、摄影、文创产品展	主办：长春市双阳区政府 承办：长春市双阳区旅游服务中心、鹿乡镇政府等
	10	净月区“仲夏之梦”消夏季	6月12日至9月	净月高新区	长影第五届消夏灯会、第二十届长春农博会、净月潭音乐喷泉水舞灯光秀、夏季创意运动会之亲子跑、凯撒森林温泉避暑消夏节、天怡温泉乡村美食节、慢山里研学营地七彩糖果节、巴蜀映巷夏日音乐节等一系列消夏活动	净月高新区
红色及文化活动	11	长春9·19抗战史红色故事展览	6月21日	长春南大营旧址陈列馆	长春南大营旧址陈列馆是吉林省首家社区博物馆，6月21日举行揭牌仪式，展示“9·19”长春抗战史迹红色故事	主办：长春博物馆、长春南大营旧址陈列馆
	12	庆祝中国共产党成立100周年歌咏比赛	6月至7月	天定山民宿	歌咏比赛	中共长春市委宣传部 长春市教育局 共青团长春市委 长春莲花山管委会 吉林省建设集团
	13	吉林省党史教育基地开馆仪式	7月1日	天定山民宿	开馆仪式	长春莲花山管委会 吉林省党史研究院 吉林省建设集团
	14	二道区庆祝中国共产党成立100周年书法作品展、美术作品展	6月下旬	东北亚艺术中心	2021年二道区庆祝中国共产党成立100周年书法作品展；“时代·墨象”庆祝中国共产党成立100周年长春市二道区美术家协会第三届美术作品展	主办：二道区文化和旅游局 承办：二道区书法协会、美术家协会
	15	2021年中国共产党成立100周年二道区精品节目系列展演活动	6月至7月	二道区辖区内	消夏节系列文化展演	主办：二道区文化和旅游局 承办：二道区文化馆、各街道（镇）
	16	榆树市消夏系列文化活动	6月至8月	文化馆剧场及展厅	包含东北大鼓展演，以建党为主题“扇面书画展”，以红色影视歌曲为主第八届农民歌手大赛和优秀第三届社区文艺汇演	主办：榆树市广播电视和旅游局 承办：榆树市文化馆
	17	吉林省民间工艺美术馆消夏系列活动	6月至12月	吉林省民间工艺美术馆	包含松江毓秀——松毓书法作品展、“伟大的航行”船模展、中华神韵——浪木根雕动物系列主题展、蛋雕艺术精品展等活动	吉林省工艺美术馆
	18	初心不忘歌盛世——纪念光辉百年书画展	6月28日	龙翔书画院	书画展览	主办：长春新区社会事业发展局
	19	长春新区红歌及舞蹈大赛	7月至8月	欧亚汇集栖乐荟	组织辖区居民唱红歌，开展舞蹈展演	主办：长春新区社会事业发展局
	20	长春市图书馆馆藏经典文献插画展	6月至7月	长春市图书馆八角轩及线上巡展	从馆藏文学作品中筛选出100部文学作品中500余幅插画制作成展品，在中国共产党成立100周年之际推出展览，并在全省多家图书馆巡展	长春市图书馆
	21	打造长春市数字化党史教育基地	6月至9月	长春市图书馆	建设数字化党史教育基地，提供视频讲座、有声小说、红色电影、党建电子书、考核竞赛、在线展览、沉浸体验等全媒体文献资源	长春市图书馆
	22	“阅游长春”——系列文旅推广活动	6月至9月	线上	以短视频方式，挖掘、传播长春市旅游景点、老街区、老字号、民俗物产、市井风情等背后故事	长春市图书馆
	23	“红色记忆”主题宣讲	6月至9月	长春市	以英雄箴言及红色故事、诗歌、散文、歌曲等形式讲述党的革命史	长春市图书馆

续表36

板块	序号	活动名称	时间	地点	活动内容	主办、承办单位
红色及文化活动	24	“传承红色基因·争做时代新人”红色研学社会实践活动	7月至9月	长春市	开展2次，通过举办红色研学活动，让青少年了解红色故事，了解中国共产党成立100周年的重大历史事件和杰出人物	长春市图书馆
	25	黑池舞蹈节（中国）长春公开赛及系列热身赛事	6月热身赛 7月 公开赛	长春市体育馆（公开赛）	国标舞职业组比赛、等级赛、名次赛、精英赛及系列热身赛	主办：吉林省黑池文化艺术有限公司 承办：吉林省糖槭文化传播有限公司
	26	酒海封坛节	7月至8月	榆树钱酒文化庄园	发布酒海私藏新品	主办：吉林省榆树钱酒业有限公司
体育健身活动	27	2021年长春市线上线下全民健身系列活动启动仪式	6月	长春市体育馆	开幕式，舞蹈比赛	长春市体育局
	28	2021年长春市线上线下全民健身系列活动“云舞春城”长春市社区健身大赛	海选： 6月至8月 决赛：10月	长春市体育馆	健身操舞类、武术类等	长春市社会体育指导员协会
	29	榆树市第二届全民运动会系列活动	6月至9月	榆树市文体中心	包括开幕式、田径、趣味比赛、拔河比赛、象棋、羽毛球、乒乓球、气排球、篮球和表彰大会等内容	主办：中共榆树市委 榆树市人民政府 承办：榆树市委办公室 榆树市政府办公室 榆树市委宣传部 榆树市文化广播电视和旅游局
	30	“发现新区之美”北湖吾悦广场城市趣味定向赛	6月19日	北湖吾悦广场	徒步跑步定向趣味比赛	主办：长春新区社会事业发展局
	31	2021年全国软式棒垒球联赛（长春站）	7月	东北师大体院	开幕式，棒垒球比赛	长春市棒垒球协会
	32	2021年长春篮协小篮球联赛	7月	五环体育中心	开幕式，篮球比赛，颁奖仪式	长春市篮球协会
	33	长春市首届职工网球赛	7月	长春市体育中心	开幕式，男双、女双、混双比赛	长春市网球协会
	34	长春市第二届夜跑节	7月	运动学校训练场	开幕式，接力赛，颁奖仪式	长春市长跑协会
	35	经开区羽毛球赛	7月	长春市全民健身中心	区域性羽毛球比赛，赛期2-3天	主办：经开区管委会 承办：经开区文教局、经开区体育总会
	36	2021年长春市线上线下全民健身系列活动“云舞春城”绳王挑战赛	7月	欧亚栖乐荟欧亚卖场	开幕式，单人比赛	长春市跳绳协会
	37	八省市气排球邀请赛	8月	长春市二十一中学	上海、浙江、福建、广东、山东、辽宁、黑龙江、吉林8省市气排球邀请赛，赛期约7天	主办：吉林省体育局 承办：经开区管委会
	38	2021“黄龙杯”中国马术场地障碍冠军杯赛暨长春农安第七届马文化旅游节	8月27日至29日	农安县华家镇剑鹏马城	马文化节场地障碍赛、文艺表演、马文化旅游节交流论坛	主办：中国马术协会 承办：农安县人民政府、农安县文旅局、吉林省剑鹏马城旅游产业开发有限公司
	39	2021东北马联马术场地障碍巡回赛	9月11日至12日	农安县华家镇剑鹏马城	马术障碍赛、音乐赛	主办：东北马联 承办：吉林省剑鹏马城旅游产业开发有限公司
研学及民俗活动	40	“团扇徐徐迎风来”亲子手工制作活动	6月12日	长春市少年儿童图书馆平阳社区分馆	绘制团扇	长春市少年儿童图书馆

续表36

板块	序号	活动名称	时间	地点	活动内容	主办、承办单位
研学及民俗活动	41	默剧《我画你猜》	6月12日至13日	长春博物馆	默剧表演	主办：长春市艺术研究所 长春博物馆
	42	端午节社教活动不打烊	6月12日至14日	长春博物馆	戈沙版画拓印和乐高拼搭体验活动	主办：长春博物馆
	43	“粽”情玩乐白+黑欢乐加倍不加价	6月12日至14日	长影世纪城	国风COS巡游表演，夜晚赏花灯	长影世纪城
	44	端午节公益文化活动	6月14日	长春市文庙博物馆	赠送“金榜题名祝福粽”，举办民俗讲座，雕版印刷体验，投壶游戏体验	长春市文庙博物馆
	45	“我是小医生”科普系列活动	6月19日	长春市少年儿童图书馆平阳社区分馆	医学科普	长春市少年儿童图书馆
	46	城市创意运动会之夏季亲子跑	6月26日	净月潭国家森林公园	由父母与孩子合作完成3个项目	主办：长春净月高新技术产业开发区文化旅游和体育局 承办：吉林省腾吉文化传媒有限公司
	47	戈沙版画拓印体验和考古发掘盲盒体验社教活动	6月至8月	长春博物馆	依托馆内展览与博物馆特色打造戈沙版画拓印与考古发掘盲盒体验活动	长春博物馆
	48	红色经典无障碍电影放映	7月	长春市少年儿童图书馆平阳社区分馆	开展红色经典无障碍电影展播活动	长春市少年儿童图书馆
	49	“云·非遗”文化科普活动	7月15日至18日	微信公众平台	非遗科普	长春市少年儿童图书馆
	50	暑期围棋公益小讲堂（共6期）	7月至8月	长春市少年儿童图书馆平阳社区分馆	6期围棋公益小讲堂	长春市少年儿童图书馆
	51	慢山里消夏系列活	6月14日至20日	慢山里	端午亲子放粽营	吉林省同人分享慢山里农业休闲度假有限公司
	52	2021长春市青少年音乐舞蹈消夏节	6月	长春市	音乐歌舞	吉林省糖槭文化传播有限公司
	53	2021长春消夏艺术节青少年绘画大赛	6月至8月	网络投稿	绘画展	《启迪与智慧》杂志社 吉林省糖槭文化传播有限公司
	54	“多彩非遗活力再现”青少年非物质文化遗产优秀节目展演	7月	长春市	青少年以表演方式再现民间艺术、民族工艺	吉林省糖槭文化传播有限公司
	55	全国青少年体育技能大赛CBB平衡滑步车超级联赛长春公开赛	8月	长春市	来自全国各地青少年参加平衡滑步车系列赛事	主办：上海标榜体育科技中心 承办：吉林省糖槭文化传播有限公司
	56	Fun亲子季	7月至8月	长影世纪城	在暑期打造Fun亲子季主题活动	长影世纪城
	57	2021长春市青少年跆拳道比赛	9月19日至20日	长春市体育馆	9月19日参赛队报道，开幕式；9月20日品势、跆舞、竞技比赛、颁奖	吉林省中旅会展服务有限公司 吉林省东师教育发展有限公司
休闲度假活动	58	长春消夏露营节	6月至9月	长春世界雕塑园	开展自然教育课程、户外体能训练、露营研学课程	主办：市文广旅局 承办：吉林省中旅会展服务有限公司、长春世界雕塑园
	59	长春新区清泉湖度假区电音消夏节	6月12日	长春新区清泉湖文旅度假区	欣赏水幕电影、灯光秀、电音表演	主办：长春新区社会事业发展局 承办：清泉湖文旅度假区
	60	2021双阳乡村旅游休闲季	7月	双阳区太平镇	艺术家驻村计划、精品民宿评选等活动	主办：双阳区政府 承办：双阳区文化广播电视和旅游局

续表36

板块	序号	活动名称	时间	地点	活动内容	主办、承办单位
休闲度假活动	61	榆树市消夏美食节	7月至8月	长春市	特色食品展示	主办：榆树市广播电视和旅游局、吉林省饮食文化研究会 承办：榆树市旅游服务中心
	62	天定山滑雪场高山帐篷节	6月末	天定山滑雪场	星空露营	长春莲花山管委会 吉林省建设集团
	63	美食烧烤房车露营节	6月末	长春冰雪新天地1号、2号停车场	美食、烧烤、房车、露营	长春莲花山管委会 吉林省建设集团
	64	中华传统花灯艺术节	7月至10月	长春冰雪新天地、天定山民宿	赏灯、游园	长春莲花山管委会 吉林省建设集团
	65	长春冰雪新天地百花园展览	7月至10月	长春冰雪新天地	游园、赏花	长春莲花山管委会 吉林省建设集团
	66	以歌会友丝巾阿姨抖来嗨	6月10日至20日	马鞍山美丽乡村	55~65岁老年群体走进马鞍山唱红歌	主办：九台区文广旅游局 承办：如美乡村
	67	花海美食节	6月11日至6月30日	碧水庄园度假村	畅游芍药花海、品水库野生鱼宴、采摘野生菜	主办：九台区文广旅游局 承办：长春市碧水庄园度假村有限公司
	68	星空帐篷节	6月20日至30日	马鞍山美丽乡村	住帐篷、赏星星	主办：九台区文广旅游局 承办：如美乡村
	69	啤酒烧烤美食节	6月26日至8月26日	天怡温泉度假山庄	自助烧烤	长春市天怡温泉有限公司
	70	巴蜀映巷消夏系列活动	6月至9月	巴蜀映巷	仲夏端阳——佩香囊、巴蜀香粽免费吃、涂雄黄，为梦想加油——巴蜀映巷大学生创意集市，大学生夏日音乐节——hiphop之夜、摇滚之夜、华彩霓裳国风之夜、电音之夜夏日狂欢，传统技艺体验，七夕传统民俗活动/汉服游园会，教师节活动，戏台汉服文化节开幕及演绎等	诺睿德集团
	71	长春世界雕塑园艺术消夏节	6月至9月	长春世界雕塑园	亲子艺术实践课、水上娱乐、网红文娱活动打卡超市、特色朝鲜族美食、文创产品交流会、消夏露营	长春世界雕塑园
	72	这有山消夏系列活动	6月至9月	这有山	包含三行情书述母爱征集活动、正门圆弧仲夏欢庆小型音乐会、消夏夜市美食、儿童游戏、汉服游山、端午画额等	这有山
	73	凯撒森林温泉避暑消夏节	6月至9月	凯撒森林温泉	消夏康养	凯撒森林温泉
	74	“长春生活+快乐购”艺术节	6月至9月	长春红旗街万达广场、欧亚卖场（汇集）	邀请本土代表性餐饮文化企业，联合摩登天空艺人开展驻场演出；与国家地理杂志联合举办图片展；“生活+快乐购”，由银联提供现场购物惠民活动	主办：北京蓝色海象文化有限公司 承办：中国银联（吉林）有限公司
	75	绿园区春城主题啤酒美食广场	6月至9月	同心城生活广场	舞台演出、烧烤海鲜美食、汽博会车模选拔、“快乐宝贝”儿童舞蹈大赛	主办：长春市方与圆广告有限公司 承办：长春市神彩传媒展览有限公司
	76	恒大新安首届消夏嘉年华	6月至9月	农安县合隆镇德隆大街与博硕路交会——恒大新安营销中心前广场	夜市美食，东北二人转、摇滚乐队、舞蹈、维密秀等演出	吉林省斯玛特文化传媒有限公司
	77	莲花岛第三届水幕灯光节	6月至10月	莲花岛影视休闲文化园	水幕电影秀、灯光秀、北极光、打铁花	莲花岛影视文化有限公司
	78	长春雪花啤酒节	7月9日至18日	长春欧亚汇集停车场	啤酒文化展示；全国知名餐饮品牌入驻啤酒节现场，邀请知名艺人表演	主办：北京蓝色海象文化有限公司 承办：华润雪花啤酒（吉林）有限公司

续表36

板块	序号	活动名称	时间	地点	活动内容	主办、承办单位
休闲度假活动	79	消夏马鞍山星空夜电影	7月10日至30日	马鞍山文化广场	播放电影	主办：九台区文广旅游局 承办：如美乡村
	80	公主岭市双青湖消夏节	7月至9月	公主岭市双青湖风景区	赏荷，自助烧烤，篝火烟花晚会、5D魔幻水幕电影灯光秀	双青湖旅游度假服务有限公司
	81	第七届荷花节	8月8日	天怡温泉度假山庄	开幕式和歌舞表演	长春市天怡温泉有限公司

【春季踏青赏花系列活动】 依托“都市冰雪”和“清爽都市”冬夏都市文旅活动品牌，市文广旅局推出都市春天踏青赏花系列活动，包括2021长春都市春天踏青赏花系列活动暨第四届金达莱赏花节启动仪式、鲜花献给祖国母亲——百名儿童同绘鲜花献礼祖国母亲活动、2021年“中国旅游日”吉林省分会场活动暨“万人游长春兴隆综合保税区”活动启动仪式。5月19日，推出长春赏花地图、赏花攻略、长春春季伴手礼“长春都市春天画卷”拼图等。

【2021长春汽车文化旅游节】 10月4日，文广旅系统首次在长春国际会展中心举办2021长春汽车文化旅游节，宣传推广长春市汽车之都形象。10月至12月，陆续开展中秋车展、车模走秀、房车展、花车巡游以及汽车童模选拔赛、“一汽红旗杯·明日之星”少儿才艺大赛、汽车文化电竞大赛、系列车展及房车露营节、花车巡游等活动。

【县区节事活动】 双阳举办梅花鹿节及梅花鹿论坛，有机结合鹿养生产品、梅花鹿宴、梅花鹿剪纸伴手礼及神鹿峰鹿文化产业游乐园；马鞍山村开展乡旅金秋趣味赛，在九台区土们岭街道马鞍山村村民广场，利用乡村文旅协会召集乡村旅游经营单位参与活动，8支农民队伍围绕7个与农事活动密切相关趣味比赛项目开展角逐；农安举办马文化旅游节，包括黄龙杯马术场地障碍冠军赛、农安黄龙戏演出，展示曲目《万马奔腾》《马头琴表演》等。

（王　冠　王婧然　韩　凯）

旅游行业管理

【概况】 截至2021年年末，长春市有旅行社230家（含公主岭市）。其中，出境组团旅行社68家，非出境组团旅行社162家。导游人员10822人，备案领队869人。有星级饭店18家。其中，五星级2家、四星级9家、三星级7家。按区域分，朝阳区有五星级1家、四星级4家、三星级2家，绿园区有五星级1家，经开区有四星级2家、三星级1家，南关区、汽开区、新区四星级各有1家，宽城区、双阳区、榆树市、公主岭市各有1家三星级饭店。

【行政审批】 全年办理旅行社业务122件、导游业务4125件、领队备案业

表37　2021年长春市星级饭店情况统计表

序号	名称	星级	客房数（间）	营业收入（万元）	出租率（%）	实际出租间天数	可供出租间天数
1	长春香格里拉大酒店	五	457	10612.87	42.67	71174	166805
2	长春开元名都酒店	五	328	3917.20	47.58	56961	119720
3	长春花园酒店	四	260	1962.64	37.81	35881	94900
4	长春中日友好会馆	四	100	1806.00	53.67	19588	36500
5	长春名人酒店	四	170	2287.44	71.99	44671	62050
6	国盛大酒店	四	211	3464.00	63.22	48690	77015
7	吉祥大酒店有限公司	四	183	1302.97	41.40	27658	66795
8	吉林省新民宾馆	四	139	974.23	26.58	13487	50735
9	长春君怡酒店有限公司	四	213	442.02	56.13	43637	77745
10	长春国际会展中心大饭店	四	231	3175.68	47.88	40367	84315
11	长春国贸饭店	四	194	982.00	13.31	9421	70810
12	吉林省百汇宾馆	三	82	595.00	38.67	11572	29930

续表37

序号	名称	星级	客房数（间）	营业收入（万元）	出租率（%）	实际出租间天数	可供出租间天数
13	吉林省金融大厦	三	118	585.23	36.35	15657	43070
14	长春市广源宾馆	三	127	31.20	56.08	25997	46355
15	榆树市和悦酒店	三	89	120.45	40.42	13129	32485
16	公主岭市政府宾馆	三	132	1662.00	26.42	12727	48180
17	双阳区星苑大酒店	三	50	429.54	36.73	6703	18250
总计			3084	34350.47	736.91	497320	1125660

务124件、质保金业务58件。组织全市旅行社开展质保金暂退延期及2021年度新申办旅行社业务单位质保金暂退工作，22家非出境组团社退返质保金232万元，并指导各旅行社完成退取信息在国家旅游监管服务平台备案。

【旅行社及星级饭店管理】 制定《应对疫情支持旅行社恢复发展实施方案》，对2020年至2021年冰雪季招徕旅游者有突出贡献旅行社实行补贴奖励，发放补贴奖励资金240万元。会同县（市）区文旅行业管理部门对长春市15家三星级饭店，配合省文旅厅对长春市11家四星级饭店开展星级复核工作。

【旅游公共服务】 申报吉林省旅游产业发展资金支持，长春市4家企业的9座旅游厕所获得资金补贴184万元。长春市对双阳区、莲花山、九台区13座市级旅游厕所下发补助资金100万元，撬动旅游厕所建设资金566万。对全市880座旅游厕所进行普查自检，形成旅游厕所全息数据库，掌握相关基础信息。开展旅游集散中心等级评定，印发《关于开展城市旅游集散中心等级评定工作的通知》，长吉游客服务中心和龙嘉机场游客服务中心被评为2021年度城市旅游集散中心。为完善属地旅游公共服务建设，将所属14块旅游标识牌所有权划拨至莲花山生态旅游度假区。

【旅游行业组织】 7月26日，长春市旅游协会第五届会员代表大会第一次会议在长春市群众艺术馆召开，表决通过《长春市旅游协会章程》《会费收取标准和使用管理方法》《第四届理事会工作报告与财务报告》，选举产生会长办公会、监事会、理事会成员，长春文化国际旅行社董事长崔源玉当选第五届长春市旅游协会会长，长春世界雕塑园园长王明山当选第五届长春市旅游协会监事长。成立长春市乡村文旅协会和长春市文创协会。

【旅游市场监管】 “五一”期间在解放大路联通大厦北侧、儿童公园人民大街正门一侧、南岭体育场南门以及东风大街欧亚车百肯德基门前等旅行社短线发车点，对发往长白山、集安、辽宁省丹东、本溪以及营口等地旅游团队带团导游进行检查，检查旅游团队51个、导游员55名。加强导游人员管理，强化旅游用车安全监管。

开展未经许可经营旅行社业务专项整治行动。重点查处以免费旅游、购物（会员）送旅游、旅游赠礼品等名义或以俱乐部、康养活动、徒步群、QQ群、微信户外群等形式招徕旅游者，未经许可经营旅行社业务、未经许可通过互联网开展招徕旅游者等旅行社业务违法违规经营行为，检查旅行社及其分支机构、景区83家（次）。通过现场检查、部门转办、投诉举报，依法查处吉林省华宸忆合健康管理有限公司未经许可经营旅行社业务案、赵某某未经许可经营旅行社业务案等7起典型案件。利用“云调解”创新调解方式，处理涉疫旅游投诉。建立由人民调解员、旅游者、旅行社和工作人员组成的调解工作群，进行视频调解，受到国家文旅部质监所认可，并在《旅游投诉动态》上报道；依托全国旅游服务监管平台和长春市旅游纠纷人民调解委员会，做好涉及边境旅游投诉受理和调解工作，重点查处旅行社在出境行程中安排旅游者参观或者参与违反中国法律、法规和社会公德的项目或活动，开展旅游“诉转案”核查工作，依法依规查处边境游违法违规问题。

【旅游安全生产】 召开会议20次，研判安全风险隐患，部署安全生产、消防安全工作，开展文广旅系统行业风险研判，组织观看学习《生命重于泰山——学习习近平总书记关于安全生产重要论述》专题片。开展安全生产宣传教育培训，发布气象信息和旅游安全提示。推进消防安全标准化建设，强化汛期和冰雪期间安全防范工作，完善应急管理预案和机制。做好常态化疫情防控工作，推进系统行业从业人员疫苗接种，加强从业人员健康监测和管理，下发《市文广旅局进一步加强新冠肺炎疫情常态化防控培训演练工作方案》。2021年，文广旅行业未发生安全生产事故，也未发生新冠肺炎疫情传播事件。

（王　冠　王靖然　韩　凯）

长春莲花山生态旅游度假区

【概况】 长春莲花山生态旅游度假区（简称“度假区”）于2010年9月经省委、省政府批准设立，是由长春市委、市政府直管的省级开发区，位于长春市城区东部，北起长春新区、九台区，南至净月区、双阳区，西连长春主城区，东邻石头口门水库，规划控制面积417平方千米，实际管辖面积362平方千米，下辖2个镇1个乡，26个行政村，户籍人口约5万人。度假区区域生态优良，为丘陵地貌，西低东高，山林水一体，位于长白山余脉大黑山森林带，耕地172平方千米，其中基本农田37平方千米；林地130平方千米，多为天然次生林；毗邻石头口门水库，大小河流近80条，冷泉、温泉储量丰富。度假区地处辽、吉、黑、内蒙古4省区十字要冲，区位优势明显，长吉、长沈、长哈等高速公路和高等级公路在域内经过，地铁2号线东延长线、机场快轨直达区域腹地，可实现一刻钟到市区、一刻钟上高铁、一刻钟到机场，2小时经济圈可辐射东北4省区及东北亚众多国家。

2021年，地区生产总值增长8.6%；规模以上工业总产值完成5.3亿元，增长18%；规模以上服务业营业收入完成3亿元，增长66.7%；建筑业产值完成74.2亿元，增长24.2%；固定资产投资完成57.3亿元，增长42.5%（其中，建安投资额完成34亿元，增长39.4%以上；商品房销售面积实现23万平方米，增长2.2%）；限额以上社会消费品零售额完成1520万元，增长129.4%；地方级一般公共预算收入完成5.1亿元，增长199%，其中税收收入完成4.68亿元，增长271%。新增“四上”企业32户，新型城镇化专项资金100万元，天定山旅游度假小镇获评吉林省第三批特色产业小镇，“北药”成为省级“专精特新”中小企业，“安装集团”获得长春市“百强企业”称号。

【重点项目建设】 2021年，计划开工5000万元以上项目45个，实际开工47个，其中新建项目15个，开工率100%。引进“四上”企业32户。通过定点招商、叩门招商、以商引商、以企招商、线上招商，增强引资要素、引资能力、引资信心，产业链条延伸，迸发内生动力，签约10个项目。重点推进项目47个，投资总额57.3亿元。内资到位资金23.99亿元，增幅114.96%。征拆土地出让和项目建设，完成土地两费补偿923公顷，征收房屋473户，拨付资金17.52亿元。2021年拆迁2367公顷、征地获批1099公顷。建立国企改革3年行动任务台账，整合2家同业态公司，注销8家空壳企业。登记市场主体4163户，新登记762户，增长22.2%。减税降费为179户纳税人提供“套餐式”服务。

【文旅产业】 2021年，接待游客121.3万人次，实现旅游收入1.2亿元，分别增长1%和9%。其中，2020—2021年雪季，接待游客69.5万人次，实现旅游收入8400万元。承办长春市消夏艺术节，举办第十届长春国际陶艺作品邀请展、第四届梨花节、花海音乐节等20余项特色活动。完成央视元宵节分会场录制，举办承办“2022迎冬奥环球跨年冰雪盛典”“冰雪吉林e起嗨”“吉林品牌力量盛典”“第25届长春冰雪节开幕式”等系列重要活动。为两大滑雪场申请疫情补贴资金和省旅游专项资金，发放1160万元冰雪消费券。天定山小镇创建国家AAAA级旅游景区，天定山民宿创建AAAAA级乡村旅游经营单位。

【基础设施建设】 围绕“十四五”建设规划，实施新建、续建市政道路、水电气热管网、回迁住房、停车场等各类项目68项，完成固投7.79亿元。铺设道路8.2千米，建设水、电、气、热管线38.5千米，新增供热面积17万平方米。启动智慧莲花山工程，搭建交通指挥新中心，完成15个路口信号灯及摄录装置安装，设置减速带1700余米、道路指示牌65块，道路标线8.3万平方米，修缮道路及长吉南线面层铣刨24.3万平方米，新设5G信号塔5处。整治卫生乱象200余处，拆除违法建筑51处，新增绿地21.24公顷，完成造林25.33公顷，清理生活垃圾1.7万吨，清理沟塘河道4千米，清理农业废弃物12吨。

【乡村振兴建设】 农作物播种面积1.35万公顷，粮食稳产1.5亿千克，供销本地果蔬400余万千克。成立各类专业农民合作社151个（新培育农民合作社示范社17个），农民成员1500余人，流转土地3100余公顷，带动农户2000余户。55个农副产品品种获得绿色和有机认证，光辉村获评“市级一村一品示范村”；莲华耘宇、绿之源、智成农业获评省级休闲农业和乡村旅游示范点；柳条边民宿、绿泉生态山庄获评“市级休闲农业和乡村旅游示范点”。改造老

4月24日，“2021长春都市春天踏青赏花系列活动暨第四届金达莱赏花节”在长春凯撒森林温泉启动 （市文广旅局 供图）

旧农村公路15千米，改建围墙5200米，增设垃圾箱1146个，改造厕所1327户，规范整治庭院1426户。创建示范村5个、“美丽庭院、干净人家”1303户，农业农村局、城管局、十间村分别获市政府“农村人居环境整治”集体二等功、三等功和嘉奖。开展防返贫监测和帮扶，脱贫人口全部纳入基本医疗保险、大病保险和医疗救助，人均增收2600元以上。

【民生工作】 2021年，启动109中学建设，推动105中学提升改造。“党建+社会救助”试点走深走实，“群众上门求助”转为“主动发现救助”，排查走访1582人、救助18人、结对帮扶471人。建立完善“三长”（网格长、楼栋长、单元长）联动机制，推行“党建+网格”“网格长+村民代表”制度。落实残疾人“两项补贴”（困难残疾人生活补贴、重度残疾人护理补贴）数据对比，清退率100%；901名残疾人购买社会保险，医保参保率达98%。建立“政府+保险”保障模式，投入17万元购买社会保障保险。实现特殊贫困人口参加医保率100%。解决脱贫人口就业38人，确保脱贫人口人均增收2600元以上。举办各类人才招聘活动7期，解决区内就业567人。引导参保企业开展“以工代训”，培训4000余人次，发放补贴200余万元。引进专科带编人员5人，劳务派遣44人，缓解基层医疗机构人力短缺难题。落实“双减”政策，区内6家校外培训机构全部关停。

【区域环境保护】 第二轮中央环保督察反馈中，度假区是全市唯一没有个性问题的作战单位；农村人居环境整治获市级嘉奖，秸秆离田工作经验得到市里推广；河长制考核位列开发区第一，天定河是全市唯一入选吉林省美丽河湖的河流；蒋家河成为全省10条首批万里绿水长廊试点之一，度假区进入全省10个获得省级奖补资金支持的市、区名单。对水源地上游和保护区周边范围内村屯排查治理，重点河段设置围网2100米。核实销号11个卫星遥感裸土监测图斑。

2021年雪季，长春冰雪新天地冰雪景区内单体冰雪建筑160余个

（长春莲花山生态旅游度假区 供图）

【冰雪文旅产业】 2021年，莲花山度假区天定山小镇创建国家AAAA级旅游景区，天定山民宿成创建AAAAA级乡村旅游经营单位；巴图鲁乐园、冰雪新天地、天定山滑雪场、莲花山滑雪场，莲花山旅游知名度得到提升。围绕“冰雪”和“避暑”两大主题，全区旅游总收入突破40亿元，游客总人数600余万人次。2021年，通过规模升级、服务升级、活动升级，把“冷资源”做成“热产业”，冰雪新天地、天定山滑雪场、莲花山世茂滑雪场等文旅项目。举办滑雪节、花海艺术节、百年梨花节、国际长跑排位赛等活动；承办UIAA攀冰世界杯赛等国际赛事和国家、省级冰雪比赛。世茂滑雪场获国家体育产业示范项目和国家冰雪旅游人才培训基地称号。度假区冰雪产业成为全省“冰雪旅游夜经济”新亮点，冰雪新天地和两大滑雪场已成为展示区域形象名片，巴图鲁乐园的玻璃悬索桥、高空漂流等沉浸式体验项目业已成为长春周边游新地标。“百万学子上冰雪”、第四届梨花节人气、口碑双丰收；花海中秋国庆系列活动、消夏节中华传统灯会、星空帐篷节等20余项特色活动。2021年，度假区接待游客121.3万人次，营业收入1.17亿元，分别增长1%和9%。其中，长春冰雪新天地规模更大，总占地面积156万平方米，用冰量26万立方米、用雪量39万立方米，2020年12月12日开园后，游客日均6750人左右。其中，市内游客占80%、省内游客占90%。天定山滑雪场2020年11月28日开板后，日均游客1200人，其中，市内游客占77%、省内游客占81%。世茂莲花山滑雪场2020年11月15日开板后，日均游客700人，其中，市内游客占90%、省内游客占97%。2020年雪季期间，通过采取发放消费券（区本级500万元、市文广旅局500万元）、高速公路免费通行、指导企业分类入统等措施，提升冰雪产业对经济增长的贡献率。2021，冰雪产业完成营业收入7150万元，增长99%，拉动GDP增长约0.4个百分点。

（张育健）

房地产业

FANGDICHANYE

房地产开发

【概况】 2021年，全市534个房地产开发项目完成开发投资989.1亿元，比2020年上涨8.46%。施工面积2511.54万平方米，比2020年下降15.13%。其中，新开工面积1616.65万平方米，比2020年上涨32.95%；结转面积894.93万平方米，比2020年下降48.66%。竣工面积739.71万平方米，比2020年下降5.14%。全年完成土地出让103块。

【土地出让】 2021年，长春市土地出让799宗，土地出让面积为3471.08万平方米，比2020年降低11.08%。其中，住宅用地出让376宗，面积2142.01万平方米，比2020年增长46.64%；商服办公用地出让101宗，面积232.55万平方米，比2020年降低48.83%；工业仓储用地出让301宗，面积965.3万平方米，比2020年降低45.97%。2021年，土地出让地面均价2476元/米^2。

【土地成交】 2021年，长春市土地出让成交数量为572宗，成交面积2252.84万平方米，比2020年降低34.12%。成交价款为656.33亿元。其中，住宅用地成交价款为576.25亿元；商服办公用地的成交价款为54.94亿元；工业仓储用地成交价款为24.61亿元。2021年，长春市土地出让的成交地面均价为2913元/米^2。年内，长春市未成交土地出让206宗，面积998.53万平方米。

【企业资质管理】 全年办理房地产开发企业资质业务332件。其中，办理新设立房地产开发企业资质50件，资质变更67件，资质续期174件，暂定资质晋升四级资质2件，四级资质晋升三级资质初审3件，三级资质晋升二级资质初审1件，外埠入长备案1件，专业技术人员减员26件，资质注销7件，三级资质注销初审1件。

【核发“两书”】 全年核发《住宅质量保证书》《住宅使用说明书》（简称“两书”）文本81051套，涉及项目103个，勘查现场102次。

【企业信用评价】 组织全市房地产开发企业更新资料，及时调整排名赋分信息。截至2021年年末，对751户企业信用情况作出评分。其中，达到110分以上企业158户，低于110分高于（等于）105分企业151户，低于105分高于（等于）100分企业229户，低于100分高于（等于）70分企业213户。根据长春市未登记房屋确权专项整治工作领导小组办公室《联合审批会审议列入诚信黑名单企业明

7月29日，长春市市开发中心业务人员深入中铁城沃尔夫小镇、旭辉·理想城东区住宅等项目进行现场业务指导 （市房管局 供图）

细表》，将系统中168户企业列入黑名单。

【预售资金监管】 全年新开设商品房预售资金监管账户393个，涉及9.04万套商品房、预售总金额1069亿元。按工程形象进度降低监管比例61个，建设工程质监备案降低比例37个，解除监管账户233个。预售资金监管工作开展至年底，累计开设监管账户1185个，其中在监管账户952个，涉及24.1万套商品房、预售总金额2868亿元；应监管金额220亿元，监管账户余额59亿元。

（程　游）

房地产经营

【概况】 2021年，市区房屋成交13.7万套，成交面积1374.7万平方米，比2020年下降15.8%，成交金额818.8亿元，比2020年下降19.5%。其中，住房成交12.3万套；成交面积1191.7万平方米，比2020年下降16.9%；成交金额687.7亿元，比2020年下降17.6%。

【已登记发证房屋总量】 截至2021年年末，长春市辖区（简称“市区”）已登记发证房屋建筑面积24952.9万平方米，比2020年增长8.84%。国有房产2660.48万平方米，占市区房屋总量10.66%。其中，直管房产135.93万平方米，占国有房屋总量的5.1%；拨用房产55.17万平方米，占国有房屋总量的2%；全民自管房产2205.85万平方米，占国有房屋总量的82.91%；军产239.27万平方米，占国有房屋总量的8.99%。集体房产225.5万平方米,占市区房屋总量的0.9%。私有房产17049.19万平方米,占市区房屋总量的68.32%。股份制企业房产为1333.12万平方米，占市区房屋总量的5.34%。港澳台房产193.62万平方米，占市区房屋总量的0.77%。涉外房产75.69万平方米，占市区房屋总量的0.3%。其他房屋3412.77万平方米，占市区房屋总量的13.67%。

房屋类别	国有房产	集体房产	私有房产	股份制企业房产	港澳台房产	涉外房产	其他房屋
单位：万平方米	2660.48	225.5	17049.19	1333.12	193.62	75.69	3412.77

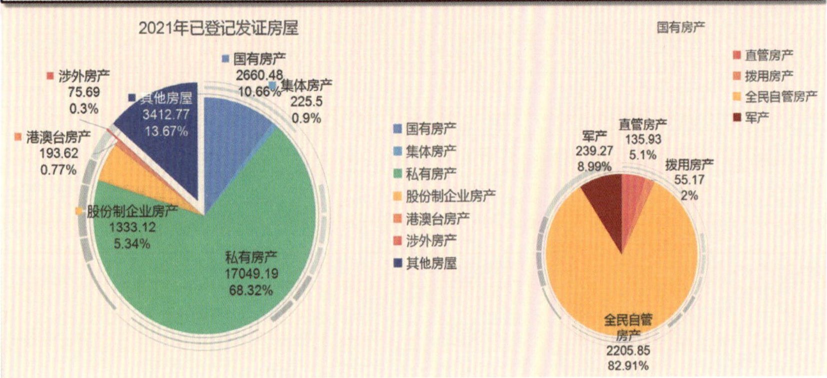

图11　2021年长春市已登记发证房屋情况统计示意图

【已登记发证住宅总量】 截至2021年年末，长春市区已登记发证住宅建筑面积为16583.01万平方米，比2020年增长10.31%。国有住宅为1104.98万平方米，占市区住宅总量的6.66%。其中，直管住宅110.26万平方米，占国有住宅总量的9.97%；拨用产住宅12.99万平方米，占国有住宅总量的1.17%；全民自管产住宅889.45万平方米，占国有住宅总量的80.49%；军产住宅90.56万平方米，占国有住宅总量的8.19%。集体住宅为45.68万平方米，占市区住宅总量的0.27%。私有住宅为15053.83万平方米，占市区住宅总量的90.77%。股份制企业住宅为134.1万平方米，占市区住宅总量的0.8%。港澳台住宅为22.03万平方米，占市区住宅总量的0.13%。涉外住宅为6.13万平方米，占市区住宅总量的0.03%。其他住宅为216.04万平方米，占市区住宅总量的1.3%。

房屋类别	国有房产	集体房产	私有房产	股份制企业房产	港澳台房产	涉外房产	其他房屋
单位：万平方米	1104.98	45.68	15053.83	134.1	22.03	6.13	216.04

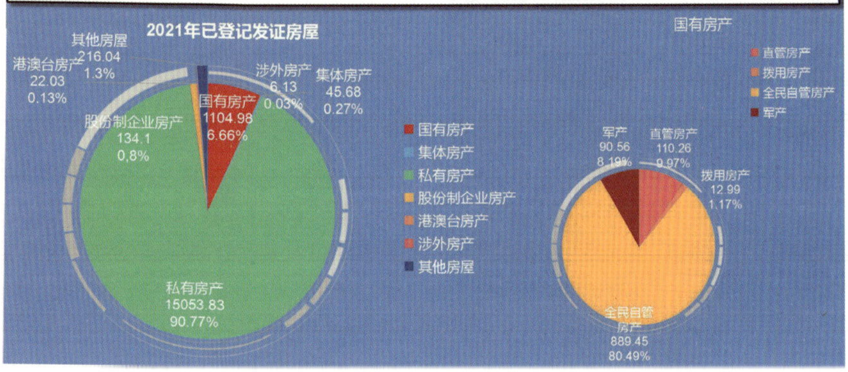

图12　2021年长春市已登记发证住宅情况统计示意图

【住宅成套率】 截至2021年年末，市区实有成套住宅面积16559.18 万平方米，比2020年增长10.32%。其中，私有成套住宅15037.92万平方米,比2020年增长11.69%。住宅成套户数171.96万户，住宅成套率99.93%。

【商品房上市供应】 2021年，市区商品房上市面积1009.6万平方米，比2020年下降6.1%，其中商品住房上市面积824.5万平方米，比2020年下降8.3%。

【商品房库存】 截至2021年年末，市区商品房库存面积2164.3万平方米，比2020年增长14.2%，其中商品住房库存面积1335.4万平方米，比2020

年增长21.9%。

【商品房销售】 2021年，市区商品房销售7.6万套，销售面积833.3万平方米，比2020年下降16.1%，销售金额711.3亿元，比2020年下降17.7%。其中，住房销售6.4万套，销售面积697.7万平方米，比2020年下降19.1%；销售金额599.4亿元，比2020年下降18.4%。商品住房销售均价8591.1元/米^2，比2020年增长0.9%。

【二手房交易】 2021年，市区二手房交易6.1万套，交易面积541.4万平方米，比2020年下降15.5%。其中，住房交易5.9万套，交易面积494万平方米，比2020年下降13.5%。

【房地产抵押】 2021年，市区房地产抵押282017件；抵押面积4325.05万平方米，比2020年增长11.28%；抵押额2649.75亿元，比2020年增20.79%。其中，现房抵押面积占总量84.47%；购房贷款抵押面积占总量9.92%。在建工程抵押面积占总量5.62%。

【房地产经纪】 2021年，市区备案房地产经纪机构121个，房地产经纪人156人。为做好市场风险预警，防范住房租赁问题发生，长春市制定实施整顿规范市场秩序实施意见、中介机构乱象整治工作方案等文件，印发住房租赁风险提示通知等，规范企业经营行为。不定期开展专项检查，要求各住房中介机构依法依规经营，做好正向宣传引导，维护市场秩序，杜绝高风险行为。2021年3月，长春房协成立中介和租赁专业委员会。依托行业委员会制定行业规则和规范，统一服务标准、办事流程和收费标准，形成标准化公示制度，规范从业秩序；督促企业加强自律，树立行业典范，制定纠纷协调解决机制，协调企业与消费者之间矛盾纠纷。委员会成立后，组织培训从业人员8834名，发放从业资格证5139件，完善企业登记备案信息；组织召开行业座谈等形式的活动，推进和落实行业自律，构建行业诚信体系，打造良性的行业竞争环境。

【住房租赁试点】 2021年，组织召开3次住房租赁推进工作领导小组全体会议，审议通过17个住房租赁项目，修订《长春市培育和发展住房租赁市场实施细则》，通过建立健全住房租赁市场发展体制机制、多渠道筹集租赁房源、培育专业化规模化住房租赁企业及落实中央财政资金补助和地方配套资金支持等措施，全年筹集租赁住房1.32万套，培育专业化、机构化住房租赁企业5家。其中，通过支持企业将闲置商业办公用房、工业园区配套职工宿舍改建为租赁住房，筹集改建房源0.9万套；开发企业在国有建设用地中配建和集中建设，筹集新建房源0.42万套。通过将个人闲置住宅转化为租赁住房，筹集盘活房源1.5万套，完成全年租赁住房筹集任务目标。

（程　游）

10月，建设中的长春经开区乙五街公共租赁住房项目　（市房管局　供图）

房地产市场监管

【概况】 坚持“房住不炒”定位，落实长效机制，关注房地产市场动态，合理制定助企政策，遏制房地产市场下行趋势，保持房地产市场平稳健康发展。成立房地产市场稳定工作专班，牵头制定减少土地供应、给予人才和进城农民购房补贴、允许在建工程和办理预售许可后房屋进行抵押权登记等15项政策措施，采取化整为零、分头落实方式，由市房管局和市规自局、财政局、商务局、公积金管理中心等部门陆续落实。

【房屋权属管理】 截至2021年年末，长春市辖区已登记发证房屋建筑面积24952.9万平方米，比2020年增长8.84%。

优化营商环境，提升房屋交易水平，提升服务效能和群众满意度。优化办事流程，精简申请材料，提升窗口受理效率。大幅度压缩不动产登记办理时限，企业不动产抵押登记1个工作日办结，为企业获得生产经营资金助力提速。会同相关部门研究确立2021年“交房即办证”改革举措，在总结2020年试点经验基础上，实现商品房转移业务立等可取，助力长春市“交房即办证”改革再提速。全年办理各类业务47.19万件，建筑面积1.53亿平方米；全年受理档案查询19.57万件，全年接受不动产及房产档案等10.9万卷。

加快确权进度，组织召开6次未登记房屋确权专项整治工作领导小组联审会和专题会，审议通过35个、262.58万平方米未登记疑难项目。全面调度已审议通过项目确权进展、税费追缴及违法行为查处等工作情况，对确权过程中遇到物业维修资金追缴、土地审批手续办理、阁楼确权等疑难问题明确解决路径。联合税务部门起草并以市政府办公厅名义出台《关于切实解决未登记住宅房屋确权涉税有关问题的意见》，确定购房人缺少购房手续、未取得购房发票等问题解决路径，推动个人房屋产权办理。

先后12次组织联合约谈确权推进缓慢、群众上访激烈未登记项目开发企业，明确问题解决办法并推动执行，同时强化企业责任，主动协调化解涉法涉诉等问题。

10月25日，长春市住房保障和房屋管理局组织召开全市物业管理工作会议，研究老旧住宅区物业管理攻坚工作 （市房管局　供图）

【房屋安全监管】　牵头组织开展全市既有房屋违法建设和违法违规审批专项清查工作，清查既有房屋16万栋、3.88亿平方米，摸清长春市既有房屋底数。强化房屋安全隐患分类管理，研究制定《长春市既有城镇隐患房屋分类管理措施》，针对重大隐患、一般隐患和疑似隐患房屋制定不同管理和整治措施，将房屋安全管理工作做细做实。

【房地产行政处罚】　2021年，通过市长公开电话、支队邮箱、电话投诉、现场投诉、信件投诉、上级交办等形式，对17个案件进行行政处罚，共处罚金62.2万元。其中，房地产开发类案件13件，共处罚金35.2万元；物业违规类案件4件，共处罚金27万元。

【房地产市场风险防范化解】　为保障房地产开发项目按期交房，长春市住房保障和房屋管理局对全市329个开发项目摸查，以“保交楼、保稳定、保民生”为宗旨，采取点对点释放监管资金、退地、商品房抵工程款等多种方式解决逾期交房问题，保持企业现金流，支持企业复工复产，基本解决2021年逾期交房问题。

【房地产市场秩序整顿】　聚焦群众反映强烈重点问题，加大房地产市场秩序整治力度。严查返本销售或变相返本销售等严重扰乱市场秩序的违规销售行为，维护人民群众利益。与市市场监管局联合查处以“教育用地”“教育资源”等配套设施为噱头的违规宣传行为，编制《房地产广告宣传与销售行为规范手册》，有效规范房地产企业从业行为。

（程　游）

物业管理

【概况】　截至2021年年末，在长春市市场监督管理局登记数据库中，公司名称中含“物业”字样的物业企业4083家，物业从业人员49689人。全市物业达标项目605个。其中，国家示范31个，省级示范229个，市级示范345个。

【老旧住宅物业管理】　开展老旧住宅区物业管理攻坚工作，加快建立健全老旧住宅区物业管理长效机制，出台《长春市老旧住宅区物业管理攻坚方案》，全市有2514个住宅区纳入攻坚工作范围。

【信用管理和招投标】　落实《长春市物业服务企业信用等级评定暂行办法》和《长春市物业服务企业信用等级评定暂行标准》，在信用管理系统内注册的物业服务企业736户，物业服务项目1744个，处理失信行为1961条，有281个（2021年133个，历年累计281个）住宅项目通过招投标流程完成物业服务企业选聘工作。

【物业维修资金使用】　印发《长春市物业维修资金部分管理职能下放工作实施方案（试行）的通知》，9月1日后，物业维修资金使用现场查看及申请材料核实部分管理职能下放至各区、开发区。2021年，归集维修资金10.20亿元，使用项目拨付714件，使用金额0.64亿元。

（程　游）

金融业

JINRONGYE

综 述

【概况】 2021年，长春市金融业整体运行平稳，存贷款余额首次突破3万亿元，上市公司新增数和A股总数均居东北四市第一名，非法集资陈案化解数量连续3年位列全省第一名，东盟案结案，私募基金机构“双清理”工作走在全国前列。在精神文明单位创建中，长春市金融办获评市级警民共建先进单位。

2021年，长春市存贷款余额保持快速增长态势。至12月末，全市本外币存贷款余额31374.91亿元，比2020年增长9.06%，比年初新增2072亿元。

截至年末，全市本外币各项存款余额15467.25亿元，比年初新增1236.65亿元，比2020年增长8.7%，高于全省0.1个百分点。其中，住户存款余额7756.46亿元，增长11.7%，比年初新增813.16亿元；非金融企业存款余额4744.33亿元，增长3.8%，比年初新增171.91亿元。非银行业金融机构存款余额363.12亿元，增长18.8%，比年初新增57.55亿元。至12月末，长春市人民币各项存款余额15388.49亿元，比2020年增长8.7%。

全市本外币各项贷款余额15907.66亿元，比年初新增1372.29亿元，比2020年增长9.4%，高于全省1.2个百分点。分结构看，企事业单位贷款余额10983.14亿元，比2020年增长11.2%，比年初新增1103.79亿元；个人贷款余额4905.45亿元，比2020年增长5.4%，比年初新增249.95亿元。分行业看，12月末，全市制造业贷款余额832.65亿元，比2020年增长5.0%，比年初新增39.29亿元；交通运输、仓储和邮政业贷款余额2431.78亿元，比2020年增长8.6%，比年初新增192.94亿元；租赁和商务服务业贷款余额1757.59亿元，比2020年增长14.0%，比年初新增177.78亿元。分企业规模看，12月末，大、中、小微型企业贷款余额分别为3401亿元、3662亿元、2989亿元，分别比2020年增长4.4%、13.7%和17.7%。至12月末，长春市人民币各项贷款余额15894.70亿元，比2020年增长9.4%。

长春市存贷比12月末为102.84%，高于全省19.6个百分点，是东北四市中唯一资金净流入城市。

表38 2021年长春市金融机构本外币存贷款余额及其增长速度统计表

指 标	余额（亿元）	比2020年增长（%）
各项存款余额	15467.25	8.7
住户存款	7756.46	11.7
非金融企业存款	4744.33	3.8
财政性存款	409.36	17.7
机关团体存款	2183.48	6.4
非银行业金融机构存款	363.12	18.8
各项贷款余额	15907.66	9.4
住户短期贷款	767.99	6.6
住户中长期贷款	4137.46	5.1

【融资服务】 强化银企精准对接服务，为林田远达集团等企业分析研究企业融资问题，组织中信银行、交通银行实地考察，解决企业融资触达难问题。组织行业专项对接活动，联合市工信局举办“一对一”企业专项融资对接活动，达成融资意向企业6户，授信额度4.7亿元。发挥市级融资平台效能，围绕万人助万企、金融服务月、科技型企业融资路演服务活动等对接活动，利用市级融资平台，达成融资147.67亿元，惠及企业350余户。下发《关于组织开展新型农业经营主体融资对接活动的通知》，指导各县（市）区开展新型农业经营主体融资对接。

【营商环境】 出台《长春市银行机构支持地方经济社会发展评价办法（试

4月23日，市金融办召开长春市“服务企业周”金融政策解读暨企业融资对接会 （市金融办 供图）

行）》。牵头制定《长春市“金融助企行动”工作方案》，创新推出五大板块20条举措。依据《关于巩固脱贫攻坚与乡村振兴有效衔接的实施意见》鼓励域内金融机构加大金融产品和服务创新，引导金融机构创设针对贫困户金融产品，加大金融扶贫支持力度。制定《2021年长春市优化金融营商环境重点工作方案》，明确发展方向细化任务分解，建立定期调度机制。编制“十四五”金融业专项规划，定期组织专家讨论，听取各方建议。

【招商合作】 东北亚区域性金融服务中心总面积14.04平方千米，金融机构突破250家。1月，平安银行吉林分行落户长春市南关金融集聚区，10月25日正式对外开业。全国12家股份制银行有10家落户长春市，长春市有银行机构48家。市金融办与吉林财经大学签订战略合作协议，推动政校企深度合作。组织金融业发展专项资金申报工作，兑现惠企政策，吸引金融资源集聚长春市。收集各类金融企业申报补助项目171个，兑现金融补助资金6702亿元，实现应补尽补。

【支付服务】 印发《中国人民银行长春中心支行办公室关于加强支付手续费减费让利工作的通知》，组织建立工作责任制、安排部署推动政策落地实施具体措施。印发《中国人民银行长春中心支行办公室关于开展支付服务减费让利工作走访和回访的通知》《关于开展支付服务减费让利工作督查暗访和抽样回访的通知》，确保降费政策兑现。组织各支付服务主体及营业网点通过线上线下相结合、多种渠道、多种方式进行价格公示，并主动告知优惠政策。截至2021年年末，完成价格公示、宣传网点5222个，进企业、进园区等实地宣传4192次，官网、微信公众号、媒体发布宣传信息1030篇，向客户以电话、短信、弹窗等形式精准通知43万次。建立人民银行牵头、相关部门协同、各支付服务主体参与的专项工作机制，指导辖内支付服务主体成立专项工作领导小组，指定牵头部门和联系人，上下联动、分工明确；建立小微企业动态识别机制，对于无法区分的，按照“应降尽降”原则，确保降费政策全面触达客户。在全省实行人民银行暗访、银行机构走访、对小微企业和个体工商户抽样回访模式，采取实地暗访、突击督导、现场座谈、线上督办、高管约谈五大措施，参加暗访人员600余人，暗访银行机构网点3918个，组织银行机构走访网点3918个，回访小微企业和个体工商户19156个。

【消费者权益保护】 发布《吉林省银行业金融机构维护老年金融消费者权益构筑和谐金融生态环境倡议书》，印发《关于进一步提升金融服务切实解决老年人运用智能技术困难专项行动计划（2021—2022）》，编制《老年人金融服务手册》开展“携手红领巾温暖老人心”主题宣教活动并建立老年人金融服务示范点，建立全国首家朝汉双语金融教育示范基地，编译朝鲜语版《金融诚信伴我行》，推进边疆少数民族金融知识纳入国民教育体系；与吉林省残疾人协会签订战略合作协议，建立对残疾人等弱势群体的金融宣传教育长效机制；联合中国教育基金会推进“星海计划——金融宣教进百县”活动。打造“12363”暖心服务热线，为人民群众办实事解难题。作为全国五家试点单位之一，试点运行第二代金融消费权益保护信息管理系统。截至2021年年末，解答消费者咨询逾8000笔，处理投诉900余笔，回访满意度100%。

【政校企合作】 6月16日，长春市金融工作办公室与吉林财经大学战略合作协议签约仪式暨金融企业宣讲对接会在吉林财经大学举办。市金融办、吉林财经大学以及中国银行吉林省分行、长春农村商业银行、安华农业保险、东北证券、市担保等金融机构相关人员参加活动。研究掌握金融创新趋势及政策动态，利用双方人才资源、信息资源、学术资源等，解决长春市地方金融发展瓶颈问题。

【金融产品推介】 11月25日，中国农业发展银行吉林省分行营业部、长春市金融工作办公室、长春市农业农村局联合举办金融产品推介会。农业发展银行省行和省行营业部相关负责人围绕农发行贷款产品、城乡一体化贷款融资、百万头肉牛项目、莲花山土地增减挂钩项目、供应链金融融资模式进行解读和融资案例分析。县（市）区政府、开发区管委会分管领导、市直各部门分管领导以及80余户企业代表参加会议。

【普惠金融】 联合中国金融教育发展基金会、吉林财经大学、长春金融高等专科学校、和龙市委市政府共同创建“金融教育@乡村振兴延边州和龙基地”；组织吉林省各级人民银行开展普惠金融指标体系的填报与问卷调查工作，完成《吉林省普惠金融指标分析报告（2020年）》。

【“服务企业周”金融政策解读暨银企对接专项活动】 4月23日，长春市“服务企业周”金融政策解读暨融资对接专项活动在东北亚国际金融中心举行。活动由长春市政府主办，市金融办、市工信局联合承办。150余户企业和40余家银行、保险、证券、担保、小贷、基金等金融机构参与对接，相关市直部门、各城区开发区金融工作部门参加活动。人民银行长春中心支行、吉林银保监局、吉林证监局分别作政策解读，工商银行长春分行、农业银行长春分行、浦发银行长春分行、长春融资担保集团分别介绍支持企业发展情况。市政数局介绍“信易贷”线上金融服务模式，建设银行、中信银行、吉林银行推介金融产品。市金融办征集164户企业和48个项目，融资需求283亿元，编印成册分发各金融机构，部分企业与银行当场达成融资意向。

（白　禹）

银行业

【概况】 长春市有银行信社类金融机构49家。其中，政策性银行3家，国有银行6家，股份制商业银行10家，外资银行2家，民营银行1家，农村商业银行9家，村镇银行16家。截至2021年年末，全市银行业资产总额18275.06亿元，比2020年增长12.13%。

【国家开发银行吉林省分行】 全年围绕吉林省重点领域、薄弱环节融资融智，发放表内人民币贷款504亿元，表内人民币贷款余额新增126亿元，居系统内东北四家分行首位，表内贷款余额2419亿元。服务“一主六双”高质量发展战略，支持长春市现代化都市圈建设，发放贷款313亿元。服务绿色低碳发展，发放贷款270亿元，占比54%。支持煤炭煤电保供，发放煤电保供贷款11.4亿元。牵头主承销吉电股份两笔超短期10亿元融资券发行，创客户年度同期限债券发行成本新低。服务保障和改善民生，发放贷款5亿元支持省内首批面向新市民住房租赁项目落地，发放转贷款38.4亿元助力中小微企业纾困，发放助学贷款2.02亿元、

表39　2021年驻长春市银行机构一览表

序号	银行性质	单位名称	单位地址
1	政策性银行	国家开发银行吉林省分行	长春市南关区南湖大路399号国家开发银行吉林省分行
2		中国农业发展银行吉林省分行	长春市经开区珠海路总部基地3737号
3		中国进出口银行吉林省分行	长春市朝阳区人民大街3299号宏汇国际广场21层
4	国有银行	中国工商银行长春分行	长春市朝阳区同志街136号
5		中国农业银行长春分行	长春市南关区北安路70号
6		中国银行吉林省分行	长春市朝阳区西安大路699号中银大厦B座
7		中国建设银行吉林省分行	长春市朝阳区西安大路810号
8		交通银行吉林省分行	长春市朝阳区人民大街3515号
9		中国邮政储蓄银行长春分行	长春市朝阳区前进大街758号
10	股份制商业银行	中国光大银行长春分行	长春市朝阳区解放大路2677号 光大银行
11		上海浦东发展银行长春分行	长春市南关区人民大街3518号
12		招商银行长春分行	长春市南关区人民大街9999号
13		中国民生银行长春分行	长春市南关区长春大街500号
14		兴业银行长春分行	长春市南关区大经路与解放大路交会恒兴国际城1号楼
15		中信银行长春分行	长春市朝阳区建工南路718号
16		华夏银行长春分行	长春市南关区人民大街4888号
17		渤海银行长春分行	长春市绿园区西安大路2699号
18		广发银行长春分行	长春市二道区东盛大街3000号上东国际A座广发银行大厦
19		平安银行长春分行	长春市南关区源汇西街东北亚国际金融中心9号楼平安银行
20	外资银行	韩亚银行长春分行	长春市南关区人民大街10606号东北亚国际金融中心2号楼
21		汇丰银行长春分行	长春市朝阳区明德路4号兆丰国际大厦102室和910室

续表39

序号	银行性质	单位名称	单位地址
22	城市商业银行	吉林银行长春分行	长春市净月区生态大街伟峰东第10号楼
23		盛京银行长春分行	长春市朝阳区工农大路3777号
24	民营银行	吉林亿联银行	长春市南关区人民大街10606号
25	农村商业银行	长春农村商业银行	长春市南关区虹桥街一号
26		长春发展农村商业银行	长春市经开发区东南湖大路2199号
27		吉林春城农村商业银行	长春市汽开区长沈路1788号
28		公主岭农村商业银行	公主大街与岭西七路交会处，政务大厅B座东门
29		吉林榆树农村商业银行	榆树市府前街与环政路交会榆树农商银行
30		吉林农安农村商业银行	农安县宝安路888号
31		吉林德惠农村商业银行	德惠市铁南政府旁德惠农商行
32		吉林九台农村商业银行	长春市朝阳区蔚山路2559号
33		吉林双阳农村商业银行	长春市双阳区甲一路与长山路交会处鼎鹿广场南侧
34	村镇银行	公主岭华兴村镇银行	公主岭市范家屯镇硅谷大街与西六路交会
35		公主岭浦发村镇银行	公主岭市河南街兴隆委温馨家园1号楼170幢
36		吉林榆树融兴村镇银行	榆树市向阳路与工农大街交会处
37		农安北银村镇银行	农安县润泽中央广场10楼
38		德惠敦银村镇银行	德惠市三道街与二中央街交会处
39		九台龙嘉村镇银行	九台区曙光大街与前进路交汇阳光花园小区4号楼
40		长春双阳吉银村镇银行	长春市双阳区西双阳大街688号
41		长春朝阳和润村镇银行	长春市朝阳区南湖大路7359号
42		长春南关惠民村镇银行	长春市南关区亚泰大街好景山庄门市
43		长春宽城融汇村镇银行	长春市宽城区九台北路662号
44		长春二道农商村镇银行	长春市二道区东盛大街3000号
45		长春绿园融泰村镇银行	长春市绿园区景阳大路3999号
46		长春经开融丰村镇银行	经开区临河街与昆山路交会中海紫御华府门市22栋0单元106-107号
47		长春高新惠民村镇银行	长春市高新区光谷大街833号
48		长春净月榆银村镇银行	长春市南关区生态大街与天富路交会伟峰东樾D6-103室
49		珲春农商行朝阳支行	长春市朝阳区西安大路888号-融大天玺一层

垃圾污水处理领域贷款7亿元。巩固拓展脱贫攻坚成果同乡村振兴战略有效衔接，发放贷款28亿元。

【农发行吉林省分行营业部】 截至2021年年末，农发行吉林省分行营业部服务长春地区经济发展和乡村振兴，各项贷款余额467.63亿元，全年投放各类贷款83.26亿元。打造“粮食银行”品牌，投放粮油贷款76.29亿元（巩固脱贫攻坚成果同乡村振兴有效衔接贷款32.66亿元），支持37户企业收购粮油850万吨，约占长春地区粮食商品量的80%。加大基础设施补短板力度，投放政策中长期贷款4.94亿元。聚焦农业发展重点领域建设，投放农业现代化贷款2.03亿元。其中，落实普惠金融政策，投放小微企业贷款0.39亿元。

【工商银行长春分行】 2021年，工商银行长春分行贯彻落实市委、市政府决策部署，聚焦新型城镇化、交通运输、能源等板块，加大对制造业、民营企业、战略新兴产业等社会责任类资金投放力度。全年投放贷款1036亿元，居全市金融同业前列。特别是疫情期间，用时3天完成公主岭方舱医院贷款。增强民生领域金融服务供给能力，开展金融社保卡、供暖直联缴费、银校通、高速公路扫码支付、党费云平台等民生项目，为长春百姓提供金融服务。

【农业银行吉林省分行】 2021年，投放实体经济贷款602.2亿元，净增146.9亿元，其中县域贷款净增89亿元，总量、增量保持东三省农行首位。服务乡村振兴，粮食安全、乡村产业、乡村建设等重点领域贷款余额489.7亿元，净增47.7亿元。巩固拓展脱贫攻坚成果，8个脱贫县、13个乡村振兴重点帮扶县贷款分别净增13.7亿元、48.3亿元；创新推出“黑土粮仓贷”“吉牧e贷”特色产品，分别投放8.8亿元、18.2亿元；突出服务重大战略、重大项目，持续加大对“两新一重”建设，以及“六新产业”“四新设施”发展金融支持，“大交通”领域贷款余额384.4亿元，信贷规模保持同业领先；战略新兴产业、先进制造业和汽车、旅游、医药等优势产业领域贷款净增111.8亿元。绿色信贷余额291.9亿元，净增48.7亿元，增速高于全行8.8个百分点，其中水电、风电、光伏发电等清洁能源贷款余额90.4亿元，规模居同业前列。支持小微企业发展，监管口径、央行降准口径普惠贷款余额133.2亿元、219亿元，分别净增25亿元、35.4亿元。

【中国银行吉林省分行】 2021年，加大对基础设施建设、先进制造业、新能源、普惠金融、个人信贷等领域投放力度，各项贷款增长114亿元，增幅11%。支持风电、光伏等新能源产业发展，发放吉林首笔绿电补贴确权贷款，绿色信贷当年增长60亿元，增速54%。推进金融服务与冰雪产业的创新融合，为头部雪场提供授信支持4亿元，投入资金支持举办冰雪赛事和活动，助力吉林冰雪经济发展。支持普惠金融发展，在专项额度、绩效考核、内部资金转移定价、奖励费用、尽职免责、减费让利等方面给予政策倾斜，普惠金融贷款当年增长11亿元。助力“秸秆变肉暨千万头肉牛工程”，落地中银“吉畜贷”产品，投放1.34亿元，以实际行动践行金融利民、金融为民、金融惠民。聚焦防范化解金融风险，加大不良资产清收处置力度，化解表内不良23亿元，不良余额、不良率保持“双降”态势。

【建设银行吉林分行】 2021年，建设银行吉林省分行为长春市轻轨北湖线、空港开发区PPP等一批重点项目提供信贷支持，为一汽集团、中车长客、长光卫星等企业提供全方位服务解决方案，搭建扶持“专精特新”企业合作平台，建设创业者港湾，创新推出裕农吉牛贷、新农担保贷、惠e农等涉农信贷产品，各项融资余额1459亿元，以金融力量助力长春市“打先锋、站排头”高质量发展。

【邮储银行长春市分行】 截至2021年年末，邮储银行长春市分行总资产余额929.57亿元，比年初增长95.48亿元，增幅11.45%；各项贷款余额603.69亿元，比年初增长91.29亿元，增幅17.82%；各项存款余额568.68亿元，比年初增长57.26亿元，增幅11.2%。实现利润4.07亿元，比2021年增长0.37亿元，增幅10%；年度纳税合计1.74亿元，增幅13.11%。年内，深耕农村领域，助力乡村振兴，投放三农金融贷款30.75亿元；助推特色产业，肉牛养殖贷款投放2.09亿元。做好普惠小微金融服务工作，普惠型小微企业贷款余额34.06亿元，比年初净增2.56亿元，完成净增计划218.8%。

【吉林银行长春分行】 2021年，吉林银行长春分行各项贷款余额1463亿元，比2020年增长262亿元，各项存款余额1887亿元，比2020年增长247亿元。支持重点产业，为一汽集团及上下游产业链融资62亿元;为长春国际影视基地提供信贷资金11亿元，为长春北方影都投放贷款2.5亿元；为长光卫星提供综合授信4.5亿元，为新冠疫苗生产企业长春生物提供授信5.38亿元。支持乡村振兴。对接长春市“秸秆变肉”300万头肉牛工程，发放畜牧产业贷款余额5.72亿元，比2020年增加2亿元。支持民生保障，为长春市3287户小微企业投放贷款134.14亿元，为2126户小微企业提供87.51亿元“支小再贷款”，为受疫情影响较严重810户小微企业实行阶段性延期还本付息政策金额43.57亿元。支持债务化降，帮助长春市企业化解到期贷款149亿元。

【中国民生银行长春分行】 2021年，各项存款余额、贷款余额分别比2020年增长10.96%和13.51%。开发维护战略客群、中小客群和小微客群，推进省内重点项目落地，为一汽集团成员单位及产业链企业发放授信超100亿元；普惠小微贷款余额规模和增量均居区域股份制银行首位。截至年底，为近3万户小微客户提供融资服务，为超过12万户小微客户提供综合金融服务。年内，获评“吉林省最佳服务银行”“吉林省最具影响力金融机构”。

【中信银行长春分行】 2021年末，普惠金融贷款余额2.99亿元，增长1.24亿元；绿色信贷余额3.83亿元，增长3.73亿元；推动中信集团与吉林省政府、一汽集团、长春市政府签署战略合作协议，搭建总对总战略合作平台，联合中信建设、阿尔金银行、大昌行及中信戴卡联合为一汽集团开展海外业务；携手中信证券、中信建投证券、信银投资为省内客户提供境内外债券和资本市场融资，协同融资规模71.35亿元。

（市人民银行　市金融办）

证券期货业

【概况】 截至2021年年末，长春市有证券期货法人机构4家。其中，证券公司2家，期货公司2家。证券期货分支机构30家。其中，证券分支机构22家，期货分支机构8家。

2021年，长春市新增5家上市公司（A股4家，港股1家），全市有上市公司37家，全市通过资本市场融资163.77亿元。上市新增数和A股总数均居东北四市第一。

截至年末，有价证券成交总额19087.1亿元，比2020年下降1.7%。其中，股票交易成交额12173.3亿元，增长9.9%；国债成交额6024.1亿元，下降20.0%；基金成交额447.8亿元，增长19.8%。

【企业上市】 截至2021年年末，长春市有A股上市公司30家，包括主板22家（深交所主板与中小板合并）、

表40　2021年驻长春证券机构一览表

序号	机构性质	机构名称
1	法人机构	东北证券股份有限公司
2		恒泰长财证券有限责任公司
3	驻长分公司	安信证券股份有限公司吉林分公司
4		广发证券股份有限公司长春分公司
5		广州证券股份有限公司吉林分公司
6		国开证券股份有限公司吉林省分公司
7		恒泰证券股份有限公司长春分公司
8		国泰君安证券股份有限公司吉林分公司
9		华福证券有限责任公司吉林分公司
10		九州证券股份有限公司吉林分公司
11		开源证券股份有限公司吉林分公司
12		联储证券有限责任公司吉林分公司
13		国信证券股份有限公司吉林分公司
14		海通证券股份有限公司吉林分公司
15		江海证券有限公司吉林分公司
16		申万宏源证券有限公司吉林分公司
17		世纪证券有限责任公司吉林分公司
18		西南证券股份有限公司吉林分公司
19		中国银河证券股份有限公司吉林分公司
20		中信证券股份有限公司吉林省分公司
21		中邮证券有限责任公司吉林分公司
22		中天国富证券有限公司吉林分公司
23		平安证券股份有限公司吉林分公司
24		兴业证券股份有限公司吉林分公司

表41　2021年驻长春期货机构一览表

序号	机构性质	机构名称
1	法人机构	天富期货有限公司
2		东方汇金期货有限公司
3	分支机构	渤海期货股份有限公司长春营业部
4		光大期货有限公司长春营业部
5		国泰君安期货有限公司吉林分公司
6		华融融达期货股份有限公司长春营业部
7		银河期货有限公司长春营业部
8		永安期货股份有限公司吉林分公司
9		华安期货有限责任公司长春营业部
10		东方汇金期货有限公司吉林省分公司

创业板5家、科创板2家、北交所1家。2021年，新增5家上市公司（中邦园林、英利汽车、致远新能源、百克生物、朱老六）。拟上市公司9家，在审公司2家，辅导备案7家。新三板挂牌公司27家，包括创新层5家、基础层22家。年内，长春市企业上市工作延续良好态势，资本市场实力排名省会城市第13位，首发募集资金额创历史新高，上市公司总市值近4000亿元。

上市服务。长春市金融办与吉林证监局争取省里支持，为长春市企业上市营造良好外部环境。发挥企业上市挂牌领导小组高位统筹作用，及时破解企业上市过程中遇到的困难和问题，为长春市企业上市扩容提速奠定基础。

政策支持。发布《长春市推进企业上市挂牌行动计划（2021—2025）》，将单户企业上市奖补额度从最高300万元提升到最高800万元，加上省、区两级奖补，各级政府奖励基本覆盖企业上市费用，激发企业上市热情。

培育资源。组织各县（市）区特别是开发区发掘上市资源，将上市后备库企业由80户大幅扩容至211户，形成上市一批、辅导一批、储备一批的良好态势，在审企业2家，在辅导企业6家。

【朱老六公司成为长春市首家北交所上市企业】　11月15日，北京证券交易所揭牌暨开市仪式举行，首批81家上市公司正式亮相，长春市企业朱老六食品股份有限公司（简称“朱老六公司”）位列其中。朱老六公司于2020年9月末完成精选层材料申报，2021年4月30日取得证监会核准批复，5月27日正式发行股票并挂牌交易。11月15日，随着北交所开市，朱老六公司平移上市，正式成为长春市首家北交所上市企业。

（白　禹）

保险业

【概况】　2021年，长春市有保险机构38家。其中，财险类18家，人身险类20家。全年全市保费收入314.35亿元，比2020年增长6.4%。其中，财产险保费收入85.13亿元，下降12.0%；人身险保费收入229.22亿元，增长15.3%。全年赔付总金额124.85亿元，增长25.3%。其中，财产险赔付金额62.58亿元，增长19.1%；人身险赔付金额62.27亿元，增长32.3%。

（白　禹）

【中国人寿长春分公司】 2021年，中国人寿长春分公司实现总保费收入22.34亿元，比2020年增长5.2%。其中，首年期交保费收入3.49亿元，十年期及以上期交保费收入8811万元。全年理赔总件数33560件，理赔金额2.1亿元，平均每天为客户支付近60万元赔款。截至年末，个险销售持证人力2180人，营销队伍1392人，收展队伍788人，绩优人群稳定，队伍基础总体稳固。优化风险防范体系，在反洗钱分类评级工作中，经人民银行长春中心支行复评，连续3年取得AA级评级。

（姚惠文）

【中国人保财险长春市分公司】 全年保费收入27.8亿元，为社会提供风险保障39282.6亿元，累计赔款20.3亿元。全年缴税及代缴税收21570万元。2021年，助力服务健康养老，为全市586.9万人提供大病医疗保障；助力服务乡村振兴，为全市农业发展提供39.77亿元风险保障；助力服务社会治理，通过警保联动在6县集中开展“四无”（无牌、无证、无检验合格标识、无保险）车辆集中整治工作，集中整治“四无”车辆8万余辆，让“四无”变为“五有”（有牌、有行驶证、有保险、有年检、有驾驶证），为社会治理提供风险保障。开展理赔线上化服务，全年线上处理案件19951笔。

（付　尧）

【大地财险长春市中心支公司】 中国大地财产保险股份有限公司长春市中心支公司（简称“大地财险长春中

表42　2021年长春市保险机构一览表

序号	类别	机构名称
1	财产保险	中国人民财产保险股份有限公司吉林省分公司
2		中国太平洋财产保险股份有限公司吉林省分公司
3		中国平安财产保险股份有限公司吉林分公司
4		天安财产保险股份有限公司吉林省分公司
5		中国大地财产保险股份有限公司吉林分公司
6		安华农业保险股份有限公司
7		阳光财产保险股份有限公司吉林省分公司
8		华安财产保险股份有限公司吉林分公司
9		大家财产保险有限责任公司吉林分公司
10		都邦财产保险股份有限公司吉林分公司
11		中国人寿财产保险股份有限公司吉林省分公司
12		中航安盟财产保险有限公司吉林省分公司
13		中华联合财产保险股份有限公司吉林分公司
14		华泰财产保险有限公司吉林分公司
15		鑫安汽车保险股份有限公司
16		永诚财产保险股份有限公司吉林省分公司
17		太平财产保险有限公司吉林分公司
18		英大泰和财产保险股份有限公司吉林分公司
19	人身保险	百年人寿保险股份有限公司吉林分公司
20		大家人寿保险股份有限公司吉林分公司
21		富德生命人寿保险股份有限公司吉林分公司
22		合众保险股份有限公司吉林分公司
23		建信人寿保险股份有限公司吉林分公司
24		平安养老保险股份有限公司吉林分公司
25		太平人寿保险有限公司吉林分公司
26		太平养老保险股份有限公司吉林分公司
27		泰康人寿保险有限责任公司吉林分公司
28		泰康养老保险股份有限公司吉林分公司
29		天安人寿保险股份有限公司吉林分公司
30		新华人寿保险股份有限公司吉林分公司
31		阳光人寿保险股份有限公司吉林分公司
32		英大泰和人寿保险股份有限公司吉林分公司
33		中国平安人寿保险股份有限公司吉林分公司
34		中国人民健康保险股份有限公司吉林分公司
35		中国人民人寿保险股份有限公司吉林省分公司
36		中国人寿保险股份有限公司吉林省分公司
37		中国太平洋人寿保险股份有限公司吉林省分公司
38		中邮人寿保险股份有限公司吉林分公司

支”）成立于2006年2月13日，设有朝阳、高新、自由、绿园、榆树、农安、德惠、双阳、九台、公主岭10个四级分支机构，系统员工人数167人。2021年，实现保费收入5.46亿元，实现增速成本双优，被大地保险总部评为年度典范中支。

业务发展。3月，大地财险长春中支朝阳支公司获评中国大地保险卓越俱乐部会员（资深4年）。4月，大地财险长春中支首席承保长春市城市轨道交通空港线（九号线）一期工程建筑工程一切险及第三者责任险保险2标段项目，总保费1578万元，大地财险长春中支份额保费946万元。6月，大地财险长春中支朝阳支公司获评中共中国大地财产保险股份有限公司委员会“2021年大地榜样”。6月14日至17日，大地财险长春中支朝阳支公司参加中再集团组织的“但问耕耘织锦绣”劳模团巡讲活动，分别在赣州和杭州巡讲。6月17日，大地财险长春中支入选大地保险全国15家典范中支名单。10月，大地财险长春中支中标长春经济圈环线项目建筑施工人员团体意外险，总保费434万元，大地财险长春中支份额239万元。

（李冰冰）

其他非银行金融机构

【概况】 长春市有地方非银行金融机构308家。其中，小额贷款公司43家，典当行79家，商业保理公司7家，融资担保公司79家。

【典当公司】 2021年，长春市有典当公司78家，从业人员368人，注册资金9.5亿元。全年全市开展典当业务3036笔，典当余额6.4亿元，典当总额8亿元。其中，动产1.5亿元，房地产5.8亿元，财产权利6217万元。

表43　2021年长春市地方非银行金融机构统计表

区域	小额贷款公司（家）	典当行（家）	商业保理公司（家）	融资担保公司（家）
朝阳区	6	30	1	13
南关区	8	19	4	17
宽城区	6	3	0	2
绿园区	2	3	0	2
二道区	1	5	0	3
新区	1	3	1	9
经开区	0	4	0	4
净月区	2	4	1	12
汽开区	2	0	0	2
莲花山区	0	0	0	0
中韩示范区	0	0	0	0
双阳区	2	1	0	3
九台区	4	2	0	2
德惠市	3	1	0	2
榆树市	3	1	0	2
农安县	1	2	0	3
公主岭市	2	1	0	3
合计	43	79	7	79

注：外县（市）只统计数量，不纳入长春市监管。

【融资担保公司】 截至2021年年末，长春市辖区内有融资担保公司及分公司78家。其中，省级(包含2家跨省分公司)38家，市级25家，县（市）级8家，省农担分公司7家；国有独资26家，国有控股1家，国有参股6家，民营45家。注册资本金约242.49亿元。全年新增融资性担保业务80237笔，新增担保额度约1001.57亿元。在保余额884.25亿元，在保企业（含个体工商户）5838户。

【商业保理公司】 截至2021年年末，全市有7家商业保理公司纳入吉林省监管名单。注册资本5.45亿元，实收资本4.07亿元，利润总额336万元，从业人员51人。

【小额贷款公司】 截至2021年年末，全市有小额贷款公司43家(城区28家、外县15家），占全省小额贷款公司总数22.30%，注册资本17.81亿元（注册资本亿元及以上3家、0.5亿元及以上24家、0.1亿元及以上16家）。全年放贷2109笔、21.71 亿元，贷款余额12.91亿元。其中，长春市城区28家，实收资本15.71亿元，放贷2082笔、21.65亿元，贷款余额12.04亿元。

（杨景涛）

数字经济

SHUZI JINGJI

数字基础设施建设

【新基建"761"工程】 2021年，长春市结合吉林省新基建"761"工程工业互联网项目建设，围绕工业互联网在汽车、轨道客车、食品等传统制造业领域建设和应用，跟踪推进基于工业互联网MES产品研发等30个工业互联网项目；围绕人工智能产业化、制造业智能升级、人工智能场景应用示范、人工智能产业支撑体系建设，服务推进吉林省"智擎"人工智能基础支撑与服务平台等58个人工智能项目。

（张　吉）

【4G网络建设】 2021年，长春移动公司全年交付家宽小区975个，新增覆盖用户73.6万户，总数311万户；自建高价值小区92个，开通比例100%，居全省之首；家用宽带覆盖率83.3%，提升17个百分点。第四代移动通信网络（简称"4G"）日均流量增长11.7%，高负荷小区改善79.3%。2021年，长春电信公司4G无线网室外站，新建基站100个，共享联通小区1892个。无线网室分系统建设，新建室分109套，新增覆盖面积113.24万平方米。

（张　研　辛思尧）

【5G网络建设】 2021年，长春联通公司建设第五代移动通信网络（简称"5G"）基站1677处，5G流量占比比2021年初增长6.7倍。长春移动公司全年开通5G基站1695个，总数4179个，超前完成5G三期、700兆工程建设；超额完成关键站址攻坚，解决结构性关键站址124个，5G分流比提升22.9个百分点。长春电信公司实际新增5G入网基站2142个，在网运行基站4234个，长春城区覆盖率约95%。

（夏莹博　张　研　辛思尧）

【数字底座建设】 2021年，建成1个城市智能体运营中心，打造1个数字底座，"数据中枢、事件中枢、开发中枢、应用中枢"4个核心中枢，"人工智能服务、物联网服务、视频云服务、区块链服务、时空地理信息服务、大数据服务、融合通信服务"7个基础能力平台体系框架，统筹政府侧"政长通"系统、社会侧"灵动长春"App2个统一门户、建设"一屏统览、一网通办、一网统管、一网通兑、一码通服、一键联动"6个综合协同场景，精准招商、政策直达、精准供热、阳光学位等首批25个行业应用场景上线运行。互联网基本实现全光网覆盖，城域网出口带宽11.6千兆，农村地区行政村宽带普及率95%以上，4G覆盖率98%以上，建成5G基站11485个，实现主城区连续覆盖。

（尹秋竹）

2021年，长春落地全国首个全场景城市智能体。图为长春浪潮云计算大数据中心展厅

（张　扬　供图）

数字产业化

【概况】 2021年，长春市围绕“技”，提高数字经济原始创新水平，推进创新成果产业化应用，打通技术创新和产品上市的断点堵点。围绕“网”，抢抓国家新基建机遇，加快建设智能信息网络，建成5G基站超1万个，同时升级工业互联网、加快卫星组网、建设城市物联网。围绕“云”，夯实云计算支撑保障体系，申报国家一体化大数据中心东北节点，完善产业应用生态。

【人工智能产业】 2021年，长春市开展征集技术创新工程计划人工智能与实体经济融合发展项目。无网生物的生物识别统一身份认证安全管理平台、隆华测控的机器人AI氩弧焊接项目等20个项目列入省工信厅项目储备。结合“761”工程人工智能类项目建设，跟踪推进58个人工智能项目。

【软件服务业】 2021年，长春市与重点软件企业建立即时沟通机制，与市发改委和市统计局等相关部门建立联系，掌握全市软件产业发展状况。推介软件产品提高企业竞争力。引导软件企业应用云计算、大数据、人工智能等新技术向工业领域拓展，理想科技发力银行系统机房安全管理维护，吉佳通达开发大数据应用工具，启璞科技拓展工业互联网服务均取得成效。

（张　吉）

【云计算产业】 2021年，长春市建成吉林移动高新生产中心、启明数据灾备中心、华为大数据中心等14个大中型数据中心，总布设机架2万余个，在线存储容量超过20拍字节。

（尹秋竹）

【大数据产业发展试点示范项目】 2021年，长春市谋划“761”新基建工程智能信息网项目185个，启动建设158个。推进净月数字经济产业园区建设，入驻企业17户。成立长春市数字经济产学研创新促进会。开展产业招商，安恒、华为、浪潮、长城、网易、中星微、神州数码、京东数科、四方伟业等龙头企业落户长春。申报大数据产业发展试点示范项目，全市12个项目列入省项目库，2个项目列入工信部项目库。

（尹秋竹）

产业数字化

【“两化”融合工作】 2021年，长春市组织工信部企业上云典型案例申报、2021年新型信息消费示范项目遴选、新一代信息技术与制造业融合发展试点示范申报、服务型制造示范遴选、2021年工业互联网平台创新领航应用案例征集，构建吉林省工业互联网生态资源池、吉林省制造业数字化转型试点示范遴选等。一汽股份、启明信息通过中国信通院和工业互联网产业联盟的工业互联网平台功能性能综合评测。国网吉林公司能源清洁利用工业互联网平台新能源行业典型应用项目入选工信部2021年新一代信息技术与制造业融合发展试点示范公示名单。长春启璞科技信息咨询有限公司智慧EHS工业互联网平台入选工信部2021年新型信息消费示范项目，智慧EHS工业互联网应用平台案例——富奥集团安全环保管理系统入选工信部企业上云典型案例。

【工业互联网】 2021年，长春市第一个综合性工业互联网标识解析二级节点通过中国信息通信研究院验收建成。开展征集长春市制造业企业智能化改造需求及智能制造系统解决方案供应商活动。2021年，全市工业企业建设智能工厂24户、数字化车间58个、自动化生产线435条，智能制造系统解决方案供应商63户。组织食品行业、原材料行业11位企业家到深圳参加“走进华为”活动，参观企业数字化转型先进典型，学习先进经验。结合省、市“服务企业周”活动和吉林省企业家日活动，举办2021年长春市工业互联网应用发展春季主题峰会、2021年长春市制造业数字化转型高峰论坛，吸引线下300余位、线上近千位企业家。

【工控安全保障】 2021年，长春市配合省工信厅开展工业互联网发展情况和网络安全分类分级指导工作。组织长客股份、合心机械等重点企业参加工信部工业互联网企业网络安全分类分级管理试点工作视频部署会和“筑牢工控安全基石，推动产业数字转型”工控安全宣讲活动。引导企业强化安全主体意识，加强工控安全建设。

（张　吉）

通信业

【中国联通长春分公司】 2021年，长春分公司主营收入28.25亿元。市场营销。聚焦“两提、两控、两补、两调、两融和一优”工作主线，以3千兆为引领，强化数据赋能，打造“金融合约”“金融分期”2大优势产品，从行业、内部、外部3个维度细化场景匹配产品策略，提升客户价值。实现移网发展88.86万户，宽带发展18.99万户。

网络建设。精准定位重点区域网络覆盖问题，打造全千兆城市，提升网络口碑；以提升覆盖、千兆城市、用户体验、服务感知4方面为目标，满足用户个性化需求，打造“速度更快、覆盖更广、感知更好”匠心网络。

运营管理。强化业务单元专业支撑赋能，网格综合运营，由传统专业化单元向融合化全专业化划小单元转型，打造基层单元全业务运营能力。推进效能评价，找出低效员工，有针对性提能力调结构，用工效率显著提升，劳动生产率81.64万元/人。

（夏莹博）

【中国移动长春分公司】 2021年，通信用户553万户；家庭宽带净增14万户，集团产品收入4.7亿元；全省唯一3项满意度关键指标超越竞争对手。网络提升 建成全省首个集装箱式汇聚机房，新建变电站汇聚机房5个；新建政企专线2222条，工期满足率98.7%。开展主动服务，专属工程师上门优化家庭组网1972户，网络质量类投诉压降68.1%，政企专线投诉处理及时率100%；创新网络维护“12345”工作法，故障压降34.5%。

市场营销。全年净增5G用户89万户，5G渗透率26.7%，比2020年提升16.4个百分点，拉动收入增长5800万元；通过“机套网”融合运营，5G登网率由年初45%提升至62%。调优客户结构，通过存量市场离降管控，月降档用户下降8.9个百分点，离网率改善0.2个百分点；通过新增市场质量提升，高价值用户占比提升29.1个百分点。全年净增宽带用户14万户，家用宽带份额提升1.9%；宽带电视市场份额26.9%，比2020年提升14.4个百分点。全年实现政企收入4.7亿元，比2020年增长28.4%；改善收入结构，移动云比2020年增长115.3%；落地城市大脑、青春校园等千万级项目，DICT（指在大数据时代通信技术、互联网技术、数据技术的深度融合）贡献收入2亿元；回收集团欠费3.2亿元。全年新兴市场收入7700万元，比2020年增长187.8%，和彩云、视频彩铃等用户规模快速提升。

管理提升。优化机构设置，集中化管理工程建设；成立综合分析调度组，强化数据分析管理。落实网格逆向考评机制，强化考核结果运用。网络运营费用整体压降3573万元，降幅全省第一。工程管理竣工验收完成率、项目关闭完成率均完成省公司“飞跃行动”目标。落实安全风险隐患大起底大排查大整治，全年未发生重大安全事故、重大失泄密事件和重大舆情事件，安全生产形势稳定。

央企责任。推进“网络扶贫”，5G700兆下乡入村，超过650个行政村实现5G覆盖。配合公安机关全力打击通信信息诈骗，涉案号码量比2020年下降43.6%，垃圾短彩信下降18%，骚扰电话下降16%。落实“网络安全运行1000天”工作要求，完成庆祝中国共产党成立100周年、东北亚博览会、中国长春电影节以及敦白高铁开通等活动网络与信息安全保障。

（张　研）

【中国电信长春分公司】 2021年，业务收入17.69亿元，比2020年增长16.18%。利润提升18.21%。移动网用户市场份额18.55%，提升0.69个百分点；宽带用户市场份额33.80%，下降0.85个百分点。

市场营销。创新渠道营销模式，结合“爱心翼站”服务品牌，推进高质量建设运营工作，响应国家适老化服务政策内容，在原有厅店基础上搭建“爱心翼站”服务平台，通过线下邀约活动为老年人宣传防诈知识。组织多维度营销竞赛，多手段推进营维一体，优化线上运营模式，综合数字化网格示范营销。政企条线数字化转型成效显著，坚持云改数转战略，聚焦数字政府、智慧城市、应急、工业互联网、卫健等10大行业，推进客户业务上云，推动5G定制网与物联网业务，拓展双线业务，为政企客户提供综合信息服务。

网络建设。新增覆盖宽带用户25.3万户，整体覆盖287.3万户，综合覆盖率97.51%，市区、县域分别提升1.2%和1.05%。新增光端口16.58万个。光端口数174.9万个，光端口实占率43.61%，比2020年提升0.77%。开通千兆小区87个，千兆覆盖32.4万户，占整体覆盖11.3%。

服务质量。2021年，以“纠风”为抓手，重点解决行风9个方面、29个重点问题。通过责任清单分解，全条线日常宣传及指导，反复检查整改，梳理一证五卡、防范通信诈骗、3G减频等，影响客户感知和业务流程21项问题。围绕集团公司“守初心担使命，全员服务在行动”教育传播活动，开展“管理层听音”“管理层随班”“优秀事迹评选”“总经理抓服务”“我为用户解难题”等活动，加强员工服务能力和管理层管理能力来提升用户感知。在工信部“用户满意工程”活动中，通过企业用户满意度、投诉率、申诉率等维度进行评审，电信条线全国审核通过9家公司，中国电信长春分公司通过资格审核。

（辛思尧）

【通信管理】 2021年，全市建设5G基站3394个，总数8088个；全市建设5G应用场景17个；组建市通信专家库，在市政府网站进行公示。

通信规划。市通信办与市城乡规划设计研究院编制《长春市

11月20日，中国电信长春九台分公司“爱心翼站”为贫困家庭送去生活用品和学习用品

（辛思尧　供图）

移动通信基站布局专项规划（2021—2035）》。参与市政府《长春市“十四五”规划》《长春都市圈空间协同规划（2020—2035）通信部分》《长春市国土空间总体规划（2020—2035）》《长春市5G乡村新型基础设施建设行动工作方案》编制工作，制定行业相关规划要求。协同市政数局、市文旅局、市发改委、市建委、汽开区管委会等单位制定《2021年度数据产业发展行动计划》《长春市国家文化和旅游消费示范城市工作方案》《长春公主岭本地网调整方案》《长春市加快发展数字经济实施方案》《关于开展示范镇建设助推乡村振兴的实施方案》《长春市巩固拓展健康扶贫成果同乡村振兴有效衔接的实施方案》《长春市小型低风险市政公用设施管线接入工程推行备案制度的实施方案》和《国际汽车城专项规划通信部分》等专业方案，并统筹通信企业提出行业意见。

光纤到户。市房管局与市通信办下发《宽带接入市场专项整治行动实施方案》，排查整治住宅小区、商务楼宇排他性经营和限制竞争等行为，接到二道、南关、汽开、净月、宽城和德惠347个小区反馈信息，各运营商根据反馈情况进行宽带接入工作。制订《关于加快推进工程建设项目通信报装接入全流程在线办理的指导意见》，整顿新建住宅小区、商务楼宇建设时未落实相关文件要求。解决建筑开发企业没有将通信配套纳入预算造成第三方垄断问题，推进新建项目与通信配套设施同步设计、同步施工、同步验收，确保新建住宅与商业楼宇预留标准5G基站、室内分布等设施建设空间和用电容量。组织基础电信企业对全市10908个在用铁塔、全量使用管线开展全量安全复查，要求通信企业针对安全问题逐一整改，严禁租用建设程序不规范或未竣工验收合格设施，将符合质量安全标准及市场价格第三方铁塔纳入市移动通信基站布局专项规划。

共建共享会议。2021年，长春市召开通信企业共建共享会议4次，明确旧改小区通信部分分工界面，部署全市正在使用铁塔、管线安全复查工作，与市委督察室针对通信线路老化情况进行现场走访。

公共资源免费开放。长春市存量基站免费开放262处，为通信企业全年节约费用809.37万元。组织各城区、开发区及市直部门使用微信小程序线上填报可开放公共资源目录，填报134处，有建设需求可免费使用。

专项改造。市供电公司配合铁塔公司进行转改直挂表专项工作，796处站址中完成46处改造，电价由均值1.18元/度降至0.73元/度，节约电费103.56万元/年。

应急通信。配合市委宣传部、市体育局、市教育局、市人社局等相关单位统筹调度3家运营商和铁塔公司对长春市第十六届电影节、世界中医药大会夏季峰会、长春汽博会、第三届全国创业就业大会、全国学校冰雪嘉年华活动、长春跨年音乐会等活动进行通信保障。参与长春市警备区民兵工作，参加警备区部署会议3次，调度3家运营商部署3个通信保障排。

线上审批。线上审批将住宅小区、工业园区、商务楼宇和办公楼宇4个场景作为必选项纳入设计方案联合审查环节，审批807项。通信报装和联合验收流程梳理完成。通信报装阶段增加对建设单位遴选设计、施工、监理服务商资质、资格和招标方面要求，联合验收阶段增加测绘方面要求，系统审批增加会签意见。制定通信报装阶段通信建设方案和标准。

（高　博）

【无线电管理】 无线电安全保障。在春节、“两会”、“五一”、“七一”等重点时期，执行24小时昼夜应急保障监测值班92天，对重点业务、重点频段进行保护性实时监测，监测时长超过1000小时，长春市电磁环境总体可控，电波秩序总体良好。开展整治“黑广播”专项行动，密切监测广播频段频率占用情况和相关播出内容，查测定位“黑广播”17个。全市“黑广播”态势已趋于平稳，呈“散落偶发”状态。治理“黑广播”工作连续两年获国务院打击治理电信网络新型违法犯罪部际联席会议通报表彰。执行公务员考试、高考、事业单位招聘考试等各类考试无线电安全保障任务20次51天。实行无线电频谱监测月报，完成国家无线电办公室专项监测任务，为国家和省科学配置合理利用无线电频谱资源提供基础数据支持。

无线电监管。规范频率台站管理，优化长春市业余电台“只跑一次”审批服务流程，以省无线电管理机构授权派出机构“省无委办长春管理处”名义全程办理，无线电爱好者在通过网上预审后，到天骄大厦行政审批服务窗口一地办理，即可全流程获得无线电发射设备检测、无线电台识别码（呼号）行政许可、业余电台设置使用行政许可、无线电台执照核发等服务，实现“只跑一次，即到即办”，全年办结99个。开展技术设施建设，将天骄大厦固定站升级为国家新标准一类固定站，采用九通道空间谱估计测向体制，其核心监测能力由原有3千兆赫工作范围升级为测向6千兆赫和监测8千兆赫。招标采购2辆无线电管制车，增强重要考试无线电安全保障能力。参加全省无线电监测技术演练，按照全国演练技术规范要求，开展常态化专项集中训练，并组建备战全国片区演练竞赛吉林省集训队，李晓旭、肖万胜、王钊等3人受邀加入教练团队，王松和廖思宁被选拔为演练集训队员。

无线电宣传。在全国无线电管理宣传月活动中，先后在绿园区新城吾悦广场、南关区鸿城街道东风社区和二道区长春市五十二中赫行实验学校开展“无线电科普进商圈、进社区、进学校”活动。在进校园活动中，面向10余个班级分别进行无线电科普知识宣传讲解，现场体验无线电对讲通信，参观无线电监测车功能实现，亲身参与无线电信号查测实践，激发青少年学生接触无线电、关注无线电、爱好无线电。

（于春光）

数字化应用

【数字政府建设】 2021年，长春市建设“一朵云、一张网、一个库、一个体系”，市直68个部门169个系统实现向华为政务云“上云”迁移。电子政务外网连通全市1079个党政机关和企事业单位，实现市、区（县）、街道（乡镇）三级全覆盖。推进跨层级数据共享，开展17个县区政务数据共享“百日攻坚”工作，基于市、县、乡、村四级联动数据共享交换平台，打通共享68个部门2284项，全年支撑场景应用87个，对接数据总量70亿条，经验在全省推广。建立数据共享体制机制，发布《长春市政务数据安全管理暂行办法》，开展《长春城市智能体政策直达平台建设规范》等4个标准立项建设工作，印发房管局32个服务接口使用指南。完成35家部门366条数据集中治理工作。发布《长春市市级公共信息资源开放目录（第一批）》1619类，涉及67个部门及县区。编制形成全市政务数据资源目录19928条，信息项126852个。

2021年，长春市政务云平台部署政务信息系统169个，上云系统65个；电子政务外网连通全市1079个党政机关和企事业单位，实现市、区（县）、街道（乡镇）三级全覆盖。“吉祥码”在全市疫情防控中发挥作用，全市设置“吉祥码”扫码站点37万个，“吉祥码”总注册人数456万人。7月，省新版全流程审批系统、“吉事办”长春网上办事大厅及移动端在市本级、17个县（市）区、开发区及所属街道（乡镇）上线运行；7月，长春政策服务网上办事大厅上线运行，全年发布惠企政策148条，上线可兑现政策点199项，兑付资金13205万元，惠及企业2534户。

4月，吉林省无线电监测技术演练在长春市举行 （于春光 供图）

【数据共享】 推进跨层级数据共享，开展17个县区政务数据共享“百日攻坚”工作，基于市、县、乡、村四级联动数据共享交换平台，打通共享68个部门2284项，全年支撑场景应用87个，对接数据总量70亿条，经验在全省推广。建立数据共享体制机制，发布《长春市政务数据安全管理暂行办法》，开展《长春城市智能体政策直达平台建设规范》等4个标准立项建设工作，印发房管局32个服务接口使用指南。完成35家部门366条数据集中治理工作。发布《长春市市级公共信息资源开放目录（第一批）》1619类，涉及67个部门及县区。编制形成全市政务数据资源目录19928条，信息项126852个。

（尹秋竹）

【智慧广电建设】 2021年，依托吉视传媒长春各分公司，以“智慧吉林”“智慧长春”项目建设为契机，持续跟进政府信息化建设及重点行业最新需求，推进智慧广电建设。目前主要开展智慧教育、“社保进万家”、智慧社区和智慧乡村、智慧农业等项目。

（王　冠）

【智慧城市建设】 2021年，长春市按照“数字中国”“数字吉林”“数字长春”战略总体部署，各县（市）区、开发区结合县区需求和产业特色开展智慧城市建设。

朝阳区运用“互联网+”思维构建“一个中心+N个平台”数字朝阳建设新格局。南关区开创性地研发南关区数字化综合服务云平台，打造“智慧政务”“智慧民生”“智慧养老”“智慧社区”等一系列智能化服务。宽城区围绕“党建引领社会综合治理，打造服务型、开放型、效能型、智能型城区”，搭建“一个中心、一张图、九大子系统、五大智慧应用”智慧化城市治理平台。二道区建成一个“底座”“两个中心”，实现“三个统合”。依托一网统管应用平台全面感知、智能调度、联动处置、决策分析、效能监管五大功能，实现城区智能治理。绿园区提升数字化水平，“区域政务一张网”成为绿园区数字化高速公路。推进“雪亮工程”建设，实现重要交通路口、重点部位、人员聚居地全方位无死角和24小时全天候监控。双阳区在数字农业、数字旅游、数字医疗、数字教育、数字水务、智慧鹿业、数字交通等方面取得进展。九台区推进“数字九台”建设，完成一个城市大脑、一个运行指挥中心、一个智能化大厅、N项专题应用。智慧教育、智慧交通和智慧旅游等在全区推广应用。公主岭市推动数字化基础设施补强项目建设。谋划“761”工程大数据网项目22个，其中“十四五”规划项目12个，纳入省级项目库项目16个。推进数字城管系统建设。榆树市推进数字文化、数字教育等领域发展；建成应急指挥系统、智能交通系统、治安监控系统、智能卡口系统、视频侦查系统“五大系统”。长春新区建设包含1个数字新区大脑，智慧政务服务云、智慧经济服务云、智慧治理服务云、智慧民生服务云、智慧运行服务云等5大基础服务云，雪亮工程、新企通、产业大数据监测等N个应用场景的“1+5+N”数字新区综合体。净月区在净月80平方公里建成区范围内启动地下管线普查工作，探测管线长度约3350千米，形成二三维地下管线档案。建设具有规划辅助、数据查询、分析与模拟、城市管理等功能的城市信息模型基础平台。搭建精准供热、智慧管网、一标三实、重大项目等典型应用场景。

（尹秋竹）

净月数字经济产业园区

【概况】 净月数字经济产业园是长春市数字经济发展的核心区，规划面积500万平方米，分起步区、核心区、拓展区。园区围绕“三横七纵”产业结构发展方向，横向构建“基础层、平台层、应用层”产业支撑，纵向搭建智慧城市、智慧农业、智慧贸易、大数据中心节点、云计算、人工智能、5G创新应用“七大产业体系”。

确立“以项目支撑结构，以平台优化空间，以场景拓展市场”产业培育路径，制定“2.4.10”系列扶持政策，即每年计划列支2亿元数字产业专项资金，围绕“经营奖励、场地补贴、资金扶持、人才政策”4个维度，分别从产业投资、技术转化、平台搭建、招大引强、运营补贴、场景应用、品牌活动、上云补助、贷款贴息、评优奖励10个方面进行政策扶持。印发“项目开工大表”、制作“十亿元以上项目手册”、推出“招商引资工作手册”、上线“项目管理系统”。

建设中的净月数字产业园核心区　（胡百高　供图）

【新基建项目】 一期起步区位于长春明宇广场A2座，建筑面积4.2万平方米，总投资5.44亿元，由长春净月投资控股（集团）有限公司建设，2021年10月正式投入使用，净月数字展示中心和公共会议服务中心正式开放。二期核心区规划面积130万平方米，集中建设“总部基地”“双创基地”“服务外包基地”“数据中心”“数据交易中心”“研发中心”三大基地和三大中心。目前，建成10万平方米长发智慧城市产业基地（一期），在建65万平方米，待建55万平方米。三期拓展区规划面积300万平方米。

【项目引进】 2021年，起步区内有华为、京东、网易、神州数码、因特睿、安恒信息、银河水滴、苏州布瑞克、东数科技、四方伟业、易启科技、知行物联网、象网科技、吉林云耕、翼启飞等20余户龙头企业和服务机构签约入驻和落位运营。

2021年，推动120个投资5000万元以上项目开复工，其中10亿元以上项目60个，占比50%。包装9个专项债券项目，总投资260.19亿元，申请债券资金82.48亿元，其中5个项目发行债券资金25亿元。

【数据中心建设】 2021年，净月高新区建成和在建大数据中心6个，规划机柜总量28295个，占全市82%，其中建成机柜2650个。中国移动数据中心一期和中国电信吉林公司净月数据中心正在建设中。长春市净月未来城产业园项目正在建设一个4000机柜的T4级大数据中心，完成地上3层建筑。东数科技有限公司规划东北亚大数据中心，建设规模10000机柜，启动招标。

（胡百高）

交通·水利

JIAOTONG · SHUILI

铁 路

【概况】 2021年，中国铁路沈阳局集团有限公司在长春经济吸引区内以运输汽车、铁路客车、粮食、煤炭、石油、医药、焦炭、化肥农药、建材等为主要货运服务项目，以日常旅客、出境、国内旅游、会展、节日旅游旅客运输为主要客运服务项目。长春境内铁路运输生产单位有10家，分别是长春站、长春北站、长春车务段、长春货运中心、长春客运段、长春车辆段、长春供电段、长春电务段、长春工务段和长春高铁基础设施段。2021年，长春地区铁路货物发送量844.4万吨。其中，粮食251万吨，煤炭128.1万吨，石油1.3万吨，化肥农药0.5万吨，钢铁27.7万吨，矿建8.4万吨，工机109.5万吨，集装箱296.4万吨，其他品类21.5万吨。

【车辆调度】 2021年，长春车务段管辖京哈干线里程224.416千米，区间包括十家堡、郭家店、蔡家、大榆树、公主岭、陶家屯、范家屯、大屯、长春南、米沙子、沃皮、布海、德惠、达家沟、姚家、陶赖昭、团山、扶余、蔡家沟站，闭塞方式为双线双向自动闭塞，日均办理接发列车252列，其中旅客列车128列；长白线里程121.336千米，区间包括小合隆、开安、华家、农安、哈拉海、王府、七家子站，闭塞方式为双线双向自动闭塞，日均办理接发列车56列，其中旅客列车52列；长图线里程11.878千米，龙泉北联络线里程2.528千米，区间包括长春东、龙泉、兴隆山、龙泉北站，闭塞方式为单线半自动闭塞，日均办理接发列车62列，其中旅客列车14列；京哈高速线里程316.527千米，车站包括德惠西、扶余北、公主岭南站，闭塞方式为分散自律调度集中，日均办理旅客列车216列；陶舒线（合资铁路）里程92.224千米，区间包括五棵树、刘家店、榆树、新立镇、谢家镇站，闭塞方式为单线半自动闭塞，日均办理接发列车22列，其中旅客列车8列；长双烟线（合资铁路）里程89.802千米，区间包括泉眼、奢岭、双阳、山河镇、五家子站，闭塞方式为单线半自动闭塞，日均办理接发列车12列，其中旅客列车2列；松团线（合资铁路）里程66.961千米，陶赖昭联络线里程6.963千米，区间包括松原北、三井子、弓棚子、扶余西站，闭塞方式为自动站间闭塞，日均办理接发列车2列。全年旅客发送量340.7万人；客运收入17611万元，一次作业时间19.9小时，中转时间4.2小时。截至2021年年末，实现无责任重大、大事故6703天，无责任一般事故469天，无责任死亡事故6703天，无责任重伤事故6703天，无责任轻伤事故1318天，无责任火灾事故6703天。

【货物运输】 2021年，长春货运中心管辖通让线太平川至太阳升，平齐线四平至洮南，京哈线四平至蔡家沟，长双烟线奢岭至五家子，陶舒线陶赖昭至榆树，松团线松原至弓棚子至团山，长图线长春至兴隆山，四梅线四平至平东，长白线长春至安广，长春货联线一间堡至远达，小兴线小合隆至兴隆山。有货运营业室16个、货运营业站66个、企业专用线284家，营业里程1399.5千米。全中心（含陶舒、长双烟、松陶合资铁路）有货物线113条、专用线284条、专用铁道11条、货场57个、货物仓库42座、货场雨棚18个、货运营业厅35座、货物站台43座。有生产运输设备225台。其中，汽车13台（大型货车2台、厢式货车1台）、门吊13台、抓料机24台、装载机21台、叉车33台、正面吊9台、输送机112台。全年货物发送量1929万吨，日均装车1094车，运输收入422472万元（含税），吨均收入率219元。截至2021年年末，货运中心实现无责任重大、大事故3482天，无责任重伤3485天，无责任火灾事故3120天，无责任轻伤事故798天，无责任一般事故771天。

【旅客运输】 2021年，长春客运段主要负责承担长春至北京（朝阳）、上海虹桥、长沙南、珲春（延吉西）、长白山、大连（北）、丹东、佳木斯、牡丹江、广州、西安、昆明、南宁、厦门北、青岛北、东营南、满洲里、齐齐哈尔、阿尔山、白城、乌兰浩特、呼和浩特方向旅客列车乘务工作。其中，动车组列车43.5对，普速列车26对（直达5对、特快4对、快速12对、普快4对、普客1对）。2021年，新开行列车16对。其中，长春（西）至北京朝阳G906/5次、G952/61次、长春至榆树T5301/4T5305/2T5303/6次，自6月25日起按开行文电开行；长春至乌兰浩特Z5001/2次，自6月25日至10月18日按开行文电开行；长白山至北京（朝阳）G3645/8G3647/6次、长春至长白山C1303/2C1304/1、C1307/6C1309/12、C1319/8、C1317/20次、长春至青岛北G1266/7G1268/5次、大连至牡丹江2051/2次、大连至满洲里2623/4次，自10月11日起按开行文电开行；长春至白城（乌兰浩特）Z5011/2Z5013/4、K7310/09次，自10月19日起按开行文电开行。有汽车31台。全年运输收入6333万元。春运收入510万元，日均12.8万元；暑运收入1590万元，日均25.6万元。旅客发送量3519.6万人。其中，春运266.5万人，暑运700.9万人。全年开行临客列车1296列。截至2021年年末，客运段实现安全生产5091天。

【车辆维修】 2021年，长春车辆段地处哈大干线700千米处，管理跨度以长春为中心，包括3个异地车间。主要承担普通客车段修（A2、A3修），空调客车和发电车中修等任务。承担长春至北京、南宁、广州、厦门、海口、昆明、宁波、西安、榆树、舒兰、梅河口，吉林至北京、上海、青岛北、西安、图们、山河屯、南通，白城至北京、呼和浩特、青岛北、长春、阿尔山，通化至北京、青岛北、吉林、长白山（大连）、丹东、临江、集安、四平、山海关的快速、普通旅客列车执乘、辅修、日常检修工作。全年完成客车厂修343辆，客车段修840辆，发电车中修11辆，A1修1361辆，临修1155辆，客列检通过修29086列356810辆。库列检入库列车检查11409列147255辆。开行临客115列1637辆，旅游列车23组293辆，军运客车366辆，客车加挂742辆次。截至2021年年末，车辆段实现无行车一般D类及以上事故1728天，无职工责任轻伤以上事故2482天。

【供电维修管理】 2021年，长春供电段担负京哈、平齐、长白、长图、四梅、陶舒（委管）、长双烟（委管）、松团（委管）、长辽（委管）、辽开10条线路64个站1111运营千米线路生产、生活供电维修管理任务。全年检修电气化铁路运行里程598.73千米（1930.81条公里），有40个车站、43个区间。京哈线二级修496.15条公里，利用检修列车对京哈线长春北（不含）以南接触网设备进行平推，其中，检修列237.211条公里，其他方式258.939条公里。检修隔离开关742台次、分段绝缘器574台次、线岔2184台次、擦拭Ⅲ级绝缘子2296支、避雷器143台次。线索互磨整治9处，软横跨硅胶绝缘子更换373处，普速铁路高压危险牌拆除301处，斜拉线套管整治完1548处，轨面标准线标画11137处，接头线夹排查整治136处，长白线倒立柱号码牌拆除改粘贴309处。完成15座牵引变电所亭、45座独立网开站检修试验任务，完成哈大线牵引变电所接地网大修和哈大线接触网开关控制电缆大修2项大修任务，完成长白线牵引变电所27.5千伏断路器绝缘拉杆缺陷整治任务。完成京哈线布海站、沃皮站、一间堡站、大榆树站、公主岭站、陶家屯站24组道岔大修配合工程，一间堡站主要立2根钢柱，1组硬横梁。完成长图铁路长春至吉林电化改造长春枢纽先期工程送电开通。完成对长白线0千米至133千米范围内接触网设备精调、静动态验收等。精调接触网线路329.146条公里，更换号码牌4904处，标画轨面红线4904处，更换铁坠砣78处，更换吊弦3300根吊弦。完成电力线路检修802.4千米，变配电装置3464台（座面）；电力线路检修1244.8千米，变配电装置4778台（座面）；电力开关远动调试1433台；电力变配电所预防性试验11座。巡查四梅线新立电杆状态。抬高长白线4千米基站箱变、39千米接头箱2处水害处所基础，德惠至达家沟贯通线水害地段架空线路改电缆线路，重新制作德惠配电所、辽源配电所房屋防水。处理电力线路侵限树木16026棵，配合工务部门处理侵限树木1188棵，配合地方政府外部环境整治处理侵限树木2199棵。更换裂纹严重电杆223基，扶正倾斜电杆621基，紧固调整拉线1113条，更换拉线54条，新设拉线46条，安装裂纹电杆卡具13套，检查紧固钢构照明灯塔螺栓50座、加装防松螺母，整治电杆埋深不足问题1处，拆除邻近铁路线路废弃灯塔6座，废弃电杆25基，废弃变压器台9座。更换长春南干线、东干线缺陷高压电缆900米，更换四平北干线存在缺陷环网柜，物理隔离四平西干线与站信线高压电缆同一电缆通道处所安装线槽，拆除长春北公寓旧箱变。增补电缆标桩标牌123处，喷涂电缆走向标155处，安装电缆警示砖22处，粘贴反光膜26处，安装防撞墩26处。调整电缆终端头固定抱箍位置206处，重新制作电缆终端头41处，电缆过引线改双孔接线端子10处。结合检修拆除防雷绝缘子25支，调整长白线原防雷绝缘子拆除横担方向32处，部分横担改为1.5米双横担双绝缘子进行加强18处。扶正紧固绝缘子962支，更换绝缘子412支，更换隔离开关5组，更换避雷器63支，更换横担181套，调整扶正横担364套，调整导线驰度19处，安装驱雷针12套。变压器补油29台，更换变压器台5座，根据负荷情况更换变压器21台。电力专业完成京哈线电杆大修和长春北三场四场车间变大修及长春四平站区高压电缆大修3个项目施工任务。牵引变电专业完成哈大线牵引变电所接地网大修和哈大线接触网开关控制电缆大修工作。2021年汛期前，结合年度设备检修和专项整治，更换裂纹严重电杆48基，扶正倾斜电杆540基，紧固调整拉线165条，更换拉

2月9日，长春供电段职工对长春北1场接触网设备进行检修作业，保证铁路供电设备高质量运行 （李英奇　供图）

线32条，安装裂纹电杆卡具13套。截至2021年年末，供电段实现无责任重大、大事故5765天，无责任人身重伤及以上事故4133天；无责任火灾5765天，无轨道车运行事故5765天。

【电务设备维护】 2021年，长春电务段管辖2317.96千米，承担京哈线、长白线、白阿线、平齐线、通让线、大郑线、长图线、锡乌线、长双烟线、陶舒线、松团线、四梅线、双山线、龙北联络线、致白联络线、穆白联络线、伊阿线、大安西联络线、大安联络线、陶赖昭联络线、长图乙线、松团乙线22条运输线路电务设备维护，管辖119个站、13个场、自动化驼峰站5个。开展联锁排查，解决钢轨绝缘侵限2处、USU电路问题隐患3处。开展轨旁设备隐患排查，更换有裂纹信号机柱2架，拆除侵限电杆33棵、铁塔塔靴破封118座，移设侵限视频杆13处。整治动车组速度传感器护管，解决速度传感器被击打断裂导致停车隐患。总结“冬病夏治、急病特治”实践经验，整治电缆70条。开展长白线设备整治，紧固高柱信号机吊架、应答器螺栓，加固桥上电缆槽道，集中会战356人次，整治问题385件。更换京哈线电容2756个，消除轨道电压波动。全年整治道岔2856组，克服道岔病害5565件，实现工电结合部零故障。联锁正确率100%，信号综合合格率98.5%，通信综合合格率99.8%。整治转辙机进水6362台、转辙机雨搭板1817个、更换磨耗超限外锁部件29个、整治等阻线2703条，检修继电器1482台、蔡家站电源屏4个、平齐线CTC设备12个站、继电器1482台。整治陶舒线光缆衰耗1.6千米14处，光端机设备改造34个站。车载专业，整治机车157台、轨道车189台。电码化改造16站、更换软件122站次、减速器大修8组、配合道岔大修61组。全年信号设备综合合格率99.61%，信号机地面显示合格率100%，道岔合格率100%，LKJ数据正确率100%，联锁关系正确率100%，通信设备综合合格率99.77%，通信线路及附属设备综合合格率98.69%，传输设备综合合格率100%，接入网设备综合合格率100%，数据网设备综合合格率100%，同步设备合格率100%，列车广播设备合格率95.83%，电报设备合格率100%，调度通信设备综合合格率100%，会议设备综合合格率100%，应急通信设备合格率100%，电源、动环设备合格率100%，综合网管合格率100%，机房设备合格率99.92%，无线调度设备综合合格率100%，GSM—R设备综合合格率100%，机车车载设备出库合格率100%。截至2021年年末，电务段实现无行车重大事故26715天，无责任人身死亡事故26715天，无责任重伤事故22092天，无火灾事故26715天。

【线路线桥养护】 2021年，长春工务段主要负责线路线桥养护维修任务。管辖线路设备正站段岔特线1441.912千米，正站段岔特线道岔1287组（正线道岔494组、站段岔特线道岔793组），非路产专用线158.765千米，道岔106组。桥涵设备23251换算米。其中，桥梁404座/39456米/15855换算米，涵渠846座/18945米/3788换算米，河调271处/66907立方米/1673换算米，地道6座/234米/93换算米，灰坑16座/635米/191换算米，限界架1652换算米。全年完成站线无缝化2.026千米，普速线路机捣669.4千米，道岔机捣260组，线路大机打磨314.47千米，道岔大机打磨196组，线路清筛1千米，道岔清筛14组，有砟桥清筛2座0.485千米。标准化站场整治4个（沃皮站、布海站、扶余站、长春东站）、标准化曲线78条、标准化道岔154组、岔区单元修47处、I型弹条更换Ⅱ型弹条1200个、更换非弹条扣件13800套。京哈线正线道岔大修31组，岔间渡线小于25米地段更换短岔枕256根，胶结440头。新轨大修50.4千米，完成换枕大修4.48千米，清筛大修42.8千米。综合维修桥梁7座/148.8米，综合维修涵渠2座/40.8米。修补圬工梁7孔、增设桥梁人行道1座、整修桥梁护坡3座/1840平方米、人行道托架及栏杆油漆3座/96平方米、处理圬工梁横隔板断裂2座/2处。整治病害涵洞3座，单根抽换失效桥枕11根，增设限高防护架2座/3处，钢结构涂装桥梁14座，水文检算10座，桥梁限高架抢修35座次。长春北站车务段内整治灰坑1座。截至2021年年末，工务段实现无一般C类事故14007天，一般B类事故3531天，一般A类事故26720天。

【高铁基础设施】 2021年，长春

高铁基础设施段管辖高铁营业里程1031.615千米，线路延展长度2188.465千米。全年完成长珲城际线路质量不良及TQI大于4.0地段大机捣固作业280千米。长珲城际线轨距精调23千米，整治TQI5.5以上区段19处，轨距精调段轨距平均TQI由0.58降至0.36。全年京哈高速、长西联络线、长珲城际线路大机打磨573.3千米。加强线路钢轨伤损打磨，完成32处擦伤、15处硌伤、小半径曲线鱼鳞纹打磨22.6千米。更换尖轨12根，护轨1根，辙叉3颗，其他伤损轨33根、吉林站外113千米至116千米小半径曲线侧磨轨1.6千米。全线各车间排查道岔叉跟尖轨侧磨情况284组，发现问题36件，更换叉跟尖轨4根。预埋套管失效整治256处、无砟轨道成段破损、失效绝缘缓冲垫板集中更换14.5万个、线路螺栓涂油245千米，补充防尘帽约2000个。改良加固京哈高速线70千米白杆栏杆扶手。消除冬季桥梁泄水孔结冰坠落隐患，对跨越道路桥梁泄水孔封堵改造30孔、更换限高牌65个、整修限高架39座、限高架涂装59座、新增限高架1处。封堵限高架可绕行处所3处、增设公铁平行桩300米、增设防抛网防脱钢丝绳39处。封闭龙嘉隧道排风口2处。维修整治防护栅栏3.6千米。敲击排查长珲城际隧道91座，发现问题6184件。轨道作业车年修31台，工务轨道车15台，供电作业车16台。制定轨道车年修卡控办法，设立静态10项17点、动态4项16点卡控项点。按照GYK数据换装通知单和换装电报要求，完成23版新数据换装工作。结合沈佳高速（白敦段）试运行，排查梳理管内LKJ基础数据，更新管内长大坡道统计表，制定在长大坡道运行及作业安全卡控措施，轨道车在20‰及以上长大下坡道运行，速度不得超过每小时50千米。开展设备隐患攻关整治，针对吉林、龙嘉站信号机构密封不良问题，更换信号机构19架；整治长珲线ZYJ—7转辙机油泵组渗油问题，更换转辙机油泵组8台；返厂倒修长吉段各站01版本发送器235台、长珲线发送器535台；整治长珲线307台液压转辙机机内动作杆顶丝；解决长珲线邻区段干扰83个。更换哈大区间补偿电容291个、长春动车所转辙机倒修55台、哈大密检器倒修110台、更换哈大列控电源模块25个站62块、长珲线UPS电池组17个站、安装调试哈大10个站加装ZPW2000轨道监测采集系统。更换铁岭西、开原西、长春高速场等17个站内机械室1010根灯管。管内66个车站331条防雷地线测试，合格率100%。结合春检全覆盖检查防雷模块19716个，全年发现并更换劣化模块231个，比2020年减少54个，下降18.9%。全覆盖检查验收敦白客专施工各项防雷设施安装及隐蔽工程标准，发现防雷问题569件。全年动车组车载数据换装三级卡控14次323组，组织吉林机务段、车间11次模拟检验15组联调联试动车组数据4版。全年GIS数据升级522组，动车组车载设备高级修27组。其中，ATP设备四级修27组，CIR设备四级修4组、五级修23组，GIS数据加装27组。BCT加装18组、EOAS加装2组、AMS加装10组，更新CCTE插件15块、CODOU插件15块、V2.04.5版本CFSK插件48块、COR6U插件10块、CBCH插件5块、控制组匣1台、A/B组匣2台。开展鸟害防治，处理鸟窝1554处。清扫绝缘子36221个。处理临线树木7140棵。排查轨旁设备2451.738条公里，排查隧道及上跨建筑物3081次，排查锚段关节补偿装置2346次，处理缺陷41件。排查附加线上跨接触网距离，解决绝缘距离不足问题4处。整治隧道内PW线引线缺少固定卡子等问题19件。更换对长春站高速场至吉林间的PW线夹595个。开展隧道化学锚栓拉拔试验，除龙嘉隧道外，其余隧道全部完成。排查管内1782处特型定位器，处理问题29件。专项整治龙嘉定位器问题，更换弹性定位器55个。处理隧道三衬施工后AF线距离接地体小于300毫米风险位置2处。处理长春、长春西枢纽站承力索互磨2处。全年兑现接触网停电天窗2805个，增长17.9%。兑现接触网单项设备周期检修，分段绝缘器250台次，隔离开关1301台次，线岔732台次，避雷器856台次。徒步巡检单元全部兑现，接触网站场35个单元，完成全年150次的巡检任务；供电线56个单元，全年完成巡检任务244次；隧道91个单元，全年完成巡检任务91次。全年发现二级修遗漏问题565件，其中重点问题107件。全年发现单项检修问题588件。截至2021年年末，高铁基础设施段实现无特别重大事故988天，无重大事故988天，无较大事故988天，无一般A类事故988天，无一般B类事故988天，无一般C类事故988天，无一般D类事故988天。

（李英奇）

公　路

【概况】　2021年，长春市长伊公路续建项目投资5.9亿元，于10月24日通车；经济圈环线九台至双阳一期工程续建项目计划投资10.2亿元，实际投资12亿元，超计划18%；长春至双阳公路续建项目计划投资4.7亿元，实际投资4.9亿元；珲阿公路石头口门绕越线工程续建项目计划投资1.75亿元，实际投资1.8亿元；经济圈环线农安至九台、双阳至伊通段项目计划投资24亿元，实际投资24.2亿元；国道饶盖公路九台至卡伦段和半小时经济圈公路项目开展前期工作。全市公路总里程2.80万千米。其中，高速公路6条，运营里程609千米，包括国家高速5条、561千米，省高速1条、48千米；普通干线公路1589千米；农村公路25772千米。通村率100%、通屯率93.9%。

【公路运输】　2021年，长春市公路运输总体情况稳步增长，全年公路运输总周转量607.2亿吨公里，比2020年增长19.2%。其中，货运量2.05亿吨，增长37%，货运周转量605.1亿吨公里，增长19.4%；客运量0.29亿人，下降15.2%，客运周转量21.4亿人公里，下降6.7%。

【公路建设】　长伊公路打通长春市与公主岭市、四平市五条通道之一，解决永春、乐山两镇沿线群众出行难题。全长37.1千米，总投资31.78亿元。起点前进大街与规划中甲二路交会，终点伊通县市界依家屯，建设期3年，2021年续建项目投资5.9亿元，提前2个月完工，会同交警部门安装抓拍测速装置后于10月24日全线通车。

经济圈环线高速项目主要连通长春市周边6个县（市）区，全长约370千米，分东环段和西环段两部分。东环段一期工程九台至双阳段主线全长79.53千米，起点九台区山咀村，途经吉林市永吉县，止于双阳区北侧后于家屯，是吉林省首条高速公路PPP项目，建设期4年，概算总投资53.67亿元。2021年计划投资10.2亿元，完成12亿元，超年度投资计划18%。东环段二期工程农安至九台、双阳至伊通段主线全长124.841千米，分两段建设，其中，农安至九台段全长93.191千米，起于农安县西南迟家店附近、终点位于项目一期起点顺接；双阳至伊通段全长31.650千米，起于双阳区与项目一期终点顺接，终点位于伊通县东北四门张家村，与长春至长白高速公路连接。建设工期两年半，2021年8月末开工，年度计划投资24亿元，实现2个月完成先行用地批复、3个月完成投资24.2亿元、4个月完成征地90%，跑出长春乃至全省高速公路项目建设和征拆加速度。经济圈环线高速西环段由长春市负责属地征拆，吉林省交通厅负责建设。

长春至双阳公路项目主要服务于双阳区与主城区同城化发展，支撑所经地区经济、旅游、特色产业发展。项目全长33.8千米，其中，净月境内16.1千米、双阳境内17.7千米。2021年计划投资4.7亿元，完成投资4.9亿元。

珲阿公路石头口门绕越线项目是长吉一体化公路网重要组成部分，是长吉珲大通道重要组成部分。项目全长18.9千米，起点位于双阳区饮马河西岸，终点位于莲花山区蒋家广场南侧，2021年计划投资1.75亿元，完成投资1.8亿元。

“四好（建好、管好、护好、运营好）农村路”年度投资18.22亿元，新改建造农村公路1679千米，农村公路危桥改造18座，实施小修保养2.46万千米。各县（市）、区开展美丽农村路创建活动，124个乡镇创建美丽农村路135条。双阳区神鹿峰旅游路被评为全国“十大美丽农村路”，公主岭市新烧线被评为“吉林省十大最美农村路”。完善农村公路管理体系，双阳区、朝阳区农村公路智慧监管平台正式运行，双阳区获评“四好农村路”全国示范县。

【公路管理】 2021年，京抚线德惠至乌金屯大桥段养护工程是全省标准化施工管理示范项目，完成投资2.05亿元，竣工验收；日常养护全地区国省干线公路842千米，完成投资0.48亿元。建设项目质量监督。同步开展3条高速路、4条一级路、2条二级路、147条农村公路质量监督和指导工作；公交都市500千米农村公路项目获准调整可研。完成主城区范围内公路移交工作，移交普通国省干线公路、县道、互通立交桥215.4千米。实施公路国土绿化，完成62.33公顷栽植任务。公路安全隐患大面积整改。吉林省交安委移交国省干线公路隐患路段866处，市本级负责461处完成446处，各县（市）区及开发区负责405处完成384处，查改农村公路隐患路段1775处。完成普通干线公路安全隐患和事故多发路段整治工程13.6千米，实施普通干线公路安全提升工程530千米，实施农村公路安防工程285.6千米。做好冬季公路除雪防滑工作、天气预警、防范和应急保障，强化冬季除雪防滑和防汛等重点时段、特殊时段应急措施。11月6日特大暴雪中，全地区公路管理部门和养护企业出动除雪防滑人员4376人次、各类机械608台班、防滑料279立方米、融雪剂5011吨。开展治超路政工作。按照“货车必检，超限禁入”要求，重点打击“百吨王”等违法行为，2021年查处“百吨王”86台，检测车辆57556台次，查扣超限超载车辆836台次（“百吨王”86台次），卸货39052.70吨，处罚1起非法开设道口案件。

【公路养护】 2021年，普通公路养护投资22.6亿元。其中，养护大中修1142.8千米，投资12.9亿元；通自然村（组）硬化路建设180.7千米，投资1.2亿元；联网路和建制村通双车道等409.5千米，投资6.6亿元；危险桥梁改造41座，投资0.8亿元；安防工程投资0.5亿元；普通公路日常养护等投资0.6亿元。

5月21日，交通运输部公布2020年度“十大最美农村路”名单。图为长春市双阳区神鹿峰旅游路（杨九龙　供图）

【道路运输企业】 2021年，全市客运企业166户。其中，班线客运企业17户，旅游客运企业81户，个体客运户68户。市区客运企业80户。其中，班线客运企业5户，旅游客运企业75户。全市（含外县市区）营运客车3672台。其中，班线客运车辆1724台，旅游客运车辆1948台。市区营运客车2338台。其中，班线客运车辆446台，旅游客运车辆1892台。全市道路运输货运经营企业2891户。其中，市区2079户，外县区812户。个体运输业户43711户。其中，市区14123户，外县区29588户。全市营运车辆121071辆。其中，市区53610辆，外县区67461辆。全市危险货物运输企业118户，其中，市区86户，外县区32户。全市危险货物运输车辆3883台。其中，市区3186台，外县区697台。全市水路运输企业4户，机动船舶220艘，船员296名，渡口52道，浮桥4座，非机动船及水上游乐设施400余艘。市区机动车维修企业756户，综合性能检测站32个，从业人员0.8万人，维修总能力30万辆（二级维护作业以上）。市区有驾训企业54户，教练车辆2200余台，从业人员3500余人，年培训能力20万人。

（杨九龙）

民用航空

【概况】 2021年，长春龙嘉国际机场（简称“长春机场”）保障运输航班8.91万架次，比2020年增长18.95%；旅客吞吐量1128.97万人次，增长20.61%；货邮吞吐量9.45万吨，增长12.90%。长春机场航班量和旅客量恢复率均排名全国千万级机场第3，居东北四大机场首位。长春龙嘉国际机场有32家航空公司，执行航线187条、通航国内外城市76个，航线网络覆盖环渤海、长三角、珠三角地区“三大经济圈”和“四大机场群”。疫情期间常态化执行长春—首尔、延吉—釜山客运航班。开通长春至莫斯科首条直航欧洲货运航线、长春至法兰克福直飞国际客运航线，初步构建吉林省至中东欧空中客货通道。

南航股份吉林分公司（简称“南航吉林分公司”）执管空客A320系列飞机23架。其中，空客A321飞机6架，空客A320飞机17架。员工1988人。其中，空客机型飞行教员/机长140人，副驾驶161人；乘务员484人，空警、安全员119人。南航吉林分公司连续保证29年飞行安全和27年空防安全。

【生产经营】 021年，南航吉林分公司实现座公里投入比2020年增长22.4%；全承运出港旅客增长15.75%；实现产投比101.21%，提高1.11个百分点；吉林始发客座率、始发平均票价、始发座公里收入在中国国际航空股份有限公司、中国东方航空股份有限公司、中国南方航空股份有限公司（简称“三大航空公司”）排名第一；助力集团双枢纽建设，拉新、促活属地会员223.8万人；通过客户画像、全员营销，全年集团客户收入增长62.4%；全年辅助收入增长113.9%，付费升舱、加优享产品、精准营销增量收入三项指标均排名前列，独立访客量股份在三大航空公司排名第二；降本增效明显。

【运行服务】 长春机场航班放行正常率91.62%，排名首都机场集团干线机场之首，位列东北三省四大机场第3；国际机场协会ACI（Airports Council International）旅客满意度分值为4.95，获2021年度亚太地区500万至1500万量级“最佳机场奖”及“客户之声奖”。长春机场过夜运力增至47架。11月10日，长春机场重返千万级机场序列。拓宽“空地两张网”，携手中国东方航空公司推出长春机场空铁联运“一单支付”产品，联运业务覆盖至省内主要城市7个高铁站点，开通数条外埠直通巴士。举办首届吉林省航旅集市，联合商业综合体，营造后疫情时代航空旅游消费新场景。

2021年，运行保障能力、品牌建设工作稳步提升，出港航班正常率，在三大航空公司排名第一；打造以运管委为核心运管模式，坚持“三级运行决策体系”，制定多项运行管理专项工作制度，引入事件调查和督办机制，实现闭环管理；优化现场组织保障，有针对性制定应对特殊情况处置预案，提升运行保障能力；实施“提前关舱门”和“快速过站”常态化，GOC节点录入率99.97%；提前10分钟关门正常率93.61%，在三大航空公司排名第三；执管航班正常率90.15%，在三大航空公司排名第一；启动快保861班，达标率74.1%；上桥率77.62%；机务维修保障能力全面提升，全年执管机队出勤故障率0.83‰，下降61.2%，创造连续63天执管机队无延误记录，全年无SDR事件、无恶性延误事件。打造强亲和精细树优势名片，拟定8大领域33项服务硬仗具体任务。通过调整考核方案，强化数据分析，增强投诉管控等措施，服务投诉率万分之0.16，下降47%；旅客满意度4.601，提升1.4%，完成T3指标。服务综合排名第四，获南航服务管理先进单位二等奖。“风雪中的生命接力”等3个服务事例被《人民日报》、新华社等中央媒体报道。

【安全建设】 长春机场在民航东北地区“平安民航”建设考核中，连续第4年蝉联同层级第一。实行“4321”安全管理方法，以“四抓”（领导抓、抓领导，系统抓、抓系统，重点抓、抓重点，日常抓、抓日常）方法为指引，提升安全管理能力。以统筹开展二级机构“三查”（自查、机场之间互查、机场集团督查）为手段，以“两库”（安全隐患库和短板问题库）为依托，以融合建设安全管理体系为核心。推进SMS、SeMS、SMS—DG、QMS等体系核心模块程序统一、标准统一，实现用一套制度程序、一套台账记录。开设“JLA安全云课堂”，发布课程58节，17万人次完成学习计划。对标《中华人民共和国安全生产法》，开展宣贯、培训、考核，首次将合约商员工纳入考试范围，全员通过率100%。

2021年，安全飞行7.52万小时。以“三七二二”工程为抓手，完善安全管理体系。运用全面从严治安“四种形态”，建立作风量化管理机制，强化技能培训和作风纪律建设；引入视频监察和大数据系统，打造立体化监察体系；全年修订安全类手册200余项；加强各级干部现场值班值守；总结提炼“1234”工作法，成立网格化小组47个，构建全面包保体系；开展“结对子·进班组”活动，42位M4以上管理干部与72个基层班组、1096名员工结对子，解决困难问题92项。

【“智慧机场”建设】 长春机场在全国首批设立“易安检”旅客专用通道。建设行李全流程跟踪系统机场端，行李搬运可视化系统投入使用。在“吉事办”平台中增加长春机场服务信息，实现对航班查询、失物招领、机场疫情防控须知等信息精准解析和准确告知。发布《科技创新三年行动计划（2021—2023年）》，制订《科技创新项目五年（2021—2025）储备计划》，编制《科技创新成果汇编（2016—2021）》。全年实施52个科技创新项目，取得18项知识产权，其中2个项目获首都机场集团年度科技创新三等奖。

【提质增效】 长春机场PBN（Performance Based Navigation基于性能的导航）及进离场航线分离于2021年9月9日零时正式公布并实施，长春机场空域容量提升30%以上，形成“进出分离”新格局。同步启动长春机场容量评估工作，长春机场高峰小时容量由23架次提升至30架次，创造东北民航新纪录。搭建以长春机场运行管理委员会为核心，5个支线机场为辅“1+5”干支联动区域运行管理新模式。接管长春机场航空器机坪运行指挥权，实施航班保障全流程全链条精细化管控。

提出“四个一点儿”工作要求，严格依法治企，重大决策、重要会议

2021年，长春龙嘉国际机场保障运输航班8.91万架（次）。图为长春龙嘉国际机场T2航站楼夜景
（长春龙嘉国际机场 供图）

必先征求法律意见，合同倒签率下降46.88%；制定《对标世界一流管理提升行动实施方案》和工作清单，更新手册文件246份，内部管控严密；推进五大结构调整优化，开展职能族、营销族职位评聘工作，对544名地面人员进行业绩调薪；提升培训质量，4人获南航集团金牌教员称号；改进文风、会风，下行公文比2020年下降35.16%，分公司领导参加会议数量减少16.9%。承接股份公司战略解码分解任务和年度硬仗，确定21项KPI指标、7场年度硬仗和27条分公司策略，设定专项考评规范；推进任期制、契约化改革，完成管理合约及绩效合约签订工作，用工薪酬制度改革见效。督办立项363项，事事有回音，件件有落实；实现民企清欠“零拖欠”目标；5天内完成新运营保障业务用房搬迁；在省保密检查中获“优秀”评级；推进历史遗留、瑕疵资产等悬而未决工作，土地分割、征收补偿、房产手续、“三供一业”（企业的供水、供电、供热和物业管理）等工作。

【春节假期保障】 制定《春运工作方案》，修订《长春机场大客流暨春运疫情防控工作方案》。与省市防疫部门建立疫情联控机制，做好国际航班疫情防控保障和进口冷链物品、货物物流核酸检测。确保旅客“走得了、走得好”，强化“老、弱、病、残、孕”等特殊旅客帮扶服务。实现“健康春运、平安春运、顺畅春运、温暖春运”目标。

【疫情防控】 落实“外防输入、内防反弹、人物同防”要求，实现“客货防控零失误、员工防控零感染、紧急运输零投诉”3个零目标。全年召开疫情防控专题会议53次，印发文件150余份，修订疫情防控工作操作手册22版。修订完善突发事件应急处置预案，开展各类应急处置演练11次。完善除新冠肺炎疫情以外其他传染病预案。分区管控航站楼，将长春机场T1航站楼作为国际航班处置专区，实现与国内航班保障区域物理隔离。制定重点航班生活垃圾管控工作方案，实施员工涉疫废弃物分级管理。全年物表检测16085个点位，均为阴性；全年核酸检测13.92万人次。建立员工疫情防护培训档案，实现因岗建册、一人一册。防控法律风险、堵塞管理漏洞，完成335份合约商协议中疫情防控条款补充。

2021年，完成“两会”等重大运输保障任务。面对新冠肺炎疫情，

持续完善疫情防控机制，加强员工防护，疫苗加强针做到“应接尽接”，保持分公司所有航班旅客机上零感染、所有员工工作岗位上零感染。

（杨振宇　王　赫）

水　利

【工程招投标管理】　2021年，长春市水务局办理57个水利工程建设项目招标手续。其中，施工项目35个，勘察设计项目11个，监理项目8个，设备标3个。52个项目完成招标。优化招投标软环境建设，配合市发改委落实2021年优化营商环境任务清单，逐项对照检查，提升水利工程招标服务质量。配合市发改委、市政数局做好水利工程项目招投标领域营商环境的相关工作，7月1日开始，长春市水利行业实行电子化招标。

【工程建设管理】　对在建水利工程基本情况实行月调度，掌握工程进展情况。对辖区内在建水利工程开展质量监督检查，重点对人员履约、工程实体质量、建设进度、安全度汛准备情况等进行专项检查，发现问题逐一整改到位。完成15项病险水库除险加固工程竣工验收。组织办理新立城水库安全运行信息化系统工程（一期）等11项工程开工备案。完成吉林省华奕水利水电工程有限公司等11户企业水利水电施工总承包叁级资质初审工作。开展全市水利工程建设、质量和财务管理培训班，全市100名业务骨干参加培训。

【水政监察】　2021年，长春市依法开展非法取用地下水等执法检查工作，受理行政执法举报、投诉，依法查处违法行为，按照法定程序立案调查，对于应立案的水事违法案件，应立尽立，全年立案查处水事违法案件33件。落实行政执法公示制度，按照要求通过“互联网+监管”平台、“双随机、一公开”以及市政府门户网站向社会公众公布权责清单、监管事项清单、行政执法四张流程图、行政处罚信息以及行政许可信息等内容；落实行政执法全过程记录制度，为执法人员配备执法记录仪，利用执法记录设备、视频监控设施等手段，对日常巡查、调查取证、行政处罚等行政执法活动全过程进行记录；落实重大案件法制审核制度，对公民个人2000元以上，对法人或者其他组织作出1万元以上罚款的案件由法制审核人员进行法制审核，确保材料真实、准确、完整以及执法的事实、证据、法律适用、程序合法。全年开展2次执法检查，对执法单位进行现场检查，通过现场阅卷、查看档案、座谈交流等方式了解基层执法现状，以案释法 。

【运行管理】　2021年，完成19座小型水库安全鉴定，15座中型水库大坝安全鉴定，4座小（1）型水库报废论证报告审查。开展小型水库维修养护工作，印发《关于吉林省长春市2021年小型水库维修养护中央水利发展资金项目（城区部分）实施方案的批复》，城区19座小型水库完成购买社会化服务工作。组织各城区（开发区）及两大水库调整2021年度水库大坝安全责任人、防汛“三个责任人”，开展安全隐患排查，组织、督促各责任人完成“全国水库运行管理系统”网上培训，完成“堤防水闸基础信息数据库”“吉林省水利厅工程运行管理系统”信息核对工作，确保水库工程安全运行。

【水利行业监管】　落实法律顾问制度，出具法律意见书11份。落实“谁执法谁普法”责任制，做好法治建设和普法教育宣传，坚持“执法三项制度”，依托“互联网+”系统开展“双随机、一公开”行政检查，全年行政处罚33件；优化营商软环境，做好水利工程建设项目招投标，办理洪水影响评价、水土保持方案、取水许可等行政许可事项；举办水利项目建设管理和安全检查指导培训。推进河湖长制，强化河湖监管，常态化规范化开展河湖“清四乱”，开展河湖环境监管专项行动，采取“卫片”比对、无人机航拍、人工巡河，暗访组暗访河流240条，发现问题389个，整改完成381个。推进水利信息化建设，“两库一河”（石头口门水库、新立城水库、伊通河）智慧水利示范项目（一期）项目建议书获批复，完成二次评审。

（刘　星）

开放合作

KAIFANG HEZUO

长吉图开发开放先导区建设

【平台建设】 申报吉林自贸区长春片区。主动对标先进地区自贸区建设经验，到西安、成都实地调研自贸区建设情况，修改《吉林省自贸试验区长春片区总体方案》，确定《吉林省自贸试验区长春片区区位示意图》，报送省发改委。建设长吉接合片区国家城乡融合发展试验区。成立长春市国家城乡融合发展试验区建设领导小组，将城乡融合发展试验区作为“两大基地”之一纳入“十四五”发展规划，出台试验区建设实施方案与年度工作要点，建立联席会议制度、实地踏查机制、定期调度机制、学习交流机制、督导考核机制，搭建农业科技成果交易、农业科技园区两大平台，统筹推进10大工程、55个试验（示范）点建设。申报长春国家级农业高新技术产业示范区。国家7部委联合工作考察组长春农高区整体工作推进情况给予高度评价，认为总体创建工作领导有力，组织有序，政策到位，举措务实，具备升建国家农高区基本条件。联合成立长春（公主岭）国家农业高新技术产业示范区创建工作领导小组，吉林省政府和长春市政府分别出台《关于支持长春农业高新技术产业示范区建设的若干意见》《关于支持长春农业高新技术产业示范区建设政策措施》。申报长春国家自主创新示范区。修改并上报《关于支持长春、长春净月国家高新技术产业开发区建设国家自主创新示范区的请示》，拟定自创区建设规划纲要，梳理各地自创区政策，起草长春市配套政策。

【开放通道】 开通“长珲欧”班列。2021年4月，正式开通“长珲欧”班列，解决“长满欧”进出境受阻问题，标志吉林省新增国际铁路联运大通道正式开通。开通长春至法兰克福客货运航线。9月9日，长春通往俄罗斯、德国货运航线正式通航，东北地区与德国首条经贸货运航空通道正式开通，推进中欧国际服务贸易发展，服务东北跨境电商业发展，促进中俄、中德经贸合作全方面多通道发展。9月30日，长春通往德国客运航线正式通航，是吉林省第一条中欧客运航线，促进长春与德国、长春与欧洲之间人文经贸往来。建设长春生产服务型国家物流枢纽。编制《长春生产服务型国家物流枢纽推进实施方案》，初步明确长春市国家物流枢纽建设发展目标、“2核心+4拓展”功能布局和32项具体任务。梳理问题清单48个问题，项目清单17个重点项目，解决12个问题，长春智慧物流园等5个项目开工建设。6月，组织省、市、区发改部门、枢纽主导企业、行业协会和院校专家到洛阳生产服务型国家物流枢纽实地考察，学习交流经验。长春生产服务型国家物流枢纽长春智慧物园部分建成投入使用。

【重点项目】 推进长春新区与吉林大学和中国科学院长春应用化学研究所合作建设深地探测与智能装备、化工新材料2个国家技术创新中心。以华为研究院及联合创新中心为主体，搭建科技创新战略联盟。金赛药业国际医药产业园项目开工建设。海棠花国际科创文旅产业园项目整体规划设计方案定稿，将科创中心、文旅小镇和国际会议中心、大剧院分别包装为中韩（长春）国际合作示范区国际合作高端人才创新中心项目、中韩（长春）国际合作示范区东北亚中小企业创新创业基地建设项目、中韩（长春）国际合作示范区东北亚文化交流中心建设项目，3个项目可研方案均定稿，并申报2021年度专项债。中韩城市馆于9月23日正式开馆。规划馆完成布展方案。

（易　斌）

招商引资

【概况】 2021年，长春市新签约项目370个，拟落位项目429个，到位资金完成1576亿元，比2020年增长33%，到位外资4.72亿美元，增长11.9%，提前7个月完成年度任务。

【优质项目签约落位】 围绕服务“科

技创新城”和“区域创新中心”，成功签约巴斯夫区域结算及物流中心、法国达索长春创新中心，爱思威第三代半导体产业园落位，填补吉林省芯片产业空白，国际4大会计师事务所之一——毕马威把在长春设立分公司纳入集团2022年计划；围绕服务“双碳示范城”和“生态强市”，引进天津安捷物联公司，筹备“双碳”技术传播中心东北分中心揭牌仪式、战略合作协议签约仪式、“发挥科技创新引领·推进双碳示范城”高峰论坛等系列活动；围绕服务“新兴消费城”和“区域消费中心”，引进投资10亿美元的敏华控股东北生产基地项目，刷新吉林省港资项目单体投资额；围绕服务“现代农业城”和“农业强市”，国家杂交水稻工程技术研究中心长春创新中心签约落位，设立长春育种试验基地，省长韩俊批示：“支持长春市与袁隆平院士团队合作，开展耐盐碱水稻品种培育。”

【强企大商汇集】 到位资金项目中强企数量多、单体规模大、重点产业占比高，“三强”及央企在长春投资项目128个，涉及企业47户，到位资金760.2亿元，占到位资金总额48.2%；总投资10亿元以上项目100个，50亿元以上项目17个。“百大”重点项目通过高位统筹，签约42个、落位36个。省厅“双500”项目（500个重点洽谈推动和500个重点谋划包装项目）涉及长春市87个，签约39个、洽谈推动48个。

【产业生态圈集聚发展】 汽车产业方面，推动上海地通白、江苏汤臣、精诚工科等汽车零部件项目成功签约；对接广州思爱威、上海移远科技等企业，共同攻坚缺“芯”难题。现代农业方面，以肉牛产业为重点，打通上中下游全产业链条，推进北京赛升药业优质肉牛种源扩繁、认养一头牛等项目，对接佰仁医疗心脏瓣膜项目。现代服务业方面，与日本三菱商事就日式便利店、日式中央厨房的投资合作等事项对接交流；促成中植集团与长春市签署战略合作框架协议。完成东博会长春市展馆搭建和特色产品展示。生物医药产业方面，推动国药集团系列项目签约落位；长春生物所高等级生物安全实验室项目主体完成；祈健生物新冠疫苗分包装车间项目落位。电子信息产业方面，对接依图科技、36氪、京东方、维信诺等头部企业，推动技术合作、市场合作。

【招商引资专班】 2021年，长春市牵头成立招商引资专班及10个产业招商组，实施一个项目、一名领导、一套班子、一个方案、一抓到底的“五个一”招商机制，全市谋划包装项目502个，签约项目85个，拟投资额839.8亿元；落地项目104个，拟投资额728亿元；到位资金项目148个，到位资金450.1亿元；其中亿元以上到位资金项目122个，到位资金443.5亿元。开展专题招商活动369次，其中“走出去”活动122次，“请进来”活动247次，主要领导带队组织活动174次。

【环渤海区域招商】 以央企资源为切入点，引导中国铁塔、中粮、国电投、华能、中车、中交建等15户央企与各作战单位对接洽谈，实地考察天士力控股、天津智核环保、麒麟软件等企业。参加“央企助力吉林振兴发展座谈会”“吉林省——驻京知名企业经济合作项目签约活动”“2021中国500强企业高峰论坛”等重点活动，签约项目24个，金额1164.3亿元。

【长三角区域驻点招商】 2021年，由市委组织部统筹选派34名干部组成长三角区域驻点招商队伍，到上海、南京、杭州、合肥开展工作，市合作办负责业务指导。对接各类商协会、校友会13家，整理收集各行业头部企业信息128条，初步联络投资意向项目28个。邀请金成控股等20余户江浙地区企业到长春实地考察选址，随省党政代表团到杭州开展经贸交流活动，长春市签约项目6个，签约额274.5亿元；随省党政代表团到上海市、江苏省开展学习考察及经贸交流活动，长春市签约项目18个、签约额304.1亿元，两次活动签约额均居全省首位，占比40%左右。

【珠三角区域招商】 对接海王、华润、宝能、华为等集团，实地考察比亚迪、大族激光、正威国际等企业，助推相关项目加速落位。保持与深圳吉林商会、吉商联合会、深圳市文旅协会等优质商协会的密切联系，与盘古智库建立合作关系，邀请深圳吉林商会会长到长春座谈交流，谋划合作项目。随省党政代表团到广东开展经贸活动中，签约项目18个，签约额550亿元；组织参加上市公司进吉林活动，签约项目5个，签约额71.5亿元。

【省内对接合作】 邀请多家企业和商会，到各市州实地走访对接，推动企业与地方政府建立合作意向清单，梳理出30余条合作意向。与松原市商务局签订战略合作框架协议；华润三九旗下全资子公司华润和善堂人参有限公司与白山市抚松县完成签约，拟投资1.6亿元在抚松县建厂；中检集团吉林有限公司与白山市签订战略合作框架协议，成立分公司；布瑞克围绕黑木耳产业集群项目，与延边州和延吉市达成初步合作意向；好活科技依托好活云灵活就业平台及好活科技全国的产业布局，与延边州和松原市达成合作意向。

【投资项目合作】 抓住打造中国向北开放重要窗口和东北亚地区合作中心枢纽机遇，举办长春市“四大板块”产业网上推介会暨项目云签约活动，日、韩等国家和中国香港地区的100余户企业视频参会，7个项目实现云端签约，引资额近160亿元，全球27家媒体宣传报道此次活动；举办中欧经贸与投资合作云峰会暨重点项目签约仪式，围绕落实“双碳”（碳达峰和碳中和）战略，来自德国、比利时、法国、意大利、匈牙利、俄罗斯、芬兰、丹麦等国家80余户企业、机构负责人在云端和现场与长春对话，24户企业达成合作意向。

【建设跨境电商综合试验区】 空港

口岸被国务院批准增设为药品进口口岸。长春至法兰克福客货运航线开通。中欧班列稳定运营，“长珲欧”班列实现试运行。举办第三届全球（长春）服务外包峰会，长春市在服务外包示范城市综合评价中列中西部和东北地区第3位、东北地区首位。法国达索系统等战略投资者落户长春。全市外贸进出口增长18%，实际利用外资增长12%。

【联络服务商会】 加强与各类机构沟通交流，推动以商招商、商会招商、协会招商。协助完成4家新成立商会的注册登记，16家商会的年检，帮助群众解决实际困难7件。通过服务商会，成功对接香港敏华集团，芝华仕沙发产业园项目完成签约。

【县（市）区、开发区招商】 统筹全市招商引资“一盘棋”，到各县市区、开发区开展招商引资专项调研，收集210条招商线索，组织市直部门、县（市）区、本土优质企业开展联合招商，对接文和友等文旅企业，提升企业资源对接效率和项目落位成功率。

【项目谋划和督导考核】 结合国家、省“十四五”规划和长春定位，聘请组建高水准招商专家团队，筛选出423个优质项目纳入招商项目库中进行滚动管理。采取“周调度、月排名、季通报”工作方式，将全市694个在谈项目和87个省“双500”项目全部纳入台账管理，每两周动态更新所有项目进展，有361个项目移交发改委项目中心，实现项目全生命周期的闭环管理。

【对外招商】 5月12日，市外办与欧洲—中国企业家联合会举行工作洽谈会议。双方就拓宽交流合作渠道，推动欧洲企业与长春企业间合作，与欧洲各城市建立友好合作关系等事宜达成共识。6月1日，市外办与引诺（长春）国际技术孵化有限公司签署战略合作框架协议。举办长春国际协同创新交流峰会为优化长春市营商环境，激发社会创新创业潜力，推动长春市国际合作发展，9月3日，由中白科技园、中以科技孵化园、德国引诺国际创新中心联合主办，长春市人民政府外事办公室支持的长春国际协同创新交流峰会在长春市开幕。9月25日，欧洲—中国企业家联合会副会长王荟率中科院长三角资本管理有限公司和昆吾九鼎投资管理公司代表访问市外办。协助办理汽开区邀请省市领导参加奥迪一汽新能源汽车项目落位长春签约仪式的外事活动报批手续。奥迪一汽新能源汽车项目（PPE项目）于1月18日由中国一汽集团、德国奥迪公司、长春市人民政府以视频连线方式签署三方协议，正式落位长春。筹备并推动该项目早日开工建设，奥迪中国总裁安世豪一行频繁到访长春，与省市主要领导和汽开区相关领导洽谈该项目。6月30日，欧非处参加由中国产业海外发展协会和上合组织秘书处联合举办的“上合组织中亚国家投资潜力：合作项目机遇和前景推介会”。

（刘育禾　孙　钊）

对外贸易

【货物进出口】 2021年，全市货物进出口总额1179.8亿元，比2020年增长14.8%。其中，出口完成165.9亿元，增长22.4%；进口完成1013.8亿元，增长13.6%。从贸易伙伴看，进口前三的国家分别是：德国336.68亿元、斯洛伐克81.05亿元、日本77.28亿元；出口前三的国家分别是：德国22.03亿元、日本15.61亿元、美国12.07亿元。

从进出口主要品种看，进口前三的品种分别是：汽车零配件343.30亿元、汽车（包含底盘）219.97亿元、计算机与通信技术76.57亿元；出口前三的品种分别是：汽车（包含底盘）32.27亿元、汽车零配件18.73亿元、计量检测分析自控仪器及器具12.52亿元。

表44　2021年长春市进出口贸易额前十位国家（地区）统计表

单位：万元

位次	进口国家（地区）	进口金额	位次	出口国家（地区）	出口金额
1	德国	3366813	1	德国	220276
2	斯洛伐克	810500	2	日本	156053
3	日本	772775	3	美国	120651
4	墨西哥	689327	4	印度	113082
5	葡萄牙	618231	5	韩国	81911
6	捷克	543503	6	俄罗斯联邦	77481
7	匈牙利	481899	7	墨西哥	75788
8	波兰	270520	8	澳大利亚	67960
9	巴西	257622	9	以色列	66150
10	法国	256997	10	沙特阿拉伯	44727

表45　2021年长春市进出口贸易额前十位商品统计表

单位：万元

位次	商品名称	进口金额	位次	商品名称	出口金额
1	汽车零配件	3432968	1	汽车（包含底盘）	322720
2	汽车（包含底盘）	2199663	2	汽车零配件	187329
3	计算机与通信技术	765715	3	计量检测分析自控仪器及器皿	125221
4	电工器材	742773	4	通用机械设备	113248
5	计量检测分析自控仪器及器皿	608143	5	电子技术	73416
6	电子技术	490481	6	抗生素（制剂除外）	72280
7	电子元件	300061	7	胶合板及类似多层板	70714
8	粮食	290436	8	电工器材	70044
9	计算机集成制造技术	283641	9	纯电动乘用车	39016
10	机械基础件	156276	10	柠檬酸	27936

【利用外资】　2021年，全市实际引进外资4.72亿美元，比2020年增长11.85%，占全省引进外资的69.4%。从资金来源情况看，有日本、开曼群岛等17个国家（地区）对长春市有直接投资。其中，德国、开曼群岛等主要资金来源地占全市直接利用外资的95.1%。从产业投向情况看，外资投向主要集中在第二、第三产业。长春市直接利用外资产业分布情况是：第二产业41955万美元，占89%；第三产业5206万美元，占11%。直接利用外资在第二产业主要以制造业为主，分布在汽车制造业；第三产业主要投在商务服务业。从项目审批情况看，全市新批项目和合同外资与2020年同期比均有所下降。2021年，全市新批外商投资企业38户，比2020年下降11.6%；合同外资金额7.22亿美元，下降54.4%。在已投产外资企业中，增资企业14户，增加投资总额9293.7万美元；增加合同外资6112.5万美元。截至年底，有72户世界500强企业落户长春市。从投资方式情况看，在新设立的38户外商投资企业中，合资企业20户；外商独资企业18户。

【中欧班列】　长春市有中欧班列3条，“长满欧”班列、“长珲欧”班列和“长春—汉堡”班列。“长满欧”“长珲欧”班列由长春兴隆综合保税区国际陆港公司运营，“长春—汉堡”班列由长春新区旌远国际物流有限公司运营。中欧班列经由满洲里口岸，向西连接俄罗斯80余个铁路站点和欧洲10国30个铁路站点。班列服务涵盖宝马、沃尔沃、三星、LG、华为等3000余户国内外知名企业，出口货物以轮胎、汽车玻璃、碳素、铝材、家具、轻纺等为主，其中省内货物占比73%；进口货物以整车、零部件、食品、酒类等为主。2021年，长春市中欧班列每月稳定发运10列，承运13772标准箱，发货量与2020年基本持平。

（易　斌）

【服务贸易】　2021年，长春市建立服务贸易高位统筹机制，成立以市长为组长，33个市直相关部门主要领导为成员的“市服贸创新发展领导小组”，办公室设在商务局，强化顶层设计、推进联动协作。组办服务贸易政策解读“专题培训会”，邀请服贸司及相关专家授课，培训200余人。5月12日，国务院服务贸易发展部际联席会议办公室印发《关于全面深化服务贸易创新发展试点“最佳实践案例”的函》，长春市“推动汽车制造业产业链向服务贸易领域延伸拓展，推动制造业和服务业深入融合”这一创新做法，入选全国“全面深化试点第一批最佳实践案例”，供各地在推动服务贸易创新发展工作中借鉴推广。

【服务外包】　2021年，长春市服务外包离岸执行额11829万美元，比2020年增长5.5%。ITO（信息技术外包）、BPO（业务流程外包）、KPO（知识流程外包）离岸执行额分别为4728万美元、478万美元和6623万美元，分别占比40%、4%和56%。主要业务来源国为美国、澳大利亚、日本、沙特阿拉伯、挪威和芬兰等，按离岸执行额度排名前3位国家为美国、澳大利亚、日本,执行额分别为3818万美元、1537万美元和1496万美元。业务领域主要涉及工业设计服务、软件研发服务、业务运营服务、管理咨询服务、技术咨询服务和售后维修维护服务等。举办“第三届全球制造业服务外包峰会”，邀请国际组织、国内外企业高管、研究机构代表近300人参会。

（伊方亮）

表46 2021年长春市利用外资及港澳台资分类情况统计表

单位：万美元

类别	新设企业	投资金额
新设立外资企业	38	301235.8
其中超千万美元企业	10	286853.1
实际利用外资金额	—	47161.1
其中直接利用外资	—	47161.1
间接利用外资	—	—
合同利用外资金额	—	72162.6
其中超千万美元企业	—	61769.6
投资领域	—	合同外资
第一产业	1	61.8
第二产业	5	54297.7
农副产品及食品	—	—
光电信息	—	216.3
汽车零部件	1	45344.5
生物医药	—	—
其他	4	8736.8
第三产业	32	15403.1
投资方式	—	—
合资企业	20	53488.7
合作企业	—	—
外资企业	18	18673.9
外商投资股份制企业	—	—
中国香港	14	16399.9
新加坡	2	2599.0
韩国	7	4771.2
德国	1	45478.5
澳大利亚	1	1110.2
世界五百强企业个数	72	—

经贸促进

【第十三届中国—东北亚博览会】 9月23日至27日在长春举办。中共中央政治局委员、中央外事工作委员会办公室主任杨洁篪出席2021年博览会开幕式暨第十一届东北亚合作高层论坛，并发表主旨演讲。该届东北亚博览会多国政要云集，响应“一带一路”倡议，来自51个国家和地区的2万余名客商线下参会。该届东北亚博览会签订国际、国内合作项目111个，投资额1962亿元。其中，合同项目98个，合同引资1171亿元。比上届增长110.69%；协议项目13个，协议金额791亿元。

【承办世界中医药大会第六届夏季峰会】 该届峰会由世界中联、长春市政府和省贸促会主办，市贸促会、市卫健委等单位承办，现场400余名代表参会，30余个国家246万人次线上参会观看。第十二届全国政协副主席刘晓峰宣布峰会开幕，省长韩俊、国家中医药管理局副局长闫树江出席并致辞，长春市副市长李炜姝介绍长春市中医药产业事业情况，诺贝尔物理学奖得主乔治·斯穆特，张伯礼、樊代明、

9月23日至27日，第十三届中国–东北亚博览会开幕式暨第十一届东北亚合作高层论坛在长春举办　（伊方亮　供图）

吴以岭、刘良、李玉等作主题报告。组织参会代表考察中韩（长春）国际合作示范区北药园、长春双阳鹿乡镇等配套活动，重点衔接张伯礼院士协助双阳区鹿乡产业开展医药同源问题研究，推动长春市中医药产品、技术“走出去”，为后续产业合作打基础。

【服务各开发区和进出口企业】 2021年，长春市开展服务政府、服务企业、服务社会工作。召开中韩医美产业合作项目签约仪式。9月25日，中韩（长春）国际合作示范区与韩国奥拉克整形美容中心、中妍美容集团、中日韩企业联谊会共同签署合作协议，达成中韩医疗美容联合医院、中韩医疗美容临床专修研究院总计5亿元投资项目正式落位中韩示范区。召开跨国公司吉林行长春恳谈对接餐叙会。9月28日，市贸促会争取跨国公司吉林行活动到长春市进行项目对接，组织跨国公司企业代表、本地企业代表等130人参加会议，市委常委、副市长宋葛龙致辞并做城市推介，经开区、中韩示范区、朝阳区、公主岭市围绕本区特色产业依次推介，跨国公司企业家代表发言。推动一个文化活动交流中心和两个产业园建设。与莲花山管委会共同推动莲花山文化活动交流中心，成立莲花山文化活动交流中心，开展承接文化交流会议论坛、承办文化艺术展览博览会；海派融创产业园坐落于净月开发区，为推动跨境电商行业发展，将组织汽车零部件、服装服饰、家居建材等企业入驻产业园；配合净月开发区生命健康产业发展局，通过第二届中国（长春）国际健康产业博览会、首届中国（长春）老龄产业博览会平台，推动净月区生命健康产业园建设。开拓服务渠道，帮助企业“走出去”。9月，组织吉林省鼎翔科技公司等6户企业参加中国（深圳）跨境电商展览会，参照省商务部门政策，采取免参展企业展位费等方式，实现现场销售和意向成交，实现本地产品“走出去”。11月，组织企业参加深圳金融博览会。改善营商环境，为企业原产地证书办理提供便利服务，做到“最多跑一次，审批不见面”，为近20户企业开通自主打印服务，出证范围覆盖亚欧非美4大洲；帮助长春澳华技术咨询公司协调澳大利亚客商有轨电车车灯需求订单事宜；协调综保区与长春万成生物电子工程有限公司对接，商谈企业驻区办企；协调市场监管局调研万成生物科技公司，就产品注册证办理，公司产品新冠病毒检测盒在国内市场开发给予指导和建议；帮助华彬包装公司对接总会轻工行业分会、总会驻欧盟代表处，开拓欧洲市场皮毛市场；帮助罡恒电子公司与外方对接，帮助解决其产品进入东南亚市场等工作问题。

【扩展商法服务】 出证认证工作。2021年办理货物原产地证明书1800份，产地证出证数量比2020年增长31.5%，产地证出口金额约1.51亿美元，增长34.4%。出口国别63个；代办商事证明书和领事认证326份，涉及菲律宾、越南、泰国、土耳其、墨西哥等17个国家；新增注册企业20户，累计注册企业用户180户，解答企业咨询600余次。

办理推广电子印签。通过向企业推广电子印章和电子签名等内容，确保长春市原产地签发流程电子化顺利开展。在服务企业过程中宣传、解释到位，新增25户应用电子印章和电子签名进行出证企业。

【商会建设】 4月29日，召开长春国际商会第三届会员代表大会。大会审议通过上届工作报告，提出新时代的总体要求、作出全面部署。大会选举长春国际商会理事会副会长单位12家，常务理事单位29家，理事单位83家。成立长春国际商会汽车零部件专业委员会、农特产品专业委员会、家居专业委员会、服装服饰专业委员会、跨境电商专业委员会、鹿产品专业委员会等多个专业委员会。为会员企业开展“贸促贷”业务服务。市贸促会与中国邮储银行长春分行共同推出为长春市出口企业融资便利化项目，主动登门为出口企业服务，为长春万成生物电子工程有限公司放款86万元，为吉林省广森商贸有限公司放款200万元。

（伊方亮）

中韩（长春）国际合作示范区

【概况】 《中韩（长春）国际合作

9月23日，中韩城市馆启动仪式举行　　（贺　鹏　供图）

示范区总体方案》于2020年4月21日获得国务院批复同意。同年6月29日，中韩（长春）国际合作示范区（简称“示范区”）党工委、管委会正式揭牌成立，分别为吉林省委、省政府派出机构，采取一套班子两块牌子方式设置，委托长春市管理，享有省级经济管理权限。示范区位于长春市东北部，西临长春市铁路交通枢纽国际陆港，东临长春龙嘉国际机场，南临长春兴隆综合保税区，地处长吉图腹地核心位置、东北亚几何中心。规划总面积210平方千米，下辖1个街道办事处，2个社区，12个行政村，户籍人口32942人，常住人口28214人。

2021年，示范区地区生产总值10.05亿元，增长12.3%；规模以上工业产值14.3亿元，增长12.4%；规模以上服务业主营业务收入3.94亿元，增长23%；社会消费品零售总额35.8亿元，增长43.6%；财政收入0.9亿元，增长12.6%；固定资产投资72.8亿元；各项主要指标增速均位居全市前列，生产总值增速排名全市第一。

【国际合作】　2021年接待韩国官方与企业界人士考察40余次。围绕发展“丝路电商”搭建的“长荣国际”B2B平台、KCR跨境购等电商平台获批运营。新引进项目75个，总投资1052亿元。谋划包装项目120个，超额完成内外资指标任务。国电投氢能装备项目正式落位示范区，与华润集团签署合作协议，合作发展生物疫苗产业。TMS光学材料制造和敏佑公司落位。与釜山大学氢能源研究所等12户韩企和机构签订合作协议。与韩国光电技术研究院等40余户企业确定合作意向。韩国驻沈阳总领事3月18日和9月23日访问示范区。

【项目建设】　2021年开复工5000万元以上项目72个，总投资504亿元，其中产业类项目47个，占比62%。全年国家发改委审核通过23个专项债项目，通过率全市第一。

【科技创新】　2021年新认定高新技术企业8户，新认定“专精特新”企业、省级创业孵化基地、省（市）级新型研发机构各2户。发放创新券，科技创新综合服务平台开始试运行，成立“科技服务团”，与中科院长春分院签订合作协议，与吉林大学等科研院所共建“产学研合作基地”。举办全省双创周主会场活动，北药园、产创基地、东方人力资源产业园获批省级双创示范基地。

【基础设施建设】　建立“多规合一”空间规划体系，全年实施31个基础设施项目，建设完成起步区28条道路，实现通车里程88千米，形成“三横四纵”主路网。干雾海河及春明湖综合治理工程完成库区及河道土方、清淤工程及地形整理工程，获批“吉林省万里绿水长廊省级第一批试点项目”。

【营商环境建设】　梳理和承接国家、省市支持政策，制定出台金融、国际合作等10项招商政策措施。承接市里下放1841项行政权力，在全市率先创建信用服务专区，“一网通办”工作就绪。获批市场监管总局“核准无行政区划名称”试点和省“证照一码通”改革试点。建立领导班子包保重点企业和“助企直通车”秒回机制，解决劳动用工、金融服务等问题87件，企业满意率100%。

【民生服务】　2021年超额完成新增城镇就业指标任务，零就业家庭实现动态清零。落实“高龄老人生活津贴”等民生实事，足额发放特殊群体保障资金500余万元，近2.1万人次被征地农民养老保险金发放到位。完成基本农业保险投保面积6666.67公顷。投入2000余万元改善中小学办学环境，文德中学和树德小学被评为“全国青少年校园冰雪运动特色学校”。总投资17.8亿元重离子医院项目通过审批。

【中韩城市馆开馆】　9月23日，历时1年筹建的中韩城市馆正式开馆运营。韩国驻华大使馆参赞金相广、韩国驻沈阳总领事馆总领事崔斗锡、长春市委常委高玉龙、长春市副市长赵显出席启动仪式。韩国嘉宾，省市相关部门、银行、企业代表480余人参加开馆仪式。活动现场准备非遗传统文化演绎、巡馆、经贸交流座谈会、“网红经济发展趋势”高峰论坛等系列活动，展示中韩文化紧密交流。18家媒体进行现场直播和采访。该馆着力打造国际交流合作平台、进口商品集散中心和跨境电商孵化基地。

（杨　帅）

区域发展

QUYU FAZHAN

长春吉林一体化发展

【规划同筹】 2021年，长春市到吉林市对接，开展前期调研，聘请专业团队启动编制长吉“三带”规划。编制《长春临空经济示范区发展规划》，获省政府批复。以市政府办公厅名义印发《推进长春吉林一体化协同发展2021年工作要点》，主要包括规划同筹、交通同网、信息同享、产业同兴、功能同步、科教同促、旅游同线、环境同治等8方面24项具体任务。

【交通同网】 确定长吉城际公交试运营方案、线路走向、配车。建设国道珲阿公路绕越石头口门水源保护区长春段项目，总投资8.12亿元，2021年投资2.5亿元。协助建设延长高速长春至烟筒山段项目，2021年完成投资20亿元，占年度计划100%。编制龙嘉机场三期扩建工程预可研，召开行业评估会。

【信息同享】 利用吉林省水旱灾害防御平台、“吉林水利”App，及时掌握石头口门水库上游雨水工情，与吉林市及省水利厅业务处室数据交换共享，基础数据、实时数据和统计数据做到实时更新。长春市和吉林市实现传染病医疗救治资源共享。梳理支援吉林市开展采样工作注意事项，总结工作经验。长春城市智能体中枢系统上线试运行，包含数据中枢、事件中枢、开发中枢、应用中枢，为长春市、吉林市智能体互联互通工作奠定基础。

【产业同兴】 围绕汽车与化工融合发展、汽车零部件配套、电子芯片研发生产、旅游产业协同开发等领域，与吉林市签署产业协作框架协议。6月，年产1.58万吨高性能涂料项目从长春市经开区“退城进园”搬迁至吉林市经开区。建设城乡融合发展试验区，搭建农业科技成果交易、农业科技园区2个平台，统筹建设10大工程、55个试验（示范）点。出台《长春市国家城乡融合发展试验区农村集体经营性建设用地入市实施方案》等7项文件。

【功能同步】 2021年，长春市依托中国—东北亚博会、全球吉商大会、央企进吉林、跨国公司吉林行、中国国际进口博览会等重点展会活动平台，与吉林市对接企业和签约项目工作。完成许可e窗通系统，长春市4个区域被确定为“证照一码通”改革试点，属于全国首创。

【科教同促】 落实《职业教育服务长春现代化都市圈建设行动计划（2020—2023年）》，推动长吉两市优质职业院校集群发展，支持具备条件高职院校加快建设“双高计划”。支持长吉两地职业院校合作开展技术技能人才贯通培养。2021年，有14所中职学校与长春大学、长春职业技术学院、吉林省交通职业技术学院、长春汽车工业高等专科学校等8所高校合作。推动吉林国兴复合材料有限公司与吉林大学汽车学院合作研发并进行成果转化，建设车用座椅骨架碳纤维复合材料生产线。成立“科创大脑”建设领导小组，形成《“科创大脑”建设细化分工方案》，建设政务办公信息、科技计划管理和科技创新云服务三大系统（统称“科创大脑”）。实施“智慧农业助力东北振兴”行动方案，上报科技部并获财政支持260万元。

【旅游同线】 在“5·19”中国旅游日推出“长来长往吉游吉行”主题活动，组织相关旅行社负责人、媒体记者等组成文旅体验团，到对方城市开展文旅产品考察踏线，吉林市文旅体验团30余人考察长春市伪满皇宫博物馆、长影旧址博物馆以及天定山度假小镇和莲花山巴图鲁乐园；长春市文旅体验团考察吉林市松花湖景区、陨石博物馆、神农庄园、七星堡葡萄酒庄等景区。开展“短途游”活动，工会协调相关旅行社设计14条“一日游”线路，包括长春市线路10条，吉林市、四平市、辽源市、松原市各1条。

【环境同治】 2021年，长春市与吉林市签订《长吉两市生态环境局突发环境事件应急联动机制协议》，建立长春与吉林突发环境事件应急联动机制。加强石头口门水源地治理，巡查监管水源地一级保护区，常态化开展一级保护区内围栏管护及垃圾清理打捞工作，修订《石头口门水库水源地巡查制度》《石头口门水库水源地突发环境事件应急预案》等规章制度，开展水源地工程治理措施工程，完成2021年度水源地安全保障达标建设工作。开展饮马河流域综合治理，截至10月30日，32项工程完工11项，建设16项，未开工5项，完成投资16.01亿元。开展拉林河支流卡岔河治理工程建设，投资0.1亿元。

（易　斌）

长春四平一体化发展

【一体化规划】　2021年，长春市编制《长春四平一体化协同发展规划》。对接四平市，做好长春、四平两市国土空间规划衔接协同，构建交通设施互联互通、市政基础设施共建共享、生态环境共治共保、公共服务便利共享、产业经济密切联系的长平一体化发展格局。

【交通同网】　2021年，长春市建设国道饶盖公路长春至依家屯段项目，项目投资31.78亿元，2021年投资4.7亿元。10月24日全线通车试运行。建设长春经济圈东环线126千米高速公路项目，项目投资124.36亿元，2021年投资30亿元。2月，项目初步设计批复；3月，两阶段施工图设计批复并发布土地征收通告；6月，公开招标施工、监理单位；8月末，取得先行用地批复及项目施工许可并组织施工、监理单位进场。

【园区同建】　签署长春、四平两地农业领域战略合作协议，开展健康食品、畜牧产品和粮食深加工产业合作，探索“飞地经济”合作机制和“一区多园”发展模式。建设绿色食品加工产业园，投资1.1亿元，高尔夫食品加工项目生产厂房及办公用房均已封顶，主体墙面完成。

【产业同兴】　长春四平共建汽车产业园，申请2.7亿元专项债建设园区基础设施，完善配套扶持政策，华凯比克希年产5万套商用车线束项目、年产100万套汽车塑料配件项目等项目入驻园区。与一汽解放集团签署框架协议，并与三一重工、中联重科达成共识，共建吉林省专用车集团，围绕解放公司自卸、牵引、载货、专用4个品系，达成共建吉林省专用车集团合作意向。推动零部件企业与一汽集团合作，一汽解放为四平增加委改量2888台。

【开放同畅】　组织丸红、首创集团、长春市江苏商会、长春市吉榆商会负责人以及相关业务处室负责人，到四平市开展对接交流，研究讨论两地开展联合招商、推进企业对接、拓展合作领域、承接产业转移等事宜。依托东博会、吉商大会、央企进吉林、跨国公司吉林行、进博会等重点展会活动平台，组织企业与四平市代表团对接交流。

【服务同城】　5月31日，长春、四平两市签订《教育合作框架协议》，围绕职业教育发展，在校校合作、师资培训、共建实训基地和建立贯通培养机制等方面拟定4大类8个合作项目开展合作。两地制定《长平一体化党员干部党史学习教育培训方案》，建立党史学习教育培训等方面的长效机制，长春党员干部到四平战役纪念馆学习14079人次。

【生态同治】　建设伊通河重点支流治理及中小河流小辽河治理工程，提升城市防洪能力，伊通河农安段一期、德惠段开工，伊通河农安段二期开展初设编制，小辽河（杨大城子镇至八屋镇）完成招投标工作。编制《长春市水系连通和河道生态补水专项规划》，制定东新开河、小河沿子河等补水方案。完成伊通河新立城水库水源地一级保护区至伊通县伊通河城区段污染隐患巡查工作。

（易　斌）

市州合作

【对接合作】　2021年，长春市成立对接合作工作领导小组，召开市委常委会2次，领导小组会2次，全省座谈会1次，全省调度会1次，在四平召开现场会1次。审议并通过《实施方案》《五张清单》《领导小组工作规则》《领导小组办公室工作细则》等系列文件。召开各市（州）常务副市长和各开发区主任座谈会，明确具体合作事项、推进路径和阶段性目标。聚焦谋划合作项目、共同招商引资、产业链融合发展、产业转移、重大平台项目、重大基础设施、干部人才交流7个重点，建立组织领导、对接沟通、信息共享、考核督促、政策激励5项机制。制定《长春市与各市（州）、长白山管委会对接合作实施方案》，聚焦4个方面，产业链共建共融、平台载体共创共享、重大项目共谋共促、协作机制共商共赢；构建6个产业链，汽车及零部件产业链、农业及农产品加工产业链、医药健康产业链、文化旅游产业链、电子信息产业链、先进装备制造产业链；打造6大平台，创新平台、开放平台、展会平台、金融平台、物流枢纽平台、公共服务平台；建设5大基础设施，长春—辽源—通化高铁、长春—双辽—通辽—赤峰—集宁高铁、区域公路交通、航空枢纽、氢能走廊；开展3方面干部人才交流合作，干部挂职、人才交流、人才培训。制定5张清单，招商引资项目清单、产业转移项目清单、重大基础设施项目清单、重大合作平台项目清单、干部人才交流合作清单。

【对接活动】　2021年，开展各层次对接活动300余次。先后在3月、6月、9月到各市（州）、长白山管委会和梅河口市开展高层实地对接。召开全省各地发改委主任会议。一汽集团、亚泰集团、皓月集团、旭阳集团、金赛药业、长光卫星、中农阳光、长春陆港等企业分别到各市（州）开展合作洽谈、签署战略协议、推动项目落地。

【重点合作】 长春市与各市（州）谋划合作项目210个，总投资3500亿元，签约开工项目108个，总投资955亿元。重点构建汽车制造、光电信息、生物医药、航空航天、农产品深加工、影视文旅6大产业链集群。与吉林市重点推动年产1.58万吨高性能涂料、吉澳产业孵化基地等项目26个，总投资763亿元，其中艾仕得涂料、新能源汽车产业园等12个项目开工建设；与四平市重点推动四平—长春共建汽车产业园、江苏华凯比克希汽车线束等项目32个，总投资289亿元，完成项目5个，开工建设项目5个，实现签约项目3个；与辽源市重点推动新能源汽车动力电池研发配套、方大锻造1.6万吨锻压设备等项目17个，总投资495亿元，其中辽源经开区高新技术创业服务中心、新能源汽车配套产业园基础设施、智能装备产业孵化器等6个项目开工，生产一汽配套零部件企业增加到20户，订单增加到24.2亿元；与通化市重点推动中信戴卡汽车零部件等项目21个，总投资323亿元，其中万通、天强等3户药企与长春市7户企业开展OEM合作；与白山市重点推动影视拍摄基地、50兆瓦风力发电旅游、年产10万吨硅肥等项目21个，总投资550亿元；与松原市重点推动新型动物疫苗研发生产基地、新能源科技光伏光热一体化模块生产等项目22个，总投资153.8亿元，落地项目12个，实现投资106.4亿元。与白城市重点推动白城—长春合作产业园区、分布式新能源制氢加氢一体化等项目9个，总投资240亿元，建设6个项目；与延边州重点推动国泰汽车与旭阳集团合作、金赛药业投资扩能等项目17个，总投资22.3亿元，有10个项目签约落地，其中金赛药业完成投资1.5亿元；与长白山管委会重点推动长春国际影都长白山基地等项目10个，总投资86亿元；与梅河口市重点推动四环津升胰岛素等项目4个，总投资48.5亿元。

推动创新平台、开放平台、展会平台、金融平台、物流枢纽平台、公共服务平台6大平台建立共建机制。创新平台，谋划合作项目10个，其中长春汽开区与四平市四发集团开展吉林省专用车集团平台合作、延边大学与开展长光卫星校企合作、长春净月区与长白山管委会开展旅游景区管理运营合作等项目达成合作意向。开放平台，谋划合作项目18个，其中吉林通化国际内陆港务区出口加工产业园和跨境电商项目与长春兴隆综合保税区平台合作、白城—长春合作共建产业园区、长春中韩国际合作示范区与延边州开展东北亚五国跨境电商贸易平台合作等项目达成共识。展会平台，谋划合作项目6个，其中长春市经开区与通化市开展长春国际会展中心农产品展销平台合作、辽源市借助长春农博会、农产品销售中心等展销平台开展特色农产品展销等项目完成对接。公共服务平台，谋划合作项目6个，其中四平市医疗保险信息系统平台在长春进行结算业务、吉林杨靖宇干部学院与长春共建干部党性教育合作平台、长春市经开区中农阳光数据有限公司与松原市开展“5G+数联网”智慧综合服务云平台等项目进入运行阶段。

“双通道”合作共建重大交通项目21个。铁路方面，长春—辽源—通化高速铁路项目纳入国家铁路运输“十四五”规划；长春—白城快速铁路达速项目年底通车，长春至松原、白城缩短至50分钟和2小时以内；敦白高铁进入静态验收阶段，长春到长白山2小时左右可达；推进龙嘉机场至吉林市北大湖、松花湖客运专线等项目建设。公路方面，长春1小时都市圈环线高速二期开工，前进大街延长线（饶盖公路长依段）于9月底通车，推进长太高速、长双烟高速、长双快速路、国道珲阿公路绕越石头口门水源保护区等重大项目建设。航空枢纽方面，加密杭州—长春—长白山航线，实现每日一班。开发龙嘉机场航线、建设省内支线机场。长春龙嘉机场三期项目《总体规划》已获批；长春至法兰克福货运班线于9月8日开通。氢能走廊方面，长春与白城开展国电投和吉电股份氢能装备研发制造合作项目、长白氢能走廊建设项目。

【常态化对接】 长春市和各地市（州）均成立工作专班，建立工作台账。市本级专班与汽开区、经开区专班联合组织汽车、医药产业大对接，促成7个项目合作，计划投资近20亿元。推进市直部门参与对接合作，文广旅局开展10轮对接，成立全省冰雪旅游联盟。制定实施“1+5”对接合作协作机制，即1个《对接合作实施方案》和招商引资项目、产业转移项目、重大基础设施项目、重大合作平台项目、干部人才交流合作“5张清单”。加强工作督导，项目月调度、简报周刊发、情况日汇总。发简报33篇，其中10篇得到市级领导签批。

（易　斌）

对口合作

【与天津对口合作】 2021年，长春市实施“借港出海”战略。提升长春—天津港海铁联运班列“内贸外运”货量。2021年，津长两地增加双向对开海铁联运班列频次，截至11月下旬，发运长春—天津方向海铁联运班列5516标箱，内贸主要产品为玉米，外贸出口主要产品为玉米深加工产品；天津—长春方向海铁联运班列2108标箱，货物品类以汽车零配件为主，发运量比2020年增长157%。海铁联运班列服务。长春海关、长春兴隆综保区、天津港集团等部门合作，2021年7月完成东北地区首单“一单到底”全程提单国际海铁联运业务，利用长春兴隆铁路口岸“国际港口代码（CNCCD）”功能优势，港口功能和服务辐射范围扩大到长春铁路口岸，使长春成为东北地区首个实现“一单到底”国际海铁联运城市。结合天津港“阳光价格”政策，推动长春市口岸收费公开公示，完善口岸收费目录清单制度，精简合并收费项目，及时更新收费清单，扩大“阳光价格”政策服务范围，印发《2021年长春市优化口岸营商环境提升跨境贸易便利化重点工作实施方案》，协调海关及相关部门落实，压缩通关时间，提高通关效率。

政务服务事项“跨省通办”。以国家公布“跨省通办”事项清单为重点，细化拆分形成长春市“跨省通办”事项清单245项，实现事项标准化，与天津市等8个地区签订《跨省通办合作框架协议书》，实现异地受理、远程办理、协同联动，依托全省一体化政务服务平台，建立“跨省通办”服务专区，在全市各级、各类实体大厅设置“跨省通办”窗口，提供统一“跨省通办”服务。截至2021年9月底，为群众办理“跨省通办”业务26664余笔。

国有企业改革经验互鉴。推动国资企业与天津国企对接，借鉴经营管理、发展理念等方面经验，在项目层面实现合作。组织企业围绕长春市发展战略及企业转型发展方向，在现代农业、信息技术、能源等领域储备16个优质项目，并制作项目招商册、企业宣传册，面向天津国企进行招商。关注天津经贸展会信息，支持企业参与，推介优质项目，展示长春国企形象，吸引域外企业合作。

生态环保领域经验交流。借鉴天津治理海河经验与做法，改善流域水环境质量，九台污水处理厂二期工程建成投运。将天津市“查、测、溯、治、罚”专项整治，与长春市“查、测、溯、治、评”系列综合治理措施结合，用以改善水环境质量，“十三五”末期长春市9个国考断面全部消除劣Ⅴ类，优良水体比例77.8%，创历史最高水平。

规划和自然资源领域交流合作。学习天津市构建国土空间规划体系以及编制国土空间规划方面经验和方法，与天津大学、天津大学城市规划设计研究院等高校及科研院所对接合作，开展国土空间总体规划专题研究《长春市社会空间评价与公共服务设施优化研究》；联合开展长春国际汽车城城市设计、农高区核心区重点项目详细规划设计等规划编制工作，推动长春现代化都市圈建设。

轨道交通领域合作。发挥市服务长客发展工作领导小组办公室职能作用，协调解决中车长客生产经营项目建设困难和问题。支持中车长客参与天津市重大轨道交通工程项目建设，开展维检修合作，助推两市轨道交通整体升级。长客中标天津6号、8号线192辆“全自动驾驶A型铝合金地铁车”项目，项目首列车已交付。配合长客公司开发拓展对口合作地区市场。推动中车长客股份公司与天津东疆保税港区管委会、天津轨道交通集团有限公司以及天津电力机车有限公司等对接。

航天信息领域合作。推动长光卫星发挥“吉林一号”卫星在基础卫星数据和遥感技术优势，为天津云遥宇航科技有限公司提供GNSS掩星探测载荷提供搭载服务，与天津迅联科技公司在卫星遥感数据、载荷开发、指挥农业、大数据平台等业务方面形成合作意向；与对口合作地区气象局、应急局合作，为天津政府部门提供卫星遥感监测应用和技术咨询服务。为天津大学、国家海洋技术中心、天津航天中为数据系统科技有限公司、天津海事局等提供卫星遥感数据服务。

现代农业领域合作。两地企业在粮食贸易、代收代储、大米加工销售等方面开展合作，在水稻代收代储方面开展深度合作，由天津利达粮油有限公司出资，吉林省金裕米业在当地收购并代为储存优质水稻，代收代储水稻8000吨；在玉米贸易方面，由天津利达粮油有限公司出资，委托吉林省金裕米业在榆树收购玉米原粮，收储贸易玉米1.2万吨。在大米加工销售方面，由吉林省金裕米业用代收代储水稻加工大米，天津利达粮油有限公司负责销售，2021年金裕米业为天津利达粮油代加工大米7000吨，销往天津市场。在第二十届长春农博会举办期间，邀请天津市12户企业50余种名优农产品参与展销。

重点项目建设。长春市与天津市对口合作推进项目13个，总投资16.6亿元。其中，在建项目3个，总投资4.5亿元；签约项目2个，计划投资1亿元；洽谈项目7个，拟投资11.1亿元。津长双创示范基地。净月区形成梯度培育体系方案草稿和孵化支持政策初稿，津长双创服务中心重点引进生物医药、信息技术领域成长型企业，津长双创服务中心吸引200余户企业落位运营，开展阿里云“诸神之战”创客大赛等260余场双创活动，为双创企业提供科技金融、科技政策、工商财税、

10月24日，2021阿里巴巴诸神之战全球挑战赛东北赛区总决赛在长春举办
（易　斌　供图）

法律人才等100余项服务。

津长产业合作园。长春新区与天津滨海新区开展发展模式互学互鉴，协同创新管理体制和运行机制。长春新区投资3.68亿元，在10万平方米园区内，建成5栋标准厂房、2栋孵化器及相关配套设施。参照璀璨行动计划出台相关扶持政策和确定承接平台，重点引进光电子精密仪器与智能制造产业的半导体显示和照明、激光、光电分析检测仪器、高端医疗设备、机器视觉、节能与环保设备等项目。

【与杭州对口合作】 审议通过《长春市人民政府杭州市人民政府深化对口合作框架协议》，印发《长春市与杭州市2021年对口合作工作要点》。围绕“深化”和“共赢”，在经验移植、产业对接、平台建设、人才交流等方面取得新进展。

顶层设计。起草《长春市人民政府杭州市人民政府深化对口合作框架协议》，分别经长春市与杭州市政府常务会议和市委常委会审议并原则通过。印发《长春市与杭州市2021年对口合作工作要点》，并清单化制定工作台账。设立中韩（长春）国际合作示范区，公主岭划入长春市代管以及杭州市部分区县行政区划调整实际，两市对县（市）区、开发区结对方案进行重新调整并印发。

重点活动对接。1月，长春市跟随吉林省党政代表团到浙江开展考察交流活动。6月，杭州市支援合作局到长春交流对接。10月，杭州市发改委到长春与长春市发改委签订战略合作协议。11月，吉浙对口合作高端智库召开视频会，就“一市一园区”建设情况进行座谈交流。市工商联、科技局、教育局、国资委、政数局等部门均通过实地调研或线上方式交流对接。

对标对表杭州市“最多跑一次”公共服务机构管理体制改革，长春市学习杭州市各项改革举措，2021年长春市推进140个政务服务事项“跨省通办”，并形成长春市“跨省通办”事项清单245项对外公布。制定《加快推进政务服务“跨省通办”工作方案》《长春市政务服务“跨省通办”实施细则（试行）》《长春市“跨省通办”服务承诺告知书》，与8个地区签订《跨省通办合作框架协议》，结成首批政务服务“跨省通办”战略合作伙伴关系，截至2021年9月底，为群众办理“跨省通办”业务26664余笔。借鉴杭州服务民营企业先进经验，下发长春市“服务企业周”活动方案，开展以“优化营商环境，服务发展振兴”为主题的长春市“服务企业周”系列活动。借鉴浙江省打造交通强国试点经验，实施城市更新行动，推进长春市形成综合立体交通网络格局。推动规划成果共享，学习和借鉴《杭州市城市绿道系统规划》《抗皱西湖风景名胜区绿道系统规划》等相关研究成果，开展《长春市绿道体系规划》编制工作。借鉴杭州“互联网+不动产登记”“智慧不动产登记”“掌上办”“府院协作”、数据共享共用等智能服务模式，深化长春市不动产登记“一窗受理”系统融合，先后出台《长春市自然资源统一确权登记实施方案》《关于不动产转让等事项的通告》等政策文件。借鉴杭州市经验做法，完善长春市“科创智服”云平台建设方案，通过市政数局评审。

数字经济红利释放。长春市学习杭州数字经济经验和城市数字大脑建设模式，推进长春城市智能体建设。借鉴杭州亲清在线建设政策直达场景，引进杭州云栖工程院云仰科技、大壤智能等具有成熟数字城市经验企业参与长春市城市智能体建设。发布惠企政策124项，梳理完成184项政策点内容；平台兑付1.21亿元。借鉴杭州城市大脑赋能城市精细化管理方面经验，编制形成《城市智能体应用接入工程方案》，开展“一网统管”应用场景建设及应用。完成市级平台全部系统功能开发，梳理形成12大类，127项二级分类，680项三级细分事项清单，整合接入4.2万路公安视频数据，选定全市30路摄像头进行算法部署并持续检测。

数字产业合作。结合长春市汽车制造、轨道交通等产业特色和地理优势，杭州安恒信息技术股份有限公司落位长春净月数字经济产业园区，合作共建信息安全产业基地，基地包含2个子公司以及1个安全研究院，即安全运营公司以及车联网安全研究总部基地。与合作方东北亚数字科技有限公司成立合资公司，安恒信息与吉林大学、理工大学达成战略合作意向，在车联网安全方面展开合作。阿里云创新中心长春基地与西门子公司签订建设数字化转型创新中心合作协议。长杭两市大健康数字产业深化合作，修正大健康数字产业园落位杭州，用于建立区域销售、研发中心等，打造高端数字化大健康产业园区，运营公司完成注册登记。

前沿产业合作创新。与浙江省在高速磁浮方面达成战略协议，金义东市域车项目首列车抵达金华，推动中车长春轨道客车股份有限公司（简称“中车长客”）中标嘉兴20列“低地板有轨电车”项目交付10列车，中车长客在杭州联合浙交投、铁科院、浙江大学、西南交通大学等专业机构成立智慧轨道交通创新研究中心，针对高速磁浮交通及核心技术、氢燃料电池应用、轨道交通大数据、智能化无线传输等轨道交通前沿技术展开研究。利用“吉林一号”卫星遥感监测杭州市降水、森林火险等级等。

国企混改。两地在混合所有制改革进度、推进机制、审批权限项目层面实现合作。杭实集团下属杭州热联佰业优供应链管理有限公司通过公开挂牌方式引入长春佰业优钢材配送有限公司（占股49%），是长春杭州两地国企混改第一例。

平台载体优化。在长春新区规划建设“吉浙新经济园区”，完成立项批复，土地已摘牌，签署框架协议。在公主岭市建设“公主岭吉浙产业园”，入园浙商汽车零部件制造企业有公主岭华翔有限公司等12户，在园总投资10.25亿元，年产值18亿元。在净月高新区建设“吉浙服务业合作发展示范区”，吉浙合作服务中心建成并投入使用，引入阿里云创新中心双创运营平台，累计孵化企业近100户；“一亿中流”吉浙合作上市加速器项目平稳运营。推进项目45个，总投资约341.4亿元，其中，长春卓谊生物狂犬疫苗等完工项目7个，总投资约27.4亿元；裕新科技（长春）工业机器人与智能装备产业园等在建项目23个，总投资约238.9亿元；中通快递东北智能电商产业园等签约项目7个，总投资27亿元；网易（长春）数字产业中心等洽谈项目8个，计划投资48亿元。

人才交流。2021年，长春市选派3名干部到浙江挂职；接收2名浙江干部到长春挂职；接收杭州3名干部在长春市挂职，选派21名干部到杭州挂职，选派30名优秀年轻干部到杭州跟班学习。面向浙江大学招录专业技术选调生14名。举办专题培训班4期，分别是城乡融合发展试验区建设培训班、社区治理专题培训班、市域社会治理现代化专题培训班、城市精细化管理领导干部专题培训班，培训150余人次。组织相关部门参加浙江省经信厅在杭州市举办的对口支援地区干部培训班；开展“春城名商”集聚工程活动，组织长春市优秀企业家、中小民营企业职业经理人到杭州培训学习。全市1100余人到浙江大学等参加培训，邀请浙江社科院教授等到长春授课。

粮食产销合作。“长春大米杭州直营中心”“长春名优农产品营销中心”在杭州常态化运营，长春名优农产品营销中心销售收入8000余万元。除线下传统渠道，还开展异业联盟、直播带货等创新营销方式。吉林省松江佰顺米业有限公司与浙粮集团进行产销对接合作，采购水稻近4万吨，金额超过1亿元；销售大米6000余吨，金额超过2000万元。

文旅合作。组织长春市农业、粮食、文化、旅游等部门到浙江开展推介会；开展“杭州行”“长春行”等投资洽谈活动。长杭两市利用线下或线上方式交流，互派代表参加消夏艺术节、第25届长春冰雪节、中国长春先进装备制造业博览会、中国（杭州）电商博览会、第三届全球（长春）服务外包峰会、2021中国杭州国际人力资源峰会、“共同富裕与人力资源服务”2021中国（浙江）人力资源服务博览会、第三届全国创业就业服务展示交流活动等活动，邀请杭州市域内相关企业参加“吉遇浙里”投资机构吉林行活动和“携手资本力量助力吉林振兴——上市公司、投资机构吉林行活动”。

民生领域合作。推动两市在卫生、养老服务、教育等方面合作。卫生方面，长杭两市卫健委达成合作意向，12月通过视联网系统，两市20家市属医院在网上开展对接交流，长春市第六医院、儿童医院和急救中心3家医疗卫生机构与杭州市第七医院、儿童医院和急救中心建立合作关系并在网上签约。教育方面，首次吸纳3位杭州人才为长春市教育学会专家库成员，与杭州市教育学会达成协议，通过线上分享加强两地教育学会协作交流，参与在杭州市第五届全国小学“创课”博览会暨重大课题成果发布会。

【区域合作】 编制《长春现代化都市圈发展规划》。打造长春新区、中韩（长春）国际合作示范区、临空经济示范区、兴隆综合保税区等开放合作平台，申建吉林自贸区长春片区。深化津长对口合作，建设津长产业合作园和津长双创示范基地等平台，合作项目21个、总投资33.36亿元。深化长杭对口合作，建设吉浙新经济产业园、吉浙服务业发展示范区，合作项目22个、总投资261亿元。实施长吉图开发开放战略。推动哈长城市群发展。对接长三角一体化等国家区域战略，开展驻点招商。与大连市签署深化战略合作框架协议。打造汽车制造等6大产业链集群，开展四平市、通化市、延边州与一汽合作。全市5个国家级开发区与各市（州）开放联动，创新平台等6大平台作用强化。推动合作项目210个，总投资3738亿元，推进长春—四平共建汽车产业园等一批标志性项目。签署《省内协作框架协议》，互派挂职干部60余名。推进长吉一体化、长平一体化，编制《长平一体化协同发展规划》，长吉城际公共交通实现通车运营。

（易　斌）

长春新区

CHANGCHUN XINQU

综　述

【概况】　长春新区是2016年2月3日由国务院批复设立的第17个国家级新区，规划面积约499平方千米。管辖范围包括长春高新技术产业开发区（国家级高新区）、长春临空经济示范区{国家临空经济示范区［2021年10月，中共长春市委机构编制委员会将中共长春空港经济开发区工作委员会、长春空港经济开发区管理委员会更名为中共长春临空经济示范区（长春空港经济开发区）工作委员会、长春临空经济示范区（长春空港经济开发区）管理委员会］}、长春北湖科技开发区（省级开发区），下辖1个乡、7个街道、40个社区、39个行政村，常住人口51万人。

2021年，长春新区完成地区生产总值869.7亿元，比2020年增长6.5%；规模以上工业产值完成831.1亿元，增长6.3%；固定资产投资完成400.7亿元，增长16%；地方级财政收入完成17.9亿元，增长3.2%；限额以上社会消费品零售额完成160.5亿元，增长14.5%。供地40宗，面积近3平方千米，其中产业项目供地居全市开发区首位，主要经济指标增速高于省市平均水平。

长春新区位于长吉图开发开放先导区核心腹地和东北地区地理中心，是哈（哈尔滨市）大（大连市）经济带和中蒙俄经济走廊重要节点。交通运输网络完备，京（北京市）哈铁路、哈大高速铁路、长（长春市）珲（珲春市）城际铁路及京哈、珲乌（乌兰浩特市）等国家高速公路和多条国道贯穿长春新区，开通长春市至欧洲中欧班列（长春市—满洲里市—德国汉堡市），有国家干线机场长春龙嘉国际机场，与东北其他地区、京津冀及东北亚周边国家人员货物往来便利。

长春新区龙翔广场　　（张　健　供图）

【扶持政策】　落实省、市支持长春新区创新发展政策，调整完善“9+3”政策体系（“9”即加快产业集聚促进高质量发展政策、促进科技创新发展若干政策、促进民营经济高质量发展政策、促进长吉图科技成果转移转化示范区发展政策、加快高层次人才集聚政策、促进总部经济发展政策、支持金融集聚推动实体经济发展政策、“长白慧谷”英才计划暂行办法及创新券实施管理办法；“3”即长春新区打造一流营商环境新60条工作方案、政策兑现“免申即享”、长春新区奖补暂行办法），设立战略性新兴产业发展扶持资金10亿元，对新入区项目最高给予投资补助5000万元；设立总规模10亿元服务业发展扶持资金，对新落户年营业收入2000万元以上服务业企业，一次性给予奖励30万元；对入选的海外高端领军人才、高层次创新创业人才，给予50万元至200万元资金支持和最高5000万元股权支持，创新推出惠企政策“免申即享”，开展“春风送暖”等上门送政策活动，提高政策知晓率和可达性，全年兑现资金7.7亿元。

【生态环境】 长春新区位于《全国主体功能区规划》明确的国家重点开发区域，水、电、气等要素资源充足，基础设施及市政配套比较完善，发展承载能力较强，适合大规模工业化、城镇化开发。生态环境优良，人居环境优美，区内森林覆盖率、空气质量、水资源质量等生态条件优于全国平均水平。城镇化基础较好，是吉林省新型城镇化试点和长春市城区空间拓展重点区域。

实施创新驱动、产业体系、城市功能、改革创新、开放能力及社会事业“6大提升计划”，到2026年，建成省级以上研发机构200家，R&D（为增进已有知识，并利用这些知识去发明新用途所进行的系统创造性工作）投入占GDP比例3.5%，引育各类人才5万人以上，高新技术企业数量实现翻一番；主导产业产值实现翻一番，高新技术产业产值占比60%以上，建成各类特色产业园区100个以上；城市建设与城市更新投资超过600亿元，土地利用效率显著提高，城市风貌、生态环境持续改善，精细化管理水平大幅提升，建成绿色生态、宜居宜业、充满活力的现代化新区；引进高端律师事务所100家以上，集聚智慧法务企业300户以上，建成专业化、智慧化、国际化法律服务高地；进出口总额占全省比例40%；国际空港实现客运吞吐量2600万人次、货邮吞吐量17万吨；国际陆港货运能力1100万吨，中欧班列承载量大幅提高，本地货品进出口占比显著提升；新增义务教育机构10家，新增医疗卫生机构30家，新增群众文体活动中心20家，打造一批具有国际影响力的文化创意活动品牌。到2035年，长春新区建设发展取得重大进展，实现新时代全面振兴全方位振兴，初步建成长春国家区域创新中心，创新驱动能力显著增强，主导产业形成全国影响力，对内协作和对外开放协同联动，营商环境实现东北最优，城市形象品质与人民群众生活品质大幅提高。

（张　健）

科技创新

【科技发展】 推进长春国家区域创新中心建设，国家“双创”示范基地建设连续2年获国务院通报表扬。启动长春北湖科学城建设，发布发展战略规划，打造“环吉大双创生态圈”“北湖科创生态圈”，构建“一轴驱动、两翼协同”创新格局，海容荟双创小镇集聚效应显现，中科院科技产业创新平台转化落位科技成果50余项，长春智能光谷初具规模，中科院（吉林）科技产业创新平台落位。完善“孵化器+金融”培育模式，各类孵化载体发展到144个，培育科技型企业近2000户，高新技术企业新增60户，总数达740户，专精特新企业新增80余户，总数179户，其中国家级专精特新“小巨人”企业16户，占全市57%，占全省45.7%，长春高新技术产业（集团）股份有限公司入选“2021中国最具创新力企业榜”，摆渡创新工场集团有限公司“双创”模式获国务院通报表扬，并在全国总结推广。

【金融服务】 强化企业上市服务，中邦园林环境股份有限公司、长春英利汽车工业股份有限公司及长春百克生物科技股份公司先后上市，全区上市企业发展到12户，占省、市上市企业比重分别为24%和39%。依托上海证券交易所资本市场服务吉林省基地、资本市场服务团等上市服务平台，开展上市路演、集中培训及“一对一”问诊服务，储备拟上市后备企业近40户。组建“长光卫星”和“中小微企业”天使基金2只，产业引导基金发展到7只，总规模19.8亿元。开展金融集市活动7场，23家金融机构线上、线下对接企业400户，帮助企业获得授信18.23亿元。

【人才服务】 实施“长白慧谷”英才计划、“慧谷引凤”行动计划，完善长春新区奖学金、“候鸟型”人才工作站等举措，与吉林大学、长春理工大学等10余所院校共建大学生就业实习基地，建成长春新区人力资源服务产业园及1500余套租赁型人才公寓，全年新引育各类人才1万余人，入选国家重大人才工程7人，入选吉林省

4月15日，长春英利汽车工业股份有限公司在上海证券交易所举行上市敲钟仪式
（张　健　供图）

"长白山人才工程" 10人。

（张 健）

产业发展

【概况】 长春新区依托资源禀赋、产业基础和创新优势，着力培育特色产业集群，做大做强生物医药、光电信息、航天信息及先进装备制造4大主导产业，全区"四上"企业发展到613户，规上工业企业发展到193户，在建和运营各类特色产业园区45个。

【主导产业】 围绕培育壮大医药健康、光电信息、航天信息及先进装备制造4大主导产业，2021年新引进产业项目100余个，全区规模以上工业企业发展到168户，其中年产值1亿元以上企业97户，10亿元以上企业21户，50亿元以上企业4户。医药健康产业集聚企业331户，年产值230亿元，比2020年增长57.3%，占全市80.5%，占全省26%，占全区工业比例超过30%。龙头企业长春高新技术产业（集团）股份有限公司市值、营收、净利在全国生物医药上市企业中均排第2位，入选福布斯"2021中国最具创新力企业榜"。中国医药集团有限公司长春新冠疫苗研发生产基地12条生产线全部投产，实现产值55亿元，增长180%，成为中国医药集团有限公司在全国第二大疫苗生产基地，长春新区位列"2020中国生物医药园区产业竞争力排行榜"第10。光电信息产业集聚长春希达电子技术有限公司、吉林省永利激光技术有限责任公司及长春吉大正元信息技术股份有限公司等企业360余户，形成以光电器件、光电显示等为特色的光电子产业集群，重点企业吉林奥来德光电材料股份有限公司OLED材料技术打破国外技术壁垒，吉林省永利激光技术有限责任公司领跑全国二氧化碳激光器行业，东北首家自主安全笔记本电脑生产商——长城信创智能制造基地正式投产。航天信息产业集聚企业300余户，龙头企业长光卫星技术股份有限公司是国内唯一一家集卫星研制、运营管理到信息服务的全产业链高新技术企业，被评为东北唯一一家"独角兽"企业，"吉林一号"卫星在轨总数31颗。先进装备制造产业集聚一汽奔腾轿车有限公司、大合富奥汽车安全系统（长春）有限公司、长春一东离合器股份有限公司、长春大正博凯汽车设备有限公司等企业500余户，形成产业链较为完整的汽车整车及零部件生产基地。

长春北湖科技园A区 （张 健 供图）

【特色园区】 2021年，在建和运营各类特色产业园区45个，其中综合性园区12个、医药健康产业园区9个、IT产业园区8个、航空航天及智能制造产业园区6个、新材料产业园区6个、文化创意产业园区4个。长春新区璀璨产业园、吉林省光电子产业孵化器及长春国家汽车电子高新技术产业化基地等8个园区竣工投入运营；长春北湖科技园、长春龙翔国际商务中心及吉大海容双创小镇等10个园区部分竣工投入运营；北湖科技开发区创新产业园区、长春高新区生物医药产业园及北湖科技开发区现代物流产业园等15个园区处于建设中，长春北湖精细化工新材料产业示范园、吉浙新经济产业园及人工智能产业园等11个园区有序推进。各类特色产业园区投入使用面积182万平方米，集聚高新技术企业近500户、科技型"小巨人"企业近200户，集聚各类人才近6万人，实现收入71.4亿元、税金近9亿元。

【综合性园区】 主要包括：长春北湖科技园，总投资20亿元，占地面积66万平方米，入园企业190户；高新越达科技产业园，总投资15亿元，占地面积66万平方米，入园企业7户；长春中白科技园，总投资1.8亿元，占地面积3万平方米，入园企业 31户。吉林省大学生创新企业孵化基地，总投资10.27亿元，占地面积3.06万平方米；长春新区北湖科技开发区创新产业园区，总投资16.5亿元，占地面积23.5万平方米；长春科创企业孵化基地，总投资13.38亿元，占地面积5.29万平方米；长春新区空港经济开发区创投产业园（西区）项目，总投资7.58亿元，占地面积23万平方米；长春融合产业园，总投资1.53亿元，占地面积0.72万平方米；长春空港循环经济产业园，总投资1.55亿元，占地面积3.85万平方米；长春新区创新产业园区（二期）项目，总投资13.6亿元，占地面积24.92万平方米；吉浙电子商务产业园，总投资47.9亿元，占地面积5.41万平方米。

【医药健康产业园区】 主要包括：修正服务外包产业园，总投资3亿元，占地面积0.4万平方米，入园企业 31户；吉林省摆渡中医药健康产业园，总投资1.2亿元，占地面积1.2万平方米，入园企业44户；长春高新区生物医药产业园一区（瑞宙）项目，总投资11.23亿元；长春高新区生物医药产业园二区一期（凯美斯）项目，总投资8.38亿元；长春高新区生物医药大健康产业园（一期）总投资4.2亿元，占地面积3.61万平方米；长春创投高新产业园，总投资1.25亿元，占地面积1.5万平方米。

【IT产业园区】 主要包括：吉林省汽车电子高新技术产业园，总投资0.77亿元，占地面积12.3万平方米，入园企业23户；吉林省璀璨产业园，总投资3.68亿元，占地面积9.18万平方米，入园企业17户；光电子创业孵化基地，总投资2.95亿元，占地面积11.5万平方米，入园企业55户；航天信息产业园，总投资63.5亿元，占地面积17.2万平方米；长春新区北湖科技开发区云计算产业园，总投资8亿元，占地面积3万平方米；长春智能光谷产业园，总投资13.9亿元，占地面积10.73万平方米。

【航空航天及智能制造产业园区】 主要包括：长春新区北湖科技开发区现代物流产业园区（一期）项目，总投资71亿元，占地面积75.88万平方米；龙翔智能制造提升园区项目，总投资10.9亿元，占地面积15.3万平方米；长春新区航天航空产业园，总投资63.5亿元，占地面积17.2万平方米；吉浙新经济园，总投资15.2亿元，占地面积34.8万平方米；长春空港智能制造产业园，总投资10.9亿元，占地面积15.3万平方米。

【新材料产业园区】 主要包括：应化所孵化器产业园，总投资3.87亿元，占地面积12.6万平方米，入园企业 9户；长春新型建筑材料产业园，总投资2.5亿元，占地面积13.3万平方米，入园企业2 户；长春新区北湖科技开发区特陶产业园（一期），总投资6.08亿元，占地面积5万平方米；北湖精细化工产业园，总投资178亿元，占地面积97.35万平方千米；北湖科技开发区生物环保产业园，总投资6.78亿元，占地面积15万平方米。

【文化创意产业园区】 主要包括：吉林动漫游戏原创产业园总投资5亿元，占地面积6.4万平方米，入园企业26户；东北亚文化创意产业孵化园总投资8.2亿元，占地面积6.1万平方米，入园企业 62户；长春空港文化创意产业园，总投资7.17亿元，占地面积5.7平方米。

（张　健）

经贸合作

【招商引资】 举办“第三届全球（长春）制造业服务外包峰会”“光电信息产业高质量发展平行论坛”等会事活动，开展“请进来”“走出去”“云端”各类招商活动231次，对接重点投资商218户，全区在谈和落位产业项目335个，签约江苏经纬轨道交通设备有限公司配套产业项目等重大项目54个，签约额930亿元；引进联东U谷·长春新兴产业科技园、上海景睿展览展示工厂等产业项目121个。2021年引进内资193.78亿元，比2020年增长36.5%；利用外资6900万美元，增长23%。

【项目建设】 实施挂图作战、三张清单等项目管理模式，开复工重点项目258个，总投资2180亿元，投资额和项目数量比2020年分别增长10.5%和17%。总投资24亿元的长春高新集团瑞宙生物疫苗生产基地、总投资13亿元的长春智能光谷产业园等大项目全面启动建设，长春金赛药业有限责任公司金赛药业国际产业园、长春百克生物科技股份公司百克生物疫苗产业园、长春嘉诚信息技术股份有限公司嘉诚信息研发总部等技改扩能项目主体基本完工，长春高新海容广场B座、居然·世界里购物中心等功能性项目建成投入使用。争取专项债项目28个，到位资金96亿元，占全省专项债券发行额度15%，拉动固定资产投资61亿元。

【口岸建设】 长春空港口岸获批为国家药品进口口岸，启动物流保税中心（B型）功能完善工作；国际陆港全面启动扩展区5平方千米基础设施建设，完善海关监管作业区场所功能，中欧班列实现货运量2136标箱，货值3.65亿元；吉林省首个企业国际互联网数据专用通道在长春新区开通。

【对外合作】 长春中俄科技园引进俄

7月20日，长春临空经济示范区举行揭牌仪式　（张　健　供图）

罗斯新冠疫苗研发生产项目，长春中白科技园先后入驻企业20户，长春中日智能制造产业园入驻日本企业26户，中国冰岛产业园加快打造基因工程、新型疫苗等五大发展平台。吉浙、津长等对口合作园区建设推进，“吉浙汇”联合孵化基地等合作项目落位建设。与松原市、四平市、通化市、辽源市、延边朝鲜族自治州、梅河口市等地开展对接合作，选派干部协助延吉市组建国有资产动态监管平台，延边朝鲜族自治州金赛医药工业园二期黄体酮等21个合作项目加快推进。

【长春临空经济示范区揭牌】 7月，长春临空经济示范区揭牌，委托长春市规划编制研究中心统筹，联合商务部国际贸易经济合作研究院、德国弗劳恩霍夫研究所、中国民航管理干部学院等6家设计单位，编制完成《长春临空经济示范区发展规划》及民航、铁路、产业、物流、开放、综保区“一主六辅”规划体系。

（张　健）

新区建设

【基础设施建设】 坚持“公园城市”建设理念，打造产城融合的现代化新区。“三路七桥”部分贯通，北湖科技开发区、临空经济示范区实现互连互通；硅谷大街延长线、城南大路建成通车；临空经济示范区“七横三纵”路网体系基本形成，通港大桥、丹霞大桥全面贯通；“海绵城市”走在全市前列。完成环卫市场化改革，智慧新区“1+5+N”（建设1个“智慧新区”大脑中枢，打造智慧政务服务云、智慧经济服务云、智慧治理服务云、智慧民生服务云及智慧运行服务云5大基础服务云，建设拓展智慧环保、智慧建管、智慧社区、产业大数据监测、“新企通”企业服务及雪亮工程等“N”个业务平台与应用场景）建设稳步推进，城市管理精细化、智能化、人性化水平提升。

【生态环境建设】 印发《长春新区2021年污染防治攻坚战的实施意见》，实施水体治理、土壤及生态环境质量巩固提升等系列百日攻坚专项行动，伊通河北北段综合治理工程完成投资3.66亿元，完成环保清淤、沃皮底泥填埋场、滩地堆填、人工湿地主体土建、污水厂提标改造及调蓄池工程。组织实施永春河专项清淤2次，清理淤泥1000立方米、河道面源垃圾500余立方米。开展饮马河、古榆树沟、西营城河、榛楷泡河及张家塘坊河综合治理，建设鸭子张、三家子及大房子湿地工程3处。全年处理各类环保投诉1978件，案件办结率100%、反馈率100%、满意率98.34%。办理第二轮中央生态环境保护督察交办环境信访案件144件，全部办结96件，阶段性办结48件。

【城市管理】 推进城市环境卫生管理市场化改革，开展“走遍新区城市管理百日攻坚行动”，拆除违章建筑2377平方米，清理“三抢”（抢搭、抢建及抢种）6710平方米，“拆围透绿”2877米；排查餐饮商户1646户，清洗油烟净化设备620次，加装油烟净化设备135户；取缔占道经营1.52万余处、门前堆放8100余处，拆除违规户外广告牌匾345处，市容环卫管理实现零投诉。建立垃圾分类运行体系，以社区为单位设立有害垃圾收集点37个、再生资源回收点27个，配发收集容器约2.2万个。开展农村人居环境整治，配备各式车辆161台、垃圾桶6318个、建筑垃圾池903个、生活垃圾转运站6座，清理农村生活垃圾7500吨。

（张　健）

营商环境

【概况】 长春新区聚焦打造“市场化、法治化、国际化”营商环境，不断推出首创性独创性改革，建立企业问题快速受理、解决、跟踪及反馈全流程服务模式，创新服务品牌，着力优化政务环境、市场环境、法治环境、创新环境及服务环境，营商环境建设始终走在全省前列，连续5年被评为全省营商环境建设标兵.

【制度创新】 推出首创性独创性改革35项。“拿地即开工”、先证简（减）图等改革举措走在全国前列，政府采购全流程电子化改革被列为全省试点，在东北率先实现政府采购全流程电子化。推行工程建设项目审批制度“142N”系列改革（1张“一单五清”告知单、“4到位”管网综合条件图、2个“先证简图”改革、N个部

长春新区信用服务体验区　　（张　健　供图）

门“联合竣工验收”），平均每个建设项目节省建设资金约30万元。印发《2021年“诚信新区提升年”实施方案》，在长春新区企业发展服务中心（政务服务中心）建设全省首家信用服务体验区，创新推出企业问题“我来办”“新企通”等服务品牌，全年归集各类信用数据1.2亿条，企业注册“信易贷”938户，均居全市首位。高管微信群模式在全市复制推广。长春智慧法务区落位，编制完成总体规划，量身打造扶持政策，启动10平方千米核心承载区建设，对接法务相关机构和项目5大类80余个。

【企业服务】 出台《长春新区打造一流营商环境2021年工作方案》从政务环境、市场环境、法治环境、创新环境及服务环境5方面制定改革举措60条。整合全国营商环境评价18个指标组相关职能，成立长春新区企业发展服务中心，设置产业发展、科技创新及人才工作等10个服务功能组，设立微信公众号，宣传推介长春新区企业发展服务中心。建企业问题快速受理、解决、跟踪及反馈全流程服务模式，形成“秒回+联席会议+‘一对一’包保”企业问题解决机制，构建服务企业规范化、制度化、特色化、协同化工作机制。下发转办单150余件，解决企业全部诉求。制定《长春新区进一步优化营商环境工作方案》，建立企业诉求“新区统筹、分区主体、部门负责”工作机制。

建立“长春新区企业高管微信群”，完善企业诉求解决流程机制，截至年底，通过微信群受理并解决企业案件近450个。7月，长春市全面建立“亲清政企关系”微信群，“长春新区企业高管”微信群服务机制在全市复制推广。分产业举办企业家论坛，组织各产业企业家集思广益，共谋产业发展良策。全年召开企业家座谈会及主题沙龙48次，解决诉求330余个。

【“万人助万企”行动】 长春新区112支助企队1000余名助企干部包保服务企业1200余户，开展“新春暖企”“春风送暖”“百年华诞”集中走访活动3次，发放政策汇编、营商条例等材料近2万份，各街乡和各部门开展特色助企活动100余次。通过“政企通”平台发布各类助企信息110条，解决问题200余个，按时解决率100%。长春市“亲清政企关系”服务群微信公众号发布长春新区信息近30条、工作简报刊发长春新区做法6次，通过新媒体平台发布各类助企信息120余条。

（张　健）

长春新区慧仁学校　　　（张　健　供图）

社会事业

【教育】 落实“公民同招”政策，完成公办中小学学区划分，入学适龄少年儿童10927名。印发《长春新区中小学课后服务工作的实施方案》，全区16所学校中小学生参与课后服务26943名。落实立德树人根本任务，推进德智体美劳全面培养，获国家级荣誉学生514名，获省级荣誉学生1085名，获市级荣誉学生514名。续建、新建、扩建学校12所（长春新区启源学校、长春新区正德学校、长春新区崇文学校、长春新区兴港学校、长春新区高新二实验学校及长春新区第一实验幼儿园6个续建项目，长春新区启明学校、长春新区致远学校、长春新区北湖实验学校及长春新区北辰学校4个新建项目，长春新区慧仁学校、长春新区英才学校2个扩建项目），长春新区启源学校、长春新区正德学校、长春新区崇文学校及长春新区兴港学校投入使用，新增公办学位1.2万个。加强培训机构和幼儿园专项治理，检查培训机构587家，发放普惠幼儿园牌匾23家。

【文化】 改造街道综合文化站1个，新建社区综合文化服务中心图书室7个，升级改造社区（村）文化广场10个。开展“迎新春”“庆祝中国共产党成立100周年”“庆三八节”“国庆七天乐”等系列文化惠民演出300余场次，参与群众10万余人。举办“书香润新区·阅读伴我行”2021长春新区全民阅读启动仪式暨朗诵比赛，为40个社区、39个村更新图书4万册，打造长春欧亚汇集购物中心、栖乐荟购物中心及北湖执勤中队3个图书角。开展重点行业乱象排查工作，组织工作人员1033人次，排查文化娱乐场所、A级景区、校园周边及彩票站2080户次。

【体育】 投资110万元，新建全民健身路径34套。长春奥林匹克公园各场馆逐步对外运营开放，全年举办国家、省、市、区级各类文体活动40余场次。6月，全市体育工作会议在长春奥林匹克公园全民健身馆召开。组织“全民健身大拜年”“全民健身百日行”等系列活动，举办庆祝中国共产党成立100周年“吾悦广场杯”谁是棋王争霸赛、“全民健身百日行”社区广场舞比赛等活动50余场次。

【卫生】 推进长春新区人民医院及长春新区公共卫生服务大厦建设，健全公共服务体系。深化卫生体制改革，与吉林省人民医院及长春市中医院合作共建医联体5个，远程诊疗患者1200余人次。开展爱国卫生运动，创建无烟党政机关112个、无烟学校89个及无烟家庭336个。加强新冠疫情常态化防控，设立普通扫码点360个，健康信息码扫码工作实现全覆盖、无死角。建立核酸检测人员调配、物资保障、检测流程及垃圾转运“四个闭环”管理体系，检测人数约42万人。开展疫苗接种工作，18岁以上人口第一针接种率86.59%，第二针接种率82.92%；12至17岁人口第一针接种率85.10%，第二针接种率78.69%。

【社会保障】 印发《长春新区“党建+社会救助”试点工作实施方案》《长春新区保障困难群众合法权益“四步工作法”实施方案》，开展“解忧暖心传党恩”行动，组织各开发区走访慰问特困人员及低保对象中的重病（残）人员、退役军人党员、

2月26日，长春新区举办“春风行动”直播带岗活动　（张　健　供图）

老党员及烈士遗属等特殊困难群众。成立长春新区未成年人保护委员会，开展“未成年人保护工作宣传月”活动，协调教育、卫健等相关部门做好各自领域未成年人保护工作。推进养老服务业健康发展，发放2019年度、2020年度养老服务业补贴资金90余万元。开展农村留守老人关心关爱服务，规范居家养老服务监管措施，保障老年人合法权益。推动残疾人就业创业工作，投入经费70万元，“订单式”培训残疾人220余人，举办残疾人就业专场招聘会及高校残疾人毕业生专场招聘会4场，新增就业残疾人43人。

【幸福新区行动计划】 实施“幸福新区行动计划”，完成民生实事58件。全区城镇新增就业5700人，完成指标任务100%；城镇失业人员再就业649人，完成指标任务103%；农村劳动力转移就业453人，完成指标任务151%；就业困难人员实现就业77人，完成指标任务128%；职业技能培训8072人，完成指标任务403%；城镇登记失业率实际控制在4%以内。开展“高端人才奖励项目”“人才住房保障支持项目”补贴申报工作，发放补贴1700余万元，惠及企业191户、人员1573人。受理农民工欠薪投诉案件2692件，当期结案率93%，涉及金额1.71亿元，惠及8662人。推进“平安新区”建设，开展安全生产三年专项整治行动，排查治理隐患7040项。坚持依法治区，持续开展扫黑除恶专项斗争。

（张　健）

开发区建设

KAIFAQU JIANSHE

综　述

【概况】　2021年，全市有各级各类开发区32个。其中，国家级开发区4个，即长春高新技术产业开发区、长春经济技术开发区、长春汽车经济技术开发区、长春净月高新技术产业开发区。省级经济开发区19个，省级工业集中区7个，市级开发区2个。

2021年，长春高新技术产业开发区实现地区生产总值869.7亿元，增长6.5%；规模以上工业产值831.1亿元，增长6.3%；本级财政收入完成17.9亿元，增长3.2%；固定资产投资完成400.7亿元，增长16%；限额以上社会消费品零售额完成160.5亿元，增长14.5%。各类产业园区45个，医药健康产业产值220亿元，增长44.9%。中国医药集团有限公司在全国第二大疫苗生产基地，“长春新区位列2020中国生物园区产业竞争力排行榜”第十。

长春经济技术开发区实现地区生产总值781.5亿元，增长5.7%；规模以上工业总产值增长7.2%；社会消费品零售总额实现126.59亿元，增长10.9%；直接利用外资6900万美元，增长22.7%；综保区实现一线进出口额17亿元，增长37%。园区业务额60亿元，增长34.5%。综保区二期实现当年建设、当年验收；长春药品进口口岸获批；“长满欧”班列全年承运货物1.2万箱，增长20%以上。

长春净月高新产业技术开发区实现地区生产总值完成436.26亿元，增长6.7%；规模以上工业总产值完成141.7亿元，增长14.4%；全口径财政收入完成64.6亿元，增长7.4%；地方级财政收入完成14.1亿元，增长11%；固定资产投资完成255.3亿元，增长17.7%；社会消费品零售总额实现99.9亿元，增长17.9%；规模以上服务业营业收入1月至11月完成62.3亿元，增长12.2%。推动120个投资5000万元以上项目开复工，其中10亿元以上项目60个，占比50%。举办第二十届长春净月潭瓦萨国际滑雪节、第十三届冬季农博会、第二届中国长春净月短片节、“大美净月、‘游’你描绘”、“魅力冰雪、共享发展”以及冰雪季旅游营销等活动，吸引百万人次线上线下参与，塑造长春国际影都文旅品牌。

长春汽车经济技术开发区实现地区生产总值1153.2亿元，增长1%，连续两年突破千亿元；规模以上工业实现总产值4753.9亿元；全口径财政收入完成109.77亿元，增长19.56%；固定资产投资完成222.1亿元，增长17.2%。45个招商项目实现回归，总投资294.5亿元。26个项目实现配套，9个项目实现科技回归，3个项目实现结算回归7个项目实现产能回归。汽开区是省市汽车产业的核心区域，一汽集团总部、一汽解放、一汽大众、一汽丰越、一汽红旗等整车制造企业坐落区内，汽车及相关产业占总产值95%以上。区内形成“中、重、轿”三大系列多个车型的产品格局，具有年产整车300万辆生产能力；零部件企业300余户，有麦格纳、纳铁福、一汽大众发动机等影响较大的汽车零部件企业，形成规模的配套体系和零部件制造企业集群；有一汽技术中心、中国机械工业第九设计院有限公司、长春汽车高专等研发教育机构；有高力北方汽贸城、汽配商街、华港二手车等汽车零部件及整车贸易基地。

【改革政策与措施】　2017年，国务院办公厅就印发《关于促进开发区改革和创新发展的若干意见》，提出全面深化改革，促进开发区整合优化发展的工作任务。2018年，省、市先后印发《吉林省关于促进开发区改革和创新发展的实施意见》《长春市关于促进开发区改革和创新发展的若干意见》，对开发区整合优化工作做出安排。2021年10月，根据中编委《关于规范开发区管理机构促进开发区创新发展的指导意见》、省委编委《关于规范开发区管理机构促进开发区创新发展的实施方案》精神，长春市以两办名义印发《关于规范开发区管理机构促进开发区创新发展的实施方案》，对全市开发区管理机构和人员编制整合规范工作提出具体意见，标志着长春市开发区整合优化工作进入实质性阶段。

【开发区贸易】　完成九台区、农安

县、经开区整合方案，报省政府审批。在开发区综合考核评价工作中，长春市4个国家级开发区列全省前4名，经开区列全国219个国家级经济技术开发区第25位，连续4年进入并保持全国第一方阵。建立重点外资项目跟踪调度机制。对投资总额1亿美元以上重点外资企业实行月调度，促进利用外资增长。推进长春新区国际港务区、兴隆综合保税区国际陆港、长春临空经济示范区等开放平台建设，增设长春空港口岸为药品进口口岸，开通长春经莫斯科至法兰克福货运航线，推动开通“长珲欧”班列。推动华峰能源、金达海外、北药集团等企业对外矿业、农业、林业投资项目逐步恢复正常运营。推动迪瑞医疗、希达电子、鸿达科技、高新集团等企业到发达国家和地区开展投资合作，转化吸收先进技术，引导富余产能企业依托现有成熟境外经贸合作园区开展境外投资，打进国际市场。

（长春年鉴编辑部）

长春高新区

【概况】 长春高新技术产业开发区于1988年5月经吉林省人民政府批准建立，1991年3月经国务院批准成为首批国家高新技术产业开发区，是吉林省第一个开发区和第一个国家级开发区。辖区面积55平方千米，辖街道办事处4个、村7个、社区23个、村民事务管理办公室2个，常住人口36.1万人，登记人口43.2万人。

【科技资源】 长春高新区域内有高校6所、各类科研院所42个、技术转移机构16个、院士工作站7个、国家和省级资质产品检验检测机构34个以及工程研究中心、重点实验室等高水平研发机构86个。截至年底，全区有国家高新技术企业563户、瞪羚企业7户、牛羚企业19户。科创孵化载体38个，孵化面积80万平方米，在孵企业957户。

【科技项目管理】 推荐填报国家创新大赛项目2项，填报国家开发银行重大科技成果产业化专题债项目7项；推荐申报2022年度吉林省科技发展计划127项，申请资金8138.6万元；兑现长春市国家高新技术企业后补助资金1728万元，长春市科技型“小巨人”企业后补助资金140万元。推荐85户企业申报2021年长春市科技发展计划项目89项，申请资金3660万元；推荐110户企业申报研发后补助项目，申请金额2000万元。审核创新券服务项目1149个，兑付资金846.6万元；兑现孵化器入驻企业房租补贴234.1285万元。

【知识产权管理与保护】 完善专利导航工作机制，引导企业建立保护制度。全区专利申请量5800余项，企业申请发明专利近550项，比2020年增长130%，2021年长春高新区获知识产权补助企业340户。

【招商引资】 2021年，长春高新区吸引内资84.02亿元，比2020年增长37.28%，直接利用外资3010万美元。全年重点在谈项目97个，总投资403.38亿元。新引进项目53个，其中5亿元以上项目6个。全年在建重点项目138个，总投资791.4亿元，2021年投资119.6亿元。其中，新建项目89个，续建项目49个。按照产业性质划分，工业项目62个、服务业项目38个、社会事业项目6个、房地产项目12个、基础设施项目20个。按照投资规模划分，10亿元以上项目29个，投资556.86亿元；亿元以上项目93个，投资774.7亿元。

坚持以产业为重点，以项目为核心，以园区为载体，创新招商引资方式，瞄准战略投资者，优化招商体制，重点在“高、新、智、总”方面加大项目引进力度，对接重点企业开展精准招商。全年开展“请进来走出去”招商引资活动200余次，其中长春高新区管委会主要领导参加招商活动40余次，包括东北亚博览会，中国五百强高峰论坛等。

【重点项目建设】 海外医药智能工厂项目。占地面积5万平方米，建筑面积18万平方米，总投资12亿元。主要建设综合总部大厦、医药仓储物流中心、医药研发基地等。

金赛药业产业园项目。总占地面积10万平方米，建筑面积12.65万平方米，资产22亿元，注册资本7300万元，总投资18亿元。主要建设生长激素生产基地、抗体生产基地等。

李尔扩能及生产配套项目。占地面积2.97万平方米，建筑面积7万平方米，总投资3亿元，主要建设生产车间以及相关配套设施。

神州红旗汽车智能制造产业基地项目。占地面积3.7万平方米，建筑面积5.5万平方米，总投资6亿元，主要建设研发中心、厂房、行政办公、员工宿舍等。

新大·光谷国际广场项目。占地面积2.82万平方米，建筑面积16.63万平方米，总投资12.52亿元，主要建设孵化办公楼、商业配套设施等。

海容荟双创小镇。总占地面积约17公顷。主要建设双创服务中心、双创创新中心、总部基地、卓洋文创中心等。

海外医药智能工厂项目。占地面积5万平方米，建筑面积18万平方米，总投资12亿元，主要建设总部大厦、医药仓储物流、医药研发基地。

创投高新产业园项目。占地面积1.5万平方米，建筑面积2.88万平方米，总投资1.19亿元。主要建设6栋标准厂房、1栋综合服务办公楼等。

【综合经济管理】 2021年，长春高新区推动主导产业规模发展，规模以上工业产值780.85亿元，比2020年增长6.05%，对全市工业指标增长贡献率20.9%。固定资产投资119.6亿元，比2020年增长10.5%。规模以上工业企业用电量、能源消耗量分别增长9.22%和21.05%。医药产业连续5年快速增长，占全区产值比重提升至28%。全区产值10亿元以上规模以上工业企业20户，1亿元以上企业63户，比2020年增加3户。规模以上工业企业利润总额比2020年增长31.72%。全年新增市级“专精特新”企业32户，新增省级“专精特新”企业20户，新增国家级“专精特新小巨人”企业4户。开展重点企业“大调研”行动，协调解决重点企业安全等问题60余件，保障企业稳工稳产。全年新增国家级高新技术企业42户，总户数563户，占全市25.21%。李克强总理在摆渡创新工场考察时给予“双创”工作高度评价。

【民生保障】 社会福利方面：加强困难群众兜底保障。给城乡低保家庭等救助对象271户360人，发放慰问及补助救助资金492万元，给老年人、儿童、残疾人等福利对象600余人，发放补贴等资金238万元，给1960名转移安置人口，足额储备生活类救灾物资24.4万元。

退役军人服务方面：服务退役军人及现役军人家属保障对象4423人，发放伤残抚恤金、医疗救助等约384万元，发放家庭优待金2541万元。组织高新区212名优抚对象免费体检、发放药品。组织学习相关法律法规、政策制度，为高新区现役军人、军属发放“拥军优惠卡”近4000张，安置自主就业退役士兵126人。

残疾人社会保障方面：落实残疾人免费办证、辅助器具发放等相关工作；完成残疾证新办、迁移、换领115例，为高新区147名低保残疾人免费发放基础辅具，联合春光医院免费为区内33名残疾人进行体检及康复评估，累计完成1305名残疾人信息数据动态更新工作，做到上报数据系统通过率100%，校验准确率100%。

【基础设施建设】 新建工程：规划三路道路排水工程，新建道路及雨污水管线，道路长度2362米，车行道宽度12米，车行道面积28344平方米，年度投资1870万元。续建工程：规划一路道路排水工程，新建道路及雨污水管线，道路长度430米，车行道宽度12米，车行道面积5160平方米，年度投资300万元。规划二路道路排水工程，新建道路及雨污水管线，道路长度620米，车行道宽度12米，车行道面积7440平方米，年度投资450万元。卓越东街道路排水工程，新建道路及雨污水管线，道路长度900米，宽度12米，道路面积11000平方米，年度投资800万元。前卫路污水改造，改造长度750米，恢复路面结构，年度投资585万元。吉林大学周边前进大街等“双创”街路提升改造，对前进大街、星河街、震宇街等吉大周边街路进行改造提升，面积15万平方米，年度投资7500万元。

【生态环境建设】 新建工程：街路绿地新植工程，对超强西街、卓越大街等7条街路约7万平方米绿地进行新植树木及地被，年度投资660万元。街路冻害绿化补植，对硅谷大街、飞跃路、锦湖大路、光谷大街等主要街路进行补植乔木约3300株，绿篱约3万平方米，年度投资980万元。街路绿化提升，超越大街、蔚山路、超达大路部分段等街路约10万平方米绿地进行绿化提升，年度投资2950万元。续建工程：前进公园建设项目，对前进公园约20万平方米公园用地栽植树木，铺种草皮，建设管理用房，厕所及园区道路、路灯、小品园区管网、管线等，年度投资1500万元。卓越时代公园建设项目，对卓越东街西侧，雷达站东侧约4万平方米土地进行公园建设，包含土方倒运，造型，乔灌木栽植、景观设施等，年度投资500万元。芳草公园建设项目，栽植树木约3000株，铺种地被8万平方米，建设管理用房、厕所1500平方米、园区道路及休憩服务建筑2.5万平方米、路灯、小品园区管网、管线等，年度投资1000万元。永春公园建设项目，对永春河西岸高新区部分约12.07公顷的土地进行地形整理，栽植绿化乔灌木3000株，新植地被12万平方米，年度投资3000万元。幸福公园建设项目，对永春河西岸高新区部分约12.37公顷进行地形整理，栽植绿化乔灌木3000株，新植地被12万平方米，年度投资3000万元。

（王长宇）

长春经济技术开发区

【概况】 长春经济技术开发区（简称“长春经开区”）于1992年7月成立，10月进入省级开发区序列。1993年4月，经国务院批准为国家级经济技术开发区，是国家最早设立的49个国家级经开区之一。管辖面积112平方千米，辖1个镇、4个街道办事处，常住人口近50万人。富维安道拓等32户企业上榜长春企业100强，位居全市首位。2021年在全省120家开发区综合考核排名中位列第一，在全国217家国家级经开区综合排名中位居第28位，是吉林省保持前30位的国家级经开区。

2021年，规模以上工业总产值增速由2.5%提高到7.2%，高于全市近5个百分点，高于开发区组近7个百分点。其中，汽车零部件增长3.3%，高于一汽增速5.3个百分点，光电信息产业增长61%，高于全市42个百分点。

【招商引资】 利用外资实际完成6900万美元，增长22.7%，高于全市近11个百分点。全年新签约项目98个，其中购地类项目8个，10亿元以上项目4个。承办第二届中国（吉林）医疗器械创新发展大会，对接国内外200余家知名企业，中科院苏州医工所和省药监局医疗器械检验研究院进驻开展业务，晨裕生物、爱诺德、眼动力科技等20多户企业入园。

【工业信息产业】 落实服务业11条举措，盯紧多式联运和运输代理业、互联网和软件信息服务业等7个核算行业中下降较大的企业，一企一策、开拓市场、扩大经营；开展“汽车促消费”活动，定向增补30家汽车4S店，限额以上社会消费品零售总额增速由年初预计的6%提高到10.9%，服务业核算行业营业收入增长42%，比年初计划提高12个百分点。

【光电信息产业】 2021年，落实5000万元以上项目98个。获提前批专项债项目5个，到位资金8亿元，完成固定资产投资103亿元。经开光电小镇获评省级特色产业小镇，光电信息产业基地一期已经竣工、二期项目正在主体施工、三期即将开工建设。国家半导体激光技术创新中心正式投入运营，以光电创新元素为主题的“光电特色产业街”成为全省创新打卡地、网红新地标。

【企业整合】 坚持“千统”结合，出台《入统入库工作推进落实方案》，整合统计、工商、税务、街镇等力量，“刮地皮式”挖潜，确保应统尽统、颗粒归仓。海底捞实现“分转子”，食语实现“个转企”，摩天活力城入统服务业，2021年新增“四上企业”118户，创历史新高，走在全市前列。

【公共资源优化】 完成40项省市改革任务和27项本级年度改革任务，人才公寓特色服务模式等改革经验多次得到省市报道。深化“放管服”改革，98%的事项实现“最多跑一次”，全省首个区级公共资源交易分平台投入使用，率先在全省开启“拿地即开工”，率先在全市推行“交房即办证”改革，率先上线“新版全流程审批系统”、率先启动“施工图审查制度改革”、率先实现企业用水用气“报装即接入”，“亲清政企关系”微信群等特色载体活动融合开展，营商环境全面优化，2021年，新增市场主体3.5万户，增长40%，高于全市16个百分点。全国科技活动周及重大示范活动获得科技部表彰；新认定国家高新技术企业88户、国家级专精特新企业13户、省级企业技术中心2个。科创广场等各类创新载体加快建设，孵化共识科技、豪尔新材料等科创企业，多个院士团队项目进入产业化阶段。其中，中农阳光、珩辉光电已入统，中农阳光有望在“新三板”实现挂牌。

【物流产业】 综保区二期实现当年建设、当年验收；长春药品进口口岸获批；“长满欧”班列全年承运货物1.2万标箱，增长20%以上，长春至天津、辽宁海铁联运达4万标箱以上；“长珲欧”班列开通，长春至法兰克福包机正式通航。推进跨境电商综试区建设，与一汽进出口公司合作实现整车出口，引入跨境电商企业26户。2021年，实现一线进出口额17亿元，增长37%；园区业务额60亿元，增长34.5%。展示中心成为热门购物“窗口”，《人民日报》头版头条进行报道。

【道路城区建设】 北区38条市政道路历时3年建成通车。南区生物城、台湾园两座广场提升周边氛围；50条街路中小修后焕然一新；西朝阳沟改造补齐南区主要河道治理短板；改造临河街沿线商业品质；北海公园电力排迁加速优质土地释放进程；解决北远达大街给水工程金钱地块缺水问题。完成征收任务18项622户，释放土地92公顷。开展燃气安全隐患、老旧住宅区物业等四大攻坚，形成长效管理机制。专项清查、垃圾分类宣传、乱象集中整治、市容环境等重点工作成效显著，解决近2万件群众关心的身边问题，净化城市空间。

【能源环境保护】 第二次中央生态环境保护督察，案件总量、重点案件、不满意案件数量均在全市排名靠后，垃圾乱堆乱放、油烟味大、噪声扰民等突出问题得到解决。三级河长巡河成为常态，开展河湖专项治理行动，全区水环境生态得到改善。兴隆山污水处理厂稳定运营，水质达到准四类。单位GDP能耗、能源消费总量增量控制目标、煤炭消费总量等指标均达到预期目标。全年空气质量优良天数超过330天。

【民生工作】 实施“幸福经开”行动计划，“宜居、宜业、宜商、平安、快乐、健康”6大类108件惠民实事。推进“三保障”和饮水安全整改提升专项行动，开展“送温暖”活动，保障社会救助、低收入群体生活。补齐社会事业短板，推进老旧小区改造，改观群众居住环境；推动教育发展，落实“双减”政策，打造“名师、名校、名校长”，优化教师队伍，投入1.5亿元推进学校建设，承办全省第四届教育均衡发展现场会。解决热点民生问题帮扶残疾人和失地农民再就业，强化失业人员培训上岗，保障退役军人合法权益，提升农村人居环境，解决拖欠农民工工资问题，供热投诉量保持全市最低。

【汽车主导产业】 汽车零部件产业是“经开当家”产业，通过抢抓奥迪PPE新能源项目落位长春机遇，支持博泽、福耀、纬湃、马瑞利等企业上项目做“加法”，加快适应新能源、智能网联汽车趋势需求。农产品加工业绿色化、精深化，加快资源开发转化，发挥九三、大北农等龙头企业带动作用，延长产业链条，提升经济价值。现代服务业重点发展陆港物流、跨境电商、现代金融、检验检测、总部会展经济，推动生活性服务业向精细化和高品质转变、生产性服务业向专业化和价值链延伸。

【新兴产业规模化】 以光电信息产业为龙头，打造北方“光谷”，建设光电特色产业街， 期、二期产业园进驻企业60余户。医疗器械产业以医疗器械产业创新示范园，以省医疗器械检验研究院为平台，强化服务功能，推动医工所、广州永晟引领示范效应，面向日韩，面向医美、诊断试剂、医用耗材、康复医疗四大领域龙头企业招商，打造全省医疗器械产业政策的发展。

【传统产业品牌化】 通过实施品牌发展战略，促进传统企业改造升级，提升产品生产标准、产品质量、技术含量和附加值，培育如精气神、老昌、阿满、吴太等名牌产品商标和国家地理标志保护产品，发挥传统产业品牌集群优势。

（逄中宇）

长春净月高新技术产业开发区

【概况】 长春净月高新技术产业开发区(简称“净月高新区”)位于长春市东南部,成立于1995年8月,原名长春净月潭旅游经济开发区,2006年通过国家发改委审核更名为长春净月经济开发区,2011年经省政府批准转型更名为长春净月高新技术产业开发区,2012年经国务院批准晋升为国家级高新技术产业开发区。受市政府委托,全区代管玉潭、新立城、新湖3个整建制镇和净月、永兴、彩织、博硕、德正、德容、福祉7个街道办事处,区域面积478.7平方千米,常住人口约41万人。净月高新区先后获得国家服务业综合改革试点区、国家电子商务示范基地、国家广告创意示范园区、国家现代服务业数字媒体产业化基地、国家信息消费试点区、国家级文化和科技融合示范基地、国家智慧城市试点单位、国家城乡融合发展试验区等国家级称号。

2021年,净月高新区地区生产总值436.26亿元,增长6.7%;固定资产投资255.3亿元,增长17.7%;规模以上工业总产值141.7亿元,增长14.4%;社会消费品零售总额99.9亿元,增长17.9%;规模以上服务业营业收入1月至11月完成62.3亿元,增长12.2%,其中参与核算重点行业营业收入完成38.2亿元,增长18.1%;地方级财政收入14.1亿元,增长11%;全口径财政收入64.6亿元,增长7.4%。

【招商引资与经济合作】 开展“走出去”“请进来”活动,联系对接企业232家、项目210个,邀请353个团组到净月高新区实地考察洽谈。举办“整合长商资源,助力净月发展”招商引资项目推介会,与深圳长春商会签署《战略合作框架协议》;参加省市举办的皖苏沪招商、央企进吉林等重大商务活动15场;在长三角、京津冀、大湾区等举办专题招商引资对接活动40余场。对华人频道、新发展汽车电子产业园、中东白桦林3个项目开展尽职调查,召开招商引资专题会13次,通过入区评审并签约项目32个,做好洽谈对接向签约落位转化。制作《净月投资合作热力图(V2.0版本)》,达到产业链“一图纵览”,产业格局“一网打尽”;更新修订《招商引资项目入区指引》,编制项目入区流程图,实现项目入区材料“模板化”,提高招商引资工作实效。借鉴国内先进地区和先进开发区的经验,制定印发《长春净月高新区关于加快推进高质量发展的若干政策》。制定与杭州市、天津市对口合作要点,依托“津长双创服务中心”“吉浙服务业发展示范区”,引进众多平台类项目和企业;加强与吉林市、白山市、长白山管委会的合作对接,对招商引资、重大合作平台、干部人才交流等“五张清单”的推进。

【影视文旅产业】 根据长春国际影都板块的有关建设方案,围绕核心区6大基地建设,谋划重点影视项目13个,其中开工6个,拍摄基地2个影棚全面竣工;投入4亿元国家专项债资金启动影视产业园基础设施和长春市影视文创孵化园建设;引进侨星影业、发迹线传媒等6家省内外中小型影视企业;与上海永乐、优客工场、西影集团、深圳华侨城、G60中俄产业研究院、深圳冰梵科技等10余户企业建立战略合作关系;对接保障《人世间》《我心飞扬》等全国知名影片拍摄剧组到长春拍摄制作,打造影都品牌。推进国家全域旅游示范区创建工作,编制完成《净月高新区全域旅游规划》落地实施;推进玉潭镇双庙子和鹿鸣谷区域会议度假以及玉潭镇、新湖镇乡村休闲等项目落位,在新立城水库、爱国水库区域谋划生命康养小镇项目;坚持“抓增量、优存量”,加快域内AAAAA级、AAAA级景区及文化休闲场馆转型升级,盘活停滞项目,打造文化创意产业新亮点。举办第二十届长春净月潭瓦萨国际滑雪节、第十三届冬季农博会、第二届中国长春净月短片节、“大美净月、‘游’你描绘”、“魅力冰雪、共享发展”以及冰雪季旅游营销等活动,吸引百万人次线上线下参与,塑造长春国际影都文旅品牌。

【科技创新】 启动总占地254平方千米的省级农高区创建工作,经省政府批复同意。将政产学研协同创新工作推进,与长春理工大学、中国科学院东北地理与农业生态研究所等高校院所签署合作协议;以区国有公司参股的方式成立长春生命健康产业研究院、吉林省中科特殊食品创新研究院,填补区内社会研发机构的空白。开展净月科创谷规划设计、土地征收、招商引资等工作,确定落位医用高分子材料、激光与光电医疗健康、特色医药健康产业园等项目,已落位建设长春芯光产业园,实现区内国家级大学科技园零的突破。2021年新认定国家高新技术企业131户,全区国家高新技术企业总数333户,实现从跟跑、并跑,到跻身第一梯队领跑的跨越式突破。组织指导区内科技企业获批各类补助资金1458万元、163个技术攻关与转化项目申领省市科技计划资金5000多万元。新获批市级科技企业孵化器3家,全区科技孵化面积30万平方米以上;新增在孵企业99家,全区科技企业孵化器总数800户,实现营收23亿元;自营载体在孵企业——吉林微思智能科技有限公司建成国内第一条独立研发的自动驾驶量产生产线,长春通视光电技术有限公司完成C轮融资,推进科创板上市。“政企金科四位一体”服务平台全面投入使用,平台汇聚知识产权、科技咨询、科技金融等60余家服务机构,为区内各类企业提供线上线下“一站式”服务。

【农业生产与农村建设】 2021年,粮食总产0.94亿千克,畜牧业存栏37.4万头只,农业产值3.36亿元,占全区总产值0.7%;农民人均年收入1.73万元,增长9.49%。在农业生产和农业管理中,开展测土配方施肥;推广农药化肥减量、农作物病虫害绿色防控、秸秆全量还田等技术;培育新型农业经营主体;

开展“大棚房”问题专项清理整治“回头看”行动；禽流感、口蹄疫等重大动物疫病应免畜禽免疫率100%，免疫效价合格率超过75%。完成农村承包地确权登记颁证“回头看”排查及27个村农村集体经济组织登记赋码工作；起草净月高新区农村宅基地使用权自愿有偿退出、农村土地承包经营权有偿退出、农村集体资产股权转让与退出等3个指导意见。在农村建设中，投资2000余万元对伊丹河进行疏浚；投资8300万元开展友好河绿化、下游湿地建造等9项工程；争取水库移民资金300万元，新建水泥路3.46千米；启动小河沿子河提升改造工程；净月高新区被列为2021年吉林省水系连通及水美乡村建设试点示范区。完成农村公路改造工程29.15千米；整改问题厕所700户；完成15个村屯、26千米的农村区域污水处理工程排水管网建设；投入1350万元开展柳树村“千村示范”创建活动。水肥一体化高产示范项目、千亩药花示范项目、友好北沟乡村旅游精品村基础设施建设项目的推进。推进在区内，国家城乡融合发展试验区建设，开展《长春国际影都城乡融合发展规划》编制工作；推动省农投集团纳入国家龙头企业储备工作，组织开展吉林省同人分享·慢山里农业休闲度假有限公司申报市级龙头企业工作；为千亩药花农业示范基地项目争取市级奖补资金100万元；帮助2家农民专业合作社成功申报中央财政农业生产发展资金项目，获批专项资金10.8万元。在水利和减灾方面，完成碱草沟、小南屯沟防洪工程建设；开展小河沿子河水毁修复工程；完成净月潭、团山、爱国等9座中、小型水库安全鉴定工作；开展全国自然灾害风险普查工作。

【公共设施建设】 2021年，实施城建、市政维护、公共公用设施3大类27个分项工程，完成固定资产投资32亿元。其中，基础设施项目28.3亿元，公共公用设施类项目3.7亿元。完成新城乙三路、净月快速路等20条道路的施工建设；推进实施新城大街快速路、新城乙三路与新城大街互通立交桥工程建设；完成景区三环路冯家店到龙东公路段建设，实现净、双、莲3区的连接，促进板块衔接和城乡融合发展。围绕“海绵城市”建设任务，新建雨水管线37.1千米、污水管线28.7千米、供水管线17千米；完成春水街、天工路、生态西街等6条道路110米管线修复；完成52个小区雨污管线排查，对其中23个住宅、企事业单位实施整改工程；对全区407千米市政雨污管线、1.1万座检查井开展维护；对134条市政道路、10614个窨井盖完成建档立卡，实现坐标管理。发展公共交通体系，优化调整净月3号线、4号线、T68、T69、102、Z161等公交线路，新增微循环线路1条，助力乡村旅游、全域旅游筹划专线2条；启动天泽大路、天普路公交首末站点建设。完成天普路变电站主体施工、设备安装和66千伏进线等工作；投资3000万元完成富为线架设、10条17千米10千伏线路联网工程。完成铺设供热主管管网14千米、燃气管线10千米，新立城镇成为全省首个气化乡镇。在龙东公路施划减速标线2万平方米，沿线增设雷达测速仪18台，交通诱导显示屏2台、停车港湾12处。

【生态环境保护】 开展大气污染防治、水污染防治、土壤环境质量巩固提升、固废物管理等污染防治专项行动，秸秆禁烧、扬尘治理、“散乱污”排查整治、饮用水水源地保护、水环境监测、土壤重点源环境监管、危险废物全过程监管等工作的推进；实施新立城水源地生态环境保护工程，启动编制全域规划环评，编制完成净月区“十四五”生态环境保护规划；完成第二轮中央环保督察迎检工作，对中督组交办的117件牵头案件已办结106件、阶段性办结11件。开展保护森林资源专项行动，林业和园林有害生物防治成效显著，实现无较大森林火灾目标；对城区400万平方米存量绿地实施精细化养护；推进以退耕还林为主的生态建设工程，完成绿化造林42.3公顷。落实《净月高新区关于全面加强黑土地保护的实施方案》，完成7926.67公顷秸秆还（离）田工作；畜禽规模养殖场粪污处理设施配套率100%。完成省、市“万里绿水长廊”工程试点申报工作；推进总投资5490万元的水体黑臭水质长效治理工作。

【教育资源建设】 投入资金13.9亿元建成明泽学校、天泽幼儿园，深化与吉林新优教育集团合作，将育泽学校和天泽幼儿园进行委托管理，满足区域高质量教育服务需求。启动新城大街学校、育泽中学、育泽小学、慧泽学校、慧泽高中建设项目；投入薄改资金2280万元，为11所学校新建体育运动场地、场馆；投入资金7834.55万元，改善学校教育设备。推进小区配套幼儿园治理，回收小区配套幼儿园21个，投入资金815万元，对保利香槟、亚泰华府、万科月潭湾小区配套幼儿园进行装修改造；启动“学前振兴计划”，按照1+N模式组建学前教育发展共同体，普惠性幼儿园覆盖率80%以上。实施合同制教师分级管理改革，深化办学自主权改革，提升区域教育发展水平。组建合作办学、新优质学校、乡村教育现代化3个办学规模、理念和目标相近的发展集群，得到中国教育学会领导专家认可，在全市“集优工程”启动大会上进行经验交流。起草《净月高新区教育“十四五”发展改革规划》，确定“十四五”时期发展目标、任务和路径；推进教改实验区项目，成为中国教育学会3个紧密型“十四五”教改实验区之一；深化文明校园创建，长春市第一实验中海小学被评为创建省级文明校园先进学校，净月高新区南环小学、柏辰高中、东北师大附属实验学校被评为长春市文明校园。

【医疗防疫】 投入资金2.78亿元，新建7家公立社区卫生服务中心及PCR实验室，长春吉润净月医院、市疾控中心、市急救中心项目在区内落地开工。完成新审批医疗机构18家，新增备案医疗机构10家、备案实验室13个；“一村一名大学生村医计划”全面落实；下拨基本公共卫生服务资金1804万元，在38个社区和35个村建立公共卫生委员会。疫情防控工作，对排查出的重点地区来（返）净月区12993人，以及境外返长2596人，均采取严格闭环管控措施，管控密接、次密接1363人；启动隔离宾馆及留验站6家，做到应隔尽隔，转运3000余人；采集咽拭子样本7.13万份、血清样本2800份；对进口冷链及重点人群开展全面检测，采集物表及环境样本4500余份、从业人员咽拭子样本1.5万余份；完成中国500强企业高峰论坛、第十三届中国—东北亚博览、新电商大会、全国司法考试等大型会务、活动及考试防疫保障任务；推进新冠疫苗接种工作，全区接种33.7万多人。

【民生工作】 增强社会保障能力，足额发放低保、特困、临时救助等各类救助补贴资金1800余万元。为全区残疾人购买意外伤害保险，提供电子保姆、康复、减免住院费用等服务；落实各项老年人关爱政策，2021年，服务老年人1272人次，发放补贴资金227万元；对退役军人的服务保障力度不减，完成优抚对象关系转接231名、医保接续260名，642名优抚对象待遇得到兑现，12名专业志愿兵实现再就业。办各类线上线下招聘会39场，开发各类型就业岗位2438个，招聘7982人；组织开展就业培训37期，培训1417人次；组织高校学生创业培训28期，培训840人。在全区范围内开展地毯式的安全隐患大排查、大整治专项行动，对发现的安全隐患和风险点全部完成整改；出台《净月区行业管理生产经营单位台账》，完成全区8433户企业行业监管职责的重新划分，实现生产经营单位行业管理全覆盖。引导1家小贷公司实现“双变更”退出，完成存量P2P平台清退。中央信访联席会议办公室交办的41件重点积案全部化解，9件区领导包保的案件全部息访结案，化解范家桥屯征地、武加庆反映市场违规、吕占龙违法违纪等一批历史遗留多年甚至十几年的信访积案。开展“走遍净月解难题”行动，解决医大一院净月分院、复华未来世界、修正总部、欧亚商业综合体等历史遗留项目问题，总建筑面积近300万平方米。

【产业园区建设】 制定《长春净莲区域协同发展规划》，确定“北城·南苑·中山水”的空间格局，“一山携两翼·三水润净莲”的空间意象，“北优·南跃·西接·东连”的空间战略，规划区域协同发展。以长春市构建“六城联动”发展新格局，建设“文化创意城”核心区为目标，谋划“两轴、一带、十园”产业空间布局。其中，12千米的生态大街文化创意发展轴贯穿商务金融区、数字经济产业园、文化创意产业园、影视产业核心区；25千米的聚业大街科技创新发展轴建设科教文化区、科创谷和新湖高科技产业园区；150平方千米的山水林文化旅游产业带涵盖伊通河滨水文化园、友好村近郊体验园、净月国际会议度假组团。通过全域共建、全域共享，打造国内一流、国际知名的现代都市文创产业生态区。

（胡百高）

长春汽车经济技术开发区

【概况】 2021年，商务部对全国230家国家级经济技术开发区综合发展考核评价，长春汽车经济技开发区（简称“汽开区”）排第92名，排位比2020年提高15个名次。

2021年，全区地区生产总值完成1153.2亿元，增长1%；规模以上工业实现总产值4753亿元，占长春市54.4%；固定资产投资完成222.1亿元，增长17.2%；限额以上社会消费品零售总额完成125.4亿元，增长6%；全口径财政收入109.77亿元，增长19.56%。汽开区是省市汽车产业的核心区域，一汽集团总部、一汽解放、一汽大众、一汽丰越、一汽红旗等整车制造企业坐落区内，汽车及相关产业占总产值95%以上。区内形成“中、重、轿”3大系列多个车型的产品格局，具有年产整车300万辆生产能力；零部件企业300余户，有麦格纳、纳铁福、一汽大众发动机等影响较大的汽车零部件企业，形成较强规模的配套体系和零部件制造企业集群；有一汽技术中心、中国机械工业第九设计院有限公司、长春汽车高专等研发教育机构；有高力北方汽贸城、汽配商街、华港二手车等汽车零部件及整车贸易基地。

【改善营商环境】 2021年，将100项涉及汽车企业的办理事项列入“最多跑一次”清单，通过压缩审批环节、精简审批材料，确保单个事项30分钟内办

8月15日，富赛汽车电子研发中心项目启动仪式 （陈宜琳 供图）

结。设立工商事务顾问，成立项目绿色审批通道，实行24小时全天候预约服务。成立重大项目征收工作专班，形成“1+2+4”项目推进机制，按计划完成28项重点征收任务。创新“万人助万企”“专班抓项目”工作模式，落实惠企政策，解决企业问题347个，实现100%办结。召开主任项目调度会和经济指标运行会议50余次，主要领导带队赴项目现场调研30余次，为玲珑轮胎、研发总院、人才产业园、一汽物流智慧园等20余个在建项目破解杆线迁移、地表附属物清理、树木移植等问题40多项，保障项目施工推进。9大招商局精准服务一汽，建立早餐会、闭门会机制，与一汽集团建立前所未有政企合作关系，做到目标同心、产业同心、品牌同心、创新同心、合作同心、服务同心。凡是一汽提出的问题、凡是一汽落位的项目、凡是涉及一汽的重大事项，即交即办、即办即结。

【招商引资】 2021年，45个项目实现回归，总投资294.5亿元。其中，比亚迪电池、玲珑轮胎、地通工业、中自环保、江苏汤臣、青岛宏光、杭州裕新等26个项目实现配套回归，富赛电子、旗智创新等9个项目实现科技回归，深商控股汽车金融中心、双钱轮胎结算等3个项目实现结算回归，RV4扩能项目、EA211系列1.5T发动机提产、红旗尊享定制中心等7个项目实现产能回归。

【重点项目建设】 2021年，滚动实施5000万元以上项目165个，重点项目开工率95%。6月，一汽红旗繁荣工厂落成；11月，“旗E春城绿色吉林”红旗新能源换电车投放运营，首批红旗E-QM5新能源换电出租车投放长春市场；12月，一汽解放J7整车智能工厂落成投产、玲珑轮胎一期建成投产，吉林玲珑全钢一期首条轮胎下线。研发总院智能网联创新试验基地、润德人才产业园等续建项目陆续开工；富维智能工业园、长春智慧物流园、联东U谷、中自环保催化剂智能制造、新凯河流域综合治理一期工程等新建项目启动。

【城区环境建设】 2021年，组织实施道路排水、环境工程、动能配套、学校工程、回迁住宅、老旧小区改造等项目建设，完成投资10.96亿元。东风大街延长段、前程路等20多条次干路完成建设，凯达北街等主干路网全部打通。影响项目落位近10年的奥海老年公寓、自主大路“钉子户”等征拆难题全部破解。开展城市乱象治理，重点整治违规渣土运输、违法建筑、违规停车等；完成和谐大街、富民大街绿化美化精品街路打造工程，新增绿地面积24万平方米，核心区绿地覆盖率43%以上。

【民生工作】 完成56项民生实事。全区开发就业岗位8104个，完成目标任务119%；城镇新增就业5700人，城镇失业人员再就业800人；发展教育文体事业，启动红旗、解放、奔腾3所学校建设，与赫行教育集团开展合作办学，办学条件和教育学水平提升。规范社会救助流程，加大社会救助力度，助残服务、退役军人服务能力提升。引进吉大二院建设项目，提升医疗卫生水平。开展“让健康走进一汽”系列活动，抓实落细常态化疫情防控工作，防疫实现零感染、零输入、零病例。

【中德汽车产业】 9月28日，中国长春国际汽车城工作委员会、长春国际汽车城管理委员会揭牌成立。10月19日，以“创新引领·绿色未来”为主题的第五届中德汽车大会在长春市举行，由汽开区主要承办。探讨中德双方百余名政商学界人士围绕智能网联汽车、汽车动力电池、汽车新材料和产业链合作等话题。

【汽车冰雪嘉年华】 12月30日，长春汽车冰雪嘉年华正式开园。以“激发汽开活力，彰显汽车文化；引爆长春之夜，点燃东奥激情”为目标，以汽车冰雪主题炫光游乐盛会，打造有汽车冰雪镇、幻光游园会、国潮演绎街、童话雪世界四大游乐分区，50余个精彩项目，集冬奥、汽车文化、冰雪游乐等多种元素于一体。

【中国长春国际汽车城汽车物流基地】 12月22日，2021全国汽车物流行业年会在长春举行，由汽开区主要承办。会上中国物流与采购联合会会长何黎明，省委常委、市委书记张志军为“中国长春国际汽车城汽车物流基地”授牌，长春国际汽车城党工委副书记、管委会主任朱光明接牌。

（陈宜琳）

民营经济

MINYING JINGJI

综　述

【概况】　2021年，长春市以深入实施民营经济振兴发展行动计划、推进国家民营经济发展改革示范为重点，围绕国家、省支持民营经济发展总体部署，加大服企助企力度，着力破解突出问题，支持民营经济转型升级高质量发展。截至2021年年末，全市民营市场主体125.02万户，占全市市场主体97%。其中，民营企业29.73万户，比2020年增长18.86%；个体工商户95.29万户，比2020年增长23.84%。

【民营企业培育】　根据《长春市“专精特新”中小企业认定管理办法》规定，下发《关于组织开展2021年长春市“专精特新”中小企业认定申报和2018年长春市“专精特新”中小企业复审工作的通知》，新认定市级“专精特新”中小企业100户。组织长春市企业申报国家“专精特新”小巨人企业项目，其中6户“专精特新”小巨人企业、3户中小企业公共服务平台项目进入国家支持名单，分别占全省75%和100%。强化筛选、储备、认定、推荐等“专精特新”中小企业培育工作机制，长春市有市级“专精特新”中小企业374户、省级“专精特新”中小企业84户、认定国家“专精特新”小巨人企业27户。

【政策环境】　贯彻落实《中共中央、国务院关于营造更好发展环境、支持民营企业改革发展的实施意见》《中共中央办公厅、国务院办公厅关于促进中小企业健康发展指导意见》《中共吉林省委、吉林省政府关于营造更好发展环境、支持民营企业改革发展的意见》《吉林省促进中小企业发展条例实施细则》等国家、省支持民营经济、中小企业发展政策措施，加大具体政策条款分解落实、调度督促力度。常态化开展《中小企业款项支付条例》落实情况调度和总结报送工作。从系统梳理惠企政策着手，破解企业获取政策信息不畅问题。组织专人梳理2020年各级各部门出台支持企业发展政策文件，编辑印制《2020年度民营经济政策汇编》，推送各县（市）、开发区工信部门和民营企业，同时在市工信局和长春市民营经济（双创）综合服务平台设置醒目飘窗宣传，方便企业查阅使用。

【服务环境】　贯彻省委、省政府部署，于4月19日至25日采取“1+15+N”方式，开展长春市“服务企业周”系列活动。召开全市服务企业大会，统一思想、凝聚支持企业加快发展共识；开展“万人助万企”春风送暖服务行动、全市融资对接专项活动、民营企业法律维权服务大会等活动，聚焦企业发展难点痛点；实施光机所与一汽集团电子信息项目精准对接系列活动、工业企业先进质量管理经验交流会等服务工业企业系列活动，助力产业转型发展；各县（市）区、开发区结合实际开展特色活动，亮点纷呈、效果凸显。通过统筹调度，市，县（市）区、开发区，街道，社区四级联动，全市服务企业周期间，集中开展百余场助企活动，通过线下、线上服务企业近5万户；协调解决企业提出政策、项目、融资、创新、创业、用工等多方面问题困难1383件，获得企业欢迎和好评，进一步营造惠企、暖企、稳企、护企、安企良好发展环境和氛围。

表47　2021年长春市“专精特新”重点民营企业情况统计表

序号	企业名称	“专精特新”级别	行业分类	2021年经营业绩（万元、%）								
				营业收入	增幅	主营业务收入	增幅	税收	利润	研发费用	研发费用占比	增幅
1	吉林省中研高分子材料股份有限公司	国家级	新材料	19858.00	27.00	19858.00	27.00	2000.00	5656.00	1024.00	5.16	−0.03

续表47

序号	企业名称	"专精特新"级别	行业分类	2021年经营业绩（万元、%）								
				营业收入	增幅	主营业务收入	增幅	税收	利润	研发费用	研发费用占比	增幅
2	长春吉文汽车零部件有限公司	国家级	汽车零部件	48091.00	26.00	42632.00	22.00	1264.00	300.00	2596.00	5.40	309.00
3	吉林省科英激光股份有限公司	国家级	光电信息	18000.00	99.38	17800.00	100.00	2900.00	7000.00	926.00	5.14	33.05
4	长春泰盟机械制造股份有限公司	省级	汽车零部件	18780.14	29.76	18754.90	29.97	243.72	4.80	89.67	0.48	-30.60
5	北康酿造食品有限公司	省级	农产品加工	4050.00	0.01	4050.00	0.01	125.00	50.00	98.48	2.43	0.17
6	吉林万通药业有限公司	省级	生物医药及医疗器械	17300.00	29.87	17114.86	29.15	1500.00	2500.00	740.00	4.28	32.67
7	长春华涛汽车塑料饰件有限公司	市级	汽车零部件	55252.00	-16.64	50783.00	-19.52	1765.00	3187.00	1800.00	3.26	-8.16
8	长春长光宇航复合材料有限公司	市级	新材料	17500.00	36.50	17500.00	36.50	1800.00	6460.00	1300.00	7.43	30.00
9	长春气象仪器研究所有限责任公司	市级	其他领域	3500.00	25.00	2450.00	30.00	260.00	500.00	330.00	9.43	16.00
10	吉林省吉林祥云信息技术有限公司	市级	软件服务	31611.78	0.69	31611.78	0.69	100.00	600.00	10032.91	31.74	-0.32

（市工信局）

民营经济发展

【概况】 2021年，全市民营经济呈现健康发展态势。民营经济主营业务收入12230亿元，比2020年增长8.1%；民营经济增加值3500亿元，占全市GDP比重一半以上；实缴税金463亿元；民营经济从业人员286万人；民营企业户数29.73万户，比2020年增长18.86%，个体工商户数95.29万户，比2020年增长23.84%。

【民营经济总量】 民营经济市场主体数量近三年平均增速超过15%，2021年全市民营市场主体总数超过125万户，比2020年增长10.2%，占全市市场主体总户数的96.77%。

【民营经济质量】 2021年，全市每万人拥有民营企业户数327户，比2020年底增长53户。规模以上民营工业1437.7亿元，比2020年增长14%。

【市场活跃度】 创新水平提升。2021年，全市市级以上企业技术中心260个；市级产业技术公共服务平台48个；通过评价入库科技型中小企业935户，占全省77.6%，总数2262户。

2021年，全市新登记民营市场主体34.2万户，占全市新登记市场主体的99.45%。其中，新登记民营企业户数6.6万户，新登记个体工商户27.6万户。

【社会贡献度】 2021年，民营经济从业人员286万人，比2020年增长1.57%，占全市就业人数75%以上，体现民营经济"就业容纳器"作用。

2021年，民营经济实缴税金463亿元，在减税降费与经济下行压力多期叠加的情况下，与上年度基本持平。

【改革试点建设】 制定《2021年长春市国家民营经济发展改革示范工作要点》，围绕11个方面改革示范、15项重点示范工程，明确全年18项重点改革工作任务，在政策环境、创新环境建设及促进民营经济转型升级领域取得新突破。行政审批制度改革市本级1560项政务服务事项平均审批时限由22.8天压缩至7.8天，100%实现"最多跑一次"。商事制度改革长春市企业登记智能审批系统上线运行，市场主体登记全程电子化，实现零见面、零干预、零等待，企业开办由3天压缩至1小时，有效激发全民创业热情，市场主体出现井喷式增长，2021年新登记民营企业6.6万户。在2021年4月发布的全国首次中小企业发展环境评估中，长春市在全国排第14位、在东北排第1位。

【政策支持体系】 贯彻落实国家、省支持民营经济、中小企业发展政策措施，加大具体政策条款分解落实、调度督促力度。从系统梳理惠企政策着手，破解企业获取政策信息不畅问题，编辑印制《民营经济政策汇编》，通过线上线下相结合方式向民营企业、中小企业。强化协调对接、政策宣传、重点培育、精准辅导、全程推送等环节服务，推荐长春市优秀企业和平台项目争取各级政策资金支持。2021年，为长春捷翼汽车零部件有限公司、长春禹衡光学有限公司等107个项目单位，争取国家级、省级专项资金3935万元。

【创新驱动引领发展】 支持吉大、师大等在长高校和光机所、应化所等科研院所产学研融合发展，构建大企大所大校协同创新联盟。聚焦信息技术、生物医药、航天航空等主导产业，先后攻克“新能源汽车混动动力系统集成及控制技术”“时速400公里高速动车组变轨技术”“世界最大口径碳化硅单体反射镜”等100余项关键核心技术。红旗第三代高级轿车、中车长客复兴号动车组列车等成为长春市科创名片，“吉林一号”卫星在轨运行30颗。全市高新技术企业总数2200户，主营业务收入突破3500亿元，金赛药业、吉通集团、永利激光、北方灌装等一大批科技企业成为行业排头兵。

【企业转型升级】 开展“专精特新”中小企业培育工程，围绕国家、省主要在制造业领域培育“专精特新”中小企业的总基调，聚焦长春市产业七大板块，遴选出一批专业化程度高、主导产品竞争力强、产业链配套能力强的优质企业，推动民营企业小变大、大变强。实施质量提升工程，主导或参与制定国家标准156项，行业标准65项，地方标准17项。建成国家级示范区19个、省级30个，社会公用计量标准增至271项，增幅达52%。国家汽车零部件检测中心出具的检验报告得到60多个国家和地区互认。

（周冠宇）

民营经济服务

【服务平台建设】 围绕融资服务、创业服务、人才培训等十大领域建设市级重点中小企业服务平台97个。其中，国家级8个、省级89个。年服务中小企业能力1万户（次）以上，中小企业服务体系建设工作在全省处于领先位置。全市建成市级以上企业技术中心273个、市级产业技术研发中心102个、产业技术公共服务平台48个。利用现代互联网信息技术，以“小微信”推动“大服务”，突出构建“万人助万企行动”2021升级版，打造政策要闻发布、企业问题快速受理解决等“五大平台”功能载体，形成横向到边、纵向到底“全领域、大服务”新格局。9月2日微信服务群启动后，解决问题1920件，即时受理、按时办结率100%。

4月19日，长春市服务企业大会以视频形式召开　　（市工信局　供图）

【企业经营难题破解】 2021年，长春市采取“1+15+N”方式，开展主题为“优化营商环境 服务发展振兴”长春市“服务企业周”系列活动。召开全市服务企业大会，统一思想、凝聚支持企业加快发展共识；开展“万人助万企”春风送暖服务行动、全市融资对接专项活动、民营企业法律维权服务大会等活动；各县（市）区、开发区结合实际开展特色活动。通过统筹调度，市，县（市）区、开发区，街道，社区四级联动，全市服务企业周期间，集中开展百余场助企活动，通过线下、线上服务企业近5万户；协调解决企业提出政策、项目、融资、创新、创业、用工等多方面问题困难1383件。

【投资融资服务】 开展“一对一”企业专项融资对接活动，为企业融资4.69亿元；开展服务企业融资专项对接活动。征集164户企业和48个项目，融资需求283亿元，持续跟踪融资情况，达成融资额79.91亿元。在各部门和金融机构共同努力下，长春市优化金融环境工作取得实效，中小微企业融资成本显著下降，长春市企业贷款加权平均利率为5.24%，较全省平均水平低0.23个百分点。长春科技金融创新服务中心推出科技信贷、科技小贷、“双创”微贷、专利保险、专利质押融资等系列科技金融产品，全年为企业办理投融资业务2864笔，金额超过236亿元，经验做法多次获得央视《新闻联播》节目报道。

【“服务企业周”活动】 4月19日至25日，长春市开展以“优化营商环境 服务发展振兴”为主题的“服务企业周”系列活动，采取“1+15+N”方式，即由1项标志性活动、15个全市重点服务活动和N个县（市）区、开发区各具特色服务活动组成。为突出长春特色，市委、市政府创新开展“万人助万企”春风送暖服务行动、服务工业企业系列活动、市（州）重点企业对接合作专项行动等三项创新活动，并集中1个月时间实施11项子活动，为企业提供政策、项目、品牌、招商、人才等领域精准服务。

“万人助万企”春风送暖服务行

动以“送政策、出点子、促发展”为主题组织万名助企干部深入万户包保企业一线，推送6大类13项系列惠企政策和助企资料。各级助企机构发挥职责优势，各服务功能组充分利用“工具箱”平台，开展各类专项活动。全市集中接收企业各类问题137件，协调解决89件，占总数65%。

服务工业企业系列活动由9个子活动组成。光机所与一汽集团电子信息项目精准对接系列活动助力光机所17个重点科研项目与一汽集团及其骨干零部件企业开展4次精准对接，其中12个项目进入探讨阶段，2个项目进行深入对接，开创“政府搭桥、大所大企”合作对接新模式，推动高端科技成果本地转化，助力龙头骨干企业转型发展。工业企业先进质量管理经验交流会邀请启明信息、中车长客等5户标杆企业介绍经验，并与参会企业现场交流、答疑解惑，强化工业企业质量意识和质量品牌建设，推动长春市制造业产业基础高级化和产业链现代化发展。工业互联网发展春季主题峰会汇集超百户工业互联网企业，通过专题论坛、经验分享、互动交流等形式，引导企业加快数字化转型进程，推进长春市工业互联网创新应用。医药产业合作项目路演、冰雪装备企业发展沙龙、精益管理专项培训活动、工业企业人才招聘会、食品工业企业诚信体系建设培训活动、工业标准厂房推介活动等服务工业企业活动也起到良好效果，系列服务活动的开展对长春市工业企业转型升级、高质量发展起到助推作用。

减税降费服务行动通过专题座谈会、线上政策解读、惠企办事在线访谈等活动，惠及企业超3000户。人才引培服务行动开展6场服务活动，通过技能人才招聘会、抖音直播进名企等多种形式，提供热门就业岗位3000余个，解决企业“用工难、用工贵”等问题。融资对接服务行动通过银企对接专项活动方式，征集到164户企业和48个项目融资需求，总计283亿元，部分企业和银行当场当成融资意向，畅通银企合作渠道。扩大消费服务行动通过线上线下促销、发票抽奖等形式助力商贸企业发展，受益中小企业、个体工商户超万户。公平竞争服务行动围绕市场准入、经营许可、招投标等领域开展政策解读，倾听企业需求，现场答疑解惑，保障企业公平准入、激发市场主体活力。数字建设服务行动利用线上、线下相结合的方式开展10场服务活动，推动数字经济全业态赋能，促进多产业融合发展。科技创新服务行动开展科技创新惠企政策集中宣讲活动，吸引近千户科技型企业参加。还开展项目促进服务行动、农业帮扶服务行动、安全生产服务行动、司法维权主题服务行动、生态环保服务行动等系列服务行动，推动实体经济振兴。

各县（市）区、开发区在“服务企业周”期间开展各具特色的服务活动。朝阳区开展“专精特新”政策线上解读活动，参加企业人数超万人次。南关区设立“助企加油站”，探索“1宗旨2平台3送4到5心6服务N活动”助企新方式。宽城区开展“金融保稳、助企腾飞”系列活动10余场，搭建政、银、企精准对接模式，为50户企业解决贷款、融资2.49亿元。二道区银企对接会，达成初步融资意向13笔，金额1.45亿元。绿园区创新设立“政府事务代表”“企业家接待日”等服务载体，推动34个春季项目开复工。长春新区开展融资主题系列活动，帮助迈达医疗等企业获得1.48亿元信贷资金。经开区开展银企对接系列活动，3场活动推动8家银行与42户企业达成初步意向。净月区开展“信易贷”对企宣传，提高企业对融资工具的了解，拓宽企业融资路径。汽开区“职”业未来“就”在汽开专项招聘会，吸引67户企业参加，提供就业岗位超千个。莲花山司法服务座谈会，现场为长春莲花山实业集团等企业解决司法难题15个。中韩示范区进企业服务活动，帮助企业解决9项生产经营和长远发展中突出问题。榆树市助企法治讲座，吸引近百户畜牧行业企业参加。农安县开展“抗疫情、惠黄龙、促企复兴”活动，开展形式多样的线上线下促销活动。德惠市召开各层次“税企互动”座谈会5次，解读减税降费政策，回复企业关注的热点问题。九台区“进企业、送技能”培训系列活动，吸引近百户重点企业参加。双阳区休闲农业企业主题服务活动，走访国信现代农业、黑鱼村等多家农业企业。公主岭市法律进企业活动发放宣传资料千余份，走访企业

4月23日，2021年汽开区“服务企业周”银企对接会暨发展服务团“金融惠企”行动推进会召开

（市工信局　供图）

近百户。全市“服务企业周”期间，市，县（市）区、开发区，街道，社区四级联动，集中开展服务企业活动超百场；通过线下、线上服务企业近5万户；协调解决企业提出政策、项目、融资、创新、创业、用工等多方面问题困难1383件。

（周冠宇）

重点民营企业

【北康酿造】 北康酿造食品有限公司（简称“北康酿造”）始建于1929年，是吉林省农业产业化龙头企业，获评吉林省老字号企业，隶属于广泽控股集团旗下食品板块，产品涵盖酱油、醋、酱、料酒、腐乳5大类、80余支产品，获得吉林省著名商标、吉林省名牌产品、吉林省名优产品等30多项荣誉。为满足企业快速发展需要，2019年投资数亿元建设新厂，全部采用现代化自动设备。北康酿造食品有限公司坚守粮食酿造，采用传统酿造技术与现代生产工艺相结合，从原料采选入手，层层把关，为消费者提供安全、美味、健康食品。北康桂花香醋、金黄酱获得“吉林省名牌”产品称号。产品辐射吉林省9个主要地级市级市场、33个县级市场及周围乡镇。有省外客户18家，其中黑龙江为主要销售城市。2021年，营业收入4050万元，税收120万元，利润50万元。

【长春泰盟】 长春泰盟机械制造股份有限公司（简称“长春泰盟”）成立于2012年，拥有33项自主知识产权，通过长春市科技型“小巨人”企业、吉林省科技型“小巨人”、长春市“专精特新”企业认定，其技术研发中心于2018年、2019年被认定为市级企业技术中心、省级企业技术中心。有职工306人。其中，硕士4人，本科57人，专科86人。该公司与长春工业大学达成产学研合作，联合建立实验室。引进部分国外先进生产线，建设制动盘、飞轮等汽车制动系统精密铸件项目，培育自主品牌，注册1项商标（TEMO）。主要生产汽车制动盘、转向节、飞轮等零部件产品，具备生产制动盘、飞轮、双质量飞轮、压盘、转向节等盘类零部件和涂装能力。产品主要布局乘用车和商用车两大领域，主要客户面向一汽大众、上汽大众、红旗、一汽奔腾、华晨雷诺、吉林大华等多家国内外知名汽车生产配套企业。2019年开始在宽城区装备制造产业开发区新建6万平方米智能化车间，一期引进世界上最先进制动盘生产装备，实际投入5亿元，规划年产制动盘2000万件。2021年，营业收入18780.14万元，税收243.72万元，利润4.8万元。

【长春华涛】 长春华涛汽车塑料饰件有限公司（简称“长春华涛”）成立于2002年11月，注册资金3817万元，是一家以生产汽车塑料内、外饰件、EPP发泡件、发动机塑料部件为主的国家高新技术企业。位于长春市朝阳经济开发区，占地面积6.95万平方米（其中建筑面积3.1万平方米）。有职工373人，其中技术人员44人。该公司是一汽-大众A级供应商，多次被一汽-大众授予优秀质量奖、优秀开发奖、优秀国产化奖及优秀成本控制奖，也是一汽红旗、上汽大众、一汽丰田、一汽轿车等国内汽车制造商主要零部件供应商之一。主要配套产品包括汽车塑料内外饰件、EPP发泡件、发动机塑料部件，主要配套车型为“奥迪A6”“奥迪Q5”“奥迪A4”“迈腾”“红旗HS9”“红旗H7”“红旗HS5”“红旗H5”“宝来”“奔腾”“丰田RAV4”等。在青岛和成都拥有2个省级技术中心，配置8个专业技术室，拥有专业正版CATIA、UG、PRO-E设计软件和MOLD-FLOW分析软件，并拥有三坐标检测、性能试验等相关配套硬件，为产品开发提供支撑。2021年，企业主营业务收入50804万元，利润3940万元，上缴税金1776万元。2021年，营业收入55252万元，税收1765万元，利润3187万元。

【长春吉文】 长春吉文汽车零部件有限公司（简称“长春吉文”）成立于2001年，是奥迪、一汽大众、北京奔驰、沃尔沃、领克、极星、一汽集团等主流整车厂车身结构核心供应商，也是奔驰、奥迪、一汽大众车身备件独家供应商。拥有长春、宁波两家量产工厂及成都合资工厂，主要生产轻量化车身模块、新能源车电池壳体及三电金属骨架、全车身售后备件、样车试制同步开发等产品及服务。自有知识产权申请发明、实用新型专利20多项。拥有多条自动化冲压生产设备，通过多角度拾取机构技术研发、冲床机器人工件搬运机械手技术研发，Transfer气动夹钳研发等关键技术研发与应用，保证产品高精度。实时监控报警系统（SCADA）实现对自动化冲压线、自动化焊接线、自动化物流系统生产过程和工艺参数监控。实现车间制造执行系统（MES）、企业资源计划（ERP）系统、QAD系统、BPM系统之间信息交互。通过将CAE技术与自动化冲压生产线和自动化焊接生产线采用数字化三维技术与工艺仿真紧密连接，建立产品全生命管理系统（PLM），保证产品质量，提高生产效率。2021年，企业营业收入48091万元，缴纳税款1264万元，资产总额72620万元，企业资产负债率70.19%，流动比率1.05，速动比率0.89，应收账款周转率3.73，存货周转率4.77。

【长光宇航】 长春长光宇航复合材料有限公司（简称“长光宇航”）于2014年1月27日成立，注册资金1800万元，属新材料领域；自有土地4万平方米，厂房3万平方米；有职工332人、技术人员273人。专业从事复合材料产品设计、研究、开发、生产以及销售，产品广泛应用于载人航天、商业航天、卫星、深空探测、武器装备等多个领域，开发形成复合材料空间结构、复合材料光学相机、复合材料卫星结构、复合材料弹体结构、复合材料箭体结构、复合材料发射装置、复合材料喷管、复合材料桁架结构8大系列产品；具备年产645套航天关键零部件生产能力。2021年，企业主营业务收入17500万元，利润6460万元，上缴税金1800万元。

科英激光生产车间　　（市工信局　供图）

【科英激光】　吉林省科英激光股份有限公司（简称“科英激光”）成立于2003年3月，位于吉林省长春市高新区成功路909号，注册资本5500万元，有员工184人。开发出多款医用激光治疗设备，是国家专精特新“小巨人”企业、国家高新技术企业、吉林省级企业技术中心、吉林省和长春市科技型“小巨人”企业、中华医学会激光医学分会会员单位、中国整形美容协会激光美容分会企业委员、吉林省激光医疗专业委员会主体单位。截至2021年，该公司拥有专利50余项、计算机软件著作权20余项，商标品牌10余项。主要产品包括KL型二氧化碳激光治疗机、KL型Q开关Nd：YAG激光治疗机、KL型半导体激光治疗仪、KL型强脉冲光治疗仪等医用多科室激光治疗设备，拥有多条医用激光设备生产线，其中导光臂，激光主电源为整机厂家唯一可生产并符合国际最高标准。多项技术为国内唯一生产单位，具有年产医用激光设备3000台生产能力，且年增长不低于30%，部分“卡脖子”关键配套导光系统及主电源将独立产业化供应国内众多厂家和出口。2021年，营业收入1.8亿元，主营业务收入1.78亿元，实现税收2900万元，利润总额约7000万元，研发费用926万元。

【万通药业】　吉林万通药业有限公司（简称“万通药业”）于2006年12月29日注册成立，位于长春市国家高新技术产业开发区创信街598号，建筑面积2.2万平方米，系国家高新技术企业，注册资金1.26亿元，固定资产1.05亿万元，有职工276人（研发人员50人），研发设备61台（套），与吉林大学、长春中医药大学、吉林省中医药研究院等10余所本科院校、科研院所建立长期稳定合作关系，主要从事生产、研制、开发片剂、片剂（激素类）、硬胶囊剂、颗粒剂、茶剂、软胶囊剂（含外用）、酒剂、中药前处理及提取，全部通过GMP认证。主要产品有碳酸钙片、颈痛灵药酒、丹葶肺心颗粒、金海清咽袋泡茶等。作为国家高新技术企业、创新型中小企业、长春市科技型“小巨人”企业，“丹葶肺心颗粒治疗慢支急发期痰热症的研究”被确认登记为吉林省科技成果，“丹葶肺心颗粒”获长春市科技进步一等奖。全年生产产品18万件，发货16.3万件，实现销售1.3亿元。2021年，企业主营业务收入1.71亿元，利润2500万元，税收1500万元。

【中研股份】　吉林省中研高分子材料股份有限公司（简称“中研股份”）成立于2006年，注册资本9126万元，占地面积27103平方米，是一家集聚醚醚酮研发、生产、销售于一体的现代化高新技术企业。2015年在新三板上市，股票代码835017，总资产2.3亿元。有员工199人，其中技术人员占总人数30%以上。主营高分子材料聚醚醚酮树脂合成，超高纯聚醚醚酮树脂、复合改性聚醚醚酮树脂及制品的研发、生产、销售及进出口业务，医用级超高纯聚醚醚酮树脂及制品研发。年产聚醚醚酮系列产品1000吨。截至2021年年末，获得知识产权22项。其中，国内发明专利11项，国际发明专利2项，外观设计专利1项、实用新型专利8项。拥有分子量分布、热力学、纯度、流动性、机械性能、电性能、摩擦等性能检测和分析专用设备。从美国、英国、德国等国引进先进研发和检测设备100多台（套），建立多个专项实验室，包括材料分析实验室、合成实验室、复合改性实验室、共混实验室、工况模拟实验室、工艺实验室、3D打印实验室。2021年，产品产量5820吨，营业收入1.99亿元，税收2000万元，利润5656万元。

（于春光）

城市建设

CHENGSHI JIANSHE

城市规划

【概况】 2021年，长春市构建“1+10”城市建设发展“十四五”规划体系，以“1”个综合规划为核心，包括“10”个行业和重大项目规划。编制《都市圈空间协同规划》《现代化都市圈规划（2021—2035年）》等，形成《国土空间总体规划（2021—2035年）》等规划阶段成果。编制“1+10”城市建设发展、“1+5”生态环境保护“十四五”规划。推进历史文化建筑保护修复，编制《长春历史文化名城保护规划（2021—2035年）》《长春历史文化名城保护条例》，发布《长春市第三批历史建筑名录》。

【国土空间总体规划】 围绕“特大型现代化城市”发展目标，编制《长春市国土空间总体规划》《长春都市圈空间协同规划》《长春现代化都市圈规划》，完成“三调数据”与“规划基数”转换，初步形成国土空间开发保护“一张底图”。用好用足过渡期政策，优化“多规合一”国土空间规划体系，建立空间类专项规划编制目录清单管理制度。

【区域规划及专项规划】 建立国土空间规划体系，编制长春都市圈，长春国际汽车城、长春国家区域创新中心、长春国际影都、中韩(长春)国际合作示范区“四大板块”，产业融合示范基地（以公主岭市、榆树市、农安县、德惠市等区域为主体，创建国家农业高新技术产业示范区）、城乡融合示范基地［以九台区、双阳区、长春新区、净月高新技术产业开发区（含莲花山生态旅游度假区片区）、中韩（长春）国际合作示范区等区域为主体，建设国家城乡融合发展试验区］“两大基地”，吉林长春国家农业高新技术产业示范区，长春临空经济示范区等重大区域规划成果。统筹建设、环保等各行业部门专项规划，优化城市空间布局，引导保障项目落位，完成128项建设用地审查。

惠工路机场大道 （张九高 供图）

【城市设计及历史名城保护】 以“三维规划辅助审批平台”为基础，集成各类地上、地表、地下现状和规划数据，建立具有规划审查、建筑设计方案审查三维可视化CIM平台，通过科学手段辅助方案审查和项目落位。编制《长春市规划和自然资源局建设工程规划许可类型问题释义典集》，颁布《关于建筑外立面改造许可的规划指引》《关于既有住宅加装电梯的规划许可指引》。挖掘保护历史文化资源，公布长春市第三批历史建筑名录，编制《长春历史文化名城保护规划（2020—2035）》，推进人民大街、南广场、长拖等重点地块保护和改造项目建设。

（王大伟）

【城市建设发展规划】 2021年，长春市构建“1+10”长春市城市建设发展“十四五”规划体系。“1”个综合规划是《长春市城市建设发展“十四五”规划》，除包含长春市城乡建设委员会负责的行业领域内容外，吸纳住房、园林、环卫、交通、生态环境、人防等领域的发展规划内容，综合阐述“十四五”期间城市建设发展指导思想、发展目标、指标体系和重点建设项目。

“10”个行业和重大项目规划是《长春市建筑业发展“十四五”规划》《长春市给水发展“十四五”规划》《长春市城镇燃气“十四五”规划》《长春市城镇供热“十四五”规划》《长春市城镇排水发展“十四五”规划》《长春市城市快速路及干道路网建设发展“十四五”规划》《长春市城镇老旧小区改造“十四五”规划》《长春市城市照明发展“十四五”规划》《长春市停车场建设“十四五”规划》《长春市海绵城市建设“十四五”规划》。

（张九高）

城市更新

【概况】 2021年，长春市依据《长春市城市更新行动纲要（2021—2025年）》《长春市城市更新实施办法（征求意见稿）》，制定出台《长春市城市更新政策清单》，市政府有关部门在土地、规划、建设、金融等方面制定配套文件，形成“1+1+N”政策支持体系。对建成区内开展持续改善城市空间形态和功能活动，对老旧小区、老旧厂区、老旧楼宇、老旧基础设施包括市政道路、地下管网等进行整治、改造、提升，完善房屋使用、市政设施、配套服务等，提升产业结构、环境品质、文化传承等。

【城市“伤痕修复”】 2021年9月3日至9月30日，长春市启动道路及附属设施“伤痕修复”行动。长春市建委制定《长春市道路及附属设施“伤痕修复”行动实施方案》，确保机动车道完好、确保人行道完好、确保路缘石完好、确保井具完好、确保路名牌完好、确保围挡完好，同时做好市政设施施工现场管理，做好安全文明施工。建立道路巡查制度，以常规车辆巡查结合定期步行巡查方式，发现道路设施问题，缩短修复周期；制定道路维护考核管理标准，精细化管理，以“绣花功夫”高标准修复道路设施问题；建立建委与公安交警、城市管理、林园、属地政府等部门联动协作机制，通过对占用人行步道设施违停车辆治理，加大破坏道路设施违法行为的处罚力度，减少侵害道路设施行为。在整治过程中，平均每天投入挖掘机、运输车、风镐等大小机械设备60台套，人员380人。修复病害1万余处，完成沥青路面修补2941平方米（184处），人行步道（含缘石坡道）修补5115平方米（1278处），边界石维修1014米（294处），井具维修309座，街路指示牌维修25座，车止石维修94个，废旧基础拆除239处及护栏修复15米，挖掘复原488平方米。

【口袋公园】 建成长客公园等开放公园7个；新增绿地400余公顷；新建提升改造街路绿地138宗；消除裸露地面173公顷；结合庆祝中国共产党成立100周年，打造立体彩化景观90余处，建设口袋公园168处。

【“拆围透绿”】 增绿扩绿4万余平方米；重点拆除三环以内工农大路、长春大街等多条街路临街围墙，涉及77家单位。

【“走遍长春”专项行动】 开展拆除违建7.2万平方米、户外广告2536块，户外牌匾广告管理经验被住建部向全国推广。聚焦在建工地、裸露地面、便民市场、铁路沿线等重点区域开展集中治理，在全市开展“六个最美”评选活动，采取群众与专家共同评选方式，评选出最美街路、最美小区、最美绿化景观、最美便民市场、最美工地、最美店面。

【地下管网改造】 新建、改造地下水气热管网548.2千米；新增集中供热能力300蒸吨；LNG应急调峰储配站项目储罐封顶，完成“阀、管、灶”改造30万户；第六净水厂完成厂区土

7月25日，长春市城市LNG应急调峰储配站项目1#储罐封顶。长春市城市LNG应急调峰储配站项目是国家督导建设能源保障类项目，也是长春市重要要素保障和民生工程。图为长春天然气集团有限公司2座LNG储罐全景

（李泓达　供图）

建工程量20%，供水管网漏损率降至13.3%。处置道路空洞等病害75处。改造人防工程3项。

【城市智能体建设】 智慧长春时空大数据、一体化智慧环保、智慧供热管理等平台初具规模，提供全市“一张图”、智慧监测监管等服务。城市信息模型（CIM）基础平台，完成总体设计及标准编制，永春新区示范区CIM完成建设。

【老旧小区改造】 2021年，长春市改造老旧小区251个，其中市本级小区188个；改造棚户区6066户，完成年计划5665套的107.08%。警苑小区改造被国家发改委选为城镇老旧小区改造典型案例宣传。筹集租赁住房2.7万套；开工建设人才公寓2万套；完成农村危房改造1119户。

【棚户区改造】 2021年，制定《长春市人民政府办公厅关于“十四五”期间棚户区改造的实施意见》。新增棚改逾期未安置工作稳步推进，解决278户，完成总数499户的56%。推进专项债券申报工作，上报2个项目，计划申请资金约13.5亿元。颁布《长春市国有土地上房屋征收与补偿条例》，完成《实施细则（草案）》。破解重大项目征收难题39个，完成9651户住宅、318户工企以及奥迪一汽新能源项目（一期）、地铁6号线等11个重大项目征收工作。

（张九高）

市政基础设施建设

【城市供水】 2021年，供水量37550万立方米，比2020年增加1690万立方米，增长4.7%。最高日供水量115.2万立方米（7月24日）。平均日供水量102.9万立方米（一水厂20.9万立方米，二水厂18.9万立方米，三水厂21.1万立方米，四水厂18.5万立方米，五水厂23.5万立方米），增加4.9万立方米。售水量28917万立方米，比2020年增加2063万立方米，增长8%。其中，供水服务公司减少317万立方米，降低1%；新区服务公司增加2680万立方米，增长241%；源水减少66万立方米，降低12%；稽查增加86万立方米；发展基建减少175.7万立方米；新区基建减少144万立方米。乐山厂污水处理厂、南部污水处理厂完成深度提标，日均供水量103.6万吨、比2020年增长5.8%，日均污水处理能力148.64万吨、增长6.78%。出台《长春市城市供水工程技术导则（试行）》，形成“从水源头到水龙头”建设、移交、监管全链条供水法规体系；完成886个社会管理居民二次供水泵站普查。

4月12日，长春市2021年第一次棚改工作专题会在市政府会议室召开

（市房管局 供图）

供水管网建设。长春市供水面积423平方千米，供水管网以环状为主、树枝状为辅。2021年，管网新建工程验收71项，铺设管线长度20.8千米，改造工程14项，管线长度10.1千米，废除工程14项，管线长度9千米。长春市第六净水厂完成土建工程总量20%，二次供水改造管网22千米、楼内管道及水表1941户、泵站竣工26座。漏损管网修补。2021年，修漏件数8999件，比2020年减少1027件。其中，一次网1148件，增加84件；二次网7851件，减少1111件。漏损率下降2个百分点，降至13.3%，创历史新低。开展暗漏检测，日常巡线巡漏与查堵漏专项行动相结合，减少小时漏量0.8万吨。市政管网数字化基本完成，自管二次供水管网普查工作完成90%以上，地理信息系统建设取得阶段性成果。长春新区、净月区完成多级分区计量，经开区、二道区、南部新城开发区、朝阳经济开发区等8个区域推进三级分区计量和漏损管控体系建设。建立独立计量区880个，完成长春新区北区、宽城区DMA全覆盖。创新“夜间最小流量”“产销差率”等合同节水管理模式，落实降差责任。新区创新“营管控”一体化试点，北区漏损率控制在8%以内，率先达到国家水十条要求。

【污水处理】 2021年，处理污水53114.14万吨，比2020年49934.62万吨增加3179.52万吨，增长6.37%；日均处理152.69万吨。污泥出泥38.37万吨，比2020年32.41万吨增加5.96万吨，增长18.39%；日均出泥1074.5吨。排水量311万吨，比2020年减少16.17%；日均排水0.85万吨。芳草街污水处理厂、西部污水处理厂提标扩建实现通水调试，改造狼洞沟、腰丁屯、抚松明沟。西部污水处理厂新增能力10万吨，新建芳草街污水厂通水运行；16个国考断面优良水体比例50%，超前

10月27日，第二净水厂一净车间投加次氯酸钠，提升消毒系统安全性

（张新秋　供图）

完成“十四五”优良水体比例目标。

水质管理与检测。长春环安水质监测有限公司负责长春市一次网120个点位常规8项检测，每月2次；第一、第二、第三、第四、第五水厂、新立城水库、石头口门水库全分析106项，上半年、下半年各1次；管网35项；水厂9项；集团信访、水厂、水源地应急水样等采集及检测。承接外部委托水样，出具报告。

水质管理实行分级责任制，集团级水质为一级管理；各制水公司，二次供水及原水公司水质为二级管理；工段级水质为三级管理。

水质检测实行三级检测制度，执行中华人民共和国国家标准《生活饮用水卫生标准》（GB5749—2006）、中华人民共和国国家标准《生活饮用水标准检验方法》（GB/T5750.1～5750.13—2006）、中华人民共和国城镇建设行业标准《城市供水水质标准》（CJ/T206—2005）、中华人民共和国国家标准《地表水环境质量标准》（GB3838—2002）、中华人民共和国国家标准《二次供水设施卫生规范》（GB17051—1997）、中华人民共和国国务院令第158号《中华人民共和国城市供水条例》、中华人民共和国国家标准《聚合氯化铝质量标准》（GB15892—2009）等国家及行业标准。建立以集团中心化验室（国家级水质监测站）为骨干，厂级化验室和工段班组连续在线为依托的三级

表48　2021年长春市水务集团中心化验室检测项目及频次一览表

水样类别	检验项目	检验频次
水源水	GB 3838——2002基本项目及补充29项	每月不少于1次/每1采样点
出厂水	GB 5749-2006表1全部及表2不少于35项	每月不少于1次/每1采样点
	GB 5749-2006表1表2表3全部106项	每半年检测不少于1次/1采样点
管网水	浑浊度、余氯、色度、臭和味、肉眼可见物、菌落总数，总大肠菌群、CODmn、（管网末梢点）不少于7项	每月检测不少于2次/每1采样点
管网末梢水	GB 5749-2006表1全部及表2不少于35项	每月检测不少于1次/每1采样点
二次供水	浑浊度、余氯、色度、臭和味、肉眼可见物、菌落总数，总大肠菌群、pH值、氨氮、亚硝酸盐氮	每季度检测不少于1次/每1采样点
其他	信访、应急等	根据需要

表49　2021年长春市水务水厂水质检测项目及频次一览表

水样类别	检验项目	检验频次
入厂原水	浑浊度	每两小时检验1次
	色度、臭和味、肉眼可见物、CODmn、氨氮、菌落总数，总大肠菌群、耐热大肠菌群	每日不少于1次/每1采样点
	pH值、硬度、氯化物、亚硝酸盐	每月不少于2次/每1采样点
厂水	浑浊度、余氯	每两小时检验1次/每1采样点
	色度、臭和味、肉眼可见物、CODmn、菌落总数，总大肠菌群、耐热大肠菌群	每日不少于1次/每1采样点
	pH值、硬度、氯化物、氨氮、亚硝酸盐	每月不少于2次/每1采样点

检测网络，负责对水库水、各水厂原水、出厂水、管网水、二次供水、净水剂、应急水样及信访水样等进行检测。定期检测净水厂5个、新立城及石头口门水源地2个、市区管网采样点120个（含管网末梢点6个）、二次供水自管泵站913个。净水厂出厂水水质常规检测及全分析项目检测合格率100%，市区管网水常规检测项目及管网末梢全分析检测项目合格率100%。

水质信息公示。建立水质检测数据月、季、年公示制度，每月上旬公布上一个月出厂水浑浊度、色度、臭和味、肉眼可见物、余氯、菌落总数、总大肠菌群、耐热大肠菌群和耗氧量9项常规指标检测结果最大值、最小值、平均值和合格率。每月度28日前公布上一月度管网末梢水浑浊度、色度、pH值、臭和味、菌落总数、总大肠菌群和余氯7项指标检测结果最大值、最小值和平均值。每季度第一个月，公布上一季度出厂水42项常规指标检测结果最大值、最小值和平均值。每年第一个月，公布上一年度出厂水中全部106项指标检测结果最大值、最小值和平均值。（出厂水42项指标和106项指标，由于供水企业采用消毒剂不同，需根据实际情况选择相应指标进行检测，因此实际检测项目为35项和99项）。

（张新秋　李杨兴）

【城市排水】 西部污水处理厂提标扩建、芳草街污水处理厂通水调试，狼洞沟、腰丁屯、抚松明沟改造完成，南部污水处理厂、东排洪沟污水干管等一批污水收集处理设施加快建设；主城区发放排水许可证2674个，市区污水收集率、处理率进一步提升。《城镇污水处理厂污泥处理处置专项规划（2021—2035）》完成专家论证。

（张九高）

【城市供电】 2021年，国网长春供电公司发展投入21.52亿元，比2020年增长203.10%；售电量257.45亿千瓦时，增长9.09%，其中县公司95.88亿千瓦时，增长12.43%；营业收入122.44亿元，增长15.14%；利润总额97.96亿元，增加12.47亿元；模拟利润16.31亿元，增加5.82亿元；资产总额138.00亿元；综合线损率6.16%，降低0.06个百分点；供电职工劳动生产率505.58万元/人・年，降低1.08%；电费回收率100%；实现第15个安全年。细化碳达峰、碳中和行动措施，推进重点任务49项。服务国网、省政府、一汽集团合作战略协议落实，为“旗E春城”一、二期换电站建设红线外电源。落实“旗帜领航・提质登高”行动计划及55项具体措施。在国网吉林电力有限公司企业负责人业绩考核中得分第一，取得较大贡献6项、表扬58项。获评国网先进集体、管理提升标杆企业。“老变”（指长春220千伏变电站，是长春市第一座变电站，至今已有78年历史）入围国网“百年电力”首批文化遗产名录。“老变精神”传承人群体获“国网楷模”。电缆中心获评“全国工人先锋号”。刘洋事迹在新华社《国内动态清样》头条刊发，获国务院总理李克强、副总理胡春华批示。

电力保供。采取带电架设临时线路、新装分段开关转带负荷方式，开展丰越66千伏变电站“无感化”检修。推进冰灾补强项目实施，为8条重要输电线路安装1266支防舞间隔棒。获评国网抗洪抢险保供电先进单位、突击队。完成庆祝中国共产党成立100周年、有关领导视察等243项重大保电任务。

电网发展。扩大红线配套政策实施范围，与26个省级及以上开发区签订战略协议，为万通药业等94个重点项目配套建设外网线路。长春市电网建设与供电能力提升工程2021年度下达投资8.61亿元，启动水源地供电保障等项目12个。进行里程碑计划节点管控，洋浦220千伏输变电、德惠66千伏生物质等10个项目竣工投产。

供电服务。成立配网问题综合研判专家组，定期深入一线督导检查。实行重点项目专班服务，提前12天为长生疫苗车间送电。将单户式居民充电桩、个体工商户、农业合作社纳入“三零”服务（小微企业接入电力享受精简手续零审批、主动服务零上门、低压供电零投资的服务）范围。“网上国网”入驻“吉事办”平台，注册客户提升至省内首位。探索楼道灯7×24小时报修服务，完成供指中心话务平台、专业维修队伍组建等前期准备。通过国家市场监管总局涉企收费检查。神鹿峰文旅等6个乡村电气化项目落地。开展政策告知、合同签订、装置改造，启动“代购电”业务。完成公主岭市电力交接划转。

（高田雨）

11月9日，德宝乙线因雨雪天气发生故障，国网长春供电公司进行抢修

（王春晖　供图）

【燃气供应】 2021年，长春市管道燃气供应量约为7.6亿立方米，比2020年增长11.61%；车用燃气销量约1.2万立方米，比2020年降低1.5%；液化石油气销量约4.2万吨，比2020年增长10.83%。2021年，管道天然气日最高供应量发生在12月25日，峰值为521万立方米。完成城市LNG应急储峰站主体建设，改造底线燃气管网100余千米，年输气量超8.5亿立方米。

以市政府办公厅名义印发《长春市防范和打击偷盗燃气及损毁燃气设施违法行为实施方案》，建立打击“偷、盗”燃气及损毁燃气设施违法行为工作机制；开展燃气安全隐患大排查，整治隐患1265个；完成“阀、管、灶”改造30万户。

【供热保障】 长春市主城区（含九台区、双阳区）供热面积32863万平方米，消耗煤炭431.74万吨。有供热企业70户，面积超过800万平方米供热企业8户，分别是长春市春城投资发展集团有限公司、长春市供热（集团）有限公司、吉林同鑫热力集团股份有限公司、大唐长春热力有限责任公司、吉林省宇光热电有限公司、长春经济技术开发区供热集团有限公司、长春净月潭供热有限公司、大唐长热吉林热力有限公司。

筹建永春2号热源和热网项目，改造高新锅炉房和新城锅炉房南湖中街段联网，拓展智慧热网系统。推进核能供热落位，构建“多能互补”供热体系。

开展供热领域突出问题专项整治，排查10类问题1489件，整改销号1435件；成立供热保障驻企工作专班、燃煤保供专班，保障供热。

（张九高）

【道路桥梁】 惠工路机场大道、硅谷大街延长线全线通车；亚泰大街快速路长白路地面道路提升改造、长新街—庆丰路原辅道，北部快速路与凯旋路交会西南角辅道年内陆续完工并投入使用；长北公铁桥完成换梁加固；西安桥改造工程提前15天实现简易通车；抚长高速公路人民大街出口改移工程年底前完成全线桥梁基础及下部结构；建业大街延长线完成铁路框构桥围护结构和主体工程。打通22条“卡脖路”“断头路”。开工建设南部新城、西部新城道路46条，主体完工26条并具备通车条件。创新产业园二期（永春区域）基础设施工程启动建设。

2021年，管理154座桥梁及快速路系统，维护长度239千米、面积339万平方米。其中独立桥梁长度122千米、面积176万平方米，快速路系统长度117千米、面积163万平方米；特大桥12座、大桥53座、中桥61座、小桥28座（含铁路桥梁8座）。加固维修桥梁17座。完成道路大中小修844条、改造井具1871座。

【市政道路改造】 2021年，长春市印发《2021年综合交通治理任务清单》，落实6个方面43项任务。规范机动车停车秩序，查处违法收费停车场388处；二环内2.2万个泊位、“两横三纵”桥下106处停车场完成智能化建设，6184个泊位分批启动收费管理；建设南部新城立体停车场5处。完成20条街路站务设施改造，新建公交候车亭340座、更新公交车387台，调整优化公交线路231条。打造精品街路，完成解放大路、人民大街等街路亮化提升，形成城市夜景观轴线。

四环路提升改造、东南部货运干道等494个项目，纳入基础设施建设储备库。完成《长春市快速路若干问题研究》等3项重点研究课题。实施4大类251项重点工程。其中，开工138项，处于前期阶段59项，完工54项。年度计划投资389亿元，完成投资378.17亿元，占年度计划投资97%。长依公路正式通车，建设经济圈环线高速、长双快速路、珲阿公路石头口门绕越线等工程。南部新城、西部新城道路完工26条。轨道交通续建项目7个、新建项目3个，2号线西延、3号线东延开通运营。协调解决西安桥、河东路延长线等7个项目铁路施工“窗口”审批、涉铁手续办理难题。

【路灯照明】 2021年，长春市实施主要街路的照明提升改造工程，对四环路、三环路、两横三纵、解放大路、景阳大路等街路照明设施进行提升改造，共计105条，安装14671盏。实施楼体景观照明提升改造工程，提升改造41栋楼体、1项街角绿地及桥体亮化，拆除256栋楼体亮化设施。实施民生工程，为背街小巷、弃管小

10月10日，长春市城市生活垃圾焚烧发电处理项目并网发电，总投资8.6亿元
（德惠市委宣传部　供图）

区安装功能性照明500套。

（张九高）

【垃圾处理】 截至2021年年底，全市有环卫工人1.54万人，日保洁面积10410.4万平方米，清雪面积6270.63万平方米，有各类型清雪车1400辆。建有生活垃圾焚烧电厂2座、生活垃圾无害化填埋处理中心1处、餐厨垃圾处理厂1座。全市垃圾无害化处理率100%，生活垃圾资源化利用率56.4%。建成农村生活垃圾转运站179座，农村生活垃圾收运、处置体系基本建立，村屯覆盖率100%。2021年9月，新北垃圾焚烧发电厂投入试运行，全市生活垃圾焚烧处理能力占比66.6%。

第二生活垃圾焚烧发电厂投入使用，实现生活垃圾零填埋。组织党员志愿者、社区工作人员和分类督导员开展入户宣传约88万次，生活垃圾分类工作基本实现全覆盖。9月28日，位于德惠米沙子镇新北垃圾焚烧发电厂正式投入使用，全市日产4613吨生活垃圾全部进行焚烧处理，实现建市220年来生活垃圾零填埋。统筹办理第二餐厨（厨余）垃圾处理厂项目和生活垃圾焚烧发电处理项目扩建项目前期手续。各城区、开发区全部完成建筑垃圾处置场选址建设工作，填补建筑垃圾无害化处置和综合利用工作空白。建设长春循环经济产业开发区内道路等基础设施，部分核心项目建设完成。加强农村生活垃圾治理，建成生活垃圾转运站189座，主城区周边农村生活垃圾收运、处置体系基本建立，村屯覆盖率100%；推进较大规模生活垃圾非正规垃圾堆放点整治工作，整治生活垃圾非正规堆放点116处，完成国家非正规垃圾点信息平台销号程序。实施污泥耦合焚烧项目。

（王德祥）

【防汛设施】 建成长春市城区防汛应急监管平台（一期），按照“一册一案一平台”值守布防；完成95处积水隐患改造；完成140公里排水管线检测评估；强化排水设施疏通维护；完成海绵施工图审图工程250项，面积16.07平方公里。在8月份连续强降雨期间，及时启动应急响应联动机制，组织防汛抢险，没有出现大面积积水。

（张九高）

园林绿化

【概况】 2021年，长春市主城区绿地率37.17%，绿化覆盖率42.17%，人均公园绿地面积13.13平方米。在《人民日报》、《吉林日报》、《长春日报》、长春新闻、守望都市、交通之声、中国吉林网等20余家国家和省、市新闻媒体及新媒体平台进行宣传报道，其中《长春日报》以专题专版形式刊发《四月春城满目皆绿园林美景呼之欲出》《乡间地头满眼绿春拂万户处处景》，宣传长春市国土绿化工作。

【公园建设】 2021年，长春市建设锦春、丁香、长客、西湖等公园，全年建成开放公园7个，全市公园173个。利用花境创新打造景观节点，模拟自然生境。常态化推进“小修小补”，完善公园基础设施。丰富公园服务功能，在南湖公园、长春公园引入智能健身房。在公园园区内建设足球、篮球、乒乓球等健身场地30处。在公园内试点建设文化书屋3处。

【公园服务】 2021年，长春市开展“幸福长春·温馨公园”创建活动，细化日常服务项目和质量标准，实现公园服务提档升级。利用公园游客服务中心，开展“暖心工程”，增设手机充电，提供饮用水、针线包和雨伞等便民措施。开展“颂百年党史赏盛世牡丹”“湖光耀初夏·端午传香情”等活动，丰富市民文化生活。推进中国传统节日振兴工程，开展“我们的节日”系列主题直播活动，通过“线上+线下”宣传模式、“展示+互动”体验形式，展现长春市公园风采。

【绿化养护】 2021年，新建改造提升街路绿地138宗，栽植乔木约20万株，灌木约11万株。新建绿道331.91千米，长春市绿道总量522.96千米。完成铁路沿线绿化提升42处54.99万平方米。增加常绿、观花、观干、观叶、观果类乔灌木和宿根花卉，辅之应季花卉，打造“常年有绿、四季有果、三季观花、秋季赏叶”绿化景观。2021年，长春市提升社会化服务质量，对伊通河沿线及园区树木、绿篱、草坪修剪、松土施肥、浇水进行精细管护，对全线园林植物开展病虫害防治常态化工作。

【义务植树】 2021年，按照长春市

2021年，长春公园引入智能健身房。图为长春公园全景　（何　平　供图）

委、市政府关于《2021年“绿色春城大美长春”造林绿化暨纪念全民义务植树40周年活动月实施方案》，利用春季植树黄金期，开展“绿色春城大美长春”植树造林活动。4月，以“纪念全民义务植树40周年”为载体，发动机关、企事业单位、中小学校和各社会团体参与义务植树，实现“两广三多”，即影响范围广、栽植面积广、宣传频率高、组织场次多、参与人数多。有1.57万余名干部、群众加入义务植树活动中，栽植40个树种近18万株苗木，建设31块“纪念林”，栽植面积101公顷。

【园林植保】 2021年，长春市巡查街路绿地1741.22千米，开展食叶类害虫、蛀干类害虫、刺吸类害虫、地下类害虫等病虫害防治，防治街路554条4.4万街次。其中，乔木664.84万株、灌木1739.31万平方米、草坪831.81万平方米。全年无重大园林病虫灾害和疫情发生。开展产地检疫苗木143种近32万株（丛），苗木复检293批次。其中，乔木6083株、灌木132932株、模纹11161平方米、花卉草坪43898平方米。复检松木制品5批次257立方米。做好“以螨治螨”生物防治技术试验、示范工作。

【养护管理】 结合“走遍长春”城市精细化管理专项行动，清残补绿、消裸增绿、提质护绿，打造精品园林。结合消除裸露地面工作发放花种3850千克、草籽1716千克，指导街道、社区和基层单位参加“消裸”行动。组织相关专家和技术人员为一线工作人员和市民开展栽种培训和技术指导。推广栽植乔木、宿根花卉、喷播草坪，利用有机物覆盖、安装树篦子等方式，因地制宜治理裸露地面，全年消除裸露地面173公顷。

【古树名木保护】 调查确认长春市范围内古树名木分布及数量情况。依据《长春市古树名木保护管理办法》，协调相关专家及技术人员，对长春市应化所、东北师范大学等庭院内的古树名木进行挂牌保护。

（张晓东）

表50 2021年长春市古树名木群一览表

序号	树种			数量（株）	位置	平均树龄（年）	平均树高（米）	平均围度（厘米）	平均冠幅（米）
	中文名	科	属						
1	梨	蔷薇	梨	37	德惠市朱城子镇杨柳村东北沟屯	约210	11.6	266	11.3
2	梨	蔷薇	梨	99	德惠市朱城子镇刘糖坊村西四棵树屯	约150	10.6	166	7.9
3	梨	蔷薇	梨	210	德惠市朱城子镇塘坊子村4社邱家障子屯	约100	10.4	141	9.1
4	梨	蔷薇	梨	190	德惠市朱城子镇于家店村6社单家屯	约130	9.8	151	8.9
5	梨	蔷薇	梨	72	德惠市米沙子镇刘糖坊村西四棵树屯	约170	10.5	195	8.9
6	梨	蔷薇	梨	100	长春新区长德分区(原德惠市)米沙子镇兴顺村刘家屯	近90	9.3	130	9.7
7	梨	蔷薇	梨	135	德惠市米沙子镇南王家村南王家果园	约110	10.6	144	9.2
8	梨	蔷薇	梨	482	二道区泉眼镇流沙村	130	18	172.7	
合计数量				1325					

表51 2021年长春市古树名木一览表

序号	树种	生长情况	树龄（年）	树高（米）	围度（厘米）	平均冠幅（米）	保护等级	位置
1	垂柳	旺盛	110	16.5	343	14.8	三级	朝阳区天宝街533号
2	垂柳	旺盛	115	18.9	280	13.9	三级	朝阳区西民主大街429号
3	核桃楸	旺盛	110	18.3	221	14.0	三级	朝阳区西民主大街429号
4	黑松	旺盛	128	18.3	181	14.8	三级	朝阳区新民主大街126号
5	山里红	旺盛	估测120~150	9.9	200	12.0	三级	朝阳区南湖公园二号门
6	桃叶卫矛（丝棉木）	旺盛	估测120~130	9.3	170	9.6	三级	朝阳区南湖公园
7	黑松	旺盛	估测100	18.4	195	15.0	三级	朝阳区南湖公园

续表51

序号	树 种	生长情况	树 龄（年）	树 高（米）	围 度（厘米）	平均冠幅（米）	保护等级	位 置
8	红豆杉	旺盛	100~120	8.8	74	6.6	三级	朝阳区南湖公园
9	五角枫	旺盛	122	18	120	16.0	三级	宽城区松苑宾馆1号楼西北侧
10	垂柳	旺盛	147	25	160	16.0	三级	宽城区松苑宾馆正门东侧
11	黑松	旺盛	117	20	90	6.0	三级	宽城区松苑宾馆1号楼北侧
12	黑松	旺盛	107	18	95	6.0	三级	宽城区松苑宾馆1号楼东北侧
13	垂柳	旺盛	127	25	120	8.0	三级	宽城区松苑宾馆荷花池东侧
14	垂柳	旺盛	157	16	120	7.0	三级	宽城区松苑宾馆二栋正门左侧
15	榆树	旺盛	160	13	200	15.0	三级	宽城区兰家镇合隆村谢家店
16	银杏	旺盛	40	10	27	7.0	名木	宽城区铁北二路与凯旋路
17	榆树	正常	117	16.1	105	15.9	三级	宽城区胜利公园
18	榆树	正常	106	13.1	100	9.3	三级	宽城区胜利公园
19	榆树	正常	100	15.1	94	13.9	三级	宽城区胜利公园
20	垂柳	正常	120	20.9	102	12.2	三级	宽城区胜利公园
21	垂柳	旺盛	估测100	13	107	12.5	三级	南关区儿童公园正门平桥北
22	垂柳	一般	估测100	16.5	112	12.8	三级	南关区儿童公园正门平桥南
23	山梨	旺盛	103	15	70	15.0	三级	南关区水文化生态园内
24	山荆子	旺盛	135	13	67	17.0	三级	南关区水文化生态园内
25	垂柳	旺盛	135	13.7	105	17.3	三级	南关区西五小学
26	柳树	旺盛	106	14.5	127	17.3	三级	南关区吉大二院
27	柳树	旺盛	130	18	150	19.5	三级	南关区伊通河东岸繁荣桥东南角
28	柳树	旺盛	估测150	16.7	385	17.5	三级	绿园区吉粮康郡小区北门
29	水曲柳	旺盛	估测100	23.5	285	15.5	三级	绿园区市绿化处院内
30	暴马丁香（南）	旺盛	90	9.1	90	7.3	三级	绿园区市绿化处院内
31	暴马丁香（北）	旺盛	90	11.3	90	9.8	三级	绿园区市绿化处院内
32	加拿大杨	旺盛	90	31.5	315	17.3	三级	绿园区市绿化处院内
33	加拿大杨	旺盛	90	30.6	340	19.8	三级	绿园区市绿化处院内
34	垂柳	旺盛	估测100	17.3	390	14.9	三级	绿园区绿园小学操场北侧西起1
35	垂柳	旺盛	估测100	16.7	335	16.7	三级	绿园区绿园小学操场北侧西起2
36	垂柳	旺盛	估测100	15.7	340	13.7	三级	绿园区绿园小学操场北侧西起3
37	垂柳	旺盛	估测100	14.6	355	14.1	三级	绿园区绿园小学操场北侧西起4
38	垂柳	旺盛	估测100	15.7	375	14.7	三级	绿园区绿园小学操场北侧西起5
39	桑树	旺盛	约120	14.4	312	14.0	三级	绿园区长春公园

续表51

序号	树 种	生长情况	树 龄（年）	树 高（米）	围 度（厘米）	平均冠幅（米）	保护等级	位 置
40	榆树	旺盛	275	13.1	159	15.7	三级	净月区新湖镇柳树村东后柳屯
41	榆树	一般	255	19.0	122	18.4	三级	净月区新湖镇榆树村胜利屯
42	蒙古栎	一般	195	12.0	83	15.0	三级	净月区玉潭镇丁25路
43	榆树	较好	大于200	12.7	123	13.5	三级	经济开发区东方广场街道三道林子村二社
44	榆树	衰弱	300	16.9	168.8	22.5	二级	空港区兴港办事处临河村
45	柳树	一般	100	18	130	12	三级	空港区龙家堡镇临河村小学
46	榆树	正常	140	19.3	129	24.4	三级	高新区硅谷街道村富强社区汉森香榭里小区
47	柳树	正常	110	24.7	121	20	三级	北湖开发区奋进乡一间堡村
48	桑树	旺盛	110	10.3	183	16.5	三级	汽车经济技术开发区四联大街219号实验小学
49	榆树	一般	120	17.6	381	16.8	三级	汽车经济技术开发区一汽一中
50	梨树	正常	120	12	66	7	三级	二道区泉眼镇新地村艾家西
51	榆树	正常	190	23	130.2	22.2	三级	二道区泉眼镇新立村姜家
52	柳树	正常	110	11	86	4	三级	二道区泉眼镇新立村前甸子老村部院里
53	柳树	正常	110	20	110	9	三级	二道区泉眼镇新立村前甸子老村部北
54	柳树	正常	110	18	90	7	三级	二道区泉眼镇新立村前甸子老村部北
55	垂柳	正常	210	21	115	14	三级	二道区泉眼镇新立村前甸子
56	柳树	正常	210	21	110	9	三级	二道区泉眼镇新立村前甸子
57	榆树	正常	110	16	80	9	三级	二道区泉眼镇新立村邵大屯
58	榆树	正常	110	17	80	17	三级	二道区泉眼镇新立村邵大屯
59	榆树	正常	190	20	130	24	三级	二道区四家乡杂木村四社
60	梨树	正常	130	18	55	10	三级	二道区泉眼镇流沙村古家西山
61	柳树	旺盛	120	12	420	13	三级	德惠市米沙子镇天吉小学
62	榆树	一般	105	10.0	180	12	三级	德惠市米沙了镇晨光村东
63	榆树	旺盛	110	13.5	88	13	三级	榆树市红星乡谢家屯
64	榆树	旺盛	310	13	100	20	二级	榆树市太安乡光阳村
65	榆树	旺盛	380	19.5	150	19	二级	榆树市五棵树镇爱国村
66	榆树	旺盛	300	15	560	14	二级	榆树市青山乡杨木村4组村部东坡
67	榆树	旺盛	120	20.9	120	3	三级	榆树市城郊街道
68	榆树	旺盛	162	17.3	82	14	三级	榆树市环城乡夏宝村
69	榆树	旺盛	300	16	180	16	二级	榆树市环城乡万龙村
70	榆树	旺盛	180	18	100	14	三级	榆树市秀水镇长久村蒋家屯南
71	榆树	旺盛	130	14	90	15	三级	榆树市秀水镇长久村蒋家屯北

续表51

序号	树 种	生长情况	树 龄（年）	树 高（米）	围 度（厘米）	平均冠幅（米）	保护等级	位 置
72	榆树	旺盛	110	17	80	16	三级	榆树市秀水镇长久村蒋家屯东
73	榆树	旺盛	220	20	110	32	三级	榆树市秀水镇富岭村杜岭屯
74	榆树	旺盛	110	16	68	15	三级	公主岭市大岭镇建设村小防身屯
75	榆树	衰弱	240	23.5	533	19.75	三级	农安县农安镇小桥子村东开源屯
76	榆树	正常	270	15.6	558	25	三级	农安县万顺乡光辉村梁家泡屯
77	榆树	濒危	300	17.5	628	15	二级	农安县伏龙泉镇伏山村
78	柳树	正常	260	20.5	518	16	三级	农安县伏龙泉镇兴隆村龙泉山庄
79	柳树	正常	260	20	500	16	三级	农安县伏龙泉镇兴隆村龙泉山庄
80	柳树	正常	100	18	251	15	三级	农安县伏龙泉镇兴隆村龙泉山庄
81	柳树	正常	100	17	220	15	三级	农安县伏龙泉镇兴隆村龙泉山庄
82	柳树	正常	150	17	314	15	三级	农安县伏龙泉镇兴隆村龙泉山庄
83	杨树	衰弱	160	21.9	628	17	三级	农安县开安镇柳树洼村学校道南
84	榆树	衰弱	230	18.4	471	17	三级	农安县开安镇库金堆村一社屯东地里
85	榆树	衰弱	270	18.2	502	16	三级	农安县巴吉垒镇六马架村东六马架
86	榆树	衰弱	260	21	342	15	三级	农安县小城子乡花园村韩家粉坊屯后
87	榆树	衰弱	250	16	408	20	三级	农安县小城子乡花园村下沟屯后
88	榆树	衰弱	300	21	477	14	二级	农安县高家店镇高家店村原村委会门前
89	榆树	衰弱	270	15	549	27	三级	农安县哈拉海镇三道沟村孙敖屯后
90	榆树	衰弱	270	19.3	527	17.5	三级	农安县哈拉海镇程家坨子村6社
91	榆树	衰弱	180	17	410	18	三级	农安县伏龙泉房山沟村小茂源堡
92	榆树	衰弱	210	15.6	408	15	三级	农安县合隆镇烧锅岭村西开源屯东（G12路边）
93	榆树	衰弱	150	18	315	17	三级	农安县烧锅镇东兴村马守忠屯南
94	榆树	旺盛	300	12	143	40	一级	德惠市松花江镇孙坨子村孙坨子屯
95	榆树	一般	317	10.9	127	18.7	二级	九台区莽卡满族乡政府院内
96	赤松	一般	130	20	80	15	三级	九台区土们岭街道民主村4社
97	柳树	旺盛	110	18	230	9	三级	九台区其塔木镇山前槐村4社
98	榆树	旺盛	110	15	102	9	三级	九台区城子街镇碱场村1社
99	榆树	一般	110	25	130	21	三级	九台区内溪桥公园
100	柳树	一般	130	18	110	14	三级	九台区内溪桥公园
101	榆树	一般	260	20	150	10	三级	九台区上河湾镇大窝堡村8社
102	柳树	一般	110	15	150	11	三级	九台区波泥河镇平安堡村3社
103	榆树	一般	228	20	150	30	三级	九台区纪家街道鸡鸣山村10社

续表51

序号	树 种	生长情况	树 龄（年）	树 高（米）	围 度（厘米）	平均冠幅（米）	保护等级	位 置
104	榆树	旺盛	110	17	90	10	三级	九台区老卡伦政府院内
105	榆树	一般	110	17	110	8	三级	九台区老卡伦政府门口
106	榆树	一般	110	12	100.0	7	三级	九台区卡伦街道红星村1社
107	榆树	旺盛	267	16	122	16	三级	九台区苇子沟街道庙沟村1社
108	榆树	一般	170	14	108	18	三级	九台区苇子沟街道东兴村1社
109	榆树	一般	110	13	86	13	三级	九台区苇子沟街道月明楼古墓群
110	榆树	一般	110	12	70	13	三级	九台区苇子沟街道月明楼古墓群
111	榆树	一般	110	14	82	14	三级	九台区苇子沟街道月明楼古墓群
112	柳树	一般	150	18	112	19	三级	九台区内五商店南头
113	榆树	一般	200	22	140	24	三级	九台区沐石河街道桦树村5社
114	榆树	一般	120	11	120	12	三级	九台区沐石河街道政府院内
115	榆树	一般	110	11	102	10	三级	九台区沐石河街道政府院内
116	榆树	一般	111	12	100	15	三级	九台区沐石河街道政府院内
117	榆树	一般	106	25	130	11	三级	九台区龙嘉街道挖铜村7社
118	柳树	一般	120	13	130	8	三级	九台区莽卡满族乡舍岭村8社
119	榆树	一般	220	8.5	100	14	三级	九台区胡家回族乡锣鼓村2社
120	榆树	一般	220	18	85	15	三级	九台区胡家回族乡蜂蜜村2社
121	榆树	旺盛	447	34.2	142	33.4	二级	双阳区太平镇长山村永安屯
122	杜松	旺盛	188	13.8	177	7	三级	双阳区太平镇太平村柏树屯
123	红松	旺盛	158	20	140	10	三级	双阳区齐家镇永安村松树下屯
124	榆树	旺盛	425	22	255	28	二级	公主岭市廿家子镇街道
125	榆树	一般	155	16	111	17	三级	公主岭市廿家子镇全结村
126	榆树	·般	155	14	127	14	二级	公主岭市廿家子镇街道
127	旱柳	旺盛	135	17	175	21	三级	公主岭市陶家屯镇石柱沟村老学校
128	旱柳	旺盛	140	18	161	20	三级	公主岭市朝阳坡镇大房身村王慧芝家门前
129	旱柳	一般	115	10	760	12	三级	公主岭市朝阳坡镇李家店村李显义家门前
130	榆树	一般	141	15	90	18.5	三级	公主岭市永发乡西兴村王爱民家门前
131	榆树	旺盛	457	14	191	15	三级	公主岭市秦家屯镇四家子村韩德宝家门前
132	旱柳	旺盛	115	14	120	17	三级	公主岭市桑树台镇榛材岗村金马岗屯吴和家西
133	榆树	一般	125	17	90	16	三级	公主岭市桑树台镇榛材岗村金马岗屯李文春院里
134	榆树	旺盛	111	16	90	10	三级	公主岭市毛城子镇街道
135	榆树	旺盛	111	16	100	10.5	三级	公主岭市毛城子镇街道

续表51

序号	树 种	生长情况	树 龄（年）	树 高（米）	围 度（厘米）	平均冠幅（米）	保护等级	位 置
136	榆树	一般	111	13	70	13	三级	公主岭市毛城子镇烈士陵园内
137	榆树	一般	111	13	70	11	三级	公主岭市毛城子镇烈士陵园内
138	榆树	一般	111	15	80	12	三级	公主岭市毛城子镇烈士陵园内
139	榆树	一般	111	10	70	11	三级	公主岭市毛城子镇烈士陵园内
140	榆树	一般	111	21	70	11	三级	公主岭市毛城子镇烈士陵园内
141	榆树	一般	111	18	70	13	三级	公主岭市毛城子镇烈士陵园内
142	榆树	一般	111	16	70	12.7	三级	公主岭市毛城子镇烈士陵园内
143	榆树	一般	415	15	160	18	二级	公主岭市毛城子镇小河沿子村八间平房后
144	榆树	一般	115	16	80	11	三级	公主岭市毛城子镇后山村苏家屯苏力家院内
145	榆树	一般	111	13	111	13	二级	公主岭市玻璃城子镇玻璃城子村后张家屯唐清水家门前
146	榆树	一般	390	17	115	18	二级	公主岭市玻璃城子镇玻璃城子村后张家屯唐清水家门前
147	榆树	旺盛	110	14.6	140	15	二级	公主岭市环岭街道火炬村吉林云飞医药有限公司院内

城市管理

【概况】 2021年，出台《长春市再生资源回收利用管理办法》，修订《长春市城市户外广告设置管理办法》。重新修订《长春市城市管理工作考评办法（暂定）》《长春市城市管理工作考评标准》，通过职能部门、第三方评价和社会监督等建立多角度、立体式考评模式，对各城区、开发区城市管理工作综合评价。管理考评范围扩大到6个外县（市）区，每月通过媒体公布考核排名情况。2021年，组织新闻集中采访59次，在各级媒体刊发稿件800余篇，与长春广播电视台联合推出《城市管理热线》节目，作为典型经验被住建部总结推广。凤凰网、新浪网对长春市城管系统庆祝中国共产党成立100周年“礼赞百年路唱响新征程”文艺会演进行网络直播，110余万名网民观看直播。

【市容环境管理】 2021年，长春市整治广告牌匾，拆除各类违规户外广告2536万块，清理各类不规范牌匾7076处，清理橱窗字2.3万处。整治野广告，清刷覆盖野广告567.5万处，停机号码4715个，行政处罚143人次，罚款金额18.9万元，增设便民宣传栏板6237万个。规范渣土运输，开展联合执法，查处违法违规运输渣土车辆1720台次，罚款456.9万元，查处违规工地101处（次）。改造提升工地围挡，全年改造提升各类工地围挡3051米。整治违法占道行为，清理占道经营8.9万处、露天烧烤3484处、停车泊位占道物3.1万个。加强城市窗口区域管理，城管、公安、交警、民政、运管等部门建立联勤联动机制，对火车站区域实行网格化管理，劝离、救助流浪乞讨人员681人次，行政处罚喊客拉客135人次，查扣非法营运车辆91台，取缔黑旅店95家。

【毁绿种菜治理】 2021年，长春市开展“毁绿种菜”专项治理，排查“毁绿种菜”问题8114处，清出绿地101.1万平方米，完成补植复绿37万平方米。

【城市精细化管理】 2021年，市、区、街三级联动，拆除违法建筑7.2万平方米。加强城市精细化管理，由市城市管理局牵头，组织规划和建设审批7个部门连续第5年开展“走遍长春”城市精细化管理专项行动，排查问题1543件，整改1419件，整改率91.96%。在建筑工地、裸露地面、便民市场、铁路沿线等重点区域开展集中治理，在全市开展“六个最美”评选活动，评选出最美街路20条、最美小区20个、最美绿化景观20个、最美便民市场10个、最美工地20个、最美店面100个。开展铁路沿线及城市出入口环境综合整治。组织11个市直部门及各城区、开发区，在全市10条铁路及16个出城口周边开展环境综合整治行动。拆除铁路沿线违法建（构）筑物2.18万平方米，清理沿线建筑渣土2.27万吨，拆除城市出入口违法建（构）筑物3002平方米，清理各类垃圾2331吨。

【环境卫生管理】 2021年，长春市完成省污染防治攻坚战成效考核，建成秸秆禁烧全链条火点管控处置体系、机动车遥感监测点位30个，运用高清卫星监测扬尘污染源。全市空气优良天数330天，优良率90.4%，创有记录以来最好水平。推进“垃圾不落地”工作，开展常态化降尘除尘作业。加大垃圾转运站和公厕管理力度，保证公厕开放时间。利用信息化手段加强清雪指挥调度，实现快速有效清除冰雪。2021年，长春市组建专职日常管理队伍，加强河道、池塘、排涝站前池、吐口管理，提高管理范围内水面卫生保洁标准。公厕精细化管理，根据地点、人流和季节变化，合理调整18座驿站公共卫生间及10座自管水冲公厕开放时间。对重点园区、园路、设施开展除冰除雪工作。实现河岸无垃圾堆放，河面无漂浮物存在。

【户外市场管理】 按照全市户外便民市场统一规划，确定“取缔一批、规范一批、提升一批”工作思路，取缔不符合规划户外市场25个，与规划、商务等部门研究确定，保留户外便民市场64个，明确管理主体，完善设备设施，加强环境管理，严控开放时间。

【数字城管建设】 2021年，长春市出台《关于2021年5G新基建工程建设和发展的实施方案》，7月30日经市政府常务会议通过，完成公共资源开放目录统计工作。下发《2021年长春市开展“门前三包”责任制工作实施方案》，开展“门前三包”数字化管理考评，完成86条示范街路商家信息录入、数字化标牌悬挂、街道专管员确定和数字化系统操作培训等工作。完成数字城管指挥大厅升级改造，委托专业设计单位编制《长春市综合管理服务平台建设方案》，完善建筑垃圾运输智能监管系统、城市管理监督考评系统、“门前三包”社会化监管系统、建筑垃圾资源化利用供需平台等功能模块，启动数字城管数据分析及可视化项目。与政数局、财政局等部门推进城市管理数据普查工作，完善数字城管系统基础数据库。

（王德祥）

【行业监管】 完善建设项目施工图备案及专家评审系统，当天申报当天领取备案书；拿地即开工改革，施工许可阶段审批时限由21天压缩至2天；工业项目全流程审批最短压缩至13个工作日；道路挖掘审批实现零跑动，审批时间由60余天压缩至7个工作日。推行“绿色通道”，东北亚国际博览城等157个省市重点项目提前进场施工。供水报装推行“四零一优”“免申即接入、报装即通水”，跑出“全国速度”。用水用气指标被评为长春市进步最快指标，在全国优化营商环境经验交流会上作典型发言。开展建设领域安全生产专项治理，排查整改安全隐患、文明施工问题近1.8万个，罚款443.5万元；排查处理在建工地消防安全隐患1227个，开展质量监督检查3218次，避免较大以上事故发生，全市建筑工程安全生产形势总体平稳。开展农房安全隐患排查整治。全年改造危房1119户（栋），整治存在安全隐患经营性自建农房113栋，基本实现农村脱贫户住房安全。

（张九高）

城市公共交通

【概况】 2021年，长春市城区公交线路243条，运营线路总长度5133.91千米，运营车辆4030辆。市区公交专用道432.6千米，公共汽电车日均客运量140.07万人次。全年投融资101亿元，推进地铁9个项目同时建设，市区公交线路车隔缩短至3~5分钟，探索创新TOD商业开发反哺交通发展模式。城市客运系统客运量71680.2万人次。其中，轨道交通（含有轨电车）客运量21424.2万人次，比2020年增加18%，轨道交通运量占全市公共交通总量29.9%，比2020年减少4.5%；公共汽电车50256万人次；出租汽车11252万人次。市区有公路客运站点3个，公路客运线路131条。其中，跨省线路22条，跨市线路66条，跨县线路43条。2021年，全市客运量2882万人次，完成客运周转量214081万人次千米。更新公交车394辆，全部为新能源车型，开展夏、冬两季车厢温度达标专项整治活动。

【公交线网建设】 2021年，长春市调整优化公交线路235条，客流走廊公交线路首末班时间调整为早高峰前2小时、晚高峰后3小时；开展公交站务设施品质提升专项整治行动，更新公交站牌1500座，更新改造北人民大街等20条主要街路站务设施，新建候车亭340座。

【出租汽车行业服务】 2021年，长春市区巡游出租汽车企业52户，营运车辆15402台，其中个体经营车辆2428台，万人拥有率22台。市区网约车平台公司89户，根据平台公司提供数据，全市网约车注册量约36万台，日均活跃车辆约1.7万台，日呼叫单量约22万单，日完成单量约16万单。

（杨九龙）

【轨道交通】 2021年，长春市城市轨道交通5条运营线路均由长春市轨道交通集团管理，运营车辆147辆，全长106.73千米，其中，地铁1号线18.14千米，地铁2号线24.86千米，轻轨3号线34.10千米，轻轨4号线16.33千米，快轨8号线13.30千米。

2021年运送乘客19516.2万人次，比2020年增长25.88%，占全市公共交通出行量比重35.2%。全年线网日均客运量53.46万人次，其中，线网日均进站量35.2万人次，单日最高日客运量79.58万人次（7月12日），线网日均客运周转量298.54万人次公里。线网实际开行列车3967.2万列次，日均上线运营车辆85辆，日均开行约1580列次；线网运营里程4029.02万车公里，增加11.25%，正点率99.89%，兑现率99.88%。高峰时段最小行车间隔300秒，运营总能耗18809.8万千瓦时。全年运营票款收入33424.7万元，比2020年增长21.25%。从事既有运营线路运营维护职工5128人，司机527人。

线网5条线路发行工作类车票10201张、纪念单程票卡1600张、一卡通72955张，完成单程票重编码3105838张，清洗消毒300万张，配发单程票293万张。实现支付宝和微信小程序扫码乘车，“E出行”App增加路线推荐、站点信息、周边信息等功能。牵头推进市民卡应用改造、公交票务系统互联互通。举办绿色出行宣传月、儿童节、端午节、中考季等活动，发行2000张庆祝中国共产党成立100周年及各线路周年活动纪念卡，开展乘客满意度调查和各类乘车优惠活动。

2021年，长春市轨道交通建设项目9个，全长128.6千米，87座车站。其中，续建项目5个（2号线东延工程、4号线南延工程、5号线一期工程、6号线工程、7号线一期工程），新开工项目2个（空港线一期工程、3号线南延工程），建成项目2个（2号线西延工程、3号线东延工程）。完成车站开工75座（2号线西延工程、2号线东延工程、4号线南延工程、5号线一期工程、6号线工程、7号线一期工程），车站封顶30座（2号线西延工程3座、3号线东延工程4座、2号线东延1座、5号线一期工程5座、6号线15座、7号线2座），轨道铺设18.8千米。完成投资104.8亿。6个项目（2号线西延工程、3号线东延、2号线东延工程、5号线一期工程、6号线工程、7号线一期工程）全长37.0千米，主体结构贯通。

（王　瀑）

表52　2021年长春市城市轨道交通在建项目汇总表

序号	线路名称	起讫点	线路长度（千米）	车站数（座）	开工时间(年月)	预计通车时间(年)	工程建设情况	重点工程节点
1	轨道交通2号线西延工程	西湖站—汽车公园站	4.4	3	2018.03	2021	建成	10月，通车运营
2	轨道交通2号线东延工程	东方广场站—赵家岗东站	10.6	6	2019.08	2024	续建	12月，1座车站主体结构封顶，3台盾构下井，推进2.6公里
3	轨道交通3号线东延线工程	辽宁路站—伪皇宫站	5.4	4	2014.08	2021	建成	12月，通车运营
4	轨道交通4号线南延线工程	福祉路西站—何家屯站	4.5	5	2019.08	2022	续建	12月，主体桥通、轨通目标。供电安装工程完成全线接触网施工，全线声屏障安装完成。相关机电专业完成准备工作
5	轨道交通5号线一期工程	西南枢纽站—东大桥站	19.7	18	2020.08	2025	续建	12月，5座车站主体结构封顶，顺越盾构区间单线贯通，3台盾构下井，推进1.67公里
6	轨道交通6号线工程	双丰站-长影世纪城站	29.6	22	2019.08	2024	续建	12月，15座车站主体结构封顶；25台次盾构下井，推进23.862千米
7	轨道交通7号线一期工程	汽车公园站—东环城路站	23.2	19	2020.04	2025	续建	12月，2座车站主体结构封顶，5台盾构下井，推进2.5公里
8	轨道交通3号线南延线工程	长影世纪城站—毛家沟站	3.0	2	2021.03	2024	新开工	12月，前期准备
9	轨道交通空港线一期工程	赵家岗东站—九台南站	28.2	8	2021.03	2025	新开工	12月，前期准备
合计		—	128.6	87	—	—	—	—

表53　长春市城市轨道交通运营线路历年开通时间统计表

线路名	分段开通名称	开通日期	开通范围	运营里程（千米）
1号线	1号线	2017年6月30日	红嘴子—北环城路	17.6
2号线	2号线	2018年8月30日	东方广场—双丰	20.2
3号线	3号线一期	2002年10月30日	卫光街—长春站	12.8
	3号线二期	2006年12月30日	卫星广场—长影世纪城	16.6
4号线	4号线	2011年6月30日	车场—东大桥	12.6
	4号线地下站	2012年5月6日	伪满皇宫—长春站北	2.7
8号线	8号线	2018年10月30日	北环城路—广通路	13.1
2号线	2号线西延线	2021年8月30日	双丰—汽车公园	4.5
3号线	3号线东延线	2021年12月30日	西安桥—伪皇宫	5.5

表54　长春市城市轨道交通运营线路年度基础数据统计表（一）

序号	运营线路名称	系统制式	车辆制式	列车编组（辆）	运营里程（千米）	地下线（千米）	地面线（千米）	高架线（千米）	运营车站数（座）	换乘车站数（座）	配属车辆基地/车辆段/停车场数	首班车时间	末班车时间	线路运营时间	运营单位（全称）
1	1号线	地铁	B	6	18.0	18.0	0.0	0.0	15	4	1	5:15	21:30	16小时15分钟	客一
2	2号线	地铁	B	6	24.9	24.9	0.0	0.0	21	2	1	5:15	21:30	16小时15分钟	客二
3	3号线	轻轨	C	6	34.1	3.7	22.4	8.0	36	3	1	6:00	21:00	15小时	客二
4	4号线	轻轨	C	6	16.3	2.7	0.0	13.6	16	3	1	6:00	21:00	15小时	客一
5	8号线	轻轨	C	6	13.3	0.0	0.0	13.3	12	1	1	6:00	21:00	15小时	客一
合计					106.6	49.3	22.4	34.9	98	9	5	—	—	—	—

表55　长春市城市轨道交通运营线路年度运营数据统计表（二）

序号	运营线路名称	客运量(万人次)	进站量(万人次)	客运周转量(万人次千米)	最大断面客流量(万人次/时)	配属列车数(列)	运营车公里(万车千米)	日均实际开行列次(列次)	最小发车间隔(秒)	旅行速度(千米/时)	牵引能耗(万千瓦时)	运营总能耗(万千瓦时)
1	1号线	6884.7	4473.8	35265.2	1.0	22	1275.0	331.0	300	33.8	2163.1	6098.4
2	2号线	5806.0	4045.1	32604.1	0.9	29	1511.4	328.0	300	33.7	2768.7	6849.7
3	3号线	3506.3	2385.7	23077.2	0.5	58	610.9	369.0	300	27.1	1472.1	2439.4
4	4号线	2684.5	1476.4	14540.2	0.5	21	360.6	318.0	300	29.1	805.9	1751.4
5	8号线	634.7	416.1	3483.1	0.2	17	209.3	219.0	480	31.2	537.6	1670.9
合计	—	19516.2	12797.1	108969.8	—	147	3967.2	—	—	—	7747.4	18809.8

【行业整治】 2021年，长春市开展“两客一危”（旅游包车、三类以上班线客车，运输危险化学品、烟花爆竹、民用爆炸物品道路专用车辆）企业季度监督检查，发现并整改问题311项；检查客运企业79户次，发现并整改问题386项。改造长春至卡伦、范家屯、吉林市、辽源市等方向客运班线公交化，在双阳区举办全省全域公交试点现场会。开展出租车服务质量信誉考核，把网约车纳入考核体系，审验巡游车1.5万台，勘验网约车平台公司经营场所20家。开展网约车合规化专项整治活动，核查网约车平台派单、设备运行、数据对接，现场检查车容车貌和从业资格，依法清退不合规车辆和驾驶员。实施“旗E春城”行动，采取配发定向运营许可、降低驾驶员准入门槛、打击“黑车”和非法网约车、与一汽沟通提高产品质量和售后服务质量、建立95128巡游出租车电召平台、强化4S店执法监管、停止发放燃油燃气车出租车运营许可等7项措施，推广红旗新能源出租车应用。推进维修业户经营备案，现场督促企业400余户，下发备案通告190份；整顿汽车排放维护维修站（M站）经营秩序，检查维修站90户，暂停网络信号不合格维修站32户，建立机动车检验检测企业“红黑名单制度”。组织驾驶员从业资格培训考试178场、1.66万人，通过考试1.3万人。取缔驾校私设练车场10处，责令限期整改驾校14户。开展船舶防碰撞桥梁专项行动，纠正水上交通违法违章行为6起，解决榆树市刘家镇福利村无船名船号、无船舶证书（无有效渔业船舶检验证书、船舶登记证书、捕捞许可证）、无船籍港“三无”船舶非法渡运问题，通过购买第三方服务检验各类船舶691艘。

【执法监管】 2021年，长春市开展系列专项执法行动19次，打击非法从事班线客运、包车客运、出租汽车客运、机动车维修和驾驶员培训违法违规行为，立案查处违法违规运营车辆1679台。其中，非法营运车辆806台，涉嫌违法违规出租汽车316台。查处网约车平台公司违规派单481件，查处擅自从事网约车经营案件521件。11月5日，开展“亮剑2021”专项行动，省、市、县三级交通运输执法机构联动，交通运输、公安交警、市场监管联合作战，检查车辆6694台，检查企业176户，查处超限运输车辆308台、卸货4109吨，查扣非法营运出租车、网约车308台，查处道路客货运输违法行为19起。推进路警联合治超常态化、制度化，按照“货车必检、超限禁入”要求，多次联合开展“午夜行动”，按照“一超四罚”规定，严厉查处违法超限运输、侵占侵害路产路权等行为，重点打击“百吨王”，检测车辆6.35万台次，查扣超限超载车辆820台（“百吨王”80台），卸货3.8万吨。联合公安部门推进机场、火车站、客运站等重点区域联勤联治常态化执法，采用流动巡查、驻点筛查、突击检查、专项行动等方式，整治场内营运车辆违法违规行为。畅通出租车投诉举报电话、市长公开电话、“12328”行业服务监督电话等渠道，坚决查处市民投诉，重点区域案件全部挂牌督办，发现一起、查处一起。机场区域出租车零投诉235天、比2020年增长5.8%，火车站零投诉82天、增长17%，重点区域行业运营秩序刷新历史最好水平。

11月10日，长春市交通运输综合行政执法支队执法人员对非法营运车辆司机调查取证（杨九龙 供图）

【疫情防控】 2021年，按照交通运输行业新冠肺炎疫情分区分级防控指南，长春市落实公交、地铁、出租汽车、公路客运等常态化疫情防控措施，未发生因公共交通造成疫情传播问题；为龙嘉机场隔离人员转运调配车辆760台次，转运人员2.2万人；协调各县（市、区）设置公路防疫卡点95个。其中，高速公路36个，国省干线8个，农村公路51个。10月1日至14日和11月1日至25日，管控车辆10.5万台，劝返车辆2.1万台，劝返人员近3万人。

【法制建设】 2021年，长春市深化“放管服”，调整审批服务大厅管理模式，建立政务服务“一网通办”电子归档管控体系，推行档案电子化；完成网上办事28.5万件，发放各类电子证照19.7万个；落实“双随机、一公开”，梳理执法事项392项，全部实行清单管理；完成年度“双随机”抽查计划17项；挂牌督办重点案件128件；执行3项制度（执法公示、执法全过程记录、重大执法决定法制审核）；加强信用体系建设，向国家企业信用信息公示系统报送行政许可信息2203件，行政处罚信息1311件；组建行业法制员队伍，建立全员执法责任制；开展自评自查执法案卷280份，排查整改问题79项；调整局法治建设领导小组，与长春铁路运输法院建立府院联动机制。

【行业生产安全】 2021年，长春市完善行业安全生产监管“一对一”责任清单，落实“安全员”行业企业3527户、公交线路235条、工程项目7个，落实“路长”国省干线公路1315千米。市本级近9000名企业“两类人员”（主要负责人和安全生产管理人员）安全考核完成80%以上；市本级安装智能视频动态监控报警装置“两客一危”车辆4227台；聘请第三方排查市本级“两客一危”隐患企业151户，依法吊销存在安全隐患普货企业道路运输许可2户；联合应急、公安等部门开展瓶装液化气运输专项整治，检查企业16户，排查整改隐患6项；完成普通干线公路安全隐患和事故多发路段整治工程13.6千米，实施普通干线公路安全提升工程530千米，实施农村公路安防工程285.6千米；完成春种秋收农民运输保障，做好冬季除雪防滑。

（杨九龙）

乡村振兴

XIANGCUN ZHENXING

脱贫攻坚成果巩固

【概况】 2021年，全市乡村振兴工作贯彻落实习近平总书记关于巩固拓展脱贫攻坚成果同乡村振兴有效衔接重要讲话重要指示批示精神，落实市委、市政府决策部署，做好巩固拓展脱贫攻坚成果、“千村示范”创建、乡村建设行动和省内协作等各项工作。截至2021年年末，全市脱贫不稳定户910户、1991人，边缘易致贫户907户、1848人，突发严重困难户102户、242人，均落实帮扶措施。全市225个创建村基本达到“九有六无”（有特色产业、有村集体收入项目、有顺畅排水、有垃圾处理设施、有清洁环境、有整洁院落、有干净居室、有绿化美化亮化、有长效机制，无卫生乱象、无路面破损、无不安全住房、无私搭乱建、无不良习俗、无规模性致贫返贫现象）标准。2021年，长春市农村常住居民人均可支配收入18473元，比2020年增长11.0%。

【长春市乡村振兴局揭牌】 8月4日，根据《中共长春市委机构编制委员会关于调整市扶贫工作机构设置的通知》，将原长春市扶贫开发办公室（长春市民生工作办公室）重组为长春市乡村振兴局，为市政府工作部门，机构规格为正局级，由市农业农村局统一领导和管理。8月16日，省委常委、市委书记张志军，市长王子联等市领导共同为长春市乡村振兴局揭牌。

【帮扶政策稳定】 坚持“四个不摘”与“四个不减”并重，保持帮扶政策总体稳定。按照国家和省里要求，新政策出台实施前，脱贫攻坚启动以来仍在执行的各项政策措施一律不退不变。持续加大资金支持力度，下达各级财政衔接推进乡村振兴资金4.35亿元。

【部门包保帮扶】 开展部门包保帮扶和选派驻村干部工作，组织246个市县部门、581名干部包保帮扶260个乡村振兴村，涵盖154个脱贫村。市纪委监委等部门将巩固脱贫攻坚成果列入重点监督内容，坚决防止松劲懈怠。

【防止返贫致贫】 坚持动态监测与精准帮扶并重，坚决防止返贫致贫。印发《关于健全防止返贫动态监测和帮扶机制的实施方案》，坚持监测常态化、职责明晰化、防返贫保险化和八个工作步骤。实施“一户一策”，做到市县乡村四级联动，合力推进动态监测帮扶。截至2021年年末，全市脱贫不稳定户910户、1991人，边缘易致贫户907户、1848人，突发严重困难户102户、242人，均落实有效帮扶措施。

【困难群体保障】 义务教育方面。印发宣传手册5.2万册、宣传画2.9万张、资助卡4.8万张，发放资金968.93万元，资助脱贫家庭学生11695人次；

8月16日，长春市乡村振兴局揭牌 （市乡村振兴局 供图）

"雨露计划"春秋季补助中高职贫困学生2103人次、315.45万元，实现"有一助一"、控辍保学"动态清零"。

基本医疗方面。给予脱贫人口参保资助，健全完善医疗救助托底保障机制，扩大医疗救助范围，救助脱贫人口8.8万人次，支出资金4020万元；开展大病救治和慢病健康管理，救治率、慢病签约率均为100%；组建由3100余名医务人员组成的756个家庭医生团队，县乡村三级医生随访脱贫患者31.6万人次。

住房保障方面。持续开展农村危房改造，完成1119户低收入人群危房改造任务（C级789户、D级330户）。

安全饮水方面。开展饮水安全排查"回头看"，出动1200余人次，排查农饮工程2405处；组织工作专班入村入户明察暗访，行程1.4万余千米，走访农户755户，检查工程375处。

综合保障方面。开展2021年提标工作，城区农村居民最低生活保障标准由每月人均500元提高到630元，城区农村集中供养特困人员基本生活标准由每人每月860元提高到1000元。

【脱贫人口增收】 坚持促进就业与发展产业并重，促进脱贫人口稳定增收。深化与劳务输出地区合作，促进脱贫人口就业，脱贫劳动力实现转移就业1.03万人；通过开发公益专岗、创建就业扶贫车间和就业扶贫星火站等方式，就地就近安置脱贫劳动力923人。推进扶贫产业发展，投入资金1.9亿元，新建产业项目31个；持续跟踪推进现有扶贫产业项目运营情况，发挥龙头企业带贫作用，确保脱贫人口稳定增收。

【健康扶贫成果巩固】 牵头制定印发长春市《关于巩固拓展健康扶贫成果同乡村振兴有效衔接的实施方案》，持续推进二级医院医生参与家医签约服务管理，根据疾病救治数据将脱贫不稳定人口1984人纳入重点救治和管理对象。利用"5·19世界家庭医生日"开展宣传活动，家庭医生全市常住人口签约服务率44%，重点人群签约服务率77%。朝阳区举办纪念第11个"世界家庭医生日"暨家庭医生签约服务工作表彰大会，全区签约23.7万人。榆树市实行双周调度，开展健康扶贫"院长下沉、包村到户"。

大病专项救治。优化医疗保障政策，落实县域内大病救治"先诊疗、后付费"核心政策，持续推进二级医院医生参与家医签约服务管理。全年救治建档立卡脱贫患者1929人次，县级医院派出医生720人次参与入户随访，服务脱贫患者45000余人次。

慢病健康管理。3100余名医务人员组成756个家庭医生团队，将建档立卡贫困人口全部纳入签约服务进行健康管理。组织开展贫困慢病患者"回头看"，所有贫困慢病患者做到"应签尽签"，实现家庭医生签约服务全覆盖。继续实施为脱贫人口建立健康档案、配备家庭医生、实施一人一策、进行慢病管理。县乡村三级医生随访脱贫患者31.6万人次。

因病返贫致贫动态监测。加强与民政、医保、扶贫（乡村振兴）等部门数据比对和共享；依托国家健康扶贫分析系统，根据疾病救治数据将脱贫不稳定人口1984人纳入重点救治和管理对象；配合落实各项医疗保障政策和社会救助、慈善帮扶等措施。

健康扶贫排查整改。制定印发《关于开展健康扶贫政策落实再排查再整改再提升专项行动的通知》。7月，在县区本级完成普查基础上，市卫健委组成暗访组对相关县区健康扶贫政策落实情况进行暗访摸排，针对问题以点带面进行系统整改。对照健康扶贫核心政策，抽查36家县域内定点医疗机构"先诊疗、后付费"政策落实情况；清查67个村卫生室药品管理、村卫生室设置使用效果，规范门诊日志记录，加强各类公示台账动态更新，确保与实有人（物）完全相符；督导各县区卫生部门落实卫生室运行经费和村医补助及时到位；抽查460余户"一人一策"记录填写情况，落实慢病动态管理，新发慢病脱贫患者全部得到及时诊断并纳入随访管理；建档立卡脱贫人口健康体检工作全部纳入当地年度绩效管理，4.45万余人完成体检；加强健康扶贫动态系统管理，确保相关数据精准共享。

（孙宪法）

农村改革

【农村集体产权制度改革】 截至2021年年末，清查核实集体资产219亿元，清查核实资源性资产209.2公顷。全市有2093个村完成农村集体经济组织成员身份确认，占涉农村总数99.33%，确认成员502.75万人。达到折股标准的集体经济组织359个，占开展改革村级集体经济组织总数的17%，其中239个完成折股（另有254个达不到折股标准的村进行折空股）。以户为单位发放股权证书90132本。全市有2085个村完成农村集体经济组织登记赋码，占行政村总数的99%，县级农业农村部门向2085个村级农村集体经济组织颁发农村集体经济组织登记证。长春市农村集体产权制度改革工作在全省评估中获评优秀，朝阳区被评为全国农村集体产权制度改革先进集体。

（张铁红）

【农村宅基地制度改革】 2021年，从统计报告汇总情况看，长春市有农村宅基地113.69万宗，总面积6.5万公顷，占有1处宅基地农户106.83万户，占有2处及以上宅基地农户2.63万户，2户及2户以上共用1处宅基地农户1974户。非本集体成员占有宅基地3.59万宗，总面积1826.67公顷。闲置宅基地5.21万宗，总面积2520公顷，其中空闲废弃宅基地1.53万宗，总面积780公顷。

宅基地审批管理。2021年，全市审批宅基地757宗，面积22.39公顷，没有农用地转用的宅基地。当年宅基地征收5396宗，面积158.57公顷。

闲置宅基地利用。宅基地出租1477宗，面积41.25公顷；宅基地转让1214宗，面积46.55公顷；有偿使用宅基地面积14.89公顷，有偿使用费34万元；有偿退出宅基地面积9公顷，有偿退出补偿资金392万元；当年复垦宅基地面积80.42公顷，其中城乡增减挂钩面积73.45公顷，城乡增减挂钩收益1608.3万元。

宅基地改革试点。2021年初，指导九台区完成《九台区宅基地改革试点方案》，通过修改论证，经省委、省政府批准，报农业农村部备案并以文件形式正式下发各乡镇(街）实施。九台区第一轮宅基地改革试点过程中先后制定出台6个宅基地制度改革配套文件，为开展好第二轮宅基地改革试点工作，2021年九台区对《九台区农村宅基地使用权流转管理暂行办法》《九台区农村宅基地有偿使用管理暂行办法》《九台区农村宅基地自愿有偿退出管理暂行办法》《九台区农村宅基地有偿使用费管理暂行办法》《九台区农村宅基地审批管理暂行办法》等5个规范性文件进行修订，形成九台区宅基地管理完备政策体系。九台区根据试点改革需要，增加制定《九台区农村宅基地资格权认定暂行办法》和《九台区农村宅基地特定资格权人认定暂行办法》等相关办法。在土们岭、龙嘉、苇子沟、纪家、上河湾、其塔木等6个乡镇开展试点工作，修订相关配套文件，形成政策体系。

（孙平广）

【农业支持保护制度】 市农业农机局与市财政局、市发改委联合印发《长春市关于落实完善农业支持保护制度意见的实施方案》，落实完善农业支持保护制度。

【农村土地流转】 印发《关于做好全市农村土地经营权有序流转工作的通知》，明确农村土地经营权流转原则，鼓励创新农村土地经营权流转形式，规范农村土地经营权流转行为，加强农村土地经营权流转管理；配合市人大法工委、市司法局组成调研组，调研长春市农村土地经营权流转涉及地方立法问题。3月2日，到农安县合隆镇调研，召开由农安县人大、农安县合隆镇政府、农安县农经局、农安县司法局和农安县合龙镇村书记代表及专业合作社代表参加的座谈会，撰写《关于对长春市农村土地经营权流转涉及的地方立法问题的调研报告》《长春市农村土地经营权流转调研报告》，报送市人大。组织各县（市、区）和开发区填报吉林省农村土地流转平台填报工作，在规定时间内报送县区级专题报告，结合各地调查摸底情况和土地流转系统填报相关数据，了解全市农村土地流转、适度规模经营、服务体系建设、纠纷调解仲裁等方面基本情况，分析农村土地流转工作中存在的问题，形成《长春市关于开展2021年农村土地流转有关情况调查摸底的调研报告》。2021年，长春市农村土地流转面积90万公顷，占耕地面积56%，比2020年提高6个百分点；流转比例56%，比2017年提高18个百分点。

（孙宪法　王大伟）

产业发展

【优势产业培育】 实施“龙头企业培育工程”，围绕构建健康食品、玉米化工等现代农业“十大产业链”，出台《长春市关于加快农产品加工和食品产业发展的实施意见》（2021年），建立产业链链长负责制。县域包含榆树、德惠、九台水稻在内的林粳稻产业集群入选2021年国家优势特色产业集群建设名单。佐丹力800万盒素食全餐产品建设项目、长春城开农投绿色循环肉牛产业示范园区等一批大项目建设进展顺利。

【农业招商引资】 开展农业招商引资，引进一批新项目。2021年，全市农产品加工业克服经济下行压力和新冠疫情影响，规模以上产值600亿元，比2020年增长17%以上。

【新业态发展】 发展新产业新业态，10户企业晋升为省级休闲农业与乡村旅游星级企业。农安县万金塔乡五里堡子村等6个村晋升为省级“一村一品”示范村镇；双阳区鹿乡镇鹿乡村晋升为国家级“一村一品”示范村镇。榆树市、德惠市和九台区被确定为全国农产品产地冷藏保鲜设施建设试点单位。2021年中国农民丰收节全省主会场设在长春市九台区红光村。年内还举办第十六届君子兰节。

【农村双创】 长春市推选“低GI值大豆膳食纤维馒头”和“吉农74吉农75大豆良种育繁与产品深加工项目”2

7月，九台区龙嘉街道红光村稻田公园　（九台区政府　供图）

个项目，分别获第五届全国农村创业创新项目创意大赛成长组一等奖第1名和初创组二等奖第1名，长春市农业农村局受到省农业农村厅表彰，创造长春市自参赛以来最好成绩。市农业农村局与市人力资源和社会保障局联合开展长春市农民工转移就业先进集体——“薪火站”认定活动，吉林农嫂食品有限公司等12户龙头企业被认定为2021年吸纳农民工就地就近转移就业先进龙头企业。

【经营体系建设】 全市新创建市级示范社373个，全市农民合作社发展到2.45万个，有37家农民合作社被认定为省百强社。全市有各级示范社1810个。其中，国家级示范社79个，省级示范社223个，市级示范社656个，县级示范社852个。开展农民合作社质量提升整县推进国家级试点（九台、双阳、公主岭、农安）和农业生产社会化服务省级试点（公主岭、德惠），农安县获批国家第三批农民合作社质量提升整县推进试点县。全市家庭农场发展到1.11万个，省级示范家庭农场169个。榆树市老董家生态家庭农场被农业农村部评为第三批全国农民合作社和家庭农场典型案例。

【双阳区鹿乡镇鹿乡村晋升为国家级一村一品示范村镇】 11月10日，农业农村部公布第十一批全国“一村一品”示范村镇及2021年全国特色产业十亿元镇亿元村名单，双阳区鹿乡镇名列其中。作为国内以梅花鹿资源为主的特产强镇，双阳区鹿乡镇有“中国梅花鹿第一乡”之称，梅花鹿存栏量发展到15.1万只，总量约占双阳区二分之一、全省三分之一、全国六分之一。鹿乡镇引导、支持和鼓励鹿产品精深加工，全镇有鹿副产品生产加工企业60家，培育农业产业化龙头企业13家，围绕梅花鹿研制开发出十大类1000多个品种，实现食品、药品、保健品等多方面突破。作为全国最大的鹿产品交易集散地，年吞吐鲜鹿茸450余吨，鹿副产品交易量6500吨，交易额实现37亿元。截至2021年年末，全镇地区生产总值63亿元，全口径财政收入和本级财政收入分别为2800万元和650万元，农民年人均纯收入2.55万元。

（市农业农村局）

乡村建设

【概况】 2021年，全市各地推进以垃圾治理、污水处理、厕所革命和村容村貌提升为重点的农村人居环境整治行动，推进美丽乡村建设，打造示范村225个，创建美丽庭院8000户、干净人家1.6万户。举办全市乡村振兴现场会，现场参观裴家村、三里堡子村、城开农投等7个乡村振兴典型，总结推广城乡融合美丽乡村建设、因地制宜“一村一品”等7种发展模式。

【村庄规划编制】 按照集聚提升、特色保护、城郊融合、稳定改善、搬迁撤并五类进行划分，推动各类规划在村域层面“多规合一”。根据《吉林省村庄分类布局工作指引》，完成市本级以及各县（市）、区村庄分类布局专题研究，集聚提升类村庄421个、城郊融合类村庄302个、特色保护类村庄117个、稳定改善类村庄1078个、搬迁撤并类村庄30个。启动53个村庄规划编制，46个村庄规划基本完成，依据《吉林省村庄规划编制技术指南》修改村庄规划。制定《长春市村庄规划工作方案》，印发《长春市村庄规划编制技术指引》《关于严格规范村庄撤并工作的若干措施》《长春市乡村风貌规划设计与建设导则》《长春市村庄规划报批工作管理规定》，基本完成全市域村庄分类布局。

【农村人居环境整治】 市农业农村局印发《长春市农村人居环境全域提升实施方案》并组织实施，围绕实施乡村建设行动，牵头协调市直相关部门制定《农村人居环境整治提升五年行动方案》等12个专项方案，接续推进“农村人居环境整治提升行动”，开展村庄清洁行动。推进农村“厕所革命”，年内完成改厕任务9.02万户，占全省任务总数的56.35%。

市乡村振兴局印发《2021年长春市农村户用卫生厕所改造实施意见》《关于建立健全全市农村生活垃圾收运处置体系的指导意见》《关于扎实开展村庄清洁行动春季战役的通知》等文件，开展农村人居环境整治工作。实施“千村示范创建”活动，全市225个创建村基本达到“九有六无”标准。建成生活垃圾转运站189座，配备垃圾桶33万个、垃圾箱1.91万个、环卫车辆1.19万台，主城区农村生活垃圾收运处置体系基本建立，6个县（市）、区覆盖90%以上行政村。全市村庄清洁行动发动农民群众投工投劳55.38万人次，动用车辆28万台，清理整治农户庭院64.8万个、垃圾64.4万吨。

【村庄清洁行动】 3月1日，印发《关于扎实开展村庄清洁行动春季战役的通知》，开展村庄清洁行动春季战役。6月1日，印发《2021年全市农村人居环境整治村庄清洁行动夏季攻坚战指导意见》，开展村庄清洁行动夏季战役。各地发动农民群众投工投劳数量55.38万人次，雇用保洁人员1.65万人，清理农村生活垃圾64.4万吨，拆除残垣断壁1700多个。

【农户卫生厕所改造】 5月20日，召开长春市农村户用卫生厕所问题摸排整改协调会议，印发相关通知和工作方案，开展农村户用卫生厕所摸排整改工作。农业农村部门承建卫生厕所摸排问题厕所6417个，于6月15日基本整改完毕，9.02万户改厕任务全部完成。

【农村生活垃圾治理】 长春市农村建成生活垃圾转运站179座，覆盖乡镇（街道）141个；配备垃圾桶38万个、垃圾箱1.6万个、环卫车辆8657台。长春市主城区周边农村生活垃圾收运、处置体系基本建立，村屯覆盖率100%；6县（市）、区基本实现生活垃圾收运体系覆盖90%以上行政村；

全市116处生活垃圾非正规堆放点全部整治完成，完成国家非正规垃圾点信息平台销号程序。

【村屯绿化美化】 重点打造市级绿化美化示范村屯20个，完成绿化美化村屯207个，改善提升村屯290个，打造具有生态文化特色的精品乡村（镇）公园10个。

【美丽农村路建设】 至2021年年末，长春市有乡镇124个，创建美丽农村路135条，覆盖率100%。推荐双阳区神鹿峰旅游路等21条路线参评吉林省十大最美农村路，双阳区神鹿峰旅游公路在交通运输部“最美农村路”评选活动中获评“十大最美农村路”。9月15日，长春市美丽农村路现场会暨“四好农村路”建设推进会召开，现场考察九台区樱花大道、庙香山旅游度假村、参观苗木基地、神鹿峰旅游公路、土门至柳树公路等建设情况，推进“四好农村路”建设。

【美丽庭院干净人家创建】 12月17日，市农业农村局与市妇联、团市委、市工商联联合印发《关于开展2022年度长春市美丽庭院、干净人家评选创建活动的工作方案》。按照市农村人居环境整治工作领导小组工作部署，各级农业农村和妇联部门担当作为，全市创建完成“美丽庭院”8000户、“干净人家”1.6万户。

【乡村基础设施建设】 推进“四好农村路”建设，全年改造农村公路1679千米。投入资金近13.3亿元，巩固提升7个县（市）区、开发区78.9万农村居民饮水安全保障水平。

【农村公共服务】 加强乡村义务教育薄弱学校改造，提升乡村学校教育信息化基础设施环境。启动“一村一名大学生村医”计划，培训1800名乡村医生；推行村医“计分制”绩效考核，16个县（市）、区先行的29家基层医疗机构全部进行考核系统测试工作。实施农村养老服务设施建设计划，全市建县（市）、区级以下公办养老机构90家。创新实施文化惠民工程，建设乡镇文化服务示范中心10个，申报乡村博物馆4家。

【“一村一名大学生村医”计划落实】 “一村一名大学生村医计划”被列为2021年省、市政府重点工作目标、乡村建设行动专项工作内容。省卫生健康委印发《吉林省“一村一名大学生村医计划”实施方案》，分配给长春市1800个培训名额。根据方案要求，调查摸底、核查人数，根据各地村卫生室数量和村医人数等实际情况，安排名额分配，确保达到培训目标。组织各县（市）区、开发区卫生健康局分管局长、基层科长、相关负责人和乡镇卫生院院长198人参加全省政策解读视频会，引导各地解读政策标准，做好宣传和报名准备工作。全市“一村一名大学生村医计划”完成招录1800人。其中，临床医学1140人、中医学555人、针灸推拿105人。

【村医“计分制”管理试点】 组织召开基层卫生健康重点工作推进会，加快考核系统建设。发挥“绩效考核”功能模块作用，督促基层卫生院加强对村医“计分制”绩效考核工作研究落实。长春市16个县（市）区、29家基层医疗机构推行村医“计分制”绩效考核工作，包括22家乡镇卫生院和7家社区卫生服务中心。

【高校包保帮扶】 吉林财经大学投入相应人力、物力、财力推动包保帮扶工作进程，走出一条党建扶贫引领、产业扶贫造血、教育扶贫筑基、金融扶贫护航、健康扶贫保障的扶贫新路。班子成员到村走访调研9人次；组织4批109人次中层干部到八面村开展送温暖帮扶活动；2次开展送药下乡义诊活动，接诊贫困群众400余人，免费发放6万余元药品。该校参加中国金融教育发展基金会“金融教育助力乡村振兴和龙基地”揭牌仪式，配合开展金融知识教育培训等系列活动，推动金融教育助力乡村振兴。学校被省委、省政府授予“吉林省脱贫攻坚奖组织创新奖”。

吉林建筑大学顺利实现由脱贫攻坚向乡村振兴的有效衔接。深入贯彻落实国家乡村振兴发展战略，成立学校乡村振兴工作领导小组和“吉林建筑大学乡村振兴品牌战略研究所”，巩固拓展脱贫攻坚成果。选派2名驻村第一书记、4名驻村工作队队员和1名边境村驻村队员，派驻龙井市东盛涌镇石井村、勇成村，延边州和龙市南坪镇兴化村开展驻村帮扶工作，助力乡村振兴高质量发展开好局、起好步。

吉林艺术学院党委深入贯彻落实习近平总书记关于乡村振兴工作的重要讲话精神，贯彻落实党中央和省委关于巩固拓展脱贫攻坚成果、全面推进乡村振兴的重大决策部署，按照省委组织部《关于在全面推进乡村振兴中持续开展部门（单位）包保帮扶和选派驻村干部的意见》的要求，在全院范围内推荐选派2个批次4名驻村干部，其中3人到吉林省洮南市万宝镇共同村开展乡村振兴工作，1人到吉林省长白县金华乡鸠谷村开展乡村工作。一年来，学院党政领导6次到共同村开展帮扶工作对接、摸排情况、调研了解、关怀慰问，持续推进粉条厂建设，抓好造血式养殖项目，完善手工艺合作社项目，开展特色教育帮扶，将乡村振兴工作与学院专业特色相结合，有效推进扶贫包保和乡村振兴工作走深走实。

长春东方职业学院拓展脱贫攻坚成果和实现乡村振兴战略有效衔接，促进乡村教育更加公平、更高质量发展。10月12日，在民革吉林省委主委郭乃硕主席带队到校调研期间，签署助学计划战略合作协议。根据协议，该校连续5年为吉林省图们市、西藏自治区日喀则市、贵州省纳雍县、新疆阿勒泰地区免费培养学生，解决乡村孩子就学发展问题，助力乡村教育振兴，实施精准帮扶。

吉林交通职业技术学院制定《2021年脱贫攻坚包保工作计划》，

稳定驻村工作力量，强化驻村工作考核管理，实施工程机械扶贫，增加村集体经济收入2.8万元。开展休闲鸡养殖，增收20余万元。多次到贫困村进行走访慰问、送医下乡便民义诊、中秋慰问和扶贫日送温暖等系列活动，巩固脱贫成果，推动脱贫攻坚与乡村振兴有效衔接。

（孙宪法　李　璐　陈正东）

乡村文化

【概况】　2021年，采取现场检查、查阅资料、听取汇报等方式对基层公共文化设施运行情况进行排查治理，先后排查16个区的11个文化馆、11个图书馆、81个乡镇街道综合文化站、32个村（社区）文化服务中心和1个非遗传承基地。印发《长春市公共文化机构（场所）建设与服务基本标准（2021—2025）》，对市属、县（区）级公共文化机构，乡镇（街道）综合文化站，村（社区）公共文化场所的设施面积、免费开放时间、基本服务频次、艺术普及培训、文艺骨干队伍、数字化建设和编辑创作等提出明确要求。年内，双阳区依托花棒秧歌被命名为2021—2023年度“中国民间文化艺术之乡”，是吉林省唯一入选的地区。双阳区人民政府（花棒秧歌）、朝阳区人民政府（古筝艺术）、二道区远达街道办事处（草雕编织）被评为吉林省民间文化艺术之乡。双阳区太平镇人民政府、九台区其塔木镇人民政府、九台区营城街道办事处、榆树市人民政府、二道区远达街道办事处被评为长春市民间文化艺术之乡。

10月12日，2021长春市乡旅金秋趣味赛在九台区马鞍山村举办

（市文广旅局　供图）

【农村文化活动】　长春市各地在农村文化建设上摸索出独具特色的方式方法，由农民自发组织创办各类文化活动成为当地颇受重视的文化活动品牌，对建设和谐农村、促进乡村振兴起到积极作用。至2021年，德惠市达家沟镇合义村农民艺术节举办20多届，有二人转表演、大秧歌展演到篮球比赛等各类活动。在双阳区，连续举办多届梅花鹿节，搭建产业发展平台，展示新时代农村的新风貌。双阳区还举办“三文之家”（文化之家、文艺之家、文明之家）评比，从家庭、屯、村到乡镇，逐层开展不同的活动，鼓舞乡亲参与乡村文化建设的热情，活跃民间文化。双阳区鹿乡镇育民村村民李丹夫妇义务传承省级非遗项目花棒秧歌，使花棒秧歌在全区遍地开花，舞出农村文化新风尚，也让双阳区获评“中国民间文化艺术之乡”。榆树市五棵树文化站坚持立足农村、服务基层，深入开展文化惠民服务，提升农村公共文化服务水平。至2021年，榆树市五棵树镇建立各类协会14个、各类团队10个、秧歌队82支，成为榆树市打造社团最多的乡镇。在中宣部、文化和旅游部、广电总局开展的第八届全国服务农民、服务基层文化建设先进集体评选中，榆树市五棵树镇综合文化站获评先进集体。

【乡村旅游】　长春市坚持科学整合乡村旅游资源，深挖特色乡村文化，提升发展质量，促进农民增收，乡村旅游实现由点穿线、由线扩面、由分散到规模化发展的转变。全市有全国乡村旅游重点村5个，全国休闲农业和乡村旅游示范点15个，吉林省A级乡村旅游经营单位58家，双阳区和九台区被评为全国休闲农业和乡村旅游示范县。

【基层公共文化设施运行管理绩效考评】　根据市委、市政府绩效考评工作部署，“基层公共文化设施运行管理”正式列入2021年度地区绩效管理考评指标体系（加分项，分值5分）。制定考核方案，成立4个考核小组，在城区、县域范围重点考核文化馆、图书馆及乡镇（街道）综合文化站运行管理情况，在开发区范围重点考核乡镇（街道）综合文化站运行管理情况。

【“大地情深”中央歌剧院走进长春系列文化活动】　中央歌剧院公共文化高质量发展服务中心长春工作站成立后，利用中央歌剧院声乐、合唱、器乐、舞台美术等丰富的艺术资源，走进九台区马鞍山村开展文艺小分队演出。

【2021长春市乡旅金秋趣味赛在九台区马鞍山村举办】　10月12日，长春市文化广播电视和旅游局与九台区人民政府联合举办2021长春市乡旅金秋趣味赛。九台马鞍山村联合队、九台土们岭街道队、净月友好村农民队、

常安驿站联合队、农文旅融合队、乡村文旅代表队、新农村代表队和助力乡村振兴代表队等8支队伍参加比赛。活动以“繁荣乡土文化 助力乡村振兴”为主题，包含扁担挑玉米、插秧小能手、摸物识农、摸鱼过河、熊瞎子扒苞米、熊兄弟齐运瓜和农夫运土豆等7个与农事活动密切相关又妙趣横生的趣味比赛项目。九台区依托独特的区位优势和丰富的资源禀赋，发展乡村旅游产业，打造红色文化、关东民俗、乡村民宿、冰雪运动、山水生态等旅游产品，马鞍山村实现由“卖资源”到“卖风景”的转变。

（王　冠）

乡村治理

【概况】 长春市以《关于加强和完善城乡社区治理的意见》等文件为指导，基本形成基层党组织领导、基层政府主导的多方参与、共同治理的城乡社区治理体系。健全困难群众帮扶长效机制，持续做好社会救助兜底保障，健全动态监测、返贫预警机制，重点做好未成年人保护工作。提升农村基本公共服务水平，健全农村养老服务网络、深化农村殡葬改革、推进农村婚俗改革，协同推进乡风建设。鼓励引导社会力量参与，培育发展朝阳区农村乡土人才协会，支持兴办农村社区社会工作服务机构，推动农村社区、社会组织、社会工作联动发展。健全农村基层社会治理体系，探索实践群众参与基层治理的制度化渠道的有效途径，提升农村社区治理能力。

【村“两委”换届】 2021年，全市2096个村完成村“两委”（村党支部委员会、村民委员会）换届选举，选举产生村“两委”成员12253名，一肩挑、一次选举成功率、如期换届率均为100%。优化村“两委”班子年龄结构、学习结构，实现年龄、学历“一降一升”。

【网格化管理】 探索将“三长”（网格长、楼栋长、单元长）联动机制引入农村社区治理体系。市民政局联合组织部、政治委印发《关于加强网格化服务管理提升农村社区治理水平的实施意见》，合理划分农村网格，推行“网格长+村民代表”制度，全市划分农村网格17023个，配备网格长17023人、村民代表77012人。

【治理服务】 开展村级议事协商创新实验试点，向民政部推荐净月区玉潭镇建国村等4个村作为试点单位。长春市乡镇（街道）治理服务创新工作经验做法在全国民政厅（局）长基层治理现代化建设专题培训班上作基层治理案例教学，在省委常委班子推进党建引领基层治理体系和治理能力现代化建设座谈会上作典型发言。

【长春市4个村入选全国村级议事协商创新实验试点单位】 2021年12月，民政部公布全国村级议事协商创新实验试点单位名单，吉林省11个村入选，其中长春市朝阳区乐山镇辛屯村、二道区英俊镇四合村、公主岭市刘房子街道石丰村、净月高新区玉潭镇建国村入选试点单位。该项试点工作主要是围绕村党组织领导的村级议事协商机制建设、议事协商形式创新、议事协商成果运用、协商事项纳入村“两委”工作程序等方面开展创新实验，引导各地丰富村民议事协商形式，增强村级议事协商的可操作性和规范性，完善村党组织领导的自治、法治、德治相结合的乡村治理体系。

【长春市双阳区拓展“1+3+X”乡村治理模式】 双阳区被确定为全国乡村治理体系建设试点示范区后，对“1+3+X”基层治理模式进行拓展深化，将“1”延展为区乡村屯（组）四级党组织网络，“3”拓展为自治法治德治“三治融合”，“X”扩展为各部门各单位齐抓共管，并将企业、社会团体等组织纳入乡村志愿服务组织，形成区乡村屯（组）四位一体、各部门各单位紧密结合、乡村志愿服务组织协同作战的乡村治理体系。全区组建屯（组）党支部893个，基本实现全覆盖。在村、屯（组）党组织领导下，人居环境、土地确权、住房饮水等事关群众的利益事项实现屯（组）先议、村级再议的议事制度，提升村民自治水平。依托“1+3+X”志愿服务模式，在8个乡镇（街）134个村建设新时代文明实践站，志愿者1.3万人。全区基本实现农村文化广场、农家书屋全覆盖，在典型村屯建成标准文化广场194个、农家书屋144个，藏书84.81万本。全区5000余家新型经营主体参与乡村治理，推行“村屯（组）党支部+合作社”等模式，培育出“一品屯”157个、特色一条街149个，培养致富带头人1300多人，有致富项目的村屯干部和党员600多人，农民专业合作社发展到1000多个、吸纳社员1.6万人，带动农民人均年增收1200元。村集体有经营项目的村为100%，收入超5万元的村占比96%。太平镇、齐家镇被评为省级生态镇，曙光、新兴、小石等村被评为吉林省美丽乡村。

（郭大鹏）

生态建设

SHENGTAI JIANSHE

综　述

【生态环境保护规划】 2021年，坚持“开门编规划”，与国民规划和各行业规划深度融合、紧密嵌合，编制《“十四五”生态环境保护规划》，确定“1+5+3”规划编制体系、“4+20”指标体系，规划10项重点任务，细化形成近160项任务清单，谋划6大类166个工程项目。

【环境影响评价与行政审批】 2021年，长春市生态环境局完成环境影响评价报告书23项、环境影响评价报告表33项，履行告知承诺制22项；审批设置入河排污口7个；核发排污许可195家，变更168家，延续49家，补充填报7家，注销513家；办理危险废物经营许可证业务7件；审批辐射安全许可694件，办理放射性同位素转让40件。

（赵欣颖）

【国土空间生态修复】 2021年，长春市治理废弃矿山70个145公顷，办结中央第二轮环保督察转办件33批次276件，审核率、反馈率100%。查处违规开采矿山13座，申报“绿色矿山”3座。

（王大伟）

【生态环境宣传教育】 2021年，长春市开展“吉林省暨长春市生态环境主题宣传教育活动月”系列活动，举办吉林·长春绿色低碳发展高峰论坛、庆祝中国共产党成立100周年中国生态环境保护事业发展历程/吉林省暨长春市生态环境保护建设发展成果展、志愿者实践活动、“绿色长春环境监督”App上线推广、《绿色今朝，回望百年——庆祝建党100周年献礼丛书》首发等活动。编报信息量在省生态环境厅网站列9市（州）第1位，发稿总量在中央、省、市全媒体平台列市直各部门第1位，水文化生态园被授予“中国环境科学学会科技创新与传播共建基地”称号。

（赵欣颖）

2021年，长春市环境空气质量优良天数330天　　（赵欣颖　供图）

生态环境质量

【空气质量】 2021年，长春市环境空气质量优良天数330天，比2020年增加25天，优良率90.4%，提升7.1个百分点。其中，一级优170天，增加26天，提升7.3个百分点；重污染天数1天，比2020年减少14天。6项主要污染物浓度值下降，其中细颗粒物（$PM_{2.5}$）31微克/米^3。环境空气质量达到国家二级标准，创有监测记录以来历史最好水平。

【声环境质量】 2021年，长春市昼间城市区域环境噪声等效声级平均值54.9分贝（A），下降0.3分贝（A），整体水平等级二级（较好）；昼间

表56　长春市环境空气质量各级别天数年度对比表

空气质量指数级别	空气质量指数类别	2020年		2021年	
		天数	比重	天数	比重
一级	优	144	39.3%	170	46.6%
二级	良	161	44.0%	160	43.8%
三级	轻度污染	33	9.0%	27	7.4%
四级	中度污染	13	3.6%	7	1.9%
五级	重度污染	12	3.3%	1	0.3%
六级	严重污染	3	0.8%	0	0.0%
优良天数合计		305	83.3%	330	90.4%
三级（轻度污染）以上天数		61	16.7%	35	9.6%
五级（重度污染）以上天数		15	4.1%	1	0.3%
有效监测天数		366		365	

道路交通噪声平均等效声级69.7分贝（A），减少0.2分贝（A），道路平均车流量3129辆/小时，减少16辆/小时，道路交通噪声强度等级二级（较好），基本持平。

【地表水环境质量】　集中式饮用水源地。饮用水源地石头口门水库、新立城水库为城市集中式饮用水水源地，以石头口门水库为主，两水库提供城区95%以上的城市用水。2021年，石头口门水库和新立城水库各项监测指标比较稳定，水质达到Ⅲ类标准，年度水质达标率100%。

地表水体。2021年，长春市辖区内松花江等12条主要河流，34个国省控断面中，类水质断面15个，占断面数量的44.1%，与2020年同期相比上升2.9个百分点；Ⅴ类水质断面8个，占23.5%，与上年同期持平；Ⅴ类水质断面6个，占17.6%，与2020年同期相比上升8.8个百分点；劣Ⅴ类水质断面5个，占断面数量的14.7%，与2020年同期相比下降5.9个百分点。

2021年长春市地表水水体水质总体状况由上一年度的中度污染转为轻度污染，主要污染指标为氨氮、化学需氧量和总磷。消除十三家子大桥、沐石河大桥2个新增劣Ⅴ类断面，提质升级刘珍屯、靠山南楼、靠山大桥、沐石河大桥4个达标断面，优良水体比例50%。

【土壤环境质量】　2021年，长春市土壤环境质量状况总体稳定，农用地土壤环境质量状况良好，建设用地土壤风险得到基本管控，未发生因耕地土壤污染导致农产品质量超标情况，无疑似污染地块再开发利用不当造成不良社会影响。

（赵欣颖）

黑土地保护

【概况】　2021年，长春市成立长春市粮食安全工作暨黑土地保护工作领导小组，组建黑土地保护专家委员会，印发《中共长春市委长春市人民政府关于全面加强黑土地保护的实施意见》，建立多部门合力保护机制，将人才、资金、项目、政策等向黑土地保护聚集，并根据各单位工作职责，细化黑土地保护工作措施，优化时间节点，科学统筹，制定《任务分解表》，每季度调度黑土地保护工作进展。调整黑土地保护管理处及长春市黑土地保护监测中心。

【千万亩黑土地保护工程】　2021年，长春市争取并落实国家东北黑土地保护利用项目2.73万公顷。推广玉米免耕播种保护性耕作面积70.47万公顷，综合农机化水平稳定在92%以上。2021年，长春市申报东北黑土地保护利用项目，上级部门拨付长春市黑土地保护利用试点示范项目资金8200万元，项目任务2.73万公顷。组织各项目县制定本地区《2021年东北黑土地保护利用项目实施方案》，明确实施内容、绩效目标、补助对象及标准等重点事项，示范推广“深翻+增施商品有机肥”集成技术，持续改善黑土地耕地质量，防止耕地退化。目前各县（市、区）均完成有机肥招投标工作，开展秸秆还田深翻作业与商品有机肥播撒作业。

【耕地质量基础监测】　2021年，长春市新建耕地质量监测基础点279个，制定《长春市城区耕地质量监测基础点建设实施方案》，目前完成监测点布置和取样。开展“黑土粮仓”科技会战，长春市同中科院东北地理所开展市、县两级战略合作。市级层面，市农业农村局与中科院东北地理所起草《共同实施“黑土粮仓”科技会战合作协议》。县级层面，农安县和公主岭市与中科院东北地理所签订框架协议，合作推进农安县合隆镇陈家店村万亩级现代农业示范基地，展开公主岭及其他县域千亩核心辐射示范区。

【盗采黑土泥炭行为专项排查整治】 2021年，长春市组织各县（市）区开展严厉打击盗采黑土泥炭行为专项排查整治行动，在全市范围内对各类违法违规盗采或毁灭性采挖耕地表层黑土及表层下泥炭等问题和线索进行排查，排查黑土地面积166.67万公顷，未发现违法违规盗采或毁灭性采挖耕地表层黑土及表层下泥炭等现象。

【黑土地保护宣传行动】 2021年，长春市配合中央网信办开展“保卫黑土地 筑牢大粮仓”网络主题活动，通过人民网、新华网、中国网、国际在线等中央新闻网站宣传黑土地保护重点成果；邀请本地媒体采访有关领导、专家，通过长春电视台新闻频道及《长春日报》等宣传黑土地保护有效措施及工作亮点；制作“守护千里沃土 争当保粮先锋”宣传片，宣传近年来长春市黑土地保护利用重要举措和工作成果；开展“我为农民护黑土”现场实践行动，扩大黑土地利用保护宣传影响力；发动广大农技人员，下乡宣传黑土地保护利用技术，强化黑土地保护利用意识。

（朱孔亮 关晓东）

水资源保护

【水资源保护】 2021年，长春市持续开展节水、护水、水源地保护工作，石头口门和新立城水库全年供水6.84亿立方米。其中，城市供水4.45亿立方米，农业供水0.63亿立方米，生态供水1.76亿立方米。水源地水质稳定在三类水，个别月份接近二类。

【水生态修复】 2021年，长春市编制《长春市万里绿水长廊建设总体规划（2021—2035）》；协调各县（市）区开展绿水长廊建设项目15项。制定《长春市水系连通及生态补水专项规划》，谋划6大类46个项目。打通水系横向连通脉络，构建互联互通水网格局，实现“绿水环绕长春，森林包围城市”生态建设新目标。推进饮马河流域综合治理，32个治理项目完工13项，建设中19项，完成投资17.87亿元。

【河湖长制】 河湖责任体系。2021年，长春市严格落实巡查制度，各级河湖长全年累计巡河13.5万余次，其中，市级河湖长巡河61次发现问题17个，县级河湖长巡河2611次发现问题123个，整治任务全部完成。制定河湖长动态管理办法（试行），及时调整岗位变动各级河湖长、市级河长制成员单位。修订市河湖日常监管巡查制度、督察督办制度，将市级河湖长制考核结果纳入区域绩效考核成绩。组织市、县两级河长办及相关成员单位320人进行培训，提升河湖长及河湖长制工作人员履职能力。

饮用水水源保护区整治。全市县级以上城市饮用水水源保护区及“千吨万人”饮用水水源地全部完成保护标志设置和隔离防护任务；全年开展2轮水源地污染隐患排查整治行动，促进水源地环境改善。据国家采测分离数据，2021年12月，新凯河公主岭市断面首次实现消劣，但全年水质仍为劣Ⅴ类，其余劣Ⅴ类国考断面全部消除，16个国考断面优良水体比例50%，超前达到国家考核目标。

清河行动。2021年，长春市在化冰期清河行动基础上，常态化规范化推进河湖“清四乱”，全年各地清理非法占用河道岸线2.65千米，拆除违法建筑950平方米，清理非法采砂点11个，清理非法采砂3021立方米，打击非法采砂船只3艘，清除建筑和生活垃圾6.6万吨。开展入河排污口核查整治，完成入河排污口规范化建设。成立长春市推动城乡水环境治理工作专班，申请各级财政农村人居环境整治资金近4亿元，每个行政村补助10万元，每个改厕农户补助2000元，资金全部拨付到位。9万余户农村卫生厕所改造任务全部完成，占全省任务总数56.35%。开展村庄清洁行动，全市累计发动农民群众投工投劳58万人次，雇用保洁人员1.8万人，清理农村生活垃圾61万吨，完成7处农村黑臭水体治理，明显改善全市河湖沟渠“最后一公里”水体环境。

水域岸线信息。编制河湖岸线保护与利用规划，修编“一河（湖）一策”，指导各地完善“一河一档”，持续完善全市河湖基础资料。开展河湖管理范围划定复核，采用市、县（市）区双复核方式，市级通过卫星遥感影像识别出可疑问题476处，县（市）区对全部可疑问题进行现场复核。在县（市）区进行复核基础上，市级选择147处再次进行线上线下复核。

生态补水。强化流域水量分配和生态保障，新立城水库、石头口门水库全年分别向伊通河、饮马河生态放流0.44亿立方米和1.32亿立方米；永春河流域生态补水于2021年6月10日开始执行，落实补水所需资金；雾开河流域补水五一水库启动生态放流，补水流量为每秒0.5立方米。

水系连通工程规划。2021年，编制《长春市水系连通和河道生态补水专项规划》，并通过专家审查，谋划6类46个项目，构建互联互通的水网格局，实现“绿水环绕长春，森林包围城市”生态建设新目标。

（刘 星）

伊通河保护

【工程建设管理】 2021年，长春市建设伊通河综合治理工程，对接相关设计院，完善初步设计及施工图设计，通过约谈、调度、协商等破解制约工程建设实施各类疑点、难点问题，签订施工建设补充合同。推进伊通河中段水安全、水景观、水生态项目，工程验收移交。采取工程预验收、实体检查、质检抽查、问题整改等措施破解验收难题，完成中段水生态治理工程、驿站工程、绿道工程、园林景观工程、闸桥美化亮化工程、堤顶路维修工程等60个子项工程验收、接收及移交工作。

【环保督察迎检】 2021年，长春市制定《长春市伊通河管理委员会第二轮中央环境保护督察迎检工作方案》，成立工作领导小组，建立保障机制。梳理前四轮督查信访案件18件。排查沿线，破解水生态环境及工程建设各项问题。督察期间，做好资料整理汇总、销号材料上报、整改进展汇报、黑臭水体迎检资料上报等各项工作，完成第二轮环保督察迎检工作。排查发现河道翻泥情况，开展局部区域清淤工作。

【执法监督】 2021年，长春市将"护水""清河"行动作为主要工作目标，推进依法行政、依法治河和依法管理、乱象整治等工作。完善工作机制、加强舆论宣传，营造专项整治氛围、建立滚动排查制度、多部门信息共享联动。采取日常巡视和定期专项检查相结合，排查重点部位安全隐患，抓好高空作业，深基坑施工，用火、用电安全，深化安全生产责任制，实现伊通河城区段全年无火灾和安全事故发生，减少无序钓鱼、露天烧烤行为，沿线工程文明施工、规范施工、安全施工。全年提供各种救助行为20余起。

【水体水质监测】 2021年，长春市依照《伊通河中段水质监测工作方案》，定期排查沿线水质变化情况、吐口排污情况及检查井溢流情况，通过信函形式向市河长办及各相关单位反映实际问题28次。进入丰水期后，每月开展水质监测工作，对河道内9个主要断面进行检测10次，定期检测沿线20个湖塘水质。2021年12月，伊通河新立城大坝断面水质为Ⅱ，杨家崴子断面水质为Ⅲ，靠山大桥断面水质为Ⅲ，整体水质好转。

（国　徽）

森林和自然保护地保护

【概况】 2021年，长春市实施"生态保护红线、环境质量底线、资源利用上线和生态环境准入清单"，划定生态保护红线635.67平方千米，管控单元158个。开展"绿盾"自然保护区监督检查专项行动，139个问题全部整改销号。强化督导农安波罗湖国家级自然保护区、九台省级湿地保护区问题整改，完成2021年自然保护区国家遥感问题点位整改。

（赵欣颖）

【森林资源保护】 2021年，长春市完成森林资源档案汇总及消耗统计工作，调整长春市林地"一张图"。清理冻雨折断树木及枯死病死树木，完成木材生产工作。对石头口门和新立城水库水淹木进行生态影响评价，清理水淹木，避免污染水体。2021年，全市木材生产66.11万立方米，申请吉林省级追加石头口门水淹木清理1700立方米。开展林草生态综合监测评价，对接林土数据。开展森林督查和专项行动，印发《长春市打击毁林专项行动实施方案》，核查国家森林督查疑似图斑和清查2013年以来各类违法违规占用林地图斑2700个。推广应用"吉林省林业资源巡护监管系统"，对护林员实施动态及巡护路线监控，全市注册护林员3992人。

（张晓东）

【自然保护地保护】 截至2021年年底，长春市建成国家级自然保护区1处，即波罗湖国家级自然保护区；国家级湿地公园1处，即农安县太平池国家级湿地公园；省级湿地公园1处，即净月潭省级湿地公园（现改名净月潭风景名胜区）；省级湿地自然保护区1处，即九台省级湿地自然保护区。申报省级湿地自然公园1处，即吉林大白水省级湿地自然公园。

2021年，波罗湖国家级自然保护区新建保护站4处，科研监测站2处，巡护码头1处，巡护栈道4.7千米，围栏35千米，界碑界桩1128个。累计向波罗湖生态补水8000余万立方米，彻底解决保护区干旱缺水问题。水域面积由不足20平方千米增加到72平方千米，完成退耕还湿1300公顷。保护区芦苇、草地面积持续增加，其中芦苇面积3500公顷，草地面积3000公顷，为保护珍稀鸟类的迁徙栖息环境奠定基础。波罗湖迁徙停歇的鸟类峰值30余万只，其中国家一级保护动物东方白鹳最高监测数量520只，白头鹤最高监测数量2300只，其中白头鹤是省内目前发现的最大种群。

农安县太平池国家湿地公园位于农安县西南部，是长春周边唯一非水源保护地水库。太平池国家湿地公园包括太平池水库、龙王乡翁克村及太

6月5日，"吉林省暨长春市生态环境主题宣传教育活动月"系列活动在长春市水文化生态园启动
（李春晖　供图）

平村的部分区域，公园最大长度9.2千米，最大宽度8.5千米，总面积4275公顷。是中型人工库湖湿地，水库控制翁克河流域面积913平方千米，导引新凯河流域面积为793.913 平方千米。太平池湿地公园湿地植被具有生物多样性丰富、广布植物繁多、湿生和湿中生植物较多的特点。据野外调查统计结果表明：太平池湿地公园境内有野生植物191种，隶属于49科，126属。动物组成以水生鱼类及湿地动物为主，公园区域分布有野生脊椎动物5纲24目52科198种。湿地公园内湿地植物茂盛，种类繁多，品质优良，草本植被盖度在70%左右。

净月潭风景名胜区位于吉林省长春市东南部长春净月经济开发区，景区面积为96.38平方千米，其中水域面积为5.3平方千米，森林覆盖率96%以上。净月潭因形似弯月状而得名，与台湾日月潭互为姊妹潭，是“吉林八景”之一，被誉为“净月神秀”。净月潭是在1934年由人工修建的第一座为长春市城区供水的水源地，在沦陷时期称“水源地”或“贮水池”。净月潭的名字是由“伪满洲国总理大臣”郑孝胥的二儿子，时任“伪满洲国国都建设局局长”的郑禹所起。景区内森林为人工建造，有“亚洲第一大人工林海”“绿海明珠”“都市氧吧”之称，是长春市生态绿核和城市名片。生长着19世纪70年代陆续种下的8000公顷人工林海，园内植物格局模拟长白山植物垂地分布特征，现有各种植物、大片森林、山花、药用植物千余种，是座活的植物标本库。树种有樟子松、落叶松、红松、油松、赤松、云杉、冷杉及天然次生林、山杨、桦树、蒙古栎、糠椴和少量的杨树、榆树、胡桃楸等高等植物550余种，形成多树种、多层次、多结构完整森林生态体系。动物资源有山鸡、山鹊、野鸭等飞禽60余种，松鼠、刺猬、狍子、狐狸等兽类20余种，各种昆虫460余种。

九台省级湿地自然保护区南北最长24.6千米，东西最宽18.4千米，总面积1622.4平方千米，其中湿地面积78.95平方千米，占自然保护区总面积48.7%。全区森林覆盖率24.6%。为生态系统类别内陆湿地与水域生态系统自然保护区，划分为天然湿地与人工湿地两大湿地系统、8个湿地类型，其中，天然湿地有3种类型，人工湿地有5种类型。保护区内野生动植物资源较为丰富，区内有野生植物有6门153科794种；野生动物（有脊椎动物）200种，隶属于6纲28目62科，其中，珍稀濒危动物24种，有些野生鸟类不仅在国家乃至全世界都被列为珍稀、濒危物种或重点保护对象。

农安县太平池国家湿地公园　　（张晓东　供图）

大白水省级湿地公园位于德惠市国有林总场菜园子管护站范围内，总面积为5.15平方千米，湿地面积3.08平方千米，占湿地公园总面积59.8%，包括洪泛湿地2.04平方千米，草本沼泽1.04平方千米。其中，草本沼泽湿地主要为林地清收后退耕还湿形成的，公园的设立是保护洪泛湿地、恢复草本沼泽湿地的需要，对净化松花江水质具有重要意义。湿地公园分为保育区、恢复重建区和合理利用区。其中，保育区面积1.02平方千米、恢复重建区面积2.15平方千米、合理利用区面积1.98平方千米。公园内水资源十分丰富，松花江沿着湿地公园北侧边界流过，松花江一支流小背江在公园西侧边界内流过，汇入饮马河，雨季时，公园内形成诸多小湖泊。园区内栽植树木10万余株，品种大多以柳树、杨树、榆树为主，同时栽种多种景观树，修建4千米砂石路，环境明显改善。完成湿地公园范围内林地清收工作，完成大部分耕地退耕还湿、退耕还草工作。

【湿地保护】　2021年，长春市将湿地保护宣传同“爱鸟周”“野生动物保护宣传月”“环境保护日”等宣传活动有机结合，对湿地保护常识、湿地保护重大意义和《湿地保护条例》等进行宣传。深入开展绿盾行动，市林园、规自、水利、生态环境等部门按照职责分工，对擅自围垦、占用湿地、改变湿地用途，非法采砂、取土，放牧、烧荒、砍伐林木、采集国家或者省重点保护的湿地植物，向湿地及周边区域排放有毒有害物质或者倾倒固体废弃物，猎捕、毒杀水鸟及其他野生动物，私建、滥建建筑物和构筑物，破坏湿地保护监测设施及场地等行为，进行严厉打击。

【生物多样性保护】　2021年，长春市组织县（市）区和开发区排查野生动物繁育企业，指导建立野生动物繁育台账。经查，全市有野生动物驯养繁殖企业23户，驯养繁殖野生动物约3万只。长春市在各县（市）区和开发区开展“清风行动”和“网剑行动”，严厉打击各类滥捕滥猎野生动物、非法收购、运输、出售野生动物及其制品行为。联合绿园区农业局、四间派出所取缔绿园区四间村非法鸟类交易市场。2021年，全市出动检查人员800余人次，检查各类场所100余处。2021年11月，长春市成立陆生野生动物救助站，是吉林省首家依托地方专业动物园建立的救助机构。2021年救助红隼、白鹭、猫头鹰、狍子等野生动物百余只。2021年，定制鸟窝1000个，在全市公园、庭院、主要街路两侧进行悬挂。

（张晓东）

2021年，长春市万里绿水长廊之一的九台区小南河生态综合整治工程项目

（刘　星　供图）

【绿盾自然保护区监督检查专项行动】　2021年，长春市完成139个“绿盾”行动发现问题整改任务。强化农安波罗湖国家级自然保护区、九台省级湿地保护区现场检查，完成2021年自然保护区国家遥感问题点位现场核实。农安县波罗湖国家级自然保护区有2个遥感点位，均在遥感监测线索YG－G－001－GK－0001点位内，属于原废弃粮库院内钢结构的存粮垛，于2021年自行拆除，无影响环境问题。

（赵欣颖）

【万里绿水长廊建设】　2021年，长春市编制《长春市万里绿水长廊建设总体规划（2021—2035）》，通过专家论证审查，待修改完善后正式印发。汽开区新凯河一期、净月区水系连通等5个省级试点绿水长廊项目，年内有3个项目开工建设，完成投资1.27亿元；双阳区饮马河重点段治理、小南河生态综合整治等10个非试点项目，完成投资37.01亿元；莲花山区天定河入围省级“美丽河湖”。

（刘　星）

【净月潭国家森林公园】　2021年，净月潭国家森林公园（简称“净月公园”）开展森林质量提升工程，引进珍贵彩叶树种造林700余公顷，开展林相改造工程4000公顷，优化森林资源结构。森林防火实现多年无火灾，落实领导带班、巡护、联防联护和全员防火制度，12座防火瞭望塔实现瞭望无盲区，实现连续41年无森林火灾佳绩。开展以生物防治为主导的高科技无污染绿色防治，加强监测和检疫，治理林业有害生物。每年投放赤眼蜂15万卡，啮小蜂1亿头等特色物种，害虫信息素1000套，频振式杀虫灯300盏，将有害生物危害降至最低点，实现防治与环保同步，保护与发展并重。

景区坚持可持续发展理念，推进水资源保护治理。加强净月潭水库鱼病防治与综合治理。组织专家论证，制定鱼病防治与综合治理规划，对水体进行消毒改底，螯合降解水体综合毒素，调节水色藻相，通过泼洒光合细菌、EM菌、芽孢杆菌等微生态制剂，有效改善水库生态环境及渔业收入。全天候清理死鱼、垃圾等，提高净月潭水库整体生态环境。根据净月潭水库水环境变化，每年开展水库增殖放流工作，投放鲢、鳙滤食性鱼类和武昌鱼等优良淡水鱼类20余万尾，通过渔业资源保护工作，丰富水库内渔业资源，改善生态环境。开展净月潭水库水域、底泥检测项目。水质监测氨氮含量从每升0.23~0.79毫克下降到每升0.20~0.36毫克，每升水所含浮游动物、浮游植物种类及数量明显增加，重金属、农残等检测结果均未超标，符合地表水环境质量标准（GB 3838—2002）Ⅲ类水标准。入冬前，开展净月潭水库荷花、蒲草清除专项行动。可清除各种枯枝烂叶400余吨，防止水体富营养化。

（胡百高）

【长春北湖国家湿地公园】　生态监测　景区设立湿地生态监测中心、生态监测站、观鸟点，开展湿地科研监测工作。景区每月聘请具有CMA检测资质的水质监测公司对景区水质进行水质监测并出具专业报告，对景区水质变化及时上报存档。

公园分为保育区、恢复重建区和合理利用区。保育区开展保护、监测等必需保护管理活动，不进行任何与湿地生态系统保护和管理无关活动。恢复重建区内主要开展湿地生态恢复。合理利用区开展生态旅游以及其他不损害湿地生态系统活动，包括宣教展示、管理服务。

湿地生物多样性。据调查统计，2021年，长春北湖国家湿地公园内有

长春北湖国家湿地公园　（李喜洋　供图）

野生植物2门64科356种，其中蕨类植物门1科2种，占0.56%；被子植物门63科354种，占99.44%。被子植物门中，双子叶植物有45科249种，单子叶植物有18科105种。种类最多的科为菊科，有31属61种。在野生植物中，属于国家级重点保护野生植物有1种，野大豆（Glycine soja Sieb. et Zucc）是国家第一批重点保护野生植物、国家II级保护野生植物。

有野生脊椎动物179种，隶属于5纲27目58科，其中鱼类3目4科15种，两栖类1目4科7种，爬行类1目2科7种，鸟类16目39科133种，兽类5目9科17种。有12种被列入国家Ⅱ级重点保护野生动物名录，有5种被列入《中国物种红色名录》，豹猫被列入《濒危野生动植物种国际贸易公约》（CITES）附录Ⅱ，黄鼬被列入《濒危野生动植物种国际贸易公约》（CITES）附录Ⅲ。

（李喜洋）

节能减排

【概况】 2021年，全市能源消费总量1958.50万吨标准煤，比2020年增长2.5%。全社会用电量300.60亿千瓦时，增长6.3%。全市万元地区生产总值能耗下降3.4%。万元规模以上工业增加值综合能源消耗下降4.1%。完成2021年度氮氧化物、挥发性有机物、化学需氧量、氨氮等“十四五”主要污染物省年度减排指标（以重点减排工程计）。全市交通运输行业推广新能源公交车辆394台，新能源出租汽车1942台。自2021年度起，能耗统计系统改为国管局网络直报方式。全市17个县（市）区，市直机关转录完成2319家公共机构，建立名录库基础上，完成2021年度能耗统计数据上报工作。8月23日至29日，长春市开展“节能降碳，绿色发展”节能宣传周活动。8月25日，开展“低碳生活，绿建未来”低碳日活动。倡导公众选择简约适度、绿色低碳生活方式，普及应对气候变化知识，宣传低碳发展理念。

（易　斌　赵欣颖）

【节水型社会建设】 制订《公共机构节水建设补助资金使用方案》，在5个城区、市直机关择优选取6家单位合理分配使用补贴资金35万元。市机关事务管理局与市水务局、市城乡建设委员会等部门组成联合考核组，全市11家县（市）区政府，6家开发区管委会开展公共机构节水型单位建设和节约型机关创建阶段性验收。

县域节水型社会达标建设。2021年，公主岭市、榆树市、德惠市、朝阳区、南关区、宽城区、二道区、绿园区成为水利部公布第四批节水型社会建设达标县区。双阳区、九台区完成创建任务并通过省水利厅审查和验收，至此全市县域节水型社会达标建设全部完成。

节水载体建设。推进水利行业节水单位建设，出台《长春市水利行业节水单位建设实施方案》，拟创建水利节水机关38家，2021年完成26家；推进公共机构节水型单位建设，由市机关事务局、市水务局、市建委联合开展公共机构节水型单位建设，全市504家单位被命名为公共机构节水型单位；开展节水型企业、节水型小区、节水型高校建设，创建节水型企业80家、节水型小区76个、节水型高校13所；每年落实节水补助资金100万元，对城区节水工作开展好的重点单位、小区、企业、高校给予节水项目资金补助。

节水宣传。以世界水日、中国水周和全国城市节约用水宣传周为契机，以宣传推行《公民节约用水行为规范》为主题，在《长春日报》发表市政府领导署名文章；在市政府网站开展强化节水管理专访；在市区主要公交线路公交车内，在地铁站台、轻轨站台，通过照明灯箱、广告悬挂宣传口号；在主要广场、街区发放节水创意宣传品；开展节水宣传“进机关、进社区、进学校”等系列活动，推广节水新理念。

（刘　星　易　斌）

【建筑节能】 2021年，长春市印发《长春市绿色建筑创建行动方案》，全市城镇新建建筑执行新颁发《绿色建筑设计标准》《绿色建筑评价标准》，全市行政区域内新建建筑项目在设计阶段执行《民用建筑节能条例》《民用建筑节能管理规定》，新建建筑施工阶段执行绿色建筑标准。至2021年末，长春市绿色建筑占新建项目比例超过70%。新建居住建筑项目执行《严寒和寒冷地区居住建筑节能设计标准》（JGJ26-2018）及吉林省地方标准《居住建筑节能设计标准（75%）》（DB 22/T5034-2019），新建公共建筑项目执行《公共建筑节能设计标准》（GB 50189-2015）及地方标准《公共建筑节能设计标准（65%）》（DB 22/JT149-2016），新建工业建筑项目执行《工业建筑节能统一设计标准》（GB 51245-2017），不满足建筑节能标准项目不予发放施工许可；施工阶段，按照施工图设计文件建造，按照《建筑节能工程质量验收标准》验收，确保新建建筑节能全部达标；竣工工程按要求进行节能设计和施工，执行建筑节能标准比例100%。

长春市城乡建设委员会起草现阶段长春市建筑垃圾再生利用产品推广政策、生产企业扶持政策。组织城投集团、市政设计院、吉林大学、吉林交通科技研究所等单位，研究在长春市市政道路开展SRR型抗水性自修复高聚合强基材料（俗称土壤固化剂，利用渣土等建筑废弃物，制成新型材料替代水稳层）实验项目。长春市老旧小区改造工作中，有改造需求建筑均按照《长春市城镇老旧小区改造技术导则》实施节能改造。

（张九高　易　斌）

【汽车产业节能减排】　2021年，中国一汽集团二氧化硫、化学需氧量、氨氮排放量分别比2020年下降18.82%、23%、48%，万元产值综合能耗比2020年下降5.74%，万元产值二氧化碳排放量下降1.52%。持续加大环保资金投入，全年投入节能环保费用4.45亿元，完成环境治理项目63项、节能技改项目78项，有效提高环境治理水平。

（一汽集团）

【“双碳”示范城创建】　8月底，成立长春市能源安全暨碳达峰碳中和工作领导小组。启动“双碳”示范城建设，推动绿色低碳高质量发展，完成《“双碳”示范城建设研究报告》，编制《“双碳”示范城规划》。以中韩（长春）国际合作示范区、循环经济产业园建设为重点，打造新能源产业链式发展、循环经济产业体系示范园区，做大做强氢能源产业、电池产业、再生能源产业以及清洁能源产业。“项目库”纳入项目100个，“平台群”搭建平台14个，谋划“资金池”14个、“政策包”15个、“人才谷”13个。

（易　斌　赵欣颖）

【农药化肥减量】　2021年，长春市下发《长春市2021年化肥减量增效实施方案》《长春市2021年农药减量化行动实施方案》，推广测土配方施肥、病虫害统防统治技术，减少化肥农药使用。开展测土配方施肥，2021年全市土样采集分析样品近1.5万个，推广施肥卡测土配方施肥面积40万公顷，推广手机测土配方查询及“土肥管家”App，查询地点实现全覆盖。推进两河一湖流域农药减量控害行动，以更换高效精量（防飘）喷头（体）为载体开展减量控害精准施药技术示范。通过水稻二化螟生物防治性信息素诱控、玉米螟生物防治、飞防作业等方式推进农作物病虫害统防统治。

（朱孔亮）

【农药包装废弃物回收处置】　2021年，开展全市农药包装废弃物专项整治行动，制定《长春市农药包装废弃物回收处置实施方案》，建立“户（使用者）上交、村（经营者）回收、乡镇（街）集中（存储）、县（市）区处置”回收处置体系。指导各地组织人员到田间地头巡检，捡拾遗弃在田间地头农药包装废弃物，集中送到村屯回收点储存。通过微信群、明白纸、横幅等形式进行宣传，动员全体农民群众、农药生产者、农药经营者关注并做好农药废弃物回收处理，实现全覆盖无死角处理农药包装废弃物。

（朱孔亮）

【交通节能】　2021年，长春市新增、更新新能源公交车394台。实施“旗E春城”行动，市交通局与一汽沟通协调，多次组织长春市52户出租汽车企业召开红旗新能源车推进会，加快红旗新能源出租车推广应用，截至2021年12月末，组织各企业购买红旗新能源车辆2042台，上线运营1131台。

（杨九龙）

污染防治

【大气污染防治】　2021年，长春市抓好秸秆禁烧管控和秸秆肥料化、饲料化、基质化、能源化、原料化综合利用，运用“卫星遥感+视频监控+无人机航拍”等智能化、大数据手段，采取“技防+人防”，秋冬季禁烧期实现“零火点”。实施燃煤、扬尘、机动车、挥发性有机物等污染专项整治。开展供热企业大气污染物排放执法监管，帮扶指导167户（次）燃煤供热企业稳定运行大气污染防治设施，实施采暖期供热锅炉错峰启炉。完成重点行业企业挥发性有机物治理任务145户，检查、监测加油站油气回收装置1008户（次）。运用长光卫星扫测物料堆场、建筑工地等扬尘污染地块1250场次，完成197处扬尘污染地块治理任务。建成机动车遥感监测点位30个，完成柴油货车抽测1081万台（次），摸排非道路移动机械21934辆。

（赵欣颖）

【水污染防治】　2021年，长春市实施长春市劣V类水体治理方案，建立“一断面、一方案、一图表、一清单、一台账”工作机制，开展全流域“查、测、溯、治、督、评”治理。加强“驻厂式”帮扶，督导污水处理厂和重点排水企业，执行超低排放标准。监管重点污染源，压茬推进问题整改，严厉查处违法排污。建设重点治污工程，开展生态放流，探索实施智慧化监管，构建合力治水新格局。加大饮马河、伊通河等重点流域干支流水污染治理力度，重点实施伊通河、饮马河、东辽河流域治理和劣V

类水体改善达标工程。

坚持流域系统治理思维，全面建立水污染防治长效机制，以国考断面水质达标全面带动重点流域水污染治理，持续推进城镇污水处理厂扩容改造，集中力量打好消除劣Ⅴ类水体攻坚战。东辽河、饮马河、伊通河等重点流域城镇污水处理厂扩容改造、推进乡镇污水处理设施及管网建设等治理工程，农安第二污水处理厂、兴隆山污水处理厂提标扩建工程通水调试；长春市城区完成新建、改造排水管网59.7千米，累计完成投资2.7亿元；2021年全市城市生活污水处理厂产生污泥无害化处置率100%。

【土壤污染防治】 2021年，长春市组织147家土壤污染重点监管单位，与属地政府签订落实《土壤污染防治责任书》，土壤数据信息实现全市共享。农用地土壤环境质量状况良好，受污染耕地安全利用率、污染地块安全利用率保持90%以上。

【农业面源污染治理】 2021年，长春市完成6个农村“千吨万人”水源地和732个集中式饮用水水源地水质状况调查和风险隐患排查。开展全市3871家规模畜禽养殖场全覆盖排查检查，完成41个行政村生活污水治理。

以高标准农田建设为依托，提高农业综合生产能力，全市794平方千米高标准农田建设任务批复总投资16.65亿元，建成面积约73.33平方千米；推广测土配方施肥和绿色防控技术，实现化肥农药减量增效；重点实施畜禽粪肥沃土还田行动，推动粪污收集设施和粪污处理中心全部实现规范运行，全市畜禽粪污综合利用水平稳步提升。

（赵欣颖　刘　星）

【固体废物污染防治】 2021年，长春市推进“无废城市”试点建设，对危险废物、危险化学品、医疗废物、工业垃圾等重点领域开展专项排查整治，推进工业固废、生活垃圾、建筑垃圾等分类回收、资源化利用和无害化处置。加强医疗废物处置监督管理，医疗机构、集中处置设施环境监管和服务100%全覆盖，收集转运和处置100%全落实。严格落实申报登记、转移联单、应急备案等制度，建立环境应急和安全风险三级防控体系，未发生涉废重大突发环境事件。

【污染防治项目】 2021年，长春市组织申报污染防治资金项目，获中央污染防治专项资金10935万元，支持项目10个。其中，大气污染防治资金8554万元，支持项目8个；水污染防治资金2381万元，支持项目2个。

（赵欣颖）

生态环境监管

【概况】 2021年，长春市实行生态环境保护督察问题整改，完成第二轮中央生态环境保护督察迎检。筑牢核与辐射安全底线，保障核与辐射环境安全。加强生态环境宣传教育，巩固政务新媒体阵地，社会宣传开拓创新，引导公众参与。初步建成“1张网+3中心”“智慧环保”综合监控平台。

【生态环境监测】 2021年，长春市开展信访监测、执法监测、应急监测及中央生态环境保护督察期间信访监测等2100余家（次）。对全市223处农村饮用水水源地开展地下水监测。完成长春市土壤环境监测网41个风险监控点样品采集、制备分析，承担全省土壤环境监测网有机氯农药（六六六和滴滴涕）检测。完成邮电学院国家环境空气自动站搬迁。编印长春市生态环境（2016—2020年）质量报告书。受生态环境部门委托，组织省市环境监测领域专家对23家社会化环境检测机构开展专项检查。

【生态环境保护督察】 2021年，长春市完成第二轮中央生态环境保护督察迎检。承办33批2150件信访案件，信访投诉总量、重点案件数量“双下降”，办结率、满意度“双提升”。第一轮中央生态环境保护督察、吉林省生态环境保护督察反馈208项问题，完成并销号191项；承办8710件群众信访举报案件，完成销号8690件，销号率99.8%。第二轮中央生态环境保护督察交办信访案件，办结1842件，阶段性办结308件。

【生态环境执法】 2021年，全市固定污染源排查。创新运用“卫星遥感+视频监控+无人机航拍”等科技手段，优化执法方式，推进非现场监管。加强污染源自动监控平台管理，全市385户企业安装自动监控设施701台。以执法大练兵为抓手，严厉惩处环境违法行为，办理行政处罚案件644件，比2020年增长37.31%；处罚金额2781.22万元，增长137.77%；移送公安机关环境违法案件6起。开设典型案例宣传专栏，向社会公布典型案例8期，“吉林长春某食品有限公司篡改、伪造自动监测数据案”受到生态环境部表扬。启动生态环境损害赔偿案件26起，赔偿金额101.5万元；组织签订环境污染强制责任保险企业26户，保险金额7400余万元。

【辐射安全监管】 2021年，长春市排查整治辐射安全隐患，全市核技术利用持证率、废弃放射源及放射性废物安全送贮率均保持100%，未发生涉源较大突发环境安全事故。

（赵欣颖）

科学技术

KEXUE JISHU

科技服务

【科技规划编制】 市科技局分别从科技创新取向和产业发展取向两个侧重点出发，牵头编制《长春市科学技术发展“十四五”规划》和《长春市科技创新城发展规划》，拟定总体工作思路和阶段性发展目标，为下阶段推进全市科技创新工作高质量发展提供基本遵循。未来5年，全市科技创新工作将主动服务全省“一主六双”高质量发展战略，打造产业集聚的“光谷”“药谷”“车谷”“农谷”“数谷”，推动建设生物医药和光电信息2个千亿级的产业集群，构建长东北至长西南的“长春科创大走廊”，打造东北地区科技创新重要策源地。以建设“项目库”、打造“平台群”、构筑“资金池”、制定“政策包”和创新“人才谷”以及滚动实施100个重大成果转化项目、100个重大科技攻关项目，打造100个重大创新平台、100户科技领军型企业，培养100名创新型复合型科技企业家为主要抓手，在市委、市政府“十大工程”的战役框架下，推动实施国家自主创新示范区建设工程、科技成果本地转化工程、关键核心技术攻关工程、科技创新型企业培育工程、科技人才创新创业工程、科技创新对外合作工程、科技服务业壮大工程和科技创新平台建设工程、科技创新生态优化工程9项工程。努力实现科技进步对经济增长的贡献率高于全国水平；两个“规划”的征求意见稿正在与国家和省的规划进行对接。

【科技研发目标】 实现每百万人口发明专利拥有量2000件；科技成果转化能力大幅增强，转化率高于东北地区平均水平；全社会研发投入年均增速10%；高新技术企业数超过3000户；省级以上创新平台200个等阶段性目标。

【科技法治建设】 提升法治政府建设水平，制定实施《关于深入学习宣传贯彻习近平法治思想提升科技创新法治建设水平工作方案》，推动学习活动和法治建设融入科技创新、规范科技创新，提高运用法治思维和法治方式抓创新谋发展能力。对照落实《长春市党政主要负责人履行推进法治建设第一责任人职责实施办法》，部署法治工作，研究法治问题，逐条逐项按照要求落到实处，在法治轨道和法治框架内推进科技创新各项工作。严格执行重大行政决策程序规定，重要决策、重要工作听取法律顾问、公职律师意见建议14次。做好迎接国家法治督察准备，抓好《长春市科技创新条例》制定、行政规范性文件管理、打造法治化营商环境、推行行政执法“三项制度”、提高政务服务质量、严格规范公正文明执法等重点法治任务，抓出成效。市科技局被评为全市行政规范性文件相关管理工作先进单位。

（曲　莉）

科技创新

【科技体制创新】 发布《长春市科技创新条例》。启动“揭榜挂帅”，联合攻关一汽自主创新关键核心难题，省、市和一汽集团投入资金4.1亿元，确立9个项目29个张榜课题，解决制约汽车产业“卡脖子”关键技术难题。红旗H9获国家年度创新大奖，一汽-大众新技术开发中心落成。安排资金1000万元实施高速智能动车组重大科技专项，支持中车长客联合9个在长高校院所和本市13家智能装备产业重点企业组建智能装备产业技术创新联盟。新型奥运版复兴号智能动车组上线京张高铁。“吉林一号”在轨组网卫星31颗，长光卫星成为东北唯一“独角兽”企业。长光华大高通量基因测序仪投入应用。中国（长春）知识产权保护中心获批。打造新型众创空间获国务院通报表扬。新认定高新技术企业765户，总数2286户。27户专精特新企业晋升国家级“小巨人”企业。

【科技创新立法】 在市人大常委会指导下与立法专家组一道起草《长春市科技创新条例（草案）》，共8章79条，包括研究开发、成果转化、技术创新、科技人才、平台建设、科技金融、创新环境、容错机制等内容，旨在明确科技成果创新活动各主体权利和义务，强化促进措施，为全市科技创新工作提供法律保障。该《条例》被市人大常委会列为2021年度立法计划，由市人大常委会第43次会议审议通过。

【科技创新环境建设】 按照全市营商环境“1210”总体部署，会同市发改委等部门制定出台《长春市产学研协同创新行动专项工作方案》推进体制机制创新。作为全市7个政策点标准化试点部门之一，完成3个政策文件近20个政策点的标准化梳理，率先通过城市智能体应用场景兑付高企认定后补助6504万元，实现“政策直达”，成功推动企业研发投入后补助、科技企业贷款贴息后补助等纳入市政务中心系统“一网通办”，全面提升政策落实效率。对接市级人才吸引、知识产权保护、企业上市激励等“新政”的调整和出台，结合科技创新发展需要，研究对现行市级科技创新政策进行“废立改”，牵头拟定涵盖促进科技成果在长转移转化、加强创新主体梯度培育、打造科技创新高地、实施“揭榜挂帅”机制、建设高端科技创新团队等内容的《优化科技创新生态建设科技创新城的若干政策措施》16条，正在履行相关程序，将适时提交市政府审定。印发《关于持续开展减轻科研人员负担激发创新活力专项行动工作方案》和《关于建立在长重点高校院所沟通协调机制的实施方案》健全科技创新政策体系。实施青年科技人才创新创业专项，重点为青年科技人才在长创新创业提供更好的支持和更大的舞台，增强科技人才（团队）引用留吸引力。强化科研诚信建设，规范化管理项目实施全过程，营造诚实守信良好科研环境。

【科技资源利用】 全市科技服务业整体达到发展预期，前三季度“科学研究和技术服务业工资总额”增速13.5%。全年规模以上科学研究和技术服务业营业收入增速45%。网上办事大厅技术合同认定接件693次、完成登记1563份，网上办理率、提前办结率、一次往返率、群众满意度均100%，实现零投诉、零退办。公益性数据供给持续增加，知识服务云平台拥有专利数据1.5亿条、科技文献数据4000万条、注册用户8000人、注册企业1000余户，年访问量超过10万次、数据下载量5万条。“政产学研用金介”协同创新云平台纳入“城市智能体”应用场景二期建设计划。启动实施科研基础设施和大型仪器开放共享专项，释放服务潜能、提高科技资源利用效率。

4月26日，长光卫星技术有限公司入选2020年中国独角兽企业榜单。图为由长光卫星技术有限公司投资建设的航天信息产业园，具备年产50颗商业卫星的能力

（市科技局　供图）

【长光卫星技术有限公司入选2020年中国独角兽企业榜单】 4月26日，新经济智库长城战略咨询在天津举办的中国高成长发布会上发布《中国独角兽企业研究报告2021》，长光卫星技术有限公司（简称“长光卫星”）成为东北唯一一家跻身2020年中国独角兽企业榜单的企业。长光卫星成立于2014年12月，并于次年10月7日成功发射中国第一颗自主研发的商用高分辨率遥感卫星“吉林一号”。作为中国唯一一家集成卫星研制、运营管理和遥感信息服务的全产业链商业航天遥感卫星企业，长光卫星发射的卫星多项技术指标处于国际先进水平，创造国内多项第一。依托“星载一体化”关键技术，长光卫星经历11次发射，使“吉林一号”卫星数量增至25颗，建成中国最大的商业遥感卫星星座。尤其是“吉林一号”高分03卫星“一箭九星”的成功发射，创造中国航天海上发射新纪录。

（曲　莉）

科技平台建设

【创新平台基地建设】 “双区一中心”创建工作取得阶段性成果。长春国家农业高新技术产业示范区通过科技部组织的专家组实地考察和国家相关部委会签，各项考评综合得分排名全国各申建主体第一位。长春国家自主创新示范区创建工作进入国务院审批阶段。吉林省、长春市与中科院长春光机所合力打造集技术创新、新技术中试、高端人才培养、成果转化、产业孵化于一体的国际一流创新平台——国家半导体激光技术创新中心，申建方案通过科技部审核，中心建设工程竣工，逐步启动芯片研发、生产项目。

重大科技创新平台建设取得实质性进展。吉林大学综合极端条件实验装置项目建设进展顺利。长春光机所大口径空间光学载荷综合环模试验中心主要仪器设备完成安装，基建大楼主体验收完毕。长春理工大学省部共建“空间目标光电探测技术与应用”国家重点实验室建设运行方案通过科技部论证。东北地理所“黑土地保护与利用”国家重点实验室纳入中科院首批13个国家重点实验室建设重组序列，建设方案通过中科院重组办评审并正式提交中科院申报系统。东北师大“细胞和基因药物质量控制重点实验室”和吉林大学第一医院“疫苗与细胞治疗产品人源化动物模型评价重点实验室”成为国家药监局认定的重点实验室。

【重点科技创新创业基地建设】 推进国家科技成果转化示范区建设，支持长春新区建设创新驱动发展引领区。实施科技企业孵化器（众创空间）建设发展专项，推进专业化科技企业孵化器建设，长春市打造新型众创空间帮助创客实现创业梦想的经验做法得到国务院办公厅通报表扬。引导各县（市）区、开发区结合区域优势，建设科技企业孵化器、双创基地和科技园区，推荐北药集团获批成为省级优质道地药材（五味子）科技示范基地，填补长春市中药规模种植空白。双阳区成为省级农业科技园区，农安县被认定为省级农业绿色发展先行区创建单位。

【科技创新企业培育】 落实《长春市地区绩效考核科技工作考评细则》，将高企培育等指标纳入县（市）区、开发区绩效考评体系。全年认定高新技术企业762户，超额完成“新认定高新技术企业600户”年度任务目标，全市高企总数2286户，高企主营业务收入比2020年实现翻倍式增长。金赛药业、长光卫星、永利激光、奥来德、吉大正元、中农阳光、康宁杰瑞等一大批创新型产业链配套企业快速成长，百克生物成为全省第二家在科创板挂牌上市公司。整合全市科技创新资源数据和发展布局，建立长春市创新资源地图数据库，形成《长春市高新技术企业发展报告（2021）》。

科技型中小企业评价再获佳绩。将企业是否通过评价作为申报市级科技计划项目的重要条件之一，配套采取政策引导、资金激励等多种方式，壮大科技型中小企业群体，培育新的经济增长点。全年通过评价入库科技型中小企业1037户，占全省76.2%，域内经评价系统注册企业2290户。

（曲　莉）

科技项目

【关键核心技术攻关】 对市级科技发展计划体系做出调整，印发《2021年度长春市科技发展计划项目申报指南》，启动实施重大科技专项、市院科技创新合作专项、重点研发计划、科技成果转化计划、技术创新引导计划、创新平台与人才计划、创新发展战略研究计划7大类年度计划项目，组建由两院院士领衔的项目评审专家库，入库专家2189人，全年受理市级科技计划项目申报1526项，正式立项976项。长期支持的长光卫星、海谱瑞斯、长光辰芯、禹衡光电等一批重点高新技术企业技术攻关实现新突破。“全气候动力电池”“固态激光雷达”“高速智能动车组关键异形零部件三维光学检测”“基于镁合金材料高速智能动车组车体轻量化”等攻关项目取得实质性成果。获评国家科技进步奖一等奖、二等奖，自然科学奖二等奖，技术发明奖二等奖各1项。

【重大攻关项目】 安排专项资金1亿元，联合省科技厅共同实施一汽自主创新（关键核心技术研发）重大科技专项，省、市和一汽集团投入资金4.1亿元，合力解决汽车产业核心技术难题，重点围绕“电动化、智能化、网联化、共享化”方向，聚焦新能源、智能网联、新动力、先进材料及制造工艺、数字化等领域开展关键核心技术攻关。结合该专项实施“揭榜挂帅”项目管理新模式，聚焦制约汽车产业的“卡脖子”关键技术难题，确立“先进B级电动乘用车平台技术研究”等9个项目29个张榜课题，面向全国张榜立项。安排资金1000万元实施高速智能动车组重大科技专项，推动高速智能动车组技术产业化突破，助力产业转型升级。支持中车长客联合9个在长高校院所和本市13家智能装备产业重点企业，组建智能装备产业技术创新联盟，推进产学研融通创新。

【科技创新投入】 2020年全市财政科技支出18.55亿元，占全省省级以下财政科技支出71.9%，年均增速15.6%，全社会R&D经费支出135.63亿元，创长春市历史新高，比2020年增长12.3%，成功扭转下滑趋势。2021年，市级归口管理科技经费增长50%，达3亿元规模。安排预算资金3000万元，启动实施企业研发投入后补助计划，采取基础补助和增量奖励累加方式，对符合条件的企业给予资金补助，引导企业加大研发投入力度，促进全市科技创新实力整体提升，确保完成“全社会研发投入增长8%”指标性任务目标。

（曲　莉）

科技成果转化

【科技政策支持】 制定落实专项政策举措。针对科技成果转移转化方面存在的关键问题和薄弱环节，起草《长春市加快促进科技成果转移转化若干措施》，拟定包括促进高校院所科技成果就地转化、科技成果转移转化人才激励、完善科技成果转化服务支撑体系、营造科技成果转移转化良好生态环境4个方面29条措施，回答了科技成果供给、中试、对接、交易和转化激励等问题，为加快形成以企业技术创新需求为导向、以市场化交易平台为载体、以专业化服务机构为支撑的科技成果转移转化新格局提供政策支撑。启动实施科技成果转化计划，重点对吸纳获得国家级、省级奖励的科技成果进行就地转化的企业给予奖励。在第二届吉林省科技成果转化贡献奖评选中，长春市获奖单位占全省70%，获奖个人占全省79%，获特殊贡献奖个人占全省90%。

建立健全沟通协调机制。印发《关于建立在长重点高校院所沟通协调机制的实施方案》，成立工作专班，与吉林大学、长春光机所等12家重点高校院所建立常态化沟通，落实按月交流、定期报告等制度，召开专题座谈会、校企对接会和“双走进”等产学研对接活动，准确了解在长重点高校院所重大科技项目、成果、创新平台建设等情况，协调解决高校院所发展中面临的困难和问题，发布科技成果信息。推动市政府与高校院所就科技重大项目、平台、成果转化和人才培养、战略咨询等方面签订战略合作协议，构建校（所）长、市长、董事长“三长”联动机制，建立长期稳定合作关系，搭建平台纽带，畅通转化链条，营造良好环境，促进科技成果本地转化。全年推动高校院所重点科技成果本地转化超过50项，完成年度任务指标。

【成果转化服务平台建设】 重点围绕强化科技大市场公益型功能定位、健全绩效考核指标体系和运营补贴办法、建立协调沟通机制、推进“科创智服”线上服务云平台升级改造等问题，会同市国资委多次专门研究，谋划依托长春国投集团共建长春市科技大市场，打造集“资源汇聚、供需链接、服务撮合、技术交易、成果转化”功能于一体的科技公共服务平台。健全企业技术需求库和科技成果库，以平台为牵引形成全市信息对称、互动通畅、资源共享、服务增效的科技创新创业服务体系。移地新建长春市科技大市场的改革方案初步形成，提交市政府审定。依托长春农博园，推进打造全国农业科技成果转移服务中心、国家种业科技成果产权交易中心（长春分中心），推广展示现代农业新技术130余项。

【市级科创基金设立】 会同市国资委等部门指导推动市国有资本投资运营（集团）有限公司改组，组建长春市科技创新投资发展（集团）有限公司，改组方案获市政府批复同意，明确长春国投集团增加全市国有科技创新投融资平台和科技成果转化综合服务平台功能定位。依托该集团在长春市谋划设立市级科技天使投资、风险投资的专业基金——“长科创投基金”，会同市财政局等部门围绕发挥“财金融合、以金促产”作用，共同推进打造“长兴基金”品牌基金群，发挥资本力量，重点服务主导产业和战略性新兴产业，为创新发展和产业升级赋能增效。

（曲　莉）

科技交流合作

【对外科技合作】 实施国际和区域科技合作园区建设专项，支持具备一定技术转移和转化承接能力，对长春市国际和区域科技合作具有较强的引领、示范、辐射和带动作用的科技合作园区广泛开展国际和区域科技合作，对符合条件的园区给予后补助资金支持。在疫情防控常态化压力下，重点支持打造的国家级国际联合研究中心——中俄科技合作园区和中国—白俄罗斯政府间科技合作唯一战略基地——中白科技合作园区运营状况良好，2021年，中白科技交流会议在长春召开，启动“中俄院士共话未来”线上高端学术讲坛，“中俄科技创新年”系列活动取得成功。

【市院科技合作】 投入预算资金1000万元，重点围绕汽车、高端装备、医药健康、光电信息、新材料和现代农业等领域启动实施市院科技创新合作专项，支持中科院所属121家科研单位与长春市重点高校、重点企业联合实施高技术产业化项目，促进中科院的科技创新资源与长春市产业资源深度融合，“柔性引智”工作取得重要进展。同步谋划设立“双一流”高校院所重大科技专项。

【对口科技合作】 组建工作组多次到杭州市、天津市等地开展实地交流对接，学习先进经验做法，组织有需求的本地企业参加2021年吉浙跨区域科技创新合作推进会，促进本地企业吸纳对口城市最新科技成果进行本地转化，浙江省托普云农科技股份有限公司与长光辰谱科技有限公司、杭州齐圣科技有限公司与长春中白科技园合作顺利。贯彻落实吉粤合作协议，开展实地交流对接，推动深圳清华研究院与一汽集团、中车长客等龙头企业就联合开展产业技术攻关、共建成果转化平台等方面达成共识。与吉林市、松原市、四平市对接，促进人才交流、技术共享、产业共兴。

【涉外引才引智】 强化企业涉外用人保障。推动外国人来华工作许可审批纳入全市“绿色审批行动”，办结时限由法定的20个工作日缩短至3个工作日，全年为133家用人单位办理外国人来华工作许可403件。服务主导产业，为一汽及零部件企业引入外国人才提供特殊支持。规范高效行使《外国高端人才确认函》审发权限，为海普润斯、一东零部件、海伯尔等8户企业审发外国高端人才确认函18件。加大涉外引智宣传力度。利用第十九届国际人才交流大会、科技部庆祝中国共产党成立100周年主题活动等重要平台，推介长春市科技创新发展成就，宣传长春市涉外人才引用和服务保障政策。完成“长春友谊奖”评选工作，以市政府名义授予10名在长春工作外国专家“长春友谊奖”称号。组织6家用人单位申报2021年度科技部外国高端人才项目，全部通过初审。

（曲　莉）

中国科学院长春分院

【概况】 中国科学院长春分院是中国科学院的派出机构，于1978年5月恢复成立。中国科学院在吉林省院属单位有长春分院机关、长春光学精密机械与物理研究所、长春应用化学研究所、东北地理与农业生态研究所及国家天文台长春人造卫星观测站。2021 年，中科院长春分院系统在职职工 3923 人，其中科技人员 2393人。有中国科学院院士10人，发展中国家科学院院士4人。设有博士点23个，硕士点29个，有国家级突出贡献专家4人，吉林省突出贡献专家75人，国家杰出青年基金获得者29人，国务院政府特殊津贴80人，博士后流动站8个，有在学研究生2550人。至年底，吉林省高级专家22人，吉林省拔尖创新人才122人。

中科院长春分院负责中国科学院的技术与成果在吉林省区域内转移转化工作，为与吉林省合作的中科院研究所提供合作信息、争取有效资源，为项目合作提供持续保障服务。2021年，中科院长春分院推动中科院在吉林省转移转化项目19个，带动企业新增销售收入58亿元，利税3.2亿元。

2021年，中科院长春分院系统获吉林省自然科学奖一等奖3项、二等奖5 项；吉林省科技进步奖一等奖 1 项；吉林省科学技术一等奖 1 项、二等奖 1 项。在中科院范围内征集遴选6名科技骨干到科技会战示范区任科技副职，推动示范区建设，搭建与地方合作桥梁，推进黑土粮仓科技会战工作，与中科院文献情报中心合作，对黑土地保护性耕作技术开展战略研究。

【长春光机所科技成果】 长春光机所研制的高性能空间科学仪器“天问一号”高分辨率相机成功拍摄火星高分图像。火星高分辨率相机作为火星环绕器上的有效载荷之一，随“天问一号”发射升空，是火星探测中首批发布数据的有效载荷，获得中国航天史上首张清晰的火星地表影像，达到世界领先水平。

Hα空间科学探测相机随“羲和号”太阳Hα光谱探测与双超平台科学技术试验卫星开展太阳空间探测，在国际上首次实现空间太阳Hα波段多通道全日面光谱成像，填补太阳爆发源区高质量观测数据空白。

在“卡脖子”技术领域“02专项”极紫外光刻投影物镜项目取得重大进展，高分通过绩效评估，实现NA0.33全视场六镜EUV光刻投影物镜原理镜头研发与验证，在国内首次研究出六境曝光系统样机，巩固极紫外光刻投影物镜研制领先优势。

高精度光栅随“祝融号”着陆火星。该光栅具有高衍射效率、低杂散光、高波前质量等特点，长春光机所已研制出多种高精度光栅，满足国内科技发展相关重大项目的需求以及光谱仪器、激光器等相关产业核心元件的国产化。

光测设备完成“神舟十二号”发射观测任务，为发射工作提供重要信息数据。

“风云三号”E星太阳X射线—极紫外成像仪（X—EUV 成像仪）作为中国首台空间太阳X射线—极紫外波段成像仪器完成初步在轨测试，获得国内第一幅19.5纳米太阳极紫外图像和0.68纳米的太阳X射线图像，是中国在该波段太阳成像监测零的突破，将在太阳研究和空间天气预报中发挥重要作用。

FY—3E 太阳辐照度光谱仪获国内首次空间太阳全能谱高光谱辐照度信息。风云三号黎明星太阳辐照度光谱仪的在轨首次应用，可极大加强中国空间对日精细光谱观测能力，为监测太阳活动引起的复杂天气现象和气候变迁提供硬件支撑条件。

研制设备助力神舟十二号返回舱成功着陆。

在全无机钙钛矿发光二极管研究方面取得新进展。郭晓阳、吕营和刘星元研究团队的新型钙钛矿相关研究在太阳能电池、发光二极管和光电探测器等领域取得进展，是已报道的全无机钙钛矿发光二极管中性能最好的器件之一，为实现高效率、高亮度和超长工作寿命的全无机钙钛矿发光二极管提供简单有效策略。

可持续发展科学卫星微光及多谱段成像仪成为国际首个高分辨力夜光遥感载荷，成功获得日间多谱段和微光图像，助力中国对地精细探测。成像仪可实现10毫米分辨率和300千米幅宽的夜间微光成像，达到国际领先水平。微光及多谱段成像仪状态良好，成功获取日间多谱段和微光图像。

为北斗全球系统研制的大型激光通信标校设备完成星地高速下行激光通信试验。该设备完成对高轨和中轨星载终端的各项试验内容，实现信标和信号的双向跟踪、自适应校正及光纤耦合、上行和下行通信和星载端机参数的标校。

【长春应化所科技成果】 “高分子基因/药物载体的构建及抗肿瘤治疗研究”成果获 2021 年度吉林省自然科学奖一等奖。创新性地提出高分子基因载体“多重作用协同增效”构建新策略，提升高分子基因载体进入细胞的驱动力，构建体外高转染性能的基因载体并实现商品化。创建体内微环境响应性智能高分子基因载体，赋予载体运输过程中“隐身形变”的能力，实现基因载体体内高效运输。发展多功能诊疗一体的高分子基因载体，实现在乳腺癌中的精准高效诊疗并完成临床前概念验证。

【东北地理所科技成果】 东北地理所牵头承担战略性先导科技专项（A类）项目“黑土地保护与利用科技创新工程”。

发布东北黑土地白皮书，摸清黑土区本底资源。这是国内首次发布黑土地白皮书，是对东北黑土地基础数据的归纳总结，是黑土地保护与利用已有科技成果的凝练结晶。

创建并升级黑土地保护利用“梨树模式”“龙江模式”“三江模式”，相关成果列入《国家黑土地保护工程实施方案（2021—2025年）》。

“保护性耕作技术‘梨树模式’支撑东北黑土保护”入选中科院 2021

年度科技创新亮点成果。

研发秸秆填埋侵蚀沟复垦关键技术体系，支撑水利部“东北黑土区侵蚀沟治理专项”等系列重大工程并列入2021年度成熟适用水利科技成果推广清单。

【长春人卫站科技成果】 “偏振光传输特性测试与成像探测技术及应用”项目突破多项关键技术，面向新一代偏振成像探测技术和应用的发展需求，开展目标偏振特性和偏振传输特性的基础理论和科学问题研究，提出偏振传输模型和偏振特性测试方法，研究多谱段偏振成像与探测技术及仪器，填补中国三非环境偏振传输研究领域的空白，技术达到国际先进水平。

【国际交流合作】 长春光机所联合iCANX科学平台、美国光学学会（Optica）、IEEE光子学协会、Light学术出版中心以及北京大学世界课堂共同筹划组织“科学玫瑰，魅力绽放”活动。该活动是由长春光机所为响应联合国“国际光年”于2015年发起的面向全球女性科研工作者的重要学术交流活动，3月8日邀请国内外12位优秀女性参与，以网络直播、学术报告与主题讨论相结合为活动形式，设上下两个半场，总参与人数5.6万人。

8月25日至27日，第十八届国际电分析化学研讨会以线上形式召开，分为5个报告 会场，国内外参会人数4204人。

9月29日，长春应化所“中国—白俄罗斯先进材料与制造‘一带一路’联合实验室”揭牌。

10月28日至29日，长春光机所与荷兰代尔夫特理工大学联合举办中荷光学与光学工程国际会议。会议以超分辨率显微镜和计算成像、先进光学传感器与制造、光刻与半导体测量、空间光学与光谱学四大议题为主，线上线下同时进行，线上人数超过50人，线下近百名科研人员和研究生参加会议。

11月15日，长春应化所与巴斯夫公司签订合作框架协议并为“可持续材料联合实验室”揭牌。

【国内交流合作】 12月21日，长春分院与吉林省各市（州）签约活动在长春举行。长春分院、长春光机所、长春应化所和东北地理所作为签约方，与吉林省各市（州）政府及相关企业进行签约。签约活动聚焦分院主责主业要求和新时期院地合作“三原则”，立足未来省院“科技与人才”发展，重点强化为省院合作“十四五”发展“谋好局、服好务”。

9月，第十三届中国—东北亚博览会期间，长春光机所携所属企业长光辰英、奥闰、大器集体亮相展会，重点展示天问一号高分辨率相机、高空间分辨率 CO_2 探测仪、高端光刻投影物镜、太极一号激光干涉测量系统和引力参考传感器系统、单细胞分选仪、高灵敏度真空制冷sCMOS成像处理终端、基于小型机械臂的磁流变柔性抛光装备等成果10余项。

10月19日至25日，由长春光机所举办，长光T2T创业工作室、吉林省光电子产业孵化器承办的2021年度“双创周”系列活动在长春光机所举行，以“校所科技创新经验交流、双创项目成果展示路演”为主题开展活动。

11月16日至17日，长春光机所举办吉林省科协科技经济融合类重大活动暨光学精密工程论坛——光栅微纳技术及应用创新发展论坛，邀请国内光栅微纳技术及应用领域的专家学者交流研讨。

11月16日，长春光机所与吉林大学第一医院举行合作创办消化学科新刊的签约仪式。长春光机所发挥Light学术出版中心的集群优势与吉大一院联合，拟打造吉林大学第一医院创院72年以来首本英文期刊——消化学科新刊。双方合作是长春光机所《Light:Science & Applications》作为卓越计划领军期刊贯彻其集群带动作用的重要体现，是吉林大学第一医院彰显其学科带头实力、科研文化软实力的重要部署。

【2021Light国际光日系列学术活动】 5月16日，长春光机所与中国科学报社联合主办，Light学术出版中心、科学网、iCAN承办的2021 Light国际光日系列学术活动在长春举行。活动包括第16届至第17届王大珩光学奖颁奖典礼、2019—2020年度中国光学领域十大社会影响力事件（Light10）颁奖典礼、2021年度全国光学与光学工程博士生学术联赛（Light学术联赛）优秀组织奖颁奖典礼、Light学术沙龙等活动。邀请来自清华大学、北京大学、浙江大学、复旦大学、中国科学技术大学以及中科院物理所等全国50余所重点大学及研究所400余位光学领域资深专家、报告人、颁奖嘉宾以及获奖者、学生和企业代表等参会。

（项　尚　李佰慧）

教　育

JIAOYU

综　述

【概况】 全市有幼儿园1064所，比2020年增加171所。教职工2.57万人，其中，专任教师1.29万人。在园幼儿14.2万人，增加1.98万人。普惠性幼儿园在园幼儿近5万人，增加3.2万人。全市承担学前教育（幼儿园、附设幼儿班）专任教师1.35万人。

全市有义务教育阶段学校1199所，比2020年减少185所；毕业生15.79万人；招生14.52万人；在校生68.16万人，减少1.45万人。

全市有普通小学873所，减少188所。另有不计校数小学教学点475个，增加155个。教职工3.34万人，其中专任教师2.8万人。全市小学毕业生7.75万人；招生6.79万人；在校生45.47万人，减少1.05万人。全市承担小学教学任务（含普通小学、小学教学点、九年一贯制学校小学段、十二年一贯制学校小学段、附设小学班）的专任教师3.62万人。

全市有初中（初级中学、九年一贯制学校和职业初中）学校326所，增加3所。教职工3.3万人，其中，专任教师2.74万人。全市初中阶段毕业生8.04万人；招生7.73万人；在校生22.69万人，减少0.4万人。全市承担初中教学任务（含初级中学、九年一贯制学校初中段、十二年一贯制学校初中段、完全中学初中段、附设初中班）的专任教师2.23万人。

全市有普通高中（高级中学、十二年一贯制学校、完全中学）学校86所，增加3所。教职工1.81万人，其中，专任教师1.48万人。全市普通高中毕业生4.3万人；招生5.47万人；在校学生16.08万人，增加1.07万人。全市承担普通高中教学任务（含高级中学、十二年一贯制学校高中段、完全中学高中段、附设普通高中班）的专任教师1.13万人。

全市有中等职业学校（不含技工学校，以下同）93所，减少1所。教职工0.49万人，其中专任教师0.36万人。全市中等职业教育毕业生1.36万人；招生1.96万人；在校学生5.04万人，增加0.43万人。全市承担中等职业教育教学任务（含中等职业学校、附设中职班）的专任教师0.37万人。

（李亚君）

【中小学素质教育】 开展习近平新时代中国特色社会主义思想学生读本进校园活动，举办“信仰讲堂”“英雄讲堂”200余场，2.3万学生接受理想信仰洗礼。推进高校“学习筑梦”思政课向中小学延伸，“学习筑梦”选修课及教材在全市30所试点学校使用，提升思政课一体化水平。为市属高校全部配备专职思政课教师和专职辅导员，开展思政课“教学名师”和“精彩一课”比赛及遴选工作，17名教师参加全省决赛，2名教师到教育部进行展示交流。

响应国家3亿人上冰雪号召，办好“百万学子上冰雪”和“冰雪嘉年华”活动，打造长春市校园冰雪运动新名片。普及小学滑雪体育课程，编写冰雪运动教材，浇灌室外冰场95块，新增冰雪体育传统特色学校96所，助力北京冬奥会。举办全市中学生运动会，让学生感受体育竞技魅力。深化体育中考改革，将体育中考分值由40分提高至50分，促进学生体质健康。重点做好中小学生的近视防控工作，完成12所“视力健康教育基地”建设，组织全市中小学收看“近视防控健康课”，让学生“看得更清，体质更优”。开展学生体质健康提升行动，将学生体质健康纳入体育教学内容，建立学生体质监测数据平台，做到健康隐患早发现、早治愈。

聚焦审美素养提升，开展“高雅艺术进校园”130余场次，打造合唱、舞蹈、戏剧、书法、剪纸等各100个、10大类艺术社团，帮助学生掌握1项至2项艺术特长。开展“春之韵”中小学生艺术团建设，长春市4所学校编排的文艺作品在省第七届中小学生艺术展演中获一等奖。探索实施“智慧音乐”，在净月、汽开区和市实验中学开展试点工作。

结合各地各校区域特色，开发劳动教育课程，健全劳动教育课程体系。以实践教育学校和少年宫为龙头，建设25个“中小学社会实践教育基地”，培养中小学生创新精神、实践能力和社会责任感。开发园艺、种植、饲养等乡土教育资源，打造一批劳动教育特色学校。与伪满皇宫博物院联合开展“讲家乡故事、知城市历史”研学实践活动，丰富学生社会实践活动。与北亚航空发展有限公司开展战略合作，揭牌首个“星旅联盟”航空航天科普教育基地，为广大学生播撒科学的种子。

（徐恭才）

【谋划教育规划布局】 科学编制教育“十四五”发展规划，经过7轮修订，形成相对成熟的规划文本。科学规划教育用地，根据经济发展和教育实际需求，及时调整教育用地，启动新建16所义务教育网点学校建设。统筹抓好薄改工程、绿化美化工程、少年宫异地迁建等重大项目，提升教育保障能力。加快推进“智慧教育”建设各项目，引进“科大讯飞”等知名企业，完成12所“因材施教”试点校的遴选、设计工作，建设25个“五育”实践教育基地，筹建“温馨村小”100所；增设校外教育培训监管处，组建市教育考试院，成立市产教融合研究中心，推动成立长春乡村振兴人才学院，搭建农村基层干部成长摇篮。

（李亚君）

【督导保障功能】 以市委办公厅和政府办公厅名义印发《深化新时代教育督导体制机制改革的实施方案》，为教育督导体制机制改革提供上位依据和政策支撑。强化市级责任督学队伍建设，成员单位由8家扩增到20家。建好用好教育督导评估平台管理系统，提升教育督导工作的信息化、科技化水平。发挥教育督导的保障作用，围绕“双减任务、五项管理、脱贫攻坚、质量监测”等国家和省市重点任务开展真督实导，推动各级政府认真履行教育职责。

（侯宝力）

【依法治教】 开展习近平法治思想融入学校教育工作，推进习近平法治思想进教材、进课堂、进头脑。开展宪法教育，组织全市70万师生参加教育部宪法晨读活动、注册全国青少年普法网学习、参加学宪法讲宪法演讲比赛。推动全市教育系统贯彻落实全国教育法治工作会议精神，贯彻实施52部教育法律、法规、规章，健全和完善全市教育系统法律顾问制度，对行政规范性文件和重大行政决策进行合法性审核。加强“双随机、一公开”监管执法，开展1次市政府9部门联合检查、1次2部门联合检查、6次专项检查。指导中小学校开展章程修订工作，构建现代学校制度章程统领模式。落实青少年法治教育大纲，加强中小学生法治教育，开展法治副校长“法治进校园”活动。

（孔　建）

【平安校园建设】 高质量完成依法治理“校闹”试点任务，长春市成果经验报送教育部。在全国率先开展关爱未成年学生安全健康成长“护蕾行动”，重点预防学生自我伤害、暴力伤害和意外伤害，形成排查、发现、化解、保护全过程立体防御体系。开展学校安全隐患化解“百日攻坚”专项行动，重点整治消防、校车、施工、用电、溺水等安全问题，国务院第8次大督查涉及校园安全问题全面整改到位。

（于海清）

【优化教育干部结构】 面对教育干部年龄老化、结构不合理、长期不交流问题，通过政治学习、谈心谈话、定期调度、岗位调整等措施，一次性配齐市属高校纪检书记，提拔副局级以上领导干部3名，提拔交流局管正处级、正校级干部19名，提拔交流副处级、副校级干部32名，举办“90后”优秀青年干部培训班，干部结构得到明显优化。

（朱广达）

【改善教师结构】 将吉师、长师纳入“强师计划”招聘范围，“强师计划”签约740人，推进“县管校聘”工作，以大学区为依托，引导城区优质学校2.48万名优秀教师到乡村学校、薄弱学校交流任教，破解校长教师交流轮岗体制机制障碍，优化农村教师队伍结构。

【保障教师权益】 制定教师奖励性补贴发放指导意见，实现教师工资水平不低于公务员工资全覆盖，有效解决2487名教师职称遗留问题、3.5万名教师工资拖欠问题和代课教师信访问题，让教师安心从教。完成25名“长白山人才工程”教学名师、6名市政府特殊津贴、1名全国教书育人楷模等表彰推荐工作。

（朱　峰）

【教师培训】 组建45个杰出校长、园长工作室，打造高层次教育人才的重要阵地。发挥名师工作室、优秀学科团队的研发优势，建构全员培训专题课程500个、2000余学时。完成5285名学科骨干教师的培训工作，推荐培养150名省级中青年学科带头人。实施乡村教师基地校跟岗培训，组织第1批15名教师到7所学科培训基地校进行跟岗学习，9名带教导师开设专题讲座15个、示范课300余节，提高全市教师教育科研能力。

【师风建设】 发挥先进典型示范引领作用，3名教师和1个团队获全省“吉林好人·黄大年式好老师教师”荣誉称号。开展“我身边的好教师”评选活动，选拔树立100名我身边好教师，教师节前后在全市范围内宣讲先进典型的先进事迹，在全社会营造“崇师德、学先进”良好氛围。开展在职教师违规有偿补课专项整治，通过上下联动、明察暗访、靶向打击等措施，全天候、全覆盖排查检查，查处违规有偿补课在职教师75人。向全社会公布举报电话，建立“二维码”举报平台，刊发5期专治工作简报，对查处情况及时通报，起到查处一人、震慑一方的警示教育作用。

（张希昌）

学前教育

【概况】 颁布实施《长春市学前教育条例》，启动第4期学前教育3年行动计划；新建37所公办幼儿园，增加学位8640个。认定普惠民办幼儿园327所，增加学位4.5万余个。推动89所小区配套幼儿园转为普惠幼儿园，普惠园覆盖率83%。推进新型公办幼儿园创新试点，解决公办资源不足问题。成立普惠性幼儿园指导中心，召开规范管理专题培训会，确保学前教育普及普惠、安全优质发展。开展幼儿园“小学化”治理和幼小衔接试点工作，《中国教育报》头版予以宣传报道。

【普及普惠】 协调资金1.39亿元支持普惠性幼儿园可持续发展，全市增加公办园31所，民办普惠园134所，普惠园覆盖率83%。创新实施国企、村集体办园等办园模式，开展小区配套园治理“回头看”，公办率、普及普惠率比2020年上升4个百分点。

【保教质量】 与东北师范大学合作开展长春市保教质量评估项目。选取24所覆盖城乡、公办和民办的不同区域和类型的幼儿园，进行幼儿园保教质量评估，发挥质量评估对保教实践的科学导向作用。召开保教质量评估项目培训会，开展园所自评和专家入园指导。

【幼小衔接】 开展幼小科学衔接工作。上半年完成幼小科学衔接试点园线上展示工作。组织6个试点县区的12个试点园用6周时间开展线上观摩展示活动。总结实验区、试点园（校）经验成果，安排推进长春市幼小科学衔接相关工作。长春市幼小衔接案例被选入省教育厅工作经验汇编。

（王淑娟）

义务教育

【招生工作】 在全国率先实施公民同招，电脑派位，拿出4805个优质学位进行电脑配位，确保学生起点公平、机会公平。2021年，城区义务教育招生8.2万人（小学4.6万人，初中3.6万人），比2020年增长13%。

【大学区改革】 义务教育大学区改革扩容升级。在原有97个大学区基础上，新增23家合作体，推动实现新建学校全部纳入大学区管理。长春市大学区集群发展被评为全国基础教育优秀案例，典型经验在《学习时报》刊发；朝阳区、二道区、南关区、汽开区大学区改革经验被评为省级典型案例。

【优质均衡】 启动创建义务教育优质均衡发展先行区。确定二道区、绿园区、净月区（含莲花山）为先行区，力争2025年率先通过国家优质均衡发展评估验收，促进区域优质均衡、学校高质量办学和学生全面发展。

【推进“双减”落地】 减负和增效双向发力。推进校内、校外双减负，课堂、课后双增效，作业减量全部达标，课堂质量有效提升，课后服务全部覆盖。长春市“双减”工作成效得到省教育厅专函表扬，省人大、市人大、市政协给予充分肯定，被省政府发展研究中心写入《研究报告》，得到省长韩俊、副省长安立佳批示肯定。

落实国家“半月一报”制度，将“双减”列为教育督导“一号工程”，通过省“双减”工作专项督导检查，国务院教育督导委员会对长春市给予高度评价。推动课后服务提质升级，强化个性化服务供给水平，课后服务参与率80%，惠及学生61万人，有效解决家长接孩子困难问题。

（唐名刚）

【控辍保学】 推进“温馨村小”升级扩容，丰富“八大温馨要素”的经验做法在《人民教育》刊发。做好控辍保学和“雨露计划”，严格落实国家资助政策，安排困难学生补助资金3300万元，确保贫困学生不失学、不辍学。巩固深化脱贫攻坚成效，做好包保帮扶工作，市教育局驻村工作队获“吉林省脱贫攻坚先进集体”。改善616所中小学体育美育场地和器材设施设备，升级56所普通高中实验室仪器设备。实施中小学校电清洁取暖工程，其中榆树投入1454万元，涉及10所学校，取暖面积3.7万平方米。

（高嘉翼）

【基础教育】 实施集优化发展战略，推进基础教育质量提升3期工程，“温馨村小”工作经验被评为全国优秀案例。组建97个大学区、24个教育集团、5个城乡联盟体，实现优质资源共享、城乡义务教育一体发展。在全国率先实施公民同招，电脑派位，拿出4805个优质学位进行电脑配位，确保学生起点公平、机会公平。制定长春市高考综合改革工作方案，指导学校开展选课走班和模拟走班试验，为新高考改革做准备。开展特色学校创建活动，遴选特色示范学校10所，促进高中学校多样化发展。推进新课程新教材实施国家级示范区建设，开展新课程全员培训，遴选省级示范校15所，提高新课程新教材实施水平。推进民族教育、特殊教育同步融合发展，做好民族中小学三科统编教材使用工作，组织民族学校校长、骨干教师到厦门参加民族教育培训，完成教育部民族共同体意识专项调研，得到教育部认可。发挥12个特殊教育资源中心教室作用，教育安置残疾儿童少年4293人，确保有学习能力的残疾学生全部接受义务教育。

（王　颖）

高中教育

【联盟发展】 普通高中联盟发展从“10+1”升级为“10+N”。推进6县（市）区高中加入城区高中联盟，确保城乡普通高中联盟发展100%全覆盖。落实省属高校对口帮扶县域高中工作，开展榆树弓棚高中、德惠八中与长春师大，农安三盛玉高中与省教育学院结对帮扶工作。

【高考综合改革】 推进高考综合改革。与中国教科院共同制定高考综合改革实施方案，推进普通高中新课程新教材实施国家级实验区工作，继续实施长春高考改革智慧教育（因材施教）项目，促进新课程新教材实施与新高考改革全面对接。

【教育教学改革】 探索具有长春市特色的学习中心课堂、项目学习、高阶思维教学、深度学习等教学改革。开展长春市首届基础教育教学成果奖评选，择优推荐60项成果参评省级和国家奖项。

【思政课改革】 实施思政课改革创新专项行动计划，组织思政课教师“精彩一课”和思政有影响力人物评比活动，推进思政课“五个一体化”（思政课教育教学一体化研究、课程教材一体化贯通、教师队伍一体化配备、专业发展一体化培育、政策措施一体化落实）。

（唐名刚）

特殊教育

【概况】 全市有特殊教育学校10所。教职工507人，其中专任教师408人。全市各种形式的特殊教育毕业生588人，招生605人，在校生3850人。其中，特殊教育学校毕业生194人，招生172人，在校生1337人。

【特教保障】 义务教育阶段以培养学生良好的学习习惯和生活习惯为重点，通过实施分层次教学，强化体育大课间、艺术小课间等活动，培养学生良好的综合素质和社会适应能力。发挥12个特殊教育资源中心教室作用，教育安置残疾儿童少年4293人，确保有学习能力的残疾学生全部接受义务教育。

（唐名刚）

【“特岗计划”招聘】 实施“特岗计划”，聘特岗教师708人，事业单位公开招聘177人，特岗教师队伍结构得到优化。

（朱 峰）

职业教育

【概况】 2021年，长春市有技工院校14所。其中，国家技师学院（高级技工学校）2所，省部级技工学校5所，合格技工学校7所。技工学校有教职员工712人，教师596人（其中，高级讲师82人、讲师92人）；实习指导教师181人（其中高级实习指导教师25人），“一体化”教师313人。在校学生16782人，毕业生5161人，就业率98%。

【专业学科建设】 结合全市产业结构布局和企业用工需求，指导技工院校合理调整专业设置，市属技工院校新增专业14个；1所院校被评为“吉林省第一批省级示范性技师学院”，5所（4所公办、1所民办）院校被评为省级示范性技工院校，7个专业（含重复）被评为省级品牌专业；组织学校教师培训117人次，聘请企业骨干教师45人；围绕“长津两地对口合作”战略布局，结合长春市技师学院内涵建设需求，组织5名教师到天津市机电工艺技师学院、天津中德应用技术大学交流学习。

【学校招生】 全年招生6224人，毕业生5161人，毕业生就业率达98%以上。推动落实技工院校招生工作全部纳入长春教育部门招生平台，完成长春地区技工院校与职业学校2021年招生计划的统筹、招生宣传平台的统一、招生录取平台的统一等各项工作，印制《长春市高级中等学校2021招生指南》面向社会发放。

【招聘活动】 协助承办“汇智长春·广聚英才·万人助万企”技能人才专场招聘会，组织全市技工院校与百家企业进行现场对接，推荐应届毕业生就业645人次，拓展实习岗位515个，在校企深入合作、定向培养等方面达成共识。

【技能扶贫】 抽调学校骨干教师，参加市扶贫办组织的专项工作组，开展长春地区2021春“雨露计划”补助发放查验工作。

（程红兵）

【职教建设】 落实《职业教育服务长春现代化都市圈建设行动计划》启动提质培优行动计划项目，推进“双高”学校建设，师生技能赛事屡获佳

9月8日，吉林省第一届乡村振兴职业技能大赛在长春举办（程红兵 供图）

绩，举办“2021年度双高建设成果展”，建设经验在全国推广。承办“创业长春·梦想成真”宣传推介活动，吸引更多优秀职教毕业生留长就业创业。举办“吉聚人才·汇智长春·万人助万企”技能人才招聘会，为校企合作搭建新平台。举办《中华职业教育年鉴》首发式暨首届职业教育助力都市圈高质量发展峰会，打造长春职教新名片。中国首家职教博物馆正式开馆，打造职业教育文化传播新高地。推进高职院校升本工作，市属3所职业学校纳入省职业本科“十四五”规划，扩展职业院校高层次发展新空间。推进校企合作、产教融合，打造30个品牌专业群、80个现代学徒制试点、12个职教集团，其中3个集团入选国家示范性职教集团。

（张德文）

高等教育

【概况】　截至2021年年末，长春市有高等院校43所。其中，教育部直属全国综合性重点大学2所，省属普通本科院校13所、普通专科院校5所、警察学院1所、司法专科院校1所，市属普通专科院校4所，民办本科院校7所、民办独立学院4所、民办专科院校6所。有国家级重点学科54个，省级重点学科264个；国家级重点实验室12个，省部（委）级重点实验室263个；享受国家级政府特殊津贴754人，享受省级政府特殊津贴1903人，享受市级政府特殊津贴36人；硕士学位授权点332个，博士学位授权点110个，博士后流动站85个。全市高校有专任教师30901人。其中，教员986人，助教3407人，讲师10039人，副教授10555人，教授5914人；有中国科学院院士14人，中国工程院院士7人；国家级突出贡献的专家学者15人，省级突出贡献的专家学者376人，市级突出贡献的专家学者81人。2021年，全市在校学生583873人。其中，专科生142647人，本科生366962人，硕士生60698人，博士生13566人。全年全市普通高校招收学生166413人，毕业生人数144038人。

【高校教学改革】　吉林大学推进“三全育人”综合改革试点建设，制定《吉林大学全面推进课程思政建设工作实施方案》，成立吉林大学课程思政教学研究中心并入选省级示范中心，推进课程思政高质量内涵式发展，2门本科课程入选首批国家级课程思政示范课程。出台全面推进体育、美育及劳动教育实施方案并融入2022版本科培养方案。打造原创作品，推出4期“敢教日月换新天”系列音乐党史教育课、原创话剧《唐敖庆》、“恰百年风华正茂”主题合唱展演、校史题材音乐舞蹈史诗《吉人天下》、经典交响合唱《长征组歌》等文化精品。实施《吉林大学心理育人专项实施方案》，优化学生心理成长发展空间，加强国家精品在线开放课程和高校思想政治工作精品项目建设。

东北师范大学全过程提升研究生培养质量。首次实施“3+1+2”接收推免创新人才培养计划，提升硕士研究生生源质量。健全博士生分流机制，完善博士生中期考核制度；实施基础教育实践课程化改革，升级“基础实践＋应用实践＋研究实践”的全日制教育硕士教育实践体系。完善学位管理制度，严格博士学位论文外审和复制比检测要求、学位论文抽检结果处理；举行博士生论文质量说明会、导师培训会、博士生论文质量提升大讨论等。

长春中医药大学实施大学英语教学改革、体育评价方式改革、“主体性教育改革试点项目”，实施研究生优质生源创新培养“青苗工程”。推进新时代教育评价改革，建立《贯彻落实〈深化新时代教育评价改革总体方案〉工作台账》。开展“教风学风促进月”活动，规范课堂教学行为。加强专业建设，针灸推拿学获评国家级一流本科专业建设点，新增省级一流本科专业5个。新增辅修学士学位授权专业7个。推进课程思政教学改革，成立“课程思政教学研究中心”，并获评省级示范中心，7门课程获评国家级、省级课程思政示范课程及优秀教学团队。学校课程思政典型工作经验在省教育科研工作会议上作经验交流。加强教材建设，新增“十四五”规划主编教材18部，1人获评首届全国教材奖先进个人，2部教材获优秀教材二等奖。临床医学硕士专业学位授权点通过国家专项合格评估。

长春师范大学印发《关于进一步推进“三全育人”综合改革工作的通知》，实施全覆盖。推进师德师风建设，实施《长春师范大学师德师风建设秉烛行动实施方案》，推进师德师风建设，打造教师师德礼仪规范视频公开课、“馨风讲堂”师德师风宣讲会等品牌活动。学校“秉烛行动”在第27次全国高校党建工作会议上交流经验。

吉林工商学院开展中国共产党成立100周年课程思政微课录制，5月，启动“中国共产党成立100周年课程思政微课”展示录制活动。全校有16门课程参与录制工作，录制课程覆盖全校13个教学单位，涵盖哲学、管理学、经济学、工科、文学等学科门类。

吉林建筑科技学院深化学校教育教学改革创新。出台《关于修（制）订2021版本科专业人才培养方案的指导意见》，科学合理修（制）订人才培养方案，强化学生现代工具运用能力培养。召开2021版人才培养方案修（制）订工作布置会、校教学指导委员会（扩大）会议、人才培养方案评审会、专科专业人才培养推进会，为新版人才培养方案落实奠定基础。落实教学成果奖培育，总结推广教学成果。制定《教学成果奖遴选与申报工作方案》，为校级教学成果奖评选和省级、国家级教学成果奖申报做好准备。陈怡天副教授主持的“新建本科院校应用型人才培养关键问题研究与实践”项目，获批吉林省第九届高等教育教学成果奖培育项目。

【高校教学成果】　吉林农业大学国家自然科学基金优秀青年基金立项实现历史性突破；国家重点研发计划项目单项经费5500万元，创历史新高。新增4名国家现代农业产业技术体系岗位科学家。新增玉米加工及综合利用技术集成科研基地等6个部委级科研平

表57　2021年驻长高校情况统计表

序号	学校名称	在校学生数					招生数					毕业生数					专任教师数					
		计	专科	本科	硕士	博士	计	专科	本科	硕士	博士	计	专科	本科	硕士	博士	计	教员	助教	讲师	副教授	教授
1	吉林大学	71738	14	41531	21283	8910	20270	0	10182	7941	2147	18588	276	9774	7126	1412	6057	0	17	1145	2511	2384
2	东北师范大学	32374	0	14791	14681	2902	8767	0	3797	4359	611	7749	0	3479	3887	383	1731	0	19	558	656	498
3	长春理工大学	22582	0	16778	5128	676	6395	0	4321	1922	152	5149	0	3879	1203	67	1344	0	69	542	503	230
4	吉林农业大学	21384	0	16557	4292	535	6234	0	4463	1637	134	4764	0	3685	1007	72	1156	0	38	443	449	226
5	长春工业大学	22941	2999	16416	3356	170	6656	1060	4283	1258	55	6472	1134	4555	773	10	1200	0	53	551	382	214
6	长春中医药大学	13448	1270	9526	2323	329	3733	407	2249	927	150	3201	415	2215	527	44	814	0	20	330	291	173
7	吉林财经大学	14115	0	11798	2317	0	3861	0	2974	887	0	3438	0	2741	697	0	662	0	32	288	261	81
8	吉林建筑大学	16708	0	15078	1630	0	4315	0	3699	616	0	3904	0	3549	355	0	553	0	71	37	312	133
9	吉林外国语大学	12544	0	11358	1186	0	3476	0	2915	561	0	2568	0	2238	330	0	759	4	140	189	261	165
10	长春大学	18570	1319	16347	904	0	5499	515	4562	422	0	4163	313	3702	148	0	902	0	92	410	293	107
11	长春师范大学	23156	2672	19089	1351	44	6303	1336	4411	547	9	6606	1470	4828	306	2	983	0	36	447	350	150
12	长春工程学院	16585	1950	14242	393	0	4518	659	3700	159	0	4422	579	3762	81	0	986	0	74	420	356	136
13	吉林工程技术师范学院	13500	2016	11484	0	0	3962	755	3207	0	0	3447	631	2816	0	0	795	0	86	335	276	98
14	吉林艺术学院	8900	0	7722	1178	0	2389	0	1958	431	0	2161	0	1866	295	0	561	0	145	197	158	61
15	吉林体育学院	9284	2059	6549	676	0	2620	756	1616	248	0	2227	571	1513	143	0	282	0	66	136	53	27
16	吉林工商学院	15126	3568	11558	0	0	4525	1228	3297	0	0	4346	1143	3203	0	0	652	42	62	254	206	88
17	吉林警察学院	7426	1210	6216	0	0	1913	495	1418	0	0	1804	352	1452	0	0	303	15	22	146	81	39
18	吉林动画学院	12488	0	12488	0	0	3179	0	3179	0	0	2796	0	2796	0	0	617	10	211	221	120	55
19	长春建筑学院	14779	0	14779	0	0	3828	0	3828	0	0	3354	0	3354	0	0	780	31	141	277	270	61
20	长春科技学院	15259	3713	11546	0	0	3971	1032	2939	0	0	3658	1028	2630	0	0	767	16	128	222	271	130
21	长春光华学院	12166	576	11590	0	0	2976	182	2794	0	0	2852	107	2745	0	0	527	0	100	176	178	73
22	长春财经学院	11809	0	11809	0	0	3276	0	3276	0	0	2773	0	2773	0	0	549	12	84	199	182	72
23	吉林建筑科技学院	12022	189	11833	0	0	3085	130	2955	0	0	2612	0	2612	0	0	499	18	117	157	130	77
24	长春人文学院	12363	0	12363	0	0	3424	0	3424	0	0	2887	0	2887	0	0	573	7	100	219	185	62
25	长春电子科技学院	10790	0	10790			2830	0	2830	0	0	2546	0	2546	0	0	537	48	90	147	168	84
26	长春工业大学人文信息学院	10130	0	10130	0	0	2442	0	2442	0	0	2564	0	2564	0	0	445	3	77	125	176	64
27	长春大学旅游学院	9371	271	9100	0	0	2367	82	2285	0	0	2156	50	2106	0	0	423	0	98	159	125	41
28	吉林省教育学院	7524	4030	3494	0	0	452	355	97	0	0	2996	1516	1480	0	0	500	250	28	79	101	42
29	长春金融高等专科学校	9060	9060	0	0	0	3513	3513	0	0	0	2243	2243	0	0	0	261	8	67	90	65	31
30	吉林交通职业技术学院	10261	10261	0	0	0	3452	3452	0	0	0	2754	2754	0	0	0	374	0	43	156	128	47

续表57

序号	学校名称	在校学生数					招生数					毕业生数					专任教师数					
		计	专科	本科	硕士	博士	计	专科	本科	硕士	博士	计	专科	本科	硕士	博士	计	教员	助教	讲师	副教授	教授
31	吉林司法警官职业学院	6387	6387	0	0	0	2165	2165	0	0	0	1214	1214	0	0	0	186	0	53	74	40	19
32	长春医学高等专科学校	9344	9344	0	0	0	2976	2976	0	0	0	2008	2008	0	0	0	327	0	78	114	96	39
33	长春汽车工业高等专科学校	11595	11595	0	0	0	3439	3439	0	0	0	2724	2724	0	0	0	553	0	148	198	168	39
34	长春职业技术学院	11493	11493	0	0	0	3476	3476	0	0	0	3242	3242	0	0	0	742	5	119	285	284	49
35	吉林省经济管理干部学院	5012	5012	0	0	0	1777	1777	0	0	0	2157	2157	0	0		319	0	72	114	101	32
36	长春师范高等专科学校	5667	5667	0	0	0	2294	2294	0	0		1349	1349	0	0	0	197	0	41	48	98	10
37	吉林水利电力职业学院	6990	6990	0	0	0	4205	4205	0	0	0	692	692	0	0	0	151	14	84	29	22	2
38	长春信息技术职业学院	9290	9290	0	0	0	2320	2320	0	0	0	2230	2230	0	0	0	343	49	134	79	67	14
39	长春东方职业学院	7232	7232	0	0	0	2443	2443	0	0	0	2153	2153	0	0	0	333	101	130	17	55	30
40	吉林科技职业技术学院	11282	11282	0	0	0	3332	3332	0	0	0	2673	2673	0	0	0	561	24	65	358	96	18
41	吉林俄语专修学院	237	237	0	0	0	100	100	0	0	0	78	78	0	0	0	22	0	17	4	1	0
42	吉林城市职业技术学院	7819	7819	0	0	0	2879	2879	0	0	0	1824	1824	0	0	0	363	260	86	13	4	0
43	长春健康职业学院	3122	3122	0	0	0	776	776	0	0	0	494	494	0	0	0	212	69	54	51	25	13
	合 计	583873	142647	366962	60698	13566	166413	48139	93101	21915	3258	144038	37420	87750	16878	1990	30901	986	3407	10039	10555	5914

表58　2021年驻长高校教学及科研队伍情况统计表

序号	学校名称	享受政府特殊津贴者			突出贡献的专家学者			硕士学位授权点	硕士生指导教师	博士学位授权点	博士生指导教师	博士后流动站	院士数		重点学科		重点实验室	
		国家级	省级	市级	国家级	省级	市级						科学院	工程院	国家级	省级	国家级	省部委级
1	吉林大学	553	1651	1	0	74	18	94	6177	58	1972	44	8	3	23	55	5	33
2	东北师范大学	40	74	3	1	0	0	58	1377	24	690	22	1	0	5	34	0	23
3	长春理工大学	15	35	7	3	35	11	20	833	9	288	7	0	1	1	25	1	25
4	吉林农业大学	15	35	1	5	35	12	21	1382	10	174	9	0	1	1	13	0	19
5	长春工业大学	37	0	6	3	36	3	34	636	5	96	1	4	1	10	19	3	44
6	长春中医药大学	40	49	3	1	49	7	11	695	3	136	2	1	0	0	23	0	8
7	吉林财经大学	3	5	2	0	11	3	23	290	0	12	0	0	0	0	10	0	4
8	吉林建筑大学	2	10	6	0	10	6	19	407	0	19	0	0	0	0	6	0	35
9	吉林外国语大学	6	8	1	0	7	1	9	165	0	24	0	0	0	0	2	0	0
10	长春大学	5	0	0	2	11	2	6	455	0	11	0	0	0	0	8	2	17
11	长春师范大学	1	0	1	0	17	6	22	615	1	23	0	0	0	0	8	1	10
12	长春工程学院	0	7	0	0	13	3	1	118	0	0	0	0	0	0	6	0	3
13	吉林工程技术师范学院	4	0	0	0	10	3	2	0	0	0	0	0	0	0	6	0	10

续表58

序号	学校名称	享受政府特殊津贴者			突出贡献的专家学者			硕士学位授权点	硕士生指导教师	博士学位授权点	博士生指导教师	博士后流动站	院士数		重点学科		重点实验室	
		国家级	省级	市级	国家级	省级	市级						科学院	工程院	国家级	省级	国家级	省部委级
14	吉林艺术学院	2	7	0	0	13	2	8	279	0	5	0	0	0	0	5	0	0
15	吉林体育学院	2	3	0	0	3	0	4	52	0	0	0	0	0	0	1	0	6
16	吉林工商学院	3	0	0	0	8	0	0	35	0	1	0	0	0	0	1	0	9
17	吉林警察学院	0	1	0	0	5	0	0	30	0	0	0	0	0	0	2	0	2
18	吉林动画学院	3	0	0	0	3	0	0	0	0	0	0	0	0	0	1	0	3
19	长春建筑学院	2	1	0	0	1	0	0	20	0	0	0	0	0	0	1	0	2
20	长春科技学院	6	2	2	0	2	0	0	15	0	1	0	0	0	0	0	0	2
21	长春光华学院	0	1	0	0	1	0	0	14	0	1	0	0	0	0	0	0	2
22	长春财经学院	1	1	0	0	2	0	0	0	0	0	0	0	0	0	1	0	0
23	吉林建筑科技学院	2	3	0	0	4	0	0	8	0	0	0	0	1	0	0	0	0
24	长春人文学院	0	1	0	0	0	0	0	0	0	0	0	0	0	0	1	0	3
25	长春电子科技学院	2	1	0	0	1	0	0	53	0	0	0	0	0	0	0	0	1
26	长春工业大学人文信息学院	2	1	0	0	5	0	0	0	0	0	0	0	0	0	0	0	0
27	长春大学旅游学院	0	0	0	0	0	0	0	2	0	0	0	0	0	0	0	0	0
28	吉林省教育学院	1	1	0	0	8	0	0	0	0	0	0	0	0	0	0	0	0
29	长春金融高等专科学校	1	0	0	0	4	0	0	0	0	0	0	0	0	0	7	0	0
30	吉林交通职业技术学院	0	1	0	0	2	0	0	0	0	0	0	0	0	4	9	0	0
31	吉林司法警官职业学院	0	0	0	0	0	0	0	0	0	0	0	0	0	0	0	0	0
32	长春医学高等专科学校	0	0	0	0	0	0	0	0	0	0	0	0	0	0	0	0	0
33	长春汽车工业高等专科学校	4	0	2	0	1	3	0	0	0	0	0	0	0	5	8	0	0
34	长春职业技术学院	2	4	1	0	4	1	0	0	0	0	0	0	0	5	12	0	2
35	吉林省经济管理干部学院	0	0	0	0	0	0	0	0	0	0	0	0	0	0	0	0	0
36	长春师范高等专科学校	0	0	0	0	0	0	0	0	0	0	0	0	0	0	0	0	0
37	吉林水利电力职业学院	0	1	0	0	1	0	0	0	0	0	0	0	0	0	0	0	0
38	长春信息技术职业学院	0	0	0	0	0	0	0	0	0	0	0	0	0	0	0	0	0
39	长春东方职业学院	0	0	0	0	0	0	0	0	0	0	0	0	0	0	0	0	0
40	吉林科技职业技术学院	0	0	0	0	0	0	0	0	0	0	0	0	0	0	0	0	0
41	吉林俄语专修学院	0	0	0	0	0	0	0	0	0	0	0	0	0	0	0	0	
42	吉林城市职业技术学院	0	0	0	0	0	0	0	0	0	0	0	0	0	0	0	0	0
43	长春健康职业学院	0	0	0	0	0	0	0	0	0	0	0	0	0	0	0	0	0
合计		754	1903	36	15	376	81	332	13658	110	3453	85	14	7	54	264	12	263

台。发表学术论文570篇，比2020年增长24.94%；审定（认定）作物新品种20个；15项地方标准获颁布实施；获授权专利78项、计算机软件著作权142项；获批吉林省知识产权示范高校。获2021年度吉林省科学技术奖19项（主持12项），其中一等奖5项（主持3项）。学术期刊影响力再创新高，《吉林农业大学学报》在全国农业大学学报中排名第5位，《菌物研究》在知网收录的93种生物学期刊中排第5位。获批教育部新文科研究与改革实践项目2项、省级2项。首次与高等教育出版社开展战略合作，立项建设教材46部。获首届全国教学创新大赛二等奖、国家级课程思政示范课程教学名师称号各1人。开展“学习筑梦”和“青年大学习”行动，培训学生万余人次。开展“忆百年荣光 铭初心使命”主题教育，推动大学生综合素质培养与评价改革，推进学生教育、管理、服务工作。学生再获“互联网+”大赛、挑战杯、志愿服务等多项国家级奖项，获“中国大学生自强之星”称号1人、“吉林省大学生自强之星”称号3人、“吉林省优秀大学生”称号3人。2021届毕业生年终毕业去向落实率88.53%。

长春中医药大学参加第十届大学生医学技术技能大赛，获护理赛道东北华北赛区特等奖，全国总决赛铜奖；获中医赛道全国总决赛铜奖。体育竞赛活动屡创佳绩，获奖牌50余枚。推进“杏林双创人才培养工程”，在“互联网+”创新创业大赛中获国家级奖项9项，其中，国赛金奖2项，国赛和省赛成绩数量和等级位列全国中医药院校第1名、吉林省高校第1名。

长春工业大学实施振兴本科教育2.0十大计划，6门课程获批省线下一流课程，4门课程通过省“金课”建设验收。加强专业内涵建设，7个专业入选吉林省一流专业。各级各类学科竞赛参与学生1.43万人，获国家级奖项132项，参与学生人数和国家级奖励数量均创新高。学校申报的“5G+智慧教育”项目被国家确定为应用试点项目，为吉林省内唯一获此荣誉高校。启动研究生教育质量提升行动计划，推进硕士研究生分类培养，建立研究生教育教学质量督导机制，提升研究生培养质量。

吉林工程技术师范学院出台《吉林工程技术师范学院“十四五”教材建设规划》，组织2021年度教材立项工作，立项教材40部（普通教材19部、课程思政教材11部、云教材10部）组织首批省级重点教材立项建设工作，《创业与就业》被评为省级重点建设教材。开展师范生教学技能大赛暨“发那科杯”学生教师技能大赛遴选活动，组织参加吉林省首届教学创新大赛活动，学生获特等奖1项、一等奖3项、二等奖7项，达到以赛促学、以赛促练的目的；建设涵盖“三字一话训练”“智慧教学”“微格录播”等多种功能的“教师职业能力训练与研发中心”。

吉林体育学院在竞技体育领域取得重大成果。在第十四届全运会中，学生魏绍轩获男子射箭个人淘汰赛金牌、徐大男获男子自由式摔跤86千克比赛铜牌；胡瑶瑶在全国蹼泳冠军赛中代表吉林队获33枚金牌、1枚银牌、1枚铜牌，刷新世界纪录；人文社会科学学院学生在吉林省大学生健美健身锦标赛中获7枚金牌、6枚银牌、5枚铜牌；武术与民族传统体育学院学生在第31届世界大学生夏季运动会散打比赛选拔赛中获4枚铜牌，1名学生入选世界大学生运动会国家集训队；拳击代表队在2021年中国大学生拳击锦标赛中获银牌、铜牌；啦啦操团队获2021年世界啦啦操锦标赛暨世界青少年啦啦操锦标赛（线上）第8名；吉林体育学院下属单位省体育运动学校夏季项目参加全国各级各类比赛获金牌13枚、银牌19枚、铜牌13枚；冰上项目获金牌4枚、银牌4枚、铜牌1枚；在第十四届全运会比赛中，省体校毕业生获金牌4枚、银牌1枚、铜牌3枚，创历史最好成绩。

【科研工作】 长春中医药大学科研项目全年获批立项260项，比2020年增长56.6%。其中，国家级项目8项，省部级项目120项。新增国家重点研发计划项目1项。学校科研经费总额8506.9万元，其中纵向项目合同经费6101.3万元。获各级各类科技奖励28项，其中吉林省科学技术奖16项，含吉林省科技进步一等奖1项。新增省部级科研平台3个。《吉林中医药》《长春中医药大学学报》获评2021年第三届吉林省高校科技期刊“精品奖”。

吉林警察学院推进落实深化职称制度改革授权评估要求，出台《吉林警察学院教师等系列专业技术职务评聘条件（试行）》《吉林警察学院2021年职称评聘工作方案》，完成2021年度专业技术职务评聘工作。积极申报，获评三级教授3人，吉林省第8批拔尖创新人才二层次1人、三层次3人。出台《学院科研经费管理办法》，加大科研管理力度，获批2021年国家社科基金青年项目1项、吉林省社科基金项目3项、吉林省教育厅科学研究项目7项、吉林省职称专项课题4项，全年科研经费到账增长12.3倍。全院教师发表核心期刊论文34篇，其中一类期刊发文15篇，首次超过二类期刊发文数量。获吉林省第十三届社会科学优秀成果奖三等奖2项。

吉林财经大学5部教材入选首批普通本科高校省级重点教材立项建设名单；获批2项教育部首批新文科研究与改革实践项目；65个项目获教育部高教司2021年第一批、第二批产学合作协同育人项目立项；30项课题被确立为2021年度吉林省高等教育教学改革课题；4门课程被认定为省级精品在线开放课程。获批国家“两金”（国家社会科学基金、国家自然科学基金）、教育部项目立项12项。其中，获国家社科基金一般项目立项5项，获国家社科后期资助项目1项，获国家自科基金项目立项1项，教育部人文社科研究项目5项。“吉林省金融科技重点实验室（吉林财经大学）”获准立项建设；九台农商银行普惠金融学院入选首批省级示范性现代产业学院建设项目；举办第十五届中国农村金融发展论坛等多个全国性学术会议。

吉林动画学院网络与新媒体专业、广告学专业获批辅修学位，数字媒体技术专业获批专升本招生资格。《动画原理》《平面构成》等2部教材获批“省级重点教材立项建设项目”，徐欣教授的《平面构成》被推荐参评国家“十四五”职业教育规划教材；获批省级课程思政示范项目1项、建设项目2项；4门“金课”获批“省级一流本科课程”；动画艺术学院、设计与产品学院2个项目获批“省级新文科建设专项”；获批“教育部产学合作协同项目”立项1项。

长春医学高等专科学校推进产学研用协同创新工作，出台《应用技术协同创新中心管理办法》，启动校级应用技术协同创新中心申报工作。推进技术成果推广使用，出台《横向课题管理办法》，全年签约横向课题3项，获横向项目经费23万元。加快推进成果培育产出，逐步开展教学成果奖培育工作，推荐校内5个项目作为市级培育项目，2个项目作为省级培育项目。开展科学技术发展项目申报工作，推荐校内3个产业方向6个课题组申报市级产业化专项课题，4个项目获立项。进行知识产权培育，认定实用新型专利15项。举办2021年度学术年会暨2020年学术活动月总结表彰大会，212篇综述中有22篇获奖，3篇综述进行会议交流。根据《长春医学高等专科学校学术成果认定标准》，完成2021年度学术成果认定工作，认定学术成果243项，其中论文166篇，核心11篇，SCI 3篇，教材34部，参与校外课题14项。

长春财经学院会计学、计算机科学与技术2个专业获批国家级一流本科专业建设点，11个专业获批省级一流本科专业建设点，3个专业获批省特色高水平专业，省级及以上一流本科专业建设点数量占30个招生专业的43.3%。与华为集团、春雪公司等共建华为网络信息学院、春雪学院等13个现代产业学院，“AI+智慧学习”人工智能学院获教育部批准立项，“数字财务产业学院”获批吉林省首批示范性现代产业学院建设项目，“统计学”“金融学”2门课程分别获批国家级线上线下混合式一流课程和线下一流课程，9门课程获批省级一流本科课程，6门课程获批省级精品在线开放课程，3个项目获批省级虚拟仿真实验教学项目，2门课程获批省级课程思政“学科育人示范课程”，2门课程获批省级课程思政示范课程（建设项目）。该校省级及以上优质课程数量46门次。“数字经济新兴交叉学科”教师团队获批省级“黄大年式”教师团队，“经管类课程矩阵型育人”虚拟教研室入选省级虚拟教研室建设试点名单。教师立项教育部产学合作协同育人项目48项、省教育厅产学合作协同育人项目42项，学生参加学科竞赛获得省级及以上奖项578项，在第四届、第五届“互联网+”大学生创新创业大赛中获全国铜奖1项、省赛金奖3项，第九届全国大学生电子商务“三创赛”获全国一等奖2项，依托项目创办的公司市值超过2000万元。

9月7日，在中国教育部、吉林省人民政府的指导下，由教育部学校规划建设发展中心主办，吉林大学与吉林省教育厅、东北师范大学、长春理工大学、吉林农业大学、长春工业大学共同举办“2021国际产学研用合作会议（长春）”

（程红兵　供图）

【人才队伍建设】 吉林大学系统开展教师教学发展培训活动，组织线上线下培训67场，组织吉林大学第二届智慧课堂教学创新大赛，提高教师教书育人能力。推进一流本科专业建设，国家级一流本科专业数量由33个增至62个。增设智能感应工程、古文字学2个专业。获批7个教育部新文科研究与改革实践项目。吉林大学东北亚学院揭牌成立，努力培养国际化复合型人才。深耕基础学科人才培养，经济学和中国语言文学专业第3批入选“拔尖计划”2.0基地，总数增至9个，入选数位列全国高校第9。优化教学环境，推进“三化”（标准化、智慧化、功能化）教室建设，完成159间“三化”教室建设、449间常态化录播教室改造以及134间大型教室关键设备的更新，推动教育理念、教学模式的变革，提升课堂教育教学效果。完善教师教学奖励体系，设立教材建设奖，奖励在教材建设方面作出突出贡献的单位和个人。在首届全国教材建设奖评选中，学校作为第一主编单位，获一等奖2项，二等奖4项，获奖数量位居全国高校前列。深化实践教学改革，推进实践教学一流课程建设，建设吉林大学虚拟仿真创新示范实验教学课程28门。完善本科教学质量保障体系，成立“吉林大学教育教学督导委员会”，建成“吉林大学高等教育质量监测评估数据平台”。

长春中医药大学坚持人才优先发展，实施“杏林学者工程”和高层次人才团队培养计划，实现校外引才和校内培养平衡发展。学校双聘院士仝小林入选“长白山人才工程”域外人才引进第一层次“特聘杰出人才”，1人获评第四届“国医大师”（进入公示阶段），1人入选“岐黄学者”，2人获评全国名中医（进入公示阶段），1人获“全国五一劳动奖章”。全年教师在各级教学比赛中获国家级一等奖1人、二等奖3人、三等奖1人，省级奖项61人次。中国高教学会权威发布，该校教师教学竞赛综合能力列全国中医药院校和省属院校第1名。

吉林艺术学院组织各级各类专家人选申报推荐工作，1人获吉林省长白山人才工程“人文社科领军人才”荣誉称号，认定B类人才4人、C类人才1人、D类人才21人。开展师资培训工作，支持中青年骨干教师到国内外重点大学和科研院所访学、进修、攻读博士学位26人，组织省级以上培训60余人次，其中选派优秀教师参加国内访问学者项目及高层次进修项目6人。组织新进教师参加“吉林省新进教师岗前培训”34人，组织优秀教师参加“中西部高校国培师范项目”1人。

吉林警察学院加大高层次专业人才引进力度，公开招聘博士研究生18人。完成人才新政2.0版首批人才分类认定工作，推荐认定高层次人才12人。按照国家和省级职称评聘改革精神，取得新一轮职称自主评聘权，增加辅助系列职称评聘自主权，完成新版10个职称系列评审条件的初步制定工作。做好表彰奖励工作，评选院级教学名师10人、优秀教师46人、优秀教育工作者21人、优秀教学团队5个。

吉林动画学院将教师队伍建设作为首要任务。开展“引培并举”的强师工程，依托产业高端项目，加大双师型教师引聘。出台一系列人才激励政策，促进教师培养培训和教师队伍整体水平提升。全职引进高层次人才、海外留学人才、科技创新人才60人；聘请12位国内艺术类学科领军专家、全国教指委专家到校工作，为学校发展给予专业化指导。力行职业发展学院获批“省级教育教学发展示范中心”。

长春光华学院实施教职工在职攻读博士学位遴选计划，国内外博士计划签协议20人，录取6人。加大力度引进高层次人才，柔性引进高层次人才15人。首次启动管理干部能力提升计划，完成教学干部能力提升研修班到浙大学习；分级分类开展教师培训，组织吉林省新工科骨干教师高级研修班、吉林省高校教师课程思政教学能力培训等校外培训4次，参与233人次；组织教学能力提升、教学经验交流等校内培训20余次，其中含观摩活动4次，参与600余人次；组织辅导员专项培训6次。

【高校国际交流与合作】 东北师范大学承办第十九届国际发光会议，该会议是国际发光学领域的顶级学术会议，拥有极高学术声誉和影响力；9月，在国际产学研用（长春）框架下，举办“固态电池技术”等3个分论坛；11月11日，主办2021年亚洲博雅大学联盟校长论坛；12月22日，牵头成立吉林省高校师范教育协同发展联盟。

长春理工大学获批“空间光电信息感知与智能仪器学科创新引智基地”（111基地），成为学校第二个国家级引智平台。与俄罗斯科学院无线电工程与电子研究所签署共建中俄“未来技术国际联合研究中心”协议并举行揭牌仪式。长春理工大学圣光机大学联合学院。

吉林财经大学做好外籍师生疫情防控工作，确保无一例感染，实现境外零输入，组织好外教线上教学，保证教学秩序良好运行，1名外教获评“吉林省优秀外国专家”。与澳大利亚查尔斯特大学合作办学项目教育部评估“合格”，中外合作办学资质获批延期，续签合作办学协议。5名师生获国家留学基金委全额资助。参加第八届中国—俄罗斯经济类大学联盟年会暨“后疫情时代远程教育合作”研讨会。

吉林建筑大学国际交流合作平稳开展。完善与俄罗斯太平洋国立大学、美国杨斯顿州立大学中外合作办学补充协议，规范项目实施。完成教育部对建筑学、工程管理、电气工程及其自动化中外合作本科教育项目评估，达到以评促建、以评促改的良好成效。初步完成与俄罗斯太平洋国立大学风景园林方向硕士层面合作办学项目前期准备工作；与马来西亚吉隆坡建设大学缔结友好校际关系，启动联合实施的博士研究生培养项目。搭建国际引智平台，组织学校教师申报吉林省科技厅外国专家引智项目，其中土木工程、建筑类3个项目获批，4名专家分别来自美国、澳大利亚及西非。

吉林外国语大学新增与俄罗斯托木斯克国立师范大学合作举办的俄语专业本科教育项目1项，成为该校获教育部批准的第4个中外合作办学项目。该校首个联合培养博士班开班，与美国新泽西城市大学联合培养教育技术领导力专业博士生12人。与教育部语合中心、美国新泽西州中文教师学会联合举办新泽西州中小学中文教育项目，覆盖新泽西州4个中小学学区。新增合作院校7所，其中波兰语、匈牙利语实现零的突破；续签合作院校5所。获批教育部语合中心“中文+阿拉伯语”国际中文教师人才培养创新项目1项、“汉语桥”线上团组优质录播课程小语种翻译项目1项。获批意大利外交部高校意大利语教学资助项目1项。

吉林工商学院与新加坡特许科技学院合作办学项目协议续签工作。11月10日，配合吉林省对外汉语言教学培训中心承接教育部中外语言交流合作中心的“汉语桥”线上文化感知交流项目，为韩国“大教彩虹孔子学院”录制传统饮食文化课程。接待泰国国立宣素那他皇家大学代表、法国AD教育集团代表来校访问并开展合作洽谈。

长春人文学院开展国际学术交流与合作，扩大合作交流渠道，与日本、美国、俄罗斯、韩国、新西兰、意大利等 20多个国家和地区的120余所高校和教育机构建立合作关系，通过采取“3+1”“2+2”等方式联合培养各类专业人才，优秀毕业生可以在国外“本硕连读”。学校还引进国外名校的先进教育思想和课程体系、教材、教学方法，引进国外优质教学资源和高水平外籍教师，参与课程建设和教学改革，聘请外籍教师 150 人次，一批外籍教师获吉林省“长白山友谊奖”和“优秀外国专家”称号。作为吉林省仅有的具有出国留学服务资格的民办高校，学校坚持以对外汉语教育为主的外国留学生教育，形成培训特色。

【学生工作】 吉林大学加强本科生创新创业教育。学生获第十届中国大学生医学技术技能大赛临床医学专业五年制赛道全国总决赛金奖、IFACE-COSM汽车节能benchmark国际挑战赛冠军、iGEM国际遗传工程机器大赛金奖等荣誉。搭建大学生实习实践平台，与吉林省人民检察院、吉林省商务厅、吉林省农业农村厅、中国银行股份有限公司吉林省分行等70家单位签署《共建大学生实习实践基地协议》。开展吉林大学“万名学生走千企”暑期社会实践，加强对学生国情、社情、企情的教育引导，促进学生合理规划职业生涯，为学生实现成功就业打好基础。

长春中医药大学开展“创业有你‘就’在吉林”宣传推介系列活动，与省内生物医药、医疗健康产业相关单位开展对接，承办大中小型线上线下招聘活动91场，覆盖全省医药院校，多渠道搭建就业服务平台，营造浓厚的留省就业氛围，助力毕业生扎根吉林、奋斗吉林、圆梦吉林。学校2021届毕业生留省就业率61.1%，比2020年提升9.41%。

吉林财经大学推进“青年马克思主义者培养工程”，创新大学生教育管理新途径。加大招生宣传力度，巩固拓展优质生源基地，形成招生—培养—就业联动机制，促进生源质量稳步提升，保障就业质量。强化稳就业举措，加强职业生涯规划与就业指导，加快多元就业市场建设。推进“双困生”就业能力提升培训改革，探索建立“双困生”一体化就业指导服务机制。开展“高校毕业生创业服务专项活动”和“创业有我、就在吉林”主题系列活动。促进毕业生留省就业，力保本科生、研究生的一次性就业率高于2020年度水平。

吉林外国语大学学生工作取得新成果。培育和创建骨干辅导员工作室4个。辅导员参与国家级立项1人，参与省级立项5人，发表国家级期刊论文5篇，发表省级以上论文20余篇，获省级以上科研论文奖励2项。1人被评为全国民办高校优秀辅导员。打造“无人监考班级”“无手机课堂”“最美学习笔记”“深阅读”4项学风建设品牌。有9个学院95个班级，1482名学生申请无人监考。开展“最美学习笔记”巡展活动，展出1000余本优秀学习笔记。考研率、四六级考试过级率明显提升，学生获学校奖学金2985人次。研究生发表论文195篇，科研立项46项，入选案例库案例22个，获国家级学科竞赛类奖项35项。2021年教育部下达该校普通本科招生计划指标2824人，比2020年增加50人。26个招生地区（包含省、市、自治区）中有15个省的录取平均分高出省控线40分以上，部分省份高出70分以上，最高的高出109分。获中国教育在线2021年度教育盛典“吉林省最受考生青睐本科高校”称号。承办吉林省2022届高校毕业生外语外贸类人才招聘会。学生创业项目获第七届中国国际“互联网+”大学生创新创业大赛铜奖4项。承办吉林省第七届“吉人梦想杯”大学生就业创业大赛，获一等奖2项和优秀组织奖。2021中国科技互联网·文化旅游艺术大学生求职大赛总决赛金牌，中国青年志愿服务公益创业赛吉林省金奖等奖项。3名征兵入伍学生入选全国大学生就业创业人物事迹典型。校友蔡雪被评为“全国向善向上好青年”。

9月29日，吉林大学原创大型话剧《唐敖庆》在中心校区鼎新大讲堂上演

（程红兵　供图）

吉林建筑大学4个专业提交工程教育认证申请，8个专业作为省级一流专业建设点备案。6门课程申报国家级第二批本科一流课程，6门课程完成吉林省高校“金课”建设计划项目验收，认定为吉林省一流课程；1门课程获批课程思政示范项目，2门课程获批课程思政建设项目。吉林建筑大学课程思政建设与教学研究中心获批吉林省高校课程思政教学研究中心建设项目，1名教师获评省首批课程思政教学名师，3门课程获批吉林省本科高校精品在线开放课程。推进研究生培养模式改革和质量提升，按照《吉林建筑大学指导教师管理办法》，完成学校新一轮的导师遴选工作，确定校内硕士生导师326名，校外硕士生导师169名。各项竞赛获得省级以上奖项731项。其

中，国家级特等奖3项、一等奖10项、二等奖32项、三等奖59项，省级特等奖37项、一等奖104项、二等奖182项、三等奖304项。

吉林建筑科技学院围绕庆祝中国共产党成立100周年和“学党史、强信念、跟党走”学习教育，举办文艺汇演、主题演讲、“同升国旗、共唱国歌”等32场主题活动，参与大学生2.8万人次、“四史”学习活动1.4万人次、主题团日活动6万余人次。共青团的党史学习教育工作获吉青飞扬省级官方微信平台等媒体报道。实施“信仰公开课”计划，推出《党史百日讲》系列公开课，通过大学生思想骨干自学自讲方式，引导身边团员青年正确学习党史，收听收看公开课视频人数2.4万人次。实施“青马工程”，开展青马工程骨干大学生理论学习24场次，听课人数2400人次。开展大学生党史知识竞赛、党史经典诵读活动，参观长春革命烈士纪念馆等爱国主义教育基地等特色活动130场次，参学大学生3.2万人次。开展“青年大学习”行动，组织大学生学习党的十九届六中全会精神、习近平总书记“七一”重要讲话精神等学习活动24场次，参加学习大学生2.3万人次；组织团课学习11期，参学大学生37.8万人次，学习率在全省高校排名第一。

吉林动画学院推进毕业生创业就业，围绕“学研产一体化”办学特色，深化“专业、职业、就业、创业”相融合的教育教学体系和创新创业实践体系建设，以市场和工业化流程标准检验实践教学成果。漫画创意工场项目上线5个月总点击量破亿。游戏创意工场开发原创游戏项目130项，孵化7项。学校面向吉林省各高校于6月、11月分别组织两季10场“联合创业融合发展”创新创业推介会，联合30所高校建立“联合创业融合发展”高校创业联盟，强化以省内大学生就业创业为基础，面向东北三省及内蒙古地区高校开展人才培养和项目合作。

【平安校园建设】 吉林农业大学制定《安全生产专项整治三年行动2021年重点任务推进工作方案》《消防安全专项整治三年行动“集中攻坚”阶段实施方案》，为安全管理提供保障。开展大型应急疏散演练、安全宣讲培训、党日活动等主题安全活动20余场次。制定实验室技术安全督查工作实施细则，修订实验室安全管理办法等3项制度，校领导带队开展实验室安全检查6次。规范实验室废弃物管理，及时处理实验室有毒有害废弃物。加强涉密人员审核管理，开展保密业务培训，在保密专项巡视中得到省保密局高度评价。全年无各类重大安全事故，重大刑事、治安案件，无大的人身伤害、财产损失事件和有重大影响的群体性事件。

吉林财经大学逐级落实责任，开展各项安全稳定工作。及时处置台风、冻雨等自然灾害造成的安全隐患。实行安保人员24小时不间断校园巡逻，及时妥善处置突发事件。深化校园安全隐患排查整改，完善安全生产网格化管理，严格落实安全生产岗位责任制。组织校园安全大检查20余次，各种专项检查、抽查100余人次；加强消防基础能力建设，实施消防外网改造工程，开展专业化的消防维保、消防和防雷检测，消除消防安全隐患。开展安全教育和培训，实现新生安全教育全覆盖，联合长春市刑警支队反诈骗中心开展防范电信网络诈骗进校园活动，联合净月消防救援大队开展了消防综合应急演练。

吉林艺术学院有效保证校园安全稳定。学院党委一如既往贯彻落实教育部、省委疫情防控常态化工作部署和要求，坚持“日报告、零报告”和外出审批报备制度，全面加强对师生学习、教学、生活的管理和监测，保证了师生生命安全。开展维修改造工程，以消除老旧校舍安全隐患为主，切实将安全生产摆在首要位置，严把施工建设质量关，文明、高效、廉洁施工，全年完成表演校区咖啡厅、牡丹街宿舍、设计学院玻璃实验室加固3项大型维修改造工程及40余项小型维修工程，有效解决校园安全隐患，为师生创造安全稳定的校园环境。开展消防安全专项整治工作，对教室、学生宿舍、食堂、剧场等人员密集场所的消防灭火器、消火栓、安全逃生出口标识牌、应急照明灯是否按标准配置等进行重点检查监控，对存在安全隐患问题立行立改，全面保障学院安全。

吉林建筑科技学院全面加强校园安全建设。消防工作以杜绝一切消防安全隐患为工作目标，在春季和秋季开学前对校园消防设施设备进行全面检查，维保灭火器680具，完成故障排查和消防设施维修保养年度检测，取得年度检测合格报告；为学生公寓新配置4千克灭火器36具、消防空气呼吸器2部。制作设置了教学楼安全疏散示意图和部分消防设施铭牌；组织消防安全全校检查1次、消防设施专项检查3次、知识培训及其疏散演练2次。组建大一新生的义务消防队，并进行培训；开展“落实消防责任，防范安全风险”主题的“11·9”消防宣传月系列；购置更换防火旗6面，防火宣传条幅5条。学校新增校园监控探头44个，保证校园全覆盖的589个监控探头工作正常，利用监控查处治安案件和纠纷多起。针对疫情校园封闭管理，加强了重点时间段、重点地点、重点部位的巡逻频数；在女生公寓治安安全采取加装防护栏、定点设岗和重点巡逻相结合的措施；完成夜间查处各类隐患5起、送学生就医9次。学校完成校园封闭管理、师生疫苗接种、大型考试、大型活动安保工作；建立和培训安全信息员制度，了解掌握学生思想动态，落实涉外及外来人员的讲座、报告会审核规定，开展反邪教渗透工作，核查教师员工各类信教人数66人；全年没有发生有影响的刑事、治安案件。

【疫情防控】 吉林农业大学按照上级、属地要求，结合自身实际，科学制定覆盖疫情防控全过程、全领域的工作方案和应急方案，明确责任分工，强化过程演练，切实做好疫情防控工作各项保障。在日常监测、入校查验、外出审批、物资储备、消毒消杀、隔离区管理、教学管理、服务保障等重点环节出台一系列制度方案，构建起严密的常态化疫情防控防线。

吉林工程技术师范学院抓实抓细各项疫情防控措施，全面筑牢校园疫情防控防线。强化疫情防控主体责任，切实落实好二级单位疫情防控工作包保责任制，有效形成校、院（部）、班级三级防控组织体系，实现疫情防控网格化管理；强化师生员工健康监测，严格落实“日报告”“零报告”制度，全面掌握师生员工出行动态，做到底数清、情况明、信息准；强化师生出行管理，严格落实中高风险出行管控要求，确保师生出行安全；强化校园出入管理，严格落实测温、扫码、登记和审批制度，确保校园安全稳定；强化师生员工健康教育，引导师生养成健康生活方式，积极接种新冠疫苗，进行全员核酸检测，构筑校园免疫屏障；强化疫情防控监督检查，有效落实“靠前监督、全程监督、精准监督、有效监督”要求，为校园安全和师生健康保驾护航。

长春师范大学严格落实中央和省市区疫情防控工作安排部署，抓紧抓实抓细常态化疫情防控措施，科学制定方案预案，织密疫情防控“防护网”。组织师生接种新冠肺炎疫苗48893人次，严格落实“日报告、零报告”“一日体温三测”制度，开展师生行程动态排查，做好消杀消毒和校园封闭管理，组织开展返校全过程、全要素演练2次，统筹做好常态化疫情防控和教育教学工作。

吉林警察学院坚持疫情防控“日报告、零报告”制度，切实做好教职工疫苗接种工作，教职工疫苗接种率为93%。继续实行校园封闭管理，严格执行师生外出请销假制度。严格落实学院疫情防控14项措施，加大督查检查力度，实现学院师生“零疫情、零感染”。

长春职业技术学院疫情防控常抓不懈。根据疫情防控形势不断修订和完善疫情防控方案和应急预案，做到分工明确，责任到人；完成师生新冠疫苗第一针、第二针接种工作，组织全校师生万余人进行多次核酸检测；完成公共场所的日常消杀工作，保障各项大型活动疫情防控。

（陈正东）

民办教育

【概况】 制定《长春市民办学校分类登记实施细则》，推进民办学校分类登记管理工作。启动义务段公参民学校专项整治，对义务段23所“公参民”学校实行“一校一策”点对点治理。出台《关于严格规范校外培训机构管理的通知》，建立健全无证办学机构整治工作长效机制。对校外培训机构开展两轮全面排查整治，实现全市无证办学机构动态清零，校外培训机构投诉举报量下降60%以上，净化校外教育生态。规范使用全国中小学生校外培训机构管理服务平台，对现有学科类培训机构重新审核登记，分4个批次公布重新审核合格的培训机构白名单300所，妥善处理因“双减”产生的培训机构退费问题，人民对教育满意度稳步提升。

（徐爱民）

【“公参民”治理】 开展民办义务教育学校规范治理和“公参民”学校改革。以县市区为主体，开展专项治理。对标国家、省“双限”目标，结合长春民办教育实际出台市级政策方案，在理顺“公参民”学校体制机制、压减民办义务教育学校在校生规模方面迈出重要一步。2021年，7所转公学校按照公办体制平稳招生。

【核查整改】 规范11所民办学校的名称，对全市民办义务教育学校开展办学条件核查，结合核查整改工作压减民办义务教育学校招生计划4090人。

【招生计划】 严格核定全市民办高中、民办中等职业学校的招生资质、办学规模，确定招生计划。全市民办义务教育在校生从10.46万人下降至5.97万人，在校生规模占比从15.35%降至8.70%，下降6.65个百分点。

（张宏欣）

【合作办学】 推进多层次中外合作办学，医高专与韩国大邱韩医大学在医学美容、药物制剂等方面开展合作办学，首届招收学生210人。参加“新星国际青少年艺术节、中外人文交流小使者书画展”等青少年国际友好交流活动，为青少年搭建国际人文交流平台。组织市二实验中学等5所学校申报教育部港澳中小学生到内地游学项目、慧谷学校等5所学校申报北京冬奥会境外姊妹校项目。组织田家炳教育共同体学校与香港姊妹校开展主题交流。邀请外国专家到市第二实验小学和解放教育集团，开展讲授中国高铁发展历程、体验民俗文化等活动，《人民日报》等媒体进行报道。建立外籍师生信息台账，加强境外师生、课程、教材管理，开展境外课程教材专项治理，确保涉外工作规范、安全、有序。

（栾　军）

文　化

WENHUA

公共文化

综　述

【概况】　截至2021年年末，全市有文化（文物）事业机构321家。其中，艺术表演团体9家，艺术表演场馆5家，公共图书馆13家，艺术馆、文化馆13家，乡镇（街道）文化站210家，文化艺术科研、科技机构1家，文物保护研究机构1家，文物保护管理机构5家，其他文化事业机构10家，博物馆47家，文化市场管理机构7家。公共图书馆总藏量730万册，其中少儿图书馆藏量121万册。

2021年，长春博物馆、长春市朝鲜族群众艺术馆、长春博物馆、长春市艺术研究所等9家单位获评长春市精神文明单位。长春市图书馆被评为“全国文化和旅游系统先进集体”。长春市少年儿童图书馆成为中国图书馆普通事业单位会员。长春市群众艺术馆和长春市朝鲜族群众艺术馆在文旅部组织的全国文化馆评估定级中被评为国家一级馆。长春市群众艺术馆牵头成立的长春市群众文化志愿者协会荣获文旅部授予的2021年文化和旅游学雷锋服务先进典型——最佳志愿服务组织称号。长春博物馆“云”游博物馆，打造“互联网+”时代文博宣传新形式荣获2020年度长春市宣传思想工作“创新奖”。长春市文庙博物馆红色故事宣讲被授予2021年吉林省“终身学习品牌项目”和“长春终身学习活动品牌”。

【图书馆】　长春市有公共图书馆13家。其中，国家级11家（国家一级7家、国家二级4家），其他2家。

【博物馆】　年内，长春市打造博物馆特色与品牌，全市博物馆数量增至47家，其中国家级博物馆3家（国家

表59　2021年长春市图书馆情况一览表

序号	等级	企业名称	地址
1	国家一级	长春市图书馆	长春市同志街1956号
2	国家一级	长春市少年儿童图书馆	长春市南关区东三马路703号
3	国家一级	朝阳区图书馆	朝阳区育民路与云顶街交会处
4	国家一级	绿园区图书馆	长春市绿园区皓月大路1170号
5	国家一级	九台区图书馆	九台区新华大街2806号
6	国家一级	农安县图书馆	农安县宝塔街与兴隆路交会处
7	国家一级	宽城区图书馆	宽城区东一条街649号
8	国家二级	德惠市图书馆	德惠市德福街与惠民路交会处
9	国家二级	二道区图书馆	岭东路与东盛大街交会处
10	国家二级	榆树市图书馆	榆树市向阳路301号
11	国家二级	双阳区图书馆	双阳区学院大街359号
12	无	南关区图书馆	临河街南四环金色世界湾29栋
13	无	公主岭市图书馆	公主岭市西公主大街文体中心

一级2家，国家二级1家），藏品总数60余万件（套），展览数、社教活动数、讲座数、接待观众数均居全省首位。建立全省首家“社区博物馆”，被列入国家文物局“我为群众办实事”典型案例。

表60 2021年长春市博物馆情况一览表

序号	等级	企业名称	地 址	备注
1	国家一级	伪满皇宫博物院	宽城区光复北路5号	—
2		吉林省自然博物馆	净月区净月大街2556号	—
3	国家二级	东北师范大学东北民族民俗博物馆	经开区卫星路98号	—
4	无	长春博物馆	南关区华弘街111号	市直
5	无	长春市文庙博物馆	南关区东天街239号	市直
6	无	长春市方志馆（长春道台衙门博物馆）	南关区亚泰大街669号	—
7	无	东北沦陷史陈列馆	宽城区光复北路5号	—
8	无	吉林大学考古与艺术博物馆	南关区前进大街2699号	—
9	无	吉林省中医药博物馆	净月区博硕路1035号	—
10	无	长春大学萨满文化博物馆	朝阳区卫星路6543号	—
11	无	东北亚金融博物馆	南关区人民大街7666号	—
12	无	职业教育博物馆	宽城区凯旋路3050号	—
13	无	长春市双阳区博物馆	双阳区东双阳大街	—
14	无	德惠市博物馆	德惠市爱民街43号	—
15	无	榆树市博物馆（吉林农业博物馆）	榆树市三盛路文体活动中心	—
16	无	榆树市小乡博物馆	榆树市土桥镇皮信村	—
17	无	农安县博物馆	农安县农安镇宝塔街与兴隆路交会处	—
18	无	公主岭市博物馆	公主岭市文体中心	—
19	无	吉林国际动漫博物馆	高新区硅谷大街2888号	非国有
20	无	吉林省民间工艺美术馆	净月区福祉大路66号	非国有
21	无	吉林省酒文化博物馆	南关区亚泰大街9699号	非国有
22	无	长春仁德北方古代文明博物馆	净月开发区博硕路499号	非国有
23	无	吉林省宝凤艺术博物馆	双阳区甲一路延伸处	非国有
24	无	关云德满族民俗博物馆	九台区其塔木镇刘家村七社	非国有
25	无	吉林大学地质博物馆	长春市朝阳区西民主大街938号	—
26	无	长影旧址博物馆	朝阳区红旗街1118号	—
27	社区	南大营旧址陈列馆	南关区亚泰大街7499号	——
28	乡村	老少沟村博物馆	德惠市老少沟村	—
29	乡村	红石村博物馆	九台区胡家回族乡红石村	—
30	乡村	徐家窑博物馆	榆树市大坡镇大坡村	—
31	乡村	回族文化博物馆	双阳区双营子回族乡大营子村	—
32	乡村	南城子古城博物馆	双阳区太平镇长山村	—
33	乡村	延和乡博物馆	榆树市延和朝鲜族乡	—
34	乡村	辽金时代农业博物馆	农安县前岗乡新开村	—
35	乡村	西王家村博物馆	农安县小城子乡西王家村	—
36	乡村	草编博物馆	长春市净月镇逯家湾村	—
37	乡村	奢岭农耕文化博物馆	奢岭街道	—
38	乡村	于凤至故居博物馆	公主岭市南崴子街道大泉眼村	—

续表60

序号	等级	企业名称	地　址	备注
39	乡村	鞠家店村博物馆	公主岭市毛城子镇鞠家店村	—
40	乡村	永发乡民俗博物馆	公主岭市永发乡新发村	—
41	乡村	将军岭遗址博物馆	长春市双阳区太平镇将军村	—
42	乡村	万宝山事件遗址博物馆	德惠市米沙子镇黄家村	—
43	乡村	半拉山村博物馆	德惠市朝阳乡半拉山村	—
44	乡村	同心村李家屯解放长春第一前线指挥所	长春莲花山生态旅游度假区劝农山镇同心村李家屯	—
45	乡村	双阳蜜蜂文化博物馆	双阳区双营子回族乡鲁家村	—
46	乡村	长春国信农耕文化博物馆	双阳区奢岭街道办事处前城村	—
47	乡村	九台马鞍山村史博物馆	九台区马鞍山村	—

【文化馆】 截至2021年年末，长春市有文化馆13家。其中，国家级12家（国家一级9家、国家二级3家），其他1家。

表61　2021年长春市文化馆一览表

序号	等级	企业名称	地　址
1	国家一级	长春市群众艺术馆	南关区谊民路966号
2		长春市朝鲜族群众艺术馆	长春市南关区亚泰大街3909号
3		宽城区文化馆	宽城区九台北路699号
4		长春市绿园区文化馆	长春市绿园区皓月大路1170号
5		长春市双阳区文化馆	双阳区鹿城大街2322号
6		农安县文化馆	农安县宝塔街与兴隆路交会处
7		九台区文化馆	九台区南苑大街1300号
8		公主岭文化馆	公主岭市高铁南站三馆一号门
9		长春市南关区文化馆	南关区亚泰大街3909号
10	国家二级	榆树市文化馆	榆树市三盛路及新民大街交会处
11		德惠市文化馆	德惠市惠新路与德福街交会处
12		长春市二道区文化馆	临河三条吉盛小区
13	无	朝阳区文化馆	朝阳区西朝阳路382号

【公共文化服务】 2021年，长春市通过国家公共文化服务体系示范区复检，首创中直院团参与地方公共文化服务建设模式，建立中央歌剧院公共文化高质量发展服务中心长春工作站。举办“大地情深”中央歌剧院走进长春系列文化活动及庆祝中国共产党成立100周年群众系列文化活动5大类373项1157场。加强长影周末音乐会、爵士音乐节、“戏剧星期六”等项目品牌化建设，全年组织创作剧本9部、创排剧目14部，开展各类文艺演出活动424场次，送演出下基层278场次。非物质文化遗产项目达到81个（国家级4项、省级37项、市级40项），先后有13名传承人获得“长春工匠”称号。建设智慧化文化平台，持续优化政务网站“营商环境”专栏推进营商环境工作，完成2020年度的文旅系统营商环境工作考核。加强广播电视传媒机构管理，推进广播电视“村村通”向“户户通”升级，开展广播节目无线覆盖工程和有线服务网络网点建设。强化广电宣传管理，落实意识形态责任制，完成广播电视应急宣传工作任务。

（王　冠　王靖然　韩　凯）

长春市群众艺术馆

【概况】 2021年，长春市群众艺术馆完成公益培训、惠民演出、展览赛事、阵地服务、活动指导、非遗传承等工作。完成线下公益培训35万人次；公益演出189场；主题展览16项；挖掘培育非遗项目，推荐12个市级非遗项目进入省级非遗项目名录；拍摄上传声乐、器乐、舞蹈、编织、太极等10个门类的线上公益教学课程时长约600分钟，播放量20509次；网站浏览量404319次；在抖音、快手发布信息48条。编辑的《吉林画报》（2021

年第9期）——长春市群众艺术馆庆祝中国共产党成立100周年系列群众文化活动专刊以及《东北情秧歌路》第二辑（上、下册）公开出版发行。2021年，长春市群众艺术馆在文旅部组织的全国文化馆评估定级中，再次被评为国家一级文化馆；获吉林省人力资源和社会保障厅、吉林省总工会授予的吉林省“五一劳动奖状”；在吉林省文明办组织开展的全国文明单位测评考核中以满分成绩受到通报表扬；长春市群众艺术馆牵头成立的长春市群众文化志愿者协会获文旅部授予的2021年文化和旅游学雷锋服务先进典型——最佳志愿服务组织称号。

5月30日，“学党史 颂党恩 听党话 跟党走”主题教育活动长春市第三十四届“春芽”六一晚会现场

（李欲伟　供图）

【吉林省暨长春市万人百姓健康舞展演活动】 6月16日，“永远跟党走”庆祝中国共产党成立100周年吉林省暨长春市万人百姓健康舞展演活动在长春世界雕塑园举行。长春市绿园区、宽城区、长春新区、双阳区、公主岭市及长春市群众艺术馆驻馆国英艺术团、快乐广场舞协会等185个艺术团的2021人参加活动。展演现场，音乐动感十足，气势恢宏。在主场地演出同时，吉林省白山市、白城市、四平市、辽源市、吉林市、通化市、延边州敦化市和长春市九台区、德惠市、农安县、榆树市分场地也同步进行百姓健康舞展演活动。凤凰网、中国吉林网全程直播，人民网、《长春日报》、《长春晚报》、新浪吉林、搜狐吉林等媒体对活动进行报道。

【长春市群众舞蹈精品展演】 6月22日，“永远跟党走”庆祝中国共产党成立100周年——长春市群众舞蹈精品展演活动在长春市北湖奥林匹克中心举行。有5个城区、5个开发区、7所高校、8个艺术团，近2000名群众参加活动。强大的群众演员阵容，宏大的群众舞蹈场面，高质量、精品化的舞蹈艺术魅力，突出展示长春市群众文化繁荣发展成果。长春电视台对展演活动进行全程录播，娱乐频道进行转播。《吉林日报》、《长春日报》、人民网、《今日财富报》、金台资讯等多家媒体进行报道。

6月22日，“永远跟党走”长春市群众舞蹈精品展演现场——舞蹈《飞翔》

（李欲伟　供图）

【公益培训】 长春市群众艺术馆面向市民群众、驻馆艺术团、校园、机关企事业单位开展公益培训。以长春市群众艺术馆培训教室、净月区分馆、汽开区分馆为阵地，开设包括音乐、舞蹈、语言、健身、美术等5个艺术门类17项专业各类公益培训班1028个，培训近23万人次。为合唱、舞蹈、民乐团等9个驻馆艺术团队定期开展公益性辅导培训，培训2560课时，培训10万人次。与东北师大人文学院、吉大一院等20余个企事业单位、学校签订艺术团服务协议，定期开展下沉式辅导培训工作，辅导培训2万人次。

【基层骨干培训】 3月至4月，长春市群众艺术馆举办长春市基层文化队伍骨干（百姓健康舞）培训。采取集中授课方式进行，举办6期培训班，培训550人。参加人员包括长春市各县（市）、区文化馆文艺骨干及各基层群众艺术团文艺骨干，培训内容选自中国舞蹈家协会推广的百姓健康舞《欢天喜地》《乡恋》《粉红色的回忆》《军歌声声》《越来越好》《洗衣歌》和《我们都是追梦人》。

【“春芽”六一晚会】 5月30日，“学党史 颂党恩 听党话 跟党走”长春市第三十四届“春芽”六一晚会在长春市群众艺术馆剧场举行。晚会节目以原创、二度创作作品为主，节目形式新颖大气，既富有时代气息又与红色经典相结合，引导孩子们热爱祖国，不忘历史，不忘革命先辈，从小树立正确人生观。

【青少年艺术系列大赛】 3月至6月，长春市第三十一届青少年艺术系列大赛采用“线上+线下”相结合方式，在主赛场和多个分赛场同步展开。大赛设立36个分赛场，收到参赛作品8731件，参赛人数19260人次。大赛评选出的歌舞、曲艺、器乐类获奖作品进行线上展播，书画类获奖作品推送至长春市“我为党旗添光彩”少年儿童书画展参展。

【数字化建设】 长春市群众艺术馆在数字化建设进程中探索新媒体宣传途径，开通抖音、快手认证号，方便市民通过多种方式获取公共文化服务信息。为丰富线上资源，长春市群众艺术馆利用慕课教室和虚拟演播室，开展线上系列公益课，制作视频课程230余节，通过微信公众号及网站发布，其中古琴基础系列公益课被国家公共文化发展中心选用，发布在学习强国平台上。

【长春市文化高质量发展专家指导委员会成立】 4月23日，长春市文化高质量发展专家指导委员会成立，落户长春市群众艺术馆。专家指导委员会聘请在国内国际有较高水平和影响力的专家、学者，指导长春市文化服务机构、协会、艺术团体的发展、服务，开展文化艺术交流。专家委员会参与并指导吉林省暨长春市万人百姓健康舞展演活动、长春市群众舞蹈精品展演、爵士音乐节、农民歌手大赛、金秋合唱音乐会等大型文化活动，在舞蹈编排、策划演出、专家评定等工作中发挥重要作用。

【春回大地主题音乐诗会】 3月28日，“春雪咏春韵 春风化春雨”首届春回大地主题音乐诗会——长春会场在长春市净月潭风景区举办。诗会以“长春春韵幸福都市”为主题，以净月潭国家森林公园为背景，以配乐诗朗诵、舞蹈、器乐表演等精彩节目为主要内容，演出由线下活动+线上直播+诗集出版物+全媒体推广形式组成。长白山保护开发区长白山风景区、松原市查干湖风景区、杭州市西湖风景区的演出也同步进行。新华社、《中国旅游报》、腾讯、新浪、凤凰网、吉网、抖音、快手等多家媒体转播宣传音乐诗会。

【钢琴音乐秀活动】 4月29日至5月2日，“遇见最美春天”钢琴音乐秀活动在长春市红旗街万达广场举行，其间举行8场演出活动。演出形式包括钢琴独奏、合奏、歌曲演唱等。演出曲目以群众耳熟能详的中外经典曲目为主，观众还可以现场报名参加钢琴演奏活动。通过活动，展示长春城市“春之美”，展现长春市民自强不息、奋发图强、饱满向上的精神状态。

【“红色故事”宣讲】 6月5日至18日，长春市群众艺术馆“红色故事”群星宣讲团应邀到长春市莲花山生态旅游度假区和长春市二道区英俊镇开展党史学习教育主题宣讲活动。“红色故事”宣讲活动展示中国共产党的百年风雨、百年辉煌，以时代楷模、道德模范、最美人物、抗疫标兵为宣传内容，用榜样的力量激发广大市民的爱国主义和集体主义精神，用理想信念践行社会主义核心价值观。“红色故事”宣讲活动得到现场观众热烈欢迎。

【中秋诗会】 9月17日，“我们的节日——千古广寒月 春城中华情”中秋诗会在长春市群众艺术馆多功能厅举办。诗会在艺术表现形式上大胆创新，将中国传统诗词文化与多元化现代艺术表现手法相结合，在数字化多媒体投影设备配合下，呈现出360度立体画面，结合舞台上演员的精彩表演，营造出集音、诗、画于一体的艺术氛围。

【群众诗歌、散文、微小说征文大赛】 长春市群众艺术馆联合沈阳市群众艺术馆、哈尔滨市群众艺术馆共同举办以“在党旗照耀下”为主题的东北三省群众文学创作大赛暨第十届群众诗歌、散文、微小说征文大赛。该届大赛参与人数众多，入围作品108篇，弘扬社会主义核心价值观，推动东北三省省会城市区域文化联动工作。

【农民歌手大赛】 11月，长春市第八届农民歌手大赛启动，大赛以“唱支山歌给党听”为主题，在德惠市、榆树市、农安县、九台区、双阳区和公主岭市举办选拔赛。决赛采取线上与线下相结合形式，利用线下活动资源，发挥线上优势，展示新时代农民昂扬奋进新风采。大赛举办赛事120场，参赛人数近2000人。

【“千家万福”公益拍活动】 “五一”“十一”节日期间，长春市群众艺术馆推出以“遇见最美春天”“我和我的祖国”为主题“千家万福”公益拍特别活动。在长春市群众艺术馆一楼大厅搭建节日文化背景，提供各种民族服饰，邀请长春市摄影家协会的优秀摄影志愿者，为市民群众提供拍摄服务。活动期间接待市民家庭300余个。

【电影节系列群众文化活动】 12月14日，“相约电影摇篮 相聚冰雪长春”第十六届中国长春电影节系列群众文化活动在冰雪主题乐园——长春冰雪新天地启动。12月15日至24日，举办包括电影主题广场音乐会、电影歌曲大家唱合唱展演、电影主题钢琴音乐秀等11场群众文化活动。展示长春地域电影文化特色和“冰雪看吉林，品质在长春”的“都市冰雪”品牌形象。

【长春冰雪节开幕式文艺演出】 12月12日，长春市群众艺术馆策划组织的百姓健康舞和五环鼓2个节目参加“长春冰雪喜迎奥运”第二十五届长春冰雪节开幕式文艺演出。在冰天雪地的户外，参加演出的演员们用整齐震撼的阵容、多变的节奏和激情四射的表演，展现广大市民群众迎接冬奥冰雪盛会的喜悦和自豪，用实际行动为冬奥助力。

【残疾人文化艺术精品展演】 12月25日，长春市群众艺术馆联合长春市残疾人艺术团、长春大学特殊教育学院、长春市特殊教育学校、吉林省残疾人中等职业技术学校、农安县残疾人联合会、宽城区残疾人艺术团在长春市群众艺术馆剧场举办“阳光关爱、幸福同行”2021年长春市残疾人文化艺术精品展演活动。展演由器乐、音诗画、舞蹈、歌伴舞、戏曲、大合唱等节目构成，结合疫情防控形势，线下录制、线上展播。近200名残疾人朋友参加演出，展现出长春市残疾人群体积极向上的精神面貌。

【新年音乐会】 12月26日至30日，“长春冰雪喜迎冬奥”2022新年音乐会系列文艺演出在长春市群众艺术馆剧场举行。文艺演出包括交响乐专场音乐会、管乐专场音乐会、民族管弦乐专场音乐会和吉林省歌唱家协会专场文艺演出。

【展览活动】 7月7日至29日，“信仰的力量”鞠汉蛟美术作品邀请展在长春市群众艺术馆举办。该展览是长春市群众艺术馆立足挖掘地域特色文化，邀请非物质文化遗产项目“通化泥人”传承人鞠汉蛟先生创作完成的。展览尝试民间技艺——手撕书法与传统泥塑相结合，平面与立体相结合，多角度展示不同时期重大历史事件。长春市群众艺术馆举办“百名巾帼党员风采”主题摄影作品展，纪念长春市关工委成立30周年图片展，“画笔寄芳华”为抗美援朝老兵姜秀文圆梦画展，“吉祥如林”刘向久、曲胤达油画作品展和“翰墨丹青·同心百年”长春市各民主党派庆祝中国共产党成立100周年书画展等多项展览，受到观展群众好评。

（李欲伟）

长春市朝鲜族群众艺术馆

【大型民族特色活动】 6月12日，长春市朝鲜族传统文化嘉年华活动在长春世界雕塑园举办。全市朝鲜族各企事业单位、社会团体及各界群众5000余人参加。作为“2021长春消夏艺术节”首个活动在满足群众精神文化需求的同时，提升少数民族文化品质。既有台上的《扇子舞》《农乐舞》《象帽舞》等朝鲜族特色文艺演出，又有台下的“百人伽倻琴”“百人手鼓”“百人足球”“百人青春健康舞”等大型集体舞表演；既有朝鲜族拌饭表演、食品一条街等翻腾的美食，又有令人拍手叫好的朝鲜族跳板、掷柶、传统摔跤等表演；还有千人群众参与的顶罐、拔河、跳绳、传球接力等朝鲜族传统娱乐赛事。活动通过百度进行全程直播，有21.1万人次在线观看，活动结束后人民网、腾讯新闻、新浪吉林等21家媒体进行宣传报道。

【原创品牌】 6月25日至27日，与东北师范大学音乐学院舞蹈系举办庆祝中国共产党成立100周年“永远跟党走”长春市朝鲜族文艺演出，分3场在长春人民艺术剧场精彩上演。全部17个节目均为原创，其中11个节目由长春市朝鲜族群众艺术馆所创作。演出有来自吉林艺术学院流行学院、长春市朝鲜族各企事业单位及团体、文化志愿者以及社会各界人士260余人共同参与。

【红色记忆传承】 9月28日至10月11日，市朝鲜族群众艺术馆首次举办“红色记忆历史画卷”主题油画作品展，该油画展在后现代美术馆举行，展出长春市朝鲜族群众艺术馆美术创作组4位画家创作的革命历史题材作品、东北抗联作品以及朝鲜族民俗文化作品30余幅。

【文体赛事】 5月22日至23日，2021年长春市朝鲜族传统文化嘉年华系列活动的排球比赛在长春市朝鲜族中学体育馆举行。5月30日在长春市奥体中心举行羽毛球比赛，6月4日，长春市朝鲜语歌曲比赛在市朝鲜族群众艺术馆剧场举行。歌曲比赛吸引全市50岁以上众多歌唱爱好者参赛，年龄最高参赛者85岁。10月26日，在市朝鲜族群众艺术馆举办第六届长春市朝鲜族长寿老人祝寿活动。邀请到50位80周岁朝鲜族长寿老人到现场参加活动。12月14日，市朝鲜族群众艺术馆举办第十六届中国长春电影节系列群众文化活动——经典电影主题歌演唱比赛。全市众多歌唱爱好者广泛参与，年龄最大的选手83岁。

【数字化体验空间】 5月，市朝鲜族群众艺术馆打造出数字化体验空间并面向市民全面免费开放。该项目体验空间约70平方米，投入70万余元进行设备采购及空间建设。5月，市朝鲜族群众艺术馆陆续与吉顺社区、长春市残疾人联合会、长春市文广旅局关工委共同组织社区居民、青少年儿童及残障儿童等社会群体到馆内进行朝鲜族民俗文化及数字化空间体验。寒假期间馆内举办寒假培训班的同时，将数字化空间面向市民全天免费开放；与市少儿图书馆共同举办寒假特别活动，进行为期一周的关东剪纸及数字化空间体验活动，受到孩子们追捧。

【公益培训】 市朝鲜族群众艺术馆文化志愿者队伍不断壮大，从最初的10名志愿者，壮大到17名志愿者；从最初的15个培训课程，扩大到28个课程，受众群体、受众面随之增长，从以往为几个社团服务对象进行培训到面向全市不限民族上至老人、下至儿童无门槛报名培训。全年市民公益培训9个月，3100课时，培训12万人次，创历年新高。3月，举办2021年第一次线下培训活动暨长春市朝鲜族业余骨干舞蹈培训班活动。邀请到东北师范大学舞蹈系主任、博士研究生导师、舞蹈学博士谢飞老师为文化志愿者、馆办艺术团以及服务对象成员授课，培训16课时，640人次。11月，邀请延吉市非物质文化遗产保护中心国家一级演员、延边朝鲜族自治州农乐长短传承人陈京洙举办2021年长春市朝鲜族业余文化骨干“朝鲜族农乐长短、农乐舞”培训班，19日进行汇报展演。12月10日，2021年长春市朝鲜族群众艺术馆开展培训作品展演，汇集34个作品，凝聚培训教师及参演学员600余人的辛勤付出。12月14日、15日，举办2021年优秀培训作品展演暨慰问社区一线工作人员、慰问少数民族群众专场演出。馆内专业老师及驻馆艺术团成员组成的22人文艺小分队到社区、老年护理院、特殊儿童训练学校进行节前下基层慰问演出。

6月12日，在长春雕塑园举办2021年长春市朝鲜族传统文化嘉年华活动

（赵香淑　供图）

【演出活动】 长春市朝鲜族群众艺术馆利用剧场为省民委、市纪检委、市民委、市群众艺术馆、艺研所、市残联、全安街道、朝鲜族老年协会、朝鲜族妇女协会、朝鲜族社科协会等各单位提供场地承办各类演出活动30场，为各单位送上文艺演出、话剧、儿童剧等，提升公共文化服务效能。根据剧场工作需求，连续30天不间断为各单位提供剧场服务工作。增设讲解服务，在接待任务及团体免费开放时设置专人对馆内各室职能、民俗礼仪、日常工作、单位概况等进行详细讲解，提升公共文化服务职能。

【市图书馆和市少儿图书馆分馆实现空间融合】 长春市图书馆与长春市少儿图书馆分别在市朝鲜族群众艺术馆一楼图书室建立分馆。市图书馆、市少儿图书馆分别向市朝鲜族群众艺术馆精选3200本、2100本涵盖政经类、生活类、少儿类等5类书籍，实现所有图书通借通还。打造实现“一个空间多元服务”和“一种服务多样空间”融合模式，为市民提供多功能服务。市朝鲜族群众艺术馆与长春市图书馆于10月29日至11月9日，联合举办油画展走进市图书馆活动。

【文化下基层惠民活动】 9月24日，市朝鲜族群众艺术馆携手长春市图书馆送文艺节目到梅河口小杨满族朝鲜族乡第六届民俗文化节。市图书馆为小杨乡捐赠图书400本。

文化惠民艺术共享敬老行活动。11月26日，与长春博物馆联合为党建共建单位吉顺社区老年朋友开展文化惠民艺术共享敬老行活动。来自吉顺社区的30多位老年人同吉顺社区以及长春博物馆工作人员参观朝鲜族民俗非遗展厅。

（赵香淑）

长春市图书馆

【概况】 2021年，长春市图书馆经费总投入5343.49万元，其中文献购置费975.23万元。全年订购中外文图书7.2万种，13.9万册。订购中外文报刊4209种。采购数据库48个，试用数据库30余个。截至年底，长春市图书馆总藏量416.4万册（件）。其中，普通文献349.8万册，电子图书66.6万册；数字资源本地存储总量137.8TB。全年外借各类普通文献64.7万册次，电子资源下载495万册次，网站访问量1190万余次，远程数字资源访问量6122万人次，移动端访问量977万人次。全年编辑《立法信息快讯》24期，面向人大、市政府等单位提供课题咨询17项，全国网上联合参考咨询解答课题2万余条。全年接待读者57.2万人次。办理读者证1.9万余张。媒体报道900余次。自媒体发文4825篇，总阅读量1583万人次，长图微信公众号积累粉丝12.4万人。全年编印内部资料《品读》6期。举办各类型读者活动447场次，参与人数253万人次。完善城市阅读书网实体网点建设，新建示范分馆9家，为各分馆配送图书11.4万册，联动分馆开展线上线下活动179项。汽车流动图书馆全年借还2.8万余册、服务9000余人次。

6月17日，“阅百年历程 建书香长春”2021长春市民读书节

（赵星月 供图）

【庆祝中国共产党成立100周年主题系列活动】 全年推出讲座、文献展阅、书画展、文艺汇演等10大类18项主题活动，突出群众参与，营造“党的盛典、人民的节日”浓厚氛围，凝聚同心共筑中国梦磅礴力量。重点关注少年儿童群体，通过举办“百年春秋·童心如歌”党史童书展阅活动、“读红色书籍·悟红色精神”红色经典儿童文学系列图书线上推荐等活动，让红色基因薪火相传。

【贯彻习近平总书记“七一”重要讲话精神宣讲活动】 9月至10月，长春市图书馆主办学习贯彻习近平总书记“七一”重要讲话精神的宣讲活动，宣讲团由党委书记、馆长任总领队，4名分管馆长任领队，12名市图馆员和14名社会各界专家学者任成员，宣讲团成员以《习近平总书记在庆祝中国共产党成立100周年大会上的讲话》精神为基点，结合公共文化服务方面工作实际，在11个县（市）、区开展43场宣讲活动。

【长春市图书馆藏文学作品插画展】 9月30日，开展“长春市图书馆藏文学作品插画展”。从百余部文学著作中精心挑选最具代表性的47部文学作品，展出400余幅插画。展示新民主主义革命时期、社会主义革命和建设时期波澜壮阔的历史画卷，刻画中国共产党领导下的军人、工人、农民以及妇女、儿童集体群像，为读者献上一场文学与艺术相融合的视觉盛宴。

【建立“阅HUI·长图”品牌矩阵】 梳理长春市图书馆多年培育发展形成的涵盖资源建设、阅读活动、社会教育、智慧平台、服务体系等方面28个优质服务品牌，通过整体包装设计，形成“阅HUI·长图”品牌矩阵，在4月23日世界读书日当天向全社会发布。品牌矩阵作为该馆服务内容输出的综合性平台，为读者提供多元化、智慧化服务。

【承办“2021全国出版发行界图书馆界阅读推广论坛”】 6月16日至19日，2021全国出版发行界图书馆界阅读推广论坛在长春市举办。论坛包括开幕式、主旨论坛、案例分享等活动，吉林省委常委、宣传部部长石玉钢，长春市委常委、宣传部部长赵明，长春市文广旅局党组书记、局长曲笑等20余位领导嘉宾和来自全国各地出版发行界、图书馆界的120余位嘉宾出席论坛，论坛推动出版发行界和图书馆界交流合作。

【2021长春市民读书节】 6月17日，“阅百年历程 建书香长春”2021长春市民读书节正式启幕。读书节以“阅百年历程 建书香长春”为主题，历时116天，由阅读党史、领读好书、乐读万家、品读云端4个板块组成，在全市开展156项阅读推广活动，线上线下107万人次参与。市民读书节受众细分活动输出精准，关注民生惠民服务暖心。

【长春冰雪阅读季活动】 “燃情冰雪 阅读相约”2021—2022长春冰雪阅读季活动自2021年11月初起，至2022年2月28日结束，历时4个月，在全市公共图书馆、阅书房、示范分馆、阅读推广基地等举办，13万余人次参与，百余万人次在线参与，媒体报道300余次。围绕“冬奥”“冰雪节”“新年”“阅读”等关键词，开展“逐梦冬奥”“冰雪礼赞”“壬寅迎新”3个板块97项内容，包括文化展览、艺术沙龙、数字阅读、竞赛评比、培训讲座、文献推介等线上线下多种形式的阅读推广活动，通过展现“冰雪文化与阅读融合”的魅力，打造冰雪阅读的嘉年华，为第25届长春冰雪节助力。

【“百年、百天、百地、百书、百题”系列活动】 活动由中共长春市委宣传部主办，长春市图书馆承办。7月至11月，邀请吉林大学原副校长、东北振兴研究院院长邴正、中共长春市委党校国家二级教授王健、长春市文广旅局关工委常务副主任董洁等重量级专家学者，在长春市新华书店、吉林艺术学院、南关区新里社区、中国建设银行吉林省分行、长春市第一〇一中学（长春市商务旅游学校）、吉林日报报业集团等地，举办8场“百年、百天、百地、百书、百题”系列活动之“城市热读”党史专题讲座，把优秀而又深刻的党史讲座送给市民。

【“党建学习园地”建设】 围绕党史党建主题，规划6个功能分区，容纳党建主题图书3000余册、数字资源近20种、有声读物3万余集。“党建学习园地”自6月17日起正式对外开放，接待机关事业单位、高校等团队参观学习、开展主题活动50余场次。

【“书香家庭”建设项目】 采取单位推荐和自主申报相结合的方式，在全市遴选100个书香家庭，在享有100册图书借阅权限的同时，可免费享有U书到家、喜阅荐购、海量数字资源等阅读福利。“书香家庭”建设项目将城市阅读书网服务触角延伸至家庭，更好发挥微型图书馆影响和作用，促进全民阅读推广。

【区域信息共享平台建设】 5月，长春市图书馆建成区域信息共享平台，中心集成特色数字资源镜像整合平台、专题服务成果共享平台、区域战略信息服务平台、一带一路与中国发展主题数据库、立体式交流咨询平台5个主平台和8个子库，为推进区域一体化发展战略提供丰富文献信息和智慧服务。

【公共图书馆高质量发展联盟】 6月17日，长春市图书馆联合全省8家地市级图书馆成立“公共图书馆高质量发展联盟”，在区域文化活动交流、参考咨询、数字资源共建等项目展开业务合作，助推区域公共文化服务高质量发展。

【城市阅读书网实体网点建设】 全年建成示范分馆9家，为各分馆配送图书11.4万册，联动基层分馆开展线上线下活动179项，流动图书车全年借还文献2.8万余册，服务9000余人次。

【图书馆馆员业务培训】 5月至12月，举办线下培训20场，参与人数1854人次，累计5719学时。课程设置既有专家讲座，也有实地参观；既有基础能力提升，也有全域视野拓展。达到帮助馆员“强能力、补短板、见成效”目标。

【《品读》改版升级】 改版后实现“三个提升”：内容提升，增加“长图视窗”“图情视界”两个板块，登载活动信息、业务工作相关内容，突出体现内资的行业交流、业务指导意义，使内资更具专业性；印刷品质提升，采取彩色印刷，设计更精美；意识形态把控的提升，严格遵守三审三校制度，引入专业传媒团队编辑把关，有效做好意识形态工作。

【长春市图书馆获评“全国文化和旅游系统先进集体”】 人力资源和社会保障部、文化和旅游部下发《关于表彰全国文化和旅游系统先进集体、先进工作者和劳动模范的决定》，长春市图书馆被授予“全国文化和旅游系统先进集体”称号。

（赵星月）

【长春市少年儿童图书馆】 2021年，长春市少年儿童图书馆建设特色分馆打造新型阅读空间，打造“书香长春享阅到家”线上图书借阅项目，举办“阳光下的心灵家园”青少年美育实践课堂系列活动，承办“最美家乡手绘明信片”全国少年儿童阅读年活动，打造“共筑书香梦”线上主题系列活动项目。采取线上线下联动方式，开展活动300场次，参与人数3万余人次。全年阅读服务流通近12万册次、2万人次，新增图书近7.5万册。新建3家分馆，40家阅读基地，配送近5万册图书。全年开展业务培训62节。全年组织3次疫情防控演练，举办4次消防培训、2次消防演练。成为中国图书馆普通事业单位会员，获2019—2020年度科普宣传先进单位、图书馆学会先进单位、“2021年吉林省青少年红色经典讲书人大赛”优秀组织单位、2021年长春市民读书节优秀组织单位、“点亮长春之夜”十佳文旅消费好去处（学在夜长春）等荣誉。积极开展对外宣传，全年在文旅中国、“学习强国”、今日头条等全国、省市级媒体宣传报道60余次。

（王　冠　王靖然　韩　凯）

表62　2021年长春市图书馆获国家、省、市各级荣誉一览表

级别	序号	荣誉名称	授予单位
国家级	1	全国文化和旅游系统先进集体	人力资源和社会保障部、文化和旅游部
	2	年度影响力图书馆	图书馆报
省级	3	年度先进单位	吉林省图书馆学会
	4	年度工作促进奖	吉林省图书馆学会
省级	5	年度宣传报道先进单位	吉林省图书馆学会
	6	吉林省科普工作示范基地（2019—2022）	吉林省科学技术协会
市级	7	长春市2020年度爱国卫生工作先进单位	长春市爱国卫生运动委员会
	8	长春市教科文卫体系统模范职工小家	长春市教科文卫体工会
	9	长春市关心下一代工作先进集体	长春市关心下一代工作委员会

长春博物馆

【概况】 2021年，长春市所属博物馆47家。具体为：国家备案博物馆26家，其中国家级博物馆3家（国家一级馆2家，国家二级馆1家），市直属2家（长春博物馆、长春市文庙博物馆），其他21家；吉林省文物局备案的乡村博物馆20家；长春市文物局备案的社区博物馆1家。

长春博物馆加强建设与管理，发挥公共文化服务功能，重点开展博物馆体系建设项目、宣教项目、对外交流与合作项目、“5·18国际博物馆日”吉林省城市主会场活动项目、文物安全项目、管理项目等6大项目。长春博物馆及南大营旧址陈列馆全年接待观众54668人次，比2020年增加2.3倍。其中，长春博物馆接待观众46168人次，接待团队134个；南大营旧址陈列馆接待观众8500余人次，接待团队近150余个，全年举办社教活动348场次，参与总人数9285人。40余家媒体对长春博物馆进行采访报道111篇，官方公众号和抖音发布123条信息。被授予“吉林省社会科学界联合会科普基地”、长春市文明单位、市直机关先进基层党组织、长春都市文旅新地标、少先队校外实践教育基地、先进职工之家等称号，“云”游博物馆，打造“互联网+”时代文博宣传新形式获2020年度长春市宣传思想工作“创新奖”，社教部被授予“五一巾帼标兵岗”称号。

【公共文化服务】 为拓展博物馆公共文化服务范围，5月至12月，长春博物馆与长春市九台区土们岭街道办事处签订合作协议，合作开展“长博巡展文化惠民”流动展览走进乡村系列活动，首次将流动展览、社教课程、文创产品送到基层乡村，为乡村群众、学生讲解历史文化知识与文化遗产保护常识，弘扬中华优秀传统文化，促进乡村文化建设。深化“我为群众办实事”实践活动，长春博物馆与南岭街道恒安社区签署共建协议书，到社区办展览，结合党史学习教育，为社区居民讲解“九一九”抗战历史、开展社教科普课程和活动，优化长春博物馆发展布局，为打通公共文化服务体系建设“最后一公里”发挥重要作用。开展“博物馆里过大年”、关爱自闭症群体、关爱困境青少年、九三抗战胜利纪念日、国家公祭日直播等14项主题活动，举办各类社会实践研学活动14次。

11月3日，长春博物馆走进长春市九台区沐石河中心学校，开展“历史走出长博 艺术你我共享”戈沙版画拓印体验系列活动 （王　冠　供图）

【博物馆联盟】 制定《长春市社区博物馆实施细则》，实施社区博物馆建设试点工作。利用南大营旧址陈列馆资源，在南大营旧址陈列馆成立吉林省首家社区博物馆，安装智慧导览系统，首次实现为视听残障人士提供无障碍服务，提升观众参观体验。充分发挥长春博物馆联盟作用，组织成员单位开展宣教活动、“博物馆带你游长春”研学活动、“长春博物馆打卡地图”活动等。

【交流展览】 长春博物馆引进天津自然博物馆“丝绸之路自然大观”展览。与长春国际陶瓷艺术馆合作举办“第10届中国长春国际陶艺作品邀请展巡展长春博物馆站”展览。在通辽市博物馆交流展出“丝路画意——戈沙丝绸之路版画作品展”。与吉林大学考古学院、吉林大学考古与艺术博物馆共同举办“风物暇年——吉林大学考古与艺术博物馆青铜器展”，展出文物171件（套），是吉林大学尘封数十年的馆藏精品首次大范围公开展出。

【合作交流】 与杭州博物馆签订《战略合作协议》，到河南博物院、郑州博物馆、三星堆博物馆、建川博物馆、重庆自然博物馆实地调研，为交流合作创造良好空间。

【文创产品】 馆藏戈沙素描速写作品结集成册，出版《戈沙素描速写集》，加强馆藏文物的活化利用。根据市场消费需求，开发出充电宝、手账本、口罩、马克杯、蓝牙小音箱、卡通书签不锈钢格尺、博物馆吉祥物笔袋、卡通儿童电子腕表等8个品类的文创产品，助力文化文物资源“活”起来。

【云服务】 将云端线上活动与实地活动相结合，开展“福牛迎春”小年特别直播、“缅怀抗战先烈，弘扬烈士精神”清明节纪念等共5次线上直播活动，实现线上“云”观展，参与人数达1600余人，点赞好评4.6万个，并完成5个展厅拍摄工作，扩大展示窗口。

【教育普及】 自主设计《戈沙艺术作品赏析与版画拓印》《图说考古》《问道吉金青铜故事》青铜器及青铜纹饰科普等5种社教课程，走进7所中小学校及幼儿园。

（王 冠 王靖然 韩 凯）

长春市文庙博物馆

5月18日，长春市文庙博物馆举办第100场公益成人礼 （王 冠 供图）

【概况】 2021年，长春市文庙博物馆以线下线上相结合方式，在纪念孔子、节日宣传、志愿服务、“孔子学堂”推广、礼仪展示等方面举办500余场公众服务活动。全年以联展形式，将吉林省妇联“传承好家风 赓续红色血脉——吉林省家庭家教家风主题展览”进行展出，出版图书《万古斯文——长春市文庙博物馆馆藏拓片集萃（一）》等多种举措，丰富市民精神文化生活，弘扬中华优秀传统文化，引导群众增强文化自信。红色故事宣讲入选2021年吉林省“终身学习品牌项目”和“长春终身学习活动品牌”；长春市文庙博物馆荣获2021年“长春百姓学习之星”“长春终身学习活动品牌”评选工作先进单位，并获“尼山大讲堂·2021年暑期名师公开课”优秀组织奖，长春市孔子研究会被长春市社会科学联合会评为2020年度标兵社团。

【庆祝中国共产党成立100周年“十百千万”系列活动】 为庆祝中国共产党成立100周年，弘扬中华优秀传统文化，发挥爱国主义教育基地作用，长春市文庙博物馆开展“十百千万”系列活动。“十”进宣讲爱国主义，馆内爱国主义教育宣讲团进企业、进乡村、进校园、进社区、进军营、进网络、进戒毒所等，以线上线下相结合的方式，举办11场宣讲活动，获2021年吉林省“终身学习品牌项目”称号；“百”场公益活动共迎中国共产党成立100周年，举办500多场线上线下公益文化活动、红色故事宣讲、科普短视频等，为中国共产党百年华诞献礼；“千”名志愿者弘扬优秀传统文化，以大、中、小学为主，面向社会各界吸纳志愿者，整合各家“孔子学堂”志愿者团队，发挥包括工作人员在内志愿服务工作者的职能，开展义务讲解、打扫社区卫生、表演节目等志愿服务活动；“万”名用户线上线下共享文化盛宴，利用新媒体平台，如微信公众号、微博、抖音、QQ群等推送民俗小知识、线上展览、线上讲座等内容，让市民朋友足不出户感受中华优秀传统文化魅力，2021年线上用户浏览量90余万人次。“十百千万”不仅仅是几个数字，更是为广大市民朋友们带来的文化盛宴，对爱国主义教育的生动诠释。

【祭孔活动】 9月28日是孔子2572周年诞辰纪念日，在长春市文庙博物馆举行由尼山世界儒学中心、中国孔子基金会主办，中国孔子网承办，中国孔庙保护协会协办的全球祭孔活动，主题为“礼敬先哲彰显中华智慧”，多家媒体直播报道。长春市文庙博物馆作为吉林省孔子学堂推广指导委员会所在地，对接指导省内各市州的近百家孔子学堂工作，举办活动200余场，促进省内学堂经验交流、活动合办发展常态化，资源共享，创新文化交流。举办东庑《孔子圣迹图》艺术精品展，增加《宋国公室及孔子先世表》《弟子一览表》《孔子周游列国图》《孔子事迹年表》等图表，首次全部展出反映孔子一生主要事迹的106块长白玉微刻《孔子圣迹图》。

【国际博物馆日】 5月18日是第45个国际博物馆日，举办7个板块活动：文化惠民共享城市文明——群众文艺表演；童蒙养正——特色教育展示；青春心向党 逐梦新时代——长春市文庙博物馆第100场公益成人礼；把传统文化带回家——长春市文庙博物馆研学项目体验活动，观看现场真人情景式演绎唐代著名风俗画《捣练图》；文以载道旅则致远——传统六艺“网红打卡”体验；大道之行——《孔子圣迹图》艺术精品展；道冠古今——话剧《孔子》，《中国文物报》在内的众多媒体予以报道。

【节庆活动】 在春节、清明节、端午节、中秋节等传统节日和劳动节、教师节、国庆节、中国旅游日等现代节庆日，举行民俗讲座、展览、微课堂、有奖猜谜、诗歌朗诵、拼图游戏等线上线下活动。2021年将“把传统文化带回家”研学项目体验活动内容再升级，增加重游泮水——科举文化体验、品茗涤心——茶文化体验，还把研学体验活动搬到吉林省“5·18国际博物馆日”主会场城市活动的现场，让更多的市民、游客、学生及家长共同参与到寓教于乐的研学“课堂”中，将“游”“学”相结合，提升人们的参与感、获得感，为学生们开阔视野，培养文化自信。3月21日，接待小记者团的孩子参观长春文庙，观看主题展览，收听“传承红色基因，学党史，让青春与党同行”讲座。开展“五老”队伍建设、“梦想阅读家”活动，接待未成年人参观研学，举办传统节日公益文化活动、成人礼和启蒙礼等工作，加强青少年思想道德教育，弘扬感恩、励志、爱国、崇德等理念。举办3场成人礼和6场启蒙礼，形式上有所创新，是树立正确人生观、价值观的重要一课。

【警示教育活动】 联合长春市纪委监委、长春市妇联举办20场警示教育活动，通过参观“传承好家风 赓续红色血脉——吉林省家庭家教家风主题展”、观看警示教育专题片、开办家风课堂、宣读家庭助廉倡议书、签订助廉承诺书等形式，使大家认识到家风建设的重要性。

（王　冠　王靖然　韩　凯）

文学艺术

【概况】 2021年，长春市文化广播电视和旅游局（简称“市文广旅局”）努力创作优秀文艺作品、提供优秀文化产品和优质旅游产品，推动文旅市场有效应对疫情影响，促进行业发展、品牌塑造、消费增长、产业升级、服务提升，文广旅事业产业为全市经济社会高质量发展提供强有力支撑。在“我为群众办实事”实践活动中为民解决实事105项。完成马鞍山村和双庙村精准扶贫档案管理，帮助马鞍山村解决群众“急难愁盼”问题466件。顺利通过国家公共文化服务体系示范区复检，首创中直院团参与地方公共文化服务建设模式，建立中央歌剧院公共文化高质量发展服务中心长春工作站。举办“大地情深”中央歌剧院走进长春系列文化活动及庆祝中国共产党成立100周年群众系列文化活动5大类373项1157场。加强长影周末音乐会、爵士音乐节、“戏剧星期六”等项目品牌化建设，全年组织创作剧本9部、创排剧目14部，开展各类文艺演出活动424场次，送演出下基层278场次。启动“文化创意城”建设工作，推进重大项目建设，重点跟进国际影都产业园、慢山里、神鹿峰等项目35个。推进文物保护工程项目进展，7项文物保护工程列入国家、省文物保护项目计划，占全省44.4%和25%，居全省首位。打造博物馆特色与品牌，全市博物馆数量49家，藏品总数60余万件（套），展览数、社教活动数、讲座数、接待观众数均居全省首位。建立全省首家“社区博物馆”，被列入国家文物局“我为群众办实事”典型案例。非物质文化遗产项目81个（国家级4项、省级37项、市级40项），有13名传承人获“长春工匠”称号。建设智慧化文化平台，优化政务网站“营商环境”专栏推进营商环境工作，完成2020年度的文旅系统营商环境工作考核。加强广播电视传媒机构管理，推进广播电视“村村通”向“户户通”升级，开展广播节目无线覆盖工程和有线服务网络网点建设。强化广电宣传管理，落实意识形态责任制，圆满完成广播电视应急宣传工作任务。

加强长影周末音乐会、“戏剧星期六”、爵士音乐节等项目品牌化建设，全年组织创作剧本10余部、创排剧目14部，开展各类演出活动424场，送演出下基层278场。深化国有文艺院团改革，长春演艺集团创排的魔术情景剧《红》获评中国杂技界最高奖金菊奖，评剧《兴国风云》受邀参加第十届中国评剧艺术节。启动“四季长春”全国油画名家绘长春写生活动，首次同时邀请一百位艺术家走进长春，围绕“长春”主题，开展年度性的系列主题艺术创作。

【文艺创作】 长春市艺术研究所创作党课舞台剧《奋斗·征程》、情景喜剧《快乐健身房》第一集、《安民守疆》《就在你身边》《寻找世界的尽头》《你还回来吗？》《长春好人》《好事好办》《红灯》《假钞》《蝴蝶飞呀飞》《你，欢喜，不问归期》等10余部大型戏剧和小品剧本。其中党课舞台剧《奋斗·征程》是市委党校“庆祝中国共产党成立100周年”系列活动之一，被纳入长春市党史学习教育重点任务，于6月28日在中共市委党校首演。长春市艺术研究所编剧的残疾人题材公益电影《梦想森林》获中国残疾人事业新闻宣传促进会表彰，并获公映许可证。

【精品演出】 7月18日，长春演艺集团评剧院有限责任公司为参加“精彩夜吉林”活动，演出戏曲联唱《花为媒》、评剧《乾坤带》《杨三姐告状》《黛诺》《夺印》等节目。为参加中国评剧节，创排新编大型历史评剧《兴国风云》，于9月4日至6日在人民艺术剧场联排3场、演出2场。长春演艺集团话剧院有限责任公司复排儿童剧《密林中的孩子》《年轻的星空》《木偶奇遇记》，新创儿童剧《阿凡提智斗葡萄城》、大型舞台剧《长夜春晓》，其中《阿凡提智斗葡萄城》演出3场，《密林中的孩子》演出3场，《子夜枪声》演出21场。7月24日、25日，《年轻的星空》到齐齐哈尔市参加2021年第二届齐齐哈尔话剧节。

【获杂技魔术最高奖金菊奖】 长春市演艺集团杂技团创排、长春市艺术研究所参与脚本创作的杂技魔术情景剧《红》，融合杂技、戏剧、舞蹈等多个表演元素，通过变装、变灯笼、变绸子、画图变色等魔术技巧，讲述战火纷飞年代中革命先烈的一段凄美爱情故事，歌颂革命先烈的牺牲精神，该剧于5月获由中国文学艺术界联合会、中国杂技家协会在深圳举办的第十一届中国杂技金菊奖全国魔术·滑稽比赛最高奖杂技金菊奖魔术节目奖。5月23日，《红》受邀参加由中国文学艺术界联合会、中国文艺志愿者协会、吉林省文学艺术界联合会、中共白山市委宣传部主办的“学党史 传精神 跟党走——中国文联文艺志愿服务团走进吉林白山抚松文艺演出”；7月24日至25日，受邀参加在北京举行的“庆祝中国共产党成立100周年——全国优秀杂技剧目（节目）展演”等系列活动。

【“大地情深”中央歌剧院走进长春系列文化活动】 “红旗之恋”大型音乐会。5月28日至29日，中央歌剧院走进长春慰问一汽“红旗之恋”大型音乐会奏响春城时代最强音。音乐会上，中央歌剧院院长、著名小提琴演奏家刘云志，副院长、著名女高音歌唱家幺红，副院长李丹阳等近百位艺术家为观众献上一场高雅视听盛宴。

文艺小分队进基层慰问演出。5月29日至31日，中央歌剧院优秀歌唱家及演奏家，以艺术普及小型音乐会的形式深入基层，分别在九台区土们岭街道马鞍山村和长山花园举行慰问演出。

高质量艺术培训。10月20日至11月6日，中央歌剧院优秀歌唱家及演奏家组成公共文化服务小分队，分别到吉林大学、东北师范大学、长春师范大学、东北师范大学附属中学明珠校区、长春市第六中学、公主岭市范家屯镇、天宝社区、绿园区文化馆等地开展高质量艺术培训。培训涵盖大学、中学、小学、社区、乡镇、群众艺术团等6个不同层面的14个单位，为合唱团、乐团开展声乐理论、合唱及器乐培训160课时。

“爱之声”主题音乐会。10月22日，中央歌剧院走进长春系列文化活动——“爱之声”主题音乐会在长春雕塑艺术馆举行。音乐会上，中央歌剧院优秀艺术家带来《斗牛士之歌》《今夜无人入睡》《红莓花儿开》《我的太阳》等经典歌曲和乐曲，多维度满足观众视听需求。

【长影周末音乐会】 4月初，市文广旅局会同长影集团联合推出“庆祝中国共产党成立100周年”长影周末音乐会系列活动，推出《历史的天空》《红色印记》《千秋伟业百年风华》等经典主题交响音乐会，全年演出15场，观众万余人。

【长春爵士音乐节】 12月10日19时，2021长春爵士音乐节开幕仪式在长春市群众艺术馆剧场召开，来自吉林艺术学院的JUA乐队开启本届爵士音乐节的首场演出。音乐节由中共长春市委宣传部、市文广旅局、吉林艺术学院共同主办，长春市群众艺术馆、吉林艺术学院流行音乐学院联合承办，演出7场，分别由JUA（吉艺）学生大乐队、ParkWest四重奏乐队、TiroTrio爵士三重奏乐队、SEDAR乐队、川.響LiXiaochuan.Sounds乐队、聂鑫五重奏乐队等7支乐队担任演出嘉宾。参演的爵士乐艺术家分别来自法国、美国、毛里求斯、中国等7个国家，突出国际性、经典性、融合性、创新性及群众参与性等特点。成功将爵士音乐文化普及到广大市民群众当中，使长春迅速成为继北京、上海、广州等城市之后，国内不可忽视的爵士乐教育、演出的前沿阵地。

【“四季长春”全国油画名家绘长春写生活动】 由中共长春市委宣传部、市文广旅局、北京当代中国写意油画研究院主办，由吉林省油画学会和长春世界雕塑园承办的“四季长春”全国油画名家绘长春写生活动于10月7日16时在长春世界雕塑园雕塑艺术馆正式启动。启动仪式由赵显副市长主持，市委常委、宣传部部长赵明致辞，中央美术学院院长、中国美术家协会主席范迪安先生和吉林艺术学院油画研究院院长、中国美术家协会油画艺委会委员王建国先生讲话，张志军书记和范迪安先生共同启动。市委、市政府、市文联、市文广旅局相关领导及参展艺术家杨参军、张路江、余丁、李忠祥、白晓刚、马佳伟参加启动仪式。仪式结束后，各位嘉宾参观“艺术长春”——王建国油画作品展。

【惠民演出】 开展送演出下基层活动，组织市直文艺院团进基层演出278场，覆盖全市310个行政村，圆满完成文艺展示任务，使广大地区群众享受文化发展成果。演出在形式和内容上有所创新，话剧、评剧、杂技、二人转、黄龙戏、戏曲选段、拉场戏、小评剧、小品等精彩纷呈，并根据当地需求，按需设置演出节目。长春演艺集团话剧院复排的话剧《密林中的孩子》进校园演出30场。在为贫困农村地区送演出时，以乡镇为单位，扩大演出覆盖面，题材新颖，形式丰富，彰显“健康生活，悦动吉林”文化惠民的宗旨。坐标文化周刊、生活文化下午茶、听见长春、《长春日报》等多家媒体采访报道，各院团也在微信、抖音、快手公众号上对演出进行直播，吸引众多“粉丝”的关注与参与。

【戏剧剧本创作】 4月10日至8月10日，中共长春市委宣传部、市文广旅局、长春市文学艺术界联合会共同主办，长春市艺术研究所、长春戏剧家协会承办的“长春好故事”第三届长春地区戏剧剧本征集活动，以“发掘本土创作，传承长春文脉；展现地域特色，讲好长春故事”为主题，面向长春地区征集专业、业余编剧及广大戏剧爱好者创作的话剧、戏曲剧本和小戏小品剧本，征集戏剧剧本57部，其中大型话剧剧本9部，大型戏曲剧本10部，小戏剧、小品27部，小戏曲11部，内容题材广泛，除吉林以外，另有来自山东、福建、江苏等8个地区作者也报名参加，最终评选出获奖作品18部，其中一等奖5部、二等奖6部、三等奖7部。8月至12月，举办由市文广旅局主办，长春市艺术研究所承办的“2021年长春地区编剧人才培训”活动，邀请4位国内、省内著名戏剧专家和长春市委党校优秀青年教师授课，学员260余人，发掘和培养长春地区编剧创作队伍，提高戏剧剧本创作水平。长春市艺术研究所与长春出版社合作，将2020年“长春好故事”征文活动的部分获奖作品结集成册，出版《倾听春的述说——2020“长春好故事”文艺作品选》，吉林省文联副主席、长春市作协名誉主席王长元为该书命名并作序。

【戏剧星期六】 6月至7月，长春市艺术研究所开展“戏剧星期六”长春市小剧场优秀剧目展演活动，演出儿童剧《陀螺山传奇》、话剧《誓言》、冰雪儿童剧《雪国历险记》、默剧《我话你猜》等6场，“戏剧星期六”进校园演出活动2场，其中《雪国历险记》是由长春市艺术研究所编剧原创、艺研所扶持打造的剧目。国庆期间组织线上云剧场展播7场原创作品，包括话剧《追梦年华》《共同村纪事》《再见，茶花女》《恶之花》和肢体剧《星》等，观看人数千余人次。“戏剧星期六”持续与长春高校剧社和民间剧社合作，指导剧社剧本创作，为其提供专业的指导和演出机会，到剧社排练指导剧目和剧本讨论，在高校开设戏剧创作专题培训，培训学员千余人次。市艺研所赴长春市内相关公共文化场所、各区文化馆、社区、长春文博等相关单位进行实地调研，形成《关于培育和开发长春小剧场舞台剧目创作和演出的调研报告》。

【文艺理论研究】 长春艺术研究所专业人员撰写的理论文章《革故鼎新，不破不立——也谈杂技剧的创作与发展》《论杂技艺术的时空维度》入选由中国杂技家协会主办的“第二届全国优秀杂技理论作品”扶持活动（全国共10篇），《红色杂技剧戏剧化方式多元探索——论红色题材杂技剧的创作》入选中国杂技家协会主办的“红色题材杂技剧创作研讨会”（全国共6篇）。中国杂技家协会第八届理事会第二次会议上，长春市艺术研究所2人再次受聘担任中国杂技家协会理论研究委员会委员。

（王　冠　王靖然　韩　凯）

文化遗产保护

【概况】 长春市有不可移动文物1786处。其中，核定公布为文物保护单位430处（全国重点文物保护单位16处、省级文物保护单位70处、市级文物保护单位161处、县级文物保护单位183处）。非物质文化遗产项目81个（国家级4项、省级37项、市级40项），有13名传承人获“长春工匠”称号。年内，推进文物保护工程项目进展，7项文物保护工程列入国家、省文物保护项目计划，居全省首位。全年有12个项目入选吉林省第五批非物质文化遗产代表性项目，有27个项目通过长春市第五批非物质文化遗产代表性项目评定。

【文物保护利用】 长春博物馆开展档案建设工作，全年完成立卷装订各级文物保护档案1355卷。初步完成不可移动文物保护档案室建设，档案室内划分有“四有”档案存放区、一般档案资料存放区、图纸存放区、档案数字化存放区及档案查阅利用区。开展长春市不可移动文物档案数字化信息系统建设工作，完成长春市各县区（除公主岭市外）不可移动文物基础信息录入工作，并投入试运行。推进吉林省重点文物保护单位标示牌及界桩的安装工作，安装完成花岗岩标志牌66套，界桩48根，大理石标志牌77块。制作长春市文物总体保护格局规划示意图和长春市文物保护单位基础信息汇总表。长春市文庙博物馆征集科举文献、传统文具和校徽等155件（套）藏品。开展长春市文物工作“放管服”改革，完善工程建设项目审批制度体系建设，配合长春市工程建设项目审批制度改革领导小组办公室整合各类规划，构建“多规合一”的“一张蓝图”，编制《长春市文物保护利用“十四五”专项规划》，推进《伪满皇宫及日伪军政机构旧址保护规划》编制工作。开辟全市重点项目服务绿色通道，保障重点项目选址及途径不可移动文物情况。开展2022年文物保护项目计划申报工作，根据文物保存现状和使用单位实际需求，向省文物局推荐全国重点文物保护项目7项、省级文物保护项目4项和保护性设施建设项目6项，其中4项获国家和省文物局批复立项。推动文物保护利用工程项目，指导推进全国重点文物保护单位伪满洲国综合法衙旧址修缮工程，支持伪满皇宫博物院南部近卫军营房内部装修提升改造工程，协调省文物局完成长春第一汽车制造厂早期建筑车身厂和底盘厂抢险加固工程、伪满皇宫旧址安防工程中期检查及长春电影制片厂早期建筑防雷工程、混录棚修缮工程竣工验收，指导宽城子沙俄火车站俱乐部旧址、南湖宾馆建筑群编制设计方案，开展省级文物保护单位长春市清真寺修缮项目。配合省文物局编制《吉林省革命文物保护利用规划纲要》，对涉及长春市的13项革命文物项目进行征求意见；利用长春市革命文物资源，努力为党史学习教育提供高质量服务，推动东北人民解放军第一前线指挥所临时管护工作；开展长春市革命旧址险情排查工作，发现隐患25项，整改22项；参与开展全国革命文物百佳讲述人遴选工作，向省文物局推荐3名革命文物百佳讲述人，组织开展百佳红色遗址、百佳红色故事和百佳红色故事讲述人推介工作，推选4处百佳红色遗址、2个百佳红色故事和2个百佳红色故事讲述人。

【考古研究】 配合吉林省文物考古研究所，开展延吉至长春高速公路烟筒山至长春段建设项目沿线系列考古工作，包括双阳王脖岭遗址抢救性考古发掘，五家子遗址内公路拟建区域考古勘探，公路设计线路沿途相关遗址复查等内容，并通过省文物局专家组验收。配合省考古所开展龙嘉机场扩建项目、长春国家区域创新中心创新产业园二期基础设施项目、溥仪地下避难所旧址——长春市“201”人防工程项目警示教育馆建设工程等3项考古调查工作；配合市文物局开展长春前程220千伏输变电等工程沿线相关遗址的考古调查工作。开展五台山遗址考古发掘资料的整理及研究，完成器物拍照及绘图工作。重点开展围子里遗址2020年出土陶器的整理修复工作，复原陶器66件，拣选标本43件，为围子里遗址后续研究工作的开展奠定基础。与吉林大学考古学院合作，完成吉林大学文博遗产系2019级文物与博物馆学专业本科生实习工作，为文博领域人才培养贡献力量。

【非物质文化遗产挖掘与利用】 6月2日至3日，长春市第五批非物质文化遗产代表性项目专家评定会在长春市群众艺术馆召开，27个项目通过专家评定。在吉林省第五批非物质文化遗产代表性项目推荐工作中，长春市推荐的12个项目入选吉林省第五批代表性项目名录。长春市非遗项目《花棒秧歌》被文旅部命名为2021—2023年度“中国民间文化艺术之乡”。6月14日，选送3个非遗节目参加在沈阳2021年“文化和自然遗产日”非物质文化遗产日宣传展示活动暨第七届沈阳非物质文化遗产博览会，在活动中展示长春市非遗风采。6月11日至13日，市文广旅局举办2021年长春市“文化和自然遗产日”系列活动，围绕“人民的非遗人民共享”主题，长春市群众艺术馆等单位举办文艺演出、民族服饰秀、东北民俗特产购物节、发现非遗之美手机微拍摄影大赛等活动。长春市文庙博物馆协助吉林省文旅厅在文庙广场举办“精彩夜吉林·2021消夏演出季”第三届吉林非遗节和精品剧目广场系列演出两大板块内容，10个非物质文化遗产代表性项目、100余位非遗传承人、300余种非遗产品进行线上线下展示、交流和展售，众多优秀演员参与演出。

（王　冠　王靖然　韩　凯）

哲学社会科学

【科研立项】 2021年，科研管理工作进行多领域全方位调查研究，解读长春经济社会发展中的重点、难点、热点问题。收到在长高校、科研院所20余家单位招标课题申报书160余份。确定重点课题5项，一般课题15项，自助课题11项。立项数量、经费投入再创新高，拓展社科学术交流平台，与高校联建科研基地工作取得实效。在吉林大学哲学社会学院、长春师范大学历史文化学院、东北师大环境学院等分别建立长春社会治理、长春城市史、长春城市发展等3个学科研究基地。与团市委联合开展的、在高校建立长春中青年发展研究中心项目，与东北师大教育学部、长春师范教育学院、长春中医药大学等达成意向，成立研究中心。建立长春中青年发展研究专家库，录入吉林大学、东北师大、长春师大、长春大学等多所在长高校专家学者50余人。自身承担多项科研任务，长春市社科规划办的《大数据与疫情防控背景下的意识形态研究》课题顺利完成，参与的吉林省社科联“十四五”规划课题《长春近现代历史文化资料挖掘与利用》即将结项，还参与了长春市档案馆“征途漫漫　惟有奋斗——中国共产党在长春”展览论证，参与长春市委宣传部、长春日报社举办的“长春市十大文化符号”评选等工作。

【社团管理】 制定完善《长春市社科类社团申请、筹备、成立登记流程》《长春市社科联直属社团换届流程》等规范管理制度，从根本上提高社团科学化管理水平；设计制作《社团管理一览表》，让掌握社团动态和发现社团人才更加及时精准。推荐参评的各级奖项中，有4名社团工作者入围“新星耀春城·最美新阶人”评选，有2家社团获评全国大中城市社科联先进组织，2人获全国大中城市社科联先进个人。各社团学术活动各具特色，长春市法学会完成的长春市级重点课题《新型冠状病毒肺炎疫情防控形势、依法治理研究》，为长春市疫情防控决策，提供法治参考；长春市孔子研究会主办的纪念孔子2572周年诞辰典礼活动，促进文化与旅游事业发展。山东卫视、中国孔子网等媒体对活动进行直播和报道；心语协会在长春市11个社区、单位举办助残培训；长春市珠算协会承办长春市第二十四届珠心算比赛暨第一届珠心算与小学数学整合比赛，推动珠心算普及推广；长春市房协主导成立房地产诚信联盟，加快长春市房地产行业诚信建设。由班子带队进行“社团发展现状专题调研活动”，通过问卷、走访等形式，完成调研工作全覆盖。形成1.5万字调研报告，提出针对性对策和思路27项。

【社科普及】 提高社科普及的感染力和影响力。以庆“七一”主题实践暨科普宣传系列活动为中心，带动长春市珠算协会、电子商务学会、集邮协会等6家社团，联合长春市档案馆、市文庙博物馆、汽开区锦程街道及飞跃社区、长春光华学院、市育蕾幼儿园等多个部门、单位参与，进行图文展、集邮展、公益活动和红色经典电影露天放映、经典诵读、抗联故事展演、珠心算特色教学展示等系列庆祝活动。围绕庆祝中国共产党成立100周年，开展党史学习教育宣传，以“百米长廊 光辉历程”为主题的图文展览，展出136幅记录历史瞬间的经典老照片，展示中国共产党和党在长春的百年奋斗史，以及中国一汽70余年成长史。展览包括党史、新中国史、改革开放史和社会主义发展史4个板块内容，系统呈现党的百年伟大成就，受到省、市相关部门和社会各界关注、肯定。在《长春社会科学》开辟专版，编辑发布党史知识、弘扬伟大建党精神稿件5篇；编印发放普及《数据安全法》等法治宣传单3000份；设计制作“奋进百年路启航新征程”“学习贯彻党的十九届六中全会精神”等机关宣传栏；在党建群推送宣传党的理论创新成果、中国共产党精神谱系、党员先进典型学习提示等70余篇；微信公众号宣传发布各类学习和活动信息23篇；与省社科联、青年路街道党工委合作举办“学习党的十九届六中全会精神”宣讲会2场。

【刊物编辑】《长春社会科学》全面改版，由原双月刊改为季刊，由48页改为80页。外观简洁明快、严肃厚重，内容上脱胎换骨。从栏目的数量到确定、从内容的选择到比重，做到科学取舍。其中，宣传和阐释习近平新时代中国特色社会主义思想的稿件占比50%，突出政治性和导向性；为中心大局工作出谋划策的智库类专题研究及调研成果占比40%，突出社会科学服务地方经济社会发展的针对性和专业性；减少社会科学学科研究理论文章，更加集中地做专题深度阐释和研究，能突出长春市社科研究水平和层次。了解掌握党和国家的大政方针和宣传口径，在敏感问题上绝不允许出任何偏差和错误；建立健全杂志编委会，健全完善《三审三校制度》《编印前审读规定》等相关规章制度，形成高效规范管理体系。

《长春社会科学》改版后，各方面反响良好，得到相关领导和同行好评。围绕党史学习教育、中国共产党成立100周年、疫情防控、地方经济和社会发展开辟专栏，集中做好大事喜事好事宣传，为长春中心大局工作服务，改版后出版3期（季刊），刊发稿件60余篇，50余万字；《要报》围绕长春市全面振兴全方位振兴等热点难点问题，为市委、市政领导提供决策参考。全年出版13期，包括庆祝中国共产党成立100周年特刊，刊发稿件26篇，近30万字。第7期刊发的《长春市营商环境评估指标构建研究》，第11期刊发的《关于保护黑土地增强保护力度的建议》《关于发挥科技创新作用促进我市高质高效发展的建议》3篇对策建议被副市长宋葛龙肯定性签批。

【科研基地建设】拓展工作范围，首次在高校建立科研基地，开展社科学科建设和科研创新。在高校建立科研协作基地，是长春市社科联成立30多年来第一次，是产出高水平、高质量社科科研成果的重要条件保障，是为长春市高质量发展提供更加科学有效智力支持的现实需要。首批筹建的6家科研基地、研究中心进入实操阶段。为加强长春中青年发展研究，成立长春中青年发展研究专家库，录入吉林大学、东北师大、长春师大、长春大学等多所在长高校相关领域的专家学者50余人名单，根据实际需要陆续增加。

【交流活动】参加全国城市社科院第三十一次会议，获评全国城市社科院先进单位，提交的交流材料获得好评；向市委宣传部选送的庆祝中国共产党成立100周年活动征文，获3个一等奖、4个二等奖、2个三等奖，还有1篇向省委宣传部选送的文章获得二等奖；参与市直机关党工委的年度党建调研成果评审工作，有3人受邀做评委；参与长春市党史学习教育的组织、宣传工作，有2人参加指导组，1人参加简报组。编印的简报多次得到省、市表扬，多次被省委宣传部作为样文下发至各市县。

（刘　薇）

史志档案

党史工作

【党史编研】编辑出版《中国共产党在长春的百年大事记》《中国共产党长春市历次代表大会文献选编》和《长春市中共党史教育基地参观学习指导》3部党史书籍。拍摄20集大型文献专题纪录片《奋斗百年路　奋进新征程——中国共产党在长春的光辉历程》，在长春电视台黄金时段播出。构建“大党史”工作格局，创新设计“沿总书记前进足迹，讲新时代奋斗故事”“红色传承在长春”“党史+”和“解放长春”4个主题创新实践。加强“部门史”研究，开展好重要口述资料和重要任务回忆录，形成资政育人的生动教材。完成《长春市抗疫大事记》《长春大事记（2020年卷）》《吉林执政实录》和《长春抗联人物传》资料征集整理工作。

【党史资政】开展“汲取百年党史智慧力量，助推长春全面振兴全方位振兴”党史资政专题研究。围绕研究中国共产党人精神谱系，开展对“一汽精神”的专题研究。撰写《一汽创建时期党的建设的历史经验》《新时代长春创新发展的主要成效及主要经验》《长春电影制片厂创建发展的历史经验》和《关于新形势下长春市直机关党建工作创新问题的研究》等论文。在《长春日报》等媒体发表庆祝中国共产党成立100周年系列纪念文章40余篇。

【党史宣教】推动中国共产党长春党史综合设施建设，打造全国一流党史综合设施。配合省委党史研究室、南关区委联合打造“中共长春第一支部”。加强对中国共产党在长春的第一个通讯站旧址（二道沟邮局地下通讯站）的管理，接待300余家单位、7600余名党员干部参观。制定《长春市中共党史教育基地动态管理暂行办法》。升级改版“中国共产党长春历史网”，形成全市党史工作创新发展的聚合体。利用党史教育阵地资源，打造“党史第一课（堂）”项目，使之成为入党、入职、晋升的第一课。创新党史工作载体，推进“VR沉浸式学习室”建设工作。打造全市党史工作聚合平台。

（郭雪玲）

地方志工作

【志书编纂与出版】全面启动第三轮修志2001—2016年以及2020年资料征集工作，与全市130多个承编单位联系沟通，落实和指导编纂任务。截至12月底，征集到2020年年度资料81份，约59万字；2001—2016年资料长编53份，约50万字。推动和指导县

（市）区、开发区继续开展资料长编年报和乡、镇、村志编修工作。指导德惠市、二道区和高新区4部镇志和1部区志的成稿和资料征集工作，二道区《宏盛村志》完成初稿，九台区《马鞍山村志》获批省名镇名村志试点工程完成《长春卷烟厂志（1933—2016）》58万字的指导、审查、出版工作。完成《长春市社会保险志》30余万字的初审和复审工作。

【旧志整理与出版】　完成《长春县志》影印工作。《长春县志》是民国出版孤本志书，存世仅1套。为抢救留存历史资料，长春市地方志编纂委员会到旧志整理技术先进的扬州市进行翻印，翻印175套。

【年鉴编纂与出版】　《长春年鉴（2021）》编纂完成。年初，长春市地方志编委会研究框架结构和新增栏目，向150余个撰稿单位下发征稿通知。稿件于8月下旬报送到吉林文史出版社申请书号，12月下旬完成出版任务，全书85万字。指导《九台年鉴（2020）》创全国精品年鉴成功。在中国地方志指导小组组织的第八届全国地方志优秀成果（年鉴类）评比中，《九台年鉴（2020）》获特等奖，《公主岭年鉴（2020）》获二等奖，《长春年鉴（2020）》和《宽城年鉴（2020）》获得三等奖。跟踪指导推进11个行政县（市）区“一年一鉴”编纂工作进度。指导11个行政县（市）、区2021卷年鉴全部成稿，计608万字。截至12月底，全部完成出版任务。

【地方志资源开发利用】　开展庆祝中国共产党成立100周年有关活动。举办“长春，以共和国的名义”展览，展现长春市发展历史及取得成就，设21块展板近200幅图片，在市委、市政府办公楼和市方志馆展出。开展《知家乡 爱长春 三字经》编纂工作，全书正文部分95阕1140字，释文部分4.7万余字，配有漫画、插图95幅。开展《长春市情手册》《长春市抗击新冠肺炎实录》资料征集和编纂工作。其中，《长春市情手册》完成初稿；《长春市抗击新冠肺炎实录》完成编纂方案、编纂大纲等工作。按长春市委统一安排，长春市地方志编委会2021年6月开始向农安县华家镇华家桥村派驻第一书记，通过实地调研，设计完成村“一线五区一馆”十年规划，建立法律服务室、方志文化书屋，启动《华家桥村村志》编纂大纲编写工作，为村协调资金190万元，解决村民道路难走、没有路灯的问题。

【信息化与方志馆建设】　丰富方志馆开展馆藏，开展图书资料交换工作。截至2021年年底，征集资料902种1807册。其中，志书534种，年鉴118种，地情资料250种。举办庆祝中国共产党成立100周年展览，面向全市市直机关、企事业单位开展预约参观活动，接待团体28个。加强图书库房管理和安防工作。健全《图书库房管理制度》，进行安全检查6次，开展消防安全培训2次、消防演练2次。“长春地情网”是宣传长春历史和反映市地方地工作的重要窗口和媒介，全年审核把关上传内容、更新网站栏目信息300余条。

【理论研究】　2021年，长春市地方志编纂委员会有2篇论文获首届“韩公亭杯”2021年地方志理论研究征文评选二等奖。有1篇论文在中国地方志指导小组办公室主办的国家级期刊《中国年鉴研究》上发表，1篇论文在吉林省地方志编纂委员会主办的期刊《今古大观》上发表。

（崔玉恺）

档案工作

【概况】　2021年，市档案馆被评为2019—2020年度精神文明建设先进集体，征集利用处获“长春市三八红旗集体”称号，编研处被评为“两优一先”先进基层党组织，技术处支部获市直机关“学全会精神，促效能提升”优胜支部；市档案馆利用《人民网》《中国吉林网》、“学习强国”、市政府网站、市直机关党建网、《长春日报》《中国档案报》和《兰台内外》等平台开展宣传报道109篇。3篇档案业务征文被评为“2020年全国档案工作者年会”入选论文。在吉林省档案管理研究优秀成果申报活动中获得奖项。其中，《中华人民共和国成立70周年档案史料挖掘及宣传案例——长春解放七十周年档案征集开发及利用》研究成果获一等奖。《挖掘档案资源厚植长春革命文化案例》《优秀传统文化挖掘研究案例——〈长春印迹〉》研究成果获二等奖。3人撰写的论文获二等奖；4人获评吉林省脱贫攻坚先进个人、长春市三八红旗手、优秀党务工作者和优秀共产党员。

【档案征集】　2021年下半年，市档案馆加强红色档案征集和价值鉴定工作。举办档案捐赠仪式，社会征集接收革命传统档案118件，召开史料征集专家论证会，对征集进馆的史料进行价值鉴定；接收37个单位2695件疫情防控档案和13个单位脱贫攻坚档案专题目录，建立这两类档案专题数据库，新增数据1600余条，开展疫情防控档案数字化成果整合入库工作，新增档案原文1.3万页。

【发挥档案作用】　市档案馆加强跨省联动，利用远程领域，与广州、成都、沈阳等10余个城市档案馆开展异地便捷查档机制。在吉林省政法系统教育整顿期间，接待全域8家监狱查档762人、调卷33911卷。配合公安、纪检、监察等部门办案查询289人次，调阅档案1528卷（件），接待中级人民法院档案查询1603人次、调阅案卷4.13万卷，复印7万余页。市档案馆做好民生档案查询利用服务工作。除传统到馆查询、电话查询、信函查询、委托查询等服务外，还根据利用者不同需求，开展照片翻拍、光盘刻录、仿真件制作等服务。截至12月末，受理档案查档4886人次，提供利用档案5.76万卷（件），复制档案10.4万页。

【档案宣传】 举办庆祝中国共产党成立100周年档案展览，讲好中国共产党的故事。市档案馆落实市委关于党史学习教育实施方案的要求，举办“征途漫漫 惟有奋斗——中国共产党在长春档案史料展”“筚路蓝缕砥砺行——馆藏中国共产党珍贵史料特展”和“馆藏革命文物展”3个展览。2021年6月22日开展，接待58家机关、事业、企业等单位近2000名党员干部参观。吉林省、长春市属地主流媒体《长春日报》《守望都市》等多家媒体通过报纸、电台、网络、微信公众号进行报道。发挥红色档案的教育、激励、感召作用，挖掘一批反映马列主义思想在长春早期传播和党组织在长春早期活动的原始档案。在旧政权档案中挖掘出1921年8月西伯利亚共产主义研究所在长春宣传马列主义的报纸《北风》报、赵尚志等共产党人在长春开展秘密活动的历史记载等档案。2021年由长春市档案馆参与布展的“长春第一个党支部纪念馆”馆展。由市档案馆提供文学脚本和重要档案素材的反映中国共产党隐蔽战线历史人物张梦实（伪满大臣张景惠的儿子）的专题片《隐秘的使命》于6月9日在中央电视台13套庆祝中国共产党成立100周年系列节目中播出。

【档案法实施】 2021年是实施“十四五”规划第一年，也是新修订的《中华人民共和国档案法》正式施行之年。市档案馆将新修订的档案法要求贯彻落实到全馆各项管理工作中，对10个处室主要职责进行明确和调整，细化成86项具体工作职责；建立与市档案局工作沟通机制，确保机构改革后档案局、馆职能协调发挥，做到上下贯通、执行有力；落实国家档案局关于加强安全工作文件精神，筑牢档案安全工作的防线。在全馆开展档案安全大检查，以清单形式落实问题整改；按照市委宣传部、市委网信办工作要求，落实意识形态责任制及网络意识形态和网络安全工作责任制，强化制度化体系建设，压实部门和个人安全责任；加强保密工作，组织全馆干部参加保密教育培训，制定微信泄密专项行动方案，完善印章、打印设备等管理，增强全馆保密意识。立足新发展阶段，科学谋划部署档案工作。2021年，市档案馆贯彻落实吉林省档案局关于《吉林省档案事业发展“十四五”规划编制工作方案》工作要求，科学编制本馆第十四个五年规划（草案），明确未来五年档案事业发展的目标和方向。制定工作要点，形成时间表和进度图，确保“十四五”开好局、起好步。

（汤 明）

新闻出版

长春日报

【概况】 2021年，长春日报社出版《长春日报》《长春晚报》《长春商报》《影视图书周报》4份报纸，主办“长春新闻网”“长春+”客户端，“掌上长春”“长春政事儿”“长春日报”“长春晚报”微信公众号及微博、抖音、头条号等28个新媒体账号。其中《长春日报》出版345期，合计2507个版面，全年刊发稿件17201篇，图片（含插图与漫画等）5685幅；《长春晚报》突出都市报特点，重点做好民生报道，全年出版245期；《影视图书周报》刊发版面415块，稿件2000余篇。长春日报社《以魅力之都小切口展全面小康大主题》创新案例，获评2020年度长春市宣传思想工作“创新奖”，《媒体广告宣传导向探析与实践》获2021年度吉林省报协论文评选一等奖。狠抓经营管理，印刷厂开拓对外承揽印刷、印后业务，发行公司开展多种经营，掌上融媒、长晚报业、长报文化等公司策划主题活动、开展代运营服务，完成年度经营任务。

【重大主题宣传】 长春日报社组织做好庆祝中国共产党成立100周年、党史学习教育、学习贯彻习近平总书记视察吉林重要讲话和重要指示精神、乡村振兴、疫情防控等重大宣传任务，联合东北四市党报策划“白山黑水百年风华——庆祝中国共产党成立100周年联动采访行动”系列报道，推出“奋斗百年路 启航新征程”“传承红色基因 赓续精神血脉”等专版，开设“在党旗指引下”“中国共产党在长春”“重温红色经典”等专栏，宣传报道力度之大、报道形式之新，创《长春日报》同期同类报道新高。围绕市委、市政府中心工作做好宣传，开设“新征程新长春”“全面小康魅力之都”“解放思想再深入全面振兴再突破”“实施乡村振兴战略”“记者走基层”“走进漂亮街区”等专版、专栏、专题、组织系列稿件，从市委部署、部门行动、成果展示、经验互动等角度，宣传长春作为省会城市的责任担当，宣传全市干部群众加快振兴发展的具体举措、奋发有为的精神状态和良好工作成效，凝聚振兴发展强大合力。

【媒体深度融合】 “主力军”挺进“主战场”，“长春云”党媒信息公共服务平台二期2021年4月上线运行，“长春云”由市委宣传部主办、长春日报社运营，集权威信息发布、监控指挥为一体的大平台，持续与相关部门沟通入驻事宜。做好“加减法”，集中精力打造优势新媒体账号，报社旗下“掌上长春”“长春政事儿”“长春日报”“长春晚报”等微信公众号，“长春+”客户端等形成新媒体矩阵，实现对外宣传全覆盖，报纸采编和新媒体采编重新整合、互通互融，采访采集一体化，内容生产一体化，刊发推介一体化，主流媒体影响力、传播力得到提升。

（富沛海）

长春出版传媒集团

【概况】 长春出版传媒集团有限责任公司（原长春出版社）是1988年11月由原国家新闻出版署批准成立的城市出版社，于2020年8月完成整体转企改制。

按照现代企业制度成立的长春出版传媒集团有限责任公司，社会效益和经济效益逐年上升，社会影响力和综合收益进入全国百佳行列。获“全国新闻出版广播影视系统先进集体”“长春出版社品牌为长春十大文化产业品牌”等称号。长春出版传媒集团有限责任公司有员工84人（另有劳务外包员工44人），2021年出版新书370种，再版、重印图书1000种左右。《辩证法与现代哲学思维方式》获第五届中国出版政府奖图书奖提名奖；《东北抗联英烈年谱长编（第一辑）》入选国家出版基金“回望建党百年”专项资助项目；《中国史学史》获“第三十四届全国城市出版社优秀图书一等奖”，《中华秋沙鸭》《电影北上》《那个夏天》《又见炊烟起》获“第三十四届全国城市出版社优秀图书二等奖”；常春藤传记馆丛书系列之《旱龙道》《“药圣”李时珍传》，《国旗人生：五星红旗设计者曾联松》，无障碍阅读丛书系列之《说岳全传》，《小学科学》杂志入选“2021年吉林省民生读本”。孙正聿主编的《辩证法理论研究丛书》及《大明一统名胜志》《侵华日军100部队细菌战史料整理与研究》《东北抗联英烈年谱资料长编（第一辑）》《乌丙安文集》等5个项目入选国家新闻出版署公布的《出版业“十四五”时期发展规划》。

【重点图书出版】 注重开发历史文化、学术文化研究类选题，出版的重点项目有新华颂丛书系列之《公木诗文选》《中国特色社会主义文化自信的前提追问与基础建构研究》《情系最可爱的人：致敬英雄》《马克思主义意识形态论》。构建宣传平台，为长春市文化建设服务，出版《中国共产党在长春的百年大事记》《新征程新长春》《新时代吉林小巷总理创新案例》《社区治理一万个怎么干》《长春财政资料及法规文件选编》《中国共产党长春市历次代表大会文献选编》《长春市中共党史教育基地参观学习指导》《社区干部法律知识常备》《百年辉煌》。挖掘中华传统习俗文化，在继承中发展，出版《清代吉林邮驿及邮集图录》《清代东北打牲史料编年》《走进汉字》《字源绘——汉字本来的样子》《超级三十六计故事》。

【文化建设服务项目】 出版《情系最可爱的人·致敬英雄——辛丑清明征文获奖作品集》。出版《长春县志稿》，该书是《长春县志稿》手写本的校注本，该稿本对于民国时期志书编修研究具有极为重要的参考价值。出版《倾听春的述说——2020“长春好故事”文艺作品选集》，该书对长春地区脱贫攻坚事迹、爱岗敬业的行业带头人等多个主题进行深入思考和表述。出版《清代东北打牲史料编年》，该书研究清代打牲制度与文化，为清代东北地方社会研究及少数民族研究提供历史参考。出版《东北情·秧歌路》，记录东北地区民间舞蹈东北秧歌的传承、普及和发展。

【主题出版项目】 出版《21世纪马克思主义政治经济学研究丛书》（5册），该项目获国家出版基金资助。该书在科学评价和总结古今中外经济实践的基础上，以中外马克思主义经济理论和方法为主体和主导，综合构建多学派多学科交叉的适应时代发展的理论体系。出版《马克思主义意识形态论》，该书是日本马克思主义唯物主义哲学家户坂润撰写的研究著作，对马克思主义理论进行全面系统的梳理和透彻分析，论证其正确性、科学性。出版《新华颂·公木诗文选》，收录公木先生诗歌60余首，文章10余篇。出版《东北抗联英烈年谱长编》（第一辑），该丛书以翔实可靠的历史文献为依据，汲取近年来东北抗联史研究的最新成果，完整、丰富地记叙和反映东北抗联英烈生平和思想。

（许国哲）

广播电视

【概况】 截至2021年年末，全市有广播电视台7座，节目23套，中波发射台和转播台3座，转播台10座，广播电视人口覆盖率100%。

【重大主题宣传报道】 2021年，长春广播电视台融媒体新闻中心在习近平总书记视察吉林1周年之际，制作6期系列报道《报告总书记》，展示长春市深入贯彻落实总书记视察吉林重要讲话精神和取得的成绩，在电视平台和新媒体集群多元传播。长春广播电视台各新闻播出平台开设“奋斗百年路 启航新征程”“学党史 悟思想 办实事 开新局”“我为群众办实事”“党旗在一线高高飘扬”“数风流人物”“初心·使命100年春城巨变尽朝晖”“我是共产党员”“我的入党故事”“先锋引领筑堡垒”“星火点点遍神州”等一大批专栏。全年广播电视新闻发布庆祝中国共产党成立100周年相关稿件1300多篇，新媒体集群发布相关消息2000余篇。

在中广联城市台电视新闻委员会开展的电视系列报道《中国红英雄城》联制联播活动中，长春台承制的中国一汽和长光卫星企业发展纪实2篇报道入选，在全国30余家省会城市台同步播出；在中广联城市台广播新闻委员会开展的庆祝中国共产党成立100周年重大主题报道联制联播活动中，长春广播电视台制作的《地下党在长春那些人那些事儿》《“李梦星小组”在行动》等作品被选中，并在全国城市台中播出。

“全城第一政务服务平台”形成早午晚3个新闻政务节目播出带，政务特色鲜明。推出重大主题报道，开设专题专栏80余个。广播电视新闻组织稿件3500余篇，跟踪进展，为推动长春振兴发展营造强大气场。其中，电视新闻依托《长春新闻》《城市速递》主打新闻栏目，与相关党政部门、开发区联袂打造《垃圾分类进行时》《长春政法报道》《坐标·文化周刊》《魅力汽开区国际汽车城》《长春新区创新之城》特色栏目版块；广播新闻依托《听见长春》《倾听长春》重点栏目，与党政部门共同推出《城市管理热线》《乡村振兴——长春进行时》《律师来了》《889新说法》《文旅佳期》等政务节目。广播电视新闻利用包括客户端、官微、抖音、快手、视频号等新媒体矩阵，实现线上线下联动，扩大传播版图。完成全市各类重要会议以及冰雪节、农博会、电影节等大型活动报道任务。

长春广播电视台与央视央广及吉林省广播电视台建立合作机制。融媒体新闻中心新媒体集群入驻央视新闻号，在央视新闻客户端开通长春新闻推送绿色通道。2021年春节初一至初五，央视《新闻联播》4次报道长春节日亮点。长春广播电视台在中央电视台《新闻联播》《新闻直播间》《朝闻天下》等栏目和平台播出电视新闻15条，创央视发布长春市信息历年之最；与吉林省广播电视台交流电视节目340余条；在央广各频率主打新闻栏目播发广播稿件43篇。长春广播电视台融媒体新闻中心向“学习强国”平台供稿，全年向平台提供稿件2400余篇，其中2066篇被采用发布。

【精品文艺节目工程打造】 长春广播电视台启动庆祝中国共产党成立100周年主题作品创作项目库建设工程，形成一批立意高、角度新、创意佳、易操作项目，包括专题纪录片、广播剧等体裁和品种。其中，有9个项目入选吉林省广电局“庆祝中国共产党成立100周年主题作品创作项目库”。全年制作播出大型活动文艺晚会20余场。获省级以上一等奖作品30件，其中6部纪录片获吉林广播影视奖暨第33届吉林省广播电视文艺丹顶鹤奖一等奖。承办多项庆祝中国共产党成立100周年的大型活动，推出一批精品文艺节目。包括“不忘初心跟党走砥砺奋进新征程”长春市直属机关庆祝中国共产党成立100周年创先争优表彰暨文艺演出、“永远跟党走　奋进新征程”吉林省职工庆祝中国共产党成立100周年红色经典诵读演唱会、“颂歌献给党　奋进新征程”长春市庆祝中国共产党成立100周年专场文艺演出、“永远跟党走”庆祝中国共产党成立100周年长春市群众舞蹈精品展演、“欢歌颂党恩　聚力促发展”长春市人大系统庆祝中国共产党成立100周年文艺汇演、中央歌剧院走进长春慰问一汽“红旗之恋”大型音乐会、“百年传承颂党恩情”社区红歌大赛等大型活动，节目制作精良，受到各方好评。高质量完成2021长春市春节联欢晚会，“新时代新摇篮新力量”第十五届中国长春电影节颁奖晚会，长春市第八届道德模范颁奖晚会，2021长春好人第一、二、三季发布会等全市重大活动承办制作。

【文艺制作】 长春广播电视台制作播出60多部电视纪录片、20集电视文献专题片、4集广播连续剧和30余个电视宣传片。其中，完成长春市重点项目《中国长春风景这边独好》城市宣传片拍摄制作，结束长春市17年没有经典城市宣传片历史，该片获吉林省“讲好中国故事”大奖赛特别奖；宣传片《壮美长春》获第十四届中国旅游电视周暨第三届大运河文化国际电视周最佳作品；完成20集电视文献专题片《长春党史百年》、广播连续剧《抗联之母》、系列纪录片《红色记忆》、“老党员讲党史”网络宣讲等立项项目；完成科技部《100个外国人看中国》之《来福在长春的幸福生活》专题片以及系列纪录片《稻米》《年俗》《春之“生”》《高山仰止之唐敖庆》《花满春城》《沃土之歌》《城市筑梦者》《长春非物质文化遗产巡礼》，短纪录片《好人祁立波》等项目。与吉林省对外文化交流协会合作拍摄制作的系列微纪录片《米的故事》获2021“第三只眼看中国”国际短视频大赛创意奖。

【精品栏目优化】 培育《长春新区创新高地》《魅力汽开区国际汽车城》《智慧公交幸福你我》《长春大律师》《良车日记》《民声民议》《大城小爱》《夕阳正红》等新生代节目，满足长春受众多样化需求。优化老牌精品栏目，《优游行》栏目围绕长春文化、冰雪、风情等旅游资源，开展创意策划，增强节目适用性。《百姓与法》《发现长春》《社区办事处》《创业梦想》《车行天下》《坐标·文化周刊》《我是长春人》等电视栏目，《支队长热线》《交警直播室》《司机开会》《身边的交警》《城市管理热线》《律师来了》《文旅佳期》等广播节目，扩大收听收视群体，提高节目品牌知名度。《百姓与法》栏目开通“长法微视”抖音号，单条微视频浏览量最高超过500万次，单条获赞量超过20万次。

【数字平台建设】 长春广播电视台有新媒体账号327个，其中，台属账号4个，频率、频道及栏目账号80个。全年，各平台发布消息3万余条，单条阅读量10万+以上8条；完成“七一勋章”颁授仪式、庆祝中国共产党成立100周年大会、庆祝中国共产党成立100周年文艺晚会等重要转播转载任务。围绕客户端，重启长春广播电视台官方网站，建设“今日头条”“抖音”“快手”“企鹅”等头部平台媒体矩阵。《长春新闻》官方抖音号、快手号发布短视频1804条，获赞66.7万次。与中国移动通信集团吉林有限公司长春分公司达成协议，推进“智慧广电”建设。达成建设“长春广播电视台融媒体指挥中心”、建设“融媒体宣发中心”等意向性协议。

【经营创收】 长春广播电视台全年完成广告创收9686.25万元，做到收支与预算基本相符。由“全城第一政务服务平台”“全城第一民生服务平台”“全城商务平台”为支柱，以频率频道、新媒体集群为支点的媒体运营框架，吸附大量政务合作节目和项目，带动经营创收。各频率频道和各栏目组开展线下活动，打造“百姓购车节”“听众文化节”等一批品牌活动，提高创收能力。在平台框架下，实施“一道一频一品”经营工程，围绕健康养老、医药卫生、文化旅游、体育教育、电子商务等产业做文章，以特色频率频道建设带动产业化发展。将经营创收触角延伸到互联网版图，创新营销业态。互联网节目中心与吉林建筑大学签订视频服务项目，金额50万元。市民生活频道与腾讯开展“微视鹅选日”年货节直播，百万人在线，单场分润商品销售额5万元。

（王中庆）

长影集团

【概况】　2021年，长影集团坚持“作品立影、产业助影、人才兴影、技术强影、开放办影、党建管影”，推动各项重点工作有序推进。全集团经营收入比2021年增长75%，利润增长115%，实现扭亏为盈和恢复性发展。

【主业创作】　《冰雪之名》入选国家“我们的新时代”创作展播。长影集团有限责任公司主投主控影片《疯狂731》启动青岛主场景拍摄，于2021年春节前杀青。影片《汉藏铸魂》完成后期制作。电视剧《雷霆令》报公安部审核，被公安部确定为向党的二十大献礼的5部电视剧之一。影片《青春作伴好还乡》于10月29日院线公映，在北京举办首映式和研讨会，入选全国十大“2021脱贫攻坚主题电影”。长影联合出品的抗疫题材影片《没有一个春天不会来临》完成制作。长影有16部经典影片入选国家庆祝中国共产党成立100周年优秀影片展映。4月12日，长影影片《黄大年》获第十三届吉林省长白山文艺奖。长影全年译制《哥斯拉大战金刚》《困在时间里的父亲》《天堂电影院》《入殓师》等影片72部。

【《没有一个春天不会来临》摄制完成】　3月3日，《没有一个春天不会来临》在武汉开机。该片由中国电影家协会组织策划，长影与中国电影出版公司、武汉文发集团、峨影集团联合拍摄。该剧由5个故事组成，讲述抗疫期间人们笑泪与共的生活，展现“奔赴春天”的逆行身影，向平凡英雄致敬。该片总策划陈道明，监制黄渤，主演周冬雨、宋小宝、潘斌龙、尹昉、郑罗茜。

9月25日，《疯狂731》青岛主场景开机发布会　（陈星任　供图）

【《青春作伴好还乡》首映】　10月23日，长影集团出品的影片《青春作伴好还乡》北京首映礼在中国电影资料馆举行。电影出品单位、摄制单位、协拍单位和发行单位代表及影片主创代表20人参加首映式。活动由吉林省委宣传部、中国电影资料馆主办，长影集团、中国电影资料馆融媒体中心承办。专家研讨会同日举行，业内代表、专家、学者16人参加研讨会。

【《疯狂731》青岛主场景拍摄新闻发布会】　9月25日，由长影集团领衔出品的影片《疯狂731》开机新闻发布会在青岛东方影都举行。该片由赵林山编剧并执导，聚焦二战时期日军731部队的罪行，讲述从1933年以来3000多名祖国同胞惨遭迫害的故事。吉林省委常委、宣传部部长石玉钢，山东省委常委、宣传部长白玉刚，中国文联副主席、中国民间文艺家协会主席、山东省文联主席、山东工艺美院院长潘鲁生，吉林省委宣传部副部长褚春彦，黑龙江省委宣传部一级巡视员刘维宽，长影集团党委副书记、总经理庄严，青岛西海岸发展（集团）有限公司党委书记、董事长、总经理刘鲁强，吉林省电影家协会主席毕述林，中央党校大有影视中心制片部主任王芳玥，侵华日军第七三一部队罪证陈列馆馆长金成民等出席活动。影片《疯狂731》编剧、导演赵林山，影片主创代表王志文、李乃文、孙茜、温碧霞、冯文娟、刘长德、徐光宇出席新闻发布会。

【长影乐团全国巡演】　2020年12月26日至2021年1月3日，长影乐团到惠州、沈阳、佛山、深圳、江门、银川、上海、苏州、宁波9地举行9场“新年音乐会”。2021年6月12日至7月11日，长影乐团到德州、临沂、绍兴、太仓、海安、杭州、舟山、长沙、武汉、北海、福安、泉州、神木、南昌、株洲、仪陇、成都、东乡、福州、上海、平邑、日照、潍坊24地举行24场“庆祝中国共产党成立100周年‘奋斗百年路，启航新征程’大型视听交响音乐会全国巡演”。9月27日，长影乐团在长影音乐厅举办吉林省迎国庆“让红旗飘”交响音乐会。10月24日，长影乐团在国家大剧院举行“名家名曲演唱会”。12月22日，长影乐团举办第16届长春电影节“长影之夜”大型演出。

【电影修复展映】　长春长影旧址博物馆文化传播有限公司落实“作品立影、产业助影、人才兴影、技术强影、开放办影、党建管影”工作理念，从“人才兴影”“技术强影”“开放办影”入手，以长影青年技术骨干力量为主，将长影经典影片《上甘岭》《英雄儿女》《祖国的花朵》《董存瑞》进行4K修复并于2021年12月20日作为“致敬摇篮”前导活动之一，在长影电影院开展“致敬经典·影片修复展映”活动，受到观众欢迎和认可。

【长影旧址博物馆深化产业业态联盟】 2021年5月，长影旧址博物馆联手伪满皇宫博物院推出参观联票，通过“电影+历史”组合，为大众深入解读长春城市文化创造条件。活动推出后，售出联票2400余张。以庆祝中国共产党成立100周年为主题，长影旧址博物馆收集整理几百幅长影历史珍贵图片、手稿、文件，举办《最初的历程》展览活动，向人们展示长影成立和发展历程。

【长影混录棚改造工程】 为提高影视制作能力和水平，长影集团紧跟电影科技发展潮流，投资2600万元打造500平方米、国际一流水准的杜比全景声混录棚，通过杜比实验室认证。

（陈星任）

文化产业

【概况】 优化长春国际影都区域布局，构建新型数字化产业生态，推进长春国际影都数字化建设进程。打造文化产业品牌，开展“长春十大文化产业品牌”评选宣传活动。推进媒体融合改革工作，协调各相关部门推进文艺院团改革。起草《长春市文化产业发展专项资金管理办法（征求意见稿）》。加强国有文化资产监管，推进长春出版社转企改制后续工作，推进吉林省意林杂志社有限公司主办单位变更。以国际影都建设为契机，促进资源和要素集聚，推动电影朝专业化产业化方向发展。推出《长春国际影都影视产业政策白皮书1.0》，在支持重点企业落地、鼓励影视项目投资、吸引影视拍摄制作、引进影视人才团队等方面，对影视产业发展进行全方位支持。以长影为龙头，扶持和推动各级各类影视企业全面发展，推动影视产业做大做强。以电影节为翘板，推动“电影之都”打造，将办节周期调整为一年一办，举办第十六届中国长春电影节，得到社会各界关注和认可。启动农村公益电影放映工作。

（代韧飞）

【文化产业项目建设】 2021年，长春市突出发展文化产业区位优势，优化文化产业结构，多角度支持特色文化产业发展，助力文化产业发展。推动长春国际影都、东北亚博览城、长春机车厂历史文化街区改造、青怡坊国际旅游文创产业园、长拖1958文创园等文化产业项目建设。启动“文化创意城”建设工作，推进重大项目建设，重点跟进国际影都产业园、慢山里、神鹿峰等项目35个。

【文化企业扶持】 完善文化产业项目库。按照省文化体制改革和发展工作领导小组办公室《关于开展国家文化产业发展项目库2021年度项目申报工作的通知》要求，市委宣传部在全市遴选出电影《铁血少年》、数字化文化生产线及示范产品建设、满语文人工智能翻译统合应用系统、青怡坊世界植物风情园、东北区域中心文化大数据服务平台项目、长白山火山岩陶瓷艺术暨玄武烧、庙香山温泉滑雪度假区7个重点文化产业项目向省里推荐。开展服务业帮扶。市委宣传部成立帮扶工作专班，对长春市文化领域重点企业开展帮扶行动。此次帮扶行动涉及新闻和出版业、广播电视电影和录音制作业、文化艺术业、娱乐业4类文化企业27户。

【编制规划】 为准确掌握全市文化产业发展情况，培育壮大文化产业，推进长春市文化产业在“十四五”时期持续、健康、快速发展，市委宣传部根据全市文化产业发展实际，编制《长春市“十四五”时期文化产业发展规划》，为全市编制“十四五”时期文化相关规划提供依据。

【“文化英才”推荐】 按照《关于推荐长春市第一批“文化名家”“文化英才”候选人的通知》要求，市委宣传部组织推荐文化产业领域“文化名家”“文化英才”候选人9人，为文化产业人才搭建成长进步平台。郑立国、孙爱东2人入选长春市“文化英才”。

【文化活动】 开展“长春十大文化产业品牌”评选和宣传活动。市委宣传部在全市开展“魅力品牌·长春十大文化产业品牌”评选活动。3月23日，结合网上公众投票及相关部门领导和文化产业专家评审情况，最终评选出徐家窑、禹硕影视、东北风、林田远达、长春出版社、搜绳记、宇平人形、i未来、关东文化园、八吉为“长春十大文化产业品牌”。4月15日至5月26日，《长春日报》及掌上长春、长春政事儿等新媒体平台对入选的十大文化产业品牌进行全方位宣传，让大众深入了解入选品牌，增强评选活动影响力。

开展“老字号新活力”长春老字号品牌主题宣传推广活动。市委宣传部联合市商务局、市文广旅局、市委网信办在全市开展“老字号新活力”长春老字号品牌主题宣传推广活动。8月至11月，在《长春日报》开辟“老字号新活力”专栏，在“掌上长春”微信公众号、“长春+”客户端开设专题，在“长春发布”“长春新闻发布”微信公众号，“大美长春”微博，人民网长春老字号品牌系列图文宣传专题页陆续推送宣传“鼎丰真”等22家中华老字号品牌和吉林老字号品牌，社会效果良好。

举办中国共产党百位先进人物石雕篆刻展。6月28日，市委宣传部与市政协在长春世界雕塑园雕塑博物馆举办“永恒的丰碑”——中国共产党百位先进人物石雕篆刻展。展览由

表63 2021年长春市文化创意城“五张清单”（项目库）调整情况统计表

序号	项目名称	属性（实施/谋划）	项目建设主体	建设地点	建设期限	总投资（亿元）	主要建设内容及建设规模	是否已开工	项目建设完成投资额（亿元）	项目建设进度（%）
1	光辉岁月项目	实施	长春远景文化产业发展有限公司	朝阳区	2020—2023	1.85	光辉岁月真人实景战争演艺项目位于吉林省长春市欧亚卖场20号门4楼，占地面积1万平方米，是以中国红色文化为背景，以大型商业综合体为依托的红色爱国主义教育基地、红色文化旅游基地，红色游学研学教育基地。该项目包括红军长征历程回顾、民国街景风情、大型战争主题真人实景演艺，观众互动体验战场，真人战争游戏。打造成为长春市标志性红色旅游、爱国教育实习体验基地	是	1.5	90
2	北国筝城	实施	中筝光明艺校	朝阳区	2022—2030	0.5	1.政府工作报告上擦亮古筝之区品牌，做大型筝会艺术节。并举办春：风气春城音乐节；夏：国乐之夏音乐节；秋：丰收音乐节；冬：关东风情音乐节。 2.打造长春德苑公园具有国风元素及国乐元素的风情街区，通过场景打造，营造城市文化地标。 3.利用长春高校众多及长春动画名片，结合二次元、汉服、cosplay及国潮元素，打造最爱国潮运动，让年轻人不仅有古风造型，更有雅士风骨，形神兼备形成时尚而有传统文化内涵的全新圈层。 4.打造重庆街道光明社区为朝阳区市民国艺学校，光明社区古筝一条街，朝阳区德苑筝区广场，筝博物馆。 5.打造朝阳区文化强区，办好朝阳区市民文化学校（区文化和旅游局已经揭牌）、办好文化名家大讲堂、办好文化艺术雅集，为市民免费开放。 6.推进古筝进课堂进社区活动。打造20所中小学，20个社区作为推广普及古筝学校。 7.在朝阳区设置3个到5个筝区广场，如德苑公园、光明社区、重庆路或红旗街万达广场等。 8.融入千人古筝，融入马拉松，融入汽车博览会，融入农博会。用古筝演艺融入，推进六城联动。在长春创造万人古筝演奏申请吉尼斯世界纪录	是	0.016	20
3	莲花岛影视休闲文化园	实施	长春莲花岛影视文化有限公司	朝阳区	2021—2025	8	项目位于长春市朝阳区永春镇柳家村177号，占地22万平方米，建筑面积2万平方米，水域6000平方米，建设7大主题区，东北抗联红色主题区、东北农耕文化主题区、民国风情主题区、无动力儿童主题区、儿童游乐主题区、东北民俗民宿主题区，2大剧场，《东北抗联血战到底》实景剧场、《长春囍事》实景剧场、非遗皮影戏小剧场、莲花宴会厅、莲花驿站、1个文创服务中心、冰雪乐园、夜游街区亮化工程、影视资料博物馆、农耕文化博物馆、非遗街区、莲园会所、亲水平台、休闲平台、露营地	是	3.5	20
4	《百味长春》百集短视频	实施	吉林省和平大戏院集团有限公司	朝阳区（长春）	2023年5月份前	0.036	100集	是	0.026	30
5	中铁博览城	实施	中铁长春东北亚博览房地产开发有限公司	朝阳区（长春）	2021—2023	400	中铁长春博览城项目整体投资400亿元，打造450万平方米会展生活城，着力打造东北亚区域综合规模最大、承载能力最强、配套功能最全、科技水平最高的会展产业新高地，成为东北亚区域政治、经贸、文化交流展示新平台。其中，东北亚国际博览中心，总建筑面积34.16万平方米，净展面积25万平方米	是	400	20

续表63

序号	项目名称	属性（实施/谋划）	项目建设主体	建设地点	建设期限	总投资（亿元）	主要建设内容及建设规模	是否已开工	项目建设完成投资额（亿元）	项目建设进度（%）
6	长影地下博物馆及附属设施工程项目	谋划	长影集团有限责任公司	朝阳区	2022—2025	7.2	项目位于长春市朝阳区红旗街长影博物馆地下，在地铁项目地下一、二层建设博物馆及公共服务配套空间	否	—	—
7	华润中心项目	实施	华润置地（长春）有限公司	南关区	2020—2023	66.31	占地面积地上3.4万平方米、地下4.3万平方米，规划总建筑面积54.6万平方米，其中:地上37.6万平方米，地下17万平方米。建设集“万象城”高端购物中心、290米超高层5A级写字楼、高层高档住宅等多种业态于一体的城市商业综合体	是	31.94	—
8	长春钜城休闲综合体	实施	吉林省钜城地产投资有限公司	南关区	2015—2022	39.8	总建筑面积约128万平方米，其中住宅建筑面积约为36万平方米，商业面积达到92万平方米，建设内容涵盖了大型商业广场、室内休闲街区、室外休闲商业步行街、五星级酒店、商务酒店，总投资达到了39.8亿元。项目共分为A、B、C、D、E五个区域，每个区域划分为3个地块	是	40.88	—
9	宽城子老城历史街区（东天街）项目	实施	润德地产	南关区	2021—2023	5.2	该项目占地面积1.7225公顷，涉及保留建筑1处，依据东天街区位优势，打造民俗文化休闲、旅游、商业等特色街区	是	2.76	—
10	南溪智融项目	实施	长春城投地产开发有限公司	南关区	2022—2023	25	占地面积5.6万平方米，建筑面积23.3万平方米，主要建设商务办公楼、酒店、地下商街、地下停车场	是	7.26	—
11	商埠地历史文化街区（新民胡同地块）	谋划	长发置业有限公司	南关区	2022—2025	8	项目总占地约4.5万平方米。功能定位为商埠地历史文化街区的灵魂、长春传统民俗艺术文化走廊，以民俗文化展示、休闲娱乐、文化商业为主要功能的特色风貌街路	否	—	—
12	北京大街西地块棚户区改造一期（北京大街西地块历史文化街区恢复风貌项目）	实施	长春市长发置业有限公司	宽城区	2019—2022	7.94	项目东至北京大街，西至省政府，南至新发路，北至呼伦路，新建9栋建筑，总建筑面积 5.16 万平方米（其中地上 1.61 万平方米，地下 3.55 万平方米）	是	7.5	100
13	北京大街西地块历史文化街区修缮工程	实施	长春市长发旧城改造工程有限公司	宽城区	2016—2022	3.01	项目东至北京大街，西至省政府，南至新发路，北至呼伦路，主要是对项目区域内的保留建筑进行外立面改造、内部加固和修整、架空线路整治，同时对该区域进行街道空间环境的治理及规划	是	2.8	100

续表63

序号	项目名称	属性（实施/谋划）	项目建设主体	建设地点	建设期限	总投资（亿元）	主要建设内容及建设规模	是否已开工	项目建设完成投资额（亿元）	项目建设进度（%）
14	北京大街东地块、南京大街三角地历史文化街区修缮项目	实施	长春城开万家房地产开发有限公司	宽城区	2021—2023	18.38	北京大街修缮面积8764平方米，新建面积地上29335平方米，地下18138平方米；南京大街修缮面积2568平方米，新建地上面积9041平方米，地下新建面积8618平方米，恢复老长春传统风貌	是	5.6	2
15	长春机车厂历史文化街区改造	实施	中车科技园（长春）有限公司	宽城区	2021—2031	200	项目东至北人民大街，西至机车三街，南至北部快速路，北至柳影路。占地面积约为80万平方米，建筑面积157平方米。主要建设商业综合体，打造长春中车历史文化创意产业园，以文化产业为链条，重点打造历史文化街区、工业遗址和机车文化产业，发展文化创意、观光旅游、艺术零售、工业历史和商业零售等业态，全力打造以“长春源”为主题的世界级人文住宅及艺术街区文化创意园	是	8.5932	—
16	人民大街历史文化街区	谋划	长春市长发置业有限公司	宽城区	2023—2025	11.7	该项目总占地面积4.96万平方米	否	—	—
17	南广场历史文化街区	谋划	长春市长发置业有限公司	宽城区	2023—2025	1	该项目总占地面积1.87万平方米，改造房屋面积1.9万平方米	否	—	—
18	君兰体育公园	实施	北兴公司	宽城区	2022—2025	5	项目位于宽城经济开发区	是	—	—
19	长拖地块旧城区改造项目	实施	长春市长发万泽房地产开发有限公司	二道区	2021—2025	100	项目总体占地42万平方米，一期主要对核心厂区进行修缮和改造。项目打造以文化、科技体验为主的展演、展示、研发、办公平台，结合长春市的区位、经济、气候、环境等，建设集文化创意、科技研发、商务办公、休闲旅游、休闲购物为一体的复合型园区	是	2.75万	0.3
20	雪驰山旅游度假村	实施	吉林省雪驰葡萄酒文化有限公司	二道区	2022—2025	1.2	项目位于吉林省长春市二道区英俊镇胡家村，占地面积12万平方米，由吉林省雪驰葡萄酒文化有限公司计划投资1.2亿元开发建设，该项目是集休闲宴会、特色餐饮、会议安排于一体的旅游度假山庄。拟开发建设空中吊索等内容	是	0.016万	0.9
21	卡戳App-游园伴侣项目	实施	吉林省卡戳文创艺品科技有限公司	二道区	2022—2025	1.6	项目以游客为中心，通过整合景区及周边商家满足旅客游园时吃住行、游娱购的物质需求，提供快速入园、景区门票、智能导航和位置共享、美食、酒店、导游、文化视频、艺术品交易、艺术品防伪、原创内容创作等众多服务，已和国内多家5A级景区达成战略性合作，全面打造数字时代的智慧景区，深度挖掘景区核心文化，为景区实现文化赋能，为游客提供一站式旅游体验，致力于让旅行变得更便捷、更有趣	是	0.07	0.6

续表63

序号	项目名称	属性（实施/谋划）	项目建设主体	建设地点	建设期限	总投资（亿元）	主要建设内容及建设规模	是否已开工	项目建设完成投资额（亿元）	项目建设进度（%）
22	长春光华学院乡村电商文化产业园（长春光华学院）大学生实习就业基地建设项目	实施	长春光华学院	二道区	2021—2025	3.86	项目建设地点位于长春市二道区，长吉南线以南、雾开河大街以东、英俊镇胡家村西刘屯范围内。此项目占地 7.8938 公顷，总建筑面积共115229.64平方米，共6栋，其中图书馆综合楼6519.56平方米、文化体育馆综合44846.38平方米、乡村电商培训大楼15089.16平方米、乡村文化综合体28997.06平方米、乡村电商培训宿舍9928.09平方米、乡村电商实训平台9849.39平方米	是	0.33	—
23	青怡坊国际旅游文创产业园项目	实施	吉林森地房地产开发有限公司	绿园区	2021—2024	33	占地面积15.7万平方米，建筑面积53万平方米，主要建设文化产品交易中心、文化主题商街、文化总部、商业配套、花卉交易中心、国际商品交易中心等	是	8.0769	24.50
24	裴家村现代都市农业旅游观光园项目	实施	裴家村委员会	绿园区	2022—2024	2	项目占地面积200万平方米，建筑面积140万平方米，建设一条线路以农业观光为主，把高档盆栽花卉园、种苗组陪中心、葡萄园、蔬菜园、火龙果园繁育贯穿了起来；另一条线路则以农业风情取胜，涵盖农村生活用具展示馆、文化展示区、棋牌室、农家菜、垂钓中心、跑马场等景点。成为“吃农家饭、住农家屋、做农家活、看农家景”的假日休闲旅游景点，建设果树基地，加工车间，10栋智能温室，10栋大棚	是	0.3895	19.50
25	长春轨道客车文化产业园	实施	中车长春轨道客车股份有限公司	绿园区	2022—2025	0.2	围绕高铁发展史、整车制造过程及未来走向，打造4万平方米的集观光展览。文化介绍、历史回顾、生产线参观于一体的爱国主义教育基地	否	—	—
26	长春市花“君子兰”文化园	实施	合心镇政府	绿园区	2022—2025	0.5	主要建设君子兰文化产品交易中心、花卉展示中心、沉浸式体验中心，组织开展长春市君子兰节庆活动，召开专家论坛、君子兰文学作品创编、君子兰文创衍生品开发、君子兰与长春城市故事动漫作品开发等。开展线上线下培训及销售推广活动	否	—	—
27	长春关东文化园项目	实施	长春关东文化园休闲度假有限公司	绿园区	2022—2025	4.5	打造荷兰温室大棚，突出研学功能，搭建帐篷营地，开发垂钓园，建设婚庆休闲，文化产业一条街	否	—	—
28	神鹿峰旅游度假区项目（二期）	实施	吉林中庆神鹿文化旅游投资有限公司	双阳区	3年	10	二期项目位于吉林省长春市双阳区山河街道柳树村，占地约26公顷，拟开发建设重点产品包括酒店-农业电商服务楼（占地约6万平方米，建筑面积约4.8万平方米）、农博展销中心（占地约6万平方米，建筑面积约5万平方米）、室内温泉水/雪乐园（占地约4万平方米，建筑面积约3.5万平方米）、大型停车场（占地约10万平方米）等内容	否	0.03	—
29	吉林数字动漫影视产业园建设项目	谋划	吉林动画学院、吉林吉动文化集团有限公司	双阳区	2023—2029	约5	影视、动漫、数字内容制作、网络游戏、影视作品宣发等；项目完成后五年内达到建设面积约20万平方米，入驻企业300户，就业人员4000人	否	—	—

续表63

序号	项目名称	属性（实施/谋划）	项目建设主体	建设地点	建设期限	总投资（亿元）	主要建设内容及建设规模	是否已开工	项目建设完成投资额（亿元）	项目建设进度（%）
30	如意湖片区开发基础设施建设项目	长春市双阳区政府	吉林省吉鹿投资发展（集团）有限公司	双阳区	3年	22	对双阳城区如意湖片区256公顷规划区实施生态环境修复工程、如意湖流域治理工程和基础设施建设、生态产业建设工程	是	—	—
31	富越滑雪场项目	实施	榆树市富越农业观光有限公司	榆树市	2021—2025	0.86	项目位于环城乡福安村1组，占地面积10万平方米，建筑面积6万平方米，现已投资800万元，建成垂钓园7000平方米、阳光温室1536平方米（春、夏、秋三季可采摘，冬季作为滑雪大厅）、戏雪乐园10000平方米、滑冰场地3000平方米、滑雪雪道35000平方米，建设戏雪游乐设施和安全防护设施	是	0.2	17
32	榆树豆腐文化休闲体验园	实施	榆树市榆乡豆制品有限公司	榆树市	2021—2025	0.63	主要项目内容包括豆腐生产工艺、豆腐与养生科普、豆腐制作体验、豆腐文化博物馆、省级工业旅游示范点创建等	是	0.002	1
33	中国北方酒业基地酒文化博物馆建设项目	实施	吉林省榆树钱酒业有限公司	榆树市	2021—2025	0.08	主要项目内容包括新建博物馆前台接待大厅、中央球形巨幕、长白天池仿景、皇帝巡游狩猎、天下第一粮仓、酒海工艺展示区、非遗酿酒工艺展示区、老街故事展区、珍宝馆、红色记忆——抗联故事、名人书画馆、酒艺戏台、品牌馆、多功能餐厅等	是	0.039	65.10
34	榆树市图书馆	谋划	榆树市文化广播电视和旅游局	榆树市	2021—2025	0.8	图书馆拟建设占地面积15000平方米,建筑面积7200平方米。其中，主体结构地下一层、地上四层，地下面积400平方米，地上面积6800平方米。服务人口130万人。主要规划10个功能区域：藏书区、借阅区、自修区、公共活动与辅助服务区等	否	—	—
35	五棵树沿江文旅康养小镇项目	谋划	万润集团	榆树市	2021—2025	3.5	依托松花江沿岸自然风光，主要建设地标建筑，文旅小镇，康养休闲集散地	否	—	—
36	榆树非遗说唱产教园	实施	榆树市文化广播电视和旅游局	榆树市	2021—2025	0.05	主要项目内容包括东北大鼓、榆树二人转、榆树草编、榆树农民画、徐家窑古建筑材料烧雕技艺等	是	0.1095	1
37	农安县博物馆建设项目	实施	农安县政府	农安县	2020—2023	1.57	项目总占地面积36463平方米，建筑面积11500平方米，地上4层9420平方米，地下1层2080平方米	是	0.82	52
38	长春市辽金时代旅游项目	实施	合隆荣发集团	农安县	2012—2025	12	依托科技进行有机种植、生态养殖、产业加工，全力打造集种植、养殖、果蔬采摘、科技培训、辽金民俗、农业观光、休闲度假于一体的环保型有机农业示范区	是	1.2	40
39	长春市农安县剑鹏马城	实施	剑鹏马城牧业有限公司	农安县	2012—2025	3.2	剑鹏马城旅游度假区包含的项目：温泉度假酒店，西部小镇的木屋别墅，霍比特亲子牧场，霍比特村，文化和旅游部重点自驾车房车露营地，风靡全球的场地赛车，航空运动领域中最受欢迎的轻型动力的飞行器动力三角翼，专业的弓箭竞技，具有西部牛仔风情的马术体验，西式马术婚礼、牧业观光、动物领养、垂钓、冬捕、雪爬犁、农业采摘、童话雪乡、雪地赛车等	是	2.6	75

续表63

序号	项目名称	属性（实施/谋划）	项目建设主体	建设地点	建设期限	总投资（亿元）	主要建设内容及建设规模	是否已开工	项目建设完成投资额（亿元）	项目建设进度（%）
40	太平中华一期基础设施项目	实施	农安县人民政府	农安县	2022—2025	5.39	旅游交通、环境整治、给水设施、供电设施、环境卫生保护设施、游客中心及应急救援中心、游客信息服务设施、消防设施	是	2.05	76
41	德惠市博物馆	实施	中东铁路南满支线附属建筑群德惠段俄侨中学旧址	德惠市	2016—2025	0.18	采用局部重建、修整加固、局部翻新相结合的方法对俄侨中学旧址进行维护改造，维修改造建筑面积为2970平方米	是	0.18	—
42	庙香山温泉滑雪度假区项目	实施	吉林庙香山冰雪体育旅游集团有限公司	九台区	2016—2025	30	项目位于九台区波泥河街道大顶子村，规划建设冰雪运动度假区、雪村民俗文化园、山地体育运动公园、溪游季主题灯光秀、水上体育运动公园、温泉度假小镇、现代生态植物园、佛教文化园八大板块的布局	否	9.7	32
43	马鞍山田园综合体项目	实施	吉林省亚汶生态农业发展有限公司	九台区	2019—2024	12	项目位于九台区土们岭街道马鞍山村，主要建设游客服务中心、民俗工坊、温泉度假酒店、中央厨房、冰雪运动馆、农耕文化体验区、林下经济区、森林康养区、冰雪欢乐谷以及养生温泉等	是	2.4	22
44	碧水庄园森林康养基地项目	实施	吉林省隆达集团	九台区	2022—2025	5	项目位于九台区波泥河街道张家店水库，该项目占地120万平方米，水域面积约5万平方米，主要建设休闲农业观光区，水上娱乐区，种植养殖观光区，森林康养区等	是	0.085	—
45	五一村合悦农旅创客新空间项目	实施	长春合悦听湖农园休闲旅游有限公司	九台区	2019—2025	2.35	项目位于九台区东湖街道五一村，主要建设露营基地、农创小院、共享菜园、轰趴馆、农创孵化器、非遗艺术空间、新农人培训基地、田园小剧场、亲子农耕研学中心、乡村影视基地、新乡村大集等	是	0.4	17
46	九台北部全民健身中心	实施	长春市九台区文化广播电视和旅游局	九台区	2022—2022	0.05	主要建设冰上运动中心、农民体育健身培训中心、吉林省首家体育文化展示馆	是	0.05	100
47	吉林省云源八台岭民俗体验区项目	谋划	吉林省云源八台岭旅游服务有限公司	九台区	2022—2026	1.5	项目位于九台区沐石河街道桦树村，项目以“关东民俗文化”为主题，发展山林温泉养生、农事体验、露营体验和观光拍摄等旅游项目，同时挖掘当地的民俗文化，开发美食体验、特色民宿、文化体验、手工艺制作等旅游产品，全方位体现关东传统文化，将文化体验、健康养生、休闲度假、亲子娱乐、农业观光聚集融于一体	否	—	—
48	坤圣园农业民俗文化休闲体验园	实施	吉林省坤圣园生态农业科技有限责任公司	公主岭市	2021—2025	3.75	项目位于吉林省长春市公主岭市永发乡新发村二组，园区总占地30万平方米，体验园项目占地4万平方米，拟建设设施农业板块、农业民俗博物馆、观光研学生产休闲基地、科研综合中心、科研教育中心、“农家乐”休闲中心、研发楼、农产品生产中心、农产品加工中心。逐步打造为现代化农业、果蔬生产加工、休闲观光为一体的一、二、三产业融合的精品园区	是	3.75	90

续表63

序号	项目名称	属性（实施/谋划）	项目建设主体	建设地点	建设期限	总投资（亿元）	主要建设内容及建设规模	是否已开工	项目建设完成投资额（亿元）	项目建设进度（%）
49	公主岭市大龙山文化园二期工程建设	实施	吉林省广善龙山景区旅游服务有限公司	公主岭市	2021—2025	7.8	项目位于吉林省长春市公主岭市龙山乡翻身村，总占地78公顷，森林覆盖率80%。一期建设：现代农业样板区、旅游观光体验区、旅客居住区、老年康养区、中药花海区和满族民宿展示区。打造具有市场竞争力的森林康养品牌。其中，1.满族风情园，占地5000平方米。2.高标准温室30栋。3.观景台、傣族木屋民宿、玻璃栈道、仙人洞（12层）、红色文化墙、山脊长城、儿童乐园等景观设施，旅游接待中心1处，停车场2个。二期拟改造仙山村、翻身村近70户农户为乡村民宿，“十四五”时期，引进并启动冰雪项目，建设索道、雪场、智能化停车场等	是	3.5	95
50	公主岭中东铁路历史文化街区	实施	公主岭市岭富集团	公主岭市	2021—2025	2.12	项目位于吉林省长春市公主岭市铁北街道，总用地面积39253平方米，总建筑面积18759.96平方米（原2021年12月详规），其中项目新建综合服务中心总建筑面积14899.13平方米，地上总建筑面积6536.09平方米，地下建筑面积8363.04平方米 。新建3栋仿古建筑物，建筑面积493.58平方米。修缮16 栋120年前的古建筑，新建3栋仿古建筑及配套设施，彩绘、雕刻的304米长的中东铁路工业文化遗产巨幅长廊。项目建设相应的给排水、电力、采暖、地面硬化、绿化等配套设施	是	1.28	85
51	响铃公主文化园	实施	公主岭市人民政府	公主岭市	2021—2025	0.15	主要包括：1.响铃公主文学作品创编、主题演艺开发、微电影拍摄、响铃公主文创衍生品开发，其中响铃公主文物修复项目占地面积1.7万平方米，修复公主陵寝2座，新建飨殿1座，园区基础设施和公共服务设施等。2.马占山纪念馆项目占地面积6000平方米，馆内面积600平方米，建设展馆、广场雕塑及相关附属设施，将展出实物展品和抗战历史文物	是	0.05	60
52	公主岭市文体综合服务中心建设	谋划	公主岭市人民政府	公主岭市	2021—2025	13.7	位于公主岭市岭西新城，具体为岭西六路以西， 丙九路以东；金融街以北，岭南大街以南。项目总占地面积 215816.00 平方米，文体综合服务中心用地面积 198173.00 平方米。 建设内容：建设 6000 座席篮球馆、2000座席游泳馆、 综合馆各一栋，体育公园一处。总建筑面积 92225.51 平方米，其中： 体育公园配套用房 3000 平方米，篮球馆 19385.28 平方米， 游泳馆 13706.76 平方米，综合馆 338958.92 平方米，室外 架空平台 11002.82 平方米（含平台下功能运营用房 4680.97 平方米），锅炉房 1234.73 平方米，地下车库 10000 平方米。 购置公用工程设备以及体育器材；配套建设道路广场、绿化 等附属设施以及给排水、供暖、供电、通信等公用设施。建设人行桥跨度为 224.5 米、106 米及 225.5 米的天桥 各一座	否	—	—
53	公主岭市吉商文化产业园	实施	公主岭市人民政府	公主岭市	2021—2025	1.89	项目位于吉林省长春市公主岭市大泉眼村，占地43708.00 平方米，建筑面积22134.19 平方米，主要建设有吉商文化展示体验中心，配套服务中心，设备及办公用房，文创活动用房，地下设备用房，购置共用工程设备 93 台（套），并配套建设给排水、采暖、供电、绿化、道路、围墙及大门等设施，规划机动车停车泊位 143 个	是	0.65	30
54	长春新区北湖文旅产业融合提升（一期）建设项目	实施	长春高新文化旅游建设开发有限公司	长春新区	2020.12.20—2023.5.31	46.76	项目位于北湖开发区龙湖大路北湖湿地公园，本项目主要建设内容为对北湖区域内现有破损基础设施进行改造提升和生态修复，实现生态可持续发展；对区域内功能进行统一规划，形成完善服务功能和形成商业氛围；完善娱乐基础设施，提升北湖娱乐性，带动文旅产业发展。项目建设完成后拟将北湖公园打造成为5A级标准旅游景区，年接待游客300万人次	是	2.63	6
55	长春海容酒店建设项目	实施	长春高新房地产开发有限责任公司	长春新区	2018—2023	10.00	项目位于高新区前进大街以东、蔚山路以北，超五星级酒店塔楼15层，四星级酒店塔楼23层	是	5.60	65

续表63

序号	项目名称	属性（实施/谋划）	项目建设主体	建设地点	建设期限	总投资（亿元）	主要建设内容及建设规模	是否已开工	项目建设完成投资额（亿元）	项目建设进度（%）
56	长春光华学院电影产业基地项目	实施	长春光华学院	经开区	2021—2025	3.5	该项目建设地点位于长春经济技术开发区合肥路以南丙六街以东（JK-GD3-KD2-D26-04），计划占地面积19297平方米，建筑面积53700平方米（其中地上面积46700平方米，地下面积7000平方米），该项目是长春第一个集产、学、研为一体的电影产业基地	是	—	—
57	长春际华园	实施	际华集团	经开区	2021—2025	20	建设新型运动健康娱乐综合体	是	—	—
58	长春文旅（会展）综合产业交流中心	谋划	长春国际会议中心	经开区	2022—2028	2.5	依据会展中心的硬件优势、资源优势、管理优势，以及具有22年的丰富接待经验，无论是接待展会、文体活动、体育赛事等都能够出色完成	否	—	—
59	长春市动物园搬迁一期建设项目	实施	长春净月高新技术产业开发区园林绿化处	净月区	2020—2023	5.27	建设规模：占地面积90.5万平方米。 主要内容：1824.9平方米极地馆、2840.7平方米本土动物区、2922.7平方米火烈鸟馆、6050平方米水禽馆、1320平方米犀牛馆、2310平方米长颈鹿馆、4470.13平方米鸟类展馆等14个动物展区建筑，以及15583平方米后勤保障设施、电气工程、消防工程等配套的工程。 项目地点：规划长双快速路以东，山地以西，山地以南，规划长双快速路奢岭连接线以北	是	3.7	0.65
60	长春市影视文创孵化园区建设项目	实施	长春净月影视文旅产业集团有限公司	净月区	2021—2022	19.14	建设规模：占地面积11.52万平方米，建筑面积23.36万平方米。 主要内容：主要建设包括面向高校学生及成人的相关教学培训基地、影视文创类孵化基地、宿舍、食堂等15栋建筑。 项目地点临河街以东、规划路以南、生态西街以西、福祉大路以北	是	9.9	0.54
61	影视产业园区基础设施建设项目	实施	长春净月影视文旅产业集团有限公司	净月区	2021—2023	11.71	建设规模：占地面积6.66万平方米，建筑面积17.39万平方米。 主要内容：主要包括影片译制产业孵化中心、数字电影发行产业孵化中心、影视创作产业孵化中心、数字版权及数字修复产业孵化中心。 项目地点：生态大街以东，其他规划用地以西，其他规划用地以南，新城乙三路以北	是	8.84	0.89
62	长春市影视文创孵化园区二期建设项目（万达mall）	实施	长春天富商业管理有限公司（影视文旅集团全资子公司）	净月区	2022—2025	40.6	建设规模：项目总用地面积24.7947万平方米，新建总建筑面积47.3万平方米。 主要内容：包括影视科普研学基地和冰雪体验摄影基地。影视科普研学基地建筑面积 35.3万平方米，其中地上建筑面积 25万平方米，地下建筑面积 10.3万平方米；冰雪体验摄影基地建筑面积12万平方米；同时建设场区道路硬化、停车场及绿化，配套建设室外管线、购置公用工程设备。 项目地点：长春净月高新开发区内，东至生态西街，南至丙五十一路，西至临河街，北至净月快速路	是	3.11	打桩完成15%
63	长春国际影都数字影视基地	实施	东北亚数字科技有限公司	净月区	2021—2025	86.57	建设规模：占地面积46万平方米，建筑面积85.14万平方米。 主要内容：主要影视总部基地、影视产业链配套设施和1万机柜规模的大数据中心及长春算力中心。 项目地点：生态大街以东，新城乙一路以南，生态东街以西，新城乙二路以北	是	2.14	算力中心土建部分已完成50%

续表63

序号	项目名称	属性（实施/谋划）	项目建设主体	建设地点	建设期限	总投资（亿元）	主要建设内容及建设规模	是否已开工	项目建设完成投资额（亿元）	项目建设进度（%）
64	长春国际影都影视拍摄基地项目	实施	长春北方影都投资有限公司	净月区	2020—2025	50	建设规模：占地面积70.77万平方米，主要建筑面积32万平方米。 主要内容：该项目规划建设影视摄影基地（不少于30个影棚）、影视制作基地及影视创客中心等业态。 项目地点：临河街以东、丙四十七路以南、生态西街以西、净月快速路以北	是	18.45	0.55
65	长春国际影都酒店群项目	实施	长春北方影都酒店投资有限公司	净月区	2020—2023	21.39	建设规模：占地面积17.2417万平方米，总建筑面积17.47万平方米。 主要内容：该项目规划建设2座高星级酒店（文华6星级酒店、锦华4星级酒店）、金色大厅及配套附属设施。 项目地点：规划丁一街以东、丙四十七路以南、临河街以西、净月快速路以北	是	9.58	0.65
66	山丘文化产业园	实施	吉林锦银置业有限责任公司	净月区	2021—2023	14	建设规模：总占地面积5.53万平方米，规划总建筑面积约30万平方米，其中地上建筑面积约22万平方米，地下建筑面积约8万平方米。 主要内容： （1）影视企业集中办公、数字化影视平台、文化产权交易中心、影视CG渲染农场等影视产业生态集聚区； （2）以影视IP打造文化艺术街区等沉浸式体验空间； （3）影视文化融入产品设计开发系列文创产品； （4）城市节事活动与艺术展览，建设云CAMP露营营地，举办露营生活节、短视频影像节、冰雪嘉年华等城市文化现场。 建设地点：临河街以东、富邑四季汇以西、天合路以北、绿地以南	是	10.173	A地块90%
67	吉林省新三馆（吉林省文化活动中心、美术馆、近现代史展览馆）	实施	吉林省文化和旅游厅	净月区	2022—2025	21.2	主要建设文化中心、近现代史展览馆、美术馆。 项目地点：生态大街以东，丁十六街以西，净月甲一路以南，丙四十九路以北	否	—	—
68	吉林省长春净月潭景区基础设施建设项目	实施	长春净月潭旅游发展集团有限公司	净月区	2022年11月至2024年12月	10.144	项目位于净月潭，主要建设包括北入口改造（泛公园占地5.8万平方米、净月云1.25万平方米、滨水服务中心0.4万平方米、游客中心改造、大巴车停车场改造、新建停车场1.14万平方米）、西入口改造（改造大门、新能源停车场及周边铺装）、增设座椅及木栈道0.39万平方米、徒步游线铺装、新增休憩点及能量补给站15处、草地修复27万平方米、雪地游线改造9.95万平方米、卫生间提升改造、新建服务模块0.279万平方米、北区（游客中心 0.069万平方米、大坝改造）、南区（滨水服务中心0.015万平方米、草地活动区）、公共景观导视与标识系统等工程	否	—	—

续表63

序号	项目名称	属性（实施/谋划）	项目建设主体	建设地点	建设期限	总投资（亿元）	主要建设内容及建设规模	是否已开工	项目建设完成投资额（亿元）	项目建设进度（%）
69	中央公园	实施	长春净月投资控股（集团）有限公司	净月区	2022年9月至2024年12月	12.8505	建设规模：总占地面积约49.0358万平方米，其中水域占地约2.8427万平方米、陆地占地46.1931万平方米。总建筑面积4.5936万平方米，其中地上建筑面积3.3382万平方米、地下建筑面积1.2553万平方米。 主要内容：建设内容包括市民中心、文创中心、服务群落、净月驿、可移动服务模块、可移动公厕、铺装绿化，并建设附属设施等。 建设地点：生态大街以东，银杏路以南,新城大街西，其他规划用地以北	是	1.27623	0.167
70	文化创意产业园区基础设施建设项目	实施	吉林远禾建设有限公司	净月区	2022—2027	35.34	建设规模：占地面积24万平方米，建筑面积30万平方米，其中地上建筑面积19.75万平方米，地下建筑面积10.25万平方米。 主要内容：建设内容包括创新中心、展示中心、研发中心、人才公寓、水文化体验中心、创业中心及综合服务楼，并建设附属设施等。 项目地点：伊通河以东，滨河路以西，天普路以南，天新路以北	是	0.0206	基础部分完成30%
71	净月中东港	实施	吉林省中东集团有限公司	净月区	2021—2024	40	建设规模：占地面积10.88万平方米，建筑面积48.48万平方米，其中地上建筑面积408519.1万平方米，地下建筑面积73759.62万平方米。 主要内容：购物中心、艺术精品酒店、总部办公楼、商业街区、运动公园、儿童小镇、美食天地、创新工场	否	5	0.18
72	长春电影嘉年华主题文旅街区项目	实施	吉林中庆旅游文化发展有限公司	净月区	2022—2026	1.5	建设规模：用地面积约1.5万平方米，总游览动线长540米，项目总投资1.5亿元，目前完成投资0.4亿元，后期将持续投入运营。 主要内容：主要建设沉浸式文商旅夜经济综合体及相关配套设施。 建设地点：于长春市净月区博会路与橡树街交会处农博园3号门至4号门	是	0.25	95%（目前工程进度基本完成，每年需设备采购及更新等）
73	“长白山火山岩陶瓷艺术暨玄武烧”研发推广项目	实施	吉林省工艺美术集团有限公司	净月区	2021—2023	0.5	建设规模：建筑面积0.275万平方米。 主要内容：艺术研发中心0.1万平方米、定制化产品制造中心0.1万平方米、0.075万平方米。 项目利用国家5A级景区长白山的地理资源长白山火山岩与陶瓷工艺二度熔燃创新煅烧，研发一款新型工艺品原料“玄武烧”，此项工艺的研发技术在中国尚属首次，填补了该项工艺品生产领域的空白，同时进行产业化链接，打造长白山区域品牌文化特色及品牌宣传推广。 建设地点：项目位于吉林省长春市净月开发区福祉大路66号	是	0.27	0.65
74	汽车文化公园二期	实施	长春润德公司	汽开区	2021—2024	2.2	项目位于汽车产业开发区长春国际汽车公园内，园区设置“一轴”（文化体验轴）、“两廊”（风廊、水廊）、“三园”（旅泊花园、百洲花园、风驰花园）等多个主题分区。其中国际特色小镇占地面积37637平方米，总建筑面积15996平方米	否	—	9.30

续表53

序号	项目名称	属性（实施/谋划）	项目建设主体	建设地点	建设期限	总投资（亿元）	主要建设内容及建设规模	是否已开工	项目建设完成投资额（亿元）	项目建设进度（%）
75	长春金鹰世界	实施	吉林金鹰正业置业股份有限公司	莲花山	2022—2024	5	占地面积14.68万平方米，总建筑面积50万平方米，建设内容为奥特莱斯、精品酒店、康养中心	是	—	—
76	天定山旅游度假小镇项目	实施	吉林省建设集团	莲花山	2021—2024	89	天定山旅游度假小镇占地面积约7平方公里，包含长春冰雪新天地、天定山滑雪场、智成有机农业以及天定山民宿四大板块	是	26	50
77	冰雪文化创意产业园	实施	长春市华辰房地产开发有限公司	莲花山	2021—2022	2.2	总占地面积7620平方米，拟新建十二层商业建筑1栋，总建筑面积约2.6万平方米，其中地上建筑面积1.9万平方米，地下建筑面积7000平方米，框架结构。项目建成后将成为集中小企业孵化器等综合性创意产业基地	是	0.6	25
78	国色天莲文化产业园康养项目	实施	吉林省众凯建筑工程有限公司	莲花山	2019—2025	3	占地面积5.7万平方米，建筑面积12万平方米，主要建设康养医疗中心、养老公寓、教育培训机构、文化活动中心	是	3	50
79	莲花山滑雪场改造升级项目	实施	长春莲花山实业集团	莲花山	2022—2025	2.8	主要建设滑雪场雪具大厅及基础设施改造	是	1	35
80	自行车公园项目	实施	长春莲花山实业集团	莲花山	2022—2023	1.5	主要建设自行车泵道、小轮车场地、滑板场地、越野赛道及自行车骑游道施划	是	0.4	一期工程完成80%
81	文体小镇项目	实施	吉林省长荣优盛文体产业发展有限公司	中韩（长春）国际合作示范区	2023年9月	3.13	项目位于中韩（长春）国际合作示范区，中韩滨河街以西、雾海西街以东、中韩滨河街以南。 项目占地面积12.96万平方米，总建筑面积1.18万平方米。主要建设中韩文体促进交流中心、地下配套建筑以及场区公用辅助工程	是	0.9975	45.45
82	春明湖生态旅游区建设项目	实施	长荣城市建设投资（集团）有限公司	中韩（长春）国际合作示范区	—	13.83	项目位于中韩示范区，雾海西街、金丰大街以东、长德大街以南、雾海东街以西、中韩快一路以北。 项目规划用地面积635.2万平方米，总建筑面积2.15万平方米，具体建设内容包括：新建景观绿化、道路广场铺装，以及游客服务中心、旅游休闲街区，部分环境整治工程以及配套旅游附属设施等	否	—	—
83	中韩城市风情街项目	谋划	—	中韩（长春）国际合作示范区	—	—	—	—	—	—

老共产党员、中国工艺美术大师彭祖述篆印系列作品组成，利用石雕篆刻艺术展现中国共产党成立100周年以来百位先进人物事迹与风采。展览设“革命英烈”“伟人风范”“科教之星”“时代楷模”4个部分。7月8日，省委常委、宣传部部长石玉钢到长春世界雕塑园参观中国共产党百位先进人物石雕篆刻展。

（张文强）

文化市场管理

【概况】 2021年，全市有各类文化经营场所935家。其中，互联网上网服务营业场374家，文化娱乐场所278家，演出场所37家，艺术品经营店246家。长春市城区（开发区）有文化经营场所725家。其中，互联网上网服务营业场所297家，文化娱乐场所133所，演出场所47家，古玩（美术品）经营店248家。

年内，开展市场主体培育倍增行动，实施包容审慎监管，提升服务质量。深化文化市场综合执法改革，推进“双随机、一公开”监管，建立文广旅行业领域常态化治理机制，加强市场执法监管，整肃和规范市场主体经营行为。深化扫黑治乱行动，推进文旅市场信用体系建设，持续净化文旅市场发展环境。及时查处整治突出问题，开展非法卫星地面接收设施清理、校园周边出版物市场整治、社会艺术水平考级专项检查等专项整治行动，出动执法人员8274人次，检查相关场所4710家次，立案29件，拆除非法设备51017套。

长春市文化市场综合行政执法支队被评为2020—2022年度全国文化市场综合执法重大案件办案先进单位、全省扫黑除恶专项斗争先进集体。

【行政审批】 2021年，办理港澳台营业性演出许可2件，广播电视视频点播3件、文博类许可事项3件，文化类民办非企业前置审核、变更5件。严格执行工程项目并联审批相关要求，会同文保处完成“并联审批”平台中各项工程建设方案的联合审查。

【制度建设】 建立健全KTV著作权纠纷多元化解工作机制。组织市文旅局、市中级人民法院、中国音集协驻吉林省办公室、市娱乐行业协会等单位召开长春市版权收费标准协调会，加强长春市娱乐行业协会与中国音集协沟通合作，推动娱乐行业著作权保护，营造合法、健康的经营和娱乐体验环境；会同市中级人民法院、市版权局联合成立全面推进多元化解著作权纠纷工作领导小组，印发《关于建立著作权纠纷多元化解工作机制的实施意见》，定期或不定期通报著作权纠纷多元化解工作情况，实现信息共享。

【文化市场监管】 长春市文化市场综合行政执法支队全年出动执法人员4000余次，检查文旅市场1800家次，查办案件27件，罚款金额69.1万元，扣缴非法出版物2万余册，销毁社科、教材教辅资料、宗教类侵权盗版及非法出版物9963册。

开展各类专项行动，深入净化文化市场。开展“扫黄打非·净网2021”专项行动，共计出动执法人员2000余人次，检查出版物经营单位800余家次，查办盗版侵权类案件5起，对长春市二道区方舟书店、蔚教育咨询中心给予行政处罚，对3户印刷企业进行警告处理并罚款。开展版权执法专项行动，严厉打击侵权盗版、销售盗版出版物、网络侵权、销售使用盗版软件等行为，检查场所240余家次，出动执法人员490余人次，收缴非法出版物4234册，立案查处4起。开展“护苗2021”专项行动，通过形式多样的主题活动全面净化中小学校园周边文化环境，检查书店、文化娱乐、网络服务相关经营单位540余家次，办结与未成年人有关案件10起，罚款5.8万元，收缴盗版教辅材料1170册。

规范营业性演出经纪行为，防止劣迹艺人转移阵地复出专项检查。加强对营业性演出活动的现场监管，主要做到“6个查清”：查清全市演出经纪机构（经纪公司、工作室）的规模数量；查清演出经纪机构登记注册取得资质等基础信息情况；查清演出经纪机构经营状态和从事的主要经纪活动（签约、推广、代理）；查清演出经纪机构在演出活动中法定义务承担情况；查清演出经纪机构签约演员构成基本情况；查清是否有不良记录或负面舆情的演员参加的营业性演出活动。按照文化和旅游部通知要求，将原文化和旅游投诉、举报电话“12318”和“12301”整体并入“12345”政务服务便民热线，实现文化、旅游投诉信息县（市）、区两级网络推送，对投诉案件进行跟踪、督办、办结反馈，完成56件文化类举报、投诉受理、处理；通过长春市旅游纠纷人民调解委员会调解旅游纠纷58件，为旅游者挽回经济损失61万余元。

（王　冠　王靖然　韩　凯）

卫生健康

WEISHENG JIANKANG

综　述

【概况】　2021年，全市有医疗卫生机构7924家。其中，医院251家，基层医疗卫生机构7592家，公共卫生机构62家，其他医疗卫生机构19家。有三级医院34家，其中三甲医院18家。医疗卫生从业人员107528人，其中卫生专业技术人员84648人。床位6.62万张，医疗卫生机构建筑面积11929589平方米。2021年，诊疗4611.3万人次，其中入院治疗154.25万人次。

【健康长春行动】　成立健康长春行动推进委员会。建立院前急救协同信息平台，实现急救转运与胸痛中心、卒中中心、创伤中心无缝对接。选定南关区瑞金口腔为2000名6~9岁适龄儿童开展免费牙齿窝沟封闭服务。德惠市中医院作为吉林省首批县级中医院治未病能力提升项目单位建设完成并投入使用。选取绿园区为长春市居民健康档案向个人开放工作试点区，向居民开放电子档案452207份。全市34家母婴室全部通过省卫健委考核验收，实现现行标准下长春市公共场所和用人单位配置母婴设施全覆盖。全市17个县（市）、区106家基层医疗卫生机构全部完成智医助理辅助诊断系统和外呼电话机器人上线使用，外呼服务544万人次。

【健康促进活动】　实施护蕾计划，向全市844个学校、学生传递“新冠肺炎校园防控”知识。开展“老年健康教育专项行动”，成立老年科普专家团队，确定48个单位为长春市首批“银龄健康教育实践基地”，为773名老人完成失能评估，康复护理指导率100%，培训村医414人次，指导家庭照护者530人次，1.4万名老人接受两次医养结合服务老人。加强职业健康宣传培训，完成全国第19个《中华人民共和国职业病防治法》宣传周活动。在全市组织开展全民营养周暨“5·20”中国学生营养日主题宣传活动。农安、绿园健康促进县（区）建设通过国家验收，双阳区通过健康促进县（区）国家级技术复评。长春医学高等专科学校牵头组建吉林省健康养老职业教育集团。计生宣教中心在吉林旅游广播微信公众平台发送“金牌医生”100余期。健康教育中心与吉视传媒合作开通“银龄健康讲堂”栏目，受益人数超过500万人。

【卫生事业规划】　制定长春市卫生健康“十四五”规划和医疗卫生服务体系规划编制工作方案，完成第三方专业机构参与课题研究遴选工作，多次召开直属单位、各县（市）区、开发区卫生行政部门、基层医疗机构、民营医疗机构座谈会，研究最新框架和重点工作任务，起草“十四五”规划和服务体系规划初稿。年内，汽开区加快推进“三层次一核心两片区”医疗卫生体系布局，市口腔医院民康院区进入装修阶段，公主岭中心医院和中医院异地新建项目持续推进。

【医疗卫生服务】　通过“平安医院”“行业作风专项整治”“智慧医疗服务”等载体，对公立医院进行医疗质量监管评价，规范诊疗行为，改善医疗服务体验。在调研基础上，出台公立医院绩效考核体系，以费用控制和医疗效率为核心指标组织专家开展公立医院绩效考核检查工作。开展“民营医院管理年”活动，对民营医疗机构进行血液透析、医疗废弃物等多项专项检查，对存在质量安全隐患的限期整改。市妇产医院获评中国妇幼保健协会批复的双胎妊娠规范化门诊和双胎妊娠规范化管理提升项目试点单位。

【公共卫生体系建设】　“一院两中心”建设项目主体结构封顶，进行室内装修。17个县（区）对疾控中心等公共卫生机构进行新一轮建设。推广置突发事件“接警即报”工作经验，全年落实市政府领导签批文件9件，市政府在值班报告中通报表彰首报突发事件31个，报告及时率100%。建立应急处理领导小组，更新完善6支应急队伍，更新医疗、疾控、监督卫生应急专家库，重点加强重大和群体性事件紧急医学救援工作。宽城区协同工信建立防疫物资联合保供机制。净月区新建7家公立社区卫生服务中心及PCR

实验室。急救中心"120"专线接通率98%，呼救满足率78%，比2020年同期提高7.2%左右。

【卫生健康科技项目】 组织开展全市科研管理工作调研活动；完成科技能力提升项目评审工作，获批立项20项；组织19项科技成果登记上报省推荐；组织各相关单位进行结题申报，17个申报项目全部结题。

【重点专科建设】 在全市组织开展长春市"十四五"医学重点专科建设项目评审工作，组织驻长二级以上医疗机构（含民营医疗机构）36个单位239个专科进行申报。其中，省属9个单位89个专科，市属13个单位118个专科，县市区5个单位11个专科，民营9个单位21个专科。

（姜德强）

医疗卫生体制改革

【分级诊疗制度完善】 市属医联体牵头单位派出医务人员196人，诊疗5151人次，教学查房49次，疑难病例讨论40次，会诊205次，业务培训52次，培训7965人，参与危重症抢救11次，接收帮扶医院进修人员25人。市儿童医院加入东北区儿童医疗中心—沈阳盛京医院医疗联盟，完成国家、东北区及省内儿科医联体一体化建设。农安县组建由县医院、县中医院牵头，29家乡镇卫生院和4家社区卫生服务中心参与的两大县域医共体。在双阳召开医共体推进调研会探索"县乡一体化"模式。

【公立医院综合改革】 长春市城市公立医院综合改革经验做法代表长春市经验改革案例之一报送至省委改革办。与吉大公共卫生学院配合完成47家医院、8大类任务、182项指标的公立医院综合改革第三方现场评估工作。与市医保局共同对5个主城区、8家二级公立医院、29家基层医疗机构就国家药品集采工作落实、医疗服务项目价格执行以及医保信息化推进等方面进行现场调研。出台长春市年度控费文件。召开省部级等近30家公立医疗机构采购部门负责人参加的跨区域联盟采购工作会议，全市90%公立医疗机构完成与全药网对接。市中心医院与国药控股互联网医院（吉林）有限公司合作，申请设置长春国药云医互联网医院。

【基本药物制度落实】 完成2020年度基药补助执行情况自评工作，全市政府办基层医疗卫生机构和村卫生室基本药物覆盖率100%，全年基药补助预算执行率97.03%。开展短缺药品供应情况调查，组织全市299家公立医疗机构临床医师、药师933人参加吉林省国家基本药物临床合理使用培训，指导和规范临床医生合理使用国家基本药物。南关区实行药品采购"两票制"，基药种数均在150种以上。加快推进政务服务"跨省通办"，落实国务院"证照分离"改革政策，配合市人大出台《关于深入开展新时代爱国卫生运动依法做好常态化疫情防控的决定》，落实领导干部定期学法制度，组织召开重大行政处罚案件集体讨论会5次。受理各类卫生行政审批事项4007件，群众对市卫健委行政审批窗口服务工作满意度100%，部门满意度排名全市第二。长春新区率先出台医疗卫生领域信用体系建设制度，建立机构及医务人员信用档案。莲花山深化"放管服""证照分离"改革，精简审批要件76件。

【医联体工作】 侧重医防融合，引导综合医院、专科医院到社区卫生服务中心等基层医疗机构开展工作。加强慢病科普宣传，增强医务人员诊治能力，建立绿色通道畅通上下转诊流程。市属医联体牵头单位派出医务人员196人，其中管理人员39人，诊疗5151人次，教学查房49次，疑难病例讨论40次，会诊205次，业务培训52次，培训7965人，参与危重症抢救11次，接收帮扶医院进修人员25人。

（姜德强）

新冠疫情防控

【概况】 在市新冠疫情防控工作领导小组领导下，研判国内外疫情形势变化，调整防控策略，健全常态化防控机制，完善应急响应机制，有效处置绿园区、二道区和公主岭市输入疫情，妥善应对OZ303、CA780航班境外输入疫情，保护人民生命安全和身体健康，保障社会生产生活正常运转。

快速响应。设立市突发疫情应急指挥长，健全"属地处置、区域协作、高效联动"应急处置机制，开展突发疫情应急处置演练，提升防控能力。利用信息技术，完善与公安、海关等部门联合开展流行病学调查工作机制，确保疾控机构专业人员流行病学调查和公安机关大数据搜索同步进行，即时互动，高效流调，快速反应，有效控制。

疫苗接种。按照国家和吉林省部署，长春市于2020年12月29日启动新冠病毒疫苗接种工作，经过重点人群接种、18岁以上人群接种、12~17岁人群接种、重点人群加强针接种、3~11岁人群接种等阶段，开展3岁以上人群大范围接种工作，构筑免疫屏障。印发相关实施方案类文件5份，指导县区做好临时接种点建设，补足冷链转运能力，开展业务培训7次，多次组织实地督导检查，发现问题，解决问题。全市有常规接种门诊255家，临时接种门诊100余家提供新冠疫苗接种服务，完成新冠疫苗接种工作培训2000余人。截至12月31日，新冠病毒疫苗接种1600万剂次。

重点人群管控。按照省疫情防控领导小组要求，依据人员风险等级，对入境人员、有中高风险旅居史人员和其他重点人员实施分级分类管理。确保人员管控及时、严密、有效。年初以来先后对河北藁城、黑龙江望奎、云南瑞丽、辽宁鲅鱼圈、"5·21"广州疫情、"7·20"南京疫情、"9·10"福建莆田、"9·21"黑龙江哈尔滨、"10·17"西北旅游等多起疫情发生地中高风险来（返）长人员开展排查。截至12月31日，全年长春口岸入境国际航班53班次，隔离入境人员19366人，管理密接500余人，次密接7400余人。

监测预警防控。强化各级各类医院、发热门诊、药店哨点作用，对所有就诊和购药患者询问外出史和接触史，发现疫情发生地来返长人员立即落实防控措施。严格对重点人员、特定服务场所和行业人员每周开展抽样核酸检测，截至12月31日，全市应检尽检324.95万人次，全市愿检尽检62.9万人次，累计检测近387.86万人次。

防控指导保障。完成全省各级机关考试录用公务员长春考区笔试、卫生专业技术人员考试、全国二级建造师执业资格考试、长春市中考体育现场考试等30场考试提供防疫指导和防疫保障；为重大会议、大型展会、峰会提供防疫指导和防疫保障8次，为大型活动赛事提供防疫指导和防疫保障13次。为世界中医药大会、第二十届中国长春国际农业·食品博览（交易）会、第六届夏季峰会、第十八届中国长春国际汽车博览会、第四届中国粮食交易大会、2021年空军航空展等大型活动、会议、考试等11个活动提供防疫保障。

【新冠患者医疗救治】 调度全市医疗资源，历时46天完成长春市新冠肺炎患者医疗救治工作。新冠肺炎患者111人（确诊病例105人、无症状感染者6人），全部治愈出院并解除集中医学观察，无死亡病例。

【境外输入无症状感染者管理】 4月21日起，收治境外输入病例19人（确诊病例6人、无症状感染者13人）。截至11月2日，治愈出院及解除医学观察14人，在院治疗及集中医学观察5人。

【大规模核酸检测】 1月18日至24日，成立大规模核酸检测专班，有序组织各主城区、开发区分批次启动大规模核酸检测，检测427.8万人，结果均为阴性。设置2187个采样点（1842个固定采样点、345个机动采样点），投入采样人员9207人，市卫健委统筹协调38家部省属、市属医疗机构支援采样人员3644人。1月11日至2月10日，检测813.31万人，检出阳性13例。

【医院感染防控】 3月25日、4月7日两次派院感专家到市传染病院指导复工复诊。5月、10月邀请吉大一院感染控制部主任陈玉坤解读《医疗机构内新型冠状病毒感染预防与控制技术指南（第二版）和（第三版）》。

【新冠肺炎恢复期血浆采集】 吉大一院、市中医院、公主岭市卫健局、市中心血站招募动员，市中心血站负责转运血样并采集血浆。4月，经3次动员后，有5名出院患者捐献血浆，采集血浆1700毫升。

【隔离人员就医】 疫情期间满足患者基本就医需求，协调相关医疗机构，对需要维持定期治疗的患者及孕产妇等特殊群体，保障连续医疗服务。确定吉大一院为隔离人员发热定点救治医院。心理医生进驻隔离点对重点人群开展心理干预。指定长春市传染病医院发热门诊为接诊入境航班待排查人员、国内中高风险地区来（返）长隔离人员以及集中及居家隔离期间就诊人员等高风险人群的发热门诊。吉林大学第一医院、吉林大学第二医院、吉林大学中日联谊医院、吉林省人民医院、吉林省前卫医院、吉林省一汽总医院、长春市中心医院分别派出整建制工作人员，承担发热门诊工作，完善会诊和转诊流程，保障高风险人群就诊需求。

【常态化疫情防控】 每日调度、汇总医疗机构数据信息。截至11月3日，21家发热门诊就诊62603人，核酸采集率100%；住院患者765709人，核酸采集率100%。加强发热门诊建设管理，在疫情期间发热门诊就诊人数环比增加95%情况下较好完成医疗服务工作。推进发热门诊规范化建设，加强病例排查和发热病人闭环管理。5月，对全市基层医疗机构、个体诊所等未设置发热门诊医疗机构和所有发热门诊开展新一轮、全覆盖指导，下达卫生监督意见书150余份，对8家隐患突出诊所和2家村卫生室暂停营业限期整改、6家诊所限期整改、2家给予警告、1家违规开展诊疗活动医疗机构联合公安机关予以取缔、3家疫情防控措施落实不到位民营二级专科医院进行

3月11日，驻长春市抗疫救治医疗队合影　　（市卫健委　供图）

9月6日，召开长春市新冠肺炎医疗梯队培训会议　（姜德强　供图）

约谈和限期停业整改。

【新冠肺炎救治培训】 指导长春市传染病医院制定《新冠肺炎疫情应急处理预案》《长春市传染病医院应对新冠肺炎疫情应急腾空方案》和《参与新冠肺炎救治工作人员闭环管理工作预案》。组织开展长春市新冠肺炎医疗梯队培训演练，通过理论培训和演练实操相结合方式，从新冠肺炎临床诊疗、护理、感控管理和患者全流程救治管理等方面，对全市18支新冠救治梯队432名医疗队员进行培训演练。

【核酸检测能力建设】 推进二级综合医院实验室建设，具备独立开展新型冠状病毒核酸检测资质医疗机构78家，日最大检测能力5.2万份；依托市中心医院、市人民医院、市儿童医院、市传染病医院建设4家城市检测基地，日最大检测能力12万份；第三方检测机构13家，日最大量检测能力22万份。加强能力建设，多次组织各相关医疗机构参加国家、省组织的文件解读和技术培训会议。组织各实验室参加国家、省级室间质评，提高各实验室质量控制管理水平。做好物资储备，不定期调度第三方检测实验室、城市检测基地检测试剂、耗材库存情况，保持核酸检测能力处在高位，以应对可能出现大规模核酸检测需要。

【医疗救治保障】 全市设置304个接种点，接种点医疗救治保障医护人员按要求全部配齐，在接种期间全程负责救治保障。派出医疗保障人员84030人次，急救车2300辆次，保障1403万剂次疫苗接种。长春市医疗机构工作人员1055576人，接种人数101609人，接种率96.2%。

（姜德强）

疾病预防控制

【传染病防控】 强化联动防控，发挥长春市防治重大疾病联席会议制度作用，健全完善长春吉林传染病联防联控工作机制，推动两地信息互通。2021年，长春市各重点传染病均保持低流行水平。

加强重点传染病监测预警。加强流感/禽流感、不明原因肺炎、霍乱、手足口病、感染性腹泻病、肾综合征出血热等各类重点传染病监测工作，全市无手足口病重症病例报告；国家级监测点双阳区春季捕鼠100只，采集鼠肺标本100份。市级监测点农安县、德惠市分别采集鼠肺标本各30份。

传染病信息报告管理。1月至9月，长春市传染病报告信息管理系统网络直报覆盖率100%，453家开展传染病诊疗医疗卫生机构全部具备直报条件，正常运行率98.89%，及时报告率99.86%；流感、不明原因肺炎、霍乱、手足口病、肠出血性大肠杆菌O157：H7感染性腹泻病、肾综合征出血热等重点传染病和献血员监测，全年采集、检测各类样本3976件。

献血监测。每季度采集长春市中心血站库存血血清，进行乙肝、丙肝、HIV和梅毒4种疾病监测。

【结核病防治】 重点人群结核病防治。扩大对病原学阳性患者密切接触者、65岁以上老年人、糖尿病患者、艾滋病病毒感染者等重点人群主动筛查。全年主动筛查重点人群626375人。首次将糖尿病患者结核病筛查纳入基层结核病防控工作范围，前三季度肺结核症状筛查率99.98%。

学校结核病防治。强化学校晨午检及因病缺课登记追踪制度落实，做好学校肺结核密切接触者筛查。

结核病诊疗服务。最大限度发现患者，针对咳嗽、咳痰两周以上患者开展结核病筛查。强化规范诊治和全程管理，建立结核病临床诊疗质控制度，开展2020年全市肺结核健康管理工作年终考评。完善结核病患者管理，将家庭医生签约服务和国家基本公共卫生服务项目管理相结合，建立患者档案，做好健康管理服务。借助结核病专科联盟，提高诊疗服务可及性。开展结核病防治健康促进行动。借助“3·24”主题宣传日，开展主题宣传活动，受众群体覆盖师生、快递员、环卫工人、厨师、服务员、社区居民等人群，受众人数100余万人。开展各类业务培训17期，培训人数8196人次。扩大耐药结核病筛查范围，扩大耐药结核病规范诊治工作覆盖面，建立耐药结核病诊疗专家团队。

【艾滋病防治】 完成第四轮全国艾滋病综合防治示范区自我评估工作，编制印发《长春市艾滋病检测筛查实验室（检测点）建设方案》《长春市医疗机构主动开展艾滋病检测咨询服务工作方案（试行）》，对2020年艾滋病工作开展进行通报，迎接省防艾办艾滋病调研，完成河北省督导组艾滋病示范区督导工作，与公安部门沟通，做好特殊人群艾滋病病毒抗体检测工作。

通过长春新闻广播电台《城市新生活》栏目，利用阿里云计算有限公司短信群发服务，在男男性行为人群交友平台开展防艾站内私信推送活动，普及防治艾滋病知识。利用广播电台、地铁广告牌、点对点向学校通报疫情、新生入学宣传教育、开设艾滋病防治知识课程等多渠道，投放宣传标语、科普短文等宣传资料，加大宣传教育力度。

加强重点人群干预，提高干预覆盖率。制作男男性行为人群规模估计和热力图，在聚集场所内重要位置布置宣传点96个，发放安全检测包4113份。推广自我检测服务，发放自检服务检测试剂，线下一对一指导。强化治疗随访，做好抗病毒治疗。

【预防接种】 全市各类免疫规划疫苗全程接种率在90%以上，做到疫苗全流程“一物一码”追溯，做到来源可查、去向可追、责任可究。继续监测与控制AFP（急性弛缓性麻痹）、流脑、乙脑和麻疹病例。全市疑似预防接种异常反应报告县级覆盖率100%，各类异常反应事件均能及时报告、及时处置。儿童预防接种信息管理系统实施覆盖率以县、乡为单位均为100%，系统运转良好，维持较高信息系统录入和工作报表质量。截至9月30日，完成2005年以后出生儿童信息历史数据进行查重和删除合并工作，儿童信息平台重卡率低于5%。

【慢性非传染病疾病防治】 推进慢性病综合防控示范区建设。双阳区慢性病综合防控示范区通过省级复审，宽城区慢性病综合防控示范区筹备国家级示范区复审工作。

死因监测。15个县市区开展死亡信息网络直报工作，拥有国家级死因监测点3家；开展死因监测专项培训1次；完成2020年度死因工作总结、年度分析报告和2021年度死因工作计划；报告长春市死亡信息36492例，估算全年报告死亡率约5.5‰。

以高血压、糖尿病为重点的慢性病社区管理。长春市管理高血压患者67.03万人、糖尿病患者22.37万人，报告规范管理率分别为74.3%和72.9%。

心脑血管病、脑卒中、肺癌筛查、肝癌筛查等项目管理。完成脑卒中高危人群筛查和干预项目8000人院外筛查、4000人院内筛查任务。完成肺癌筛查项目、城市癌症早诊早治项目和肝癌筛查项目。

【精神卫生管理】 按照《严重精神障碍管理治疗工作规范》，加强患者登记报告，加大筛查力度，全年无严重精神障碍患者严重肇事肇祸案（事）件发生。

邀请国内知名精神心理专家对吉林省精神科医生、心理咨询师、社会工作者、高校教师等进行专业技能培训，开展10期，培训1000余人。组织开展2021年社会心理服务人才心理咨询师、社会工作者第二期培训，讲师为国家级精神心理专家，培训400人。组织开展心理危机干预培训演练2次，接线员业务培训14次，督导8次，提高危机干预能力。

在疫情常态化背景下，依托长春市第六医院技术优势，开展科普宣传近300次。在世界睡眠日、世界自闭症关注日、中高考、精神卫生日等重要节点，联合吉刻直播、中国吉林网官方抖音号进行线上直播，开展重点专题宣传。组织专家做客《大可调解》《金牌医生》《百里挑一大医生》《健康吉林》等健康科普宣教类节目20次。拍摄产后抑郁科普微电影《爱的曲线》，提升市民心理知识知晓率。

【地方病防治】 开展全年地方病监测工作，完成流行病学调查3584人，11个县市区完成1100名孕妇尿碘和盐碘、2200名儿童尿碘和盐碘现场采集工作；2个县区8个病区乡完成克山病病情现场监测，无新发克山病病例；农安县和公主岭市完成饮水性氟中毒现场监测。2021年，长春市地方病持续保持控制和消除状态。

【饮用水卫生监测】 指导各县（市）区、开发区完成城乡饮用水水质监测934份，完成率100%，每个水期监测467件。其中，市政出厂水14件，市政末梢水67件，二次供水46件，自建供水18件，农村集中式供水302件，农村学校供水18件，农村分散式供水2件。长春地区全年监测城市二次供水800余处、农村集中式供水1800余处。枯水期14件市政出厂水检测指标为全分析。指导各县（市）区、开发区完成城乡饮用水水质监测结果网报。帮助四平地区、白城地区检测非常规指标水样20份。每季度向社会公示长春市饮用水水质检测信息，同时指导各县（市）区、开发区疾控中心公示本辖区饮用水水质检测信息，全年公示4次。

【公共场所健康危害因素监测】 对50家公共场所完成两轮监测。监测场所类型包括宾馆18家、商场（超市）8家，游泳场（馆）4家、沐浴场所4家、理发店8家、美容院4家、健身房2家、候车室2家。完成公共场所基本情况调查50份。完成公共场所健康危害因素监测500项。监测项目包括室内空气检测（菌落总数、可吸入颗粒物、一氧化碳、甲醛、二氧化碳），公共用品用具卫生监测（菌落总数、大肠菌群、金黄色葡萄球菌），游泳场（馆）游泳池水（浑浊度、尿素、消毒剂余量、菌落总数、大肠菌群）等。完成公共场所从业人员健康问卷调查300份。2021年，公共场所室内空气质量及公共用品用具卫生持续保持良好状态。

【空气污染对人群健康影响监测】 开展$PM_{2.5}$（细颗粒物）采样及成分分

析，在宽城区、二道区每个监测点各设置1个采样点，每个采样点设置3台采样器进行$PM_{2.5}$自监测采样，每月监测。全年将获得空气质量数据365条（数据量2000余个）；获得气象数据365条（数据量3000余个）。完成168天$PM_{2.5}$采样和质量浓度监测及成分分析。全年监测分析获得$PM_{2.5}$质量浓度数据168条、多环芳烃数据168条（数据量约2600个）、金属和类金属数据168条（数据量约2000个）、水溶性离子数据168条（数据量约800个）。2021年，空气污染对人群健康影响监测数据质量得到提升，数据报告更加及时。

【学校卫生监测】　扩大学生近视力监测范围，实现长春市16个县区全覆盖，继续在南关区、双阳区、公主岭市地区开展学生近视及其他常见病监测。对幼儿园、小学、初中、高中、职高和大学151所学校3.9万名学生开展视力监测及近视相关影响因素专项调查，对6864名学生开展肥胖、龋齿、脊柱弯曲异常等学生常见病监测及行为和环境影响因素调查，回收近视等常见病调查问卷3.1万份，完成监测问卷数据双录入14万份。开展“健康童行睛彩人生”主题系列学生常见病干预宣教活动，策划制作近视防控主题动画宣传片2部在全市中小学播放，面向全市中小学征集近视防控主题手抄报、微视频作品组织评比；以“爱眼日”为契机开展现场主题宣传活动，于省科技馆开展为期半个月优秀作品展播，评选活动覆盖学校159所，参与学生2900余名；组织开展专家进校园科普宣传，制作发放近视、肥胖等学生常见病防控系列宣传折页、宣传品7万余份。组织开展全市疾控学校卫生专业技术人员培训2轮、120人次。

（姜德强）

基层卫生

【基层常态化疫情防控】　强化预检分诊，督促各基层医疗卫生机构按要求配置标准化发热隔离诊察室，有条件的基层医疗卫生机构建设发热诊室。落实预检分诊制度，加强发热患者就医管理，实行基层医疗卫生机构就诊患者“日报告”制度，对接诊发热患者做好登记、转诊、上报工作，发挥基层医疗机构“哨点”作用。

落实核酸检测制度。按照工作要求，做好榆树市与黑龙江省接壤乡镇村屯疫情防控常态化核酸检测，榆树市涉及9个乡镇54个村屯44130人。按照“属地管理、精准采样”原则，根据黑龙江疫情发展，不定时调整核酸检测周期；建立常态化核酸检测工作制度、应急处置流程，核酸检测抽检18.07万人次，结果均为阴性。

完善基层治理体系。在村（居）民委员会设立公共卫生委员会，加强在疫情防控中人员摸排、小区管理、居家隔离对象监督、生活物资保障和政策宣传作用，增强基层治理合力，提升基层治理水平。在全市17个县（市）区成立村（居）民委员会769个，建成率约35.4%。

【居民电子健康档案向个人开放试点】　按照省卫生健康委统一部署，通过下发通知、县区申报、专题研讨、综合研判，最终选取绿园区作为长春市也是吉林省居民电子健康档案向个人开放试点。组织召开全市基层卫生工作会，将档案开放工作作为民生实事、重点工作，纳入年度考核指标，通过印发方案、现场指导、数据通报等工作措施。绿园区档案综合开放率98.05%，重点人群开放率99.99%，档案激活率15.3%。

【县域医共体建设】　完善组织架构，农安县医共体由县医院、县中医院两家县级公立医院牵头与29家乡镇卫生院和4家社区卫生服务中心分别组建两大县域医共体，成立由县长担任主任，卫健、财政、编办、医保、人社、发改、市场监督等部门为成员的公立医院管委会，组建由县乡村三级医生组成“1+1+N”家庭签约服务团队，每个团队由1名县级医生、1名乡级医生、N名村医，医共体内部实现人员管理、财务管理、信息系统、医保结算、考核监管“五统一”。省卫健委在双阳召开医共体推进调研会，针对双阳区在推进医共体方面的思路和想法提出建设性意见。探索以区级医院为龙头、乡镇卫生院为枢纽、村卫生室为基础的区乡一体化管理，与乡村一体化管理有效衔接，形成医共体内医疗资源共享。

【家庭医生签约服务】　印发《关于进一步做实做细家庭医生签约服务工作的通知》，利用基层信息化系统进行“互联网+签约服务”，实现无档签约、居民主动发起签约申请、健康咨询和健康教育。截至10月31日，全市常住人口签约服务率为44%，重点人群签约服务率77%。利用“5·19”世界家庭医生日，在全市范围内开展以“家庭医生——守护您健康的朋友”为主题宣传活动，通过微信公众号、微信群推送家庭医生签约服务相关知识；联合医联体医院开展专家义诊服务，面向群众普及“家庭医生”服务常识。利用智能外呼系统、智医助理辅助诊断系统、智能血压计等智慧医疗手段助力家庭医生签约服务，提高家庭医生签约服务效率。全市17个县（市）区106家基层医疗卫生机构全部完成智医助理辅助诊断系统和外呼电话机器人上线使用。全年外呼服务544万人次（电话外呼182万人次、短信外呼362万人次）。

【国家基本公共卫生服务】　落实国家基层卫生工作会议精神和2021年重点工作任务，开展“走基层”行动，在每个县（市）区分别组织召开基层卫生健康重点工作专项部署推进会，培训16个县（市）区、开发区基层卫生科主管局长、科长、社区卫生服务中心主任和乡镇卫生院院长280余人。核实人口数据，申请补助经费。2021年，基本公共卫生服务项目补助经费人均70元，调度各县（市）、区核准上报2020年常住人口数作为人口基数，按照市级分担比例（国家：省：

市：区＝6：2.4：0.8：0.8）向市财政局申请2021年国家基本公共卫生服务项目补助经费2637.1万元。

【基层医疗卫生服务】 开展“优质服务基层行”活动。在全市所有基层医疗机构开展优质服务基层行“自评自建”活动，通过线上审核，完成236家基层医疗卫生机构审核。其中，182家达到基本标准，8家达到推荐标准，4家基层机构通过审核加挂社区医院。2021年，长春市有7家基层医疗卫生机构申请推荐标准审核，1家申请社区医院审核。落实基层卫生人才能力提升培训项目，印发《长春市2021年基层卫生人才服务能力提升培训项目实施方案》，提升基层卫生医务人员诊疗能力。全市培训乡镇卫生院和社区卫生服务中心骨干人员58人、全科骨干医生17人、乡村医生160人，提高基层卫生人员诊疗能力及实操能力。

（姜德强）

妇幼保健

【概况】 2021年，婚检率44.71%，优生健康检查完成81%，叶酸发放完成89%，农村妇女宫颈癌筛查完成87%、乳腺癌筛查完成90%，孕产妇系统管理率、0~6岁儿童健康管理率等各项基本公共卫生服务项目指标如期达标。

【生育服务管理】 11个县（市）区和2个开发区设立计划生育特殊家庭就医“绿色通道”签约医院，设立“绿色通道”121家。长春市6家省级示范托育机构评估验收全部合格，在全市每个县（市）区确立1家市级托育机构试点单位。规范长春市生育登记和再生育审批“跨省通办”工作，开展2项奖扶清查和确认审核录入工作，加强出生人口信息的采集、录入和计划生育特殊家庭关怀关爱工作。计生协会、流管站组织开展青春健康项目，7所高校成为第九期青春健康项目国家级项目校。药具站拓展免费药具发放服务网点，自助发放机实现长春市15个县（市）区全覆盖。

【母婴安全监管】 对发生孕产妇死亡机构相关责任人进行行政处理。对涉及宽城区卫健局、农安县卫健局及吉大一院、市妇产医院进行行政约谈。严格准入及监管，从源头把控机构资质。结合助产技术资质三年校验，完成全市助产机构市、区两级审核。对宽城区医院、绿园区医院、二道区医院、君安医院、吉林省人民医院（凯旋院区）、经开区北海医院、榆树市安济医院、双阳虹桥医院、公主岭市中医院、公主岭市名泽医院等10家原助产机构不予延续申请；对发生可避免死亡孕产妇农安合隆世济医院，暂停其助产资质；对存在安全隐患较多的省前卫医院、省胜利医院、普济医院等进行多轮整改，评估验收合格后准予开展助产技术服务。

【母婴室建设】 与市发改委、总工会等6部门联合成立长春市母婴设施建设专项工作领导小组，印发《关于成立长春市母婴设施建设专项工作领导小组的通知》，统筹推进母婴室建设。在全市开展母婴设施调查摸底，全市建有母婴设施241个。

【3岁以下婴幼儿照护服务】 年内，全市6家省级示范托育机构通过省委建委验收。优化托育机构备案流程，成立托育机构备案微信工作群，发布登记备案工作信息和进度，提高婴幼儿照护服务备案通过率。全市有各类婴幼儿托育服务机构178家，备案71家。

【“绿色通道”签约医院】 按照《2021年市政府重点工作总施工图》“加强重点人群健康服务”要求，每个县（市）区和有条件开发区至少设立1家计划生育特殊家庭就医“绿色通道”签约医院。年内，11个县（市）、区全部完成，2个开发区比照县（市）、区设立“绿色通道”签约医院。全市设立“绿色通道”121家。

【贫困妇女“两癌”筛查】 2021年，完成贫困妇女“两癌”（乳腺癌、宫颈癌）筛查任务（13070人，含省任务1800人），完成率100%。省妇儿工委在全省范围复制长春工作模式，借鉴长春贫困妇女“两癌”服务流程、筛查方法、技术质控、随访救助筛查模式。

【计划生育专项整治】 从机构自查、县区整改、市级抽查三个阶段，对全市计划生育服务机构进行全覆盖监督检查。组织专家对各县（市）区检查合格的60家医疗机构计划生育技术服务开展情况进行市级抽查，对检查中发现问题的13家计划生育医疗机构提出整改意见，确保限期整改到位（整改期间暂停执业）。下发《进一步加强计划生育服务机构管理工作的通知》，对计划生育门诊手术、住院手术、药物流产、引产等作出具体规定。

【儿童保健管理】 规范开展托幼机构卫生评价工作，对70家托幼机构进行市级审核，提高集居儿童卫生保障水平。重点推进0~6岁儿童眼保健和视力检查工作，协调市儿童医院承接0~6岁儿童视力异常转诊工作，开通转诊绿色通道，专家出诊，免收挂号费，将0~6岁儿童眼保健和视力检查转诊工作“落地落实”，得到基层妇幼机构、社区医疗卫生机构以及患儿家长好评。

【出生医学证明管理】 对全市20余家助产机构、妇幼保健机构出生医学证明管理签发和数据上报情况进行质控督导检查。完成长春市出生医学证明电子证照电子印章制作工作，配合“吉林省妇幼健康信息管理系统”与“出生医学证明管理系统”对接工作，实现“两系统”对接信息共享。全年处理疑难问题百余件，满意率100%。

（姜德强）

职业卫生

【职业健康宣传培训】 4月25日至5

月1日是全国第19个《中华人民共和国职业病防治法》宣传周，长春市卫健委会同省、市相关部门在一汽集团组织开展以“共创健康中国共享职业健康”为主题宣传周活动启动仪式。各县（市）区卫健系统同步在现场开展咨询解答、健康义诊、发放宣传资料。全市在宣传周活动中开展宣传咨询活动84次，开展警示教育活动44次，印发宣传材料9.6万份，宣传受众6.5万人。组织开展职业卫生知识竞赛活动，全市4307人参加竞赛。开展优秀职业健康作品征集活动，征集上报省厅图文作品11件，视频作品4件，其中市职业危害检测中心制作的“关注噪声防护，共筑美好明天”被省推荐参加国家网络投票评选候选作品。开展“职业健康达人”评选活动，117名劳动者被评为2021年长春市“职业健康达人”。加强监管人员和用人单位主负责人以及职业卫生管理人员培训，全年组织监管人员培训2期；组织行政及监管人员参加省卫生厅培训3期110人次；组织各县区用人单位主要负责人和职业卫生管理人员培训15次，1027人参加培训，其中市级授课2次。

【监督执法】 加强源头管控，开展建设项目职业病防护设施“三同时”监督执法，上半年通过调取立项部门信息，全市排查2020年度新、改、扩建设项目381个。针对煤矿、非煤矿山、冶金、建材等重点行业新增项目，建立辖区内建设项目清单及其“三同时”监管档案，实施事中、事后监管。依据《中华人民共和国职业病防治法》《职业卫生技术服务机构管理办法》组织专家在全市范围内开展职业卫生技术服务机构专项整顿，检查技术服务机构12家。完成全部337家用人单位“双随机、一公开”监督检查任务，完成卫生健康监督信息平台录入258家，责令整改15家，警告11家。

【重点职业病危害因素监测】 全市备案合格的25家职业健康体检机构开展体检5.64万人，职业健康指标常规监测1.61万人，上报职业性有害因素监测管理卡88张。2020—2021年度疑似职业病17人，确诊16人。尘肺病主动监测750人，主动监测开展率75%，尘肺病患者随访1131人，完成随访641人。九台区哨点医院监测7381人，尘肺病康复站（点）惠及尘肺病患者301人，参与康复患者25人。

【职业性放射性疾病监测】 全市有放射诊疗机构232家，放射工作人员1815人，个人剂量监测1815人，放射工作人员职业健康检查856人，个人剂量监测机构4家，过量受照人员医学随访9人。

【工作场所职业病危害因素监测】 长春市工作场所职业病危害因素监测企业400家，完成企业监测173家，重点行业企业160户，占比92.5%；监测岗位680个，重点岗位519个，占比76.3%；完成检测报告65份。完成2家企业现场验证、2家第三方实验室检测验证，县区疾控人员完成8家企业现场采样及调查、70家企业现场验证。

【放射性危害因素监测】 放射诊疗机构323家，重点医院放射线设备监测完成8家，非医放射性危害因素监测51家，完成吉大一院和儿童医院的DR、CT调查和介入放射学调查。

【重点行业专项治理】 2021年，全市重点治理煤矿、木质家具制造和石材加工行业。依据省专项治理文件精神，按照“源头治理、科学防治、严格管理、依法监督”要求，推动各县区学习《煤矿作业场所职业病危害防治规定》，推动企业落实煤矿职业病防控特殊要求。开展木质家具制造和石材加工行业排查，摸清底数并建立基础档案62家，经过治理煤矿行业申报率、体检率、检测率、培训率均在95%以上，家具制造行业在60%以上。对化工、冶金两个行业开展治理“回头看”，加强对重点行业危害监测，巩固提高专项治理成果。

【职业健康技术支撑体系建设】 加强职业健康检查机构备案管理，全市有25家机构开展职业健康检查工作，城区以外6个县区分别设置1家机构开展职业健康检查工作，实现每个县级行政区域至少有1家医疗卫生机构承担本辖区职业健康检查工作任务。联合市监督、疾控对农安、榆树、九台、德惠、公主岭五家机构进行业务督导和执法检查。推进职业健康信息平台建设，学习江苏和浙江职业健康信息化建设经验，探索集监督预警、统计分析、服务指导为一体功能体系，整合申报平台、质控平台、监测平台融合体系，实现用人单位管理、体检服务、检测服务、劳动者职业健康监护全链条闭环管理，相关工作需求通过规划处上报政数部门审核。

（姜德强）

老年健康

【概况】 探索“长春模式”，打造“长春品牌”，联合委宣传处，协调民政、教育、交通等部门制定印发《长春市老年健康教育专项行动实施方案（2021—2022年）》，依托长春市健康教育中心，经过基层推荐、市级遴选、精心培树，逐步扩面增量，最终确定社区、养老、学校、公交专线、媒体等五大领域48个单位为长春市首批“银龄健康教育实践基地”；与吉林大学联合编制出版《长春市老年健康服务体系蓝皮书》。

【老年人基本公卫服务】 依托市二院、市人民医院推动实施老年健康与医养结合管理服务试点项目。为7个县（市）区10个基层医疗卫生机构重点培养57名老年护理需求评估人员。全年为773名老人完成失能评估，康复护理指导率100%，培训村医414人次，指导家庭照护者530人次，接受两次医养结合服务老人1.4万人。依托长春

10月13日，长春市首批银龄健康教育基地授牌仪式在长春市绿园区银融社区举行
（姜德强　供图）

医高专，对基层医务人员分两期完成452人次医养结合服务能力提升线上培训工作。组织全市999名社区卫生服务中心（乡镇卫生院）和医养结合机构医务人员通过全省老年护理服务需求评估线上考核。做好65岁老年人健康管理工作，加大政策宣传力度，“敬老月”期间在全市350台公交车上集中宣传，各基层医疗卫生机构通过“智医助理”发送信息，每半月调度一次完成情况。长春市老年人健康管理率为40.12%，与60%考核指标尚有较大差距。

【老年人心理关爱项目】　依托长春市第六医院指导18个行政社区（村）实施国家老年人心理关爱试点项目。完成12241名老年人心理状况筛查工作，开展线上及线下能力建设培训4次，培训人员145人次；开展线上及线下科普宣教活动6场，受众人数达近2000人次；开展心理健康义诊及宣教活动11场，惠及500余名老人；为社区临界及高危老人开展老年认知与情绪主题小组活动29场，社区工作人员对高危老人进行走访慰问600余人次。组织开展“爱如春晖·情暖夕阳”长春市老年人心理关爱系列主题联谊会。

【“老年健康宣传周”活动】　以“关注口腔健康，品味老年幸福”为主题，在长春老年大学举办“吉林省暨长春市老年健康宣传周活动启动仪式”。面向老年人组织开展“五个一”活动：编写一套老年健康科普读本、全市同上一堂口腔健康科普课、组织7个市直医院16名权威专家，开展一场老年健康大型义诊活动开展一系列老年健康送课服务、组织一周口腔治疗惠老活动。活动期间，全市20余万老年人同步收看直播课程；发放老年健康宣传周海报1200份，《玩转智能手机——开启老年幸福生活》128本，老年人权益保障条例16000册，印发阿尔茨海默病预防及干预核心信息普及读本、老年健康核心信息20条普及读本等老年健康宣传册4万余份。

【安宁疗护试点】　对全市51家设置临终关怀科的医疗机构进行线上问卷调查。对医保定点17家医疗机构进行重点评估，联合吉林大学第一附属医院和吉大哲学社会学院深入省肿瘤、省肝胆病医院等5家安宁疗护服务机构开展座谈和调研，形成调研报告。长春市建有安宁疗护床位492张，医护人员407人。

（姜德强）

爱国卫生

【概况】　配合市人大制定出台《长春市人民代表大会常务委员会关于深入开展新时代爱国卫生运动依法做好常态化疫情防控的决定》。无烟党政机关建设完成年度建成比例80%以上任务。开展“文明健康始于心”科普宣传、“低碳环保践于行”群众实践、“绿色家园齐守护”环境整治、病媒生物防制集中消杀等活动，开展科普宣传活动637场次，发放宣传材料25.1万份，电视媒体报道47条，新媒体发布文章508篇，阅读量317.6万次，线上参与活动65.1万人次，绿园区开展“绿色家园齐守护”等多项实践活动，成为省内首个高分通过国家健康促进区验收的单位。

【城乡环境卫生综合整治】　按照全国爱卫会“文明健康、绿色环保”活动主题，组织各县（市）区及市直相关委员部门开展第33个全国春季爱国卫生月活动，包括开展“文明健康始于心”科普宣传、“低碳环保践于行”群众实践、“绿色家园齐守护”环境整治、病媒生物防制集中消杀等活动。在城区落实“周末卫生清洁日”活动，组织发动群众开展工作场所和生活环境卫生整治。爱卫月期间机关干部、社区党员、志愿者及居民群众参与清洁日环境卫生治理1.6万余人次，出动车辆282台次，清理野广告5.71万余张，清除卫生死角830余处，清理小区及楼道堆放物577处，清运垃圾330余吨。在农村全面实施村庄清洁行动春季战役，发动农民群众投工投劳12万人次，雇用保洁人员18548人，动用车辆42745台，清理整治农户庭院18万个，清理垃圾12.4万吨，迁移柴草垛34万个。

【文明健康绿色环保生活方式引领】　文明健康绿色环保宣传。转发全国爱卫办、中央文明办《关于开展倡导文明健康绿色环保生活方式活动的意见》，提出落实宣传要求。全市通过多种宣传形式及时传播疫情防控和健康科普知识，教育引导人们养成勤洗手、多通风、不食用野生动物、使用公筷公勺等文明卫生习惯和健康生活方式。爱卫月期间各县（市）区开展科普宣传活动637场次，发放宣传材料25.1万份，电视媒体报道47条，新媒体发布文章508篇，阅读量317.6万次，线上参与活动65.1万人次。推出《长春市民健康公约》“十不十提倡”向社会发布，利用爱卫微信公众号、爱卫“云展馆”开展宣传活动，爱卫办微信公众号发布倡导文明健康生活方式文章231篇，新媒体文章阅读量217万次，爱卫云展馆、健康长春人短视频大赛、快手短视频线上活动参与人数300余万人次。市爱卫办联合市委宣传部对各区及10余家爱卫成员部门开展活动情况进行专题采访报道。

举办第三届“长春爱卫小卫士”少儿绘画大赛活动。联合市教育局以“文明健康、绿色环保”为主题组织开展全市少儿绘画大赛，以“小手拉大手”方式倡导文明健康绿色环保生活方式，征集少儿绘画作品6000余幅，经省卫健委规划信息处、市人大教科文卫委、市教育局、省少年儿童书画协会、市爱卫办总决赛评选，195幅少儿绘画作品获奖。策划举办绘画获奖作品巡展，印制获奖作品宣传画册，起到良好的社会宣传效果。推进宣传践行《长春市民健康公约》，组织开展“健康长春人”短视频征集评选活动。

【卫生城镇创建成果巩固】 5月，对2021年接受复审的农安县、玉潭镇进行实地检查指导，对农安县省级卫生城市进行市级复审验收。6月17日至7月7日长春市爱卫办联合市城市管理局、市市场监督管理局、市卫生监督所、市疾控中心、市健康教育中心组成综合检查组对各城区、开发区上半年爱国卫生工作开展综合检查，针对巩固卫生城市等方面存在问题下发检查通报。向省爱卫办申报公主岭市1个乡镇4个村创建省级卫生乡镇和卫生村。组织县（市）区爱卫办开展省级卫生乡镇、省级卫生村年度自评工作。

【无烟环境建设】 在巩固开展无烟党政机关、无烟医疗卫生机构基础上，联合市教育局印发《长春市无烟学校建设方案》，联合市妇联、市计生协会印发《关于开展无烟家庭建设的通知》，下发《关于进一步做好无烟党政机关建设工作的通知》，对无烟党政机关建设进行再部署。协调市直机关事务管理局对5处市直党政机关集中办公区域进行控烟外环境达标建设。无烟党政机关建设完成年度建成比例达到80%以上任务。全市辖区相关学校启动新一轮无烟学校创建，建成无烟学校904家。以社区为单位开展无烟家庭建设，每个社区建设不少于5户，建设无烟家庭2000户以上。对照标准全面开展无烟医疗卫生机构建设自评自查，上报建成无烟医疗卫生机构832家。

【健康城市评价】 按照《关于开展2020年全国健康城市评价工作的通知》要求，组织开展长春市健康城市评价数据收集填报工作，完成涉及18个部门，92项数据指标的健康城市评价报表填报。下发文件命名朝阳区交警大队等126家2020年创建健康单位为市级健康单位。按照省爱卫办指定作为全国试点城市之一启动开展健康影响评价评估制度建设试点工作。

【病媒生物防制】 制定《长春市2021年病媒生物防制工作实施方案》，结合季节特点组织开展集中统一消杀活动和病媒防制专项检查。爱卫月期间，各县（市）区开展病媒生物集中防制360余次，全市发放鼠药38.48吨、蟑螂药593箱、灭蚊蝇药208箱、粘鼠板1万余张，更换设置毒饵站（鼠盒）2.21万个，发放病媒防制宣传材料3.36万份。

（姜德强）

卫生监督

【概况】 根据市防控指挥部领导小组办公室指令要求，按照严防死守，闭环管控，内防扩散、外防输入防控原则，组织市、区两级卫生监督机构检查长春市12585家各类医疗机构与公共场所疫情防控工作落实情况。全市各卫生监督机构出动卫生监督员21508人次，出动车辆2742车次，监督检查各类场所14676家次。市卫生监督所出动卫生监督员6253人次，出动车辆1787车次，监督检查各类场所1480家次，下达卫生监督意见书800余份，监督巡查医疗机构726家次，各类公共场所1068家次。

按照市防控指挥部办公室指示精神，抽调骨干监督员会同市委、市纪委、市政府督查室督导检查全市公共场所、核酸检测点、疫苗接种点疫情防控工作落实情况，督导检查208家，指导建立全市隔离宾馆154家次，督导公主岭市范家屯疫情防控工作72家次，发现问题并提出指导意见1030项，开展7轮次定点医院、发热门诊和公共场所巡回监督检查。

国务院第四督导组检查长春疫情防控情况，发现问题16个；中国政府网转办长春市疫情防控问题18个，组织相关单位全部整改完毕。6月至8月，陪同省疫情防控督导组对全市飞机场、火车站、客运站、大型商超等重点公共场所及部分集中隔离点进行督导检查，检查重点公共场所12家，集中隔离点21家，发现问题并提出整改意见99个，全部整改。

全年保障国家领导人视察、政协会议、农博会、东北亚博览会以及中高考等大型会议和重要活动60余次，对参会人员、工作人员、考生家长等人员开展疫情防控例行检查和消毒指导，做好卫生监督保障。

【医疗卫生行业综合监管】 召开综合监管联席会议。4月28日，在市卫健委十楼应急会议室组织召开全市医疗卫生行业综合监管联席会暨“双随机、一公开”联合抽检部署会议，安排2021年医疗机构联合随机抽检工作。按照省医疗卫生行业综合监管领导小组办公室要求，实行综合监管季报制度，定期组织27家成员单位总结医疗卫生行业综合监管工作开展情况，以市政府名义上报省政府。加强联防联控机制，按照省医疗卫生行业综合监管领导小组构建，在2019年22家成员单位基础上，长春市将市法院、市检察院、市政数局、市规自局、市水务局5家单位列入综合监管领导成员单位，强化医疗卫生行业政府主导力度。

【卫生监督日常管理】 开展民营医疗机构“租证、挂证”专项整治活动，监督检查民办社区卫生服务中心、门诊部和诊所2459家，发现存在违法违规行为民办医疗机构27家，立案审查11家，警告9家，暂停执业5家，吊销《医疗机构执业许可证》1家，其他行政处罚14家。

开展公共场所通风卫生专项监督检查，检查1184家单位，发现存在通风卫生安全问题隐患场所39家，全部完成整改工作。

开展保健用品专项整治活动，检查保健用品生产企业22户，保健用品销售单位420余家，出动监督执法人员790人次，出动执法车辆420台次。

开展抗（抑）菌剂专项整治工作，对全市42户消毒产品生产企业、15家疾病预防控制机构、12家妇幼保健机构和2106家医疗机构及社区卫生服务中心、513家抗（抑）菌制剂零售药店、66家母婴店、12家经营使用抗（抑）菌制剂婴幼儿洗浴中心（店）进行督导检查。

开展元旦、春节期间“双打”专项监督，检查消毒产品生产企业34家（11家停产），销售消毒产品药店762家，医疗机构4800家次，出动检查人员11192人次，出动车辆8896余台次，下达卫生监督意见书4000份，责令限期整改3家。

按照当地人民政府落实儿童青少年近视防控措施整体部署，对全市61家托幼机构、58家校外培训机构和127家学校进行抽查检查，各教育机构能够落实儿童青少年近视防控要求，做好教学场所采光和照明工作。

【医疗废物监督管理】 联合市生态环境局印发《关于加强疫情期间医疗废物收集处置安全监管的通知》，强化疫情期间医疗废物收集处置管理。全市医疗机构医疗废物监管制度健全，有专人管理，医疗废物暂存点（间）标识明显，有防蝇、防鼠、防盗设施；医疗废物基本做到分类收集、标识明确。医疗废物收集、贮存、转移台账记录规范，台账数据基本与实际相符。全市医疗机构产生医疗废物委托给有资质单位进行无害化处置，未发现医疗废物流失、泄漏、扩散。

【食品安全监管】 食品安全风险监测。按照国家和省食品安全风险监测计划，制定《2021年长春市食品安全风险监测工作实施方案》，细化全市乡镇卫生院及县中两院等哨点医院食品安全风险监测任务分配量。对长春市各县（市）区、开发区辖区内监测医疗机构开展两轮业务指导和监督评价。长春市313家医疗机构通过“食源性疾病病例监测报告系统”上报3766例食源性疾病病例，机构报告率98.08%，确定8起一般食源性疾病事件。

食品污染物及有害因素监测。年内，长春市采集和检测食品中化学污染物及有害因素常规监测样品125件，获得监测数据250条，其中50件谷物及其制品（油条）中，41件铝检测结果有检出，21件样品中铝含量超标，其余样品相应监测项目均无检出。截至11月1日，长春市采集和检测食品中微生物及其致病因子监测样品148件。其中，国家常规监测107件，国家专项监测项目27件，省专项监测14件。获得监测数据607条。其中，在4份学生午餐样品中检出蜡样芽孢杆菌，在10份生猪肉样品中检出沙门氏菌，在3份流动摊档售卖米面食品中检出蜡样芽孢杆菌，在1份流动摊档售卖的米面食品中检出金黄色葡萄球菌。风险监测样品采集结果通告市市场监管部门。

食源性疾病监测。截至11月1日，长春市有313家医疗机构承担常规监测任务，其中包括4家特定病原体主动监测医疗机构（吉大一院、长春市儿童医院、榆树市医院和吉林国文医院）。各监测医院通过“食源性疾病病例监测报告系统”上报3766例食源性疾病病例，机构报告率98.08%。主动监测病例912例，采集样本1125份，其中诺如病毒213份，分别为吉林大学第一医院101份、榆树市医院62份、长春市儿童医院50份。送检35份致病菌复核样品，其中吉林大学第一医院送检19份、吉林国文医院送检13份、榆树市医院送检2份、长春市儿童医院送检1份。2020年11月至2021年10月，长春市有15个县（市）区及开发区上报疑似食源性疾病事件45起，其中南关区、宽城区、二道区、长春新区、中韩示范区、经开区、农安县、九台区各1起最终确定为一般食源性疾病事件。全年处理食品安全相关咨询及投诉举报19起。

【病原微生物实验室生物安全管理】 加大病原微生物实验室生物安全培训。《中华人民共和国生物安全法》自2021年4月15日起施行，为推动该法实施，加强生物安全能力建设，提高预防和应对生物安全风险防控水平，长春市卫健委制定培训计划并组织实施。2月，组织210人参加全国卫生健康系统生物安全工作视频会议。4月，市卫健委及医疗机构实验室管理人员参加省卫健委举办的2021年度实验室生物安全管理培训。6月，举办2021年长春市病原微生物实验室生物安全管理人员培训，27人参加培训。

完成病原微生物实验室备案工作。依据《吉林省病原微生物实验室及实验室活动备案管理办法》，对辖区内一、二级生物安全防护水平实验室，按属地化原则进行县、市两级备案，完善规范备案流程、强化备案有效期5年、按“单位+具体实验室”进行备案。

【高致病性病原微生物菌（毒）种或样本运输证办理】 依据《吉林省可感染人类的高致病性病原微生物菌（毒）种或样本运输管理规定》，做好感染人高致病性病原微生物菌（毒）种或样本省内运输初审工作，全年办理准运证316件，其中新型冠状病毒准运证202件。

【专项整治活动】 开展民营医疗机构“租证、挂证”专项整治活动，监督检查民办社区卫生服务中心、门诊部和诊所2459家，立案审查11家，警告9家，暂停执业5家，吊销《医疗机构执业许可证》1家，其他行政处罚14家，“双随机”工作任务完结率100%。

【营养健康推进】 开展全民营养周宣传活动，发布科普文章110篇、宣传视频91个，设置海报、展板、条幅、易拉宝等13778张，发放传单、折页等168663份，主流媒体报道17次，微博、微信公众号等平台发布信息1216条，开办专家咨询107场、讲座90场，进社区宣传96次、进村屯261个、进学校214所、进机关28家、进食堂72家、进超市57家、进贫困家庭40家，对全市餐饮企业宣传2317家，举办地方特色食品宣传8场。组建长春市营养宣传志愿者服务队伍；以吉林省肝胆病医院为试点医院，加强营养科室建设；依托市疾控中心、长春市第六医院、吉林省肝胆病医院等市卫健委直属单位食堂及辖区医疗机构食堂，开展营养健康食堂创建工作，全年创建16家营养健康食堂试点。依托长春医学高等专科学校，开展长春市营养与健康学校试点。

（姜德强）

中医药事业

【概况】 2021年，主办世界中医药大会第六届夏季峰会。启动长春市第四批赵继福名老中医专家学术经验传承培训班，录取20名学员，办理中医传统医学师承确认239人。开展基本公共卫生中医药健康管理服务人员培训，完成全市200余人次培训工作。开展基本公共卫生中医药健康管理服务人员培训工作，40家基层卫生服务机构获得2021年省中医药管理局中医馆建设项目支持，全部建设完毕。市中医院首次独立开展研究生招聘工作，招收全日制医学研究生29人，护理研究生2人，开创长春市中医院研究生教学先河。九台区中医院县级中医院标准化煎药室建设项目实施。

【管理机制建设】 2021年3月，成立分管副市长任组长，30个相关部门为成员的长春市中医药工作领导小组。市政协将“加强中医药传承创新助力长春健康产业发展”列入年度调研内容，确定中医并重、中医药人才队伍建设、发挥中医药优势资源、完善中医药服务体系等7个课题开展调研。市委、市政府与世界中医药联合会沟通协调，于7月30日至8月1日主办世界中医药大会第六届夏季峰会，全国政协原副主席刘晓峰，部分院士、国医大师、中医药技术人员、管理人员线上线下1000余人参加会议，向海内外参会者展示长春市文化底蕴、中医药资源和产品技术优势，扩大长春市中医药品牌影响力。

【中医药健康管理】 全市按照《国家基本公共卫生服务规范（三版）》《国家基本公共卫生服务项目实施方案》要求，调整服务模式，细化工作流程，加强培训指导，以“中医药健康管理”为中心，落实基本公共卫生项目工作。完成全市基本公共卫生中医药健康管理服务人员培训200余人次，规范服务流程和服务内容。确定长春市中医院为全市基本公共卫生中医药健康管理服务项目指导中心，每年开展指导、督导各2次，深入社区卫生服务中心（站）、乡镇卫生院、村卫生室指导中医药服务项目，督导项目开展情况，提出整改意见。

【基层中医药服务】 通过基层医疗卫生机构中医综合服务区（中医馆）建设项目提高基层中医药服务质量。市政府将中医馆建设纳入幸福长春行动计划，市中医药管理局印发《长春市2021年度基层医疗卫生机构中医综合服务区（中医馆）建设项目方案》，组织开展40家乡镇卫生院、社区卫生服务中心中医馆建设，截至10月底，40家中医馆全部建设完毕。2021年，长春市朝阳区、宽城区通过全国基层中医药工作先进单位复审。

【中医医院建设】 九台区中医院、农安县中医院启动异地新建工程。其中，九台区中医院投入经费2.57亿元，占地面积5.6万平方米，建筑面积3.6万平方米，编制床位450张；农安县中医院投入经费1.2亿元，占地面积3.2万平方米，建筑面积近2万平方米，编制床位264张。

德惠市中医院被确定为吉林省首批县级中医院治未病能力提升项目单位，医院成立“治未病”工作领导小组，打造1000余平方米治未病中心，9月末建设完成并投入使用。

双阳区中医院被确定为中医医疗机构中医康复能力提升项目建设单位，获得项目资金100万元，2021年末建设完成并投入使用。

农安县、九台区中医院县级中医院标准化煎药室建设项目顺利实施，实现标准化煎药室县级全覆盖。

【中医药人才培养】 开展中医医术确有专长人员医师资格考核报名审核工作。网上报名454人，县（市）、区初审通过229人，市级复审通过108人，省级材料审核通过107人。组织2021年国家级农村订单定向免费医学生（本科）招录工作，长春市报名10

4月12日，长春市中医药管理局召开2021年全市中医药工作暨中医药系统综合管理安全年活动启动会议　　（市卫健委　供图）

人，完成签约工作。办理中医传统医学师承确认239人。年内，启动长春市第四批赵继福名老中医专家学术经验传承培训班，录取20名学员，培训时间一年。

【中医药健康文化知识普及】 根据吉林省中医药管理局《2021年中医药健康文化传播行动实施方案》，长春市中医药管理局制定《2021年长春中医药健康文化知识角建设方案》，在朝阳、南关、二道、宽城、绿园5个城区10家社区卫生服务中心各建设1个中医药健康文化知识角。开展中医药健康文化科普专家成员遴选工作，长春市有5名专家被选为科普专家。结合《中华人民共和国中医药法》《吉林省中医药发展条例》等主题宣传，全市各医疗机构组织举办中医药健康大讲堂8次，受益人群600余人，在义诊活动场所设置咨询台，悬挂宣传条幅，摆放宣传板，发放中医药科普宣传资料、中医药养生保健等健康教育宣传资料等2万余册。各中医医疗机构通过报纸、广播、网站、微信等媒体，开展各种特色宣传活动。

【中药汤剂治疗新冠肺炎】 新冠肺炎疫情发生后，长春市坚持“中西医并重，中西医协同救治”方针，全市中医系统全面动员，积极应战，实现患者中药汤剂治疗100%，重点人群中药干预100%，出院患者中医康复100%，位居全国和全省前列，彰显出中医药特色优势。

实施中医精准治疗。成立由长春中医药大学附属医院、长春市中医院、长春市传染病医院16位专家组成的长春市新型冠状病毒肺炎中医专家组。按照“第一时间开展中医治疗”原则，在首例确诊病例以后，长春中医及早、全程参与救治工作。组织28名中医医务人员进驻传染病医院，与吉大一院、市传染病医院共同开展救治，辨证施治，精准用药，一人一方。治疗过程中，注重强化分类施救，根据轻症、重症、危重症病情，确定不同治疗原则，利用不同给药方式，确保患者得到最佳个性化治疗。

发放预防性用药，保护重点人群。依据中医“治未病”理论，根据第八版诊疗方案，组织各级中医医疗机构研制、发放预防性中药，对重点人员开展中医药技术干预。全年为集中留观人员、一线防疫人员和复工企业职工、养老机构老年人等重点人群发放预防中药约10万人份。长春市各级中医医疗机构、基层卫生服务机构派出100余人中医队伍，深入隔离点，开展用药指导。有效保护密接、次密接等重点人群身体健康，保障一汽、长客等重点企业生产秩序。

开展中医康复，纠正基础疾病。市新冠肺炎防控工作领导小组确定长春市中医院（东部院区）作为出院患者康复定点医院，在全国率先对所有解除隔离患者进行不少于14天中医药系统康复。医院整体腾空改造，建设符合院感要求高标准疗区。选派最强医疗团队，通过口服、雾化中药以及情志调理、导引、按摩等中医技术，改善身体机能，促进身体康复。

【中医药科研】 组织申报2个省级中医药政策课题，立项1个；5个中（朝）医标准化课题申报，立项2个；组织完成2020年中医药标准化5个项目结题验收工作。组织中医专家对长春市12个2020年度省中医药管理局立项的中医药科技项目进行中期评估，所有项目都达到课题进展要求；申报省中医药管理局2021年科技项目21个，立项16个。完成2021年中医药传统知识收集整理工作，对长春市9个项目进行现场调研。

（姜德强）

医政药政管理

【公共卫生人才培养】 高端人才培养。在省卫生健康科技能力提升项目推荐工作中，向公共卫生科研项目倾斜，8月13日推荐2项公共卫生科研项目，分别为长春市疾病预防控制中心的《吉林省长春市2019—2020年HIV-1分子流行病学研究》和《长春地区食源性沙门氏菌全基因组测序及耐药分析》，于9月2日获得省卫健委批复立项，拨付经费4万元。

全科医生培养。开展农村订单定向医学生免费培养工作，落实“订单定向”培养招生。根据基层现实岗位需求，2021年开展专科、本科等多层次农村订单定向医学生免费培养。全年落实农村订单定向免费医学生本科招生63人，组织申报2022年订单定向本科招生计划47人，专科招生计划32人。农村订单定向免费培养的本科、专科医学生毕业后全部纳入全科专业培训，充实基层卫生医疗机构人员力量。

全科转岗培训。2021年，按照省卫健委下达全科医生转岗培训计划和要求，制定实施方案，启动项目工作。扩大全科医生转岗培训实施范围，鼓励二级及以上医院有关专科医师和具有执业（助理）医师资格的乡村医生参加全科医生转岗培训。全年组织完成2020年度长春市全科医生转岗培训88人，87人通过考核取得合格证书，合格率99%。截至2021年年末，长春市注册全科医生2093人。

【医师资格考试】 2021年，长春考点网上报名10085人，经现场审核8804人合格，其中实践技能免考2145人。6月10日至25日，6659名考生参加医师资格考试实践技能考试。9月18日至20日，6087名考生参加医师资格考试医学综合考试，完成长春考点2021年国家医师资格考试实践技能考试。

【在岗乡村医生学历教育】 按照乡村医生教育规划要求，加强对乡村医生教育和培养工作，对符合条件在岗乡村医生，组织招收进入中、高等医学院校接受医学学历教育。年内，组织申报本科4人、专科3人。完成2020年度15人在岗乡村学历教育省补助经费拨付工作。

【医学继续教育】 年内，完成2020年继续医学教育成绩验印14225人，年度成绩合格人数13805人，合格率97.04%；完成2021年继续医学教育报名14792人；设定2021年长春市远程继续教育课程，全员培训课题（公共必修课）8项，工勤人员远程教育课题15项；组织申报2021年省级继续医学教育项目43项，获批34项；中医类省级继续教育项目10项，获批10项；市级继续教育项目237项；组织申报2022年国家级继续医学教育项目2项；开展“长春市科协博士专家服务基层一线行”活动12场。

【平安医院建设】 制定下发《关于深入开展长春市平安医院建设工作的通知》，明确平安医院建设工作重点和工作要求，部署开展平安医院建设年终考核工作，并每季度定期调度推进全市平安医院建设工作。落实2020年医疗事故责任追究（1起榆树仁爱医院三级丙等医疗事故），强化医疗安全管理，提高医疗服务质量。推进2021年信访百日会战信访积案化解，调处于亚新信访案件和肠转流手术群体访等重点信访案件。受理医疗纠纷177起，调解成功102起。推进医院安防建设，每月调度全市三级医院安防系统建设情况并组织填报国家医院安防系统建设管理平台，年底前完成长春市7家1000张及以上床位大型公立医院安防系统达标建设。

【医疗卫生系统纠风】 组织参加“国家纠正医药购销领域和医疗服务中不正之风联席机制第二十三次视频会议”“全省卫生健康系统行风建设推进会”。参与长春市医疗保障基金监管部门联席会议制度建立，与医保部门共同推进医疗保障基金欺诈骗保行为查处，3月底参与组成医保、公安、卫健多部门联合调查组，按照任务分工完成现场检查工作。按照吉林省不合理医疗检查专项治理行动要求，会同市场监督管理、医疗保障、药品监督管理等部门，共同开展专项治理行动，严肃查处违反相关法律法规、诊疗技术规范，损害人民群众利益不合理医疗检查行为。全市各级各类医疗机构中发现、处理违法违规行为情况37起（无医疗机构执业许可证开展医疗检查3起、超出诊疗科目范围开展医疗检查2起、聘用非卫生技术人员从事医疗检查工作4起、乱收费和不正当价格行为1起、开展特殊检查无知情同意书4起、未公开医疗检查项目及价格1起、其他违法违规行为22起），行政处罚（协议处理）机构情况248个（停业整顿医疗机构17个、责令限期整改医疗机构150个、罚款医疗机构38个、予以行政处罚的机构总数43个），罚款总额17.18万元，处理人员1人（暂停执业医师1人）。

【重要活动医疗保障】 做好中高考、吉林省第五届雪博会、长春市冰雪节、庆祝中国共产党成立100周年系列大型活动、美在华企业高层圆桌会议、第十八届中国（长春）国际汽博会、第三届全球（长春）制造业服务外包峰会、世界中医药大会、第二十届吉林省农博会、第十三届中国—东北亚博览会、中国500强企业高峰论坛、吉林振兴上市公司投资机构吉林行活动等多项重特大展会和会议保障工作，保障各类大项活动52次，出动“120”救护车辆130余台次，出动驻点医疗服务保障人员500余人次。

【民营医院管理】 制定下发《长春市民营医院管理年活动实施方案》并开展多轮专项指导检查。5月至9月，开展血液透析专项检查，指导检查13家医疗机构，检查发现8家民营医疗机构均存在不同程度质量安全隐患，限期整改。6月10日，印发《全市医疗卫生机构医疗废弃物管理排查工作方案》。6月18日至24日，组织市卫生监督所和相关专家抽查医疗机构100家，约谈隐患及问题较为突出7家医疗机构，暂停1家医院（长春仁大医院）门诊诊疗活动。

加强民营医疗机构行风监管。联合市卫生监督所对吉林曙光泌尿外科医院进行现场调查，组织专家研判医疗行为并做出处理。组织开展民营医院临床用血专项检查，检查31家用血医疗机构，发现问题向全市通报。组织开展消化内镜专项检查，指导检查17家医疗机构。开展妇科专项检查，检查妇产科专科机构和设置妇产科机构30家，对问题比较突出机构移交综合监督处进行处理。

（姜德强）

体　育

TIYU

体育设施

【概况】 2021年，全市拥有各类体育场地11816个，总面积1343万平方米，人均占有体育场地面积1.62平方米。长春市辖区内市属公共体育场馆主要有长春体育中心五环体育馆、长春体育中心体育场、长春市体育馆、长春市滑冰馆、长春市全民健身活动中心。按照国家体育总局《体育场馆运营管理办法》要求，完善功能，通过与相关部门联合申报"省级彩票公益金支持体育事业项目资金"途径，对场馆进行改扩建、维修改造等，逐步推进向市民对外开放工作，长春市全民健身活动中心、长春体育中心、长春市体育馆等大型公共体育场馆免费、低收费向社会开放。在疫情期间，各场馆严格落实国家、省市疫情防控的文件精神与市卫健委、市疾控中心及驻区政府、街道办、社区配合，努力做好入馆人员的网上预约"限流"工作，压实责任，安排专人负责，对入馆人员进行测温、看"吉祥码"、扫"行程码"、来访登记、每天坚持消毒、通风等防控工作。

在城乡等处改建、扩建、增建体育公园、健身中心、健身广场、健身步道、健身路径等全民健身设施，城区街道、乡镇和社区体育设施配置率100%，所有乡镇、半数以上行政村安装健身器材，双阳街道、乡镇、社区以及九台社区健身设施实现全覆盖。构建城区"十分钟健身圈"，满足人民群众日益增长的体育健身需求，使体育发展成果惠及城乡居民，完成国家规定70%体彩公益金用于全民健身要求。

【长春体育中心五环体育馆】 长春体育中心五环体育馆是长春市主要标志性体育建筑之一，是全民健身重要基地，也是长春市冰球队主训练场。日平均接待全民健身人数300余人次，年度接待总人数18万人次。2021年4月，投入资金改造更新五环馆建筑外围一圈露天运动场地，铺设4条塑胶跑道，无偿为市、区各体育运动团体和社会各界喜爱运动健身人员提供全天候跑步及运动场地，仅夏秋两季平均每日跑步操练人数有千人之多，月估算3万人，半年约18万人次以上。4月14日至16日，举办长春市中学生羽毛球比赛，接待人数约3000人次；4月22日至23日，举办长春市中学生乒乓球比赛，接待人数约2000人次；5月2日至3日，举办中国—长春青少年城市拉丁舞邀请赛，接待人数约1万人次；5月22日至23日，举办长春市乒乓球锦标赛，接待人数1000人次；12月，接待CBA2021—2022中国男子篮球职业联赛第二阶段跨年度篮球赛事，日均接待人数约5000人，比赛历时34天，

2021年4月，长春体育中心五环体育馆进行外围露天运动场改造。图为改造后的长春体育中心五环体育馆　　（市体育局　供图）

2021年，长春体育场接待赛事活动119场。图为长春体育馆外景

（市体育局　供图）

五环体育馆完成比赛接待任务。

【长春体育场】　长春体育场是一座符合国际标准的现代化体育设施，既能接待国际、国内大型田径、足球比赛，又能承接大型文艺演出和各种表演，同时体育场南门广场和环路约4万平方米场地，可供市民健身、商品展销等多种活动。它不仅是国家的夏训基地，更是长春市竞技体育和市民健身活动的重要场所。2021年，长春体育中心体育场开展体育场房屋安全性鉴定检测工程、体育场田径塑胶跑道翻修改造工程、体育场伸缩缝防水维修工程、体育场室内装饰装修等维修改造工程。按照国家大型公共体育场馆免费、低收费向社会开放要求，将80米室内田径馆和田径内场地、足球内外场地、二环廊乒乓球活动室等内外场地全部向社会公众免费、低收费开放，开放面积80%，接待人数年均约45万人次。2021年，接待燕京啤酒2021中国足协杯赛（长春赛区）、春城杯2021年长春业余足球联赛、春城杯2021长春青少年足球联赛、2021年全民健身线上线下系列活动“云动春城”——大众乒乓球季活动、幼儿趣味运动会等，全年接待赛事活动119场，接待人数约1.15万人次。

【长春市滑冰馆】　长春市滑冰馆位于长春体育中心区域北侧，南临长春体育中心五环体育馆、西临吉林省速滑馆、东部和北部紧邻长春市全民健身活动中心(临近体北路)。建筑面积4500平方米，可容纳观众300人。长春市滑冰馆是长春体育中心五环体育馆的配套冰上项目训练馆。长春市滑冰馆设备齐全。馆内设有符合国际滑联标准周长111.32米的短道速滑场地，照明系统设有150盏无影灯，达到国际比赛照度标准，可满足承接冰壶项目国际、全国比赛和短道速滑省、市级比赛需要。2021年，长春市滑冰馆全年为长春市短道速滑、花样滑冰的各层次运动队上冰训练提供服务，并着重加强疫情防控措施，利用智能测温仪和扫码、登记制度，严格管控本单位走训运动员和学校、俱乐部上冰人员。全年，长春市短道速滑优秀运动队、中专队、业余重点班和花样滑冰业余重点班，日均上冰训练150人次。同时，为吉林省冰上运动管理中心、吉林省体校、朝阳区体校、吉林小学、慧谷学校、百凝盾俱乐部、同鑫俱乐部等训练队伍提供上冰保障服务。全年日均服务上冰场次9至12场、时长13至15小时，日均服务训练人数达200人次以上。

【长春市全民健身活动中心】　长春市全民健身活动中心由香港华艺建筑设计公司和吉林建筑大学设计院承担工程设计，总占地面积27855平方米，总建筑面积19861平方米，可容纳2000余人同时健身；室外停车位200余个，建筑周围绿化率35%。主要服务项目包括游泳、乒乓球、健身、羽毛球、网球5个健身项目。乒乓球馆全年公益性对外开放。游泳、乒乓球、网球、羽毛球等体育项目在寒暑假期间为全市中小学生提供公益性技能培训。中心还为各大专院校提供体育教育实习实践基地，常年为长春市专业运动队提供体能恢复场地。常年公益性为吉林省“十姐妹艺术团”“俏夕阳舞蹈队”等6个团体提供活动场地。长春市全民健身活动中心游泳馆于2019年10月1日对外开放，成为吉林省少数民族传统体育训练基地、长春市国民体质监测站、长春市社会体育指导员培训管理中心、农村体育研究室、大中小学生实践实习基地和优秀运动队体能恢复训练基地。

【长春市体育馆】　位于人民大街2999号，是中华人民共和国成立以来吉林省最早建成的体育场馆之一，至2021年长春市体育馆内拥有容纳4000人的比赛馆1 个，训练馆1个、武术馆1个，室外有网球场5块、标准篮球场3个，健身会馆1个。成为集竞技体育、群众体育、运动休闲、健身娱乐、文化商贸等为一体的综合性体育文化交流中心，是长春市主要的体育设施之一，是市民体育休闲和体育比赛的重要场所，也是吉林东北虎篮球队的主场。长春市体育馆坚持免费低收费开放、公益性运营，贯彻落实国家有关体育场馆开放、服务、保障和安全监管等规定，为社会提供优质公共体育服务，获得良好社会效益。在受疫情影响等因素情况下，全年接待活动37场，其中体育赛事16场，分别为长春市武术比赛、吉林省青少年武术套路锦标赛、长春市篮球超级联赛、深圳市罗湖区教育局体能测试、体育总会健身操舞比赛、长春市篮球教练员培训等，还接待21场长春市云动春城“大众网球季”活动。年内，举办2021—2022中国男子篮球职业联赛第二阶段75场次，承办（CBA）中国男子篮球职业联赛（东北虎主场），举办各类体育比赛、长春市篮协嘉年华公益性活动、大众冰雪季等活动。长春市体育馆设施100%用于提供体育及相关服务，篮球场、网球场、羽毛球馆免费对社会开放，免费为适龄青少年提供篮球、武术、跆拳道、散打、乒乓球培训。

（崔广志　柏淑芬）

12月26日，吉林省（长春市）大众冰雪季在长春庙香山滑雪场启动

（市体育局　供图）

冰雪运动

【概况】　长春市冰雪季体育系列活动历时5个月，组织各级各类冰雪群众体育系列活动百余项次，每个冰雪季期间参加活动人数300万人次以上。2021年，长春市以第25届长春冰雪节为契机，主动融入冬奥元素，以“冬奥在北京，体验在吉林，乐享在长春”为主题，配合北京冬奥组委会，结合长春特色和实际，挖掘冰雪资源，浇制冰场，建设雪道，配备冰雪器材，为青少年参与滑雪和滑冰创造场地和设施条件，陆续开展迎冬奥系列冰雪赛事活动。北京2022年冬奥会火炬展示活动（长春站）暨吉林省（长春市）大众冰雪季正式启动，比赛主要有长春市大众高山滑雪赛、大众单板滑雪赛、大众冰球比赛、大众越野滑雪比赛、大众冰雪季冰壶比赛、大众冰雪季速度滑冰比赛、大众冰雪季冰上龙舟比赛等。与长春市教育局联合举办冬季阳光体育大会、长春市青少年冰雪冬令营培训活动等青少年冰雪体育活动，免费为青少年提供越野滑雪、高山滑雪、速度滑冰、冰球、雪地球、雪合战、冰上龙舟等冰雪项目培训，在青少年中推广普及冰雪项目，促进青少年健康发展，培养青少年冰雪运动兴趣和爱好，营造全市参与冰雪运动、喜迎冬奥氛围。冰雪运动竞技项目有7支专业队伍（短道速滑、速度滑冰、自由式滑雪空中技巧、雪上技巧、单板滑雪平行回转、越野滑雪、冬季两项滑雪），有优秀运动员83人。全市开展冰雪竞技项目13个（短道速滑、速度滑冰、花样滑冰、冰球、冰壶、自由式滑空中技巧、自由式滑雪雪上技巧、单板滑雪平行回转、单板滑雪大跳台、单板滑雪坡面障碍技巧、单板滑雪障碍追逐、越野滑雪、冬季两项），每个县（市）区至少开展1~2个冰雪项目，在训青少年运动员1000人以上。竞技赛事主要筹备2022年第20届中国长春净月潭瓦萨国际滑雪节比赛、2021—2022年中国长春冰雪短道汽车系列拉力赛，举办中国长春（国际）无人驾驶汽车冰雪挑战赛和长春市青少年速度滑冰赛、长春市青少年速度滑冰锦标赛、长春市青少年短道速滑锦标赛、长春市青少年旱雪锦标赛、长春市青少年滑雪锦标赛，承办吉林省U系列短道比赛暨吉林省中小学生冬令营活动。

12月26日，在长春庙香山滑雪场举行北京2022年冬奥会火炬展示活动（长春站）暨吉林省（长春市）大众冰雪季启动仪式上堆雪人趣味活动

（市体育局　供图）

12月26日，北京2022年冬奥会火炬展示活动（长春站）暨吉林省（长春市）大众冰雪季启动仪式在长春庙香山滑雪场举行　　（市体育局　供图）

【迎冬奥冰雪系列主题活动】 12月26日，北京2022年冬奥会火炬展示活动（长春站）暨吉林省（长春市）大众冰雪季启动仪式在九台区庙香山滑雪场正式举行。活动由北京冬奥组委、吉林省人民政府主办，吉林省体育局、长春市人民政府承办，长春市体育局、九台区人民政府协办。包括启动仪式、火炬展示、冰雪赛事、冬奥文化宣传四大板块，将北京冬奥会和冬残奥会火炬、火炬手制服、仪式火种台呈现给观众。主舞台设在庙香山滑雪场游客中心正门旁，专门定制北京冬奥会吉祥物“冰墩墩、雪容融”玻璃钢雕塑放在主舞台左右两侧。省、市领导以及中国第一次参加冬奥会开幕式代表团旗手赵伟昌、冬奥会短道速滑冠军周洋、奥运会乒乓球冠军王皓等众多奥运冠军、世界冠军出席活动。

【大众冰雪季】 12月26日，吉林省（长春市）大众冰雪季启动仪式在庙香山滑雪场举行，举办长春市大众高山滑雪赛、长春市大众单板滑雪赛两大赛事，开展堆雪人、打雪仗等大众冰雪活动。上百名冰雪健儿参赛，体现出“冬奥在北京，体验在吉林，乐享在长春”冰雪活动氛围。群众近距离观看、接触奥运火炬，感悟、传承奥林匹克精神，激励带动更多人参与冰雪运动，促进体育消费和冰雪产业发展，培育壮大冰雪经济。活动得到《人民日报》、新华社、中央电视台等多家主流媒体关注和宣传，活动当日新华网直播点击量105.6万人次。

【长春市青少年阳光体育大会】 10月23日至11月15日，长春市体育局与长春市教育局联合在长春市净月技术产业开发区华岳学校举办2021年长春市青少年阳光体育大会暨长春市棒球、垒球比赛。比赛由长春市体育局、长春市教育局主办，长春市棒垒球协会、长春市净月技术产业开发区华岳学校承办。

【青少年冰雪冬令营培训】 2月16日至17日，2020—2021年度长春市青少年滑雪项目旱雪比赛在极限旱雪公园（长春市水文化生态园区）举办。比赛由长春市体育局、长春市教育局联合主办，长春市冬季运动管理中心承办，吉林省极限冰雪体育运动发展公司协办。开展滑雪项目业余训练的各县（市）区、开发区中、小学校，体育俱乐部及各业余体校报名参赛。比赛分学校组和社会组两大组，学校组设有自由式滑雪雪上技巧8项、自由式滑雪空中技巧8项，社会组设有单板滑雪旗门个人赛6项、双板滑雪旗门个人赛6项。

（崔广志　柏淑芬）

全民健身

【概况】 2021年，长春市内更新、安装健身路径139套1930件，为农村安装健身路径141套1551件，安装篮球场地设施146套。统筹疫情防控和群众体育工作，创新形式举行2021年长春市线上线下全民健身系列活动启动仪式暨市民广场舞大赛，设立“云舞春城”“云跑春城”“云动春城”三大主题板块，开展长春市市民广场舞邀请赛、“大众网球季”免费公益活动、“大众足球季”系列活动、乒乓球免费公益交流活动、青少年轮滑公益赛、大众羽毛球季免费公益活动、长春市第二届夜跑节、长春市第七届万米排赛、2021“双11”全国持杖行走日（莲花山站）、庆祝中国共产党成立100周年系列活动之“红旗100骑行活动”、北京2022年冬奥会火炬展示活动（长春站）暨吉林省（长春市）大众冰雪季启动仪式、2021中国长春（国际）无人驾驶汽车冰雪挑战赛、长春国际无人机博览会UTC技能大赛，涵盖武术、短道速滑、跳绳、气排球、棒球、游泳、篮球等项目，市民通过关注“奥运动”微信公众平台报名参与。全年举办各类群众体育赛事活动170余项，参与人数100万人次。2021年，长春市有13家单位和12人被国家体育总局评为全国群众体育先进单位和先进个人。

【全民健身活动】 6月24日，由长春市体育局、长春广播电视台主办，长春市体育馆承办的2021年长春市线上线下全民健身系列活动启动仪式暨长春市市民广场舞邀请赛在长春市体育馆举行。活动以“聚力美好生活、助力幸福长春”为工作目标，采取线上线下相结合参与模式，继续开展“云舞春城”“云跑春城”“云动春城”

6月24日，2021年长春市线上线下全民健身系列活动启动仪式在长春市体育馆举行
（市体育局 供图）

三大主题板块，将全民健身与红色文化相结合，市民享受运动，感受红色文化，共同庆祝中国共产党百年华诞，得到新华社、吉林电视台、长春政事儿等多家主流媒体关注和报道。

【全民健身设施】 2021年，长春市提升城市文化品位，满足百姓健身多样化需求，增加长春市全民健身设施品类，巩固和提升城区“十分钟体育健身圈”成果。市内更新、安装健身路径139套、1930件；在南湖公园湖心岛和长春公园健身场分别安装1套室外健身房系列健身器材；在芳草公园、友谊公园等地安装二代智能健身器材50套、550件；为农村安装健身路径141套、1551件，安装篮球场地设施146套；在南溪湿地公园新建笼式足球场地2个，多功能运动场地2个；在工人游泳馆新建多功能运动场1个；修建伊通河樱花岛健身步道1000余米。挖掘冰雪资源，在南溪湿地公园、北海湿地公园、长春市体育馆、长春体育中心等地浇筑冰场，为群众参与冰雪活动创造场地条件。

【国民体质监测】 3月24日，第五次国民体质监测标准回代试验数据采集工作在长春开展。全国选取6个测试点，分别为天津市、上海市、吉林省、广东省、贵州省、宁夏回族自治区。吉林省选定长春为回代实验测试点。长春市体育科研所按照国家国民体质监测中心要求组织专家、招募测试对象对各体质指标水平进行观察与研判，进行等级评价与评分。长春市体育科研所完成现场测试任务和数据整理工作，汇总数据发送至国家国民体质监测中心。

【农民趣味运动会】 9月6日，第二十届长春农博会开幕，由农博会组委会、长春市体育局联合主办，长春市体育总会承办的农民趣味运动会作为传统亮点板块同步开场，来自长春市15个县（市）区代表团、600名农民运动员和农民才艺表演者参加比赛。赛会以“绿色农博、健康长春”和“农民节日、市民盛会”为主题，动员农民树立“全民健身、全民健康、全面小康”健身理念，展示长春市群众体育、农民体育和乡村振兴发展成就，提升农民群体健康水平和身体素质，让农博会成果惠及全省全市体育人口。赛会全新改版升级，以展现新时代乡村振兴精神风貌和贴近农村生产生活劳动场景为设计原则，创新设置“喜获丰收、回娘家、农田大力士、抗旱提水、抱冬瓜跑、速度插秧、拉大锯、老鼠偷米、背媳妇跑、抢粮进仓”等10个单项赛和“抢种抢收接力、庆丰收赛龙舟、集体奔小康、拔河”等4项集体赛，并对竞赛道具和环节进行趣味包装，在赛场全程都能感受到乡土气息和丰收喜悦。赛事间隙，各县（市）区农民才艺绝活表演者登台表演。赛会历时一天半，九台区蝉联冠军，德惠市获得亚军，榆树市获第三名，赛会同时评选优秀组织奖和精神文明奖。

【青少年体育公益培训】 2021年，利用青少年学生课后、课外以及暑假期间空白时间段，常态化开展青少年体育日常公益培训和夏令营活动。长春市青少年体育日常公益培训活动开设田径、足球、篮球、乒乓球、击剑、滑冰、冰球、帆船等25个项目，1812个班次，公益培训服务8万余人次。

（崔广志 柏淑芬）

竞技体育

【概况】 长春市优化奥运项目布局，突出冰雪体育特色。新冠疫情期间，各训练单位以培养输送高质量人才为目标，以备战吉林省第十九届运动会、参加中华人民共和国第十四届冬季运动会、东京奥运会、北京冬奥会为重点，提高训练水平，增强竞技体育综合实力，开展线上训练，保持体能；在做好疫情防控基础上，各队伍及早恢复正常训练，参加省年度比赛，开展夏令营等活动。长春市及长春市输送运动员参加年度国际和全国比赛20项次，获世界系列比赛冠军5个，全国冠军22个。

2021年，受新冠肺炎疫情影响，长春市落实国家体育总局和市政府要求，2021长春国际马拉松等一些国际、国内高水平体育赛事延期举办或取消。年内，筹备第20届中国长春净月潭瓦萨国际滑雪节比赛、中国长春冰雪短道汽车拉力系列赛（农安剑鹏站、长春南湖站），举办中国长春

7月22日，全国运动会气排球城市街道社区比赛在长春举行

（市体育局　供图）

（国际）无人驾驶汽车冰雪挑战赛等冰雪体育赛事。承办2021—2022赛季中国男子篮球职业联赛常规赛第二阶段赛会制比赛、全运会气排球B组比赛、2021年全国象棋男子甲级联赛第一阶段比赛；省青少年射击、射箭、自由式滑雪空中技巧、冰球比赛；举办市青少年田径、游泳、射击、射箭、摔跤、举重、柔道、跆拳道、乒乓球、羽毛球、篮球、排球、足球、网球、武术、短道速滑、速度滑冰、单板滑雪、旱雪等各级各类比赛50余项次。

【参加东京奥运会】 在2021年7月23日至8月8日举办的东京奥运会上，长春市培养输送的4名运动员代表国家参赛，游泳运动员汤慕涵获女子4×200米自由泳接力金牌，射箭运动员魏绍轩获男子个人第6名。长春大众卓越女足运动员刘靖、乌日古木拉入选国家队，征战东京奥运会，并代表奥运联队勇夺桂冠，为吉林省争得全运会历史上首枚金牌。

【参加第十四届全国运动会】 2021年9月，在陕西省举办的第十四届全国运动会夏季竞技项目决赛中，长春市有47名运动员代表吉林省参加6个项目比赛，夺得2枚金牌，占吉林省金牌总数50%，射箭运动员魏绍轩，女子足球运动员刘靖、乌日古木拉创下吉林省射箭男子、女足项目参加全运会以来最佳战绩，实现金牌零的突破。长春亚泰U18队代表吉林省参加在陕西举办的第十四届全国运动会男足U18组别比赛，晋级八强，取得第十四届全国运动会男足U18组第八名。在群众体育项目龙舟比赛中，长春市3名运动员获得3枚金牌。

【参加其他国家级赛事】 长春大众卓越女子足球队获全国锦标赛冠军。在4月7日进行的2021年中国足球协会全国女子足球锦标赛决赛中，长春大众卓越女足获该项赛事冠军。中共长春市委、市政府，长春市体育局，吉林省足协，长春市足协表示祝贺。在征战2021赛季女超联赛中，大众卓越女足获得第五名。

长春亚泰征战中超联赛，第一阶段长春亚泰在苏州赛区14场比赛中，以8胜4平2负积28分，列中超联赛第一阶段苏州赛区第一名，进入第二阶段争冠组比赛，获得联赛第四名。

2020—2021赛季CBA联赛全部比赛在浙江省绍兴市诸暨市举行，吉林东北虎俱乐部男子篮球队以28胜26负成绩获第十名。

【吉林省第十九届运动会】 2021年12月28日至2022年1月13日，吉林省第十九届运动会青少年组雪上项目第一阶段比赛分别在吉林北大壶滑雪场、长春莲花山滑雪场、通化万峰滑雪场、通化全民运动健身中心、长白山万达滑雪场举行。长春市选派运动员212人次参加跳台滑雪、北欧两项、高山滑雪、越野滑雪、冬季两项、自由式滑雪（空中技巧、雪上技

9月23日，在西安举行的第十四届全国运动会射箭男子个人淘汰赛中，长春市运动员魏绍轩获冠军

（市体育局　供图）

4月20日，长春亚泰足球俱乐部与吉林农业大学战略合作签约仪式在二道亚泰新动力举行　　　　（市体育局　供图）

巧、大跳台、坡面障碍技巧）、单板滑雪（平行回转、大跳台、坡面障碍技巧）12分项109小项比赛，获得金牌73枚，占所设金牌总数51.7%。长春市优势项目自由式滑雪（空中技巧、雪上技巧）、单板滑雪大跳台包揽所设项目全部金牌；首次组队参加跳台滑雪、北欧两项、高山滑雪项目比赛，获得4枚金牌，取得历史性突破；各项目获得金牌百分比均超上届省运会。

长春市朝阳区、绿园区、长春新区、净月区、九台区、德惠市、农安县分别组队参加高山滑雪、自由式滑雪（空中技巧、雪上技巧）、越野滑雪、单板滑雪（平行回转）项目的比赛。其中，九台区获得3枚金牌、3枚银牌、2枚铜牌，朝阳区获得3枚金牌、2枚银牌、2枚铜牌，农安县获得2枚金牌、3枚银牌、2枚铜牌，德惠市获得1枚金牌、1枚银牌、2枚铜牌；长春新区初次登上省运会赛场，在高山滑雪项目上获得2枚银牌、2枚铜牌。

【体育人才梯队建设】　长春市体育运动学校被国家体育总局评为全国业余训练先进单位，获全国体育事业突出贡献奖集体奖，成为国家高水平体育后备人才基地，被人社部、国家体育总局评为全国体育系统先进集体，该校被中央精神文明建设指导委员会复查确认继续保留“全国文明校园”称号，是全国体育运动学校中唯一被命名的学校。长春体育中学、德惠市业余体校等7家单位被省体育局评为体育后备人才基地；长春业余冰雪学校、朝阳区业余体校短道速滑等17个项目被省体育局评为重点项目班，基地、重点项目班数量列全省首位；长春五环体育馆、长春市滑冰馆、长春奥体中心、长春富奥体育中心、长春世贸莲花山滑雪场（空中技巧场地）5家单位被吉林省体育局授予冬季奥运项目训练基地称号，服务北京冬奥会，为冬奥会备训备赛做好保障。年内，完成吉林省体育局青少年运动员注册工作，周期内注册运动员10881名。

【长春亚泰吉林农大女子足球队成立】　4月20日，长春亚泰足球俱乐部与吉林农业大学战略合作签约仪式在二道亚泰新动力举行，宣告长春亚泰吉林农大女子足球队正式成立，代表长春亚泰征战2021赛季女乙联赛。长春市体育局局长李晓杰、长春亚泰足球俱乐部总经理曾攸峰、吉林农业大学校长冯江出席活动并致辞。

【全国足球发展重点城市申报】　7月30日，长春市体育局向吉林省体育局提出关于申报全国足球发展重点城市的函。8月5日，市体育局向长春市人民政府提出关于申报全国足球发展重点城市的请示。经过努力，长春市入选“十四五”期间首批全国足球发展重点城市。

【2021—2022赛季中国男子篮球职业联赛常规赛第二阶段赛会制比赛在长春举行】　2021年12月25日至2022年1月28日，中国男子篮球职业联赛常规赛第二阶段赛会制比赛（简称“CBA联赛”）分别在长春市体育馆和长春体育中心五环体育馆举办，创下长春市承办国内赛会制比赛时间最长、规模最大、水平最高、参赛队伍和现场观看人数最多历史，是长春市多年来首次接待整赛季篮球比赛。代表国内男子职业篮球最高水平的20支队伍、近600名运动员全部抵长参赛，15轮次150场比赛分别在两馆同时举行。平均每个场馆每天3场比赛，每天对公众开放1~2场比赛，35天开放46场，近10万人次到现场观看比赛。联赛期间，来自全国各地观众球迷，带动长春交通、餐饮、旅游、住宿等生活消费。近40天赛事活动，直接或间接拉动消费超3亿元，中央电视台直播、录播、新媒体直播等也间接地拉动其他消费。中央及全国各地驻长媒体、省市主流媒体都对联赛相关情况进行宣传报道。CCTV5、CCTV5+共对联赛进行41场现场直播和109场录播，咪咕视频直播全部150场比赛，以及1场赛前和300场赛后新闻发布会。信息链接过百万、微博话题阅读过千万，视频网络直播观看人数8亿人次。赛事期间，组委会各成员部门和单位通力配合，确保疫情防控零传播、零感染，承办赛事零差错、零事故，得到CBA联盟、各俱乐部和社会各界肯定和赞誉。

【筹备中国长春净月潭瓦萨国际滑雪节】　中国长春净月潭瓦萨国际滑雪节连续举办19届，是中国历史最久、规模最大、具有国际影响力的冬季体育赛事活动。2021年，长春市体育局为第20届中国长春净月潭瓦萨国际滑雪节做好筹备工作，12月初进行大规模造雪及赛道平整工作，12月中下旬进行赛道铺雪工作以及雪雕雕刻与制作，12月末各项工作全部准备就绪。竞赛项目设瓦萨50千米（传统式）、瓦萨25千米（传统式）和2.5千米（传统式），竞赛组别包括大众组、大学生高水平组和大学生阳光组。

【中国长春（国际）无人驾驶汽车冰雪挑战赛】 1月12日至14日，由长春市人民政府、中国汽车工业协会、中国生产力促进中心协会、国际自动机工程师学会主办，国家智能网联汽车应用（北方）示范区、长春国际影都板块（净月区、莲花山区）承办的中国长春（国际）无人驾驶汽车冰雪挑战赛分别在北方示范区、国家净月潭森林公园、莲花山举行。赛事分为城市冰雪挑战赛、小巴环潭表演赛和越野冰雪拉力赛3个部分。城市冰雪挑战赛设在国家智能网联汽车应用（北方）示范区内，比赛全程约2.2千米，考核自动驾驶车辆在北方冬季城市交通场景条件下的综合性能，设置残雪路面通行、冬季作业区域避让等18个典型场景，每个场景分别计分；小巴环潭表演赛设在净月潭国家森林公园，比赛全程约1.6千米，设置接驳停靠、稳定跟车、行人识别等7个场景，重点考核自动驾驶小巴的示范运营能力，采用各场景累加积分的方式；冬季越野拉力赛设在莲花山路段，比赛全程约13千米，主要评测自动驾驶系统在冬季低温环境下的耐久性，复杂越野路段的自动驾驶能力以及在网络信号不稳定下通行能力。

【2021年全国象棋男子甲级联赛第一阶段比赛在长春举行】 5月19日，2021全国象棋男子甲级联赛在长春所属榆树市开赛，12支参赛队于19日至26日完成该赛季第一阶段前11轮常规赛。该赛事由国家体育总局棋牌运动管理中心、中国象棋协会、吉林省体育局、长春市体育局、榆树市人民政府主办。常规赛阶段规定参赛队在每轮比赛开始前15分钟同时提交出场棋手名单，主、客队互相抽签确定对方4名上场棋手台次。象甲联赛是象棋运动职业化和市场化代表性赛事，汇集全国最高水平男子棋手，展示世界最高水平竞技能力。

【全运会气排球B组比赛在长春举行】 7月22日至25日，中华人民共和国第十四届全国运动会群众赛事活动气排球项目B组城市街道、社区（女子中年组）比赛在吉林省长春奥林匹克公园体育馆举办。比赛由国家体育总局主办、吉林省体育局承办、长春市体育局及长春新区管理委员会协办、吉林省奥飞文体产业发展有限公司为执行单位共同举办，进行61场比赛，来自全国21个省市203名运动员、教练员参赛。作为赛事执行单位，长春市体育局落实联防联控措施，对工作环节实现精准对接，确保比赛安全开赛、顺利闭幕。

（崔广志　柏淑芬）

体育产业

【体育产业实施新举措】 5月1日至30日，在长春市范围内开展2021年体育消费券惠民活动，总投入资金400万元，34家商贸企业和健身场馆参与活动。核销体育消费券31913张，核销金额392.44万元，核销率98.11%，交易金额1184.58万元，带动交通、饮食等方面二次消费，通过体育消费带动地方经济。

【居民体育消费调查】 2021年，为摸清长春市居民体育消费情况，经过招投标，委托北京数字一百信息技术有限公司开展居民消费调查工作。调查结果显示，2020年长春市体育消费规模为154.99亿元，人均体育消费1709.4元，占居民人均消费支出5.4%。消费调查项目对2020年长春市居民体育消费人次、消费支出、消费规模等情况摸底调查，为制定体育服务业发展规划及政策提供科学参考依据。

【《长春市推进国家体育消费试点城市建设实施方案》出台】 为促进体育消费，在征求公众、政府20个相关部门、法律专家意见基础上，8月中旬提交《长春市推进国家体育消费试点城市建设实施方案》合法性审查，10月22日经市政府第85次常务会议审议通过并印发。

【体彩销售】 2021年，通过促销、培训、帮扶等方式，在克服高频退市、即开票短缺、竞猜赛事场次锐减等不利情况下，长春市体育彩票管理中心促进投注站销售，保持长春市体彩市场稳定。10月29日，召开“逆流而上、扭转乾坤”长春体彩奋战60天誓师大会，定任务、定指标，实现销售逆势增长。全年销售14.39亿元，占全省39.47%，比2020年增长3.10%，增量4200万元，销量在东北省会城市中名列首位。

（崔广志　柏淑芬）

社会生活

SHEHUI SHENGHUO

人口家庭

【人口与生育】 2021年，全市常住总人口908.72万人。其中，市区人口583.76万人，四县（市）人口324.96万人。城镇人口607.27万人，乡村人口301.45万人。男性人口457.41万人，女性人口451.31万人。0~15岁人口114.18万人，16~59岁人口598.51万人，60周岁以上人口196.03万人。

（陶艺文）

【婚姻登记】 2021年，长春市有婚姻登记处18个。其中，城区7个，县（市）4个，开发区7个。全市所有婚姻登记处全部完成婚姻登记机关规范化建设，其中朝阳区婚姻登记处等8个登记处达到国家AAA级标准。

2021年，长春市率先在省内开展结婚登记“市内通办”改革试点，完成对全市18个婚姻登记处现场调研工作，形成调研报告。10月8日，正式在长春市(含外县)实行结婚登记市内跨区域通办。婚姻登记当事人，即任意一方(或双方)为长春市户籍居民，均可选择长春市任意婚姻登记机关办理结婚登记。部队驻地、入伍前常住户口所在地或另一方常住户口所在地在长春市的现役军人，可以在长春市自主选择婚姻登记机关申请办理。内地居民补领婚姻登记证仍按《婚姻登记工作规范》有关规定执行，暂不实行跨区域办理。当事人须预约办理，婚姻登记机关按照《婚姻登记工作规范》规定的户籍地办理流程，为当事人办理结婚登记。试点阶段办理的结婚证件与户籍地办理的婚姻证件具有同等的法律效力。

2021年，长春市各婚姻登记机关严格按照《中华人民共和国民法典》和《婚姻登记条例》规定，公开审批程序，认真审核登记手续，全年办理结婚登记53430对，其中跨区域办理1135对，登记合格率100%。长春市各婚姻登记机关依法对离婚登记手续齐全，离婚协议书事项明确的，准予办理离婚登记。全年办理离婚登记19801对。

【出生人口信息采集录入】 加强与相关部门特别是卫生行政部门内部信息共享，利用生育登记、孕产妇保健、住院分娩、出生医学证明等个案信息，拓宽信息采集渠道，对错、漏、虚报出生人口信息进行更正、完善和清理，确保全员人口上报信息准确率。2021年，全市出生19142人。全市人口出生率为4.8‰，死亡率6.2‰，自然增长率-1.5‰。城镇化率66.8%。

【生育服务证办理】 严格执行生育登记制度，规范长春市生育登记和再生育审批“跨省通办”工作。年内，全市办理各类计划生育服务证26981个。其中，一孩生育服务证12569个，二孩生育服务证6788个，三孩生育服务证43个，再生服务证459个，独生子女父母光荣证7122个；“网上通办”各类计生服务证件42个。

【计划生育奖励扶助】 2021年，经村、乡、县、市四级申报、审核、审批并录入国家奖扶平台确认的全市农村部分计划生育家庭奖扶对象155441人、计划生育伤残家庭9330人、死亡家庭11960人、计划生育手术并发症68人。年内，为符合条件农村部分计划生育家庭奖励扶助对象每人每年发放960元、计生伤残家庭扶助对象每人每年发放5160元、计生死亡家庭扶助对象每人每年发放6720元、计划生育手术并发症每人每年发放2400~4800元。至2021年年末，2.78亿元全部发放到个人账户。

（姜德强）

【收养工作】 随着《中华人民共和国民法典》于2021年1月1日起正式实施，原《中华人民共和国收养法》废止，长春市各收养登记机关严格按照最新政策要求开展儿童收养登记业务办理。按照儿童收养登记办理权限，市民政局负责办理华侨以及居住在港澳台地区的中国公民收养登记，各县（市）区、开发区民政部门负责办理内地公民收养登记。

2021年，长春市办理华侨以及居住在港澳台地区的中国公民收养登记

表64　2021年长春市城镇居民人均可支配收入情况表

单位：元、%

指标名称	2021年	2020年	增幅	两年平均增幅	构成	贡献率	拉动
工资性收入	28659	26710	7.3	6.5	66.2	59.4	4.9
经营净收入	2403	1792	34.1	15.5	5.6	18.6	1.5
财产净收入	3019	2589	16.6	4.3	7.0	13.1	1.1
转移净收入	9201	8710	5.6	7.2	21.3	15.0	1.2

0例，办理内地公民收养登记21例，其中，朝阳区6例、宽城区2例、绿园区1例、双阳区1例、经开区3例、净月区1例、长春新区3例、德惠市2例、农安县2例。其中，三代以内亲属收养17例，普通收养2例，继子女收养1例，儿童福利机构领养1例。

【殡葬管理】　2021年，长春市编制《长春市殡葬设施专项规划（2021—2035年）》，圈定"十四五"时期殡葬事业发展坐标。印发《长春市基本殡葬惠民补贴办法》，全市免除2.06万人1900万元基本殡葬消费。开展"忆故人·祭楷模·敬先贤"清明公祭活动，清明期间全市各殡葬服务单位接待祭扫群众近60万人次，祭扫车辆11.2万台次。修订《长春市基本殡葬惠民补贴办法》，将公主岭市第二殡仪馆纳入殡葬惠民定点服务机构。

（郭大鹏）

收入消费

【概况】　2021年，长春市城镇居民人均可支配收入增幅为8.2%，扣除价格因素，实际增速7.7%。收入增幅高于GDP增幅1.5个百分点。长春市城镇居民人均可支配收入绝对值比全省高7635元，增幅比全省平均水平高1.5个百分点，增速与绝对值均排名全省九市州之首。在东北四市中，长春市城镇居民人均可支配收入绝对值排第三位，增幅排第一位，位次均与2020年持平，收入绝对值与辽宁省沈阳市、大连市差距缩小，领先黑龙江省哈尔滨市优势扩大。2021年长春市城镇居民人均可支配收入在15个副省级城市中排第14位，与2020年持平。增幅排第9位，比2020年下降7名。

【城镇居民可支配收入】　2021年，长春市城镇居民人均可支配收入43281元，比2020年增长8.2%，呈持续增长态势。2021年，长春市城镇居民人均可支配收入的四项构成均有增长，经营净收入占可支配收入比重增加，财产净收入快速增长，工资性收入仍是可支配收入主心骨，转移净收入稳定增长。

2021年长春市城镇居民人均经营净收入2403元，增长34.1%，在四项收入中增长最快。经营净收入占可支配收入比重为5.6%，对可支配收入增长的贡献率为18.6%，拉动可支配收入增长1.5个百分点。

2021年长春市城镇居民人均财产净收入3019元，增长16.6%，占可支配收入比重为7.0%，对可支配收入增长的贡献率为13.1%，拉动收入增长1.1个百分点。

2021年长春市城镇居民人均工资性收入28659元，增长7.3%。工资性收入仍然是可支配收入构成中最重要组成部分，主要表现为：比重最大，工资性收入占可支配收入比重为66.2%；贡献最大，对可支配收入增长的贡献率为59.4%；拉动最大，拉动可支配收入增长4.9个百分点。

2021年长春市城镇居民人均转移

表65　2021年长春市城镇居民人均生活消费支出情况表

单位：元、%

指标名称	2021年	2020年	增幅	两年平均增幅	构成	贡献率	拉动
生活消费支出	32336	29080	11.2	5.4	—	—	—
1.食品烟酒	8098	7321	10.6	8.9	25.0	27.8	2.7
2.衣着	2110	2311	-8.7	-6.6	6.5	7.3	-0.7
3.居住	7837	7123	10.0	7.3	24.2	26.9	2.5
4.生活用品及服务	1726	1714	0.7	-2.6	5.3	5.9	0.0
5.交通通信	3922	3329	17.8	-9.0	12.1	13.5	2.0
6.教育文化娱乐	3903	3301	18.2	-6.9	12.1	13.4	2.1
7.医疗保健	3521	2936	19.9	5.9	10.9	12.1	2.0
8.其他用品及服务	1218	1045	16.6	-1.6	3.8	4.2	0.6

净收入9201元，增长5.6%，两年平均增长达7.2%。转移净收入占可支配收入的比重为21.3%，对可支配收入增长的贡献率为15.0%，拉动收入增长1.2个百分点。长春市通过养老金17连涨及提高失业保险金标准、推行失能人员居家照护保险制度等政策，保证民生托底，确保转移净收入稳定增长。

【居民消费价格总指数CPI】 2021年，长春市城镇居民人均生活消费支出32336元，增长11.2%，两年平均增长1.3%。长春市居民消费价格（CPI）比2020年上涨0.5%，涨幅低于全国0.4个百分点，低于全省0.1个百分点。涨幅在36个大中城市中居第30位；在15个副省级城市中居第14位；在东北四市中居第4位。其中，交通工具用燃料、鲜菜、蛋类价格分别上涨17.5%、7.9%、14.5%，影响CPI上涨0.49、0.15、0.08个百分点；猪肉价格下降29.4%，影响CPI下降0.45个百分点。

12月份，CPI上涨0.9%，居东北四市第三位；环比下降0.3%，居东北四市第一位。其中，交通工具用燃料、鲜菜、蛋类价格分别上涨23.0%、17.6%、14.8%，影响CPI上涨0.63、0.34、0.09个百分点；猪肉价格下降36.0%，影响CPI下降0.54个百分点。

【八大类商品价格指数】 2021年，长春市城镇居民八大类生活消费支出中，食品烟酒、居住、交通通信、教育文化娱乐、医疗保健、其他用品及服务六大类增幅超过一成，生活用品及服务微涨，衣着下降8.7个百分点。

2021年长春市城镇居民人均食品烟酒和居住消费支出分别为8098元和7837元，比2020年增长10.6%和10.0%，疫情发生后仍连续两年上涨。2021年长春市居民恩格尔系数为25.0%，下降0.2个百分点。

2021年医疗保健消费支出3521元，上涨19.9%，为八大类中最高涨幅。是唯一因疫情而下降，又迅速恢复并超过疫情前水平的支出项目。

2021年教育文化娱乐、交通通信和其他用品及服务分别消费支出3903元、3922元和1218元，增幅分别为18.2%、17.8%和16.6%。但仍未达到疫情前水平，交通通信和教育文化娱乐两年平均降幅分别是9.0%和6.9%。

生活用品及服务和衣着两类消费受疫情影响较为明显，2021年生活用品及服务消费1726元，上涨0.7%；衣着消费2110元，下降8.7%。

【居民消费增长主要因素】 2021年，长春市印发进一步促消费扩内需的通知，出台推动服务业高质量发展方案，从支持大宗消费、促进文旅冰雪消费、提振商贸消费、发展农村消费、强化政策支持等方面开展一系列具体扩内需、促消费举措，统筹推进长春现代化都市圈建设。2021年，长春市组织开展400余场全市性促销活动，发放五轮总额15500万元商超消费券，总额2000万元“发票抽红旗汽车”活动，总额1500万元“发票抽红旗新能源汽车”活动。2021年，长春市引导电子商务进社区，推进社区信息化平台建设，整合各类公用设施和社会资源，引导餐饮、家政、住宿等行业融合互联网，扩展线上服务功能和范围，打造一刻钟便民服务圈。2021年长春市承办首届中国电商大会，培育在线消费新热点；建设长春市名优产品集散中心，融合线下展示、线上交易、直播带货等功能，实现线上线下结合，为本地品牌拓展域外市场赋能。

（王 蕾）

劳动就业

【概况】 2021年，长春市城镇新增就业11.69万人，农村劳动力转移就业106.41万人，在全省占比分别是43.2%和33.4%。开展“迎新春送温暖稳岗留工”专项行动。实施减负稳岗扩就业政策，为9.88万户（次）企业减负5.26亿元。发放创业担保贷款7.08亿元，开展创业培训2万人，扶持创业2.1万人，带动就业5.6万人。成立农民工返乡创业“薪火联合会”，全年城镇失业人员再就业2.07万人，就业困难人员实现就业1.75万人。开展补贴性职业技能培训29.4万人次，在全省占比53.8%。开展企业用工专项服务，组织招聘活动1681场，提供就业岗位56万个。塑造“创业长春、创新之都”城市形象，承办第三届全国创业就业服务展示交流活动。摆渡创新工场新型众创空间典型经验得到

12月15日，举办2021年长春市中小企业助力高校毕业生就业冬季专场公益人才招聘会

（程红兵 供图）

国务院通报表扬。

【高校毕业生就业】 制定《人才分类评价标准目录（试行）》。实施促进高校毕业生来（留）长春市创业就业服务工程，开展“暑期服务行动计划”、“强师计划”、“强医计划”、“三支一扶”、直播带岗、大学生企业行和新职业项目制培训等活动，实现大学生留长10万人。为1.05万人次发放国家级高层次人才奖励、高端人才年度奖励和安家补贴2.25亿元。

【城镇就业困难群体帮扶】 2021年，长春市制定零就业家庭个性化援助方案，综合运用各项就业扶持政策，实施“一人一策”精准帮扶。按照零就业家庭“产生一户，援助一户，消除一户，稳定一户”原则，落实就业援助长效机制。对具有市场就业能力人员，至少提供3个岗位信息。对难以实现市场就业人员，通过公益性岗位托底安置，确保零就业家庭动态为零。

【农村劳动力转移就业】 2021年，长春市开展“春风行动”、民营企业招聘月、“百日千万”网络招聘、金秋招聘月等系列活动，提供适合农民工就业岗位。创建省、市、县各级农民工创业基地，帮助农民工自主创业。组织85户创业企业成立农民工返乡创业“薪火联合会”。对15个农民工转移就业工作先进乡（镇）和6个优秀农民工返乡创业基地予以表彰，认定24户先进龙头企业（合作社）为2021年度长春市农民工转移就业工作先进集体“薪火站”。实现农村劳动力转移就业106.41万人，劳务经济收入242.1亿元。

【脱贫人员就业】 2021年，长春市创建就业扶贫“星火站”46家、就业扶贫车间9家、就业扶贫基地5家，安置脱贫劳动力143人。开发“三无”公益专岗，安置脱贫劳动力1065人。

【人才培养】 优化医疗卫生事业单位专业技术岗位结构比例，开展首批乡村人才职称评审。在吉林省率先完成信息化职称评审工作，通过评审7528人。15名长春选手参加全国乡村振兴职业技能大赛，参赛与获奖人数均占吉林省一半以上；承办吉林省第一届乡村振兴职业技能大赛。长春市专业技术人才、高技能人才总量分别是65.2万人和21.5万人。举办首届长春市优秀企业家域外高级研修班。成立专班，探索订单式、专员式服务，市区联动开展“大调研、大对接、大服务”行动，服务企业人才需求。首次启动事业单位记功奖励，重点向抗疫、扶贫等急难险重岗位一线人员倾斜。举办首届市直事业单位新入职工作人员岗前培训班。关爱防疫一线医务人员，开展异地健康休养考察，发放临时性工作补助239.28万元。完成国家、省各类表彰评选推荐工作21项，推荐先进集体99个、先进个人191人。

【工资集体协商】 2021年，长春市企业按照《吉林省企业工资集体协商条例》规定的程序、内容及相关要求，参照工资指导线，开展工资集体协商。企业方和职工方就本企业工资分配制度、形式，工资标准；职工年度平均工资水平及其调整幅度；工作时间，工资支付办法；津贴、补贴标准，绩效工资等分配办法；计时工资、计件单价等劳动定额标准；加班工资、待岗期间生活费，病假、事假、试用期以及带薪休假期间的工资待遇；女职工在孕期、产期、哺乳期的工资和福利待遇等内容进行协商。

2021年，长春市企业工资指导线是，企业职工货币平均工资增长上线为9%；企业职工货币平均工资增长中线（基准线）为7%；企业职工货币平均工资增长下线为3.5%。企业根据本单位经济效益实际，参照工资指导线上线、中线、下线，建立企业职工工资正常增长机制。用人单位工资增长，优先保证普通职工特别是关键岗位、生产一线岗位和紧缺急需的高层次、高技能人才工资增长，其平均工资增幅不低于本单位管理人员平均工资增幅。企业年度职工工资未合理增长的，企业以及经营者不得参加各类评先评优，不能评为诚信企业和劳动关系和谐单位。

企业签订工资集体合同，报同级人力资源和社会保障行政部门审查，并在规定时间内以适当方式向全体职工公布，接受职工群众监督。

【农民工权益保障】 推行工资支付保障制度，为6161名农民工追讨工资1.83亿元，被吉林省政府评为根治欠薪A级单位。处理劳动人事争议案件7298件，调解案件4524件。

（程红兵）

社会保险

【养老保险】 截至2021年年末，全市养老保险参保总量611.2万人，比2020年增加85.5万人。其中，企业职工养老保险参保总量265.9万人，比2020年增加19.3万人；机关事业单位养老保险参保总量29.5万人，比2020年增加0.9万人；城乡居民养老保险参保315.8万人，比2020年增加65.3万人。

征缴。按照国家关于社会保险费征收体制改革的决定，长春市城镇企业职工养老保险、机关事业单位养老保险、城乡居民养老保险的征缴职能分别于2020年11月、2020年9月、2019年划转至税务部门。2021年全市养老保险征缴基金总量达247.8亿元。其中，城镇企业职工养老保险206.4亿元，机关事业单位养老保险36.8亿元，城乡居民养老保险4.6亿元。

发放。2021年为全市192.3万享受养老待遇人员发放养老金336.1亿元。其中，企业退休人员80万人，发放养老金260.8亿元；机关事业单位退休人员9.9万人，发放养老金59.7亿元；城乡居民养老保险领取待遇人员102.4万人，发放养老金15.6亿元。

待遇调整。城镇企业职工养老金

7月29日，长春市工伤保险经办管理职能划转交接仪式在市社保局举行

（刘　峰　供图）

实现第17次连调，惠及全市77.4万企业退休人员，其中市本级52.4万人，调整后全市企业退休人员月人均养老金2736元（市本级3004元）。机关事业单位养老保险待遇上调惠及9.4万人，月均养老金增加166.5元。城乡居民养老保险待遇上调惠及103.6万人，市本级月基础养老金163元。

风险数据排查。组织对风险数据逐条核实，全面核查、比对业务系统和在职参保资料、退休档案，针对疑点数据深入核实，确保查有所依。

【失业保险】　截至2021年年末，长春市失业保险参保125.4万人，全年失业保险征缴基金10亿元（由税务部门征收），为2.3万名失业人员发放失业金2.2亿元。市本级失业保险金人均月标准1692元，涨幅11.8%。

根据《关于2021年社会保险缴费有关问题的通知》规定，阶段性降低失业保险费率政策2021年4月30日到期后，延续实施1年。根据2021年7月出台的《关于落实延续实施部分减负稳岗扩就业政策措施的通知》，延续实施部分减负稳岗扩就业政策。继续实施普惠性失业保险稳岗返还政策，返还范围是企业及社会团体、基金会、社会服务机构、律师事务所、会计师事务所、以单位形式参保的个体经济组织等非机关事业单位。采取免申即享方式，企业通过网上平台核对账户信息后，市社保局直接发放。2021年，为2万户企业发放稳岗返还资金近1.6亿元。放宽技能提升补贴申领条件，放宽至企业在职职工参加失业保险1年以上。2020年1月1日以后取得职业资格证书或职业技能等级证书的，执行期内不受取得证书12个月内申请的时限限制（证书颁发之日起至12个月申领期满前缴费必须满12个月）。该政策执行期限截至2021年12月31日。对领取失业保险金期满仍未就业的失业人员、不符合领取失业保险金条件的参保失业人员，发放失业补助金；对参保不满1年的失业农民工，发放临时生活补助。保障范围为2021年1月1日之后新发生的参保失业人员（含2020年度符合领取失业补助金和临时生活补助条件未申领的参保失业人员及已申领但未满六个月失业补助金和三个月临时生活补助的参保失业人员），失业补助金每人最多可累计享受六个月，临时生活补助每人最多可累计享受三个月，不核减缴费年限。待遇标准按《关于扩大失业保险保障范围的通知》执行，申领期限截至2021年12月31日。

【工伤保险】　截至2021年年末，工伤保险（市本级）参保142万人，工伤保险（市本级）征缴基金2.05亿元（由税务部门征收）。市本级工伤保险待遇（含伤残津贴、生活护理费等定期待遇）上调7%政策。

2021年7月19日起，工伤保险经办管理职能由市医保局向市社保局移交。2021年8月9日起，市社保局启动工伤保险业务经办。

【数字化经办模式】　依托“数字社保”建设成果，试上线运行“吉林省统一社会保险公共服务平台（长春试点）”，优化微信公众号、微信小程序等自助办理途径和“社保进万家”电视端查询系统，实现网上办、掌上办。截至2021年年末，公共服务平台累计注册单位用户6.2万户，个人用户115.3万人，微信用户101万人。全年线上办理业务量193.1万笔。打造“一窗受理、全城通办”经办模式。分局全部进驻各辖区政务服务大厅，全城通办企业职工养老保险、失业保险业务。申请政府专项资金为社区购置300余套经办设备，个人常规高频次申报类业务下沉到全市350余个社区实行全城通办。开发网上预约叫号系统，实现分时段预约办理。驻区办、社区办、预约办打通社保服务“最后一公里”，实现群众就近就便办社保。

【便民服务模式】　2021年5月人工智能语音咨询系统上线试运行，年内有效咨询总量60.8万人次，解答准确率81%，实现咨询服务24小时在线。与百度公司深度合作开发社保智能导航系统，提供办事资料查询和智能就近推荐办事地点和公共交通路线图，实现在线导航。在服务大厅设置自助服务区，提供电脑和打印机，办事人员可自助办理业务。与吉视传媒合作，在吉视传媒服务大厅设置自助服务一体机，提供自助社保查询和打印服务。创建“两个服务员”队伍。在各分局组建“企业服务员”和“社区服

7月1日，长春市第二社会福利院揭牌　　（郭大鹏　供图）

务员”队伍，建立配套工作机制，加强对参保单位、基层社区的沟通联系和精准指导。建立特殊群体“绿色通道”。针对老年人、行动不便等特殊群体，设立无健康码人员人工登记通道，并设置专岗人员提供咨询、引导、帮办服务，配备老花镜、放大镜、医药箱、轮椅、助听器等便民设备。

【管理模式】　社保局与税务、医疗、民政、公安等职能部门实现数据互联互通，提高扩面、征缴、领取待遇资格认证等工作便捷度和精准度。完善风险防控体系，完善业务经办流程和风险点及风险等级，有针对性研究制定防控措施，风险防控体系覆盖业务运行、信息系统、财务管理、廉政建设、行政政务等所有环节。

（赵　磊）

社会救助

【概况】　2021年，长春市印发《关于改革完善社会救助制度的工作方案》，明确7个方面、22项重点任务、63条落实举措，构建社会救助制度体系基本生活救助、专项社会救助、急难社会救助为主体，社会力量参与为补充，分层分类、城乡统筹，形成“政府主导、社会参与、制度健全、政策衔接、兜底有力”综合救助格局。开展生活无着流浪乞讨人员救助管理服务质量大提升专项行动，利用全国救助系统和公安部门户籍系统，运用人脸识别技术，帮助80岁聋哑老人找到失散17年亲人，系吉林省首例，《人民日报》、中国新闻网等国家主流媒体对此事进行报道。

【城乡低保】　城区城乡低保标准分别提高到月人均830元和630元，比2020年分别增长16.9%和26%，在15个副省级城市中排名分别提高到第9和第11，在东北四市中居于首位，提前实现农村低保标准占城市低保标准75%目标。双阳区、九台区等6个县（市）区调整城乡低保标准和特困人员基本生活标准，达到吉林省最低指导标准。全市保障低保对象17.6万人、特困供养对象2.7万人，做到动态管理下“应保尽保”。

【未成年人保护】　2021年5月，原长春市未成年人保护委员会更名为长春市未成年人保护工作委员会，由分管副市长任委员会主任，成员单位37家，办公室由团市委调整至市民政局。指导督促17个县（市）区、开发区完成本级未成年人保护工作协调机制调整建立工作。9月，召开市未成年人保护委员会第一次全体会议，审议通过市未保委及其办公室工作规则、成员单位职责分工、2021年工作要点等制度文件。九台区民政局和长春市卓越仝仁社会工作服务中心李晶分获全国农村留守儿童关爱保护和困境儿童保障工作先进集体和先进个人，长春市救助管理站、长春市卓越仝仁社会工作服务中心获“全国青少年维权岗”。3月，长春市儿童福利院养护科被全国妇女联合会表彰为“全国巾帼文明岗”。7月，长春市救助管理站（长春市未成年人社会救助保护中心）、长春市卓越仝仁社会工作服务中心获“全国青少年维权岗”称号。9月，“人民日报”App、“学习强国”App以“烟头不落地，生活更美丽”为题对长春市儿童福利院进行宣传报道。2021年，长春市儿童福利院“用爱点亮星空”自闭症活动被新华网转发，被中国志愿者服务行动微博账号转发。

特殊儿童保障救助全市孤弃残儿童696名、事实无人抚养儿童579名。组织各县（市）区、开发区定期排查，将符合条件儿童纳入保障范围。完成孤儿、事实无人抚养儿童认定申请工作“跨省通办”，当事人在全市任意乡镇（街道）进行资格认定申请，受理长春以外户籍资格认定申请，办理1例。办理国内公民收养登记19例，其中市儿童福利院1例。全年新入院儿童16名，离院儿童21名，在院儿童148名。

农村留守儿童保护建立“儿童之家”421个，设立儿童督导员和儿童主任3100余名，开展农村留守儿童关爱保护政策宣讲进村居、与父母异地过年专项排查、暑期留守儿童防溺水宣传等活动，健全强制报告、应急处置、评估帮扶、监护干预“四位一体”救助保护机制。列支市级福彩公益金200万元支持双阳区、九台区和农安县3县区开展农村留守儿童关爱保护和困境儿童保障示范创建，购买社会组织服务、建设儿童之家等，开展2020年度资金审计和绩效评估，推动农村留守儿童关爱保护由“专项行动”转入经常性工作。

【专项社会救助】 2021年，长春市实行白天夜间不间断巡查，以火车站、客运站、重庆路、红旗街、桂林路、高新区等城市窗口区域为中心进行“地毯式”排查，逐步向城乡接合部、桥下涵洞、废弃房屋、街心公园等区域辐射延伸，做到有一救一、应救必救。按照“先救助，后甄别”“先救治、后救助”的要求，对流浪乞讨人员进行分类救助，对愿意接受救助的接回站内进行救助，对不愿到救助管理机构接受救助的人员，为其提供食物和御寒衣物，留下详细求助方式，对存在生命危险、反复劝导无效的流浪乞讨人员特别是流浪未成年人，及时报请“110”“120”采取保护性救助。落实首问负责、一站式办公制度，放宽条件、敞开入口，随时接受流浪乞讨人员求助。购置食品、药品、棉衣棉被等物资，确保冬季救助物资供给。设立24小时救助热线“89945678”，值班人员、巡逻人员、值班司机24小时待命，保证接到电话1小时内前往现场救助。通过发放宣传单、救助引导卡等方式，宣传救助政策，引导和鼓励社会力量参与救助工作。加强对受助人员信息核实力度，通过“全国寻亲网”“头条寻亲”“抖音寻亲”以及站际协查、公安协查等方式开展寻亲工作，拓宽寻亲渠道，帮助受助人员能早日回家与家人团聚。

【急难社会救助】 2021年，长春市实施“先行救助”，对春节前新审批通过的低保对象、特困人员且无法立即发放救助金的，通过给予临时救助金的方式开展“先行救助”，确保困难群众能够温暖过节。依托社区“三长”联动机制和“主动发现”机制开展困难群众排查走访，对因遭遇意外事件、突发重大疾病等原因生活陷入困境的群众发放临时救助金予以直接救助，做到“主动发现一批、及时救助一批”。放宽户籍限制，将受疫情影响无法返岗复工、无收入来源、生活困难且失业保险政策无法覆盖的农民工等未参保失业人员纳入临时救助范围，由急难发生地乡镇（街道）直接实施临时救助，帮助其渡过生活难关。

【慈善救助】 2021年，市慈善总会募集善款2680万元，通过助学、助医、助孤、敬老、济困等30余个慈善项目的实施，累计使用2100万元，帮助2.4万余名困难群众渡过难关。

（郭大鹏）

1月29日，吉林省盛仕物流有限公司捐赠的第二批物资——50000个海氏海诺一次性使用医用外科口罩到货，市红十字会立即协调物流车将物资全部转运至公主岭市 （熊思幸 供图）

【红十字会救助】 年度接收社会募捐款446笔、19.99万元人民币，当年使用社会捐款31.84万元人民币，分别用于助学助困、疫情防控、郑州水灾等救助救灾项目。

年初向公主岭市红十字会调拨口罩6.6万个、防护服200件、消毒液500瓶；向宽城区、二道区、绿园区红十字会调拨医用外科口罩8.4万个、医用防护服1050件，向市卫健委捐赠一次性医用口罩4万个，向市城市管理局捐赠防护口罩7万个。11月，向市传染病医院捐赠医用防护口罩3万个、医用外科口罩5万个，补齐疫情防控薄弱环节。在做好疫情防控工作基础上，推动县（市）、区红十字会保质保量完成2021年重点工作任务，下拨医用外科口罩11万个。

通过“互联网+公益”捐赠方式，“长红·凉夏助学行动”“长红·暖冬助困行动”2个网络筹资项目募捐14.94万余元。在春节前夕开展“长红·暖冬助困行动”活动，慰问贫困群众13户，发放慰问金7000元；在9月、10月开学季，开展“长红·凉夏助学行动”活动，救助朝阳区、南关区、双阳区20余所中小学300名品学兼优贫困学生，发放救助资金9万元；指导基层红十字会做好上级红十字会救助项目审核上报工作，救助白血病、先天性心脏病患儿28名，救助贫困家庭肿瘤患者1300余人。

加强提升应急能力，增加200件棉衣、100个照明设备等应急物资储备；组建红十字应急救援队伍，开展应急救援专业知识培训和模拟演练；8月，河南省郑州等地普降特大暴雨并引发洪灾，受灾情况严重，市红十字会接收水灾专项募捐款28773.59元，用于支持河南郑州救灾工作。

（熊思幸）

社会福利

【妇女儿童福利】 2021年，长春市开展以家政、养老、育婴、茶艺、电商、草编技能为主城镇妇女创业就业技能培训和农村妇女手工艺培训，利用微信公众平台推出“春风行动技能”“春风行动岗位”“春风行动法律”系列活动，线上线下培训5000余人次，组织实训近3000人次。为榆树草编工厂申请中国妇女发展基金会“天才妈妈”项目扶持资金和“母亲循环金”50余万元。

推动市人大将《长春市妇女权益保障条例》修改列入工作计划，组织立法专家提出修改意见建议13条；首次将妇女儿童发展和家庭建设以专节形式纳入长春市“十四五”规划，统筹推进妇女儿童事业与经济社会同步协调发展。强化联合维权，加强与政法委、公检法司等部门配合，牵头6部门联合出台《关于推动落实维护妇女儿童权益五项工作机制的实施意见》，构建社会化维权大网络；开展矛盾纠纷等问题排查化解专项行动，排查化解婚恋及家庭纠纷62起，预防“民转刑”案件发生组建巾帼民法典宣讲团，走进党政机关、企业、学校、社区（村屯）开展宣讲10场次；利用新媒体平台，开设“家事微课堂”“心理微课堂”，制作网络微课堂37期，普法宣传2342场，发放宣传手册6.5万份。

强化法治宣传，启动“小爱姐姐进校园”送课活动，覆盖全市小学高年级、中学和中等职业学校女生，帮助未成年人增强自我保护意识，树立正确婚恋观和家庭观；加强妇女儿童公共法律服务平台和窗口建设，全年开展未成年人心理救助服务76件（次），信访窗口接访431件，结案率100%。

2021年，长春市开展农村留守儿童监护指导、心理疏导、行为矫治、社会融入和家庭关系调适等专业服务。“福彩圆梦·孤儿助学”项目，为51名城区符合条件孤儿每人发放助学金1万元。长春市妇联、杭州市妇联与理想国际慈善基金共同开展“理想小书屋·陪伴留守儿童”公益项目，援助长春市300名留守儿童。开展“春蕾计划”，为15名家庭困难、品学兼优女生每人发放3600元学习和生活资助金。

（孙雅琪）

2月21日，长春市妇联开展育婴集成培训　（孙雅琪　供图）

【残疾人福利】 2021年，长春市开展“我为群众办实事”实践活动，调动社会力量、募集善款物资，实施公益助残项目，为残疾人解决“急难愁盼”问题。

爱心公益·扶残助学。长春市残疾人福利基金会向吉林省烟草公司长春市公司募集善款95万元，开展“爱心公益·扶残助学”项目，资助长春市高中阶段贫困残疾学生和贫困残疾人家庭子女350余人，每人3000元。

树忠助残奖学金·长大特教助学行动。每年为考入长春大学特教学院的12名优秀残障大学生给予奖励，每人每年发放5000元。

风湿骨病·专项救助基金。三年内筹资300万元善款，用于救助长春市因风湿骨病致残、致贫的困难群体，同时，为了减少罹患风湿骨病致残患者，积极开展残疾预防科普教育和风湿骨病早期筛查等公益救助活动。

助力乡村振兴·双节送温暖　长春市残疾人联合会、长春市残疾人福利基金会、长春市恒康中医医院在长春市九台区莽卡乡三道村联合举行“助力乡村振兴·双节送温暖”活动。走访慰问53户脱贫户家庭，并捐赠大米、白面、豆油、牙膏等价值两万余元慰问品，恒康中医医院专家们为三道村500余人开展现场义诊、免费送药服务，义诊服务及药品价值4万余元。

片仔癀公益助残暖人心　长春市残疾人福利基金会与长春市爱心企业片仔癀长春蓉桥壹号店为长春至爱医疗护理院50位残疾人捐赠价值1万余元物品。

脑卒中·爱心基金　长春经开民建康复医院设立“脑卒中·爱心基金”，开展“脑卒中康复救助”项目，2021年是该项目实施第三年，项目资金全部用于吉林省内特困“脑卒中”患者康复治疗自理费用部分救助，提供医疗救助金7.7万余元。

长春市残疾人福利基金会联合相关单位向长春市二道区蓝精灵特殊教育学校捐赠书包100个、雨伞200把、学生用本1200本、残疾人法律援助服务手册100本，总价值13150元；与兴业银行长春市支行开展联动共建，对1户困难残疾人家庭进行米面油等物资救助；吉林省残疾人福利基金会为长春市2次捐赠口罩22000个，总价值6600元；联系爱心企业为九台区营城街道宝华养护院捐赠优质面粉50袋，价值人民币7500元。

（孙连涛）

【老龄福利】 2021年，长春市重点扶持发展鑫夕阳温泉康复养老院、仁大医养中心、净月颐康医养中心等“医护、疗养”型综合性养老机构41家，照护型养老床位超过2万张，满足医养结合养老服务需求。对长春市城区、开发区符合条件的医养结合型民办养老机构给予一次性奖补。其中，对医疗机构为护理站、诊所、医务室、卫生所（室）和社区卫生服务站的医养结合型民办养老机构一次性奖补2万元；对医疗机构为护理中心、综合门诊、专科门诊、护理院、康复医疗中心、社区卫生服务中心（乡镇卫生院）的医养结合型民办养老机构一次性奖补5万元；对医疗机构为综合医院、中医院、专科医院的医养结合型民办养老机构一次性奖补10万元。

农村邻里志愿服务项目。依据项目使用资金和服务对象的不同，区分脱贫攻坚和非脱贫攻坚两类。农村脱贫攻坚邻里志愿服务项目相继在全市7个县（市）区铺开，为146个贫困村中1312名建档立卡的贫困老人开展农村邻里互助居家养老服务，按每人每月200元标准给予志愿者补贴；利用试点资金在所有城区、开发区，为60周岁以上失能失智、孤寡失独老人、80周岁以上高龄特困老人以及民政部门认定的其他特困老人普惠开展邻里志愿服务，并列为幸福长春行动计划。

农村养老大院建设。结合各地农村养老工作实际，推行4种建设模式。村屯连锁型，在村建立养老服务大院的基础上向较大的自然屯延伸，建立养老服务站（点）；自愿互助型，利用村提供的养老服务场所和养老服务人员实行互助服务；民办公助型，利用民间资本兴建的为老服务场所，由政府或社会资助扶持建成综合性养老服务设施；村办民营型，利用村舍改造契机，按照大院建设标准兴建养老服务设施，并招募民间资本进行运营。

农村留守老人巡视探访。建立农村留守贫困老年人关爱服务体系，根据省民政厅关于居家老年人巡视关爱探访工作统一部署，依托吉林省民政厅居家老年人巡视关爱探访系统，建立农村留守老年人和分散特困供养老年人信息台账，按标准招募巡视探访员［采取自愿形式，由村（社区）委员会招募本辖区居家老年人巡视关爱探访人员］，细致落实老年人信息采集及录入。

（郭大鹏）

10月14日，长春仁大医养中心为入住老人举办“九九重阳，爱在仁大”主题联欢·茶话会活动 （姜德强　供图）

【福彩事业】 2021年，长春市销售社会福利彩票10.23亿元。募集善款6262.78万元，总支出慈善募捐款5713.58万元，受助群众2.2万人次。福彩公益金安排使用3类9个项目，总金额为4282.39万元。

儿童福利事业。农村留守儿童关爱保护项目134万元。执行金额134万元，执行率100%。

养老服务项目。民办养老机构运营补贴和困难老人入住机构补贴1124.26万元。执行金额1124.26万元，执行率100%。全年向符合条件的养老机构按标准及时发放补贴资金。养老机构综合责任保险补贴8.13万元。执行金额8.13万元，执行率100%。全年为全市养老机构实际参保床位全部投保到位，要求养老机构应保尽保，并在日常运营加强对各项安全风险的防范。医养结合型民办养老机构一次性奖补150万元。执行金额150万元，执行率100%。全年对全市符合条件的37家医养结合型民办养老机构及时发放一次性奖补，鼓励符合条件的养老机构开展医养结合。适老化改造项目260万元。执行金额81.73万元，执行率31.43%。该项目分为改造评估和验收、实施改造两部分，分两个年度完成，剩余资金结转下年使用。2021年为1445名符合条件的老人开展贫困老年人适老化改造，在房间空间不变的情况下，针对老人的身体特点，最大程度将环境进行适老化改造。长春市养老服务与监管平台维护及培训费20万元。执行金额20万元，执行率100%。长春市养老服务与监管平台现有模块包括政府购买居家养老服务、养老机构监管平台、高龄津贴监管平台、贫困居家失能护理补贴平台等，承担着监管补贴资金，保障补贴资金精准发放等重要功能，对平台开展日常运行维护和培训。养老机构安全体检与评估20万元。执行金额20万元，执行率100%。项目采取购买服务的方式，按照20%的比例抽查评估养老机构，通过对养老机构电气线路、液化气管理、安全出口、消防设备等硬件设施及养老院安全制度建设、安全记录情况的检查，对发现的隐患要求限期整改，同时，加强安全设施设备维护。市第二社会福利院购置设备项目2466万元。执行金额639.88万元，执行率25.95%。市第二社会福利院购置医疗设备、康复设备、护理床等相关设备，达到800张床位的供养标准；购置所需设备及家具备用品，为供养人员提供较高的生活质量保障，照护专区实行1:3护理制度，确保供养人员的生活需求得到满足，并且为供养人员提供优质的医疗护理环境。

社会事业。康复辅助器具租赁项目100万元，执行金额71.42万元，执行率71.42%。项目以二道区和经开区为长春市康复辅助器具租赁服务站点项目试点单位，为全市符合条件的人员开展康复辅助器具租赁服务，2021年全年产生订单1759份，租赁人数1675人。开展“寒冬送温暖”行动，救助流浪乞讨人员2600余人次。

（郭大鹏）

医疗保障

【概况】 2021年，医疗、工伤保险缴费基数网上申报28000户，占总户数75.6%。其中，审核通过企业26856户，驳回1144户，标记后期稽核830户。根据《关于做好2021年城乡居民基本医保和大病保险有关工作的通知》《关于落实好居民个人参保缴费补贴政策的通知》，整理汇总市本级及外6县（市）区2021年12月31日在保困难群体人员名单，低保人员15.17万人，建档立卡5.90万人，特困2.73万人，孤儿0.069万人。市本级城乡居民困难群体符合差额退费条件且有回款银行账户人员31875人，按照回款银行进行区分并发送至结算拨付处。

7月29日，工伤保险职能由市社会保险局移交市医疗保险局。10月8日，长春市医疗保障服务平台正式切换为吉林省医疗保障信息平台。

3月30日，市医疗保险局一汽业务经办服务大厅举行启用仪式并正式投入使用

（刘　峰　供图）

【医政药政管理】 国家药品集中采购。国家和省际联盟招采药品168种、冠状动脉支架10种、冠状动脉扩张球囊48种。其中，第四批集采药品平均降价52%；省级联盟集中采购药品平均降价58%；48种冠状动脉扩张球囊降幅90%，年均减少参保患者医疗费用2.5亿元。取消门诊统筹基药目录，扩大长春参保人员就医用药使用范围；调整待遇封锁额度；取消门诊公务员待遇备案流程。

建立城乡居民高血压、糖尿病用药保障机制。8月1日起，将糖尿病（M01600）、高血压（M03900）纳入长春市城乡居民医保门诊慢性病病种范围。发布《关于将高血压II–III期、糖尿病纳入城乡居民门诊慢性病待遇的通知》，明确“两病”门诊慢性病待遇及业务流程；组织外县经办机构及定点医疗机构慢性病工作人员开展网络培训，召开“两病”门诊慢性病待遇政策解读培训会议。

将血液检查、心电图、血糖测定等55项常规检查纳入职工医保门诊慢性病报销范围，建立多病种联合报销模式，参保职工可同时享受多个慢性病用药定额报销，年度门诊慢性病和门诊统筹报销额度最高7500元。

【异地就医】 7月21日，正式上线“国家医保服务平台”App，跨省异地就医备案增添新途径。实现27个省市医保门诊费用直接结算，开通异地定点医疗机构361家，约占医疗机构总数62%；异地定点医药机构2543家，约占医药机构总数82%。

【家庭医生签约服务】 根据《关于落实我市家庭医生签约服务费医保支付有关工作的通知》及长春市医疗保障局待遇保障处要求，长春市绿园区青年社区卫生服务中心从长春市卫生健康委员会易申系统中调取2021年1月1日至8月26日本辖区内家庭医生签约数据，辖区人口数为81656人，签约人数为20567人，支付服务费205670元。

【照护保险】 签订照护保险定点机构协议117份，长期照护机构107家，短期照护机构10家。开展2次2021年医保定点服务机构履约能力评估工作，23家照护保险服务机构提交申请。其中，市区内服务机构14家，各县（市）区服务机构9家，申报通过率100%，评估通过率61%。检查照护机构14家，对11家违约机构分别进行整改、扣年度考评分、暂停费用拨付、暂停服务协议处理。

【智能监控】 开发医保智能监控系统，结合DRG上传电子病历数据信息和专业知识，在原有审核规则基础上，新增临床经验类规则2大项、药理相关规则30小项。2021年，处理定点医疗机构87家，追回违规费用384万元；完成1月至4月疑点数据智能审核、扣款工作，追回、拒付违规费用700万元。九台区和双阳区智能审核工作为线上审核，智能审核工作运转正常。指导榆树市、德惠市、公主岭市和农安县开展智能审核工作，每月推送相关疑点数据，上报智能审核处理情况。2021年向外县市推送疑点数据6万余条，追回医保基金470余万元。

【疾病诊断相关分组付费管理试点】 2021年5月，长春市正式启动模拟付费，7家综合医疗机构进入模拟付费。完成2021年5月至8月结算数据对比分析，将结果反馈给医院。修订《长春市按疾病诊断相关分组（DRG）付费结算办法（试行）》。8月6日，召开一级、二级层级费率医院2场次模拟运行结算数据对比分析专题座谈会，通报各试点医院4月至6月份按DRG结算与按项目、按总额付费结算对比情况，分析各医院盈亏情况并解读结算办法。与第三方代理公司协作完成DRG档案管理系统项目和长春市DRG省级试点支付方式能力提升2个项目招投标事宜，与中标单位签署服务协议并探讨项目具体实施方案。

【服务改革】 窗口人员提前1小时到岗，服务窗口午间不间断服务。公休日、节假日期间，增设网上审核值班人员，第一时间处理急办件、突发事件和参保单位网报数据，为企业提供全天候网上申报审批服务，在上线省平台初期，全员加班处理企业及个人账户信息，自5月起审核、处理各类业务2万余笔。将职工参保变更业务受理期限由原来每月15日延长到每月20日。增设窗口，对暂不能办或办理时间较长业务实行预审核收件制度，后台统一经办并跟进回访，减少群众等待时间，使办事群众“只跑一次”；通过增加大厅咨询引导人员疏导分流来访群众，做好政策解读、系统告知、安抚工作。实时统计上报上线省平台后系统操作及政策问题清单，跟进反馈结果，及时调整窗口经办模式及要求。

为2家单位近270名员工解决医保异地关系转移接续问题。开辟“绿色通道”。设置专窗，为老年人、孕妇、残障人士、退役军人等特殊群体开辟绿色通道，提供一站式便捷服务。开展“适老化”服务改造。设立专窗，优先接待老年人；对年龄较大、行动不便等需要特殊照顾群体，配备专门咨询服务引导人员，做好政策解读、业务操作指导等，按需陪伴引导，为老年人提供“一窗式”服务。在繁荣路大厅三楼、一汽大厅二楼分别设立“全程网办”专窗。受理“跨省通办”及“省内通办”业务30余笔。全程网办事项，专窗辅助办理；线下受理事项，专窗主动帮联异地，咨询办理流程、材料及受理条件、时限等，避免群众办事两地跑。

【信息化建设】 制定2021年电子凭证推广使用工作方案，优化电子凭证使用环境，在经办窗口增设凭证使用渠道，定期通报各县区凭证激活使用情况。与两定医药机构建立技术指导渠道，提供相关接口，开拓医保在院端实现预约挂号功能。截至2021年年末，长春市开通医保电子凭证300.87万人，激活占参保比例38.60%，业务办理570万条，3项数据在全省均排第一。派技术骨干到石家庄市、唐山市医保调研学习；组织网络处技术人员及相关处室业务骨干，对国家医疗保障城乡居民信息平台上所有功能模块，进行逐项操作、测试、梳理；派出多人驻省医保办公，成立信息化建设推进组，完成省平台切换工作。

【惠民政策】 街道社区、生育定点医疗机构等开展“医疗保险政策宣传直通车”主题活动。宣传小组同城区内25家定点医院、12个街道及辖区内66个社区联合开展30余场医疗保险政策宣传培训活动，帮助解决各类政策问题100余个，发放宣传资料10.5万余份。与街道、社区和医院建立长期工作联系机制，定期收集群众提出疑难问题，提供实时政策解答。

（温斯琪）

住房保障

【住房制度改革】 推进城镇住房制度改革，破解国有改制企业和大专院校房改疑难问题。截至2021年年末，市区累计享受货币分配职工172444人、住房分配货币金额38.41亿元，其中2021年市区享受货币分配职工8人、住房分配货币金额34.72万元。

【公租房建设】 2021年，长春市重新启动停止五年的公租房新建工作。公租房建设任务1000套，项目在经开区力旺荣禧西北侧区域，面积5万平方米，由长春润德集团投资，建设建筑面积小于60平方米的小户型，面向城镇中等偏下收入家庭、新就业大学生和外来务工人员中收入、住房“双困”家庭出租。10月底，开工建设。

【保障性租赁住房建设】 2021年9月，长春市开展保障性租赁住房需求和存量土地、房屋资源调研，形成调研报告；11月，起草《长春市发展保障性租赁住房的实施意见（征求意见稿）》并征求相关部门意见。2021年，长春市保障性租赁住房建设计划930套（间），将首山路项目闲置棚改回迁房转化为保障性租赁住房，以建筑面积70平方米以下小户型为主，项目由长春城开集团投资建设。租金标准不高于同品质同地段市场租赁住房评估租金的90%，面向住房困难的新市民和青年人出租。10月，保障性租赁住房开工改造；12月，完成改造，具备出租条件。

【住房补贴发放】 2021年，为7053户低保、低收入及环卫工人住房困难家庭发放租赁补贴3100万元；下发《关于延长符合条件应届高校毕业生购房补贴通知》，开展应届高校毕业生在长购房给予2万元补贴工作，有295人符合补贴要求，拨付购房补贴资金590万元。

（程 游）

【住房公积金】 长春市住房公积金管理委员会有30名委员，2021年召开1次会议，审议通过的事项主要包括，《长春市2020年住房公积金计划执行情况和2021年计划编制草案情况报告》《关于调整住房公积金贷款政策的说明》《住房公积金提取管理办法修订说明》。

缴存。2021年，长春市新开户单位3667家，净增实缴单位2441家；新开户职工14.50万人，净增实缴职工8.28万人；实缴单位20969家，实缴职工129.46万人，缴存额216.26亿元，分别比2020年增长13.17%、6.83%、11.18%。其中，长春市住房公积金管理中心（简称“长春中心”）实缴单位19176家，实缴职工107.85万人，缴存额172.98亿元；长春省直住房公积金管理分中心（简称“省直分中心”）实缴单位1719家，实缴职工18.62万人，缴存额33.26亿元；长春市住房公积金管理中心电力分中心（简称“电力分中心”）实缴单位74家，实缴职工2.99万人，缴存额10.02亿元。2021年末，缴存总额1941.05亿元，比2020年末增加12.54%；缴存余额743.89亿元，增长9.45%。受委托办理住房公积金缴存业务的银行4家，长春中心为中国工商银行、中国建设银行、中国农业银行，省直分中心为中国建设银行，电力分中心为中国农业银行、交通银行。缴存职工中，国家机关和事业单位占25.41%，国有企业占25.48%，城镇集体企业占2.82%，外商投资企业占3.84%，城镇私营企业及其他城镇企业占34.53%，民办非企业单位和社会团体占3.19%，灵活就业人员占0.06%，其他占4.67%；中、低收入占97.79%，高收入占2.21%。新开户职工中，国家机关和事业单位占10.41%，国有企业占9.98%，城镇集体企业占2.48%，外商投资企业占2.60%，城镇私营企业及其他城镇企业占58.08%，民办非企业单位和社会团体占5.95%，灵活就业人员占0.21%，其他占10.29%；中、低收入占99.53%，高收入占0.47%。

提取。2021年，46.01万名缴存职工提取住房公积金；提取额152亿元，增长8.56%；提取额占当年缴存额的70.29%，比2020年减少1.70个百分点。其中，长春中心提取122.14亿元，省直分中心提取22.59亿元，电力分中心提取7.27亿元。2021年末，提取总额1197.16亿元，比2020年末增加14.54%。提取金额中，购买、建造、翻建、大修自住住房占12.68%，偿还购房贷款本息占56.97%，租赁住房占4.15%，支持老旧小区改造占0.01%，离休和退休提取占18.90%，完全丧失劳动能力并与单位终止劳动关系提取占4.37%，出境定居占0.01%，其他占2.91%。提取职工中，中、低收入占96.90%，高收入占3.10%。

贷款。单缴存职工个人住房贷款最高额度50万元（电力分中心单缴存职工最高额度70万元），双缴存职工个人住房贷款最高额度70万元。2021年，发放个人住房公积金贷款1.94万笔92.24亿元，分别下降3.56%、11.05%。其中，长春中心发放个人住房贷款1.72万笔81.27亿元，省直分中心发放个人住房贷款0.17万笔8.83亿元，电力分中心发放个人住房贷款0.05万笔2.14亿元。回收个人住房公积金贷款63.98亿元。其中，长春中心54.24亿元，省直分中心7.97亿元，电力分中心1.77亿元。2021年末，累计发放个人住房公积金贷款33.78万笔1109.01亿元，贷款余额651.39亿元，分别比2020年末增加6.08%、9.07%、4.54%。个人住房公积金贷款余额占缴存余额的87.57%，比2020年末减少4.12个百分点。受委托办理住房公积金个人住房贷款业务的银行18家，与上年持平。2021年，发放异地贷款5笔210.00万元。2021年末，发放异地贷款总额730869.90万元，异地贷款余额447772.58万元。2021年，支持职工购建房200.93万平方米，年末个人住房贷款市场占有率为17.98%，比上年末减少0.49个百分点。通过申请住房公积金个人住房贷款，可节约职工购房利息支出169417.15万元。职工贷款笔数中，购房建筑面积90（含）平方米以下占34.30%，90~144（含）平方米占61.72%，144平方米以上占

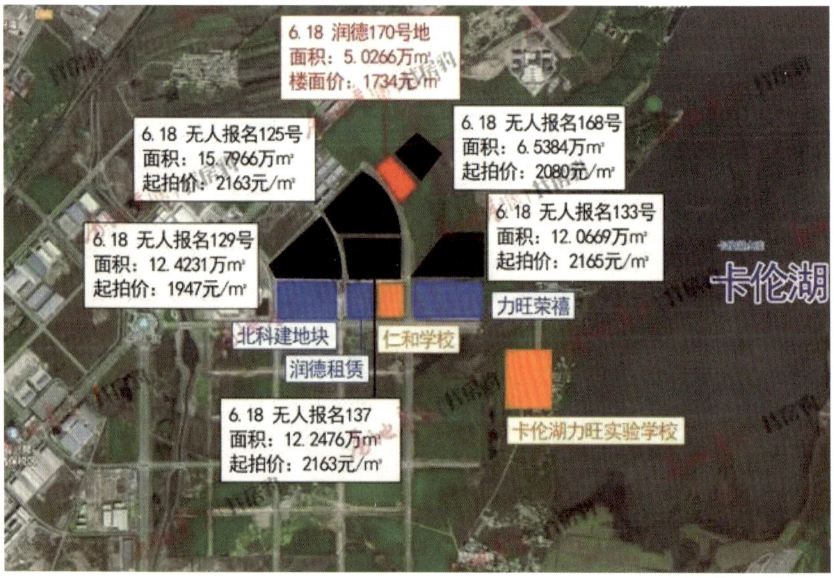

10月27日，长春市公租房建设项目发布工程总承包和监理招标公告

（程 游 供图）

3.98%。购买新房占85.11%，购买二手房占14.89%。职工贷款笔数中，单缴存职工申请贷款占31.60%，双缴存职工申请贷款占68.40%。贷款职工中，30岁（含）以下占29.60%，30~40岁（含）占37.90%，40~50岁（含）占24.99%，50岁以上占7.51%；购买首套住房申请贷款占94.67%，购买二套及以上申请贷款占5.33%；中、低收入占97.21%，高收入占2.79%。

资金存储。2021年末，住房公积金存款98.59亿元。其中，活期2.71亿元，1年（含）以下定期39.25亿元，1年以上定期28.90亿元，其他(协定、通知存款等)27.73亿元。

资金运用率。2021年末，住房公积金个人住房贷款余额、项目贷款余额和购买国债余额的总和占缴存余额的87.57%，比上年末减少4.12个百分点。

住房贡献率。2021年，个人住房贷款发放额、公转商贴息贷款发放额、项目贷款发放额、住房消费提取额的总和与当年缴存额的比率为94.53%，比2020年减少11.34个百分点。

“跨省通办”。长春中心所有服务事项中的8个服务事项实现“跨省通办”（包括个人住房公积金缴存贷款等信息查询、出具贷款职工住房公积金缴存使用证明、正常退休提取住房公积金、住房公积金单位登记开户、住房公积金单位及个人缴存信息变更、购房提取住房公积金、开具住房公积金个人住房贷款全部还清证明、提前还清住房公积金贷款）。通过全程网办、代收代办、两地联办三种模式实现所有一线服务大厅“跨省通办”业务全覆盖，全年受理归集提取类“跨省通办”业务345笔，贷款类“跨省通办”业务16笔，其中异地购房提取占比近70%。

信息化建设。截至2021年年末，32项公积金归集业务中有28项实现自有网厅线上办理，开通公积金网厅的缴存单位2.02万户，开通率95%，缴存单位使用网厅线上办理归集业务超过15万笔，占归集对公业务量总数的87.28%。手机App全年受理离退休提取845笔，比2020年增长26.11%；租住商品房提取21970笔，增长56.4%；终止劳动关系提取8003笔，增长299.55%。线上提取公积金是公积金提取业务主要办理渠道之一。

（长春市住房公积金管理中心）

老龄事务

【老年友好型社区创建】 在吉林省率先以老龄委名义印发《长春市关于开展全国示范性老年友好型社区创建工作的通知》，结合创建社区实际情况，统一制定创建材料建议清单；设计并印发创建海报、画册、《老年健康核心知识》、《长春市老年人权益保障条例》等10余种宣传品近万份；将创建社区全部纳入“长春市银龄健康教育实践基地”进行重点培树，推动民政局适老化改造、政数局智慧社区建设等政府相关部门惠老助老项目落地。联合民政、残联、房管、团市委等部门开展市级评估及推荐工作，经省及国家评估，7家社区全部达标并命名，超额完成省里下达的5个创建指标任务。

【敬老月活动】 在全市开展以“实施积极应对人口老龄化国家战略乐享智慧老年生活”为主题敬老月活动。10月，在绿园区银融社区举办长春市2021年“敬老月”启动暨首批“银龄健康教育实践基地”授牌仪式。在全市开展“百年百人温暖重阳”慰问活动，结合庆祝中国共产党成立100周年活动，重点走访100名老党员、抗美援朝老兵、百岁老人和失能、贫困、失独老年人代表。联合长春市长跑协会在全市组织开展“长跑达人·智慧夕阳”主题健康跑活动，近500名长跑老将通过先进运动软件体验疫情防控常态化形势下老年健身运动智能化变革；组织市直属7家医院举办大型义诊、“智慧助老，青春行动”志愿活动等10项系列活动。

【敬老爱老助老社会氛围营造】 结合庆祝中国共产党成立100周年，发挥典型引领示范作用，录制长春市7家第三届全国“敬老文明号”先进事迹，在长春综合频道集中展播14天；“3·15”期间，与吉林银保监局联合开展老年人防金融诈骗科普活动，在“两微一端”点击量147万余次，组织线上线下活动4140次。在吉林银行科技支行与吉林银保监局联合开展“金融卫士在身边——星火传递”活动，就解决网点高峰期老年人排队问题进行专

10月13日，2021年长春市“敬老月”启动暨首批“银龄健康教育实践基地”授牌仪式在绿园区银融社区举行（姜德强 供图）

题座谈；结合解决老年人运用智能技术困难问题，制定印发《长春市老龄办关于做好2021年“智慧助老”有关工作的通知》《长春市老年人就医便利服务工作实施方案》，联合医政、中医、基层，重点开展老年友善医疗机构建设工作，印发《全市开展建设老年友善医疗机构实施方案》，组织全市培训会，召开委直属医院创建工作推进会暨座谈会，长春市232家综合医院、中医院、康复医院和基层医疗卫生机构被省卫健委确定为老年友善医疗机构，占比55%，达到省里50%的要求。

【医养结合】 长春市建有医养结合机构51家，年内新增6家，提前完成市政府确定年内增幅8%目标。通过加强制度建设，建立工作机制，推进医养结合机构服务质量提升行动落地见效。编制服务指南和管理指南汇编，印发至所有县（市）区、全市医养结合机构，并为民政局配送100套，为拟开展医疗服务养老机构提供政策指导。组织参加国家级培训110人次，省级培训20人次，市级培训170人次，全部考核合格。加强医养结合信息化建设，按季度组织完成监测平台填报工作，推荐3家机构为国家级远程协同服务试点机构。配合民政、财政联合印发《关于对医养结合型民办养老机构实施一次性奖补的通知》，配合医保、民政、财政联合印发《关于印发〈长春市失能人员医疗照护保险居家照护服务实施意见（试行）〉的通知》，提高医养结合政策供给水平和财政资金投入。

（姜德强）

11月，长春市4个村被民政部确定为全国村级议事协商创新实验试点。图为朝阳区乐山镇辛屯村召开议事协商会议 （郭大鹏 供图）

社区建设

【“两委”换届】 2021年，全市2096个村、512个社区完成村（社区）“两委”换届选举，选举产生村“两委”成员12253名，一肩挑、一次选举成功率、如期换届率均为100%。选举产生社区“两委”成员4952名，其中大专以上学历94.3%。优化村（社区）“两委”班子年龄结构、学历结构，实现年龄、学历“一降一升”。组织全市社区治理能力提升专题培训班，投入20余万元培训社区书记（主任）、街道（乡镇）工作人员300余名，指导各地开展社区干部任职培训和履职能力培训。

【网格化管理】 2021年，长春市民政局完成2万字课题研究报告《以“三长”联动机制推进基层社会治理能力提升的探索与思考》。探索将“三长”联动机制引入农村社区治理体系。联合组织部、政法委印发《关于加强网格化服务管理提升农村社区治理水平的实施意见》，合理划分农村网格，推行“网格长+村民代表”制度，全市划分农村网格17023个，配备网格长17023人、村民代表77012人。全市有城乡网格22553个、城乡“三长”队伍244471人，其中城市5530个网格、“三长”150436人。

【治理服务】 开展社区治理示范创建行动。制定《社区治理先进示范创建行动实施方案》，推广社区治理党建领治、居民自治、服务善治、平安法治、文化德治、社会共治“六治”工作法，在城市社区打造先进示范点60个。制定《全市村级综合服务设施建设提升工作方案》，计划用5年时间，实现全市所有行政村村级综合服务用房面积不低于每百户30平方米，单体面积不低于200平方米。开展村级议事协商创新实验试点，向民政部推荐朝阳区乐山镇辛屯村、二道区英俊镇四合村、公主岭市刘房子街道石丰村、净月区玉潭镇建国村等4个村作为试点单位。“乡镇（街道）治理服务创新”经验做法，在全国民政厅（局）长基层治理现代化建设专题培训班上进行案例教学，在省委常委班子推进党建引领基层治理体系和治理能力现代化建设座谈会上作典型发言。《人民日报》、求是网、新华社、《中国社区报》等中央媒体对长春市社区治理创新成果予以宣传报道。

（郭大鹏）

社会组织管理

【概况】 2021年，长春市本级登记社团341家，占市本级登记社会组织总体32%，市本级登记民办非企业单位716家，占市本级登记社会组织总体68%。县（市）区登记社团991家，占县（市）区登记社会组织总体30%，县（市）区登记民办非企业单位2334家，占县（市）区登记社会组织总体70%。建立长春市社会组织工作联席会议制度，成员单位25家。动员社会组织和社会工作者参与脱贫攻坚成果同乡村振兴有效衔接工作。2月，长春市净月精诚社会工作服务中心理事长刘启芳获评“全国脱贫攻坚先进个人”。

【社会组织分布】 2021年，长春市依法登记社团总数1332家，占比最多的三个地区分别为：市本级341家，占总体26%；九台区267家，占总体20%；宽城区125家，占总体9%。

长春市有依法登记民办非企业单位3050家，占比最多的三个地区分别为市本级716家，占总体23%；朝阳区417家，占总体14%；宽城区286家，占总体9%。

长春市有依法登记社会团体1332家，占比最多的三类分别为专业类600家，占总体45%；联合类378家，占总体的28%；行业类224家，占总体的17%。

占比最多的三类分别为教育类1640家，占总体54%；民政类800家，占总体的26%；体育类181家，占总体的6%。

【清理整顿】 开展打击整治非法社会组织专项行动，依法引导登记、劝散、取缔非法社会组织29家。开展“僵尸型”社会组织清理整顿工作，全年撤注销“僵尸型”社会组织148家，《中国社会报》二版头条刊发推广长春市社会组织整顿经验。

【综合监管】 对接中国社会组织政务管理平台，办理社会组织登记业务180件，接待来人来访1500余人次。制定《长春市民政局社会组织执法程序规范》，建立《长春市民政局社会组织档案管理制度》，促进社会组织档案规范化建设。开展社会组织年度检查工作，完成192家社会团体、567家民办非企业单位年度检查指导。

（郭大鹏）

表66 2021年长春市全口径社团各地区分布情况统计表

地区	数量（家）	占比（%）
市本级	341	26
九台区	267	20
宽城区	125	9
公主岭	94	7
双阳区	90	7
农安县	85	6
榆树市	78	6
二道区	60	5
德惠市	44	3
朝阳区	43	3
绿园区	39	3
南关区	24	2
经开区	16	1
汽开区	10	1
新区	9	1
净月区	4	0
莲花山	3	0
中韩示范区	0	0

表67 2021年长春市全口径民办非企业单位各地区分布情况统计表

地区	数量（家）	占比（%）
市本级	716	23
朝阳区	417	14
宽城区	286	9
南关区	220	7
德惠市	169	6
二道区	158	5
双阳区	137	5
榆树市	137	5
绿园区	132	4
新区	128	4
经开区	120	4
农安县	93	3
汽开区	90	3
净月区	88	3
九台区	87	3
公主岭市	71	2
莲花山	1	0
中韩示范区	0	0

表68　2021年长春市全口径社团按类型分类情况统计表

地区	数量（家）	占比（%）
专业类	600	45
联合类	378	28
行业类	224	17
学术类	80	6
公益慈善类	51	4

表69　2021年长春市全口径民办非企业单位按类型分类情况统计表

类型	数量（家）	占比（%）
教育类	1640	54
民政类	800	26
体育类	181	6
人社类	146	5
卫生类	141	4
其他	91	3
文化类	51	2

表70　长春市2021年市级社会组织等级评估情况表

等级	组织名称
AAAAA	长春市律师协会
	长春市孔子研究会
	长春市十一高中北湖学校
	长春市第一实验中海小学
	长春市益友青少年事务社会工作促进中心
AAAA	长春市海乘中等职业学校
	长春全安生产职业培训学校
AAA	长春市象棋协会
	长春市再生资源回收利用协会
	长春市游泳协会
	长春市服务贸易与服务外包协会
	长春市柏合助老志愿者协会
	长春市机动车鉴定评估行业协会
	长春硬笔书法家协会
	长春市晨光未成年人关爱保护服务中心
	长春市翰林起点教育培训学校
	长春市诗禹教育培训学校
	长春市广益社会组织发展中心
	长春市银龄居家养老服务中心
AA	长春市电子商务协会
	长春市家政服务协会
	长春市至爱居家养老服务中心
A	长春市优家社会工作服务中心
	长春家人帮居家养老服务中心
	长春市恒信养老评估中心
	长春市海华教育培训学校

民族宗教事务

【民族团结进步宣传月】　9月10日，举办“长春市民族团结进步宣传月”活动启动仪式，长春电视台等新闻媒体进行报道。活动月期间，在城市重点商圈和主要街路发放宣传材料1万余份，悬挂宣传条幅1000余条，滚动播放LED屏幕100余块，举办群众性文艺演出50余场，举办政策法规培训班30余轮，召开专题会议20余次，在各大主流媒体发布宣传信息300余条。

【民族乡村振兴】　2021年，纳入“千村示范”工程民族村9个，获专项资金支持77万元，全市6个民族乡农业总产值比2020年增长10%，农民人均纯收入增长10%。争取国家和省市少数民族发展补助资金1048万元，为民贸民品企业争取贷款贴息8790万元。

【民族交流】　举办“唱响红歌颂党恩　不忘初心跟党走”小演唱展演，长春市少数民族社团、驻吉新疆工作组参加演出，以民族特色歌曲庆祝中国共产党成立100周年。召开民族工作情况通报会，指导少数民族社团工作，完善少数民族社团联系人制度，开展社团负责人述职工作。服务管理少数民族流动人口，开展“看长春热爱第二故乡”活动，联合新疆工作组开办国家通用语言培训班，组织新疆籍务工经商人员与社区居民开展“民族团结一家亲”联谊活动，组织在长春市少数民族群众参加“铸牢中华民族共同体意识看长春乡村振兴”体验活动。

【宗教界爱国教育】　5月24日至28日，开展宗教界爱党爱国爱社会主义主题教育活动，通过上党课学党史、参观党史展馆、“四保临江”战役纪念馆、重走抗联路，引导宗教界坚持中国化方向。组织长春市佛教协会、伊斯兰教协会、道教场所以“三爱四史”主题教育学习活动为载体，弘扬拥党爱国优良传统。指导长春市基督教三自爱国运动

6月2日，吉林省委统战部、省宗教事务局、省司法厅主办，长春市委统战部、市宗教事务局和市司法局协办的2021年“宗教政策法规学习月”活动在长春般若寺举行　　（金　迪　供图）

委员会和长春市基督教协会开展庆祝中国共产党成立100周年“七个一”系列活动和“学党史、知党情、感党恩”主题活动。指导佛教般若寺、道教长乐宫建成新时代文明实践站和中国特色社会主义宗教思想文化长廊。指导各地宗教工作部门在全市宗教活动场所开展全民国家安全教育日宣传教育活动。6月2日，在般若寺启动吉林省暨长春市“宗教政策法规学习月”活动，省委统战部、省宗教局、省司法厅主办，长春市委统战部、市宗教局、市司法局协办，面向全市各宗教普及宗教政策法规知识。指导市佛教协会开展面向理事成员和部分场所负责人的政策法规培训，指导市伊协举办“四史”学习动员会。

【依法管理】　整理汇编宗教知识100题题库，帮助各级宗教干部掌握宗教工作基本政策知识，指导工作实践。开展宗教基础信息核查统计工作，规范化管理宗教团体、宗教活动场所、宗教教职人员、宗教活动，配合有关部门做好抵御渗透工作。加强宗教活动场所常态化疫情防控和消防安全监管，维护信教群众人身财产安全。

（金　迪）

精神文明建设

【全国文明城市创建】　6月9日，召开长春市精神文明建设指导委员会全体会议，审议通过《长春市2019—2020年度精神文明建设先进集体、文明家庭和精神文明建设先进个人评比表彰名单》《长春市推进文明城创建“常态长效”的操作性办法》。9月1日，召开推进全国文明城市创建暨表彰长春市2019—2020年度精神文明建设先进集体、文明家庭和先进个人工作会议。省委办公厅《每日要情》第244会议下发《长春市深化全国文明城市创建工作目标责任分解表》，将29大类4284个创建点位量化分解。9月6日，召开全国文明城市创建工作专题调度会，播放《长春市文明办创城暗访最新影像》短片。9月14日，召开“创建全国文明城市复评工作视频会议”，开展九大专项整治行动。开展“小手拉大手、共创文明城”“爱国卫生月”和市直机关党员干部“助力全国文明城市创建”志愿服务等活动，推动全民创建。

【文明单位创建】　4月6日至5月12日，考核文明县（市）区、文明村镇、文明单位、文明家庭、文明社区。6月9日，召开“推进全国文明城市创建暨表彰长春市2019—2020年度精神文明建设先进集体、文明家庭和先进个人工作会议”，表彰先进集体。6月28日至29日，对城区内13个全国文明单位授牌。8月2日至13日，检查申报2019—2021年度吉林省文明单位169家，入选由省委、省政府表彰“吉林省文明单位标兵”14家，入选由省委宣传部表彰“吉林省文明单

7月13日，吉林志愿服务管理学院暨中国志愿服务联合会培训基地揭牌仪式在吉林外国语大学举行　　（代韧飞　供图）

位”155家。开展“文明单位包保背街小巷”活动，履行社会职责。

【公民思想道德建设】 11月6日，第八届全国道德模范颁奖仪式在北京举行，张超凡被授予“第八届全国道德模范”称号，吴亚琴获“第八届全国道德模范提名奖”。7月16日，举行第八届长春市道德模范颁奖典礼，12人获“长春市道德模范”称号。年度评选“长春好人”80人，“长春好人标兵”40人，入选“吉林好人”26人，“吉林好人标兵”10人。开展道德模范和好人帮扶礼遇活动，慰问走访全国道德模范代表3人，时代楷模1人，市级以上道德模范代表8人，市级以上好人代表36人。

【新时代文明实践】 全市建成新时代文明实践中心16个，实践所212个，实践站2573个，实现县级行政区全覆盖。5月12日，长春市九台区作为全国县（区）代表，在推进新时代文明实践中心建设试点工作电视电话会上作《强化党建引领瞄准群众需求推进新时代文明实践工作走深走实》典型工作经验发言。

【志愿服务】 全市有志愿服务组织1126个，志愿服务队4611支，志愿者总数60余万人，志愿服务总时长1438820小时。在2021年度吉林省志愿服务最美（最佳）典型评选中，长春市5个单位和个人被评为“吉林省十佳”最美志愿服务社区、最佳新时代文明实践所（站）、最佳志愿服务组织、最美志愿者和最佳志愿服务项目；35个单位和个人被评为吉林省优秀志愿服务社区、优秀志愿服务文明实践所（站）、优秀志愿服务组织、优秀志愿服务项目和最佳战“疫”志愿服务组织、最美战“疫”

7月16日，举行第八届长春市道德模范颁奖典礼　（代韧飞　供图）

志愿者。7月13日，中国志愿服务联合会为吉林外国语大学吉林志愿服务管理学院授挂“中国志愿服务联合会培训基地”并举办揭牌仪式。

【农村精神文明创建】 长春市朝阳区乐山镇等3个村镇获“吉林省文明村镇标兵”称号，长春市宽城区奋进乡等56个村镇获“吉林省文明村镇”称号。截至2021年年末，全市有210个村镇获全国、省、市文明村镇称号，县级及以上文明村、文明乡镇数量占比60%以上。公主岭市获评2021年全省“文明村镇干净人家”创建活动优秀县（市）区。

【未成年人思想道德建设】 建立未成年人思想道德建设迎检测评、主题教育、实践养成、体制机制。印发《长春市全国未成年人思想道德建设工作目标责任分解表》，开展专项培训，锁定测评点位，组织材料申报，掀起“小手拉大手、共创文明城”热潮，提升测评指数。结合党史学习教育、庆祝中国共产党成立100周年，开展“扣好人生第一粒扣子”“童心向党、立德树人”主题实践活动，开展经典诵读戏曲书法传统教育进校园活动，举办年度全市“新时代好少年标兵”“新时代好少年”颁奖典礼，开展“全国新时代好少年”进校园宣讲活动3场。全年推出全国“新时代好少年”1名，“新时代吉林好少年标兵”1名、“新时代吉林好少年”117名，长春市“新时代好少年标兵”10名、长春市“新时代好少年”162名。印发《长春市文明校园创建管理办法》《长春市文明家庭创建管理办法》，举办全国文明校园授牌仪式。2021年命名长春市级文明校园106个，推出吉林省文明校园标兵2个，吉林省文明校园22个，全国文明校园创建先进学校16个。命名长春市级文明家庭18个，推出吉林省文明家庭14个。建设九台区上河湾镇三台中心学校乡村复兴少年宫试点，申报建设乡村学校少年宫26所，资金总额320万元。

（代韧飞）

应急管理

YINGJI GUANLI

综　述

【应急指挥】　2021年，长春市建设安全管理“一码通”，升级改造“应急指挥信息网”，实现应急救援指挥车、无人机、单兵装备、应急视频系统互联互通。发挥企业、高校、专家专业优势，与长春铁塔公司、长春工程学院签订战略合作协议，依托长春工程学院成立长春市应急管理研究与培训基地。完善专家库，全年派遣专家2182人次进行监督检查、事故处理、应急处置及救援、暗查暗访、百日攻坚等行动，检查企业4700余户次。

【应急救援】　2021年，长春市编修各级各类应急预案2031个，开展各级各类应急演练活动9716场。全市108个乡镇、107个街道均设立应急管理办公室，配备配齐人员1291人，1770个行政村、846个社区全部纳入7338个应急管理网格，配备网格员10507人。全市有各类应急救援队伍299支30134人。

【依法监管问责】　2021年，长春市坚持把隐患当成事故对待，对违法违规行为严惩重罚，全年处罚立案45起，罚款400.66万元，处罚金额为历年之最。汲取2021年净月“7·24”重大火灾事故教训，开展婚纱摄影、高层建筑、大型商业综合体、装潢市场、零售批发、仓储商超等重点场所消防安全隐患大排查大整治。7月24日至8月5日，全市派出检查组2.89万个，出动执法检查人员9.36万人次，检查生产经营单位13.36万家，发现问题隐患4.83万项，处罚181.5万元，停工整改257家，关闭取缔10家。

6月24日长春新区所属高新区超越街道在锦湖轮胎（长春）有限公司举行2021年安全生产事故应急救援演练活动　（秦延荣　供图）

【安全宣传教育】　开展安全宣传进社区、进小区、进楼宇、进单元、进电梯新“五进”，把宣传工作锁定在城区2432个小区、92968个单元、57103部电梯；印制张贴宣传海报近52万份，宣传覆盖6000万人次。与长春电视台、吉林动画学院及吉视传媒公司合作，制作宣传片3部、科普动画2部、短视频数十个、宣传图片上百个。开通长春应急管理微信公众号、抖音号、头条号、快手号、微信视频号，高频发布安全常识、事故警示、预警提示信息，发布短视频1320个，播放量1600万次；微信公众号发布信息1600条，阅读量60万次。

【举报投诉办理】　2021年，全市“12350”安全生产举报投诉接收各类事项609件，办结率100%。受理“12345”市长公开电话交办件、省市领导交办信访件、群众来信255件，全部按时办结。

（秦延荣）

防灾减灾

【概况】 2021年，长春市受到冷涡、高空槽、台风外围水气和强对流等天气影响，遭受风雹、洪涝灾害，受灾范围波及46个乡镇514个行政村29.28万人次，紧急避险68人次，集中安置人口1715人；受损房屋25间；农作物（玉米）受灾面积51789.93公顷，成灾面积8050.61公顷，绝收面积1111公顷；涵洞损坏4个（九台区）；直接经济损失约1.88亿元。按照“分类救助、重点救助、属地救助”的原则，按照“户报、村评、乡审、县定”的程序，为8.3万余名受灾困难群众发放2021—2022年度冬春救助资金2564万元。

开展自然灾害综合风险普查、灾情调查统计、灾害救助、防灾减灾宣传和综合减灾示范社区创建活动，建设全市减灾工程。健全防汛责任体系，建立联动机制，完善监测预报体系，加强隐患排查治理，落实各级行政责任人597人、技术责任人279人、巡查责任人1093人、山洪灾害包保责任人56人、巡堤查险人员8748人，覆盖全市江河水库和45个山洪重点防治村。制定城区内涝积水点整治方案，落实常委包保责任，及时完成95处内涝积水点隐患整改工作。

【农业防灾减灾】 2021年夏季，长春市强降水、雷暴大风、冰雹等强对流天气频繁，特别是进入6月，长春市整体降水明显偏多（居历史同期第一位），造成夏季长春市部分农田出现渍涝及受灾。全市农田受灾面积4.1万公顷。其中，成灾面积1.1万公顷，绝收面积2700公顷。农田积水面积4.21万公顷。针对入夏以来强降雨造成部分农田出现积水内涝，长春市指导各地进行抗灾自救，投入人力18万人次、资金5000余万元、排涝设施设备9212台套，开挖、修缮排水沟渠117.8万米，仅用3天时间排除积水农田4.21万公顷，并采取系列减灾增产措施，中耕706.7公顷、喷施叶面肥及调节剂2.12万公顷、毁种补种120公顷。

【水旱灾害防御】 推进伊通河、饮马河、拉林河等重点支流防洪工程、城市防洪工程、中小河流重点河段治理、病险水库除险加固等防洪工程补短板建设，全年防洪工程开工35项，工程批复总投资26.13亿元，年度完成投资4.32亿元。督促各地落实日常水旱灾害防御工作责任人，编制修订各类预案，开展灾害防御演练推演、险工险段排查、水毁修复工程建设，完成防洪风险隐患整改32项，水毁修复61项。

【应急抢险救援】 调整防汛抗旱指挥机构，成立防汛抗旱指挥部，市长为总指挥、各分管副市长为副总指挥、相关市直部门主要负责人为成员。下发《长春市人民政府防汛抗旱指挥部工作规则》。落实各级行政责任人、技术责任人、巡查责任人、山洪灾害包保责任人、巡堤查险人员，覆盖全市江河水库和山洪重点防治村。修订《长春市洪涝灾害应急联动机制》《长春市干旱灾害应急联动机制》，组织各地各部门修订水库、江河、山洪地质灾害防御、城市防洪等各类行业防汛应急预案。开展2021年长春市防汛抢险应急救援桌面推演。投入260万元购买发电机组、潜水泵、照明灯、编织袋和救生衣等。建立抢险队伍（1.05万人），由部队、武警、消防、森防、民兵预备役、社会救援力量组成。将防汛风险隐患整改列入全市安全隐患“百日攻坚”实施行动，带领专家实地踏查防汛风险隐患32处，督导属地在6月20日前完成整改。组织气象、水务、水文、建委等部门召开会商会议6次。6月，成立巡察组14个，检查全市105座中小型水库防汛备汛情况，整改问题110个。7月，组建12个工作组对基层防汛工作进行指导服务，整改问题55个。饮马河农安县靠山屯段超警、双阳河新安段超警、新凯河顺山堡段超警后，第一时间组织沿河乡镇、村屯堤防防汛责任人开展巡堤查险，清理影响巡堤查险杂草或树木，组织专家分析水情形势，提出防御建议。与新星宇、亚泰集团、中庆公司签订《2021年汛期紧急情况征用应急抢险救援设备及物资协议书》，对抢险用预制构件、大型抢险车辆进行协议储备。委托九台区储备1万立方米大石块。加强与长春警备区、武警长春支队、消防支队、省森防总队特勤大队以及市政府设施维护管理中心等抢险救援队伍联系，随时准备应对突发险情。

【内涝防御整治】 受高空槽和低空切变影响，6月2日8时至6月3日5时，长春城区出现暴雨，平均降雨量69.8毫米，最大点雨量长春市政府103.1毫米。长春市排水管线远超排水管道运行负荷，52处低洼路段出现积水，导致交通拥堵，部分车辆被淹。降雨结束后，按照《长春市城区内涝积水隐患位置整治工作总体方案》要求，市防办现场督导城防办2次，开展内涝积水点隐患整治工作。

【防震抗震】 编制《长春市地震监测“十四五”规划》，完成全市综合应急避难场所普查，建设长春市地震烈度速报及地震预警项目。针对“湖光社区楼体震动事件”，组建流动监测专网连续监测5个月，排除天然地震可能。协调吉林省地震局在营城子煤矿新建3个流动监测点位，基本实现对市域内煤矿生产区域矿震监测全覆盖。原创地震科普挂图获“2021年国际科普作品大赛”三等奖，榆树市地震台测震、地电场观测资料全国评比第三名。

（秦延荣）

【气象防灾】 2021年，长春市健全“政府主导、部门联动、社会参与”气象防灾减灾机制，签署部门合作协议5个，联合发布各类预警信息累计210期，启动重大气象灾害应急响应34次，基层气象防灾减灾“六个一”（建立气象防灾减灾数据“一本账”，根据统一数据采集规范，建

10月13日，长春市开展2021年国际减灾日宣传活动 （秦延荣 供图）

立气象防灾减灾数据集和定期更新机制；绘制气象防灾减灾“一张图”，包括遥感影像图、气象防灾减灾地图、气象防灾减灾信息附表、气象灾害防御计划或防御服务策略等内容；织密预警信息发布传播“一张网”，依托国家突发事件预警信息发布平台和广播、显示屏等传播渠道；制定气象防灾减灾业务流程规范“一把尺”，建立县级气象灾害预警服务基本规范和气象灾害分级防御服务规范，建立重大气象灾害预警“叫应”工作制度；充实气象防灾减灾“一队伍”，健全气象防灾减灾业务队伍，建立气象灾害防御队伍，进行分类管理；拓展气象防灾减灾业务支撑“一平台”，实现气象防灾减灾业务平台本地化应用，主要应用气象防灾减灾数据集显示分析、超阈值自动报警、气象防灾减灾服务产品制作、预警服务信息发布等功能）建设实现县（市）区全覆盖，基层气象信息员2390人，覆盖全部乡镇（街道）和行政村（社区）。

城市安全运行气象保障。构建以保障城市安全运行、跨行业跨部门的气象服务网络，实时为城市供暖、道路清雪、城区防汛、交通指挥等做好气象保障。制定城市内涝气象风险预警标准和供暖气象服务地方标准，升级供暖气象等级预报系统，开发山洪地质灾害气象服务保障系统和清雪除冰气象监测服务系统。年均发布城市运行保障类气象服务专刊49期。

公共气象服务。传统媒体发布气象服务信息覆盖城乡，气象预报预警信息发布渠道不断拓展，开设“长春气象”新浪微博、微信公众号、今日头条、抖音等新媒体账号，微博“粉丝”超过27万人，微信公众号关注人数4000余人。

粮食安全气象保障。开展农田内涝气象风险预警业务，开发1千米分辨率的土壤水分监测分析系统、设施农业智能化气象服务系统，构建覆盖所有县（市）区设施农业小气候观测网络。建成气象防灾减灾和农业气象服务标准化县（乡）5个、现代农业园气象服务示范点 7 个、气象服务专家联盟8个。

生态气象服务保障。建立CMAQ（第三代空气质量预报和评估系统）环境空气质量数值预报模式和环境气象预报应用系统、雾霾及空气污染气象条件预报预警业务系统，完善重污染天气联合会商和预报预警机制，开展秸秆离田烧除气象保障服务，城市空气质量预报能力延长到 7 天。森林防灭火气象服务为长春市40年无重大森林火灾发挥重要保障作用，在石头口门水库、新立城水库和波罗湖湿地上游流域实施人工增雨（雪）作业，助力长春市生态修复工程。

重大项目和活动气象保障。主动对接重大活动项目和展会，提供全方位气象保障，参与重大工程规划和建设论证，为汽车产业开发区招商引资、长春市环境管控区域划定项目提供科学决策建议，长春马拉松、国际雪联自由式滑雪赛、农博会、汽博会、消夏节、冰雪节等气象保障服务得到市政府和组委会好评。

（梁衍波）

【地质灾害防治】 2021年，长春市建设县、乡、村三级“群测群防”地质灾害防治体系，建立群测群防网络体系70处，开展危险性评估47925公顷，全年无人员伤亡和较大财产损失。结合地质灾害防治值班与疫情值班，汛期24小时值班，遇有险情灾情，人员、车辆第一时间开展应急工作。

（王大伟）

【防灾减灾科普宣传】 在全市范围内发放宣传册3万份、宣传单20余万张，向广大市民发送短信2万余条，制作100余篇公益广告和微电影，推送各类防灾减灾科普信息。

【防汛抗旱减灾】 2021年，长春市开展水利系统汛前检查，为全市防汛工作提供技术服务支撑。排查伊通河管理范围内存在安全隐患问题，制定整改方案，明确责任人和整改时限，全年未发生安全事故。配合水务局相关处室发出水库调度命令43份，确保长春市区范围内各类水库正常运行。布置降雨较大县（市）、区加强防范，对距汛限较近大中型水库采取预泄措施，及时腾库以应对情况。防汛期间，落实伊通河城区段各项度汛措施，发挥城市排涝和行洪功能，将水位控制在合理范围，确保汛期安全，保障景观蓄水，改善生态环境，发挥河道综合效能。

（秦延荣）

安全生产监督管理

【概况】 2021年，长春市充分发挥市安办、市防指、市森防指、市减灾委、市防震抗震减灾工作领导小组等5个议事协调机构办公室职责，实现生产安全事故起数、遇难总人数、较大事故数“三下降”，未发生特大事故，防汛实现“无决堤、无垮坝，不死人、少伤人、减损失”，森林防火实现火灾事故“零发生”。2021年全市发生各类生产安全事故695起、死亡205人。

【安全生产责任制】 2021年，市应急管理局向市委常委会、市政府常务会汇报9次，召开市安委会全体（扩大）会议5次，召开安全生产专题会议、调度会议27次。出台《长春市安全生产网格化管理办法》，将企业纳入网格、纳入监管视野，将属地监管、专业监管、行业管理和综合监管责任人以实名制形式落实到每户企业，在醒目位置向社会公示，接受社会监督。下发各类警示通报、提示函、督办函和加强安全管理工作通知105份，督促各地各有关部门超前做好防范应对工作。

【安全生产准入管理】 严把安全生产准入关，认真审核审批要件，组织专家现场核查，按照减证便民、优化服务要求，热情为企业服务、方便企业办事。完成行政审批事项和备案事项63项，全部在期限内办结，全部落实“最多跑一次”。严格规范“三项岗位”人员培训考试工作，加强师资队伍建设，改善培训条件，为考生提供优质服务。组织考试15次，考核6755人次，发证4436个。

【安全防范】 开展安全隐患“百日攻坚”行动，涉及道路交通、建筑施工、煤矿和非煤矿山、危化品、工贸、防汛、消防、铁路、电力、燃气等领域，全市出动人员9万余人次，投入各类整改资金9000余万元，集中解决历史遗留、整改难度大、容易引发群死群伤安全事故隐患和制约安全发展瓶颈问题。春耕期间，与市农业农村局、市交通运输局、市公安局交警支队成立3个联合督查组，出动218人次，督导检查全市涉及春耕生产县（市）区、开发区16个。6月，成立暗查暗访组4个，对全市在建项目施工情况开展执法检查，检查建筑施工项目120个，发现隐患问题1470个，停工整改项目22个。道路交通和建筑施工2个领域事故起数分别比2020年下降10.5%和60.9%。

【安全生产专项整治“三年行动”】 2021年，长春市下发《安全生产专项整治三年行动2021年重点任务清单》《重点任务推进手册》，将年度任务分解到每周、每月、每季，实行挂图作战。组织各地、各有关部门制定作战图集、制度机制；编制工作专报，对各地、各有关部门任务完成情况进行通报。制定《长春市落实“五化”工作法加强安全生产全过程管理实施方案》，按照“清单化、图表化、手册化、模板化、机制化”工作法，推进重点行业领域安全防范工作落实。整理汇编道路交通、危化、交通运输、建筑施工、危废、燃气等7类图集，隐患排查治理、执法检查、暗查暗访、警示约谈、事故挂牌督办等5类流程图，安全生产执法、重大危险源管控、安全生产重点检查事项、风险管控4类监管手册，道路交通、乡镇街道应急体系建设、建筑施工、危险化学品等5类模板，安全生产应急联动、防灾减灾、防汛抗旱、森林草原防火、督查督办、应急救援等6类机制。推广松原市道路交通治理模板，借鉴松原市农村道路安全风险管控和隐患治理工作模式试点经验，建立农村交通安全治理模板，推进“两站”（乡镇成立道路交通安全工作联席会议并设立交通管理站；重要路段、关口设立交通安全劝导站）、“两员”（建立乡镇专职交通安全员、行政村聘用交通安全协管员）、“一村一警”机制建设，在重大节假日、农忙时节、敏感节点、出行高峰和恶劣天气，开展劝导活动，预防事故发生。推广梅河口市建筑施工领域治理模板，到梅河口市调研学习，落实《建筑施工安全治理模板集》31个具体模板，区分市管项目和一般项目，建立市、区两级“网格化”管理模式，落实包保责任制，推进建筑施工模板化建设工作，加强隐患排查治理，强化建筑施工领域安全管理。集中开展全省婚纱影楼影棚、月子中心

11月17日，长春市安委办暗访组到机械加工企业检查安全生产

（秦延荣　供图）

（会所）和婚丧喜庆场所隐患排查整治，组织17个县（市）区、开发区开展“大排查、大整治”专项行动，并开展交叉互检，组织市建委等单位成立4个督导检查组进行复查。

【工贸企业监管】 完善重点工贸行业企业基础台账，实现图表清单化管理重点企业282户。其中，金属冶炼企业42户，粉尘涉爆企业113户，涉氨制冷企业52户，有限空间企业75户。实施正向激励引导，向市政府申请专项配套激励资金260万元，对每户达标企业奖励资金1万元，全年完成标准化创建任务200户。

（秦延荣）

【建筑安全监督管理】 安全隐患排查检查。以隐患排查、环境整治为重点，市、区两级排查建筑工地868个，下达执法文书2762份，排查安全隐患、文明施工问题14893条，完成整改14893项，处罚事项242个，罚款349.93万元。开展“建筑施工冬季安全生产隐患大排查”“建筑施工领域第一轮、第二轮暗查暗访工作”“防风险、除隐患、迎大庆、保安全”综合执法、轨道工程交叉互检等活动。多轮检查全市868个施工项目，市区两级查处一般隐患13525条，立案处罚209件，罚款总额261.68万元。全年报告发生安全生产事故5起，死亡6人。未发生较大及以上等级生产安全事故。

危大工程管理。开展脚手架、起重机械、高支模、深基坑等危大工程以及坍塌、高坠、城市轨道交通工程等重点工程专项整治。年初下发《关于开展预防高处坠落事故专项整治工作的实施方案》，推进预防高坠专项整治；举行长春市建设工程脚手架坍塌事故应急救援演练暨预防高坠专项整治推进会；联合多部门开展长春市地铁工程建设劳动竞赛，邀请专家对轨道工程开展专项检查，强化起重机械、深基坑、暗挖作业等危大工程管理，遏制较大以上事故发生。

（张九高）

【交通安全监督管理】 全体交通民警实行“5+2”“白+黑”工作制，支队、大队机关民警坚持每日工作和业余出勤实行18小时工作制，进出城口实行24小时缉查布控，强化全时段布控、全时段管理。中国共产党成立100周年大庆交通安保期间，全市交通事故4项指标稳中有降，道路交通事故死亡人数比2020年下降12.24%，重点人员无一漏管失控，未发生有影响交通事件。全年一般程序道路交通事故数比2020年上升12.28%，死亡人数下降15.21%，受伤人数上升8.06%，财产损失下降25.56%。依托科技系统平台对全市堵点、主要施工点位、节假日期间交通态势进行深度分析研判，根据流量规律提前调整警力部署。强化信号配时科学优化调整，完成人民大街等17条街路绿波重新优化工作，对93处问题路口信号配时进行重新优化，分析全市126条街路357个路口拥堵原因，优化信号配时方案1759次。

（刘　璐　赵　靓）

【矿山监管】 煤矿监管。长春市辖区有煤矿10处，年生产能力690万吨，有正常生产矿井3处，停产整改矿井3处，停建提能改造矿井4处。长春市煤矿灾害类型有：高瓦斯煤矿2处，冲击地压灾害煤矿4处，煤与二氧化碳突出煤矿1处，采深超千米煤矿2处，绝大部分煤矿均具有煤层自然发火倾向，煤尘普遍具有爆炸性。制定《长春市煤矿安全生产专项整治三年行动2021年重点任务推进工作方案》，成立长春市三年行动领导小组和工作专班，明确整治重点内容、实施步骤、责任分工。推进龙家堡煤矿智能化建设。该矿与长春东高签订综合监控网络平台及供电监控系统技术协议，日用泵房、主扇、压风机、制氮机及井下变电所、水泵房实现远程操作无人值守，建设智能化平台。龙家堡煤矿、九台营城矿业公司、长春羊草煤业公司实施以冲击地压为主综合灾害治理措施；双阳矿区受老空和周边矿井威胁，督促属地监督煤矿严格落实水害治理措施。市、区两级监管部门开展执法检查135矿次（含与吉林矿山局联合检查），查出各类问题和隐患685条，罚款64.3万元；开展机电运输和防治水专项检查，市、区联合检查4户停产及技改矿，发现各类问题22项，均督促属地整改落实。聘请国内顶级专家团队，对龙家堡煤矿、营城煤矿进行安全体检、督促企业对隐患进行清零，防止发生煤矿生产安全事故。

非煤矿山监管。全市有各类非煤矿山企业61户。其中，露天矿山34户，年产能约2328万吨，包括证照齐全露天矿山33户（双阳区29户，九台区4户），建设期1户（九台区），安全许可证过期1户（双阳区）；地下矿山1户（公主岭市）；地质勘探（采掘施工）企业17户；石化油服企业8户。矿山企业最大年产能432万吨，最小10万平方米（约27万吨）。采取“监管干部+专家”形式，检查企业115户次，排查隐患255项，出动检查人员约340人次。责令停产整顿违法违规行为企业15户，罚款47万元。制定《关于深入推进安全生产专项整治三年行动　扎实推动露天矿山产业高质量发展的指导意见》，打造大型智能绿色矿山。

【危险化学品监管】 召开全市应急系统执法检查现场会。实施监管干部驻企包保行动。化解鑫海乙炔公司电石库房严重透水渗水、农安新大石油晃电造成催化裂解装置主风机断电等重大风险。

（秦延荣）

消防救援

【概况】 2021年，长春市发生火灾4714起，死亡27人，受伤35人，直接财产损失6664.23万元。全市211个乡镇街道成立消防救援委员会并实体化运行，将消防设施、消防通道、消防管网等内容纳入251个老旧小区改造范畴，312个村屯完成输电线路改造升级，改造消防取水口1607个。

6月24日，长春消防经开大队到辖区吉林大学中日联谊医院，开展消防培训、灭火救援演练及防消联勤（长春市消防救援支队 供图）

【消防救援规划】 召开全市消防工作会议，调度各行业部门推进三年整治专项行动。印发《消防救援事业发展第十四个五年规划》。制定《优化营商环境消防安全十项措施》，推行公众聚集场所投入使用营业告知承诺制。制定“我为群众办实事”25项措施，包括民生需求、弱势群体、技防措施、行政审批、便民服务等8个方面。出台《消防监督执法管理暂行规定》，制定执法过错责任追究措施。制作《火灾当事人权利义务告知书》，明确告知火灾调查中权利义务。

【消防隐患排查】 开展全市安全隐患“百日攻坚”和重点领域场所消防安全专项治理，各级行业部门成立检查组9480个，检查各类社会单位6.1万余家次，督促整改火灾隐患6.8万余项，关停取缔212家，挂牌督办重大火灾隐患7家，整改销案3家。

【消防督查整改】 公安、建委、房地、城市管理、农业农村、消防等行业部门印发工作机制、方案9份，督导检查县（市）区、开发区16个，发现并督办整改问题170余项。打通“生命通道”综合治理，全市5539家重点单位、2598个住宅小区完成消防车通道标线施划，83.78%老旧小区完成“一区一策”整改，规划新建公共停车场16处。“十小场所”、群租房、弱势群体聚集场所安装智能独立感烟探测器2426个。推行“双随机、一公开”+包片监管、查处分离、服务指导的监管模式，建立“1+X”监督检查帮扶指导机制，开展大型商业综合体、仓储物流等11类重点场所消防专项整治。聘请各领域专家45人组建市级消防专家组，对全市49家3万平方米以上大型商业综合体开展培训式检查。实施火灾高风险场所全覆盖重点监管，针对人员密集场所火灾高危单位，每季度至少检查一次。

【消防宣传】 开展消防宣传进社区、进学校、进企业、进农村、进家庭“五进”活动，消防、教育、民政、应急等部门联合开展“开学第一课”“防灾减灾日”“119宣传月”等活动。打造吉大慧谷消防宣传教育示范学校，建成地铁消防宣传专列和主题公交路线。在全市打造各类消防宣传科普E站10座、消防主题公园4个、全民体验中心1座；协调中央、省市主流媒体开展消防宣传，全年央视播出长春消防新闻53条。

【灭火救援演练】 2021年，长春市依托中心消防救援站，打造高、低、大、化、水域救援等10类专业队。建立“1+4+X”供水模式，制订全市41家大型综合体和8户石油化工企业供水预案。建设永春和西湖大路2座地铁专业救援站；地铁永春站组建无人机中队。对全市4669栋高层居民楼分布、消防设施和外墙保温材料情况登记造册。制定18种高层建筑灭火救援操法、8种高层住宅建筑外立面火灾

11月1日，长春市举行2021年“119消防宣传月”启动仪式暨消防宣传“五进”进企业物流微型消防站对抗赛（董晨鹏 供图）

扑救操法和3种创新器材，完善15种大型商业综合体、石油化工和地下建筑等类型火灾扑救操法。开展冰面、地震灾害、水域、高层外立面等支队级实装实操演练15次。消防部门与餐饮、医院、物流公司等建立战略协作机制，定期开展战勤保障实战演练。创新比武赛制，将全市74个消防站划分为超级组、甲级组、乙级组，配套升降级制度，先后举办体能对抗赛、消防运动会和整建制实战化比武。在总队第二届“火焰蓝杯”消防运动会中，班组科目5项第一，单兵科目6项第一，夺得综合成绩金杯。每日不定时视频拉动，检查执勤备战、安全管控落实情况。开展“作战训练安全学习研讨月”活动，成立3个工作组，对全市队站开展为期19天专项检查。修订、出台政府专职队伍管理规定等系列规章制度，精选录用156名专职消防员，岗前培训2个月。建立专职站长职务任免管理机制，召开政府专职站长任职大会。统一考核全市专职消防员，将考核结果作为续签合同硬性指标。

【消防站点建设】 2021年，长春市印发《关于加快推进消防站及消防水源建设的通知》，全市各县（市）区启动建站程序。2021年，新建设消防站7座（地铁站2座，净月高新技术产业开发区新湖镇、九台区鸡鸣山、德惠市二站、榆树市三站、公主岭市怀德镇），均符合入住标准；13座办理前期手续，新建小型站9座，消防站总数90座。推进综合训练基地及东部战勤保障大队建设项目，该项目占地5.4公顷。投入652万元升级改造指挥中心综合功能。投入1.4亿元装备采购资金，配备各类执勤车辆41台、装备器材200余种2.1万余件套。

（董晨鹏）

森林防火

【概况】 调整全市各级森林防火指挥机构职责划转、人员调整。春、秋两季森林防火期间，采取“机关干部+志愿者”模式，在净月区开展森林防火服务活动。投入森林防火经费3000万元用于森林消防基础设施建设，实现净月潭国家森林公园远程视频监控全覆盖。连续41年无重大森林火灾。

【体系建设】 实行省市林长制，在春季防火期间，开展对净月区森林防火专项检查，对农安县、九台区、双阳区等地森林防灭火工作进行明察暗访。印发《长春市森林火灾应急联动机制》《长春市森林草原防灭火“八联”工作机制》，建立重点防火单位会商制度。采用森林防灭火“五化”（清单化、图表化、手册化、模板化、机制化）工作法，下发《长春市森林草原防灭火“五化”工作实施方案》。成立联合检查组，在春、秋两季森林防火期间对各有林地县（市）、区进行全覆盖督导检查。2021年，全市出动县级以上检查组380次，检查重点乡镇110次，林场23个，村屯430次，制止违法用火行为140余起。在春、秋两季森林防火期，全市各级森林防火机构和责任部门坚持24小时带班、值班制度，电台员、瞭望员、护林员、扑火队员在岗在位。无脱岗、漏岗现象发生。各专业、半专业扑火队伍保持高火险天气集结待命状态，实现“打早、打小、打了”目标。

【火源管控】 春季森林防火期间，组织各县（市）、区开展隐患排查活动，净月区清理林内可燃物和雨雪冰冻灾害后倒伏树木，莲花山区加强对生产、经营、销售违禁祭扫用品监管，双阳区落实林区经营单位责任。秋季森林防火前期，联合电力部门，对林区“输配电线路”隐患专门制定排查方案，建立联动机制，排查林区输配电线路隐患55处，全部建立台账，立行立改。狠抓“清明”“五一”“十一”等关键防火节点，成立17个包保督查工作组，督导检查森林防灭火工作。创新森林防火工作方式，采取“机关干部+志愿者”模式，组织机关干部和社会志愿者510余人次到净月区开展森林防火服务活动，收缴烧纸、烟花、焚香200余千克，发放宣传单3.2万余份，劝阻违法行为1500余起，面对面宣传1.35万余人次。

【森林防火宣传】 《长春日报》整版刊登森林防火警示提示，客运站、

11月2日，长春市九台区在卢家管护站演练场开展森林火灾实战应急演练

（张晓东　供图）

公交车、地铁等部位播放森林防火宣传标语，吉视传媒在电视机顶盒开机画面播放森林防火宣传画面，抖音、快手等短视频播放森林防火宣传片。各县（市）、区组织大型文艺活动，组织宣传队“进机关、进企业、进农户、进学校”发放防火宣传单，利用防火宣传车延伸到田间地头实现森林防火宣传无盲区。春、秋两季森林防火期间，全市发放防火命令9.78万份，印发宣传单12.6万份，布设防火旗阵176处，悬挂防火旗2.1万面，媒体宣传27次，组织宣传队165个，参加人数2100余人次，出动宣传车辆3200余台次。

（秦延荣）

卫生应急

【处置突发事件】 2021年，重点加强突发公共卫生事件信息报送工作，强调首报意识，特大突发事件力争在30分钟内向上级电话报送、1小时内书面报告。针对以往“120”到达急救现场后再报告模式，改为遇有重大、敏感突发事件“接警即报”。在“120”接到报警信息后先进行甄别，利用电话或微信先进行预报，应急办根据突发事件性质和严重程度等进行初判，第一时间有选择地向委领导和市委、市政府报告，一些涉及其他紧急救援突发事件及时通报给长春市应急管理局。全年落实市政府领导签批文件9件，市政府在值班报告中通报表彰首报突发事件31个，指挥调度“120”处理1人死亡突发事件380多起，3人以上伤亡突发事件65起，抢救伤者425人次，报告及时率100%。

【防灾减灾】 加强防范应对自然灾害能力，落实防汛抗旱、气象灾害预防、森林防火工作要求。在5月防灾减灾周和10月国际减灾日，组织各地区和直属相关单位以“提升基层应急能力，筑牢防灾减灾救灾防线”为主要内容，开展宣传周活动，全市设置宣传点115个，悬挂条幅750多处，发放宣传资料2.6万余份。配合政府相关部门，开展大气重污染、森林草原防火综合应急演练等工作。

【卫生应急队伍建设】 结合落实长春市人民政府督查室关于《长春市政府防范化解重大风险工作任务分解表》文件精神，制定《长春市卫健委突发公共卫生事件应急处置组织机构》，建立应急处理领导小组，更新完善6支应急队伍，更新医疗、疾控、监督卫生应急专家库，重点加强重大和群体性事件紧急医学救援工作。落实《全省卫生健康系统反恐怖督导检查方案》，召开全市卫生系统反恐怖会议，重点加强各地区和直属单位风险隐患排查，落实应急措施。

【卫生应急培训演练】 以新冠疫情为背景，以防范重大传染病为主线，开展培训和演练。5月底前完成培训演练方案、脚本制定等工作，拨付给长春市疾控中心经费10万元。组织传染病应急处置机动队、食物中毒事件应急处置机动队和水污染事件应急处置机动队，在九台区完成2021年度卫生应急培训和演练工作。配合市应急局、市交通局开展安全生产和轨道交通开展3次应急演练。

【鼠疫防控】 落实全省鼠疫防治启动项目，指导农安、公主岭和市疾控中心落实好鼠疫防控工作，完善市、县、乡三级人间鼠疫监测网络，在2个地区各设2个流动监测点，4—7月完成全部监测工作任务。加大疫情网格化管理力度，严格执行疫情报告制度，实行“首诊医生责任制”，形成疫情监视体系。强化疫情观念，加强值守，专设疫情电话，组织措施严密，职责明确定位，确保鼠疫疫情早发现、早报告。

【卫生应急物资储备】 按照《吉林省卫健委加强卫生应急物资储备的通知》要求，协调市发改、工信等部门，完善卫生应急物资储备机制，落实物资储备计划，指导各地区、各单位加强应急物资储备体系建设，满足30天应对突发疫情需要，形成覆盖各类突发公共卫生事件的应急物资保障和储备体系，健全卫生应急物资储备更新、轮换及损耗的财政补偿政策。全市储存应急呼吸机165台，车载CT23个，核酸检测试剂盒11.68万个，普通口罩2.65万个，医用口罩145.57万个，医用N95口罩11.09万个，医用防护衣4.83万套，医用隔离面罩4.77万个，医用隔离衣3.39万套，以及一些抗病毒药品。

（姜德强）

区县概览

QUXIAN GAILAN

朝阳区

【概况】　朝阳区位于长春市区中南部，是长春市科技、文化、经济、教育、商贸中心区。辖重庆、永昌、清和、桂林、前进、南湖、红旗、湖西、富锋9个街道、53个社区，永春、乐山2个镇、24个行政村和长春朝阳经济开发区。面积237平方千米，辖区户籍人口约60万人。

2021年，全区地区生产总值783.15亿元，比2020年增长7.7%；完成固定资产投资128.3亿元，增长19.9%；社会消费品零售总额218.6亿元，增长17.5%；地区级财政收入13.7亿元，增长0.5%。

【经济发展】　制定出台《关于建设高质量发展示范区推进经济发展若干政策》等一批惠企政策。设立扶持资金1亿元，助力企业加快发展，稳住经济基本盘。推动商贸业提质升级，高标准改造重庆、红旗、桂林三大商圈。“这有山”获评第一批国家级夜间文化和旅游消费集聚区；红旗街、桂林胡同获评省级旅游休闲街区，入选省级示范步行街名单。联合重点商贸企业开展四季特色促销活动，打造区域消费中心，全区发放消费券超过1000万元。顶住“缺芯”“限电”压力，稳定工业增长，全区规模以上工业企业61户，其中36户产值实现正增长，龙头企业佛吉亚增幅超过60%。开展“小升规、规上市”培育计划，全区新增“四上”企业（规模以上工业企业、资质等级建筑业企业、限额以上批零住餐企业、国家重点服务业企业）超过70户、上市企业1户。

【项目建设】　全年收储土地431公顷，永春新区三期333公顷土地完成净地交付，保障项目落位需要。东北亚国际博览中心、旭阳中法智能产业园等50个重点项目如期开复工。聚焦基础设施、先进制造等关键领域，谋划50个储备项目。加大招商引资力度，开展招商活动15次，联东U谷科技产业园等11个重大项目签约落位。

【科技创新】　2021年3月，环南湖科技服务先导区成立，科技金融、成果转化等六大中心正式运行，协助科创企业获得融资贷款870万元。离轴式光学天线、可吸收血管夹材料等20余项技术成果转化投产。区本级设立重大科技项目12个，兑现科技政策资金3000万元，提升区域创新能力。域内企业长春设备工艺研究所科研项目获国家科学技术进步二等奖；10户企

表71　2021年朝阳区国民经济和社会发展情况统计表

指标名称	单位	实际完成	比2020年增减（%）
地区生产总值	亿元	783.15	7.7
第一产业增加值	亿元	1.15	20.8
第二产业增加值	亿元	222.4	9.8
第三产业增加值	亿元	559.6	6.8
全口径财政收入	亿元	66.43	3
地方级财政收入	亿元	13.7	0.5
规模以上工业总产值	亿元	198.93	25.4
固定资产投资额	亿元	128.3	19.9
社会消费品零售总额	亿元	218.6（限额以上社零额） 621.2（全口径）	17.5（限额以上社零额） 11（全口径）

业获评省、市“专精特新”企业（专业化、精细化、特色化、新颖化企业）；2户企业获批市级技术产业（研发）中心。国家高新技术企业新增89户，技术合同登记额实现49亿元，两项指标稳居城区第一。

【城市建设】 投资3.5亿元，开展新一轮旧城改造，改造楼宇947栋，惠及居民约5.1万户。加快棚户区改造进度，湖光路南（一期）等地块按时交付，2995户居民如期回迁。建立完善“五化”（图表化、清单化、手册化、模板化、机制化）征收体系，化解快速路下桥口4处征收难题。按时完成抚长高速人民大街出口改移工程、凯达南街、地铁5号线朝阳区段湖西路站和同志街站等征收任务，保障重点项目如期开工。前进社区公园及5处“口袋公园”（规模很小的城市开放空间，常呈斑块状散落或隐藏在城市结构中，具有微小、便捷、无处不在的特点，能够为临近的居民提供舒适的游憩环境）正式投入使用，新民大街、延安大街等6条街路被评为全市最美街路。开展行政执法、环境卫生等六大领域改革，提升城市管理水平。

【乡村振兴】 因地制宜、以人为本，与优化村镇布局、农村经济发展和农民安全便捷出行相适应，推进乡村建设行动，建设“四好”（建好、管好、护好、运营好）农村路17.6千米，逐步消除制约农村发展交通问题。改善24个村屯村容村貌。创新成立农管委，统筹推进农村的河、路、林、宅监管，提升乡村治理效能。完成新一轮中央生态环境保护督察迎检工作。完成村（社区）“两委”换届选举，实现“两个100%”（村党组织书记和村民委员会主任“一肩挑”率100%、一次性选举成功率100%）工作目标。

【社会民生】 落实“双减”（减轻义务教育阶段学生过重作业负担和校外培训负担）政策，完成90家无资质办学机构集中摘牌整治。代表长春市接受省人民政府督导组对“双减”工作专项督导，获得肯定。组织172名教师参加2021年吉林省信息技术与教学融合优质课大赛，获一等奖人数比例居全省首位。600名学生、179名教师完成国家义务教育质量监测，朝阳区教育局获评2021年国家义务教育质量监测实施优秀组织单位。落实“10+3督政项目”，获2021年度教育综合督政评估城区组一等奖。组织全区67所幼儿园全部登录教育部幼儿园办园行为督导评估系统进行年度自评，抽取10所民办园参加区督评、市复评，提前完成国家规定指标。制定《朝阳区大学区支援公主岭市大学区实施方案》，与公主岭市8所学校结成教育联盟，开展教研活动20余次。巩固基本均衡发展成果，通过国家义务教育基本均衡发展复查。规范学生转出、转入、休学管理，区域中小学生巩固率100%。依法严格实行“一费制”，严禁各种教辅资料流入学校，减轻学生和家长经济负担。

以非物质文化遗产古琴传承基地为依托，开展传统文化推广普及活动。为城区8个街道每个街道采购10台古琴，聘请吉林省“非遗”传承人陈春暖为各街道进行人才队伍培训。按国家公共文化服务体系示范区要求，各乡镇（街道）公共文化服务阵地和场所均实行免费开放，开展常态化服务。区文化馆、区图书馆做好自身文化专业人员培训，组织各街镇开展群众文化活动。开展庆祝中国共产党成立100周年党史故事100讲、百部红色书籍荐读、科普讲堂《大国重器》展播；举办党史故事系列讲座100场，惠及读者8000人次。加强数字文化服务，利用微信公众号等新媒体平台，开办网上教室、空中阅读等网络培训辅导模式，实现线上线下资源共享、供需对接，带动城乡文化均衡发展格局。

在2021年“奔跑吧·少年”吉林省青少年田径锦标赛中，朝阳区体育代表队派出149人参赛，获团体总分第一名，获比赛项目第一名10个、第二名7个、第三名16个。在2021—2022年度吉林省青少年速度滑冰锦标赛中，朝阳区体育运动学校获评体育道德风尚奖“优秀体育代表队”。完成室外健身设施提档升级工程，为清和街道南昌社区、前进街道东田社区、红旗街道延安社区等安装19套206件室外健身器材。完成南湖街道湖东社区和红旗街万达广场智能健身街区工程，安装一代室外健身器材46件、二代智能健身器材34件，满足群众休闲娱乐健身需要。

以区医院为主、各社区卫生服务中心为辅助，开展低保人群医疗救助工作，减收比例不低于50%，减免费用187.46万元。对低保、低保边缘户、残疾人等特殊群体开展家庭医生签约服务并建立健康档案，做到“应签尽签”“应建尽建”。为特殊人群提供基本医疗、基本公共卫生服务、健康管理等基础性服务，提供常见病、多发病中西医诊治、健康教育、合理用药指导、就医路径指导和转诊预约等服务。在2021年国家基本公共卫生服务项目全市绩效考核中，永昌、重庆2家社区卫生服务中心代表朝阳区迎接考核，得到考核专家肯定，位列全市各城区、开发区综合考核前三名；前进、南湖2家社区卫生服务中心被评为吉林省社区医院并挂牌。全年新冠疫情防控排查1185万人次，核酸检测51.7万人次、接种疫苗51.4万剂次。完成密接、次密接转运2162人次，车站、机场转运3119人次。完成新冠肺炎相关流行病学调查219人，包括驻区医疗机构提请新型冠状病毒核酸检测病例50例，全年无一例本土新增确诊病例。规范医疗行为、降低医疗纠纷发生率、强化行风建设，确保医疗安全。区卫健局和各基层单位签订行风目标责任书，落实医疗卫生行风建设工作，对辖区医疗单位开展督导和暗访，整改存在问题。区医院新建项目实现主体封顶，乐山镇4家村卫生室完成国家级标准改造。完成文明城、食品安全城创建任务。

开展安全生产专项整治行动，排查企业约2300户、整改隐患7755处。

安全隐患“百日攻坚”5项市级任务、111个隐患全部如期整改销号。落实党政领导“双包保”机制（党政领导包片、政府领导包线，党政领导按照联动联责工作分工包片，政府领导按照工作分工包保解决分管领域内信访事项），三类重点信访案件（国家交办重复访案件、中联办交办信访案件、国家交办重要敏感事项）全部化解，完成中国共产党成立100周年维稳工作。信访部门、责任单位满意率全市排名第一。提升食品、药品安全监管水平，加大特种设备、产品质量安全监察力度。推进扫黑除恶专项斗争及各类专项行动，治安刑事警情比2020年下降14.6%。

开展“我为群众办实事”活动，办结一批民生实事，建设幸福朝阳行动完成民生实事50件。其中，承接市计划实事28件，区自定实事22件。惠及人数107.3万人次。全年开发城镇就业岗位1.7万个，城镇新增就业1.3万人，发放各类救助金6000余万元。发展养老助残事业，为19家养老机构申报运营补贴226.16万元，为4家养老机构申报贫困老人入驻机构补贴2.35万元。推进政府购买居家养老服务工作，生活照料、助餐、助浴、助洁等37项居家养老服务项目惠及2139名老人，全年服务老人4.28万人次，2162名老人享受到优质居家养老服务，个性化精准康复惠及1535名残疾人。

（袁　源）

南关区

【概况】　南关区是长春市中心城区，位于长春市市区中南部。辖区东起伊通河，与二道区隔河相望；西至人民大街，与朝阳区接壤；南起新立城镇、永春乡边界，与长春净月国家高新技术产业开发区、长春高新技术产业开发区为邻；北至新发路、上海路、光复路，与宽城区相接。辖自强、民康、新春、长通、全安、永吉、南岭、鸿城、明珠、富裕、曙光、桃源12个街道及幸福乡，7个行政村（八一村、红嘴子村、黑嘴子村、光明村、东风村、富裕村、东安村），59个社区，1个省级开发区（长春市南部都市经济开发区）。户籍总人口48.9万人，面积80平方千米，是长春市面积最小的城区，其中南部都市经济开发区面积32.95平方千米，是长春市规划建设的城市新中心，也是东北亚区域性金融服务中心的核心区。

2021年，全区地区生产总值494.5亿元，增速7.6%；实施亿元以上重点项目52个，实现固定资产投资139.5亿元，增速11.1%；社会消费品零售总额155.65亿元，增速10.6%；地方级财政收入12.35亿元，全口径收入57.13亿元；招商引资完成内资90.87亿元，外资1521万美元。

【经济发展】　2021年，全区规模以上服务业企业107户，其中重点行业服务业企业80户。南关区各类市场主体突破10.6万户。其中，企业3.93万户，个体工商户6.95万户。制定《南关区服务业高质量发展“大调研、大培训、大落实”活动工作方案》，全方位摸排税源企业，与重点企业建立对接联系，通过政策引导、资金扶持、转变整合经营方式（旅游业+餐饮零售）等方法，扩充

表72　2021年南关区国民经济和社会发展主要指标完成情况统计表

指标名称	单位	实际完成	比2020年增减（%）
地区生产总值	亿元	494.5	7.6
第一产业增加值	亿元	0	—
第二产业增加值	亿元	52.2	8.8
第三产业增加值	亿元	442.3	7.8
全口径财政收入	亿元	57.13	–5
地方级财政收入	亿元	12.35	6.1
固定资产投资额	亿元	139.5	11.1
社会消费品零售额	亿元	155.65	10.6
新增外商投资企业	户	2	100
新增实际使用外资	万美元	1521	6
个体私营企业	户	108903	24.85
民营经济增加值	亿元	269.5	16.5
普通中学数	所	12	8.3
普通小学数	所	21	—
各类医院	个	16	14.29
绿化覆盖率	%	41.22	0.68

“四上”企业后备库；对相关单位进行统计业务、行业发展相关培训，辅导企业入库、出库，做好统计工作；通过政策承诺、奖惩措施、改进工作机制推动服务业高质量发展。

启动金融小镇建设，推进长春国际金融中心、文昌路基金小镇集聚发展。发展科技金融、文化金融、消费金融，确保大型金融机构稳定在150家以上，金融企业在1500户以上。在全市首倡首提政府、担保公司、银行机构三方风险共担机制，为区内受疫情影响、抵押能力不足、信用等级较低中小微企业和个体工商户提供低息贷款。通过为金融机构发放新增贷款奖励、实施中小微企业贷款贴息、搭建银企互动交流发展平台等方式，促进金融机构和驻区企业实现合作共赢。

5月17日，南关区在文庙广场为庆祝中国共产党成立100周年举办“永远跟党走”交响音乐会 （南关区政府办 供图）

【项目建设】 谋划实施亿元以上重点项目52个，全部按照时序进度实现开复工，实现固定资产投资139.5亿元，增速11.1%，推动华润中心、南溪智融、国文医院等重大项目建设。发展总部经济、楼宇经济、创业经济，亿元以上楼宇3幢，楼宇税收贡献率28%；支持互联网、物联网、云计算等新一代信息技术产业融合发展，天下秀等互联网领军企业落户南关；实施传统金融产业升级计划，金融产业占地区生产总值35%。减税降费、减租降息，落实落细16条纾困惠企政策，提振消费；推进卫生服务中心等12个债券项目。

2021年，南部新城开发区重点推进项目39个，重点谋划落位项目15个。开发区实施项目包保制度，将每个项目落实到人头，定期走访帮助解决问题。沟通协调市直部门，破解项目周边道路、供水、供电等基础设施配套问题，保证国文医院、长春市工人体育馆等2个项目于10月投入运营。实地走访项目30余个，召开现场办公会7次，帮助项目单位解决供水路由调整、管线排迁等问题，确保27个续建项目全部复工，推动鸿泰城市广场、国泰中心、南溪智融等10余个项目实现预售。协调市规自局、市建委、市收储中心等部门召开专题项目调度会8次，帮助中铁北方吉林总部基地、南溪智融、金豆怡康园、江高花园等10余个项目解决地下光缆排迁、项目周边道路不通等实际问题21个，确保12个新建项目全部启动建设。

6月22日，南关区为庆祝中国共产党成立100周年举办区直机关“光荣在党50年”纪念章颁发仪式 （南关区政府办 供图）

【科技创新】 实施创新驱动发展战略，围绕创新型城市建设，集聚创新要素，培育创新主体，加快创新平台建设，优化创新环境。重视政产学研合作，持续推进与中科院长春分院合作，与吉林大学、东北师范大学、长春理工大学、长春工业大学签订政产学研合作意向书。举办科技活动周活动，获科学技术部颁发荣誉证书。举办科技成果转化专场对接会，汇编高校院所科技成果手册与企业技术需求手册。举办南关区“十四五”规划科技赋能高质量发展论坛，营造良好科技创新环境。发展高新技术产业，新增高新技术企业41户。重视科技项目申报，推荐申报吉林省科技发展计划项目17个、长春市科技发展计划项目18个。争取吉林省科技创新专项资金527万元，兑现区级科技创新奖扶资金2150万元，惠及100余户企业。

【城市建设】 完成7个省市重点工程征收任务，打通中铁城、甲二路等关键节点，推动轨道交通5号线、6号线、7号线工程全部启动建设，90个施工综合标段均按时保质完工，人民大街出口改迁等市政工程加快建设，建成口袋公园76个，新植补植街路89条，人均公共绿地面积近30平方米，5万余户居民群众生活条件得到改善。推动文化事业发展，加强文化遗产挖掘保护利用，启动新民胡同、东天街历史文化街区修复工程。启动新一轮旧城更新工程，加快老旧住宅区物业社会化管理进程。完成伊通河棚户区、79块夹馅棚户区改造收尾，打造城市建设新天地。对接华为等头部企业，实现拿地落位，完成地铁6号线、市特警支队等项目征收工作，提供净地56万平方米。

【生态环境】 推进秸秆禁烧、工地扬尘、餐饮油烟等重点领域整治。第二轮中央环保督察信访案件数量占全市总量7.6%，城区排第3名，与第一轮中督相比，实现信访案件总量、重点案件数量、全市占比和城区排名四降。落实“河（湖）长制”，改善水环境质量。推行垃圾分类，加快芳草街垃圾收运配套设施建设。启动实施净化市容、净化路面、净化门前“三大行动”，分类开展查违控违、建筑垃圾、牌匾广告“三项治理”。推行环卫保洁精细化管理，机械化清扫率92%。新建续建光明、山水湾等公园。推进二环以内主要街路两侧全面“拆围透绿”，新增绿化面积25万平方米。

【社会民生】 全年开发就业岗位13269个，新增城镇就业9169人，超额完成年初计划，在全年绩效考核中处于A类。引导驻区企业组建大学生就业创业联盟，举办“千企万岗进校园”等人才引留活动，全年4000余名大学生选择在区创业、就业。落实“过紧日子”要求，编制实施55条年度幸福南关行动计划，全部兑现，新增财政收入80%以上用于民生领域。高标准推进86个老旧小区改造，创新组建南关区双拥联盟，惠及军人及家属30余万人。聚焦伤残、低保等特殊群体，紧盯重病、灾害等突发因素，发放各类救助补贴资金7293万元，实现应保尽保、能救尽救。推动农民工工资清欠保支工作，化解重点案件283件，信访增量实现动态下降，被国家信访局评为全国优秀信访工作示范区。

10月，南关区坚持底线思维，落实防控要求，在不到4天时间里完成超50万人核酸检测任务，妥善处置“八一水韵城”境外人员复阳事件，实现零感染、零扩散。第一时间控制住两次小范围疫情反弹，疫苗全程接种率101.99%。

（刘　旭　王姝壹）

11月23日，南关区南岭街道开展“关爱马路天使赠送暖心衣物”慰问活动

（南关区政府办　供图）

宽城区

【概况】 宽城区位于长春市区北部，区域东部与二道区、九台区搭界，西部、北部与农安县相连，东北部与长春新区和德惠市接壤，南部与朝阳区、南关区为邻，西北部与绿园区相望。辖10个街道、1个镇、65个社区、20个行政村和长春宽城经济开发区。实际管辖面积166.95平方千米，户籍人口38.6万人。2021年，全区地区生产总值336.4亿元，比2020年增长6.5%；全口径财政收入32.4亿元，地方级财政收入8.5亿元；全社会固定资产投资增速17.3%。

【农业】 全区玉米总产量3.8万吨，水稻总产量0.1万吨，蔬菜总产量4.2万吨；肉类产量0.07万吨，禽蛋产量0.19万吨，奶类产量0.03万吨。全区畜禽重大疾病免疫率100%。保护黑土地，回收处理农药废弃包装物及废旧农膜1.3吨；坚持测土配方施肥，减少农田污染。落实河（湖）长制，各级河（湖）长巡河近万次；组织专项清理，清理河道72千米，清运垃圾92吨，排查排污口81处，达标率100%，完成伊通河堤防工程加固。培育国家级农业产业化龙头企业2户，省级、市级农业产业化龙头企业13户，农业产业化联合体4家，龙头企业农产品年销售额20亿元。园艺特产业稳定发展，产值1.68亿元，比2020年增长3.7%。

表73　2021年宽城区国民经济和社会发展主要指标完成情况统计表

指标名称	单位	实际完成	比2020年增减（%）
地区生产总值	亿元	336.4	6.5
第一产业增加值	亿元	1.3	19.6
第二产业增加值	亿元	105.1	9.1
第三产业增加值	亿元	230	5.3
全口径财政收入	亿元	32.4	-13.6
地方级财政收入	亿元	8.5	2.9
地方级财政支出	亿元	29.4	-16.9
实际引进内资	亿元	168.21	36.5
实际使用外资	万美元	1516	6
科学技术支出	亿元	0.3	56.6
教育事业支出	亿元	7.2	0.6
医疗卫生支出	亿元	2.4	2.1
绿化覆盖率	%	43.28	—

【工业】　宽城区有规模以上工业企业55户，年产值83.9亿元，比2020年增长9.8%。全区开工工业项目13个，竣工6个。“智能制造产业园”一期和“泰盟智能化工厂”一期竣工，“杞参调味品加工”“优和食品”技改项目验收，“万惠食品加工”项目、“华芯智能识别”项目的设备进厂调试，“天义客车”“中程客车”等项目按计划推进。全区规模以上工业企业涉及行业14个，其支柱行业为轨道装备制造业、汽车零部件制造业和农副产品加工业，支柱行业企业年产值63.8亿元，占规模以上工业企业总产值76.0%；全区有产值亿元以上龙头企业24家，年产值70.1亿元，占规模以上工业企业总产值83.5%。

【服务业】　2021年，宽城区社会消费品零售总额增速5.8%。商贸服务业提质增效，宽城区强化促销，促进消费升级，举办“阳春三月・相约宽城”“花开五月・如约宽城”等多场主题促销活动，在庆祝“六一”促销期间，全区34家大型商场超市和商业综合体实现总销售额3.07亿元，总客流量162万人次；强化数字赋能，促进商贸行业转型，围绕“宽城数字赋能助力商贸行业转型发展”主题举办直播带货活动8场，举办“云上年货节”，销售额153万元；强化服务业重点项目推进，促进新发展动力培育，“宝辉商业广场”实现主体封闭，“熙旺中心”地下基础建设完成；强化主题夜市打造，促进夜间经济繁荣，打造“中东将夜2.0”、“万达拾光里”、住邦城市广场等多个主题夜市，“中东将夜2.0”主题夜市在开市期间实现销售额119.5万元。

【项目建设】　2021年，宽城区实际利用内资168.21亿元，比2020年增长36.5%；引进项目126个；实际使用外资1516万美元，增长6%。通过招商引资，新落位产业项目14个，总投资282.22亿元；拟落位产业项目8个，总投资252.4亿元；签约项目11个，意向投资149.5亿元。

全年开（复）工项目65个，开（复）工率103%，实现投资108.5亿元。长春中车轨道车辆有限公司整体搬迁项目2座厂房主体封闭，金越轨道交通配套产品智能生产基地项目1号至4号厂房主体封顶，长江路百年老街改造升级项目有序推进，长春机车厂历史文化街区改造项目、上海路北地块万达广场项目筹划建设开工，国家战略应急物资东北基地置换项目取得可研批复，进行初步设计。全区有国家高新技术企业29户，区科技企业培育库入库企业412户。

【城市建设】　宽城区新建、续建道路11条，新建绿地3处，养护绿地109块、123.4万平方米，全区绿化覆盖率43.28%。改造老旧小区16个，惠及居民7726户。清理占道经营5460处，清运各类堆放物7359车，修复“城市伤痕”50余处。加强铁路沿线环境卫生管理，清理建筑残土1.22万立方米，平整场地61.24万平方米，苫盖绿网21.85万平方米。选定12条街路、798家商户试点启动“门前三包”管理模式，在80个封闭小区、345个开放式小区安装垃圾分类设施。2所大学污水并网工程建设。

【乡村振兴】　推进农村人居环境整治，新植树木15.9万株，清理各类垃圾350余吨，更换垃圾桶300余个，改造农厕695座。建设现代都市农业园区7处，接待观光采摘游客12万人次。建立农村饮水工程监管平台12处，提升运维管护水平。巩固建档立卡贫困户12户、26人脱贫攻坚成果，无返贫户，无新增贫困户。编制完成宽城区乡村振兴示范先行区建设规划并启动实施。

【社会民生】 宽城区投入资金6.56亿元，完成民生实事70项。全年开发就业岗位1.85万个，城镇新增就业1.1万人。发放各类社会救助资金1.25亿元。为特殊群体2600余户安装智慧安全预警设备。全区2所学校在续建中，异地建设3所学校均启动，新批4所新建学校在筹备中。全年开展庆祝中国共产党成立100周年等各类文化活动135场次，开设全民艺术普及培训科目18个、900余课时，开展群众性体育活动60余场次，惠及百姓50余万人次，在省、市体育赛事中获金牌24枚、银牌31枚、铜牌45枚。宽城区被评为“全国围棋之乡”。“国家基层中医药先进单位”创建通过复审，宽城区医院异地建设项目、宽城区卫生综合体建设项目有序推进，15家村卫生室实行乡村卫生一体化管理。实现农民工工资“精准支付”，宽城区代表长春市迎接国家核查并达标。打造示范型退役军人服务站41个，站前街道、欣园街道五星村入选吉林省“百家红色退役军人服务站”，宽城区被评为“吉林省拥军优属先进单位”。拓展为民服务空间，打造千米社区12个。为生活困难残疾人和重度残疾人7993人次发放生活补贴和护理补贴，为残疾人807人实施精准康复服务，为残疾人8428人办理意外伤害保险。坚持“方志惠民”，到团山街道长山花园社区、团山街社区宣讲中国共产党百年历史和宽城区发展史，《长春市宽城年鉴（2021）》卷印刷出版，发放全区各单位、各部门。为户外劳动者营造休息服务环境，打造户外职工“爱心驿站”25个。

年内，宽城区开展第一轮全员核酸检测，采样6.18万例、57万人，检测结果均为阴性。组织疫苗接种，18周岁以上人群首针接种50.1万人，完成率87.9%；12周岁以上人群全程接种52.41万人，完成率99.86%。医学隔离6085人次，居家健康管理9237人次，健康监测2929人。强化进口冷链食品监管，消毒冷冻货品1.31万吨。筹足防控物资，准备口罩183.5万只，防护服6.06万套，手套129.2万副，酒精等消杀用品5.82万升，储备第二轮全员核酸检测采样所需物资。

【“平安宽城”建设】 宽城区利用线上线下相结合方式开展专题法治宣传70余场，发放资料2万余份，受益群众50余万人次。在区域内安装法治宣传栏、宣传长廊33处，在长春市胜利公园打造《中华人民共和国民法典》宣传主题公园。宽城区“七五”普法经验在长春市有关会议上交流，“八五”普法规划启动实施。全区有人民调解委员会194个，人民调解员763人，化解各类矛盾纠纷1967件，调解成功率100%。全年受理群众各类法律援助案件601件，解答法律咨询6372人次，为受援人挽回经济损失219万元。开展“信访百日攻坚行动”，化解国家交办重复信访案件165件，化解率87.8%，办结中央巡视组移交信访事项297件。加大安全生产监管力度，围绕危化、燃气、建筑施工等重点领域开展“隐患清零”行动，查改各类隐患18395处。全区有5个社区被命名为“长春市民主法治示范社区”。

【长春宽城经济开发区】 长春宽城经济开发区（简称“宽城开发区”）推进项目建设，全年开（复）工项目48个，申报国家高新技术企业17户。通过招商引资引进总部企业43户，有落位拟开工、签约、在谈及跟踪项目67个，总投资84.14亿元。加强基础设施建设，新建改造道路18条、12.8千米，君兰体育公园建设、凯旋公园改造启动。吉祥66千伏变电站及中车66千伏变电站配套工程建设完成。邱家小区24栋楼房供热管网改造结束。投入3100万元，为91户企业铺设自来水管线。2021年，宽城开发区有注册企业9914户，地方级财政收入2.21亿元，固定资产投资34.65亿元，规模以上工业产值70.49亿元。

【“宽城好人”评选】 2021年，宽城区开展“宽城好人”评选活动，涉及敬业奉献、助人为乐、孝老爱亲、诚实守信、见义勇为、最美志愿者等方面。全区评选“宽城好人”年度人物10人，“优秀好人团体”2个。评选“宽城好人”68人。其中，3人被评选为“长春好人标兵”，3人被评选为“长春好人”，13人获“长春好人”

3月31日，2021年长春市春季项目集中开工暨长春中车轨道车辆有限公司整体搬迁项目开工仪式在长春宽城经济开发区举行　（宽城区委宣传部　供图）

提名奖；2人被评选为“吉林好人”，3人获“吉林好人”提名奖；1人被评选为“中国好人”；1人获“全国道德模范”提名奖；2人被评选为“吉林省见义勇为模范”，1人被评选为“吉林省见义勇为先进个人”。

【“流动百姓说事点”“百姓说事日”活动】 宽城区在辖区公园、大型商场、超市门前等人流密集区域设立“流动百姓说事点”，延伸向群众宣讲法律知识，引导群众运用法律法规保护自身合法权益，利用每月第三周的星期三集中举办“百姓说事日”活动，组织各司法所工作人员、社区“百姓说事点”信息员、人民调解员等下沉区域内各固定“百姓说事点”，为人民群众提供“面对面”法律服务。全年开设“流动百姓说事点”12场，举办集中“百姓说事日”10场，发放普法宣传资料1万余份（册），解答群众法律咨询600余人次。

【户外便民市场升级改造】 宽城区投入资金155万元，升级改造户外便民市场6处，硬化地面2.5万平方米，搭建围挡0.12万平方米，经营项目有蔬菜、水果、干调、水产品和日用百货等20余个品种，容纳经营业户1300余户，解决就业3800余人。宽城区户外便民市场升级改造工作在市政府考核中成绩突出，获专项奖励资金。

【宽城区编印“一书两画册”】 在党史学习教育中，宽城区编印《百年宽城红色记忆》；为庆祝中国共产党成立100周年，编印《百年宽城沧桑巨变 砥砺奋进再创辉煌》宣传画册；应干部群众要求，编印《长春·宽城，凝固的历史》宣传画册，以区域内街路为单位，介绍历史建筑，使用地图24幅、图片171张。“一书两画册”发放到全区各单位、各部门。

【宽城区妇联被评为“全国维护妇女儿童权益先进集体”】 宽城区妇联与区人民法院联合建立“家事调解中心”，与区司法局联合在各社区建立“家事调解委员会”，与区人民检察院联合在各社区建立“未成年人关护帮教基地”，联合区民政、教育、住建、文体等部门建立妇女儿童家庭服务体系。宽城区妇联协调区人民检察院“橘子姐姐”团队，向全区53所中小学派驻法治副校长，实现全覆盖。2021年，宽城区妇联开展“法治宽城·巾帼行动”维护妇女权益主题宣传活动，举办法律咨询51场次、法律知识讲座54场次，发放宣传资料2356份，模拟课堂28场次，悬挂宣传条幅60余条。开展“巾帼课堂‘她’关爱”活动，与区有关单位联合录制家庭教育、亲情关爱、依法维权等相关知识音视频22个，惠及家庭2.8万户。开展牵缘助学“代理妈妈”活动，招募“代理妈妈”31人，代理学生69人，筹集发放善款13.8万元，帮助完成学业。2021年，区妇联被全国妇联评为“全国维护妇女儿童权益先进集体”。

（张士学 张乃萍）

12月22日，“筑梦冰雪 相约冬奥”第三届全国学校冰雪运动竞赛暨冰雪嘉年华和吉林省暨长春市“百万学子上冰雪”主题日活动启动仪式在宽城区小南小学举行

（宽城区教育局 供图）

二道区

【概况】 二道区位于长春市区东部，东与吉林市永吉县万昌镇相连，南与长春经济开发区、净月开发区接壤，西靠伊通河东岸，北与宽城区、长春高新技术开发区北区、长春经济开发区北区、九台区东湖镇相邻。全区面积452平方千米，其中二道区直接管辖区域102平方千米。辖1个省级开发区——长春国际物流经济开发区，7街、1镇，47个城市社区、8个行政村，户籍人口32.63万人。

2021年，地区生产总值222.7亿元；规模以上重点服务业营业收入78.4亿元；社会消费品零售总额147.6亿元；地方级财政收入8.23亿元。引进内资111亿元，利用外资1516万美元。

【经济发展】 2021年，二道区农作物播种面积532公顷。其中，玉米播种面积531公顷，大豆播种面积1公顷，蔬菜种植面积18公顷。全区养殖户299户，其中规模养殖场6户。存栏各类畜禽37738头，肉类总产量164.22吨，禽蛋总产量500.40吨，奶类总产量662吨。二道区有工业企业1025家，规模以上工业企业43家。主要从事建材类产品生产、建筑材料配套、轨道装备配套、木制品加工、汽车零部件配套、水泥生产等。全区

表74　2021年二道区国民经济和社会发展主要指标完成情况统计表

指标名称	单位	实际完成	比2020年增减（%）
地区生产总值	亿元	222.7	6.5
第二产业增加值	亿元	52.1	3.6
第三产业增加值	亿元	170.4	7.3
地方级财政收入	亿元	8.23	11.1
社会消费品零售总额	亿元	147.6	19.3
实际引进内资	亿元	111	113.9
实际使用外资	万美元	1516	7
个体工商户	户	66815	20.61
民营企业	户	24967	19.29
普通中学	所	12	20
小学	所	15	-6.25
教育事业支出	万元	62959.86	15.29
卫生事业支出	万元	6359.47	46.95

规模以上工业总产值完成72.6亿元，比2020年增加9.6%，工业增加值完成33亿元。规模以上工业企业实现销售收入71亿元，产销率100%。全年工业企业生产经营情况较好，企业年利润率4.5%以上。民营经济主营业务收入完成998亿元，比2020年增长8.13%；民营经济实缴税金24.08亿元，比2020年增长0.88%；民营企业24967户，比2020年增长19.29%；个体工商户66815户，比2020年增长20.61%。万人拥有民营企业户数765.39户，民营固定资产投资完成76亿元，比2020年增长38.18%。新增“专精特新”中小企业3户。发展夜间经济，启动长春市首家网红夜市“欧亚·启悦——川越成渝”等主题夜市6家，集聚商户300家，吸纳就业人员1000人。年内，重点推进滨河东区湾区开发、长拖工业遗址改造、南方航空公司老机场开发改造、热电二厂区域搬迁改造、三道棚改地块5个百亿级重点项目。

【项目建设】　二道区源泉智能装备产业园等58个5000万元以上项目实现开复工，项目开复工率、入库率均100%。加快推进“五个百亿级项目”，滨河东区危旧房改造完成征收和拆迁，长春拖拉机厂工业遗址改造商业板块主体竣工，热电二厂搬迁、南航老机场开发、英俊镇塌陷区改造取得进展。新材料产业园竣工，伟峰初晓B地块商业投入使用，中拓模塑数字化工厂等项目加快建设。新兴建材产业园等12个项目纳入专项债券储备。开展招商百日攻坚行动，洽谈对接旭辉集团等国内外知名企业180余户，签约落位食育科技产业园等产业项目15个，中国人寿等一批总部型、税源型企业落户二道区，全区商务楼宇入驻率超80%。

【城市建设】　推进68项市、区重点工程征收工作，新增地下管网26千米、供热面积87万平方米，收储整理土地180万平方米、供地100万平方米。高标准实施25个老旧小区改造。

9月27日，二道区举办“奋斗百年路　启航新征程”二道区送文化下乡精品节目展演活动
（二道区政府办　供图）

惠工路机场大道通车，英俊镇新型城镇化基础设施建设全部完工。拆除违建7.24万平方米，取缔散乱市场13家，修复城市伤痕3400余处，整治裸露地面6万平方米。动态排查整治各类污染源，挥发性有机物污染治理取得成效。实施入河排污口“一口一策”治理，英俊污水处理厂一期扩容工程完工。地块裸土核查率、审核率、整改率100%。农村人居环境整治工作代表长春市接受全省考核，得到肯定。

【乡村振兴】 二道区乡村振兴局成立挂牌，下设乡村振兴服务中心。制定《二道区关于贯彻落实巩固拓展脱贫攻坚成果同乡村振兴有效衔接实施方案》《二道区关于健全防止返贫动态监测和帮扶机制实施方案》，构建防返贫预警制度，落实过渡期“四个不摘”（摘帽不摘责任、不摘政策、不摘帮扶、不摘监管）要求，做到“四个不减”（投入力度不减、帮扶力度不减、工作力度不减、监管力度不减），保持“两不愁三保障”相关政策稳定性和连续性，建立属地、部门和低收入人群信息比对联动机制，实施常态化监测，发放“雨露计划”和扶智助学资金 17.8万元。落实好差异化分红政策，产业项目增收贡献日益凸显，全区 19 个产业项目助力脱贫户实现收益 170 万元，建档立卡脱贫户人均增收 7080 元。利用网络，采取微信、小视频等方式开展线上培训 4 次，培训农民 200人次。

【社会民生】 二道区有中小学27所（中学12所、小学15所），义务教育阶段学生总数4.3万人，教师2636人。适龄儿童入学率100%，中小学巩固率100%。落实政府创办义务教育主体责任，压减民办义务教育学校在校生规模占比，专项规范公办学校参与创办民办学校办学行为，确立赫行学校转为公办。原有无证办学机构134所，培训机构自行摘牌53所，社会职能部门摘牌81所，全区无证办学机构动态清零。教育综合督政考核排名全市第一，校园安全治理成为全国试点。完成小区配套幼儿园治理，新增学前普惠学位6000余个。二道区代表长春市通过全国足球重点发展城市评审。

推进基层治理，完成8个村（居）民委员会换届选举工作，东盛街道建成首个街镇级矛盾处理中心。深化“三长”（网格长、楼栋长、单元长）联动机制建设，提升农村网格管理和服务水平。加强法治政府建设，引导人民群众依法维护自身合法权益，加大弱势群体法律援助力度。开展“我为群众办实事”活动，解决群众关心事项3万余个。重视安全生产，压实隐患排查责任，市级挂牌督办重点隐患提前40天完成整改。重点信访案件全部化解。

落实民生实事和暖流增收任务105项。19个产业扶贫项目稳定运行，全区脱贫户收益分红170万元。城镇新增就业1.1万人。发放各类救助资金6400万元。打造全省首家残疾人综合性服务平台。在全省率先完成街镇示范型退役军人服务站创建，成立省内首家退役军人思想政治教育活动基地。发挥市长公开电话、局长接待日作用，解决群众关心事项36个。

年初，黑龙江望奎疫情输入二道区，区委、区政府第一时间激活指挥体系，启动应急预案，控制重点人员，封闭涉疫小区，12小时即完成封闭小区及周边商户3893人核酸检测。全市启动全员核酸检测后，16名区级领导下沉一线，11个专班各负其责，110个固定采样点和48个机动采样点全天候采样，在全市率先完成47.91万人全员核酸检测任务。国家督导组对二道区在极短时间控制疫情的举措给予高度评价。2021年，完成12岁以上人群第一剂次疫苗接种431696剂次；完成12周岁以上人群全程接种416584人，完成加强免疫23576人，3~11岁人群接种19057人。流调涉疫人员5010人，协查重点人员信息229782条，闭环转运10377人，医学隔离管理5420人、居家隔离管理4919人，健康监测5182人，核酸检测53634人、样本检测10103例，疫情电话解答超3万次，办理“12345”涉疫急办件2181件。

（马　凌）

绿园区

【概况】 绿园区位于长春市区西部，东连朝阳区、宽城区，南接长春汽车经济技术开发区，西邻公主岭市，北依农安县。截至2021年年末，下辖春城、正阳、青年路、同心、林园、铁西、普阳7个街道办事处，64个城市社区；城西、西新、合心3个镇，24个行政村；长春绿园经济开发区（加挂长春轨道交通装备产业开发区牌子）、长春绿园西新工业集中区、长春皓月产业园区、长春西部新城开发区4个开发区。全区总面积216平方千米，人口71.5万人。2021年，绿园区入选2021年度国家级健康促进区。

2021年，绿园区实现地区生产总值299.3亿元，比2020年增长2.5%。其中，第一产业增加值3.0亿元，与2020年持平；第二产业增加值156.2亿元，比2020年下降1.4%；第三产业增加值140.1亿元，比2020年增长7.2%；三次产业比重1.0：52.2：46.8。规模以上工业总产值525.2亿元，比2020年下降7.5%；全口径财政收入46.1亿元，比2020年下降7.4%；地方级财政收入10.9亿元，比2020年增长5.6%；利用内资141.8亿元，比2020年增长26.5%；实际直接利用外资1000万美元，比2020年增长10.0%；社会消费品零售总额104.3亿元，比2020年增长5.2%；城镇居民人均可支配收入43281元，比2020年增长8.2%；农村居民人均可支配收入18473元，比2020年增长11.0%。

【经济发展】 绿园区开展“双走双促”专项行动，分批次全覆盖走访全区“四上”企业（规模以上工业企业、资质等级建筑业企业、限额以上批零住餐企业、规模以上服务业企业），为企业送政策、送服务、送温暖、解难题，一对一包保服务，从入库入统、兑现政策、安全生产等方面促进企业强生产、挖潜能，帮助23家

表75　2021年绿园区国民经济和社会发展主要指标完成情况统计表

指标名称	单位	实际完成	比2020年增减（%）
地区生产总值	亿元	299.3	2.5
第一产业增加值	亿元	3.0	0
第二产业增加值	亿元	156.2	-1.4
第三产业增加值	亿元	140.1	7.2
农业总产值	亿元	6.42	0.2
规模以上工业总产值	亿元	525.2	-7.5
全口径财政收入	亿元	46.1	-7.4
地方级财政收入	亿元	10.9	5.6
社会消费品零售总额	亿元	104.3	5.2
实际引进内资	亿元	141.8	26.5
实际使用外资	万美元	1000	10.0
城镇居民人均可支配收入	元	43281	8.2
农村居民人均可支配收入	元	18473	11.0
区属学校数	所	35	0
区属医院数	所	30	3
教育产业支出	亿元	9.75	36.2
卫生事业支出	亿元	2.46	8
绿化覆盖率	%	33.45	-4.24

企业止跌回升，8家企业由负转正。出台《关于进一步促进经济高质量发展若干奖励政策》，支持汽车、轨道客车配套企业技改扩能、战略新兴企业加快发展、小微企业升规上市、总部企业加速落位。新增“四上”企业80家、高新技术企业30家，争取省、市科技扶持资金1026万元。

紧盯“上级督导、领导包保、夹馅房”3类征收任务，以提高交地率、缩短交地周期为目标，全年完成征收2679户，释放土地238万平方米。成立区土地储备分中心，完成富民大街北等5个地块收储任务，实现41个地块、147万平方米挂牌出让，同心湖地块树立全市第一个享受收储收益分成政策样板。以长春市征收专班调度项目为重点，综合运用拆除违法建筑和履行司法程序促征收等手段，组织执法护建行动104次，保障地铁6号线等20个市政重点工程施工。全区协同发力，破解大成玉米主厂区评估补偿等难点问题。整体拆除经营业户多、历史遗留问题复杂、征收历时12年的四季青市场。用时45天，完成西湖北一地块531户征收工作。

【项目建设】　综合运用专班叩门招商、网络云端招商等举措，新洽谈项目107个，签约项目21个，全年利用内资141.8亿元，比2020年增长26.5%；实

10月31日，绿园区政府与吴中集团联合举办“江苏—长春绿园合作交流中心”“长春市绿园区科创中心”授牌仪式　　（彭　鹏　供图）

际利用外资1000万美元，比2020年增长10.0%。紧盯招商落地、手续审批、开工入统、竣工验收、投产开业等5个关键节点，落实区级领导包保、秘书制跟踪服务等项目服务举措，健全按图推进、挂图作战等项目建设机制，年初确定66个项目全部实现开复工。截至2021年年末，58个项目入统入库，20个项目竣工投产。抢抓政府发行债券契机，7个专项债券项目进入国家重大项目库，11个一般债券项目到位资金3.22亿元。获批中央预算内和奖补资金5028万元。

【城乡建设】 推进征收收储工作，建业大街延长线施工节点全部打通，如期完成长太高速互通立交枢纽征收，大营子村垃圾场整理完毕，翟家明沟绿化范围内13户企业、356户房屋完成征收，6个收储地块达到挂牌条件，全年释放土地200万平方米。完善城乡功能，改造7个老旧小区、64万平方米棚户区，启动西安桥翻建、隆化南路建设等15项工程，维护道路134条，新建14处口袋公园绿化景观，绿化养护224公顷公共绿地；新建改造农村老旧供水站10处、农村户厕4721座、农村公路老旧路39.5千米，裴家村精品屯面貌整体提升，被列为全市乡村振兴现场观摩点之一。提升城市管理水平，3条主要街路实现“拆围透绿”，取缔各类占道经营行为2.56万起，清理露天烧烤1048处，清理堆放物1.12万处，清运垃圾17.5万吨，福益扶残助残市场模式向全市推广。14个“大棚房”专项整治“回头看”问题全部立行立改，拆除乱占耕地建房178处、12.4万平方米。完成第二轮中央环保督察迎检任务，一批环保突出问题经过整改销号，生态环境质量持续提升。

【社会民生】 全区80%以上一般公共预算支出用于民生事业，幸福绿园行动计划确定57项民生实事全部兑现。开发城镇就业岗位1.8万个，新增就业1.1万人，城镇登记失业率控制在4%以内。为全区建档立卡贫困人口等特殊困难群众缴纳商业保险，向城乡低保对象和特困供养人员发放慰问金53.46万元、困难残疾人生活护理补贴600余万元。投入144万元开展政府购买居家养老服务。全省居民电子健康档案开放工作现场会在绿园区召开，重点人群开放率88%。引进东北师大、浙大教科、长春市十一高中、长春市实验中学、市教育学院5个优质教育品牌，启动干部教师队伍建设“双强计划2.0”，长春市第八十七中学南阳校区、八十七中学景阳校区教学楼投入使用，38所中小学全部开展课后延时服务，开设特色社团、兴趣课程和活动项目700余个。全年举办文艺演出27场，为企业、学校、军队、农村配送图书1.9万册。

2021年，面对全省首例疫情在绿园区突发的严峻形势，绿园区政府快速反应，高效处置，第一时间完成4名无症状感染者转运治疗、189名密切接触者医学隔离、2个小区封闭管理和1.3万人核酸检测，最大限度阻断疫情传播。探索出封闭小区居民生活保障等经验做法被中央电视台《新闻联播》《东方时空》栏目报道。召开49次疫情防控领导小组会议，投入3000余万元用于疫情防控工作，排查重点地区返回人员1.4万人，核酸检测5万人次，健康监测1.8万人次。开放12个新冠疫苗临时接种点、128个接种台，接种新冠疫苗114万剂次。坚持人物同防，采集各类、各行业环境样本9736份。24小时值守火车站、长春西站、龙嘉机场、4个入长高速口等卡点，对返长人员实行测温、登记、消毒，转运、隔离全闭环管理，抵御住营口市、南京市、哈尔滨市、西北地区、满洲里市等地疫情冲击。

（景年国）

双阳区

【概况】 长春市双阳区位于长春市东南部。东濒饮马河与永吉县相望，东南、南与磐石市毗邻，西南、西与伊通县接壤，西北与长春市净月开发区为邻，北、东北与长春市二道区相连，辖区面积1677.04平方千米。双阳区人民政府驻地在双阳区西双阳大街599号，距长春市中心37千米。辖4个街道、3个镇、1个乡，17个城市社区，134个行政村。全区域面积1677平方千米，总人口39万人。

2021年，实现生产总值166.3亿元，比2020年增长8%；完成固定资产投资71.7亿元，增长25.8%；地方级财政收入6.3亿元，下降6.6%；实现规模工业产值85.6亿元，增长9.7%；帮助企业落实贷款11.7亿元；限额以上社会消费品零售总额3.1亿元，增长11.2%。

【农业】 建成高标准农田4133.33公顷，林果种植、棚膜经济、绿色水稻分别发展到2533.33公顷、1466.67公顷、1万公顷，粮食产量突破8.5亿千克。强化农业园区建设，鹿业和奢岭果蔬两个省级现代农业产业园完成省级认定验收，吉林省梅花鹿产业研究院在双阳区挂牌成立，金恒梅花鹿产业园二期项目稳步推进，全区梅花鹿存栏29万只，鹿业全产业链产值突破65亿元，鹿乡特色小镇被评为全国乡村特色产业十亿元镇，“双阳梅花鹿”被国家知识产权局列入地理标志运用促进重点联系指导名录。2021年，双阳区农民合作社发展到1422个，家庭农场发展到1966个，国家级示范社17家，省级示范社53家，市级示范社72家，区级示范社200家；省级示范家庭农场12家，市级示范家庭农场16家，区级示范家庭农场201家。“1+3+X”基层治理模式经验于2021年7月在全国乡村治理培训班上作典型交流发言，“1+3+X”基层治理案例入选农业农村部乡村治理动态。

【工业】 全区规模工业产值85.6亿元，增长9.7%。开展“服务企业周”活动，组织“银企对接、助企脱困”等活动30余次，帮助企业落实贷款11.7亿元。吉通机械、鑫利密封等汽车零部件企业发展规模持续扩大，卓谊生物、金冠电气产值比2020年分别增长

表76　2021年双阳区国民经济和社会发展主要指标完成情况统计表

指标名称	单位	实际完成	比2020年增减（%）
地区生产总值	亿元	166.3	8
第一产业增加值	亿元	22.8	2.1
第二产业增加值	亿元	30.5	9.4
第三产业增加值	亿元	113	9
全口径财政收入	亿元	15.6	-3.3
地方级财政收入	亿元	6.3	-6.6
粮食总产量	万吨	65.4	7.4
固定资产投资额	亿元	71.7	25.8
社会消费品零售总额	亿元	3.1	11.2
城镇常住居民人均可支配收入	元	32089	6.9
农村常住居民人均可支配收入	元	18144	10.4
各项存款余额	亿元	237.2	16.6
各项贷款余额	亿元	122.6	12.6
住户存款	亿元	186.9	18.6
教育事业支出	万元	90819	0.1
医疗卫生支出	万元	25770	-31.6
社会保障和就业支出	万元	43388	-20.6
农林水事务支出	万元	64268	-41.7
节能环保支出	万元	23141	-30.3

66.7%、11.7%。把项目建设作为实现高质量发展重要载体，根据国家政策导向，围绕全省“一主六双”和长春现代化都市圈建设等战略布局，谋划基础设施及产业类项目122个。争取各类债券项目28个，发行债券资金28.46亿元。

【服务业】　突出旅游业龙头引领作用，加快重点旅游项目和配套基础设施建设。神鹿峰旅游度假区全年接待游人150万人次、营业收入7500万元，对全区旅游产业快速发展起到强劲带动作用，神鹿峰旅游路获评全国“十大最美农村路”。强化多点支撑，国信康养综合体完成主体封闭，部分场馆投入使用，万龙湖、汗血宝马产业园等项目加快推进。举办鹿乡采茸文化节、奢岭草莓采摘节等节庆活动，提升双阳旅游知名度、影响力。加快推进电子商务、总部经济、现代物流等新型服务业态发展，服务业发展内涵更加丰富。全年实现社会消费品零售总额30亿元。

【项目建设】　坚持招大引强、选优并重，招商、发改、自然资源等部门多次赴长三角、京津冀等地区推进项目、洽谈合作。开展招商活动100余次，对接重点洽谈项目50个，中关村未来科技城、通航国际温泉康养小镇等重点项目签约落位，梦享岛海洋馆等9个招商引资项目开工建设。全年到位内资28.52亿元，利用外资1500万美元。全年完成供地222公顷，开复工项目98个，其中亿元以上项目58个。职业教育中心异地新建、白山本草中药产业园等项目开工建设，亚泰水泥骨料及机制砂等项目竣工投产。开发区完成优化整合，快速路连接线、奢岭净水厂、园区路网等基础配套工程相继开复工。

【城乡建设】　加大棚户区改造力度，征拆房屋土地面积20万平方米，建设回迁房2.5万平方米，1647户居民迁入新居。推进市政道路、污水管线、绿化美化等重点工程建设，南出口综合整治工程、石溪河景观带二期、通阳路北地块配套路网、城区西北环路等工程开工建设，泰山路南延伸段竣工通车，杏树河截污干管投入使用。新建改建农村公路130千米，推进长双快速路、经济圈环线、延长高速、珲阿公路项目建设，双阳区获评2021年“四好农村路”全国示范县。全年取缔占道摊点4400余处，拆除违法建设1.6万平方米，清理非法广告2.4万余条，精细化管理水平持续提升。开展货运车辆超限超载专项整治，处理违法货运车辆1100台次，卸载超载货物9万余吨，全市县域组考评列第一名。16个村庄开展“千村示范”创建活动，卢柳路两侧村庄绿化工程全部结束，村庄提升工作全面施工，常家村、双伊公路沿线村庄、信家村、于家村村庄提升工程进行招投标。农村生活垃圾处理社会化服务有效运行，太平镇小石村获评全国乡村旅游重点村。

【生态环境】 做好迎接中央第二轮环保督察工作，交办的32批次148件案件已办结129件、阶段性办结19件，一批群众关心关注的环境问题得到治理。落实河（湖）长制，开展河湖清理行动和入河排污口整治，双阳河砖瓦窑桥国考断面水质稳定达到Ⅳ类及以上标准。强化污水处理工程运行监管，第三污水处理厂实现低标排放、土顶街区污水处理站开工建设，齐家、山河污水处理厂稳定运行，污水收集处理能力得到提升。加大餐饮油烟、道路扬尘、秸秆禁烧等专项整治力度，全区空气优良天数持续保持在300天以上。加大非煤矿山综合整治力度，加快矿山资源开采布局合理化、企业生产标准化、资源利用集约化步伐。推进资源循环利用，再生资源回收利用产业园区开工建设。开展大规模国土绿化行动，完成国土绿化面积353.27公顷。

【社会民生】 实施教育教学质量“五年跃升工程”，高考重点进线率13%。长春市第一五三中学异地新建项目进行基础施工，总建筑面积16197平方米，总投资9546万元。双阳区职业教育中心异地新建项目开工建设，建设地址在双阳区奢岭街道办事处，占地面积11万平方米，总建筑面积8.43万平方米，投资总额4.6亿元。全年资助家庭经济困难学生2404人次，发放及减免资金97.88万元。对义务教育段学校落实“双减”（减轻义务教育阶段学生过重作业负担和校外培训负担）情况进行专项督查，设立校外教育培训机构监管办公室，形成“从严审批、从严整治、从严监管”闭环治理模式。精准开展“控辍保学”工作，脱贫家庭学生全部在校就读，建档立卡贫困家庭学生17人享受“雨露计划”资助资金。落实普惠性民办幼

7月8日，中国吉林首届梅花鹿产业发展大会暨双阳区第七届梅花鹿节在双阳区鹿乡镇鹿缘社区广场开幕　（双阳区政府办　供图）

儿园生均补助资金316.32万元。双阳区教育局在主题教育月家校共成长活动中获评2021年吉林省“终身学习品牌项目”。

投资374万元，建设占地1万平方米多功能全民健身中心，全年建设文化广场19处。以特色文化助力乡村振兴，评选出“三文之家”210户，“意象农庄”27个。举办双阳区庆祝中国共产党成立100周年“信仰的力量”专场文艺演出、双阳区第十六届社区艺术节、双阳区庆祝中国共产党成立100周年“初心如磐”摄影大赛、“弘扬抗联精神　传承红色基因”暨邓晓村烈士生平事迹展、双阳区“时光摄影”翰墨飘香书画摄影展等活动，全年开展大中小型活动49余次，参加人数1.2万余人。举办各类培训班252次，参加人员8600人次。举办书法绘画展7次，参加人数6700人次。“双鹿篮球俱乐部”在长春市篮协比赛中获亚军，双阳区业余体校运动员在长春市青少年田径锦标赛上获16枚金牌、8枚银牌、17枚铜牌，双阳区省级非遗项目“花棒秧歌”入选吉林省八大年俗活动项目之一。双阳区被文化和旅游部确定为“2021—2023年度中国民间文化艺术之乡”。

推进建设幸福双阳行动计划63项实事。推进脱贫攻坚成果与乡村振兴有效衔接，健全完善防返贫长效机制，调整更新产业扶贫项目，确保脱贫不返贫。落实疫情防控各项措施，排查国内疫情发生地和国外来（返）双人员4100余人，接种新冠肺炎疫苗60余万剂次，全区疑似、确诊病例保持“双零”纪录。推进健康双阳建设，总投资4640万元传染病专属疗区开工建设。提升全区医疗水平，实施医联体、医共体建设。提升教育教学质量，一零五中学异地新建项目投入使用，一五三中学搬迁项目开工建设，高考重点进线率13%。新建农村文化广场19处，举办各类大型文体活动24场次。组织开展各类招聘活动108场次，开发就业岗位5737个，城镇新增就业4500余人，农村劳动力转移就业6.4万人次，推动退役军人就业176人。城乡低保标准600元/月、4980元/年，下拨临时救助资金221万元，保障弱势群体基本生活。落实安全生产责任制，健全完善“12345”安全生产工作体系，加大重点行业领域安全监管力度，全年生产安全事故起数、死亡人数比2020年分别下降80%、89%，安全生产形势稳定。做好群众来访工作，化解一批涉及群众切身利益的案件。常态化开展扫黑除恶专项斗争，保持违法犯罪高压严打态势，社会大局保持和谐稳定。年内，双阳区被平安中

国建设协调小组评为"平安中国建设先进集体"。

【中国吉林首届梅花鹿产业发展大会暨双阳区第七届梅花鹿节】 7月8日至10日，中国吉林首届梅花鹿产业发展大会暨双阳区第七届梅花鹿节在长春市双阳区举行。大会以"打造千亿级梅花鹿产业——助推乡村全面发展振兴"为主题，由吉林省畜牧业管理局、长春市人民政府主办，长春市畜牧业管理局、中共长春市双阳区委、长春市双阳区人民政府、吉林省梅花鹿产业协会承办。主体活动包括市场参观、开幕式、文艺会演、产业发展论坛、摄影书画展等内容。吉林省副省长韩福春出席开幕式，吉林省畜牧业管理局局长张国华、全国畜牧总站站长王宗礼分别致辞。长春市双阳区人工养鹿有300余年历史，鹿文化底蕴深厚，是国务院命名的"中国梅花鹿之乡"。吉林省高度重视双阳梅花鹿产业发展，成立全国首家省级梅花鹿科研机构——吉林省梅花鹿产业研究院，出台四大类16个政策性文件，支持梅花鹿产业发展。吉林成为中国梅花鹿养殖主产区，饲养量60余万只，全产业链产值超300亿元。在梅花鹿产业发展论坛上，来自中国畜牧业协会、吉林省梅花鹿产业协会等领域专家学者分别围绕鹿产品国际市场的发展与对策、吉林省梅花鹿产业发展战略构想、梅花鹿品种资源学研究等方面进行交流研讨。

【双阳区小石村入选第三批全国乡村旅游重点村】 8月25日，文化和旅游部会同国家发展改革委公布第三批199个全国乡村旅游重点村名单和第一批100个全国乡村旅游重点镇（乡）名单，长春市双阳区小石村入选第三批全国乡村旅游重点村。双阳区太平镇小石村位于长春市南部，地处半山区，面积12.8平方千米。该村坚持一二三产融合发展理念，发展"村企合作型"村级集体经济；采取"党组织+企业+农户"的模式，成立万龙小石农业发展有限公司和万龙小石旅游公司，对全村龙丰果、杂粮、特种养殖等农特产品进行统一订单式收购。依托自然资源优势，加强基础设施建设，沿河修建休闲公园、拱桥和景观河道。景观河道旁安装太阳能路灯，新建仿古围墙，建设乡村田园风格民宿，发展"农家乐"旅游项目。小石村曾获吉林省十佳美丽乡村、全国乡村治理示范村、第一批省级乡村旅游重点村等称号。11月12日，小石村入选农业农村部办公厅公布的2021年中国美丽休闲乡村名单。2021年，小石村还被司法部、民政部命名为第八批"全国民主法治示范村（社区）"。

（张 野）

8月25日，长春市双阳区小石村入选第三批全国乡村旅游重点村。11月12日，小石村入选农业农村部办公厅公布的2021年中国美丽休闲乡村名单

（双阳区政府办 供图）

九台区

【概况】 九台区位于吉林省中部，东和东北与舒兰市和榆树市为界，南和东南同永吉县接壤，西与长春市各区为邻，西南同双阳区毗连，北及西北均与德惠市交界。面积3371.51平方千米。其中，城区面积19.79平方千米，农村面积3351.72平方千米。辖九台、九郊、营城、西营城、卡伦湖、东湖、土们岭、波泥河、苇子沟、兴隆、纪家、沐石河、城子街、龙嘉14个街道办事处，上河湾、其塔木2个镇，胡家回族乡、莽卡满族乡2个民族乡，310个行政村。

2021年，九台区地区生产总值261.9亿元，比2020年增长10.6%；服务业增加值130.8亿元，比2020年增长8.6%；全口径财政收入26.5亿元，比2020年增长9.2%；地方级财政收入17.5亿元，比2020年增长9.8%；全社会固定资产投资103.8亿元，比2020年增长30.1%；规模以上工业总产值160亿元，比2020年增长35%；社会消费品零售总额65.38亿元，比2020年增长9.8%。全区总用电量15.6亿千瓦时，比2020年增长30.5%，其中工业用电量8.66亿千瓦时，比2020年增长59.9%。2020年，九台区在全省县域经济考核中排第二名，在长春市外县区排第一名。

【农业】 农业产业园建设。建设完成龙嘉街道红光村666.67公顷绿色水稻高效农业先行区；完成10公顷农业科技示范园区农业新技术、新品种引进、试验、示范、推广；完成0.1公顷稻田养蟹综合示范园区建设，完成666.67公顷玉米高产创建基地建设；规划创建纪家街道太平村200公顷现代科

表77　2021年九台区国民经济和社会发展主要指标完成情况统计表

指标名称	单位	实际完成	比2020年增减（%）
地区生产总值	亿元	261.9	10.6
第一产业增加值	亿元	54.3	0.6
第二产业增加值	亿元	76.8	24.7
第三产业增加值	亿元	130.8	8.6
全口径财政收入	亿元	26.5	9.2
地方级财政收入	亿元	17.5	9.8
地方级财政支出	亿元	70.5	-9.5
固定资产投资额	亿元	103.8	30.1
社会消费品零售总额	亿元	65.38	9.8
实际引进内资	亿元	157	24
实际使用外资	万美元	1400	6
绿化覆盖率	%	19.98	—

技农业先行区，发展生态农业、科技农业、观光农业。

农产品品牌建设。推广“九字号”品牌精优农产品，组织企业参加北京农产品交易会，开展九台贡米品牌推介产销对接交流活动，“田野泉”品牌获评“最受欢迎品牌”。9月，组织30余户企业参加第二十一届长春农博会。11月，参加中国农交会和杭州优质农产品展销会。上河湾金红苹果被评为长春市农产品区域公共品牌；金穗米业“饮水河”品牌和宜品米业“宜品”品牌被评为长春市名优农产品品牌。长春市朱老六食品被评为2021年长春市农业产业化领军型龙头企业；朱老六、伊利和金锣被评为“吉林省500强”企业。2021年，九台区有“三品一标”（无公害农产品、绿色食品、有机食品和农产品地理标志）企业32户49个品种。其中，绿色品种46个，有机品种3个。绿色产品面积0.54万公顷，有机产品面积0.017万公顷。农产品地理标志认证1个（饮马河大米），国家绿色食品标准化原料基地（水稻）1万公顷（松花江流域）。

高标准农田建设。2021年，完成2019年高标准农田项目收尾工作，推进2020年高标准农田项目建设，完成2021年高标准农田建设项目前期工作。在饮马河流域建设0.4万公顷高标准农田示范区，整体项目分两期推进，一期示范区项目批复0.13万公顷，项目区位于龙嘉街道6个行政村境内，全部为水田区域，总投资约1.09亿元。小农水项目批复资金30万元，用于小型河道清淤整治工程和小型农田水利工程维修养护支出，项目在设计中。长春地区唯一的1.09亿元高标准农田示范区项目落位九台，获0.57亿元项目补助资金。

龙头企业。2021年，九鼎米业、伯宇农业、环农饲料3户企业晋升为省级龙头企业；九翔农业、农乐米业、鸿顺米业和林氏绿洲4家企业晋升为长春市级农业龙头企业。重点培育和打造朱老六等12户联合体，其中晋级省级联合体3家（田野泉酱菜、依富米业、疆宁肉业）；6户企业（伯宇农业、英俊食品、广源牧业、良泽米业、九鼎米业和金穗米业）申报成为市级联合体。龙头企业发展到61个。其中，国家级1个、省级16个、市级44个。

“一村一品”示范村建设。2021年，龙嘉街道红光村、翻身村和东湖街道甘家村获评长春市级“一村一品”示范村镇，龙嘉街道翻身村晋级为省级“一村一品”示范村。

园艺特色产业。九台区园艺特产业总产值61.2亿元，主要包含蔬菜、水果、瓜类、苗木花卉、经济作物等。新建棚膜园区8个，获全省棚膜大县称号，发展纪家凤财马铃薯产业100公顷。“昊缘中草药产业园区”“金色家园高端苗木基地”“莽卡千亩蔬菜基地”和“伯宇食用菌基地”等特色农业项目速产达效。

畜牧业项目建设。九翔亿只肉鸡全产业链农产品加工园区项目选址以上河湾镇为主，其中肉品深加工和冷链物流项目选址在龙嘉街道。全产业链农产品加工园区项目包括50万吨饲料厂、50万套种鸡场、亿羽鸡雏孵化场、年出栏亿只肉鸡养殖场、亿只鸡屠宰厂、4万吨肉品深加工厂、万吨畜禽无害化处理工厂、30公顷林果基地、百栋有机棚膜蔬菜园区、5万吨农产品仓储冷链物流等11个项目。项目占地面积405公顷，总投资约33.8亿元，2021年建设完成20万吨有机肥厂，完成投资4870万元。

休闲农业发展。2021年，亚汶生态农业晋级为省级休闲农业五星级企业；林氏绿洲晋级为四星级企业；新建林氏绿洲、庙香山、微雨众惠和听湖农园4个市级休闲农业示范点；推荐龙嘉街道红光村为省级美丽休闲乡村。

【工业】 2021年，九台区突破重点产业转型，加快发展工业。中誉集团、华奥汽车完成技术工艺革新；康宁杰瑞、阜元医药加速释放潜能；建筑新材料向高端转型，东方雨虹启动一期建设，布局东北市场，兰舍、绿森林获批国家级绿色工厂。投资2.27亿元的中工技师学院三期项目开工，大学生创业园在孵企业33户。组织申报国家级高新技术企业22户、市级以上科技发展计划项目55项，开顺新材料、万和光电获批省级技术中心。规模以上工业企业发展到110户，总产值突破150亿元，增速30%。现代服务业发展中，投资100亿元的力旺湖语城、投资50亿元的上海复地卡伦新城等项目启动建设，中澳城商贸物流园企业新增40户。成立15个高质量发展推进专班，新增"四上企业"39户，GDP增速高于长春市平均水平。谋划包装精优食品产业园、现代装备制造产业园等项目，投资7.58亿元的生物医药产业园等4个项目获批，推进循环经济产业园、卡伦湖生态新城等项目建设，提升"一区四园"综合承载能力。全年实施全域土地综合整治527.36公顷，供应建设用地65宗、152公顷。

【服务业】 2021年，九台区加大对商贸流通产业扶持力度，加快培育和发展消费新动能，保持消费持续增长。全年实现社会消费品零售总额65.4亿元，比2020年增长9.8%。其中，限额以上贸易业消费品总额3.1亿元，比2020年增长34.8%。提升基层供销服务水平，投入40万元改造卡伦湖街道、纪家街道、莽卡乡、胡家乡等4家基层供销社。投资约3.5亿元，完成九台区新供销再生资源回收利用分拣中心建设项目前期准备工作。加强粮油储备，储备应急大米6195吨、食用油1660吨。拓展石油购销，全年实现纯枪销售4.4万吨，非油销售收入500万元，非油利润184万元。加强烟草专卖服务，全年实现卷烟销售量22651.34箱，实现含税销额59138.53万元。开展盐业经营，储备5个品种民用食盐（小

2021年，九台区推进乡村振兴战略。图为美丽乡村马鞍山村

（九台区政府办公室　供图）

包装）300.01吨，销售各类商品盐1429吨。推进旅游业发展，全年接待游客450万人次，综合收入18亿元。推进景区景点建设，波泥河街道庙香山景区新建旅游公厕3座，土们岭街道马鞍山旅游公厕投入使用，完成纪家街道御龙河景区（总投资1.5亿元）生态旅游板块前期基础建设及沐石河街道碾子沟村王老蔫田园农庄一期建设，龙嘉街道红光村获评省级乡村旅游重点村，土们岭街道氿遇山居获评吉林省AAA级乡村旅游经营单位。5月29日，九台区人民政府、长春市文化广播电视和旅游局联合主办第五届山野菜美食文化旅游节暨中央歌剧院走进长春乡村慰问演出活动。12月31日，长春·九台首届乡村冰雪欢乐季暨百万学子上冰雪活动在长春市九台区土们岭街道马鞍山村休闲文化广场开幕。推出2021九台冬季冰雪旅游宣传片《九台冰雪十足精彩》，塑造提升九台冰雪文化旅游品牌形象。

【项目建设】 2021年，九台区有招商引资储备项目70个。其中，包装项目16个，计划总投资213.9亿元；在谈项目54个，计划总投资402.29亿元；投资亿元以上项目48个，重点项目有投资50亿元吉林省吉鹤房地产开发有限公司吉鹤地产开发项目、投资20亿元国药集团医疗器械有限公司医疗器械产业园建设项目和投资17亿元通威新能源（深圳）有限公司通威500MWp渔光一体光伏发电项目等。签约项目22个，计划总投资342.28亿元。领导包保在谈项目25个，计划总投资113亿元。

2021年，建设5000万元以上新建、续建项目105个，计划总投资341亿元。其中，新建项目46个，续建项目59个。105个新续建项目全部开复工，46个5000万元以上新建项目全部入库。全年完成固定资产投资103.8亿元，比2020年增长30.1%，完成年初计划的117.9%。全年建设产业类5000万元以上项目47个，占项目总数44%。其中，工业类项目36个，服务业类项目6个，农业类项目5个。总投资18亿元东方雨虹绿色建材生产基地项目建成投产，总投资15亿元楚天华通医药装备项目完成场地平整。全年建设基础设施类5000万元以上项目23个，占项目总数22%。全年建设民生类5000万元以上项目11个，占项目总数10%。其中，总投资2.7亿元教育命题中心项目主体完工，总投资0.7亿元九台区东山运动公园建设项目一期进行基础施工。通过产业延链、补链、强链，吸引楚天华通、东方雨虹等重大

产业项目落位九台。

【城乡建设】 工程建设。九溪新区道路建设工程总投资11.83亿元，采取PPP模式，建设10条路，总用地面积81万平方米，道路全长18.1千米。年内，具备施工条件的7条道路（福临大街延伸段、南苑大街延伸段、吉利大街、文体大街、九吉东路、九吉西路、九溪东路）全部开工，完成投资3.2亿元。实施四道街建设项目，总投资1.67亿元，总长4.3千米，红线宽50米，2021年全线通车。小南河生态综合整治项目总投资13亿元，2021年完成投资6亿元，河道清淤工作全部完成，长度47.6千米，清淤土方40万立方米。6个生态恢复区开工，完成地形整理60万平方米，绿化种植15万平方米，透水铺装2万平方米，河道治理13千米，生态护岸8千米。实施九台区污水处理厂扩建项目，扩建1座日处理能力2.5万吨污水处理厂，占地面积3公顷，总投资1.45亿元。实施东山公园建设项目，占地面积75.2公顷，项目一期开工，投资3600万元。实施迎宾路景观绿化提升工程，投资约3200万元，年末竣工。

老旧小区改造。2021年，改造4个小区，改造建筑面积41.26万平方米，居民5329户，改造楼房75栋，总投资1.5亿元。改造项目于8月3日开工，12月完成基础设施建设项目60%。对原水管线（全长21.5千米）进行改建，改建长度7.4千米，采用DN800球墨铸铁管，投资约2200万元。实施东泰家园建设项目（棚户区改造回迁及廉租房建设项目），总投资5.3亿元，总建筑面积约17万平方米，建设安置住房2400套（1132套安置房、1268套廉租房）。

农村危房改造。年初，排查农村房屋12万余户，逐户认定。初判近6000户存在安全隐患。农把符合农村危房改造条件的纳入2021年改造计划，解决住房安全问题。对经营性自建房建立定期巡检制度每季度巡检一次，确保房屋安全。

农村人居环境建设。全区各行政村全部建立农村生活垃圾收运处置体系，完成6个重点镇和重点流域污水处理设施建设。上河湾中心镇项目办理土地调规手续。龙嘉街道红光村、莽卡乡邱家村2个中心村完成项目规划。排查农村消防隐患55处，全部完成整改。改造农村户用厕所1.5万户。谋划实施道路硬化、排水设施等项目41个，总投资2465万元，开工建设41个，完工12个；35个创建村计划建设边沟4.4万米，完工1.2万米；路面硬化计划建设1.5万米，完工0.6万米。

【科技创新】 组织域内企业开展高新技术企业认定政策培训。组织22户企业申报国家级高新技术企业，申报长春市科技发展计划项目37项，完成43家科技型中小企业评价入库。邀请省科技厅专家深入一线辅导企业，重点走访明日装饰材料有限责任公司等50余户企业，宣传解读高新技术企业和科技企业税收优惠、研发费加计抵扣等扶持政策，为企业发放材料。

开展以“百年回望中国共产党领导科技发展”为主题的科技活动周宣传活动，组织教育局、卫健局通过校园网络共享课堂分会场进行科普宣传，在卡伦大学生创业园创客工厂等地开展科技知识进企业暨科技创新政策宣讲。组织科协、卫健局、粮食局等成员单位到波泥河街道开展科技知识进乡村暨赶科普大集活动，为农民送科技知识。组织长春科技特派员专家服务队成员到波泥河庙岭村、清水村为养殖户、种植户进行技术指导，赠送实用药品和科普书籍，助力乡村振兴。

【社会民生】 2021年，九台区以优质均衡发展为引领，推动各类教育协调发展。通过实施《九台区第四期学前教育三年行动计划》，加大公办学前资源供给，新增公办园4所，新增学位700个。加大民办普惠园扶持力度，印发《关于完善普惠性民办幼儿园经费补助制度的实施意见》《九台区普惠性民办园认定及扶持方案》等文件方案，全年落实普惠性奖补资金48万元。推进小区配套幼儿园治理工作，完成福星小区配套幼儿园移交工作，提供175个普惠性学位。印发《九台区基础教育质量提升工程（三期）暨“三四五”集优化发展实施方案》，部署九台区基础教育集优化发展暨基础教育三期质量提升工程。依据《九台区2021年义务教育段中小学招生工作实施方案》，对消防救援人员、防疫一线医务人员等特殊人员子女入学妥善安置，各校均建立留守儿童之家。落实国家、省、市消除大班额工作要求，全区各校大班额现象基本消除。推进“阳光招生”，确保招生公开公正公平。全区小学段控辍率100%，初中段控辍率99.75%，全部达到国家标准。以新高考综合改革为契机，发挥高中“教学联盟”和“学科联盟”作用，创建高中教学教研平台，区域内高中合作发展，通过共享教育教学科研成果和课程资源，提升教育教学质量。2021年，一本上线率13.33%；二本上线率72.09%。深化“产教融合”“校企合作”模式，通过入企培训、顶岗实习等方式提高毕业生就业能力，职教中心全年向奇瑞股份有限公司、志邦厨具等企业推荐52名优秀毕业生入职。依托职教中心培训基地和社区教育基地，开展退役士兵职业技能培训、社会劳动力职业技能提升培训、企事业职工技能培训等培训项目，全年培训194人。“扶贫超市”助农项目连续3年获长春市终身学习活动品牌评选工作先进单位。规范发展民办教育，建立九台区民办培训机构黑白名单。联合相关部门开展校外培训机构检查工作，对存在违规办学、无证办学等行为的民办培训机构依法依规清理整顿，取缔无证校外培训机构72家。

截至2021年年末，九台区有大型综合性文体活动中心1个，图书馆1个，总藏书量18万册，文化馆1个，博物馆1个，乡镇综合文化站17个，社区文化活动中心19个，农村文化活动室283个，农村文化小广场279个。全区有乒乓球、篮球、羽毛球、排球等39个体育单项协会、6个体育俱乐部，社会体育辅导员2000余名，负责指导193个早晚晨练点（站）开展体育健身活动，全区常年参加锻炼群众近24万人。举办庆祝中国共产党成立100周年大型文艺演出活动，组织机关、企事业单位万人大合唱，举办马鞍山乡村美食节、“吉林·长春中国农民丰收节”等活动。年内，开展徒步走及各种球类、棋类、趣味体育比赛等各类体育赛事活动20次。全年开展大型比赛2次，分别为中国体育彩票2021年长春市九台区乒乓球比赛、游泳比赛。协办3场省级锦标赛，分别为吉林省青少年射箭锦标赛、吉林省青少年跆拳道锦标赛和吉林省青少年拳击锦标赛。承办第18届中国·吉林国际体育舞蹈公开赛。

强化卫生健康服务管理，开展基层卫生人才能力提升培训项目，制定《九台区2021年基层医疗机构有资质卫生技术人员轮训方案》，确定九台区中医院为项目培训医疗机构，培训九台区18名基层骨干人员。为全区各项活动承担医疗保障任务21起，派医务人员120多人次、急救车辆12次。开展碘缺乏病监测工作，为地方病防治提供依据；审核传染病报告卡，开展艾滋病筛查咨询检测及传染病、结核病防治工作，九台区传染病发病率维持在较低水平。全区建立居民健康档案59.17万份，建档率82%。辖区家庭医生签约40.02万人，签约率55.6%；老年人体检人数6.64万人，体检率66%。农村贫困人口及特殊家庭，除户在人不在人群外，签约率100%。开展村医“计分制”试点工作，制订并下发《九台区推进村医“计分制”绩效考核工作实施计划》《九台区推进村医“计分制”管理绩效考核实施方案》，明确项目实施时限和推进思路；成立村医“计分制”管理工作专班。

坚持新冠疫情常态化防控，设立393个采样点，出动医护人员1224人、政府工作人员5299人、志愿者3494人，检测49.07万人，检测率92%。加大医疗机构疫情防控和院感知识培训，开展疫情防控培训11次，培训5000余人次，培训覆盖率100%；开展大型疫情防控检查和排查3次，检查医疗机构857家，检查覆盖率97%。成立新冠病毒疫苗接种工作领导小组，制定《九台区新冠病毒疫苗接种工作推进方案》，设置26家基层医疗机构为固定接种单位，在接种人数较多的城区行政社区、高校等16个单位设立临时接种点，全区设置42个接种点。开展新冠疫苗接种3473次，派出医务人员6946次，保障疫苗接种安全。做好新冠疫苗接种疑似异常反应救治统计上报工作，接到疑似异常反应报告39例，经现场处置17例，自行好转11例，定点医院救治11例。未发生不可控严重疑似异常反应。全区接种疫苗85.76万人次，第一剂次接种44.16万剂次、第二剂次接种41.60万剂次。

2021年，投入资金61.4亿元，完成幸福九台民生实事10个方面50项实事，涵盖就业创业方面1个项目、社会保障方面10个项目、教育均衡方面3个项目、城市精细化管理方面7个项目、文体惠民方面2个项目、乡村振兴方面2个项目、公共交通方面1个项目、生态环境方面10个项目、便民利民方面7个项目、社会治理方面7个项目。

【兴隆街道旅游休闲度假胜地打造】2021年，九台区建设以兴隆街道前岗子村花海为中心的饮马河河畔休闲旅游观光带。立足“花海”旅游品牌，发挥“九台—德惠”中心位置的优势，以兴隆街道前岗子花海为中心，延伸到兴隆街道头道村千亩鱼塘垂钓及香瓜、朝阳村葡萄采摘园，形成“先赏花、再游水、后钓鱼、再品蟹、多采摘”等休闲模式，促进花木产业与生态环境、文化创意、乡村旅游深度融合，逐步实现产业富民。

（于　永）

公主岭市

【概况】　公主岭市地处吉林省中西部，东和东北分别与长春市、农安县为邻，南和东南与伊通满族自治县毗连，西与双辽市接壤，西南隔东辽河与梨树县相望，北与长岭县交界。市境南北长111千米，东西宽104千米，面积4140.6平方千米。是国家首批确定的重点商品粮基地、国家现代农业示范区、全国粮食调出大县和生猪调出大县，中国汽车零部件制造基地，也是国家唯一命名的“中国玉米之乡”“中国油豆角之乡”“中国钠基膨润土之乡”。辖18个镇，龙山（满族）和永发2个乡。全市404个村、3413个自然屯。有少数民族32个。第七次全国人口普查数据显示，公主岭市普查人口中汉族人口833746人，占总人口96.7%；少数民族人口28567人，占总人口3.3%。粮食作物播种面积30.67万公顷。流域面积1140平方千米，其中市境内流域面积859.5平方千米。森林面积36710公顷，已探明煤炭储量2828万吨，膨润土储量2018万吨，天然气储量50亿立方米。

2021年全市地区生产总值345.82亿元，按可比价计算，比2020年增长10.3%。其中，第一产业增加值88.93亿元，增长9.5%；第二产业增加值80.71亿元，增长13.3%；第三产业增加值176.17亿元，增长9.5%。一、二、三产业增加值占地区生产总值比重为25.7：23.3：51.0，对经济增长贡献率分别为25.3%、27.7%和47.0%，分别拉动经济增长2.6%、2.8%和4.9%。人均地区生产总值3.42万元，比2020年增长11.3%。

【农业】　全市粮食作物总产量267.8万吨。获批国家现代种业产业园，持证种子生产企业发展到55户，年交易量0.7亿千克，成为辐射东北四省区的种子集散地和交易中心。鲜食玉米企业7户，年创产值14亿元。设施园艺业234.61万公顷，怀德三里堡村成为全省最大香葱生产基地，永发坤圣园、范家屯恒通典型经验在全省推广。生猪、肉牛存栏、出栏量分别为250万头、30万

表78　2021年公主岭市国民经济和社会发展主要指标完成情况统计表

指标名称	单位	实际完成	比2020年增减（%）
地区生产总值	亿元	345.82	10.3
第一产业增加值	亿元	88.93	9.5
第二产业增加值	亿元	80.71	13.3
第三产业增加值	亿元	176.17	9.5
全口径财政收入	亿元	26.86	-8.6
地方级财政收入	亿元	19.63	29.1
固定资产投资额	亿元	81.67	28
工业固定资产投资额	亿元	7.69	-38.8
社会消费品零售总额	亿元	76.8	8
实际引进内资	亿元	127.54	31
实际使用外资	万美元	1498	—
个体工商户	户	72678	—
民营企业	户	10826	—
普通中学	所	51	—
小学	所	226	—
教育事业支出	万元	111500	-7
科学技术支出	万元	13012	—
卫生健康支出	万元	71617	-28

头。脱贫攻坚与乡村振兴有效衔接，建成6个产业扶贫项目，安置脱贫人口就业2543人。开展“千村示范”百日攻坚行动，创建示范村39个。

【工业】　全市规模以上工业企业155户，完成工业产值203.6亿元，比2020年增长25.1%。全市重点工业项目37个。其中，技改项目19个（新开工项目4个，续建项目15个）；新落地项目18个（新开工项目6个，续建项目12个）。吉林省德硕实业有限公司年产100万套轻量化钢制车轮项目、吉林省诚品高端制造产业孵化基地项目、吉林宏泽汽车部件有限公司年产100万套汽车座椅舒适系统建设项目等10个项目投产达效。纳入吉林省产业转型升级重点项目库35个项目，其中投资亿元以上项目17个。省级企业技术中心12户，公主岭市市级企业技术中心13户。国家高新技术企业27户，省级技术中心企业1户，中粮变性淀粉等7个项目成为省级工业产业链试点，工业总产值居长春县域首位。新增“四上”企业37户、“个转企”214户。

【服务业】　2021年，全市社会消费品零售总额76.8亿元，比2020年增长8.0%；限额以上社会消费品零售总额4.5亿元，比2020年增长2.1%。全市商业网点4.1万户。其中，批发零售业3.4万户，住宿餐饮业0.7万户。限额以上商贸企业23户，限额以上个体商户21户。全年组织4轮促消费活动，投放消费券1200万元，使用消费券1190.81万元，带动消费9187.7万元。全年入库规模以上服务业5户，分别是吉农高新科技服务有限公司、众驰物流有限公司、公主岭市韵必达快递有限公司、久泰物流有限公司、长韵速递有限公司。物流企业发展到260户。完成5个乡镇级电商运营服务中心、120个村级电商服务站升级改造。国家AA级景区1家（二十家子满族镇旅游度假区）。吉林省A级以上乡村旅游经营单位7家。其中，AAAA级1家（双青湖旅游度假风景区）；AAA级4家（吉林省鑫涛苑旅游度假区、公主岭市元田农业开发有限公司、玫瑰山旅游度假区、坤圣园国家级生态农业产业园）；AA级2家（恒通生态农业产业园、乾程休闲度假村）。名人纪念馆1家（于凤至故居纪念馆）。

【项目建设】　2021年，全市完成固定资产投资81.67亿元，比2020年增长28%，比年初计划提高13%。建筑安装完成投资70.5亿元，比2020年增长28.9%，占固定资产投资比例86.3%。全年开复工5000万元以上项目90个，开复工率超出预期29%。其中，新开工项目50个；续建项目40个。亿元以上项目71个，占项目总数79%。吉林公主岭经济开发区总投资8.5亿元富晟物流智能化仓储库项目交付使用，吉林公主岭国家农业科技园区“黑土粮仓”科技会战项目、现代农业技术服务平台项目落地，大岭汽车物流园区诚品高端产业孵化基地入驻企业15户，岭东工业集中区6个开复工项目总投资14.6亿元。

【城市建设】 加快城市道路桥梁建设及基础设施更新改造，投资5.56亿元。新建道路8条，分别是岭西五路、岭西七路、岭西四路、岭西六路、规划三路、规划四路、向前路及春光路，道路总长9.95千米，行车道新建面积21.3万平方米，人行步道新建面积10.6万平方米。完成老旧小区改造及基础设施配套建设项目，改造地块27个，居民楼79栋，居民5737户，小区建筑面积46.07万平方米，投资5450万元。推进内涝点整治，整治易涝点15处，新建和改造泵站3处，完成城区排水防涝智慧平台建设，总投资1750万元。完成城区10处低洼地段、14处排水口、3处人工湖、15处污水主线等参数检测和监控，实现水务信息监测、预报预警、故障研判、统一调度和集中管理。铁北教育园区棚改项目投资5亿元，房屋征收900户，征收面积10万平方米，完成改造任务指标400套；圣泰鑫宇棚改项目投资8000万元，房屋征收119户，征收面积2.7万平方米，完成改造任务指标120套；诚冠颐和府棚改项目投资1.1亿元，房屋征收76户，征收面积5万平方米，完成任务指标460套。完成棚改任务980套。科贸富苑棚改项目，改造1160套，投资3.3亿元。完成15栋楼主体施工及小区部分配套设施，可回迁安置1160套。内河改造工程对市内的公主岭河、苇子沟河和岭西内河、兴隆河水库进行改造，主要包括清淤工程、截污管线工程、防渗工程、河道护坡工程、绿化工程、景观亮化和设施配套工程等。截至2021年年末，完成内河改造投资3.82亿元，完成项目投资6.03亿元。弃管小区供水管网改造1896米，维修各类供水设备337次。

【乡村振兴】 实施乡村建设行动，新建通屯硬化路100千米，改造农村老旧公路258千米，建成村级综合文化服务中心404个。推进千村示范工程，投入资金1.4亿元，创建示范村39个，带动全市农村人居环境整体提升。全市5户企业生产的22种产品完成县级消费扶贫产品认定。在全省率先完成村“两委”（村党支部委员会、村民自治委员会）和乡镇党届，为乡村振兴选优配强带头人。组建“中心村”党委126个，实现以强带弱、强强联合，转化薄弱村。新建村部67个，扩建村部19个，维修村部318个，完善基层党组织服务功能。开展农村集体资源清理，清收违规发包集体土地1.65万公顷，收缴资金1.09亿元，解决集体经济发展后劲不足问题。打造恒通生态园科技引领模式、怀德镇三里堡村“一村一品”模式、永发坤圣园产业融合模式、吉林农嫂产业带动等4个乡村振兴典型。投入3370万元，新建扶贫产业项目6个，确保8个脱贫村产业全覆盖，脱贫户每户年均增收1200元。

【生态建设】 完成公主岭市泉眼河双龙镇支沟水污染综合治理及人工湿地水质净化工程项目、东辽河一级支流河口湿地项目（二期）项目建设、秦家屯镇村屯黑臭水体整治项目建设、公主岭市南崴子道村屯黑臭水体整治项目建设。排查整治入河排污口，检测水质，在新凯河流域13个、辽河流域20个排污口安装监控设备。对10家重点单位开展挥发性有机物检查，8家单位安装治理设施。全市93座加油站全部安装油气回收装置。推进扬尘污染治理，依据长春市卫星裸土遥感系统精细化管理城市扬尘，扫描疑似点位55处，完成核实整改48处。严格落实秸秆禁烧，全市联合组成巡察组，不间断巡察检查，各乡镇派出所对违规引发火点的人员开展教育训诫。下达《关于推动规模养殖场规范化建设的通知》，完善直连直报平台615家养殖场配套粪污处理设施和环保手续。加强规模化养殖场监管，处罚12家规模化养殖场。公主岭市纳入吉林省危险废物全过程智能监管平台企业380余户，完成危废企业考核60余户。录入环境信用评价体系系统企业107户。其中，蓝标企业86户，已核销企业21户。受理中央环保督察信访案件42件，办结36件。

【社会民生】 向前路北段、春光路2条重点支路建成通车。启动蓝鹤二期等5个地块23万平方米棚户区改造工作，改造老旧小区15个，惠及居民6174户。在全省率先使用智慧排水数字化平台。为128户企业发放失业稳岗返还基金99万元，农村劳动力转移就业20.09万人。城乡低保标准每月分别提升80元和70元。成立市红十字会。新增幼儿园10所，学前三年入园率98.4%。义务教育巩固率99.5%。职业教育中心入选吉林省职业教育“双高”建设创建单位。残疾人康复中心、市中心医院新院区动工建设，市中医院新院区启动搬迁。建成县域规模最大、标准最高进口冷链食品监管仓。加强食品药品及疫苗监管，食品检验合格率97.5%。企业职工养老保险参保16.48万人。其中，在职7.99万人；离退休8.49万人。截至2021年年末，发放离退休职工养老金20.62亿元。城乡居民养老保险参保44.26万人，交费29.12万人，享受待遇15.14万人，发放城乡居民养老保险金2.1亿元。审批符合退休条件人员2156人，符合提前退休条件116人，符合完全丧失劳动能力病退条件22人。机关事业单位参保1.81万人，退休1.18万人，发放养老金5.69亿元。完成退休人员审核516人，完成机关退休人员工龄、视同缴费年限审核67人，机关事业单位职工死亡抚恤金丧葬费审批311人，机关事业单位遗属生活困难补助审批38人，遗属生活困难补助复查849人，机关事业单位退休人员基本养老金调整11788人。失业保险参保4.55万人，领取失业金444人，发放失业金323万元。城镇职工医疗保险参保6.97万人，城乡居民参保71.8万人。

【大型历史吉剧《马占山》】 3月15日，开始创作大型历史吉剧《马占山》。特邀市文联原副主席、公主岭历史文化研究会会长李国文参与创作，著名编剧陈忠伟执笔，国家一级导演李滨导演，省吉剧院青年作曲家张思光作曲。长春评剧院、吉林省戏曲剧院、公主岭市吉剧团联合排练，6月24日首演。中共吉林省委宣传部，长春市委宣传部、市文广旅局，公主岭市委领导观看首演并接见演员。省委宣传部副部长张宝宗对大型历史吉剧《马占山》给予高度评价。7月24日，公主岭市政协邀请青海省政协原副主席马占山之孙马志伟到公主岭观看大型历史吉剧《马占山》，征求对主创人员和市吉剧团演出意见和建议。

【第八届吉林省市民文化节公主岭市系列活动“匠心艺彩”文化展】 7月31日，第八届吉林省市民文化节公主岭市系列活动“匠心艺彩”文化展在新世纪广场举行。该展览由公主岭市委宣传部主办，公主岭市工信局承办、50余位民间艺人参展，展览内容涵盖农民画、剪纸、葫芦雕刻、木雕、艾草制作等22个门类。

【“德行天下公主岭”城市品牌创建】 举办“德行天下公主岭”城市品牌建设专项培训会及公主岭市城市品牌发布会，组织各级领导干部在全市范围开展“德行天下公主岭”城市品牌宣讲，面向干部群众开展对象化、分众化解读推广。设计制作吉祥物人偶服装“德行天下公主岭”微信表情包正式在微信表情开放平台上线。开展“打响德行天下公主岭城市品牌”文明实践系列活动，统筹全市各机关、驻岭企事业单位、文明单位、社会志愿者参与，开展“文明交通安全你我”志愿服务活动、“公益星期五·洁美家园”环境整治活动、“文明创建”清雪专项行动。文明交通活动参与者7000余人次，“公益星期五”活动参与者7.8万余人次。

（张建光）

榆树市

【概况】 榆树市位于吉林省中北部，在世界黄金玉米带上，是长春、吉林、哈尔滨三市构成的三角区中心。总面积4712.49平方千米。全市总耕地面积390970公顷。域内有松花江、卡岔河、拉林河三大水系，无崇山峻岭。辖9个乡、15个镇、4个街道，388个村、12个社区。有省级经济开发区、工业集中区各1个（长春五棵树经济开发区、吉林省榆树环城工业集中区）。全市总户数424618户，其中农业户数270710户。总人口1194615人，其中农业人口991129人。有28个少数民族，少数民族人口21046人，占总人口1.76%。

全年地区生产总值282.53亿元，增长8.2%；固定资产投资46.70亿元，增长3.78%；规模以上工业总产值89.34亿元，增长47.2%；全口径财政收入12.80亿元、地方级财政收入8.72亿元，比2020年分别增长5%和8.3%。

榆树市被誉为“天下第一粮仓”，2021年粮食产量31.57亿千克，粮食产量为历史新高。榆树玉米被认定为“中国好粮油”。2021年，榆树市被农业农村部评为吉林省农业农村系统产业扶贫先进集体和第三批全国农村创业创新典型县。年内，有

表79 2021年榆树市国民经济和社会发展主要指标完成情况统计表

指标名称	单位	实际完成	比2020年增减（%）
地区生产总值	亿元	282.53	8.2
第一产业增加值	亿元	123.34	4.5
第二产业增加值	亿元	36.53	23.6
第三产业增加值	亿元	122.67	8.6
规模以上工业总产值	亿元	89.34	47.2
农业总产值	亿元	234.51	-4.71
全口径财政收入	亿元	12.80	5
地方级财政收入	亿元	8.72	8.3
固定资产投资额	亿元	46.70	3.78
社会消费品零售总额	亿元	63.71	8.3
城市居民人均可支配收入	元	29232	7.8
农村居民人均可支配收入	元	18448	10.5
普通中学数	所	54	1.89
普通小学数	所	222	-8.26
城乡居民储蓄存款余额	亿元	370.90	16.5

78年历史的榆树火车站拆除重建，区域整体改造工程如期竣工。

【农业】 2021年，榆树市粮食作物播种面积38.07万公顷。其中，玉米29.35万公顷，水稻7.09万公顷。年内，打造旱田、水田、菜田三块试验示范区，为农民增产增收提供科技支撑。建设现代农业高产创建示范区（五棵树镇天雨合作社地块）。由吉林省农业科学院提供《中部半湿润区玉米水肥一体化技术方案》及其他技术，榆树市天雨机械种植专业合作社负责实施，展示高产创建。强化机械保障，通过加强农机执法和驾驶员培训，提高农机安全生产率。榆树市春季可参与生产作业拖拉机1.8万台，整地机1.2万台，播种机6000台，播种进度快质量好。建立农村产权交易中心，为土地经营收益保证贷款和抵押贷款创造条件。园艺作物面积发展到2.79万公顷，2公顷以上园区发展到112个。其中，国家级园区11个，省级园区29个。

【工业】 加强工业项目建设，全市有9个重点工业项目列入长春市重点服务项目目录，投资1000万元以上新建工业项目3个，重点推进续建工业项目5个，投产达效工业项目4个。加强企业安全生产指导工作，坚决落实“管行业必须管安全”要求，采取专家+干部形式对榆树市生产经营场所进行安全生产检查指导。推进落实企业主体责任，将工作落地、落实、落细。开展“服务企业周”活动，设立分会场并开展7个专项活动。

【项目建设】 2021年，榆树市完成固定资产投资46.7亿元，比2020年增长3.78%。谋划上报包装专项债券项目18个，总投资78.87亿元。开展“走出去、请进来”专题招商活动70次。参加央企进吉林、东北亚博览会、农博会、沈阳中日经贸论坛等大型活动，对接30户企业。开展外引内培专项行动，跟踪推动重点项目洽谈。推进电子商务进农村综合示范项目推进工作，吉林省聚农电子商务有限公司中标榆树市电子商务进农村综合示范项目，公共服务体系建设项目完成500平方米榆树市电子商务公共服务中心建设，配备电脑、打印机、LED大屏幕、办公桌椅、电商直播等设备。公共服务中完成7个乡镇电子商务公共服务中心和125个村级电子商务服务站选址工作。

长春榆树五棵树经济开发区完成地区生产总值71亿元，完成工业总产值56亿元，完成固定资产投资4.49亿元，一般预算全口径财政收入2420万元。开发区依托玉米资源和畜禽产品资源，发展特色产业，形成玉米精深加工、生物医药、畜禽食品加工、白酒酿造、非粮生物质等五大产业。储备项目5个、基础设施建设项目5个。

吉林省榆树环城工业集中区完成招商引资任务3000万元，一般预算全口径财政收入2246万元。续建项目1个（榆乡豆制品深加工项目），重点推进项目1个（成品油调和建设项目），盘活企业1个（吉林省凯禹生物质开发利用有限公司新产品开发项目）。加大三大产业园区建设力度，打造30亿级快速消费品产业园、打造畜禽加工产业园、推进10亿级双创产业园建设。

【城市建设】 按照城市国土空间规划，加强建设城市核心。实施16大类29项城建工程，完成实验高中门前道路提升改造，榆树市火车站区域整体改造工程如期竣工。发放住房租赁补贴1308户（新增114户）、228.15万元，分配公共租赁住房112套，在住房保障新系统代扣租金347户、总金额19.83万元。全市23个乡镇建设8座污水处理厂和16个污水收集转运池。完成市中心城区及15个建制镇城镇开发边界划定工作。实现吉林省工程建设审批管理系统全覆盖审批，完成吉林省政务服务事项全流程一体化。

【乡村振兴】 为贫困人口建立居民健康档案15421份，签约贫困人口15421人，免费体检8805人，建立“一人一策”8761份。为1880名义务教育阶段家庭经济困难非寄宿生落实资助资金49.4万元。提升乡镇街人居环境。完成植树造林2146.67公顷，新建绿化村屯38个；为25个行政村安装户用卫生厕所1万户；新建污水处理厂2处。投资3473万元实施乡村电网巩固提升工程，改造10千伏线路16.4千米、0.4千伏线路114.3千米、配电变压器台62座；推动“四好农村路”（把农村公路建好、管好、护好、运营好）建设，投资2.5亿元建设农村公路137.3千米。提升产业能效，通过“龙头企

9月30日，榆树市大坡镇老董家庭农场机械收割有机水稻 （徐书秀 供图）

业（能人）+合作社+脱贫户”帮扶模式，构建市乡村三级帮扶产业格局。

【社会民生】 在重点人员排查、重点场所管控、重要环节检测、防疫物资储备、疫苗接种方面精准防控、科学施策，落实各项防控措施和责任，全年无确诊病例、疑似病例和无症状感染者。全市排查管控国内外返榆人员22131人（其中境外返回487人），完成接种疫苗69.05万人、132.45万针剂次。拨付新冠疫苗资金6304万元。均衡发展义务教育，坚持城乡一体，推进义务教育一体化改革发展。完成2019—2020年义务教育薄弱环节改善与能力提升项目，新建校舍2.6万平方米。选址新建第六小学，新建工程主体封闭。推进文体设施建设，完成文体中心设施改造，新建1个566平方米5人笼式足球场、1个户外儿童娱乐区。完成小乡博物馆维修改造工程，利用VR技术新建党的建设展厅。加快基础设施建设，总投资1.57亿元市医院门诊、住院部整体改造及新建医辅用房项目和市医院新建医疗、辅助用房项目全部完工并在年末投入使用。全年购置流调车、负压救护车、普通救护车8台，采购PCR实验室检测设备2套，传染病防治设备15台（套）。计划生育家庭奖励扶助38787人，发放奖励扶助资金5142.23万元。

全年开发城镇就业岗位5352个，实现城镇新增就业3100人。完成职业技能提升培训20351人。新增定点零售药店18家，新增特药定点医疗机构1家。签订定点零售药店服务协议337家，定点医疗机构服务协议66家。城乡低保执行按户施保补差式救助政策，按照保障人残疾状况、患病情况、年龄情况分类施保。提升基层政权管理能力，重新完善“三长”（网格长、楼栋长、单元长）组织架构，合理划分网格。坚持城市社区按照400~700户标准统一划分网格，全市城市社区划分网格3476个。其中，城市网格224个，农村网格3252个。

12月2日，榆树至长春388公交专线开通　　（徐书秀　供图）

【“亮剑2021”渔业专项执法行动】 5月12日，以“打击非法捕捞 养护渔业资源共建美丽吉林”为主题的吉林省“亮剑2021”渔业专项执法行动启动仪式在榆树市五棵树码头举行。活动由吉林省农业农村厅和吉林省公安厅联合主办，吉林省渔政渔港监督管理站、长春市农业农村局、榆树市人民政府共同承办。启动仪式上，为省云峰水库边境渔政站等12支执法分队授旗，吉林省“亮剑2021”渔业专项执法行动正式启动。出席启动仪式人员参加销毁非法网具、拆解涉渔“三无”（无船名船号、无船舶证书、无船籍港）船舶活动。

（周思嘉）

农安县

【概况】 农安县面积5400平方千米，辖22个乡镇，3个省级园区，377个行政村，人口120万人，连续4年入选全国经济百强县并实现晋位升级。农安县是全国产粮大县之一，是全省耕地面积最大的县，有耕地面积35.6万公顷。2021年，粮食产量28.08亿千克，比2020年增长6.42%。域内波罗湖及其周围湿地是国家级湿地自然保护区。油母页岩、陶土、天然气、二氧化碳等矿产资源储量丰富。农安县是全国生态文化旅游县，波罗湖、辽塔、“辽金时代”休闲观光园、剑鹏马城成为自然历史文化资源。黄龙戏是吉林省独有地方戏曲，因农安县在辽、金时期曾是黄龙府，将该剧种定名为黄龙戏。黄龙戏以“此地影”（当地民间艺人对本地皮影戏的俗称）音乐为基础，融合东北民间小调、戏曲曲牌、皮影专调、萨满腔、神调等多种音乐，形成独立剧种。

2021年，农安县地区生产总值309.5亿元，比2020年增长8.7%；规模以上工业总产值146.4亿元，比2020年增长28%；社会消费品零售总额35.2亿元，比2020年增长9.4%；地方级财政收入17.6亿元，比2020年增长22.3%。

【经济发展】 长春农安经济开发区和农安工业集中区整合重组，重构“三大主导、五个优势”产业布局，步入优势互补、差异发展“大平台”时代；城开肉牛、柳桥羽毛精加工等78个项目开工，42户企业入驻家居产业园。至2021年年末，固定资产投资80.8亿元，增长25.6%。争取债券资金22.2亿元，建设项目15个。集中签约“双招双引”（招商引资、招才引智）项目48个。首次开展“惠民消费季”活

表80　2021年农安县国民经济和社会发展主要指标完成情况统计表

指标名称	单位	实际完成	比2020年增减（%）
地区生产总值	亿元	309.5	8.7
第一产业增加值	亿元	137	7
第二产业增加值	亿元	44.8	21
第三产业增加值	亿元	127.7	6.9
全口径财政收入	亿元	23.4	20
地方级财政收入	亿元	17.6	22.3
固定资产投资额	亿元	80.8	25.6
社会消费品零售总额	亿元	35.2	9.4
规模以上工业总产值	亿元	146.4	28
建筑业	亿元	26.3	42.7
粮食产量	亿千克	28.08	6.42

动，全年发放消费券750万元，拉动消费4500万元；完成限额以上社会消费品零售额2.3亿元，比2020年增长12%。举办“第七届马文化”艺术节，推动文旅融合稳步发展。建成农村电商服务站120个，富亿升云仓供应链、云联万商等电商平台发展壮大。开展“万人助万企”“精准助企、服务到家”行动，解决企业实际问题385个。培育“小升规”企业21户、“个转企”290户，列全省第一名。

【城市建设】　实施城市更新行动，改造老旧小区35个。解决文昌街南段等“断头路”问题；新施划城市公共停车位1200个，更换新能源公交车20台，提升城市交通综合服务能力；改造“热、气、水”管网18千米；新建龙岩街、宝合路等道路10条，改造城市道路2条，新增城市绿地3万平方米；整合“行政执法、环卫（园林）、市政”职能，组建城市管理行政执法局，实行一体化管理。

【乡村振兴】　落实保护性耕作14.93万公顷、高标准农田1.93万公顷，粮食产量突破40亿千克；中央排水路蓄水闸工程建成使用。举办、承办秸秆饲料化、乡村振兴和农业全过程无人作业等省、市现场会。打响“黑土粮仓”科技会战，打造万亩高标准农田科技示范区；全国面积最大、全省首个生态无人农场投入运营。常态化监管187个产业类扶贫项目，巩固拓展脱贫攻坚成果。实施肉牛产业“11511”战略，肉牛养殖总量37万头，推进总投资36亿元城开绿色循环肉牛示范园区项目，建设巴吉垒肉牛特色产业小镇；培育农业产业化重点龙头企业56户，建成百亩棚膜园区3个。争取国家农民合作社高质量提升整县试点，获评全国创业创新典型县、省级农业绿色发展先行区、农安粮猪长春市区域公用品牌。

【生态环境】　第二轮中央环保督察投诉量比2020年下降34%，146件中督案件办结99件、阶段性办结47件；清理河湖“四乱”（乱占、乱采、乱堆、乱建）5123处，清除各类垃圾5840吨，“散乱污”企业动态清零，第二污水处理厂试运行。可再生新能源发电装机容量924兆瓦，位居长春市第一。实施人居环境全域提升“1+5”行动，创建“千村示范”示范村42个，绿化造林1345公顷；改造农厕11272户、危桥7座，新建农村公路261千米。开工建设日处理800吨首创垃圾焚烧发电项目，35兆瓦华能生物质发电厂扩建项目并网运行。以“美化、靓化、景化、序化”创建文明城市，北大市场、南环早市等经营环境明显改善。

【社会民生】　推进全国信息化教学改革实验区建设，省级“三个课堂”（专递课堂、名师课堂、名校网络课堂）建设试点先行，基础教育集优化发展，学生课后服务惠及城乡。3个乡镇村医“计分制”试点，县中医院、妇幼保健院移址主体建设完工，健康促进县创建工作以全省第一名通过验收。建成黄龙府牌楼门，县博物馆主体封顶。

坚持“外防输入”“人物同防”，实施全程闭环管理，强化疫情监测预警，接种新冠疫苗135万剂次。新增城镇就业4400人，农村劳动力转移就业20.5万人，发放创业者小额担保贷款2200万元，减免企业保费5400万元，城镇失业率控制在4%以内。做好热煤保供，燃煤储备率100%，2万吨应急储备燃煤作用明显，规范整顿11个乡镇19个物业，保障群众“温暖过冬”。为6.6万低保、特困、残疾人等优抚群体发放救助金1.6亿元。城镇、农村人均可支配收入分别为31781元、17678元，比2020年分别增长6.5%、7.5%。历史上首次获评“中国最具安全感百佳县市”，综合排名第9。

【2021年吉林省马术场地障碍公开赛在农安县举办】 10月17日，2021年吉林省马术场地障碍公开赛在农安县华家镇剑鹏国际马城举办。省体育局、省马术协会、县文旅局、华家镇有关领导出席活动。比赛设交叉杆组级别个人赛、0.80级别音乐赛、1.10米级别个人赛等多场赛事。

（崔　岩）

德惠市

【概况】 德惠市位于长春市东北部，总面积3322.24平方千米，辖16个乡镇、4个街道，296个村、11个社区。全市户籍总人口86.27万人，比2020年下降0.83%。其中，乡村人口71.6万人，城镇人口14.68万人。

2021年，地区生产总值267.5亿元，按不变价格计算比2020年增长8.9%。其中，第一产业增加值86.48亿元，第二产业增加值42.68亿元，第三产业增加值138.34亿元。规模以上工业总产值120.5亿元，固定资产投资49亿元；一般预算地方级财政收入12.3亿元，比2020年增长12%；社会消费品零售总额61.8亿元，增长9.1%；城镇居民人均可支配收入3.09万元，增长7%，农村居民人均可支配收入1.86万元，增长11.1%。

【农业】 建成高标准农田9000公顷，实施黑土地保护利用试点示范1.33万公顷，完成秸秆还田保护性耕作8.8万公顷，粮食总产量15.76亿千克。新增各类农机3600台（套），综合农机率93.5%。实施“秸秆变肉”工程，新扩建千头养牛场5个，肉牛发展到12.04万头；生猪、肉鸡等畜禽养殖业稳健发展，全市生猪发展到160万头，肉鸡出栏7260万只，规模蛋鸡存栏340万只，畜牧业产值92.34亿元。推进饮马河、伊通河、雾开河重点段治理工程，完成水毁工程、隐患治理工程15处。开展脱贫攻坚后评估和“千村示范”创建，强化防返贫监测和帮扶，防返贫保险应保尽保。年内，建设完成农村供水保障工程，保障17.34万人口饮水安全。创建高标准示范村33个，筹措资金2066万元，谋划实施基础设施项目67个。农牧产业融合发展，推进德大公司、德翔牧业2个1亿只肉鸡项目，建设完成佳龙牧业20万头生猪育肥场并投入使用，吉地嘉禾绿色有机食品试运行。德惠市生猪产业园晋升为省级现代农业产业园，朱城子镇获评全国农业产业强镇，德惠经济开发区列省级农产品加工示范园首位。农产品加工业产值358亿元，比2020年增长5%。获评中国农业社会化服务平台优秀推广县。

【工业】 规模以上工业总产值120.46亿元，比2020年增长24.2%；社会消费品零售总额61.8亿元，比2020年增长9.1%。民营经济主营业务收入490亿元，比2020年下降34.21%。通过招商引资引进吉林汉华汽车零部件等15个项目，投资总额30.58亿元；与中车建投签订合作协议，打造“新能源+生态治理”德惠示范区。全年引进内资10.89亿元，比2020年增长37.8%；利用外资1405万美元，比2020年增长9.6%。建设500万元以上项目102个，开复工率102%。其中，意加门业项目建成投入试生产，哈电集团生物质热电联产项目年末并网发电，德翔百万吨饲料厂及粮食物流设施项目主体完

表81　2021年德惠市国民经济和社会发展主要指标完成情况统计表

指标名称	单位	实际完成	比2020年增减（%）
地区生产总值	亿元	267.5	8.9
第一产业增加值	亿元	86.5	4.4
第二产业增加值	亿元	42.7	17.5
工业增加值	亿元	31.4	21.1
第三产业增加值	亿元	138.3	9.8
三次产业比重	%	32.3：16.0：51.9	—
规模以上工业企业户数	户	65	3
规模以上工业总产值	亿元	120.5	24.2
固定资产投资额	亿元	49	36.7
社会消费品零售总额	亿元	61.8	9.1
公共预算全口径财政收入	亿元	17.6	7
地方级财政收入	亿元	12.3	12
城乡居民储蓄存款余额	亿元	388.3	11.77

工，好兄弟EPS阻燃聚苯板等新建项目落地开工。推进特色园区建设，长春循环经济产业开发区由创新设立转入实质性建设，核心项目长春市城市生活垃圾焚烧发电处理（一期）投入试运行；汉华汽车零部件一期投产、二期开工；凯源一般固废综合利用项目开工建设；园区道路等基础设施开工建设；与中国电建水利水电六公司、长春市供销合作社联合社签订循环经济产业园战略合作协议。

【服务业】 服务业增加值138.34亿元，占地区生产总值比重51.7%，增速9.8%，增速在外县区排名第一。其中，批发零售业13.08亿元，交通运输仓储和邮政业28.76亿元，住宿餐饮业3.95亿元，金融业11.35亿元，房地产业17.58亿元，农林牧渔服务业2.68亿元，其他服务业60.6亿元。市场主体总量6.8万户，注册资金8173亿元，其中第三产业市场主体5.2万户，注册资金5359亿元。

2021年，新增规模以上服务业企业3户，规模以上服务业企业发展到9户。申报2021年省级服务业发展专项资金，对符合规定“个转企”企业进行摸底排查，为6户完成转型企业申请奖补资金12万元。开展服务业小微企业和个体工商户房屋租金减免工作，减免服务业小微企业和个体工商户房屋租金409.5万元，缓解企业运营压力。推动服务业、物流业“十三五”“十四五”规划落实执行。动态完善谋划项目库、在建项目库、续建项目库，实时调度重点项目，定期了解进展情况，全年为上报项目申请各类专项资金1140万元。

房地产开发面积42.07万平方米，完成投资19.1亿元；新建商品房销售6150套，其中住宅5649套；实现销售额26.18亿元，其中住宅24.58亿元。金融服务业总体平稳，各项存款余额435.37亿元，比2020年增长8.18%，各项贷款余额146.74亿元，比2020年增长10.22%。电子商务发展良好，新建村级电商服务站65个，有村级电商服务站200个。2021年，全市网络零售额3.27亿元。

【项目建设】 重点围绕农产品加工、食品加工、循环经济等产业，采取市级领导带头外出招商、链条招商、以商招商、展会招商等做法。组织赴青岛、武汉等地招商和邀请国内知名企业走进德惠等“走出去、请进来”招商活动70余次，签约吉林汉华投资5.5亿元年产15万吨汽车零部件产品项目、齐河铠源环保投资1.3亿元一般固废综合利用及新型环保砖生产项目等15个项目，投资总额30.58亿元。围绕签约项目抓落地、在建项目抓推进、竣工项目抓投产，推动投资8.6亿元的恒建垃圾发电项目、投资4.7亿元的哈电生物质热电联产项目等18个项目建设。谋划包装和储备46个符合德惠市产业发展方向项目，建立项目清单化管理，实现精准招商、主动招商。

【城乡建设】 分类完成行政村村庄规划编制方案111个。完善道路功能，惠新路公铁立交桥主体合龙，绕城公路（东风路—德靠路）竣工通车，改造完成西环城路、迎宾街、惠新路（拥军街—德顺街）等路段，打造外环闭合、街路成网、中轴线贯通的开放式路网格局。提升农村交通主干道运输服务能力，改造完成省道其太公路（太兴村—华家村）、县道刘德公路（岔路口镇区）。调控房地产开发，新开工楼房面积40.76万平方米，完成524套棚户区改造任务，改造新风街、和平小区、六小委等老旧小区，升级改造明珠广场。开展城市乱象整治，拆除违法建筑55处，基本消除占道经营。按照“一街一品”“一路一景”工作要求，打造德农公路出口、西环城路等重点街路绿化精品工程5处；新增城市绿地5万平方米。开展农村人居环境整治提升五年行动，新植修复造林1259.6公顷，新建、巩固绿化村屯100个；实施农厕改造2万户；新增美丽庭院1000户、干净人家2000户。

【生态保护】 聚焦20蒸吨及以上燃煤锅炉监测监管，强化机动车排放检验巡查，削减各类污染排放。实施秸秆禁烧，做好秸秆全量化处置工作，离田完成率100%，还田完成率82.7%。聚焦污水治理，提升水体环境，完成东风污水处理厂提标改造（二期）和饮马河流域边支沟治理工程、德惠路和育才街等部分老旧街路雨污分流工程，启动长春

10月12日，德惠市长春循环经济产业园项目签约仪式在半沙了镇举行

（徐家恩　供图）

循环经济产业开发区污水处理厂项目，实施东风污水处理厂尾水水质生态提升工程；压实河长、河湖警长责任，开展“雷霆护水”等专项行动。强化重点排污企业监管，综合运用“查、测、溯”等手段，实现达标排放，提升土壤质量。推进“清废行动”，督促企业完善落实污染隐患监测排查制度；推广测土配方施肥、病虫害生物防治等绿色生产技术，农药、化肥使用量分别减少58.43吨、2.23万吨。完成第二轮中央环保督察迎检工作，交办信访案件数量相比第一轮督察下降55.5%。

4月12日，德惠市第二届行业十佳诚信企业培育活动暨企业信用纠纷人民调解委员会启动仪式 （韩春玲 供图）

【社会民生】 精准实施疫情防控，科学应对国内局部地区新冠肺炎疫情反弹，适时激活应急指挥体系，落细社区排查、卡点筛查、隔离管控、核酸检测、疫苗接种等防控措施，组建2个PCR实验室，完成首轮全员核酸检测，疫苗接种稳步推进，实现全年无疫情目标。推进民生事业发展，落实幸福德惠年度行动计划，完成10个方面、44项年度民生任务，完成10件惠民实事。推进教育资源均等化，投资5500余万元新建及改造39所学校硬件设施、建设77个中小学录播教室。加强文体基础设施建设，新建文化广场21处，配备健身路径、篮球架等附属设施，安装健身路径10处。2021年，在国家级比赛中获金牌7枚、银牌15枚、铜牌7枚；在省级比赛中获金牌33枚、银牌25枚、铜牌35枚。开展双拥工作，推进退役军人社会保险接续工作，补缴完成率位居长春市首位。组织文化下乡、科普大集50余场次，开展“中国共产党成立100周年”主题文化活动20余次。常态化开展扫黑除恶斗争，强化社会面防控，打击各类违法犯罪，破获大案要案32起，命案现案即发即破。开展安全隐患“百日攻坚”、安全生产大排查大整治等专项行动，完成安全隐患整治整改4309项。开展信访积案化解，市级领导带头包案，办理信访事项2699件，一批疑难信访问题“案结事了”、信访群众“息访罢诉”。加强社会信用体系建设，启动“信用示范区”创建活动。

实施“就业援助月”“春风行动”等活动，全年开展各类专场招聘18场、送岗下乡18次、线上招聘97次，有50多户用工企业参与，提供招聘岗位6000余个。城镇新增就业3450人，城镇失业率控制在4.5%以内。农村劳动力转移就业19.1万人次，实现劳务收入20.8亿元。落实全民参保计划，城镇企业职工基本养老保险参保4.9万人，失业保险参保3.1万人，城乡居民社会养老保险参保48万人；医保方面城乡居民参保63.62万人，其中脱贫人口7347人，城镇职工参保5.43万人。养老保险、失业保险按时足额发放。全市有扶贫产业项目66个，实施产业收益差异化分红，市级产业项目分红113万元，实现7386名脱贫人口全覆盖。开发就业扶贫专岗，安置脱贫劳动力114人，实现增收41.04万元。推进农村供水保障工程，投入资金3.39亿元，覆盖全市105个行政村，4.82万户农村人口，全市农村自来水普及率在95%以上。全市276家村卫生室全部符合建设标准，脱贫人口家庭医生签约服务实现应签尽签。

【惠新路公铁立交桥建设】 惠新路公铁立交桥是德惠市重大城市基础设施项目，位于德惠站咽喉区，设计起点位于德惠市新丰街与既有惠新路交叉口，终点位于规划路K0+880处，道路全长1140.204米。其中，桥梁全长579.254米，道路工程全长560.95米。设计速度 30千米/小时，双向四车道。10月14日，惠新路公铁立交桥项目大桥主体工程完成，举行桥梁转体合龙仪式。

（刘 彬）

人物·荣誉

RENWU · RONGYU

先进个人

2021年度全国三八红旗手获得者

于吉红　吉林大学化学学院教授，吉林大学未来科学国际合作联合实验室主任

何南芙　吉林省省直干部保健室主任

2021年全国五一劳动奖章获得者

王永辉　吉林省凤凰服装服饰有限公司制衣车间工人

金胜昌　吉林东曼印务有限责任公司印刷车间排版班工人

冯　斌　一汽解放汽车有限公司卡车厂冲压车间模修工段班长，高级技师

张恩超　吉林祥裕食品有限公司生产部杀菌班班长

冷向阳　长春中医药大学副校长，主任医师

徐　开（满族）　长光卫星技术有限公司总经理助理，副研究员

崔文玉（女，朝鲜族）　长春市传染病医院副院长，主任医师

董天仁　国网吉林省电力有限公司董事长、党委书记，高级经济师

李虹彦（女）　吉林大学第一医院副院长，主任护师

刘大禹　长春奥普光电技术股份有限公司机加三车间工人，高级技师

陈学思　中国科学院长春应用化学研究所学委会常务副主任、党委委员，研究员

王善更　中车长春轨道客车股份有限公司转向架制造中心焊接车间机械手班工人，高级技师

杨永修　中国第一汽车股份有限公司研发总院试制所数控班组加工中心操作工，高级技师

刘　洋　长春科技学院机械技能开发中心教师，正高级讲师

刘铁成　国家管网集团北方管道有限责任公司长春输油气分公司垂杨管道管理站管道班工人，高级工

何　岩　中车长春轨道客车股份有限公司转向架制造中心焊接车间监督组工人，高级技师

王　鹤（女）　中国科学院长春光学精密机械与物理研究所电装工艺中心工人

吉林省五一劳动奖章获得者

张　宏　一汽-大众汽车有限公司动力总成事业部传动器车间齿轮班组班长

王丽萍（女）　中车长春轨道客车股份有限公司质量保证部质量检查一处焊接探伤组工人

张　洋　长春公共交通（集团）有限责任公司54路车队驾驶员

孙凤有　吉林烟草工业有限责任公司长春卷烟厂卷包车间工人

于　飞　一汽天奇奥伦劳动服务有限公司焊装车间点焊班组工人

王占功　吉林省宇光营城矿业有限公司综合采煤队队长

张　健　科世达（长春）汽车电器有限公司注塑车间调试员

钱春年　吉林省送变电工程有限公司变电分公司试验室副主任

高　勇　长春中信城物业服务有限公司工程技术部设备巡查员

宁振伟　德惠市自来水公司净水车间主任

高淑华　长春市九台区实验幼儿园园长

代福生　长春市宽城区培智学校教师

李迎军　公主岭市中心医院副院长

沈洪斌　长春天然气集团有限公司党委书记、董事长

苗　晶（女）　吉林外国语大学党委副书记、副教授

柳克祥　吉林大学第二医院党委书记、主任医师

焦晓辉　中共长春市委组织部干部一处处长（一级调研员）

2021年吉林省三八红旗手标兵

曹　雪　长春惠程建筑材料有限公司经理

2021年吉林省三八红旗手

王丹丹　长春市宽城区人民检察院第二检察部主任

王　蕾　长春市宽城区凯旋街道一心街社区党委书记、居委会主任、妇联主席

王僖喆（满族）长春市二道区八里堡街道康桥社区党支部书记、居委会主任、妇联主席

刘玉渤　长春市双阳区妇女联合会主席

周杨洋　长春新区北湖街道隆西村党支部书记、村委会主任，蓝珀湖社区党支部书记

李文萍　榆树市妇女联合会主席

高　巍　长春市人力资源和社会保障局人力资源市场处处长

侯丽娟　长春市群众艺术馆馆长

张　晖　长春农业博览园党总支书记、主任

王宇辉　长春日章学园高中校长

金美兰（朝鲜族）长春市养正高级中学德育处主任

张丽馥　长春拖拉机幼教集团董事长兼党支部书记

王晓英　长春市轨道交通集团有限公司轻轨车驾驶员

孙　萌广东广和（长春）律师事务所党支部书记

张　肃　长春理工大学经济管理学院院长

张丽娟　吉林九台农村商业银行股份有限公司新嘉支行行长

徐丽辉（满族）　吉林省恒通生态农业科技开发有限公司董事长

朴金花（朝鲜族）　吉林省真子食品有限责任公司董事长

卢德平（满族）　中国第一汽车股份有限公司研发总院动力总成部发动机总体设计主任和平台经理

李雪飞（满族）　中车长春轨道客车股份有限公司市域平台技术经理

苗艺璇　吉林大学妇女工作委员会主任

徐　静　吉林大学第一医院门诊部主任

林　杨　吉林大学第二医院妇产科诊疗中心门诊部主任

伏　鑫　吉林大学中日联谊医院护理部副主任

李淑娟　金恒智控管理咨询集团股份有限公司董事长

吉林省见义勇为模范

孙德波　长春市宽城区上台花园居民

武　杰　长春市宽城区融兴铲车配件商店经理

刘　兴　吉林省市场监督管理厅机关事务服务中心科员

邵　晶　长春理工大学研究生导师、教授

耿中平　长春市公安局公交分局保洁员

冯志珍　吉林省人大常委会车队工人

高子尧　生前系吉林大学法学院法律专业硕士研究生

全国优秀共产党员

汪尔康　中国科学院长春应用化学研究所研究员，中国科学院院士

罗昭强　中车长春轨道客车股份有限公司高速动车组制造中心调试车间车辆装调工

全国优秀党务工作者

林青远　长春市农安县合隆镇党委副书记、镇长，合隆镇陈家店村党委第一书记

全国司法所模范个人

冀玮力（女）　吉林省长春市朝阳区司法局清和司法所所长

刘　剑（女）　吉林省长春市二道区司法局东盛司法所所长

赵　齐（女）　吉林省德惠市司法局夏家店司法所所长

十三届中国青年志愿者优秀个人

吕志国　中国中车长春轨道客车股份有限公司

李明丽　（女）　吉林外国语大学

全国优秀共青团员

邵俊程　国家税务总局长春市二道区税务局科员

孟从华　吉林大学行政学院2017级政治学与行政学专业学生

全国优秀共青团干部

那　佳（女）　吉林银行团委书记

徐　迪（女）　团吉林省长春市朝阳区委书记

梁　雪（女）　长春理工大学团委书记

万　李　东北师范大学附属实验学校团委书记

张　群（女）　东北师范大学附属小学少先队大队辅导员

2021年新增中国科学院院士

刘益春　东北师范大学校长，教授，博士生导师

第八届全国道德模范（助人为乐模范）

张超凡　吉林省超凡梦想公益基金会理事长

第六届全国杰出专业技术人才

王春凤　吉林农业大学教授

吉林省优秀共产党员

张秀英（女）　长春市宽城区柳影街道富丰家园小区党支部书记，原长春市宽城区第七塑料厂车间主任

刘健军　刘健军敬老爱心志愿者联合会党支部书记

张凤财　长春市九台区纪家街道太平村党总支书记、村委会主任，纪家镇凤财农业机械化农民专业合作社负责人

王晓英（女）　长春市轨道交通集团有限公司运营事业总部客运二中心乘务三分部A组司机长

陈春梅（女）　长春市绿园区青年路街道银融社区党委书记、居委会主任

金淑敏（女）　公主岭市委保密委员会专职副主任

崔文玉（女，朝鲜族）　长春市传染病医院副院长

高文铭（女）　长春职业技术学院信息学院数字媒体艺术系主任

张超凡（女）　长春市绿园区艺凡艺术教育培训学校党支部书记、校长

杨汉宇（满族）　长春市公安局网络安全保卫支队副大队长、一级警司

杨　波　长春市第一实验中海小学党支部书记、校长

高文升　榆树市委办公室副主任

吕彦桃（女）　德惠市第六小学党支部书记、校长

孙尚勇　吉林省永利激光科技有限公司党支部书记、总经理

刘　刚　长春市委组织部公务员二处（市绩效管理办公室）处长（主任）、一级调研员

周　颖（女）　长春市南关区疾病预防控制中心检验科科长

杨柏明　长春国信现代农业科技发展股份有限公司董事长

付志刚　长春市二道区委组织部常务副部长

杜静媛（女）　长春汽车经济技术开发区教师进修学校党支部书记

王　侃（满族）　长春市南关区住房和城乡建设局党组书记、局长

徐　丽（女）　公主岭市河北街道综合服务中心副主任

单海龙　长春市九台区波泥河街道清水村党总支书记、村委会主任

李　波　中国邮政集团有限公司长春市分公司明德路投递部经理

李大鹏　长春市双阳区奢岭街道党工委书记，长春文化印刷产业开发区党工委书记、管委会主任，长春双阳经济开发区党工委书记

赵　杰　吉林信诚路用装备集团有限公司数控折弯技师

高喜龙　农安县纪委副书记、监委副主任、四级调研员

梁　冰（女）　长春市财政局预算处（罚没管理工作办公室）处长（主任）

郦玉涛（满族）　榆树市总工会职工学校职工，榆树市八号镇西胜村党总支第一书记，榆树市驻村第一书记协会会长

轩景泉　吉林奥来德光电材料股份有限公司党支部书记、董事长、总经理

韩春凤（女）　长春空港经济开发区兴港街道南泉村党总支书记、村委会主任

邱玉超　长春莲花山生态旅游度假区党工委办公室（国家安全委员会办公室、机构编制委员会办公室、保密委办公室、机要局）主任（局长）

莱丽群（女）　长春市二道区卫生健康局党组书记、局长

李宏魁　中粮可口可乐饮料（吉林）有限公司党支部书记、总经理

徐　进　农安县卫生健康局党组书记、局长

马　健　德惠市大房身镇富宁村一社农民

于志国　长春市朝阳区重庆街道党工委书记

王丽娟（女）　长春经济技术开发区世纪街道兰州社区党委书记、居委会主任

代福生　长春市宽城区培智学校教师

孔祥磊　长春市公安局九台区分局九郊派出所副所长、二级警长

长春市杰出企业家

王　锋　中车长春轨道客车股份有限公司 党委书记、董事长

丛连彪　吉林省长春皓月清真肉业股份有限公司 董事长

刘长春　长春市热力(集团)有限责任公司 党委书记、董事长

许明哲　长春旭阳工业（集团）股份有限公司 董事长

孙玉德　长春市灯泡电线有限公司 董事长、总经理

李吉宝　吉林省通用机械（集团）有限责任公司 党委书记、董事长

宋尚龙　吉林亚泰(集团)股份有限公司 董事长

金　磊　长春金赛药业有限责任公司 总经理

宣　明　长光卫星技术有限公司 董事长、总经理

曹和平　长春欧亚集团股份有限公司党委书记、董事长

（王英华）

获二等功以上退役军人

柳金生　2021年转业安置到绿园区统战部
张跃文　2021年转业安置到农安县公安局
门海滨　2021年退役后就职于吉林省教育考试院
潘建军　2021年退役后就职于吉林省生态环境监测中心
王玉石　2021年退役后就职于中国铁路沈阳局集团有限公司工务段

（长春市退役军人事务局）

先进集体

2021年度全国三八红旗集体

长春国际会展中心有限公司

2021年度吉林省三八红旗集体

长春市朝阳区妇女联合会
长春市绿园区卫生健康局
长春新区政务服务中心
农安县人民医院
长春市纪委监委宣传部
长春市公安局出入境管理局受理科
长春市中级人民法院立案一庭
长春市疾病预防控制中心
长春市归国女性人才协会
长春理工大学-光电精密测量与数字化装配科技创新团队
吉林大学化学学科创新人才培养课程团队
吉林大学中日联谊医院甲状腺外科

（长春市妇女联合会）

2021年全国“五一劳动奖状”获得单位

长春欧亚卖场有限责任公司
长春市轨道交通集团有限公司

2021年全国“工人先锋号”获得单位

中国第一汽车股份有限公司红旗工厂总装车间底盘工段底盘一乙班
国网吉林省电力有限公司长春供电公司电缆运检中心
榆树市环境卫生事业管理处清扫清运二大队
吉林信诚路用装备集团有限公司数控闸压班组
长春圣威雅特服装集团有限公司职业装缝纫车间
吉林九台农村商业银行股份有限公司三农金融部
长春吉田快速成型科技有限公司数控加工班组
中铁十八局集团吉林建设管理有限公司长春地铁2号线BT05标段暗挖班组
中庆建设有限责任公司长春轻轨3号线一期工程延伸线项目部
中铁建大桥工程局集团第六工程有限公司长春地铁1号线02标段项目经理部

2021年吉林省“五一劳动奖状”获得单位

大唐长春热力有限责任公司
长春欧亚集团商业连锁经营有限公司
长春市群众艺术馆
国能吉林龙华热电股份有限公司长春热电一厂
长春市南关区住房和城乡建设局

2021年吉林省“工人先锋号”获得单位

中共长春市纪律检查委员会党风政风监督室
吉林省名格文仪家具有限公司打磨班组
吉林生物能源（榆树）有限公司酒精车间
吉林东光精密机械厂制造部装配工段航瞄班
长春市双阳区市政设施管理处路灯管理科
长春莲花山生态旅游度假区劝农山镇卫生院预防保健科

（长春市总工会）

附　　录

FULU

组织机构及负责人名录

中共长春市委员会

书　　记　张志军（5月任）
副 书 记　王子联（6月任）　赵　明（12月任）
　　徐　晗（12月免）
常　　委　王长久（12月免）　刘德生（6月免）
　　孙　弘（6月任）　孙继光　高玉龙（12月免）
　　马延峰　李忠斌（12月免）　邵　利（12月免）
　　陈宇龙（12月任）　周　贺（12月任）　宋葛龙
　　王海英（1月任，12月免）　曹　力
　　黄宪昱（12月任）　姜保忠（12月任）
　　李洪亮（12月任）　邵　波（12月任）
秘 书 长　姜保忠（12月任）
副秘书长　鲍文明　于迅来（兼）　王　涛（兼，7月任）

办公厅
　　主　　任　于迅来
　　副 主 任　王文洲　王小明（10月免）　徐　宁
　　纪检监察组组长　张英杰（11月免）　祝　伟（11月任）
　　中共办公厅督查委员　刘星恒（11月免）

组织部
　　部　　长　邵　波（12月任）
　　副 部 长　姜保忠　孟宪新　雷　萦（3月免）
　　　　宫立武　时万忠　张洪雷（6月任）
　　非工副书记　赵国俊（7月任）
　　驻市委组织部纪检组组长　张所俊

党员教育中心
　　主　　任　刘　刚（7月任）　胡培程（6月免）

宣传部
　　市委常委、宣传部长　赵　明（12月免）
　　　　黄宪昱（12月任）
　　常务副部长　姜元生
　　副 部 长　宋学兵　刘　玢
　　市纪委驻宣传部纪检组长　杨树峰

统战部
　　部　　长　刘德生（6月免）　孙　弘（6月任）
　　常务副部长　薛文革
　　副 部 长　任宏雷（兼）　许　红（11月免）
　　　　李晓彤（7月免）　石作选（7月任）
　　　　蒋鹏飞（11月任）
　　纪检组长　王建梅

政法委员会
　　书　　记　马延峰（12月免）　周　贺（12月任）
　　常务副书记　姜晓东
　　副 书 记　张新甦（2月免）　姚　健
　　　　于溟辉（2月任）
　　政治部主任　张亚亮

纪检监察组组长　赵英军（8月免）　孟令伟（11月任）

市委、市政府政策研究室

主　　任　李卫国（8月免）　王小明（10月任）

副 主 任　杨松望（10月免）　张　智　李　立

王智卿（10月任）

市委网信办（市互联网信息办）

主　　任　刘　颖

副 主 任　陈　刚　吴　镝

长春市网络安全应急指挥保障中心

主　　任　刘险峰

机构编制委员会办公室

主　　任　孟凡友

副 主 任　杨敬东　孙　杨　孙忠东

中共长春市直属机关工作委员会

书　　记　姜保忠（12月任）

常务副书记　张佐斌

副 书 记　宋大勇

纪检监察工委书记　姜兰兰（11月免）

倪　琨（11月任）

市委、市政府信访局

局　　长　李树国（7月免）　王　涛（7月任）

副 局 长　赵　军（11月免）　张羽扬　赵万刚

李国文（11月任）

市委老干部局

局　　长　宫立武

副 局 长　高中会（7月任）　王伟东

长春市直属机关老干部管理服务中心（长春市企业离休干部管理服务中心）

主　　任　孙盛锋

长春老年大学

教 务 长　李亚波

市委保密委员会办公室（长春市国家保密局）

专职副主任　刘　徽

主　　任　李新功

市委党校（行政学院）

常务副校（院）长　丁　佳

副校（院）长　李佰军　吕　莉　姜振刚　郝　峰

市党史研究室

主　　任　周承铭（6月免）　薛春生（6月任）

副 主 任　魏跃军（11月免）　刘星恒（11月任）

市档案馆

馆　　长　张鸣雨（7月免）　安利全（7月任）

副 馆 长　刁艳梅　刘卓然　郑学华（6月任）

长春日报社

社　　长　高清燕（11月任）　姜元生（11月免）

总 编 辑　丁　宁（11月免）　李灿明（11月任）

副 社 长　温祝明（12月免）　王大宏

副总编辑　钱德元　李　波

长春出版社

社　　长　郑晓辉

副 社 长　庄宝仁　李春芳

长春社科联

主　　席　尚洪波

副 主 席　李恩泽　段宝民

长春市人民代表大会常务委员会

主　　任　钱万成（1月免）　王志厚（1月任）

副 主 任　王明德（1月免）　甘　琳　祝永安（8月免）

徐连东（1月任）　张知众（1月任）

赵　辉（8月任）　吴相道（8月任）

秘 书 长　李成员（7月免）　武　凌（7月任）

副秘书长　赵　蕾（6月免）　刘　君（11月任）

王晓东（7月任）　谭景坤

高　岩（6月任，11月免）

办公厅

主　　任　武　凌（7月免）　周国俊（10月任）

副 主 任　吴志刚（10月免）　孙　宏

杨荣超（11月任）

机关党组

书　　记　武　凌

机关党委

书　　记　武　凌（兼）

副 书 记　周国俊（10月免）　陶玉坤（11月任）

研究室

主　　任　刘　畅（10月免）　关志刚（10月任）

副 主 任　贾冬梅（11月免）　孙成军（11月任）

法制委员会（法制工作委员会）

主任委员　乔大勇

副主任委员　兰德旭（11月免）　王戬（11月任）

法工委主任　乔大勇

副 主 任

财政经济委员会（预算工作委员会）

主任委员　刘　君（11月免）　栾晓虹（11月任）

副主任委员　吴　刚

预工委主任　栾晓虹（11月任）

副 主 任　陈丹琦

监察和司法委员会

主任委员　隋光伟（9月免）　张吉氚（11月任）

副主任委员　张吉氚（11月免）　兰德旭（11月任）

农村与农业委员会

主任委员　鞠国彬（9月免）　刘　畅（10月任）

副主任委员　吴金年（11月任）

城乡建设环境保护委员会

主任委员　王晓东（7月免）　肖辉山（11月任）

副主任委员　胡　伟

教育科学文化卫生委员会

主任委员　宫国英（6月免）　王继荣（7月任，11月免）
高　岩（11月任）

副主任委员　孙成军（11月免）　张冬梅（11月任）

民族侨务外事委员会

主任委员　栾晓虹（11月免）　曲玉业（11月任）

副主任委员　孙振海

人事代表选举委员会

主任委员　崔洪泉（8月免）　鞠国彬（9月任）

副主任委员　张疆东

社会建设委员会

主任委员　明　翔（11月免）　王晓东（11月任）

副主任委员　贾冬梅（11月任）

长春市人民政府

市　　长　张志军（6月免）王子联（6月任）

副 市 长　王海英　贾丽娜（6月免）　贾晓东（3月免）
周　贺　吕　锋　宋葛龙　李炜姝（3月任）
王　吉（3月任，6月免）　汪学军（6月任）
赵　显（6月任）　曹　武（8月任）

秘 书 长　赵　显（7月免）　赵心锐（7月任）

副秘书长　谢志敏（6月任）　陈桂林　逄吉春（8月免）
刘任远　王希田　郑广慧　刘　铭（7月任）
赵首沣（6月免）　林继东（7月任）　李　燃

办公厅

主　　任　张海治（6月免）　王首先（7月任）

副 主 任　王　飞（8月免）　高清燕（11月免）
秦雪峰（8月任）　卢春野

纪检监察组组长　刘大革

地方志编纂委员会

党组书记　战国立

副 主 任　战国立　丁丽君（11月免）
魏跃军（11月任）　李　锐

发展和改革委员会

主　　任　王　吉（6月免）

副 主 任　李国恒　富晓光（8月任）
王　雷（6月免）　付　军
刘百军（8月免）　常忠诚（9月免）
曲官东

纪检组长　王国君（6月免）　谢　识（7月任）

教育局

局　　长　黄宪昱

副 局 长　杜　影（7月免）　单联成（2月免）
董　妍　李大伟（6月任）　吕德辉
李亚军（11月任）

纪检组长　侯俊杰（11月免）　荣文龙（11月任）

市政府教育督导室专职督学　李大伟（6月免）
胡培程（6月任）

科学技术局（外国专家局）

局　　长　梁国超

副 局 长　张加才（6月免）　刘　影（6月任）
张永起

外国专家局局长　张永超

工业和信息化局（中小企业发展局）

局　　长　李维彬（7月免）　赵明瑞（7月任）

副 局 长　杨连仲　勾兴涛　任广翔　姜　宇

中小企业局局长　杨连仲

长春市手工业合作联社主任　马　利

长春市手工业合作联社副主任　谢华庚

民族事务委员会（宗教事务局）

主任（局长）　韩忠宝（8月免）　王　飞（8月任）

副主任（副局长）　吴　忠　李　梅

公安局

局　　长　杨维林（12月任）　吕　锋（12月免）

副 局 长　张兴桥　杜　煜（8月免）
梁文成（7月任）　杜占武（11月任）
鞠好斌（10月免）　马　达　张力游

政治部主任　王俊飞

纪检监察组组长　赵旭明（7月免）　王开远（7月任）

民政局

党组书记　刘际阳

局　　长　周玉国

副 局 长　李　刚（10月免）　冉　明

司法局

局　　长　梁向东（2月免）　王承伟（2月任）

副 局 长　鲍龙乡（7月任）　孙志彤　王云飞

政治部警务部主任　鲍龙乡（7月免）　孟繁君（7月任）

长春仲裁服务中心主任　张　兵（2月任）

财政局

局　　长　王慧力（5月免）　张嵛翔（6月任）

副 局 长　刘显军　姜兴春　丁雅新　王宏来（8月免）

王绍英（9月任）

纪检监察组组长　王　立（11月免）　王连东（11月任）

人力资源和社会保障局

局　　长　孟宪新

副 局 长　曲玉业（11月免）　魏　东（8月免）

张咏刚　李晓彤（7月任）

宋　望（11月任）

人才中心主任　李　博（11月任）

规划和自然资源局

局　　长　杨少清（6月免）　林　巍（6月任）

副 局 长　王丽光　焦　琳（2月任）　卢　威

栾立欣（6月任）

自然资源督察　焦　琳（6月免）　刘雁斌（7月任）

规划编研中心主任　刘延松（7月任）

土地储备中心主任　田　冰

驻规自局纪检组组长　石　伟（11月免）

生态环境局

局　　长　李　健（3月任）

副 局 长　赵占春　杜德横（2月免）　王占龙

孟令顺

生态环境保护综合行政执法支队支队长　张金权

城乡建设委员会

主　　任　林　巍（6月免）　李长城（6月任）

副 主 任　任晓强（8月免）　王　华（7月任）

高业铭（7月任）　董　年（8月免）

李铁生（7月免）　马　俊（8月任）

王化峰（10月免）

市政设施维护管理中心主任　尹中峰（8月免）

李　凯（10月任）

市政府投资建设项目管理中心主任　马　俊（8月免）

王宇哲（11月任）

房屋征收经办中心主任　杜大海（8月免）

驻建委纪检组组长　郭晓光（11月任）

住房保障和房屋管理局

局　　长　李晓曼（4月免）　林　松（7月任）

副 局 长　高雪峰（8月免）　赵洪利　崔　巍

杨　勋（11月任）

城市管理局（城市管理行政执法局）

局　　长　王世忠

副 局 长　任建军　周建波　张鑫彧

交通局

局　　长　张意海（7月免）　周洪亮（7月任）

副 局 长　高仲明（6月免）　陈亦鸣

杜大海（8月任）　常　悦（8月任）

马　辉（11月任）

交通运输综合行政执法支队支队长　李一鸣（11月免）

水务局

局　　长　吕　鑫（11月免）　王喜成（11月任）

副 局 长　董　年（8月任）　于洪波

白松巍（9月免）

伊通河管理委员会主任　王成田（6月免）

杨文俊（7月任）

石头口门水库管理中心主任　刘　江（7月免）

袁　满（7月任）

新立城水库管理中心主任　李永庆（6月任）

农业农村局

局　　长　李　欣（7月免）　李林峰（7月任，主持）

副 局 长　孙晓晖（3月免）　史凌冬

朱君宝（6月任）　孔令波　孔　翔

驻农业农村局纪检组组长　王铁华

农业综合行政执法支队支队长　刘振库

畜牧业管理局

局　　长　宋荫卓（8月免）　李铁刚（8月任）

副 局 长　王殿奇　徐志刚（11月任）

商务局（口岸办公室）

局　　长　曲春雨（8月免）　常忠诚（主持，9月任）

副 局 长　侯　伟（12月任）　李　军　蔡德军

口岸办主任　李　军

市人民政府合作交流办

主　　任　孙　宁

副 主 任　姜　波　王　涛（12月任）

文化广播电视和旅游局（文物局）

局　　长　曲　笑

副 局 长　袁继业　张占铎　杨青宇（8月免）

郑国君　韩铭飞（10月任）

文物局局长　郑国君

文化市场执法支队支队长　朱寄钢（8月免）

宋泱阳（10月任）

卫生健康委员会（中医药管理局）

主　　任　高玉堂

副 主 任　陈亚斌（7月免）　张　晶（6月任）

姜洪波

纪检监察组组长　高　飞

退役军人事务局

局　　长　王　伟（4月任）

副局长　孙晓伟（7月免）　王本彪（6月任）
曲春蕾　陈亚斌（7月任）

应急管理局（煤矿安全生产监督管理局）

局　长　孙立彬
副局长　郭义波　孙海文　由明言　柳炳道（6月任）
政治部　王春见
纪检监察组组长　刘剑峰（6月任）

地震局

局　长　陈　锋
副局长　孙迎伟

审计局

局　长　李志刚（6月免）　李晓玲（6月任）
副局长　李贵军　孙忠林　于明军
总审计师　常志德

外事办公室（港澳事务办公室）

主　任　薛春志
副主任　段华旭　欧　硕

市场监督管理局（知识产权局）

局　长　宋　驰（7月免）　张意海（7月任）
副局长　孙合民（2月免）　潘　锋（10月免）
于　艇　郭云峰　鲁　宁（6月任）
纪检监察组组长　鞠洐东

国有资产监督管理委员会

主　任　蒋旭桐（7月免）　马国成（7月任）
副主任　欧阳丽宇　辛淑兰　党晓群
党委书记　蒋旭桐（7月免）　马国成（7月任）

体育局

局　长　李晓杰（2月任）　张政明（1月免）
副局长　温良杰　贺　勇（8月任）

医疗保障局

局　长　周继峰
副局长　刘　佳　徐庆丰
党组书记　周继峰

社会保险事业管理局

局　长　林鹏飞
副局长　刘振龙　王大立（11月免）　刘福友
肖伟民　吴长春
党组副书记　刘振龙

机关事务管理局

局　长　许晓东
副局长　王德中（8月免）　杨皎洁　李　辉

粮食和物资储备局

局　长　王首先（7月免）　卢天恒（7月任）
副局长　李北牧（11月免）　王丽娜
王大志（11月任）

人防办公室

主　任　黄德军
副主任　唐铁生（7月任）　杨润涛

金融工作办

主　任　李晓玲（6月免）　刘向国（6月任）
副主任　崔洪祥（6月免）　李　刚　王东亮
刘刚强（10月任）

政务服务和数字化建设管理局（营商环境建设局）

局　长　王维学（7月任）　许　军（7月免）
副局长　杜　勇　梁占武　丁慧东　刘晓茹

乡村振兴局

主　任　王万成（8月任）
副主任　杨　萍（8月任）　李文成（8月任）

林业和园林局

局　长　刘　宏
副局长　张艳秋　王向阳（10月免）　黄宇松
孟庆华（11月任）

市人民政府驻北京办事处

主　任　卢天恒（7月免）　孙彦鹏（7月任）
副主任　田　耕（12月免，离世）　温俊杰

供销合作社联合社

主　任　刘金岩
监事会主任　鞠　峻（6月免）
副主任　孙中亮

中国国际贸易促进委员会长春市委员会

会　长　徐怀武
副会长　温淞文　吴　疆（10月任）　刘奕麟

长春广播电视台

台　长　张万兴
副台长　李灿明（11月免）　谢　群　梁　慧

统计局

局　长　王希田
副局长　谭　英　李雪峰　宋福来（8月任）
纪检组长　李文发

税务局

局　长　范扎根（11月免）　吕　徽（11月任）
副局长　张立中（11月免）　李晓黎　张生伟
郭柏仁　翟志坚　蒋　倩（11月任）
纪检组组长　秦　萍
总会计师　李贵才
总审计师　韩　旭

邮政管理局

局　长　辛大伟

气象局

局　　长　叶　青

副 局 长　杨志东　白　晶

纪检组长　武　良

国家安全局

局　　长　曲庆江

长春新区

主　　任　华景斌

副 主 任　周衍广（6月免）　薛风雷（6月任）
韩明月　解　兵（11月免）　宋　刚

党工委书记　李忠斌

党工委副书记　华景斌　唐继东

党工委委员　周衍广（6月免）　薛风雷（6月任）
韩明月　解　兵（11月免）

纪工委书记　薛风雷（6月免）　孙晓峰（7月任）

北湖开发区党委书记、主任　于柏生

空港开发区党委书记、主任　张少军（6月免）

高新技术产业开发区管理委员会

主　　任　薛春龙

副 主 任　周衍广（6月免）　薛风雷（6月任）
石　威　韩明月　谭　丹　宋　刚

党工委书记　薛春龙

党工委委员　周衍广（6月免）　薛风雷（6月任）
石　威　韩明月　谭　丹　宋　刚

中韩（长春）国际合作示范区管理委员会

主　　任　高玉龙（6月免）　李维彬（7月任）

副 主 任　赵　旭（7月任）　李　蕊　王柏松（6月免）
张忠诚　褚双龙

党工委书记　高玉龙（6月免）　李维彬（7月任）

党工委副书记　李子臣

纪工委书记　麻守军

经济技术开发区管理委员会

主　　任　何泉秀（6月免）　谢志敏（6月任）

副 主 任　李卫国（8月任）　韩明丞（11月任）
王大鹏　王　彪　张运广（8月免）
陈艳鹏

党工委书记　何泉秀（6月免）　谢志敏（6月任）

党工委副书记　宋开春

纪工委书记　张巧珑

党工委委员　李卫国（8月任）　韩明丞（11月任）
王大鹏　王　彪　张运广（8月免）
陈艳鹏

长春兴隆综合保税区管委会

主　　任　何泉秀（6月免）　谢志敏（6月任）

副 主 任　邹　娜　曹　臣　于海军

党工委书记　邹　娜

党工委委员　曹　臣　于海军

汽车产业开发区管理委员会

主　　任　程　宇（6月免）　朱光明（6月任）

副 主 任　陈寅贵　郑柏迎　赵德双　石文祥（2月任）

党工委书记　王海英

党工委副书记　朱光明（6月任）　张世杰

纪工委书记　温小斌

净月高新技术产业开发区管理委员会

主　　任　曲国辉

副 主 任　张金超　鞠　峻（6月任）
朱光明（6月免）　吕　东　李晓辉

党工委书记　王　路（1月免）　王长久（2月任）

党工委副书记　曲国辉　孙洪健

纪工委书记　吴海涛（11月免）　侯俊杰（11月任）

莲花山生态旅游度假区管理委员会

主　　任　朱光明（6月免）　张海治（6月任）

副 主 任　冯国刚（10月免）　赵海英（6月任）
刘国涛

纪工委书记　庞敬波

中国人民政治协商会议长春市委员会

主　　席　綦远方

副 主 席　孙丰月　张红星　侯治富　孙英利
张宝琦　郝肖峰

秘 书 长　蔡延斌（7月免）　黄　强（7月任）

副秘书长　黄　强（7月免）　高丽筠（9月免）
张海飞（10月任）

办公厅

主　　任　邴晓君（11月免）　马　达（11月任）

副 主 任　黄举超（2月任）　严宝锋（11月免）

机关党委

书　　记

副 书 记　陈　然（11月免）

研究室

主　　任　张鸿飞（10月免）　杨松望（10月任）

提案委员会

主　　任　郑秀梅（11月免）　许　红（11月任）

副 主 任（按姓氏笔画排序）
王凌皓　边　铁　刘明隽（驻会，11月免）
严宝锋（11月任）　李卫国　李洪军

吴恺夫　宋学兵　陈敏雄　周俊峰

经济委员会

主　　任　吕冬雷

副 主 任（按姓氏笔画排序）

代桂霞　刘　柏　孙洪波　杜　娟　李国栋

戴清春（驻会，7月免）　丁丽君（11月任）

人口资源环境委员会

主　　任　许文才

副 主 任（按姓氏笔画排序）

方　飞　白　莉　李　娜　张朝君

仵彦智（驻会）

教科卫体委员会

主　　任　刘明隽（11月任）　马　达（11月免）

副 主 任（按姓氏笔画排序）

王明锐（驻会，2月免）　朱　东　刘林林

李忠军　汪鹏辉　张瑞林　金海峰　郭敬萍

吴　昊（11月任）

社会和法制委员会

主　　任　杨盛林　石　伟（11月任）

副 主 任（按姓氏笔画排序）

马　海（驻会）　朱　琪　刘任远　孙　捷

孙学致　周玉国　姜宏亮　梁向东

民族和宗教委员会

主　　任　刘玉铧　张　颖（11月任）

副 主 任（按姓氏笔画排序）

王洪亮　许　红　谷万一　韩　涛

港澳台侨和外事委员会

主　　任　张东威（11月免）　王国春（11月任）

副 主 任（按姓氏笔画排序）

郝冬梅（11月任）　邓婉玲　佘清云

张亚萍　张越杰　胡　明

文化文史和学习委员会

主　　任　杨启新（11月免）　丁　宁（11月任）

副 主 任（按姓氏笔画排序）

李公君　张　颖（驻会，11月免）

张少军　张庭赫　郑晓辉　赵继敏

冯长远（11月任）

农业和农村委员会

主　　任　常　新

副 主 任（按姓氏笔画排序）

徐德军（11月任）　毛彦军　张利彪

张海悦

委员工作委

主　　任　刘玉铧（兼，2月任，6月免）

副 主 任　王明锐（2月任）

中国共产党长春市纪律检查委员会
长春市监察委员会

书　　记（主任）　孙继光

副 书 记（副主任）　胡书君（12月免）　王冬梅

张志鹏（12月任）　李忆农（12月任）

卢　健（12月任）　郑玉辉（6月免）

常　　委　吕　晴（12月免）　裴庆镇（10月免）

李忆农（12月免）　孙晓峰（7月免）

李　彬（6月任）　刘　伟（7月任）

王自力（10月任）　李　序（12月任）

孙　爽（12月任）　张　超（12月任）

市监委委员　李忆农　李　彬　卢　健　李　序（7月任）

余　鹏（12月任）　王自力（12月任）

张玉民（12月任）　孙　爽（12月任）

秘书长　刘　伟（10月任）

办公厅（老干部处）主任　代冬飞（8月任）

组织部部长　刘　伟（7月免）　郑作义（7月任）

宣传部部长　孙　爽（12月免）

研究室主任　余　鹏（12月免）

法规室主任　卢长林

案件监督管理室主任　张玉民（12月免）

第一监督检查室主任

第二监督检查室主任　秦　雪（8月任）

第三监督检查室主任　单淑娟

第四监督检查室主任　康　健

第五监督检查室主任

第六监督检查室主任　李　勇

第七监督检查室主任　祝　伟（11月免）

第八审查调查室主任　刘春生（7月任）

第九审查调查室主任　陆维权（8月任）

第十审查调查室主任

第十一审查调查室主任　杨树河

第十二审查调查室主任　李春艳

第十三审查调查室主任

第十四审查调查室主任　张　超（12月免）

案件审理室主任　王自力（10月免）　单淑娟（10月任）

纪检监察干部监督室主任　孟令伟（11月免）

机关党委书记　刘　伟（10月任）　孙晓峰（7月免）

驻市委办公厅纪检监察组组长　张英杰（11月免）

祝　伟（11月任）

驻市委组织部纪检监察组组长　张所俊

驻市委宣传部纪检监察组组长　杨树峰
驻市委统战部纪检监察组组长　王建梅
驻市委政法委纪检监察组组长　赵英军（8月免）
孟令伟（11月任）
驻市政府办公厅纪检监察组组长　刘大革（11月任）
驻市发展和改革委员会纪检监察组组长　王国君（6月免）
谢　识（7月任）
驻市教育局纪检监察组组长　侯俊杰（11月免）
荣文龙（11月任）
驻市财政局纪检监察组组长　王　立（11月免）
王连东（11月任）
驻市规划和自然资源局纪检监察组组长　石　伟（11月免）
驻市城乡建设委员会纪检监察组组长　孙洪民（7月退休）
郭晓光（11月任）
驻市农业农村局纪检监察组组长　王铁华
驻市卫生健康委员会纪检监察组组长　高　飞
驻市应急管理局纪检监察组组长　刘剑峰（6月任）
驻市市场监督管理局纪检监察组组长　鞠衍东
驻市公安局纪检监察组组长　赵旭明（7月免）
王开远（7月任）
驻市中级人民法院纪检监察组组长　荣文龙（11月免）
蔡志扬（11月任）
驻市人民检察院纪检监察组组长　王子祺
市直机关纪检监察工委书记　姜兰兰（11月免）
倪　琨（11月任）
长春新区纪检监察工委书记　薛风雷（6月免）
孙晓峰（7月任）
中韩（长春）国际合作示范区纪检监察工委书记　麻守军
经济技术开发区纪检监察工委书记　张巧珑
净月高新技术产业开发区纪检监察工委书记
吴海涛（11月免）　侯俊杰（11月任）
汽车经济技术开发区纪检监察工委书记　温小斌
莲花山生态旅游度假区纪检监察工委书记　庞敬波
市委巡察工作办公室
主　　任　付印红（12月免）　徐伟民（12月任）
副 主 任　张　强　高继先
市委第一巡察组
组　　长　王大军
副 组 长　杨方志
市委第二巡察组
组　　长　吕　晴
副 组 长　李冬梅
市委第三巡察组
组　　长　裴庆镇（10月免）　朱　峻（10月任）
副 组 长　郭晓光（11月免）　房连风（11月任）
市委第四巡察组
组　　长　苏　荆
副 组 长　贺　勇（8月免）　任振环（8月任）

民主党派

中国国民党革命委员会长春市委员
主任委员　杜　剑
副主任委员　王庆军（驻会）
中国民主同盟长春市委员会
主任委员　孙丰月
副主任委员　穆金辉（驻会，2月免）
苗　健（11月任）　李德山　欧阳继红
图力古尔　冯银江　董　龙（6月免）
孙晓春
秘 书 长　李娟娟
中国民主建国会长春市委员会
主任委员　贾晓东
副主任委员　肖辉山（专职）　胡　伟（兼）
孙忠林（兼）　陈桂芬（兼）
布　和（兼）　任喜荣（兼）
秘 书 长　关连康（4月任）
中国民主促进长春市委员会
主任委员　禹　平
副主任委员　王　寅（驻会）　景喜猷　王启万
林　冲　花秋玲　张晶莹
秘 书 长　黄金和
中国农工民主党长春市委员会
主任委员　刘林林
副主任委员　张继良（驻会）　张金权　阴春霞
王洪亮　李光哲　张文凤
秘 书 长　赵丽娟（10月任）
九三学社长春市委员会
主任委员　张红星
副主任委员　李　铭（驻会）　冷向阳　高玉秋
续　颜　刘冰冰（4月任）
田元生（4月任）
秘 书 长　顾红艳
市工商业联合会
主　　席　徐鹏哲（兼，12月任）
副 主 席　任宏雷　高　岩(6月免)　任世熙(11月免)
赵　伟　于万坤(6月任)　苏　喆(11月任)
党组书记　任宏雷

群众团体

市总工会

党组书记 甘 琳（11月免） 唐铁生（11月任）
党组成员 朱 琪 崔维国（11月免） 李忠武
苑德艳 高 健（11月任）
主 席 甘 琳
常务副主席 朱 琪
副 主 席 崔维国（11月免） 李忠武
高 健（11月任）
经审会主任 苑德艳
副主席（兼职） 孙晓伟 李凯军 谢元立 陆志东

中国共产主义青年团长春市委员会

书 记 靳 明（7月免） 张 有（11月任）
副 书 记 杨金玉（8月免） 徐志成（8月任）
李 桐（11月任）

市妇女联合会

主 席 王继荣（6月免） 丛中梅（7月任）
副 主 席 李 立 王立春
党组书记

市科学技术协会

主 席 孙彦鹏（7月免） 刘绍峰（8月任）
副 主 席 蔡卓研 王立伍（11月任）

市文学艺术界联合会

主 席 孙德伟
副 主 席 何世华
党组书记 孙德伟

市残疾人联合会

理 事 长 尹晓民（6月免） 高丽丽（6月任）
副理事长 张英君 李艳琴
党组书记

市红十字会

副 会 长 张胜利

市社会科学界联合会

主 席 尚洪波
副 主 席 李恩泽 段宝民
党组书记 尚洪波

吉林长春社区干部学院

院 长 邵 利
副 院 长 周勉征 刘占辉 常 茳

市归国华侨联合会

主 席 张越杰 （兼）
副 主 席 臧建平（专职驻会）
于洪刃（兼） 陈 密（兼）
马晓燕（兼） 朱丽伟（兼）
冷雪洁（兼） 王 滨（兼）
王 昆（兼） 程 彧（兼）
秘 书 长 刘嘉云（3月任）

市台湾同胞联谊会

会 长 孔令智
副 会 长 李松清（驻会，6月任） 徐正考 路景权
胡 明 吴晓东 李思维 郭敬萍
陈明强 张 伟 张玉军 刘晓娟
修 远
秘 书 长 徐 昕

法 治

中级人民法院

院 长 程凤义
副 院 长 肖德馗 李相范 尹彦久 王国睿（11月免）
郭桂玲 侯海霞
党组书记 程凤义
党组副书记 肖德馗
纪检监察组组长 荣文龙（11月免） 蔡志扬（11月任）
政治部主任 陈传伟（9月免） 张 策（10月任）
执行局局长 李立娟
审判委员专职委员 徐相国（6月任） 刘春梅（8月任）
沙明昕 李 芳（2月免）
于溟辉（8月免） 王博杰（8月任）

人民检察院

检 察 长 盛美军（6月免） 李 军（6月任）
常务副检察长 刘志民（6月任）
副检察长 陈长清（1月免） 李 军（6月任）
高树林 焦成千（6月免）
张颖彧（12月任） 郭立庆（8月任）
邢立明（8月任）
党组书记 盛美军（6月免） 李 军（6月任）
党组副书记 陈长清
纪检监察组组长 王子祺（6月任）
政治部主任 刘景泽
检察委员会专职委员 刘巾挥（2月免） 王 睿
许 梅（4月任） 孙 涛（8月任）

双重领导局级单位

烟草局

局长、经理 车人光
副 经 理 陈 红 曲景民

副 局 长　徐钟声
党组书记　车大光
纪检组长　梁长红

国家电网长春供电公司
总 经 理　李国辉
副总经理　沈延武　王书春　刘洪涛　王珏昕　杨　君
党委书记　沈延武
党委副书记　李国辉
纪检委书记　王艳春
工会主席　王艳春
总会计师　王德春

中国邮政集团公司长春分公司
总 经 理　刘满堂
副总经理　李宏伟　李远飞　李警德
党委书记　刘满堂

中国联合网络通信有限公司长春市分公司
总 经 理　孙剑飞（12月免）　崔秀臣（12月任）
副总经理　孙永德　郭　超（12月任）　金哲岩
魏　克　高子平（12月免）
董建新（12月任）　赵　军
党委书记　孙剑飞（12月免）　崔秀臣（12月任）

中国移动通信集团吉林有限公司长春分公司
总 经 理　战佩良
副总经理　王春亭　姚天秋　王秀成　王　晨
党委书记　战佩良

区县（市）

【朝阳区】

中共朝阳区委
书　　记　徐连东（7月免）　左　毅（7月任）
副 书 记　林　松（7月免）　许　军（7月任）
薛春生（6月免）　焦　瑜（8月任）
区委常委　谭景凤（7月免）　王本飚（6月免）
石作选（7月免）　张嵛翔（6月免）
李国辉（8月任）　王　健
曲宝泽（8月任）　刘　通　张蒙疆
焦晓辉（8月任）　杨　楠（8月任）
刘菁蕾（8月任）

区人大常委会
主　　任　丛中梅（7月免）　庞国忠（8月任）
副 主 任　韩希光　石新民（8月免）
蔡晓民（8月免）　范云波
徐景宝（8月任）　宋国干（8月任）

区人民政府
区　　长　林　松（7月免）　许　军（7月任）
副 区 长　张嵛翔（6月免）　谭景凤（7月免）
张　笃（6月免）　刘洪伟（7月免）
曲宝泽（8月免）　李国辉（8月任）
岩　峰　刘　通（8月任）
国英波（7月任）　孙　娜（8月任）
张　君（7月任）　畅晓宁（8月任）

区政协
主　　席　庞国忠（8月免）　邴晓君（8月任）
副 主 席　张文彬　于鸿哲　高业铭（7月免）
武红伟（8月任）

区纪律检查委员会
书　　记　王　健

区监察委员会
书　　记　王　健

区人民法院
院　　长　于溟辉（2月免）　庄　军（8月任）

区人民检察院
检 察 长　郭立庆（8月免）　吕　芃（8月任）

【南关区】

中共南关区委
书　　记　谢志敏（4月免）　杨大勇（4月任）
副 书 记　杨大勇（4月免）　鲁　月（7月任）
刘　铭（7月免）　陈德智（7月任）
常　　委　陈云峰（8月免）　周　鹤（7月免）
鲁晓光（8月免）　朱　峻（8月免）
曲跃文（8月免）　王景祥（8月免）
王天行（8月任）　魏　东（8月任）
王晓雨　王　萍（8月任）
董志宇（8月任）　嵇佳斌（8月任）
孙绍健（8月任）　杨小尤（11月任）

区人大常委会
主　　任　鲁　月（7月免）　许　迪（8月任）
副 主 任　赵洪田（8月免）　张学玉（6月免）
武良义　曲跃文（8月任）
王红华（8月任）　陈　宁（7月任）

区人民政府
区　　长　杨大勇（7月免）　鲁　月（7月任）
副 区 长　鲁晓光（8月免）　周　鹤（7月免）
张　晶（6月免）　王维学（7月免）
梁文成（7月免）　董志宇
魏　东（8月任）　李永胜（7月任）
王士国（8月任）　王　侃（8月任）

刘晓龙（7月任）　赵　爽（8月任）

区政协

主　　席　公　平（8月免）　陈云峰（8月任）

副 主 席　孙　义　刘润滨　王　辉（8月免）

夏继勇（8月任）

区纪律检查委员会

书　　记　朱　峻（8月免）　王天行（8月任）

区监察委员会

书　　记　朱　峻（8月免）　王天行（8月任）

区人民法院

院　　长　孙青山

区人民检察院

检 察 长　杨玉武

长春南部都市经济开发区管理委员会

主　　任　赵明瑞（7月免）

副 主 任　安利全（7月免）　朱国春　娄全海

李　鑫（6月免）

党工委书记　赵明瑞（7月免）

【宽城区】

中共宽城区委

书　　记　李炜姝（7月免）　宋　驰（7月任）

副 书 记　赵心锐（7月免）　蒋旭彤（7月任）

刘　宏（7月免）　任晓强（8月任）

常　　委　王　华（7月免）　朱德美（8月免）

郭中凡　孙晓冬（8月任）　崔东亮

李　里　崔　博　李铜强

夏　冰（7月任）　袁　颖（8月任）

区人大常委会

主　　任　殷淑琴

副 主 任　田　武　韩明仁（8月免）

黄淑梅　朱德美（8月任）　孙长奇

区人民政府

区　　长　赵心锐（7月免）　蒋旭彤（7月任）

副 区 长　郭中凡　孙晓冬　杜德横（7月任）

赵力群　齐瑞臣　高　晶（8月任）

房　德（8月任）

区政协

主　　席　徐忠有

副 主 席　战晓光　方　明　白　彬

区纪律检查委员会

书　　记　崔　博

区监察委员会

主　　任　崔　博

区人民法院

院　　长　王博杰（8月免）　王建红（8月任）

区人民检察院

检 察 长　周显光

长春宽城经济开发区管理委员会

主　　任　赵庆利

副 主 任　赵海英（6月免）　杜　志　尹方明

玄立民（6月任）

党工委书记　赵庆利

【二道区】

中共二道区委

书　　记　吴相道（7月免）　陈铁志（7月任）

副 书 记　陈铁志（7月免）　刘　江（7月任）

许　迪（8月免）　高雪峰（8月任）

常　　委　刘　嫱（8月免）　刘绍峰（8月免）

秦锡春（7月免）　张玉和（9月免）

林继东（7月免）　王醒时（8月任）

魏东岩　朱　艳　郭志刚（8月任）

杨旭辉　王宏来（8月任）

陈传伟（9月任）　李功军（9月任）

区人大常委会

主　　任　孙慧颖

副 主 任　李永利　陈国彦　辛　华（8月免）

蔡　鸿　英丽群（8月任）

区人民政府

区　　长　陈铁志（7月免）　刘　江（7月任）

副 区 长　刘绍峰（8月免）　林继东（7月免）

于万坤（6月免）　郭志刚（8月免）

魏东岩（8月任）　王喜东

王宏来（8月任）　林凤生（8月任）

韩伯强（8月任）　宫达文（8月任）

李　勋（8月任）

区政协

主　　席　孙爱华（8月免）　刘　嫱（8月任）

副 主 席　王怀忠　曹正礼（8月免）

布　和（8月免）　付志刚（8月任）

区纪律检查委员会

书　　记　杨旭辉

区监察委员会

主　　任　杨旭辉

区人民法院

院　　长　齐兆云（8月免）　苏洪涛（8月任）

区人民检察院

检 察 长　孙　涛（8月免）　王永江（8月任）

长春国际物流经济开发区管理委员会

主　　任　耿立春（11 月任）
党工委书记　耿立春（11 月任）

【绿园区】

中共绿园区委
书　　记　张洪彬（7 月免）　宋长者（7 月任）
副 书 记　方述华　杜　影（7 月任）
常　　委　高丽丽（6 月免）　杨宝昌（8 月免）
王　涛（7 月免）　孙冠夫　杨万来
杨金玉（8 月任）　陈　录　梁晓方
焦明元（2 月任）　李　刚（8 月任）
林　岩（8 月任）

区人大常委会
主　　任　王丽秀（8 月免）　崔洪泉（8 月任）
副 主 任　付彩霞（8 月免）　杜玉凤（8 月免）
杨自山（8 月免）　杨宝昌（8 月任）
王景耀　孙志远（8 月任）
张欣华（8 月任）

区人民政府
区　　长　方述华
副 区 长　王　涛（7 月免）　孙志远（8 月免）
梁晓方（8 月任）　杨万来　于保全
佟胜富　张海波（8 月任）
杨一秀（8 月任）　王贺军（7 月任）

区政协
主　　席　陈志勇
副 主 席　刘永久　郭　丽（不驻会）　吕长春

区纪律检查委员会
书　　记　孙冠夫

区监察委员会
主　　任　孙冠夫

区人民法院
院　　长　田　良（8 月免）　绳继萍（9 月任）

区人民检察院
检 察 长　邢立明（8 月免）　许永光（8 月任）

【双阳区】

中共双阳区委
书　　记　唐铁生（8 月免）　曲春雨（8 月任）
副 书 记　马国成（7 月免）　张　明（7 月任）
滕广涛（8 月任）
常　　委　王天行（8 月免）　王醒时（8 月免）
李铁刚（8 月免）　赵师骐（7 月免）
祁桂东（8 月任）　贾秀丽（2 月任）
尹中峰（8 月任）　王学刚　徐健
张鸿翼（8 月任）　张敬光（8 月任）
徐　雷（8 月任）

区人大常委会
主　　任　张立新
副 主 任　索若达　谭大东　李洪波（8 月免）
董双营

区人民政府
区　　长　马国成（7 月免）　张　明（7 月任）
副 区 长　李铁刚（8 月免）　朱君宝（6 月免）
赵师骐（7 月免）　汤大鹏（5 月免）
尹中峰（8 月任）　贾秀丽（2 月免，8 月任）
李兴涛　刘　锐（7 月任）
邵魁波（8 月任）　邵向阳（8 月任）
王　晶（8 月任）

区政协
主　　席　史延文
副 主 席　史春林　满星宇　冯佳力（8 月任，不驻会）

区纪律检查委员会
书　　记　王天行（8 月免）　祁桂东（8 月任）

区监察委员会
主　　任　王天行（8 月免）　祁桂东（8 月任）

区人民法院
院　　长　绳继萍（9 月免）　石　泉（9 月任）

区人民检察院
检 察 长　许永光（8 月免）　崔勇刚（8 月任）

【九台区】

中共九台区委
书　　记　闫　旭
副 书 记　宋长者（7 月免）　李　欣（7 月任）
靳　明（7 月任）
常　　委　吴　威（7 月免）　李国辉（8 月免）
祁桂东（8 月免）　王　萍（8 月免）
赵国俊（7 月免）　杨丽敏（8 月任）
唐　明　张运广（8 月任）　佟庆辉
王晓东（2 月任）　刘园园（8 月任）
姜峥睿（8 月任）　孙文斌（8 月任）

区人大常委会
主　　任　王树民
副 主 任　杨宝玉　李元君（8 月免）　李　金（6 月免）
尹庆敏　李殿志（8 月任）
胡艳苹（8 月任，不驻会）

区人民政府
区　　长　宋长者（7 月免）　李　欣（7 月任）
副 区 长　李国辉（8 月免）　吴　威（7 月免）
李永胜（7 月免）　张运广（8 月任）

朱富钢（8月任）　杨丽敏　薛井龙
祖东航（2月任）　徐　强（7月任）
王文元（8月任）

区政协

主　　席　于海山
副 主 席　逯占元　李德军（8月免）　王宝石
张松梅（8月任）

区纪律检查委员会

书　　记　佟庆辉

区监察委员会

主　　任　佟庆辉

区人民法院

院　　长　张纹阁

区人民检察院

检 察 长　吕　芃（8月免）　谷　舞（8月任）

长春九台经济开发区管理委员会

主　　任　祖东航（11月任，兼）
党工委书记　祖东航（11月任，兼）

【公主岭市】

中共公主岭市委

书　　记　李洪亮
副 书 记　张　明（7月免）　赵师骐（7月任）
王　威
常　　委　王　刚（8月免）　任振环（8月免）
李　权（9月免）　梅树波（8月免）
刘百军（8月任）　李云香
冯　翘（8月任）　李冠辉　王恩城
赵军伟　郝思维（8月任）
赵晓通（9月任）

市人大常委会

主　　任　赵立宝（8月免）　王　刚（8月任）
副 主 任　靳晓波（8月免）　于云海　吴　涛
金玉庆（8月任）　梅树波（8月任）

市人民政府

市　　长　张　明（7月免）　赵师骐（7月任）
副 市 长　王　刚（8月免）　金玉庆（8月免）
赵　明（7月免）　刘百军（8月任）
冯　翘　王殿泉（2月任）
王翠翠（2月任）　董　华（8月任）
姜立国（8月任）　秦力民（7月任）

市政协

主　　席　陈占营
副 主 席　张德顺（8月免）　王玉萍
骆国玮（8月任）

市纪律检查委员会

书　　记　王恩城

市监察委员会

主　　任　王恩城

市人民法院

院　　长　庄　军（8月免）　薛成君（8月任）

市人民检察院

检 察 长　张国良

公主岭国家农业科技园区管理委员会

主　　任　姜铁忠
副 主 任　王海成　刘树元　张国文
党工委书记　姜铁忠

吉林公主岭经济开发区管理委员会

主　　任　魏洪奇（11月任）
副 主 任　孙胜军（11月免）　谢秀云　李　强
赵成峰（11月任）
党工委书记　孙胜军（11月任）
党工委副书记

大岭汽车物流产业园区筹备处

主　　任　赵德双（11月免）
副 主 任　魏洪奇（11月免）　崔建军
党工委书记　赵德双（11月免）

【榆树市】

中共榆树市委

书　　记　高　山（4月免）　林小明（7月任）
副 书 记　林小明（7月免）　吴　威（7月任）
高洪洲（8月免）　吴喜庆（8月任）
常　　委　郑学华（6月免）　鲁　宁（6月免）
高旭萌（8月免）　张鸿翼（8月免）
闫　伟（8月任）　杨冬侃（8月任）
徐志刚（8月任）　赵　俭
于开广（8月任）　王德权（8月任）
孙宏宽（8月任）　李中萍（8月任）

市人大常委会

主　　任　孙中兴（8月免）　高洪洲（8月任）
副 主 任　王伟成（8月免）　徐　阁（8月任）
王百陆　李长寿（8月免）　庄桂良
王树申（8月任）

市人民政府

市　　长　林小明（7月免）　吴　威（7月任）
副 市 长　鲁　宁（6月免）　牟兆彬（2月免）
杨冬侃（8月免）　徐志刚（8月任）
闫　伟　马光辉　于志坚　张龙彪（8月任）
王海艳（8月任）　孙跃福（8月任）

市政协委员会
主　席　金　海
副主席　王是非　张　媛　徐　阁（8月免）
马　驰（8月任）
市纪律检查委员会
书　记　高旭萌（8月免）　于开广（8月任）
市监察委员会
主　任　高旭萌（8月免）　于开广（8月任）
市人民法院
院　长　房国华
市人民检察院
检察长　毕科明
【农安县】
中共农安县委
书　记　张知众（7月免）　李树国（7月任）
副书记　李林峰（7月免）　周　鹤（7月任）
刘　影（8月免）　白松巍（9月任）
常　委　张凯楠（6月免）　蔡景海（8月免）
王开远（7月免）　焦明元（2月免）
林凤生（8月免）　冯示宇（9月免）
高旭萌（8月任）　单大维　李作新
任利峰（2月任）　李小曼（8月任）
江　涛（8月任）　张子明（8月任）
徐大鹏（9月任）
县人大常委会
主　任　刘生贵
副主任　张淑梅　宗喜洪（8月免）
陈有德（8月免）　徐志刚（8月免）
李忠勇（8月任）　田胜秀（8月任）
彪　兵（8月任）
县人民政府
县　长　李林峰（7月免）　周　鹤（7月任）
副县长　林凤生（8月免）　玄立民（6月免）
任利峰（8月任）　胡海升　李作新
周德库　蔡佳锋（8月任）
耿海龙（7月任）　陈　娅（8月任）
县政协
主　席　冷德杰
副主席　贾树飞　蔡景海（8月任）　张昌峰
县纪律检查委员会
书　记　王开远（7月免）　高旭萌（8月任）
县监察委员会
主　任　王开远（7月免）　高旭萌（8月任）
县人民法院
院　长　苏洪涛（8月免）　戴　舰（8月任）
县人民检察院
检察长　张国生（8月免）　蔡　珩（8月任）
长春农安经济开发区管理委员会
主　任　蔡佳锋（8月免）　关　锋（8月任）
党工委书记　蔡佳锋（8月免）　关　锋（8月任）
【德惠市】
中共德惠市委
书　记　左　教（7月免）　赵文波（7月任）
副书记　赵文波（7月免）　刘　宏（7月任）
夏　冰（7月免）　吕建军（8月任）
常　委　丁日伟（8月免）　刘海涛（6月免）
尚祖军（8月免）　王　中
牟兆彬（2月任）　王兴刚（8月任）
肖永革　冯保利　郭丽冰（8月任）
王泰峰（8月任）　王显春（8月任）
市人大常委会
主　任　王克瑜（8月免）　丁日伟（8月任）
副主任　宋云官（8月免）　张国东
李建国（2月免）　张振波
李贵军（8月任）　佟立皓（8月任）
市人民政府
市　长　赵文波（7月免）　刘　宏（7月任）
副市长　丁日伟（8月免）　国英波（7月免）
王兴刚（8月免）　王泰峰（8月任）
牟兆彬（2月任）　李晓波（2月任）
顾　民（7月任）　宋向波（8月任）
王嘉升（8月任）　赵　莉（8月任）
市政协
主　席　于树军（8月免）　尚祖军（8月任）
副主席　张孝权　李贵军（8月免）
李　剑（8月任）　闫　冀（8月任，不驻会）
市纪律检查委员会
书　记　肖永革
市监察委员会
主　任　肖永革
市人民法院
院　长　孙召银（9月免）　韩　松（9月任）
市人民检察院
检察长　谷　舞（8月免）　史大琦（8月任）

工作报告

在市委十三届十二次全会第一次全体会议上的报告

（2021年12月24日）

省委常委、市委书记 张志军

同志们：

现在，我受市委常委会委托，向全会作工作报告。

市委十三届十次全会以来，面对错综复杂的外部环境和交织叠加的困难挑战，市委常委会深入贯彻习近平总书记视察吉林重要讲话重要指示精神，在党中央和省委的坚强领导下，团结带领全市广大干部群众，坚决扛起“新担当、新突破、新作为”重大职责使命，全面落实省委“一主六双”高质量发展战略，立足变局开新局，着眼战略谋战术，克服压力强动力，全力以赴推动经济持续健康发展，坚定不移全面从严治党，实现了“十四五”良好开局，长春全面振兴全方位振兴取得新的重大进展。

一、坚定正确政治方向

始终把学习贯彻习近平新时代中国特色社会主义思想作为头等大事和首要政治任务，深学笃用、知行合一，以实际行动践行“两个维护”，确保党中央重大决策部署在长春落地生根。

注重强化思想理论武装。坚持市委常委会“第一议题”制度，第一时间学习贯彻党的十九届五中、六中全会和习近平总书记在庆祝中国共产党成立100周年大会上的重要讲话精神。强化各级理论中心组专题学习和带动作用，抓住领导干部“关键少数”，举办市管主要领导干部读书班、市管干部和处级干部轮训班、新任职干部进修班，培训党员干部12.8万人次。组织各级领导干部带头进课堂、下基层，培育基层理论骨干和理论宣讲志愿者队伍，实施“全媒体新故事长春计划”，推动学习贯彻往深里走、往实里走。长春市被中组部指定为全国基层干部培训试点地区。逐项推动落实总书记重要讲话重要指示精神“施工图”，主动接受中央生态环境保护、扫黑除恶专项斗争等督察以及省委涉粮问题、“十四五”规划等专项巡视，认真抓好各项整改。

扎实开展党史学习教育。成立领导小组，召开全市动员大会，建立“1113”特色工作体系，开展全覆盖巡回指导。市委常委班子赴四平战役纪念馆、杨靖宇烈士陵园等教育基地缅怀革命英烈、汲取奋进力量。开展各层面党史专题宣讲3800余场次、听众30余万人次。创新推出“百年史卷·心随影动”电影党课，依托抗联之路、解放之路、电影之路、汽车之路、爱民之路等“红色线路”，中共长春支部纪念馆、长影旧址博物馆等“红色场馆”，全面深化红色文化教育。扎实开展“我为群众办实事”活动，认真落实“五个带头”要求，解决突出问题4166个，化解信访积案5593件，增强了广大党员干部的宗旨意识，密切了党群干群关系。

科学谋划长春发展蓝图。编制《长春市国民经济和社会发展第十四个五年规划和2035年远景目标纲要》及相关专项规划。召开市委十三届十一次全会，围绕贯彻省委“一主六双”高质量发展战略和建设生态强省出台两个《实施意见》。起草《中共长春市委关于坚决拥护“两个确立” 坚决做到“两个维护” 全面加强党的政治建设的意见》，提交本次全会审议。精心筹备市第十四次党代会，明确长春振兴发展率先突破的奋斗目标和重点任务。

二、全力稳定经济运行

今年是长春经济发展爬坡过坎、多重承压、极为艰难的一年。面对汽车“缺芯”、煤电紧张、新冠疫情、大宗商品涨价等多重不利因素，市委切实加强对经济工作的全面领导，聚焦“两确保一率先”目标，以精准举措克服重重困难，尽最大努力争取最好结果。预计全年GDP增长6.5%左右，两年平均增速居东北四市首位。地方级财政收入等主要指标增速高于全省，位居东北四市前列。

千方百计稳工业。加快“双一流”建设，开展“芯片攻坚战”，支持一汽保排产、上增量，预计全年一汽在长统计口径生产整车238万辆、实现产值4550亿元，红旗品牌产销量同比分别增加50%以上，解放J7整车智能工厂正式落成，玲珑全钢轮胎启模下线。支持轨道客车产业开拓国内外市场，中车长客入选第五批国家制造业单项冠军企业。高效率建成12条新冠疫苗分包装生产线并满负荷生产，鼓励金赛等企业扩大产能，医药产业产值同比增长47%左右。

“一企一策”帮助重点企业解决突出问题。预计全年规模以上工业产值比2020年增长3%左右，最大程度稳住了经济基本盘。

千方百计优结构。推动汽车产业向“新四化”方向发展，红旗新能源工厂、奔腾NAT扩能竣工投产，奥迪新能源、丝尔科跑车、比亚迪动力电池等项目成功落位，红旗汽车取得14项智能网联、18项电动化技术突破。复兴号智能动车组“七一”前夕亮相，时速160千米智慧型市域A型车成功下线。推动服务业提质升级，新增传化公路港等4个省级服务业集聚区，共享经济、文旅创意等新业态加快壮大，规上服务业营收比2020年增长12.8%以上。深入实施创新驱动战略，加快国家区域创新中心建设，推动高校院所与龙头企业组建产学研创新联盟，启动一汽自主创新等重大科技专项，实施“揭榜挂帅”攻克“卡脖子”技术，一汽-大众新技术开发中心、国家半导体激光创新中心正式落成，航天信息产业园、光电信息产业园、精细化工产业园等重点项目加快推进。大力培育壮大创新主体，750户高新技术企业被新认定为“国家级”，27户“专精特新”企业晋升“小巨人”，百克生物等5家企业上市，长春高新股份入选“福布斯中国最具创新力企业榜”，长光卫星成为东北首家“独角兽”企业，“吉林一号”在轨组网卫星增至31颗。推动数字产业化、产业数字化，实施5G基础设施、大数据中心等“761”工程智能信息网项目158个。积极创建国家级双创示范区，“打造新型双创空间”获国务院通报表扬。中国（长春）知识产权保护中心获批成立。

千方百计扩投资。深化市级领导包保、专班抓项目等工作机制，组织开展联合巡检，全年开复工5000万元以上项目1315个，开复工率达到100%，投资完成率达到78.5%，创历史最高水平。大力推动“十四五”规划284个重大项目建设，轨道交通三期、一小时都市圈高速环线等取得标志性进展。抢抓政策窗口期，累计争取专项债券额度367.2亿元、占全省的57.7%。储备项目1316个，计划总投资1.3万亿元，为经济发展增添新的动能和活力。

千方百计促消费。积极应对疫情影响，努力推动消费回补升温。开展“98消费节”“约惠春天·车GO春城”等活动，净增销售额近40亿元。把握春节、国庆、“双十一”等节点，精准投放消费券2亿余元，拉动消费超10亿元。出台15条房地产市场调控政策，稳地价、稳房价、稳预期，保持房地产市场平稳健康发展。进一步激活汽车、家电等大宗消费。整顿成品油市场，销售额增长30%。预计社会消费品零售总额增长8%以上，区域消费中心作用进一步显现。

千方百计强调度。超常规组织经济运行，成立11个稳增长工作专班，出台16条稳增长政策、12条促消费举措、24条入库入统办法，坚持日条线调度、周专题研究、月对标对表，逐项推动落实。切实加强水电气热等要素供应，想方设法强化煤炭储备，保障企业正常运营。积极开展审计监督，做好常态化“经济体检”。各部门各单位协同作战，各县（市）区、开发区主动加压，竭尽全力稳存量、挖增量、防变量，确保完成全年经济工作目标任务。

三、加快推动乡村振兴

以实施乡村振兴战略为总抓手，坚持农业农村现代化一体设计、一体推进，着力打造产业融合、城乡融合两大基地，争当农业农村现代化排头兵。

粮食生产实现新突破。坚决扛稳维护国家粮食安全重任，落实播种面积2393.8万亩、比2020年增加44.9万亩，粮食产量有望冲刺130亿千克的历史最高水平。国家农业高新技术产业示范区升建将于近期获批。深入落实“藏粮于地、藏粮于技”战略，实施东北黑土地保护利用项目41万亩，建设高标准农田119万亩，推广保护性耕作1057万亩，与中科院开展“黑土粮仓”科技会战。实施现代种业创新工程，公主岭国家现代种业产业园获批建设，国家杂交水稻工程技术研究中心长春创新中心建设正式启动，10万亩北方粳稻制种基地即将批复，种业创新和保障能力进一步增强。

农业产业化迈出新步伐。以“粮头食尾”“农头工尾”为重点，加快构建健康食品、玉米化工等现代农业“十大产业链”，新认定领军型龙头企业10户，农产品加工业规上产值比2020年增长17%。启动“秸秆变肉”暨300万头肉牛工程，全年存出栏达到110万头。生猪产能恢复正常水平。粳稻产业入围国家优势特色产业集群。提升新型农业经营主体质量，建设2个百万亩规模化集约化饲料玉米生产基地，创建市级合作示范社373个，农安成为国家农民合作社质量提升整县推进试点县，榆树入选国家首批农业现代化示范区。

乡村建设取得新成果。持续推进农村人居环境整治，深化村庄清洁和绿化行动，打造美丽乡村示范村225个。着力强化农村基础设施，巩固提升农村人口饮水安全水平，因地制宜完成9万户改厕任务，实施农村公路改造1679千米。推动优质医疗服务向农村延伸，加快义务教育薄弱校改造，持续开展农民工创业培训，揭牌成立乡村振兴学院。扎实开展全国乡村治理试点示范创建，健全“三治”结合的治理体系，农村精神文明建设水平有新提升。

四、持续推进改革开放

立足振兴发展实际，积极融入国内循环，对接国际循环，纵深推进改革开放，塑造振兴发展新优势。

深化重点领域改革。市委深改委召开4次会议，审议通过27份文件和方案，推动88项年度改革任务高质量完成。

深入实施国企改革三年行动，深化混合所有制改革，加快市属国企转型升级，央企改革推进会在我市召开。积极推进国家城乡融合发展试验区建设， 农村土地、农村金融、科技成果入乡等重点改革取得阶段性成果。实施“管委会+公司+园区”和“大部制”改革，推进九台、双阳、农安等地开发区整合优化，各级各类开发区管理效能和综合实力不断提升。

持续优化营商环境。锚定“进入全国第一方阵”目标，大力实施绿色审批、城市智能体大数据共享等“十大行动”。在国家发改委发布的《中国营商环境报告2021》中，长春2项指标进入标杆行列，2项改革入选典型案例。深化“放管服”改革，“证照集成”“拿地即开工”“交房即办证”等改革全面铺开，政务服务事项平均审批时限由22.1天压缩至8.2天，140个高频事项实现“跨省通办”。推动商事制度改革，强化事中事后监管获国务院办公厅表彰。深化“万人助万企”行动，建立“长春亲清政企关系”微信群，解决企业提出问题1500余项，通过银企对接帮助企业融资218.7亿元。大力建设“诚信长春”，综合信用指数排名首次进入全国前十。全年新登记市场主体26.9万户，比2020年增长75.3%。

提升对外开放水平。积极参与“一带一路”建设，加强与东北亚、东南亚及欧美各国的交流合作，法国达索系统等战略投资者落户长春，巴斯夫在长春市建立首个世界500强外企区域中心。主动对接京津冀协同发展、长江经济带、粤港澳大湾区等国家战略，深化与天津、杭州多领域、全方位对口合作，预计全年到位内资1628亿元、比2020年增长30%。持续推进长吉、长平一体化协同发展，全面深化与省内各（市）州对接合作，谋划实施项目210个，总投资超过3000亿元。大力推进平台通道建设，积极申建吉林自贸区长春片区，临空经济示范区获批成立，空港被国务院批准为药品进口口岸，兴隆综保区二期通过验收，“长珲欧”班列实现试运行，长春至法兰克福客货运航线正式开通。成功举办跨国企业高层圆桌会、中欧经贸与投资合作云峰会、全球制造业服务外包峰会、中德汽车大会、世界中医药大会、中国首届新电商大会等重要会事活动，长春对外影响力持续增强。

五、加快建设生态强市

忠实践行习近平生态文明思想，统筹污染防治、生态保护和绿色发展，努力厚植生态优势。

着力完善治理体系。落实党委领导、政府主导、企业主体、社会组织和公众共同参与的治理格局，科学编制长春市“十四五”生态环境保护、国土空间生态修复、能源结构调整等规划，制定出台生态保护补偿、生态损害赔偿等政策，加快建设一体化智慧环保平台，运用市场化、多元化手段推进生态环境治理和资源保护利用。积极倡导简约适度、绿色低碳的生活方式，努力把建设“美丽长春”转化为全社会的自觉行动。

强力治理环境污染。持续打好“五大保卫战”，切实提升空气、水、土壤环境质量。坚决推进秸秆全域禁烧，开展燃煤锅炉、挥发性有机物、柴油货车、扬尘污染等专项攻坚，预计全年空气质量优良天数超过325天，创有监测记录以来历史最好水平。深入落实“河长制”，推动新凯河、饮马河等流域综合治理，深化黑臭水体整治，强化工业企业减排监管，成功消除5个劣五类断面，国考断面优良水体比例达到50%，超前完成“十四五”目标要求。强化农用地和建设用地污染管控，提升受污染耕地安全利用率。统筹推进山水林田湖草沙一体化治理修复，全面启动50万亩国土绿化行动。坚决落实中央环保督察反馈意见，建筑垃圾、畜禽粪污、矿山生态、污泥处置等突出问题得到有效解决。

全力落实“双碳”战略。积极推动生态产业化、产业生态化。扩大煤改气、煤改电、煤改生物质和清洁供暖范围，进一步降低煤炭消耗。实施“旗E春城”行动，首批22座换电站全部建成，投放2000辆新能源出租车，长春市成为国家新能源汽车换电模式应用试点示范城市。大力发展循环经济，出台《再生资源回收利用管理办法》，加快建设循环经济开发区，新北垃圾焚烧发电厂投入运营。

六、坚持不懈改善民生

认真践行“以人民为中心”的发展思想，突出问题导向、需求导向，全面完成幸福长春行动计划，进一步提升人民群众的获得感、幸福感、安全感。

持续抓好疫情防控。把外防输入作为重中之重，严格落实“一精准三确保”要求，压紧压实责任，完善应急预案，运用大数据手段精准排查，发挥“三长”联动机制群防群治，形成无遗漏、无死角、无盲区的“防控闭环”。积极应对输入性疫情，第一时间启动应急响应机制，实施精准有效处置，在较短时间实现动态清零。广泛动员、主动服务，有力有序推进疫苗免费接种，全市累计接种1470.4万剂，接种率达到83.3%。

坚决打赢脱贫攻坚战。全市154个贫困村全部出列，62810名建档立卡贫困人口全部脱贫，“两不愁三保障”问题得到根本性解决。推进全面脱贫与乡村振兴有效衔接，严格落实“四个不摘”“四个不减”要求，健全防返贫致贫动态监测预警和帮扶机制，脱贫基础更加稳固，全面小康成色更足。

全力以赴稳定就业。开展促就业“政策落地、服务落实”专项行动，发放稳岗返还补贴1亿元，全年预计城镇新增就业11.2万人，登记失业率控制在4%，零就业家庭保持动态为零。落实鼓励大学生在长就业创业12条政策，大学生留长10万人。大力开展农民工培训，妥善解决拖欠农民工工资问题，实现农村劳动力转移就业106万人次。

加快社会事业发展。坚持教育优先，实施基础教育质量提升三期工程，启动16所义务教育学校建设，全面落实“双减”政策，“温馨村小”经验被评为全国优秀案例。推动汽高专等3所市属高职院校专升本，中国首家职教博物馆正式开馆。强化公共卫生服务体系建设，进一步推进分级诊疗，落实基本药物制度，扎实推进市传染病医院、疾控中心、急救中心新建改造。提升保障水平，养老和基本医疗保险参保总数分别达到611万人和837万人，连续17年提高企业退休人员基本养老金，城乡低保标准分别提高16.9%和26%，居家社区养老、残疾人托养等实现量质齐升。推动“住有所居”，加快国家住房租赁市场试点，筹集租赁住房2.7万套，改造老旧小区251个。

提升城市建管水平。完善交通基础设施，轨道交通6条线10个项目同步推进，惠工路机场大道主线、长伊公路、硅谷大街延长线通车，抚长高速人民大街出口改移、建业大街延长线、西安桥改造等工程加快实施。下大气力治理交通拥堵，打通19条断头路、卡脖路，调整优化231条公交线路，对中心城区停车泊位实施差异化收费管理。提升要素保障能力，启动投资百亿元的电网提升工程，新增供热能力300蒸吨，新建改造水气热管网548千米。实施城市更新行动，打造人民大街、解放大路夜景观轴线，推进商埠地、宽城子等历史文化街区和长拖工业遗址改造，全面修补“城市伤痕”。新建4座公园，建设提升168处“口袋公园”，新增106公顷街路绿地。推进“拆围透绿”，拆除临街围墙14000余米。持续开展“走遍长春”专项行动，加快推进“城市智能体”建设，城市管理精细化、智能化、法治化、现代化水平显著提升。

七、巩固安定和谐政治局面

坚持党的领导、人民当家做主、依法治国的有机统一，广泛凝聚力量，加强法治建设，维护和谐稳定。

扎实推进民主政治建设。认真践行全过程人民民主，支持人大及其常委会依法履职，突出立法决策与改革决策相衔接，完成《长春市科技创新条例》等立法项目，启动编制十六届人大立法规划。推进协商民主广泛多层制度化发展，支持政协充分发挥职能作用，提高协商议政质量，聚焦优化新基建布局等17项协商议题和13项监督议题提出意见建议、贡献智慧力量。加强同各民主党派、工商联和无党派人士交流合作，顺利完成民主党派和工商联换届选举。畅通党外知识分子、非公有制经济人士、新社会阶层人士意见诉求表达渠道，推进港澳台侨和海外统战工作。认真做好民族、宗教、群团工作，积极争创全国民族团结进步示范市。深入推进军民融合发展，巩固提升全国双拥模范城创建成果，强化党管武装，打造国家级退役军人红色精品服务站。

持续深化法治长春建设。坚持科学立法、严格执法、公正司法、全民守法，制定落实法治长春建设实施方案，推进法治政府、法治社会一体建设。打造“长春中央法务区”，建设东北振兴法律服务高地。完善行政规范性文件和重大行政决策合法性审查，落实行政执法公示、重大执法决定法制审核等制度，完善公共法律服务体系，营造良好法治环境。

着力加强平安长春建设。落实总体国家安全观，深入开展反颠覆、反渗透、反恐怖斗争，坚决捍卫政治安全。围绕中国共产党成立100周年主题主线，开展信访积案化解“百日攻坚”，及时就地解决信访新问题，实现“零非访”“零聚集”“零滋事”“零炒作”“零通报”。深入开展扫黑除恶专项斗争，查处黑恶势力“保护伞”63人，追责问责139人。加强社会治安综合治理，严厉打击违法犯罪，获评平安中国建设示范市，入围国家智能社会治理综合实验基地。集中开展政法队伍教育整顿，强化自查自纠和组织查处，政法干警主动说明问题772人，纪检监察机关立案244件、254人，整改顽瘴痼疾问题1670个。强化底线思维，深刻汲取净月“7·24”火灾等事故教训，开展地毯式安全隐患大排查大整治，安全生产事故起数和较大事故数量实现“双下降”。加强食品药品监管，深入创建国家食品安全示范城市。强化应急处置，有效应对6月初持续强降雨和11月份严重雨雪冰冻天气，全市各级党政干部冲锋在前，各部门各单位闻令而动，公安交警、环卫工人等昼夜奋战，最大限度保障了正常生产生活秩序。

八、守牢宣传文化阵地

主动适应新时代宣传思想文化工作新形势、新任务、新要求，培根铸魂，守正创新，为长春全面振兴全方位振兴提供强大舆论支持和精神动力。

弘扬伟大建党精神。开展庆祝中国共产党成立100周年系列宣传，组织“永远跟党走”群众性主题教育活动，举办“信仰的力量”“颂歌献给党·奋进新征程”“不忘初心跟党走·砥砺奋进新征程”等各类演出百余场。把深入学习贯彻党的十九届六中全会精神作为重大政治任务，扎实开展学习培训、集中宣讲，推进“七讲七进”分众化、对象化、互动化，引导全市党员干部群众把思想和行动统一到全会精神上来，凝聚发展共识，汇集奋进力量。

加强宣传舆论工作。精心开展“新征程·新长春”都市影响力系列宣传，制作长春城市形象宣传片，组织“标志长春”十大文化符号评选，举办新闻发布会41场，全方位展现长春发展的生动实践。突出防范思想文化领域重大风险，积极应对网上舆情，加强正面引导，及时主动发声，切实维护意识形态安全。

繁荣文化体育事业。成功举办消夏节，高水平启动冰雪节，神鹿峰、冰雪新天地等文旅品牌影响力、吸引力大幅提升，旅游总收入增长40%，基本恢复到疫前水平。在东北唯一入选国家首批文化和旅游消费示范城市。大力发展影视文创产业，长春电影节经国家批准调整为每年一届，成为独具特色的电影文化盛会。积极推进院团改革，长春杂技团作品获评中国杂技界最高奖，中央歌剧院在长春建立全国首个公共文化服务中心。丰富群众文体生活，打造城市周末音乐会、精品演出季等文化载体，办好净月潭瓦萨国际滑雪节等品牌赛事，城区“10分钟体育健身圈”覆盖率达到100%，长春工人体育馆建成开放。

培育践行社会主义核心价值观。深化群众性精神文明创建，评选表彰40名长春好人标兵、80名长春好人。张超凡获第八届“全国道德模范”荣誉称号、吴亚琴获提名奖，中车长客高速动车组制造中心入选“全国爱国主义教育示范基地”。212个实践所、2573个实践站和1068个实践点全面升级，广大市民道德素质、文明修养不断提升。

九、推进全面从严治党

认真贯彻新时代党的建设总要求，大力弘扬伟大建党精神，进一步强化管党治党政治责任，努力把各级党组织建设得更加坚强有力。

突出加强政治引领。深化理想信念教育，激励党员干部统一思想、统一意志、统一行动，增强“四个意识”、坚定“四个自信”、坚决拥护“两个确立”，坚决做到“两个维护”。制定出台《市管干部政治素质考察操作办法》，突出政治忠诚、政治定力、政治担当、政治能力和政治自律，做到“首关不过、余关莫论”。全面彻底肃清孙政才和苏荣、王珉流毒影响，教育引导党员干部增强政治判断力、政治领悟力、政治执行力。

严肃组织集中换届。聚焦“五个好”目标和“三个必须”要求，扎实推进县乡村三级换届工作，选优配强各级领导班子。新一届县（市）区党政正职平均年龄下降1.4岁，具有全日制大学以上学历的班子成员占比达35.6%，具有专业背景和基层一线经历的干部达29%和37%。实现全市村、社区干部一次选举成功率100%、如期换届率100%。换届风气监督工作得到中组部督查组充分肯定。

打造过硬干部队伍。坚持严管与厚爱相结合，深化“三走进一评定”考核模式，强化平时考核和跟踪了解，落实容错免责机制，广大干部争先创优的氛围更加浓厚。深入推进选调生“千人优选”工程、专业干部“通渠蓄能计划”，依托与天津、杭州对口合作和上海派驻招商，加强干部挂职交流。深化“人才强市”战略，加快推进高层次人才队伍建设五年计划，启动新建2万套100万平方米人才公寓，确保人才引得进、留得住、用得好。

强化基层组织力量。着力推动农村党建与乡村振兴紧密结合，持续向乡村振兴任务较重的村和脱贫村选派干部，深入实施“双派双促”计划和村级集体经济提档升级行动，乡村振兴组织活力进一步增强。扎实推进城市基层党建升级工程，深化街道管理体制改革，推动社区服务转型提质。开展非公党建“两个覆盖”集中攻坚和“双诺一评”，非公企业和社会组织党组织组建率进一步提高。落实新时代吉林党支部标准体系，开展“双创强基”行动，基层党建更加标准、规范、有力。

深化党风廉政建设。深入落实“作风建设年”各项要求，持续推进“四风”问题专项整治，查处违反中央八项规定精神178件，处分179人。完成十三届市委第十轮巡察，启动第十一轮巡察，扎实开展一至九轮巡察整改“回头看”。保持惩治腐败高压态势，全市纪检监察机关立案2986件、处分2457人，运用“四种形态”批评教育帮助和处理9672人次。深化以案促改、以案促治，召开警示教育大会，加强常态化警示教育，巩固风清气正的良好政治生态。

一年来，市委常委会高度重视自身建设，深入学习贯彻习近平新时代中国特色社会主义思想和党的十九届五中、六中全会精神，坚决贯彻党中央和省委决策部署，积极发挥总揽全局、协调各方作用，牢牢抓住主要矛盾，深入研究重大事项，着力破解瓶颈问题，全面推动工作落实。严守政治纪律和政治规矩，认真贯彻民主集中制、请示报告等各项制度，带头遵守中央八项规定精神和廉洁自律各项要求，高质量召开常委班子民主生活会，认真开展批评和自我批评，以自我净化、自我完善、自我革新、自我提高的政治自觉和政治品格，深入推进全面从严治党，努力开创长春振兴发展率先突破新局面。

本次全会是十三届市委最后一次全会。市委十三届一次全会以来，全体委员始终保持高度的政治责任感和饱满的工作热情，紧紧围绕全市工作大局和人民期盼，珍惜荣誉、知责思进，以坚定立场和模范履职践行了市委委员的神圣使命，充分体现了心系长春、忠于人民的真挚情怀，体现了胸怀全局、服务发展的责任担当，体现了正气充盈、奋发有为的精神风貌，在新时代历史坐标中留下了不可磨灭的奋斗足迹。在此，我代表十三届市委常委会，向大家表示崇高的敬意和衷心的感谢！请同志们一如既往对市委常委会的工作提出宝贵意见建议，帮助我们把工作做得更好。

（市委办）

政府工作报告

——2022年2月20日在长春市第十六届人民代表大会第一次全体会议上

市长　王子联

各位代表：

现在，我代表市政府，向大会报告工作，请予审议，并请市政协委员提出意见。

一、2021年和本届政府工作回顾

2021年，是长春发展史上极不平凡、极具挑战、极其艰难的一年。全市上下坚持以习近平新时代中国特色社会主义思想为指导，深入贯彻习近平总书记视察吉林重要讲话重要指示精神，坚决落实省委“一主六双”高质量发展战略，聚焦“两确保一率先”目标，在市委的坚强领导下，统筹疫情防控和经济社会发展，尽最大努力争取最好成果。地区生产总值增长6.2%，两年平均增长4.8%，固定资产投资增长11.6%，地方级财政收入增长5.9%，城乡居民收入分别增长8.2%和9%。

（一）全力以赴稳增长。工业负重前行。支持一汽稳排产、扩增量，在长统计口径整车生产242万辆，完成产值4551亿元。新冠疫苗12条分装线当年投产，净增产值30亿元，带动生物医药产业产值增长39.7%。农产品加工业增长30.2%，新材料产业增长16.7%，光电信息产业增长19%。在汽车整车产值下降2%的情况下，全市规模以上工业产值增长2.5%。建筑业产值增长10.6%。农业增产丰收。实施黑土地保护工程，组织“黑土粮仓”科技会战，落实保护性耕作1057万亩，建设高标准农田86.1万亩，粮食产量达247.31亿斤。公主岭国家级现代种业产业园获准建立。国家农高区即将获批。“秸秆变肉”工程扎实推进，肉牛发展到132.9万头。农业总产值增长6.3%。三产增势强劲。深入开展服务业攻坚，省级现代服务业集聚区达34个，占全省一半以上。承办首届中国新电商大会。入选国家首批文化和旅游消费示范城市。整顿成品油和二手车市场。举办81场消夏活动、180项冰雪活动、400场促销活动，发放消费券2.6亿元。旅游总收入增长48.1%，社会消费品零售总额增长10.8%，服务业占GDP比重达50.9%。

（二）克难攻坚聚动能。项目亮点纷呈。开复工5000万元以上项目1315个。奥迪新能源项目取得突破性进展，旭阳中法智能产业园开工建设，玲珑全钢轮胎启模下线，解放J7智能生产线正式投产，中车轨道车辆公司搬迁顺利启动，巴斯夫在长春市建立首个世界500强外企区域中心。与各市（州）共同谋划实施项目210个，总投资3738亿元。创新动能增强。携手一汽、吉大、光机所、华为共建产学研创新联盟，积极申建国家自主创新示范区、半导体激光技术中心，全力打造环吉大双创生态圈。启动“揭榜挂帅”，联合攻关一汽自主创新关键核心难题，红旗H9荣获国家年度创新大奖，一汽-大众新技术开发中心落成。新型奥运版复兴号智能动车组上线京张高铁。“吉林一号”在轨组网卫星达31颗，长光卫星成为东北唯一独角兽企业，长光华大高通量基因测序仪投入应用。中国（长春）知识产权保护中心获批。打造新型众创空间获国务院通报表扬。新认定高新技术企业765户，总数达2286户。27户专精特新企业晋升国家级“小巨人”。全市上市企业达37户。改革扎实推进。国企改革三年行动稳步推进。“放管服”改革取得新成效，政务服务事项平均审批时限由22.1天压缩至8.2天。与一汽等建立紧密型政企关系，服务企业超万次。大学生留长10万人。新登记市场主体34.35万户，总量达到129.2万户。新入库“四上企业”1272户，增长61.6%。

（三）城乡一体共发展。完善基础设施。轨道交通7条线路9个项目同步施工。西安桥、惠工路机场大道、长伊公路、硅谷大街延长线实现通车，抚长高速人民大街出口改移等工程顺利实施，打通22条断头路、卡脖路。启动百亿投资电网提升工程。新增供热能力300蒸吨。改造居民燃气30万户。新建改造水气热管网548.2千米。努力补齐农村基础设施短板，提升农村人口饮水安全水平，新建改造农村公路1679千米。加强城乡管理。深入整治城市乱象，大力修补城市伤痕，提升文明城创建成果。新建4座公园，建设升级168处“口袋公园”，新增273公顷街路绿地，“拆围透绿”22条街路，启动大规模国土绿化工程。城市智能体一期上线运行。扎实创建全国乡村治理试点示范，健全“三治”结合治理体系。优化人居环境。深入整改中央和省环保督察反馈问题。空气质量优良天数达330天，创有记录以来最好水平。国考断面优良水体比例达50%。城市生活垃圾分类工作扎实推进，新北环保电厂投入使用。改善农村人居环境，垃圾

收转运体系基本建成，改造农村厕所9万户，打造“美丽乡村”示范村225个。

（四）改善民生增福祉。抓好民生保障。巩固脱贫成果，推动与乡村振兴有效衔接。城镇新增就业11.69万人，农村劳动力转移就业106.41万人。连续17年提高企业退休人员基本养老金，失业保险金标准提高11.8%，城乡低保标准分别提高16.9%和26%。开展失能人员居家照护保险国家级试点。为残疾人发放生活和护理补贴15.8万人次。第二福利院投入使用。改造老旧小区251个，筹集租赁住房2.82万套。发展社会事业。启动建设16所义务教育学校，全面推进“双减”落地，中小学生课后服务参与率达80%。有效解决教师绩效工资和职称评聘遗留问题。建成全国首家职教博物馆，推动汽高专等3所市属院校专升本。传染病医院、疾控中心、急救中心完成主体建设。中央歌剧院在长建立全国首个地方性服务站。工人体育馆建成开放。长春大众卓越女足夺得全国锦标赛冠军。维护社会稳定。源头治理安全隐患，提高应急处置能力。深入创建国家食品安全示范城市。扎实推进政法队伍教育整顿。命案和有影响案件全部告破。加强信访工作，维护群众合法权益。市长公开电话社会影响力大幅提升，被外交部作为典范。启动“八五”普法。巩固提升民族团结、宗教和谐良好局面。国家安全、贸易促进、公积金、地方志、红十字、供销、气象、地震、档案、人防等领域都取得了新成果。

（五）政府建设再加强。全面整改中央巡视、国务院大督查、省委巡视及“回头看”反馈问题。依法接受市人大及其常委会监督，自觉接受市政协民主监督，主动接受社会和舆论监督，广泛听取各民主党派、工商联、无党派人士、各人民团体意见建议。办理市人大议案2件、代表建议168件，市政协建议案2件、委员提案276件。认真贯彻中央八项规定及其实施细则精神，持续纠治“四风”，深入开展“作风建设年”，以“五化”工作法推动落实。严格依法行政，深化法治政府建设。加强审计监督。扎实开展党史学习教育。坚决落实全面从严治党责任，大力推进党风廉政建设。

各位代表！在这充满艰辛的2021年，全市上下众志成城、共克时艰。面对芯片短缺，我们与汽车及零部件企业同呼吸共命运，国际国内抢芯片。面对电煤紧张，我们心系百姓冷暖，与热企电企共担使命，省内省外稳煤源。面对疫情冲击，我们共守一方净土，防疫人员冲在一线，社村骨干坚守基层，公安干警保障有力，市内市外筑防线。面对大宗商品涨价，我们出台支持政策，中小企业和政府共担社会责任，保开工、保生产，保就业、保稳定，同心同向渡难关。在此过程中，全市广大干部职工尽职责、拼全力，企业家们顾大局、肯担当，全市人民手相携、心相连，充分展现了心系全局的境界、负重前行的勇气和奋发有为的风貌，必将在新时代长春振兴发展史上留下浓墨重彩的一笔。

过去的五年，我们始终牢记习近平总书记嘱托，主动作为，开拓奋进，实施一系列利当前、惠长远的重大举措，推动长春振兴发展迈上新台阶。

五年来，着力扩总量调结构，综合实力全面跃升。明确长春现代化都市圈战略定位，地区生产总值年均增长5.4%，总量超过7100亿元。农业基础地位不断夯实，服务业增加值占GDP比重过半，工业稳增长和转型升级3次获国务院通报表扬。长春跃居2021中国城市综合经济竞争力排行榜东北首位。

五年来，着力抓改革促创新，发展活力全面增强。积极推进国家区域创新中心建设，高新技术企业数量增长8倍，是东北唯一连续5年人才净流入地区，科研城市排名居全球第37位。国资国企、财税金融等重点领域改革全面深化。城市综合信用指数排名全国第9。对口合作、省内合作不断深入，公主岭划归长春代管，中韩示范区、临空经济区、长春国际汽车城等重大平台载体相继获批，兴隆综保区二期通过验收，加快由内陆腹地向开放高地转变。

五年来，着力强功能提品质，城市格局全面拉开。长春新城市框架基本形成，东至莲花山、西至公主岭、南至永春新城、北至米沙子，区域面积达1984平方千米，建成区面积增加52平方千米。完成中心城区全面改造和伊通河综合治理，“两环八射”高速路网基本形成，轨道交通运营里程达到106.7千米。污染防治阶段性目标全面完成，“双碳”行动扎实启动，主城区绿化覆盖率达41.5%。

五年来，着力补短板促振兴，乡村面貌全面改善。粮食综合生产能力达到120亿千克历史阶段性水平。榆树、农安、公主岭稳居全国产粮大县前三名。初步形成特色鲜明的健康食品、玉米化工等十大产业链。国家城乡融合发展试验区长吉接合片区建设取得初步成效。农村集体产权制度改革基本完成。常态化推进村庄整治行动，农村人居环境初步实现净起来、绿起来、美起来。城镇化率达到65.9%。

五年来，着力兜底线强保障，民生福祉全面提高。打赢精准脱贫攻坚战，建档立卡贫困人口全部脱贫，贫困村全部出列，城乡居民收入增长30%以上，全面小康历史任务如期实现。城乡养老、医保实现全覆盖。困难群众基本生活保障水平连年提高。教育、卫生、文化、体育等社会事业不断进步。长春进入“全国十大美好生活城市”行列。

五年来，着力保稳定促和谐，治理能力全面提升。精准有效防控新冠疫情，率先实现复工复产，创新推行“三长联动”，以最小社会成本实现疫情动态清零。深入开展扫黑除恶专项斗争，荣获“平安中国建设示范市”称号。成功抵御罕见台风和雨雪冰冻等自然灾害。扎实推进基层社会治理现代化。金融风险处置成果显著。市长公开电话累计解决群众反映问题446万件。荣膺全国双拥模范城“九连冠”、全国文明城市“四连冠”。

各位代表！回顾过去五年工作，我们步履坚实、硕果累累。这是习近平新时代中国特色社会主义思想科学指引和党中央、国务院亲切关怀的结果，是省委、省政府和市委正确领导的结果，是市人大、市政协监督支持的结果，是全市广大干部群众团结奋斗的结果。在此，我代表市政府，向全市人民、人大代表、政协委员，向各民主党派、工商联、人民团体，向驻长中省直单位、人民解放军、武警官兵和消防救援人员，向所有关心支持长春发展的各界人士和国际友人，致以崇高的敬意和衷心的感谢！

看到成绩的同时，更要冷静分析困难和挑战。今后一个时期，我们将持续面对宏观形势日趋复杂与区域格局加速演进的双重变化，争先进位与强化“一主”担当的双重责任，扩大总量与调优结构的双重考验，传统动能减弱与新兴动能不足的双重难题，改革开放程度不高与科技创新能力不够的双重矛盾，城市承载功能不强与品质整体不优的双重制约，民生保障层次不高与美好生活期待更加多元的双重压力。我们必须坚持问题导向，增强机遇意识和风险意识，善于在危机中育先机，于变局中开新局，以勇于自我革新、敢于求变应变的信心决心，奋力闯出一条振兴发展新路。

二、今后五年主要目标任务

市十四次党代会科学绘制了长春振兴发展的宏伟蓝图，全市各级政府要全面行动起来，认真贯彻市委决策部署，结合“十四五”规划和2035年远景目标，锚定方向、保持定力、狠抓落实，全力以赴将美好蓝图化为现实。

今后五年政府工作的指导思想是：坚持以习近平新时代中国特色社会主义思想为指导，全面贯彻党的十九大和十九届历次全会精神，认真落实习近平总书记视察吉林重要讲话重要指示精神，统筹推进“五位一体”总体布局，协调推进“四个全面”战略布局，立足新发展阶段，完整、准确、全面贯彻新发展理念，服务和融入新发展格局，坚持稳中求进工作总基调，以高质量发展为主题，以深化供给侧结构性改革为主线，以改革开放创新为动力，以满足人民群众日益增长的美好生活需要为根本目的，以全面从严治党为保障，统筹发展和安全，落实省委“一主六双”高质量发展战略，加快推进长春现代化都市圈建设，努力把长春建设成为常住人口超千万、经济总量超万亿的产业兴旺、创新活跃、文化繁荣、生态宜居、人民幸福的特大型现代化城市，开创振兴发展率先突破新局面。

今后五年，必须主动肩负“新担当、新突破、新作为”重大职责使命，勇拓率先突破之路。胸怀“两个大局”、心系“国之大者”，聚焦全面振兴全方位振兴，提高发展质量，提升发展效益，优化经济结构，释放发展优势，在服务党和国家重大战略中找准位置，在落实省委“一主六双”高质量发展战略中扛起担当。

今后五年，必须充分把握“天时、地利、人和”难得发展优势，善谋率先突破之策。抢抓“其时已至”的时代机遇，用足“一带一路”建设、内需外需转换、东北振兴等系列利好政策，增强振兴发展的动力和活力。把握“其势正起”的重要节点，努力把区位、资源、产业、科教、生态、文化等优势转化为胜势，增强振兴发展的底气和定力。浓厚“其兴可待”的良好氛围，把“关注度”变成“参与度”，把“朋友圈”变成“合作圈”，增强振兴发展的信心和决心。

今后五年，必须系统打好战略、战术、战役“组合拳”，多行率先突破之举。建设长春现代化都市圈，打造工业强市、农业强市、生态强市和区域创新中心、区域消费中心、文化创意中心，加快国际汽车城、现代农业城、“双碳”示范城、科技创新城、新兴消费城、文化创意城“六城联动”，精准施策落实“十大工程”。要抓实政策体系促“六城”，抓实重大项目立“六城”，抓实人才汇集兴“六城”，抓实要素配置强“六城”，抓实发展环境优“六城”。

为者常成，行者常至。要找准率先突破发力点，落实目标、落细举措、落地载体。

——强规划，让布局更科学。以长春现代化都市圈建设为引领，以“六城”为支点，进一步优化开发区、城区、县域错位发展格局，完善生产、生活、生态“三生融合”城市功能布局，加快打造常住人口城镇化率70%以上的特大型现代化城市。

——调结构，让产业更兴旺。着力构建以现代农业为基础、先进制造业为支撑、现代服务业为主体、战略性新兴产业为引领的现代产业体系，全市粮食产量达到135亿千克，规上工业总产值突破1.5万亿元，服务业占比超过55%，数字经济核心产业增加值占比超过全国平均水平。

——育动能，让创新更活跃。实施创新驱动发展战略，推进国家自主创新示范区建设，打造国内重要的创新策源地和“双创”示范地。全社会研发投入年均增长10%，每百万人口发明专利拥有量达2000件，大学生每年留长10万人以上，进入全国创新型城市前列。

——增底蕴，让文化更繁荣。弘扬汽车、电影、冰雪、森林、雕塑等特色地域文化，提升消夏、冰雪旅游和影视文化品牌国际影响力，建设千亿级文旅产业集群。弘扬城市精神，提升文明素养，让长春成为本地人自豪、外地人向往、投资者赞誉的文化品质之城。

——优环境，让城乡更宜居。深入打好污染防治攻坚战，全面消除劣V类水体，空气质量优良天数比率保持90%以上，让长春天更蓝、水更绿、空气更清新。坚持城乡一体化发展理念，加快城市更新，建设美丽乡村，推动城乡在规划布局、公共服务、生态保护等方面相互融合、共同发展。

——惠民生，让人民更幸福。瞄准共同富裕目标，着力解决好群众关心关注的就业增收、教育医疗、养老托幼、住房保障、交通出行等民生问题。统筹发展与安全，创建市域社会治理现代化试点市、国家安全发展示范城市，打造宜居宜业宜游的现代化新长春。

三、2022年重点工作

2022年是新一届政府开局之年，我们要坚持稳字当头、稳中求进，抓“六稳”促“六保”，紧盯“两确保一率先”目标，保持经济运行在合理区间；要全面落实省委“一主六双”高质量发展战略，以“六城联动”为载体培育新动能，以“工作专班”为抓手开创新局面。

2022年全市经济社会发展主要预期目标是：地区生产总值增长6.5%左右，正常年景下粮食产量达到125亿千克，固定资产投资增速高于全省平均水平，社会消费品零售总额增长7%左右，地方级财政收入增长2%，城乡居民收入增长与经济增长基本同步，城镇调查失业率控制在6%以下，CPI涨幅3%左右，单位GDP能耗下降3.4%。

（一）抓投资上项目，在保持经济平稳运行上取得新进展。用好用足国家各类政策，围绕“六城联动”打好项目牛成、落位、建设“组合拳”，全力稳定经济大盘。抓牢有效投资。推动产业投资快速增长，持续优化投资结构。抢抓国家专项债提前发行机遇，谋划落实一批燃气、供水、排污等城市更新项目。围绕“六新产业”和“四新设施”，储备亿元以上项目1000个以上。主攻重点项目。明确各属地主业，优化项目布局，加快1328个5000万元以上项目建设。着力推进奥迪新能源、比亚迪动力电池等390个工业项目，华为吉林区域总部、万达国际影都等210个现代服务业项目，轨道三期、机场三期等312个基础设施项目，形成更多实物量。继续推进与省内各市（州）项目合作，谋划新项目60个以上。强化组织推进。落实领导包保、项目秘书等机制，围绕招商落地、前期审批、开工入统、竣工验收、投产开业，全方位、全生命周期推动重大项目建设。抓好冬季不停工和春、秋季集中开工，开展全市项目大巡检，实行“赛马”机制，确保开复工亿元以上项目超过1000个。实施精准招商。各级领导带头，配强专班队伍，创新招商方式方法，围绕产业链条，务实调整政策，发挥各类开发区、园区以及头部企业、商会协会等作用，紧盯世界500强、央企和上市公司，引入一批重大项目、区域总部、研发中心、结算中心和首店经济，力争引进落位重大项目300个以上，引资额超过1500亿元。

（二）抓转型提质量，在工业服务业双拉动上实现新突破。突出开发区主战场作用，真正夯实产业链长责任，专班推进产业、配套、人才、融资等“十人”体系建设，加快构建适应高质量发展的产业生态。推进国际汽车城“质效升级”。瞄准打造万亿级汽车产业基地，支持一汽创建世界一流企业。务实推进“六个回归”，加快补链、延链、强链。释放红旗繁荣基地、丰越技改扩能等重大整车项目效能，红旗品牌年产量力争实现50万辆，一汽在长口径生产整车达到269万辆。推动红旗尊享定制中心、解放车桥基地等重大项目建设。支持新能源汽车加快发展，抓好全新电动化智能网联平台、高功率氢燃料电池发动机、无人驾驶、CR450下一代高速动车组等关键核心技术和新产品研发，加快中车长客车辆高铁运维基地建设。与一汽、长客一道开拓国内国际市场。推进生物医药、光电信息“两翼齐飞”。推动新品种疫苗、单克隆抗体等创新产品产业化，加快高新生物医药产业园、金赛医药产业园等重大项目投产达效，推动长春生物制品研究所P3生产车间尽快获批，全力打造“长春药谷”。加速“光学+X”产业融合，推动光电小镇、吉光半导体、OLED材料等项目建设，全力打造“长春光谷”。今年两大新兴产业产值增速要达30%以上。提升农产品加工、新材料和能源等产业市场规模、创新水平，全市规上工业总产值增长6%。培育壮大一批专注细分市场、掌握核心技术、有竞争力的中小企业，新增专精特新企业200户。推进消费、服务业“双向发力”。全力以赴建设新兴消费城和文化创意城，大力发展产业融合型、数字赋能型、文旅带动型服务业，加快发展新一代信息技术产业，提升服务外包、现代金融、科技服务、软件信息、现代物流等生产性服务业比重。服务业增加值增长6.5%。促进商贸业提能增效，实施商业步行街改造等工程，围绕重大节庆开展促销，推进跨境电商综合试验区建设。高质量举办冰雪节、消夏节、电影节等活动。以净月潭、神鹿峰、天定山、庙香山等为重点，打造市郊游、自驾游、短途游、周末游精品线路，丰富“吃住行游购娱”全链条消费供给，让长春观有风景、玩有去处、乐有空间。

（三）抓创新促发展，在激发内生动力上打造新引擎。实施创新驱动发展战略，落实《长春市科技创新条例》，全力建设科技创新城。建立创新运行体系。组织高校和科研院所梳理科技成果资源、发布科技成果目录，鼓励企业拉单子、提需求，推动科技成果供需两端有效对接。支持科技型产品本地推广，引导科技型企业融入汽车、轨道客车、航天信息等产业链。建立创新政策体系。健全创新激励机制，靶向出台支持科技创新若干措施，加大对创新主体、研发活动、成果转化、平台建设的支持力度。持续开展“揭榜挂帅”，攻克一批“卡脖子”技术。支持企业加大科研投入，新认定高新技术企业600户。建立创新平台体系。积极创建国家实验室、大科学装置和国家级超算中心。鼓励企业牵头、政府引导、产学研协同建立企业创新中试熟化平台。加快建设一批为科技成果转化提供检验检测认证、技术推广交易等服务专业性机构。强化金融支撑，发挥300亿规模政府产业基金作用，撬动社会资本跟投，推动更多科技创新项目落地。建立创新人才体系。研究制定激励人才引领“六城联动”的政策举措，打造人才政策3.0升级版，推进政策直达快享。推广“摆渡创新工场”双创模式，支持光机所青年创新中心发展。鼓励院士、专家带队创新创造，加强大国工匠、技能人才内培外引，吸引10万名大学生留长施展才华，让长春成为“科学家的家”“创新者的城”。

（四）抓重点破藩篱，在推进改革开放上迈上新台阶。持续推进重点领域改革，全面融入新发展格局。着力优化营商环境。锁定进入全国第一方阵目标，制定营商环境建设5.0版，真金白银赋能企业，理直气壮撑腰站台，让企业真正成为城市的财富，让企业家真正得到各级政府和全社会的厚爱与支持。深化“放管服”改革，对企业开办、工程建设、融资服务等开展专项攻坚。坚决落实减税降费各项政策。建设长春智慧法务区，开展商事争端解决、涉外法律服务、法务人才培养和企业合规改革试点示范，打造全国重要法治人才中心和法务创新高地。培育一批行业龙头企业，增加一批成长型入规企业，新增“个转企”力争超过2400户，市场主体增长16%。着力推进重点改革。全面完成国企改革“三年行动”各项任务，优化国有资本结构，对接和引入各类社会资本。积极探索开发区、园区改革实践路径。深化金融、土地等要素市场化改革，推动资源向优势产业、重大项目、创新创业集中。创建国家绿色金融改革试验区。着力提升开放效能。加快申建吉林自贸区长春片区。发挥中韩示范区、临空经济区、兴隆综保区带动作用，提升中欧班列、长津海铁联运班列运行能力，积极申报陆港型国家物流枢纽。进出口总额增长7%左右。加强与天津、杭州对口合作。办好东北亚博览会、汽博会、农博会等重要展会，让长春走向世界，让世界了解长春。

（五）抓基础强产业，在乡村振兴上展现新作为。积极推进“三大体系”建设，着力打造现代农业城。坚决扛稳粮食安全重任。推进“黑土粮仓”科技会战，粮食播种面积达到2390万亩，推广保护性耕作1124万亩，建设高标准农田119万亩。巩固拓展脱贫攻坚成果。抓好与乡村振兴有序衔接，健全完善防返贫监测帮扶机制，确保不发生规模性返贫。突出现代农业产业发展。聚焦十大优势产业链引企业、上项目，深入实施300万头肉牛工程，农产品加工业产值增长10%以上。加大特色农产品品牌培育和推广力度，提升市场竞争力。全面启动农高区建设，加快实施中国农科院东北科技中心、隆平高科新品种选育中心等项目，抢占玉米产业科研创新制高点。推进农业适度规模经营。鼓励土地依法依规有序流转。深入实施农民合作社质量提升行动。围绕乡村旅游、休闲农业、农村电商、养生养老等新产业新业态，培育壮大一批农村新型经营主体。深化农业农村改革。抓好国家城乡融合发展试验区长吉接合片区建设，推进九台国家级宅基地改革试点。巩固农村集体产权制度改革成果，促进行政村经营性资产折股量化。强化农村金融改革，推动农村金融组织体系和服务网络向县域和重点乡镇下沉。全域提升农村人居环境。新建改造农村公路2000千米，完成国土绿化50万亩。完善农村垃圾治理体系，大幅提升“美丽庭院”“干净人家”覆盖率，打造“美丽乡村”示范带13条、示范镇30个、示范村202个。加强基层治理。加快培养一支懂农业、知农村、爱农民的乡村干部队伍。深入推进平安乡村建设，抓好农村交通、安全生产等领域隐患排查和专项治理。开展“文明村镇”“最美家庭”等创建活动，丰富农民群众精神文化生活。

（六）抓建管增韧性，在城市承载力上实现新提升。坚持多规融合、产城融合，加快城市更新步伐，推进新型基础设施建设，为“六城联动”强基赋能。提升都市圈交通承载力。完成人民大街高速出口改移工程。九双、长双、珲阿公路石头口门绕越线建成通车，新增高等级公路134千米。加快建设农安至九台、双阳至伊通、长春至太平川、伊通至公主岭高速。启动长春至九台至榆树高速公路前期工作。开展长春铁路枢纽西环线、长辽通高铁、长图线改造等项目前期。提升城市运行承载力。完善快速路和地铁轨道交通“双快”体系，实施临空经济区路网、东南湖大路延长线、世纪大街快速路、永春新城高质量配套等基础设施建设。加快电网提升工程。建成储气调峰应急储配站，增加储气能力6000万立方米，持续开展“灶管阀”和燃气高危管网改造。加快六水厂建设，谋划七水厂前期，实施二次供水设施改造工程。启动“水系连通”工程。加快推进“雨污分流”，全面改造汇水区排水设施，有效解决城区防汛和雨季溢流问题。新建改造老旧管网200千米，提升供热保障能力，扩大清洁供热面积。提升城市管理能力。大中修23条道路，打通20条断头路、卡脖路。新建绿道70千米。持续推进铁路沿线、城市出入口整治。深入开展城市体检，推广建筑信息和城市信息模型应用，完善城市智能体，提高科学化、精细化管理水平。在此基础上，今年要下决心整治交通拥堵，打一场治堵攻坚战，坚持系统化思维，按照“点线面域”推进方式，统筹空间、产业、交通布局，政策、工程、管理、科技等综合施策，努力从根本上解决交通拥堵问题，让群众感受到实实在在的出行变化。

（七）抓攻坚重整改，在改善生态环境上呈现新成效。高标准保护生态环境，高质量推动绿色发展，高水平建设“双碳”示范城。全力打好污染防治攻坚战。强力落实秸秆全域禁烧，开展燃煤、挥发性有机物、柴油货车、扬尘和重污染天气应对“五大攻坚”，力争空气质量优良天数达到330天以上。实施新凯河流域治理、水源地保护、黑臭水体整治、生态补水“四大行动”，扩建东南、北郊污水厂，劣V类断面力争全部清零，县级以上水源地水质达标率100%。

有效管控土壤污染风险，划定农村地下水源保护区，推进化肥农药减量化，推动畜禽粪污资源化利用，受污染耕地安全利用率达到93%以上。深入开展“双碳”行动。合理控制煤炭消费增长，坚决遏制高耗能、高排放项目。建好循环经济开发区，深入开展生活垃圾分类，推进“废旧物资循环利用体系建设示范城市”建设。对接全省“陆上风光三峡”，引进头部企业，大力发展风能、光伏、氢能等新能源开发应用和设备制造产业。推进国家新能源汽车换电模式应用试点，深入实施“旗E春城”行动。坚决整改督察反馈问题。突出流域、固废、污水、扬尘、化工、畜禽粪污等污染治理，清单化整改，确保时限和质量。健全环境治理体系，形成长效机制。

（八）抓实事谋福祉，在建设幸福长春上收获新成果。高水平实施幸福长春行动计划，努力办好民生实事。着力抓好疫情防控。落实“一精准三确保”防控要求，坚持人、物、环境共防，完善多点触发预警监测机制，提升核酸检测、流调排查、医疗救治能力，坚决守住来之不易的防控成果。着力稳定扩大就业。开展就业帮扶，加大创业扶持，助力企业稳岗，城镇新增就业10万人，农村劳动力转移就业85万人以上。着力推进教育优质均衡。新增义务教育阶段网点学校6所、公办优质学位1万个。扩容提质普惠性幼儿园，提升乡镇中心园质量。统筹推进高考改革，稳妥推进民办学校退公。全面落实“双减”政策。加快构建现代职业教育体系。争创全国产教融合试点城市。着力提升医疗水平。推进医联体建设，促进优质医疗资源下沉。实行药品耗材集中带量采购，减轻群众看病负担。改造升级县、区疾控中心，完善城乡基层卫生服务功能。深入开展新时代爱国卫生运动。着力强化兜底保障。完善救助政策，提高困难群众基本生活水平。健全养老体系，增加多元化养老服务供给。做好企业职工基本养老保险全国统筹改革。推动第一社会福利院迁建，加快残疾人康复中心建设。着力改善居住条件。改造老旧小区284个。完成保障性租赁住房1万套。稳定房地产市场，促进房地产业良性循环和持续健康发展，更好满足购房者合理需求。着力繁荣文体事业。加快伪满皇宫等旧址修缮工程，做好历史文化街区保护利用。完善“10分钟体育健身圈”，启动100个健身路径建设。办好CBA联赛、马拉松赛、冰雪短道汽车拉力赛等赛事。着力维护和谐稳定。落实主体责任，强化源头治理，坚决遏制重特大安全生产事故发生。加强食品药品监管，确保进入国家食品安全示范城市行列。推广新时代“枫桥经验”，完善共建共治共享社会治理体系。发挥局长接待日、市长公开电话作用，及时有效解决群众合理诉求。严厉打击各类违法犯罪，常态化开展扫黑除恶斗争。全力支持军队和国防建设，推动新一轮全国双拥模范城创建。推进民族工作高质量发展。加强宗教事务依法管理。

（九）抓队伍转作风，在政府自身建设上体现新风貌。面对艰巨繁重的改革发展稳定任务，全市各级政府要坚持政治引领。旗帜鲜明讲政治，增强“四个意识”、坚定“四个自信”、坚决拥护“两个确立”、坚决做到“两个维护”，自觉在思想上政治上行动上同以习近平同志为核心的党中央保持高度一致。坚持依法行政。全面建设法治政府。依法保护企业合法权益和人民群众生命财产安全。深化政务公开，严格规范公正文明执法。依法接受市人大及其常委会监督，自觉接受市政协民主监督，主动接受社会和舆论监督，强化审计监督。坚持科学决策、民主决策、依法决策，提升政府公信力和执行力。坚持务实为政。大兴真抓实干之风，倡导一线工作法，深入基层深入企业，了解实情破解难题。做到不躲事、不怕事，承诺的事项坚决兑现，确定的工作必须完成。落实容错纠错机制，为真正干事创业的干部撑腰壮胆。坚持高效理政。加快转变政府职能，提高政府监管效能，推动有效市场和有为政府更好结合。坚持“五化”工作法，以“十大工程”为施工图，创新工作机制，狠抓工作落实。整合精简督查和检查，大幅压缩会议和文件，让广大干部集中精力干事创业。坚持从严治政。坚决落实中央八项规定及其实施细则精神，大力纠治“四风”，力戒形式主义、官僚主义。厉行勤俭节约，严控“三公”经费，用政府“紧日子”换来百姓“好日子”。落实全面从严治党要求，深入开展党风廉政建设和反腐败斗争，政府工作人员要持廉守正、秉公用权，努力创造经得起历史和人民检验的业绩。

各位代表！实干成就梦想，奋斗铸就辉煌。让我们更加紧密地团结在以习近平同志为核心的党中央周围，高举习近平新时代中国特色社会主义思想伟大旗帜，在省委、省政府和市委的坚强领导下，抢抓机遇、凝心聚力，踔厉奋发、笃行不怠，奋力谱写长春振兴发展率先突破新篇章，以实际行动迎接党的二十大胜利召开！

（市政府办）

地方性法规

长春市科技创新条例

（2021年12月27日长春市第十五届人民代表大会常务委员会第四十三次会议通过
2022年1月14日吉林省第十三届人民代表大会
常务委员会第三十二次会议批准）

第一章 总 则

第一条 为了深入实施创新驱动发展战略，发挥科学技术第一生产力、创新第一动力、人才第一资源的作用，促进科技成果向现实生产力转化，加快建设区域创新中心，支撑经济社会高质量发展，根据有关法律法规，结合本市实际，制定本条例。

第二条 本条例适用于本市行政区域内的科技创新及其相关活动。

第三条 本市坚持科技创新在现代化建设全局中的核心地位，把科技自立自强作为发展的战略支撑，面向世界科技前沿、面向经济主战场、面向国家重大需求、面向人民生命健康，完善科技创新体系和科技创新治理体系，营造良好创新生态，催生发展新动能，推动科技优势转化为发展优势。

第四条 本市设立科技创新委员会，统筹协调科技创新活动过程中的重大问题，负责组织编制战略规划、研究制定政策措施、协调推进重大事项、评估督查重点工作、开展政策绩效评价等。

第五条 市、县（市）区人民政府应当加强对科技创新工作的领导，贯彻落实科技创新的法律法规和政策，将科技创新纳入国民经济和社会发展规划,建立科技创新工作协调机制，将科技创新经费纳入本级财政预算，逐步提高科技创新经费投入的总体水平；财政用于科学技术经费的增长幅度，应当高于财政经常性收入的增长幅度，并保持稳定增长。

市、县（市）区人民政府应当制定科技创新发展专项规划，并按照规划制定年度科技创新计划。

第六条 市、县（市）区科技主管部门负责本行政区域内科技创新工作的宏观管理、统筹协调、服务保障和监督管理。

有关部门应当按照各自职责，依法做好科技创新相关工作。

开发区管理机构根据授权，负责本辖区内的科技创新工作。

第七条 企业、高等学校、研究开发机构、科技服务机构以及行业协会、商会、学会、联盟等社会组织应当发挥在创新链相关环节的作用，积极开展科技创新活动。

第八条 市人民政府应当建立和完善促进科技创新工作考核制度，定期对县（市）区人民政府及有关部门科技创新目标完成情况进行考核。

第九条 市、县（市）区人民政府应当优化科技创新空间布局，集聚创新资源，推动长春科技创新城建设。

第十条 市、县（市）区人民政府应当围绕产业链部署创新链，围绕创新链布局产业链，推动产业基础高级化、产业链现代化，提质升级汽车、装备制造等优势产业，发展壮大生物医药、航空航天等战略性新兴产业，培育布局生命健康、下一代信息网络等未来产业，打造创新产业集群。

鼓励和支持农业科学技术的应用研究，传播和普及农业科学技术知识，加快农业科技成果转化和产业化，促进农业科学技术进步，利用农业科学技术引领乡村振兴和农业农村现代化。

加强农业与科技融合，推动落实“藏粮于地、藏粮于技”战略，加强黑土地保护与利用，优先发展现代种业，建立健全农业科技创新和推广体系，形成推进农业科技创新的长效机制。

第十一条 市、县（市）区人民政府应当建立科技安全保障协调工作机制，健全预防和化解科技安全风险的制度机制，强化重点产业供应链安全管理和保障，防范化解科技领域重大风险，提高科技安全治理水平。

第二章 研究开发

第十二条 鼓励企业、高等学校、研究开发机构、社会组织以及科技人员开展基础研究、前沿技术研究和社会公益性技术研究，加强原始创新和关键核心技术攻关。

第十三条 市、县（市）区人民政府应当支持高等学校建设世界一流大学和世界一流学科，支持科研院所建设国际一流研究开发机构，优化学科和研发布局，打造具有国际影响力的科技创新策源地。

鼓励高等学校、研究开发机构建立健全学科协同和多学科交叉融合发展机制，支持跨校跨院整合提升优势特色学科，促进科教协同、教研相长、产教融合。

第十四条　市人民政府设立自然科学基金或者联合基金，为基础研究、前沿技术研究和社会公益性技术研究提供支持。具体管理办法由市人民政府另行制定。

支持企业及其他社会力量通过设立基金、捐赠等方式投入基础研究、前沿技术研究和社会公益性技术研究。

第十五条　市、县（市）区人民政府应当支持企业、高等学校、研究开发机构建设科技创新基地、科技基础设施和新型基础设施等。

对于本行政区域内的国家实验室、国家重点实验室、省实验室等科技创新平台，优先列入重点项目建设计划，在用地保障、配套设施、财政资金、人才引进、成果转化等方面给予支持，保障科技创新平台的正常运行。

第十六条　市、县（市）区人民政府应当统筹规划、优化配置科技创新资源，整合和设置科研实验基地。

鼓励设置综合性科研实验服务单位,为企业、高等学校、研究开发机构和科技人员提供科技实验服务。

第十七条　市、县（市）区人民政府鼓励企业、高等学校、研究开发机构、科技创新服务机构及其他组织合作建立投资主体多元化、运行机制市场化、管理机制现代化、用人机制灵活的新型研发机构。

市、县（市）区人民政府支持新型研发机构开展研究开发、技术创新、成果转化和科技服务，在建设运营、建设用地、研究开发、项目申报、人才引进、职称评审、投融资服务等方面给予支持。

第十八条　市、县（市）区人民政府支持企业、高等学校、研究开发机构以及科技人员，围绕现代农业、人工智能、集成电路、光电信息、生物医药、生命健康、新材料、数字经济、新能源等关键领域核心技术，组织开展研究开发。

支持开展绿色低碳技术开发，加速推进碳达峰和碳中和。

第十九条　完善科技攻关项目的组织、形成机制和管理方式，推行“揭榜挂帅”、“后补助”等模式，以产业发展和企业技术创新需求为导向，鼓励企业、高等学校、研究开发机构以及科研人员开展科技攻关，引导合作各方依法约定权利和义务。

对于涉及国家利益和社会公共利益的重大技术攻关项目，市、县（市）区人民政府可以通过下达指令性任务等方式，组织关键核心技术攻关项目。

第二十条　市、县（市）区人民政府科技、财政部门应当改革完善财政科技研发经费管理，扩大科研项目经费管理自主权，简化科研经费预算编制，创新财政科研经费投入与支持方式，改进绩效管理和监督检查。

第二十一条　市、县（市）区人民政府相关项目主管部门应当建立以结果管理为导向的科技项目管理体制，通过部门间监督检查结果互认等方式避免对科技创新活动的行政干扰，健全科技项目立项、执行、验收等制度，按照下列要求，对科技项目进行监督管理：

（一）精简科技项目申报要求，整合管理环节，对科技管理信息系统已有的材料，不得要求申报人重复提供；

（二）自由探索类基础研究项目和实施周期在三年内的项目，以承担单位自我管理为主，以抽查方式实施过程检查；

（三）合并财务验收和技术验收，委托项目管理专业机构进行综合评价验收。

审计部门依法开展科技项目经费审计工作，加强各级审计部门之间的沟通，采取审计结果共享、互认等方式避免重复审计。

科技项目的立项、验收情况和过程检查结果依法向社会公开，依法应当不予公开的项目除外。

第三章　成果转化

第二十二条　政府设立的高等学校、研究开发机构应当完善科技成果转化管理制度，建立有利于促进科技成果转化的绩效考核评价体系，优化科技成果转化流程，加强科技成果转化队伍建设，提供必要的经费保障。

第二十三条　利用财政资金设立的应用类科技项目，项目主管部门应当在科技项目任务书中明确项目承担者的科技成果转化的权利和义务、转化期限、项目主管部门可以许可他人实施的条件和程序等事项。

项目承担者在约定转化期限内未实施转化且无正当理由的，项目主管部门可以将该项目形成的科技成果在科技公共服务平台上发布，依法许可他人实施。

第二十四条　利用财政性资金设立的科学技术计划项目所形成的科技成果，在不损害国家安全、国家利益和重大社会公共利益的前提下，授权项目承担者依法取得相关知识产权，项目承担者可以依法自行投资实施转化、向他人转让、联合他人共同实施转化、许可他人使用或者作价投资等。

政府设立的高等学校、研究开发机构科技成果转化所获得的收入全部留归本单位。

第二十五条　市、县（市）区人民政府鼓励企业加大科技成果转化投入力度，支持企业承接高等学校、研究开发机构的科技成果并实施转化。

第二十六条　本市实行以增加知识价值为导向的分配政策，按照国家有关规定推进知识产权归属和权益分配机制改革，探索赋予科技人才职务科技成果所有权或者长期使用权制度。

第二十七条　国有企业、事业单位依照本条例规定对完成、转化职务科技成果做出重要贡献的人员给予奖励和报酬的支出计入当年本单位工资总额，但不受当年工资总额限制、不纳入工资总额基数。

第二十八条　市、县（市）区人民政府应当完善政府、企业、高等学校、研究开发机构、社会组织、投融资机构等共同参与的多元评价体系，健全科技成果评价机制，探索和运用分类评价方法，建立以成果创新水平、转化应用绩效、对经济社会发展实际贡献为导向的评价体系。

第二十九条　市、县（市）区人民政府应当支持企业、高等学校、研究开发机构和个人投资建设概念验证中心，为实验阶段的科技成果提供技术概念验证、商业化开发等服务。

第三十条　市、县（市）区人民政府应当支持科技成果转化载体建设，支持综合性和专业性中试基地建设，为科技成果实现工业化、商品化、规模化提供投产前试验或者试生产服务，支持建设科技成果转化示范基地和园区，促进科技成果转移转化及产业化。

第三十一条　市、县（市）区人民政府应当支持科技成果转化所需的应用场景建设，支持新技术、新产品、新服务、新业态、新模式在本市测试、试用、应用，并依法提供其所需的数据开发、基础设施、技术验证环境、检测标准、示范应用等服务，为其在本市落户提供便利。

第三十二条　市、县（市）区人民政府鼓励企业、高等学校、研究开发机构和其他社会力量创办研究开发及其服务、技术转移、知识产权、科技咨询、综合科技服务等科技服务机构。

社会力量设立的研究开发机构有权按照国家有关规定，平等竞争和参与实施利用财政性资金设立的科学技术计划项目。

社会力量设立的非营利性研究开发机构按照有关规定享受税收优惠。

市、县（市）区人民政府应当支持科技类社会组织建设。

第三十三条　市、县（市）区人民政府应当培育和发展统一开放、互联互通、竞争有序的技术市场，鼓励创办从事技术评估、技术经纪和创新创业服务等活动的中介服务机构，引导建立社会化、专业化、网络化、信息化和智能化的技术交易服务体系和创新创业服务体系，推动科技成果的应用和推广。

技术交易活动应当遵循自愿平等、互利有偿和诚实信用的原则。

第三十四条　市、县（市）区人民政府应当支持综合性科技成果转化服务平台建设，建立应用型科技成果库和企业技术需求库，完善科技成果的信息收储、公开发布、及时更新、科学评价、价值评估等制度，为科技成果转化活动提供线上与线下相结合的配套服务。

第三十五条　加强军用与民用科学技术协调发展，促进军用与民用科技资源、技术开发需求的互通交流和技术双向转移，发展军民两用技术。

第四章　技术创新

第三十六条　市、县（市）区人民政府应当突出企业创新主体地位，完善以企业为主体、市场为导向、产学研深度融合的技术创新体系，推动企业成为技术创新决策、研发投入、科研组织和成果转化的主体。

市、县（市）区人民政府应当培育具有影响力和竞争力的科技领军企业，充分发挥科技领军企业的创新带动作用。

第三十七条　市、县（市）区人民政府及其有关部门确定科学技术计划项目，应当鼓励企业平等竞争和参与实施；对符合产业发展需求、具有明确市场应用前景的项目，应当鼓励企业联合高等学校、研究开发机构共同实施。

对优秀科技成果产业化项目给予支持。

第三十八条　市、县（市）区人民政府应当鼓励和支持企业建立或者联合建立科技创新基地、研发机构、新型研发机构、技术创新联盟，在技术攻关、成果转化、平台建设、人才培养、标准制定等方面形成创新合力。

第三十九条　市、县（市）区人民政府应当推动科技型中小企业评价、“专精特新”企业培育、高新技术企业认定，培育和发展核心技术突出、集成创新能力强的创新型领军企业。

第四十条　市、县（市）区人民政府应当鼓励支持创新创业，完善科技创新型企业全生命周期的孵化体系，推动众创空间、孵化器、加速器、产业园区等创新载体建设。

完善以服务能力、孵化绩效、可持续性发展为导向的评价体系，对运行成效突出的孵化载体给予补助支持，按照有关规定享受税收优惠。

第四十一条　鼓励企业建立研究开发准备金制度。

市、县（市）区人民政府对企业研究开发经费给予补助支持，引导企业有计划、持续地增加研究开发投入。

第四十二条　鼓励企业加强原始创新，开展技术合作与交流，增加研究开发和技术创新的投入，自主确立研究开发课题，开展技术创新活动。

鼓励企业对引进技术进行消化、吸收和再创新。

企业开发新技术、新产品、新工艺发生的研究开发费用可以按照国家有关规定，税前列支并加计扣除，企业科学技术研究开发仪器、设备可以加速折旧。

第四十三条　国有企业应当建立健全有利于技术创新的研究开发投入制度、分配制度和考核评价制度，完善激励约束机制。

国有企业负责人对企业的技术进步负责。对国有企业负责人的业绩考核，应当将企业的创新投入、创新能力建设、创新成效等情况纳入考核范围。

第五章　科技人才

第四十四条　市、县（市）区人民政府应当尊重科技人才成长规律，推进人才强市战略实施，制定科技人才队伍建设规划，健全科技人才培养、引进、使用、评价、激励等机制。

第四十五条　市、县（市）区人民政府应当建立符合人才成长规律长期稳定的青年科技人才支持和培养机制，设立青年科技人才支持专项，对符合条件的青年科技人才开展的科技创新活动给予政策和资金支持。

第四十六条　市、县（市）区人民政府应当加强科技企业家队伍建设，打造领军型、平台型企业家队伍，培育发展青年科技企业家队伍，发挥企业家在科技创新中的重要作用。

第四十七条　市、县（市）区人民政府鼓励和支持高等学校对学科专业实行动态调整，推动与产业需求相适应的人才培养，建立健全创新创业教育课程、实践平台和校外实践教育基地，加强创新创业实训和培训。

第四十八条　市、县（市）区人民政府应当建立和完善高技能人才培养、引进、评价、使用、激励、保障等机制，提高高技能人才待遇水平。

支持职业院校和各类职业技能培训机构与企业合作共建实习实践基地，支持职业院校教师和企业技术人才双向交流，创新企业人才培养模式。

支持企业开展职工在岗教育培训，建立首席技师制度，建设技能大师工作室、劳模和工匠人才创新工作室、职工创新工作室、青创先锋工作室等。

第四十九条　市、县（市）区人民政府应当建立市场化的人才发现和引进机制，吸引各类科技人才来本市创新创业。

鼓励和支持企业、研究开发机构、产业园区等建立院士工作站（室）、博士后科研工作站等高端人才聚集平台。

支持高层次科技创新人才和领军人才团队来本市创新创业。

建立外国人才专项引进机制，吸引外国人才来本市从事科技创新工作。

第五十条　市、县（市）区人民政府支持科技人才在企业、高等学校、研究开发机构间合理流动。鼓励高等学校、研究开发机构设置一定比例的创新型岗位、流动岗位，吸引具有创新实践经验的企业家、科技人才兼职。鼓励科技人才按照有关规定兼职创新、离岗创办企业。

第五十一条　本市实行科技人才分类评价制度，对从事不同科学技术活动的人员实行不同的评价标准和方式，突出创新价值、能力、贡献导向，合理确定薪酬待遇、配置学术资源、设置评价周期，形成有利于科技人才潜心研究和创新的人才评价体系，激发科技人才创新活力。

第五十二条　市、县（市）区人民政府、企业事业单位和社会组织应当采取措施，完善体现知识、技术等创新要素价值的收益分配机制，优化收入结构，建立工资稳定增长机制，提高科学技术人员的工资水平；对有突出贡献的科学技术人员给予优厚待遇和荣誉激励。

鼓励企业、高等学校、研究开发机构等采取股权、期权、分红等方式激励科学技术人员。

第五十三条　市、县（市）区人民政府及其有关部门应当按照国家、省及本市有关规定，为科技人才在居住、落户、出入境、社会保障、配偶安置、住房、医疗健康、子女就学等方面提供便利条件和服务。

第五十四条　市、县（市）区人民政府应当鼓励企业、高等学校、研究开发机构、科技研发团队、项目组设立科技助理，专职为科技创新人才团队提供服务。

第五十五条　市、县（市）区人民政府应当建立和完善科技特派员制度，拓宽科技特派员服务领域。

第五十六条　市、县（市）区人民政府应当建立和完善技术经纪（理）人制度，加强技术经纪（理）人队伍建设，为技术转移供需各方提供服务。

第五十七条　科技人才应当弘扬爱国、创新、求实、奉献、协同、育人的科学家精神，在各类科技活动中应当遵守学术和伦理规范，恪守职业道德，诚实守信；不得在科技活动中弄虚作假，不得参加、支持迷信活动。

第六章　科技金融

第五十八条　本市加强投融资服务体系建设，通过政府引导、市场培育等方式，建立以股权融资与债权融资为主渠道，覆盖科技创新全周期的多层次融资体系。

鼓励金融机构、金融科技企业以金融科技手段，创新科技金融产品和服务，探索完善普惠科技金融创新模式，有效提升金融服务科技创新企业能力。

第五十九条　市、县（市）区人民政府应当通过引导推动覆盖种子期投资、天使投资、风险投资、产业投资、并购重组投资的科技创新基金体系建设。鼓励社会资本依法设立创业投资基金、并购投资基金、产业投资基金等股权投资基金，开展创业、产业投资。

市、县（市）区人民政府支持国有企业投资创业投资企业和创业投资母基金，支持具备条件的国有创业投资企业开展混合所有制改革试点，探索国有创业投资企业和创业投资管理企业核心团队持股和跟投。

第六十条　市、县（市）区人民政府应当加大科技创业投资引导资金投入，运用阶段参股、投资保障和风险补偿等政策，引导社会资本进入天使投资领域。

国有资产监督管理部门应当完善对国有天使投资和创业投资机构的考核、激励、约束机制，拓展股权转让渠道，强化对种子期、初创期科技型企业的支持。

第六十一条　鼓励商业银行等金融机构建立专门的组织、风险控制和激励考核体系，设立科技支行等科技金融专营机构，创新科技金融产品，开展信用贷款、知识产权质押贷款、股权质押贷款、投贷联动试点等融资业务。

鼓励融资租赁机构为科技创新企业开展无形资产融资租赁业务。

第六十二条　市、县（市）区人民政府应当通过建立科技贷款风险财政有限补偿制度以及知识产权质押融资风险分担机制等方式，充分发挥现有政策性担保资金的作用，扶持担保机构为企业的科技创新活动提供担保。

第六十三条　市、县（市）区人民政府鼓励保险机构依法为企业开展科技保险业务，创新保险产品和服务，为科技企业在产品研发、生产、销售各环节以及数据安全、知识产权保护、首台（套）重大技术装备等方面提供保障，建立科技企业保险理赔快速通道。

对开发科技保险新产品的保险机构、投保的科技企业，按照有关规定给予支持。

第六十四条　市、县（市）区人民政府应当建立健全科技企业多层次资本市场扶持制度，建立科技企业上市后备库，加强分类指导，鼓励和支持符合条件的科技企业在境内外多层次资本市场上市挂牌。支持符合条件的企业上市挂牌、发行债券、并购重组、再融资等活动，支持企业以专利权、商标权、著作权等知识产权形成的底层基础资产发行资产证券化产品，按照有关规定通过适当方式安排补助、补贴。

第六十五条　市、县（市）区人民政府应当推动利用大数据、区块链、人工智能等手段，加强科技金融服务平台建设，为科技型企业提供线上化、智能化、批量化投融资服务。

科技主管部门应当会同金融工作部门与金融机构，通过科技金融服务平台，建立科技创新政策及信息沟通机制，定期发布科技企业及高新技术项目情况，提供适应科技企业需求的金融产品和金融服务。

第七章　创新环境

第六十六条　市、县（市）区人民政府及其有关部门和各类社会组织应当通过多种方式，广泛开展社会动员，弘扬科学家精神、企业家精神和工匠精神，宣传科技创新先进事迹，推动创新文化、创新精神、创新价值融入城市精神。

全市都应当尊重劳动、尊重知识、尊重人才、尊重创造，形成崇尚科学的风尚。

第六十七条　市、县（市）区人民政府支持本行政区域内创新主体按照省“一主六双”高质量发展战略布局，加强与省内其他市、县（市）区科技创新合作。

支持本行政区域内创新主体按照东北振兴和哈长城市群等国家战略的布局部署，加强与相邻区域创新合作。

鼓励支持建立区域科技创新对口合作机制，打造津长、长杭跨区域一体化发展协同创新共同体。

鼓励支持与国内创新能力较强的区域或者城市建立产业技术创新融通合作关系，联合实施科技攻关项目，加速创新要素流动。

第六十八条　市、县（市）区人民政府应当建立全方位、多层次、多渠道面向东北亚的科技创新区域与国际合作体系，支持科技创新主体融入“一带一路”全球创新网络，建设东北亚国际区域科技创新中心。

支持建设中欧、东北亚等国际科技创新合作平台。

鼓励企业、高等学校、研究开发机构单独或者联合在境外建立科技研究开发机构、离岸创新中心和技术合作平台，利用国外科技创新资源，开展科技创新国际交流合作。

第六十九条　市、县（市）区人民政府应当对科技创新用地需求优先予以保障，并统筹保障基础设施、公共设施以及其他配套设施用地。

第七十条　对境内自然人、法人和非法人组织的科技创新产品、服务，在功能、质量等指标能够满足政府采购需求的条件下，政府采购应当购买；首次投放市场的，政府采购应当率先购买，不得以商业业绩为由予以限制。

政府采购的产品尚待研究开发的，通过订购方式实施。采购人应当优先采用竞争性方式确定高等学校、研究开发机构或者企业进行研究开发，产品研发合格后按约定采购。

第七十一条　市、县（市）区人民政府应当鼓励科技人才自由探索、勇于承担风险，营造鼓励创新、宽容失败的良好氛围。原始记录等能够证明承担探索性强、风险高的科学技术研究开发项目的科技人员已经履行了勤勉尽责义务仍不能完成该项目的，予以免责。

第七十二条　本市有关单位和个人在推进科技创新过程中，做出的决策未能实现预期目标，但符合法律法规以及国家、省和本市有关规定，且勤勉尽责、未牟取非法利益的，不作负面评价，依法免除相关责任。

本市有关单位和个人承担探索性强、不确定性高的科技计划项目，未能形成预期科技成果，但已严格履行科研项目合同，未违反诚信要求的，不作负面评价，依法免除相关责任。

第七十三条　政府设立的天使投资机构、高等学校、研究开发机构、国有独资企业（公司）以及国有资本控股公司的相关负责人根据法律法规和本单位依法制定的规章制度，开展科技成果转化工作，履行了民主决策程序、监督管理职责、信息公示义务及合理注意义务的，即视为已经履行勤勉尽责义务。

第七十四条　市人民政府应当实施知识产权战略，鼓励支持知识产权创造、运用，加强知识产权保护，激励自主创新，打造知识产权强市。

推动知识产权运营服务体系建设，鼓励和支持单位或者个人依法组建知识产权运营服务机构，鼓励和支持第三方机构托管、运营知识产权。

建立健全重大经济活动知识产权评估评价制度，利用财政性资金和国有资本引进或者政府投资的与知识产权相关的重大建设项目、重点引进项目、核心技术转让等事项，应当进行知识产权评估评价。

建立境外知识产权保护协助机制和知识产权纠纷预警防范机制，提升企业和其他组织知识产权境外布局和境外维权能力。

第七十五条　市、县（市）区人民政府应当制定科学普及发展规划，提升科普服务能力，提高全民科学素质。

加强科普设施建设，提高科普基础设施覆盖率。鼓励企业、高等学校、研究开发机构、社会团体和非盈利组织等建设专业科普场馆。加强部门、行业共建特色科普示范基地。加强青少年科普教育。

市、县（市）区人民政府应当针对青少年组织开展创新基础知识学习，加强创新思维培养，强化创新方法训练，加大创新实践力度，不断提高青少年创新能力。

第七十六条　本市推动构建科技伦理治理体系，建立伦理风险评估机制。

高等学校、研究开发机构、企业事业单位等应当履行科技伦理管理主体责任，按照国家有关规定建立健全科技伦理审查机制，对科学技术活动开展科技伦理审查。

第七十七条　市、县（市）区人民政府科技主管部门应当会同有关部门建立科技创新诚信管理制度，制定诚信管理办法，建立诚信档案。

对企业、高等学校、研究开发机构科技人员在科研中的失信行为进行处理，按照有关规定，纳入诚信档案。科研诚信档案作为科技人员评聘专业技术职务或者职称、授予科技奖项、承担科技项目的重要依据。

第八章　法律责任

第七十八条　违反本条例的行为，法律法规已有法律责任规定的,从其规定。

第七十九条　违反本条例规定，科技主管部门、其他有关部门及其工作人员，以及其他依法履行公职的人员在科技创新管理活动中滥用职权、玩忽职守、徇私舞弊的，对直接负责的主管人员和其他直接责任人员依法给予处分。

第八十条　违反本条例规定，滥用职权阻挠、限制、压制科学技术研究开发活动，或者利用职权打压、排挤、刁难科学技术人员的，对直接负责的主管人员和其他直接责任人员依法给予处分。

第九章　附　则

第八十一条　本条例自2022年2月1日起施行。《长春市科学技术进步条例》和《长春市技术市场管理条例》同时废止。

（市人大）

长春市反餐饮浪费条例

（2021年12月27日长春市第十五届人民代表大会常务委员会第四十三次会议通过
2022年5月7日吉林省第十三届人民代表大会
常务委员会第三十四次会议批准）

第一条　为了预防和制止餐饮浪费行为，形成珍惜食物、反对浪费的社会风尚和餐饮习惯，弘扬中华民族传统美德，践行社会主义核心价值观，根据有关法律法规，结合本市实际，制定本条例。

第二条　本条例适用于本市行政区域内预防和制止餐饮浪费行为及其宣传教育、监督管理活动。

第三条　反餐饮浪费坚持政府主导、行业自律、社会共治、公众参与的原则。

第四条　市、县（市）区、乡（镇）人民政府、街道办事处应当加强对反餐饮浪费工作的领导，确定目标任务，建立健全工作机制，组织对餐饮浪费情况进行监测、调查、分析和评估，加强监督管理，推进反餐饮浪费工作。

第五条　商务主管部门应当加强对餐饮行业的管理，在餐饮业推广普及相关国家标准、行业标准、地方标准和服务规范，督促餐饮行业商会、协会制定和落实反餐饮浪费行业标准、自律公约，协调指导餐饮业开展反餐饮浪费工作，组织实施本条例。

市场监督管理部门负责餐饮服务经营者反餐饮浪费的监督管理工作，建立日常检查机制，督促餐饮服务经营者落实反餐饮浪费措施。

开发区管理机构根据授权，负责本辖区内反餐饮浪费的行业管理工作。

其他有关部门按照各自职责，依法做好反餐饮浪费相关工作。

第六条　精神文明建设工作机构应当组织开展反餐饮浪费的宣传、教育和引导工作，将反餐饮浪费工作纳入群众性精神文明创建活动的考评内容。

第七条　工会、共青团、妇联等人民团体应当开展有针对性的反餐饮浪费宣传教育和志愿服务工作。

村（居）民委员会应当将反餐饮浪费纳入村规民约、居民公约，协助做好反餐饮浪费工作。

餐饮行业商会、协会应当依法履行反餐饮浪费的责任，通过依法制定、实施反餐饮浪费相关的团体标准和行业自律规范，引导会员自觉开展反餐饮浪费活动，对有浪费行为的会员采取必要的自律措施。开展反餐饮浪费的行业培训和指导，将反餐饮浪费纳入行业先进评选指标体系。

消费者权益保护组织应当引导消费者形成文明、健康、节约资源和保护环境的消费习惯。

商业综合体、特色餐饮街区等餐饮聚集区域的运营管理单位应当配合有关部门开展反餐饮浪费工作，采取措施促进区域内餐饮服务经营者转变经营理念、改进服务方式，引导消费者适量点餐、节约用餐，预防和减少浪费行为。

第八条　国家机关、事业单位、国有企业、人民团体应当严格执行相关公务活动的用餐管理规定，遵守公务接待、会议、培训、出差用餐标准和要求，杜绝公务活动用餐浪费，引领社会文明节约用餐风尚。

公职人员、人大代表、政协委员、先进模范人物、社会公众人物应当带头倡导健康文明节俭的理念和餐饮消费方式，在反餐饮浪费中发挥表率作用。

第九条　每年八月第一周为本市反餐饮浪费宣传周。

精神文明建设工作机构应当会同商务等有关部门组织开展反餐饮浪费的主题宣传活动，并将反餐饮浪费纳入世界粮食日、全国粮食安全宣传周等活动的内容，在全社会营造浪费可耻、节约为荣的氛围。

新闻媒体应当加强反餐饮浪费的宣传和舆论监督，宣传反餐饮浪费的经验和先进典型，曝光餐饮浪费行为。

学校、幼儿园应当将厉行节约、反对浪费纳入学生、幼儿思想品德教育内容，组织开展相关教育实践活动，培养其勤俭节约的思想意识和行为习惯。

第十条　鼓励和支持运用新技术、新工艺、新装备推进反餐饮浪费工作，将信息技术、物联网、人工智能和现代餐饮管理相结合，推进智慧食堂、智慧餐厅建设，提高节约用餐管理数字化、智能化水平。

第十一条　餐饮服务经营者应当建立健全反餐饮浪费制度，执行国家标准、行业标准、地方标准和服务规范，遵守下列规定：

（一）建立健全精细化的食材采购、储存、加工等管理制度，按需采购，合理加工；

（二）加强职业人员服务培训，将节约餐饮、反对浪费纳入培训内容；

（三）主动对消费者进行防止餐饮浪费提示提醒，在醒目位置张贴或者摆放反餐饮浪费标识，或者由服务人员提示说明，引导消费者按需适量点餐；

（四）明示餐品分量和价格，根据消费者需求可以提供小份、小量组合等不同规格、不同分量符合节约要求的餐品,用餐结束后提醒消费者打包剩余饭菜，提供绿色环保打包服务；

（五）明示服务项目及其收费标准，不得设置最低消费额，不得诱导、误导消费者超量点餐；

（六）提供团体用餐服务的，应当按照用餐人数合理配置餐品，安排用餐流程和餐台数量；

（七）提供自助餐服务的，应当建立备餐评估、供餐巡查等制度，根据用餐人数合理布置餐台，配备不同规格的餐饮用具，引导消费者少量、多次取餐；

（八）提供网络餐饮平台服务的，应当以显著方式提示消费者适量点餐。通过网络餐饮平台提供餐饮外卖服务的，应当在平台页面上向消费者提供餐品分量、规格或者建议消费人数等信息；

（九）法律、法规其他有关规定。

第十二条　鼓励餐饮服务经营者通过积分、打折、优惠等方式引导消费者文明节约用餐。

鼓励和支持有条件的餐饮企业发展中央厨房、集体用餐配送等经营模式，减少原材料浪费。

第十三条　设有食堂的单位应当建立健全食堂用餐管理制度，制定、实施反餐饮浪费措施。科学评估用餐需求，按照用餐人数采购食材、加工制作、配餐。在明显位置张贴宣传标语或者宣传画，摆放提示牌，提醒适量取餐。安排人员负责食堂巡视检查，对浪费行为给予批评教育。

第十四条　学校、幼儿园食堂应当对学生和幼儿的性别、年龄、体质等情况进行评估，提供安全、卫生、符合营养需要和口味需求的餐品，减少因个体差异导致的餐饮浪费；建立供用餐沟通机制，制定种类多样，数量适宜、搭配科学、营养均衡的食谱并提前公布。

学校、幼儿园选择校外供餐的，应当择优选择能够提供营养均衡、搭配合理、规格多样餐品的供餐单位，提高供餐质量。

第十五条　家庭应当根据生活实际需求，合理采购食材，采用适当方法加工、储藏，减少食材食品浪费。

家庭成员在家庭生活中，应当培养勤俭节约、健康饮食的良好习惯。

第十六条　婚丧嫁娶、朋友和家庭聚会、商务活动等需要用餐的，组织者和参加者应当自觉抵制讲排场、比阔气、搞攀比等陋习，节俭办理，适度备餐、点餐，文明、健康用餐。

第十七条　个人应当树立文明、健康、绿色、节俭的消费理念，外出就餐时合理点餐，减少食品浪费和餐饮垃圾，践行绿色低碳的生活方式和保护环境的消费方式。

第十八条　禁止任何单位和个人制作、发布、传播宣扬量大多吃、暴饮暴食等浪费食品的节目或者音视频信息。

第十九条　任何单位和个人有权对餐饮浪费行为进行提醒、劝导，并有权向有关部门投诉举报；接到投诉举报的部门，应当及时依法处理。

第二十条　违反本条例规定，法律法规已有法律责任规定的，从其规定。

第二十一条　违反本条例规定，国家机关、事业单位、国有企业、人民团体及其工作人员违反公务活动用餐管理规定，在公务接待、会议、培训、出差活动中造成餐饮浪费的，依法追究单位及相关责任人员责任。

第二十二条　违反本条例规定，餐饮服务经营者未主动对消费者进行防止餐饮浪费提示提醒的，由市场监督管理部门责令改正，给予警告。

第二十三条　违反本条例规定，餐饮服务经营者诱导、误导消费者超量点餐造成明显浪费的，由市场监督管理部门责令改正，给予警告；拒不改正的，处一千元以上一万元以下罚款。

第二十四条　违反本条例规定，设有食堂的单位未制定或者未实施防止餐饮浪费措施的，由市、县(市)区人民政府指定的部门责令改正，给予警告。

第二十五条　违反本条例规定，广播电台、电视台、网络音视频服务提供者制作、发布、传播宣扬量大多吃、暴饮暴食等浪费食品的节目或者音视频信息的，由广播电视、网信等部门按照各自职责责令改正，给予警告；拒不改正或者情节严重的，处一万元以上十万元以下罚款，并可以责令暂停相关业务、停业整顿，对直接负责的主管人员和其他直接责任人员依法追究法律责任。

第二十六条　本条例自2022年6月1日起施行。长春市第十五届人民代表大会常务委员会第三十二次会议通过的《长春市人民代表大会常务委员会关于厉行节约反对餐饮浪费的决定》同时废止。

（市人大）

调研报告

关于以“十大工程”为重点推动“四大板块”协调发展的思考建议

《长春高质量发展“四大板块”总体方案》自2020年4月实施以来，“四大板块”建设呈现出风生水起、亮点纷呈的崭新局面。2020年，“四大板块”主要经济指标在全市率先突破，GDP增长4.1%，高于全市0.5个百分点；工业增长12%，高于全市2.1个百分点。“四大板块”对全市经济增长的贡献率超过55.7%、拉动全市经济增长3.9个百分点，成为长春发展引领东北、支撑全省的关键胜手棋。当前长春正处在历史上升期、产业增值期、振兴提速期，必须更加突出“四大板块”的发展龙头作用、强化其引领带动能力，为长春全面振兴全方位振兴提供更加强劲的动力。市委市政府政策研究室组成课题组，对“四大板块”如何引领全市发展进行了调研和思考，认为“四大板块”进一步增强自身内驱力和对外辐射力的关键，在于强驱动、育集群、建机制、抓融合、促升级、保要素、优环境。基于这一思路，课题组建议以“十大工程”为重点，推动“四大板块”协调发展，带动全市工作提效、改革提速、发展提质，全面加快现代化都市圈建设进程。

连接：十大工程——科技创新驱动工程、产业协同发展工程、开放合作带动工程、产城人深度融合工程、交通互联互通工程、生态建设提升工程、营商环境优化工程、民生综合改善工程、收益协作共享工程、党的建设领航工程。

一、围绕激发内生动力，实施科技创新驱动工程

创新是一座城市的灵魂，更是城市发展的不竭动力。建设“四大板块”关键在于凝聚创新资源、挖掘创新潜力，以创新引领高质量、跨越式发展。

1．聚焦重点领域，努力做到特色化创新、靶向化创新、尖端化创新并重。创新的关键在于把握创新方向，推进“四大板块”建设就是要把创新同每个板块的发展目标结合起来。要发挥优势推进特色化创新，着眼每个板块的发展方向和资源优势，全力推进创新的特色化，长春国际汽车城要以一汽集团为龙头，以红旗小镇为重点，在汽车整车及零部件研发等关键领域谋划创新，以智能网联、新能源和自主品牌汽车为重点方向，围绕汽车供应链关键环节，开展符合产业趋势、发展需要的特色化创新；长春国家区域创新中心，要以医药产业、IT产业和现代服务业为重点，挖掘人无我有的创新资源，释放人有我优的创新优势，在生物制药、疫苗研发、精密仪器等方面特色化发展；长春国际影都要以万达文旅项目为龙头，充分发挥长影作为中国电影摇篮的文化传承和区域内丰富的资源优势，在打造国际化电影全产业链上持续发力，全力建设长春国际文旅创意城。中韩（长春）国际合作示范区要围绕国家政策优势，以中韩双边带多边，经济合作交流为重点，积极探索国际化创新。要着眼“卡脖子”工程推进靶

向化创新，创新是一个从跟跑到并跑再到领跑的过程，前期的跟随模仿十分重要但是后期的变道超车才是关键。因此，重点领域、关键环节的突破是衡量创新成效的重要标准，更是在产业链上获得长期优势的关键法宝。全力推进“四大板块”建设就是要紧盯产业发展中的“卡脖子”工程，在关键部位上实现突破。汽车产业要着眼传统能源汽车中的发动机、变速箱技术，新能源汽车中的大三电、小三电技术，智能网联汽车的关键互联网技术、人工智能技术持续发力，以创新突破推动产业发展。装备制造、光电信息、生物制药、影视文旅等产业要紧盯产业发展的痛点、堵点持续发力，以关键技术领域的突破推动产业的快速发展。要着眼价值链上游推进尖端化创新。以“尖端创新”实现“四大板块”的跨越式发展，着眼民用卫星、生物制药、智能制造等价值链上游的尖端技术实施创新，在高回报率、高附加值的创新领域持续发力，汽车零部件产业，面向全球和全国汽车配套积极在精密部件、核心部件加工领域实施创新。IT产业，要围绕“屏、端、网、云、智”，积极推动智能制造、智能终端等产业发展，打造新的产业增长点。航空航天产业要依托长光卫星，积极发展壮大“吉林一号”依托长光宇航等龙头企业和一批重大项目，积极推动特种材料等航空航天上游配套产业和地理信息应用等下游产业发展。

2．探索创新方式，全力实现挖掘创新潜力、引进创新资源、输出创新成果并举。创新不能闭门造车，要科学把握内与外的关系，于内要整合创新资源、挖掘创新潜力，于外要善用他山之石、推进创新合作，最终实现输出创新成果、实现创新价值。要深入挖掘内部创新潜能，用好用足自身优势。依托“四大板块”内科教资源优势，建设好国家区域创新中心，按照创新创业先导区、新兴产业引领区、改革创新试验区、高端人才集聚区的“四区”定位，在产业升级、科技创新、金融发展、人才集聚等方面加大政策扶持，构建以创新为支撑的经济体系和发展模式，加快形成项目支撑、功能集成和品牌效应，打造长春市创新发展新地标。依托长春高新区、净月高新区两大高新技术产业开发区，创建国家自主创新示范区，充分发挥开发区科技、人才优势及先行先试政策优势，完善科技创新平台，打造创新主体孵化平台，建设一批集研发平台、技术服务机构、企业孵化器、众创空间于一体的科技成果转化基地，推动产业结构转型升级。要善于引进外部创新资源，用它山之石攻长春市创新之玉。抢抓国家实施“揭榜挂帅”的有利机遇，发挥对口合作的积极作用，争取同发达地区的高校、科研院所的深度合作，加快关键核心技术攻关，重点突破一批产业关键技术和共性技术、军民两用技术，开发一批具有创新性、引领性的新技术、新产品，带动产业转型升级，申建一批国家重点实验室、国家工程研究中心，做好驻长院士工作站建设。国际汽车城要强化汽车领域的创新合作，积极引进新技术，国家区域创新中心要依托吉林大学、光机所、应化所等机构重点强化同中国科学院、中国工程院等顶尖科研机构的合作，中韩（长春）国际示范区要用好对韩合作交流的政策优势，积极同韩国三星、大宇、现代等知名企业对接合作，积极引入国际创新资源。在积极开展技术创新合作的同时，积极引进管理创新，通过管理创新做大做强文创、影视等产业。要做好创新转化，让创新成果落地生根，围绕“四大板块”产业发展重点，积极培育创新主体，深入推进科技型中小企业认定，打造引领创新发展的排头兵和生力军，组织规模以上工业、服务业企业升级高新技术企业，大力支持高新技术企业成长为规模以上企业，提升科技创新主体规模。引导高校院所采取自建或与社会组织共建方式，建立科技成果转化服务中心，提升成果转化综合服务水平。推动红旗、数字经济、固态电池等产学研创新联盟高效运转，打造一批以科技企业、高等院校、科研院所、创业载体及其他组织机构为主体的创新创业产业联盟，深入开展技术创新、标准创制、成果推广应用等工作，探索构建充分体现知识、技术等创新要素价值的收益分配机制，保障科研人员和服务机构合法权益，激发成果转化热情，提高科技成果转化效率。

3．打造创新环境，着力推动活化创新机制、优化创新能力、强化创新协作并行。创新环境是营商环境的重要方面，问泉哪得清如许，为有源头活水来。优质的创新环境才能让创新资源充分涌流，创新活力充分释放。要活化创新机制，优化创新创业环境。加强组织领导、统筹谋划和高位推动，高质量编制“十四五”科技创新规划，加强省市区各级规划之间的充分融合衔接，完善创新发展系统布局。推进建立和使用科技专家库，探索实施科技决策专家咨询制度，突出科技智库功能。围绕编制“十四五”科技创新规划和国家自主创新示范区建设规划，研究完善相关配套政策。持续开展科技创新政策评估，借鉴先进经验，结合发展需求，推进政策调整。持续推进《长春市促进科技成果转化条例》立法，加快制定出台《长春市新型研发机构管理暂行办法》，进一步强化科技“三评”和诚信体系建设，营造良好的科创环境。深入推进科技创新体制机制改革，赋予科研机构和人员更大研发自主权，激发创新创业热情。持续实施“人才新政”，探索实施更加积极、开放、高效的人才培育、引进、激励政策，进一步提高涉外引智工作能力水平，推进将引进国外人才和智力纳入全市人才发展战略。要积极打造创新平台，提升创新能力。依托我市科教资源优势，建设好国家区域创新中心，按照创新创业先导区、新兴产业引领区、改革创新试验区、高端人才集聚区的“四区”定位，在产业升级、科技创新、金融发展、人才集聚等方面加大政策扶持，构建以创新为支撑的经济体系和发展模式，加快形成项目支撑、功能集成和品牌效应，打造长春市创新发展新地标。依托长春高新区、净月高新区两大高新技术产业开发区，创建国家自主创新示范区，充分发挥开发区科技、人才优势及先行先试政策优势，完善科技创新平台，打造创新主体孵化平台，建设一批集研发平台、技术服务机构、企业孵化器、众创空间于一体的科技成果转化基地，推动产业结构转型升级。努力把示范区建成东北地区创新要素的集聚辐射中心、科技成果交易中心、创新创业中心和产业转型升级带动中心，为加快长春市经济高质量发展提供强劲动能。进一步推进协同创新，提高转移转化能力。加大科技服务业培育力度，大力引进和发展科技成果评估评价，专利运营、内控管理、科技查新、专业化检验检测、技术集成扩散等专业化服务机构。引导高校院所采取自建或与社会组织共建方式，建立科技成果转化服务中心，提升成果转化综合服务水平。强院企合作，探索以企业需求为导向与高校联合技术攻关、培育急需技术人才新模式。推动红旗、数字经济、固态电池等产学研创新联盟高效运转，打造一批以科技企业、高等院校、科研院所、创业载体及其他组织机构为主体的创新创业产业联盟，深入开展技术创新、标准创制、成果推广应用等工作，探索构建充分体现知识、技术等创新要素价值的收益分配机制，保障科研人员和服务机构合法权益，激发成果转化热情，提高科技成果转化效率。加强政策保障，强化落实好各项减免优惠政策，降低成果转化成本。继续推进"政产学研用金介"协同创新云平台升级改造。推进科技大市场体制机制创新。实施科技金融平台建设计划，继续推进科技金融中心建设，进一步提升科技企业投融资服务质量。

二、坚持集聚发展、突出特色，打造产业协同发展工程

随着《"四大板块"总体方案》的深入落实，各板块的功能定位、主导产业和发展要求已经基本明确，产业集聚成效不断显现，但集聚更多是在理念和宏观工作上的相对集聚。面对新时期建成现代化经济体系的发展要求，全市4个国家级开发区、19个省级开发区、7个省级工业集中区、3个市级开发区的同质竞争增加内耗、数量众多摊薄政策效果、规模较小无法释放发展潜能等问题比较突出，还需要围绕实现高质量发展"四大板块"对全市经济贡献率达到80%以上、主导产业产值占本板块总产值达到80%以上的要求，进一步发挥国家级新区和开发区龙头作用，加快产业平台优化整合，促进生产力要素整合提升，推动相互关联的企业在同一区域形成产业链接，打造具有规模和竞争优势的发展集群。

1. 坚持分类施策，注重集群布局。按照原则上"四大板块"主导产业不超过3个，省级开发区不超过2个，市级1个的要求，进一步明确产业方向，促进资源整合。汽车产业重在"整车"，建议抓住一汽"六个回归"核心需求，围绕一汽集团"十四五"规划制定我市汽车产业相关规划及政策汇编，争取整车厂和一级配套商合同配额倾斜，引导汽车整车及核心零部件企业向汽车区、高新区集聚，汽车零部件企业向朝阳经开区、西新工业集中区集聚。轨道交通装备重在"延伸"，以轨道装备为核心，毫不动摇支持长客向上下游产业链延伸，促进轨道交通装备制造、维修、保养和配套产业向绿园经济开发区、宽城装备制造产业开发区、长江路经济开发区、合隆经济开发区集聚。数字经济重在"底座"，关键是在重点区域夯实数字化底座，加快建设壮大一批像华为长春云计算中心、中韩示范区人工智能超算中心、长春大口径空间光学载荷综合环模试验平台一样的重点平台项目，通过政策集中投入、降低水电要素成本等手段，吸附、串联、带动相关产业向北湖开发区、中韩（长春）国际合作示范区、经开区、净月区等重点区域集聚。生物医药重在"龙头"，把握高新区、经开区、中韩（长春）国际合作示范区等重点区域，加速"管委会+公司"探索，进一步将开发区产业引导、开发建设等功能和资源赋予类似高新股份、亚泰这样的龙头企业，加速打造国内一流医药企业，带动上下游产业向重点区域集聚。农产品加工重在"产品"，重点是发挥皓月清真产业园以及九三集团、中粮集团等龙头生物化工企业作用，以生物化工园区、食品园区为主要载体，加快转化、推动一批重点产品、重大项目落位，加快优势产业集群集聚。影视文化重在"场景"， 场景是故事的基础单元，要发挥影都板块的特殊作用，就促进净月区、莲花山工作协同，通过联合打造影视文创园区、打造汽车、冰雪体育文化赛事、联合开发旅游线路，通过促进环境、时间、地点、空间等方面场景统一实现工作协同。

2. 坚持龙头带动，促进集约发展。系统摸排全市各级开发区、功能区功能实际，通过促进开发区的整合提升，加速产业的集约、集聚内涵发展。建议以国家级开发区为龙头，整合一批开发区、园区平台，重点按照"四大板块"主导产业要求，按照功能叠加、产业错位、分级互动、空间整合、管理合一、城乡统筹的原则，以国家级新区和开发区为龙头，分步组织实施各开发区的整合、托管、代管工作，加速集聚、集约发展。把握省级新区建设机遇，清理、整合、改造小而散的各类开发区。随着梅河新区的成立，省级新区的建设已进入实质推进阶段，从相关城市经验看，其对于促进跨区域合作和促进开发区整合提升具有重要的现实意义。可以借鉴杭州钱塘新区建设经验，争取省级新区牌子，按照"一个平台、一个主体、一套班子、多块牌子"的架构，整合零散的小开发区，建立统一的管理机构，实施"扁平化""大部门制"管理，促使其实现集约式发展。围绕城市发展需要，促进城区产业集聚区向城市功能区转型。对位于中心城区、工业比重低的产业集聚区和开发区，重点布局商业综合体、文化娱乐、特色旅游、社区服务等服务业，促进其逐步向城市综合功能区转型。

3. 注重资源调控，促进集聚发展。重点是从增量和存量入手，通过创新政策，倒逼、带动产业集聚发展。以"要素调控""政策调控"为路径，促进增量集聚。重点是做到开发区间政策规划"三个统一"，减少招商内耗，形成工作合力。借鉴四川省经验，加快制定统一的《长春市招商引资规划》，绘制全市统一的产业招商地图，出

台全市统一的产业指导、要素分配、税收调控政策汇编，形成统一的政策环境。并依据产业主导方向出台差异化政策，对符合产业分工定位的项目，优先保障用地指标，在税收返还、资金供给等方面给予重点倾斜。以“退城进区”“退区进区”为路径，调控存量集聚。根据城镇化进程需要，把握总体规划要求，促进企业在城区、开发区间、园区之间流转，在上一轮企业退城入区、退城入园之后，重点是加快退区进区，实现企业“二次退城”。要系统摸排建立企业“退区进区”项目库，并综合考虑企业员工安置、腾退进度、土地类别等情况分类分档次制定财政奖补、用地保障等政策，推动企业转移集聚。以强化考核为抓手，倒逼产业集聚。完善绩效考核制度，将产业布局优化作为对县（市）区、开发区绩效考核的重要内容，对执行产业布局规划情况采取定期不定期抽查制度，年末统一公布年度考核结果，强化考核结果运用。

三、围绕枢纽城市建设，实施开放合作带动工程

开放的经济最有竞争力，开放的地区最有活力。长春地处东北亚区域几何中心，是东北亚十字经济走廊核心。但从实际情况看，“中心城市非中心”是长春市开放的根本瓶颈，长春“中部崛起”还有很长的路要走。必须进一步加快开放进程，以“四大板块”为载体，在开放中求变化、在开放中求突破，以此加快集聚各类生产要素，用足用好国际国内“两个市场”“两种资源”。

1．在构筑国际空港门户枢纽上加大力度。长春龙嘉国际机场三期扩建工程已按照省委省政府工作部署，拟定于2022年开工，2027年工程竣工。未来在龙嘉国际机场的发力下，长春的区域枢纽空港门户价值将体现在以下3个空间层次。首先是可以建立起面向东北亚、北美、欧洲的国际航线，实现长春与全球城市体系顶尖城市的紧密互动，并构建起跨境电商贸易圈。其次，面向2000千米的航空商务圈，将辐射影响东北亚等国家地区，直接服务人群在5亿左右。再次，依托省内松原、延吉、长白山及周边省市的支线航空，将区域中转业务汇聚到长春。在这3个层面上可通过长春新区、中韩（长春）国际合作示范区、兴隆综合保税区、临空经济示范区等平台优势，加速推进长春市相关产业链的重新配置。同时，立足国际空港门户还要积极争取第五航权（即允许第三方他国飞机在本国参与运输），扩展第六航权（指某一国或地区的航空公司在境外两国或地区间载运客货且中途经停其登记国或地区的权利），推动南航吉林分公司承担其他国家的航空业务，进一步扩大航空公司的市场覆盖面，提供更多高端的民航旅客。这一点对于航空港客货量的快速增长意义重大，能给港区经济发展提供更广阔的空间和想象力，也关系到长春航空港的未来发展空间和地位问题，换句话说，长春国际空港要想发展成为东北民航复合中枢，有必要大力发展运用第五、第六航权。此外，随着国际上疫苗的广泛接种，一些疫苗接种比较好的国家，像美国、英国、以色列等国，将会逐步打开国门，中国也有望在2022年上半年有条件地与一些国家恢复往来，因此长春必须未雨绸缪，在旅游业等方面下好“先手棋”，积极争取入境旅游72小时免签政策，扩展国际旅游圈，打造长春—长白山、长春—延吉等系列入境旅游产品，刺激中转旅客在长春进行“过客消费”，让更多前来长春的入境团充分利用72小时游览长春、认识长春、爱上长春。

2．在畅通开放通道打造洲际货运铁路枢纽上超前布局。长春市立体多元、东进西联的对外交通大通道建设已初具规模。2020年，“长满欧”班列在世界疫情影响下，仍承运货物9804标箱、10.79万吨、货值约人民币30.9亿元，为稳定国际供应链产业链、助力中欧共同抗疫发挥了重要作用，中欧班列已成为长春对外开放的重要载体。但随着开行城市间的激烈竞争，中欧班列运营已呈现出由“点对点”向“枢纽对枢纽”转变的新态势。2020年7月，国家发改委下达了中央预算内投资2亿元，支持郑州、重庆、成都、西安、乌鲁木齐等5个城市开展中欧班列集结中心示范工程建设。由此可见，地区性中心枢纽已成为中欧班列未来发展趋势，东北地区的沈阳、哈尔滨等城市纷纷加快建设步伐，长春作为“陆港型国际物流枢纽承载城市”，有必要牢牢把握这一重大机遇，争取成为中欧班列在东北地区的集结中心枢纽。长春市仍然具有独特优势，“长满欧”班列是全国为数不多（东北唯一）的可操作国际通运（转运）货物的中欧班列，对于日韩货物的国际转运、国际通运能力居全国中欧班列之首，具备极强的东北亚区域性物流枢纽转运能力。下一步，要围绕和依托长春兴隆铁路口岸及中欧“长满欧”“长珲欧”“长春–汉堡”货运班列等口岸资源，打造“国际陆港+智慧公路港+虚拟空港+综合保税区”三港一区的开放格局，协调周边地区乃至全国货物在东北地区集散，并依托本地粮食、板材等资源优势，充分运用中欧班列（长满欧）、“长珲欧”班列的国际大通道作用，推动建设大宗商品交易中心，使长春成为东北亚地区融入“一带一路”建设重要的枢纽节点和国际货物集散转运中心。

3.在建设东北亚物流集散枢纽上做足文章。立足长春东北亚区域中心城市定位，做好物流枢纽建设规划，依托中韩（长春）国际合作示范区、临空经济示范区、兴隆综保区等平台载体，构建东北亚物流枢纽经济圈。充分发挥“长满欧”“长珲欧”等铁路与高速路网物流运输优势，建设面向整个东北亚地区的国际保税物资集散地，打造中国东北航空快递中心和分拨中心；结合兴隆综保区功能，发挥长春国际陆港服务能力，推动国际多式联运、国际口岸通关、集装箱货物集散和配送、物流信息发布等业务，以及强化金融、结算、供应链管理等增值服务，完善新型供应链体系，积极建设陆港型国家物流枢纽；强化与公主岭国家农高区合作，建设东北亚重要农产品进出口基地；推动海关特殊监管区域和口岸、物流枢纽聚合联动发展，做强加工制造、研发设计、物流分拨、跨境电商、融资租赁等“报税+”新模式新业

态，在东北地区率先形成比较完备的国际贸易功能框架。同时，进一步创新口岸通关模式，加快智慧口岸建设，压缩通关时间，为各类商品进出长春打开“方便之门”。

四、牢牢把握新型城镇化方向，实施产城人深度融合工程

“四大板块”主体是开发区，是城市外围的产业集中分布地带，正处于城市能级向外辐射的最前沿，同时也处在城市配套服务覆盖的最末梢。因此，“四大板块”肩负着向内实现产城融合、向外实现城乡融合的重任。坚定不移推行以人为核心的新型城镇化，实现内外两个方向的深度融合，无论对各板块、还是对全市都有极为重大的意义。长春市可从产业发展、配套服务、要素流动3个方面入手，全面推进“产城人深度融合工程”。

1. 实现三次产业融合。产业融合的关键，就在于城市发达的二、三产业进入乡村，带动乡村产业提档升级，从而激活农业农村内生动力。“四大板块”与周边乡村的产业融合，可从平台打造、项目带动、机制建设等方向入手，全面推进城乡产业协同发展。在平台打造方面，以中韩板块和临近的九台区、空港开发区为先行区，重点发展生物医药、健康食品、农产品深加工等产业，在城乡产业协同发展平台培育方面实现率先突破；以影都板块和相邻的双阳区为主体，共同建设乡村旅游试验区和绿色农业种植体验区。在项目带动方面，依托中韩板块北药产业园、影都板块慢山里营地综合体等项目，拉动板块周边中草药种植、观光农业、农村电商等配套产业发展，延长涉农产业链条，壮大涉农产业集群。在机制建设方面，推动开发区公司与农业主体进行深度合作，建立多主体、多形式利益联结机制，推广“农户+合作社+公司+基地+营销市场”形式的农业产业化联合体，不断提升农业主体发展水平。

2. 实现生活生产融合。人口多配套少、有生产没生活，是当前不少产业集中区面临的问题。要想应对“业”“居”两张皮的现象，就必须坚持服务生产与服务生活“双轮驱动”的理念，形成产业经济支撑和城市功能提升的良性互促。建议按照“依区强业、以业兴区、产城一体”的总体思路，实现开发区的民生化发展，并将城市功能进一步延伸至广大农村地区。加快基础设施均等化，抢抓中韩板块、影都板块入选国家城乡融合发展试验区机遇，加速补齐城区、开发区、农村地区基础设施不平衡短板：强化城乡一体设计，按照“多规合一”要求科学编制城乡基础设施规划，推动村庄建设规划编制全覆盖；加大农村基础设施、环境治理投入力度，在影都板块、双阳区开展小城镇环境综合整治工作；以影都板块、中韩板块为重点，处理好拆旧建新与村落保护之间的关系，留住文化根脉和乡愁记忆。加快公共服务普惠化，充分考虑板块发展特色，成立专业化公共服务机构，在民生服务、文化服务、康养服务等方面发力，完善教育、医疗、养老、文化、体育和社会福利六大公共服务体系；围绕汽车、信息技术、生物医药、高端装备等领域人才的高端化、个性化需求，做好专家公寓、学术交流场所等高端配套服务。加快居民收入公平化，由于开发区的先天产业优势，开发区就业人员的收入水平高于城区与农村地区；缩小这一差距要做好两方面工作：一方面，强化城区对开发区产业的服务配套，提升城区产业层次，进而提高城区就业人员收入；另一方面，鼓励开发区企业吸纳农村劳动力，增加农民工资性收入，改变农民依靠种植业的收入结构和生活方式。

3. 实现发展要素融合。由于过去长期存在的城乡二元结构，在开发区向农村扩张过程中，要素流动表现出“一边倒”的单向性：农村劳动力、粮食等大量流入城市，城市的资本、科技等优质要素很少反哺农村。破解这一难题的关键，就是利用好开发区优势要素集聚的“长板”，加速补齐农村要素“短板”。在“人”的方面，以中韩板块、影都板块、国家区域创新中心板块北湖片区为重点，把握现代产业发展对人力资源的多元化需求，促进有能力在城镇稳定就业和生活的常住人口有序实现市民化，在居住证制度、城镇基本公共服务常住人口全覆盖、人力资源市场体系等关键领域推进改革创新，科学引导农业转移人口落户。在“地”的方面，注重“赋权放活、活权增利”，加快推广“三块地”改革经验，推进闲置宅基地转变为集体经营性建设用地入市，推动建立城乡统一的建设用地市场，探索城乡建设用地增减挂钩政策。在“钱”的方面，健全完善涉农金融市场体系，用好用活吉林农投农业产业投资基金、长春农业产业引导基金，支持开发区资本通过市场化方式设立城乡融合发展基金；鼓励金融机构推出更多惠农金融产品，进一步降低农业经营主体抵押贷款担保费率。在“技”的方面，突出影都板块农业科技优势，充分利用省农科院、吉林农业大学、农博园等高水平平台，健全涉农技术创新市场导向机制和产学研用合作机制，搭建农业科技人才返乡创业平台，完善科技人员入乡任职挂职等举措，培育科技特派员队伍，做强“三农”科技支撑。

五、始终坚持交通先行原则，实施交通互联互通工程

交通是高质量发展的“先行官”，也是当前“四大板块”亟待补齐的短板弱项。“四大板块”在空间上分布于我市的东北、东南、西南，距离较远，人员、要素、产品流通存在瓶颈，不利于在更大程度上形成产业融汇、信息互通、上下游承接便利的协作发展格局。建议从便捷轨道运输通道、大宗环线运输通道和市内精细路网通道入手，形成各有侧重、功能互补、层次明确的交通互联大格局。

1. 以轨道交通为主干打通轴线通道。充分利用轨道交通准时性、速达性、便利性的特点，全力释放轨道交通作为连接四大板块人员、信息的“黄金动脉”作用，加速推进2号线东延（连接汽车城与区域创新中心经开片区）、3号

线南延（连接区域创新中心高新片区、经开片区、国际影都）、6号线（连接汽车城与国际影都）、7号线一期（连接汽车城与区域创新中心经开片区）等工程建设，探索谋划5号线向北延伸至光机路附近（可连接区域创新中心高新片区与北湖片区）、7号线向北延伸至长春奥林匹克公园附近（可进一步连接至区域创新中心北湖片区），全力打造“轨道上的四大板块”，加速构建“轨道上的都市圈”。

2. 以公路环线为主线打通外围通道。长春作为高端制造业大市，产品的运输很大程度依赖灵活机动、适应性强的公路运输，而外围环线公路具有避免物流与人流拥堵、有效分担市中心交通压力的优点。建议长春市积极与上级相关部门协调，将长春绕城高速公路改为长春五环，并于“四大板块”区域增设出入口，为各板块的企业特别是长春市经济支柱一汽集团提升物流效能；或效仿沈阳四环快速路经验（沈阳绕城高速公路为沈阳三环，四环修建于绕城高速外），采用与高速公路和国省干道交叉处互通立交、其余路口平交的方式，在长春绕城高速外规划修建长春五环。加快推进长春都市圈环线建设，强化“四大板块”和主城区与周边城市间经济社会联系，充分发挥“四大板块”和长春现代化都市圈对周边地区产业布局、要素支撑、功能服务的辐射带动作用。

3. 以城市路网为主体打通内部通道。对各板块而言，市内道路既是拉开建设框架的起点，也是强化发展动能的先导，“四大板块”只有确保“体内经络”畅通，才能保证肌体的健康高效运转。未来一段时期，长春市可统筹“四大板块”，按照“连点成线”到“织线成网”的原则，大力实施“城市交通畅通工程”，整体规划、有序推进城市路网建设：进一步完善“两横三纵”快速路，加快实施新城大街快速路建设，谋划北远达大街改建为快速路，推动“四大板块”进一步融入城市快速路体系；推进东南湖大路（洋浦大街-雾开河大街）、富锋-开运街南延长线等工程建设，强化各板块和周边组团的有机联系；进一步织密板块内部由主次干道、支路形成的路网，全面畅通板块“微循环”。

六、巩固生态发展优势，实施生态综合改善工程

生态环境既是生产力也是竞争力，既是最大优势也是重要资源。更要充分理解其经济导向和社会导向，充分释放生态的经济效能和社会效能。“四大板块”多处于长春市生态资源较为丰富的空间区位，建议将生态建设作为区域发展整体战略来推进，重点依托各板块的自然地势和资源优势，打造特色鲜明、区域互促的生态新城。

1. 实施“河湖联通”，打造独一无二的北方湿地城市。河与湖是城市的“动脉”与“血管”，河湖联通方能实现动态永续，河湖互济必然释放生态红利。建议在遵循全市生态系统完整性的前提下，坚持随弯就势、因势利导原则，依托伊通河、永春河、西部水系等主干水系，实现北湖湿地、净月潭水库、干雾海河、雾开河等与之融汇连通，并在河湖两岸打造符合城市文脉的生态景观带，推动在全市范围内形成水草林湿互为补充、互为依托的生态耦合系统，一改北方城市寒冷时节河湖干涸、百里瀚海的景象，全力打造绿色宜居的生态轴、全域水系的景观带、生态文明的样板间、湿地城市的新标杆。

2. 通过国际合作创设生态功能区，提升经济效能。可参考借鉴中新天津生态城开发建设模式（中国和新加坡合作建立以生态为功能定位的产业园区，集中发展绿色产业），在莲花山旅游度假区内划出一定区域，与日、韩等东北亚国家展开合作，打造国家级生态示范区。具体而言，可在政府层面成立国家级“联合协调理事会”和部级“联合工作委员会”负责日常工作运行，同时引入投资集团和合资公司，共同参与开发建设，汲取日、韩等国家在规划建设、环境保护、资源节约、循环经济、可再生能源利用等方面的先进经验，逐步形成有特色的生态文化功能区，为生态理念创新、节能环保技术使用提供国际化平台，为长春未来开展多种形式的国际合作提供实践样本。

3. 坚持“发展”与“生态”相融共生，依托“四大板块”探索建立国家公园城市。“发展”与“生态”在本质上并非是非此即彼、此消彼长的矛盾体，而能够将二者较好地结合起来、充分释放生态经济价值的便是国家公园发展模式。前有贵州、成都的成熟经验，我市亦应紧随其后，将建设国家公园城市作为生态文明建设的重要载体和显著标志。鉴于长春市人均公园绿地面积12.5平方米，低于全国平均水平，与公园城市标准尚有一定差距，因此，建议前期以扩大主城区绿地面积为重点，再以莲花山旅游度假区全域、净月潭国家森林公园、北湖湿地公园为核心，向外辐射延伸至各自板块边界，探索推进POD导向的公园化城市功能区，建立由市政府统筹实施的圈层式保护管理模式和“区域内保护，区域外发展”的开发建设模式，实现板块内多个国家公园布局日益完善、生态资源资产不断增值、生态驱动型旅游业梯级开发，最终形成“以点带面、以区带市”的生态城市发展新格局。

七、紧紧围绕进入全国第一方阵目标，实施营商环境提质工程

营商环境是推动经济高质量发展的内在动力，是重要的城市名片。近年来，长春市着力打造精简高效的政务环境、竞争有序的市场环境、降本利企的经营环境、公平诚信的法治环境、拴心留人的人才环境，在2020年国家营商环境评价中被评为营商便利度提升最快的18个典型城市之一。2021年围绕加快进入全国第一方阵目标，进一步推进实施了“1210”优化营商环境具体措施。“四大板块”是全市经济建设的主战场、排头兵，要自觉强化“走在前列”意识，坚持市场化、法治化、国际化一体推进，聚焦企业全生命周期、城市投资吸引力和经济高质量发展，既

保持与世界指标体系、国家评价标准对标对表，又注重打造自身特色和品牌，全力建设成为全省乃至全国机制最活、环境最优、动能最强的区域之一。

1. 市场化的营商环境要突出提质增效。近年来，“四大板块”营商环境取得了长足进步，但整体建设水平在国内还不是很靠前，特别是原创性改革成果较少，“品牌效应”不强。为此，各板块要进一步强化改革创新精神，在巩固现有工作优势的基础上，围绕补短板、提效率、降成本、优服务，每年都推出一批过硬的、开创性的、能够在全国站得住叫得响的改革举措，推动营商环境建设由跟跑向领跑转变。行政审批方面，要在“一号申请、一窗受理、一网通办”框架下，进一步推进涉企审批减环节、减材料、减时限、减费用，在深化“证照分离”改革和照后减证并证，推行多规合一、多图联审、联合验收审批制度，推进政务服务“省内通办”“跨省通办”等方面加大改革力度。完善监管方面，积极探索“双随机、一公开”监管、跨部门综合监管、“互联网+监管”和信用风险分类监管等相互结合、互为补充的监管方式，提高监管的精准性有效性。优化服务方面，聚焦企业反映较多的用电、用水成本以及土地使用税、社保、医保缴费比例偏高；民营企业特别是小微企业融资渠道较窄，贷款利率高于同类城市；各类补贴政策多倾向于大企业、大商超，小微企业受益面较窄；园区基础设施配套滞后等问题，既立足当前研究破解之法，又注重长远建立有效机制，推动各板块营商环境提质升级。

2. 法制化的营商环境要强化公平公正。市场经济也是法治经济。当前各级在各板块法制环境建设中，既存在执法监管覆盖不够均衡的问题，也存在政府自身履约践诺不够及时的问题。为此，必须将建立公平公正的法制环境摆在重要位置。要加强营商环境方面地方性法规的“立改废释”工作，重点抓好行政审批、行政收费、政务服务、数据安全共享等领域法规建设，将行之有效的做法上升为制度规范。要完善产权保护制度，各级政府要带头守信践诺，着力推进以“政府兑现承诺、企业兑现投资”为主要内容的诚信建设，依法全面保护各类产权，深入推进国家知识产权运营服务体系建设试点工作，严格执行知识产权侵权惩罚性赔偿制度，着力解决侵权成本低、维权成本高等问题。要坚持公正文明执法，研究规范行政裁量权，纠正执法不严、简单粗暴、畸轻畸重等行为，推行对新产业新业态新模式实施包容审慎监管执法，使执法效果最大化、最优化。

3. 国际化的营商环境要注重对标对表。四大板块集中了长春市重要的对外开放合作平台和口岸，是全市对外开放合作的窗口，要对标国际和国内先进城市做法，率先打造国际化的营商环境。要进一步加强与相关国际通行规则对接，在贸易投资自由化便利化、知识产权保护、电子商务、政府采购等方面实行更高标准规则，在制度型开放上迈出更大步伐。要进一步提升外资管理和服务水平，落实外商投资准入前国民待遇加负面清单管理制度，健全外商投资促进和服务体系，努力成长为具有强大吸引力的投资目的地。要进一步优化外贸发展环境，深化国际贸易“单一窗口”建设，推动发展“海外仓”，加大对中小外贸企业信贷、保险等支持，加快相关标准与国际先进对标，助力企业更好开拓国际市场。

八、坚持以人民为中心，实施民生全面提升工程

习近平总书记强调，要始终把人民安居乐业、安危冷暖放在心上，要始终把满足人民对美好生活的新期待作为发展的出发点和落脚点，在实现现代化的过程中逐步地解决好这一问题。在各开发区短期内无法完全剥离行政管理职能的情况下，亟须有效利用政策优势，充分发挥先行先试作用。建议结合“四大板块”各自主导产业，划定区域内1—2个人口密度相对较高的区域，开展未来社区试点试验工作，将大数据和数字化融入百姓的生活场景、工作场景、教育场景和医疗养老场景中，以前瞻性的理念和视角促进各项民生工程迭代升级。

1. 打造未来交通场景，促进交通民生智慧化。以长春国际汽车城为试点，依托汽车产业优势和未来发展趋向，创新街区道路分级、慢行交通便利化设计，通过信息服务实现一键导航、各类交通转乘站点无缝衔接，打造居民便捷交通站点出行圈。完善社区新能源汽车充电设施供给，预留车路协同建设条件，为5G环境自动驾驶和智能交通运行留白空间。在物流行业推广应用无人驾驶配送车，运用智慧数据技术，集成社区快递、零售及餐饮配送，打造“社区—家庭”智慧物流服务集成系统，使居民生活方式向智慧化迈进。

2. 打造未来教育场景，促进教育民生多元化。以长春国家区域创新中心为试点，依托高校院所等教育资源，高质量配置托儿服务设施，重点发展普惠性公办托育机构，探索临时看护、家庭式托育等多元化模式。围绕青少年学习教育需求，开展优质教育资源进社区行动，打造线上线下联动学习交流平台，提供“基础知识+素质拓展+兴趣活动”多种类型相结合的综合性教育服务。搭建覆盖各年龄段和各行业的共享学习平台，建设社区邻里共享学堂、共享图书馆等，使居民受教育形式向多元化迈进。

3. 打造未来工作场景，促进就业民生共享化。以长春国际影都为试点，依托现代服务业的主导产业优势，按照数字经济、文化创意等产业的创新创业需求，激发共享经济潜能，搭建孵化用房、共享办公、家居办公（SOHO）等“双创”空间，配套共享厨房、共享餐厅、共享书吧、共享健身房等生活空间，形成共享服务需求与供给零距离对接场景，促进社区资源、技能、知识等全面共享，营造创新创业良好生态，使居民工作方式向共享化迈进。

4. 打造未来健康场景，促进医疗民生品质化。根据长春第七次全国人口普查数据，当前中韩示范区内65岁以上人口已占至15.4%，老龄化程度较高，故建议以中韩（长春）国际合作示范区为试点，依托医药产业园区，与主城区的居

家养老、社区养老相辅相成，推动全市形成互补性、多元化的养老产业格局。具体而言，围绕全民康养目标，建立全生命周期健康电子档案系统，实现健康大数据互联共享，促进基本健康服务全覆盖。创新社区健身服务模式，科学配置智能健身绿道、共享健身仓、虚拟健身设备等运动设施。探索建设多元化适老住宅、居家养老服务中心、日间照料中心、嵌入式养老机构、老年之家等场所，支持“互联网+护理服务”等模式应用。搭建城市医院与社区医院的远程诊疗、人工智能诊断平台，实现优质医疗资源普惠共享，使居民养老模式向品质化迈进。

各开发区人口年龄构成

地区	0–14岁	15–59岁	60岁及以上人口	其中，65岁及以上人口
经开区	13.23	70.51	16.27	10.62
净月区	10.75	73.92	15.34	10.22
长春新区	14.66	71.17	14.17	9.19
汽开区	12.72	67.92	19.36	13.37
莲花山	10.51	61.81	27.68	19.44
中韩示范区	11.34	66.84	21.81	15.40

九、坚持科学合理、兼顾各方，打造收益协作共享工程

“四大板块”建设中，要素资源、项目资源向重点区域、重点平台集聚是必然趋势，一方面，“大树底下好乘凉”，扩散效应让周边地区引入一些项目，从而享受福利；另一方面，“大树下面不长草”，吸附效应也可能让周边地区招引不到好项目，发展受到抑制。同时，“鸟儿都向大树去”，区域生产力格局调整，意味着一些地区项目、平台的迁出，意味着财力、税收的减少，甚至也意味着年末考核指标好不好看的问题，这些因素都或多或少的影响各区域协同合作的积极性。在下一步工作中，建议促进“四大板块”各相关县（市）区、开发区科学分类和核算合作方式、区划归属、利益分成等重大问题，按照市场化原则建立利益补偿机制，保证各地区在收益和发展机会上不受损失，减少府际合作中矛盾的发生，助力区域一体化发展。

1. 建立健全利益共享机制，促进项目、产业集约集聚。为了在招商引资项目异地流转和企业市内迁移中各方实现利益共享，建议建立企业迁建、项目转移财税利益分配机制，理顺迁入地、迁出地之间的利益关系，鼓励各开发区、县（市）区对不符合本区域重点产业布局的项目跨区域异地流转。对于流转项目、企业产生的收益，可采用两种方式进行收益分配，一种为将未来新增社会发展指标统计成果和区级税收留成部分按照7∶3或6∶4（迁入区/迁出区）分成，基数部分保留在原区域，保障原区域财政支出。另一种为实现基础收益与新增收益分享，在财政分成上将新增企业的增量部分留给城区，开发区享受国家政策的给予部分。

2. 推广“飞地经济”“跨区域园区”等模式，促进合作园区共建共享。建立跨区域项目财税利益分配机制，推进跨区域项目合作共建，跨区域项目建设期间产生的收入，根据各方要素投入、工程合同金额、工程量等因素，赋予相应权重进行分配。建成后产生的收入，按项目在各方的占地面积、资源储量、政府投入、成本消耗和经营收入等因素，赋予相应权重进行分配。发展“飞地经济”，明确“飞地”项目产生的全部财政收入，包括项目建设、土地使用等缴纳的税款由“飞入地”税务机关负责征管，按属地原则就地缴库。“飞地”项目市县级税收留成部分扣除给予企业优惠政策支出后，由“飞出地”和“飞入地”按约定比例分享。进一步探索市场化、公司化利益分享机制，推动形成地方参股、联合开发、就地注册、互利双赢的合作模式，具体可以借鉴开发区“公司制”改革模式，采取“飞入地”“飞出地”共同出资成立园区、项目运营公司方式合作开发项目，收益按照出资比例分享。

3. 完善利益补偿方式手段，助力区域协同合作。在项目、平台所产生的收益外，还要综合考量直接补偿和间接补偿方式，以激发各方协同合作的积极性。直接补偿可采用财政转移支付、价格补贴等方式调整区域间收益；间接补偿可通过技术资金支持、项目合作、人才交流、信息共享和政策扶持等方式平衡地区发展差距。或者借鉴成都、重庆等地都市圈建设经验，通过促进区域间地票交易、碳排放指标交易等手段促进跨区域收益流动，协助合作方创造合作平台、夯实合作基础、增强合作意愿。在发展中，可以综合考量行政性和市场化利益补偿方式，并根据不同区域的发展需求和个性化意愿来灵活选择补偿手段，在市场经济的推进中逐步扩大市场化利益补偿的适应范围。

十、着力营造担当干事良好氛围，实施党的建设领航工程

深入贯彻新时代党的建设总要求和新时代党的组织路线，锚定宏伟蓝图，勇于担当作为，以自我革命的精神加强党的建设，推动全面从严治党不断向纵深发展，不断把党建设得更加坚强有力，为推动“四大板块”建设、促进长春健康发展的航船指路引航。

1. 放大“四大板块”作风建设表率作用。作风问题无小事，“四大板块”要成为作风建设的表率，必须发扬“钉钉子”精神，持续努力、久久为功。加强党的优良传统和作风教育，完善作风建设长效机制，深入开展“作风建设年”，着力解放思想、深化改革、转变作风、狠抓落实，着力弘扬“严新细实”优良新风和“短实新”的文风会风，着力树立干事创业新风正气，持续运用“五化”工作法，强管理、稳推进、重落实，细化各项工作举措，压实各级各方责任，把好传统带进新征程，将好作风弘扬在新时代，确保党

同人民想在一起、干在一起，创造性推动工作落地落实、见到实效，以党的强大正能量在全社会凝聚起推动经济社会发展进步的磅礴力量。

2．打造担当有为的干部队伍。干部是“四大板块”发展建设的决定因素。须在全市统筹下，促进优秀干部在市直机关、各县（市）区与“四大板块”之间双向交流，在“四大板块”之间循环交流，让干部锻炼有更多舞台，成长有更大空间，加大在“四大板块”储备选拔优秀年轻干部的力度，积极实施发现培养选拔优秀年轻干部“五年行动计划”，加快培养储备长春振兴发展的接续力量，通过多向交流任用把“四大板块”建成干部成长的“大熔炉”。树牢干事创业“风向标”，树立重德才重实干重实绩的鲜明用人导向，加强对敢担当善作为干部的激励保护，充分调动党员干部干事创业积极性，激励党员干部担当作为。做好失实检举控告澄清工作，使党员干部放下思想包袱，轻装上阵、敢想敢干、奋力冲锋。进一步创新体制机制、落实人才新政、完善服务保障，“四大板块”要用足用好各项人才政策，在人才评价、流动、激励等方面大胆探索，吸引各领域、各层次人才到“四大板块”干事创业，打通人才经脉，激活人才引擎，切实增强“四大板块”整体人才承载力。

3．建设坚强有力的基层组织。组织建设是党的建设的重要基础，只有党的各级组织都健全、都过硬，形成上下贯通、执行有力的严密组织体系，党的领导才能“如身使臂，如臂使指”。“四大板块”要坚持大抓基层的鲜明导向，畅通贯彻落实党中央决策部署的“最后一公里”，补齐基层党组织领导基层治理的各种短板，把各领域基层党组织建设成为实现党的领导的坚强战斗堡垒。选优配强村书记，以“经济护航”为牵动，实施村级集体经济提档升级，做好农村党建工作。全面推动街道（乡镇）管理体制改革、社区服务转型升级、社区干部职业化专业化、小区精细化治理、区域党建互联互动等，构建“党建共同体”，结合“我为群众办实事”实践活动，强化基层治理，为群众打造幸福港湾。以深化“双诺一评”为主线，以非公党建综合管理平台为抓手，扎实推动“四大板块”非公党建管理信息化、双向承诺规范化、星级评定常态化，打造一批非攻党组织示范样板。

4.营造从严治党的良好风气。经济发展了，干部不能倒下去，“四大板块”在推动经济建设高质量发展的过程中，始终要同一切弱化先进性、损害纯洁性的问题作斗争，祛病疗伤，激浊扬清。要把严的主基调长期坚持下去、一贯到底，研究制定对主要领导干部监督和领导班子内部监督的制度，探索加强对“一把手”和领导班子监督制度，加强基层监督，将各种监督手段逐渐固化为制度，不断筑牢廉政防线。加强完善一体推进“三不”融合贯通工作机制，提高治理腐败效能，坚持标本兼治，切实做到同向发力、同时发力。深化以案为鉴、以案促改，坚持办案、整改、治理一体推进，办案、监督、警示多管齐下，强化个案和同区域、同领域、同岗位、同类型案件分析，举一反三找问题、挖根源、建制度、堵漏洞，充分发挥以“身边案”教育“身边人”的警示作用，巩固发展风清气正的良好政治生态。

完成单位：长春市委市政府政策研究室（改革办）
课题组成员：市委市政府政策研究室课题组

关于贯彻落实省委“五大目标、六个走在前列”最新要求，谱写新时代振兴发展“长春答卷”的初步思考

5月24日，省委书记景俊海在全市领导干部会议上高度评价了长春的工作成绩，突出强调了长春在全省的先锋带动作用，并对长春提出“五大目标、六个走在前列”要求。“五大目标、六个走在前列”既是期望也是鞭策，既是重担也是动力，这是长春深入落实省委省政府部署、全面开启社会主义现代化新征程的必然要求，也是长春加快实现全面振兴全方位振兴、回应全市人民殷切期盼的必由之路。长春要自觉从全省大局出发，强化认识、振作精神、敢于担当、勇创佳绩，将“五大目标、六个走在前列”重任扛在肩上，把长春的发展方向和国家的大政方针结合起来、把长春的发展路径和自身的资源禀赋结合起来、把长春的发展宗旨和群众的迫切需求结合起来，稳增长、促改革、调结构、惠民生，奋力在实现“两确保一率先”、全面建设社会主义现代化新吉林的伟大征程上展示“长春力量”、体现“长春担当”、书写“长春篇章”。

一、落实“五大目标、六个走在前列”要求的总体思想和任务安排

“五大目标、六个走在前列”要求是省委从经济发展、空间布局、城市体量、改革开放、辐射带动等方面对长春的总体要求，是下一阶段省委省政府对长春市各项工作的高位统筹和全盘谋划。对于长春自身而言，完成怎样的任务才算

是落实了“五大目标、六个走在前列”要求，是长春必须回答的现实之问。

行动之要，思想先行。长春落实“五大目标、六个走在前列”要求的总体思想是：高举习近平新时代中国特色社会主义思想伟大旗帜，深入贯彻党的十九大和十九届二中、三中、四中、五中全会精神，以习近平总书记重要讲话重要指示精神为统领，全面贯彻党的基本理论、基本路线、基本方略，统筹推进“五位一体”总体布局，协调推进“四个全面”战略布局，坚定不移贯彻新发展理念，坚持稳中求进工作总基调，认真落实“三个五”战略、“中东西”三大板块协调发展战略和“一主、六双”产业空间布局，把“五大目标、六个走在前列”战略要求贯穿经济社会发展全过程，推动发展理念转变、发展模式升级、发展质量跃升，全面建设长春现代化都市圈，全力推动现代产业体系均衡发展、“四大板块”率先发展、“两大基地”统筹发展，加快建成创新引领、协调发展、绿色宜居、开放包容、和谐共享的现代化长春，着力构筑新时代长春发展的战略优势，努力走出一条质量更高、效益更好、结构更优、优势充分释放的振兴发展新路，在全面建设社会主义现代化新吉林的伟大征程中体现新担当、实现新突破、展现新作为。

长春要想把“五大目标、六个走在前列”落地落实，必须要把“五大目标、六个走在前列”要求细化为自身的具体发展任务，概括起来就是实现“三个领先”、做好“四个表率”、建设“五个中心”。

——实现“三个领先”。主要经济指标在东北四市始终处于领先地位；城市建设治理水平和承载能力在东北地区始终处于领先地位；科技创新能力在东北地区乃至全国范围内始终保持领先地位。

——做好“四个表率”。在深化改革方面做好表率，营商环境进入全国第一梯队；在扩大开放方面做好表率，形成一批重要的开放窗口和对外合作高地；在生态文明方面做好表率，城乡人居环境持续改善；在政治建设方面做好表率，长春成为良好政治生态的典范。

——建设“五个中心”。推动制造业向内涵发展、创新驱动、智能制造、服务化发展转型，建设区域性制造业中心；发挥消费对经济高质量发展的主导性作用，打响“长春消费、长春创造、长春服务”三大品牌，建设区域性消费中心；利用好农业先天禀赋和粮食产量优势，保护利用好“黑土地”这个耕地中的大熊猫，建设区域性现代农业中心；深入实施创新驱动发展战略，使长春成为学术新思想、科学新发现、技术新发明、产业新方向的重要策源地，建设区域性创新中心；把握“大循环”“双循环”新发展格局，利用国内国际好“两个市场”“两种资源”，建设区域性开放合作中心。

链接：五大目标——在全省高质量发展中争当经济建设的“排头兵”、在构建“一主、六双”产业空间布局中争当动能转换的“领头羊”、在打造长春现代化都市圈中争当特大型现代化城市的“先行者”、在全面推动“五个合作”中争当改革开放的“新标杆”、在建设国家区域创新中心和东北亚区域合作中心枢纽中争当辐射带动的“新高地”。

六个走在前列——一要讲政治、强信念、铸忠诚，努力在政治建设上走在前列；二要扩增量、激变量、强总量，努力在经济高质量发展上走在前列；三要优环境、顺体制、增动力，努力在改革开放上走在前列；四要强农业、建农村、富农民，努力在农业农村现代化建设上走在前列；五要办实事、暖民心、增福祉，努力在保障和改善民生上走在前列；六要强党建、正风纪、重实干，努力在营造担当干事创业良好环境上走在前列。

二、把握“五大目标”要求，强化省会城市责任担当，当好全省振兴发展的“排头兵、领头羊、先行者、新标杆、新高地”

（一）树牢领先率先意识，在全省高质量发展中争当经济建设的排头兵

当好排头兵，关键是要在实现“两个领先、一个率先”目标中，落实长春责任，体现省会担当。要实现确保经济增速高于全国平均水平，确保在东北板块增速领先，对于长春市而言，主要指标实现省内绝对领先是起步门槛。长春市GDP比重占全省53.9%，财政收入占全省40.6%，在经济发展还是社会建设上许多工作都走在全省前列。但服务业占比（50.4%）低于全省平均水平（52.3%），冰雪旅游以及民生改善个别领域在省内还没有做到绝对第一，还要抓紧“拉长补短”，使长春各项工作都在全省保持领先。重要指标力争东北四市领跑是现实选择。“十四五”时期，如果保持6.5%的年均增长，GDP预计将达到9000亿左右规模，将实现经济总量迈向万亿目标，平均增速将实现东北领先（其他三个城市均为6%左右），总量在东北四市中居于前两位，在此基础上，还需要以“翘翘脚摘桃子”的精神，力争超过大连市（预计经济总量超万亿），打造东北经济第一城。优势环节达到同类城市前列是努力方向。长春的汽车产业产销量、轨道客车生产出口、大学科研院所数量、粮食总产量、影视文化和基层党组织建设工作等方面都走在全国前列，如果继续稳住优势，进一步推动民营经济、金融业、开放度等指标逐步提升到副省级城市平均水平，就可能逐步实现从跟跑向并跑、领跑转变。

城市	“十三五”时期 GDP年均增速（%）	“十四五”预期 GDP年均增速（%）
长春	5.7	6.5以上
沈阳	1.5	6以上
大连	5.5	6以上
哈尔滨	4.8	5.5–6

——牢牢把握高质量发展的核心要义，保持有质量效益的适度增长。牢牢把握稳中求进工作总基调，立足“基本面没有变、但稳中趋缓”实际，注重以稳求进、以进固稳，在

保持速度的同时，强调质量效益。把“稳”的重点放在稳住经济运行、稳住项目投资、稳住市场主体、稳住居民就业、稳住消费流动上，稳住全社会信心，稳住经济基本盘，保证实现稳定增长；把“进”的重点放在调结构、促转型和抓开放、求突破上，把蕴藏的巨大潜力和强大动能充分激发出来，确保提高质量效益，推动经济实现高质量发展。

——注重巩固高质量发展的根基和主体，把发展经济的着力点放在实体经济上。坚持强经济就要强实体，紧盯国家战略走向发展实体经济，把握国家推动新一轮东北振兴、扩大内需等方向，全面加大赴京跑省力度，争取更多重大战略、重大政策、重大平台、重大项目、重大工程落位长春，增强实体经济发展动能。推动实体经济产业链优化升级，紧紧扭住供给侧结构性改革这条主线，注重需求侧管理，在汽车、轨道交通装备制造等优势领域深耕细作，推动产业基础再造、质量提升、重点产业搭桥等工作，加强与国内产业链供应链衔接，提升产业链竞争力和现代化水平。降低实体经济发展成本，引导金融机构增加对制造企业的中长期融资，进一步降低用电、用网和物流等成本，帮助实体企业度过转型升级的关键阶段。

——切实明确高质量发展的根本要求，始终坚持以人民为中心。把满足人民日益增长美好生活需要作为根本目的，把人民群众反映的热点难点、堵点作为全市工作的痛点，坚持“两手抓，两手都要硬”，物质要殷实，精神要富足，确保居民收入和经济保持同步增长。既持续增强经济、科技、产业等硬实力，带动就业增收；也注重提升文化、环境、品牌等软实力，打好软实力、硬实力同步提升的“组合拳”，努力形成更具竞争力的创新优势、功能优势、产业优势、品质优势和人文优势，在不断提高长春的知名度和影响力的同时，努力让人民群众共享改革发展成果。

（二）注重巩固培育提升，在构建“一主六双”产业空间布局中争当动能转换的领头羊

作为“一主六双”产业空间布局的核心区域，长春在未来发展中要做强核，发挥长春现代化都市圈“一主作用”，巩固农业、汽车业、生物医药、光电信息等传统优势，放大现代化都市圈和“四大板块”“两大基地”承载空间作用，补齐战略性新兴产业规模、数字产业化、消费活力、金融业发展等不足，加快实现全要素生产率增长6.5%、数字经济核心产业增加值占GDP比重超过10%目标，做动能转换的示范者。并通过双廊、双带、双线、双通道、双基地、双协同，联系省内市州做好区域互补文章，对接供给与需求、畅通生产与消费、融汇创新与集成，带动全省实现动能转换升级。

——聚焦产业发展趋势培育新动能。重点是要把握汽车产业股比即将全面放开、供应链向整车厂方向垂直整合和新能源汽车纯电动技术及氢燃料电池成为主流等趋势，把握数字经济发展中5G终端、无人机、智慧城市、智能制造、远程协同办公以及各种物联网场景等的深度融合性需求加速释放趋势，把握轨道交通装备中城轨建设进入黄金发展期、高铁将实现省市区县覆盖趋势；把握生物制药疫情条件下新型疫苗、单抗药物需求增长趋势；把握服务业制造服务化与服务制造化融合发展趋势，加快培育新动能。进一步围绕实现汽车业、百千米半径以内零部件配套、汽车服务业“三个万亿”目标和打造高端装备、光电信息、农产品加工、医药健康、能源产业等千亿级产业要求，采取一事一议和打捆出台的方式，吸纳全国各类符合长春实际的政策包，加快出台有针对性扶持举措，支撑形成产业新格局。

——聚焦强大内需市场增强新动能。把扩大内需战略同深化供给侧结构性改革有机结合起来，以高质量供给引领和创造新需求。把扩大消费作为重要突破口，大力实施消费供给发力、消费需求提升、消费场景塑造、消费热点培育等重点工程，努力将长春建设成为特色彰显、功能完备、全国驰名的消费中心城市，切实提高消费对经济增长的贡献率。发挥有效投资的关键作用，最大限度争取国家、省投资专项资金支持，争取重点领域中央预算内资金和省内补助资金落位长春；进一步立足地方政府专项债券限额收紧形势，把握“7大领域”“两新一重”投入方向，发挥地方债券对稳投资、促消费的重要作用，保证资金投向投量。

——聚焦生产力优化整合催生新动能。重点是从空间的“面”与产业的“线”两方面入手。促进开发区和城区生产力整合集聚，重点是要发挥4个国家级开发区、19个省级开发区、7个省级工业集中区、3个市级开发区作用，按照原则上“四大板块”主导产业不超过3个，省级开发区不超过2个，市级1个的要求，有序推动开发区整合优化，深化开发区间、与城区间合作协同，推动布局上变“九龙治水”为“握指成拳”，政策上变“分散供给”为“综合施策”，发展上变“同质竞争”为“错位发展”；在“四大板块”“两大基地”的基础上，也要注重通过促进河湖联通发展滨水经济，加速城区服务业整合集聚，通过打造伊通河、雾开河、串湖等全市一体化河湖联通水网体系，在滨水区域统一配置旅游文创、商务服务等现代产业，串联城区服务业形成统一布局。用龙头主体拉动产业链整合集聚，发挥“链长制”、工作专班等机制作用，打造产业链“链主”企业，培育具有引领和带动作用的“瞪羚”企业和“独角兽”企业，集中政策资源壮大核心企业，用龙头企业、骨干企业整合集聚上下游资源，特别是要用整车企业和一级零部件配套企业配额吸引二三级配套企业，围绕配套空白点，引入半导体、车用材料等企业，促进补链、强链、延链，加速全产业链升级。

（三）把握时代发展趋势，做特大型现代化城市的先行者

城市是聚集生产要素的最大载体。2021年，长春市人口总数为906万人，城镇人口为597万人，城镇化率达65.94%；城市建成区面积639.61平方千米，居东北四市首位，在全国省会城市中排名第三，已经迈入“特大型城市”门槛。这就

要求长春市要积极应对因城市规模扩张和城市结构变化而带来的城市发展模式的转型升级，加快现代化都市圈建设，形成区域竞争新优势。

——以“现代化都市圈”为总抓手，优化城市空间布局。特大型城市与都市圈建设是相辅相成、相得益彰的。具体而言，特大型城市作为都市圈的核心与增长极，通过由点到面、由局部到整体依次递进、有机联系的发展体系，进而形成辐射周边城市、推进要素互动、带动区域经济的良性发展格局；都市圈内部的合理分工与有力支撑，又会持续推进特大型城市的综合实力，促进特大城市向更高城市形态转型升级。因此，要坚持把长春现代化都市圈建设作为总抓手，构建“一核、两翼、三圈、多带”的空间布局，努力实现以“四大板块”为主体的“核心圈层”率先发展、以“两大基地”为主体的“紧密圈层”融合发展、以长吉长平一体化为主体的“辐射圈层”联动发展，为融入以国内大循环为主体、国内国际双循环相互促进的新发展格局提供最优的空间载体、强劲的动力系统和畅通的循环枢纽。

一核	长春特大型中心城市
两翼	长吉一体化、长平一体化
三圈	以40千米为半径的半小时生活圈、以100千米为半径的1小时通勤圈、辐射500千米半径范围的2小时通达圈
多带	长吉图发展带、长哈发展带、长松白发展带、长通赤发展带、长平沈发展带、长辽通发展带

——以“交通强市”为切入点，提升城市承载功能。交通运输是现代经济体系的重要支撑，特别是当前，互联网、新能源等新技术与交通运输领域深度融合，孕育着巨大的新动能。长春市要想成为特大型现代化城市的先行者，交通运输工作更要“先行一步”，为对外合作“开路”、为转型升级“搭桥”，推动振兴发展进入腾飞“快车道”。因此，要切实把高质量交通强市作为建设现代化城市的基础支撑，统筹推进航空、铁路、公路等交通基础设施建设，注重从公交、地铁、轻轨为主要载体的传统模式向以机场、港口、高速公路、高铁站为主要载体的新型模式转变，释放高铁组团、空港组团的聚合效能，构建区域性现代综合立体交通枢纽，全方位提升交通运输的辐射能力、质量效率、服务水平和整体效能，以交通一体化带动区域一体化发展，进而有效提升城市能级。

——以“新型城镇化”为着力点，推进城乡协调发展。根据数据统计，城镇化率每提高1个百分点，将会带动GDP提升2—3个百分点。按国际城镇化率在70%左右的规律判断，长春的城镇化率还有5个百分点左右的增长空间，这就要把新型城镇化作为新的增长极，加快推进城乡要素双向流动，进一步推进户籍制度改革，放宽城市落户政策，支持城市人口、资金、技术等先进生产生活理念和方式向乡村自由流动，为破解发展不平衡不充分问题提供新动能。

东北四市“十四五”期间城镇化率预期数对比

指标名称	长春	沈阳	大连	哈尔滨
常住人口城镇化率（%）	70以上	83	80以上	70

——以“公共服务均等化”为落脚点，促进发展成果共享。当前，因不同地区间公共服务资源和治理能力水平存在一定差异，公共服务标准不统一，政府引导与市场驱动尚未形成合力，基本公共服务均等化水平难以满足长春现代化都市圈发展的现实需求，需要构建多元化的区域基本公共服务供给模式，创新基本公共服务项目投资方式，引入社会资本参与都市圈公共服务基础设施建设，加强公共服务标准体系建设，助推公共服务均等化、优质化水平。

（四）把握历史前进逻辑，做改革开放的新标杆

习近平总书记指出，改革开放是我们党历史上一次伟大觉醒，是中国人民和中华民族发展史上一次伟大革命。新时代下的改革开放不仅是时代要求，更是历史责任；不仅是为了应对挑战，更是为了把握机遇。长春市已经站在了新的历史节点和发展阶段上，要将深化改革和扩大开放作为经济发展的重要突破口，同时进一步推动全方位对口合作、多层次战略合作、前瞻性共建合作、紧密型专业合作和国际性开放合作“五大合作”，充分发挥标杆引领示范作用。

——聚焦体制机制障碍，在更高起点上全面深化改革。改革首要是理念变革，既要坚持以新发展理念指导引领全面深化改革，又要通过深化改革为全面贯彻新发展理念提供体制机制保障。长春市主要领域改革主体框架基本确立，现在要将着力点放到加强系统集成、精准施策上来，要在已有改革基础上，坚持问题导向，围绕营商环境进入全国第一方阵、国企国资改革持续深化、民营经济发展政策全面落实、要素市场改革深入推动等重点领域和关键关节，推进改革向纵深发展。

——聚焦新发展格局，在更高水平上推进对外开放。高水平对外开放是进入新发展阶段的必然要求，其既能够引入一切有利于生产力发展的资源和要素，也能够充分借鉴发达国家和国内先进城市的有益经验，为经济社会持续发展奠定物质基础和制度基础。要将推进制度型开放作为关键点，将“枢纽意识、平台导向、嫁接思维”贯穿开放合作全过程，深度融入“一带一路”，深化对俄、欧洲和东南亚的交流与合作，充分利用吉林自由贸易区长春片区、中韩（长春）国际合作示范区、长春临空经济示范区、长春新区和兴隆综保区等平台功能，积极构建国际、省际、市际的公、空、铁、海多式联运通道，畅通对俄、朝、韩、日、蒙的对外开放大通道与对东北地区的对内通达大通道，加快形成更大范围、更宽领域、更深层次的东北亚区域开放合作新格局。

——聚焦协同发展目标，在更大范围上促进区域合作。实施区域内合作与跨区域对口合作是充分释放制度优势与制

度效能的直接体现，也是优化功能布局、推动形成区域协调发展新格局的战略需要，对长春市不断增强经济创新力和竞争力具有重要意义。要积极推动哈长城市群国家战略实施，加强与辽中南城市群、蒙东地区合作，推动形成区域协同发展、融合发展的新格局。同时，积极对接京津冀协同发展、长江经济带发展、粤港澳大湾区建设、长三角一体化发展、黄河流域生态保护和高质量发展等国家区域战略，提升对内开放合作水平。

（五）发挥领航领跑作用，在建设国家区域创新中心和东北亚区域合作中心枢纽中争当辐射带动的“新高地”

对于“新高地”的建设，省委突出强调了两个方面：科技创新与东北亚区域合作。实现辐射带动的前提，就是长春能够在区域内处于领先地位、具备输出能力。所以在下一步工作中，要更加凸显长春的科技创新资源优势和区域中心优势，扬长避短、扬长补短，使长春能够领先三市、领跑东北，进而形成区域辐射带动极。

——争当区域科技创新“新高地”

东北地区科教实力强大，四个主要城市均有着不俗的科技创新实力，如何在“群狼”中突围甚至成为“头狼”，是长春打造科技创新“新高地”的重要努力方向。长春市整体科研实力东北领先（《2020自然指数-科研城市》排名中长春位列全球第38位、东北第一），科技成果产出能力强（2020年全年专利授权量17373件），具备建设国家区域创新中心的雄厚基础。长春市应充分利用人文科教优势，围绕产业链部署创新链，围绕创新链布局产业链，挖掘创新潜力，提升创新能力，建立以制度为先导、企业为主体、人才为核心的科技创新体系，加速迈向价值链中高端。

（1）从机制入手，培厚科技创新土壤。坚定不移实施创新驱动战略，以国家自主创新示范区创建为引领，推动各类创新要素高效集聚、有效配置，提升长春在国家创新体系中的地位和作用，形成具有国际影响力的创新转型示范区。持续完善科技创新服务体系和治理体系，确保产业技术攻关和成果转化能力不断提升，强化科技创新对经济社会发展的支撑引领作用。加大资金支持力度，确保长春市创新研发投入在东北四市处于领先位置。完善重大科技创新平台体系，打通政府、企业、高校、院所、中介、金融机构的合作通道。

（2）从企业入手，激活科技创新动力。注重发挥企业的创新“龙头”作用，把服务创新型企业发展摆在突出位置，培育一批创新型领军企业。牵好企业研发机构这个“牛鼻子”，加快推动大型工业企业研发机构全覆盖和中小微企业技术创新公共服务平台建设。加大国家级高新技术企业培育力度，争取在“十四五”末期实现高新技术企业“五千户”目标（长春市“十四五”提出2025年目标为3000户以上，建议提高至5000户以上，确保与沈阳、大连持平）。持续推动“大众创业万众创新”，建设国家级创新创业基地。充分发挥一汽、长客等龙头企业的创新引领带动作用，构建基础研究、技术研发、成果转化全流程创新产业链，推进产业链创新链深度融合。

（3）从人才入手，引育科技创新精英。坚持人才优先理念，深化人才发展体制机制改革，大力推进各类引才育才工程，全方位强化各类人才的培养和引进。大力发展技工教育，推进产教融合，提升职业技能人才水平。完善以知识、技术、管理等创新要素参与利益分配的激励保障机制，赋予高校、科研机构和创新领军人才更多自主权，加大在职称、兼职、创业、医疗、住房等方面的政策支持力度。健全多元化科技人才评价体系，积极弘扬科学精神和工匠精神，营造“敢为人先、宽容失败”的创新文化，造就一批高水平科技领军人才、工程师、“长春工匠”和创新团队，打造东北亚地区科技人才汇聚高地。

——争当东北亚区域合作“新高地”

建设东北亚地区开放合作“新高地”，就要立足“大循环”“双循环”，针对长春应在省内、东北板块、东北亚地区三个圈层发挥的不同作用，有针对性地扮演好引领极、枢纽极、汇聚极三个角色，以长春为中心构建梯次排布、各有侧重、相互促进的东北亚区域合作新格局。

（1）带动省内打造引领极。2020年长春省会首位度达53.92%，占全省经济总量半壁江山，居全国第一。这是长春对全省经济的突出贡献，但“新高地”的引领作用不仅要体现在为全省经济数据顶起的半边天，更应在下一步发展中实现对省内兄弟城市的有力帮扶。着力优化“一廊、一带、一脉、四大板块”的都市圈核心区布局，以长吉、长平一体化发展为依托，加速打通长春-辽源-通化高铁等各类省内通道，全面升级产业结构，围绕吉林中部创新转型核心区建设，以长春自身创新发展势头带动吉林中部创新转型核心区发展，进而推动全省新旧动能转换，实现由单核做大向辐射带动迈进，由省会支撑向全省协同迈进。

（2）服务东北当好枢纽极。想要建成东北亚开放合作的“新高地”，就要先成为东北的“新高地”，起到“领航舵”“风向标”作用。充分长春地处东北大区几何中心、位于哈大 珲乌“大十字轴”交点的区位优势，立足长春生产服务型国家物流枢纽定位，加快拓展省际交通干线，着力强化长春在东北区域的中心枢纽作用，加快实现向北对接哈尔滨都市圈、向南连接沈阳经济区、向西辐射蒙东四盟市（赤峰、通辽、兴安盟、呼伦贝尔），并积极与大连、营口、丹东等港口城市和满洲里、绥芬河等边口岸境城市谋求合作，打造通达黑吉辽蒙的四省（区）通衢，成为东北地区产业、要素、市场循环对流的中心枢纽。

（3）放眼东北亚构建汇聚极。在东北亚国际合作中，特别是针对日韩的合作，长春市发力的方向更多应是如何集聚日韩等国的技术、资金、人才等优势资源，强化与日韩主要城市的经济、科技、人文往来。着力强化长春市“一带一路”向北开放、长吉图开放开放战略“双重叠加”的优势，发挥好中韩（长春）国际合作示范区这一东北地区规格最高、领域最宽的中韩合作平台作用，以中韩合作为纽带推动中日、中俄、中朝、中蒙合作，加快西进中蒙俄经济走廊、东出图们江海运通道进程，新增、加密长春通往东北亚主要城市航线，把长春打造成为东北亚物流枢纽和东北亚要素流动节点城市；构建优厚政策环境，降低准入门槛，吸引国际人才、资本、项目来长。

三、践行“六个走在前列”新要求，努力推动长春市社会经济更好更快发展

充分把握发展的时与势，抓住时代赋予的战略机遇期，在新发展理念的引领下，优动能转换、筑振兴之基，构建新发展格局，推动长春经济社会高质量发展和长春现代化都市圈的全面突破，顺势而为，乘势而上，聚势而强，努力做到在东北区域乃至全国发展中走在前列。

（一）以习近平新时代中国特色社会主义思想为指导，在政治建设上走在前列

始终坚持以习近平新时代中国特色社会主义思想为指导，不断增强“四个意识”、坚定“四个自信”、做到“两个维护”，旗帜鲜明地忠诚核心、拥戴核心、维护核心、捍卫核心，在政治立场、政治方向、政治原则、政治道路上始终同以习近平同志为核心的党中央保持高度一致。深入开展党史学习教育，体悟信仰力量，增强信念信心，不断提高政治判断力、政治领悟力和政治执行力，勇做纪律规矩的忠诚捍卫者和坚定践行者。深入贯彻落实习近平视察吉林重要讲话重要指示精神，坚决扛起重大职责使命，不折不扣地将省委“当好全省振兴发展的‘排头兵、领头羊、先行者、新标杆、新高地’”的要求落到实处，按照“五化”工作法和“严新细实”的要求，进一步解放思想、主动作为，努力开创长春振兴发展的新局面。在实现“两确保一率先”、全面建设社会主义现代化新吉林的伟大征程上展示“长春力量”、体现“长春担当”、书写“长春篇章”。

（二）以创建国家先进制造业中心城市和国家创新中心城市为支撑，在经济高质量发展上走在前列

习近平总书记强调，高质量发展是“十四五”乃至更长时期中国经济社会发展的主题。从全省看，长春经济总量最大，发展基础最好，竞争能力最强，必须在高质量发展上主动引领、当好先导、率先突破。

1. 以提升全产业链水平为主攻方向，率先实现转型升级。把握新发展阶段的新机遇新挑战，推动产业建链、补链、延链、强链，围绕产业链部署创新链，围绕创新链布局产业链，打造全产业链生态圈，实现产业的转型升级。打造具有国际影响力的区域性制造业中心，加快形成创新引领高质量发展的良好态势，一是在汽车产业方面，主动适应汽车产业电动化、网联化、智能化、共享化变革趋势，发挥一汽集团整车龙头项目带动作用，加快汽车产业“六个回归”，打造区域性汽车共享服务中心，建设世界级汽车产业研发、生产和后市场服务基地，完善传统汽车产业链；围绕纯电动汽车、插电式混合动力汽车、氢燃料汽车3条技术路线，重点培育新能源汽车产业链；联合百度、华为等相关行业企业，进一步提升价值链，支持一汽打造世界一流企业，加快长春世界一流国际汽车城建设，积极打造智能网联汽车产业链。二是在轨道客车产业方面，要围绕国家轨道交通建设发展需要和国际市场轨道交通装备需求，大力支持中车长客增强自主创新和引进消化吸收再创新能力，重点发展高速动车组、城际列车、新型城铁车辆、现代有轨电车、高速综合检测列车等领域，打造高端化、轻量化、智能化、特异化产品体系，加强核心零部件配套建设，加速延伸产业链，在极限速度安全性、智能驾驶稳定性、自动变轨平滑性、新型材料轻量性、特殊气候适应性、能源利用节约性等复杂疑难领域积极探索并努力成为行业标准。加大碳纤维车身、高寒动车组和变轨客车研发力度，探索“云轨”“智轨”“空轨”“中低速磁浮”等多种新制式轨道交通产品研发与产业化。打造融研发设计、整车制造、配件生产、车辆维修及售后服务、改装改造、检验检测、试验调试、模拟体验等于一体的世界级轨道客车产业基地。三是在战略新兴产业方面，重点打造光电信息、生物医药、航空航天、新材料等重点产业链，超前布局新一代人工智能、生命健康、信息技术、新型材料、清洁能源等一批战略性新兴产业，培育发展区块链、量子信息等未来产业。深度推进吉林遥感卫星信息系统建设工程，做大做强航天信息服务、航天制造、通用航空三大产业，打造以卫星应用为重点的北方航空航天产业高地，形成一批战略性新兴产业集群，构建支撑和拉动经济高质量发展的新引擎。四是在现代服务业方面，围绕建设服务业强市，做专、做深、做细上下游现代服务业产业链。推动先进制造业和现代服务业深度融合，引导生产性服务业向专业化和价值链高端延伸、生活性服务业向高品质和多样化升级，大力推动现代物流、汽车服务、科创服务、农业服务等产业融合型服务业，积极发展数字金融、软件信息、人工智能等数字赋能型服务业，做大做强影视文创、旅游度假、旅游产品和配套服务、会展经济等文旅带动型服务业，转型升级商圈经济、夜间经济、新型商贸、人力资源、医疗康养、体育消费、直播经济、总部经济等都市集聚型服务业，将长春市打造成为产业融合高地、文化旅游名城、区域消费中心，构建现代服务业高质量发展新格局。依托长影等核心资源禀赋，大力推进包括国际影都在内的净月文化创意聚集区建设，完善文旅金融服务体系，以创新和文化双轮驱动振兴影视、动漫、演艺、旅游业，形成产业链闭环和产业生态，打造国际电影全产业链基地和国际影视文旅创意城。

2. 以打造区域消费中心为路径，实施扩大内需战略。发挥长春优势，坚持政府引领与市场运作并行、对标先进与彰显特色并举、顺应需求与创新引领并重，大力实施消费供给发力、消费需求提升、消费场景塑造、消费热点培育等重点工程，不断提升长春对国内外消费的集聚、引领和创新能力，打响“长春消费、长春创造、长春服务”三大品牌，努

力将长春建设成为特色彰显、功能完备、全国驰的区域性消费中心。

（1）在供给端发力，全面释放消费空间。以政府为主导（辅以市场化运作），立足消费新趋势，做好培育新业态、打造新平台、形成新品牌、用好新政策4篇供给文章，力争培育更多消费增长点。立足增加新供给，培育打造新的消费业态。借鉴成都、杭州等城市促进消费的成功经验，坚持“内容为王”，全力打造伊通河全流域滨水休闲业态、独具长春特色的夜经济消费业态、具有世界级水平的冰雪消费业态和大体育消费业态；抓住政策机遇，重点打造标识性商业步行街。以商务部全力推进步行街改造升级试点政策为契机，依托重庆路、红旗街打造品牌购物商街，探索打造桂林路时尚消费、彩织街夜经济消费、生态大街新型融合消费时尚消费重点街区，引进国内外优质设计团队，高标准设计规划，高水平建设，体现城市记忆，符合消费审美需求的重点街区。同时，优化街区间交通连接，借鉴上海浦东观光巴士建设经验，打造1条连接特色街区、重点景区的旅游交通环线。用好政策组合拳，推动消费尽快升级换挡。把握生产性服务业和消费型服务业发展需求，用好各类产业发展资金、基金，在用电、用地、项目资金分配方面，给予差别化政策。尤其是长春作为知名汽车城，汽车消费这张牌必须打好，建议充分发挥红旗s、 汽新能源等项目效能，放大红旗“新高尚情怀人士”俱乐部、新红旗“爱·尚”公益品牌、红旗嘉年华等载体作用，加强品牌推广，激发消费流量和人气。

（2）为需求端赋能，不断激活消费潜力。抓消费实际上就是抓供需两端，供给端需要政府提供优质的、新的消费业态和模式，需求端则需要消费人群来支撑，没有人这个元素，消费无从谈起。一是引导消费观念转变，让市民“愿消费”，一方面，采取一些有针对性的措施，引导居民更新消费观念，乐于消费。另一方面，支持鼓励“共享经济”“新零售”“消费金融”“定制化服务”等蕴含先进消费文化的消费业态在我市遍地开花、生根发芽，令居民眼之所见、耳之所闻、心之所向皆为新理念、新文化，潜移默化地引导居民转变“储蓄重于消费”传统观念，带动居民主动从满足于中低端数量型消费向致力于中高端品质型消费迈进。二是切实增加居民收入，让市民“能消费”。千方百计提高城乡居民收入，建立工资正常增长机制，适当提高津贴、补贴标准，确保职工收入稳定增长；不遗余力加大政府公共服务和社会保障力度，不断完善大病统筹制度，解决看病难看病贵问题；进一步扩大新增城镇就业和农村剩余劳动力转移就业，提高最低生活标准，努力解除居民后顾之忧；加快引进高净值人群进入长春，为一汽大众的德国专家和一汽丰田的日本专家等高净值人群提供高端生活消费的优质商品和服务，在其消费模式由“富”向“贵”的演化过程中，将他们的消费留在长春。不断规范消费市场，让市民“敢消费”，以保护消费者权益作为根本宗旨，加快出台长春市消费者权益保护和相关行业的规范性文件，充分发挥公安、工商、消费者协会的职能作用，加大执法力度，开展“投诉必有专人回应，维权必有专人负责，赔偿必有专人落实”的“治乱”行动计划，畅通维权渠道、降低维权成本、提高维权效率和事件办结率，有效提升居民消费预期，同时研究建立商品质量全程追溯机制，让市民能够大胆消费、放心消费。

（3）推进“供给+消费”融合，全面凝聚消费动能。一是在政府供给的新业态新模式中植入消费元素，避免经济价值缺失，在“文化+旅游”一体化发展中体现消费元素，在地铁等重点交通体系建设中体现消费元素，在恢复长春建筑遗迹时融入消费元素。二是推进“三圈”通道平台建设，实现通道和业态融合。推动建设半小时商业圈，以便利化为目标，在5分钟、10分钟、15分钟、半小时步行距离内布局不同商贸业态，为群众提供多层次多业态商贸服务。布局建设大长春商业圈，充分发挥我市在全省“一主六双”布局中的辐射带动作用，密切与省内其他城市联系，加快实现省会城市商贸流通和生产性服务业无缝对接，重点打造汽车产品、农业产品、木材加工产品、医药产品、电影产品五大平台。探索建设长春四小时航空经济圈，打造参与区域和国际合作的主要平台，实现更大范围和更大规模资源整合，形成区域竞争新优势，同时积极发展免税品消费。三是发挥会展平台辐射效能，促进经济效益和品牌效应相融合，全力做大做强长春会展品牌，聚焦、聚力“一节一展一论坛和四会”（长春电影节、长春航空展、中韩国际经济合作论坛、中国吉林国际冰雪旅游产业博览会暨长春国际冰雪节、长春国际汽车博览会、长春国际农业食品博览交易会、长春光电信息博览会），全面提高长春品牌展会的层次、质量和水平。

3．提升长春在国家创新体系中的地位和作用，大力实施创新驱动。

（1）整合创新资源，建设国家区域创新中心。依托长春市拥有的46所普通高校、84家科研院所、83个省级以上重点实验室、123个省级以上工程技术研究中心等资源优势，坚持走集约化、内涵式发展道路，按照创新创业先导区、新兴产业引领区、改革创新试验区、高端人才集聚区的“四区”定位，聚焦做大做强生物医药、IT、航空航天、汽车及零部件“四大主导产业”，深入推进产业创新、技术创新、协同创新和改革创新，围绕打造“屏、端、网、云、智”产业链，在产业升级、科技创新、金融发展、人才集聚等方面加大政策扶持，加快构建以创新为支撑的经济体系和发展模式，实现以高质量发展为引领的可持续发展，加快形成项目支撑、功能集成和品牌效应，助力推进长春现代化都市圈建设，打造我市创新发展新地标、赋能国际国内双循环，进一步释放创新潜能。

（2）打造“双创”新引擎，创建国家自主创新示范区。依托长春高新区、净月高新区两大高新技术产业开发区，积极创建先行先试政策先导区，培育高质量发展新动能。充分发挥开发区科技、人才优势及先行先试政策优势，不断完善以企业为主体、以市场为导向的产学研相结合的技术创新体系。完善科技创新平台，鼓励建设一批企业研发中心、中试与检测中心、公共科技服务中心、工程技术研究中心。打造创新主体孵化平台，建设一批集研发平台、技术服务机构、企业孵化器、众创空间于一体的科技成果转化基地，推动产业结构转型升级。努力把示范区建成东北地区创新要素的集聚辐射中心、科技成果交易中心、创新创业中心和产业转型升级带动中心，为加快经济高质量发展提供强劲动能。

（3）创新体制机制，加快推进科技成果转化。强化技术、资本、人才、服务等创新资源的深度融合与优化配置，建立健全科技成果转移转化体系，不断提升科技成果转移转化效率和整体服务能力。一是加强新型研发机构建设。引导和支持驻长高等学校、科研院所等单位和行业龙头企业加强协同协作，建设一批以科技成果转移转化为目标的产业技术研究院和新型研发机构，面向长春产业需求开展科技研发和技术攻关。完善科技创新平台体系。为科技研发与转化提供有效支撑。二是推动产学研创新联盟高效运转。围绕建设长春国家区域创新中心战略，紧扣“四大板块”产业布局，继续打造一批以科技企业、高等院校、科研院所、创业载体及其他组织机构为主体的创新创业产业联盟，深入开展技术创新、标准创制、成果推广应用等工作，探索构建充分体现知识、技术等创新要素价值的收益分配机制，完善科研人员职务发明成果权益分享机制，以科学的制度创新推动科技创新。三是完善专业化服务体系。打通科技成果转化市场路径。加快发展技术转移服务机构。完善技术转移服务标准和规范，充分发挥技术转移服务机构的成果筛选、市场化评估、融资服务、成果推介等作用，鼓励企业探索新的商业模式和科技成果产业化新路径。加强技术转移管理人员、技术经纪人、技术经理人等技术转移人才队伍建设，拓展多元化投融资渠道，推进科技金融深度融合。积极探索运用市场化手段，鼓励企业加大研发投入，建立多元化的资金链。四是着力推广“揭榜挂帅”管理机制。围绕我市产业发展要求，综合科技含量、企业需求、投资规模等因素，形成“卡脖子”技术需求清单，广泛征集并遴选掌握关键核心技术、创新能力强、发展潜力大的企业、科研院所等，“揭榜挂帅”实施科技重大专项，培育产业发展的主力军。组织各类创新创业大赛和发明大赛，支持全国性创新创业大赛在长春举办，采取以赛代评、以投代评形式，推动创新大赛与风投、创投有机结合，切实提高科技创造和转化能力。

4．以激活发展新动力为靶向，加快数字经济发展。大力发展数字经济，加快培育数据要素市场，推动数字经济与实体经济融合发展，做好数字产业化和产业数字化“两篇文章”，运用数字技术改造提升传统产业，全力推进经济社会发展数字化转型。一是实现一二三产数字化转型。主要是以智慧农业为主题推进农业数字化，推进农业物联网和大数据应用，推进基于数字技术的观光农业、休闲农业、创意农业、体验农业、农村电商等发展；以工业互联网为抓手推进制造业数字化，大力推广“5G+工业互联网”，突出抓好汽车、轨道客车等传统优势产业和光电信息、航空航天、生物医药等战略性新兴产业的数字化转型，支持发展“无人工厂”“无人生产线”；加快推进服务业数字化变革，加快生活性服务业向网络化、平台化、智能化发展，大力发展平台经济。推动生产性服务业数字化改造，大力发展数字物流，提升数字金融普惠力度。二是加快数字技术产业化变革。大力发展集成电路产业，加快培育光芯片、光刻机、半导体集成电路等领域产业关键技术突破和产业化；大力发展人工智能产业，推动语音识别、智能交互、虚拟现实与增强现实、智能终端、物联网基础器件等软硬件开发和应用；大力发展大数据产业，探索发展传感器、服务器、传输设备、存储设备、网络设备等大数据硬件产业和大数据计算软件、大数据存储软件、基础平台软件、平台管理软件等大数据软件产业。三是强化科创引领和设施建设。充分发挥长春数字经济产学研创新联盟作用，加快建设华为东北研究院、浪潮AI智能研究院、科大讯飞东北研究院等新型研发机构。围绕区块链、大数据、人工智能、边缘计算、新一代网络、高端芯片等前沿技术谋划布局一批重大项目。加快建设互联网数据中心、云计算服务中心、大数据资源中心、大数据交易中心、数据应用示范中心等数据枢纽。打造涵盖地上地下空间信息和历史空间信息、二维三维一体化的城市时空地理大数据“全图”。大力推动5G网络建设，推进5G网络技术商用进程。

（三）以进入全国营商环境第一方阵和创建东北亚开放合作中心枢纽城市为目标，在改革开放上走在前列

坚持以改革增动力、以开放添活力，着力破解制约振兴发展的深层次体制机制问题，全力将长春打造成为全省乃至全国机制最活、环境最优、动能最强的城市之一。

1．强化集成高效，打造新发展阶段全面深化改革示范城市。突出“落实”和“创新”两条主线，把握“重点”和“整体”两个维度，坚持“目标”和“问题”两个导向，建立“及时”和“深入”两项指标，推动全面深化改革在系统集成、协同高效的新阶段率先突破、率先成势。突出攻坚克难推动改革向深水区挺进。迈向攻坚期和深水区的改革，将进一步触及深层次利益格局的调整，复杂性、敏感性、艰巨性更加突出，阻力更大、要求更高，都是“难啃的硬骨头”。要把抓好攻坚期和深水区的改革作为全面深化改革的突破口，如建立市场化法制化国际化营商环境、深化科技创新体制机制改革、推进“放管服”改革、推动国有企业混合所有制改革、推进民营经济综合配套改革、深化农村土地制度改革、完善民生保障体系、促进经济社会发展全面绿色转型、健全生态文明制度体系等，进一步聚焦重点难点问题，敢于啃硬骨头、涉险滩，敢于冲破思想观念的束缚、突破利益固化的藩篱，推动改革走向全面和深入。突出相互融合推动改革与发展高效联动。推进全面深化改革工作，要把握好

改革和发展的内在联系，深刻认识中国社会主要矛盾变化带来的新特征新要求，深刻认识错综复杂国际环境带来的新矛盾新挑战，紧扣贯彻新发展理念、推进高质量发展、构建新发展格局，突出完善要素市场化配置、完善公平竞争制度、创新链产业链融合发展、激发市场主体活力、稳定保障就业、完善收入分配制度、建设开放型经济新体制等，紧盯解决突出问题，进一步解放和发展社会生产力，促进更高质量、更有效率、更加公平、更可持续的发展。突出价值取向着力提升人民群众获得感满意度。新时期全面深化改革工作，要坚持把人民群众对幸福生活的向往作为奋斗目标，坚持老百姓关心什么、期盼什么，改革就抓住什么、推进什么。要始终坚持人民至上、紧紧依靠人民，把改革进一步聚焦社会和民生领域，突出抓好就业、社保、医疗、教育、文化等与人民群众利益息息相关的改革工作。在制定和出台改革方案时，每一条改革举措都要内涵清楚、指向明确、适用管用。要重视群众的首创精神，鼓励因地制宜、因事制宜开展差别化探索，精心组织推进一批基层改革试点，以试点经验引领全面深化改革不断深入。突出科学方法推进改革落地见效。坚持以“五化”工作法抓改革落实，及时跟踪、及时检查、及时评估、及时整改，确保干一件成一件。要适时开展经济领域、社会治理、生态文明等改革的第三方评估工作，使改革方案、改革措施、改革成效经得起历史和实践的检验。各专项小组、责任部门和县（市）区、开发区要切实履行好主体责任，高位统筹、通力合作、一抓到底，扎实推进各项改革落地生根、开花结果。要及时总结和推广好经验好做法，为全省乃至全国提供更多的“长春模式”和“长春样板”，加大典型宣传力度，在全社会营造浓厚的改革氛围。

2．坚持“三化”统筹，加快进入全国营商环境第一方阵。营商环境是市场主体生存和发展的土壤。要坚持市场化、法治化、国际化整体推进，打造国内一流营商环境，充分激发市场活力和社会创造力。着力打造市场化营商环境。要持续深化行政审批制度改革，深化“证照分离”改革和照后减证并证，开办企业全流程控制在1个工作日以内；扩大简易注销范围，使市场主体退出更顺畅；深化投资建设领域审批制度改革，精简整合审批流程，推行多规合一、多图联审、联合验收等做法，在确保安全的前提下推行告知承诺制，让项目早落地、早投产，办理建筑许可审批时间压缩至50个工作日以内。要创新和完善市场监管，深入推进“双随机、一公开”监管、跨部门综合监管、“互联网+监管”和信用风险分类监管，提高监管的精准性有效性，切实维护公平竞争的市场秩序，维护人民的生命财产安全。要深入推进政务服务优化，深化“最多跑一次”改革，推进高频事项一窗受理、集成服务和非涉密服务事项“一网通办”，推进政务服务“省内通办”“跨省通办”“线上线下融合办理”；深度谋划城市运营“一网统管”，大部门、数字化、共享化运行，以大部门减少环节、以数字化提高效率、以共享化节约资源，真正通过“一网统管”出效率、提质量、解民忧。着力打造法治化营商环境。要做好营商环境方面的地方性法规“立改废释”工作，重点抓好行政审批、行政收费、政务服务、数据安全共享等领域法规建设，将行之有效的做法上升为制度规范。要完善产权保护制度，依法全面保护各类产权，严格执行知识产权侵权惩罚性赔偿制度，着力解决侵权成本低、维权成本高等问题，着力推进以“政府兑现承诺、企业兑现投资”为主要内容的诚信建设。要坚持公正文明执法，研究规范行政裁量权，纠正执法不严、简单粗暴、畸轻畸重等行为，推行对新产业新业态新模式实施包容审慎监管执法，使执法效果最大化、最优化。着力打造国际化营商环境。要进一步加强与相关国际通行规则对接，在贸易投资自由化便利化、知识产权保护、电子商务、政府采购等方面实行更高标准规则，在制度型开放上迈出更大步伐。要进一步提升外资管理和服务水平，落实外商投资准入前国民待遇加负面清单管理制度，健全外商投资促进和服务体系，让我市成为具有强大吸引力的投资目的地。要进一步优化外贸发展环境，深化国际贸易“单一窗口”建设，推动发展“海外仓”，加大对中小外贸企业信贷、保险等支持，加快相关标准与国际先进对标，助力企业更好开拓国际市场。

3．提升开放格局，打造中国向北开放重要窗口和东北亚地区开放合作中心枢纽。围绕融入新发展格局，以全球视野和世界眼光推进开放合作，打造多元化开放平台，打通立体化开放通道，推进全方位对口合作，将长春建设成为中国向北开放的重要窗口和东北亚地区开放合作中心枢纽。丰富和拓展开发开放平台的内涵和外延，引领提升全方位开放水平。加快推进中韩国际合作示范区建设，加强双方在高端装备制造、医疗美容健康、信息技术等方面的务实合作，探索建设国际化的物流服务平台、金融贸易平台、科研创新平台、科教合作平台、人文交流中心和服务中心。发挥长春新区国家级平台优势，加快建设长春临空经济示范区和长春空港国际航空物流枢纽，建设面向东北亚的国际商贸物流中心、文化交流中心和国际会展中心，构建以航空运输业、先进制造业和现代服务业为主的临空产业体系。适度扩大兴隆综保区配套区域面积，整合综保区和长春新区铁路口岸功能，鼓励综保区开展“一般纳税人资格”等改革试点，释放综保区更大效能。鼓励长春新区、中韩示范区与综保区联动发展，建设跨境电商企业创新孵化园，布局东三省跨境电商业务的中心区域。积极申报吉林自贸区长春片区，加快复制推广自贸区改革试点经验。构建立体多元的对外通道，建设开放合作重要枢纽城市。加快铁路大通道建设，扩大“长满欧”国际货运班列、“长珲欧”国际货运班列。加快推进长辽通集高铁建设；推进两山铁路、珲春到符拉迪沃斯托克（海参崴）高铁建设；积极争取建设扎鲁比诺到长春的宽轨线路或双轨铁路，解决边境换轨问题，以缩短中欧班列运行时间，增加运行频次。推动“借港出海”，加快建设天津长春无水港，扩大长春至天津、大连海铁联运班列运营规模，积极争取连接日韩的国际陆海联运航线，拓展连接东南沿海的内贸外运航线，积极打通图们江出海通道，实现出海航线多元化。加快龙嘉机场三期建设，推动龙嘉机场取得第五航权，推动取消对韩航权准入限制，加快扩展通往东北亚区域的日本、韩国、朝鲜、蒙古、俄罗斯远东地区各大城市的国际航线，加密长春通往成都、重庆、昆明、西安等区域枢纽机场的国内航班。创新工作机制，加快构建全方位开放合作新格局。深入落实吉林省“一主、六双”产业空间布局，加快长吉一体化、长平一体化协同发展，推进各类通道对接畅通和产业分工协作，充分发挥长春在全省的辐射带动功能。主动对接国家重大战略布局，完善与天津、杭州对口合作机制，加快推进津长产业合作园、吉浙产业园等园区建设，发挥天津夏季达沃斯论坛、世界智能大会、东北亚博览会等展会作用，探索建设京津冀、粤港澳、长三角等重大国家战略区域在长春的科技创新分中心、大数据处理分中心、产业转移基地、绿色农产品基地。依托省市驻上海办事处探索对口招商办法，选派精干力量与上海精准对接，在农产品、能源、科技创新等领域加强合作，逐步将经验推广到珠三角等国家大战略区域。依托中俄科技园、中白科技园、东北亚文化创意科技园等平台，加强与东北亚和欧美国家的合作。举办面向东北亚国家的艺术节、艺术演出等文化活动及友好城市高端论坛，促进东北亚国家之间的文化交流与合作。

（四）以创建国家农业农村现代化先行城市为示范，在农业农村现代化建设上走在前列

长春作为农业大市和国家重要商品粮基地，必须牢牢把握新发展阶段的新任务新要求，进一步增强做好“三农”工作的责任感使命感和紧迫感，坚决扛好率先实现农业农村现代化的历史之责，以新发展理念为引领，把创新作为第一动力，让协调成为内生特点，使绿色成为普遍形态，率先走出一条具有长春特色的乡村振兴和城乡融合发展之路。

1. 集中精力解决“种子”和“耕地”两个要害问题，进一步扛稳国家粮食安全重任

（1）坚持四轮驱动，打造“东北亚国际种都”。充分发挥长春农业资源优势和产业优势，集聚种业先进要素，打造现代种业创新高地。一是以产业园区为驱动，推动业态集聚发展。围绕公主岭国家现代种业产业园建设，进一步整合种业资源，打造农安、德惠、榆树、九台、双阳环长春现代种业隆起带，构建多层次收集保护、多元化开发利用、多渠道政策支持的种质资源保护体系，实施产业、人才、技术、资本、成果、产品、服务等六大集聚工程，重点建成一批种业产业化示范基地、示范装备、示范企业、示范园区。二是以龙头企业为驱动，提升种业核心竞争力。实施“外引内培”种企壮大工程。出台更具吸引力的招商引资政策，加快引进先正达、隆平高科等知名种业企业来我市设立分支机构或研发中心，形成优势资源聚集效应。支持吉农高新、鸿翔种业、宏泽种业等本地企业壮大发展，引导社会资本投入商业化育种。组建种业集团作为种业投资开发平台，牵头组织推进产学研、育繁推一体化，承接种业基础设施建设、育种研发创新、国有资产运营和金融服务等功能，实现社会效益和经济效益有机统一。三是以良繁推广为驱动，拓展种业市场空间。以示范创建为载体，全面提升种业繁育产业标准化、规范化、规模化水平。充分利用省市农科院、吉林农业大学等机构在种质资源、设施设备、科技人才等方面的优势，对重点项目合力攻关，加快专用特用玉米、优质水稻和特色果蔬等突破性优良品种选育步伐，形成一批具有自主知识产权的突破性成果。支持种企走出去，参与全国种业产业分工、进入国际市场竞争。四是以联合共建为驱动，打造产学研协同链条。

成立由本土科研院所、骨干种企业和兄弟城市为成员的科技创新、信息交流、品牌推广3大联盟，搭建科技研发创新、种质资源数字化、品种展示评价、种子会展交易4大平台，打通种业产学研链条堵点，破解生产研发“两张皮”难题，率先探索集科技、创新、孵化为一体的种业发展新路径。

（2）突出用养结合，做好黑土地保护利用大文章。严格落实耕地保护制度，确保耕地数量不减，质量稳中有升，加快制定黑土地保护规划，健全黑土地保护工作体系、技术体系和政策体系，保护好“耕地中的大熊猫”。抢抓国家和省实施黑土地保护工程重大机遇，加快“黑土地保护示范区”建设，全面启动创新集成、模式示范等黑土地保护利用工程，因地制宜推广秸秆还田“梨树模式”，打造国家级的黑土地保护技术研发中心和国家级推广示范基地。加快建成一批集中连片、土壤肥沃、生态良好、设施配套、产能稳定的农业生产基地。建立主体参与、示范带动、连片推进的实施机制，鼓励意愿较高、技术能力较强的种植大户、家庭农场、专业合作社等新型农业经营主体实施示范区建设，集中连片开展黑土地治理修复。针对分散经营地块，建立并推广社会化服务机制，探索采取政府购买服务等方式，吸引有实力、有技术、有意愿的企业、专业服务组织等，为农户提供统一的秸秆粉碎、深翻还田、有机肥施用、深松深耕等作业服务。到2025年，高标准农田建设新增面积300万亩，粮食总产量达到130亿千克水平，形成黑土地保护长春样板。

2. 加快产业融合和城乡融合“两大基地”建设，不断提高农业质量效益和竞争力

坚持农业现代化和农村现代化一体设计、一体推进，深化产业融合、推动城乡融合，努力走出集约、高效、安全、持续的现代农业发展道路。

（1）把做强农产品精深加工业作为推动产业融合示范基地突破发展的战略支点，突出农业科技支撑和农业创新驱动，全面塑造长春现代农业发展新优势。依托长春国家农业高新技术产业示范区建设，充分发挥我市玉米、水稻、生猪、肉牛、肉鸡、梅花鹿、乳制品等农业特色资源优势，将发展农产品精深加工业作为推进乡村产业振兴的重要环节，突出发展粮食、畜产品和特色农产品精深加工，实行链

长牵头、专班推动，扶优扶强现有企业，招大引强龙头企业，以龙头企业带动产业链，以特色产品提升价值链，以电商物流串起供应链，实现农产品加工业从数量增长向质量提升、要素驱动向创新驱动、分散布局向集群发展转变。一是持续做强玉米深加工产业。加快玉米深加工产业升级，加强鲜食玉米品牌建设，支持龙头企业创新研发功能型食品添加剂。加快秸秆、畜禽副产品综合利用，实施“秸秆变肉”建设工程。推进可降解聚乳酸原料及聚乳酸制品等生物基产品研发，支持生物基产品延伸至医用、化工、汽车等应用制品领域。二是大力发展禽畜肉类加工。依托皓月、华正、正大等龙头企业，提高产业集中度和专业化分工协作水平，提高产品附加值和品牌美誉度。以冷鲜分割肉、调理肉制品、熟肉制品等三大主导类产品为重点，延长禽蛋产业链，促进畜禽养殖、屠宰加工、制品加工、肉品流通各环节的有机结合与相互协调。三是积极发展快速消费品。以餐桌食品、休闲食品为重点，积极发展消费类食品行业，推动油料、生态食品、优质酒、果蔬类系列饮料、乳制品加工等产品的转型升级。鼓励企业深度开发特色资源，运用生物工程技术研制符合新型消费需求的营养食品。

（2）把深化农村土地制度改革作为推动城乡融合示范基地建设的关键，重塑城乡关系，补齐三农领域的短板。紧紧抓住国家城乡融合发展试验区长吉接合片区和乡村振兴新动能培育试验区建设的有利契机，统筹推进城乡要素平等交换和公共资源均衡配置，突出抓好国家批复的5方面试验重点和需要兼顾的2方面短板弱项，破除制约城乡融合发展的体制机制障碍，着力打造中国北方城乡生产要素双向自由流动先行区、城乡产业高质量协同发展引领区和城乡融合发展示范区。一是加强与国家部委、省委省政府沟通，积极争取先行先试政策，稳慎在符合条件的县（市）区推广九台“三块地”改革经验，重点抓好农村集体经营性建设用地入市、宅基地“三权分置”改革、农村产权交易体系建设、闲置集体建设用地和宅基地盘活、新型经营主体土地经营权抵押融资等方面的改革探索工作，通过实行就地入市、调整入市、城中村整治入市等多种方式，探索以挂牌、协议出让、租赁、作价入股等形式，与市场多维度对接，盘活村域农村建设用地资源，推动休闲度假、旅游观光、养生养老、创意农业等特色产业集群发展，全面显化集体建设用地价值。二是完善宅基地和农民住房管理制度，推行宅基地有偿使用或自愿退出制度，妥善处理纠纷问题。加快探索存量宅基地有偿退出渠道，对闲置、废弃和腾出的宅基地进行土地整治，拓展发展空间，集中连片进行产业开发。对人口少、布局零散、土地利用率不高以及基础设施不完善的“空心村”整合改造，集中建设中心村或农村社区，推进土地节约集约利用。三是巩固拓展农村金融综合改革试验成果，加强农村金融基础设施建设，优化农村信用环境。强化科技赋能，打造农村普惠融资服务体系升级版，吸引更多资本下乡进村。深化农业综合行政执法改革，加强信息化建设，提升执法能力。深化供销合作社综合改革，开展生产、供销、信用“三位一体”综合合作试点，拓展为农服务功能。推进农业水价综合改革，完善水费补贴机制和节水激励机制。

（3）强化“硬件”和“软件”两项重点，积极开展乡村建设行动。一是强化“硬件”建设，持续推动农村人居环境持续改善。全面启动农村人居环境整治提升五年行动，在农村公共基础设施往村覆盖、往户延伸上下功夫，不断改善水、电、路、气、通信等设施条件。重点抓好厕所革命、村容村貌提升、长效管护等重点任务，抓住农村生活污水、生活垃圾处理和黑臭水体治理等薄弱环节，持续提升农村人居环境质量。持续推动农民住房条件改善，加强规划设计、特色塑造、文化挖掘，加快完成农房改善任务，加强后续社区治理探索，真正把好事办好、实事办实。二是强化“软件”建设，不断提升农村公共服务均等化水平。持续推动县乡村公共服务一体化，优化教育、医疗、文化、养老等公共资源在县域内优化配置，把乡镇建设成为服务农民的区域中心。加强和改善乡村治理，坚持党建引领乡村治理，推行“1+3+X”基层治理模式，实现千村善治示范，创建乡村治理县乡村三级示范试点，构建“三治”结合的乡村善治长效机制。持续提高乡村人才素质，实施高素质农民培育计划，加快形成“新农人”群体，使他们成为服务乡村振兴、推动农业农村现代化的生力军。

（五）以创建国家美好城市为导向，在保障和改善民生上走在前列

牢固树立以人民为中心的工作导向，深入实施幸福长春行动计划，用心用情用力解决好群众“急难愁盼”问题，不断实现人民群众对美好生活的向往。

1. 着力办好民生实事，不断增强群众获得感幸福感安全感。一是全力稳定就业促进增收。综合采取稳定就业、创业带动、提高社保水平、调整最低工资等方式，确保城镇调查失业率控制在6%以内，城乡居民收入与经济增长基本保持同步，加快达到全国平均水平。二是大力提升公共服务水平。全面推进教育高质量发展，巩固提升学前教育普惠发展成果，深化义务教育“大学区”管理机制，加快普通高中特色发展、职普融通发展。以特色学徒制为重点，深化人才供给改革，大力输送高技能人才。深入实施“蓓蕾计划”，进一步健全中小学校课后服务制度。全面排查整治中小学学科类校外培训机构存在问题，规范校外培训机构办学行为，健全规范管理长效机制。全面发展医疗卫生健康事业，巩固深化医疗卫生体制改革特别是公立医院改革成果，高标准高质量建设运营新传染病院、疾控中心和急救中心，大力促进中医药传承创新发展。三是健全多层次社会保障体系。提高城乡低保、特困人员、重度残疾人救助标准，完善社会救助制度，精准帮扶城乡困难群众。积极推进职业年金和企业年金发展。四是完善公

共文化服务供给。深入实施文化强市战略，深化全国文明城市创建成果，加快长春市图书馆新馆等大型功能性、地标性文化设施建设，打造国家文化和旅游消费示范城市品牌。推进体医融合、体教融合，建设体育消费试点城市和全民健身运动模范城市。筹备举办首届长春市运动会，办好瓦萨国际滑雪节等知名品牌赛事。

2. 持续改善生态环境质量，不断巩固绿色发展优势。一是探索实施“河湖水系连通”工程，重点遵循生态系统完整性的原则，系统提炼和重组伊通河、永春河、饮马河、东辽河、拉林河、西部水系、串湖水系等水系资源，随弯就势、因势利导，将城区内的湖库和河道连通起来形成水网体系，打造以水道为联系纽带、湖库散布于城区中的生态和景观网，构筑城市拥水发展的空间格局。二是加强生态保护和修复。坚持山水林田湖草系统治理，着力实施“一山、一带、两河”（“一山”指大黑山脉，“一带”指西部防风固沙林，“两河”指伊通河和饮马河）建设工程。强化大气、水、土壤、湿地等重点领域污染防治。落实“林长制”，实施长春市第3个十年绿美长春行动规划，提升国家“园林城市”品牌价值。大力推动中韩（长春）国际合作示范区、净月高新区和莲花山生态旅游度假区清洁能源利用（取暖）试点。深化“河长制”，实施湿地恢复保护工程，建设国际湿地城市。三是加快推进生产生活方式绿色转型。积极响应和践行国家碳中和、碳达峰“双碳”战略，推动制造业绿色转型升级，科学合理配置能源资源，努力推动单位GDP综合能耗和二氧化碳排放持续下降。发展循环经济产业，加快建设米沙子循环经济园区。支持中韩（长春）国际合作示范区发展氢能产业。

3. 加强规划建设管理，不断提高城市品质。一是坚持高水平规划，围绕长春现代化都市圈建设总目标和高质量发展“四大板块”战略规划，进一步完善“多规合一”的国土空间规划体系，制定地方国土空间规划编制技术标准，完成长春市分区规划编制指南和乡镇国土空间规划编制指南。二是加快推进城市更新行动，整体提升水、电、气、热、通讯、交通等公共设施服务能力。修复历史文化街区，塑造城市特色风貌。加快改造老旧小区和新建改造地下管网。推进海绵城市建设，增强城市防洪排涝能力。深化未登记房屋确权整治，扩大“交房即办证”试点范围。发展租赁住房市场，全面落实长租房政策。鼓励支持有条件住宅加装电梯，总结推广成功经验。深入开展爱国卫生运动，培育居民社区绿色文化。三是实施交通强市战略，提升城市畅通水平。统筹高速公路、国省干线公路、农村公路建设，构建层次清晰、城乡互联的现代公路网络格局。深化“公交都市”建设，打造市民满意的公共交通。推动轨道交通三期建设，力争启动轨道交通四期建设。加快推进龙嘉国际机场T3航站楼及配套设施等三期工程项目和机场综合交通枢纽二期工程。四是建设完善“城市智能体”，依托“城市智慧大脑”稳步提升城市管理的科学化、精细化和智能化水平。

4. 统筹发展与安全，不断提升社会治理效能。一是创建全国市域社会治理现代化试点城市。推广新时代“枫桥经验”，完善正确处理社会矛盾的有效机制，持续加强和创新社会治理。加快法治长春建设，全面加强依法治市。完善社会治安防控体系，深化平安长春建设。二是健全社会公共安全的体制机制。提高应对重大突发卫生事件能力，改革疾病预防控制体系，完善重大疫情防控救治体系，建立统一的应急物资保障体系。筑牢安全生产防线，健全安全生产制度体系，加大源头管控治理力度，提升安全生产应急救援能力。保障重点领域公共安全，保证食品药品安全，有效应对自然灾害，保障城市运行安全，提升城市应急能力。落实国家安全责任，健全维护国家安全体制机制，维护国防安全，推进全国双拥模范城创建，加强退役军人保障。三是慎终如始做好常态化疫情防控。坚持“外防输入、内防反弹”，加强“人”“物”同防，严格风险等级管理，科学组织疫苗接种，提升快速响应和检测救治能力，严防出现聚集性疫情，严防散发病例传播扩散，持续巩固来之不易的防控成果。

（六）以推进新时代党的建设新的伟大工程为引领，在营造担当干事创业良好环境上走在前列

毫不动摇坚持和完善党的领导，深入贯彻新时代党的建设总要求和新时代党的组织路线，加强党的建设，推动全面从严治党不断向纵深发展，不断把党建设得更加坚强有力。

1. 提高站位建队伍促提升。树立重德才重实干重实绩的鲜明用人导向，加强对敢担当善作为干部的激励保护，深入实施并不断完善“干部为事业担当、组织为干部担当”机制，认真落实关心关爱党员干部的意见和《长春市容错免责机制操作办法（试行）》，充分调动党员干部干事创业积极性，激励党员干部担当作为。做好失实检举控告澄清工作，打击诬告陷害行为，及时为受到不实反映的干部澄清正名，使党员干部感受到组织温暖，放下思想包袱，轻装上阵、敢想敢干、奋力冲锋。推动经常性干部教育工作，积极开展“学习贯彻习近平总书记视察吉林重要讲话重要指示精神‘传承红色基因、赓续红色血脉’思想铸魂行动计划”。大力培养选拔优秀年轻干部，持续加大优秀年轻干部储备选拔力度，积极实施发现培养选拔优秀年轻干部“五年行动计划”，加快培养储备长春振兴发展的接续力量。进一步创新体制机制、落实人才新政、完善服务保障，在人才评价、流动、激励等方面大胆探索，打通人才经脉，激活人才引擎，切实增强区域整体人才承载力。持续优化整合人才工程项目，全力打造“长春英才”品牌，推进“百千万”引育工程，加快建设人才管理改革试验区，力争5年时间，培养100名国家级拔尖英才，集聚1000名各行业各领域领军英才，储备10000名以“双一流”高校毕业生和硕士、博士为主体的青年英才。

2. 创新方式优组织强基层。深入学习贯彻落实《中国共产党组织工作条例》，造强组织之形，铸牢思想之魂，提高各级党委的政治领导力、思想引领力、群众组织力、社会号召力，坚持大抓基层的鲜明导向，畅通贯彻落实党中央决策部署的“最后一公里”，补齐基层党组织领导基层治理的各种短板，把各领域基层党组织建设成为实现党的领导的坚强战斗堡垒，充分发挥广大党员在改革发展稳定中的先锋模范作用。以“头雁领航”为牵引，选优配强村书记，以“经济护航”为牵动，实施村级集体经济提档升级，做好农村党建工作。全面推动街道（乡镇）管理体制改革、社区服务转型升级、社区干部职业化专业化、小区精细化治理、区域党建互联互动等，提升党建引领基层治理水平。以深化“双诺一评”为主线，以非公党建综合管理平台为抓手，扎实推动非公党建管理信息化、双向承诺规范化、星级评定常态化。以巩固基层党支部标准化建设成果为路径，试点探路、典型引路、经验开路，创新基层党建工作理念思路、组织设置、活动载体和方式方法，打造一批党支部示范样板。

3. 坚定信念严治党扬清风。把严的主基调长期坚持下去、一贯到底，强化监督基本职责、第一职责，研究制定对主要领导干部监督和领导班子内部监督的制度，探索加强对“一把手”和领导班子监督制度，加强基层监督，将各种监督手段逐渐固化为制度，不断筑牢廉政防线。加强完善一体推进“三不”融合贯通工作机制，提高治理腐败效能，坚持标本兼治，探索“三不”贯通融合的实现途径、有效载体、具体方法，切实做到同向发力、同时发力。深化以案为鉴、以案促改，坚持办案、整改、治理一体推进，办案、监督、警示多管齐下；强化个案和同区域、同领域、同岗位、同类型案件分析，充分利用典型案件开展警示教育，举一反三找问题、挖根源、建制度、堵漏洞，巩固发展风清气正的良好政治生态。

完成单位：长春市委市政府政策研究室（改革办）
课题组成员：市委市政府政策研究室课题组

关于长春市融入“双循环”新发展格局断点堵点的思考与建议

产业链断点堵点情况梳理

“十三五”时期长春各产业均取得了长足发展，但仍然存在配套能力不足、自主研发不强、上下游协调不优、市场对接不充分等堵点断点，已经成为制约融入“双循环”的关键瓶颈，急需在未来的工作中努力破解。

（一）汽车产业断点堵点

从整车情况看，长春市拥有一汽红旗、一汽轿车、一汽解放、一汽大众、一汽丰越、一汽客车等整车企业6户，专用汽车企业13户。整车企业全部属于一汽集团，地方整车企业、民营整车企业尚属空白；乘用车合资品牌强、自主品牌弱，商用车重卡强、轻卡弱、客车量小、专用车发展受阻。从汽车零部件看，主要分布在传统汽车领域，技术含量较低，主要的配套企业为底盘、车身及附件类企业，高附加值的汽车电子电器类企业不到50户，电动化、智能化、网联化涉及的汽车电子、动力电池等核心技术和核心产品基本空白。①乘用车变速箱缺失，除红旗H9搭载自研的变速箱外，其余均需外购。其中，一汽大众每年从大众汽车自动变速器天津公司、大连公司采购超过100亿元；红旗、丰越、轿车及一汽大众部分车型均采用域外的日本爱信变速箱。②汽车电子薄弱。长春市汽车电子以低端电器产品为主，高技术、高附加值产品匮乏，上游高端电子器件开发制造能力薄弱，特别是车规级芯片基本依赖CKD导入，存在断链风险。新能源、智能网联汽车主要涉及的感知、通讯、决策、控制等关键核心系统，长春市基本处于空白状态。从新能源汽车看，产业链大致分为5个部分：上游原材料——稀有金属，主要涉及钕铁硼、稀土和碳酸锂行业；中游核心零部件（电池、电机和电控系统）和整车制造；下游充电设备及场站以及锂电池回收产业。在动力系统方面，长春本地拥有新能源汽车电池、电机和电控的一级供应商，二级供应商数量较少，但尚未拥有动力电池电芯生产基地，一汽大众、一汽红旗、一汽轿车新能源产品所采用宁德时代、比亚迪等动力电池电芯均需从域外购买；电机、电控正在研发但尚未形成规模，本地供应能力不足。底盘、车身方面，长春本地拥有主要的一级供应商，供应系统较为完善。电器设备方面，长春本地汽车电子的供应系统较为完整，汽车电器本地配套率相对较低。

（二）轨道交通装备产业断点堵点

由于中国轨道交通市场的特殊背景，不同地区在轨道交通备制造中承担的任务不同，某一地区很难实现轨道交通装备的全产业链化，长春在整个供应链体系中拥有整车制造核心企业及部分基础配套零部件企业，而供应链中的核心一级供应商大多未在长春设厂。轨道交通装备产业链分为“九大关键技术”和“十大配套系统”，长春市本地综合配套率仅为38%，部分关键零部件如螺栓、轴承、电缆等高度依赖进口。“九大关键技术”：长春市仅掌握高速动车组系统集成、车体和转向架关键技术，牵引、网络控制、制动等关键技术分别由青岛四方研究所、铁科院及株电等企业掌握。“十大配套系统”：长春市仅集便系统、座椅和车内饰实现配套，产业链缺项问题比较突出，在受电弓、空调、车钩（门、窗）、风挡和供电系统方面长期处于断链状态。特殊强调：长春客车虽拥有中国标准和先进制造技术，但在进入美国、欧盟、俄罗斯等国际市场时需执行外国标准，成为制约融入国际产业循环的瓶颈。

（三）农产品加工业断点堵点

农产品精深加工和健康食品为代表的消费品领域，一般性产品、初加工产品、低附加值产品多，高科技含量、高附加值、高市场占有率的终端精深加工产品少。产业化关键技术研发能力弱，特别在发酵菌种、酶制剂、提取工艺、关键设备等核心技术等方面还急需加强，同我市传统农业大市的地位不相匹配。具体表现为以下方面。一是“粮头”和“食尾”不协调造成的堵点。长春市作为粮食产量大市，却缺乏全国知名的食品品牌，使得食品行业知名度、辨识度不足，无法进一步推动农产品加工领域占据价值链更高端。终端产品缺乏，以玉米加工为例，玉米淀粉产量占玉米加工量的51.62%，缺乏进入消费终端的货架产品，玉米产量和质量优势无法在食品终端更好地转化为利润优势。二是“农头”和“工尾”不适配造成的堵点。粮食精深加工能力弱、科技含量不足也是长春市农产品加工业的严重堵点。以玉米产业链为例，发达国家的玉米加工产品有4000多种，而长春市仅能生产400余种；在氨基酸生产方面，人体不能合成的8种氨基酸中仅能生产赖氨酸、苏氨酸。自主创新能力不足，使得农业生产能力在加工环节没有得到更好体现，制约了农产品加工业迈向价值链中高端。三是特色资源利用不足造成的断点。吉林省拥有全国知名的人参、坚果、食用菌等特色农产品资源，长春市双阳区的梅花鹿制品更是“人无我有”的独特资源，但是这些特色资源却未能得到更高效益的利用。以双阳鹿产品为例，作坊式加工、练摊式交易的情况屡见不鲜，对鹿产品功效的宣传也较为粗放，这些都造成了鹿产品未能够形成更大规模、更高层次市场需求。

（四）光电信息产业断点堵点

光电信息产业主要领域有激光、半导体照明、显示、智能光电仪器、航空信息产业几个领域。我市光电行业企业普遍体量较小，主要产品多处于产业链上游，没有形成完整的产业链，产业整体规模与国内发达城市相比有较大差距；产业空间布局较为分散，尚未形成集群集聚发展的产业生态。激光调阻机、晶圆测试探针台及晶圆自动光学检测仪等关键核心设备受国外技术封锁严重，存在“卡脖子”风险。具体而言，激光制造产业链比较齐全，上游企业有朗明激光（激光晶体封装材料）、永利激光（激光电源）；中游企业有新产业光电（半导体激光器）、科英激光（激光医疗）、长光瑞恩（激光雷达）等。这些企业以核心部件为主，技术水平高但缺乏成套设备企业。智能光电仪器，奥普光电（光电测控装置）、长光辰芯（CMOS）、禹衡光学（光学编码器）、长光奥立（红外夜视仪）等企业国内市场占有率大，但是行业特别窄。半导体照明，希达电子在LED显示方面具有一定基础，但是照明和南方城市有差距，在显示材料上，奥来德光电未来市场规模可能达到10亿元，但2021年仅有2-3亿元产值。软件方面，信息技术产业的软件和硬件比例0.62左右，与发达地区（约0.82左右）还有比较大差距，软件产业整体体量较小，仅有启明和吉视传媒两户龙头企业规模超10亿元，产品以应用软件为主，缺乏工具软件、高端工业软件等高附加值产品。

长春市光电信息产业供应链重点企业

供应链环节	企业名称	所在园区	企业简介
CMOS图像传感器	长春长光辰芯光电技术有限公司	长春经开区	专注于高性能CMOS图像传感器，产品应用于科学成像、工业检测、医疗成像等领域
CMOS、CCD图像传感器晶圆加工	长春长光圆辰微电子技术有限公司	长春经开区	2016年成立，专注于工业级特种芯片的研发与生产
工业编码器、高精密联轴器	长春荣德光学有限公司	长春光智园	专注于工业编码器和高精密联轴器，产品广泛应用于智能制造、机器人、数控机床、新能源汽车、电梯、风力发电、航空航天、军工、伺服控制等工业自动化领域
光学元件与光学镜头	长春市龙琪光学仪器有限公司	北湖科技园	成立于2005年，是专业生产高精度光学元件与光学镜头的生产厂家，公司现有光学设计人员、高级工程师、高级技术人员40人
光学元件、光学晶体材料	长春恒润光电技术有限公司	北湖科技园	成立于2006年，主要从事精密仪器、仪器仪表、光学产品、电器产品、电子元器件的生产与销售，以及光机电一体化、电子技术工程及相关技术服务，产品适用于工业、医学、军事、科研等多个领域
光通信无源器件	长春市华信科瑞光电技术有限公司	长春经开区	为光通信行业提供高品质的光学器件、模块和子系统
光电测控仪器设备、新型医疗检测仪器	长春奥普光电技术股份有限公司	长春经开区	拥有近2000台/套先进的精密机械、光学加工设备和检测仪器，在精密机械加工、光学材料生产、光学元器件加工等方面独有几十项关键技术

续表

供应链环节	企业名称	所在园区	企业简介
光栅编码器、光学仪器	长春禹衡光学有限公司	长春高新区	主导产品光栅编码器年生产能力120万台，主要应用于数控机床、交流伺服电机、电梯、冶金、重大科研仪器、航空航天、自动化流水线等行业和领域
半导体激光器、固体激光器、激光成套设备	长春新产业光电技术有限公司	长春高新区	主要从事半导体泵浦全固体激光器的科研、开发与生产
LED显示与照明产品	长春希达电子技术有限责任公司	长春高新区	国内首家研制成功亮色度逐点一致化校正技术、现场校正技术的企业，形成了器件封装、产品设计制造、整机安装及服务等较为完整的产业链
新能源汽车电控	长春启阳信息技术股份有限公司	长春高新区	专注于汽车控制系统的研发、制造、销售

（五）生物医药产业断点堵点

长春市生物医药产业已打通原材料–制造–流通的产业链条，其中生物药和中药的产业基础较好，科研实力强；化学药、医疗器械等产业较为薄弱；生物医药企业规模和总量偏小，缺少龙头企业，2020年只有24户企业超过亿元，其中5亿元以上企业9户，40亿元以上企业1户。生物药在疫苗和基因工程药物等方面具有较好的产业基础，围绕原材料、生物药制造和分销渠道形成了较为完整的产业供应链体系，但产值规模在全国市场比重还不够高。化学药拥有修正、吴太、海外等一批企业，但临床急需创新药、专利到期仿制药等基础较弱。中药形成了以中药饮片、中成药和分销渠道为主的中药产业供应链体系，但中药本地资源利用率不高，上游的中药种植和粗加工环节较为薄弱。医疗器械企业多，但普遍规模小，缺乏能够研发大型医疗设备的厂家，特别是诊断类、治疗类医疗器械研发实力不强。

（六）服务业断点堵点

2020年服务业营业收入完成情况

行业类别	营业收入（亿元）	增减（%）
交通运输、仓储和邮政业	192.7	7.9
信息传输、软件和信息技术服务业	180.5	-4.1
房地产	32.8	-3.1
租赁和商务服务业	103.2	-14.3
科学研究和技术服务业	157.9	29.7
水利、环境和公共设施管理业	2.8	-51.9
居民服务、修理和其他服务业	7.6	-20.2
教育	1.9	-6
卫生和社会工作	23.7	2.5
文化、体育和娱乐业	15.9	-22
总计	719.1	2.2

长春市服务业发展明显滞后，不仅明显低于国内发达城市，还低于全国平均水平。2020年长春市服务业占GDP的比重为50.4%，低于全国平均水平4.1个百分点，居东北四市末位，分别低于沈阳、大连、哈尔滨12.1、3和15.6个百分点。2020年中国服务业企业500强中，长春市仅有吉林银行（营业收入185亿元）和欧亚集团（营业收入167亿元）2户企业入榜，分别排名269名和285名。长春市批发零售、交运仓储、租赁服务等中低端服务业在全部服务业中所占比重较高；生产性服务业和消费性服务业结构失衡；金融保险、信息、通信、中介咨询等现代生产性服务业过度依赖汽车制造业，产业发展模式和产业链条不完善。总体来看，新一代信息技术产业、现代城市服务业及高端生产性服务业发展薄弱，急需发力补短板。这里特殊指出金融服务业的断点堵点：一是区域性金融中心建设任重道远，在全国金融循环中的战略作用还不够。2020年，长春市金融机构存款余额和贷款余额在副省级城市中分别位居第13位和第12位，对金融资源的集聚效应还不够。金融及服务机构以分支机构和代表处为主，法人机构占比较小，缺少具有全国影响力的金融机构总部。二是国际金融业务板块还需要提升，金融服务国内国际双循环还有弱点。外资金融机构占比少，外资银行仅汇丰银行、韩亚银行2家，具有国际服务能力的资产评估、法律、会计、咨询、人才培养等投资服务机构严重不足，市场化、社会化、国际化的涉外金融服务体系尚未形成。三是直接融资比重不高，对全国性资本市场的利用还存在薄弱环节。企业上市虽然取得了比较明显的成果，境内外上市股票36只，但以商业银行为主的间接融资占比仍然达80%以上。产业基金数量少、规模小，股权投资（PE）和风险投资（VC）发展缓慢，根据清科研究中心的有关报告，整个东北地区利用风险投资（VC）、私募基金（PE）普遍较少，一方面本地化的VC、PE较少（供给不足），另一方面被投项目也较少（需求不足）。

创新链断点堵点情况梳理

长春市科技创新基础优势较为雄厚，近年来，创新创造取得长足进步，但与加快融入“双循环”新发展格局的战略要求相比，活力动力仍显不足。

（一）产学研协同创新断点堵点

虽然以高校、院所为代表的科技基础比较雄厚，但各类创新资源比较分散，没有形成统一合力，对前沿性和引领性的创新缺乏攻关。驻长科研院所中，除转制的9家外，其余75家多数为中省直部门属，工作职能按学科分类：自然科学和技术领域53家，社会、人文领域11家，科技信息与文献领域3家，其他8家。多数科研院所受体制机制限制与本地企业科研合作不紧，不能满足以市场为导向的创新需求。市场化科技成果转移转化服务机构不成体系，各大高校院所专业化技术成果转移转化机构不健全，2017年驻长高校院所输出技术合同18.4亿元，其中本地企业吸纳0.78亿元，占比4.27%；2018年输出技术合同7.4亿元，其中本地企业吸纳0.45亿元，占比6.07%；2019年输出技术合同4.66亿元，其中本地企业吸纳0.58亿元，占比12.4%。2020年输出技术合同31.3亿元，其中本地企业吸纳0.37亿元，占比1.18%。

（二）创新主体培育断点堵点

全市规模以上工业企业中，有R&D活动的企业仅为10%，有研发机构的单位占比不足4%。全市仍有90%的企业尚未开展R&D活动，规模以上制造业研发经费内部支出占主营业务收入比重常年徘徊在0.7%左右，多数企业创新意愿及创新能力不足。金融发展滞后，地方商业银行不愿向初创期科技企业投融资，为科技型中小企业提供债权融资的产品非常有限，很多中小型企业通常缺乏足够的资金承接技术成果，也无法承担技术转化的风险，一些科研成果就地转化的成本较高而选择了在外地转化。如长春应化所高分子材料—热缩、光机所的交流电led项目都在南方转化。

（三）科技创新服务体系断点堵点

一是中试设施条件薄弱，科研单位用于中试研究、工程化验证的科学环境建设滞后。二是公共技术服务能力不强。科技中介服务机构大部分存在服务功能单一、服务水平较低的问题，权威的科技成果价值评估、投融资咨询、信用评价等机构等严重缺乏，缺乏在企业和科研单位之间进行产学研衔接、成果转化和产业化运作上的“掮客”，难于满足产业特别是新兴产业发展需要。三是科技孵化器建设滞后。虽近几年各地产业园、孵化基地涌现不少，但服务功能齐全、孵化成功率高的园区不多。四是研发人才的最大化效应还没有充分发挥，人才的个性化、专业化服务还不够，有利于人才竞相成长各展其能的激励机制还需要进一步创新，导致人才及科技成果外流。

交通、物流、开放等服务链断点堵点情况梳理

（一）对外交通格局初步形成，但交通“枢纽城市”地位还未确立。水陆空三位一体综合立体交通格局初步形成，但与近年来发展较快的郑州、西安、贵阳等枢纽城市相比，交通运输承载能力不强，高铁里程仅250千米，龙嘉机场在全国民用机场旅客吞吐量排名中位列30，高速公路建设相对滞后，2020年全国36个中心城市客运量位居20。城市交通系统不断完善，但支撑都市圈交通一体化的能力还不足，与都市圈1小时通勤、城市群2小时通达、全国主要城市3小时覆盖的目标相比还有较大差距。交通综合管理水平明显提高，但公交出行比例不到30%，慢行系统欠缺，停车泊位缺口达35万个左右，管理体制和市场化机制不够健全，交通治理的信息化水平不高。

（二）开放平台通道种类较多，但功能和层级还需要整合提升。长春有长春新区、中韩（长春）国际合作示范区、兴隆综合保税区、临空经济示范区等多种开放功能平台，但融合发展、错位发展还不够。中欧班列长春只有兴隆综保区具有国家级一类铁路口岸资质，长春新区铁路综合货场在运营（长春—汉堡）班列时，需要借用兴隆综保区口岸资质，由于综保区同时也运营长满欧班列，两者既处同城又分属两区，且距离较近、路线有所重叠，易产生竞争内耗。中韩（长春）国际合作示范区作为面向东北亚的开放窗口，距离口岸、保税区、机场等都比较远，制约开放功能的放大。临空经济示范区刚刚获批，但由于吉林省民航机场集团公司为首都机场集团全资子公司，与示范区在对接落实航空通道建设政策方面仍不顺畅，很多功能暂时都无法发挥，对经济发展的促进作用有待加强。综保区仓储成本较高，仓库租金为每平方米2.2元/天，是围网外的3倍，使得综保区这个政策高地未能形成竞争力高地。在口岸方面，长春市具备两个国家一类口岸：龙嘉机场航空口岸和长春兴隆铁路口岸，拥有进口肉类口岸、整车进口口岸、冰鲜水产品口岸等指定口岸资质，正在建设药品口岸，积极谋划粮食口岸，但是空港口岸和陆港口岸的联动还不够，对经济发展的促进作用有待加强。

（三）物流保障能力不断增强，但与现代流通体系目标相比差距较大。长春市有道路普通运输企业3410户（其中80%以上是中小微企业）、个体运输企业26350户，组织化网络化的大型龙头企业较少，行业集中度偏低，仍然存在小、散、乱的无序发展状态，很难做到信息互联共享。体系不够“轻”，部分优质物流设施使用成本相对较高，导致运用程度不足，“长满欧”和“长珲欧”货运班列运行费用较高，特别是今年受疫情影响，国内外物流受阻，加重了企业原本就高企的成本。运转不够“畅”，在基建层面，设施发展速度与物流需求增长不同步，各类基础设施自成体系与全局效率的矛盾较为突出，部分阻梗点导致效率的整体性降低，例如山海关的运量限制形成了长春市铁路物流入关的瓶颈。同时市域内部分道路基础设施联通不畅，开运街与飞跃中路孟家公铁立交桥、长吉北线兴隆山处闸道拥堵等问题，严重制约了一汽物流运输。在载体层面，物流枢纽、物流园区与产业园区布局统筹不够，制造环节和物流环节在时空上的联系不够紧密，在一定程度上影响了物流业和制造业之间的有机衔接和协同联动。结构不够“优”，部分物流企业的运行方式相对较为单一，多式联运的大交通理念建立不足，公空铁海复合型物流体系发展相对滞后，以一汽物流整车运输为例，运输方式仍以公路为主，水路、铁路等方式运用不足，对现代物流网络资源缺乏更好地利用；回程过程中物流资源空载率较高，空驶耗费的成本没有形成应有的经济收益，导

致物流环节无法在更大程度上对制造环节形成强力支撑。

（四）营商环境有了较大进步，但市场化法治化国际化程度还远远不够

①“放管服”改革还需要进一步深入。少数干部在市场主体建设上还存在观念转变不到位的倾向，主要表现在市场经济意识弱、部门本位思想强、资源依赖性大等问题，一定程度存在用“犯规假设”眼光对待企业的问题，导致该放的权力没有放到位。②“受理难”问题未完全解决。部分审批事项虽然纳入办事大厅，但是其中的技术性审查成为前置事项，这些前置事项的审批仍存在标准不清晰、审批流程不规范、办理效率不高的现象，成为企业反映的热点。③社会信用体系建设相对滞后，体系的完备性、制度的可操作性相对不足，很多信用信息还处于分割和垄断的状态，少数企业信用意识不强，信用观念淡薄，屡屡出现失信行为，全社会崇信守信氛围不够浓厚。④国际化环境还有提升空间。对国际规则规律和趋势研究还需提升，政策、规则、标准国际接轨程度还不够。外资管理体系、外商服务机制、外商投资的争端解决等制度机制还需提升，适应企业国际化发展需要的创新人才服务体系和国际人才流动制度有待进一步完善。

打通长春市融入“双循环”新发展格局的建议对策

应对建议一：大力推行“链长工作法”。建立优势产业链市级领导直接挂钩机制，由副市级以上领导挂帅、作为“链长”，每人负责一个产业链，实施产业链“四图”作业，研究制定产业链图、技术路线图、应用领域图和区域分布图，全力做好“强链、补链、延链、增链”文章，缺什么补什么、少什么添什么，统筹相关部门和社会力量，跨企业、跨行业打通堵点、断点、难点，推动各自为战的“产业管理”向群龙有首的“产业链管理”集成升级，形成龙头牵引全链优化，链主带动全链收益的发展格局，加快培育一批贯通全产业链的产业联盟，形成分工合理、优势互补的产业协作格局，力争打造多个世界级产业集群。同时可以将此办法推广到科技、市场、金融、物流、交通、开放等领域一并实施，搭建供需对接平台，解决各类供应链断点堵点问题，全面加快融入“双循环”新发展格局进程。

应对建议二：构建“供应链标准化体系”。借鉴深圳市经验，以行业协会为依托，组织供应链企业与国内外先进企业、协会交流、学习，提升行业发展理念，完善产业供应链标准体系建设。鼓励支持供应链核心企业参与供应链领域全国或地方标准的立项和修订工作，提升长春市在全国乃至全球供应链标准制定的话语权。市场、物流、开放等方面也可借鉴此方法，打造标准化体系，加快融入“双循环”新发展格局。

应对建议三：实施科技创新“一号工程”和“揭榜挂帅制”。坚持问题导向和需求导向配置创新资源，以培育和争创各类国家重点实验室和技术中心为重点，推动人企人校人所各类创新要素高效集聚，高标准打造长春国家区域创新中心，建设具有国际影响力的创新转型示范区。建议借鉴南京做法，连续3年把市委市政府“一号文件”聚焦到科技创新上来，集中精力攻克各类影响产业发展的“卡脖子”问题，力争在关键核心技术上取得重大突破。把“揭榜挂帅制”作为科研攻关的常态化组织形式，建立全新的攻坚机制和激励机制，促进成果商业化应用、利益市场化分成，以全球化视野征集“卡脖子”问题最优研发团队、最佳解决方案，力争每年都涌现出1–2个国内叫得响的技术引领型拳头产品。

应对建议四：谋划建立“创新产业生态体系”。①整体谋划区域创新链产业链。依托长春市高质量发展“四大板块”布局及长吉一体化、长平一体化战略，建立都市圈技术转移、成果转化和供需对接工作制度，鼓励高校院所资源与都市圈城市产业发展实际相结合，推进都市圈产学研跨区域合作。②打造创新产业集群。发挥国有和民营大型产业集团在国内大循环中的重要作用，以集成创新带动产业链供应链上下游企业协同创新，保障更多企业实现本土产业链上下游关键产品和零部件配套，逐步形成高新技术产业的国内循环，以国内循环参与全球产业链供应链的外部循环，形成内外良性互动、内部自成体系的创新产业发展生态。③提升骨干企业在全球产业链和价值链中的控制力，支持有实力的行业龙头企业在整合区域产业链、供应链基础上，高位链接全球生产网络，提高国际市场竞争力和话语权。支持大企业集团带领相关企业组团“走出去”，通过并购、合资、参股国际研发企业或设立海外研发中心及产业化基地建设，提高在全球创新链、产业链中的地位。

应对建议五：创新供应链金融服务模式。建立长春市企业信息共享综合平台，整合金融机构和供应链服务企业资源，利用大数据、区块链等技术，探索构建企业信用担保体系。成立长春市中小微企业政策性融资担保基金，借鉴国内成功经验，探索多形式的投贷联动服务模式创新，建立履约贷款保证保险机制，降低企业融资成本。鼓励供应链核心企业、金融机构与中国人民银行征信中心应收账款融资服务平台对接，创新开展线上应收账款融资等供应链金融模式。系统推进普惠金融服务工作，鼓励金融机构创新金融服务内容，为中小企业和小微企业提供优质的供应链金融服务，助力企业“走出去”，融入国内大循环和国内国际双循环。

应对建议之六：打造“枢纽城市”，借势“一带一路”参与全球供应链构建。“十四五”时期建设“枢纽城市”将成为各地抢占发展先机、融入“双循环”的制高点，一定要加强交通枢纽、物流通道、开放平台、信息手段等基础设施建设，提升长春与“一带一路”沿线国家的供应链合作水平，积极融入全球产业供应链体系，打造公路、铁路、航空立体联运物流通道格局，立足吉林省面向俄罗斯、韩国、蒙古国、朝鲜以及欧洲部分地区建立东北亚国际物流通道体系，结合“一带一路”布局提升“长满欧”“长珲欧”中欧班列的运输能力。依托长吉图开发开放先导区完善的交通干线和节点城镇，加强物流中心建设，培育大宗商品物流和跨

境物流龙头企业，构建以第三方物流为骨干的现代物流体系。支持兴隆综合保税区建设辐射东北乃至全国的现代化物流网络，发展保税加工、保税物流、货物贸易、服务贸易、口岸通关等业务，打造成为东北亚区域进出口商品集散基地。特殊强调：积极争取国家在我市设立中欧班列集结中心，据了解，“十四五”期间，国家会新增陆港型国家物流枢纽和中欧班列集结中心节点，在东北地区只设立1个，即沈阳或长春，兴隆综保区完全具备设立集结中心条件，可协同相关部门积极向国家发展改革委争取在长春市设立，加快形成“干支结合、枢纽集散”的班列聚集中心，促进长春市快速融入国内国际双循环。

应对建议之七：放大开放平台作用，强化东北亚区域产业供应链合作。进一步发挥中韩（长春）国际合作示范区作用，积极谋划开展与日韩在产业供应链领域的合作，引进日韩优质供应链资源，借势打造中日韩产业供应链合作示范区，实现优势互补。依托长吉图开发开放先导区和哈长城市群等区域合作战略，推进“借港出海”工作进程，与扎鲁比诺港、丹东港、大连港等周边港口开展公铁水联运的深度合作，提升长春产业供应链与国际资源的对接程度。特殊强调：积极对接辽宁沿海经济带和京津冀经济圈，延伸与长三角、珠三角地区的产业供应链合作。落实新一轮东北振兴和对口帮扶政策，与天津、杭州开展产业供应链招商引资、人才培养、项目建设等方面的深度合作。

应对建议之八：对标高位，建设一流的市场化法治化国际化营商环境。对标世界银行营商环境指标体系，瞄准国际先进营商环境，不断深化改革，优化营商环境。推进企业投资项目审批智能化、高效化、便捷化，全面实现外商投资准入前国民待遇加负面清单管理模式，有序放宽市场准入，争取国家营商环境改革试点举措在长春市先行先试。研究建立与国际接轨的营商环境指标体系，综合世界银行营商环境指标、中国民营企业营商环境等指标体系，拟定符合长春市特色，体现长春现代化都市圈和繁荣、宜居、智慧城市建设导向的可量化、可考核指标。不断加大知识产权保护力度，推行重点企业知识产权保护“直通车”制度，打造高效的知识产品政策咨询、维权指导平台。建设诚信型服务政府，打造企业需求指向、政策体系联动、配套措施完备的地方治理格局。实施全面质量管理，推进产业质量体系建设，实施标准化、规范化发展。在电子商务、现代物流、物联网等高技术现代服务业领域，加快搭建标准化平台，促进这些领域形成规模经济；同时在劳动密集型的传统产业中制定相应标准，提高进入市场的门槛。

完成单位：长春市委市政府政策研究室（改革办）
课题组成员：市委市政府政策研究室课题组

关于加快推进科技成果就地转化
塑造长春振兴发展新优势的调研报告

党的十九届五中全会把创新摆在中国现代化建设全局中的核心地位，把科技自立自强作为国家发展的战略支撑，强调要坚持创新驱动发展，全面塑造发展新优势。这是以习近平同志为核心的党中央把握大势、着眼长远，对新发展阶段的战略布局，对于提升我国创新创造能力具有重大指导意义。为深入贯彻十九届五中全会精神，市委市政府政研室围绕加快科技成果就地转化，塑造长春振兴发展新优势进行了调研，先后与中科院长春光机所、市直相关部门及长春新区、经开区、朝阳区等单位及企业代表进行座谈，并学习研究了广州市、宁波市的工作经验，在系统研究、理性分析的基础上，形成此报告。

一、长春市科技创新成果就地转化现状分析

（一）基础和优势

近年来，长春加快实施创新驱动发展战略，全力创建国家创新型城市，高水平谋划建设创新服务平台，加速集聚创新要素，下大力气做强优势领域，补齐弱势短板，释放创新潜能，创新体系整体效能不断提升。2018年被英国《自然》杂志评为“全球科研城市50强”，2020年进入前40强。

1. 科教资源比较丰富。2021年，长春拥有46所普通高校、84家科研院所、省级以上重点实验室83个（国家级11个，省级72个），省级以上工程技术研究中心123个（国家级5个、省级118个），省级以上技术转移示范机构65个（国家级10个、省级55个），省级科技成果转化中试中心21个，省级科技创新中心（工程技术研究中心）120个，省级以上国际合作基地48个（国家级16个、省级32个），省级产业技术创新联盟26个（详见表1）。通过实施“长白慧谷英才计划”“高层次人才引进计划”等引进人才、支持人才创业、激发人才活力和人才服务保障等多方面的人才政策，全市人才总量不断扩大，已达到128万人，占全市总人口的14.7%，高端人才突破11万人。近5年全市新增两院院士6人，国家重点人才计划人选70余人。

长春市科教资源

类型	数量（个）
普通高校	46
科研院所	84
省级以上重点实验室	83（其中国家级11个、省级72个）
省级以上工程技术研究中心	123（其中国家级5个、省级118个）
省级以上技术转移示范机构	65（其中国家级10个、省级55个）
省级科技成果转化中试中心	21
省级科技创新中心（工程技术研究中心）	120
省级以上国际合作基地	48（其中国家级16个、省级32个）
省级产业技术创新联盟	26

2. 科技创新与产业发展结合紧密。在汽车产业、高端装备制造、食品及农产品深加工三大优势产业领域开展科技成果转化效果显著。发挥吉林大学、光机所、应化所、长春理工大学等高校院所及一汽集团、长客股份、北方灌装等重点企业研发优势，取得了一批关键领域科技成果，谋划建设了红旗自主品牌、长光卫星、经开区光电信息产业园等一批成果转化重大产业项目。按照工业和服务业双拉动增长战略，着力推进专业化、精细化和高品质服务业科技成果转化。依托长影、东北亚文化创意科技园、CCTV、中国移动等重点单位，取得了OLED新材料、高清视频技术、分布式银行间金融交易系统等一批关键科技成果。围绕国家粮食和食品安全战略，紧扣现代农业产业体系、生产体系、经营体系开展科技成果转化，依托中科院东北地理与农业生态研究所、中国农业科学院特产研究所、吉林农业大学等高校院所及中粮、皓月、正大等农业产业化骨干龙头企业，建设了现代农牧业展示区、北湖开发区湿地与现代农业大数据中心等农业科技成果转化重点项目。

3. 科技成果转化体系相对完备。一是科技创新主体队伍快速发展壮大。各类科技计划向企业倾斜，每年度超过90%科技计划经费用于支持企业创新。连续实施科技创新主体培育专项计划，累计投入3970万元，培育壮大高新技术企业和科技型"小巨人"企业，截至2019年底，累计培育和发展域内国家高新技术企业1322户，比2018年增长1.02倍，科技型小巨人企业1147户，比2018年增长32%（详见图1）。二是产学研协同创新机制不断完善。突出"1238"建设任务，建立完善"三大协同创新机制"，连续多年实施"双十工程"计划、产学研协同创新项目计划和地院合作项目计划，有效推进企业技术创新需求向科技攻关转化、科技攻关成果向中试成果转化、中试成果向产业化转化，提升了科技成果产出、熟化与转化能力。强化与中科院全国各研究所科技成果对接转化，2014年至2018年，我市促成本地科技企业与中科院研究所合作项目459项，带动企业新增销售收入299亿元，新增利税32亿元。三是科技成果转化载体较为丰富。重点建设长春市科技金融服务中心，着力解决企业创新和成果转移转化融资难题，累计帮助域内科技企业融资额超过200亿元。建设长春科技大市场，提升资源汇聚、供需链接、服务撮合、技术交易、成果转化服务能力，为科技创新和成果转化提供平台支撑。建设企业孵化器、众创空间等双创载体达到171个，其中国家级26个、省级125个，推动长春新区、吉林大学、长春光机所、国信现代农业获批为国家双创示范基地，打造了长春轨道客车股份有限公司"五位一体"的技术创新平台等一批创新成果转化载体。

4. 科技产出逐年增多。通过政策支持引导，有效激活技术市场，输出和吸纳技术合同成交额飞速提升。2019年输出技术合同成交额464.5亿元，吸纳技术合同399亿元，（详见图2），均在全国15个副省级城市中排名第7位。2019年专利申请量23144件，占全省比重达到74.5%；专利授权量11894件，占全省比重达到76.3%（详见图3）。高新技术企业产值超过1990亿元，比2018年增长12.8%，科技对经济的贡献率不断加大。

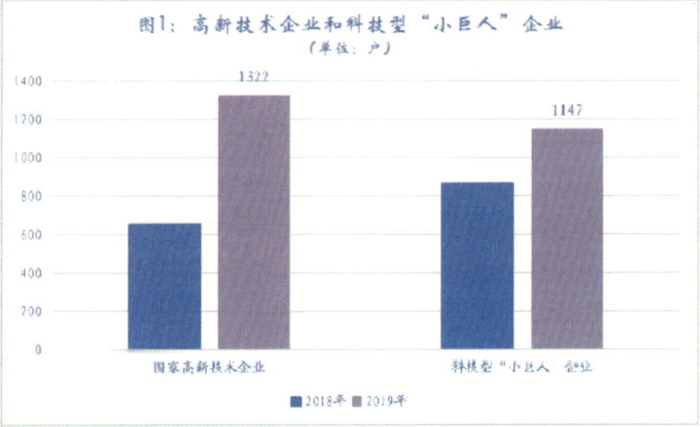

图1：高新技术企业和科技型"小巨人"企业
（单位：户）

图2：技术合同成交情况（单位：亿元）

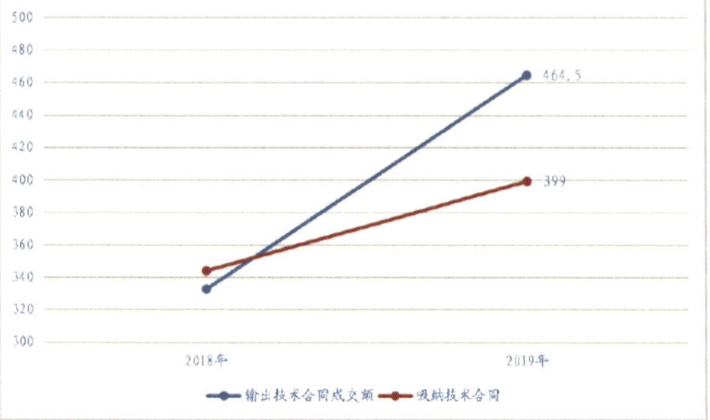

图3：专利授权量与申请量情况（单位：件）

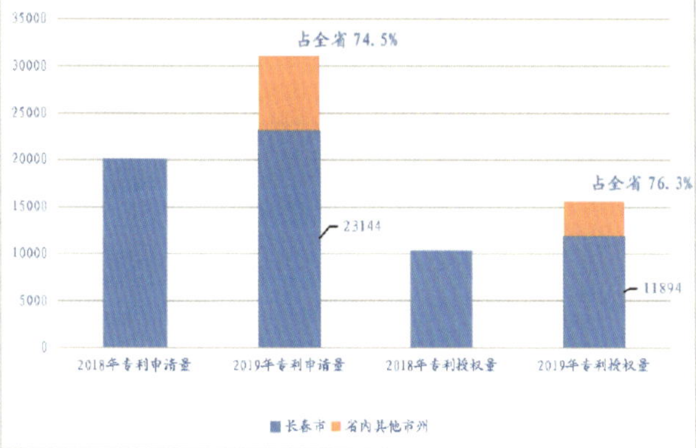

（二）短板和不足

近年来，党中央、国务院出台了一系列促进科技创新的政策措施，长春市也加快了在科技创新中的备战竞技，但对比同类城市，在科技成果转化上仍有较大差距，制约因素还比较多。

1．高校院所有效科技供给不足。域内多数高校院所没有形成以市场需求为导向的研发模式，普遍存在内部产权制度、科技成果评价考核机制、科研人员激励奖励制度不完善不健全等问题。多数应用研究科技成果市场成熟度不高，转化和产业化难度大。新型研发机构建设起步晚，吉林省于2020年首次开展新型研发机构评定工作，长春有10家机构上榜，全部为企业独立建设，普遍规模较小，作用发挥有待时日。除吉林大学和中科院长春分院外，其他高校院所还没有设置科技成果转移转化服务机构。科技人才专注于学术研究，往往存在“知识有余而创新转化能力不足”的问题。

2．企业承接能力不强。长春市创新型企业数量少、规模小，创新意愿及能力不足，很多中小型企业缺少足够的资金承接技术成果，也不愿承担技术转化的风险。据统计，全市目前仍有90%的企业尚未开展R&D活动，规模以上制造业研发经费内部支出占主营业务收入比重常年徘徊在0.7%左右。国家高新技术企业数量近两年虽然有所增长，但位列15个副省级城市第14名。由于本土企业承接能力不强，很多科技创新成果拿到南方地区转化，产生“孔雀东南飞”的现象。据统计，2017年驻长高校院所输出技术合同18.4亿元，其中本地企业吸纳0.78亿元；2018年输出技术合同7.4亿元，其中本地企业吸纳0.45亿元；2019年输出技术合同4.66亿元，其中本地企业吸纳0.58亿元。

3．转化渠道不够通畅。长春市科技创新成果在就地转化过程中的一些关键环节仍存在“梗阻”。总体来看，科技中介服务机构建设尚处于起步阶段，社会化、市场化的科技中介机构和服务体系不健全，缺乏推动科技创新成果转化的长效机制。据统计，长春域内省级以上技术转移示范机构不超60家，市场化科技成果评估评价机构不足3户，技术经纪人队伍不超过500人，多数技术转移机构科技成果转移转化综合服务能力不强，围绕科技成果转化提供法律、管理、会计、融资等专家咨询服务还存在不充分、不到位的问题。

4．服务创新的资金链不够完善。全市研发投入占GDP比重低，2017年、2018年、2019年分别是1.44%、1.61%、2.05%，连续三年低于全国的平均水平（2017年2.15%，2018年2.18%，2019年2.19%）。受区域宏观经济下行压力的影响，风险投资活跃度比较低，据统计，我市面向企业科技成果转化开展风险投资的专业机构不足20户。融资体系尚不健全，地方商业银行不愿向初创期科技企业投融资，推出的为科技型中小企业提供债权融资的产品非常有限，且申请周期长，附加成本高，导致许多项目因为资金不足而不能推进。

5.创新人才引进力度不够。户籍部门统计数据显示，2016–2019年4年间，全市各类人才落户4421人，院校毕业生落户9725人，投资落户242人，企业招工落户3124人，仅占总迁入人口的11%，优质人口流入占比较低。

二、国内推进科技成果转化特色做法

调研组重点对广州市、宁波市推进科技成果转化工作进行了深入研究，两市在这方面做了很多有益探索，形成多项务实管用招法，一些工作走在了国内前列。

（一）因地制宜制定“熨帖”政策。广州市陆续出台了《广州市促进科技成果转化实施办法》《广州市促进科技成果转移转化行动方案》《广州市高校、科研院所科技成果使用、处置和收益权改革实施办法》等一系列制度措施，致力打造产学研深度融合的科技成果转移转化体系。宁波市出台《中共宁波市委关于深入实施人才和创新“栽树工程”，加快建设高水平创新型城市的决定》，从健全国家重大科技项目接续支持机制、完善以转化应用为导向的科技成果评价机制、实施新技术新产品场景应用示范工程等方面推进科技成果转移转化示范区建设；出台《关于落实在科技评价中破除“唯论文”不良导向的若干措施（试行）》等政策文件，不断健全完善科技成果转移转化创新政策体系。

（二）多方合力搭建资源对接平台。广州市构建环高校成果转化基地，充分发挥广州高校创新资源丰富的特点，建设环五山、环大学城、环中大的高校成果转化基地，并将其建设成为集科技成果转化、科技企业孵化和科技金融投资的综合性服务平台，实现创新链、资金链、政策链、服务链融合发展。

着力打造立足广州、面向广东、辐射粤港澳大湾区的技术转移综合型高端枢纽平台——华南（广州）技术转移中心，该中心已汇集具有转化意向的发明专利1.5万余项、科技成果7000余项、孵化器和众创空间2300余家。宁波市预算约260亿建设甬江科创大走廊，新培育省级产业创新服务综合体5家，新引进产业技术研究院8个，新增国家企业技术中心6家，新认定高新技术企业815户，攻克关键核心技术110项，形成了“资源集聚+创新服务+企业孵化+上中下游协同”“技术攻关+协同创新+科技成果转移转化+人才培育”“载体集聚+企业集聚+创新平台集聚”等资源整合和服务模式，辐射带动产业集群发展。深入实施产业技术研究院专项行动，引进69家产业技术研究院，形成“产学研用一体化平台”“产业技术+创业孵化平台”“产业技术+招商引资平台”等多元建院模式，加快高端科技成果转移转化速率。

（三）以赛代评推进技术迭代创新。广州市举办第五届中国创新挑战赛（广东·广州赛区）。比赛旨在以赛代评、以投代评，通过深入企业挖掘具体技术创新需求，以“揭榜比拼”方式，面向社会公开征集解决方案的创新众包服务活动，同步开展以风投、创投为主题的创投周活动，累计为超过600户大赛企业提供40多亿的贷款支持，超过300户企业实现融资，融资总额超过100亿元。成功举办五届中国创新创业成果交易会，充分发挥“3天展会＋创交会网站+20个常态化成果转化基地”的作用，成果转化落地金额累计73.82亿元。宁波市成功举办四届中国创新挑战赛（宁波）赛事，累计服务企业700余次，现场签订意向合同114份，总金额达1.1571亿元，2020年与上海市联合举办第五届中国创新挑战赛（宁波），邀请国内外高校院所和企业的31个创新团队，对宁波企业提出的24项个性化技术需求进行一对一“揭榜攻关”，为助力宁波企业攻克技术难题，赋能制造业高质量发展提供科技支撑。

（四）规范引领发展科技中介。广州市通过《广州市促进科技成果转移转化行动方案》，强化服务机构（中介）在成果转化中“桥梁”的作用，鼓励高校科研院所开展科技成果转移转化示范机构建设和成立科技中介服务联盟，加强科技成果转移转化数据的统计分析和转移转化信息的加工处理，解决知识产权意识不强和知识产权制度不完善的问题。宁波市加快引进、培育第三方技术交易、咨询评估、科技金融、研发设计、知识产权等领域的技术中介服务机构，推动宁波国际技术创新中心等国际化招商机构、中国技术交易所宁波工作站等技术服务机构建设，打造国际技术转移平台、技术经纪人培训基地和海创孵化器，已有技术经纪人644名。

（五）多措并举拓宽资金投入渠道。广州市联合23家合作银行设立科技型中小企业信贷风险损失补偿资金池，对最新一期年度营业收入在人民币5亿元以下的本市科技型中小企业提供贷款服务，授信额度最高达2000万元，具有低利率、高额度、高信用、放款快的特点。设立市级科技成果产业化引导基金，基金规模50亿元，按照“政府引导、市场运作、科学决策、防范风险”原则，通过母基金的方式，选择股权投资机构或创业投资机构合作发起设立子基金，引导社会资本投向科技成果转化项目和科技产业领域，主要投向处于种子期、起步期、成长期的科技型中小微企业，以此促进科技成果转化，培育战略性新兴产业。宁波市充分发挥天使投资对创新创业的引导作用，全市集聚天使投资机构（人）629家（人），天使基金累计签订投资项目263项，撬动社会资本投资33.1亿元，天使基金间接放大倍数13.7倍，新一代信息技术、新材料、新装备三大领域的跟进投资项目占总数75%以上，已投企业目前市值合计约110亿元。

三、推进长春市科技成果就地转化的对策建议

抓创新就是抓发展，谋创新就是谋未来。在当今世界正经历百年未有之大变局、中国进入新发展阶段的大环境下，在国内各区域、各板块、各城市合作与竞争日益加强，机遇和挑战不断发展变化的新形势下，创新在我市现代化建设全局中的核心地位日益突显。综合分析，长春市科技成果转化面临的形势可以用三句话概括。一是潜力巨大。长春市是国家创新型试点城市，拥有一批在全国有重要影响力的科研院所、大专院校和国家级重点实验室，科技人员占总人口的比例在全国大、中城市中名列前茅，创新创业的空间很大。二是机遇空前。全球新一轮科技革命和产业变革深入发展，国内以创新驱动为引领自上而下深入推进科技体制改革，新一轮经济和产业的大调整、大变革给长春这座科教之城难得的发展机遇。三是需求迫切。深入实施市委“1142”发展战略，把长春建设成为常住人口超1000万、经济总量迈向万亿的特大型现代化城市，最根本、最关键、最紧要的是大幅提高自主创新能力。在上述条件和背景下，加快推进科技成果就地转化，塑造长春振兴发展新优势总的设想是：深入学习贯彻习近平总书记关于推动科技成果转化系列重要讲话和重要指示精神，全面实施创新驱动发展战略，坚持“四个面向”战略方向，按照多主体参与、全要素设计、全链条部署的思路，强化技术、资本、人才、服务等创新资源的深度融合与优化配置，建立健全符合科技创新规律和市场经济规律的科技成果转移转化体系，努力构建以企业技术创新需求为导向、以市场化交易平台为载体、以专业化服务机构为支撑的科技成果转移转化新格局，不断提升科技成果转移转化效率和整体服务能力，为加快建设长春现代化都市圈、实现长春全面振兴全方位振兴提供创新动力。

（一）加强新型研发机构建设，促进科技成果供给侧质量提升。科研院所和研究型大学是科技发展的主要基础所在，也是科技创新人才的摇篮。面对驻地高校院所多数是部属、省属的实际，长春市应积极运用政策手段，加大新型研发机构和载体建设力度，引导科技成果数质提升。一是加快建设协同创新研究院等新型研发机构。借鉴江苏省、宁波市等地经验，引导和支持驻长高等学校、科研院所等单位和行业龙头企业加强协同协作，建设一批以科技成果转移转化为

目标的产业技术研究院和新型研发机构，面向长春产业需求开展科技研发和技术攻关，促进高校院所的科技成果和科研团队与企业需求对接，推动知识、技术、产品与产业深度融合。二是支持高校院所建设专业化技术转移机构。鼓励和支持高校院所采取自建或与社会组织共建方式建立技术转移服务中心，为高校师生提供信息发布、成果对接、企业注册、科技型中小企业认定、高企认定、投融资服务等一站式服务。以高校院所技术转移服务中心为突破口，引导科研人员以市场需求为导向开展技术研发，并与科技企业深入开展创新创业合作，促进科技攻关与产业发展深度融合。三是完善科技创新平台体系。完善政策举措，鼓励多元投入，加快推进吉林大学综合极端条件下实验装置、中科院长春光机所大口径空间光学载荷综合环境实验中心等在建平台建设，积极申请建设新的国家重点实验室或与国家部委和省共建国家重点试验室，鼓励建设一批企业研发中心、中试与检测中心、公共科技服务中心、工程技术研究中心，推动各类平台和资源向企业和社会开放，为科技研发与转化提供有效支撑。

（二）打造创新型企业集群，推进科技成果需求侧能力提升。企业是科技和经济紧密结合的重要力量，是技术创新决策、研发投入、科研组织、成果转化的主体，提升企业创新能力是推进科技成果转化的重中之重。一是支持企业创新主体发展壮大。持续开展创新主体培育，着力培育支持一批高新技术企业、科技型小巨人企业，谋划培育一批独角兽企业，打造一批具有国际竞争力的创新型企业。支持企业建立研发机构，尽快实现大型工业企业研发机构全覆盖。完善技术成果向企业转移扩散机制，支持企业引进国内外先进适用技术，加大对创新产品和服务的采购力度。落实好研发费用加计扣除、高新技术企业所得税减免、小微企业普惠性税收减免等政策。二是打造创新主体孵化平台。聚焦传统优势产业和战略性新兴产业，建设一批集研发平台、技术服务机构、企业孵化器、众创空间于一体的科技成果转化基地，为科技成果转化提供全过程全方位服务。支持大企、大学、大所依托专业优势建设孵化器、加速器、“双创”基地，支持有条件的园区（企业）设立院士（专家）工作站，鼓励发展飞地孵化、网上孵化平台、集中办公区、创业社区地产等新型孵化模式，为创新创业提供有效平台和支撑。三是推动产学研创新联盟高效运转。近两年，先后成立了长春市红旗产学研创新联盟、长春数字经济产学研创新联盟等产学研创新联盟。要围绕建设长春国家区域创新中心战略，紧扣“四大板块”产业布局，继续打造一批以科技企业、高等院校、科研院所、创业载体及其他组织机构为主体的创新创业产业联盟，深入开展技术创新、标准创制、成果推广应用等工作，探索建立联合攻关、利益共享、知识产权运营的有效机制与模式，引导创新要素向企业集聚，促进产业技术集成创新，科技创新成果质数提升。

（三）完善专业化服务体系，打通科技成果转化市场路径。科技成果能否有效转化为现实生产力，市场机制发挥决定性作用。必须加快推进科技体制改革，实现创新链与产业链、服务链、资金链的有效对接，通过市场化实现高新技术成果产业化。一是加快发展技术转移服务机构。完善技术转移服务标准和规范，积极支持从事技术交易、技术评估、技术投融资、信息咨询等活动的技术转移服务机构发展，完善专业化、市场化、国际化的技术转移服务体系。充分发挥技术转移服务机构的成果筛选、市场化评估、融资服务、成果推介等作用，鼓励企业探索新的商业模式和科技成果产业化新路径，加速科技成果转化应用。二是壮大专业化技术转移人才队伍。加强技术转移管理人员、技术经纪人、技术经理人等技术转移人才队伍建设，畅通职业发展和职称晋升通道。技术转移机构要建立高水平、专业化的人员队伍，具备技术开发、法律财务、企业管理、商业谈判等方面的复合型专业知识和服务能力。鼓励有条件的高校设立技术转移教学、研究组织，开展技术转移专业学历教育，培养技术转移方向的实战型专业人才。

（四）拓展多元化投融资渠道，推进科技金融深度融合。科技创新成果转化到最终形成产业，需要经过许多环节，这些环节能否顺利进行，关键在于能否找到与之相匹配的资金，且各种不同性质的资金在各环节之间顺利地转移、交接传递和退出。为此，必须加大政府资金的引导性投入力度，积极探索运用市场化手段，鼓励企业加大研发投入，建立多元化的资金链。一是开发多元化的财政引导基金。为降低科技成果转化供受双方风险，提高科技成果转化成功率，我市应加大科技创新成果转化政府引导资金投入力度，以带动社会巨量资金参与。如：设立风险投资引导基金，帮助企业获得风险投资；开发信用担保基金，帮助中小科技企业获得贷款等等。二是加快培育风险投资市场。建立对风险投资公司的信用担保制度和对被投资的技术创新企业的产品采购制度，鼓励携带技术的风险投资，对将资金技术捆绑投入目标企业的风险投资者给予支持。采取容错机制和宽容失败态度，持续加大现有各类创新创业基金对科技成果转化的支持力度，采用引导、参股、跟投等多种灵活扶持方式解决高校科研院所和企业互相不认可的难题。三是完善科技与金融联动服务模式。依托科技金融中心，不断完善“评—保—贷—投—易”的联动服务模式，不断降低成果转移转化融资门槛，解决高校科研院所或科研人员有成果没资金没时间没精力没经验创办企业的难题，加快科技成果间接转化的速度。积极发展互联网+科技金融普惠业务，促进社会闲散资金流入创新链的前端。四是支持科技企业到资本市场融资。对科技中小企业改制、聘请第三方机构等发生的费用给予补贴，对成功引进专业投资机构投资、上市挂牌的企业给予奖励性补助，对于本地企业并购和股权收购域外企业给予相应的财政扶持。抓紧研究制定科技企业科创板上市扶持政策，助力我市企业快速、健康发展。

（五）发挥科技人才关键作用，强化科技成果转化内在动力。创新驱动实质是人才驱动，人才是第一资源，在科技创新中发挥内在引领带动作用。要努力将我市打造成聚贤融智、人才汇集的新高地，为科技创新提高有效的人力和智力支撑。一是完善科技人才汇集机制。落实人才优先发展战略，加大创新型、应用型、技能型人才培养和引进力度。充分发挥人才管理改革试验区“先行先试”作用，围绕重点产业实施人才专项工程，完善以知识、技术、管理等创新要素参与利益分配的激励保障机制，为产业发展和企业壮大集聚高端紧缺人才。不断提升人才服务保障能级，加大在创业、医疗、住房、子女教育、护照办理等方面的政策支持，切实提升人才的满意度、获得感。二是鼓励和支持科技人才创新创业。建立科技人才与企业常态化互动机制，让科技人才在深入企业中了解市场需求、发现创业商机。鼓励科研院所选派符合条件的科技人才到企业挂职或者参与项目合作，探索实施科技特派员、科技创业者行动、企业院士行、先进适用技术项目推广等行动，并通过许可、转让、技术入股等方式支持挂职人员转化科技成果，开展科技创业，取得合法收益。

（六）推进科技创新开放合作，融入创新发展新格局。要紧紧围绕融入新发展格局，以全球视野谋划和推动科技创新，全方位加强科技创新合作，在深化合作中充分利用外部创新资源，在良性的开放合作创新生态中实现互利共赢。一是主动对接京津冀、长三角、大湾区等国家重大战略。依托津长、吉浙对口合作基础，不断加深科技领域对口合作，建立多体系、多层面科技成果对口交流合作机制。建立跨区域科技条件和科技成果信息平台以及成果转移转化绿色通道，推动技术、经验、项目、人才、市场资源全面对接。探索与天津、杭州、上海、深圳等地建立异地孵化、飞地经济、伙伴园区等多种孵化合作机制。二是积极融入全球创新体系。充分发挥对俄、对韩、对朝、对日区位优势与合作基础，增多面向东南亚科技、经贸合作的“铆接点”，支持企业以并购方式获取国际知名科技领域品牌，支持企业购买域外先进专利、技术。探索共建海外创新中心、海外创业基地和国际合作园区等方式，加强与国际创新产业高地联动发展，加快引进集聚国际高端创新资源，深度融合国际产业链、供应链、价值链，参与国际标准和规则制定，拓展全球新兴市场。

（七）转变政府职能，提升科技创新服务能力。转变政府职能是完善科技创新治理的要义。要进一步改变政府宏观管理理念，加快实现从“研发管理”到“创新服务”的转变，加速科技成果就地转化。一是着力推广“揭榜挂帅”管理机制。围绕长春市产业发展要求，综合科技含量、企业需求、投资规模等因素，形成“卡脖子”技术需求清单，广泛征集并遴选掌握关键核心技术、创新能力强、发展潜力大的企业、科研院所等，“揭榜挂帅”实施科技重大专项，培育产业发展的主力军。组织各类创新创业大赛和发明大赛，支持全国性创新创业大赛在长春举办，采取以赛代评、以投代评形式，推动创新大赛与风投、创投有机结合，切实提高科技创造和转化能力。二是着力加强知识产权保护和市场环境建设。探索建设科技成果转化保险体系，保证供需双方信息披露真实完整、合同执行诚实守信，减少科技成果转化市场信息不对称的风险。严格实行专利执法，在技术验证、提升、补偿、退出等风险防控方面提供严格机制保障。发挥长春知识产权法庭作用，保障科技成果供需双方权益，维护科技成果就地转化市场秩序。

完成单位：长春市委市政府政策研究室（改革办）
课题组成员：市委市政府政策研究室课题组

关于长春建设消费中心城市的几点思考

做大长春都市圈，充分发挥长春市在吉林省“一主六双”产业空间布局中的核心作用，加快融入以国内大循环为主体、国内国际双循环相互促进的新发展格局，消费是亟需补齐的重要短板之一。从国家来看，消费是拉动全国经济增长的第一动力，2013-2019年消费贡献率在60%左右（2018年达到76.2%），2020年尽管受到新冠肺炎疫情冲击，最终消费支出占GDP的比重仍然达到54.3%。从长春来看，消费贡献率初步预测在45%左右，与国家相比，与发达经济体70%、80%的水平相比，提升空间巨大。在此背景下，研究探索建设国家消费中心城市，进一步完善消费政策、改进消费环境、开拓消费新增长点，激活消费第一动力，具有十分重要的战略意义。

与时俱进　顺势而为　加快消费需求拉动迫在眉睫

（一）理论支撑

2000年以来，美国城市经济学家提出了“消费城市”理论，他们认为，如果某城市能够提供丰富的服务和商品，有宜人的环境和富有美感的建筑，能提供良好的医疗和教育等公共服务，那么该城市将承担更多的消费功能，未来城市的成功将取决于城市作为消费中心的角色。回顾世界经济发展史，可以发现一个共同的路径选择，那就是当一个国家的产业升级到一定程度后，其经济增长方式都会不约而同地转变为消费驱动。谁掌握了消费的话语权，谁就能掌握资源配置的主动权。美国之所以成为全球第一大经济体，一个重要原因是它是全球第一消费大国，是全球最大的买主，所有的出口大国都要受制于美国的指挥棒。因此，当出口和投资难以持续的时候，走向消费驱动是一种必然选择。

（二）政策支持

党中央、国务院高度重视消费在经济发展中的作用，习近平总书记在亚太经合组织工商领导人峰会上指出："中国经济发展正在从以往过于依赖投资和出口拉动向更多依靠国内需求特别是消费需求拉动转变。""中国不断拓展的内需和消费市场，将释放巨大需求和消费动力。"李克强总理在2021年的政府工作报告中也提到："建立扩大内需的有效制度，全面促进消费，拓展投资空间，加快培育完整内需体系。"

从国家层面看，2019年9月，党中央、国务院下发了《关于完善促进消费体制机制进一步激发居民消费潜力的若干意见》，2020年9月又下发了《关于以新业态新模式引领新型消费加快发展的意见》，并在促进商业消费、体育消费、文化旅游消费、消费扶贫等方面出台了一系列政策，为促进消费提质升级绘制了"蓝图"。从省级层面看，2020年6月，省政府印发了《关于新一轮促消费扩内需的若干政策举措》（14条），把促进消费摆在全省经济发展的突出位置。长春市已出台《关于进一步促消费扩内需若干举措的通知》，为发挥消费对经济增长的基础性作用，优化消费环境、提升消费体验，培育发展消费新模式新业态，促进消费市场回暖、结构升级发挥了重要作用。各相关部门也就促进文商旅体等方面消费进行了有益探索和尝试。

（三）现实需要

从产业结构看，过度依赖制造业的现实"呼唤消费"。长期以来，长春一直存在着比较严重的"制造业依赖"惯性，虽然近年来实现了由"二三一"向"三二一"的转变，但整体上经济增长快慢在一定程度上要看制造业特别是汽车业的"脸色"。随着新冠疫情对产业链和供应链带来的冲击，长春面临着前所未有的压力。在推进制造业"六个回归"，加快产业链垂直整合的同时，也应该着手进一步扩大消费，释放流动性，增强经济发展韧性，进一步降低疫情冲击对全市经济发展的负面影响，为新旧动能转换、发展方式转变提供强大助力。

从需求结构看，投资、消费、出口失衡的现实"呼唤消费"。从出口看，长春地处内陆缺乏出海口，目标市场单一，出口占进出口的比重为14%，在短期内难以有大的提升；从投资看，近年来长春以建设长春现代化都市圈为牵引，启动实施了国际汽车城、国际影都、国家区域创新中心、中韩（长春）国际合作示范区高质量发展"四大板块"，着力打造国家城乡融合发展试验区、国家农业高新技术产业示范区"两大基地"，积极扩大有效投资，2020年固定资产投资增长8.8%，在东北四市居首，但受资金、土地、资源环境等诸多制约，投资长期高速增长面临不小的压力；从消费看，受疫情影响，2020年全市社会消费品零售总额下降6.5%，1–2月份虽然实现了恢复性增长，但与拉动作用强劲的制造业相比，消费对长春经济的贡献亟待提高。为此，必须把消费作为改变当前经济结构的主要抓手，在保持投资适度增长的同时，通过建设国家消费中心城市，充分挖掘本地居民消费潜力，并吸引周边地区乃至全国和整个东北亚的消费需求，使长春经济的动力由投资的"单点支撑"向投资+消费的"双核驱动"转变。

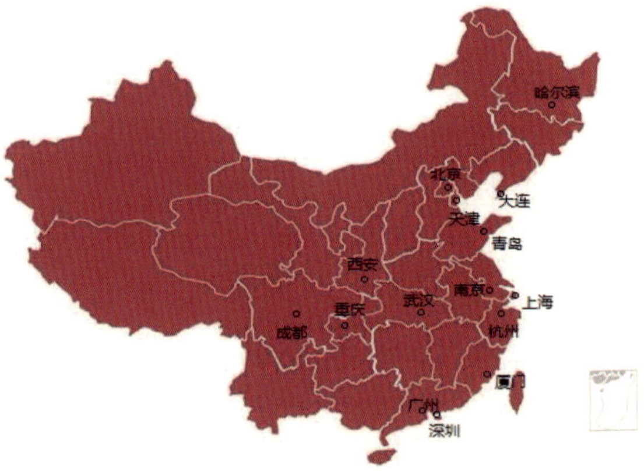

从城市战略看，同类城市争夺国际消费中心城市的现实"呼唤消费"。自2018年党中央国务院《若干意见》提出"建设若干国际消费中心城市"可谓"一石激起千层浪"。在某种意义上讲，由于在国际消费中心城市这个概念中，既包含了国际消费这个消费的最大空间层级，也包含了中心城市这个中国城市纷纷追求的目标，特别是它同时还隐含着比国家中心城市这个中国最高的城市层级更高的内涵，这个概念一提出，就受到广泛的重视和热切的关注。全国已有北上广深等15个一二线城市出台了建设国际消费中心城市的行动计划，其中，有11个副省级城市，哈尔滨、大连也在其中。此外，济南等省会城市提出建设国家消费中心城市，南昌、洛阳、包头等城市也提出建设区域性消费中心城市，消费争夺战一触即发。

综合考量：进入"十四五"，站在开启全面建设社会主义现代化国家新征程的历史节点，长春市立足自身老工业基地实际，将建设国家消费中心城市作为做大长春现代化都市圈的突破口和落脚点，具有重大的战略意义和现实意义。

理性研判　准确把握　建设国家消费中心城市基础尚好

（一）有利条件

1. 经济发展态势向好，为建设消费中心城市奠定物质基础。2020年，在新冠疫情、台风和雨雪冰冻灾害等不利条件下，长春市生产总值实现6638亿元，在东北板块高于沈阳和哈尔滨，在15个副省级城市中位列12；经济增速达到3.6%，高于全国、全省平均水平，领跑东北四市，各项主要经济指标增幅均在东北区域实现领先，成为了复工复产最迅速的城市，东北地区经济增长最抢眼的城市。人均GDP达到11256美元，职工工资和城乡居民收入稳定增长，居民消费潜力不断增强。消费规模持续扩大，社会消费品零售总额达到2003.1亿元，较好地发挥了消费对经济增长的基础性作用，仍然是全市经济稳定运行的压舱石。

2．产业发展特色鲜明，为建设消费中心城市提供强力支撑。从农业看，长春是全国闻名的农业大市和重要的商品粮基地，农业发展在同类城市中名列前茅，东北大米等特色农产品声名远播。从制造业看，长春是全科制造业城市，在43个工业门类中，长春市就有38个，制造业实力不仅在东北四市保持领先，在全国15个副省级城市中也比较靠前，汽车、轨道客车、光电信息、生物医药等产业名闻遐迩，特色鲜明的产业能够为全国乃至世界提供更多优质“长春造”产品和服务。

3．流通体系较为完善，为建设消费中心城市提供必要条件。红旗商圈、重庆商圈、欧亚卖场等特色商圈汇集国际国内众多知名品牌，摩天活力城、欧亚新生活、这有山等商业综合体为市民提供丰富多彩的体验和服务，星罗棋布的超市和门店为居民提供品种繁多的商品。第四次全国经济普查数据显示，2018年，长春市批发零售住宿餐饮业企业法人单位2.2万个，从业人员达到20.5万人。限额以上批发零售住宿餐饮企业超过1300户，中心城区拥有5000平方米以上的大型零售网点120多个，各种商品交易市场（含农贸市场）219个，3A级以上物流企业86户（全省97户），流通便利化程度不断提高。

4．区位优势较为明显，为建设消费中心城市提供可能。从“一带一路”看，长春是“一带一路”北线“中蒙俄经济走廊”重要的节点城市，货运至欧洲只需要14天；从哈长城市群建设来看，长春是哈（尔滨）大（连）经济带的重要节点和哈长城市群核心省会城市；从“一主六双”战略看，长春都市圈是带动全省发展的核心和重要引擎，不仅能够辐射哈尔滨都市圈、沈阳经济区、蒙东地区，触角还能深入俄罗斯、日本、韩国、蒙古等东北亚国家，区域消费中心作用明显增强。2020年，长春市生产总值占全省的比重达到53.9%，消费品零售总额占全省的比重达到52.4%，进出口总额占全省的比重达到80.3%。可以预见，在发展都市经济、建设长春现代化都市圈的背景下，消费将越来越成为拉动长春经济的重要引擎，这一发展趋势符合城市经济—都市经济—都市圈经济发展的一般规律，也与中国经济演进的步调保持一致。

（二）不利因素

——消费能级差距较大。近年来，长春的商业发展呈现出一定的速度，各类商业项目如雨后春笋般涌现，红旗街、重庆路、桂林路、欧亚卖场四大商圈远近驰名，但与成都、杭州等城市相比，消费能级差距明显。长春消费规模仅相当于成都的24.7%、杭州的33.5%。

2020年15个副省级城市社会消费品零售总额及增速对比

单位：亿元、%

城市	2020年	总量位次	增速	增速位次
广州	9218.7	1	-3.5	8
深圳	8664.8	2	-5.2	10
成都	8118.5	3	-2.3	6
南京	7203.0	4	0.9	4
武汉	6149.8	5	-20.9	15
杭州	5973.0	6	-3.5	8
青岛	5203.5	7	1.5	2
西安	4989.3	8	-2.9	7
济南	4469.1	9	1.1	3
宁波	4238.3	10	-0.7	5
沈阳	3637.6	11	-5.4	11
厦门	2293.9	12	1.6	1
长春	2003.1	13	-6.5	12
哈尔滨	—	—	-11.3	13
大连	1828.0	14	-11.5	14

——文化底蕴尚显不足。长春不像成都、杭州等城市有深厚的历史底蕴和众多的历史古迹、人文史事。长春经济建设速度很快，但文化发展的步伐远落后于经济，文化特质零散，深入研究提炼兼具历史性与时代性、共性与个性、叫得响与叫得久的文化品牌整体用力与综合施策不够，城市文化的个性化、前瞻化定位研究不深，历史文化遗存没有得到有效保护和开发利用。城市文化不足导致城市现代化与其他城市相比并没有独特的差异，城市特色不够鲜明。

——辐射能力有待增强。促进域内外消费的竞争性产品欠缺，“长春造”自主品牌竞争乏力，各类交流平台推介力度不够，具有较强辐射力的国际交流交易平台有限，对境内外各类消费人群的吸引力不强。近两年旅游数据受疫情影响较大，本文选用2019年份数据进行对比分析，2019年，长春接待游客10156.5万人次，相当于成都的36%、杭州的48%；接待入境游客41.7万人次，相当于成都的11%、杭州的36%；旅游外汇收入2.3亿美元，相当于成都的14%、杭州的28%。

——消费外流不容小觑。由于疫情对域内外消费的影响，以可得的2018年数据分析可知，长春市居民域外消费规模较大，本地消费力在支撑域内消费市场提升方面还有一定空间。途牛携手广发信用卡中心联合发布的《2018年度出境旅游及消费白皮书》数据显示，长春在途牛出境旅游产品人均花费排名前10客源城市中排名第6。广发信用卡中心提供数据显示，2018年广发信用卡境外人均消费金额排名前10的持卡人开卡地，长春排名第9位。根据携程旅游订单数据，在“2018年上半年出境游消费力20大城市”中，长春位列第一。

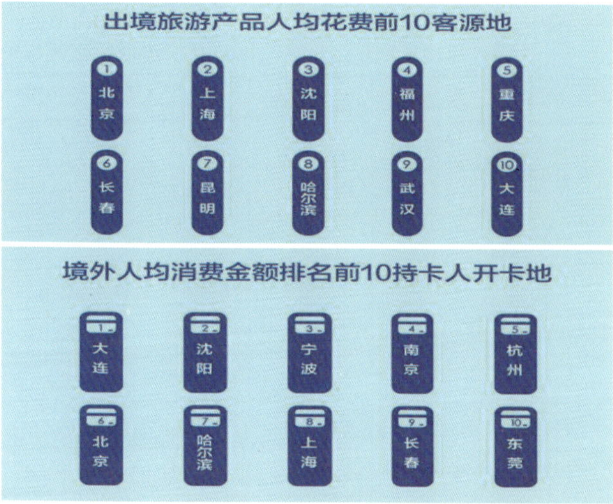

因地制宜　博采众长　发达城市先进经验值得汲取

（一）国内发达城市的有效做法

1. 杭州：如何主动适应消费新常态、引领消费新模式

“新零售”是杭州消费业态中最鲜亮的元素，其运用“延伸和叠加”这一核心理念（“零售+服务”“实体+互联网”），通过“大数据运营、场景化改造、全渠道整合、定制化生产”将完全重构后的零售业做到了极致。具体来说，即是在充分采集消费大数据的基础之上，引入3D、VR和AR等技术，多维度创新消费体验；同时，将“网络+店+物流”整合在一起，实现线上线下高度融合，极大地拓展了销售链条。此外，“30分钟送达”“无人值守超市”“无人智慧餐厅”“刷脸支付”等多个全国首家新零售项目都在杭州生根发芽，快消商超、服饰百货、餐饮美食、家装家居、养生医疗等多个领域无一缺席。

实例：阿里巴巴旗下的盒马鲜生将生鲜、餐饮、超市、配送集于一身，并由App覆盖3千米范围内的线上业务，在其中可以买到100多个国家和地区6000多种商品，同时享受“现场加工、餐饮联动”的全新消费模式。

2. 宁波：作为“制造型”城市，如何催生新的消费供给

为了构建多元化、国际化的消费供给体系，宁波市在改造升级传统消费业态的同时，将目光聚焦在了进口贸易上，将“宁波进口”作为其最亮眼的名片以促进消费市场的成熟和完善。从2018年起，宁波开始实施“全球进口贸易商集聚计划”，吸引全球龙头型国际贸易企业到宁波设立采购中心、分拨中心和营销中心，加大对龙头型消费品进口企业、代理商和渠道商的培育扶持力度，积极拓展海外直邮、海外品牌直供渠道；同时，及时下调汽车、部分日用消费品等进口关税额度，扩大服装、医药、文体用品、家用电器等优质消费品进口规模，成功集聚了若干国际高端知名品牌资源。更为重要的是，其以中东欧国家贸易便利化国检试验区为突破口，积极争取与中东欧国家在商品认证体系、标准互认、

传统零售、电子商务和新零售模式对比表

	传统零售	电子商务		新零售
表现形式	购物中心、超市、便利店、仓储会员店、百货店、家居建材店等	B2C（天猫、京东、唯品会等电商平台	O2O（团购、出行、餐饮、旅游等）	电商实体店、体验营销、VR/AR购物、大数据平台、超级云仓
有无实体店铺	有	无	有	有
有无网上商城	无	有	有	有
渠道形式	线下	线上	线下线上（弱）	线下线上（强）
渠道选择	单渠道	多渠道	多渠道、跨渠道	全渠道
驱动核心	店铺经营者	电商经营者	电商经营者	大数据
性质	卖货	卖货	卖货	用户、商品、营销全面一体化
有无体验	有	无	有	有
提货速度	快	慢	中	快
智能化程度	低	低	中	高
定制化程度	否	否	否	是
消费方式	在实体门店展柜浏览和试用商品，直接现金支付，一手交钱一手提货	在网站浏览商品详情，在线支付或货到付款，通过快递/物流获取商品	在线上查看商品详情，在线支付获取信息凭证，再去线下实体店提货或享受服务	网站个性化推进或生产商品，线下场景体验、移动支付，新物流配送（门店自提）
缺陷	渠道单一、结构僵化、运营费用昂贵、同质化严重等	仅靠图片和信息描述，商品品质无法保证、物流慢等	不能解决体验消费、定制服务、高性价比的消费需求	部分年长消费者需要逐步适应

关检等方面的合作，为建设国际消费城市奠定了基础。

3．成都：如何变文化资源为产业优势带动消费

成都有着长达千百年的消费传统，也因此有着不同于其他城市的消费理念。2018年起，成都提出要建设“三城三都”（三城：世界文化名城、世界旅游名城、世界赛事名城；三都：国际美食之都、国际音乐之都、国际会展之都），以文化为内核带动多行业多领域融合发展，全方位激发消费潜力。一方面重视以“三国文化”为代表的历史文化遗址的保护并将其设计成为精品旅游线路以吸引国内外游客；另一方面重视以“天府文化”为代表的当代文创产业的开发，形成了以音乐、文博、设计、动漫、影视、传媒等为重点的现代文创产业体系，与日常消费主体人群的需求相契合。特别值得一提的是成都在特色街区打造上（如天府锦城“八街九坊”）将自然景观与人造景观相结合，并有效融入商业元素，吸引品牌首店、老字号店、特色小店入驻，使“休闲区”与“消费区”有机结合，人们可以一边散步、一边观景、一边消费。

（二）国际同纬度寒地城市的有益经验

1．美国匹兹堡：作为传统重工业城市，如何从制造业驱动向消费拉动转型

1910年后，一度处于全美工业领袖地位的匹兹堡陷入了长期经济衰退的漩涡之中，工业生产增长也逐年放缓。匹兹堡市政府在全力改造提升城市基础设施、保护城市工业化遗产和大力发展服务业之余，将重点放在了文化产业上。其与卡内基基金会、匹兹堡文化信托基金会等社会组织合作，在中心商业区建设起以科学、教育、艺术、娱乐为主的“文化区”，并新建了贝那达姆表演艺术中心、施卡菲展览馆、CNG艺术大楼，这些艺术活动场所极大地满足了年轻消费群体的需求，点燃了城市的夜生活，匹兹堡也因此从一个濒临衰败的“边缘化城市”成为了“美国最有希望的后工业化实验区”。

2．加拿大多伦多：如何通过重建城市中心促进高品质消费

多伦多城市中心区历史悠久，早在20世纪60—80年代，大量高层办公建筑在中心区内兴建，高楼林立，鳞次栉比，形成可与纽约华尔街比肩的商务中心。为了改善中心区环境品质，从1960年开始，通过土地置换、街面围合、出租协议、土地收购等措施拆除了部分建筑，转而用风格各异的公园、街道景观线路将中心区的历史建筑区、商业区和娱乐区紧密相连，形成了内环状的“城市发现之旅”，并沿途打造了10个景观区。其中，克劳德花园、西姆科公园和奥林匹克花园均举世闻名。因其交通的便利和商业设施的完备，中心区成为高级白领休闲娱乐或进行非正式商务谈判的理想场所，其日常人均消费额大幅上升。

通过对国内外若干城市经验的梳理，可以发现，这些城市在促进消费方面既各具特色，又有共通之处，具体说来，一是都在“新”字上着力，积极打造新业态、新模式，使消费者乐于消费；二是在“特”字上着力，挖掘独具特色的城市历史文化，用文化的理念发展旅游，用旅游的方式传播文化，使城市品牌深入人心；三是在“融”字上着力，将经济元素和消费业态融入居民生活的每一个场景、每一个角落，最大限度地激发消费潜力。

未来可期　靶向施策　积极探寻建设国家消费中心城市长春路径

总体考虑：认真贯彻党的十九大和习近平总书记视察东北时的重要讲话与重要指示精神，深入落实省委提出的长春市在全省“打先锋、站排头”战略要求，以发挥消费促进都市经济高质量发展的主导性作用为遵循，坚持政府引领与市场运作并行、对标先进与彰显特色并举、顺应需求与创新引领并重，大力实施消费供给发力、消费需求提升、消费场景塑造、消费热点培育等重点工程，不断提升长春对国内外消费的集聚、引领和创新能力，打响“长春消费、长春创造、长春服务”三大品牌，努力将长春建设成为特色彰显、功能完备、全国驰名的消费中心城市。到2025年，消费对经济增长的贡献率比2020年提高5个百分点，现代服务业增加值占比达到55%，社会消费品零售总额达到2800亿元（按年均增长6.5%测算为2740亿元），力争向3000亿元迈进；培育形成1个具有全国影响力的顶级商圈，2个具有区域影响力的高端商圈，10个标识性消费场景。具体实现路径有三：

路径一：供给端发力，打造新业态、新平台、新模式，全面释放消费空间

从长春实际看，要想迅速扩大消费，仅仅依靠传统商业拉动空间较小、潜力不大，传统商业模式既不能代表时代发展趋势，又不能契合新生代消费倾向。因此，要从供给端发力，以政府为主导（辅以市场化运作），立足消费新趋势，做好培育新业态、打造新平台、形成新品牌、用好新政策4篇供给文章，力争培育更多消费增长点。

——立足增加新供给，培育打造新的消费业态。借鉴成都、杭州等城市促进消费的成功经验，坚持“内容为王”，加快打造高品质消费新业态。一是打造伊通河全流域滨水休闲业态，借鉴成都九眼桥和宁波老外滩滨水休闲商业模式，摒弃过去那种孤立地就景观造景观的老办法，注重商业和经济元素融入，政府主导、市场运作，在两岸规划建设小吃街、主题酒吧街、文创商品街、文化艺术馆等，把伊通河打造成可游览、可观赏、可休闲、可运动、可娱乐、可消费的全景商业模式。定期举办水岸音乐节，设计每晚特定时段的灯光秀、喷泉秀、水幕电影，冬季增加冰上体验项目，将伊通河建设成为本地人喜欢、外地人向往的多功能消费场景。由于长春的寒地性质，冬季时间长，建议场馆设计以室内为主。二是打造符合长春特色的夜经济消费。长春市大型商业综合体、商场关门较早，特别欧亚卖场晚七点就关门，很多上班族刚刚下班，对促进夜间消费有一定影响。因此，发展夜间经济，首先建议将大型商场、综合体营业时间延长，让

市民有时间消费，同时，在长春的重点街路、标志性建设布置景观灯光，营造夜间休闲氛围，比如净月潭西门的灯光隧道就成为了广大市民的网红打卡地。考虑长春气候特点，坚持室内为主、室外为辅的发展理念，统筹全市夜景资源，在桂林路、红旗街、重庆路等繁华街区，发展老字号、品牌餐饮、风味小吃、时尚酒吧、精品购物等业态，形成“食、游、购、娱、展、演、体”等多功能夜市街区板块。适当延长公交、轻轨、地铁收车时间，为市民夜间消费服务。三是打造世界级冰雪消费业态。围绕国家“带动三亿人参与冰雪运动”目标，打响冰雪新天地、净月雪世界等文旅品牌，加快净月潭、莲花山、妙香山等市域雪道提档升级，联合长白山、吉林北大壶打造精品冰雪旅游项目，建设市内四季滑雪专业运动场馆作为国家冰雪人才培训基地，全力打造国际领先、国内一流的冰雪运动装备制造示范基地，形成冰雪旅游+冰雪运动+装备制造产业链，变“冷资源”为“热产业”。四是打造大体育消费业态。树立“大体育”理念，推进体育领域和体育经济供给侧结构性改革，激活壮大新兴、绿色、朝阳的体育产业，拉动和扩大体育消费。实施“体育基地100计划”，开展“一县（市）区一品牌，一季一活动”行动，擦亮长春净月潭瓦萨国际越野滑雪节、亚泰足球、长春国际马拉松赛等赛事名片，发挥汽车城品牌优势，打造城市街路汽车拉力赛、无人汽车冰雪挑战赛等精品赛事，以体育美誉吸引域外人流、聚集人气；对接腾讯公司游戏资源，联合打造电竞主题公园、文化创意园、动漫产业园等新业态，放大吉林省电竞产业总部基地等平台影响力；推动体育与旅游、健康、养老等融合发展，打造康体、体质测定、运动康复等重点项目，引进体育装备设计、研发、生产、销售、管理咨询企业，扩大周边产品规模。

——抓住政策机遇，重点打造标识性商业步行街。商务部正在全力推进步行街改造升级试点，将其作为消费升级的首要任务来推进。从长春市看，特色街区建设的基础很好，但还没有一个真正体现城市特色、让人耳熟能详的标志街区，在设施建设、业态设置等方面与成都、杭州等地差距明显。长春市应以此为契机，引进国内外优质设计团队，高标准设计规划，高水平建设，体现城市记忆，符合消费审美需求的重点街区，打造长春的“宽窄巷子”“太古里”，为长春增加全新消费场景。一是恢复打造长江路步行街。老长春人对长江路步行街可谓念念不忘，长江路最繁华时，不仅在东北名声显赫，就是在全国也有一席之地。围绕长江路区域打造高端步行街，加快恢复历史文化设施、人文景观和商业业态，进一步将规划范围拓展到原满铁附属地相关街区，做到主街突出，辅街配套。考虑到传统业态恢复困难，建议在街区业态设置上，采取新老搭配方式，对鼎丰真、积德泉、老茂生等传统品牌“修旧如旧”，原汁原味还原本来面目。在街区开设传统特色小店的同时，布置跨境新零售、智慧餐厅、VR体验等新兴消费模式，增强休闲娱乐功能，形成新老业态协调的街区业态体系。二是依托重庆路、红旗街打造品牌购物商街。瞄准宜家、网易考拉等国内外消费品牌企业和零售企业，推动在此开设全球首店、亚洲首店、中国（内地）首店、东北首店、长春首店，在省域内形成品牌消费的核心优势。三是探索打造桂林路时尚消费、彩织街夜经济消费、生态大街新型融合消费时尚消费重点街区。重点引进诚品书店、京东无人小店等特色消费业态入驻，打造一批场景化、立体化、智能化消费示范点，成为年轻人青睐的网红打卡地。彩织街啤酒一条街经过多年发展已经比较成熟，很多一汽德国专家成为常客，牌匾可以采用中文和德语双语标识，进一步彰显长春的国际范儿。四是优化街区间交通连接。借鉴上海浦东观光巴士建设经验，打造1条连接特色街区、重点景区的旅游交通环线，同时在AAAAA级景区间设置旅游巴士接驳专线，形成便利交通体系。

——放大城市影响力，打造“5个一”品牌。赵雷的一首《成都》唱出了成都浪漫的文艺气息，让千万听众目光焦点齐聚成都，起到了很好的城市宣传和推介作用，极大地拉动了城市消费。长春市要借鉴这个经验，围绕长春特色文化，把故事讲好，把平台建好，打造体现城市特点、城市文脉的“5个一”品牌。一是创作“一首好歌”。瞄准梁博、金志文等本土流行歌手，或寻找国内一线著名流行歌手，打造一首品牌歌曲，在“我是唱作人”“歌手”等优势平台集中投放，形成城市形象音乐名片，达到或超越上世纪八九十年代《我们在长春相遇》产生的音乐效应。二是打造“一出好戏”。由吉林省歌舞团创排的大型梦幻情景秀《天地长白》曾经是我市文艺演出的名片，但由于支持省域内重点景区需要，节目最终流入长白山景区，景区对节目的重视程度有松弛倾向，建议对接长白山歌舞团，积极争取节目回归长春。也可借鉴“印象刘三姐”模式，邀请张艺谋、陈凯歌等国内著名导演，创作“印象长春”实景演出，形成演出品牌。三是拍摄“一部好剧”。积极联系国内知名剧作家或知名的正午阳光影视团队，打造一个能够体现汽车、轨道客车等特色产业，体现长春特色建筑、长白山优美景色，展示新时代长春年轻人生活风貌的优质电视剧，使之成为《都挺好》级别的爆款影视。四是撰写“一批好书”。由文旅局牵头，积极联系国内知名网络作家，鼓励其在长春建设工作室，撰写一批适应长春城市发展需要，具备较高城市特色文化底蕴的网络文学作品，以适应年轻消费群体的需求。五是打造“一条经典旅游线路”，发挥现代化都市圈枢纽作用，依托与省内市州对接合作已形成的良好基础，推进伪满皇宫博物院、净月潭、长白山、通化六鼎山、珲春“一眼望三国”等景区联合，设计旅游通票，给予一定优惠，使游客到长春就能满足所有旅游消费需求；建设吉林地方航空公司，在长春打造省域短程航空旅游节点，使长春成为国内外游客进出吉林省和长白山的起始城市。

——用好政策组合拳，推动消费尽快升级换挡。长春市已经出台了服务业和相关行业发展政策，但在促进消费方面还不够，各部门要加快研究，瞄准关键环节，做好消费刺激引导和服务升级两篇大文章，打好政策组合拳。把握生产性服务业和消费型服务业发展需求，用好各类产业发展资金、基金，在用电、用地、项目资金分配方面，给予差别化政策。尤其是长春作为知名汽车城，汽车消费这张牌必须打好，建议充分发挥红旗s、一汽新能源等项目效能，放大红旗“新高尚情怀人士”俱乐部、新红旗“爱·尚”公益品牌、红旗嘉年华等载体作用，加强品牌推广，激发消费流量和人气。同时，借鉴太原经验（由政府补贴，让个人只需花4万块钱就能买到20多万价格的比亚迪新能源车，作为城市出租车，极大提升了城市形象），结合长春市共享汽车、城市出租车发展要求，由省市政府对共享汽车平台购买一汽集团新能源车型提供补贴，逐步实现市域内、省域内出租车和共享汽车新能源化，实现汽车消费和城市形象双赢。同时要打好教育消费这张牌。教育支出占居民消费20%以上，处于居民消费的首位，长春市仅新东方培训学校一所机构，年培训收入就达到1.2亿元，据测算，全市教育培训总体消费规模大致在30-50亿元左右，加上民办学校和学前教育，总体规模可达到百亿元。建议围绕学前教育、在线教育、职业教育等多样化需求，出台差别化政策，在制度和政策的引领与驱动下，吸引外资和社会资本进入长春市。进一步把握新生消费群体需求，抓紧引进机构开发研学旅行、实践营地、特色课程等教育服务产品，让教育消费提质扩容。

此外，坚持“抓大靠强”，不遗余力支持欧亚、中东等商贸龙头企业做大做强，发挥其市场大、纳税好、见效快等优势，着力推进其改造升级以及发展新业态、新模式，给予政策倾斜和要素保障。同时要支持引入数字化新零售管理系统，发展无人店铺、商贸+健康、商贸+文旅、商城体验+线上购物等新型模式，推动龙头商贸企业转型升级。

路径二：需求端赋能，持续转观念、提能力、促规范，不断激活消费潜力

抓消费实际上就是抓供需两端，供给端需要政府提供优质的、新的消费业态和模式，需求端则需要消费人群来支撑，没有人这个元素，消费无从谈起。从长春来看，让市民“愿消费”“能消费”“敢消费”需要从以下几个方面施策。

——转变消费观念，让市民“愿消费”。美国等发达国家，消费意识强、消费观念超前，“美国老太太贷款买房”的故事一直为中国人津津乐道。消费对美国经济的拉动力非常强，美国经济能够率先复苏，居民消费也起了关键作用。可以说，消费的启动拉动了经济增长，经济增长带动了就业，就业的好转带动了消费，形成了消费与经济的良性互动。因此，转变消费观念成为促进消费的关键。一方面，政府应采取一些有针对性的措施，引导居民更新消费观念，乐于消费。例如，定期举办文艺演出、科技展播、教育博览会等活动，借鉴南京经验，增加文化演出专项消费补贴等方式，吸引市民参与其中，在自觉与不自觉地高品位文化消费中转变消费观念。另一方面，支持鼓励“共享经济”“新零售”“消费金融”“定制化服务”等蕴含先进消费文化的消费业态在我市遍地开花、生根发芽，令居民眼之所见、耳之所闻、心之所向皆为新理念、新文化，潜移默化地引导居民转变“储蓄重于消费”传统观念，带动居民主动从满足于中低端数量型消费向致力于中高端品质型消费迈进。

——增加居民收入，让市民“能消费”。有数据分析，城镇居民人均可支配收入每增加1元，消费水平就增加0.8元。2020年长春市城镇居民人均可支配收入为40001元，在15个副省级城市中仅高于哈尔滨；农村居民人均可支配收入为16636元，仅高于西安，收入水平偏低对长春市消费规模、消费结构、消费质量均产生较大影响。要解决这个问题，政府应采取以下三种措施：一是千方百计提高城乡居民收入。建立工资正常增长机制，适当提高津贴、补贴标准，确保职工收入稳定增长；有序推进农业转移人口市民化，增加农民工资性收入，增加农产品补贴的种类和标准，推动土地承包经营权以转包、出租、互换、转让、入股等多种形式流转，增加农民收入。二是不遗余力加大政府公共服务和社会保障力度。不断完善大病统筹制度，解决看病难看病贵问题；进一步扩大新增城镇就业和农村剩余劳动力转移就业，提高最低生活标准，努力解除居民后顾之忧。三是加快引进高净值人群进入长春。高净值人群是指个人（家庭）拥有的可投资净资产在人民币1000万元以上的个人或家庭。波士顿咨询公司（BCG）发布的中国私人银行市场发展报告中的数据显示，北京、上海、广东、浙江、江苏五省市高净值人数均超过10万人。北京以每万人78名高净值人士，成为全国高净值人士密度最高的地区，上海和广东分列为二三位，高净值人士密度分别达到每万人60个和每万人37个。吸引高净值人群进场不仅能带来高额的商业投资，为长春市经济发展助力，也能够促进地产、高端旅游、古玩收藏、手表珠宝等高端商品和服务消费，增强长春市消费市场活力。从长春来看，高净值人群主要是一汽大众的德国专家和一汽丰田的日本专家，我们要认真研究如何为他们提供优质商品和服务，将他们的消费留在长春。

——规范消费市场，让市民“敢消费”。消费要有质量的消费，规范增值消费，在宁波调研时我们发现，宁波出租车司机穿西装打领带，谈吐文明，服务规范，成为宁波服务最好的宣传员。长春市仍不同程度存在着黑车运营、出租车拒客宰客、非法集资、部分产品质量低劣等消费市场乱象，严重影响了本地居民和外来人士投资和消费意愿。因此要以保护消费者权益作为根本宗旨，加快出台长春市消费者权益保护和相关行业的规范性文件，充分发挥公安、工商、消费者协会的职能作用，加大执法力度，开展“投诉必有专人回应，维权必有专人负责，赔偿必有专人落实”的“治乱”行动计划，畅通维权渠道、降低维权成本、提高维权效率和事件办结率，有效提升居民消费预期，同时研究建立商品质量全程追溯机制，让市民能够大胆消费、放心消费。

路径三：“供给+消费”融合，着力做植入、畅通道、优生态，全面凝聚消费动能

——在政府供给的新业态新模式中植入消费元素，避

免经济价值缺失。借鉴成都九眼桥改造升级经验，在生态建设、城市改造、产业园区建设进程中，充分体现消费元素，让消费者在生产、生活活动中，随时随地得到需求满足。一是在“文化+旅游”一体化发展中体现消费元素。成都的经验是在所有的文化、旅游、教育、休闲等活动场景中都植入消费业态，让市民在休闲中消费。因此，长春市打造文化景区、休闲景区时，要注重消费业态的融入，特别是要围绕北湖冰雪嘉年华、南湖音乐喷泉等，能吸引大批市民却不能产生足够经济效益的主题活动做文章，以北湖、南湖、净月潭、伊通河等热点休闲场所为载体，在场所内部、场所周边植入餐饮娱乐、设备租赁、文创消费、艺术表演等业态，将政府公共设施供给与市民消费需求紧密结合，实现经济效益最大化。二是在地铁等重点交通体系建设中体现消费元素。把握地铁廊道内密集人流的消费端需求，统筹规划地铁5、6、7号线大型换乘站点商业布局，利用地铁站厅、地铁上盖等空间，实现快餐零售、无人小店、共享设备租赁等消费业态全覆盖，发挥地铁场景消费载体作用。在规划机场大道等重点交通设施伊始就重点考虑文娱、旅游、商贸点位布局，并预留用地空间，在建设进程中，梯次引进项目，力争通车后立即实现满足周边客户群基本消费服务需求；可以先期挑选1-2条道路开展试点，待模式成熟后推广应用。三是在恢复长春建筑遗迹时融入消费元素。建筑作为城市文化的物质载体，是城市文化最重要表达方式，是承载城市记忆的重要符号。规划长春厅、道台府、新民大街等历史遗迹恢复建设，可通过还原、嵌入等形式体现老长春历史、建筑风貌的元素与韵味。同时植入书店、咖啡厅、特色小店、文创产品店、博物馆等商业元素，使历史建筑成为长春新地标。

——推进“三圈”通道平台建设，实现通道和业态融合。一是推动建设半小时商业圈。以便利化为目标，在5分钟、10分钟、15分钟、半小时步行距离内布局不同商贸业态，为群众提供多层次多业态商贸服务。通过发展统仓统配、“线上体验、线下配送”、社区商业体系建设，打通商业节点与终端消费者之间的最后一公里。推动市区内部、市区县域、县域之间交通通道建设，加快推动长双快速路、长伊公路建设，探索长春至九台建设快速路，逐步实现其变为城市内部道路，打通都市圈紧密层与核心层间供需对接的交通瓶颈，形成供给端和消费端的高效接合。二是布局建设大长春商业圈。打造现代产业体系，首要的是做大做强生产性服务业，从拉动消费角度出发，必须加快生活性服务业和生产性服务业的有效对接。要充分发挥长春市在全省“一主六双”布局中的辐射带动作用，密切与省内其他城市联系，加快实现省会城市商贸流通和生产性服务业无缝对接，重点要打造好五大平台：（1）打造具备汽车平行进口、汽车维护、改装产品开发、汽车金融服务及后市场服务的汽车产品平台；（2）打造线上线下融合发展的特色农业产品平台；（3）依托吉林森工集团木材加工资源与长满欧、长珲欧通道的境外木材运输能力，探索在兴隆综合保税区建设木材加工产品平台；（4）依托长春生物医药优势，探索建设医药产品平台；（5）依托长影博物馆和长春电影制片厂经典老电影资源，打造“电影+创意文化”“电影+创意互动”等多业态经营的电影产品平台。从某种意义讲，这“五大平台”也是“五大市场”，能够很好吸引域外人流、物流、资金流向我市集中，形成良性互动，实现规模扩张。三是探索建设长春四小时航空经济圈。借鉴长沙“不靠海不沿边，走向世界靠蓝天”的发展思路，构建长春四小时航空经济圈，以长春为起点的四小时航程，可覆盖全国绝大多数大中城市以及整个东北亚地区，覆盖人口超过10亿。通过建设长春四小时航空经济圈，打造参与区域和国际合作的主要平台，实现更大范围和更大规模资源整合，形成区域竞争新优势。积极发展免税品消费，从国际经验看，免税零售是城市商圈、消费中心建设的重要标志，具有为景区、酒店、旅行社、百货导流的巨大潜力，是促进消费场景不断完善的重要动力。以海南离岛免税购物为例，2020年7月离岛免税新政实施以来，4个月内海南离岛免税累计购物296.3万人次、购物总额159亿元。建议发挥长春新区、中韩（长春）国际合作示范区、兴隆综合保税区等平台作用，结合国家消费中心城市建设和自贸区试验区申报建设，积极引入中服免税、日上免税等具有免税经营牌照的企业，建设一批市内免税店，进一步拓展全球直采业务能力，丰富商品供给，形成符合长春实际的免税消费品类清单，吸引长春四小时航空经济圈内十数亿人消费需求回流。

——发挥会展平台辐射效能，促进经济效益和品牌效应相融合。会展行业对地方经济能够产生积极的带动作用，一般来说投入产出比可达到1∶8，大型国际会展对地方经济带动甚至超过1∶10。全力做大做强长春会展品牌，聚焦、聚力“一节一展一论坛和四会”（长春电影节、长春航空展、中韩国际经济合作论坛、中国吉林国际冰雪旅游产业博览会暨长春国际冰雪节、长春国际汽车博览会、长春国际农业食品博览交易会、长春光电信息博览会），全面提高长春品牌展会的层次、质量和水平。进一步发挥中韩（长春）国际合作示范区作用，支持将示范区建设纳入中韩高层交往和政府间对话议事内容，力争在长举办中韩经贸部长级会议、中日韩企业峰会、中韩电商创新峰会等活动，不断扩大城市的知名度、美誉度和影响力。2020年，世界中医药峰会、全球制造业服务外包峰会等重大对外交流活动在长春举办，应紧紧抓住这个有利契机，设计建设富有长春特色，能够充分展示长春产业条件、文旅优势、消费资源的活动场景和消费内容，积极推动会展产业链向上游的生产环节和下游的文旅消费环节延伸，促进城市产业生态和消费业态共容共生，吸引更多的国内外游客和客商来长投资消费。

完成单位：长春市委市政府政策研究室（改革办）
课题组成员：市委市政府政策研究室课题组

统计资料

长春市第七次全国人口普查[1]公报（第一号）
——全市人口情况

长春市统计局
长春市第七次全国人口普查领导小组办公室
2021年5月31日

根据第七次全国人口普查[2]结果，现将2020年11月1日零时长春市人口的基本情况公布如下：

一、总人口

全市总人口为9066906人，与2010年第六次全国人口普查[3]相比，增加了299531人，10年间增长3.42 %，年平均增长率为0.34 %。

表1-1　历次人口普查总人口及年均增长率

单位：人、%

	总人口	年均增长率
1953年	3188304	—
1964年	4218486	2.58
1982年	5744769	1.73
1990年	6421956	1.40
2000年	7135439	1.06
2010年	7674439	0.73
2020年	9066906	0.34

注：第一次至第六次全国人口普查总人口中均不含公主岭市人口数。第七次全国人口普查年均增长率按可比口径计算，增加了第六次人口普查公主岭数据。

二、性别构成

全市人口中，男性人口为4538382人，女性人口为4528524人，性别比（以女性为100，男性对女性的比例）为100.22。

三、户别人口

全市有家庭户[4] 3330525户，集体户276608户，家庭户人口为8018524人，集体户人口为1048382人。平均每个家庭户的人口为2.41人，比2010年第六次全国人口普查3.12人减少了0.71人。

四、城乡[5]人口

全市人口中，居住在城镇的人口为5979069人，占全市人口的比重（城镇化率）为65.94%；居住在乡村的人口为3087837 人，占34.06%。与2010年第六次全国人口普查相比，城镇人口增加了1383057人，乡村人口减少了1083526人，城镇人口比重上升了13.52个百分点。

五、流动人口[6]

全市人口中，人户分离人口[7]为4524431人，其中市辖区内人户分离人口[8]为1014990人。流动人口为3509441人。其中，跨省流入人口为555573人，省内流动人口190694人。与2010年第六次全国人口普查相比，人户分离人口增加2694935人，增长147.30%；市辖区内人户分离人口增加357669人，增长54.41%；流动人口增加2337266人，增长199.40%。

注释：

[1]本公报据均为初步汇总数据。

[2]普查标准时点为2020年11月1日零时，普查对象是普查标准时点在中华人民共和国境内的自然人以及在中华人民共和国境外但未定居的中国公民，不包括在中华人民共和国境内短期停留的境外人员。

[3]本公报涉及的长春市2010年第六次全国人口普查数据按可比口径均包含公主岭市人口数据。

[4]家庭户是指以家庭成员关系为主、居住一处共同生活的人组成的户。

[5]城镇、乡村是按国家统计局《统计上划分城乡的规定》划分的。

[6]流动人口是指人户分离人口中扣除市辖区内人户分离的人口。

[7]人户分离人口是指居住地与户口登记地所在的乡镇街道不一致且离开户口登记地半年以上的人口。

[8]市辖区内人户分离人口是指一个直辖市或地级市所辖的区内和区与区之间，居住地和户口登记地不在同一乡镇街道的人口。

长春市第七次全国人口普查[1]公报(第二号)
——县（市）区、开发区人口情况

长春市统计局
长春市第七次全国人口普查领导小组办公室
2021年5月31日

根据第七次全国人口普查结果，现将2020年11月1日零时长春市分县（市）区、开发区常住人口[2]有关数据公布如下：

一、县（市）区、开发区人口

17个县（市）区、开发区中，人口超过50万人以上的有11个，在50万人至20万人（不含）之间的有4个，少于20万人的有2个。其中，人口居前三位的合计人口占全市人口的比重为28.30%。

分区域[3]看，市辖区人口为5809671人，占总人口64.08%；四县市人口为3257235人，占总人口35.92%。

二、县（市）区、开发区人口变化

与2010年第六次全国人口普查[4]相比，17个县（市）区、开发区中，10个常住人口有所增加，10年间净增加1436138人，其他7个常住人口均有不同程度减少。

分区域看，与2010年第六次全国人口普查相比，市辖区常住人口所占比重增加了11.10个百分点；四县市常住人口所占比重减少了11.10个百分点。

表2-1　各县（市）区、开发区常住人口

单位：人、%

地区	总人口	比重	
		2020年	2021年
全市	9066906	100.00	100.00
南关区	657682	7.25	6.09
宽城区	669148	7.38	5.22
朝阳区	614021	6.77	7.70
二道区	522453	5.76	4.23
绿园区	714919	7.88	6.86
双阳区	33 5723	3.70	4.31
九台区	569976	6.29	8.42
农安县	867274	9.57	11.74
经济技术开发区	429387	4.74	2.76
净月高新技术产业开发区	408740	4.51	2.70
长春新区	502165	5.54	1.96
汽车经济技术开发区	317978	3.51	2.38
莲花山生态旅游度假区	37513	0.41	0.35
中韩(长春)国际合作示范区	29966	0.33	—
榆树市	836098	9.22	13.24
德惠市	691550	7.63	9.58
公主岭市	862313	9.51	12.47

注释：

[1]本公报数据均为初步汇总数据。

[2]常住人口包括：居住在本乡镇街道且户口在本乡镇街道或户口待定的人；居住在本乡镇街道且离开户口登记地所在的乡镇街道半年以上的人；户口在本乡镇街道且外出不满半年或在境外工作学习的人。

[3]市辖区包括：南关区、宽城区、朝阳区、二道区、绿园区、双阳区、九台区、经济技术开发区、净月高新技术产业开发区、长春新区、汽车经济技术开发区、莲花山生态旅游度假区、中韩（长春）国际合作示范区。四县市包括：农安县、榆树市、德惠市、公主岭市。

[4]本公报涉及的长春市2010年第六次全国人口普查数据按可比口径均包含公主岭市人口数据。

[5]部分数据因四舍五入原因，存在总计与分项合计不等的情况。

长春市第七次全国人口普查[1]公报(第三号)
——人口年龄构成情况

长春市统计局
长春市第七次全国人口普查领导小组办公室
2021年5月31日

根据第七次全国人口普查结果，现将2020年11月1日零时长春市常住人口[2]的年龄构成情况公布如下：

一、全市人口年龄构成

全市常住人口中，0-14岁[3]人口为1100957人，占12.14 %；15-59岁人口为6075939人，占67.01 %；60岁及以上人口为1890010人，占20.85 %，其中，65岁及以上人口为1282886人，占14.15 %。与2010年第六次全国人口普查[4]相比，0-14岁人口的比重上升了0.1个百分点，15-59岁人口的比重下降了8.23个百分点，60岁及以上人口的比重上升了8.12个百分点，65岁及以上人口的比重上升了6.07个百分点。

表3-1 全市人口年龄构成

单位：人、%

年龄	人口数	比重
总计	9066906	100.00
0-14岁	1100957	12.14
15-59岁	6075939	67.01
60岁及以上	1890010	20.85
其中，65岁及以上	1282886	14.15

二、县（市）区、开发区人口年龄构成

17个县（市）区、开发区中，15-59岁人口比重在65%以上的有11个，在60%-65%之间的有6个。

全市65岁及以上老年人口比重均在7%以上，17个县（市）区、开发区中，比重低于14%以下的有8个，比重超过14%的有9个。

表3-2 各县（市）区、开发区人口年龄构成

单位：%

地区	占总人口比重			
	0-14岁	15-59岁	60岁及以上人口	其中：65岁及以上人口
全市	12.14	67.01	20.85	14.15
南关区	11.11	68.63	20.26	13.47
宽城区	12.42	70.32	17.26	11.04
朝阳区	10.04	69.45	20.50	14.21
二道区	12.39	69.52	18.09	11.95
绿园区	12.34	67.71	19.95	13.33
双阳区	10.35	66.98	22.67	15.67
九台区	11.34	64.60	24.07	16.62
农安县	12.42	63.67	23.91	16.35
经济技术开发区	13.23	70.51	16.27	10.62
净月高新技术产业开发区	10.75	73.92	15.34	10.22
长春新区	14.66	71.17	14.17	9.19
汽车经济技术开发区	12.72	67.92	19.36	13.37
莲花山生态旅游度假区	10.51	61.81	27.68	19.44
中韩(长春)国际合作示范区	11.34	66.84	21.81	15. 40
榆树市	12.00	63.37	24.63	17.07
德惠市	12.14	64.33	23.53	16.26
公主岭市	13.52	62.50	23.97	16.60

注释：

[1] 本公报数据均为初步汇总数据。

[2] 常住人口包括：居住在本乡镇街道且户口在本乡镇街

道或户口待定的人；居住在本乡镇街道且离开户口登记地所在的乡镇街道半年以上的人；户口在本乡镇街道且外出不满半年或在境外工作学习的人。

[3] 0-15岁人口为1186052人，16-59岁人口为 5990844人。

[4] 本公报涉及的长春市2010年第六次全国人口普查数据按可比口径均包含公主岭市人口数据。

[5] 部分数据因四舍五入原因，存在总计与分项合计不等的情况。

长春市第七次全国人口普查[1]公报（第四号）

——人口受教育情况

长春市统计局

长春市第七次全国人口普查领导小组办公室

2021年5月31日

根据第七次全国人口普查结果，现将2020年11月1日零时长春市常住人口受教育基本情况公布如下：

一、受教育程度人口

全市常住人口[2]中，拥有大学（指大专及以上）文化程度的人口为2014416人；拥有高中（含中专）文化程度的人口为1454502人；拥有初中文化程度的人口为3241349人；拥有小学文化程度的人口为1851320人（以上各种受教育程度的人包括各类学校的毕业生、肄业生和在校生）。与2010年第六次全国人口普查[3]相比，每10万人中拥有大学文化程度的人口由14683人上升为22217人；拥有高中文化程度的人口由15566人上升为16042人；拥有初中文化程度的人口由40216人下降为35749人；拥有小学文化程度的人口由 22541人下降为20418人。

表4-1 各县（市）区、开发区每10万人口中拥有的各类受教育程度人数

单位：人/10万人

地区	大学（大专及以上）	大学（大专及以上）	初中	小学
全市	22217	16042	35749	20418
南关区	39593	19666	24881	10263
宽城区	24371	21920	34796	12836
朝阳区	41578	20305	22986	10885
二道区	27687	23230	30786	12401
绿园区	28146	21636	31235	13172
双阳区	16383	10933	42584	25003
九台区	8949	12362	46681	27338
农安县	7244	10715	43092	33763
经济技术开发区	33825	18597	29542	11025
净月高新技术产业开发区	49590	12815	21395	10767
长春新区	41630	13650	23509	13559
汽车经济技术开发区	29478	21111	30621	12048
莲花山生态旅游度假区	6097	9407	45438	33650
中韩(长春)国际合作示范区	12301	7345	45899	29190
榆树市	6632	10451	39933	37548
德惠市	6486	9679	47448	31501
公主岭市	7416	17362	48045	21877

二、平均受教育年限[4]

与2010年第六次全国人口普查相比，全市常住人口中，15岁及以上人口的平均受教育年限由9.90年上升至10.69年。

17个县（市）区、开发区中，平均受教育年限在10年以上的有9个，9-10年之间的有4个，9年以下的有4个。

表4-1 各县（市）区、开发区每10万人口中拥有的各类受教育程度人数

单位：人/10万人

地区	平均受教育年限
全市	10.69
南关区	12.52
宽城区	11.38
朝阳区	12.64

续表

地区	平均受教育年限
二道区	11.69
绿园区	11.64
双阳区	9.77
九台区	9.24
农安县	8.82
经济技术开发区	12.11
净月高新技术产业开发区	13.05
长春新区	12.56
汽车经济技术开发区	11.78
莲花山生态旅游度假区	8.60
中韩(长春)国际合作示范区	9.28
榆树市	8.56
德惠市	8.83
公主岭市	9.51

三、文盲人口

全市常住人口中，文盲人口（15岁及以上不识字的人）为91183人，与2010年第六次全国人口普查相比，文盲人口减少了52814人，文盲率[5]由1.64%下降到1.01%，下降了0.63个百分点。

注释：

[1]本公报数据均为初步汇总数据。

[2]常住人口包括：居住在本乡镇街道且户口在本乡镇街道或户口待定的人；居住在本乡镇街道且离开户口登记地所在的乡镇街道半年以上的人；户口在本乡镇街道且外出不满半年或在境外工作学习的人。

[3]本公报涉及的长春市2010年第六次全国人口普查数据按可比口径均包含公主岭市人口数据。

[4]平均受教育年限是将各种受教育程度折算成受教育年限计算平均数得出的，具体的折算标准是：小学=6年，初中=9年，高中=12年，大专及以上=16年。

[5]文盲率是指常住人口中15岁及以上不识字人口所占比例。

长春市第三次国土调查主要数据公报

（2022年1月21日）

长春市第三次国土调查领导小组办公室

长春市规划和自然资源局

长春市统计局

第三次全国国土调查（简称“三调”）是一次重大国情国力调查，也是党和国家机构改革后统一开展的自然资源基础调查。根据国务院统一部署，我市于2018年9月全面开展了“三调”工作。“三调”按照“全国统一领导、部门分工协作、地方分级负责、各方共同参与”的组织模式，统一采用土地利用分类标准，统一应用优于1米分辨率的卫星遥感影像制作调查底图，创新运用“互联网+调查”机制，全流程严格实行质量管控，历时3年，全面完成调查任务。“三调”以2019年12月31日为标准时点，全面、真实、准确的查清了全市国土利用状况，现将全市主要地类数据公布如下：

（一）耕地1499795.24公顷（2249.70万亩）。其中，水田175189.62公顷（262.78万亩），占11.68%；水浇地5336.99公顷（8.01万亩），占0.36%；旱地1319268.63公顷（1978.91万亩），占87.96%。耕地主要分布在农安县、榆树市、德惠市、九台区、双阳区，占全市耕地的95.31%。

位于2度以下坡度（含2度）的耕地1189330.47公顷（1784.00万亩），占全市耕地的79.30%；位于2—6度坡度（含6度）的耕地252604.20公顷（378.91万亩），占16.84%；位于6—15度坡度（含15度）的耕地56831.95公顷（85.25万亩），占3.79%；位于15—25度坡度（含25度）的耕地1004.09公顷（1.50万亩），占0.07%；位于25度以上坡度的耕地24.53公顷（0.04万亩）。

（二）园地3027.00公顷（4.54万亩）。其中，果园2905.32公顷（4.36万亩），占95.98%；其他园地121.68公顷（0.18万亩），占4.02%。园地主要分布在宽城区、九台区、双阳区，占全市园地的60.97%。

（三）林地174342.30公顷（261.51万亩）。其中，乔木林地162269.18公顷（243.40万亩），占93.07%；灌木林地328.67公顷（0.49万亩），占0.19%；其他林地11744.45公顷（17.62万亩），占6.74%。林地主要分布在九台区、双阳区、农安县，占全市林地的63.49%。

（四）草地17198.01公顷（25.80万亩）。其中，其他草地17198.01公顷（25.80万亩），占100.00%。草地主要分布在农安县，占全市草地的68.97%。

（五）湿地8796.76公顷（13.20万亩）。湿地是“三调”新增的一级地类。其中，沼泽草地657.71公顷（0.99万亩），占7.48%；内陆滩涂6966.87公顷（10.45万亩），占79.20%；沼泽地1172.18公顷（1.76万亩），占13.32%。湿地主要分布在农安县、德惠市、九台区，占全市湿地的74.57%。

（六）城镇村及工矿用地228755.55公顷（343.13万亩）。其中，城市用地55245.76公顷（82.86万亩），占24.15%；建制镇用地12886.52公顷（19.33万亩），占5.63%；村庄用地155029.02公顷（232.55万亩），占67.77%；采矿用地3501.01公顷（5.25万亩），占1.53%；风景名胜及特殊用地2093.24公顷（3.14万亩），占0.92%。

（七）交通运输用地42824.77公顷（64.22万亩）。其中，铁路用地2987.38公顷（4.48万亩），占6.98%；轨道交通用地165.08公顷（0.25万亩），占0.38%；公路用地16844.64公顷（25.27万亩），占39.33%；农村道路22268.72公顷（33.39万亩），占52.00%；机场用地431.19公顷（0.64万亩），占1.01%；港口码头用地0.36公顷；管道运输用地127.40公顷（0.19万亩），占0.30%。

（八）水域及水利设施用地75291.61公顷（112.94万亩）。其中，河流水面24289.22公顷（36.43万亩），占32.26%；湖泊水面4225.97公顷（6.34万亩），占5.61%；水库水面21671.93公顷（32.51万亩），占28.78%；坑塘水面11013.30公顷（16.52万亩），占14.63%；沟渠9776.85公顷（14.67万亩），占12.99%；水工建筑用地4314.34公顷（6.47万亩），占5.73%。水域及水利设施用地主要分布在农安县、榆树市、九台区、德惠市，占全市水域及水利设施用地的74.51%。

我市“三调”数据成果全面客观反映了全市国土利用状况，对于掌握真实准确的国土基础数据，服务长春市经济社会发展具有重要意义。尽管我市耕地保护成效显著，但耕地保护与开发建设矛盾突出，必须站在保护粮食安全的高度，继续坚持最严格的耕地保护制度，坚决遏制耕地“非农化”、严格管控“非粮化”，从严查处各类违法违规占用耕地或改变耕地用途行为。要坚持节约集约用地，严格国土空间用途管制，合理确定新增建设用地规模，提高土地开发利用效率。

“三调”成果是制定经济社会发展重大战略规划、重要政策举措的基本依据。要加强“三调”成果共享应用，将“三调”成果作为国土空间规划和各类相关专项规划的统一基数、统一底图，为全市经济社会发展提供服务支撑，推进政府治理体系和治理能力现代化。

长春市经济社会发展副省级城市主要经济指标及位次

2021年副省级城市主要经济指标及位次（一）

单位：亿元

	地区生产总值				第一产业增加值			
	1–12月	位次	增长%	位次	1–12月	位次	增长%	位次
长春	7103.1	13	6.2	13	523.7	3	5.5	7
沈阳	7249.7	12	7.0	11	326.3	10	4.2	12
大连	7825.9	11	8.2	5	513.3	4	5.8	6
哈尔滨	5351.7	15	5.5	14	628.2	1	6.6	4
南京	16355.3	6	7.5	9	303.9	13	0.8	15
杭州	18109.0	4	8.5	3	333.0	9	1.8	14
宁波	14594.9	7	8.2	5	356.1	8	2.8	13
厦门	7033.9	14	8.1	7	29.1	14	5.3	9
济南	11432.2	9	7.2	10	408.8	7	7.1	2
青岛	14136.5	8	8.3	4	470.1	5	6.7	3
武汉	17716.8	5	12.2	1	444.2	6	8.7	1
广州	28232.0	2	8.1	7	306.4	12	5.5	7
深圳	30664.9	1	6.7	12	26.6	15	5.1	10

续表

	地区生产总值				第一产业增加值			
	1–12月	位次	增长%	位次	1–12月	位次	增长%	位次
成 都	19917.0	3	8.6	2	582.8	2	4.8	11
西 安	10688.3	10	4.1	15	308.8	11	6.1	5

2021年副省级城市主要经济指标及位次（二）

单位:亿元

	第二产业增加值				第三产业增加值			
	1–12月	位次	增长%	位次	1–12月	位次	增长%	位次
长 春	2960.5	12	3.9	12	3618.9	14	8.1	7
沈 阳	2570.3	14	7.8	7	4353.0	11	6.7	13
大 连	3301.6	11	9.4	3	4011.0	13	7.5	11
哈尔滨	1239.2	15	3.2	14	3484.3	15	6.1	14
南 京	5902.7	6	7.6	8	10148.7	6	7.6	10
杭 州	5489.0	7	8.6	4	12287.0	4	8.7	6
宁 波	6997.2	3	9.8	2	7241.6	8	7.1	12
厦 门	2882.9	13	6.7	10	4121.9	12	9.0	4
济 南	3964.1	9	3.6	13	7059.4	9	9.2	2
青 岛	5070.3	8	6.9	9	8596.1	7	9.2	2
武 汉	6208.3	4	12.1	1	11064.2	5	12.3	1
广 州	7722.7	2	8.5	5	20202.9	1	8.0	8
深 圳	11338.6	1	4.9	11	19299.7	2	7.8	9
成 都	6114.3	5	8.2	6	13219.9	3	9.0	4
西 安	3585.2	10	0.9	15	6794.3	10	5.7	15

2021年副省级城市主要经济指标及位次（三）

	进出口总额（亿元）				直接实际到位外资（亿美元）				地方财政收入（亿元）			
	1–12月	位次	增长%	位次	1–12月	位次	增长%	位次	1–12月	位次	增长%	位次
长 春	1,179.77	14	14.8	12	4.72	7	11.9	7	617.09	14	5.9	12
沈 阳	1,416.02	13	37.7	2	7.50	6	19.8	5	773.02	12	5.0	14
大 连	4,248.50	10	10.3	15	—	—	—	—	737.60	13	5.0	14
哈尔滨	344.58	15	35.0	3	3.00	8	29.0	2	365.80	15	7.7	11
南 京	6,366.83	8	19.2	10	50.14	3	11.1	8	1729.52	4	5.6	13
杭 州	7,369.00	7	23.7	8	70.50	2	12.2	6	2387.00	2	14.0	4
宁 波	11,926.10	2	21.6	9	30.80	4	26.6	3	1723.10	5	14.1	3
厦 门	8,876.52	4	27.7	5	—	—	—	—	880.96	10	12.4	5
济 南	1,944.20	12	40.1	1	26.60	5	38.1	1	1007.60	9	11.2	7
青 岛	8,498.40	5	32.4	4	—	—	—	—	1368.30	8	9.1	10
武 汉	3,359.40	11	24.0	7	—	—	—	—	1578.65	7	28.3	1
广 州	10,825.88	3	13.5	14	—	—	—	—	1883.18	3	9.4	9
深 圳	35,435.57	1	16.2	11	109.65	1	26.3	4	4257.76	1	10.4	8
成 都	8,222.00	6	14.8	12	—	—	—	—	1697.90	6	11.7	6
西 安	4,399.96	9	26.5	6	—	—	—	—	855.96	11	18.2	2

2021年副省级城市主要经济指标及位次（四）

单位:亿元

	地方财政支出				金融机构存款余额（人民币）				金融机构贷款余额（人民币）			
	1-12月	位次	增长%	位次	12月	位次	比年初增长%	位次	12月	位次	比年初增长%	位次
长 春	966.59	13	-10.9	13	15388.49	12	8.7	10	15894.7	11	9.4	11
沈 阳	1032.5	11	5.2	8	19197.39	10	-0.4	13	19045.47	10	6.2	13
大 连	980.1	12	-2.2	12	16537.44	11	6.6	11	13284.67	14	7.5	12
哈尔滨	—	—	—	—	14555.1	13	5.9	12	13741.2	13	9.5	10
南 京	1817.73	6	3.6	9	43524.28	4	12	2	42718.95	4	13.6	6
杭 州	2393	3	15.6	1	—	—	—	—	—	—	—	—
宁 波	1944.4	5	11.6	2	26187.66	7	13	1	28513.16	7	13.8	4
厦 门	1060	10	10.8	3	14055.16	14	12	2	14582.96	12	14.9	2
济 南	1293.1	9	8.4	6	23029.2	8	11.2	4	22349.9	9	13.4	7
青 岛	1705.7	7	7.6	7	21582.34	9	8.9	9	23253.46	8	15.1	1
武 汉	—	—	—	—	33073.81	5	9.1	8	39371.08	5	10.9	9
广 州	3020.72	2	2.3	11	72848.92	2	11	5	60238.74	2	12.5	8
深 圳	4570.22	1	9.4	5	107345.27	1	10.7	6	73913.03	1	14.4	3
成 都	2237.6	4	3.6	9	46639	3	10.4	7	45140	3	13.7	5
西 安	1474.94	8	9.5	4	28059.03	6	—	—	29124	6	—	—

2021年副省级城市主要经济指标及位次（五）

	居民消费价格指数(%)				城镇居民人均可支配收入(元)				农村居民人均可支配收入(元)			
	1-12月	位次	增长%	位次	1-12月	位次	增长%	位次	1-12月	位次	增长%	位次
长 春	100.5	14	0.5	14	43281	14	8.2	9	—	—	—	—
沈 阳	101.3	7	1.3	7	50566	11	6.6	15	21662.0	11	10.5	3
大 连	101.4	6	1.4	6	50531	12	6.7	14	23763.0	9	10.2	10
哈尔滨	100.6	12	0.6	12	42745	15	7.4	12	21512.0	12	9.6	13
南 京	101.5	3	1.5	3	73593	4	8.9	4	32701.0	4	10.4	5
杭 州	101.3	7	1.3	7	74700	1	8.8	6	42692.0	2	10.3	9
宁 波	102.1	1	2.1	1	73869	3	8.6	7	42946.0	1	9.7	12
厦 门	101.2	9	1.2	9	67197	6	9.6	2	29894.0	5	12.3	2
济 南	101.5	3	1.5	3	57449	8	7.7	11	22580.0	10	10.5	3
青 岛	101.5	3	1.5	3	60239	7	7.8	10	26125.0	8	10.4	5
武 汉	100.6	12	0.6	12	55297	9	9.8	1	27209.0	7	13.1	1
广 州	101.1	10	1.1	10	74416	2	8.9	4	34533.0	3	10.4	5
深 圳	100.9	11	0.9	11	70847	5	9.2	3	—	—	—	—
成 都	100.5	14	0.5	14	52633	10	8.3	8	29126.0	6	10.2	10
西 安	101.7	2	1.7	2	46931	13	7.4	12	17389.0	13	10.4	5

（市统计局）

2021年长春市新命名街路一览表

序号	街路名称	起点	终点	长度（米）	宽度（米）	批复时间	所属区（开发区）
1	弘德胡同	同德社区	红影路	60	4	2021年9月17日批复	朝阳区
2	红影路	长影世纪村北二门	红旗街	260	5	2021年9月17日批复	朝阳区
3	繁荣北路	前进大街	文庭雅苑小区66栋楼下	1400	6	2021年9月17日批复	朝阳区
4	抚松南路	开运街	浑江街	450	8	2021年9月17日批复	朝阳区
5	建中路	开运街	西同德路	280	8	2021年9月17日批复	朝阳区
6	西同德路	建工南路	红旗街	600	8	2021年9月17日批复	朝阳区
7	寿康街	乙一路	乙一路	450	24	2021年9月17日批复	净月区
8	富康路	乙一路	丙一路	324	20	2021年9月17日批复	净月区
9	谭家街	北环城路	五星路	760	20	2021年9月17日批复	宽城区
10	阳光胡同	普阳街	朝阳环卫宿舍	50	6	2021年9月17日批复	绿园区
11	建东胡同	皓月大路	建阳胡同	150	9	2021年9月17日批复	绿园区
12	省建胡同	普阳街	建阳胡同	100	9	2021年9月17日批复	绿园区
13	春芳胡同	春郊路	阳光路	220	6	2021年9月17日批复	绿园区
14	市二院西胡同	春郊路	市二院北胡同	150	8	2021年9月17日批复	绿园区
15	锦西北胡同	春城大街	安居北区院内	1000	7	2021年9月17日批复	绿园区
16	龙成胡同	龙州胡同	新竹路	400	4	2021年9月17日批复	绿园区
17	龙泉路胡同	龙成胡同	青浦路	800	4	2021年9月17日批复	绿园区
18	民欣街	南阳路	南阳北路	500	24	2021年9月17日批复	绿园区
19	仙居北路	天香街	翔天街	1000	24	2021年9月17日批复	绿园区
20	龙桥胡同	新竹路鸿基宾馆	红五楼	170	4.5	2021年9月17日批复	绿园区
21	龙竹街	青龙路	新竹路	330	4.5	2021年9月17日批复	绿园区
22	西延胡同	西安大路	林园派出所	700	7	2021年9月17日批复	绿园区
23	临安胡同	西安大路	安全厅宿舍入口	200	5	2021年9月17日批复	绿园区
24	林悦街	迎宾路	诚悦小区后身（高铁）	200	5	2021年9月17日批复	绿园区
25	鼎力胡同	迎宾路	范家店屯	800	5	2021年9月17日批复	绿园区
26	德润路	西环城路	润民大成公租房	800	9	2021年9月17日批复	绿园区
27	上善路	村路	长白公路	1300	7.7	2021年9月17日批复	绿园区
28	富学路	北大众街	富安路	1000	12	2021年9月17日批复	汽开区
29	富安街	北大众街	富民大路	1610	12	2021年9月17日批复	汽开区
30	和清街	富奥大路	富民大路	1659	16	2021年9月17日批复	汽开区
31	和雅路	和谐大街	和清街	1589	24	2021年9月17日批复	汽开区
32	和新路	和清街	和雅路	1470	16	2021年9月17日批复	汽开区
33	佳兴街	铸造路	富奥大路	398	9	2021年9月17日批复	汽开区
34	碧城路	超然街	超群南街	1100	12	2021年10月25日批复	长春新区
35	湖韵街	碧城路	超越大街	1000	12	2021年10月25日批复	长春新区

序号	街路名称	起点	终点	长度（米）	宽度（米）	批复时间	所属区（开发区）
36	明理路	湖畔街	和安街	437	24	2021年10月25日批复	长春新区
37	增信路	湖畔街	和安街	656	24	2021年10月25日批复	长春新区
38	智海路	湖畔街	北远达大街	1231	24	2021年10月25日批复	长春新区
39	尚文路	翔北街	北远达大街	1600	24	2021年10月25日批复	长春新区
40	广善路	厚德街	青安街	413	24	2021年10月25日批复	长春新区
41	广普路	厚德街	长德大街	864	24	2021年10月25日批复	长春新区
42	逸泰路	和安街	和盛街	615	24	2021年10月25日批复	长春新区
43	逸祥路	翔北街	和盛街	1303	24	2021年10月25日批复	长春新区
44	科创路	盛业路	航空街	793	21	2021年10月25日批复	长春新区
45	科智路	世新街	北远达大街	728	24	2021年10月25日批复	长春新区
46	兴科街	丙八十四路	丙八十五路	376	24	2021年10月25日批复	长春新区
47	向新北路	德新街（规划路名铁西街）	甲二街	1430	24	2021年10月25日批复	长春新区
48	向新路	德新街（规划路名铁西街）	甲二街	1043	24	2021年10月25日批复	长春新区
49	德新街	丙二十街	向新街（规划路名丙二十四街）	1160	21	2021年10月25日批复	长春新区
50	福佑南路	北远达大街	中科大街	1885	24	2021年10月25日批复	长春新区
51	国泰北路	北远达大街	中科大街	1858	24	2021年10月25日批复	长春新区
52	国泰南路	北远达大街	中科大街	2034	24	2021年10月25日批复	长春新区
53	聚福路	北远达大街	守信街（规划路名丁七街）	1642	24	2021年10月25日批复	长春新区
54	仁爱街	兴福大路	福佑大路（规划路名仁德路）	2056	24	2021年10月25日批复	长春新区
55	尚礼街	兴福大路	福佑大路（规划路名仁德路）	2058	24	2021年10月25日批复	长春新区
56	守信街	兴福大路	福佑大路（规划路名仁德路）	2284	24	2021年10月25日批复	长春新区
57	福佑大路	德隆街（规划街路）	中科大街	2087	50	2021年10月25日批复	长春新区
58	国泰大路	北远达大街	中科大街	2054	48	2021年10月25日批复	长春新区
59	北航空街	福佑大路（规划路名仁德路）	兴福大路	2014	40	2021年10月25日批复	长春新区
60	东天拓路	盛北小街	盛德街	2014	40	2021年10月25日批复	长春新区
61	航展街	丙三路	机场大路	5567	24	2021年10月25日批复	长春新区
62	领航路	丙一街	远航大路	1898	24	2021年10月25日批复	长春新区
63	远航北路	丙一街	盛港大街	1444	24	2021年10月25日批复	长春新区
64	拥军路	金港大街	启航街	250	20	2021年10月25日批复	长春新区
65	武当山路	钱塘江街	启航街	1929	20	2021年10月25日批复	长春新区

（市民政局）

索 引

说 明

1. 本索引采用主题抽取法，按主题词汉语拼音顺序排列，首字相同按第二字音序排列，依此类推。

2. 索引主题词后的阿拉伯数字表示内容所在的页码，数字后的英文字母（a、b、c）表示正文中的栏别（从左至右）；通栏主题词的数字后设有英文字母。

3. 索引中以阿拉伯数字开头的主题词按数字顺序排在最前面；正文中多次出现的同一主题内容，在索引中按页码顺序依次列出。

4. 为便于检索，索引主题词中的双引号、书名号均删去。

文字索引

0—9

"12345" 66c
2017—2021 年长春市快递量发展情况统计示意图 207
2017—2021 年长春市快递收入情况统计示意图 207
2017—2021 年长春市农林牧渔业总产值增长速度统计图 159
2017—2021 年长春市人均用邮支出、快递支出和快递使用量情况统计示意图 207
2017—2021 年长春市邮政行业业务发展情况统计示意图 205
2021 长春"五一"车展 211c
2021 年东北四市收入质量情况图 118
2021 年税收情况统计表 124
2021 年长春市工业七大产业产值比例示意图 170
2021 年长春市已登记发证住宅情况统计示意图 233
2021 年逐月降水量变化图 27
2021 年逐月气温变化曲线 26
4G 网络建设 244a
5G 网络建设 244a

A

艾滋病防治 382c
爱才重才 9b
爱国教育 416c
爱国卫生 387c
安家补助 9b
安康杯 85b
安宁疗护试点 387b
安全保卫 102c、111c
安全防范 422a
安全监测 167a
安全建设 255c
安全领域增编 45c
安全生产监督管理 422a
安全生产责任制 422a
安全生产专项整治 422b
安全生产准入管理 422a
安全宣传教育 419c
安全与应急产业博览会 212a
安沃高新基因工程 186b
案件查处 74c
案件侦查 101a
案件执行 106c
奥迪 139b
奥莱德 188b
奥普光电 188b

B

八大类商品价格指数 403a
八项规定 74a
巴斯夫 60c
百克生物 187a
百年老街 432b
百企千岗 79c
百姓健康舞 348a
百姓说事日 434a
百亿企业 170a
颁奖典礼 111c

办案管理中心　104a
办公厅　459a
帮扶政策　309b
保护区监督检查　321a
保护伞　74b
保护性耕作　168a
保教质量　333a
保密工作　49c
保密工作会议　49c
保密管理　49c
保密技术保障　50a
保密监督检查　49c
保密委员会办公室　460a
保密宣传教育　50a
保密依法行政管理　50b
保险业　241c
保障性租赁住房　411c
暴雨　27b
爆炸物品　102a
北斗全球系统　329c
北湖国家湿地公园　321b
北交所　241c
北京办事处　463b
北京冬奥会　397c
北康酿造　290a
备灾救灾　97b
奔腾　137a
奔腾创新研发　140c
编制规划　366b
编制审核　45b
便民服务模式　405c
便民利民　63b
便民市场　434a
标准化管理　198c
表彰大会　111c
表彰先进　90a
殡葬管理　402a
冰雹　27c
冰场　149c
冰峰啤酒厂　43c
冰雪产品　147b
冰雪产业　147
冰雪大世界　10a
冰雪雕塑　149c
冰雪冬令营培训　396b
冰雪服务　148c
冰雪活动　154b
冰雪嘉年华　149a
冰雪节开幕式　350a
冰雪经济　10
冰雪经贸　158a
冰雪乐园　147b、149a
冰雪旅游　152a、153b、158b
冰雪旅游强省　11a
冰雪体验　154c
冰雪体验之都　10a
冰雪体育　152a
冰雪体育赛事　154a
冰雪挑战赛　400a
冰雪文化　147c、155a
冰雪文旅产业　231b
冰雪新春大联欢　155a
冰雪新天地　149a
冰雪宣传　152b
冰雪研学　156b
冰雪夜春城　156a
冰雪阅读季　352c
冰雪运动　147a、154a、154c、395a
《冰雪之名》　365a
冰雪装备　148a
冰雪资源　147a
邴玉涛　457b
邴正　352c
病虫害　161b
病媒生物防制　388b
病原微生物实验室　389c
波罗湖　319c
博物馆　345c
博物馆联盟　354b
渤海国　28a
渤海郡王　28a
部门包保　309b

C

材料产业　171b、191a
财政　118a
财政改革　122c
财政经济委员会　460b
财政局　461b
财政审计　127a
财政收支管理　118a
财政预算　120c
采茸文化节　439a
菜篮子　131a
《参与新冠肺炎救治工作人员闭环管理工作预案》　382a
参政议政　77a、78a、79a、80b、81b、82b、83c
餐饮美食　153c
残疾人帮扶　96b
残疾人福利　408b
残疾人教育　95c
残疾人就业　95b
残疾人康复服务　96a
残疾人联合会　95a
残疾人社会保障　95b
残疾人体育活动　96a
残疾人文化活动　96a
残疾人文化艺术精品展演　350a
残疾人宣传表彰　96a
残疾人依法维权　96b
残联　95b
曹和平　458a
曹雪　456a
草莓采摘节　439a
厕所改造　312c
拆围透绿　293c
产品创新研发　140a
产品认定　167b
产品体系建设　189c
产品项目　145a
产权制度改革　310c
产学研　170a
产业发展　272a、311b
产业发展研究　42c
产业扶贫　204b
产业规划　186b、188b
产业结构调整　116a
产业链建设　137c
产业生态圈　259a
产业生态融合发展　138a
产业数字化　245b
产业同兴　265b、266b
产业园区建设　284b
《忏悔录》　73c
长白慧谷　272c
长春保密讲坛　50a
长春冰雪节　153c
长春博物馆　33b、354a
长春财经学院　340b
长春出版传媒集团　362c
长春出版社　362c、460b
长春电影节　211a

《长春电影制片厂创建发展的历史经验》　360c
长春发布　44a
《长春风光》　92c
长春府　28b
长春高新区　279a
长春工业大学　339a
长春公安　104a
长春光华学院　341b
长春光机所科技成果　329a
长春广播电视台　464a
长春轨道客车股份有限公司　184c
《长春国际影都影视产业政策白皮书1.0》　366a
长春好人　47b
长春好网民　44c
长春华涛　290b
长春机场　255a
长春吉林一体化发展　265a
长春吉文　290b
长春解放　28c
长春经济技术开发区　280c
长春警备区　109a
《长春卷烟厂志（1933—2016）》　361a
长春爵士音乐节　357b
长春理工大学　341b
长春历史和发展成就展馆　50c
长春历史网　360c
长春莲花山生态旅游度假区　229c
《长春民革》　77a
长春模式　386c
《长春年鉴（2021）》　361a
长春品牌　386c
长春人卫站科技成果　330a
长春人文学院　341c
长春日报　362b
长春日报社　460a
长春商报　362b
《长春社会科学》　359c
长春生物　187b
长春圣博玛　191b
长春师范大学　335c
长春世界雕塑园　219b
《长春市传染病医院应对新冠肺炎疫情应急腾空方案》　382a
长春市第七次全国人口普查公报　529
长春市第三次国土调查主要数据公报　533
长春市第十六届人民代表大会　478
《长春市发展保障性租赁住房的实施意见》　411c
《长春市反餐饮浪费条例》　489
《长春市妇女权益保障条例》　408a
长春市滑冰馆　394b
长春市监察委员会　72
长春市杰出企业家　457b
长春市经济社会发展副省级城市主要经济指标及位次　534
《长春市抗疫大事记》　360c
《长春市科技创新条例》　484
《长春市老年人权益保障条例》　413b
《长春市民健康公约》　388a
《长春市民政局社会组织执法程序规范》　415a
《长春市情手册》　361a
长春市全民健身活动中心　394c
长春市人民代表大会　53
长春市人民政府　60、461a
《长春市社会保险志》　361a
长春市体育馆　394c
长春市图书馆　351c
《长春市推进国家体育消费试点城市建设实施方案》　400c
《长春市推进文明城创建“常态长效”的操作性办法》　417c
《长春市文化产业发展专项资金管理办法》　366a
长春市文庙博物馆　355a
《长春市文物保护利用“十四五”专项规划》　358c
《长春市无烟学校建设方案》　388b
长春市总工会　85a
长春四平一体化发展　266a
长春泰盟　290a
长春特别市　28c
长春体育场　394a
长春体育中心　393b
长春厅　28a
长春拖拉机厂工业遗址　435b
长春晚报　362b
长春县　28b
《长春县志》　361a
《长春县志稿》　363b
长春消夏艺术节　223a
长春新区　271、271c、464a
长春新闻网　362b
长春信息　71c
长春兴隆综合保税区管委会　464a
长春亚泰　398c
长春应化所科技成果　329c
长春政事儿　67b
长春中医药大学　335b
长光卫星　185b
长光卫星技术股份有限公司　188c、326b
长光宇航　290c
长吉图开发开放先导区　258a
长江路　432b
长客　182b
长满欧　214a
长三角　259b
长伊公路　61a
长影博物馆　2b
长影混录棚　366a
长影集团　365a
长影旧址博物馆　366a
长影乐团　365c
长影周末音乐会　357b
长榆高中　43c
常态化对接　267c
常态化扫黑除恶　102b
常态化疫情防控　381c
常委会会议　55a
常委会议　69c
场站管理　163b
朝鲜族群众艺术馆　350b
朝阳区　427a
车辆调度　250a
车辆维修　251a
陈春梅　457a
陈学思　455a
成本管理　142b
成本监审　131b
成果转化　328a
成品油市场　201b
成套装备　185c
诚信宣传　135c
城区环境建设　285b
城市大脑　80c
城市更新　293a
城市公共交通　305b
城市供电　296a

城市供水　294b
城市管理　275b、304a
城市管理行政执法局　462a
城市管理局　462a
城市规划　292a
城市轨道交通　183c
城市建设　61a、292、428a、431a、432c
城市建设档案　98a
城市建设发展规划　293a
城市交通　62c
城市精细化管理　63a、304b
城市客运出租汽车　98b
城市排水　296a
城市品牌创建　448b
城市热读　352c
城市设计　292c
城市形象　39a
城市休闲游　221b
城市阅读书网　353b
城市智能体　117a、294a
城乡低保　406b
城乡环境卫生综合整治　387c
城乡建设　444a
城乡建设环境保护委员会　461a
城乡建设委员会　462a
城乡一体化配送　216a
城镇就业困难群体　404a
城镇居民可支配收入　402b
惩治腐败　73c
出版发行　352b
出口落地　146a
出口销售　145c
出入境管理　103b
出生人口信息采集　401b
出生医学证明　385c
出租汽车　305c
初中　331a
处置突发事件　426a
畜禽粪污综合利用　163c
传染病防控　382b
传染病联防联控　164c
传染病医院　61c
传统产业　281c
传统零售、电子商务和新零售模式对比表　524
传统文化　71c
创投高新产业园　279c
创新平台基地建设　326c
创新驱动　60c、115b、272a、288a
创新研发　139a
春城名商　9a
春季防火　111a
春季生产　161a
春节假期　256b
春田工厂　184a
《春晓》　78a
慈善救助　407b
从严治检　105c
丛连彪　457b
促销活动　201a
崔文玉　455a
村屯绿化　313a
村医　313b
村庄规划编制　312b
村庄清洁行动　312c
存款保险　125b

D

打伞破网　74b
大白水省级湿地公园　320c
大病专项救治　310b
大地财险　242a
大豆种植　161a
大风天气　27c
大气污染　323c
大事记　17
大数据　128c
大数据产业　245a
大雾　27c
大学区改革　333b
大学生村医　313b
大制造体系　182a
大众冰雪季　396a
大众网球季　396c
大众足球季　396c
大祚荣　28a
代表工作　59a
代表构成　59a
代表管理　59b
代表活动　59c
代表培训　59b
代福生　455b、457b
代理记账　209a
单元长　48a
档案法　362a
档案工作　361b
档案馆　460a
档案宣传　362a
档案征集　361c
档案作用　361c
党管人才　8a
党管武装　109a
党建学习　46b
党建学习园地　353a
党史编研　360b
党史第一课　360c
《党史故事 100 讲》　79a
党史微课堂　110b
党史宣教　360c
党史学习教育　1、37a、38c、50c、89a
党史研究室　460a
党史专家大讲堂　40b
党史专题讲座　352c
党史资政　360c
党外代表人士队伍建设　41b
党外知识分子　40c
党校　50b
党员教育中心　459b
党政机构改革　44c
导师帮带　41b
盗采黑土泥炭　318a
道路城区建设　281b
道路桥梁　297a
道路运输企业　255a
稻田养蟹综合示范园区　441c
稻渔综合种养　165a
德惠市　452a
德惠市中医院　390c
等级评定　209c
地表水　317a
地表水体　317a
地方病防治　383b
地方金融监管　125c
地方性法规　484
地方志编委会　461a
地方志工作　360c
地方志资源开发利用　361a
地理测绘　116c
地理所　329c
地区生产总值　34b
地铁列车　183a

地铁项目　184a
地下管网　435c
地下管网改造　293c
地下交通站　360c
地震局　463a
地质地貌　25a
地质灾害防治　421c
第七届梅花鹿节　441a
第十三届中国—东北亚博览会　262a
第一书记　43b
典当公司　243a
典型带动　2a
典型树立　83b
电力　192c
电力保供　296b
电气装备　185c
电商经济发展　201a
电网发展　296c
电信网络　104c
电信网络诈骗　101b
电影节　349c
电影修复　365c
电影之路　2b
电子产业　172c
电子印签　263c
调查监测　116c
调研报告　491
丁立新　81a
顶层设计　269a
东北地理所科技成果　329c
东北黑土地白皮书　329c
《东北抗联史》　92c
《东北抗联英烈年谱长编》　363b
东北抗日联军纪念馆　354a
东北沦陷史陈列馆　220a
东北沦陷史纪念馆　2b
东北师范大学　335b
东北亚博览会　449b
东方职业学院　313c
东湖镇　434c
东京奥运会　397c
东山铁路装车站台　214c
东盛街道　436b
冬奥　10a
冬奥会　156b
冬季运动会　397c
《董存瑞》　366a
董天仁　455a
动车组　183c
动态监测　310b
动物疾病防控　164a
督察反馈　12b
督导保障　332a
督导考核　260a
独角兽企业　326b
《读书心语》　36b
杜静媛　457a
断头路　297b
对接合作　266c
对接活动　266c
对口合作　267c
对口科技合作　328c
对外合作　146b、274c
对外交流　67c
对外开放　60c
对外科技合作　328b
对外贸易　260c
对外宣传　135a
对外招商　260b
多党合作　40c
多式联运　214a

E

儿童保健　385c
儿童福利事业　409c
二道沟邮局　360c
二道区　434c
二道区乡村振兴局　436a
二手车　146a
二手车市场　201c
二手房交易　234a

F

发动机　139c
发明专利　61c
发展和改革委员会　461a
发证房屋总量　232a
法规清理　99a
法规宣传　99a
法律服务　107c
法律监督　57b
法律维权　83c
法人治理　117b
法院　106a
法制建设　308a
法制进校园　332b
法制委员会　460b
法制营商环境　100c
法治　98
《法治参阅》　107b
法治化建设　128b
法治宣传　107c
法治长春　100a
法治政府建设　100a
繁荣工厂　139b
《反餐饮浪费条例》　98a
反腐败　73c
反拐　102a
反假币　125c
返贫　309c
犯罪集团　102b
方言　32b
方志馆建设　361b
防火墙　48a
防控指导　381a
防汛抗旱减灾　421c
防汛设施　298a
防灾减灾　420a、426b
防灾减灾科普宣传　421c
防灾减灾日　424c
防震抗震　420c
防治　162c
房地产抵押　234a
房地产行政处罚　235a
房地产经纪　234a
房地产经营　232a
房地产开发　232a
房地产开发经营管理　98a
房地产市场风险防范　235a
房地产市场监管　234c
房地产市场秩序　235b
房地产业　232
房屋安全监管　235a
房屋权属管理　234c
房屋征收　198b
房屋质量　198b
放管服　132a
“放管服”改革　34c
放射性危害因素　386b
飞机维修　185b
非法集资　126a
非公党建　44b

非公党建示范点　83a
非公论坛　79c
非公企业党建　83a
非煤矿山监管　423c
非物质文化遗产　347b
非物质文化遗产挖掘与利用　359a
非银行金融机构　243a
非战时预案　114a
废弃物回收处置　323b
分级诊疗　380a
奋斗百年路　39a
粪污收储　164c
丰越公司　142c
风电　194b
风险数据排查　404a
风云三号　329b
枫桥经验　35b
枫桥式公安派出所　103a
《疯狂 731》　365b
冯斌　455a
冯志珍　456b
伏鑫　456a
扶残助学　408b
扶贫成果巩固　310a
扶贫富农　204b
服务改革　411a
服务供给　209c
服务环境　286c
服务贸易　261b
服务能力　204c
服务平台建设　288a、328a
服务企业周　238a、269b、288c
服务企业周活动　438c
服务全市中心任务　46c
服务商会　260a
服务同城　266b
服务外包　261c
服务外包峰会　274b
服务业　432a
服务业攻坚　60b
辐射安全　324c
福彩事业　409c
福祉大路　103a
府院协作　269b
辅警　103c
付费管理试点　411a
付志刚　457a
妇联改革　89b
妇女创业创新　89c
妇女儿童福利　408a
妇女联合会　88c
妇女微家　89b
妇幼保健　385a
附录　459
复兴号　182a
副省级城市　28c

G

改革创新　60c
改革发展　145a
改革开放　34c
改革试点建设　287b
改革政策　278c
改善营商环境　284c、285a
干部队伍考察　37b
干部教育培训　50b
干部夜校　50b
干净人家　313a
钢琴音乐秀　349b
港澳事务办公室　463a
港澳台侨和外事委员会　465a
港澳台事务　41b
高标准农田　66b、438c
高层次人才　8a
高等教育　335a
高寒动车组　182a
高考综合改革　334a
高粱种植　161a
高淑华　455b
高速动车组　182c
高铁基础设施　252c
高巍　456a
高文铭　457a
高文升　457a
高喜龙　457b
高校包保　313b
高校毕业生就业　404a
高校国际交流与合作　341b
高校教学成果　335c
高校教学改革　335b
高新技术产业开发区管理委员会　464a
高勇　455b
高质量发展战略纪实　7
高致病性病原微生物　390a
高中教育　333c
高子尧　456b
歌手大赛　349c
革命烈士陵园　220a
隔离人员　381b
耕地保护　116c
耕地质量　159c、317c
耿中平　456b
工程安全管理　114b
工程建设　444a
工程建设管理　114b、257a、318c
工程建设项目　65b
工程维护监管　114c
工程招投标管理　257a
工会服务　86a
工会阵地　86c
工匠精神　70a
工控安全保障　245c
工贸企业监管　423a
工人先锋号　458b
工伤保险　405c
工商联　76
工商联换届　84c
工商业联合会　83a
工商银行　239b
工业　169、432a
工业和信息化局　461b
工业互联网　245b
工业经济运行　169a
工业投资　170a
工业信息产业　280c
工艺优化　141c
工资集体协商　404b
工作报告　473
工作场所职业病　386b
工作监督　57b
公安　100c
公安监管中心　104a
公安局　461b
公参民治理　344b
公共安全　63b
公共服务体系　135a
公共气象服务　421b
公共设施建设　283a
公共图书馆　353a
公共卫生人才培养　391c
公共卫生体系建设　379c
公共文化　345a
公共文化服务　347a、354a

公共资源交易 66b
公共资源优化 281a
公祭 111b
公交线网建设 305b
公立医院 380a
公路 253c
公路管理 254b
公路建设 253c
公路养护 254c
公路运输 253c
公民思想道德建设 418a
公益活动 40a
公益拍活动 349c
公益培训 348c、351a
公益诉讼 104c
公益助残 96c
公园城市 275a
公园服务 298c
公园建设 298b
公证服务 208a
公主岭市 445b
公租房建设 411c
功能同步 265b
共青团 87a
供电服务 296c
供电维修管理 251b、252a
供给市场 196b
供热保障 297a
供水管网建设 294c
供销合作 202a
供销合作社联合社 463b
购房补贴 9b
古树 299c
谷物精加工 190a
谷子种植 161a
骨干培训班 94a
固定资产投资 34b
固体废物 324b
关东文化园 366c
关工委 52b
关键核心技术 327b
关键少数 3b、73c
关心下一代工作 51a
《关于贯彻落实省委“五大目标、六个走在前列”最新要求，谱写新时代振兴发展“长春答卷”的初步思考》 499
《关于加快推进科技成果就地转化塑造长春振兴发展新优势的调研报告》 516
《关于进一步做好无烟党政机关建设工作的通知》 388b
《关于开展无烟家庭建设的通知》 388b
《关于深入开展新时代爱国卫生运动依法做好常态化疫情防控的决定》 380b
《关于调整住房公积金贷款政策的说明》 412a
《关于新形势下长春市直机关党建工作创新问题的研究》 360c
《关于以“十大工程”为重点推动“四大板块”协调发展的思考建议》 491
《关于长春建设消费中心城市的几点思考》 521
《关于长春市融入“双循环”新发展格局断点堵点的思考与建议》 511
观光农业 442a
官僚主义 74a
馆员业务培训 353b
管理机制建设 390b
管理模式 406a
管理试点 313b
灌区项目建设 168c
光电信息产业 188b、281a
光伏发电 194a
光谷国际广场 279c
光谷量子号 184c
光机所 329a
光纤到户 247a
广播电视 363b
广告业 209b
广告印刷 211a
归国华侨联合会 92a
规定动作 2b
规范化建设 128c
规范问责 75a
规范性文件 99a
规划编制 115b
规划和自然资源局 462a
规模化 281c
硅谷大街 61a
轨道交通 61a、305c
轨道交通装备 181b
国防动员 109c、113c
国际博物馆日 355c
国际茶产业博览会 212c
国际动漫艺术博览会 210c
国际光日系列学术活动 330c
国际合作 264a
国际交流合作 330a
国际交流推介 222c
国际陆港建设 214a
国际汽车博览会 212b
国际汽车城 137c
国际汽车城汽车物流基地 285c
国际青少年艺术节 67b
国际商贸物流 216a
国际温泉康养小镇 439b
国际物流经济开发区 434c
国际追逃追赃 73c
国家安全局 464a
国家保密局 460a
国家电网长春供电公司 468a
国家基本公共卫生服务 384c
国家开发银行 238c
国家物流枢纽 214b
“国六” 144a
国门利剑 134b
国民体质监测 397a
国内交流合作 330b
国内交流推介 222c
国企混改 269c
国土空间 292b、316b
国信康养综合体 439a
国有粮食企业 203a
国有资产监督 117b
国有资产监督管理委员会 463a
国有资产监管 117a

H

哈巴罗夫斯克市 67b
海关 133c
海关监管 134b
海关税收 134b
海外医药 186c、279c
韩春风 457b
寒潮 27c
行业发展规划 205a
行业供给 206b
行业监管 305a
行业模式 213c
行业生产安全 308c

行业整合　213c
行业整治　307a
杭州　269a
杭州博物馆　354c
航空航天　274a
航空航天产业　185a
航空航天及智能制造产业园区　274a
航天装备　185b
皓月集团　190b
合格证制度　167a
合资合作　146b
合作办学　344c
何南芙　455a
和谐劳动关系　84b
河河连通　35a
河湖连通　35a
河湖责任体系　318b
河湖长制　318b
核查整改　344c
核酸检测　381b
核酸检测能力　382a
核心技术　327b
赫行学校　436a
黑土地保护　317b
黑土地保护工程　60a、317b
黑土地保护宣传　318a
黑土粮仓　34c、451b
红蜂筑巢　4b
红利释放　269b
红旗　137a
红旗工厂　141b
红旗技术创新　140a
红旗汽车智能制造　279c
红旗新能源　34c
红旗之恋　357a
红色雕塑主题展　50c
红色孵化器　36c
红色故事　349b
红色记忆　350c
红色旅游　219c
红十字会　96c
红十字会改革　97a
红十字会救助　407c
红线轻轨　184a
宏观经济调控　115a
《宏盛村志》　361a
侯丽娟　456a
后勤建设　111a
后装保障　110b
后装专业兵　112a
《互联网故事》　92c
互联网行业　44b
互联网信息办　460a
户外市场管理　305a
护蕾计划　379a
花棒秧歌　440b
花车巡游　156a
花卉　162a
花秋玲　81a
《华家桥村村志》　361b
滑冰馆　393a
滑雪场　147b
化肥　323b
化粪池　43c
环保督察　61a
环保督察迎检　318c
环保装备　186a
环渤海区域　259b
环城工业集中区　449c
环境保护规划　316a
环境空气质量各级别天数年度对比表　317
环境同治　265c
环境卫生管理　304c
环境影响评价　316a
换电模式　139b
换届大会　81a
黄大年纪念室　220a
黄龙府　28a
黄龙戏　450c
毁绿种菜　304b
会展场馆　210a
会展人才　210a
会展业　210
惠工路　61a
惠民活动　351c
惠民实事　61b
惠民消费季　450c
惠民演出　357c
惠民政策　411c
惠农普法　108a
惠新路公铁立交桥建设　454c
慧谷引凤　272c
婚姻登记　401a
火炬展示　156b
火源管控　425c
货物进出口　260c
货物运输　250b
获二等功以上退役军人　458a

J

机构编制　44c
机构编制规范管理　45c
机构编制调整　45b
机构编制委员会办公室　460a
机构清理规范　45b
机构设备　204c
机关党委　460b
机关党组　460b
机关事务管理局　463b
基本药物制度　380b
基本医疗　310a
基层常态化疫情防控　384a
基层党建　36b、46c
基层公共文化设施　314c
基层骨干培训　348c
基层管理体制改革　45a
基层基础建设　86b、128c
基层建设　92a、110a
基层卫生　384a
基层医疗卫生服务　385a
基层中医药服务　390c
基层组织建设　84b、97c
基础疾病　391c
基础监测　317c
基础教育　333c
基础设施建设　230c、264b、275a
基础研发　181c
稽查走私　134b
吉剧　448a
吉林安装集团　196c
吉林奥莱德　191b
吉林财经大学　313b
吉林大学　342a
吉林动画学院　339c
吉林工程技术师范学院　339b
吉林工商学院　335c
吉林画报　347c
吉林建筑大学　313c、341b
吉林建筑科技学院　335c
吉林警察学院　339c
吉林农大女子足球队　399b
吉林农业大学　335c

吉林省博物院　220a、354a
吉林省第十九届运动会　398c
《吉林省革命文物保护利用规划纲要》　358c
吉林省见义勇为模范　456a
吉林省三八红旗集体　458a
吉林省三八红旗手　456a
吉林省三八红旗手标兵　456a
吉林省五一劳动奖章获得者　455b
吉林省优秀共产党员　457a
吉林水利　265a
吉林体育学院　339b
吉林外国语大学　341c
吉林雪博会　158a
吉林一号　34c
吉林艺术学院　313c
吉林银行　240b
急救中心　61c
急难社会救助　407b
疾病预防控制　382b
疾病诊断　411a
疾控中心　61c
集体产权　310c
集中供水　168c
计分制　313b
计划单列市　28c
计划生育　385c
计划生育奖励扶助　401c
纪检监察座谈会　72b
纪委全体会议　72a
技能扶贫　334c
技能竞赛　209c
技术创新　136c、170a
技术攻关　327b
技术推广　168a
技术指导　164c
继学书屋　40c
祭孔活动　355b
寄递服务　204b
寄递行业安全监管　205b
冀玮力　456b
家风建设　89c
家禽　163c
家事调解委员会　434b
家庭家教　89c
家庭农场　166c、438c
家庭医生签约服务　384c、410c
家政服务　209b
嘉年华舞会　11b
嘉兴　182c
荚丽群　457b
价格改革　129c
价格监测　131a
价格监督　131b
价格监管　129c
价格认证　131b
价格调控　129c
价格调研　130c
监测预警　381a
监察和司法委员会　460b
监督检查　73b
监督落实　71a
监督推进会　73a
监督执法　386a
监督治理　74c
监管中心　104a
检察　104b
检察改革　105c
检验检测服务　207c
检验检疫　134a
减税降费　123a
减税降费服务　289a
简政放权　65a
建冰雪经济发展新格局　10a
建功立业　85b
建设工程管理　196c
建设工程项目检查　197c
建设工程质量检查　197c
建设银行　240a
建言献策　40b、70a
建置沿革　27c
建筑行业监管　198b
建筑节能　322c
建筑市场　195b、198c
建筑市场信用管理　195c
建筑业　195
建筑业企业　195b
建筑业企业管理　198c
建筑装饰材料博览会　211b
健康城市评价　388b
健康促进活动　379a
健康扶贫　310a
健康食品　190a
健康危害因素监测　383c
健康文化知识普及　391a
健康长春行动　379a
健康中国　81c
交流活动　360b
交流展览　354b
交通　250
交通安全监督管理　423b
交通基础设施　61b
交通节能　323b
交通局　462a
交通同网　265a、266a
交通运输与包装物流产业博览会　212a
交通职业技术学院　313c
焦晓辉　456a
教科卫体委员会　465a
教师结构　332b
教师培训　332c
教师权益　332c
教学名师　331b
教育　331
教育干部结构　332b
教育规划　332a
教育教学改革　334a
教育局　461b
教育均衡　62a
教育科学文化卫生委员会　461a
教育普及　355a
教育资源建设　283c
秸秆　164a
秸秆变肉　165a、452b
秸秆饲料化　451a
街头文化节　11b
节能减排　322a
节庆活动　355c
节日慰问　47a
节水型社会　322b
节水宣传　322c
节水载体　322c
结核病防治　382c
解放　137a
解放创新研发　140b
解放战争　28c
解放之路　2b
借港出海　267c
《今古大观》　361b
金冠电气　188b
金菊奖　33b、356c
金磊　457b
金美兰　456a

金牌讲解员 220c
金融产品推介 237c
金融法治 126a
金融风险 125b
金融服务 272c
金融工作办 463b
金融机构监管 125b
金融监管 125b
金融纠纷化解 126a
金融业 236
金融政策 238a
金赛国际医药产业园 186b
金赛药业 186c
金赛药业产业园 279c
金胜昌 455a
金淑敏 457a
金台铁路 183c
津长产业合作园 269a
进出口企业 263a
禁毒工作 101c
禁燃 102a
禁种铲毒责任书 101c
京哈高铁 182a
经济案件审理 106b
经济督察整改 116c
经济发展 115a、429c、434c
经济犯罪 101b
经济管理 115
经济合同 132c
经济合作 282a
经济技术开发区管理委员会 464a
经济建设 33a
经济建设发展 60a
经济社会发展 103b
经济委员会 465a
经济运行监测 115a
经济责任审计 127a
经济中心城市 28c
经济作物 162a
经贸促进 262a
经贸合作 274b
经贸交流 83b
经营创收 364c
经营难题 288b
经营体系建设 312a
精彩艺课 331b
精密仪器 185c
精品栏目 364b
精品文艺节目工程 364a
精品演出 356c
精神残疾 95a
精神卫生管理 383b
精神文明建设 417b
精准治污 14a
警示教育大会 72b
警示教育活动 356a
警务管理 103a
净月高新技术产业开发区 282a
净月高新技术产业开发区管理委员会 464a
净月数字经济产业园区 249a
净月潭风景名胜区 320a
净月潭国家森林公园 219b、321a
竞技体育 397c
敬老爱老助老 413c
敬老月活动 413b
境外输入 381b
纠纷化解 107c
九三集团 190c
九三学社 81c
《九台年鉴（2020）》 361a
九台区 441c
九台区中医院 390c
久困长围 28c
旧志整理 361a
救护培训 97b
就业困难群体帮扶 404a
居民电子健康档案 384b
居民收支 129b
居民体育消费调查 400c
居民消费价格总指数 403a
居民消费增长主要因素 403b
举报投诉办理 419c
剧本创作 357c
卷烟市场 204a
决策服务平台 128c
决策咨询 50c
爵士音乐节 347a
军事 109
军事训练 109b、110c
君子兰讲坛 46b

K

卡脖路 61a、297b
开发区管理 45b
开发区建设 278
开发区贸易 278c
开发区招商 260a
开放合作 258
开放通道 258b
开放同畅 266b
刊物编辑 360a
抗击疫情 94a
抗联之路 2b
考古研究 358c
科创基金 328b
科技成果 61c
科技成果转化 327c
科技创新 181c、264b、272b、282c、325c、427c、430c、444b
科技创新环境建设 326a
科技创新立法 325c
科技创新企业培育 327a
科技创新投入 327c
科技发展 272b
科技法治建设 325b
科技扶贫 91c
科技服务 325a
科技服务业 207c
科技工作者日 91a
科技规划编制 325a
科技会战 34c、451b
科技交流合作 328b
科技农业 442a
科技平台建设 326c
科技普及推广 90c
科技体制创新 325c
科技项目 327b
科技项目管理 279b
科技研发 325b
科技政策支持 327c
科技资源 279a
科技资源利用 326a
科教同促 265b
科普地铁 90c
科普广场 90c
科学技术 325
科学技术局 461b
科学技术协会 90c
科学研究 51a
科研工作 339b
科研基地建设 360b
科研立项 359b

科英激光 291a
空气污染 383c
空气质量 316c
孔祥磊 457b
控辍保学 333b、440a
口岸 133c
口岸办公室 462a
口岸建设 274c
口袋公园 293b
叩门招商 437c
跨年狂欢派对 11b
跨省通办 65b、268a、385a
快递技术人员 207c
快递进村 206b
快递企业 206c
快递小哥 206c
快递业 206a
会计服务 208c
宽城好人 433c
宽城经济开发区 433c
宽城区 431c
宽城区妇联 434b
矿山监管 423b
困难群体 309c

L

垃圾处理 298a
垃圾焚烧 298a
兰舍硅藻 191c
《兰台内外》 361b
劳动就业 403c
劳动力调查 129b
劳动力转移就业 404a
劳动争议仲裁 108c
劳务用工 198c
老干部队伍建设 48c
老干部工作 48a
老干部活动 49a
老干部局 460a
老干部生活待遇 49b
老干部学习阵地 49b
老旧厂区 293a
老旧楼宇 293a
老旧小区改造 294a
老旧住宅物业管理 235b
老龄福利 409a
老龄事务 413b
老年大学 460a
老年护理院 351b
老年健康 386c
老年健康宣传周 387b
老年人基本公卫服务 386c
老年人心理关爱项目 387a
老年友好型社区创建 413b
雷暴 27c
冷链物流 216b
冷向阳 455a
离退休干部 48b
梨树模式 329c
李波 457b
李大鹏 457b
李尔扩能 279c
李宏魁 457b
李虹彦 455a
李吉宝 457b
李敏 78c
李明丽 456b
李淑娟 456a
李文萍 456a
李雪飞 456a
李迎军 455b
理论研究 361b
理事包保制度 95a
历史名城保护 292c
历史人文 27c
历史文化名城保护 98b
立法机制 98b
立法计划 98b
立法调研 98b
立法协商会 70b
丽明科技 188b
利用外资 261a
连锁加盟创业项目展览会 212a
莲花山生态旅游度假区管理委员会 464a
莲花山世茂 10b
联合实验室 139a
联合体 166b
联合体投标 183b
联合执法 102b
联络站 71b
联盟发展 333c
廉政建设 74a
廉政一日 74a
梁冰 457b
梁雪 456b
粮食安全气象保障 421b
粮食产销 270a
粮食工程 203b
粮食和物资储备 202c
粮食和物资储备局 463b
粮食品牌 203b
粮食企业清查 203a
粮食收购 203a
粮油稳价保供 202c
两癌筛查 385c
两不愁三保障 35b
两个健康 84c
“两化”融合工作 245b
两抢一盗 104b
两书 232b
“两委”换届 315a、414a
两优一先 37a
辽金时代休闲观光园 450c
林青远 456b
林杨 456a
林业 162c
林业和园林局 463b
林业科研 163a
临空经济示范区 275a
零部件出口 145b
零跑动 63b
领导班子 74c
领事处 68a
刘大禹 455a
刘刚 457a
刘剑 456b
刘健军 457a
刘铁成 455b
刘兴 456b
刘洋 455a
刘益春 457a
刘玉渤 456a
刘长春 457b
留人政策 9b
留长创业 9b
流动百姓说事点 434a
柳金生 458a
柳克祥 456a
六城联动 12b、40a
六一晚会 349a
龙江模式 329c
龙头企业 166b、442b

楼栋长 48a
卢德平 456a
陆港建设 214a
鹿乡村 312a
鹿乡特色小镇 438c
路灯照明 297c
罗昭强 456b
洛杉矶 184a
吕彦桃 457a
吕志国 456b
旅馆业治安管理 98b
旅行社 229a
旅客运输 250c
旅游安全生产 229c
旅游餐饮 153c
旅游发展规划 217a
旅游公共服务 229a
旅游行业管理 228c
旅游行业组织 229a
旅游品牌 217b
旅游赛事 222b
旅游市场监管 229b
旅游市场宣传 222a
旅游条例 98b
旅游同线 265c
旅游项目建设 217c
旅游形象宣传 222b
旅游业 217
旅游业态 219c
旅游营销 221c
旅游资源 217c
律师服务 208b
绿盾 321a
绿化带 162c
绿化养护 298c
绿色发展 204c
绿色防控技术 161b
绿色环保生活方式 387c
绿色审批 328c
绿色生态农业 160c
绿色通道 305a
绿色物流 216c
绿色循环 190a
绿色长春 88b
绿水长廊 321a
绿园经济开发区 436c
绿园区 436c

M

《马鞍山村志》 361a
马健 457b
马术场地障碍公开赛 452a
《马占山》 448a
慢病健康管理 310b
慢山里 33b
慢性非传染病疾病防治 383a
莽卡千亩蔬菜基地 442c
《没有一个春天不会来临》 365a
梅花鹿产业发展大会 441a
梅花鹿产业研究院 438c
《媒体广告宣传导向探析与实践》 362b
媒体深度融合 362c
媒体宣传 152b
煤矿监管 423b
煤炭 192b
每日社情 77a
美丽庭院 313a、453c
美丽乡村 33c
门海滨 458a
盟员之家 78a
孟从华 456b
梦享岛海洋馆 439b
米袋子 131a
苗晶 455b
苗木产业 162a
苗艺璇 456a
庙会 11b
庙香山 10a
灭火救援演练 424c
民办教育 344b
《民法典解说》 82c
民商事案件 106a
民生保障 35b、280a
民生服务 264c
民生工作 231a、284a、285b
民生领域 74b
民生银行 240b
民生资金 127a
民事检察 104c
民俗旅游 221c
民俗文化 152a
民营经济 286
民营经济发展 41a、287a
民营经济服务 288a
民营经济质量 287a
民营经济总量 287a
民营快递 206a
民营企业 84a
民营企业培育 286a
民营医院管理 392c
民用航空 255a
民政局 461b
民主党派 76
民主监督 70c
民族 32a
民族和宗教委员会 465a
民族交流 416c
民族侨务外事委员会 461a
民族事务委员会 461b
民族特色活动 350b
民族团结创建 71c
民族团结进步 416c
民族乡村振兴 416c
民族宗教事务 416c
名木保护 299c
名师培养工程 9a
魔术 356c
母婴安全监管 385b
母婴室建设 385b

N

那佳 456b
纳税服务 123b
南大营旧址陈列馆 220a
南关区 429b
内涝防御整治 420c
能源产业 171b、192b
能源环境保护 281b
能源装备 186a
年度发展 33a
年货节 158c
年鉴编纂 361a
年降水量实况值 26
年全国象棋男子甲级联赛 400b
宁振伟 455b
农安经济开发区 190b
农安县 450b
农安县中医院 390c
农本调查 131b
农博会 111c
农产品品牌建设 442a

农产品质量安全 167a
农产品质量建设 167a
农村电商服务 202b
农村改革 310c
农村公共服务 313a
农村集体产权制度改革 310c
农村建设 282c
农村精神文明创建 418b
农村劳动力转移 404a
农村留守儿童 406c
农村路建设 313a
农村人居环境 81c
农村人居环境建设 444a
农村人居环境整治 61a、312b
农村社会化服务 202b
农村生活垃圾 312c
农村双创 311c
农村水利 168c
农村危房改造 444a
农村文化活动 314a
农村与农业委员会 460b
农村宅基地 310c
农发行 239a
农工党 81a
农户 312c
农机服务 168a
农机购置 167c
农机装备 186a
农技推广 168b
农民歌手 349c
农民工权益保障 404c
农民趣味运动会 397b
农民专业合作社 166c
农田建设 161c、442a
农药 323b
农药包装 323b
农业 159
农业产业化 166b
农业产业园 166c
农业防灾减灾 420a
农业和农村委员会 465b
农业机械化 167c
农业技术推广 168a
农业科技培训 168b
农业面源污染 324a
农业农村局 462a
农业生产 282c
农业银行 239c
农业园区建设 438c
农业展 167c
农业招商引资 311c
农业支持保护 311a
农业专业化物流 216a
农资监管 159c
《农作物栽培》 92c
女子足球锦标赛 398c

P

拍卖行业 209a
潘建军 458a
棚户区改造 294a、439c
漂亮街区 40a
贫困妇女 385c
《品读》 353b
品牌产品认定 167b
品牌创建 203b
品牌化 281c
品牌建设 167b
品牌矩阵 352b
品牌农业 167c
平安戒毒所 108a
平安宽城 433b
平安校园 332b
平安校园建设 343a
平安医院 379c
平安医院建设 392b
平安长春建设 99b
平台建设 258a
评选表彰 37a
朴金花 456a
普法宣传 106c
普惠金融 238a
普及普惠 333a
普通服务 205c
普通高中 61c、331b
普通小学 331a
溥仪 28b

Q

“七一”讲话 352a
旗 E 春城 35b、296b
企业法人 117b
企业服务 276a
企业技改 204b
企业建设 206c
企业上市 240c
企业信用评价 232c
企业整合 281a
企业资质管理 232b
气候 25c
气象防灾 420c、421a
气象局 464a
汽车冰雪嘉年华 149a、285c
汽车冰雪镇 149a
汽车产业 136
汽车产业节能减排 323a
汽车产业开发区管理委员会 464a
汽车产业研究院 139a
汽车后市场服务 138a
汽车经济技术开发区 284b
汽车零部件 145b
汽车文化旅游节 228a
汽车物流 215c
汽车销售 145c
汽车芯片 139a
汽车之路 2b
汽车主导产业 281c
千村示范 416c
签约医院 385b
前沿产业 269c
《钱币故事》 92c
钱春年 455b
强化政策惠企 64c
强军杯 112a
强企大商 259a
强师计划 332b
墙体材料 196a
侨联活动 92c
侨商联合会 93a
侨务统战 41b
侵财犯罪 101a
《青春作伴好还乡》 365b
青蓝联盟 51b
青苗工程 335b
青年创新创业 88a
青年工作委员会 93c
青年交流平台 88b
青少年冰雪冬令营 396b
青少年发展 87b
青少年发展权益 87c
青少年服务 87c
青少年科技教育 91a

青少年事务　88c
青少年思想政治引领　87a
青少年体育公益培训　397c
青少年阳光体育　396b
青少年艺术系列大赛　349a
清河行动　318b
清理整顿　415a
清零计划　36c
清明祭英烈　39a、111b
情景党课　40a
庆祝中国共产党成立 100 周年宣传活动　39a
邱玉超　457b
区县概览　427
区域冰雪活动　154b
区域发展　265
区域规划　292b
区域合作　270c
区域环境保护　231a
区域协调发展　115c
区域信息共享　353a
区域一体化　158b
趣味运动会　397b
权力制约监督　107a
权责清单　124b
全国村级议事协商创新实验试点　315b
全国道德模范　457a
全国杰出专业技术人才　457a
全国巾帼文明岗　67a
全国三八红旗集体　458a
全国三八红旗手　455a
全国司法所模范个人　456b
全国文化和旅游系统先进集体　353
全国文明城市创建　417b
全国五一劳动奖章获得者　455a
全国乡村旅游重点村　441b
全国巡演　365c
全国优秀党务工作者　456b
全国优秀共产党员　456b
全国优秀共青团干部　456b
全国优秀共青团员　456b
全国运动会　398a
全科医生培养　391c
全民健身　396c
全民健身活动　396c
全民健身活动中心　393a
全民健身设施　397a
《全市村级综合服务设施建设提升工作方案》　414c
全市人口情况　529
全市性调研　43b
全体会议　69b
全运会气排球 B 组比赛　400b
全自动驾驶　183c
确权　114c
确权登记　116c
群众团体　85
群众文化活动　349c
群众舞蹈精品展演　348b
群众艺术馆　347c

R

燃气供应　297a
热电二厂　435b
人保财险　242a
人才队伍建设　340c
人才分类评价　9a
人才高地　137a
人才工作保障　8a
人才公寓　272c
人才交流　270a
人才培养　404b
人才强市战略　38a
人才梯队建设　399a
人才专项编制池　9a
人才总量　8a
人畜共患传染病　164c
人大监督　57b
人大立法　98a
人道救助　97a
人防办公室　463b
人防法治建设　114c
人防工程　73c、114b
人防宣传　113c
人防指挥体系　113b
人工智能产业　245a
人居环境整治　312b
人口　30a
人口机械变动　31b
人口家庭　401a
人口结构　32a
人口年龄构成情况　531
人口受教育情况　532
人口与生育　401a
人口资源环境委员会　465a
人口自然变动　31a
人力资源服务　207c
人力资源和社会保障局　462a
人民代表大会　54a
人民防空　113b
人民检察院　467b
人民警察节　104a
《人民武装报》　110b
《人世间》　282b
人事代表选举委员会　461a
人事任免　53b
人物　455
日本花道艺术交流会　67c
日新学堂　36a
日照　27a
荣誉　455
融媒助企　79c
融资担保公司　243b
融资服务　236c
肉牛　163b
肉牛产业　163c
肉牛产业高质量发展峰会　164c
入库入统　128a
软件服务业　245a
瑞科汉斯　188b

S

三方评估　43a
三个原则　4a
三江模式　329c
三品一标　167b
三下江南战役纪念馆　2b、220a
三项整治　74b
散文　349c
单海龙　457b
扫黑除恶　99c
扫黑除恶斗争　104b
森林　319a
森林防火　163a、425a
森林防火宣传　425c
森林资源保护　319b
伤痕修复　293a
商标广告监管　132b
商法服务　263c
商会建设　263c
商贸服务业　199

商贸流通 199a
商贸流通物流 215c
商贸展会 211a
商品房库存 233c
商品房上市供应 233c
商品房销售 234a
商品价格指数 403a
商务局 462a
商协会改革 84b
商业保理公司 243b
《上甘岭》 366a
上海地铁 182b
少儿图书馆 351b
少年儿童图书馆 353c
邵晶 456b
邵俊 456b
奢靡之风 74a
设跨境电商 259c
社工服务 88c
社会保险 404c
社会保险事业管理局 463a
社会保障 62a、277a
社会服务 77b、78c、79c、80c、81c、82c
社会福利 408a
社会贡献度 287b
社会和法制委员会 465a
社会建设 33b
社会建设委员会 461a
社会救助 406a
社会矛盾化解 105b
社会民生 428a、431b、433a、444b、447c、450a
社会生活 401
社会事业 61c、276b
社会稳定 99b
社会信用体系 64c
社会治理 35b、71b
社会组织分布 415a
社会组织管理 414c
社科联 460b
社科普及 359c
社区干部学院 2b
社区建设 414a
社区警务 103a
社团管理 359b
涉恶 74b
涉黑 74b
涉黄涉赌 102b
涉农问题 105a
涉枪涉爆 101b
涉外管理 68a
涉外信息 67a
涉外引才引智 328c
深化改革 117c
深化改革调研 42c
深圳市 183c
神鹿峰 10a
神鹿峰旅游度假区 439a
神农庄园 265c
神州红旗汽车智能制造产业基地 279c
神州十二号 329b
沈洪斌 455b
审查监督 99a
审后回访 127b
审计 126b
审计创新 127b
审计局 463a
审计整改 127b
审判体制改革 106c
生产管理 142a
生产经营 144b、255b
生产资料物流 215c
生活必需品 201c
生活垃圾 298a
生活垃圾治理 312c
生活状况调查 129b
生态补水 318c
生态环境 62c、272a、431a、440a
生态环境保护 12、122b、283b
生态环境保护督察 324c
生态环境保护规划 316a
生态环境监测 324b
生态环境监管 324b
生态环境建设 35a、275b
生态环境局 462a
生态环境宣传 316b
生态环境执法 324c
生态环境质量 316c
生态建设 447b
生态农业 442a
生态气象服务保障 421b
生态强市 16a
生态同治 266b
生态文明建设 33c
生态修复 316b
生物安全管理 389c
生物多样性 320c
生物医药产业 186a
生物制品研究所 187b
生育服务管理 385a
生育服务证办理 401b
生猪 163b
声环境质量 316c
省级通道 215a
省内对接合作 259c
失业保险 405a
师风建设 332c
诗歌 349c
施工现场 198c
湿地保护 320c
湿地自然保护区 320b
“十百千万”系列活动 355a
十姐妹艺术团 394c
十四五规划 73b
石磊 28c
石头口门水库 295b
实战化比武 112a
食品安全 132c
食品安全监管 389b
食品产业 171a、189b
食品污染物 389b
食品药品安全 104c
食用菌 162a
食用农产品 167a
食育科技产业园 435c
食源性疾病监测 389c
史志档案 360b
示范村建设 442b
示范村镇 166a
示范园区 160b
世界雕塑公园 149a
世界中医药大会 262b
市场规范化 166a
市场活跃度 287a
市场监督管理 132a
市场监督管理局 463a
市场开拓 201c
市场信用管理 198c
市场秩序 195b
市场秩序治理 132b
市场主体 213a
市场准入 132a

市级通道 215a
市民读书节 352c
市民革 76a
市民建 78c
市民进 80a
市民盟 77b
市民文化节 448a
市年平均气温实况值 26
市情概貌 25
市人民政府合作交流办 462a
市容环境管理 304a
市图书馆 351b
市委党校 460a
市委全体会议 35c
市委十三届十二次全会 473
市委网信办 460a
市县领导班子换届 37a
市域社会治理 107b
市院科技合作 328b
市长公开电话 66c
市政道路改造 297b
市政基础设施建设 294b
市政设施管理条例 98a
市直机关党建 46a
市州合作 266c
事业单位改革 45a
视察活动 58a
视察监督 71a
视力残疾 95a
释放红利 8b
收费管理 129c
收入消费 402b
收养工作 401c
手账市集 11b
守望都市 362a
首映仪式 112a
书香家庭 353a
纾难解困 4a
蔬菜产业 161c
鼠疫防控 426c
薯类种植 161a
《数据安全法》 359c
数据共享 248a
数据核查 128a
数据中心建设 249c
数智化物流 216c
数智化转型 141c
数字产业合作 269b
数字产业化 245a
数字底座建设 244b
数字化建设 349a
数字化经办模式 405c
数字化体验 350c
数字化应用 248a
数字基础设施建设 244a
数字经济 129a、244、269b
数字平台建设 364c
“数字长春”建设 64b
数字政府建设 66a、248a
双创小镇 279c
双减 333b
“双减”落地 35a
“双碳”示范城 16a、35a
“双碳”示范城创建 323a
双阳梅花鹿 438c
双阳区 438b
双阳区中医院 390c
双拥品牌 113a
双重领导局级单位 467b
双走双促 436c
水稻种植 161a
水果产业 162a
水旱灾害防御 420b
水利 250、257a
水利水电 196c
水生态修复 318a
水体水质监测 319a
水土流失 168c
水文 25c
水文化生态园 220a
水污染 323c
水务局 462a
水系连通 318c
水域岸线信息 318c
水政监察 257b
水质管理 295a
水质检测 295c
水质信息 296a
水资源保护 318a
税收改革 125a
税收违法 124b
税收征管 134b
税务 123a
税务局 464a
司法公开 106c
司法行政 107b
司法局 461b
司法权力 107a
丝路电商 264a
思想建设 76c、77c、79a、80b、81b、82a
思想政治工作 112c
思政课改革 334a
死因监测 383a
四个专项 73a
四好农村路 439c
四环路 297c
四季长春 357b
四上企业 33a
四项监督 74c
四叶草 78c
四种形态 75a
饲料 164a
松花湖 265c
松花江 317a
宋尚龙 457b
送法进楼宇 107c
送良种下乡 79b
苏荣 73b
素质教育 331b
孙德波 456a
孙凤有 455b
孙萌 456a
孙尚勇 457a
孙玉德 457b
孙政才 73b

T

踏青赏花 228a
台胞服务手册 94a
台胞台属 93a
台联 93c
台湾同胞联谊会 93a
太平池 319c
汤慕涵 398a
桃李 190b
特奥日 96a
特岗计划 334a
特教保障 334a
特拉维夫 184a
特色快消品 190a
特色农产品 162b
特色农产品展销 202b

特色乡镇　162b
特色园区　272b
特殊儿童保障　406c
特殊教育　334a
特殊教育学校　61c
特殊人群监管　107c
特种设备　133a
提案办理　70c、71a
提案监督　70c
提案委员会　465a
提档升级　136a
提质增效　256a
体彩销售　400c
体系建设　425b
体验活动　154c
体育　276c、393
体育产业　400b
体育产业实施新举措　400b
体育公益培训　397c
体育馆　393a
体育局　463a
体育人才梯队建设　399a
体育赛事　154a
体育设施　393a
天定山滑雪场　10a
天津　267c
天津港集团　267c
天津自然博物馆　354b
天然气　192c
天下第一粮仓　448c
天义客车　432a
田秀才　9a
铁路　250a
铁腕治污　12b
通信管理　246c
通信网络　204c
通信业　245c
通用机场建设　185a
童话雪世界　10a
统计成果　128b
统计法治建设　129c
统计服务　129b
统计管理　127c
统计局　464a
统计宣传　129a
统计资料　529
统战部　459b
统战工作　40a
投诉举报　66a
投资融资服务　288b
投资项目合作　259c
图书出版　363a
图书馆　345c
图书馆届　352b
土地成交　232a
土地出让　232a
土地流转　311a
土地使用权　66b
土地资源保护　71c
土门岭街道　443b
土壤环境　317b
土壤污染　324a
土专家　9a
退役军人就业创业　113a
退役军人事务　112b
退役军人事务局　463a
脱贫攻坚　43b、79b
脱贫攻坚成果巩固　309a
脱贫人口　310a
脱贫人员就业　404a

W

瓦萨国际滑雪节　399c
外埠　198c
外贸发展　133c
外事　67a
外事办公室　463a
外事宣传　67b
万李　456b
万企兴万村　84c
万人百姓健康舞　348a
万人助力企　276a
万通药业　291b
汪尔康　456b
王春凤　457a
王丹丹　456a
王东升　78c
王锋　457b
王鹤　455b
王侃　457a
王蕾　456a
王丽娟　457b
王丽萍　455b
王珉　73b
王善更　455a
王僖喆　456a
王晓英　456a、457a
王永辉　455a
王宇辉　456a
王玉华　81a
王玉石　458a
王占功　455b
王子联　67c、478
网格化管理　315b、414b
网格长　48a
网络安全应急指挥保障中心　460a
网络文化活动　44b
网络信息　44b
网络意识形态督查　44a
网络诈骗　104c
网络执法　44b
网上办税　125a
网上宣传　44a
网上舆情引导　44a
网信安全　43c
危大工程管理　423a
危险化学品　102b
危险化学品监管　423c
微电影　112a
微腐败　74b
微小说　349c
微信公众号　82a
微展厅　94b
为侨服务　92b
违法犯罪案件　101b
违法建设查处　98b
维护监管　114c
维修资金使用　235c
伪满皇宫博物院　219a
《伪满皇宫及日伪军政机构旧址保护规划》　358c
伪满洲国　28b
委员工作　71a
委员工作委　465b
卫生　277a
卫生厕所　312c
卫生城镇创建　388a
卫生监督　388c
卫生监督日常管理　389a
卫生健康　379
卫生健康服务管理　445a
卫生健康科技项目　380a
卫生健康委员会　462a

卫生事业规划　379b
卫生应急　426a
卫生应急队伍建设　426b
卫生应急培训演练　426b
卫生应急物资储备　426c
未成年人保护　105a、406b
未成年人思想道德建设　418b
位置面积　25a
蔚山工厂　142a
温馨村小　35a、332a
文创产品　354c
文稿综合　43b
文化　276c、345
文化产业　366a
文化产业项目建设　366b
文化创意产业园　274b
文化创意城　33b
文化底蕴　147c
文化高质量发展　349a
文化馆　347a
文化广播电视和旅游局　462a
文化和自然遗产　359a
文化惠民　40a、62b
文化活动　366c
文化建设　33b、93c
文化建设服务项目　363b
文化交流　67b
文化旅游展会　210a
文化名家　9a
文化企业扶持　366b
文化市场管理　378a
文化市场监管　378b
文化文史和学习委员会　465a
文化下基层　351c
文化遗产保护　359b
文化英才　9a、366c
文化展　448a
文化展览　11b
文旅产业　230b
文旅合作　270b
文旅消费　40a
文明单位创建　417c
文明教育活动　39b
文体赛事　350c
文物保护利用　358b
文物局　462a
文学艺术　356a
文学艺术界联合会　94a
文学作品插画展　352a
文艺创作　94a、356c
文艺汇演　111c
文艺活动　94b
文艺理论研究　358a
文艺项目　94b
文艺志愿服务　94c
文艺制作　364b
文艺作品　94c
问题导向　2a
问题整改　64c
我为群众办实事　4a、429a
《我心飞扬》　282b
卧虎村　202c
污染防治　323c
污染防治攻坚战　12b
污染防治项目　324b
污水处理厂　449c
无党派　40c
无籍房　114c
无人机领域　185a
无人驾驶汽车　400a
无人作业　168a
无手机课堂　342b
无线电管理　247b
无线电监管　247c
无线电宣传　247c
无烟环境建设　388b
无症状感染者　381b
吴慧清　104b
吴亚琴　418a
“五化”方式　1b
五环体育馆　393b
五棵树　103a
五棵树经济开发区　449b
“五老”关爱工程　52b
五一劳动奖状　458a、458b
武杰　456b
武警　110b
舞蹈精品展演　348b
物流产业　281a
物流服务　213c
物流服务体系建设　215c
物流寄递行业　102b
物流设施　214b
物流通道建设　215a
物流优化　141c
物业管理　235b
物业管理条例　98a
物业维修资金　235c
物资管控　132b

X

西安广场　103a
西安桥　61a
西新工业集中区　436c
西影集团　282b
羲和号　329a
习近平　352a
洗钱犯罪　126a
戏剧星期六　33b、347a、358a
夏季峰会　262b
夏季旅游　222b
先行区试点　84c
先进表彰　47a
先进典型　111c
先进个人　455a
先进集体　458a
鲜花市集　11b
闲置宅基地　310c
县（市）区、开发区人口情况　530
县管校聘　332b
县区节事活动　228b
县域医共体建设　384b
现代农业　160a
现代农业产业园　166c
现代农业机械博览会　211b
现代物流业　213
现代种业　165c
现代装备制造产业园　443a
线路线桥养护　252c
线上审批　247b
乡村基础设施　313a
乡村建设　312b
乡村旅游　219c、314b
乡村文化　314a
乡村医生　392a
乡村振兴　43b、63a、95b、309、428a、432c、447a
乡村振兴建设　230c
乡村振兴局　309a、463b
乡村振兴资金　122c
乡村治理　315a
乡村治理模式　315c
乡旅金秋趣味赛　314c

享乐主义 74a
向上向善好青年 101a
项目管理 170c
项目合作 83b
项目建设 166c、182a、202a、264b、274c、430a、432b
项目谋划 260a
项目审计 127a
项目投产 145b
项目引进 249c
消防督查整改 424a
消防救援 423c
消防救援规划 424a
消防宣传 424c
消防隐患排查 424a
消防站点建设 425a
消费价格 129b
消费者权益保护 237c
消费者权益保障 133a
消夏艺术节 210b
销售布局 145c
销售市场 166a
小额贷款公司 243c
小麦种植 161a
小石村 441b
协会建设 95a
协商机构 70c
协商座谈会 70b
新材料产业博览会 196c
新材料产业园 274a、435b
新产品研发 181c
新车销售 145c
新冠肺炎 391a
新冠肺炎恢复期 381b
新冠肺炎救治培训 382a
新冠肺炎疫情 5
《新冠肺炎疫情应急处理预案》 382a
新冠患者医疗救治 381a
新冠疫情防控 380c
新环保新能源产业博览会 212b
新基建 244a
新基建项目 249b
新技术开发中心 139c
新京 28b
新凯河 35a
新立城水库 318a
新立中学 43c
新能源 137b、194a
新能源汽车 139b
新年音乐会 350a
新区建设 275a
新区条例 98b
新三防 114a
新时代 e 支部 3a
新时代爱民之路 2b
新时代文明实践 418a
《新时代长春创新发展的主要成效及主要经验》 360c
新闻出版 362b
新闻发布会 365b
新兴产业 281c
新兴服务业 207c
新兴领域 98a
新业态发展 311c
信访工作 47b
信访局 460a
信访考核 48a
信访矛盾 47b
信访制度改革 47c
信息安全管理 44b
信息化建设 411b
信息化教学改革 451c
信息同享 265a
信易＋ 135c
信用服务 135b
信用管理 235c
信用监管 135c
信用体系建设 135b
星级饭店管理 229a
兴隆街道 445b
兴隆综合保税区条例 98b
刑事案件审理 106a
刑事犯罪 101a
刑事检察 104b
形式主义 74a
行政案件审理 106a
行政复议 100b
行政检察 104c
行政区划 29c
行政审批 228c、378b
行政学院 460a
行政执法 100b
杏林青马基地 40c
幸福经开 281b
幸福绿园行动 438a
幸福新区 277b
幸福长春建设 35a、62a
休闲农业 166a、442c
休闲乡村 166a
徐迪 456b
畜产品 164b
畜牧业 163b
畜牧业管理局 462a
畜牧业技术指导 164c
畜牧业项目建设 164b
徐进 457b
徐静 456a
徐开 455a
徐丽 457b
徐丽辉 456a
许明哲 457b
轩景泉 457b
宣传部 459b
宣传工作 38b
宣讲活动 352a
宣明 457b
学督结合 3b
学讲并重 2a
学历教育 392a
学前教育 333a
学生冰雪运动 154c
学生工作 342a
学术交流活动 91a
学习强国 3a、38b
学习筑梦 331b
学校卫生监测 384a
学校招生 334c
雪博会 158a
雪车 148a
血浆采集 381b
巡察动员 73a
巡察工作 75b
巡察联动 75c
巡视巡察 75b

Y

烟草局 467b
烟草专卖 203c
烟花爆竹 102a
烟叶产业 204b
言语残疾 95a
研究室 460b
研学活动 156b

研学游 221a
盐务 203b
演出活动 351b
演练 111a
央企进吉林 449b
羊 163b
阳光体育大会 396b
杨柏明 457a
杨波 457a
杨汉宇 457a
杨永修 455a
养护管理 299b
养老保险 404c
养老服务 209b
养老服务条例 98b
养老服务项目 409c
养犬管理 102b
样本运输证办理 390a
一把手 74c
一般公共预算地方级财政收入增速情况示意图 118
一村一品 166a
一村一品示范村镇 312a
一二三产业 160c
一汽奔腾 144c
《一汽创建时期党的建设的历史经验》 360c
一汽－大众 139c、144b
一汽红旗 139b
一汽红旗文化展馆 2b
一汽集团 136c
一汽解放 139c、143a
一汽物流 214b
一汽新能源 139b
一书两画册 434b
一体化规划 266a
一体化模式 213b
一主六双 7
伊通河保护 318c
伊通河樱花岛 397a
医联体工作 380b
医疗保障 392c、410a
医疗保障局 463a
医疗防疫 283c
医疗废物监督管理 389b
《医疗机构内新型冠状病毒感染预防与控制技术指南（第二版）和（第三版）》 381b
医疗救治保障 382b
医疗器械产业创新示范园 186b
医疗卫生 62b
医疗卫生服务 379c
医疗卫生行业 388c
医疗卫生体制改革 380a
医疗卫生系统纠风 392b
医师资格考试 392a
医学继续教育 392a
医养结合 414a
医药产业 171c
医药健康产业 272c
医药卫生届 81a
医药物流 215c
医院感染防控 381b
医政药政管理 391c、410b
依法管理 417a
依法行政 117a
依法监管问责 419b
依法决策 100b
依法治教 332a
依法治税 123c
移动出行 138b
以案促改 73c
以色列 184a
义务教育 61c、331a、333a
义务植树 298c
义诊 40c
艺术表演团体 61c
艺术培训 357a
议案办理 58b
异地就医 410c
疫苗接种 380c
疫情防控 97a、102c、115a、133c、256c、308a、343c
疫情防控综述 5
因病返贫 310b
音乐节 11b
音乐诗会 349b
银行业 238b
银企对接 238a、438c
引才引智 328c
饮马河 35a、438b
饮用水卫生监测 383c
饮用水源地 317a
英俊镇 435b
《英雄儿女》 366a
婴幼儿照护服务 385b
迎冬奥冰雪系列主题活动 396a
营商环境 84a、201a、236c、275c
营商环境建设 264c
营商环境建设局 463b
营商环境宣传 64c
营商环境优化 105a、107a
营销变革 144a
营养健康推进 390a
影视图书周报 362b
影视文旅产业 282b
应化所 329c
应急备灾 97b
应急管理 419
应急管理局 463a
应急救援 419b
应急抢险救援 420b
应急通信 247b
应急指挥 419a
用地保障 116c
优和食品 432a
优化营商环境 64b、74c
优客工场 282b
优势产业培育 311b
优秀会员 79a
优秀青年民警 101a
优质均衡 333b
优质粮食 203b
优质项目 258c
邮储银行 240b
邮政 204b
邮政管理局 464a
邮政快递业 205a
邮政快件 204c
邮政市场 206a
油画名家绘长春 357b
有轨电车 182c
有害生物 163c
有机示范园区 167b
幼小衔接 333a
于飞 455b
于凤至 446c
于吉红 455a
于志国 457b
渔业 165a
渔业管理 165a
渔业生产 165b
渔业专项执法 450b
渔业资源 165b

榆树人 27c
榆树市 448b
舆论宣传 52c
舆情日报 44a
雨露计划 310a、440a
雨雪冰冻 27b
玉米深加工 190a
玉米种植 160c
预防接种 383a
预防性用药 391b
预售资金监管 233a
预算工作委员会 460b
预算绩效管理 120c
园林绿化 298b
园林植保 299a
园区冰雪乐园 149b
园区同建 266a
园艺发展 162b
园艺特产业 161c
园艺特色 162b
园艺特色产业 442c
原创技术策源地 139a
原创品牌 350b
“圆梦桥”活动 52a
源泉智能装备产业园 435a
约谈提醒 74c
阅读推广论坛 352b
粤港澳大湾区 71c
云动春城 396c
云端招商 437c
云服务 354c
云计算产业 245a
云跑春城 396c
陨石博物馆 265c
运行服务 255b

Z

杂技 356c
杂粮种植 161a
宅基地 310c
展览活动 350a
战略合作 202c
战略性重组 117a
战时预案 113c
《战疫》 94a
张超凡 418a、457a
张恩超 455a
张宏 455b
张晖 456a
张健 455b
张丽馥 456a
张丽娟 456a
张群 456b
张肃 456a
张秀英 457a
张洋 455b
张跃文 458a
张志军 473
掌上长春 67b
招聘活动 334c
招商合作 237a
招商引资 92c、258c、274b、279b
招商引资专班 259b
招生工作 333a
招生计划 344c
赵杰 457b
赵齐 456b
照护保险 410c
照明博览会 211a
哲学社会科学 359b
这有山 427b
《阵地》 112a
振兴发展 99a
曾泽生 28c
征收收储工作 438a
征文大赛 349c
整车制造 141a
正风肃纪 73b
正规化管理 110c
证券期货业 240c
证照分离 65b、132a
郑洞国 28c
政采云平台 121c
政策扶持 217b
政策跟踪 126c
政策环境 286b
政策研究 41c
政策研究室 459b
政策与措施 278c
政策支持体系 287c
政策制度落实 112c
政法领域改革 99c
政法委 99a
政法委员会 459b
政府采购 121b
政府工作报告 478
政府性债务管理 120a
政务大厅管理 65c
政务服务 63c
政务服务标准化建设 65a
政务服务改革 64a
政务服务和数字化建设管理局 463b
政务服务建设 65a
政务公开 65c
政务新媒体 66a
政校企合作 237c
政协队伍建设 69a
政协委员 71b
政协委员构成 69a
政协专报 71c
政治建设 33a
政治理论学习 34a、38b、48a
政治巡查 75b
政治引领 40a
支付服务 237a
支农政策 209a
《知家乡 爱长春 三字经》 361a
知识产权案件 106b
知识产权保护 34c、134b
知识产权服务 135a
知识产权管理 279b
知识产权监督 134c
知识产权局 463a
知识产权培训 135a
知识产权转移 134c
肢体残疾 95a
执法办案 104a
执法监督 319a
执法监管 307c
执法检查 57c
执勤处突 111a
直喷增压发动机 139c
直属机关工作委员会 460a
直通车 76a
职工权益 85c
职教建设 334c
职业病危害 386a
职业健康 385c
职业健康技术 386c
职业教育 334b
职业农民 168c
职业卫生 385c
职业性放射性疾病 386b

植物保护　161b
植物检疫　161c
指尖上的课堂　3a
志书编纂　360c
志愿服务管理　97b
制度创新　275c
制度建设　100b、378b
制造升级　144a
制造业物流　215c
质量安全专项整治　167b
质量管理　142a
治安管理　102a
治理服务　315b、414b
治理领域　66b
智慧城市建设　248b
智慧法院　107a
智慧广电建设　248b
智慧机场　256a
智慧缉私　134b
智慧教学　339b
智慧警务　103c
智慧列车　182b
智慧农业装备博览会　211b
智慧物流园区　214b
智慧新区　275a
智慧医疗服务　379c
智慧音乐　331c
智慧执法　129a
智力残疾　95a
智能工厂　139c、279c
智能监控　411a
智能社会治理　44c
智能识别　432a
智能网联汽车　137b
中程客车　432a
中德汽车产业　285c
中等职业学校　61c
中等职业学校　331b
中东铁路建筑群　220a
中高端粮农产品展洽会　211c
中共长春支部纪念馆　2b
中共长春市纪律检查委员会　72
中共长春市委员会　459a
《中国档案报》　361c
中国第一汽车集团有限公司　138c
中国电信　246b
中国共产党　352a
《中国共产党在长春的百年大事记》　360b
中国共产党长春市第十四次代表大会　35c
中国共产党长春市委员会　34
中国科学院　328c
中国科学院院士　457a
中国联合网络通信有限公司　468a
中国联通　245c
中国民间文化艺术之乡　359a、440b
中国男子篮球职业联赛　399c
中国青年志愿者　456b
中国人民政治协商会议长春市委员会　69
中国人寿　242a
中国移动　245c
中国移动通信集团吉林有限公司　468a
中国银行　240a
中国邮政集团公司　468a
中国长春冰雪旅游节　210a
中国长春国际农业·食品博览（交易）会　212c
中韩（长春）国际合作示范区　263c
中韩（长春）国际合作示范区管理委员会　464a
中韩城市馆　264c
中级人民法院　467b
中欧班列　261a
中庆建设　196c
中秋诗会　349c
中文外事网　67b
中小企业发展局　461b
中小学素质教育　331b
中信银行　240c
中研股份　291c
中央歌剧院　314c
中央环保督查　451b
中药汤剂　391a
中医精准治疗　391b
中医康复　391c
中医药产业　71c
中医药管理局　462a
中医药健康管理　390b
中医药健康文化知识　391a
中医药科研　391c
中医药人才培养　390c
中医药事业　390b
中医药文化　81b
中医医院建设　390c
中长客车　182c
种业　165c
种业产业园　165c
种业科技　165c
种植业　160c
种子销售　166a
仲裁　108a
仲裁案件办理　108a
仲裁法律　108c
仲裁法律服务　108a
仲裁信息化　108c
仲裁员管理　108c
重大攻关项目　327b
重大课题研究　41c
重大事项决定　53b
重大项目　136b
重大项目建设　116b
重大主题宣传　362b
重大主题宣传报道　363c
重点行业专项治理　386b
重点合作　267a
重点建筑企业　196c
重点科技创新创业基地　327a
重点领域　98a
重点领域立法　53a
重点民营企业　290a
重点企业　166b、188b
重点企业发展　189b、191a
重点人群管控　380c
重点项目　190a、258c
重点项目建设　186b、188b、197a、230a
重点议案办理　58b
重点专科建设　380a
重要会议　35c、54a、69b、72a
重要会议培训　51a
周六大讲堂　50b
周末音乐会　356b
周杨洋　456a
周颖　457a
朱老六　190c
朱老六公司　241c
朱志华　78c
珠三角　259c
主导产业　272a、281c
主力车型　182a
主题出版项目　363b

主题活动　51c
主题音乐会　357a
主题音乐诗会　349b
主要产品　181b
主要产业　169c
主业创作　365a
助残义卖　79c
助企购芯　83b
助企惠民　107c
助人为乐模范　457a
助学活动　62a
住房保障　310a、411c
住房保障和房屋管理局　462a
住房补贴发放　412a
住房公积金　412a
《住房公积金提取管理办法修订说明》　412a
住房贡献率　413a
住房制度改革　411c
住房租赁试点　234b
住宅成套率　233c
住宅总量　232b
驻点招商　259b
祝融号　329b
专家工作站　91b
专家型校长　9a
专家指导委员会　349a
专精特新　264b
专利培育　134c
专利统计　134c
专门协商会　70c
专题调研　58a
专题协商会　70a
专题学习　93b
专题研究　42c
专文　1
专项工作报告　57c
专项规划　292b
专项排查整治　318a
专项社会救助　407a
专项调查　129b
专项整治　385c
专项整治活动　390a
专项执法　165b
专项治理　74b
专业学科建设　334b
转岗培训　392a
转型升级　288a
装备制造　148a
装备制造产业　171a
装备制造业　181a、185c
装配式建筑发展　196a
装配式建筑暨新材料产业博览会　211c
追逃追赃　73c
资金存储　413a
资金运用　413a
资金支持　122b
资源环境审计　127a
资源养护　165b
自然保护地保护　319a、319b
自然保护区　320b
自然地理　25a
自然灾害　27b、420a
自然资源管理　116c
自选动作　2b
自主品牌　136b
宗教　32b
宗教界　416c
宗教事务局　461b
综合保障　310a
综合改革　380a
综合监管　415a
综合监控平台　14a
综合经济管理　279c
综合执法　133b
综治　99a
总体规划　292b
邹大鹏　28c
邹德涛　81a
走遍长春　293c
走基层　82a
走进名企　41b
足球发展重点城市　399c
组织部　459a
组织工作　36a
组织机构及负责人名录　459
组织建设　36a、51a、、76b、77c、78c、80a、82a
《祖国的花朵》　366a
最多跑一次　269a
最美家庭　90b
最美农村公路　439a
左家山遗址　27c
作风建设　47a
作风建设年　33b

表格索引

表 1 2021 年全市年平均气温实况值、常年值及距平值，极端最低气温、极端最高气温　26
表 2 2021 年全市年降水量实况值、常年值及距平值及日最大降水量　26
表 3 2021 年全市年日照时数实况值、常年值及距平值　27
表 4 2021 年长春市行政区划统计表　29
表 5 2021 年长春市区（市）县街道镇（乡）区划一览表　29
表 6 2021 年长春市人口增长及分布情况统计表　30
表 7 2021 年长春市人口自然变动情况统计表　31
表 8 2021 年长春市人口机械变动情况统计表　31
表 9 2021 年长春市人口结构情况统计表　32
表 10 2021 年长春市人大常委会重点议案建议一览表　58
表 11 2021 年长春市外事活动一览表　68
表 12 2021 年长春市政协重点提案一览表　71
表 13 2021 年一般公共预算收入情况统计表　119
表 14 2021 年一般公共预算支出情况统计表　119
表 15 长春市 2021 年税收情况统计表　124
表 16 2021 年长春市居民消费价格指数情况一览表　130
表 17 2021 年一汽集团产销情况统计表　138
表 18 第 25 届长春冰雪节冰雪场馆（场所）一览表　150
表 19 2021 年长春市冰雪旅游精品线路一览表　153
表 20 第 25 届长春冰雪节冰雪体验活动一览表　155
表 21 第 25 届长春冰雪节冰雪赛事活动一览表　155
表 22 第 25 届长春冰雪节重点活动一览表　156

表 23 2021 年长春市主要农副产品产量及其增长速度统计表 159
表 24 2021 年长春市重点工业产业投资完成情况统计表 170
表 25 2021 年长春市工业投资和技改投资完成情况表 170
表 26 2021 年长春市重大工业项目完成情况统计表 172
表 27 2021 年长春市工业产值排名前 20 重点农产品加工企业产值增速情况统计表 189
表 28 2021 年长春市煤矿基本情况一览表 192
表 29 2021 年长春市供气基本情况统计表 192
表 30 2021 年长春市全社会用电情况分类统计表 193
表 31 2021 年长春市电厂基本情况统计表 193
表 32 2021 年县（市）区、开发区社会消费品零售总额情况统计表 199
表 33 2021 年县（市）区、开发区限额以上零售额情况统计表 200
表 34 2021 年长春市限额以上商品零售类值统计表 200
表 35 2021 年长春市国家级旅游景区一览表 218
表 36 2021 长春消夏艺术节活动一览表 223
表 37 2021 年长春市星级饭店情况统计表 228
表 38 2021 年长春市金融机构本外币存贷款余额及其增长速度统计表 236
表 39 2021 年驻长春市银行机构一览表 238
表 40 2021 年驻长春证券机构一览表 241
表 41 2021 年驻长春期货机构一览表 241
表 42 2021 年长春市保险机构一览表 242
表 43 2021 年长春市地方非银行金融机构统计表 243
表 44 2021 年长春市进出口贸易额前十位国家（地区）统计表 260
表 45 2021 年长春市进出口贸易额前十位商品统计表 261
表 46 2021 年长春市利用外资及港澳台资分类情况统计表 262
表 47 2021 年长春市“专精特新”重点民营企业情况统计表 286
表 48 2021 年长春市水务集团中心化验室检测项目及频次一览表 295
表 49 2021 年长春市水务水厂水质检测项目及频次一览表 295
表 50 2021 年长春市古树名木群一览表 299
表 51 2021 年长春市古树名木一览表 299
表 52 2021 年长春市城市轨道交通在建项目汇总表 306
表 53 长春市城市轨道交通运营线路历年开通时间统计表 306
表 54 长春市城市轨道交通运营线路年度基础数据统计表（一） 307
表 55 长春市城市轨道交通运营线路年度运营数据统计表（二） 307
表 56 长春市环境空气质量各级别天数年度对比表 317
表 57 2021 年驻长高校情况统计表 336
表 58 2021 年驻长高校教学及科研队伍情况统计表 337
表 59 2021 年长春市图书馆情况一览表 345
表 60 2021 年长春市博物馆情况一览表 346
表 61 2021 年长春市文化馆一览表 347
表 62 2021 年长春市图书馆获国家、省、市各级荣誉一览表 353
表 63 2021 年长春市文化创意城“五张清单”（项目库）调整情况统计表 367
表 64 2021 年长春市城镇居民人均可支配收入情况表 402
表 65 2021 年长春市城镇居民人均生活消费支出情况表 402
表 66 2021 年长春市全口径社团各地区分布情况统计表 415
表 67 2021 年长春市全口径民办非企业单位各地区分布情况统计表 415
表 68 2021 年长春市全口径社团按类型分类情况统计表 416
表 69 2021 年长春市全口径民办非企业单位按类型分类情况统计表 416
表 70 长春市 2021 年市级社会组织等级评估情况表 416
表 71 2021 年朝阳区国民经济和社会发展情况统计表 427
表 72 2021 年南关区国民经济和社会发展主要指标完成情况统计表 429
表 73 2021 年宽城区国民经济和社会发展主要指标完成情况统计表 432
表 74 2021 年二道区国民经济和社会发展主要指标完成情况统计表 435
表 75 2021 年绿园区国民经济和社会发展主要指标完成情况统计表 437
表 76 2021 年双阳区国民经济和社会发展主要指标完成情况统计表 439
表 77 2021 年九台区国民经济和社会发展主要指标完成情况统计表 442
表 78 2021 年公主岭市国民经济和社会发展主要指标完成情况统计表 446
表 79 2021 年榆树市国民经济和社会发展主要指标完成情况统计表 448
表 80 2021 年农安县国民经济和社会发展主要指标完成情况统计表 451
表 81 2021 年德惠市国民经济和社会发展主要指标完成情况统计表 452